아동·청소년 심리치료

인지행동적 접근

Philip C. Kendall 편저 | **신현균 · 김정호 · 최영미** 공역

Child and Adolescent Therapy

Cognitive-Behavioral Procedures, **4th ed.**

학지사

Child and Adolescent Therapy, Fourth Edition:
Cognitive-Behavioral Procedures
by Philip C. Kendall

역자 서문

아동 · 청소년 심리치료와 관련하여 많은 책이 출판되고 있지만, 다양한 심리장애에 대해 이론과 실제가 잘 조화된 책을 발견하기는 쉽지 않습니다. 많은 이론서는 실제 치료에 적용하는 데 큰 도움이 되지 않고, 치료 실제를 강조한 책들은 학술적인 근거가 부족한 경우가 많습니다. 『아동 · 청소년 심리치료: 인지행동적 접근』은 이론과 연구 기반을 확고하게 가지면서도 치료에 곧바로 적용할 수 있는 실용적인 내용들로 채워져 있을 뿐 아니라 각 심리장애별로 유용한 치료 기법들을 풍부하게 담고 있어 아동 · 청소년 인지행동치료 관련 서적 중 독보적인 존재가 아닐까 싶습니다. 즉, 각 심리장애별로 최고의 전문가들이 이론과 실제를 상세히 설명함으로써 일반적인 인지행동치료에 대해 이미 알고 있는 전문가들에게는 한 단계 더 나아간 지식을 전해 주고 학생들과 수련생들에게는 치료 역량을 향상시키는 교과서로 사용되기에 부족함이 없다고 확신합니다.

이 책은 각 심리장애별로 나타나는 증상과 특성, 인지행동적 관점에서의 설명, 배경이 되는 연구, 평가 절차, 그리고 경험적으로 지지된 치료 과정들에 대한 소개로 구성되어 있습니다. 각 장애별로 매뉴얼에 근거를 둔 프로그램들을 상세히 소개하고 있으며, 활동이나 대화의 예시를 제시함으로써 치료 과정이나 기법을 알기 쉽게 설명하고 있습니다. 원서 4판에서는 3판 출판 이후 최신의 연구 결과들이 보완되었을 뿐 아니라 최근 추세에 따라 '치료 단위 접근법을 사용하는 재구성된 증거 기반 치료', '변증법적 행동치료' 및 '마음챙김' 등 새로운 접근법들이 추가되었습니다.

아동과 청소년을 대상으로 하는 인지행동치료는 많은 심리치료 접근법들 중 경험적 증거에 기반을 둔 치료 방법으로 그 입지를 단단히 굳혔습니다. 이 치료에서 강조하는 구조화된 치료 방법은 치료 회기들의 목표와 방법들이 미리 준비되어 있음을 뜻합니다. 물론 이 방법을 따르는 치료자들은 이 책의 편저자인 켄달(Kendall) 박사가 언급하듯이 '구조 안에서의 융통성'을 발휘하여 이 책에서 제시하는 심리장애별 치료 계획과 방법들을 기본 틀로 삼되, 그에 더해 내담자 개개인의 특성을 고려하면서 치료자의 창의성을 가미한다면 최상의 치료가 가능할 것입니다.

훌륭한 책을 번역하면서 역자들 역시 아동 · 청소년 인지행동치료에 대해 깊이 있게 공부할 기회를 가지게 되어 행복했습니다. 이 책이 이론적 근거를 갖춘 실용적인 심리치료 지침서를 기대하는 독자들의 욕구를 충족시키리라 믿어 의심치 않으며, 아동 · 청소년 심리치료를 공부하는 학생들과 현장 전문가들에게 큰 도움이 되기를 바랍니다. 한 줄 한 줄 정성을 다했던 역자들의 노고가 결실을 맺게 된 것을 기쁘게 생각하며, 성심성의껏 편집해 주신 학지사의 하시나 선생님을 비롯해 관계자 여러분께 고마움을 전합니다.

2015년

역자 대표 신현균

저자 서문

1991년에 『아동 · 청소년 심리치료: 인지행동적 접근』 초판이 출간되었을 당시 상당한 논쟁이 있었다. 그 논쟁은 개인의 인지적 기능(사회적 정보 처리)을 고려하는 동시에, 행동주의 전통의 검증된 효과와 효율성을 유지하는 개입에 대해 명명하고 기술하기 위해 적절한 이름을 붙이는 것에 관련된 것이었다. 이러한 개입을 '인지 및 행동치료', '행동 및 인지치료' 또는 '인지행동치료'로 이름 붙여야 하는가? 고등학교 때 나에게 영어를 가르쳤던 문법 선생님 덕분에 나는 '인지–행동'을 선택했다. 중간의 연자 부호는 이 개입이 행동적이면서 또한 인지적 영향을 받았다는 두 관점을 반영하는 것이다. 나는 또한 복수를 선택했다. 즉, 단지 하나의 CBT만 있는 것이 아니다.

이제 『아동 · 청소년 심리치료: 인지행동적 접근』 4판은 '인지–행동–정서–발달–가족치료'로 명명되는 것처럼 더 많은 중간 연자 부호를 가진 합성어를 채택할 수 있다. 비록 이런 이름이 요즘 사용되는 개입들의 광범위한 관심을 더 잘 반영할 수 있지만 이 용어는 안타깝게도 썩 좋은 표현은 아니다. 앞으로도 'CBT'면 충분할 것이다.

이 책의 첫 번째 장에서는 인지행동적 관점에서 아동과 청소년을 치료하는 데 길잡이가 되는 이론에 대해 다루면서 조합의 중요성을 강조한다. 치료자는 코치와 유사하고, 치료는 표적이 되는 쟁점/문제에 초점을 두고 조직화되며, 딜레마들은 단지 해결되어야 할 문제로 간주된다. 다른 장들은 공격성, 주의력결핍 과잉행동장애와 분노 관리 등의 외현화 장애, 그리고 불안, 우울 및 자살행동 등의 내재화 장애를 다룬다. 각 장마다 개입 효과에 대한 평가 결과뿐 아니라 치료 과정의 배경이 되는 이론 및 연구와 함께 임상적 절차들이 제시되고 기술된다. 강박장애, 섭식장애, 테러의 피해자나 재난을 겪은 아동 및 성학대를 당한 아동 등의 특수 집단들도 고려되었다.

이 책의 전반에 걸쳐 나타나는 한 가지 주제는 경험적 지지에 대한 것이다. 저자들은 연구 결과를 기술하였고, 그들의 임상적 작업도 경험적으로 지지된 결과의 영향을 받았다. 이렇게 말하는 것이 임상적 기술이나 연구 증거가 돌에 새겨진 것처럼 확고함을 뜻하지는 않는다. 연구 결과들은 계속 보고되고 있고, 새로운 생각들이 검증되고 지지되며, 새로운 쟁점들이 계속 생겨나 우리의 노력을 개선시키고 있다. 미래의 작업에 도움이 될 방향성에 대해 최근 부각되는 추세와 가설들을 부각시키기 위해 이 책의 한 부분을 새롭게 부각되는 관점에 할애했다. 특히 이러한 새로운 접근법들은 (치료 단위 접근법을 사용하는) 아동 · 청소년을 위한 '재구성된' 증거 기반 치료, 여러 문제를 지닌 청소년을 위한 변증법적 행동치료, 그리고 아동 · 청소년 마음챙김 등을 다룬다.

이 책은 청소년과 작업할 때의 발달적 안내, CBT 내에서 치료 과정에 대한 견해, 그리고 아동 · 청소년에 대한 최근의 증거 기반 CBT 현황에 대한 개관 등, 세 개의 특수 주제에 대한 전문가의 견해로 끝을 맺는다.

이 책에서 소개되는 많은 특정 치료 프로그램들에 대해 그 실시를 안내하기 위한 치료자 매뉴얼이 언급되고 일부는 내담자가 따라야 할 워크북도 제시되었다. 매뉴얼에 근거를 둔 치료들을 쿠키 틀을 작동시키는 것으로 오해해서는 안 된다. 실제로 나는 매뉴얼에 근거를 둔 개입들이 임상적 민감성과 기술을 요하면서도 구조화되고 순서가 있으며 체계적인 개입으로 생각되는 것을 선호한다. 경험적으로 지지된 치료는 휴대폰과는 다르다. 즉, 임상적 판단을 위한 앱은 없다. 그러나 매뉴얼에 근거를 둔 치료는 충실도와 융통성 둘 다 고려하면서 실시될 수 있다. 따라서 나는 경험적인 근거를 둔 개입의 임상적 적용을 고려하기 위해 '구조 안에서의 융통성'을 자주 언급한다(Kendall & Beidas, 2007; Kendall, Gosch, Furr, & Sood, 2008).

이 책에 공헌한 모든 분에게 고마움을 표한다. 대학원생들, 이 책에서 기술한 연구와 임상적 서비스에 참여했던 많은 아동 · 청소년과 부모, 그리고 수년간 협조해 주었던 대학, 의료기관, 학교 그리고 정신건강센터들에 모두 감사드린다. 또한 미국 국립정신건강연구소(NIMH)의 연구 지원에 감사한다(예, 지원 번호 MH63747, MH64484, MH080788, MH063747). 이 책을 개정하고 확장할 수 있어 기쁘게 생각한다. 달리 말하자면, (예전에) 어린 아들들에게 말하곤 했던 것처럼, '근사한 일을 계속할' 기회를 가진 것에 감사한다. 그 아들들은 현재 영화와 음악을 제작하고 있고 그들에게 "근사한 일을 계속하라." 고 또 다시 말할 수 있어 나는 행복하다.

참고문헌

Kendall, P. C., & Beidas, R. (2007). Smoothing the trail for dissemination of evidence-based practices for youth: Flexibility within fidelity. *Professional Psychology: Research and Practice, 38,* 13-20.

Kendall, P. C., Gosch, E., Furr, J., & Sood, E. (2008). Flexibility within fidelity. *Journal of the American Academy of Child and Adolescent Psychiatry, 47,* 987-993.

차 례

제2부 외현화 장애

제3부 내재화 장애

제5부 최근 관점들

제6부 특수한 주제

제 1 부 이 론

제1장

아동 · 청소년 치료의 길잡이 이론

Philip C. Kendall

특화된 이론이 아동 · 청소년 치료의 설계, 실시 및 치료 프로그램에 대한 평가를 이끈다는 데는 예외가 없다. 이론은 임상적 업무에서 적절한 초기 안내자 역할을 한다.

다양한 심리치료 중 어떤 것이든 그 기초적인 설명조차도 지침이 되는 이론과 관련된다. 어떤 치료의 경우에는 이론이 임상적 경험으로부터 나온 것이다. 다른 경우에는 심리학의 더 기초적인 분야로부터 나온 좋은 이론을 적용해 응용 이론이 만들어졌다. 또 다른 경우는 이론이 경험적 연구에 의해 만들어지고 확장된 것이다. 이론은 임상적 작업과 경험적 평가에서 우리를 안내하고, 그 결과로 나온 자료는 이론의 발달 및 관련된 적용을 이끈다. 안정된 특성에 대한 이론들도 흥미롭고 중요하지만, 임상적 작업에서 가장 직접적이고 유용한 이론들은 변화 과정을 설명하는 데 도움이 되는 이론들이다.

아동과 청소년에 초점을 맞출 때, 아동 · 청소년의 심리적 변화를 다루고 성장기 동안의 인간 발달의 여러 측면을 설명하는 이론을 고려하는 것이 매우 유용하다. 특히 행동 변화의 이론이나 발달 이론에 대해 연구하는 사람들이 주의해야 할 것은 최근까지도 이 두 영역의 성과들 간에 명확하게 적용할 만한 연결고리가 거의 없었다는 것이다. 이 책의 여러 장에서 명백하게 보게 될 텐데, 어린 시절의 행동적 · 정서적 문제들을 치료하는 데 있어서 인지행동적 접근법은 이러한 이론에 주의를 기울여 왔고, 이러한 이론에 의해 안내되어 왔다. 이 책의 여러 장에서 분명히 나타나듯이, 여기에 기술되는 인지행동적 접근법은 또한 엄격한 방법론을 사용하여 평가되어 왔다.

이 장에서 여러 관련된 주제를 고려하면서, 나는 행동 및 행동의 변화에 영향을 주는 행동적 사건들, 예기적 기대의 연합과 사건 후 귀인 그리고 인지적 정보처리와 정서 상태 등이 결합되는 인지행동이론의 틀을 제공하려 한다. 이와 관련해 이 이론은 여러 상이한 발달 수준에 맞는 서로 다른 설명을 제공한다. 이 이론은 문제해결을 지향하고, 사회적 정보처리에 영향을 주는 인지의 힘에 대해 직접적으로 다루며, 정서 영역과 대인관계 영역을 통합하고, 양육과 가족에 관련된 문제에 역점을 두어 다루며, 실제 수행에 근거한 개입을 강조한다. 이 같은 길잡이 이론을 적용하여 구조화되고 매뉴얼에 근거를 둔 절차를 사용할 수 있다. 이런 특징들 각각을 자세히 들여다보면 상당한 정보를 얻을 수 있을 것이다.

예외 없이 인간은 해결을 필요로 하는 문제들을 일상적으로 경험한다. 간단히 말해, 문제들은 일어나게 되어 있다! 문제를 인식하고 해결하는 능력은 아동 · 청소년기 그리고 일생에 걸쳐 적절한 적응을 위해 필수적인 요소다. 아동기와 청소년기를 거치면서 여러 발달상의 도전에 직면하게 되는데, 아동과 청소년들은 문제를 인지하고 가능한 해결책을 만들어 내서 심사숙고하는 능력에서 개인차가 있다. 중요한 것은, 대안적 해결책을 만들어 내고 각각의 대안들을 유능하게 평가하는 능력이 심리적 건강의 질에서 중요한 토대가 된다는 것이다. 아동 · 청소년기 장애에 대해 많은 경험적인 지지를 얻은 심리치료들(Silverman & Hinshaw, 2008을 보라)은 문제해결을 지향한 것들이다(Hibbs & Jensen, 2005; Weisz & Kazdin, 2010; Ollendick & King, 이 책 17장).

우리 자신의 삶에서 알 수 있듯이, 모든 종류의 문제들이 어떠한 의도나 노력 없이 일어날 수 있다. 이와 반대로, 문제에 대한 최선의 해결책은 저절로 나타나지 않으며, 아무것도 하지 않으면 얻는 것이 없다. 그리고 해결책이 갑자기 나타나거나 다른 사람으로부터 주어지는 경우에 그것이 항상 최선의 해결책이 되지는 않는다. 누군가 자신의 문제를 대신 해결해 줄 사람이 있을 때, 그것은 아동에게 도움이 되지 않는다. 성공적인 해결책은 그보다는 대개 시간과 노력을 필요로 하고, 결국 개인의 적극적인 생각으로부터 나오거나 소위 인지적인 방략들과 관련되어 나온다.

인지적인 문제해결 방략은 부모로부터 아동에게로 전수되는 것이 아니라 경험, 관찰 그리고 타인과의 상호작용을 통해 얻어진다. 이 책의 여러 장에서 분명히 나타나듯이, 인지적 방략의 사용은 의도적이고 계획적인 개입을 통해 최대화될 수 있다. 다양한 정보처리 방식은 우리가 세상을 이해하고 그 안에서 경험하는 방법에 지대한 영향을 미친다. 그리고 역기능적인 정보처리는 주의와 수정을 필요로 한다(예를 들어, Ingram, Miranda, & Segal, 1998). 잘못된 정보처리를 교정하는 것(즉, 왜곡된 사고를 변화시키기)과 정보처리의 결함을 극복하도록 방략들을 가르치는 것(즉, 사고의 결함을 극복하기)(Kendall, 1993)은 둘 다 어린 시기의 심리장애를 치료하는 데 중요한 절차다.

인지행동치료가 정서에 관심을 갖는가? 그렇다. 우리의 정서 상태는 긍정적이든 부정적이든 모두 우리의 인지와 행동에 영향을 준다(Diener & Lucas, 1999). 실제로 긍정적 정서를 유도하면 불안한 아동 · 청소년의 위협에 대한 편향에 영향을 준다(Hughes & Kendall, 2008). 긍정적 정서가 부족하면 원치 않는 결과를 가져올 수 있으며, 부정적 정서에 머물게 하는 민감성 또한 스트레스가 될 수 있다. 특히 흥미로운 것은 긍정적이고 부정적인 정서가 단일한 연속선상의 반대쪽 끝이 아니라 각각의 연속선이 있다는 것이다. 정서의 본질과 그 조절에 대해 배우는 것(예를 들어, 정서 관리 기술)은 삶의 질을 향상시키는 견고한 토대를 제공한다(이 책의 다른 장들을 보라). 단순히 문제에 대해 어떻게 생각할지를 아는 걸로는 충분하지 않다. 일시적이지만 강력한 정서뿐 아니라 지속적인 정서적 각성 상태는 합리적으로 생각하려는 노력을 방해할 수 있다! 효과적인 인지적 문제해결은 정서 경험과 수정에 대한 이해를 필요로 한다(Suveg, Sood, Comer, & Kendall, 2009). 또 효과적인 개입은 정서 상태에 대해 인식하고 고려하는 것, 그리고 그것에 대한 치료적인 관심을 필요로 한다(Suveg, Southam-Gerow, Goodman, & Kendall, 2007을 보라).

사회적 영역과 대인관계 영역이 중요한가? 문제해결에 필요한 심리적인 문제들은 개인적인 문제들(예를 들어, 트레일러에 짐을 실을 때 하중을 어떻게 분산시킬 것인가)이 아니라 대인관계(사회적) 문제들(예를 들어, 생리적 변화와 가족의 역할에 어떻게 적응할 것인가)이다. 정신건강 전문가들은 사회적 상황에서의 효과적인 동화와 적응(대처)에 관심이 있다. 발달 이론이 심리적으로 건강한 적응에 있어서 사회적 관계의 중요성(또래[Hartup, 1984를 보라]와 가족)을 특별히 강조한다는 것을 주목하라. 치료는 대인관계 과정이며, 치료적 상호작용에서 아동의 관여는 바람직한 치료 성과와 연결된다(Chu & Kendall, 2004). 사회적 및 대인관계 영역은 임상적 개입에서 특별히 중요한 부분을 차지한다.

당연히, 이론은 양육과 가족에 관련된 문제를 다루어야 한다. 정말로 그것은 상식이며, 행동적 · 정서적 문제를 가진 아동 · 청소년들을 치료할 때 부모를 포함시키는 것이 치료 효과를 높인다는 경험적 실제를 통해서도 부분적으로 지지를 얻고 있다. 그러나 놀라운 것은 이런 관여의 성질이 아동의 문제 및 발달 수준에 따라 서로 다르다는 것이다. 부모의 감찰을 고려해 보자. 품행장애 아동 · 청소년의 부모들은 자녀의 행동들을 감시하려는 경향이 있는 반면, 불안한 아동의 부모들은 자녀들에 대해 덜 관심을 가지며 과도하게 감시하지 않는 경향이 있다(예를 들어, Barmish & Kendall, 2005). 아동의 적응력 향상은 부모가 치료 회기에 참여할 때 더 나아질 수 있거나, 혹은 부모가 자녀와 의도적으로 분리될 때 더 좋을 수도 있다. 분리불안을 지닌 어린 아동의 경우에는 부모가 처음부터 치료에 참여할 때 더 좋은 결과를 가져올 수 있는 반면에, 우울증을 가진 청소년은 부모로부터 분리되고 싶어 할 수 있으며 부모가 치료 회기에 참여하지 않을 때 더 좋은 결과가 나올 수도 있다. 부모는 매우 중요한 역할을 하지만, 인지행동적 개입에서는 부모의 참여에 대한 경험적 증거에 따라 그리고 상이한 장애와 상이한 발달 수준에 따라 그 역할이 달라진다.

아동 · 청소년에 대한 인지행동적 절차는 매뉴얼에 근거하거나 구조화된 접근법을 따르는 것이 전형적이다. 그것이 좋은 생각인가? 매뉴얼에 근거한 개입은 활발한 토론을 유발했으며(『임상심리학: 과학과 실제(*Clinical Psychology: Science and Practice*)』, 1998, 5권을 보라), '매뉴얼에 생기를 불어넣으려는' 노력을 촉진시켰다(예를 들어, Kendall, Chu, Gifford, Hayes, & Nauta, 1998). 이론과 마찬가지로, 구조는 치료의 조직화와 지침을 제공한다. 즉, 아동에게 목표가 되는 문제와 그 경험의 본질을 이해시킬 뿐만 아니라, 우리가 아는 장애의 인지적 · 정서적 · 행동적 · 사회적 · 가족적 특성에 기반을 둔 일련의 계속되는 경험을 제공한다. 이러한 경험적인 기초는 아동이 최대한의 이득을 얻을 수 있도록 치료 매뉴얼의 내용을 축적시킨다. 게다가 매뉴얼에 근거한 접근법은 명시적인 목표에 초점을 맞추도록 돕고, 적정한 치료 속도를 제공하며, 목표를 향한 노력에 적절한 단계들을 제공한다.

매뉴얼에 근거한 치료가 경직되거나 융통성 없는 요리책이 아니라는 것을 아는 것이 중요하다. 이 치료들은 '융통성'을 갖고 적용하려는 의도를 갖고 있다(Kendall & Beidas, 2007). 실제로 우리의 슬로건은 '구조 안에서의 융통성'이다(Kendall & Beidas, 2007; Kendall, Gosch, Furr, & Sood, 2008). 이는 치료자가 일반적인 치료 방략에 충실하면서도 동시에 치료를 개인에 맞게 조정할 수 있다는 것을 뜻한다. 즉, 매뉴얼에 근거한 개입은 방략들을 순서대로, 초점을 갖고 적용하라는 안내를 제공하지만, 인지행동적 방략을 유지하면서 아동 · 청소년 개인에 맞춘 융통성 있는 적용이 가능하다. 마찬가지로, 아동 내담자의 치료에 사용되는 워크북들은 새로운 기술을 배울 기회를 제공하고 구조화된 연습을 할 수 있도록 만들어져 있다. 예를 들어, 『ACTION 취하기 워크북(*Taking ACTION Workbook*)』(Stark, Streusand, Arora, & Patel, 이 책 6장을 보라)은 우울한 기분을 극복하기 위해 인지행동 방략들을 사용할 수 있도록 훈련하는 내용을 제공한다. 반면에 『코핑캣 워크북(*Coping Cat Workbook*)』과 『C.A.T. 프로젝트(*C.A.T. Project*)』 워크북(Kendall, 이 책 5장을 보라)은 원치 않는 괴로운 불안 각성을 관리하도록 연속적인 과제를 제공한다. 컴퓨터의 지원을 받는 적용 또한 가능하다(Kendall & Khanna, 2008; Khanna & Kendall, 2010). 순서가 있는 개입의 또 다른 예들이 이 책 전반에 걸쳐 소개된다(또한 www.workbookpublishing.com을 보라). 워크북들은 학령기 아동 · 청소년에게 익숙한 학습 양상과 부합되게 만들어졌다. 매뉴얼과 워크북들은 치료의 지침이 되는 조직화와 구조를 제공하는 것이지 융통성 없는 제한이 아니다.

길잡이 이론은 왜 수행에 근거한 개입을 강조하는가? 종종 성인을 대상으로 하고, 개인력에 더 관심을 갖는 어떤 개입들은 내담자가 통찰이나 이해를 얻도록 돕는 쪽으로 시도할 수 있다. 이와 반대로, 아동 · 청소년에게 초점을 둔 개입들은 전형적으로 부족한 기술들을 보완하거나, 사고, 정서 혹은 행동의 왜곡을 교정하는 데 초점을 맞추는데, 이런 목표들은 수행(그리고 연습)에 근거한 절차를 통해 가장 잘 달성된다. 격려와 피드백을 동반한 실제 연습은 사회적 · 인지적 기술들을 더 유용하게 사용하고 정교화하도록 만든다. 수행에 근거한 활동들에 초점을 맞추는 것은 무관심해지기 쉬운 내적 관심을 촉진시키고 동기화하도록 고안된 것이다. 아동 · 청소년들에게 단지 어떤 변화가 필요하다고 말해주는 것만으로는 충분하지 않다. 그들의 인지 발달 수준은 아직 미숙하며, 기술을 연습할 기회 없이는 인지 발달이 일어나지 못한다. 학교 공부, 운동 혹은 음악적 표현과 마찬가지로 실제 연습은 최적의 개입을 위해 가장 중요한 부분이다.

이 『아동 · 청소년 심리치료: 인지행동적 접근(*Child and Adolescent Therapy: Cogritive-Behavioral Procedures*)』 4판에서는 전문가 저자들이 아동 · 청소년의 구체적인 문제들에 대해 개발하고 평가한, 정교화되고 진보된 치료법들의 세부 내용을 제공하였다. 중요하게도, 평가 결과들은 자주 이 치료들을 '경험적으로 지지된' 것으로 기술하면서 긍정적인 성과를 보여 주었다. 흥미롭게도 이 접근들은 지금까지 논의된 측면들과 잘 조화를 이룬다. 즉, 이 책 전반에 걸쳐 더 분명해지겠지만, 지침이 되는 인지행동이론은 여러 측면을 포함하며, 다양한 적용을 하는 데 적합하다. 이 이론은 아동 · 청소년 내담자의 정서 상태와 치료 과제에 대한 관여에 주의를 기울이면서, 동시에 아동 · 청소년이 구조화되고 행동 지향적인 연습을 사용함으로써 사회적 맥락에서 그들의 인지적 정보처리를 개선시킬 수 있도록 돕는 것에 가장 초점을 맞춘다. 필요하다면 사회 집단의 구성원들(예를 들어, 또래, 부모)이 포함된다. 길잡이 이론에서의 핵심은 개입에 대한 준비를 철저히 하는 것이다. 그럼에도 개입이 효과적이고 효율적인지 검토하고 평가하는 것 또한 매우 중요하다(Chambless & Hollon, 1998; Ollendick & King, 이 책 17장을 보라). 길잡이 이론은 필요조건이지만 충분조건은 아니다. 어떤 개입에 대한 경험적 지지야말로 특정한 개입 방법을 선택하고 '가장 좋은 치료' 혹은 '경험적인 지지를 얻은 치료'라는 이름표를 붙이게 되는 중요한 관문이다(Kendall, 1998을 보라). 아동 · 청소년에 대한 경험적으로 지지된 치료에 관심 있는 독자들은 '경험적으로 지지된' 치료들에 대한 개관과 가용한 문헌들을 검토하고 확인할 수 있는 웹과 그 외 독립된 출처들(예를 들어, 행동인지치료 학회[ABCT] 웹페이지; 물질남용과 정신건강 서비스국[SAMHSA] 개관)을 찾아볼 수 있다. 이 책에 언급한 연구 결과들이 확인된 작업들임을 알릴 수 있어 기쁘다. 독자들이 스스로 결론에 도달하게끔 하려는 노력의 일환으로, 이 책에서는 치료 실시와 관련된 성과를 검토할 뿐 아니라 치료의 내용에 지침이 되는 경험적인 평가들을 전반적으로 포함하였다.

1. 실제 정의를 향해

이 책에서 언급하는 아동 및 청소년 치료들은 인지행동적이라고 이름 붙일 수 있다. 인지행동치료(cognitive-behavioral therapy: CBT)는 어떻게 정의되는가?

아동과 청소년의 적응을 촉진시키고 그들의 심리적 고통을 경감시키도록 만들어진 여러 형태의 심리사회적 개입이 있다. 그러나 그것들은 상당 부분 중복되며, 서로 독립적이지 않다. 서로 다른 치료 철학(4개의 서로 다른 아동 치료를 흥미롭고 상세하게 검토한 Fishman, 1995를 보라) 사이에 실제적으로 존재하는 유사점과 차이점에 대해 말하는 것은 쉽다. 아동 · 청소년에 대한 CBT의 실제 정의를 제공하려는 노력에서 다음을 고려하라. 즉, CBT는 합리적인 혼합체이고, 이론 일변도의 맥락에서 벗어나 행동적 절차의 긍정적 효과를 보여 주려 하며, 내담자의 인지적 활동들과 정서 경험들을 치료적 변화 과정에 포함시키려는 목적을 가진 시도라는 것이다(Kendall & Hollon, 1979). 따라서 CBT는 사고, 정서 그리고 행동의 변화를 유도하기 위해 고안된 방략들뿐 아니라, 수행에 근거한 절차와 구조화된 회기를 사용한다(예를 들어, 매뉴얼에 근거하고 워크북 사용).

아동과 청소년의 심리장애에 대한 인지행동적 관점과, 그와 관련된 치료가 창출해 낸 이득은 이들의 내·외적 환경을 고려하는 데서 기인한다. CBT는 개인의 매개 및 정보처리 양식과 정서 경험의 구심점을 강조하는 것과 더불어, 학습 과정과 사회적 환경 내에서 모방의 영향을 중시한다. 따라서 '인지행동적'이라는 용어는 정서의 역할이나 사회적 맥락의 영향력을 평가절하하려는 의도로 만든 것이 아니다. 그보다는 변화를 위해 인지, 행동, 정서에 초점을 두고 사회적 방략들의 통합을 나타내는 합성어다. 어떤 단일한 모형을 고수하지 않으면서, 인지행동 모형은 더 넓은 사회적 맥락에서 인지와 행동이 정서 상태와 유기체의 전체 기능과 관련된다는 사실을 알고 받아들인다.

'정서'는 아동기 정신병리와 치료에 있어서 일차적인 역할과 부수적인 역할을 모두 하는 것으로 인정받아 왔다. 나는 인지, 정서 및 행동이 상호 관련되어 있고, 몇몇 심리장애의 원인과 치료에서의 차이가 인지적 분석에 의해 가장 잘 설명될 수 있는 한편, 다른 장애들은 정서에 더 직접적인 초점을 둠으로써 가장 잘 이해되고 또 다른 장애들은 대부분 행동적으로 가장 잘 이해되지만, 모두 상호 관련되어 있다고 주장한다. 예를 들어, 불안한 아동들은 두려워하는 방식으로 행동한다(그들은 힘든 상황을 피한다). 그리고 그들은 일상적인 환경에 위협과 위험이 도사리고 있다고 잘못 지각할 뿐 아니라 자신의 정서가 수정 가능하다는 것을 인식하지 못하고 이해하지 못한다(Southam-Gerow & Kendall, 2000). 불안한 아이들에게는 종종 회피 행동을 허용하는 환경을 만드는 부모가 있다. 어떤 한 영역이 다양한 측면을 항상 전적으로 혹은 단일하게 설명하는 것은 아니다. 그보다는 인지, 정서, 행동 그리고 사회적 환경들 모두가 연관되어 있지만, 심리적 어려움과 장애의 여러 유형에 따라 그 영향력이 서로 다를 수 있다(아동기 정신병리에서 정서 조절의 역할에 대한 논의는 Suveg et al., 2007을 보라).

외적 세계에서의 행동 패턴과 내적 세계에서의 인지적 해석은 사회적 및 대인관계 맥락(또래와 가족)과 관련되기 때문에, CBT는 사회적 맥락을 강조한다. 예를 들어, 사회적 및 대인관계 요인들은 치료를 위한 방략들을 설계하는 데 핵심적인 역할을 한다. 아동과 청소년의 경우, 사회적 맥락의 중요성이 강조되어야 한다. 실제로 또래와의 만족스러운 관계는 아동의 성공적인 적응에 중요한 요소이고, 또래와의 사회적 관계(비록 치료자에게 드러내지 않는다 할지라도)를 이해하는 것은 아동의 욕구를 의미 있게 평가하기 위해서, 그리고 효과적인 개입을 완수하기 위해서 필요하다. 가족의 역할 또한 간과해서는 안 된다. 왜냐하면 이 사회적 소우주는 이후의 사회적 상호작용에 대한 많은 규칙과 역할을 결정짓기 때문이다.

2. 부모: 자문가, 치료 협력자 또는 공동 내담자

현재 가용한 연구 자료로 볼 때 또래와 가족이 아동·청소년의 정신병리에 기여하는 것에 대한 우리의 지식이 매우 부족하므로, 이 영역들에서 더 많은 연구가 수행될 필요가 있다. 이는 치료에 관해서 특히 더 그렇다(예를 들어, Barmish & Kendall, 2005). 비록 부모가 어떻게 관여하는 것이 최선인지를 알기 위해 아직 더 많은 경험적 자료가 매우 많이 필요함에도 불구하고, 자녀들을 위해 설계된 프로그램의 많은 부분에 부모가 정규적으로 관여하고 있는 실정이다. CBT는 치료에 부모를 관여시킬 것을 추천한다. 그러나 어떻게 하면 가장 잘 관여시키는 것인가? 예를 들어, 부모는 문제의 본질을 결정하는 데 필요한 정보를 제공할 때 자문가로서의 역할을 할 수 있다. 부모가 아동 문제의 어떤 측면을 유발했거나 유지시키는 것 같을 때, 부모는 치료에서 공동 내담자가 될 수 있다. 또한 부모가 프로그램에 필요한 보조 역할을 수행할 때 치료 협력자로 관여할 수도 있다. 인지행동적 개입은 사회적 및 대인관계 문제들을 평가하고 고려하며 프로그램에 병합시킨다. 부모의 관여와 가족 체계의 변화는 치료의 본질과 아동의 욕구에 맞게 사용되어야 한다. 부모의 이상적인 관여에 대해 알기 위해, 그리고 아동의 연령과 주요한 장애와 같은 요인들에 관련된 서로 다른 부모 역할을 검토하기 위해 더 많은 연구(예를 들어, 자문가, 공동 내담자 또는 치료 협력자로서 부모를 연구하는 것)가 필요하다.

3. 코치로서의 치료자: 치료자의 자세

'농구는 인생과 닮았다'는 아직 쓰지 않은 책의 가상 제목이다. 만약 그 책을 쓴다면, 아동이 규칙에 따르는 행동(예를 들어, 운동, 사회봉사, 연극, 컴퓨터)을 통해 배우는 것이 어떻게 가치 있는 인생 수업을 제공하여 널리 적용하게 만드는지를 부각할 것이다. 나는 지난 25년 동안 아동 · 청소년과 함께하는 치료적 작업에 추천할 정신 자세를 묘사하는 단어들을 찾을 때 몹시 고심해 왔다. 개인의 정신 태도를 지칭하기 위해 '자세(posture)'라는 용어를 사용하는 것은 비록 정확하거나 이상적이지는 않지만 아동 · 청소년과 작업하는 치료자를 묘사하는 데 도움이 될 수 있다. '코치'라는 단어 역시 유용한 의미를 함축하고 있다. 코치는 참여자의 능력을 향상시켜 주기 위해, 발달을 돕기 위해, 더 나아가는 공통의 목표를 추진하기 위해, 그 과정에서의 재미를 위해 이전의 경험을 활용하기 때문에 존재한다. 그렇지만 나는 모든 코치가 이렇게 이상적이지는 않음을 알고 있다.

나는 '코치로서의 치료자' 자세의 세 가지 특성을 '자문가 및 협력자', '진단자' 및 '교육자'라는 용어를 사용하여 묘사하고자 한다. 이 모두는 기회와 피드백을 줌으로써 누군가로부터 최상의 것을 끌어낼 수 있는 지지적이면서도 엄격한 코치의 품을 뜻한다. 그런 식으로 그 용어를 몇 년 동안 사용한 후에 이제는 치료자를 '코치'로 보는 것이 매우 편안하다. 실제로, 최근 컴퓨터에 근거한 대부분의 아동 · 청소년 CBT에서 치료자는 '코치'로 불린다(Kendall & Khanna, 2008; Khanna & Kendall, 2010을 보라). 나는 치료자를 자문가 및 협력자로 지칭함으로써 치료자가 모든 정답을 갖고 있는 사람이 아니라, 시도해 볼 만한 가치가 있는 생각들을 갖고 있고 그 생각들이 누군가에게 가치 있는지를 검토하는 방법들을 알고 있는 사람이라는 것을 말하고 싶다. 아동과 청소년에게 정확하게 무엇을 하라고 말해 주는 것은 좋은 생각이 아니다. 내담자에게 어떤 것을 시도해 보도록 기회를 주고, 그(녀)가 경험의 의미를 깨닫도록 돕는 것이 중요하다. 자문가로서의 치료자는 내담자와 협력한다. 자문가로서의 치료자는 내담자가 독립적이고 성숙하게 문제를 해결할 수 있도록 내담자 자신의 생각과 기술들을 스스로 개발하게끔 도와준다. 자문가(치료자)는 내담자와 함께 작업하는 문제해결의 모델이다. 내담자가 "글쎄요, 내가 뭘 해야 하죠?"라고 물을 때, 치료자는 "생각해 보자, 여기서 무엇을 하고 싶니?"라고 대답할 수 있다. 그러고 나서 "너의 생각들은 무엇이니?" 혹은 "이 문제를 보는 다른 방법은 어떤 것이 있을까?"라고 물어볼 수 있다. 그러한 주고받기는 문제해결 과정을 촉진하도록 해 주지만 구체적인 해결책을 강요하지는 않는다. 아동과 치료자는 협력적인 문제해결 방식으로 상호작용한다. 회기 내 활동들은 실제 연습이다. 회기 밖의 삶은 게임이고, 코치들은 실제 장면에서 필요한 바로 그런 기술들을 연습할 기회를 제공한다.

'진단자'라는 용어가 언급될 때 진단 체계의 관점이 대개 나타난다. 결국 '진단'은 진단 체계(예를 들어, DSM-IV, ICD-10) 내에서 진단명을 붙이는 과정을 나타내는 용어다. 비록 이런 과정을 여기서 비판하지는 않지만, 치료자의 정신 자세를 묘사하기 위해 여기서 사용될 때 그 용어의 의미는 그런 취지가 아니다. '진단자'와 연관된 정신 태도는 내담자 및 그(녀)의 중요한 타인들의 언어적 보고 이상으로 신뢰할 만한 것이다. 진단자는 자료들을 통합하고, 거기에 정신병리, 정상 발달 그리고 심리적으로 건강한 환경에 대한 지식을 토대로 판단하여 의미 있는 결정을 내리는 사람이다. '진단자'라는 용어의 바로 이런 측면을 강조하고 싶다. 다음의 예를 고려해 보자. 당신이 스포츠카 경주에서 우승하였다고 가정하자. 당신은 이틀 동안 운전을 했는데, 오른쪽으로 돌 때 차 앞쪽 끝에서 '꿀럭 꿀럭' 하는 소리가 들린다. 당신이 똑바로 가거나 왼쪽으로 돌 때는 그 소리가 들리지 않는다. 그 소리가 당신을 당혹스럽게 해서, 당신은 기술자를 만나 앞 타이로드(tie-rod)[1]를 수리해야겠다고 말한다. 수리하는 동안 차를 맡겨뒀다가 그날 저녁에 차를 다시 가지러 간다. 당신 차의 타이로드는 교체되었다. 당신은 만족할 것인가? 내 대답은 확실히 '아니다'다. 만약 그 기술자가 나를 진단자로서 의지하려 한다면 나는 만족할 수 없을 것이다. 타이로드에 대해 내가 무엇을 알고 있는가? 나는 단지 자동차 경주의 우승자이지 기술자는 아니다. 그리고 나는 그 문제를 진단해서는 안 된다. 자동차 기술자야말로 그런 결정을 내릴 수 있는 전문가다. 그는 나에게 차의 문제에 대해 설명하고 후드 아래를 들여다보도록 요청해야 한다! 기술자는 내가 고장 났다고 말한 바로 그것을 고치지는 않을 것이다. 왜냐하면 나는 스포츠카의 전문가가 아니기 때문이다. 그는 차의 문제에 대해 내가 설명하는 것을 활용할 수 있고 나의 생각을 유용한 정보로 고려할 수 있지만, 그럼에도 그는 자기 나름대로의 결정을 내린다.

우리가 정신건강 전문가로서 특히 아동·청소년을 치료할 때, 무엇이 잘못되었고 무엇을 고쳐야 하는지를 언급하는 데 다른 사람들이 단독으로 결정하게 둘 수는 없다. 청소년 자녀가 우울장애가 있다고 부모가 말하는 것이 우울 치료를 받게 할 유일하고 충분한 이유가 되지는 않는다. 부모나 교사가 어떤 아동이 과잉행동을 보인다고 말하는 것이 약물치료와(혹은) 어떤 치료를 시작할 충분한 이유가 되지는 않는다. 부모나 교사가 아동의 과잉행동을 의심하거나 제안한다는 사실은 가치 있는 정보의 일부지만, 고려되어야 할 여러 가지 다른 가설들이 있다. 예를 들어, 아동의 행동이 정상 범주에 포함되지만, 부모가 아동의 행동에 대한 부적절한 기대에 근거해 판단했기 때문에 문제가 있는 것처럼 보일 수 있다. 부모가 아동에게 '어른 같은 행동'을 너무 많이 기대할 때, 본질적인 문제는 아동에게 있는 것이 아니다. 또는 다른 심리장애일 가능성도 있다. '과잉행동'은 부모가 사용한 용어이지만, 정신건강 전문가의 의사소통과 치료 목표라는 관점에서 보면 공격적이고 순종하지 않는 행동이 더 적절한 설명일 수 있다. 또한 아동에게서 확인되는 문제는 아동 자체의 문제가 아니라, 가장 잘 살펴봐야 하는 양육 방식과 함께 역기능적인 가족 상호작용 양식이 반영된 것일 수 있다. 요약하면, 인지행동치료자는 다양한 출처의 정보들을 통합적으로 고려해 전문 지식을 토대로 판단하고, 문제의 본질과 최상의 치료 방략들을 결정하는 진단자로서의 역할을 한다.

인지행동치료자의 치료 자세는 교육자 역할을 수반한다. 여기서 '교육자'라는 용어를 사용하는 것은 행동통제의 학습, 인지적 기술들 및 정서 발달에 대한 개입, 그리고 누군가가 새로운 것을 배우도록 돕기 위해 의사소통하는 최선의 방식들에 대해 말하고 있다는 것을 알리려는 의도에서다. 좋은 교육자는 학생들이 스스로 생각하게끔 자극을 준다. 적극적이고 교육에 깊이 관여하는 코치가 좋은 교육자다. 다음의 운동 이야기를 생각해 보자. 당신이 성인 대상의 일주일짜리 골프 캠프에 갔다. 그곳에서 2,600달러의 비용을 내고 골프를 배운다. 당신은 코치에게 의존할 것이고 골프, 클럽, 스윙 그리고 이전의 골프 경험 등에 대해 어떻게 느끼는지 그에게 말할 것이다. 당신은 어떻게 말할 것인가? "있잖아요, 골프 게임에서 좀 더 잘하고 싶은데, 나는 짧은

1) 역자 주: 자동차 부품의 하나로 앞바퀴와 연결되어 방향을 바꿀 수 있게 하는 막대.

골프채를 잘 못 쓰고, 드라이브샷이 형편없어요."라고 말할 수 있다.

지도자는 "당신의 드라이브샷 중에 마음에 안 드는 부분이 어디인가요? 드라이브샷의 힘 조절이 어렵게 느껴지나요?"라고 대답할 수 있다.

"아니, 아니에요." 당신은 대답한다. "나는 드라이브샷이 약해요. 백스윙이 너무 빠른 것 같아요."

"아하." 그는 중얼거린다. "백스윙이라. 그게 구체적으로 뭘까요? 당신이 백스윙을 할 때 안 보이는 뒤쪽이 너무 많이 신경 쓰이나요?"

이런 해석적인 접근 방식은 골프 실력을 향상시키기 위해서는 그다지 유익하지 않은 것 같다. 변화될 필요가 있는 것에 대해 관찰하고 말해 주는 것(진단자로서의 역할)도 필요하겠지만, 피드백을 주면서 실제 연습할 기회를 주는 것이 더욱 성공적일 것이다.

방금 언급한 상황과는 반대로, 좋은 교육자(코치)는 어떻게 할 것 같은가? 그(녀)는 먼저 당신을 링크로 데리고 나가서 당신이 골프하는 것을 관찰하고, 당신의 보고를 완전하게 진실로 받아들이지 않는 대신 당신이 공을 어떻게 치는지를 관찰해서 당신의 백스윙이 빠른지 빠르지 않은지를 판단할 것이다(진단자). 다른 클럽들에서 그리고 긴 홀이나 짧은 홀과 같이 여러 다른 상황에서도 관찰을 할 것이다. 그러고 나서 강점과 약점에 대해 피드백을 줄 것이고, 대안들과 선택 사항들에 대해 논의할 것이다(자문가로서 역할). 예를 들어, 교육자는 당신의 허리가 움직이지 않아야 할 때 움직이기 때문에 드라이브샷이 일정하지 않다고 알려 줄 수 있다. 그리고 당신의 허리가 움직일 때 옆에서 피드백을 주면서 그라운드에서 폴을 가지고 연습시킬 수 있다. 코스에서 공을 치고 점수를 받기 전에 전문가가 시범을 보이는 비디오테이프를 사용할 수도 있고, 집단 수업을 병행할 수도 있다. 중요한 것은 좋은 교육자/코치는 모든 골퍼가 게임에서 똑같은 방식으로 공을 치도록 하지는 않는다는 것이다! 좋은 코치는 각 학생이 어떻게 공을 치는지를 관찰해서 약점을 줄이면서 강점을 최대화하도록 돕는다. 만약 어떤 골퍼가 드라이브샷을 할 때는 손을 꼬아서 골프채를 잡지만 퍼팅을 할 때는 그러지 않는다면, 항상 손을 꼬아서 골프채를 잡도록 강요할 이유는 없다. 만약 퍼팅이 효과적이어서 골프채 잡는 방법을 꼭 일치시켜야 할 이유가 없다면 말이다. 개별화된 교육적 관심은 개인마다 다소 다르게 할 수 있고, 또 다르게 해야 한다는 것을 뜻한다.

좋은 교육자/코치는 수강생이 스스로에게 말하는 것에도 주의를 기울인다. 왜냐하면 이런 내적 대화가 수행을 방해할 수 있기 때문이다. 공이 있는 곳으로 걸어가면서 '나는 긴 골프채로는 잘 못해. 공들이 필드 밖으로 나갈 거야.'라고 생각하는 것은 좋은 내적 대화가 아니다. 효율적인 치료자는 효율적인 교사/코치와 마찬가지로 인지와 행동 과정에 관여한다. 이 장에서 나중에 이 문제에 대해 더 설명할 것이다.

아동 · 청소년과 함께 작업하는 인지행동치료자의 정신 자세나 태도는 협력적인 특징이 있고(자문가로서의 치료자), 사회적 정보를 통합하고 해석하며(진단자로서의 치료자), 깊이 관여하면서 경험을 통해 가르치는 것이다(교육자로서의 치료자). 자격 있는 코치는 이런 특성들을 대개 갖고 있으며, 아동 치료자 스스로 자신을 정신건강 코치로 생각하라고 제안하고 싶다. 심리학자, 정신과 의사, 학교상담자, 특수교육자, 교사 또는 부모가 제공하는 양질의 개입은 내담자로 하여금 자신의 경험을 이해하는 방식을 변화시키고, 앞으로의 행동하고 생각하고 느끼는 방식을 변화시키는 것이다. 생각과 행동에 대한 이런 코칭과 교정은 내담자의 적응력을 더 향상시킬 것이다.

4. 아동 · 청소년의 인지 기능과 적응

비록 인지 기능이 지적 기술들과 그것에 관련된 평가를 다루어야만 한다고 추론하는 것이 드문 일은 아니지만, 그것은 우리의 논의 주제가 아니다. 그보다는 정신병리와 심리치료 내에서 인지 기능은 사회적 정보처리와 관련된다. 여기서 사용하는 '인지'라는 용어는 매우 복잡한 체계를 지칭하지만, 그럼에도 불구하고 이해하기 쉽게 몇 가지로 나눌 수 있다. 예를 들어, 인지 내용(사건들), 인지 과정, 인지 산물 그리고 인지 구조는 의미 있게 구별될 수 있다고 제안되었다(Kendall & Ingram, 1989). 인지 기능의 이런 다양한 측면을 고려하는 것은 치료를 통해 추구하는 변화의 본질에 대해 더 자세히 검토하게 만들어 준다.

인지 구조는 기억으로 간주될 수 있으며, 기억 안에서 정보가 내적으로 표상되는 방식이라 할 수 있다. '인지 내용'은 실제 표상되거나 저장된 정보, 즉 인지 구조의 내용들을 지칭한다. '인지 과정'은 인지 체계가 작동하는 절차들, 즉 우리가 경험을 지각하고 해석하도록 진행하는 방식이다. '인지 산물'(예를 들어, 귀인)은 정보, 인지 구조, 내용 그리고 과정의 상호작용에 의한 결과로 나타나는 인지다. 정신병리는 이들 영역의 일부 또는 전부의 문제와 관련될 수 있고, 효과적인 치료에서는 이런 요인들 각각이 개별 내담자와 관련되어 있음을 고려한다. 비록 이 개념이 복잡하긴 하지만, 항상 그렇지는 않더라도 단순한 예가 그것들의 의미 있는 상호관련성을 나타내는 데 도움이 될 수 있다.

잔디밭에서 개똥을 밟았다고 가정하자. 당신은 이런 경험을 해 본 적이 있는가? 만약 이 일이 지금 당신에게 일어난다면, 당신은 자기 자신에게 무슨 말을 할 것인가? 전형적인 첫 반응("오, 젠#!")은 당황스러움을 반영하는 자기 진술이다. 이 자기 진술은 이런 악재를 막 겪은 대부분의 사람이 하는 말이고, 초기의 인지 내용을 나타낸다. 그러나 그다음에는 사람들이 그 경험을 꽤 다르게 처리하게 되는데, 사람들이 똑같은 경험을 어떻게 다르게 처리하는지를 이해하는 것이 중요하다. 예를 들어, 어떤 사람들은 그 사건에 대해 혹시 있을지 모를 사회적 당혹감과 연관시켜 생각하는 것으로 처리할 수 있다("누가 나를 보지 않았을까?"). 어떤 사람들은 자기 비하를 할 수도 있다("나는 제대로 걷지도 못해."). 또 어떤 사람들은 환경 단서들에 대한 처리에 주의를 두지 않고 단순히 계속 걸을 수도 있다! 사건을 처리하는 방식은 각 개인의 행동적 · 정서적인 결과에 의미를 부여한다.

원치 않는 경험을 하고(즉, 무엇을 밟는 일) 그 사건을 처리한 뒤에, 결론적으로 그 악재의 원인을 생각하게 된다. 인과 귀인 같은 인지 산물 역시 개인에 따라 다양하다. 어떤 사람들은 악재의 원인을 무슨 일이든 제대로 못하는 자신의 무능에 귀인할 수 있다. 이런 전반적인 내적 · 안정적 귀인은 종종 우울증의 특징이며(Stark et al., 이 책 6장), 자살 가능성을 암시하는 것과도 관련된다(Spirito, 이 책 7장을 보라). 이와 반대로 화를 잘 내는 사람은 어떤 경험을 누군가 다른 사람이 유발한 결

삽화
피터 J. 미컬카(Peter J. Mikulka) 박사

과로 보려고 한다("누구 개가 여기다 똥을 쌌어? 틀림없이 그 인간은 누군가 그걸 밟을 걸 알고도 그랬어!"). 나쁜 일에 대해 다른 사람이 의도적으로 나쁘게 하였다고 귀인하는 것은 공격적인 보복 행동과 연관된다(Lochman, Powell, Whidby, & FitzGerald, 이 책 2장과 Nelson, Finch, & Ghee, 이 책 4장을 보라). 인지 내용, 과정 그리고 산물은 외부 환경에서 일어나는 사건에 대해 각 개인이 이해하는 것과 관련된다.

'인지 구조' 또는 틀은 기억 속에 저장된 경험의 축적이며, 새로운 경험을 처리하는 여과기 역할을 한다. 예를 들어, 불안한 아동은 다가올 사건에 대해 그의 과거 경험을 적용한다. 즉, 과거의 기억에 의존한다. 이는 인지 도식(cognitive schema)이라고도 불리는데, 불안한 아동 · 청소년의 인지 구조의 주제는 위협이다. 위협에는 상실의 위협, 예기되는 비판의 위협, 신체적인 상해에 대한 위협 등(Kendall, 이 책 5장과 Piacentini, Peris, March, & Franklin, 이 책 8장을 보라)이 있다. 앞에서 언급한 악재 경험에 대해 불안한 경향의 '구조'를 적용하는 사람은 당혹감에 대한 위협, 세균의 위험성을 보게 될 것이고 그에 따라 경험을 처리한다. 악재 경험에 대한 불안한 인지 처리는 "누군가 이 악취를 맡으면 어떡하지? 내가 더럽다고 생각할 텐데." 혹은 "세균이 내 신발에 들어와서 결국 양말과 발에 들어가면 어떡하지? 신발을 벗어던져야 할까?"와 같은 혼잣말을 포함할 수 있다. 어떤 사건에 대한 이러한 인지 처리의 예에서 볼 수 있듯이, 불안은 위협과 사회적 평가에 대한 지각으로 얽혀 있다.

인지 구조는 행동적 사건에 대해 자동적인 인지 내용과 정보처리를 촉발시킬 수 있다. 즉, 여러 번의 실제 혹은 가상 경험을 한 후에, 사람들은 사건들을 이해하는 특징적인 방식을 갖게 될 수 있다. 사건에 대한 귀인(인지 산물)과 그 결과는 기존 구조의 영향을 받은 것이다. 치료적으로, 인지행동적 개입은 아동의 인지 내용, 과정 그리고 산물에 의도적으로 주의를 기울이는 동시에(아동의 혼잣말, 정보처리 양식 그리고 선호하는 귀인 양식에 주의를 기울이기), 의미 있고 실제적인 경험을 추구한다. 그렇게 함으로써 미래의 경험에 유익한 영향을 줄 수 있는 인지 구조를 새롭게 만들도록 아동 · 청소년을 돕는다.

이런 인지적 분석이 별것 아닌 일을 지나치게 확대하는가? 개똥을 밟는 것은 정신병리가 아니다. 그러나 이 예는 정서적 부적응과 연관되어 있는 정보처리의 다양성을 묘사해 줄 수 있다. 실제로, 같은 경험이 합리적인 적응과 연관될 수 있다. 이런 악재를 겪을 때 그것에 대해 생각하고 처리하는 건강한 방식은 무엇인가? 만약 어떤 사람이 "똥을 밟는 것은 행운이야!" 하고 생각한다면 그것은 명백히 해로운 생각이다. 왜냐하면 그렇다면 더 자주 개똥을 찾아서 의도적으로 밟으려 할 것이기 때문이다. 행운은 자연적으로 생기기 쉽지 않다. 그리고 그것은 건강한 생각이 아니다. "신발에 묻었으니 다행이야."라고 생각하는 것(스스로에게 말하는 것)은 자기 처벌을 하지 않는 것이라서 괜찮은 생각이다. 마찬가지로 "작은 개라서 다행이야." 역시 지나치게 가혹하지 않은 혼잣말을 반영한다. 그리고 나서 세척이 필요하고, 적절한 처리를 위해 시간이 조금 필요하겠고, 다음에는 걸을 때 좀 더 주의해서 살펴야겠다는 생각 및 수용을 하게 될 것이다. 귀인에 대해서는 다음과 같이 결론 내릴 수 있다. "내가 실수했군. 너무 급하게 서둘러 걸었나 봐." 혹은 "1년 이상 개똥을 안 밟았어. 아마 앞으로 2년간은 개똥을 안 밟을 거야." 이런 귀인은 사소한 실수를 받아들인다는 것을 반영하고 실수들 간의 시간 간격을 늘리는 것(다시는 결코 그러지 않을 것이라는 것이 아니라)이 합리적인 목표라는 것을 암시한다.

인지행동적 개입은 아동 · 청소년의 생각하고 행동하며 느끼는 현재의 방식에 도전하는 치료 활동들을 조직적으로 모아 제공한다. 비유한다면, 우리 모두는 때때로 개똥을 밟는다는 것을 아는데, 이때 필요한 것은 이런 원치 않는 사건이 일어날 때 그것에 대처하는 인지구조다. 회기 밖의 활동들과 마찬가지로, 회기 내에서 역할 연기하는 경험은 학습할 수 있는 이상적인 기회를 제공한다. 그리고 어떤 경험이 일어나는 동안 인지와 정서에 초점을 둠으로써 그 경험은 내담자의 현재와 미래의 정보처리에 영향을 주게 된다.

치료의 목표가 아동 · 청소년의 인지 구조를 변화시켜 미래에는 다르게 생각하고 느끼며 행동하도록 하는 것임을 기억하라. 나는 이제 이후의 당신 인생에 대한 인지 구조를 이미 변화시켰다고 감히 제안할 수 있을 것인가! 실제로 나는 그렇다고 확신한다.

당신이 다음에 개똥을 밟거나 겨우 피했을 때 이 책의 문구들을 생각하며 혼잣말을 하게 될 것이다. 설사 당신이 나에 대해 생각하지 않더라도, 나는 아마 멈추지 않을 것이다. 내가 기억을 화학적으로 또는 외과적으로 제거할 수는 없다. 그리고 나를 생각하지 말라고 당신에게 요청할 수도 없다. 당신이 이 글을 읽었기 때문에 나는 어쩔 수 없이 개똥과 연관되어 있다. 런던에 살고 있는 인지치료자인 폴 살코프스키스(Paul Salkovskis)는 내가 이전에 이 예에 대해 말한 것에 의해 큰 영향을 받았다. 그래서 그는 자신의 강의에 이 내용을 인용하였다. 악재에 대한 이 이야기는 다음에 그런 일을 겪을 때 이처럼 다르게 생각하는 식으로 당신의 인지 구조를 변화시켰다. 따라서 이 책에서 설명하는 CBT 개입의 치료 활동들이 아동의 생각에 주의 깊게 관심을 둘 때, 그 역시 아동의 미래 사건이나 경험에 대한 견해를 변화시킬 수 있다.

5. 왜곡과 결함

역기능적 인지는 부적응적이지만, 모든 역기능적 인지가 똑같은 것은 아니다. 인지적 역기능의 본질을 이해하는 것은 최상의 치료를 만들어 내는 데 매우 중요한 시사점을 갖는다. 아동과 청소년에게 있어서 한 가지 중심적인 문제는 인지 과정과 정보처리에서 '인지 결함'과 '인지 왜곡'을 구별하는 것이다. 정보처리의 결함(deficiency)은 사고의 부재(주의 깊은 정보처리가 유익한 곳에서 그것이 결핍된 것)를 지칭하는 데 비해, 왜곡(distortion)은 역기능적 사고 과정을 지칭한다.

정보처리의 이런 구분은 아동기와 청소년기의 다른 장애들을 고려할 때 더 잘 나타날 수 있다. 예를 들어, 불안과 우울은 전형적으로 사회적 및 대인관계 환경에 대한 잘못된 지각 및 해석과 관련되어 있다. 적극적인 정보처리가 일어나지만 왜곡되어 있다(즉, 비논리적, 비합리적, 비뚤어진 정보처리). 예를 들어, 우울한 아동에 대한 일련의 연구에서 우울한 아동들은 그렇지 않은 아동들에 비해 자기 자신을 덜 유능하게 본다고 보고되었다. 그러나 교사들(객관적인 외부 판단자)은 우울한 아동이 자기 자신을 부족하다고 보는 바로 그 영역에서, 우울하거나 그렇지 않은 아동 집단이 실제로는 구분되지 않는다고 보았다(Kendall, Stark, & Adam, 1990). 교사의 관점에서는 우울한 아동들이 사회, 학업 그리고 운동 영역에 걸쳐서 덜 유능하게 보이지 않았다는 것이다. 자신의 유능성에 대해 잘못 지각(과소평가)함으로써 왜곡하는 사람은 바로 우울한 아동 그 자신이었다.

불안하거나 우울한 아동들과는 대조적으로, 충동적인 아동은 자주 생각 없이 행동하고(Kendall & Braswell, 1993) 앞일을 고려하지 않고 계획하지 않는 것 때문에 형편없이 수행한다(Miller & Hinshaw, 이 책 3장을 보라). 주의력결핍 과잉행동장애(ADHD)를 가진 아동도 똑같다. 이 경우에는 인지 결함이 시사된다. 이 아동들은 주의 깊게 정보처리를 하지 못하며, 그 결과 수행에 문제가 생긴다. 아동 소집단이 축구를 하는 예를 고려하자. 12명의 선수가 축구장에 있다. 몇몇은 공을 차고 있고, 다른 아이들은 주위를 두리번거리거나 이야기를 하고 있으며, 또 다른 아이들은 그냥 서 있다. 참여하지 않은 한 아동이 바깥에 앉아 있는데, 왜 축구를 하지 않느냐는 질문에 "난 못해요. 나는 좋은 축구선수가 아니에요."라고 대답한다. 실제로, 그 아동은 서 있고 말하고 공을 찰 수 있으며 웬만한 기술 수준으로 축구 경기에 쉽게 참여할 수 있다. 그 아동의 말은 상황의 요구에 대한 잘못된 지각을 반영하고, 다른 아이들은 축구를 잘하지만 자신은 축구를 못한다고 생각한다. 이런 지각은 왜곡된 것이며, 부적절감, 고립, 사회적으로 철회되는 느낌과 연결되어 있다. 위축되고 우울한 아동의 이렇게 지나치게 자기비판적이고 고립되는 양상과 대조적으로, 충동적인 아동은 축구 경기를 보고 있다가 축구장으로 곧바로 달려 나가서 공을 쫓아다니기 시작한다. 그는 공을 차고 달리지만 자신이 어느 팀인지 모르고, 누가 자기 팀인지도 모르거나, 어떤 골대를 사용해야 할지도 모를 수 있다. 그의 문제는 적극적이지만 왜곡된 정보처리보다는, 멈추고 생각하지 못하는 것(인지 결함)에 기인한 것이다.

'결함'과 '왜곡'이라는 용어는 인지적 역기능의 특징을 기술하기 위해 현존하는 문헌들에서 사용되어 왔다(Kendall, 2000). 그 용어들이 인용된 많은 경우에, 비록 의도적이지는 않을지라도 그 용어는 내가 구분하는 방식과 일관되게 사용되었다. 스피백과 셔어(Spivack & Shure, 1982)는 대인관계의 인지적 문제해결 기술에서 보이는 결함이 정신병리를 유발한다고 주장하고, 바클리(Barkley, 1997)는 충동성을 매개 과정의 결함에서 비롯된 장애로 묘사하였다.

왜곡과 결함 간의 차이에 대해 더 설명하기 위해, 과잉 통제하거나 반대로 과소 통제하는 아동기 장애에서 인지의 역할을 고려해 보자(Achenbach, 1966). 여성 청소년에게서 가장 흔히 나타나는 신경성 식욕부진증은 자신에 대한 부정확한 견해(예를 들어, 신체에 대한 자기 지각)를 견지하면서 '너무 잘' 행동하려는 완벽주의자의 목표와 요구를 설정하는 것과 관련된다. 과잉통제 문제의 이러한 특징들은 인지 왜곡을 반영한다. 불안과 우울증 역시 내재화된 문제들로 간주되며, 이 역시 역기능적인 인지 왜곡을 나타내고, 인지 왜곡의 예로는 환경의 요구에 대한 오지각, 위협과 위험에 대한 오지각, 귀인 오류가 있다(예를 들어, 우울증: Hammen & Zupen, 1984; Prieto, Cole, & Tageson, 1992; 불안: Daleidan, Vasey, & Williams, 1996; Kendall, 이 책 5장과 Stark et al., 이 책 6장을 보라). 이와 반대로, 어린 소년들에게서 더 특징적으로 나타나는 충동적인 행동 표출이나 공격적인 행동은 부족한 자기 통제, 언어적 매개 기술을 적용하지 못하는 것, 그리고 사회적 조망 수용을 하지 못하는 것과 부분적으로 관련된다. 과소 통제하는 문제를 가진 아동은 주의 깊고 계획적인 인지 처리를 활성화하고 따르는 데 있어서 결함을 가진 것이 분명해 보인다. 공격성에 있어서는 인지 결함과 인지 왜곡 둘 다의 증거가 있다(Lochman et al., 이 책 2장을 보라). 공격적인 아동이 대인관계 문제해결에서 결함을 갖고 있다는 자료들과 정보처리 과정에서의 왜곡도 보인다는 자료들이 있다(예를 들어, Edens, Cavell, & Hughes, 1999; Lochman & Dodge, 1998; 또 Lochman et al., 이 책 2장과 Nelson et al., 이 책 4장을 보라). 다른 사람의 행동의 고의성에 대해 잘못 귀인하는 것(Dodge, 1985)은 왜곡된 처리 경향성을 보여 주는 데 비해, 대인관계 문제에서 대안적이고 비공격적인 해결책을 만들어 내는 능력의 한계는 결함의 한 예다.

경험적 연구 문헌들에 근거해서 나온 일관된 결론은 ① 과소통제 대 과잉통제는 중요한 행동적 차이이고, ② 왜곡 대 결함은 중요한 인지적 차이이며, ③ 이 둘 간에는 의미 있는 관련성이 있다는 것이다(Kendall & MacDonald, 1993을 보라). 내재화된 문제들은 부적응적이고 왜곡된 처리 과정과 더 연관되어 있는 반면, 외현화된 문제들은 부분적으로 처리 과정에서의 결함을 반영한다. 따라서 이런 구분을 인지하고 필요한 측면에 적절하게 방향을 맞추어 개입하는 것이 내담자에게 도움이 된다.

6. 시간 모형: 시간에 걸쳐 대처 발달시키기

경험적 연구와 임상적 이론 둘 다 적응적이고 부적응적인 행동과 정서 양식의 발달에 있어서 기대, 귀인, 자기 진술, 신념, 왜곡과 결함 그리고 도식 같은 인지 개념들의 역할을 계속 증명하고 강조한다. 흥미롭게도 이런 동일한 개념들이 행동 변화 과정에서도 중요한 역할을 한다. 그러나 이것들과 또 다른 인지 요인들 간의 상호 관련성에 대해서는 아직 완전하게 밝혀지지 않았다. 자기 진술의 기능적인 효과는 귀인의 그것과 어떻게 유사하거나 어떻게 다른가? 개인의 부적응적인 인지 구조는 그(녀)의 비합리적 신념 수준과 어떻게 관련되는가?

비일관적이거나 불안한 자기 진술은 대인관계의 인지 처리 과정과 문제해결을 감소시키는가? 간단히 말하면, 우리는 이론, 연구 그리고 임상적 관심을 받아들이는 인지 개념들의 조직화와 상호 관련성에 대해 단지 어느 정도만 알고 있을 뿐이다.

어느 정도 잠재적인 유용성을 가진 모형은 시간에 따라 개발되고 조직화되어 있는 모형이다. 발달 모형은 시간에 걸친 행동과 연합된 인지(예를 들어, 사건 이전, 사건 당시 그리고 이후에 일어나는 인지)의 역할을 설명해야 하고 반영할 수 있어야 한다. 왜냐하면 사건들은 진공 상태에서 일어나지 않기 때문에(그것들은 전형적으로 사회적인 것이고 정서적 요소들과 연합되어 있다), 그리고 행동은 중다 원인에 의해 결정되기 때문에, 모형은 중다 연속적인 행동적 사건들과 그것에 관련된 정서 반응들로부터 나오는 피드백을 허용해야 한다. 다시 말해, 그것은 시간에 걸친 발달과 관련된다. 즉, 사건 이전의 개인의 인지 처리 과정은 선행 사건의 (행동적 · 정서적) 결과에 의존해 변한다. 따라서 모형은 선행 사건의 상이한 결과들(예를 들어, 성공적, 비성공적)과 연합된 사건 이전의 인지에서의 다양성을 수용해야 한다. 더욱이 인지적 사건의 순서가 반복되는 것이 결국 인지 처리 과정에서의 일관성을 가져오기 때문에, 이 모형은 더 조직화된 인지 처리 과정의 최종 발달(예를 들어, 인지 구조, 인지 양식)을 강조한다.

[그림 1-1]은 그런 모형의 예를 보여 준다. 이 그림은 다양한 정서 강도를 가진 중다 행동적 사건들(BEs)에 걸친 인지의 흐름을 나타낸다. 출발점은 가상적인 첫 행동적 사건이고, 모형은 [그림 1-1]의 왼쪽에 있는 첫 행동적 사건 지점으로부터 (오른쪽에 있는) 결과적인 인지적 일관성까지 보여 준다.

어떤 행동을 하고 난 후 아동들은 자신의 행동의 원인을 어떻게 규명하는가? 달리 말하면, 제안된 행동의 모든 가능한 설명에 대해 아동들은 자신의 행동이나 타인의 행동에 대해 스스로에게 어떻게 설명하는가? 귀인은 사건의 끝에 나타나 시간적으로 빨리 지나가 버린다. 그럼에도 그 효과는 오래 지속될 수 있다. 비록 많은 요인(예를 들어, 기억으로부터의 회상)이 정확한 회상을 방해할 수 있을지라도, 사람들은 사건 이후에 오랫동안 귀인을 평가할 수 있다. 전형적으로, 귀인은 행동적 사건이 일어난 이후에 즉각적으로 평가된다.

특히 정서적인 영향이 클 때, 행동적 사건의 반복([그림 1-1]에서 중다 행동적 사건들)과 이에 관련된 인지 처리 과정이 반복되는 것은 어느 정도 일관성 있는 결과를 가져온다. [그림 1-1]을 보면 인지 일관성(예를 들어, 인지 구조, 신념, 귀인 양식)은 중다 사건들 이후에 나타남을 알 수 있다. 이러한 인지 변인들(시간에 걸친 일관성)은 단일한 귀인보다 더 안정적이다. 더 안정적인 인지 양식 변인들은 일반적 의미에서 더 예언적 가치가 있지만, 특정한 행동적 사건이 일어날 때의 실제 인지에 비해 특정한 상황에서 예언적 가치는 줄어든다. 행동적

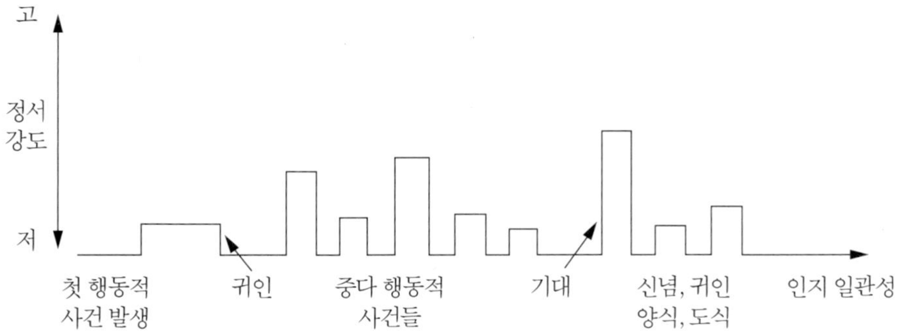

그림 1-1 인지 활동(예를 들어, 혼잣말, 심상) 흐름

상이한 정서 강도를 가진 행동적 사건들에 걸친 인지의 흐름에 대한 시간 모형. 자기 진술과 심상들은 시간적 흐름 안에서 어떤 시점에서도 일어날 수 있으며, 다양한 시점에서 연구될 수 있다. 문제해결 과정 역시 다양한 시점에서 일어나며, 특히 갈등이 있는 곳에서 일어난다.

사건과 사건의 결과에 대한 과거 경험들이 축적된 것에 근거해서, 아동이나 청소년은 더 정확한 예기적 인지(예를 들어, 기대)를 갖게 된다.

예를 들어, 기대는 결과에 대한 기대와 자기효능감에 대한 기대로 기술되어 왔다(Bandura, 1977). 다른 예기적 인지는 의도, 계획, 약속 등을 포함한다. 이렇게 나중에 나타나는 변인들은 상황적으로 특정한 기대보다는 시간을 거치면서 더 안정되고 일관적일 수 있다. 일반화된 기대(예를 들어, 통제 소재)는 여러 상황에 걸쳐 매우 일반적으로 나타나기 때문에 귀인 양식으로 보일 수도 있다. 예를 들어, 외적 통제 소재에 대한 일반화된 기대는 사건 이전(기대)과 이후(귀인) 모두에서 나타날 수 있다. 외현화하는 사람은 사건 이전에 이미 최소한의 효과를 보일 예상을 한다. 즉, "왜 말하기가 힘든가? 아무도 내 말에 귀 기울이지 않는다."라고 말이다. 사건 이후에 그 사람이 전혀 참여하지 않은 상태로 의사결정이 이루어진다면, 그 사건은 힘 있는 타인에게 귀인된다. 즉, "봐라, 목소리 큰 사람이 항상 이긴다."라고 말이다.

지금까지 언급된 인지 요인들에 더해, 다른 인지 변인들, 즉 심상, 자기 진술 그리고 인지적 문제해결 기술 같은 변인들이 인지행동적 분석에서 중요하게 예시되어 왔다. 이런 요인들은 [그림 1-1]에서 묘사된 시간적 흐름에 따라 어떤 시점에서든 일어나고, 이들 요인(예를 들어, 혼잣말)을 평가하는 것이 아동과 청소년을 이해하고 치료하는 데서 가치 있는 것으로 판명되었다.

정서의 힘은 개입을 계획하고 실시하며, 결과적으로 효과적인 개입 성과를 가져오는 데 있어서 매우 중요하다. 정서 강도는 [그림 1-1]에서 수직선으로 표시되어 있다. 막대가 더 높을수록 정서성이 더 강한 것이다. 즉, 높은 막대는 정서적으로 더 강력한 행동적 사건을 나타낸다. 정서 강도는 경험이 더 강렬할수록 인지 구조(도식)의 발달에 미치는 영향이 더 크기 때문에 중요하다. 따라서 정서적으로 중요한 사건은 인지 구조의 발달과 미래의 생각 및 행동에 더 큰 영향을 주는 한편, 정서적 관여의 관점에서 보자면 사소한 사건들도 귀인, 미래에 대한 기대 그리고 행동들에 대해 제한적이지만 영향을 줄 수 있다. 사람들은 치료를 정서적으로 긍정적인 것과 관련된 경험으로 만들고 그렇게 실시하려 노력함으로써 대처와 적응적인 인지 처리 과정을 이끌어 내려 한다. 이 장의 뒤에서 그리고 이 책의 전반에 걸쳐 더 자세히 논의되듯이, 치료는 역기능적 사고 및 도식을 유지하려는 내담자의 시도를 줄이도록 도울 수 있고, 새로운 도식을 형성해서 내담자가 문제를 확인하고 해결할 수 있게 대처할 수 있는 방향으로 가도록 도울 수 있다.

아동 · 청소년 치료에 구체적으로 참고할 만한 효과적인 프로그램은 참여자의 예기적 인지 활동과 사건 이후의 인지 활동 모두에 주의를 기울이는 동시에 강렬한 긍정적 정서를 느낄 수 있는 행동을 경험하도록 의도적으로 계획하고 시도하는 것이다. 치료자는 이전 행동과 정서에 대한 아동의 귀인 그리고 그(녀)의 미래 행동과 정서에 대한 기대 둘 다를 인도한다. 따라서 아동은 적응적 기능에 연합된 적응적 기술과 정확한 인지를 포함하는 미래 사건에 대한 인지 구조(대처의 틀)를 가질 수 있다.

7. 합리적 포부

어떤 목표들이 우리가 세심한 노력을 기울일 만한 가치가 있는 것인가? 인지행동치료자는 어떤 목표를 열망하는가? 우리는 각 아동 내담자의 모든 문제를 교정하기를 기대하는가? 이 질문들에 답하기 위해 우리는 ① 정상 발달 궤도, ② 변화에 대한 치료자의 합리적인 기대, ③ 우리의 목표들의 본질을 상세히 설명하는 이론적 모형 등을 고려할 것이다.

1) 정상적인 발달 궤도

인간 존재는 일반적으로 기술의 습득, 자기 주도, 자율성 그리고 인생에서의 행복을 향해 가는 발달 과정상에 있다. 즉, 발달 궤도에서 이탈하지 않는다면, 유기체는 만족스러운 자기 결정적 역할을 향해 나아간다. 이런 궤도를 가정할 때, 인지행동적 개입은 어디에서 도움이 될 것인가?

아동과 청소년에 대한 개입은 치료와 예방 또는 향상에 초점을 둘 수 있다. 예방은 문제가 나타나기 이전에 미리 손을 쓰려는 시도인 데 비해, 개선을 위한 개입(치료)은 아동 · 청소년이 이미 갖고 있는 문제들을 극복하게 돕도록 고안된다. 향상은 현재 고통을 겪고 있지 않지만(진단적 준거에 부합하지 않지만) 삶의 질을 향상시킬 목적을 갖고 있다. 인지행동적 개입의 대다수는 치료를 위한 것이다. 상당수가 현재 혹은 잠재적으로 예방을 위한 것이지, 적절한 적응력을 향상시키기 위해 도움을 주는 경우는 거의 없다. 이에 비해 어떤 경우에는 재난 피해자들을 위한 개입(La Greca & Silverman, 이 책 10장을 보라)처럼 자연재해나 위기 상황의 피해자들에게 적용하도록 계획된다. 스스로 결정하는 사람이 되도록 돕는 개입에 의해 미래의 고통을 예방할 뿐 아니라, 현재 고통받고 있는 개인 모두에게 도움이 되는 개입이 가장 좋은 것으로 간주된다.

아동과 청소년 내담자를 치료할 때 치료자는 치료 목표에 대해 특별히 고려할 필요가 있다. 치료자는 내담자가 현재 생활 상황에 더 잘 적응하게끔 어느 정도까지 돕고 싶어 하는가? 치료자는 내담자가 자신의 생활 상황을 변화시키도록 어느 정도까지 돕기를 원하는가? 가족 구성원, 학교 사람들 그리고 다른 권위적 어른들이 관련될 때 문제는 더 복잡해진다. 심리적으로 건강하지 못한 생활 상황에 적응하는 것을 추천할 수는 없다(Deblinger, Behl, & Glickman, 이 책 11장을 보라). 그러나 내담자의 최적의 적응을 창출해 낼 만큼 생활 상황을 극적으로 변화시키는 것이 항상 가능하지는 않다. 인지행동적 접근이 제안하는 해결책은 개인의 문제해결에 초점을 둔 것이다. 내담자는 자기 결정을 하는 데 사용될 수 있는 기술, 즉 자율성을 향한 발달적 변화에 본질적으로 부합하는 기술들을 습득하도록 도움을 받는다.

문제해결 기술은 특정 시점에서 내담자에게 가장 적합하고 독특한 개인적 선택을 할 수 있게 해 준다. 아동이나 청소년 내담자는 사고 과정 전반에 걸쳐 지원을 받고, 대안적인 해결책을 고려하도록 권장되며, 노력에 대해 보상과 격려를 받고, 적응을 위한 미래의 도전에 필요한 기술들을 연습하도록 도움을 받는다. 이런 방식으로, 아동이나 청소년에게 어떤 답을 선택할지는 말해주지 않고 선택과 자기 결정을 허용하면서, 문제해결 과정에서 적극적인 참여자가 되는 과정을 안내한다. 청소년기는 문제해결을 적용하기에 특히 더 적절한 시기일 수 있다(Holmbeck, Devine, Wasserman, Schellinger, & Tuminello, 이 책 15장을 보라). 선택 사항들에 대해 주의 깊게 파악하고 생각하며 검증하고 평가하도록 돕고 안내하는 것이 CBT의 목표 중 하나다.

자연적인 발달 궤도의 관점으로 돌아가서, 심리적으로 건강한 적응은 이전의 난관을 해결하는 것에 근거해서 이루어진다. 아무도 곧바로 통과하지는 못한다. 좌절을 관리하는 것은 자신감을 갖게 만든다. 어떤 사람이 적응하는 과정에서 실수가 없다면, 개입은 불필요할 것이다. 그러나 도전의 기회가 저절로 주어지지 않거나 이전의 도전이 성공적이지 않았다면, 새로운 기술이 필요하고 여러 새로운 도전에 적용할 수 있는 그러한 기술을 습득하는 것이 어느 정도까지는 가능하다. 시범을 보이고, 가르치고, 문제해결 기술을 연마함으로써, 인지행동치료자들의 노력은 적응을 향한 변화와 부합한다. 목표는 더 잘 준비된 사람, 즉 문제해결을 촉진시킬 수 있는 일련의 기술을 가지고 인생의 필연적인 어려움들에 준비된 사람이 되게 하는 것이다.

2) 치료자의 합리적인 기대

메이저리그 야구에서 가장 우수한 타자가 대략 .340의 타율을 보이고, 전문적인 볼링 선수라도 항상 300을 득점하지는 못하며, 모든 미식축구 경기가 득점으로 이어지는 것은 아니다. 아마 더 놀랍게도, 지금까지 가장 훌륭한 농구 선수라고 알려진 마이클 조던(Michael Jordan)은 선수 생활 기간 동안 약 49%의 슈팅 성공률을 보였다. 정신건강 전문가로서 우리는 아직까지도 종종 우리(그리고 암묵적으로 우리의 치료)의 전체 내담자 또는 대부분의 내담자를 도울 것이라는 기대를 받고 있다. 그런 성공률을 기대하는 것은 비합리적이고, 부적응적이며, 다른 어려운 문제들과 연관될 수 있다.

치료자의 합리적인 기대는 개입이 성공적인 적응을 향한 변화에 도움이 될 것이고, 치료에서 알게 된 기술들을 습득한 내담자가 언젠가는 그 기술들의 도움을 받게 될 것이라는 신념을 포함한다. 비합리적인 기대는 어떤 문제를 가진 어떤 아동이라도 심리치료, 즉 인지행동적이거나 그 외의 심리치료를 사용해 '고칠' 수 있다고 기대하는 것이다. 치료를 '고치는 것(cure)'으로 보는 관점은 문제가 있고 오해를 불러일으키는 신념이다(Kendall, 1989를 보라).

아동과 청소년들이 심리치료나 건강 증진 프로그램을 통해 자동적으로 도움을 얻는다는 증거는 없다. 그리고 치료가 명백하게 성공한 경우조차 재발의 가능성은 언제나 남아 있다. 만약 재발한다면, 치료는 효과가 없는 것인가? 치료가 정신병리를 '고치는' 한 부분으로, 모든 재발을 예방할 것이라고 기대해야 하는가? 치료자가 견지해야 할 합리적인 기대는 치료가 부적응을 고치는 것이 아니라는 것이다. 치료는 도움을 제공하지만, 그 도움은 정신병리의 관리를 위한 방략으로 제공된다. 예를 들어, 불안장애가 있는 청소년은 불안을 유발하는 상황에 대한 모든 지각을 완전히 없애거나 자기평가적인 염려를 모두 제거할 치료를 받지는 않을 것이다. 그러나 치료를 받은 청소년은 불안 각성이 일어날 때 그것을 관리하기 위해 새롭게 알게 된 방략들을 적용할 수 있을 것이다. 화를 잘 내고 공격적인 아동이 즉각적인 보복 행동에 대한 모든 충동을 없앨 수는 없지만, 그(녀)는 더 주의 깊고 사려 깊은 행동과 정서 관리가 필요할 때 사용할 수 있는 기술들을 갖게 될 것이다. 모든 문제를 고치는 것을 기대하는 것은 비합리적이다. 경험을 통해 적응을 촉진시키는 지혜를 전달해 준다고 기대하는 것이 현명하다.

치료를 받은 모든 아동·청소년이 이상적인 성과를 경험하지는 않는다. 경험적으로 지지된 치료 이면의 생각은 대부분의 경우, 그리고 우연보다 나은 정도로 치료가 효과적인 것으로 밝혀졌다는 것이다. 아동·청소년의 불안장애 치료와 불안장애를 가진 아동·청소년 488명에 대한 6개 연구(Walkup et al., 2008)에 대해 고려해 보자. CBT 치료를 받은 60%가 치료 후에 '매우 많이 개선됨' 또는 '많이 개선됨'으로 나타났다. 비록 이런 반응률이 약물치료나 플라세보 약물과 비교해 볼 때 유의하게 더 좋지만 모든 아동·청소년의 성과가 이렇게 긍정적인 크기는 아니었고, 긍정적인 반응을 보인 모든 내담자가 다른 어려움 없이 진척된 것은 아니었다. 축적된 경험적 지지에 의하면 이 치료가 효과적이지만 다른 문제들이 여전히 남아 있고 종종 부가적인 주의를 필요로 한다.

재발이나 재발의 위험성을 다루는 것은, 건강한 식사습관을 유지하기 위해 노력하는 것에서도 명백히 볼 수 있듯이, 생활의 일부다(Wilfley, Kass, Kolko, & Stein, 이 책 13장을 보라). 가장 성공적인 내담자조차도 최상이 아닌 결정을 내리게 되는 경우가 많이 있을 것이다. 우리의 목표는 '모든 것이 영원히 잘 되는 것'이 아니라, 치료가 시작되기 이전에 나타났던 궤도를 향상시키는 것이다. 부적응적인 궤도를 변화시키는 것이 치료적인 도움을 가져온다고 기대하는 것이 합리적이다.

사회불안과 우울증의 증상들은 흔히 나타나는 정서적 어려움이다. 아동 및 청소년과 함께 작업하는 많은 치료자는 해로운 불안과 원치 않는 우울 문제를 다룬다. 이러한 정서 문제를 가진 아동·청소년들이 고통받는 부분은 부적응적인 정보처리 방식이며, 이는 개입을 필요로 한다. 이와 똑같은 장애로 고통받는 성인 내담자에게도 마찬가지로, 인지행동적 개입은 정서적 고통과 관련되어 있는 왜곡된 정보처리를 수정하려 애쓴다. 불행하게도, 통속적인 압력으로 인해 '긍정적 사고의 힘'이라 불리는 견해가 과잉 촉진되었다. 우리는 내담자가 최고로 긍정적인 사고를 하는 사람이 되기를 원하는가? 그런 목표가 치료의 합리적이고 바람직한 결과인가? 이론이 제안하고 연구 증거가 지지하듯이, 치료에서 부정적 사고를 감소시키는 것이 정서적 적응이나 향상과 관련되어 있는 것과는 달리, 긍정적 사고가 갖는 그러한 영향력은 그렇게까지 크지 않다는 것이 판명되었다. 나는 다른 책에서 '부정적이지 않은 사고의 영향력'으로 이것에 대해 언급하였다(Kendall, 1984). 과도하게 부정적이고 가혹한 인지 처리를 감소시키는 데 성공할 때, 우리는 부정적 사고를 줄이고 그와 결합된 심리적 고통을 줄일 수 있다(Kendall & Treadwell, 2007; Treadwell & Kendall, 1996).

당신은 항상 긍정적으로 생각하는 사람이 되고 싶은가? 오로지 긍정적인 관점에서만 스스로에 대해 생각하고 말하는 사람들은 심리적으로 건강하지 않다. 그보다, 우리 모두는 부정적인 특성을 가진 생활 사건들을 경험하고, 합리적인 사람이라면 이처럼 피할 수 없는 것을 받아들인다. 예를 들어, 당신이 국제선 비행기를 타고 여행하고 있다고 상상해 보라. 엄청난 난기류를 겪는 동안, 모든 것을 긍정적으로 보는 누군가의 옆자리에 당신이 앉아 있다고 가정하자. 난기류로 인해 비행기의 문이 열리는데, 옆자리의 그 사람이 당신에게 "와, 신선한 공기네요!"라고 말한다면, 이는 확실히 합리적 반응은 아니다! 한두 가지의 부정적인 생각이 상당히 합리적인 순간들이 있다. 순전히 긍정적인 정보처리를 하는 것은, 현실에 비추어 판단할 때 다소 왜곡된 것이다. 만약 순전히 긍정적인 생각을 하게 만드는 것이 목표가 아니라면, 그리고 적응이 부정적 사고를 감소시키는 것과 관련되어 있다면, 치료자가 개입의 성과를 판단할 때 어떤 것이 합리적 기대인가?

불안하고 우울한 아동 · 청소년의 부정적이고 자기비판적인 사고 양식을 감소시키도록 치료가 계획되어야 하는가? 대답은 긍정적 사고와 부정적 사고의 비율에 있다. 적응과 관련된다고 알려진 긍정적 사고 대 부정적 사고의 비율은 0.62:0.38이다(Kendall, Howard, & Hays, 1989를 보라). 이런 발견들은 더 나이 많은 청소년의 경우에 보고되었지만, 더 어린 아동들에게도 사실이다. 일반적으로 말하면, 이 2:1 비율은 부적응적이지 않은 사람들에게서 부정적 사고가 1/3을 차지하는 반면, 긍정적 사고는 2/3를 차지한다는 것을 뜻한다. 심리측정이나 임상적으로 확인된 바에 의하면, 우울한 경우는 1:1의 비율을 보인다. 긍정적 사고와 부정적 사고의 똑같은 빈도를 반영하는 50-50의 비율은 긍정적인 것과 부정적인 것 간의 갈등을 보여 주는 내적 대화다. 나는 긍정적 사고 대 부정적 사고의 최적의 비율이 2:1이라는 것을 아는 것이 치료자를 위한 지침이 된다고 제안한다. 과도하게 낙관적인 사고가 반드시 건강한 것은 아니며, 1:1 비율 쪽으로 너무 가까이 가는 것 역시 건강하지 않다. 어떤 원치 않는 상황을 인식하고, 한두 가지의 부정적 사고를 받아들이며, 그리고 어느 정도의 긍정적인 사고를 가지고 부정적 측면들을 상쇄시켜 처리하는 것이 건강한 것이다. 긍정적 사고는 부정적 사고를 없애는 데 도움이 되지만, 부정적 사고가 완전히 제거되어야 하는 것은 아니다.

비록 우리 모두는 일부 아동 내담자의 치료에 성공했지만, 아동과 청소년들이 전형적으로 ① 자신이 새롭게 획득한 기술을 보여 주고, ② 도움을 준 데 대해 치료자에게 감사하려 하는가? 때때로 많은 운 좋은 치료자가 증언하듯이, 아동과(혹은) 부모들은 따뜻하고 진실한 '감사'를 전한다. 우리는 확실한 이득의 증거가 되는 카드나 이메일을 받기도 하지만 항상 이러한 반응을 기대하지는 않는다. 아동과 청소년들이 치료적 상호작용을 통해 배우는 것이 가능함에도 불구하고 다양한 이유로 인해 우리에게 그것을 알려 주지 않으려 한다. 그들은 때때로 마치 자신들이 항상 옳았고 치료로 도움을 받을 필요도 없었다는 듯이 행동한다. 모든 내담자가 치료 후에 우리의 개입으로부터 혜택을 입었다는 것을 보여 줄 것이라고 기대하는 것은 치료자의 입장에서 볼 때 비합리적이다.

치료로 인해 이로운 효과가 생길 수 있지만, 이런 효과가 치료가 끝나는 시점에서 명백하게 즉시 나타나는 것은 아니다. 나는 이것을 낙관적으로 받아들여 '수면자 효과(sleeper effect)'라고 부른다. 이로운 학습이 일어났지만, 학습의 증거는 발달의 이후 시점 또는 다른 상황이 올 때까지는 나타나지 않는다. 예를 들어, 대인관계의 문제해결 기술을 학습할 기회를 제공한 치료가 완료되었다고 해서 그 기술들을 즉시 사용하게 되지는 않을 수 있다. 시간이 경과한 후에, 여러 번 생각이 여과되고, 문제해결 과정의 일부를 성공적으로 사용하게 되면서 아동 · 청소년이 문제해결 접근의 이점을 적용하고 인식하게 될 수 있다. 예를 들어, 나의 경험에 의하면 초기 아동기에 아동이 학습한 대인관계 기술이 또래의 사회적 압력에 즉각 효과를 보이는 것은 아니다. 더 많은 발달적 변화가 일어난 후에, 초기에 습득된 그 기술들은 갈등 없이 나타날 수 있고 개인의 현재 적응에 더 도움이 된다.

낙관적인 생각을 계속 견지한다면, 파급 효과 또한 나타날 수 있다. '파급 효과'라는 용어는 아동의 치료와 연합되어 부모, 형제자매 또는 치료의 표적이 아닌 다른 참가자들에게서 나타날 수 있는 이득을 뜻한다. 예를 들어, 한 아동이 우울증에 대한 인지행동치료에 참가해서 성공적으로 끝냈다(Stark et al., 이 책 6장을 보라). 치료가 끝났을 때 그(녀)는 또래 활동에 더 많이 참여하게 되었다. 그 결과, 아동은 부모와 함께 정서적으로 소모적인 시간을 덜 보내게 되었고, 부모에게 요구를 적게 하고 부모를 덜 힘들게 하였다. 아동의 우울 기분과 부분적으로 연관되어 있었던 부모 사이의 긴장은 아동이 나아짐에 따라 감소하게 된다. 이처럼 치료 효과는 치료 표적이 아닌 영역으로 확대될 수 있다. 비록 이런 효과가 일어날 수 있지만, 이 예에서는 아동 부모의 관여가 클 때 이런 효과가 더욱 잘 일어나고 더 분명해지는 것 같다. 인지행동치료가 경험적으로 지지된 치료 목록에 나타나는 빈도가 늘어날수록 어느 정도의 낙관주의는 정당화될 수 있다. 그러나 여전히 도전은 남아 있다(Kendall & Choudhury, 2003; Kendall & Ollendick, 2004). 이 책을 쓰는 데 기여한 저자들은 무엇을 할지, 그리고 어떻게 할지에 대해 우리가 알고 있는 것뿐 아니라 남아 있는 할 일이 무엇인지까지도 이 책에 담으려 하였다.

3) 변화에 대한 개념화

행동적 및 정서적 어려움을 가진 아동과 청소년들은 사회적 정보처리에 있어서 부적응적인 특성을 갖고 있다. 부정적인 결과를 내적 · 전반적 · 안정적 특징으로 잘못 귀인하는 우울한 청소년과, 활동적이지만 미리 계획적으로 생각하는 데 결함을 가진 충동적이고 과잉행동적 아동 모두에게 인지 처리를 수정하는 것은 효과가 있다. 이론적으로, 우리는 필요한 변화를 어떻게 개념화할 수 있는가? 치료 목표의 한 부분으로 인지 변화의 본질을 어떻게 가장 잘 묘사할 것인가?

앞의 논의에서 보았듯이, 어떤 인지 왜곡은 수정을 필요로 한다. 경험 이전과 이후 모두에서 처리 과정의 지침이 되는 새로운 경험들은 비뚤어진 생각을 바로잡는 데 도움이 될 것이다. 내가 제안하고 싶은 것은, 현재의 인지 구조가 지워지는 것이 아니라 세상을 구성하는 새로운 기술들과 방법들이 만들어진다는 것이고, 이런 새로운 구조는 미래의 경험을 의미 있게 만드는 새로운 참조틀이 된다는 것이다. 치료는 원치 않는 인지 구조나 정서적인 역사들을 외과적으로 제거하는 것이 아니라, 새로운 방략들을 포함하는 새로운 도식을 만들어 이전의 역기능적인 그것들을 대체하도록 도움을 준다.

치료는 인지 처리와 정서 처리가 동시에 동반되는 중다 행동적 사건들에 노출시키는 기회를 내담자에게 제공하고, 이에 따라 시간이 지나면서 새로운 인지 구조들이 만들어질 수 있다([그림 1-1]에 대한 논의를 상기하라). 긍정적인 정서적 색조는 경험의 영향력을 증가시킬 수 있고, 아동 · 청소년이 새로운 견해를 발달시키는 데 영향을 줄 수 있다. 이런 새로운 지각이 아동의 세계와 그 안에서의 그(녀)의 위치에 대해 더 진척된 견해에 병합될 때, 미래의 경험은 다르게 형성된다(덜 부적응적으로). 이런 '개정된 관점들'(새롭게 습득된 기술들과 새로 만들어진 도식)을 사용함으로써, 개인은 이전의 부적응적인 경향을 관리하여 새로운 도전에 직면하고 그에 대처하는 방향으로 나아가게 된다.

8. 맺음말

대개 아동과 청소년들은 정신건강 서비스를 받기 위해 치료자에게 전화하거나 스스로 자신을 의뢰하지 않는다. 그와 반대로, 부모, 교사, 보호자 등 아동이나 청소년 외의 사람들이 심리적 도움을 구하기 시작한다. 어릴 때 정신건강 서비스를 받는다는 것은 특별한 일이다. 스스로 도움을 구하는 것은 다른 누군가에 의해 치료자를 찾게 되는 것과는 매우 다르다! 개인적으로 고통을 겪고 있는 성인들은 스스로 정신건강 서비스를 찾는다.

성인들이 대개 스스로 치료를 받으려 하는 반면 아동들은 다른 사람에 의해 치료에 의뢰된다는 사실은 임상적 의미를 가진 중요한 차이점이다. 아동과 청소년들은 스스로 경험을 즐겨야 하고, 어디에 가고 싶어 해야 하며, 심지어 치료의 잠재적인 이득을 보기 위해 찾아와야 한다. 따라서 치료 상황에서 즐거운 정서적 환경을 조성하고 치료에 더 참여하고 싶은 동기를 유발하려는 노력이 반드시 필요하다. 불안한 아동의 치료(Kendall, 이 책 5장을 보라)에서 언급하겠지만, 첫 회기의 목표는 두 번째 회기에 오게끔 만드는 것이다!

성장 과정 중에 있는 사람들이 당면하는 주된 도전들 중 하나는 자율성과 독립성을 향한 움직임이다. 이런 움직임의 핵심은 가족, 특히 부모와 부모의 지지적이거나 제약하는 양육 방식이다. 아동과 청소년 내담자들은 아직 완전히 독립적일 수 없으며, 가족, 학교 그리고 다른 주변의 영향들을 고려해야만 한다. 실제로 현재의 이론에 대한 주된 비판이 개인의 변화에 대한 것이지만, 중다 영향이 고려되고 병합되어 왔다.

지금까지의 분석에서는 치료 과정의 일부로 신뢰, 존경 그리고 아동-치료자 관계 같은 변인들에 대해 거의 논의가 이루어지지 않았다. 그 이유는 이런 문제들이 중요하지 않아서가 아니라, 모든 형태의 치료적 개입에 필수적이기 때문이다. 예를 들어, 관계는 바람직한 결과를 가져올 수 있는 치료 접근들에서 공통적인 요인이다(Shirk, Jungbluth, & Karver, 이 책 16장을 보라). 돈독한 관계를 가능하게 만드는 '협동' 같은 요인들(Creed & Kendall, 2005)은 상호 존경과 신뢰를 명확하게 의사소통하는 행동적 및 정서적 패턴이므로 격려된다. 한 예로, 치료자의 '협동' 정도에 대한 독립적인 평정자들의 판단이 치료 관계에 대한 아동의 선호도 평정 정도를 예언할 수 있었다(Creed & Kendall, 2005). 최상의 치료 성과는 지지적인 환경을 기초로 하여 '충실성 안에서의 융통성'이 분명한 방식으로, 경험적으로 지지되는 절차를 수행하는 것과 연관되어 있다는 것이 나의 입장이다.

〈감사의 글〉

템플 대학교의 임상심리학 박사 수련 프로그램의 많은 대학원생과 교수가 보여 준 사려 깊은 토론과 의미 있는 협력에 감사드린다. 이 장은 미국 국립정신건강연구소(National Institute of Mental Health)의 연구비 지원을 받아 저술되었다(지원 번호 MH63747, MH64484 그리고 MH80788).

참고문헌

Achenbach, T. M. (1966). The classification of children's psychiatric symptoms: A factor analytic study. *Psychological Monographs, 80*(Whole No. 615).

Bandura, A. (1977). Self-efficacy: Toward a unifying theory of behavior change. *Psychological Review, 84*, 191-215.

Barkley, R. A. (1997). Behavioral inhibition, sustained attention, and executive functions: Constructing a unifying theory of ADHD. *Psychological Bulletin, 121*, 65-94.

Barmish, A., & Kendall, P. C. (2005). Should parents be co-clients in cognitive-behavioral therapy with anxious youth? *Journal of Clinical Child and Adolescent Psychology, 34*, 569-581.

Chambless, D., & Hollon, S. (1998). Defining empirically supported treatments. *Journal of Consulting and Clinical Psychology, 66*, 5-17.

Chu, B. C., & Kendall, P. C. (2004). Positive association of child involvement and treatment outcome within a manual-based cognitive-behavioral treatment for children with anxiety. *Journal of Consulting and Clinical Psychology, 72,* 1-11.

Creed, T., & Kendall, P. C. (2005). Therapist alliance-building behavior within a cognitive-behavioral treatment of anxiety in youth. *Journal of Consulting and Clinical Psychology, 73,* 498-505.

Daleiden, E. L., Vasey, M. W., & Williams, L. L. (1996). Assessing children's state of mind: A multitrait, multimethod study. *Psychological Assessment, 8,* 125-134.

Diener, E., & Lucas, R. (1999). Personality and subjective well-being. In D. Kahneman, E. Diener, & N. Schwarz (Eds.), *Well-being: The foundations of hedonic psychology* (pp. 213-239). New York: Russell Sage Foundation.

Dodge, K. (1985). Attributional bias in aggressive children. In P. C. Kendall (Ed.), *Advances in cognitive-behavioral research and therapy* (Vol. 4, pp. 75-111). New York: Academic Press.

Edens, J., Cavell, T., & Hughes, J. (1999). The self-systems of aggressive children: A cluster-analytic investigation. *Journal of Child Psychology and Psychiatry, 40,* 441-453.

Fishman, K. D. (1995). *Behind the one-way mirror: Psychotherapy with children.* New York: Bantam Books.

Hammen, C., & Zupan, B. (1984). Self-schemas, depression, and the processing of personal information in children. *Journal of Experimental Child Psychology, 37,* 598-608.

Hartup, W. W. (1984). Peer relations. In P. Mussen (Ed.), *Handbook of child psychology.* New York: Wiley.

Hibbs, E. D., & Jensen, P. S. (Eds.). (2005). *Psychosocial treatments for child and adolescent disorders: Empirically based strategies for clinical practice* (2nd ed). Washington, DC: American Psychological Association.

Hughes, A., & Kendall, P. C. (2008). Effect of a positive emotional state on interpretation bias for threat in children with anxiety disorders. *Emotion, 8,* 414-418.

Ingram, R. E., Miranda, J., & Segal, Z. V. (1998). *Cognitive vulnerability to depression.* New York: Guilford Press.

Kendall, P. C. (1984). Behavioral assessment and methodology. In G. T. Wilson, C. M. Franks, K. D. Brownell, & P. C. Kendall (Eds.), *Annual review of behavior therapy: Theory and practice* (Vol. 9, pp. 39-94). New York: Brunner/Mazel.

Kendall, P. C. (1989). The generalization and maintenance of behavior change: Comments, considerations, and the "no-cure" criticism. *Behavior Therapy, 20,* 357-364.

Kendall, P. C. (1993). Cognitive-behavioral therapies with youth: Guiding theory, current status, and emerging developments. *Journal of Consulting and Clinical Psychology, 61,* 235-247.

Kendall, P. C. (1998). Empirically supported psychological therapies. *Journal of Consulting and Clinical Psychology, 66,* 3-7.

Kendall, P. C. (2000). *Childhood disorders.* London: Psychology Press.

Kendall, P. C., & Beidas, R. (2007). Smoothing the trial for dissemination of evidence-based practices for youth: Flexibility within fidelity. *Professional Psychology: Research and Practice, 38,* 13-20.

Kendall, P. C., & Braswell, L. (1993). *Cognitive-behavioral therapy for impulsive children* (2nd ed.). New York: Guilford Press.

Kendall, P. C., & Choudhury, M. (2003). Children and adolescents in cognitive-behavioral therapy: Some past efforts and current advances, and the challenges in our future. *Cognitive Therapy and Research, 27,* 89-104.

Kendall, P. C., Chu, B., Gifford, A., Hayes, C., & Nauta, M. (1998). Breathing life into a manual. *Cognitive and Behavioral Practice, 5,* 177-198.

Kendall, P. C., Compton, S., Walkup, J., Birmaher, B., Albano, A. M., Sherrill, J., et al. (2010). Clinical characteristics of anxiety disordered youth. *Journal of Anxiety Disorders, 24,* 360-365.

Kendall, P. C., Gosch, E., Furr, J., & Sood, E. (2008). Flexibility within fidelity. *Journal of the American Academy of Child and Adolescent Psychiatry, 47,* 987-993.

Kendall, P. C., & Hollon, S. D. (1979). Cognitive-behavioral interventions: Overview and current status. In P. C. Kendall & S. D. Hollon (Eds.), *Cognitive behavioral interventions: Theory, research and procedures* (pp. 1-13). New York: Academic Press.

Kendall, P. C., Howard, B. L., & Hays, R. C. (1989). Self-referent speech and psychopathology: The balance of positive and negative thinking. *Cognitive Therapy and Research, 13*, 583-598.

Kendall, P. C., & Ingram, R. E. (1989). Cognitive-behavioral perspectives: Theory and research on depression and anxiety. In P. C. Kendall & D. Watson (Eds.), *Anxiety and depression: Distinctive and overlapping features* (pp. 27-54). New York: Academic Press.

Kendall, P. C., & Khanna, M. (2008). *Camp Cope-A-Lot: The coping cat CD.* Ardmore, PA: Workbook Publishing. (Available online at *www.workbookpublishing.com*).

Kendall, P. C., & MacDonald, J. P. (1993). Cognition in the psychopathology of youth, and implications for treatment. In K. S. Dobson & P. C. Kendall (Eds.), *Psychopathology and cognition* (pp. 387-430). San Diego, CA: Academic Press.

Kendall, P. C., & Ollendick, T. (2004). Setting the research and practice agenda for anxiety in children and adolescents: A topic comes of age. *Cognitive and Behavioral Practice, 11*, 65-74.

Kendall, P. C., Stark, K., & Adam, T. (1990). Cognitive deficit or cognitive distortion in childhood depression. *Journal of Abnormal Child Psychology, 18*, 267-283.

Kendall, P. C., & Treadwell, K. (2007). The role of self-statements as mediator in treatment for anxiety-disordered youth. *Journal of Consulting and Clinical Psychology, 75*, 380-389.

Khanna, M., & Kendall, P. C. (2010). Computer-assisted cognitive-behavioral therapy for child anxiety: Results of a randomized clinical trial. *Journal of Consulting and Clinical Psychology, 78*, 737-745.

Lochman, J., & Dodge, K. (1998). Distorted perceptions in dyadic interactions of aggressive and nonaggressive boys: Effects of prior expectations, context, and boy's age. *Development and Psychopathology, 10*, 495-512.

Prieto, S., Cole, D., & Tageson, C. (1992). Depressive self-schemas in clinic and nonclinic children. *Cognitive Therapy and Research, 16*, 521-534.

Silverman, W., & Hinshaw, S. (2008). Evisence-based psychosocial treatments for children and adolescent: A ten year update [Special issue]. *Journal of Clinical Child and Adolescent Psychology, 37.*

Southam-Gerow, M., & Kendall, P. C. (2000). A preliminary study of the emotional understanding of youths referred for treatment of anxiety disorders. *Journal of Clinical Child Psychology, 29*, 319-327.

Spivack, G., & Shure, M. B. (1982). The cognition of social adjustments: Interpersonal cognitive problem-solving thinking. In B. B. Lahey & A. E. Kazdin (Eds.), *Advances in clinical child psychology* (Vol. 5, pp. 323-372). New York: Plenum Press.

Suveg, C., Sood, E., Comer, J., & Kendall, P. C. (2009). Change in emotion regulation following cognitive-behavioral therapy for anxious youth. *Journal of Clinical Child and Adolescent Psychology, 38*, 390-401.

Treadwell, K. R. H., & Kendall, P. C. (1996). Self-talk in anxiety-disordered youth: States of mind, content specificity, and treatment outcome. *Journal of Consulting and Clinical Psychology, 64*, 941-950.

Walkup, J., Albano, A. M., Piacentini, J., Birmaher, B., Compton, S., Sherrill, J., et al. (2008). Cognitive behavioral therapy, sertraline, or a combination in chidhood anxiety. *New England Journal of Medicine, 359*, 2723-2766.

Weisz, J. R., & Kazdin, A. E. (Eds.). (2010). *Evidence-based psychotherapy for children and adolescents.* New York: Guilford Press.

아동 · 청소년 심리치료

제 2 부

외현화 장애

제2장

아동의 공격성

John E. Lochman, Nicole R. Powell,
Janet M. Whidby, & David P. FitzGerald

공격성은 타인에게 손상을 입히거나 물건을 파괴하는 언어 또는 신체 행동으로 구성된 주요한 대인관계 행동 세트다(Bandura, 1973). 비록 대부분의 아동이 이런 유형의 공격 행동을 어느 정도 보이지만, 정신병리에 해당될 만큼 공격성이 지나치게 심각하고 자주 일어나며 만성적일 때에는 특히 문제가 된다.

공격 행동을 많이 보이는 아동들은 대개 품행장애 또는 반항성장애(ODD)를 가진 것으로 진단되지만, 공격 행동은 다른 진단 범주들에서도 함께 나타날 수 있다. 다른 여러 문제(예를 들어, 주의력결핍 과잉행동장애[ADHD], 기분부전장애, 외상후 스트레스 장애)에서 일시적이거나 만성적 공격 행동을 보일 수 있다. 심각하게 공격적인 모든 아동의 공통적인 특징은 그들이 상호작용하는 사람들에게 매우 부정적인 영향을 미친다는 것이다. 또래들이 희생되고, 교사들은 수업 시간에 방해받으며, 부모들은 자녀의 억지스럽고 화나게 만드는 행동을 통제할 수 없어 좌절하게 된다. 타인에게 미치는 이런 심각하고 부정적인 영향 때문에, 공격적인 아동들은 다른 정신병리를 가진 대부분의 아동에 비해 더 높은 비율로 정신건강 서비스에 의뢰된다.

종단적 연구에 의하면 공격 행동은 아동기와 청소년기 동안 상당히 일관되게 나타나고, 공격성은 대부분의 다른 행동 패턴에 비해 지속적으로 나타난다(Hill, Coie, Lochman, Greenberg, & the Research Group, 2004). 다양한 종류의 공격적이고 반사회적 행동을 광범위하게 보이는 아동들 및 다양한 상황(예를 들어, 집, 학교, 지역사회)에서 매우 반사회적인 아동들은 장애가 지속될 위험성이 가장 크다(Loeber & Dishion, 1983). 이런 아동들은 점진적으로 악화되거나 품행장애의 궤도를 따라 발달하면서 다양한 문제 행동을 '선회'하고(Loeber, 1990), 청소년기 약물 사용과 음주, 흡연, 학교 무단결석과 학업 중단을 보이며, 십대 초기에 부모가 되고, 비행과 폭력 등을 포함하여 전반적으로 부정적인 결과를 가져올 위험성을 지니고 있다(예를 들어, Dodge et al., 2009; Lochman & Wayland, 1994; Miller-Johnson et al., 1999; Windle, 1990).

문제 아동과 청소년들은 흔히 공격성 같은 한 가지 차원에서만 보면 또래들과 다르지 않지만, 낮은 자기 통제와 관련된 여러 행동 차원의 측면에서 다르다. 이런 문제로 인해 비행, 물질 사용 그리고 우울 간에 높은 상관을 보이게 된다(Wills & Filer, 1996). 이런 자기 통제의 어려움들은 실행 기능의 결함으로 인해 아동이 목표 지향적 행동을 스스로 규제하지 못하는 데서 기인하는 것 같다(Giancola, Martin, Tarter, Pelham, & Moss, 1996; Seguin, Pihl, Harden, Tremblay, & Boulerice, 1995). 개인의 위험한 문제 행동의 수가 늘어날수록 공격 행동의 비율도 증가한다(Lochman, 2003). 14세가 될 때까지 위험한 행동, 마약 판매, 갱 단원, 어린 시기에 폭력의 시작, 그리고 또래 비행은 모두 합해 이후의 폭력성에 대한 가장 강력한 예언변인이 된다(Herrenkohl et al., 1998). 따라서 부정적인 결과와 여러 위험 요인이 함께 발생하는 것을 예측하는 것이 중요하다. 예를 들어, 또래들에게 사회적으로 거부당하는 공격적인 아동들은 단지 공격성만 가진 아동에 비해 중학교에서 적응 문제를 보일 위험률이 두 배에 달한다(Coie, Lochman, Terry, & Hyman, 1992). 우울한 품행장애 청소년은 단지 품행장애만 가진 청소년에 비해 더 이른 나이에 술을 마시기 시작한다(Miller-Johnson, Lochman, Coie, Terry, & Hyman, 1998). 그리고 ADHD가 동반된 공격적인 아동들은 단지 공격성만 가진 아동에 비해 또래 관계 어려움이 더 심하고 사회 인지 결함이 증가되는 더 다양하고 심각한 행동 문제를 가진다(Waschbusch, 2002). 공격성은 광범위한 위험 요인이기 때문에 개입의 중요한 초점이 된다.

이 장에서 우리는 공격성에 대한 인지행동(사회인지) 모형을 제시하고, 관련된 인지행동 평가 기법들과 개입 방략들에 대해 논의할 것이다. 그리고 공격적인 아동을 위한 다면적 개입 프로그램인 대처 능력(Coping Power) 프로그램을 설명할 것이다. 공격적인 아동에 초점을 맞추고 청소년기나 충동적 행동 및 과잉행동에 대해서는 다루지 않을 것이다. 이 주제들은 다른 장에서 다룰 것이다.

1. 인지행동치료의 개념적 틀: 매개 과정 파악하기

인지행동치료(CBT)는 공격적인 아동이 위협과 좌절을 경험할 때 나타나는 지각과 사고에 초점을 맞춘다. CBT는 사건에 대한 아동의 인지 처리 과정에서의 결함과 왜곡, 그리고 정서 조절, 특히 분노를 겨냥한다. 아동의 자기 조절과 사회적 갈등에 대한 처리에서의 이런 결함들을 설명하고, 이런 역기능적 인지-정서 과정에 영향을 주는 부모와 지역사회 환경 요인들에 대한 새로운 연구와 모형들로 인해 CBT 기법들이 많이 정교화되었다. 공격적인 아동을 대상으로 하는 CBT를 검토하기 전에, 먼저 우리의 대처 능력 프로그램의 토대로 사용된 사회인지 모형을 개관할 것이다.

1) 분노와 공격성에 대한 맥락적 사회인지 모형

대처 능력 프로그램(Lochman, Powell, Whidby, & Fitz-Gerald, 2006도 보라)은 아동의 분노가 어떻게 발달하는지 그리고 그것이 어떻게 공격 반응을 야기하는지에 대한 사회인지 모형(social-cognitive model; Lochman & Wells, 2002a)에 근거를 둔다. 이 모형은 경험에 근거한 것으로 계속 발전하고 있다. 이런 유형의 정보처리 모형들에서, 켄달과 맥도널드(Kendall & MacDonald, 1993)는 불충분한 인지 활동의 양과 관련된 인지 결함을 잘못된 지각과 관련된 인지 왜곡과 구분하였다. 인지적 역기능의 두 유형 모두 공격적 아동의 사회인지적 역기능에서 나타날 수 있다.

여기서 제시하는 모형은 대부분 성인의 분노 각성에 대한 노바코(Novaco, 1978)의 개념화에서 처음 가져온 것이고, 도지(Dodge)의 사회적 정보처리 모형(Crick &

Dodge, 1994)에 의해 영향을 받았다. 사회인지 모형에서 아동은 잠재적으로 분노를 일으키는 자극 사건을 만나지만, 정서적 및 생리적 반응은 사건 그 자체에 기인하기보다는 사건에 대한 아동의 지각과 평가에 기인한다. 이런 지각과 평가는 정확하거나 부정확할 수 있고, 아동이 이전부터 갖고 있던 기대로 인해 자극 사건의 특정한 측면이나 단서들에 선택적 주의를 함으로써 사건을 여과한 데서 비롯된다. 만약 아동이 사건을 위협적이고 화나거나 좌절을 야기한 것으로 해석한다면, 그(녀)는 생리적 각성을 경험할 수 있고, 또한 사건에 대해 적절한 행동 반응을 결정하게 만드는 다른 인지 활동 경향성을 활성화할 것이다. 내적 각성은 개인의 평가 과정과 서로 상호작용한다. 왜냐하면 아동은 각성의 정서적 의미를 해석하고 이름 붙이며, 증가된 각성으로 인해 아동의 주의 폭이 좁아져서 가능한 위협과 연관된 단서들의 특정한 유형에만 주의를 기울이게 되기 때문이다. 내적 활동의 이 세 가지 세트—① 지각과 평가, ② 각성, ③ 사회적 문제해결—는 아동의 행동 반응과 아동이 또래와 성인들로부터 받아들이는 결과와 자기 결과로서의 내적인 경험들에 영향을 준다. 이런 결과적인 타인의 반응들은 자극 사건이 될 수 있고, 그 자극 사건이 반복되어 일어나면서 피드백을 제공해 행동 단위들과 연결되게 된다.

이 장에서 우리는 관련된 인지 활동 세트를 세 가지 범주로 조직화하기 위해 인지 분류 체계(Kendall & Ingram, 1989)를 개정하여 우리의 모형으로 통합할 것이다. '도식적 명제'는 기억에서의 인지 구조 내에 저장된 정보다. '인지 조작'은 저장된 정보와 입력된 정보를 처리하는 여러 과정이며(예를 들어, 주의, 부호화, 회상), 우리의 모형에서 사회인지적 산물의 내용과 구분될 수 있

표 2-1 공격적인 아동의 인지 특성

사회인지적 산물

- 사회인지적 평가
  - 적대적인 단서에 지나치게 예민함
  - 적대적 의도를 타인에게 귀인하는 편향
  - 자신의 공격성을 과소평가
- 사회적 문제 해결
  - 대부분의 공격적인 아동이 갖고 있는 제한된 해결 목록
  - 사춘기 이전의 공격적인 아동들: 언어적 자기주장을 통한 해결을 거의 못하고 지나치게 행동 지향적인 해결책을 사용
  - 공격적인 청소년의 경우: 협동을 통한 해결을 거의 하지 못함
  - 공격적인 대체 해결책
- 내적 각성의 평가
  - 정서적 각성을 지나치게 분노로만 이름 붙임
  - 증가된 적대적 귀인 편향과 연관시킴
  - 낮은 공감 능력

인지 조작

- 주의 지속의 어려움
- 장기기억으로부터 자동적인 해결책이 인출될 때, 특출하고 덜 효율적인 해결책을 인출함

도식적 명제

- 친목보다는 지배나 복수라는 사회적 목표에 높은 가치 부여
- 희생자의 고통, 희생자의 보복 혹은 또래 거부와 같은 결과들에 낮은 가치 부여
- 공격 행동이 뚜렷한 보상을 가져오고 혐오 반응을 감소시킬 것이라는 기대
- 미래의 상호작용에서 다른 사람들이 지나치게 공격적일 것이라고 기대하는 편향
- 사춘기 이전의 낮은 자존감

다. '사회인지적 산물들'은 저장된 도식적 명제, 인지 조작 그리고 자극 사건에 대해 입력되는 감각 자료들 사이의 상호작용의 결과물이다. 사회인지적 산물은 사회인지적 평가, 사회적 문제해결 그리고 인지-정서 사이의 연결을 포함한다(〈표 2-1〉을 보라). 마지막으로, 핵심적인 사회적 영향의 역할, 특히 부모와 또래의 역할이 언급될 것이다.

2) 사회인지적 산물

(1) 사회인지적 평가

이러한 사회인지적 산물들은 크릭과 도지(Crick & Dodge, 1994)가 재개념화한 사회적 정보처리 모형에서 첫 두 단계를 구성한다. 즉, 단서 활용과 타인의 의도에 대한 귀인이다. 공격적인 아동들은 과잉 경계하는 방식으로 적대적 단서들을 주시하기 때문에, 비공격적인 아동들과는 다른 방식으로 자기 주변의 환경에 있는 단서들을 지각하고 부호화하는 것으로 밝혀졌다. 공격적인 아동과 청소년들은 관련된 단서를 덜 회상하고(지능 수준을 통제하더라도)(Lochman & Dodge, 1994), 그들이 들은 마지막 말들을 더 잘 기억하는 것으로 밝혀져, 그들이 단서 활용에 있어 발달적 지연을 보이는 것을 시사하였다(Milich & Dodge, 1984).

다른 발달적 지연이 공격적인 소년들에게서 밝혀졌는데, 타인의 행동에 대한 의미를 해석할 때 적은 단서들에만 주의를 기울이려는 경향이 그것이다(Dodge & Newman, 1981). 게다가 공격적인 아동들은 비공격적인 아동들에 비해 적대적인 어휘 단서들을 유의미하게 더 많이 회상하였다(Dodge, Pettit, McClaskey, & Brown, 1986).

공격적인 아동들은 단서들을 지각하자마자 타인의 의도에 대해 추론한다. 타인의 행동에 대한 의미를 파악하려는 이런 노력은 적대적 단서를 더 많이 탐지하는 것과, 타인이 자신에게 적대적일 것이라는 기존의 기대에 의해 유의미하게 영향을 받는 것으로 밝혀졌다(Dodge & Frame, 1982). 결과적으로, 중립적이거나 호의적인 의도보다 적대적인 의도를 연기하는 가상적인 분노 상황에서 공격적인 소년들은 비공격적인 소년들보다 적대감을 50%나 더 많이 추론하는 것으로 밝혀졌다(Dodge, 1980). 게다가 최근의 연구는 공격적인 소년들이 적대적 귀인을 하는 경향이 부정적 정서가 유도될 때 더 악화된다는 것을 보여 준다(Orobio de Castro, Slot, Bosch, Koops, & Veerman, 2003). 최근의 한 메타 분석 개관에 의하면, 비록 특정한 평가 방법을 사용했을 때(예를 들어, 언어적으로 제시된 삽화) 효과 크기가 가장 컸지만, 의도에 대한 적대적 귀인과 공격 행동 간의 관계가 명확하게 드러났다(Orobio de Castro, Veerman, Koops, Bosch, & Monshouwer, 2002). 이러한 적대적 귀인 편향은 심각하게 공격적인 아동 및 청소년 모두에서 똑같이 분명하게 드러났다(Lochman & Dodge, 1994). 이런 결과는 평가에서의 문제들이 가족, 이웃 그리고 또래 집단에서 초기 사회화 경험을 하는 동안 확립된다는 것을 다시 한 번 시사한다.

비공격적인 또래들과 경쟁적인 토론을 할 때, 공격적인 소년들은 실제로 또래의 공격성을 과잉 지각할 뿐만 아니라 자신의 공격성은 과소평가하였다(Lochman & Dodge, 1998). 실제 상호작용하는 동안 이렇게 왜곡된 지각을 하는 경향은 공격적인 아동이 경쟁적이거나 협동적인 과제를 할 때 모두 일어났으며, 이는 공격적인 소년이 갖고 있는 기존의 기대에서 기인하는 것으로 밝혀졌다(Lochman & Dodge, 1998). 또래와 자기 자신에 대한 왜곡된 지각 때문에, 공격적인 소년들은 갈등의 책임을 암묵적으로 타인에게 귀인한다. 갈등 상황의 초기 단계에서 타인에 대한 왜곡된 지각과 왜곡된 해석 방식은 아동이 이후에 매우 공격적인 방식으로 반응할 때 그것을 정당화하는 느낌을 갖도록 유도한다.

(2) 사회적 문제해결

사회적 문제해결은 크릭과 도지(1994)의 단계들 중 마지막 4개를 지칭하며, 여기에는 목표 선택, 대안적 해결책 생성, 해결책의 결과에 대한 숙고 그리고 해결책의 행동적 수행이 포함된다. 해결책 생성과 결과의 숙고는 우리 모형에서의 사회인지적 산물이다. 매우 공격적인 행동을 보이는 소년들은 중간 정도의 공격적인 소년들과 비교할 때, 당면한 사회적 문제에 대해 극히 적은 해결책을 생성해 낸다(Lochman & Dodge, 1994). 비록 중간 정도의 공격적인 아동들이 생성해 내는 많은 해결책에서 명백한 결함이 보이지 않는다 해도, 그런 아동들과 심각하게 공격적인 아동들 모두 생성해 내는 해결책의 내용이나 질에서 일관되고 특징적인 결함을 보인다.

공격적인 아동들은 비공격적인 아동들에 비해 언어적 자기주장 및 타협하는 해결책을 덜 사용하는 것으로 밝혀졌고(Joffe, Dobson, Fine, Marriage, & Haley, 1990; Lochman & Dodge, 1994), 더 행동 지향적인 해결책을 사용했으며(Lochman & Dodge, 1994; Lochman & Lampron, 1986), 신체적으로 더 공격적인 해결책을 시도하였다(Waas & French, 1989). 공격적인 아동들은 문제에 대한 그들의 두 번째나 세 번째 해결책에서도 더 공격적인 반응을 생각해 냈으며, 이는 사회적 문제에 대한 대안적인 해결책 역시 더 공격적이고 비효율적임을 시사한다(Evans & Short, 1991). 공격적인 아동들의 하위 유형을 고려할 때, 품행장애 진단을 받은 소년들은 반항성장애를 가진 소년들에 비해 부모 및 교사와의 갈등에 대한 삽화에서 공격적이고 반사회적인 해결책을 더 많이 만들어 내고, 또래와의 갈등 시 언어적이고 비공격적인 해결책을 더 적게 도출하였다(Dunn, Lochman, & Colder, 1997). 비공격적인 아동들은 그들이 원하는 것을 말로써 주변 사람들에게 간단하고 직접적으로 더 잘 나타낼 수 있기 때문에, 언어적 자기주장에 대한 발견들은 특히 중요하다. 이와 반대로, 공격적인 아동들의 비언어적인 직접적 행동은 또래로 하여금 그들의 의도가 적대적일 수 있고, 그로 인해 공격성이 점차 증가할 수 있다고 가정하게 만든다.

문제해결의 다음 단계에서, 아동들은 그들이 생성해 낸 해결책을 평가하고 어떤 해결책이 가장 좋은 결과를 가져올지 결정한다. 공격적인 아동들은 비공격적인 아동들에 비해 공격 행동을 가장 긍정적인 것으로 평가한다(Crick & Ladd, 1990). 공격적인 아동들은 공격 행동이 눈에 띄는 보상과 긍정적인 결과를 가져올 것이라고 기대하고(Hart, Ladd, & Burleson, 1990: Perry, Perry, & Rasmussen, 1986), 타인의 혐오 행동을 줄인다고 예견하며(Lochman & Dodge, 1994; Perry et al., 1986), 다른 사람들에게 긍정적인 이미지를 주고 고통을 야기하지 않는다고 기대한다(Slaby & Guerra, 1988). 공격 행동을 수용하는 이러한 신념들은 사회적 단서에 대해 일탈되게 처리하도록 이끌어, 결국 아동의 공격 행동을 매개하거나 이끈다(Zelli, Dodge, Lochman, Laird, & the Research Group, 1999). 이런 결과들은 이러한 정보처리 단계들이 순전히 일방적인 효과를 주기보다는 상호 영향을 주고 순환 효과가 있음을 알아야 한다고 강조한다.

아동들 자신이 선택한 해결책을 행동으로 실행하려 할 때, 공격적인 아동들은 긍정적이거나 친사회적인 행동을 하는 것에 덜 익숙한 것으로 밝혀졌다(Dodge et al., 1986). 따라서 공격 행동보다 친사회적 행동에서 덜 성공적일 것이라는 공격적인 아동들의 신념(Erdley & Asher, 1993)은 실제를 반영하는 것이고, 이런 아동들을 위한 개입에서 사회적 기술 훈련이 반드시 포함될 필요가 있다.

(3) 내적 각성과 정서 반응에 대한 평가

공격적 아동들의 정서 명명 패턴에서 일어나는 중요한 발달적 변화들이 있다. 공격적인 소년들은 사춘기 초기에는 스트레스 상황과 사회적 갈등 상황에서 특히 취약성과 관련된 감정(즉, 슬픔, 공포) 표현을 회피하면서, 부정적인 정서 상태를 최소화하려 한다. 그 대신, 공격적인 남성 청소년들은 위협적인 사건들에 대해 무관심한 듯 행동하려 하거나 심지어 긍정적인 '행복한' 정서 반응을 보이기까지 한다(Lochman & Dodge, 1994).

공격성과 공감 같은 정서적 요인들 간의 관계 역시 주목을 받아 왔다. 광범위한 문헌 조사(Miller & Eisenberg, 1988)에서, 공감은 친사회적 행동과 정적으로 상관되고, 반사회적 행동과는 부적으로 상관된다는 것이 밝혀졌다. 슬래비와 구에라(Slaby & Guerra, 1988)는 반사회적이고 공격적인 아동의 어떤 신념들이 적절한 공감 기술을 발달시키는 능력을 방해한다는 것을 주목하였다. 비교 집단에 비해 품행장애 집단에서 공감 수준이 더 낮았고, 반사회적 및 공격적인 태도와 역상관을 보이는 것으로 밝혀졌다(Cohen & Strayer, 1996).

(4) 공격적인 아동들의 사회인지 과정에서 개인차

곧 논의하겠지만, 아동들을 평가할 때 공격적인 아동의 구체적인 평가 양식과 문제해결의 어려움을 파악하는 것이 중요하다. 특히 유용한 구분은 반응적으로(reactive) 공격적인 아동과 의도적으로(proactive) 공격적인 아동을 구분하는 것인데, 이는 정보처리 양식에 대해 중요한 시사점을 지닌다(Dodge, Lochman, Harnish, Bates, & Pettit, 1997). 반응적으로 공격적인 아동들은 화가 나는 상황을 지각할 때 공격성을 갖고 충동적으로 반응하면서 강렬한 분노와 각성을 나타내며, 사회적 문제해결의 결함뿐 아니라 부호화와 귀인의 왜곡을 포함하는 광범위한 사회인지 문제를 갖고 있다. 또한 이 아동들은 또래에 의해 희생되기 쉽고(Schwartz et al., 1998), 정서장애를 함께 갖기 쉬우며, 가혹한 규율을 사용하는 가족에서 흔한 경향이 있다(Dodge et al., 1997). 이 아동들은 실행 인지 기능에서 더 많은 결함을 갖고 있으며 물질 남용의 위험성이 더 크다(Giancola, Moss, Martin, Krisci, & Tarter, 1996). 이와 반대로 의도적으로 공격적인 아동들은 더 계획적이고 정서적으로 덜 흥분된 상태로 공격 행동을 하며, 정신병질(psychopath) 수준이 높고(Cornell et al., 1996), 그들의 주된 사회인지적 문제는 공격적인 방략들이 가장 효과적일 것이라는 강력한 신념이다(Dodge et al., 1997). 의도적인 공격성을 가진 아동은 열악한 동네에 살고 있을 가능성이 크고(Fite, Wynn, Lochman, & Wells, 2009), 청소년기에 비행 및 이와 관련된 폭력의 위험성이 더 크다(Brendgen, Vitaro, Tremblay, & Lavoie, 2001).

3) 인지 조작

개인이 내·외적으로 마주치게 되는 정보를 처리하는 데 사용되는 조작들은 주의, 장·단기기억으로부터의 인출 과정, 그리고 개념 형성과 문제해결 과정 등을 포함한다. 외적 정보는 개인 주변의 환경에 있는 단서들로 나타나며, 내적 정보는 생리적인 단서들과 기억으로부터 접근되는 심상, 사고 혹은 신념들에서 나타난다. 주의는 부호화와 인출 같은 다른 인지 조작을 보조하는 조작으로 간주될 수 있다(Cohen & Schleser, 1984). 따라서 주의 조작의 효율성과 질은 다른 인지 조작과 인지 산물의 질에 큰 영향을 미칠 수 있다.

지속적 주의와 초점화된 주의에서의 결함이 아동·청소년의 공격성과 관련이 있다는 증거가 제시되었다(예를 들어, Agrawal & Kaushal, 1988; Mirsky, 1989). ADHD 아동들은 기본적으로 자기 통제에 문제가 있으며(Barkley, 1997), ADHD는 품행장애 아동에게 가장 흔한 공병 진단이다. ADHD와 품행장애를 함께 가진 아동들은 이러한 주의의 어려움을 가장 많이 보이고 행동 억제보다는 행동 활성화를 나타낸다(Matthys, van Goozen, de Vries, Cohen-Kettenis, & van Engeland, 1998). 또한 그들은 어린 나이에 시작된 심각한 품행 문제, 더 폭력적인 공격성, 그리고 더 어릴 때 물질 사용을 많이 하는 것을 포함해서 더욱 광범위하고 심각한 문제를 갖고 있다(August, Realmuto, MacDonald, Nugent, & Crosby, 1996; Thompson et al., 1996; Thompson, Riggs, Mikulich, & Crowley, 1996).

이러한 주의의 손상은 공격적인 아동들이 기억 인출에서 보이는 결함의 특징적인 양식과도 관련되어 있다. 공격적인 아동들은 평가 과정에서의 왜곡에 영향을 주는 단기기억의 인출 결함과 더불어, 장기기억으로부터의 인출 방략에서도 비정상적인 양상을 보여 사회적 문제해결의 결함을 나타내게 된다(예를 들어, Lochman, Lampron, & Rabiner, 1989; Rabiner, Lenhart, & Lochman, 1990).

4) 도식적 명제

'도식적 명제'는 기억에 저장되어 있는 생각과 사고들로, 새로운 정보나 인지 산물들이 순간순간 어떻게 처리될지에 직접적으로 영향을 준다. 도식들은 기존에 존재하는 신념들이 새로운 신념을 받아들이고, 다른 출처에서 오는 정보나 경험에 개인적 신념들을 갖다 붙이기 때문에 자기 중심화되어서 변화가 어려운 것으로 간주된다(Fiske & Taylor, 1984). 더 강력한 도식을 가질 때, 아동들의 지각은 더욱 여과되고 잠재적으로 더욱 왜곡되며(Lochman & Dodge, 1998), 도식은 공격적인 아동들의 사회적 문제해결에서 나타나는 선점된 자동적 정보처리와 유사한 방식으로(Lochman et al., 1989; Rabiner et al., 1990) 의식적 자각 없이 빠르게 작동될 수 있다(Erdley, 1990). 이전의 사회화를 통해 습득된 도식은 대인관계 행동의 의미를 어떻게 평가할지 그리고 지각한 사회적 문제에 어떻게 반응하기로 결정할지에 큰 영향을 줄 수 있다(예를 들어, Crick & Dodge, 1994; Lochman & Dodge, 1998). 아동의 공격 행동과 관련되어 있는 것으로 밝혀진 도식적 명제들은 목표의 가치, 일반화된 결과에 대한 기대, 신념 그리고 자존감이다.

청소년의 사회적 목표가 사회적 문제에 대한 그들의 해결책에 미치는 직접적인 영향에 대한 연구에서, 로크먼, 웨이랜드와 화이트(Lochman, Wayland, & White, 1993)는 비공격적인 소년들과 비교할 때 공격적인 소년들은 지배와 복수의 목표에 더 높은 가치를 매겼으며, 친목의 목표에는 더 낮은 점수를 주었다는 것을 발견했다. 지배와 복수의 목표에 지나치게 가치를 두기 때문에, 공격적인 소년들은 비공격적인 소년들에 비해 그들의 주된 목표를 달성하기 위해 사용하는 해결책에서 공격적인 해결책을 더 많이 보이고 협상하는 해결책은 더 적게 보였다. 이는 문제해결(인지 산물)에 미치는 목표(도식적 명제)의 직접적인 영향력을 시사한다. 또 다른 연구 결과, 공격적인 아동들은 희생자를 통제하는 데 더 많은 가치를 두고, 희생자의 고통, 희생자로부터의 보복, 또래의 거부 또는 부정적인 자기 평가에는 가치를 덜 두는 것으로 밝혀졌다(Boldizar, Perry, & Perry, 1989). 목표와 결과 가치에 대한 이러한 일련의 발견은, 공격적인 아동들과 청소년들이 도덕적 추론 수준이 낮음을 시사하는 도덕적 추론 연구와 일관된다(Jurkovic & Prentice, 1977). 즉, 그들은 일차적으로 권위 인물에 의한 처벌을 피하려 하고, 자신과 타인에게 긍정적인 결과를 증대시키기 위해 협동하려 하지 않는다.

공격적인 아동들은 비공격적인 아동들에 비해 공격행동이 뚜렷한 보상을 가져올 것이며 타인으로부터 혐오적인 취급을 덜 받을 것이라고 믿는 것으로 밝혀졌다(Lochman & Dodge, 1994). 슬래비와 구에라(1988)의 신념에 대한 연구에서, 반사회적인 공격적 아동들 역시 공격 행동이 자존감을 높이고, 부정적 이미지를 방지하며, 희생자에게 고통을 주지 않고 합법적인 반응이라고 믿었다. 이런 기대는 정확한 공감과 관련된 인지 산물을 제대로 형성하지 못하게 만들 수 있다.

공격적인 아동들은 자존감 문제에 취약하다. 로크먼과 램프런(Lochman & Lampron, 1985)은 또래 사이에서 사회적 지위가 낮은 매우 공격적인 사춘기 이전 소년들에게서 자존감의 손상이 매우 크다는 것을 발견하였다. 비록 사춘기 이전에는 공격적인 소년들이 비공격적인 소년들에 비해 낮은 자존감과 더 부정적인 정서를 나타내지만, 초기 사춘기까지 공격적인 소년들은 매우 높은 수준의 자존감과 낮은 부정적 정서를 보고한다(Lochman & Dodge, 1994). 이런 발달적인 변화는 공격적인 소년들이 사춘기에 들어설 때 자신이 취약해 보이는 것을 피하려는 것에 기인하는 것 같다.

5) 비인지적 영향

(1) 정신생리적 측면과 각성

어떤 사건에 대한 아동들의 첫 평가는 각성을 즉각적으로 증가시킬 수 있고, 이는 어떤 자극이 개인 내에서 자동적으로 정신생리적인 상태를 각성시킬 수 있는 고전적인 조건형성 반응에 기인할 수 있다. 비공격적인 또래들과 비교할 때, 반항성장애 소년들은 기저의 비스트레스 기간 동안 낮은 심장 박동률을 보이다가 화가 나거나 좌절 상황 동안에는 심장 박동률이 급격하게 증가한다는 것이 밝혀졌다(van Goozent al., 1998). 한 번 각성되기만 하면, 선점하는 인지 처리 과정이 나타나 빠르고 자동적으로 반응하게 된다. 공격적인 아동들의 인지 처리는 각성에 의해 나쁜 영향을 받는 것으로 밝혀졌다. 예를 들어, 윌리엄스, 로크먼, 필립스와 배리(Williams, Lochman, Phillips, & Barry, 2003)는 생리적 각성 수준이 증가할 때, 특정 상황을 보여 주는 과제를 하는 동안 공격적인 소년들이 적대적 귀인 편향을 더 많이 보인다는 것을 밝혔다.

(2) 부모, 또래 그리고 교사의 영향

우리는 부모와 다른 성인 양육자 그리고 아동의 또래들이 아동의 도식적 명제들과 사회인지 산물을 형성하는 데 영향을 준다고 가정한다. 공격적인 아동들의 가족에 대한 연구에 의하면, 부모와 형제자매가 모호하고 불명확한 지시를 하는 '베타(beta)' 명령, 아동의 행동에 대한 부정확한 탐지, 낮은 응집성 그리고 경직되거나 혼란스러운 통제 노력 등과 같은 부적응적인 양육 과정뿐 아니라 혐오 행동도 매우 많이 나타낸다(Bry, Catalano, Kumpfer, Lochman, & Szapocznik, 1999). 부부갈등에 더 많이 노출된 아동들은 실험실 과제에서 적대적인 단어에 더 과잉 경계하고, 적대적 단어가 제시되지 않았어도 나타난 것으로 잘못 지각하는 기억 오류를 더 많이 보였으며, 그런 단어가 제시되었을 때 나타나지 않았다고 잘못 지각하는 기억 오류는 더 적게 보였다(O'Brien & Chin, 1998). 이런 결과들은 아동들의 사회인지 산물이 부모가 배우자 및 자녀와의 갈등에 대해 지각하고 반응하는 방식을 모방함으로써 영향받을 수 있으며, 부모의 사회화를 통해서도 자녀의 도식과 작동 모형이 영향받을 수 있음을 시사한다(Lochman & Dodge, 1998; Shaw & Bell, 1993).

부모가 자녀에게 사회인지 산물을 전달해 준다는 것에 대한 더 직접적인 검증은 부모의 귀인 과정을 평가하는 것과 관련된다. 자녀를 학대하는 부모들의 귀인 편향에 대한 발견들(예를 들어, Larrance & Twentyman, 1983)에 따르면, 딕스와 로크먼(Dix & Lochman, 1990)은 공격적인 소년의 어머니들은 비공격적인 집단과 대조적으로 자녀의 잘못된 행동의 원인을 외부 환경보다는 자녀의 부정적인 성격으로 귀인함을 발견하였다. 따라서 공격적인 아동들의 귀인 편향은 부모의 것을 모방한 것으로 보인다. 부모의 행동과 인지는 아동들의 사회인지 과정 및 행동과 밀접하게 관련되어 있으며, 따라서 공격적인 아동들과 부모 모두에 대해 개입이 이루어져야 한다.

아동의 삶에서 부가적으로 중요한 타인들의 사회인지 산물과 공격적 아동들의 평가와 문제해결 과정 간의 관계를 검토하기 위해 이와 유사한 연구들이 시작되었다. 아동들의 또래 관계가 그들의 공격 행동과 관련되어 있다는 것은 분명하다. 공격적이면서 또래 집단에게 거부당하는 아동들은 공격적이지만 또래 집단에게 수용되는 아동들에 비해 청소년기에 더 부정적인 결과를 가져올 위험성이 있다(Coie et al., 1992). 일탈된 또래 집단에게 끌리는 아동들은 (때때로 또래 집단으로부터 이전에 대개 거부당했기 때문에) 초기 청소년기까지 반사회적 행동을 하는 주위의 모델들과 자주 접촉하고, 그런 행동에 대해 강화받으며, 또래의 압력으로 반사회적 행동에 관련되어, 결국 학교 무단결석, 비행 그리고 물질사용률이 높아진다(Dishion, Patterson, & Griesler, 1994; Wills, McNamara, Vacarro, & Hirkey, 1996).

2. 아동의 공격성 평가

아동의 공격적 경향과 관련된 요인들을 철저하게 평가하는 것은 치료 계획의 중요한 부분이다. 여기에서는 행동과 사회인지 변인들에 대해 아동들을 평가하는 데 대한 논리가 제공된다. 우리는 학교에 기반을 둔 분노대처와 대처 능력 프로그램에 대한 임상적 연구에서 평가 도구 총집을 사용한다. 클리닉에 기반을 둔 품행장애 프로그램에서는 선택된 척도들의 하위 세트를 사용하고, 구조화되고 비구조화된 포괄적인 면담을 하는 동안 사회인지 결함과 왜곡 측면에 대해 자주 비형식적인 평가를 하였다. 평가 총집의 범위는 현실적인 요인들에 의해 영향받는다.

1) 아동의 행동 양상

모든 관찰 가능한 행동 문제, 상호작용 양식 그리고 환경적 요인들의 맥락 내에서 공격성을 검토하는 것이 중요하다. 행동 문제들의 이런 패턴들은 종종 환경적 맥락에 따라 변한다(예를 들어, 장소로서 집 대 학교, 관련된 사람으로서 또래 대 교사). 따라서 철저한 평가를 위해 가능한 한 많은 출처로부터 정보를 얻어야 한다.

(1) 행동 평가 척도

아마도 문제의 범위와 심각성을 '읽어 내기' 쉬운 가장 좋은 방법은 행동 평가질문지의 사용을 통해서일 것이다(McMahon & Forehand, 1988). 평가질문지는 낮은 빈도의 행동(예를 들어, 공격성, 도벽)을 포함해 넓은 범위의 행동들을 평가할 수 있게 해 주고, 실시하는 데 시간이 적게 걸리며, 아동의 삶에서 중요한 타인(예를 들어, 부모, 교사)에 대한 지각까지 알려 준다. 가장 흔히 사용되는 행동 평가 척도 중 하나인 아동 행동평가체계 2판(Behavior Assessment System for Children, 2nd ed.: BASC-2; Reynolds & Kamphaus, 2004)은 2세 6개월부터 18세 11개월까지의 아동과 청소년들에게 사용하는 데 적합하다. 교사 평정척도(Teacher Rating Scales: TRS), 부모 평정척도(Parent Rating Scales: PRS) 그리고 성격의 자기보고(Self-Report of Personality: SPR) 같은 BASC-2의 다른 형식들도 유용하고, 여러 정보원으로부터 정보를 모을 수 있게 해 준다. BASC-2의 채점은 광범위한 종합 점수(예를 들어, 외현화 문제, 내재화 문제)와 좁은 범위의 척도 점수(예를 들어, 공격성, 불안) 모두 가능하다. BASC-2의 또 다른 장점은 문제 영역에 더해 적응 기술들(예를 들어, 리더십, 사회적 기술)에 대한 정보도 제공한다는 것이다. 다른 유용한 평정 척도에는 6~8세 아동에게 사용되는 아동 행동평가척도(Child Behavior Checklist: CBCL; Achenbach & Rescorla, 2001), 개정판 행동문제 평가질문지(Revised Behavior Problem Checklist: RBPC; Quay & Peterson, 1996), 아이버그 아동 행동 질문지(Eyberg Child Behavior Inventory: ECBI; Eyberg & Pincus, 1999) 등이 있다.

(2) 면 담

공격적인 아동들, 부모들 그리고 교사들과의 면담은 공격 행동의 발생과 관련된 상황적 변인들을 파악하는 데 매우 도움이 된다. 부모와 아동에게 동일한 방식의 면담 형식이 특히 유용한데, 보고된 문제 영역에 대한 상이하거나 일치하는 지각을 비교할 수 있다. 이런 목적으로 아동평가 목록표(Child Assessment Schedule: CAS; Hodges, 1987)와 NIMH 아동용 진단면담표(NIMH Diagnostic Interview Schedule for Children: NIMH-DISC-IV; Shaffer, Fisher, Lucas, Dulcan, & Schwab-Stone, 2000) 등이 가장 유용하다. 왜냐하면 그것들은 공격성의 상황과 대상(예를 들어, 또래와 형제자매를 겨냥하거나, 동물에 대한 잔인성)에 대해 중요한 특징들을 알려 주기 때문이다. CAS와 NIMH-DISC, 그리고 다른 유사한 진단적 면담들은 공격 행동이 일어나는 맥락을 포괄적으로 이해하는 데 결정적인 정보를 제공할 수 있는 외현화(예를 들어, 과잉행동)와 내재화(예를 들어, 우울, 불안) 증상 모두에 대한 정보를 제공한다. 반사회적 행동에 대한 면담(Interview for Antisocial Behavior; Kazdin & Esveldt-Dawson, 1986)은 내재적-외현적인 종합적 증상의 양상을 결정하는 데 유용할 수 있다. 매우 심각한 공격성 문제를 가진 아동들을 대상으로, 덜 구조화된 임상적 면담을 사용하는 것 또한 도움이 되는데, 특히 특정 사건에 대한 아동의 귀인과 추론을 밝혀내는 데 도움이 된다. 예를 들어, 어떤 아동과 청소년들은 공격적 상호작용에서 일어나는 자신들의 빈약한 추론을 약물 사용이나 특별한 또래와 어울리는 것에 귀인한다. 그들이 비교적 극단적인 공격행동(예를 들어, 강도 행위)을 설명하는 것을 들으면, 그들의 공감 능력, 자기 통제에 대한 그들 자신의 평가,

그리고 그들의 양심의 가책 등에 대해 중요한 임상적 '직감'이 들 수 있다.

(3) 행동관찰

행동관찰은 공격적인 아동들에 대해 가장 유용한 정보를 제공할 수 있다(McMahon & Estes, 1997). 앞에서 언급했던 척도들은 지각적 편향이나 특정한 행동 문제를 부인하려는 동기에 의해 영향받을 수 있다. 따라서 직접적인 관찰, 평가질문지 그리고 면담으로부터 얻은 자료들을 비교하는 것이 가장 좋은 치료 표적(예를 들어, 또래와 함께하는 학교 기반의 개입, 부모-자녀 상호작용)을 알아낼 수 있을 것이다.

평가 절차는 가능한 한 많은 행동관찰 기회를 포함해야 한다. 집단에게 실시하는 개입을 준비하는 데 있어서 잠재적인 집단 구성원들과 함께하는 집단 형식의 평가는 임상가로 하여금 또래 상호작용을 관찰하고 중요한 집단의 구성과 응집성 문제를 미리 볼 수 있게 해 주는 이점을 제공한다. 부모-자녀 상호작용 또한 관찰해야 한다. 부모-자녀 면담을 실시하기 전에 기다리는 동안의 좌석 배치, 특히 아동이 부모에게 어디에 앉으라고 언어적 또는 행동적으로 말을 하는 것은 종종 임상가에게 가족 구조에 대해 알려 준다. 부모-자녀 면담 동안 관찰해야 할 또 다른 중요한 행동들에는 중간에 말 끊기, 철회 그리고 상호작용의 정서 상태 등이 포함된다. 정서적인 따뜻함이나 유머가 없는 적대적인 상호작용은 치료할 때 부모-자녀 관계에 대해 더 주의를 기울일 필요가 있음을 알려 준다. 마지막으로, 개별 아동에 대해 평가하는 것은 미래의 치료적 접촉을 성공하게 해 줄 개인적 라포(rapport)를 형성할 기회를 제공할 뿐 아니라 임상가가 아동의 사회적 및 언어적 기술의 표본을 얻도록 해 준다.

(4) 또래 평정

당연히 많은 공격적인 아동은 또래 관계에서 문제를 나타낸다. 그들은 자주 부모, 교사 그리고 또래들에게서 사회적으로 덜 유능하다고 평가받는다(예를 들어, Card, Stucky, Sawalani, & Little, 2008). 또래의 평가를 사용하는 것은 위험 요인들(예를 들어, 주의와 학습 문제, 낮은 자존감, 또래의 거부 상태)이 결합되어, 공격적이고 사회적으로 거부당하는 아동들의 하위 집단을 파악하는 데 특히 도움이 된다. 이런 위험 요인들은 좌절 경험과 공격적 폭발을 관련짓게 하는 상황 요인들일 수 있다(Dodge, Coie, & Brakke, 1982). 그러나 매우 공격적인 어떤 유형의 아동들은 덜 공격적이고 사회적으로 수용되는 소년들과 비교할 때조차도 사회적으로 더 수용되고 더 높은 자존감을 보고한다(Lochman & Lampron, 1985). 이런 아동들은 사회적 수용성과 자존감을 즐기기 때문에, 그들의 공격 행동을 감소시키기 위한 치료 노력에 협조하려는 동기가 적을 수 있다.

2) 사회인지적 및 정서적 특성의 평가

공격적인 아동들에 대한 현재의 문헌들은 그들에게 비공격적인 아동들과는 의미 있게 다른 특징적인 사회인지 양식이 있다는 것을 분명하게 보여 준다. 경험적 발견에 의하면, 평가 기법들의 총집에 여러 척도를 사용할 것이 추천된다. 비록 이들 척도에서 유의미한 집단 간 차이가 존재하지만, 심리측정적인 속성들이 더 규명되어야 한다는 점을 주목해야 한다. 따라서 이후의 절차들에서는 잘 확립된 심리측정적인 속성을 사용해 다른 척도들(예를 들어, 지능과 성취 검사, 행동 평가질문지)과 함께 관련된 임상적 정보를 수집할 것을 제안한다.

매우 공격적인 아동들에 대해 어떤 경험이든 해 본 대부분의 연구자와 임상가는 이런 아동들이 비공격적인 아동들과는 매우 다른 방식으로 이 세상을 지각하는 것 같다는 점에 이미 동의하였다(〈표 2-1〉을 보라). 사회인지 평가 총집의 목표는 〈표 2-1〉에 제시된 일반적인 개념틀을 사용해 임상가가 특정한 공격적인 아동들의 사회적 정보처리를 더 정교하게 이해하는 것이다.

(1) 사회인지적 산물

사회적 상황에서 정보가 제시될 때 아동이 무엇에 주

의를 기울이고 부호화하는지에 대답하기 위해, 도지(Dodge, 1980)는 여러 유형의 사회적 단서들을 부호화하는 데 있어서 공격적인 아동들이 사용하는 기술들에 대한 일련의 관련된 가설을 검증하기 위한 척도들을 개발하였다. 도지와 프레임(Dodge & Frame, 1982)은 아동이 또래 상호작용에서 적대적, 호의적 또는 중립적 결과를 경험하는 '가상 상황'을 아동들에게 비디오로 보여 주었다. 이 척도에 대한 아동들의 반응들은 그들의 ① 상호작용으로부터 자유롭게 단서를 회상하는 능력, ② 실제로 일어난 사건에 대한 재인, ③ 사건에 대한 '잘못된' 설명(오경보 오류, 침입), ④ 가상적인 또래의 미래 행동의 의도에 대한 귀인과 기대를 평가하는 데 사용될 수 있다. 일반적으로, 공격적인 아동들은 또래와의 상호작용에서 적대적 단서들에 선택적으로 주의를 기울이고 기억하는 경향이 있다. 특히 그 상호작용에 자신이 참여하고 있다고 상상하도록 할 때 더 그렇다.

공격적인 아동들의 사고방식에 대한 부가적이고 일반적인 질문은 어떻게 상호작용하고 사회적 상황의 '해결'에 대해 그들이 어떤 생각들을 갖고 있는가 하는 것이다. 그들의 정보처리 양식은 사회적 문제해결 시 그들의 방략(또는 결핍)에 어떻게 영향을 주는가? 사회적 문제해결책의 실제 내용을 평가하는 데 있어서 많은 요인이 고려될 필요가 있다. 그 요인에는 ① 사회적 과제의 유형(예를 들어, 또래 집단에 참여하기, 친구 관계를 시작하기, 갈등 상황을 해결하기), ② 가상적 상황에 관여된 사람들(또래, 교사, 부모), ③ 드러나는 의도(적대적, 호의적, 모호한) 등이 있다.

로크먼과 램프런(Lochman & Lampron, 1986)은 제3의 변인인 사회적 과제의 유형을 일정하게 유지하면서 두 가지 유형의 상황 변인들에 대한 공격적인 아동들의 사회적 문제해결 방략들을 평가하였다. 갈등에 대한 문제해결 척도(Problem-Solving Measure for Conflict: PSM-C)는 오직 대인관계 갈등과 관련되는 가상적인 이야기를 담고 있고, 적대적인 대상의 유형(또래, 교사, 부모)과 그들의 표현된 의도(주인공의 소망에 대해 적대적이거나 모호한 좌절을 줌)를 체계적으로 변화시킨다. 이 척도에서 공격적인 소년들은 비공격적인 소년들과 비교할 때, 또래 또는 적대적인 반대자(또래, 부모, 교사 등 어떤 유형에 대해서든)와의 갈등에 대해 더 낮은 비율의 '언어적 자기주장' 해결을 보였다. 그들은 교사나 적대적 반대자와의 갈등에 대해 행동 지향적 해결을 더 많이 보였고, 또래 갈등에서는 신체적으로 공격적인 해결을 더 많이 보였다.

다음의 예는 두 공격적인 소년에게서 나타나는 평가와 문제해결 방략들에서의 결함을 보여 준다. PSM-C와 도지의 회상 검사에서 나온 동일한 자극(Dunn et al., 1997; Lochman & Lampron, 1986)에 대한 이들 소년의 반응들이 제공되었다.

M은 15세의 매우 공격적이고 사회병질적인 청소년으로 재산 파괴와 폭행 혐의로 판결받은 뒤에 평가와 치료에 의뢰되었다. J는 12세 소년으로 학교에서 만성적인 반항적 행동 때문에 치료에 의뢰되었다. J는 특히 권위적인 성인에 대해 수동 공격적으로 반응하려는 경향이 있고, 정서에 이름을 붙이는 데 어려움이 있었다. PSM-C의 다음 이야기에 대한 두 소년의 반응을 제시하였다.

> 에드의 친구들 몇 명이 점심시간에 그의 축구공을 빌렸으나 돌려주지 않았다. 에드가 그날 수업을 끝내고 학교를 떠날 때, 다른 소년들이 그 공으로 이미 축구를 시작하고 있었다. 에드는 방과 후에 바로 집으로 가야 해서 자신의 축구공을 돌려받기를 원하였다. 공을 갖고 있지 않았던 에드와, 나중에 그 공을 갖고 집으로 걸어가기까지 그 사이에 무슨 일이 있었을까?

M의 즉각적인 반응은 권위 인물에게 도움을 요청하려는 시도를 나타낸다.

> "그들은 에드에게 공을 주지 않았어요, 맞죠? 그래서 에드는 교장 선생님께 가서 그 상황을 말했고, 그가 아이들에게로 와서 에드에게 축구공을 돌려주라고 말했어요. 그리고 만약 에드를 괴롭히면 학교에서 쫓겨날 거라고 말했어요. 에드는 폭력이나 싸움을

좋아하지 않는 사람이에요. 그는 그런 가치관을 가졌어요."

M의 초기 대안적인 해결책은 다음과 같았다.

"그는 거기에 갔을 수 있고, 만약 그가 칼이나 그런 걸 갖고 있었다면 그 애들 중 하나를 찔렀을 수도 있어요."

M의 마지막 해결책은 다음과 같았다.

"그는 어머니와 함께 학교로 갔을 수 있어요. 그의 어머니가 공을 되돌려 받게 했을 거예요."

따라서 친사회적 생각을 한다는 말을 번지르르하게 한 후에, M은 극단적으로 반사회적 반응을 생각해 냈고 미성숙한 도움 추구에 의존하였다.

J의 초기 반응은 직접적인 행동적 해결책을 보여 준다.

"에드는 거기로 가서 마치 축구하는 것처럼 행동하다가 그대로 공을 갖고 가버렸어요."

J의 대안적인 해결책은 다음과 같았다.

"그는 그들과 놀지 않고 축구공을 그냥 가져갔을 거예요."

"그는 집에 갔고, 다음 날 아침에 그들이 축구하는 것을 보고 그들에게로 가서 아무 말 없이 공을 가져갔을 거예요."

"다음 날 아침에 만약 공이 사물함 안에 있다면 그는 그 안에서 그것을 꺼내 갔을 거예요."

J가 제시한 네 가지의 문제해결 방략들 각각은 분명하게 행동 지향적 해결책들에 고정되어 있다는 점이 특징적이었다. 이들 소년은 모두 공격적인 소년들에게서 나타나는 신체적으로 공격적이거나 행동 지향적인 해결책에 의존하는 경향과, 언어적 자기주장을 사용하는 데서의 결함을 보여 주었다.

밀리치와 도지(Milich & Dodge, 1984)의 회상 검사의 한 부분에서, 녹음된 다섯 가지의 적대적 말, 두 가지의 호의적 말, 그리고 두 가지의 중립적 말들에 대해 M과 J는 다음과 같이 반응하였다.

"그는 누군가의 돈을 훔쳤어요. 그는 그 소년을 너무 세게 때려서 코피가 나기 시작했어요. 그는 케니라는 이 소년을 너무 미워해서 그의 팔을 부러뜨리고 싶어 했어요." −M.

"이 소년이 그를 너무 화나게 만들어서 그의 코를 때렸어요. 한쪽 다리를 저는 다른 소년이 있었는데, 그 소년은 그의 점심 식사를 도왔어요. 어느 날 그는 이 소년에게 다른 소년을 두들겨 패라고 말했어요." −J.

두 소년 모두 원래 긍정적이거나 중립적인 형태에서 보다 적대적 내용의 문항들을 기억할 때, 적대적 단서를 과잉 회상하고 적대적 오경보 오류나 침입을 포함하는 경향을 보였다.

공격적인 아동들은 사회적 상황을 다른 시각에서 지각할 뿐 아니라 부적응적인 문제해결책을 생성해 내는 경향이 있다. 이런 패턴은 '왜?'라는 질문을 하게 만든다. 공격적인 아동들의 사회적 상황에 대한 미숙한 처리와 관련되거나, 그렇게 하게 만드는 특정한 신념이나 기대 혹은 목표들이 있는가? 면담하는 동안 이런 질문들에 대한 대답을 평가하는 데 더해, 여러 실험적인 척도들 또한 유용할 수 있다. 결과−기대 질문지(Outcome Expectation Questionnaire)와 자기효능감 질문지(Self-Efficacy Questionnaire)(Perry et al., 1986), 신념과 기대 척도(Slaby & Guerra, 1988), 그리고 사회적 목표 척도(Lochman, Wayland, & White, 1993)는 모두 공격적인 아동·청소년과 덜 공격적인 또래들을 구분하는 데 사용되어 왔다. 이런 도식적 명제들을 평가함으로써 공격적인 아동들의 부적응적 행동과 그들에 대한 개입 접근에 대해 더 상세하고 일관성 있게 이해할 수 있다.

(2) 도식적 명제

지배, 복수, 회피 그리고 친목 등과 같은 사회적 목표에 대한 아동의 상대적인 평가를 측정하는 것은 아동의 사회적 행동이 그가 말한 목표와 얼마나 일관되는지를 임상가가 결정하는 데 도움을 준다. 로크먼 등(1993)으로부터 수정 · 인용한 척도는 임상가로 하여금 아동의 사회적 목표들에 대한 상대적 순위를 알게 해 준다. 이런 순위는 아동의 다른 사회인지 특징들이 나타나는 맥락 안에서 이해될 수 있다. 예를 들어, 자신의 각성 상태를 잘 관리하지 못하는 공격적인 아동들 중 일부는 친사회적 목표와 적절한 문제해결 방략을 말할 수 있지만, 자기 통제력의 결함 때문에 이런 목표들과 일관되게 행동할 수 없을 것이다. 이런 평가 프로파일로부터 얻은 지식은 분명한 치료적 시사점을 가진다.

(3) 내적 각성의 평가

공격적인 아동들은 자신의 부정적 정서를 변별하는 것을 어려워하며, 부정적인 정서적 각성(당황, 공포, 슬픔)을 지나치게 분노로 이름 붙이는 경향이 있다. 공격적인 아동의 부정적 정서에 대한 비구조화된 자기 보고를 통해, 아동의 감정 파악 기술에 대한 통찰력을 알 수 있다. 물론 이런 감정 파악 기술들은 타인의 정서에 대한 이해를 선행 요건으로 한다. 브라이언트(Bryant, 1982)의 아동 · 청소년 공감 지표(Empathy Index for Children and Adolescents)는 사회적 조망 수용과 공감을 측정한다. 아동의 공감 경향성을 평가하는 것은 그(녀)가 일반적으로 얼마나 변화에 수용적인지, 그리고 특히 인지행동적 기법을 얼마나 수용할지에 대해서도 알 수 있게 해 준다.

3) 공격적인 아동의 다른 기능 영역

가족/부모의 기능을 평가하는 것은 행동의 유관성과 그 영향력에 대해 완전하게 알려 줄 수 있으므로 필요하다. 부모로서 그리고 부부로서의 적응 정도를 측정하는 것이 유용한데, 이는 어떤 유형의 사회적 문제해결 양식이 자녀에 의해 모방되고 있는지, 그리고 개입하려는 노력을 부모가 얼마나 수용할지의 정도를 평가하게 해 준다. 적절한 심리측정적 타당성을 가지고 흔히 사용되는 도구들은 다음을 포함한다. ① 부모의 우울을 측정하기 위한 벡 우울 척도-II(Beck Depression Inventory-II: BDI-II; Beck, Steer, & Brown, 1996), ② 부모의 스트레스를 측정하기 위한 양육 스트레스 척도(Parenting Stress Index: PSI; Abidin, 1995), ③ 결혼 적응을 측정하기 위한 양자 적응 척도(Dyadic Adjustment Scale: DAS; Spanier, 1976) 등이 있다. 결혼 생활의 적대감과 직간접적인 힘의 사용에 대한 경험에 아동이 노출되었는지를 측정하는 척도들로는 오리어리-포터 척도(O'Leary-Porter Scale; Porter & O'Leary, 1980)와 개정된 갈등 방략 척도(Revised Conflict Tactics Scales: CTS2; Straus, Hamby, Boney-McCoy, & Sugarman, 1996)가 있다. 부부 불화에 대한 아동의 지각 척도(Child Perceptions of Marital Discord: CPMD; Emery & O'Leary, 1982)는 아동의 스트레스에 대한 유용한 지표이고, 공격성에 대한 부모의 보고와 상관이 있는 것으로 밝혀졌다(Wayland, Schoenwald, & Lochman, 1989). 양육 실제도 평가되어야 할 핵심적인 기능 영역인데, 앨라배마 양육 질문지(Alabama Parenting Questionnaire; Wootton, Frick, Shelton, & Silverhorn, 1997)는 부모 모두와 아동을 위한 질문지 양식을 포함한다.

가족과 양육 기능에 대한 평가에 더해, 공격적 행동장애를 가진 아동들이 자주 다른 인지 및 학업의 결함을 가진다는 사실은 잘 알려져 있다(McMahon & Forehand, 1988을 보라). 지능과 학업의 강, 약점에 대한 철저한 평가가 실시되어야 한다. 학습 환경에서 경험하는 어려움의 유형과 좌절에 대해 정확하게 평가함으로써(예를 들어, 특정학습장애, 특히 읽기장애), 아동이 교사나 또래에게 왜 방어적 · 반항적으로 혹은 따지기 좋아하는 것으로 보이는지, 그 이유에 대해 어느 정도 알 수 있다. 또한 카우프만 단축형 지능검사 2판(Kaufman Brief Intellingence Test, Second Edition: KBIT-2; Kaufman & Kaufman, 2004) 같은 인지 평가 도구로 언어적 · 비언어적 인지 기술들을 합리적으로 평가하는 것은 기본적인 인지 강점과 약점, 그리고 인지행동적 기법을 아동이 받아들일 능력이 있는지에 대해 정보를 준다.

공격적인 아동의 주관적인 경험에 대한 척도들 역시 중요하며, 치료에 대한 반응이 어떨지에 대해 시사점을 가진다(예를 들어, Lochman, Lampron, Burch, & Curry, 1985). 아동의 자기지각 프로파일(Self-Perception Profile for Children; Harter, 1985)은 여러 영역(예를 들어, 집 대 학교, 인지 대 사회)에서의 유능감을 스스로 평가하게 해 준다. 공격적인 아동이 여러 영역(예를 들어, 학업 성취, 또래 관계)에서 어려움을 가질 가능성이 크므로, 아동이 자부심과 성취감을 갖는 영역뿐 아니라 특별히 예민하게 느끼는 기능 영역들에 대해 아는 것이 매우 중요하다. 피어스-해리스 아동 자기개념 척도 2판(Piers-Harris Children's Self-Concept Scale, Second Editions; Piers & Herzberg, 2002)은 여러 정서적 요인을 광범위하게 측정하기 때문에 유용하다. 대중적 인기와 유능감 기술들에 대한 아동의 평가와 마찬가지로, 정서적 요인들은 대개 공격 행동을 일으키거나 유지시킨다. 또한 이 척도는 어떤 대상군에서는 우울 증상 및 경향성에 대해 더 잘 알 수 있게 해 주는 것 같다.

(1) 부모 평가

앞에서 언급했듯이, 평가 과정에 가능한 한 부모 또는 부모 대리인을 포함시켜야 한다. 아동에 대한 평가뿐 아니라 치료에 관여하려는 부모의 의지를 평가하는 것 또한 중요하다. 이 과정을 촉진시키기 위해 아동에 대한 평가 과정과 동시에 부모 평가를 위한 집단 과정이 수행된다. 이런 과정은 집단 지도자가 개입에서의 부모 역할에 대해 토론하고, 동시에 매주 양육방식 훈련 집단에 참가하는 것이 가능한지 뿐 아니라, 그런 훈련에 대한 부모의 관심을 측정할 수 있게 해 준다.

3. 공격적인 아동에 대한 인지행동치료

인지행동치료는 타인과 아동 자신의 행동에 대한 왜곡된 지각, 타인의 적대적 의도에 대한 귀인, 비언어적이고 직접적인 행동을 통한 해결책에 대한 과도한 의존, 그리고 언어적 자기주장과 언어적 협상 해결을 사용하지 않는 것을 포함해서 공격적인 아동들의 왜곡되고 결함 있는 사회인지 처리 과정을 다룬다. CBT 프로그램들은 자기 지시, 사회적 문제해결, 조망 수용, 정서 이름 붙이기 혹은 이완 훈련을 포함하고, 대부분의 프로그램은 이들 기법 중 여러 가지를 조합한다. 이러한 모든 프로그램은 좌절을 유발하거나 화나게 만드는 상황 동안에 일어나는 아동들의 사회인지에 공통적으로 초점을 맞춘다.

1) 대처 능력 프로그램

공격적인 아동들에게 사용될 수 있는 인지행동적 기법들의 종류들 중 한 예를 제공하기 위해, 우리는 공격적인 아동들이 보이는 특징적인 사회인지적 어려움을 목표로 하는 대처 능력 프로그램을 설명할 것이다(Lochman, Wells, & Lenhart, 2008; Wells, Lochman, & Lenhart, 2008). 대처 능력 프로그램은 우리가 이전에 개발했던 분노 대처(Anger Coping) 프로그램을 발전시킨 것이다(Larson & Lochman, 2002; Lochman, FitzGerald, & Whidby, 1999). 우리는 CBT 개입의 초점이 되는 주요 내용과 과정 문제들 또한 다룰 것이다.

대처 능력 프로그램(Lochman et al., 2008)은 4학년부터 6학년까지의 학생들을 대상으로 학교 장면에서 수행되도록 만들어졌다. 이 프로그램은 16~18개월 기간에 걸쳐 동시에 진행되는 34회의 아동 회기와 16회의 부모 회기로 구성된다. 아동 회기들은 전형적으로 45~60분인데, 한 집단에 4~6명의 아동을 포함한다. 부모 회기들은 90분 동안 진행되고 12명의 부모 또는 양부모를 포함할 수 있다. 모든 회기는 특정한 목표, 대상 그리고 각 회기별로 정교하게 짜인 연습 등으로 매우 구조화되어 있다. 비록 우리 모형이 학교에서 더 자주 실시되지만, 단지 약간만 절차를 수정하면 임상 장면에서도 쉽게 사용할 수 있다(예를 들어, 아동 행동에 대한 목표들을 학교보다 가정 또는 지역사회에 기반을 두면 된다). 집단 회기들에 더해, 라포를 형성하고 각 학생들에게 개별적으로 대처 능력 개념과 목표들을 설정하기 위해 대략 한 달에 한 번 정도 각 아동은 6~8회의 30분짜리 개인 회기를 갖는다.

우리는 집단치료 양식을 사용하는 것이 여러 이점을 가지고 있다고 믿는다. 두 명이 있는 상황이나 어른들이 제공하는 강화보다 또래와 집단의 강화가 아동들에게 더 효과적이다(Rose & Edelson, 1987). 이는 연구에서 밝혀졌듯이, 사회적 강화에 비교적 저항하는 파괴적 행동장애를 갖고 있는 아동들에게 특히 더 그렇다. 부가적으로, 집단 상황은 대인관계를 학습하고 사회적 기술을 발달시킬 생생한 기회를 제공한다. 그러나 파괴적인 아동 · 청소년에 대한 집단적 개입은 참가자들 내에서 일탈 훈련을 통해 치료 효과나 프로그램 효과성의 감소를 가져오기 때문에(예를 들어, Dishion, McCord, & Poulin, 1999), 프로그램의 이익을 증진시키기 위해서는 진행자들이 집단 회기 동안 참가자 행동을 주의 깊게 모니터하고 효과적인 행동 관리 기법들을 채택하는 것이 매우 중요하다.

다양한 교육 방략과 활동을 사용함으로써, 대처 능력 프로그램의 구성 요소들은 공격적인 아동들의 특징적인 사회인지적 어려움을 치료하도록 계획되었다. 여기에는 적대적 단서들에 대한 주의의 증가, 타인의 의도를 적대적인 것으로 해석하는 경향, 사회적 목표에서 지배성 지향, 행동 지향적인 문제해결 방략에의 과잉의존, 언어적 자기주장이나 협상을 사용하는 데서의 상대적인 결함, 공격 행동이 개인적 만족을 가져올 것이라는 믿음 등이 포함된다. 대처 능력 프로그램의 아동 요소들에서 다루어지는 주제들은 목표 설정, 조직화 그리고 학습 기술들, 각성과 분노의 자각, 분노와 각성에 대한 자기 조절, 사회적 문제해결, 또래 압력과 이웃과의 문제를 다루는 법 등을 포함한다.

(1) 부모 프로그램 구성 요소

대처 능력 프로그램의 부모 프로그램 구성 요소(Wells et al., 2008)는 부모-아동 관계를 개선하고 효과적인 양육 연습을 촉진시키는 목표를 갖고 있다. 사회학습이론에 근거를 둔 부모 훈련 프로그램에서 추출된 내용들은 아동의 적절한 행동에 보상을 주고, 효과적인 지시와 규칙을 사용하며, 아동의 부적절한 행동에 대해 효과적인 대가를 적용하고, 건설적인 가족 의사소통을 연습하며, 부모 스트레스 관리 방략들을 연습하는 것 등을 포함한다. 이에 더해 부모들에게 아동들이 배우고 있는 기술들을 소개해 주기 때문에, 자녀가 그 기술을 사용하는지 확인하고 가르치며 강화해 줄 수 있다. 대처 능력 프로그램의 부모와 자녀 회기들의 순서는 부모와 자녀가 특정한 주제를 비슷한 시기에 배울 수 있도록 구조화되어 있다. 예를 들어, 아동이 학습 기술과 조직화에 대해 배울 때, 부모는 숙제의 구조를 발달시키기, 숙제를 했는지 검사하기, 그리고 교사와 의사소통하기 등과 같은 아동의 학업 성공을 지원하는 방법을 교육받는다. 부모와 아동 집단에서 이처럼 유사한 시기에 다루어지는 또 다른 주제들은 갈등 해결 기술과 문제해결 방략들이다. 이런 방식으로 부모와 아동 회기의 시기를 맞추는 것은 부모로 하여금 아동을 위한 부가적인 연습과 강화를 제공하고 가정 장면에서 일반화를 촉진시키기 때문에, 자녀가 이런 기술들을 더 잘 습득할 확률을 높인다.

부모를 위한 대처 능력 프로그램 구성의 각 회기는 시작 시기, 주제에 근거한 상호작용의 실연 그리고 종료 시기를 포함하도록 구조화되어 있다. 부모들이 배운 기술을 실습하고 이전 회기에서 배운 정보를 다음 회기에까지 지속시키는 능력을 배양할 수 있도록 격려하기 위해 매번 끝나는 시기에 과제가 주어진다. 각 회기의 시작 시기에 과제를 검토하고 이전 회기에 대한 부모의 반응들을 토의함으로써 회기들 간의 연속성을 또한 증진시킨다. 대처 능력 부모 회기의 또 다른 구성 요소들은 집단 응집력 형성과 지역사회에 가족이 관여하도록 격려하는 것을 포함한다. 부모들이 개인적 경험을 공유하고 함께 문제를 해결하며, 집단 소찬회 같은 활동에 참여하도록 격려하는 것 같은 회기 내 연습은 집단 구성원들 간에 응집력을 구축하도록 도움으로써 구성원들의 참여와 만족도를 향상시킨다. 지역사회로의 긍정적인 관여를 격려하기 위해, 여러 회기에서 학업 지원, 서머타임 활동들 그리고 가족 소풍을 위한 구체적인 정보 또한 제공한다.

(2) 실용적이고 관리적인 문제

비록 집단치료가 앞에서 논의한 이점들을 갖고 있다 할지라도, 앞으로 논의할 구성 요소들을 다루는 개인치료가 여러 경우에 실시될 수 있다. 첫째, 개인치료는 아동이 집단에 들어가도록 준비시키는 도움을 줄 수 있다. 이 방략은 만약 아동이 파괴적 행동(예를 들어, 집단 장면에서 충동성, 적대적 저항, 언어적 또는 신체적 공격 행동)이나 불안장애를 공병으로 갖고 있어서 집단에 참여할 수 없는 경우에 도움이 되는 것 같다. 둘째, 지속적인 연습과 기술 습득을 요하는 성공적인 집단 경험보다 '단계를 낮추는 것'으로서의 개인치료로부터 아동이 얻는 것이 있다.

대처 능력 프로그램은 개인 내담자에 맞추어 사용하도록 수정될 수 있다. 비록 어떤 활동들은 또래가 없을 때 변화를 요하지만, 내용 측면에서 별다른 변화가 필요하지는 않다. 예를 들어, 임상가가 어떤 활동들(예를 들어, 역할 연기하기)에서는 더 적극적인 역할을 할 필요가 있고, 예를 들거나 다른 집단 구성원들이 이미 했던 질문들에 대해 논의하도록 유도할 필요가 있을 것이다. 임상가들은 집단 장면에서보다 더 자주 적절한 자기 개방과 가상적인 사례(예를 들어, "내가 전에 네 나이의 어떤 소년과 치료 작업을 했는데……")를 끌어들여 프로그램 내용을 부각할 필요 또한 생길 수 있다. 현재 우리의 연구 집단은 원래의 집단 프로그램에 근거하지만 일대일로 사용하도록 수정한 대처 능력 프로그램의 개인치료 형식에 대해 예비 연구 중에 있다.

학교에 기반을 둔 치료는 종종 학교 행정가들과 인사위원회의 지지 수준에 의존하고, 임상가에게 의뢰된 아동들에 비해 대개는 더 광범위한 수준의 공격성을 가진 아동들이 치료의 대상이 된다. 학교에 기반을 둔 집단의 일부 아동이 단지 행동적으로 문제가 있는 데 비해, 임상 장면에 기반을 둔 집단은 강렬한 문제 수준의 공격성을 자주 경험하는 아동들을 종종 포함한다. 따라서 많은 아동을 포함하는 학교에 기반을 둔 집단(5~7명의 구성원)에 비해 임상 집단은 전형적으로 규모가 더 작다(4~5명의 구성원).

치료 장소가 어디든 적절한 수의 의자와 포스터를 걸 수 있는 공간이 있는 큰 방이 추천된다. 칠판이나 글을 쓸 수 있는 보드가 있으면 도움이 되지만, 포스터 용지에도 쓸 수 있기 때문에 꼭 필요한 것은 아니다. 파괴적 행동들의 공병(예를 들어, ODD와 ADHD)이 있는 경우에는 물리적 환경을 계획할 필요가 있다. 집단실에 있는 여러 가지 물건 중 시각적 · 촉각적 · 청각적 방해물들이 가능한 한 적은 것이 최상이다. 첫 집단 회기에서 집단 규칙들의 목록이 만들어지는데, 거기에는 집단을 이동하는 동안 적절하고 기대되는 행동을 격려하기 위해 '집단에 들어오는 것과 나가는 것'에 대한 규칙이 포함된다.

(3) 자기 관리 기술

가장 먼저, 아동들은 정서적 각성과 관련된 내적 상태를 더 잘 관찰할 수 있도록 배운다. 다른 기술들과 마찬가지로 이 과정은 치료의 전 과정에 걸쳐서 일어난다. 모방, 관찰, 구조화된 연습과 집단 토론을 통해 아동들은 분노 각성에 대한 신체적 · 정서적 단서들을 파악하는 것을 배운다. 아동들은 분노를 유발하는 자극의 예들(예를 들어, 집이나 학교에서 또래나 권위 인물에게 화가 나게 되는 상황들)을 생각해 냄으로써 환경적 단서들과 촉발 요인들을 파악하도록 요청받는다. 다음으로, 분노 각성의 생리적 측면들이 다루어진다. 비디오테이프에 담긴 교육 자료를 사용해 소년에게 겉으로 드러나는 분노 각성의 증상들을 여러 가지 보여 줌으로써 이 주제를 소개한다. 이러한 단서들의 신호 기능이 강조되고, 분노의 다양한 생리적 단서(얼굴이 빨개지는 것, 맥박이 빨리 뛰는 것, 근육 긴장의 증가, 강한 정서)를 파악하기 위해 집단 브레인스토밍/토론이 활용된다. 아동들은 자신과 타인들이 분노 각성을 경험하는 구체적인 방식(얼굴와 자세 표현, 목소리 어조, 신체 자세, 생각, 말, 행동)을 파악하도록 요청받는다. 이는 사람들이 내적 경험에 있어서 서로 다르며, 분노에 대한 행동 반응이 아동으로 하여금 자신이나 타인의 분노에 대한 광범위한 단서들을 더 잘 관찰하게끔 도와주려는 목적이 있음을 암묵적으로 제시하는 것이다. 아동들은 자신의 분노 경험의 정도를 세분화하도록 격려받을 수 있다(예를 들어, '조금 화나는', '상당히 화나는', '매우 화나는' 같은 상이한 강도의 정서 상태를 명명하기 위해 화나게 만드는 상황을 '1에서 10까지의 척도에' 표시하기). 따라서 분노의 현상학적 경험은 연속선상에서 일어나는 것으로 개념화될 수 있고, 아동들은 정서적이고 생리적인 증상들을 더 낮고 더 관리 가능한 정서적 각성 수준에서 파악하도록 배울 수 있다. 아동들은 또한 상이한 강도의 정서 상태를 특정한 환경적 사건이나 단서들과 연결 짓도록 배울 수 있다. 아동들이 이런 문제들을 확고하게 이해하도록 돕는 한 가지 방법은 역할 연기를 사용하는 것이다. 아동들은 비언어적 · 언어적 단서들을 포함해 분노 각성과 분노 대처의 '아카데미상을 받을 만한 연기'를 하도록 요청받을 수 있다.

환경적 촉발 요인들과, 분노와 관련된 정서적 · 생리적 상태에 대한 자각을 증가시키기 위해 고안된 자기 검색 방략들에 더해, 인지적 자기 통제 방략들 또한 가르친다. 이 영역에서의 교육은 행동을 조절하도록 돕는 언어적 중재 방략들에서의 결함을 다루려고 시도한다. 아동들은 인지가 이후의 정서적 각성과 행동에 미치는 영향을 이해하도록 도움받고, 분노 각성 경험을 증가시키거나 감소시키는 데 있어서 내적 대화의 역할에 대해 교육받는다. 이 개념은 '혼잣말(self-talk)'이라는 구성개념을 통해 가르친다. 반복 교육을 통해, 아동들은 분노 악화 인지와 분노 감소 인지를 확인하고, 사적인 말이 정서와 행동에 미치는 영향을 이해하도록 도움을 받는다. 일련의 언어적 비웃기 게임들이 이 개념을 확고하게 만드는 데 특히 유용하다. 이것을 적용할 때, 아동들은 집단의 다른 구성원들로부터 모욕이나 비웃음을 당하고, 자신의 생각과 감정들이 이런 구조화된 화나는 상황에 대한 반응에 어떻게 영향을 주는지 토의한다. 비교적 거리가 있는 자극(예를 들어, 인형의 비웃음)부터 더 위협적인 자극(집단 구성원들의 직접적인 비웃음)까지, 자극은 위계적 형식으로 제시된다. 혼잣말에 대한 교육은 개인의 지각 과정에 대한 자각을 증진시키도록 계획된 연습과 결합된다. 예를 들어, 집단 구성원들은 사회적 갈등 상황에서 그들이 가장 쉽게 하는 여러 종류의 가정들과, 적응적 대처를 가장 잘 촉진시키는 분노 감소 말들을 파악하도록 요청받을 수 있다. 이런 식으로 아동들은 자신에게 특히 잘 맞는 대처 어휘의 목록을 개발하도록 격려받는다. 또 다른 자기 통제 기법들로 시각화, 주의 분산 그리고 이완 역시 논의되고 연습된다. 아동들은 자기 감찰 기법에 대한 토론을 통해 분노 각성의 촉발 요인들이 개인마다 다르고 사건마다 다르다는 것을 은연중에 배운다. 그러고 나서 이런 촉발 요인들을 자각함으로써 아동들이 자기 관리를 할 수 있게 돕는다.

(4) 치료에 참가하기

다음의 상호작용은 대처 능력 집단치료 모형의 일부인 자기 통제 연습 상황에서 일어난 것이다. 이 연습에서, 표적 아동으로 하여금 화나는 상황에 적응적으로 반응하는 능력을 개발하도록 하기 위해 통제된 상황하에서 집단 구성원들이 표적 아동을 비웃었다. 바닥에 금을 그어 '안전 원' 안에 그 아동을 물리적으로 분리시켰고, 이 '열받는 자리'는 전형적으로 원 안에 아동과 함께 서 있는 집단의 공동 지도자(이 사례에서는 공동 지도자 1)로부터 '코칭' 지지를 받으면서 시작된다. 아동에게 '안전한 환경'은 집단 구성원들이 책상에 둘러앉는 것으로도 만들어질 수 있다.

공동 지도자 1: 좋아, B군, 처음 시작하기 전에, '얘기 하지 말아야 할' 것이 있니?

B: 아니요.

공동 지도자 1: 확실하니?

B: 예.

공동 지도자 2: 좋아, 먼저 여러분 모두가 '열받는 자리'에 1분씩 있게 될 거야.

구성원들: 예.

공동 지도자 1: 준비됐니, B군?

B: 예.

공동 지도자 1: 좋아, 그러면 시작하자!

구성원 1: 저 모자 좀 봐, 완전 더럽고 형편없어!

구성원 2: 그래, 저 모자 좀 봐! (웃음)

구성원 3: 그거 한 번이나 빨았니?

B: 그래, 빨았어! 네 모자를 봐! 너는…….

공동 지도자 1: (끼어들며) B군, 우리는 지금 자기 통제 방략을 연습하고 있다는 걸 기억해.

B: 알았어요. 알아요.

공동 지도자 2: 좋아, 여러분, 계속하지.

구성원 2: 네 엄마가 그 모자를 만들었니? (다른 구성원들이 웃고 손가락질한다.)

공동 지도자 1: B군, 주먹을 쥐고 이를 악무는 게 보이네.

B: (심호흡을 몇 번 하기 시작하면서 주먹을 편다.) 좋아요. 좋아(스스로에게), "얘들은 우리 엄마를 알지도 못해. 단지 나를 화나게 만들려는 거야. 내 모자는 아무 문제가 없어."

구성원 4: B의 엄마가 그걸 더럽게 만들었어. 구질구질한 모자야! (구성원들이 웃는다.)

공동 지도자 1: 침착해, B군.

구성원 3: 그 모자는 너의 추한 얼굴을 가리기 위해 필요한 거야!

B: (스스로에게) 나는 차분하게 있을 거야. 얘들은 그저 나하고 싸우려고 하지만, 나는 안 싸울 거야.

이 활동은 아동들의 기술 습득을 조성하고 지지하기 위해 지도자가 필요함을 보여 준다. 집단 구성원들에게 이것이 기술이고, 효과적으로 되기 위해 연습이 필요한 것이며, 그것들을 유능하게 수행하지 못하는 때가 있을 것이라는 것을 상기시킨다. 이런 유형의 예기적 안내를 해 주는 것은 아동들이 어렵고 새로운 기술을 배우면서 좌절을 겪는 것이 당연함을 알려 준다.

이 회기의 한 가지 활동으로 도미노 쌓기 과제 동안 언어적 비웃기가 포함된다. 한 집단 구성원이 30초 동안 한 손으로 탑을 쌓는 동안 다른 구성원들은 그를 비웃는다. 각 구성원은 차례대로 탑을 쌓고, 가장 높게 탑을 쌓은 사람이 승리한다. 과제가 끝난 후 집단 구성원들의 토론에서는 도미노 쌓기에 집중하는 것이 얼마나 어려웠는지, 집단 구성원들이 얼마나 계속 집중했는지, 그들이 화가 나기 시작했는지 여부, 분노가 그들의 집중을 흐트러뜨렸는지 여부, 잘하기 위해 혼잣말을 사용하였는지 여부, 승리하는 데 분노 관리가 얼마나 중요했는지 등에 초점을 맞추어 진행된다.

요약하면, 점점 더 큰 위협 자극에 위계적으로 노출되고, 행동 연습 그리고 집단 토론을 통해 아동들은 대인관계 갈등과 관련된 상황에서 인지적·정서적 자기 반영과 자기 감찰 방략들을 사용하는 것을 개발하고 연습하도록 격려받는다. 이런 방략들의 학습을 확고하게 하도록 돕기 위해, 아동들은 그들이 개발한 기술들과 대처 방략들을 포함하는 '각본(scripts)'을 쓰고, 비디오테이프로 이 각본을 실연함으로써 이런 기술들을 연습할 기회를 갖는다.

(5) 사회적 조망 수용 기술

연구들에 의하면, 외현화 장애를 가진 아동들은 사회적 상황에 대해 자기중심적이고 왜곡된 지각을 나타낸다(Lochman & Dodge, 1998). 앞에서 언급했듯이, 이런 사회인지 결함은 자신과 타인 지향의 관심을 통합하는 데서의 어려움, 타인의 적대적 의도를 과잉 귀인하기 및 조망 수용 기술의 결함과 관련된다. 이러한 부적응적인 대인관계 과정으로 인해 공격적인 아동들은 역기능적인 사회적 관계를 가질 위험성이 크다(예를 들어, 타인의 적대적 의도를 빠르게 가정하는 아동은 부정확하게 지각한 위협에 근거해 사회적 갈등에 반응할 수 있다. 타인의 조망을 이해하는 데 어려움이 있는 아동은 전적으로 자신에게 유리한 관점에서 타인의 견해나 욕구 그리고 반응을 급하게 보려 한다). 일련의 조망 수용 연습에서는 다양한 기법(구조화된 연습, 역할 연기, 모방 그리고 집단 토론)을 활용하여 이런 문제들을 다룰 수 있다. 조망 수용 교육은 타인의 생각이나 의도를 정확하게 추론하는 능력을 향상시키고(인지적 조망 수용), 타인의 감정이나 내적 정서 상태를 이해하게 하려고 시도한다(정서적 조망 수용). 사람들 간의 유사점과 차이점을 파악함으로써, 사회적 단서들에 대해 대안적인 해석을 해 봄으로써, 그리고 다른 사람들이 어떤 생각이나 감정을 갖고 있는지를 추론해 봄으로써 아동들은 개인적인 인지적 과정과 정서적 과정을 분화시키도록 요청받는다. 예를 들어, 기본적인 연습에서 아동들에게 모호한 그림을 제시하여, 각각 독립적으로 그림에 대한 '이야기'를 만들어 보도록 요청하고, 동일한 자극에 대해 어떻게 다르게 지각하였는지 토론하게 한다. 아동들이 또래, 교사 그리고 가족 구성원들과 갈등을 보일 때 이런 조망 수용 교육이 집단 안에서 대인관계 갈등을 다루기 위해 정기적으로 사용된다. 따라서 이런 구성 내용은 집단 과정 전체에 걸쳐 계속 다루어진다.

(6) 사회적 문제해결 기술

공격적인 아동들은 대인관계 문제를 성공적으로 해결하는 능력에 결함이 있다. 대처 능력 프로그램은 갈등 상황을 문제가 있는 것으로 파악하도록 돕고, 그런 상황에 반응하는 자원들을 증가시키도록 격려함으로써, 공격적인 아동들의 결함 있는 문제해결 방략들을 다룬다. 사회적 갈등 다루기에 대한 단계적 모형에서는 다음과 같은 세 요소를 포함할 것이 제안되었다. 즉, 문제 파악, 중다 반응 대안들의 생성, 그리고 자신의 행동의 결과에 대한 평가와 예측이다. 아동들에게 이 모형을 가르치고 수행하도록 돕기 위해 모방, 확산적이고 필연적인 사고에 대한 교육, 해결책을 만들고 정교화하는 연습, 행동 시연 등을 포함하는 다양한 기법이 사용된다. 행동 시연은 역할 연기와, 아동이 갈등 상황을 다루기 위해 각본을 개발하고 그것을 비디오테이프에서 상영하는 것을 활용하는 것을 포함한다. 아동들은 집단 과정을 통해 개발했던 분노 대처 방략들의 개인화된 메뉴(혼잣말, 갈등 해결 방략들)에 이런 각본들을 병합시키도록 격려받는다. 이 교육의 가장 중요한 측면은 잠재적으로 문제가 있는 상황이 적응적으로 반응하지 못할 만큼 악화되기 전에 아동이 일찍 파악하도록 돕는 것과 관련된다. 아동에게 직접적인 행동적 해결책을 사용하지 말도록 격려하고, 언어적 표현, 토론 그리고 협상 해결책을 사용할 것을 강화한다. 해결책이 어떻게 사회적 목표에 의해 영향받는지, 해결책이 어떻게 유능하게 수행될 수 있는지, 그리고 첫 해결책이 실패하거나 해결책의 수행에서 방해물이 나타날 때 지원하는 해결책을 어떻게 갖고 있을 필요성이 있는지에 대해 파악하는 것에도 역시 주의를 기울인다. 요약하면, 사회적 문제해결 구성 요소는 아동들에게 사회적 갈등에 반응하는 모형을 제공하고, 대처 해결책의 범위를 양적 · 질적으로 향상시키도록 격려하는 것을 포함한다.

구조화된 연습에 더해, 아동들이 집단에 가져오는 실생활 문제에 대한 사회적 문제해결 역시 활용된다. 최근의 한 집단 회기에서, 밥은 지난주 학교에서 5일간 정학을 받게 된 사건에 대해 이야기하기 시작하였다. 계획된 집단 활동을 계속하기보다, 그 회기의 대부분은 이 상황에 대한 집단 문제해결에 사용되었다. 밥은 그와 다른 소년이 도서관의 쿠션에 누가 앉을지 동의하지 않았을 때 어떻게 사건이 시작되었는지를 설명하였다. 짧은 욕설이 오고 간 뒤, 두 소년은 도서관의 남은 수업 시간 동안 조용히 있었다. 그러나 도서관에서 수업이 끝난 후, 밥은 그 소년의 얼굴을 때렸고 더 화를 돋우는 언어적 욕설을 재개하였다. 그 소년이 언어적 욕설로 반응했을 때, 밥은 그를 때려 눕혔고 교감 선생님에게 끌려나올 때까지 그를 계속 때렸다. 집단 토론은 다른 소년의 의도—처음에는 밥이 지각한 것만큼 의도적으로 악의적이지 않았던—와 교감 선생님의 의도에 대한 조망 수용에 초점을 두었다. 열띤 토론에서, 집단은 교감 선생님이 밥을 붙잡아 마구 흔든 것은 그가 비열했거나 아니면 싸우는 학생들을 보호하려 했을 것이라는 점에 주목하였다(대다수의 집단 구성원들은 그가 학생을 보호하려 하였다는 것으로 최종 결정을 내렸다). 처음의 '쿠션 문제'를 다루는 여러 가지 방식을 밥에게 제안한 후에, 밥은 각각의 집단 구성원에게 그들이라면 어떻게 그 일을 다루었을지 물었다. 가장 처신을 잘하는 집단 구성원이 직접 대면하지 않는 해결책을 제안했을 때, 밥은 다음의 갈등 상황에서는 그 방략을 써 보기로 잠정적으로 결정하였다. 이런 토론의 주목할 만한 측면은 공격적인 사건들이 사소한 문제로부터 어떻게 종종 악화되는지, 밥이 처음 화가 난 후에 그의 분노를 잠재우는 것이 얼마나 어려웠는지, 밥의 분노가 자신도 모르는 처리 과정에 의해 평소의 적절한 사회인지를 어떻게 붕괴시켰는지, 사회적 조망 수용과 사회적 문제해결에 대한 훈련을 하는 데 있어서 집단 구성원들이 어떻게 도움이 되었는지 등이다.

(7) 대처 능력 프로그램에서 과정 변인

세 개의 과정 변인들이 대처 능력 프로그램에서 핵심적인 것으로 간주된다. 친사회적 행동을 격려하고 집단 응집성을 촉진시키기 위해 집단의 사회적 축소판 안에서 행동 관리 체계가 사용된다. 예를 들어, 목표 설정 활동들이 있는데, 이는 치료 효과를 일반화하도록 격려하기 위해 구조화된 수단을 제공하며, 집단 맥락을 발달시키기 위해 집단의 대인관계에서 '지금 여기에서' 상황을 활용한다.

행동 관리 체계 '긍정적인 또래 문화'를 격려하는 주요 기제는 집단 규칙을 초기에 개발하고 행동 관리 체계를 구체화하는 것이다. 아동들에게 집단 규칙을 만드는 과정에 관여하게 하는 것은, 집단 규준에 대해 심리적인 주인의식을 가지고, 집단 과정을 방해할 행동들에 대해 민감해지도록 해 준다. 공동 사회 계약을 개발하는 데 참여하는 것은 집단 응집성을 촉진시키고, 성인과 품행장애 아동들 간에 일어날 수 있는 권력 다툼을 최소화하는 데 도움이 된다. 반응 대가 혹은 보상 체계 같은 유관성 관리 기법(Sulzer & Mayer, 1972)은 집단 지도자가 바람직한 행동(특히 친사회적 행동)을 조성하고, 유지시키며, 강화할 수 있게 하는 데 필수적이다. 각 회기마다 집단 규칙들을 전시하고 아동들에게 그들의 행동에 대해 자주 피드백을 제공하는 것이 도움이 된다(예를 들어, 얻은 점수들을 각 회기의 끝이나 회기 중간에 정기적으로 검토하기). 아동들에게 초기에 교정적인 피드백을 제공할 때는 중립적이고 사실을 말해 주는 방식으로 피드백을 제공하는 것이 유용하다. 교정적 피드백의 이런 초기 '해독(detoxification)'은 공격적인 아동들이 성인의 피드백을 지나치게 개인화하고 반항하거나 도전하는 행동으로 반응하려는 경향을 제거하는 데 도움이 된다. 아동들이 개인이나 집단의 보상으로 교환되는 점수를 누적시킴에 따라, 그들은 파괴적 행동장애를 가진 아동들의 문제 영역인 즉각적인 만족을 지연시킬 기회를 자주 갖게 된다. 또한 집단 유관성은 집단 응집성을 한층 더 발달시키는 부가적인 수단이 된다.

목표 설정 아동들은 매주 문제 행동을 지정하고, 행동 변화의 목표를 설정하며, 그 목표에 도달하는 자신의 능력을 감찰한다. 아동들이 이 과정을 구체화하도록 돕기 위해 주별 목표 기록지가 사용된다. 목표들은 집단 지도자, 교사 그리고 부모의 요구와 부합되게 선택되고, 아동이 보이는 특별한 사회인지 결함이나 왜곡에 근거해 개별화된 치료 목표들이 각 아동에 따라 개발된다. 교사나 부모는 아동의 일일 목표 기록지를 작성함으로써 아동의 진전 정도를 외적으로 확인한다. 따라서 목표 설정은 치료 효과를 더 일반화하는 구조화된 수단을 제공하며, 아동으로 하여금 자신의 행동에서 문제 있는 측면을 변화시킬 책임감을 갖도록 격려하고, 자기감찰 기술을 발달시키도록 촉진한다. 목표 설정과 감찰은 부모가 행동 관리 기술 훈련을 포함하는 대처 능력 부모 프로그램에 참여함으로써 더욱 향상될 수 있다. 부모는 이런 기술들을 배움으로써 행동 한계들을 효과적으로 설정하고 감찰하는 능력을 키울 수 있다.

대인관계 집단 과정 치료 과정에 걸쳐 집단 구성원들 간에 일어나는 자발적인 상호작용은 아동들의 대인관계 양상과 결함들을 평가하고 또래 관계의 어려움을 파악할 훌륭한 기회를 제공한다. 모방, 가르치기 그리고 행동 조성을 통해 아동들은 듣기 기술을 개발하고, 친사회적 방식으로 상호작용하며, 언어적으로 주장하는 반응 능력을 키우고, 또래의 관점을 더 잘 이해하도록 도움받을 수 있다. 집단 구성원들 간에 일어나는 피할 수 없는 긴장과 지도자의 교정 피드백에 대한 아동들의 부정적인 반응들은 분노 통제 문제에 대해 아동들과 작업할 생생한 기회를 제공한다. 따라서 구조화된 연습과 역할 연기에서 일어나는 '차가운' 처리에 더해, 이런 '뜨거운' 처리 과정이 아동들이 새로 습득한 기술들을 사용해 볼 좋은 기회를 제공한다. 즉, 분노가 일어날 때 분노 각성에 이름을 붙이고 분노 관리 기법을 사용해 연습해 볼 수 있다. 요약하면, '지금 여기에서'의 집단 과정이라는 사회적 축소판을 통해 모방, 대인관계 갈등의 처리, 생생한 사회적 기술 교육, 그리고 더 적응적인 방식으로 또래와 상호작용하는 것을 연습할 기회를 많이 가질 수 있다.

4. 인지행동치료 성과에 대한 개관

CBT 개입과 관련된 결과들은 무엇인가? 여기에서 우리는 공격적인 아동·청소년에 대한 분노 대처와 대처 능력 프로그램의 성과에 대해 개관한다. 이런 연구들은 공격적인 아동·청소년에 대한 CBT가 경험적으로 지지되는 치료라는 것을 확립하는 정보를 제공한다(Brestan & Eyberg, 1998; Kazdin & Weisz, 2003; Kendall, 1998). 공격적인 아동·청소년 CBT의 성과 연구에 대한 더 자세한 개관은 다른 문헌들에서 볼 수 있다(Kazdin, 1995; Kendall & Choudhury, 2003; Southam-Gerow & Kendall, 1997; Sukhodolsky, Kassinove, & Gorman, 2004).

1) 분노 대처 프로그램

공격적인 아동들에 대한 CBT 프로그램들의 임상적 유용성을 보여 주는 증거들은 대처 능력 프로그램의 기초가 된 분노 대처 프로그램을 검토한 일련의 통제된 연구들에서 찾을 수 있다. 로크먼, 버치, 커리와 램프런(Lochman, Burch, Curry, & Lampron, 1984)에 의하면, 최소한의 치료와 치료가 없는 통제 조건을 독립적인 관찰을 통해 비교했을 때, 치료를 받은 공격적인 초등학교 소년들의 경우 교실에서 파괴적-공격적인 과제 이탈 행동이 감소하였고, 부모가 평정한 공격성이 줄었으며, 자존감이 향상되었다. 교사와 또래들에 의한 또 다른 평정치에서는 개선이 나타나지 않았다. 이 연구에서 나타난 치료 후의 행동 개선은 후속 연구들에서 반복 검증되었다(예를 들어, Lochamn & Curry, 1986; Lochman, Lampron, Gemmer, Harris, & Wyckoff, 1989). 그리고 교실에서 과제에 집중하는 행동이 7개월 후 추후 평가에서 발견되었다(Lochman & Lampron, 1988). 치료 효과의 일부가 3년 후인 15세까지 지속되었지만, 이런 결과들은 혼합되어 있다(Lochman, 1992). 치료를 받지 않은 공격적인 소년들에 비해, 분노 대처 치료를 받은 소년들은 향상된 자존감이 유지되었고, 더 나은 문제해결 기술을 보였으며, 물질 사용 수준이 유의미하게 더 낮았다. 치료를 받은 소년들은 추후 조사 때, 이런 측정치들에서 비공격적인 소년들과 같은 범위 안에 있었고, 청소년 물질 사용에 중요한 예방 효과를 시사하는 결과를 보였다. 그러나 소년들과 부모가 다음 해 동안 6회기의 추수 치료를 받은 분노 대처 치료 집단의 소년들에게 나타난 유일한 증거는, 수업 중 과제 이탈 행동의 지속적인 감소와 부모가 평정한 공격성뿐이었다. 이러한 추수 치료 없이는 공격 행동의 감소가 유지되지 못하였다.

2) 대처 능력 프로그램

경험적인 증거 역시 대처 능력 프로그램의 효과를 지지한다. 무선 할당을 사용해 통제된 개입 연구들에서 치료 성과를 분석한 결과, 소년들의 사회적 정보 처리와 통제 소재, 그리고 부모의 부모 역할이 대처 능력 개입 후에 광범위한 효과를 보였다(Lochman & Wells, 2002b). 대처 능력 프로그램 효과에 대한 1년 후 추후 분석에서, 자기 보고한 비행 위험성, 부모가 보고한 물질 사용, 그리고 교사가 보고한 행동 문제가 유의미하게 감소되었다. 특히 아동과 부모 모두 프로그램을 받은 아동의 경우에 그러하였다(Lochman & Wells, 2004). 두 번째 효과성 연구에서는, 대처 능력 프로그램의 효과가 교사 훈련이 포함된 교실에서의 개입과 함께 실시될 때 증가될 수 있는지 여부가 검토되었다. 245명의 공격적인 아동에 대한 성과 분석 결과, 대처 능력 프로그램은 아동의 사회적 유능감과 공격 행동에 유의미한 효과를 가져왔다(Lochman & Wells, 2002a). 이 연구는 대처 능력 치료를 받은 아동들이 비행, 물질 사용, 학교 장면에서의 공격 행동이 감소되었다는 이전 연구의 1년 후 추후 결과를 반복 검증하였다(Lochman & Wells, 2003).

이 프로그램에서 파생된 연구는 대처 능력 프로그램에 대해 부가적인 지지를 제공하였다. 이 프로그램은 공격적인 청각장애 아동에게도 효과적으로 적용되어 실시되었고(Lochman et al., 2001), 네덜란드식 수정도 비용 면에서 효과적이었으며(van de Wiel, Matthys, Cohen-Kettenis, & van Engeland, 2003), 품행장애와 반항성장애 외래 환자의 물질 사용에 대해서도 오래 지속되는 예방 효과(Zonnevylle-Bender, Matthys, van de Wiel, & Lochman, 2007)를 가지는 것으로 밝혀졌다. 학교에서 실시된 또 다른 파생 연구는 아동의 외현화 행동의 개선을 위해 지도자에 대한 심층적인 훈련의 중요성을 보여 주었다(Lochman, Boxmeyer, et al., 2009). 그리고 지도자의 특성(예를 들어, 높은 동조성과 세심함, 낮은 냉소주의)과 학교의 특성(예를 들어, 직원의 자율성, 관리 통제)이 프로그램 실시의 질에 대한 중요한 예언 요인임을 시사하였다(Lochman, Powell, et al., 2009).

3) 성과 예언변인으로 임상적 특징과 치료 특징

비록 공격적인 유형의 아동들에게 CBT의 가장 효과적인 측면들이 무엇인지 발견하려는 노력이 아직은 기초 단계에 있지만, 일부 초기의 발견들이 있다. 켄달과 브래스웰(Kendall & Braswell, 1993)은 처음에 낮은 수준의 적대감 지각과 더 내적인 귀인 양식을 가진 품행장애 아동들의 품행 문제를 감소시키는 데 CBT가 가장 효과적이라는 것을 밝혔다. 로크먼(1985)은 통제 조건에 비해 분노 대처 프로그램을 통해 공격 행동의 감소가 가장 큰 소년들이 처음에 사회적 문제해결을 가장 못하는 소년들이었다는 것을 발견하였다. 게다가 처음에 신체화와 불안 행동을 더 많이 보이고 또래들로부터 사회적 수용을 받지 못했던 소년들에게서 더 좋은 성과가 나타났다. 이는 이 소년들이 스트레스를 감소시키고 또래의 거부를 줄이고자 하는 욕구 때문에 치료에 더 동기화되었을 수 있음을 시사한다. 흥미롭게도, 치료받지 않은 상태에서 자발적으로 가장 많이 향상된 소년들은 더 좋은 문제해결 기술과 더 높은 자존감을 가진 아동들이었다. 치료로 인한 향상과 치료받지 않은 상태에서 나타난 향상의 차별적인 상관물들을 보면, 분노 대처 프로그램은 문제해결 능력이 가장 부족하고 개입이 가장 필요했던 소년들에게서 가장 성공적이었음을 시사한다. 대처 능력 프로그램은 아프리카계와 유럽계 미국 아동들 그리고 상이한 수준의 폭력적인 이웃을 가진 아동들의 경우 1년 후 추후 평가 결과, 소년, 소녀 모두에서 똑같이 효과적이었다(Lochman & Wells, 2003). 그러나 대처 능력 프로그램이 물질 사용의 증가를 예방하는 데 미치는 효과는 더 나이 많은 아동 표본에서 가장 확실하게 나타났다.

분노 대처 프로그램의 효과를 증가시킬 수 있는 치료 특징에 대한 연구들에서, 로크먼 등(1984)은 행동 목표 설정의 구성 요소를 포함하는 것이 공격성과 파괴성을 더 낮추는 경향이 있음을 발견하였다. 이 구성 요소를 보면, 소년들은 그들의 집단 모임에서 자신들을 위한 목표들을 매주 설정하고, 이런 목표들을 교사가 매일 감찰하며, 성공적인 목표 달성에 대해 유관성 강화가 주어진다. CBT에서 숙제를 부과하는 것의 효과에 대한 유사한 증거가 캐즈딘, 바스, 시걸과 토머스(Kazdin, Bass, Siegel, & Thomas, 1989)에 의해 얻어졌다. 게다가 교실 행동에서 더 광범위한 향상은 분노 대처 프로그램이 12회기보다는 18회기 형식으로 제공되었을 때 나타났다(Lochman, 1985). 우리는 제한된 형식의 구조화된 교사 자문을 포함시키는 것(Lochman, Lampron, Gemmer, et al., 1989)이나 비사회적인 학업 과제에 자기 지시 훈련을 부가적으로 시키는 것(Lochman & Curry, 1986)이 기본적인 분노 대처 프로그램의 효과를 증가시킨다는 것을 발견하였다. 그러나 대처 능력 프로그램이 고위험 아동들의 학교 행동에 미치는 예방적 효과는 교실 수준의 개입을 실시하기 위해 교사를 훈련함으로써 강화되는 것으로 보인다(Lochaman & Wells, 2003).

4) 개입 효과의 매개변수

경로 분석에 의하면 대처 능력 개입의 효과가 적어도 부분적으로는 소년들의 사회인지 과정, 도식 그리고 양육 과정의 변화에 의해 매개됨을 시사한다(Lochman & Wells, 2002b). 소년들의 적대적 귀인과 그에 뒤따르는 분노에 관련된 사회인지적 평가 과정, 공격 행동이 좋은 결과를 가져올 것이라는 소년들의 기대감 감소에 관련된 의사결정 과정 등이 변화하면, 반사회적 행동의 위험성이 줄어들게 된다. 이와 유사하게, 성공적인 결과에 대해 내적 통제를 하는 정도에 대한 믿음과 타인에 대한 내적 표상의 복잡성에 관련한 소년들의 도식이 변화하고, 부모의 훈육 노력의 일관성을 지각하는 것이 변화하면, 비행, 물질 사용 그리고 학교에서의 행동 문제가 감소한다. 여기에서 사용된 맥락적 사회인지 모형의 가정들과 일관되게, 대처 능력 개입에 참가한 다음 해에 소년들이 심각한 문제 행동에 관여하는지 여부는 사회적 세상을 지각하고 처리하는 방식의 향상과, 부모로부터 더 일관적이고 예측 가능한 반응이 올 것이라고 예상하는 것에 의해 부분적으로 영향을 받는다.

5) CBT 성과 연구의 시사점

캐즈딘(1995)은 연구 결과들이 공격적인 아동들에 대한 CBT의 효과에 대해 일반적으로 긍정적이고 희망적인 견해를 제시한다고 언급하였다. 그러나 치료 후 효과와 추후 발견들이 일관적이지 않기 때문에, 프로그램의 추가적인 개발과 성과 연구가 필요하다. 추후의 성과 연구는 다음의 주제들을 다루어야 할 것이다. ① 통제 조건과 직접적인 행동관찰 척도들을 포함하는 설계를 사용한 더 장기적인 추후 평가, ② 성과를 예언하는 아동과 치료 특징에 대한 더 많은 탐색, ③ 이 영역에서 개입 프로그램들을 개발하고 평가할 때 상황 요인들에 대한 관심(Lochman, 2004), ④ 아동기 공격성에 대한 강력한 CBT 프로그램 등이다. 만성적인 행동 문제에 대한 치료에서는 연구의 초점이 임상적으로 의미 있는 향상을 끌어내는 데 있기 때문에 연구자들은 각각의 부가적인 구성 요소가 필요한지, 그리고 그것들이 효과성을 증가시키는지 여부를 비판적으로 검토할 필요가 있다. 더 강력한 CBT 프로그램들은 학교 장면에서 행동 수정 구성 요소를 포함하고, 추후 회기들을 포함하는 더 긴 치료 기간, 그리고 부모의 행동 훈련 등을 포함할 수 있다. 우리가 다루어야 할 다섯 번째 주제는, 증거에 기반을 둔 CBT 프로그램을 사용한 우리의 초반 노력의 효과를 평가하는 것과 관련된다. 증거에 기반을 둔 CBT 프로그램들이 실생활에서 성공적으로 수행될 수 있는지, CBT 프로그램들이 높은 개입 통합성을 갖고 수행될 수 있는지, 임상가들이 프로그램을 수정하여 사용하는 것을 허용할 것인지, 그리고 그것이 프로그램의 유용성과 효과를 실제로 증가시킬지 여부는 아직 명확하지 않다. 이 주제는 전체적인 치료 방략에 충실하는 한 치료자의 융통성이 허용되는, 저자들이 '충실성 안에서의 융통성'이라고 부르는 측면에서 논의되어 왔다(Kendall & Beidas, 2007; Kendall, Gosch, Furr, & Sood, 2008).

6) 쟁점과 조언

(1) 인종과 지역사회 맥락

여러 인종적 및 지역사회적 요인이 공격적인 소년과 청소년들, 특히 저소득층 아프리카계 미국인에게 대처 능력 방략을 적용하고 일관성 있게 사용하는 것에 한계를 짓게 할 수 있다. 첫째, 부모들이 자녀들에게 신체적으로나 언어적으로 공격적인 상황에 직면할 때 보복하도록 적극적으로 가르칠 뿐 아니라 직간접적으로 신체적이고 공격적인 문제해결 방략들을 사용하도록 부추길 수 있다. 이런 암묵적이거나 의도적인 메시지들이 아동이나 청소년으로 하여금 새로운 문제해결 기술과 공격성의 대안들을 사용하지 못하도록 유도할 수 있다. 이런 많은 메시지는 한편으로는 도시의 많은 부모가 자신의 자녀들을 보호하려는 노력의 결과로 발달되었을 수 있고, 다른 한편으로는 책임감을 심어 주려는 노력에서 비롯될 수도 있다는 것을 명심해야 한다. 물론 이런 부모의 노력들 중 많은 부분은 인종주의와 차별의 장기적인 결과임과 동시에, 일차적으로 가난한 이웃들과 함께 사는 결과다. 치료 효과를 제한하는 데 기여할 수 있는 또 다른 요인은, 공격성을 사용하는 것에 대해 부모와 학교 관계자 같은 다른 권위 인물들 간에 불일치하는 메시지다. 똑같이 중요한 것은 대처 능력 프로그램이 채택하는 것들에 반대되는, 저소득 지역사회 내의 생존 기제들이 존재한다는 사실이다. 즉, 아동이나 청소년이 그들의 지역사회에서 마주칠 수 있는 공격적이거나 신체적으로 위협하는 또래들과 마주치는 것은 신체적으로 공격적인 방략들을 사용하도록 요구할 수 있다. 마지막으로, 만약 아동이나 청소년이 그들의 지역사회에서 자신, 또래 또는 가족 구성원과 관련해 외상적인 사건들을 경험하게 된다면—이런 대안적 방략들을 직관과 반대되는 것으로 간주하게 만드는—그렇다면 이러한 대안적인 문제해결 기술들을 장기적으로 사용하는 것은 상당히 제한될 것이다.

이런 제한점의 일부를 상쇄할 수 있는 한 가지 기법은 이중 역할과 '코드 변경(code switch)'이라 불리는 현상을 사용하는 것 간의 관계를 더 탐색해 보는 것이다(Johnson & Farrell, 1997). 이 기법은 눈앞에 닥친 환경에서 아동과 청소년이 다른 행동 코드에 의존하도록 특별히 훈련시키는 기제로 유용할 수 있다.

(2) 초등학교 저학년 아동들을 위한 CBT의 적용

더 어린 아동들의 행동적 및 사회인지적 특징들을 고려한다면, 집단 지도자가 집단 회기의 구조와 내용을 수정하는 것이 필요하다. 5~7세 아동들은 활동적이지만 차례 지키기, 자리에 앉아 있기, 적절하게 말하기 등과 같은 중요한 집단 행동 기술이 부족하다. 이 연령의 아동들은 조망 수용 기술에 있어서 자기중심적이고, 전형적으로 순차적인 문제해결 양상을 보이지 못한다. 이러한 행동과 사회인지적 차이에 맞도록 집단 회기들을 어떻게 변경시킬지에 대한 정보는 로크먼 등(1999)에서 찾을 수 있다.

(3) 중기부터 후기 청소년을 위한 CBT의 적용

청소년 중기부터 후기에 이르는 청소년들의 정서-행동-인지 발달은 집단 지도자로 하여금 집단 회기의 구조와 내용을 수정하게끔 요구한다. 또래 압력의 역할이 또한 중요한 요인이다. 여러 장면에서 청소년들과 작업한 것에 기초해 로크먼 등(1999)은 다양한 구조적·내용적 변화의 일반적인 윤곽을 제공한다.

7) CBT의 미래 방향

이 책의 이전 판에서 우리가 이 장을 썼을 때(Lochman, Whidby, & FitzGerald, 2000; Lochman, Powell, Whidby, & FitzGerald, 2006; Lochman, White, & Wayland, 1991), 우리는 CBT 평가와 개입에서 가장 중요하게 떠오르는 세 가지 주제로, ① 인지행동적 부모 평가 및 치료를 포함시키기, ② CBT 프로그램들의 강화와 확대, ③ 전반적(일차적) 예방, 처방된 예방과 선택적(이차적) 예방에 대한 관심 증대시키기를 제시하였다. 공격적인 아동들에 대한 CBT의 발전이 이런 방향으로 가고 있다는 분명한 신호들이 있다. 그러나 이런 주제들은 여전히 중요한 초점으로 남아 있다.

공격적인 아동들을 대상으로 한 초기의 많은 CBT 프로그램과 연구에서 가장 놀라운 결함은 아동들의 보호자, 특히 부모를 고려하지 않았다는 것이다. 보호자에 대한 개입은 치료 효과를 강화시키고 시간이 지남에 따라 치료 효과의 일반화를 유지하는 데 결정적일 수 있다. 아동기의 반사회적 행동에 대해 가장 잘 증명된 효과적인 치료는 행동적 부모 치료다(Kazdin, 1995; Lochman, & van den Steenhoven, 2002). 행동적 부모 훈련은 공격적인 아동들의 가족에게서 자주 나타나는 결함 있는 양육 기술과 부모의 공격성을 변화시키는 데 초점을 맞춘다. 이로 인해 CBT를 통한 아동의 행동적 변화가 강화될 수 있다. 교사에 대한 행동적 훈련도 이와 비슷하게 유용할 수 있다. 아마 더 결정적으로, 부모 치료는 시간이 지남에 따라 부모의 평가 왜곡과 사회적 문제해결 결함들을 변화시키도록 촉진할 수 있다. 아동과 공유하게 되는 사고방식에서 부모가 이런 병리적인 양상을 변화시킴에 따라, 아동들은 부모와 교사가 더 적응적이고 유능한 인지 과정의 모범을 보이는 것에 반응하기 시작할 것이다.

CBT 프로그램은 사회인지 산물뿐 아니라 인지 도식과 인지 조작 그리고 각성에 대한 인지적 평가와 대처에 강조점을 둠으로써 확대될 수 있다. 아동의 사회적 목표, 목표 달성에 대한 기대, 정서 상태에 대해 이름붙이기와 그에 동반하는 각성에 대처하기에 초점을 둠으로써, 우리는 아동이 자기 지시 또는 사회적 문제해결을 성공적으로 사용하는 데 결정적인 핵심 과정에 영향을 줄 수 있다. 이러한 것들은 개인치료나 집단치료의 강한 치료 동맹 안에서 아동들이 대인관계 사건에 대한 타인의 지각을 검토하고, 신뢰하며, 시도해 볼 수 있어서 가능하다. 이런 지각의 변화는 천천히 일어난다. 왜냐하면 그것은 사건에 주의를 기울이고 해석하는 내재화된 양식에서의 변화와 관련되기 때문이다. 이와 반대로, 사회적 문제해결 기술들은 역할 연기와 토론을 통해 더 빠르게 변화될 수 있다.

CBT는 전반적 · 선택적 그리고 처방된 예방 프로그램으로 쉽고 효과적으로 수정 및 적용될 수 있다(Research Group, 1992; Lochman & Wells, 1996). 이런 프로그램들의 발달을 촉진시키기 위해, 학령전기와 초등학교 초기 시기 동안 아동기 공격성에 대한 위험 징후들(예를 들어, 기질, 양육 기술들; Colder, Lochman, & Wells, 1997)을 확인해야 할 것이다. 우리가 빠른 경주로, 분노 대처 그리고 대처 능력 프로그램을 성공적으로 해낸 것처럼, 아동들에게 광범위하게 접근할 수 있는 장면들(예를 들어, 학교, 소아과 병원, 보육원, 지역사회의 운동 시설들)에서 예방을 지향하면서 CBT에 근거를 둔 서비스들이 제공될 수 있다. 초기에 위험 징후를 파악함으로써, 그리고 보호자가 클리닉에 의뢰하는 데 의존하지 않음으로써, 아동들의 자기 조절 과정이 내재화되는 시기에 아동과 보호자들에게 CBT를 제공할 수 있다.

훈련 강도, 임상가의 특성, 장면 관련 요인들 같은 실시 변인들이 프로그램 실시의 질과 효과성에 영향을 주는 것으로 밝혀졌기 때문에 미래에는 CBT 프로그램들이 이 요인들에 더 폭넓게 초점을 두게 될 것이다. CBT 프로그램들은 효과적이고 널리 보급될 준비가 되어 있으므로 개발자들은 이런 프로그램들을 통합적으로 전달하고, 그 결과로 인한 치료의 이점을 최대화하도록 하기 위해 실생활 실시에 대한 쟁점들을 고려하고 안내하는 것이 중요할 것이다.

참고문헌

Abidin, R. R. (1983). *Parenting Stress Index: Professional manual* (3rd ed.). Autz, FL: Psychological Assessment Resources.

Achenbach, T. M., & Rescorla, L. A. (2001). *Manual for ASEBA School-Age Forms and Profiles.* Burlington, VT: University of Vermont, Research Center for Children, Youth, and Families.

Agrawal, R., & Kaushal, K. (1988). Attention and short-term memory in normal children, aggressive children, and nonaggressive children with attention deficit disorder. *Journal of General Psychology, 114,* 335-343.

August, G. J., Realmuto, G. M., MacDonald, A. W., III, Nugent, S. M., & Crosby, R. (1996). Prevalence of ADHD and comorbid disorders among elementary school children screened for disruptive behavior. *Journal of Abnormal Child Psychology, 34,* 571-595.

Bandura, A. (1973). *Aggression: A social learning analysis.* Englewood Cliffs, NJ: Prentice-Hall.

Barkley, R. A. (1997). *ADHD and the nature of self-control.* New York: Guilford Press.

Beck, A. T., Steer, R. A., & Brown, G. K. (1996). *Manual for the Beck Depression Inventory-II.* San Antonio, TX: Psychological Corporation.

Boldizar, J. P., Perry, D. G., & Perry, L. C. (1989). Outcome values and aggression. *Child Development, 60,* 571-579.

Brendgen, M., Vitaro, F., Tremblay, R. E., & Lavoie, F. (2001). Reactive and proactive aggression: Predictions to physical violence in different contexts and moderating effects of parental monitoring and caregiving behavior. *Journal of Abnormal Child Psychology, 29,* 293-304.

Brestan, E. V., & Eyberg, S. M. (1998). Effective psychosocial treatments of conduct-disordered children and adolescents: 29 years, 82 studies, and 5,272 kids. *Journal of Clinical Child Psychology, 27,* 180-189.

Bry, B. H., Catalano, R. F., Kumpfer, K. L., Lochman, J. E., & Szapocznik, J. (1999). Scientific findings from family prevention intervention research. In R. Ashery (Ed.), *Family-based prevention interventions* (pp. 103-129). Rockville, MD: National Institute of Drug Abuse.

Bryant, B. K. (1982). An index of empathy for children and adolescents. *Child Development, 53,* 413-425.

Card, N. A., Stucky, B. D., Sawalani, G. M., & Little, T. D. (2008). Direct and indirect aggression during childhood and adolescence: A meta-analytic review of gender differences, intercorrelations, and relations to maladjustment. *Child Development, 79,* 1185-1229.

Cohen, R., & Schleser, R. (1984). Cognitive development and clinical implications. In A. W. Meyers & W. E. Craighead (Eds.), *Cognitive behavior therapy with children* (pp. 45-68). New York: Plenum.

Cohen, D., & Strayer, J. (1996). Empathy in conduct-disordered and comparison youth. *Developmental Psychology, 32,* 988-998.

Coie, J. D., Lochman, J. E., Terry, R., & Hyman, C. (1992). Predicting early adolescent disorder from childhood aggression and peer rejection. *Journal of Consulting and Clinical Psychology, 60,* 783-792.

Colder, C. R., Lochman, J. E., & Wells, K. C. (1997). The moderating effects of children's fear and activity level on relations between parenting practices and childhood symptomatology. *Journal of Abnormal Child Psychology, 25,* 251-263.

Cornell, D. G., Warren, J., Hawk, G., Stafford, E., Oram, G. & Pine, D. (1996). Psychopathy in instrumental and reactive violent offenders. *Journal of Consulting and Clinical Psychology, 64,* 783-790.

Crick, N. R., & Dodge, K. A. (1994). A review and reformulation of social information-processing mechanisms in children's social adjustment. *Psychological Bulletin, 115,* 74-101.

Crick, N. R., & Ladd, G. W. (1990). Children's perceptions of the outcomes of aggressive strategies: Do the ends justify the means? *Developmental Psychology, 26,* 612-620.

Dishion, T. J., McCord, J., & Poulin, F. (1999). When interventions harm: Peer groups and problem behavior. *American Psychologist, 54,* 755-764.

Dishion, T. J., Patterson, G. R., & Griesler, P. C. (1994). Peer adaptations in the development of antisocial behavior: A confluence model. In L. R. Huesmann (Ed.), *Aggressive behavior: Current perspectives* (pp. 61-95). New York: Plenum.

Dix, T., & Lochman, J. E. (1990). Social cognition and negative reactions to children: A comparison of mothers of aggressive and nonaggressive boys. *Journal of Social and Clinical Psychology, 9,* 418-438.

Dodge, K. A. (1980). Social cognition and children's aggressive behavior. *Child Development, 51,* 162-170.

Dodge, K. A., Coie, J. D., & Brakke, N. P. (1982). Behavior patterns of socially rejected and neglected preadolescents: The roles of social approach and aggression. *Journal of Abnormal Child Psychology, 10,* 389-410.

Dodge, K. A., & Frame, C. L. (1982), Social cognitive biases and deficits in aggressive boys. *Child Development, 53,* 620-635.

Dodge, K. A., Lochman, J. E., Harnish, J. D., Bates, J. E., & Pettit, G. S. (1997). Reactive and proactive aggression in school children and psychiatrically impaired chronically assaultive youth. *Journal of Abnormal Psychology, 106,* 37-51.

Dodge, K. A., Malone, P. S., Lansford, J. E., Miller, S., Pettit, G. S., & Bates, J. E. (2009). A dynamic cascade model of the development of substance-use onset: VI. Early child behavior problem factors. *Monographs of the Society for Research in Child Development, 74,* 61-65.

Dodge, K. A., & Newman, J. P. (1981). Biased decision-making processes in aggressive boys. *Journal of Abnormal Psychology, 90,* 375-379.

Dodge, K. A., Pettit, G. S., McClaskey, C. L., & Brown, M. M. (1986). Social competence in children. *Monographs of the Society for Research in Child Development, 51*(2), Serial No. 213).

Dunn, S. E., Lochman, J. E., & Colder, C. R. (1997). Social problem-solving skills in boys with conduct and oppositional defiant disorders. *Aggressive Behavior, 23,* 457-469.

Emery, R., & O'Leary, D. (1982). Children's perceptions of marital discord and behavior of boys and girls. *Journal of Abnormal Child Psychology, 10,* 11-24.

Erdley, C. A., & Asher, S. R. (1993, March). *To aggress or not: Social-cognitive mediators of children's responses to ambiguous provocation.* Paper presented at the biennial meeting of the Society for Research in Child Development, New Orleans, LA.

Evans, S. W., & Short, E. J. (1991). A qualitative and serial analysis of social problem-solving in aggressive boys. *Journal of Abnormal Child Psychology, 19,* 331-340.

Eyberg, S., & Pincus, D. (1999). *Eyberg Child Behavior Inventory and Sutter-Eyberg Student Behavior Inventory-Revised.* Odessa, FL: Psychological Assessment Resources.

Fiske, S. T., & Taylor, S. W. (1984). *Social cognition.* Reading, MA: Addison-Wesley.

Fite, P. J., Wynn, P., Lochman, J. E., & Wells, K. C. (2009). The effect of neighborhood disadvantage on proactive and reactive aggression. *Journal of Community Psychology, 37,* 542-546.

Giancola, P. R., Martin, C. S., Tarter, R. E., Pelham, W. E., & Moss, H. B. (1996). Executive cognitive functioning and aggressive behavior in preadolescent boys at high risk for substance abuse/dependence. *Journal of Studies on Alcohol, 57,* 352-359.

Giancola, P. R., Moss, H. B., Martin, C. S., Krisci, L., & Tarter, R. E. (1996). Executive cognitive functioning predicts reactive aggression in boys at high risk for substance abuse: A prospective study. *Alcoholism: Clinical and Experimental Research, 20,* 740-744.

Hart, C. H., Ladd, G. W., & Burleson, B. R. (1990). Children's expectations of the outcomes of social strategies: Relations with sociometric status and maternal disciplinary style. *Child Development, 61,* 127-137.

Harter, S. (1985). *The Self-Perception Profile for Children: Revision of the Perceived Competence Scale for Children (manual).* Denver, CO: University of Denver.

Herrenkohl, I. T., Maguin, E., Hill, K. G., Hawkins, J. D., Abbott, R. D., & Catalano, R. F. (1998). *Developmental predictors of violence in late adolescence.* Unpublished manuscript, University of Washington, Seattle.

Hill, L. G., Coie, J. D., Lochman, J. E., Greenberg, M. T., & the Research Group. (2004). Effectiveness of early screening for externalizing problems: Issues of screening accuracy and utility. *Journal of Consulting and Clinical Psychology, 72,* 809-820.

Hodges, V. K. (1987). Assessing children with a clinical research interview: The Child Assessment Schedule. In R. J. Prinz (Ed.), *Advances in behavioral assessment of children and families* (pp. 65-81). Greenwich, CT: JAI Press.

Joffe, R. D., Dobson, K. S., Fine, S., Marriage, K., & Haley, G. (1990). Social problem-solving in depressed, conduct disordered and normal adolescents. *Journal of Abnormal Child Psychology, 18,* 565-575.

Johnson, J. H., Jr., & Farrell, W. C., Jr. (1997). *The Durham Scholars Program: An evaluation research proposal.* Chapel Hill: University of North Carolina Department of Geography, Sociology, and the Kenan-Flagler Business School.

Jurkovic, G., & Prentice, N. M. (1977). Relation of moral and cognitive development to dimensions of juvenile delinquency. *Journal of Abnormal Psychology, 86,* 414-420.

Kaufman, A. S., & Kaufman, N. L. (1990). *Kaufman Brief Intelligence Test, Second Edition (KBIT-2).* Circle Pines, MN: American Guidance Service.

Kazdin, A. E. (1995). *Conduct disorders in childhood and adolescence* (2nd ed.). Thousand Oaks, CA: Sage.

Kazdin, A. E., Bass, D., Siegel, T., & Thomas, C. (1989). Cognitive-behavioral therapy and relationship therapy in the treatment of children referred for antisocial behavior. *Journal of Consulting and Clinical Psychology, 57,* 522-535.

Kazdin, A. E., & Esveldt-Dawson, K. (1986). The Interview for Antisocial Behavior: Psychometric characteristics and concurrent validity with child psychiatric inpatients. *Journal of Psychopathology and Behavioral Assessment, 8,* 289-303.

Kazdin, A. E., & Weisz, J. R. (2003). *Evidence-based psychotherapies for children and adolescents.* New York: Guilford Press.

Kendall, P. C. (1998). Empirically-supported psychological therapies. *Journal of Consulting and Clinical Psychology, 66,* 3-6.

Kendall, P. C., & Beidas, R. (2007). Smoothing the trail for dissemination of evidence-based practices for youth: Flexibility within fidelity. *Professional Psychology: Research and Practice, 38,* 13-20.

Kendall, P. C., & Braswell, L. (1993). *Cognitive-behavioral therapy for impulsive children* (2nd ed.). New York: Guilford Press.

Kendall, P. C., & Choudhury, M. S. (2003). Children and adolescents in cognitive-behavioral therapy: Some past efforts and current advances, and the challenges in our future. *Cognitive Therapy and Research, 27,* 89-104.

Kendall, P. C., Gosch, E., Furr, J., & Sood, E. (2008). Flexibility within fidelity. *Journal of the American Academy of Child and Adolescent Psychiatry, 47,* 987-993.

Kendall, P. C., & Ingram, R. E. (1989). Cognitive behavioral perspective: Theory and research. In P. C. Kendall & D. Watson (Eds.), *Anxiety and depression: Distinctive and overlapping features.* New York: Academic Press.

Kendall, P. C., & MacDonald, J. P. (1993). Cognition in the psychopathology of youth and implications for treatment. In K. S. Dobson & P. C. Kendall (Eds.), *Psychopathology and cognition* (pp. 387-489). San Diego: Academic Press.

Larrance, D. T., & Twentyman, C. T. (1983). Maternal attributions and child abuse. *Journal of Abnormal Psychology, 92,* 449-457.

Larson, J., & Lochman, J. E. (2002). *Helping schoolchildren cope with anger: A cognitive behavioral intervention.* New York: Guilford Press.

Lochman, J. E. (1985). Effects of different treatment lengths in cognitive behavioral interventions with aggressive boys. *Child Psychiatry and Human Development, 16,* 45-56.

Lochman, J. E. (1992). Cognitive-behavioral intervention with aggressive boys: Three-year follow-up and preventive effects. *Journal of Consulting and Clinical Psychology, 60,* 426-432.

Lochman, J. E. (2003). Preventive intervention targeting precursors. In Z. Sloboda & W. J. Bukoski (Eds.), *Handbook of drug abuse prevention, theory, science, and practice.* New York: Plenum.

Lochman, J. E. (2004). Contextual factors in risk and prevention research. *Merrill-Palmer Quarterly, 50,* 311-325.

Lochman, J. E., Boxmeyer, C., Powell, N., Qu, L., Wells, K., & Windle, M. (2009). Dissemination of the Coping Power program: Importance of intensity of counselor training. *Journal of Consulting and Clinical Psychology, 77,* 397-409.

Lochman, J. E., Burch, P. R., Curry, J. F., & Lampron, L. B. (1984). Treatment and generalization effects of cognitive-behavioral and goal-setting interventions with aggressive boys. *Journal of Consulting and Clinical Psychology, 52,* 915-916.

Lochman, J. E., & Curry, J. F. (1986). Effects of social problem-solving training and self-instruction training with aggressive boys. *Journal of Clinical Child Psychology, 15,* 159-164.

Lochman, J. E., & Dodge, K. A. (1994). Social-cognitive processes of severely violent, moderately aggressive and nonaggressive boys. *Journal of Consulting and Clinical Psychology, 62,* 366-374.

Lochman, J. E., & Dodge, K. A. (1998). Distorted perceptions in dyadic interactions of aggressive and nonaggressive boys: Effects of prior expectations, context, and boys' age. *Development and Psychopathology, 10,* 495-512.

Lochman, J. E., FitzGerald, D., Gage, S., Kanaly, K., Whidby, J., Barry, T. D. et al. (2001). Effects of a social cognitive intervention for aggressive deaf children: The Coping Power Program. *Journal of the American Deafness and Rehabilitation Association, 35,* 38-61.

Lochman, J. E., FitzGerald, D. P., & Whidby, J. M. (1999). Anger management with aggressive children. In C. Schaefer (Ed.), *Short-term psychotherapy groups for children* (pp. 301-349). Northvale, NJ: Aronson.

Lochman, J. E., & Lampron, L. B. (1985). The usefulness of peer ratings of aggression and social acceptance in the identification of behavioral and subjective difficulties in aggressive boys. *Journal of Applied Developmental Psychology, 6,* 187-198.

Lochman, J. E., & Lampron, L. B. (1986). Situational social problem-solving skills and self-esteem of aggressive and nonaggressive boys. *Journal of Abnormal Child Psychology, 14,* 605-617.

Lochman, J. E., & Lampron, L. B. (1988). Cognitive behavioral interventions for aggressive boys: Seven months follow-up effects. *Journal of Child and Adolescent Psychotherapy, 5,* 15-23.

Lochman, J. E., Lampron, L. B., Burch, P. R., & Curry, J. F. (1985). Client characteristics associated with behavior change for treated and untreated boys. *Journal of Abnormal Child Psychology, 13,* 527-538.

Lochman, J. E., Lampron, L. B., Gemmer, T. C., Harris, R., & Wyckoff, G. M. (1989). Teacher consultation and cognitive-behavioral interventions with aggressive boys. *Psychology in the Schools, 26,* 179-188.

Lochman, J. E., Lampron, L. B., & Rabiner, D. L. (1989). Format and salience effects in the social problem-solving of aggressive and nonaggressive boys. *Journal of Clinical Child Psychology, 18,* 230-236.

Lochman, J. E., Powell, N., Boxmeyer, C., Qu, L., Wells, K., & Windle, M. (2009). Implementation of a school-based prevention program: Effects of counselor and school characteristics. *Professional Psychology: Research and Practice, 40,* 476-482.

Lochman, J. E., Powell, N. R., Whidby, J. M., & FitzGerald, D. P. (2006). *Child and adolescent therapy: Cognitive-behavioral procedures* (3rd ed.). New York: Guilford Press.

Lochman, J. E., & van den Steenhoven, A. (2002). Family-based approaches to substance abuse prevention. *Journal of Primary Prevention, 23,* 49-114.

Lochman, J. E., & Wayland, K. K. (1994). Aggression, social acceptance and race as predictors of negative adolescent outcomes. *Journal of the American Academy of Child and Adolescent Psychiatry, 33,* 1026-1035.

Lochman, J. E., Wayland, K. K., & White, K. J. (1993). Social goals: Relationship to adolescent adjustment and to social problem-solving. *Journal of Abnormal Child Psychology, 21,* 135-151.

Lochman, J. E., & Wells, K. C. (1996). A social-cognitive intervention with aggressive children: Prevention effects and contextual implementation issues. In R. D. Peters & R. J. McMahon (Eds.), *Prevention and early intervention: Childhood disorders, substance use, and delinquency* (pp. 111-143). Thousand Oaks, CA: Sage.

Lochman, J. E., & Wells, K. C. (2002a). The Coping Power program at the middle-school transition: Universal and indicated prevention effects. *Psychology of Addictive Behaviors, 16,* S40-S54.

Lochman, J. E., & Wells, K. C. (2002b). Contextual social-cognitive mediators and child outcome: A test of the theoretical model in the Coping Power program. *Development and Psychopathology, 14,* 945-967.

Lochman, J. E., & Wells, K. C. (2003). Effectiveness of the Coping Power program and of classroom intervention with aggressive children: Outcomes at a 1-year follow-up. *Behavior Therapy, 34,* 493-515.

Lochman, J. E., & Wells, K. C. (2004). The Coping Power program for preadolescent aggressive boys and their parents: Outcome effects at the 1-year follow-up. *Journal of Consulting and Clinical Psychology, 72,* 571-578.

Lochman, J. E., Wells, K. C., & Lenhart, L. A. (2008). *Coping Power Child Group Program: Facilitator guide.* New York: Oxford University Press.

Lochman, J. E., Whidby, J. M., & FitzGerald, D. P. (2000). Cognitive-behavioral assessment and treatment with aggressive children. In P. C. Kendall (Ed.), *Child and* adolescent therapy: Cognitive-behavioral procedures (2nd ed., pp. 31-87). New York: Guilford Press.

Lochman, J. E., White, K. J., & Wayland, K. K. (1991). Cognitive behavioral assessment and treatment with aggressive children. In P. C. Kendall (Ed.), *Child and adolescent therapy: Cognitive-behavioral procedures* (pp. 25-35). New York: Guilford Press.

Loeber, R. (1990). Development and risk factors of juvenile antisocial behavior and delinquency. *Clinical Psychology Review, 10,* 1-41.

Loeber, R., & Dishion, T. J. (1983). Early predictors of male delinquency: A review. *Psychological Bulletin, 94,* 68-99.

Matthys, W., van Goozen, S. H. M., de Vries, H., Cohen-Kettenis, P .T., & van Engeland, H. (1998). The dominance of behavioural activation over behavioural inhibition in conduct disordered boys with or without attention deficit hyperactivity Disorder. *Journal of Child Psychology and Psychiatry, 39,* 643-651.

McMahon, R. J., & Estes, A. M. (1997). Conduct problems. In E. J. Mash & L. G. Terdal (Eds.), *Assessment of childhood disorders* (3rd ed., pp. 130-193). New York: Guilford Press.

McMahon, R. J., & Forehand, R. (1988). Conduct disorder. In E. J. Mash & L. G. Terdal (Eds.), *Behavioral assessment of childhood disorders* (2nd ed., pp. 105-153). New York. Guilford Press.

Milich, R., & Dodge, K. A. (1984). Social information processing in child psychiatric populations. *Journal of Abnormal Child Psychology, 12,* 471-490.

Miller, P. A., & Eisenberg, N. (1988). The relation of empathy to aggressive and externalizing/antisocial behavior. *Psychological Bulletin, 103,* 324-344.

Miller-Johnson, S., Lochman, J. E., Coie, J. D., Terry, R., & Hyman, C. (1998). Comorbidity of conduct and depressive problems at sixth grade: Substance use outcomes across adolescence. *Journal of Abnormal Child Psychology, 26,* 221-232.

Miller-Johnson, S., Winn, D. M., Coie, J., Maumary-Gremaud, A., Hyman, C., Terry, R., et al. (1999). Motherhood during the teen years: A developmental perspective on risk factors for childbearing. *Development and Psychopathology, 11,* 85-100.

Mirsky, A. F. (1989, August). *The neuropsychology of attention: Developmental neuropsychiatric implications.* Paper presented at the 97th annual convention of the American Psychological Association, New Orleans, LA.

Novaco, R. W. (1978). Anger and coping with stress: Cognitive-behavioral intervention. In J. P. Foreyet & D. P. Rathjen (Eds.), *Cognitive behavioral therapy: Research and application* (pp. 135-173). New York: Plenum.

O'Brien, M., & Chin, C. (1998). The relationship between children's reported exposure to inter-parental conflict and memory biases in the recognition of aggressive and constructive conflict words. *Social Psychology Bulletin, 24,* 647-657.

Orobio de Castro, B., Slot, N. W., Bosch, J. D., Koops, W., & Veerman, J. W. (2003). Negative feelings exacerbate hostile attributions of intent in highly aggressive boys. *Journal of Clinical Child and Adolescent Psychology, 32,* 56-65.

Orobio de Castro, B., Veerman, J. W., Koops, W., Bosch, J. D., & Monshouwer, H. J. (2002). Hostile attribution of intent and aggressive behavior: A meta-analysis. *Child Development, 73,* 916-934.

Perry, D. G., Perry, L. C., & Rasmussen, P. (1986). Cognitive social learning mediators of aggression. *Child Development, 57,* 700-711.

Piers, E. V., & Herzberg, D. H. (2002). *Piers-Harris Children's Self-Concept Scale, Second Edition.* Los Angeles: Western Psychological Services.

Porter, B., & O'Leary, K. D. (1980). Marital discord and child behavior problems. *Journal of Abnormal Child Psychology, 8,* 287-295.

Quay, H. C., & Peterson, D. R. (1996). *The Revised Behavior Problem Checklist: Professional manual.* Lutz, FL: Psychological Assessment Resources.

Rabiner, D., Lenhart, L., & Lochman, J. E. (1990). Automatic versus reflective social problem-solving in popular, average, and rejected children. *Developmental Psychology, 26,* 1010-1016.

Research Group. (1992). A developmental and clinical model for the prevention of conduct disorder: The Fast Track Program. *Development and Psychopathology, 4,* 509-527.

Reynolds, C. R., & Kamphaus, R. W. (1992). *Behavior Assess-*

ment System for Children-Second Edition. Circle Pines, MN: American Guidance Service.

Rose, S. D., & Edleson, J. L. (1987). *Working with children and adolescents in groups.* San Francisco/London: Jossey-Bass.

Schwartz, D., Dodge, K. A., Coie, J. D., Hubbard, J. A., Cillessen, A. H., Lemerise, E. A., et al. (1998). Social-cognitive and behavioral correlates of aggression and victimization in boys' play groups. *Journal of Abnormal Child Psychology, 26,* 431-440.

Seguin, J. R., Pihl, R. O., Harden, P. W., Tremblay, R. E., & Boulerice, B. (1995). Cognitive and neuropsychological characteristics of physically aggressive boys. *Journal of Abnormal Psychology, 104,* 614-624.

Shaffer, D., Fisher, P., Lucas, C. P., Dulcan, M. K., & Schwab-Stone, M. E. (2000). NIMH Diagnostic Interview Schedule for Children Version IV(NIMH DISC-IV): Description, differences from previous versions, and reliability of some common diagnoses. *Journal of the American Academy of Child and Adolescent Psychiatry, 39,* 28-38.

Shaw, D. S., & Bell, R. Q. (1993). Developmental theories of parental contributions to antisocial behavior. *Journal of Abnormal Child Psychology, 21,* 493-518.

Slaby, R. G., & Guerra, N. G. (1988). Cognitive mediators of aggression in adolescent offenders: 1. Assessment. *Developmental Psychology, 24,* 580-588.

Southam-Gerow, M. A., & Kendall, P. C. (1997). Parent-focused and cognitive-behavioral treatments of antisocial youth. In D. M. Stoff, J. Breiling, & J. D. Maser (Eds.), *Handbook of antisocial behavior* (pp. 384-394). New York: Wiley.

Spanier, G. B. (1976). Measuring dyadic adjustment: New scales for assessing the quality of marriage and similar dyads. *Journal of Marriage and the Family, 38,* 15-28.

Straus, M. A., Hamby, S. L., Boney-McCoy, S., & Sugarman, D. B. (1996). The Revised Conflict Tactics Scales (CTS2): Development and preliminary psychometric data. *Journal of Family Issues, 17,* 283-316.

Sukhodolsky, D. G., Kassinove, H., & Gorman, B. S. (2004). Cognitive-behavioral therapy for anger in children and adolescents: A meta-analysis. *Aggression and Violent Behavior, 9,* 247-269.

Sulzer, B., & Mayer, G. R. (1972). *Behavior modification procedures for school personnel.* Hinsdale, IL: Dryden.

Thompson, L. L., Riggs, P. D., Mikulich, S. E., & Crowley, T. J. (1996). Contributions of ADHD symptoms to substance problems and delinquency in conduct-disordered adolescents. *Journal of Abnormal Child Psychology, 24,* 325-348.

van de Weil, N. M. H., Matthys, W., Cohen-Kettenis, P., & van Engeland, H. (2003). Application of the Utrecht Coping Power Program and care as usual to children with disruptive behavior disorders in outpatient clinics: A comparative study of cost and course of treatment. *Behavior Therapy, 34,* 421-436.

van Goozen, S. H. M., Matthys, W., Cohen-Kettenis, P. T., Gispen-de Wied, C., Wiegant, V. M., & van Engeland, H. (1998). Salivary cortisol and cardiovascular activity during stress in oppositional-defiant disorder boys and normal controls. *Biological Psychiatry, 43,* 531-539.

Waas, G. A., & French, D. C. (1989). Children's social problem solving: Comparison of the open middle interview and children's assertive behavior scale. *Behavioral Assessment, 11,* 219-230.

Waschbusch, D. A. (2002). A meta-analytic examination of comorbid hyperactive-impulsive-attention problems and conduct problems. *Psychological Bulletin, 128,* 118-150.

Wayland, K. K., Schoenwald, S. K., & Lochman, J. E. (1989, August). *Marital adjustment, Family conflict and children's perceptions of marital discord.* Paper presented at the American Psychological Association Annual Convention, New Orleans, LA.

Wells, K. C., Lochman, J. E., & Lenhart, L. A. (2008). *Coping Power Parent Group Program: Facilitator guide.* New York: Oxford University Press.

Williams, S. C., Lochman, J. E., Phillips, N. C., & Barry, T. D. (2003). Aggressive and nonaggressive boys' physiological and cognitive processes in response to peer provocations. *Journal of Clinical Child and Adolescent Psychology, 32,* 568-576.

Wills, T. A., & Filer, M. (1996). Stress-coping model of adolescent substance use. In T. H. Ollendick & R. J. Prinz

(Eds.), *Advances in clinical child psychology* (Vol. 18, pp. 91-132). New York: Plenum.

Wills, T. A., McNamara, G., Vaccaro, D., & Hirkey, A. E. (1996). Escalated substance use: A longitudinal grouping analysis from early to middle adolescence. *Journal of Abnormal Child Psychology, 105,* 166-180.

Windle, M. (1990). A longitudinal study of antisocial behavior in early adolescence as predictors of late adolescent substance use: Gender and ethnic group differences. *Journal of Abnormal Psychology, 99,* 86-91.

Wootton, J. M., Frick, P. J., Shelton, K. K., & Silverthorn, P. (1997). Ineffective parenting and childhood conduct problems: The moderating role of callous-unemotional traits. *Journal of Consulting and Clinical Psychology, 65,* 301-308.

Zelli, A., Dodge, K. A., Lochman, J. E., Laird, R. D., & the Research Group. (1999). The distinction between beliefs legitimizing aggression and deviant processing of social cues: Testing measurement validity and the hypothesis that biased processing mediates the effects of beliefs on aggression. *Journal of Personality and Social Psychology, 77,* 150-166.

Zonnevylle-Bender, M. J. S., Matthys, W., van de Wiel, N. M. H., & Lochman, J. (2007). Preventive effects of treatment of DBD in middle childhood on substance use and delinquent behavior. *Journal of the American Academy of Child and Adolescent Psychiatry, 46,* 33-39.

제3장

주의력결핍 과잉행동장애

Meghan Miller & Stephen P. Hinshaw

이 『아동 · 청소년 심리치료: 인지행동적 접근(*Child and Adolescent Therapy: Cognitive-Behavioral Procedures*, 4th ed.)』에서 다루어지는 다른 장애들과 달리 주의력결핍 과잉행동장애(attention deficit/hyperactivity disorder: ADHD) 아동과 청소년들을 위한 인지행동치료에 대한 연구는 최근 거의 답보 상태에 있다. 그 주된 이유는 ADHD 아동 · 청소년들은 전형적으로 '인지적' 유형의 치료 절차로 감당하기 어렵다는 것이 밝혀졌기 때문이다. 지난 20년 동안 ADHD와 관련해 더 나은 치료 효과가 있는지를 찾기 위해 실시된, 유관성 관리에 근거한 더 행동치료적인 절차에 대한 연구에서조차도, 적어도 단기적으로는 약물치료가 주요 성과 영역들에서 우월하다는 결과가 나왔다(Abikoff et al., 2004; MTA Cooperative Group, 1999a; Pelham, Carlson, Sams, Vallano, & Dixon, 1993; Hinshaw, Klein, & Abikoff, 2007; Van der Oord, Prins, Oosterlann, & Emmelkamp, 2008의 개관을 보라). 그렇다면 ADHD처럼 유전적이고 신경학적인 근거가 있는 경우에는 단지 약물치료만이 유용한가? 이 핵심적 질문에 대해 우리는 이 장에서 직접적으로 논의하려 한다.

실제로 많은 사람이 약물치료가 ADHD 아동 치료에서 유일하게 유용한 방법이고, (단지 인지적 또는 인지행동적인) 행동적 개입 방략들은 이 장애의 핵심 증상들에 개입하는 데 중요하지 않다고 결론 내렸다(Abikoff et al., 2004; Barkley et al., 2000; Goldstein, 2004; 중요한 반대 입장에 대해서는 Pelham & Fabiano, 2008을 보라). 따라서 가장 중요한 쟁점은 ADHD 아동 · 청소년들에게 행동치료와 인지행동치료가 실제로 하는 역할이 있는가 하는 것이다. 실제로, 우리는 그런 역할이 매우 유용하다고 믿는다(Anastopoulos & Farley, 2003; Fabiano et al., 2009도 보라). 이 쟁점을 다루는 데 있어서, 우리는 ADHD에 대한 심리사회적 개입과 관련해 이 책의 이전 개정판들에서 논의했던 많은 핵심적인 쟁점을 포함한다(Hinshaw, 2000, 2006; Hinshaw & Erhardt, 1991을 보라). 우리는

ADHD 아동 · 청소년들의 치료 일반화 주제에 특히 주의를 두면서 최근 연구에 초점을 두어 논의하려 한다.

먼저, ADHD에 대한 현재 개입의 효율성에 대한 과학적 결과를 다음과 같이 분류해 소개하고, 이 장애를 가진 아동 · 청소년의 치료에 대한 여러 주된 미신을 없애고자 한다(또 다른 개관은 Antshel & Barkely, 2008; Fabiano et al., 2009; Hinshaw et al., 2007을 보라).

① 혼잣말과 언어적 중재에 초점을 둔 ADHD에 대한 '인지적' 개입이 임상적 진단 기준에 못 미치는 사례 또는 학교에서 확인되는 충동적인 아동(예를 들어, Kendall & Braswell, 1982, 1993)과 청소년들에게는 적어도 어느 정도 성공적일 수 있지만, 이런 방략들은 임상 표본의 ADHD 아동 · 청소년에게서 의미 있는 변화를 가져오지는 않는다(Abikoff, 1991의 개관을 보라). 간단히 말해, 인지적 중재는 임상적 주의를 끌 정도의 ADHD 아동 · 청소년에게 효과적인 방략은 아니다.

② 한편, 약물의 비교적 더 강력한 단기적 효과에도 불구하고 행동 유관성에 근거를 둔 심리사회적 치료는 ADHD와 관련된 중요한 손상뿐 아니라 관련된 종합적 증상에도 긍정적인 영향을 미칠 수 있다(Fabiano et al., 2009; Hinshaw et al., 2007의 개관을 보라). 더욱이 약물에 부정적이거나 효과를 보이지 않는 아동들에게, 또는 약물치료를 반대하는 부모들에게 이런 방략들은 ADHD에 대해 유일하게 증거에 기반을 둔 개입이다(Pelham & Fabiano, 2008; Pelham, Wheeler, & Chronis, 1998).

③ ADHD에 대한 약물치료는 완치 효과를 가져오지 못한다. 즉, 약물이 종종 강력한 이득을 가져오지만, 약물이 중단되거나 감찰이 사라질 때는 그 이득이 없어진다(Jensen et al., 2007; MTA Cooperative Group, 2004). 이에 더해 이런 이득은 ADHD와 그것의 손상으로 흔히 나타나는 개인 내, 가족, 학업 그리고 또래와 함께 있는 상황 등 폭넓은 범위에 미치지 못한다. 이 장애에 있어서 장기적이면서 임상적으로 의미 있는 변화를 촉진하는 것은 계속해서 핵심 목표로 남아 있고, 정상화, 일반화, 또는 광범위한 이득의 측면에서 볼 때 이 분야에서(약물이든 행동적 근거를 둔 것이든 간에) 현재의 치료 상태에 만족할 수 있는 사람은 아무도 없다고 우리는 주장한다.

④ 약물과 증거 기반의 심리사회적 개입—특히 유관성에 근거한 행동적 절차—을 결합하는 것이 자주(항상은 아니지만) 약물치료만 하는 것에 비해 완치에 가까운 이익을 가져왔다(예를 들어, Conners et al., 2001; Swanson et al., 2001; Hinshaw et al., 2007의 개관을 보라). 따라서 행동적 개입이 대부분의 ADHD 아동 · 청소년을 위한 치료 선택에서 중다 개입의 핵심적인 구성 요소다.

⑤ ADHD의 흔한 공병들—학습장애, 공격적 행동장애 그리고 불안장애나 우울 같은 내재화 상태를 포함해—은 약물치료만으로 좋은 결과를 보인다는 증거가 거의 없다. 따라서 사실상 인지행동적 개입 방략들을 포함하는 심리사회적 치료를 하거나 추가해야 할 필요성이 제기된다(Hinshaw, 2009를 보라). 이런 중요한 관점이 ADHD 아동 · 청소년의 치료를 고려할 때 자주 간과된다.

⑥ 비록 부가적인 연구가 더 필요하지만, 전통적인 행동 유관성에 더해 자기 관리의 구성 요소를 추가함으로써 인지행동 방략들의 이점을 여러 시간과 장면에 걸쳐 확대하는 데 도움을 줄 수 있다. 달리 말하면, ADHD에 대한 치료 패키지에서 일부 형태의 인지행동 절차들이 여전히 중요한 역할을 할 수 있고, 그 목적은 유관성에 기초를 둔 개입의 이점을 확대시키기 위한 것이다. 본질적으로 만약 공병과 주된 문제들이 완화되도록 하려면 ADHD 아동 · 청소년을 위한 효과적인 개입을 장기적으로 계속할 필요가 있지만, 궁극적인 목표는 끝없는 유관성 변동보다는 여전히 자기 관리와 자기 통제의 촉진이라는 것이 분명하다. 따라서 경험적으로 지지되는 행동 접근법에 근거를 두고 있

는 한, 치료의 인지적 측면들이 무시되어서는 안 된다.

⑦ 마지막으로, 아비코프(Abikoff, 2009)가 잘 정리했듯이, 특히 치료가 종결된 후의 치료 일반화는 ADHD(그리고 우리가 부가적으로 설명한 아동·청소년의 많은 장애와 상태)의 경우 대개 포착하기 어렵다. 치료적 이득의 일반화를 향상시키는 방략들을 개발하는 것은 치료 개발의 노력에서 일차적 목표가 되어야 한다.

이 책의 이전 판에서와 마찬가지로, 우리는 ADHD에 관해 현존하는 행동치료와 인지행동치료 문헌들을 개관하고 미래의 적용에 있어서 확장과 발전의 가능성을 제시하면서, 초기의 희망적인 증거들을 산출했던 자기 관리 절차들의 예들을 제공할 것이다. 이 장의 전체에서 중요한 요점은 ADHD의 신경학적, 신경심리학적, 행동적, 가족적 그리고 사회적 및 대인관계적 토대(Barkley, 2006; Nigg, 2006; Nigg, Hinshaw, & Huang-Pollack, 2006을 보라)뿐 아니라, ADHD 아동이 보이는 손상에 대해 더 많은 것(Hinshaw, 2002a)을 알수록 다음과 같은 것들이 더 분명해진다는 것이다. ① ADHD와 관련된 손상들은 아동기에만 국한되는 것이 아니다. ② 핵심적인 결함으로 인해 자신의 기능상 문제를 잘 자각하지 못하고, 그 결과 변화하려는 노력에 대한 동기가 종종 부족하다. ③ 경험적으로 지지되는 약물치료와 행동치료에 대한 현재의 축적된 지식은 여전히 이 장애를 가진 대부분의 아동에게 지속적이면서 임상적으로 의미 있는 이득을 제공할 만한 수준에 도달하지 못하였다(Molina et al., 2009를 보라). 따라서 ADHD 치료 분야는 아직 달성해야 할 것이 많고, 이 장애와 관련된 비조직화되고 충동적이며 조절되지 않는 행동을 변화시키려는 혁신적인 방법들이 약물과 심리사회적 분야 모두에서 매우 필요하다.

1. 행동적, 인지적 또는 둘 다인가

이 책의 이전 개정판들에서와 마찬가지로 우리는 두 가지 핵심적인 사실을 부각하려 한다. 첫째, 전통적인 유관성에 근거를 둔 '행동' 치료는 많은 인지적 요소를 담고 있다. 즉, 그것은 본질적으로 순전히 행동적인 것만은 아니다. 그 이유 중 하나는, 유용한 행동치료 계획을 시작하고 유지하기 위해서는 아동이나 청소년이 필수적으로 강화물의 선택에 적극적으로 관여해야 하고, 가정과 학교에서 수행하는 행동 수정 절차에서 '주역이 되어야' 하기 때문이다. 따라서 아동·청소년의 인지는 행동 계약과 유관성과 밀접한 부분이다. 또한 자기 강화와 자기 관리를 촉진시키고자 하는 궁극적인 목표에 따라 아동이 행동적, 학업적 혹은 사회적 효과를 보이게 되면 보상 계획은 줄어들어야 한다. 보상에 대한 아동·청소년의 내적 표상이 유관성의 최종 내재화에 필수적이기 때문에, 인지적 방략들은 이런 목표를 달성하는 데 있어서 핵심적인 수단이 될 수 있다. 최종 결론은 자기 관리라는 최종 목표를 위해 효과적인 행동 관리 프로그램들은 외적 보상을 지나치게 강조해서는 안 되고 계획하기와 문제해결의 발달에 초점을 두어야 한다는 것이다. 더욱이 아동·청소년이 발달함에 따라 행동 프로그램들은 성인과 청소년 간에 협상하여 계약을 맺는 절차를 포함시킬 필요가 있는데, 이는 청소년의 인지 방략들과 목표들이 직접 통합되어 계약을 맺는 것을 포함한다(이런 상호 계약 작업의 필요성에 대한 설명은 Robin, 1998을 보라). 이처럼 주고받는 상호작용과 문제해결 절차의 강화를 강조하는 것은 인지가 행동적 프로그램의 필수 부분임을 보여 준다. 요약하면, 유용한 심리사회적 개입에서 행동적 요소와 인지적 요소 간의 구분은 명확하지 않다. 즉, 인지와 행동을 통합한(또는 더 정확하게는 인지-행동-정서) 치료 계획이 목적이다. 예를 들어, 아나스토폴로스와 팔리(Anastopoulos & Farley, 2003)는 교육과정의 초기 개정판으로부터 나온 조작적 행동 절차 요소들을 상당 부분 포함하고 있는 ADHD 아동 · 청소년 가족을 위한 부모 훈련 접근법을 인지행동적이라고 이름 붙였다.

두 번째로, 만약 임상 수준의 ADHD 아동들에게 효율적이면서 효과적이려면, 인지적 절차가 유관성 관리와 경험적으로 지지된 또 다른 행동 방략들을 포함해야 한다. 이전에 언급했고 앞으로 더 자세히 설명하겠지만, ADHD 아동 · 청소년에게 자기 지시 훈련 하나만 실시하는 것은 간단하지만 치료 방략으로 유용하지 않다. ADHD를 가진 대부분의 아동과 청소년에게 내적 동기를 갖게 하는 길은 기술 형성과 행동 관리를 통합하고, 내적 인지 변화가 발달되기 전에 외적 보상에 관여하게 하는 것이다. 이것이 핵심이다. 즉, ADHD 아동에게 의미 있는 임상적 변화를 가져오기 위해 인지 변화 또는 정서에 대한 개입 중 한 가지만 배타적으로 강조하는 치료자들은, 아동 · 청소년의 문제가 계속 악화되어 가족들에게 실망과 좌절을 안겨 줄 가능성이 크다.

핵심적으로, ADHD와 관련된 중다 문제들에 대한 효과적인 심리사회적 중다 양식의 치료를 개발하고 연구하며 보급하려는 절박한 필요성에 따라 우리의 목표는 무엇이 '행동적'이고 무엇이 '인지적'인가를 토론하는 것이 아니라 인지 수정뿐 아니라 유인가, 동기, 정서, 그리고 가족과 학교 맥락에서 작업의 통합을 포함하는 인지행동적 개입의 통합된 개념에 초점을 맞추는 것이다(Braswell & Bloomquist, 1991; Kendall & MacDonald, 1993을 보라).

2. ADHD에 대한 기초 정보

임상적 쟁점들에 대한 논의의 기본틀을 제시하기 위해 우리는 ADHD와 관련된 사실들과 개념적 모형들을 짧게 훑어보겠다(Barkley, 2003, 2006; Coghill, Nigg, Rothenberger, Sonuga-Barke, & Tannock, 2005; Hinshaw, 1999; Nigg et al., 2006; Nigg & Nikolas, 2008; Tannock, 1998도 보라; 아동 · 청소년 행동장애의 맥락에서 발달 정신병리학 원리들에 대한 더 일반적 개관은 Beauchaine & Hinshaw, 2008을 보라). 이 개관은 대략적인 것이지만 여러 핵심적 요점들을 포괄하고 있어 ADHD 아동 · 청소년 치료에서의 본질적인 어려움에 대해 더 잘 이해하는 데 도움이 될 것이다.

1) 임상적 특징, 예후 및 손상

ADHD의 진단 기준은 발달 초기(7세 이하)에 발병하여, 오래 지속되는(적어도 6개월 이상의 지속 기간), 전반적인(여러 상황에서 나타나는), 그리고 손상을 보이는 부주의/무질서, 과잉행동/충동성, 또는 두 영역 모두에서 발달적으로 심각한 증상들을 필수적으로 포함한다 (American Psychiatric Association, 2000). (ADHD와 관련된 힘든 증상을 가진 많은 아동 · 청소년이 7세 이후가 될 때까지 임상적 주의를 제대로 받지 못하기 때문에 우리는 이 같은 발병 연령 준거가 지나치게 제한적이고 DSM-V에서 삭제되어야 한다고 주장한다.) 학업 과제에 지속적인 주의를 두는 데서의 어려움, 즉각적 만족의 유혹 앞에서 행동을 억제하는 데서의 어려움, 과도하게 활동적인 행동을 자제하지 못하는 것 등이 특히 구조화된 교육 장면에서 초기와 중기 아동기뿐 아니라 학령전기에도 흔히 나타나기 때문에 최근 ADHD가 과잉 진단된다는 비판이 야기되었다(예를 들어, DeGrandpre & Hinshaw, 2000). 그러나 진단의 신뢰도, 증후들의 일관성, 여러 문화에서 나타남, 적절한 진단이 주의 깊게 내려질 때 증상에서 파생되는 명확한 손상의 증거 등과 같은 중요한 특징들에 근거해, 많은 증거가 ADHD 진단의 타당성을 지지한다 (Barkley, 2006; Hinshaw, Owens, Sami, & Fargeon, 2006; Lahey & Willcutt, 2002).

하위 유형 분류에서, 극도로 부주의한 아동들(그러나 과잉행동/충동적이지는 않은)은 '부주의 우세형'으로 분류된다. 심한 과잉행동/충동성(그러나 부주의하지는 않은)을 가진 아동들은 '과잉행동/충동성 우세형'으로 분류된다. 그리고 두 영역 모두에서 심각한 증상을 가진 아동들은 '복합형'에 해당된다. 비록 역학 연구들은 지역사회 표본에서 부주의 유형이 가장 많다고 주장하지만(예를 들어, Lahey & Willcutt, 2002), 복합형이 임상 서비스에 가장 많이 의뢰되고 현재 많은 치료 접근법은 부주의 유형보다 이 유형에 초점을 둔다(특출한 반례는 Pfiffner et al., 2007을 보라). 따라서 ADHD를 치료하는 임상가들은 다양한 증상 발현에 부수적으로 나타나는 중요한 손상들과 공병들에 더해, 주의 지속과 충동 통제 관리의 어려움, 지나친 활동성 등과 같은 여러 문제와 종종 싸워야 한다(Hinshaw, 2009).

한때는 ADHD가 아동기에 국한되는 일시적인 장애라고 믿어졌지만, 거의 모든 경우에 청소년기까지 지속되고, 대다수는 초기 성인기까지 지속되는 것으로 밝혀졌다(Barkley, Murphy, & Fischer, 2008; Hinshaw et al., 2006; Mannuzza & Klein, 2000). 따라서 초기 아동기 동안 개입을 실시하면 예방이 가능하고, 생애 오랜 기간 동안 누적되는 어려움을 감소시킬 수 있다. ADHD의 전체 유병률은 학령기 전체 집단에서 5~8%로 나타나고(APA, 2000), 남아가 여아보다 더 많이 진단받으며, 특히 과잉행동/충동성과 복합형에서 그러하다(Hinshaw, 2002c; Hinshaw & Blachman, 2005를 보라). 여성 표본에서의 치료 연구는 여전히 아주 드물지만 매우 필요하다.

ADHD 아동과 청소년들은 부모, 교사, 친구들 그리고 크게는 세상과의 일상적인 상호작용에서 대개 전반적인 문제들을 갖고 있다. 반응의 강도, 정서 조절의 어려움(Hinshaw, 2003; Walcott & Landau, 2004를 보라), 판단력 부족, '동조하지 않는' 사회적 상호작용 특성, 질서를 지키지 못하는 문제, 물질 남용과 비행의 장기적 위험성 등의 모든 것이 결합하여 아동 자신, 가족 그리고 학교에 악영향을 미치게 된다. 실제로 ADHD는 학업 성취, 부모-자녀 상호작용, 또래 관계, 독립적인 기능 그리고 사고로 인한 상해의 위험 등에서 상당한 어려움을 가져온다(Hinshaw, 2002a; Hoza, 2007도 보라). 거의 대부분의 이런 어려움은 ADHD와 동반될 수 있는 공병과는 무관하다(예를 들어, Hinshaw et al., 2006; Lahey et al., 1998). 이는 비록 공병이 이런 많은 손상을 악화시키기는 하지만, ADHD가 이러한 주요한 생활에서의 어려움과 관련되어 있는 특수한 장애라는 것을 의미한다. 따라서 단지 부모와 교사를 괴롭히는 문제들의 집합이라기보다는, ADHD는 인생에서의 성공을 예측하는 이러한 기능 영역들에 있어서 실제적으로 나쁜 결과를 가져온다.

2) 공 병

하나 이상의 동반 장애를 지니지 않는 ADHD 사례는 비교적 드물다(Angold, Costello, & Erkanli, 1999; Barkley, 2006; Jensen, Martin, & Cantwell, 1997; Larson, Russ, Kahn, & Halfon, 2011). 첫째, ADHD 사례의 과반수가 반항성 장애(ODD) 또는 품행장애(CD)의 진단을 충족하여 (Hinshaw, 1987; Jensen et al., 1997) 공격성 계열의 증상군을 동반한다. ADHD와 이런 파괴적 장애를 모두 가진 아동들은 ADHD와 반사회적 계열의 문제를 모두 포함하는 가족력, 언어 기술의 결함, 심각한 또래 거부 그리고 지속적인 반사회적 행동 양상의 위험성이 장기적으로 나타나는 경과 등을 포함해 전형적으로 많은 어려움을 보인다(Hinshaw, 1999). 둘째, 또한 (불안, 위축 그리고 우울 특징들이 우세하게 나타나는) 내재화 장애가 흔히 ADHD와 중복되어 나타난다. ADHD 아동들의 최소한 1/3이 이러한 공병 양상을 보인다(Hinshaw, 2002c; Jensen et al., 1997; MTA Cooperative Group, 1999b). 그리고 최근의 자료는 발달 과정에서 불안(Hughes, Brown, & Kendall, in press), 우울 및 심지어 자살 행동까지도 ADHD와 빈번하게 동반된다는 것을 강하게 시사한다(예를 들어, Barkley et al., 2008). 이에 더해, 지금 중요하게 다루어지는 여성에 대한 연구에서 섭식장애의 징후 역시 ADHD와 함께 나타날 수 있다는 증거가 있다(예를 들어, Mikami, Hinshaw, Patterson, & Lee, 2008; Mikami, Hinshaw, Arnold, Hoza, Hetchman, Newcorn, et al., 2010). 이런 공병 양상은 아동들이 서로 다른 치료 효과를 보이는 것에 대해 특별한 시사점을 가질 수 있는데, 이는 나중에 논의할 것이다.

셋째, ADHD 아동 · 청소년의 1/4은 또한 학습장애를 나타낸다. 이런 경우, 자극제 약물이 학업 성취의 어면 측면을 촉진시키지만(예를 들어, Scheffler et al., 2009), 그것이 학습을 구성하는 기저의 처리 과정의 결함(예를 들어, 읽기와 관련되는 음운 자각과 음성학적 처리 과정)을 변화시키지는 못한다. 따라서 학업 문제에 직접 목표를 두는 심리사회적 개입들이 이런 하위 집단에 필수적이다(Lyon, Fletcher, & Barnes, 2003; Raggi & Chronis, 2006). 전반적으로, ADHD와 다른 증후군들이 강하게 중복되어 나타나는 것은, 이 장애와 관련해 확실한 임상적 난관일 뿐 아니라 이런 연합의 기제들을 이해하기 위해 가야 할 길이 상당히 멀다는 것을 뜻한다. 예를 들어, 인지행동치료는 우울과 불안장애 공병뿐 아니라, 종종 ADHD에 동반되는 일부 공격적인 특징들에 대해 특히 효과가 있다(Kendall, 이 책 5장; Lochman, Powell, Whidby, & FitzGerald, 이 책 2장; Stark, Streusand, Arora, & Patel, 이 책 6장을 보라). 더욱이 학습장애에는 직접적인 학습치료가 처방된다는 것을 강조할 필요가 있다(Lyon et al., 2003).

3) 검사와 평가

ADHD는 일부 소아과 진료에서 흔히 하는 간단한 검사로는 정확하게 평가될 수 없다. 한 가지 이유를 들자면, 아동들이 학교나 집에서 심한 부주의, 충동성 또는 과잉행동을 보이는 데는 많은 이유가 있으며—신경학적 장애, 외상적 스트레스 사건, 폭력에의 노출, 가족 역기능 또는 지나치게 엄격하거나 느슨한 양육 방식 등을 포함해서—감별 진단 과정은 쉽고 빠르게 수행될 수가 없다. 실제로, 증상의 맥락을 이해하고 여러 대안적인 개념화를 배제하기 위한 평가의 핵심 측면 중 하나는 아동과 가족의 과거사에 대해 철저하게 평가하는 것이다. 이에 더해 전형적으로 임상가들은 아동이 진료실에서 보이는 행동에 근거해 ADHD 관련 증상을 식별할 수 없다. 왜냐하면 학교나 집에서 문제 행동 양상을 보이는 아동이 진료실을 방문하는 생소한 상황에서는 '잘 참을' 수도 있기 때문이다. 아동이 매일 일상생활의 기능을 전형적으로 수행하는 것을 보는 부모와 교사로부터의 정보 수집과, 가능할 때 아동의 행동을 직접 관찰하는 것을 포함해 중다 방법과 중다 정보제공자 접근을 사용하는 것이 필수적이다. 이런 전형적인 기능들에 대한 부모와 교사의 관점을 알려 주면서 규준이 잘 만들어져 있는 평정 척도들이 평가 과정의 첫 단계에서 유용하다(Hinshaw & Nigg, 1999). 그러나 그것들이 진단의 기초가 될 충분한 정보를 제공하지는 못한다(American Academy of Pediatrics, 2000).

인지와 학습 패턴에 대한 검사, 공병 장애의 평가, 그리고 가족 상호작용 양상의 관찰 또한 평가의 중요한 측면들이다. 이에 더해 또래로부터 정보를 얻는 것도 중요한데, 이 영역의 현재 기능에 대해 중요한 본질을 파악하게 해 주고, 미래의 문제에 대해 예언 타당도를 갖고 있기 때문이다(예를 들어, Murray-Close, Hoza, Hinshaw, Eugene Arnold, Swanson, Jensen, et al., 2010; Parker, Rubin, Erath, Wojslawowicz, & Buskirk, 2006). 신경학적 · 의학적 평가도 감별 진단 과정에서 필요할 수 있다. 주의 기능을 측정하는 실험실 과제들은 기저의 기제들과 관련된 중요한 경험적인 발견들을 산출하지만(Nigg et al., 2006), 현재로서는 ADHD를 진단하기에 충분히 민감하거나 특정적이지 못하다. 따라서 ADHD와 관련된 근본적 기제에 대한 적극적인 연구에도 불구하고, 행동에 근거하여 진단을 내리는 것이 계속되고 있다. 마지막으로 ADHD와 그에 관련된 손상들에 대한 평가는 선택된 개입 방략들의 성공(또는 부족한 부분) 여부를 확인하기 위해 계속 진행되어야 한다(Hinshaw, March, et al., 1997). 이런 반복된 평가에 시간을 소모할 필요는 없다. 즉, 간단한 증상 질문지와 기능에 대한 지속적 평가가 효율적으로, 힘들이지 않고 수행될 수 있다.

4) 위험 요인과 기저의 기제

이 장애를 유발하는 단일한 원인이나 경로는 없다. ADHD는 .7~.8의 범위 내에서(Levy, McStephen, & Hay, 2001; Nigg, 2006; Swanson & Castellanos, 2002) 실제 유전된다(Tannock, 1998). 이는 유전자들이 증상을 구성할

가능성에 있어서 개인차를 대략 결정한다는 것을 뜻한다. 실제로 ADHD와 관련된 유전성 평가는 핵심 증상들의 차원들에 관련되는 것이지 진단적 범주 그 자체는 아니다. 즉, 유전될 가능성이 있는 것은 '장애'가 아닌 ADHD 관련 행동 계열의 취약성이다(Levy, Hay, McStephen, Wood, & Waldman, 1997). 또 다른 생물학적 위험 요인들(출생 시 저체중, 임신 중 어머니의 음주나 물질 사용)이 일부 ADHD 사례와 관련되어 있다. 그러나 이런 심리생물학적 위험 요인들이 증상 표현이나 손상의 발현에 있어서 환경적 요인들의 기여를 배제한다고 가정해서는 안 된다. 예를 들어, 부모가 ADHD와 관련된 행동 문제에 대해 통제하고 부정적인 규율로 반응하는 경향이 있는데, 이는 결국 ADHD 증후군을 유지시키고 악화시키게 된다(Nigg et al., 2006). 관련성이 완전히 분명한 것은 아니지만 ADHD와 관련되는 것으로 독소에 대한 환경적 노출에 대한 관심이 증대되고 있다(Nigg, 2006). 여전히, 최근 연구는 약간 높은 혈압이 복합형 ADHD에서 나타나고, 혈압 수준과 과잉행동 간에 유의한 관련성이 있음을 보여 준다(Nigg, Nikolas, Knottnerus, Cavanagh, & Friderici, 2010). 이러한 요인들 간의 상호작용 또한 중요한 것 같다. 예를 들어, 브룩스 등(Brooks et al., 2006)은 도파민 전이 유전자 염색체가 임신 시 어머니의 알코올 사용과 ADHD 간의 관계를 조절한다는 것을 밝혔다. 전반적으로, 유전자와 환경의 복잡한 상호작용이 ADHD의 발달과 발현에 관련될 가능성이 크고, ADHD의 생물학적 기초에도 불구하고 가족 사회화는 또래와 관련된 유능감뿐 아니라 공격적이고 반사회적인 공병을 형성하는 데 있어서 중요하다(예를 들어, Nigg et al., 2006).

ADHD와 관련된 핵심 기제나 결함에 대해 많은 논쟁이 있다. 신경학적 수준에서는 실행 기능의 결함을 시사하는 전두엽과 전두-선조 회로가 증상 발현에 중요하게 기여하는 것으로 최근 몇 년 동안 가장 일관성 있는 지지를 받아 왔다(Castellanos, 1999; 개관을 위해서는 Liston, Cohen, Teslovich, Levenson, & Casey, in press와 Seidman, Valera, & Makris, 2005를 보라). 더 명백한 심리학 이론들이 제안되어 왔지만, 한때 유력했던 이론들(예를 들어, 지속적 주의에서의 근본적인 결함)은 현재 상당한 논쟁거리다. ADHD는 보상에 대한 과잉 민감성 문제인가(Sagvolden, Aase, Zeiner, & Berger, 1998)? 각성을 조절하지 못하거나 인지적 에너지를 모으는 것에서의 어려움이 문제인가(Douglas, 1983, 1999; Sergeant, 2005)? 정서 통제에 대한 동기나 조절 능력이 부족한 것이 근본적인 문제인가(Hinshaw, 2003; Sonuga-Barke, 2002)? ADHD에 대한 바클리(Barkley, 1997)의 통합 이론은 상당한 관심을 불러일으켰다. 즉, 그 이론은 특히 이전에 보상을 받았던 반응이나 우세한 반응을 억제하고 '방해물'을 통제하는 데 필요한 억제 과정이 핵심 결함이라고 주장한다(예를 들어, Nigg, 2001). 그것이 정확하다면, 이 모형은 ADHD의 근본적인 결함이 자기 지시적 언어 같은 언어적 과정보다 시기적으로 더 일찍 나타나는(그리고 발달 단계를 설정하는) 기본적으로 신경학적 수준의 억제 과정에서 기인함을 시사한다(Berk & Potts, 1991). 여기서 한 가지 중요한 시사점은 언어적인 자기 통제를 통해 자기 조절을 가르치려는 개입은 너무 늦은 것이고, 임상적 성공과는 거리가 있을 것이라는 점이다. 앞에서 언급했듯이, 실제 언어적 매개를 강조하는 치료들은 ADHD 아동의 임상 표본에서 그다지 성공적이지 못하다는 것이 밝혀졌다.

5) 요 약

ADHD는 주의의 배치, 충동 통제 그리고 지나친 활동적 행동의 조절에서 오래 지속되고, 발달적으로 극단적이며, 전반적인 어려움과 관련되는 장애다. 그 하위 유형들은 부주의/무질서 영역 대 과잉행동/충동성 영역의 '극단'에 초점이 맞춰져 있다. 흔히 공병 상태—대부분은 반사회적 계열 장애들, 내재화 증후군들 그리고 학습 결함들—를 보이는 ADHD는 장기적인 성공과 밀접하게 관련되어 있는 영역들에 상당한 손상을 가져온다. 혼합된 증상이 매우 유전적이고, 또 다른 생물학적 위험 요인들이 존재하는 한편으로, 환경적 요인들이 이 장애의 결과에서 중요한 역할을 하고, 이러한 생물학적 · 환경적 요인들의 상호작용이 개념적으로나 임상적으로 모두 중요하다. 치료를 받지 않는다면, ADHD는 전 생애에 걸쳐 기능을 저하시키는 양상을 예고하므로 효과적인 치료 절차의 개발과 보급이 필수적이다.

3. ADHD에 대한 행동치료와 인지치료: 논리와 증거

1) 결함과 치료 절차를 연관 짓기

ADHD 아동들은 순응 행동과 통제가 부족하고, 과제를 완수하려는 내적 동기를 보이지 않으며, 규칙을 적절하게 지키지 않고, 전형적으로 보상이 지연되고 비일관적으로 제공되는 집과 학교 상황에서 변덕스럽게 반응한다(Abikoff, 2009; Barkley, 1997, 2006; Nigg et al., 2006). 따라서 ADHD는 과제 수행에 대한 내적 동기를 점진적으로 개발하면서 기술 형성과 행동 관리 방식으로 이끄는, 정규적이고 일관성 있는 강화물을 특징적으로 사용하는 개입 프로그램에 잘 맞는 것 같다. 또한 이런 조건은 자기 조절 방략을 장기적으로 유지하게 하는 인지적 매개 방략을 위해 '자연스러운' 것이라고 생각되었다(Meichenbaum, 1977).

이런 아동들에게 유관성에 기초한 프로그램들을 실시하는 것에 관해 오랫동안 지속되는 의문점은, 만약 이런 구조화된 외적 강화가 없어진다면 이득이 상황에 따라 어느 정도까지 일반화되고 시간이 지나면서 얼마나 유지될 것인가 하는 것이다(Abikoff, 2009를 보라). 수십 년 전 인지적 구성 요소를 행동적 유관성에 추가하는 것의 핵심 논리는 아동들에게 문제해결, 언어적 중재 그리고 실수에 대처하는 방략들을 통해 그(녀) 자신의 행동을 관리하도록 가르침으로써 치료의 이득을 확실하게 확장시키도록 격려하는 것이었다. 실제로 1970년대에 이 장애를 가진 아동과 청소년들에게 인지행동치료 절차를 적용하는 데 대해 엄청난 관심이 있었다. 마이켄바움(Meichenbaum, 1977)과 같은 혁신주의자들은 당시에 '과잉활동성'이라 불렸던 조절의 결함이 자기 지시, 문제해결 개입 유형의 개발과 극히 잘 부합한다고 주장하였다(경험적 증거는 Bugental, Whalen, & Henker, 1977을 보라).

다른 시각에서 켄달과 맥도널드(Kendall & MacDonald, 1993)는 아동 정신병리에서 인지적 어려움의 두 가지 기본 유형을 구분하였다. 첫째, 인지 왜곡은 일부 아동기 장애에 동반된다. 예를 들어, 불안과 우울은 과잉일반화와 파국화, 그리고 환경적 사건에 대해 과잉반응의 형태를 보이고, 반응적 공격 행동은 애매모호한 사회적 상황에 직면했을 때 적대적 귀인 편향을 보이는 특징이 있다. 이러한 인지 왜곡을 수정하고 바로잡기 위해, 그리고 충동적이고 폭발적인 공격성을 감소시키기 위해 많은 인지 방략이 개발되었다(Lochman, Powell, Boxmeyer, Deming, & Young, 2007을 보라). 둘째, 인지 결함은 일반적인 인지적 미성숙에다 결함 있는 문제해결과 언어적 중재가 더해진 것이 특징인 다른 상태들, 특히 ADHD에 적용된다(예를 들어, Barkley, 1997). 인지 왜곡을 수정하는 것보다 결함 있는 사고 패턴을 교정하거나 수정하는 것이 훨씬 더 어려운 과제로 보인다. 또한 방금 언급했듯이, ADHD의 핵심 결함은 언어 사용 이전에 발생하므로, 단지 언어적 중재에만 근거를 둔 접근법들은 기저의 기제들을 다룰 수 없을 것이다. 인지 훈련 패러다임(예를 들어, 작동기억 훈련; Klingberg et al., 2005를 보라)은 이 문제에 근접해서 일부 긍정적인 초기 결과를 산출하고 있다. 아직까지는 이러한 치료의 효율성과 일반화를 확립하기 위해 더 많은 연구가 필요하다.

2) ADHD에 대한 행동적 접근과 인지행동적 접근: 유형과 성과

최근의 한 메타분석에서 파비아노 등(Fabiano et al., 2009)은 ADHD의 행동치료가 매우 효과적이라고 결론 내렸다. ADHD와 '외현화' 또는 파괴적 행동장애를 가진 아동과 청소년들을 위한 이러한 행동적 개입은 전형적으로 여러 범주로 나뉘는데, 이를 다음에 간략히 기술하였다(Hinshaw et al., 2007; Pelham & Hinshaw, 1992를 보라).

(1) 직접적인 유관성 관리

긍정적이거나 혐오적인 유관성 관리가 특수교육, 여름 캠프 또는 주거 장면 등과 같이 주의 깊게 계획된 환경에서 수행된다. 행동적이고 학업적인 목표에 대한 보상 프로그램과 반응-대가 유관성의 강력한 효과가 이런 프로그램, 즉 전형적으로 철저한 단일 사례 실험 설계에서 반복 검증되었다(Coles et al., 2005; Pelham et al., 1993을 보라). 그러나 주요 쟁점들은 이처럼 매우 개별화된 강화로 채워진 유관성 관리 프로그램이 집, 학교 그리고 또래 장면으로 전이되고 일반화되며 유지될 수 있는가 하는 것이다.

(2) 임상적 행동치료

이는 파괴적이고 주의력 문제를 가진 아동·청소년들에게 가장 흔히 적용하는 행동적 절차다. 여기서 부모와 교사들은 행동 측정하기, 개입할 문제 정하기, 강화 메뉴와 토큰 보상 프로그램 계획하기, 일관성 있는 (그리고 비신체적인) 처벌 절차 사용하기, 집과 학교 간에 프로그램 조정하기 등과 같은 방략들에 대해 행동 전문가로부터 자문을 받는다. 그 목적은 아동의 일상적인 환경을 더 구조화되고, 일관성 있고 긍정적으로 만드는 것이다. 이런 개입은 ADHD 아동에게 유의미한 이득을 가져왔다(Hinshaw et al., 2007; Fabiano et al., 2009의 개관을 보라). 그러나 그 향상은 직접적인 유관성 관리 그 자체로부터 오는 것만큼 크지 않고, 그 이득은 임상적으로 완전히 의미 있거나 정상화하는 데는 대개 부족하다(Pelham & Hinshaw, 1992). 더욱이 향상을 보여 주는 성과 측정치들은 대개 개입을 수행한 동일한 부모와 교사들이 평가한 것이어서, 사회적 혹은 학업적 향상을 객관적으로 관찰한 것이라기보다는 치료의 만족도에서 기인한 긍정적인 '후광'과 잠재적으로 관련될 수 있다(Hinshaw et al., 2007). 직접적으로 관찰된 행동으로부터 이득을 파악한 것은 더 드물다(예를 들어, 객관적으로 부호화된 양육 행동에 미치는 직접적 유관성 관리와 임상적 행동치료의 결합 효과에 대해서는 Wells et al., 2006을 보라). 또다시 치료 일반화는 여기에서 중요한 쟁점이고, 여러 장면에 걸쳐 지속되는 이득을 더 얻기 위해서는 치료 절차가 더 추가되어야 한다. 이런 목적을 향한 인지 방략의 잠재적 역할에 대한 의문은 계속되고 있다.

(3) 인지행동적 개입

이런 개입들은 개별적이거나 소집단 형태이며, 전형적으로 아동에게 직접 실시된다. 공통적인 절차들은 다음과 같은 훈련을 포함한다. ① 부모가 아동에게 '외현적인' 말로 지시하는 교육을 줄임으로써 아동이 '내현적으로' 자기 지시하는 말을 통해 언어적 중재와 자기 통제를 향상시키도록 계획된 자기 지시, ② 사회적·학업적 행동에 대해 더 좋은 계획을 세우도록 도식을 제공하려는 목적을 가진 문제해결, ③ 자기 강화로 인해 성인이 주는 보상에 덜 의존함, ④ 아동이 실수나 문제 상황으로부터 방향을 재설정하는 방식으로 실수에 대처하기(Abikoff & Gittelman, 1985; Douglas, Parry, Marton, & Garson, 1976; Meichenbaum, 1977을 보라). 이런 절차들을 유사한 과제들, 학업적 작업 그리고 사회적 곤경에 적용하는 것이 체계적인 교육과정에 따라 실시된다.

비록 사람들이 이를 적용하는 데 ADHD 아동·청소년이 이상적으로 적합한 진단 집단이라고 생각할 수 있지만, 빈약한 자기 조절과 중재 결함이 연합되어 있기 때문에 이런 절차들을 ADHD를 가진 아동·청소년 표본에 실험적으로 검증했을 때(예를 들어, Abikoff & Gittelman, 1985; Abikoff et al., 1988; Morris, 1993), 치료적 이득은 거의 나타나지 않았다(개관은 Abikoff, 1991; Hinshaw & Erhardt, 1991을 보라). ADHD의 인지 훈련이 원래 초점을 두었던 임상적 진단 수준에 미치지 않는 주의 결함이나 충동성을 가진 아동과 청소년들은 언어적 중재에 초점을 둔 개입으로부터 효과를 볼 수 있었던 반면(Braswell & Bloomquist, 1991), 이 장애를 진단받는 아동 · 청소년들은 이런 치료로 감당하기 어려운 것으로 밝혀졌다.

예외적인 경우는 사회적 기술과 분노 관리 기술들을 가르치거나, 그 이득을 확장하기 위해 계획된 인지적 방략들을 포함시켜 행동 강화 프로그램들을 확실하게 보완할 때 나타났다. 예를 들어, 힌쇼, 헨커와 훼일런(Hinshaw, Henker, & Whalen, 1984a)의 연구에서 분노 통제를 위한 인지행동 훈련이 공감을 위한 인지 훈련에 비해 더 우수한 결과를 보였다. 그리고 힌쇼, 헨커와 훼일런(1984b)은 인지적 자기 평가 절차를 추가하는 것이 놀이터에서의 사회적 행동을 개선하기 위한 행동 강화의 효과를 향상시킨다는 것을 보여 주었다. 인지 요소와 행동 요소들을 결합하는 것이 두 경우 모두에서 중요하였다. 분노 관리와 자기 평가에 대한 인지적 중재 절차가 전통적인 행동적 유관성 관리와 결합되었을 때에만 유의미한 효과가 있었다. 자기 지시 훈련이나 중재 방략을 단독으로 사용했을 때는 임상적으로 충분한 이득의 증거가 나타나지 않았다. 그러나 이 연구 둘 다 단지 단기적 이득만 평가했음을 주목하라. 다른 장면으로의 일반화를 비롯해, 이런 통합된 인지행동 절차들의 장기적 효과는 완전히 알려지지 않았다.

(4) 사회적 기술 훈련

방금 살펴본 세 가지 범주의 행동적 개입에 더해 네 번째가 더해질 수 있다. 즉, 또래 상호작용 기술을 가르치도록 명확하게 설계된 개입이 그것이다. 이런 유형의 치료는 전형적으로 소집단 안에서 실시된다. 그 안에서 임상가들은 관련된 개념들(예를 들어, 협동, 당위성)을 토론하게 하고, 행동 시연을 반복하며 더 나은 대인관계 상호작용을 촉진시키기 위해 사회적 기술을 사용하는 행동에 직접 보상을 제공한다(초기 시범은 Oden & Asher, 1977을 보라). 학교 장면에서 유관성의 적용이나 성인에 대한 자문보다는 아동이나 청소년과 직접 작업하는 데 임상적 초점이 주어지므로, 사회적 기술 개입은 인지행동치료의 형태와 유사하다. 핵심적인 차이는 사회적 기술 개입이 언어적 자기 지시와 자기 강화 훈련을 강조하는 대신 사회적으로 유능한 행동에 더 접근하도록 시연하고 직접 보상을 주는 것에 초점을 맞춘다는 것이다.

사회적 기술 훈련의 초기에는 혼합된 결과가 산출되었고, 이것이 ADHD에 대해 완전한 증거 기반 치료는 아니라는 데 의견이 일치되었다(예를 들어, Antshel & Barkley, 2008). 비록 더 체계적인 적용은 주목할 만한 이득을 시사했지만(Pfiffner & McBurnett, 1997), 다른 연구들은 일부 아동의 증상이 개입 후에 증가한다는 결과까지 보여 동일한 수준의 향상은 나타나지 않았다(Antshel & Remer, 2003). 그러나 사회적 기술 훈련과 부모 훈련의 결합이 사회적 기술 훈련 단독 조건에 비해 더 큰 향상과 일반화를 가져온다는 일부 증거가 있다(예를 들어, Frankel, Myatt, Cantwell, & Feinberg, 1997; Pfiffner & McBurnett, 1997). 피프너와 맥버넷(Pfiffner & McBurnett, 1997)이 사용한 사회적 기술 교육의 내용은 이 장의 뒷부분에서 인용할 것이다.

직접적인 유관성 관리와 임상적 행동치료 절차 둘 다 분명한 보상과 처벌을 제공하고 부모와 교사의 기대를 변화시키며 과제의 요구에 적절하게 맞춤으로써 ADHD를 가진 개인의 외적 환경을 조성하려는 목적을 갖고 있음을 주목하라. 다른 한편으로, 인지적 중재와 사회적 기술 치료는 자기 지시 언어, 문제해결 방략들, 자기 평가와 자기 강화 기술들 그리고 또래와 관련된 유능감을 향상시키기 위해 명확한 지침을 갖도록 가르침으로써 아동의 내적 언어를 변화시키는 것을 강조한다. 그러나 실제 치료에서는 외부의 환경적 방략 대 내적 인지/심리치료 간의 이런 구분이 더 명확하게 드러난다(Kendall & MacDonald, 1993). 결국 ADHD 아동을 위해 환경을 수정하려는 궁극적인 목표는 더 자연적인 장면에서 더 좋은 행동, 학업 수행 그리고 사회적 유능감을 갖도록 격려하는 것이다. 이는 일반화와 유지를 촉진시키기 위해 보상 계획을 감소시키고, 외적 신호와 단서들을 점차 줄여 나가며, 인지적 자기 평가, 자기 강화 그리고 실수에 대처하는 방략들을 첨가함으로써 가능해진다. 이와 동시에 이 장애 집단에서 유용하리라고 기대되는 인지적 절차들을 진공 상태에서 가르칠 수는 없다. 왜냐하면 개인에 대한 직접적인 개입에 더해, 자기 통제 절차에 대한 직접적인 보상, 행동 시연 그리고 자기 조절에 대한 외부 환경의 격려 등을 촉진하는 것이 부가적으로 보완되어야 하기 때문이다. 따라서 앞에서 언급했듯이 '행동적'인 것 대 '인지적'인 것을 분리하는 것은 생산적이지 못할 가능성이 크다.

3) 자극제 약물과의 비교와 결합

ADHD 아동・청소년을 위한 심리사회적 치료에 대해 어떤 평가를 하든 이들에 대한 약물치료는 매우 효과적이다(예를 들어, Greenhill & Osman, 2000; MTA Cooperative Group, 1999a; Paykiona & Greenhill, 2007; Van der Oord et al., 2008을 보라). 실제로 자극제 약물의 사용은 충분히 우세하고 효과적이어서 ADHD에 대한 심리사회적 치료 절차에 대한 논의는 약물을 비교 기준으로 고려하지 않고는 이루어질 수 없다. 주의 깊게 진단된 ADHD 아동・청소년의 대다수에서 약물은 핵심 증상군, 집과 학교 영역 그리고 부모, 교사, 또래와의 상호작용과 관련된 손상들을 분명히 향상시킨다(Paykina & Greenhill, 2007). 그러나 약물에 대한 반응에서 개인차가 크고, 학업을 실제 개선시키는 데 있어서 약물의 역할은 덜 분명하다(Raggi & Chronis, 2006; 그러나 Scheffler et al., 2009를 보라). 가장 중요하게, 약물의 이득은 약물이 아동의 신체 체계 내에 있는 동안만 지속된다. 비록 두 접근법 간에 많은 차이가 있음에도 불구하고, 이런 점에서 ADHD에 대한 자극제 치료는 유관성 관리나 임상적 행동치료와 실제 상당히 유사하다. 왜냐하면 심리치료의 이득도 유관성이 투입되는 삶의 영역을 넘어서서 존재하지는 못하기 때문이다. 실제로 30년 전 ADHD에 대한 인지행동치료의 개발과 보급에 추진력을 제공한 것은 이런 중재 절차—마이켄바움(1977)의 용어로 '휴대용 대처 방략들'—가 아이들에게서 유관성을 기초로 해서 얻은 이득을 일반화하고 지속시킬 수 있으리라는 희망 때문이었다. 인지 모형이 이처럼 지속적이고 여러 상황에 걸친 이득을 가져오지 못했기 때문에, 이 영역에서 계속되는 도전은 지속적인 효과를 보이는 치료법을 발견하는 것이다.

또 다른 쟁점은 약물이 부작용을 가져올 수 있다는 것이다. 그 대부분은 관리가 가능하지만 어떤 경우에는 엄청난 대가를 치러야 한다. 더욱이 약물 단독으로는 관련된 여러 영역에서 기능을 정상화하는 데 충분하지 못하고, 초기에 성공적인 약물치료의 이점은 시간이 지남에 따라 종종 사라진다(Hoza et al., 2005; Jensen et al., 2007). 따라서 약물치료의 임상적인 한계로 인해 심리사회적/행동치료가 계속 개발되고 연구되고 있다(논의를 위해서는 Klein, Abikoff, Hechtman, & Weiss, 2004를 보라).

힌쇼 등(2007)이 개관했듯이, 행동 절차 대 약물 절차에 대해 잘 수행된 접전의 비교에서 도발적인 결과가 나왔다. 첫째, (인지행동 절차와 행동 절차를 포함해 더 폭넓게 정의되는 심리사회적 개입과 더불어) 매우 강력한 직접적-유관성 관리 절차조차도 자극제 약물에 비해 중요한 행동적 성과에서 효과 크기가 더 작았다(Hinshaw et al., 2007; Pelham et al., 1993; Van der Oord et al., 2008). 따라서 가장 강력한 행동치료조차도 즉각적인 효과 크기 면에서는 약물에 비할 수 없다. 둘째, ADHD 아동에 대한 초창기 중다 양식 치료 연구(MTA)에서, ADHD 증상군과 관련된 파괴적 행동들을 치료하는 데 약물 절차가 더 우수한 것으로 밝혀졌다(MTA Cooperative Group, 1999a). 이 연구에서는 복합형 ADHD를 가진 7~9세 아동들에게 체계적 약물 관리 대 임상적 행동치료(35회 이상의 부모 훈련 회기와 정기적인 교사 자문이 결합된)에 직접적인 유관성 관리(3개월 동안 아동의 교실에서 보조 전문가의 도움뿐 아니라 8주간의 여름 치료 프로그램)를 집중적으로 결합하여 실시한 치료에 대해 장기적인(14개월) 비교를 실시하였다. 실제로 행동치료 절차에 무선 할당된 참가자의 1/4은 치료 시기가 끝나기 전에 치료 관리에 약물을 추가할 필요가 있었다.

그러나 이와 동시에 ① 행동치료 절차들은 일반 지역사회에서 실시될 때 약물과 동등한 효과가 있었고(MTA Cooperative Group, 1999b), ② 14개월의 적극적인 개입 기간을 지난 추후 조사에서 처음에 행동적 개입에 할당된 사람들이 처음에 약물 관리 조건에 할당된 사람들보다 치료의 이점을 더 잘 유지하였다. 이는 약물치료를 받은 집단이 치료 효과가 나타나는 최적의 시기에 조사가 끝난 다음에는 그 이득이 감소했기 때문이었다. 실제로 장기적 추후 연구(처음 치료 할당 이후 3년과 8년)는 ① 성과 평가에서 치료 집단 간에 더 이상 차이가 없었고(Jensen et al., 2007; Molina et al., 2009), ② 처음의 치료 할당보다는 처음의 증상 심각도가 이후의 기능을 더 잘 예측한다(Molina et al., 2009)는 것을 규명하였다. 이는 치료 효과를 지속시키기 위해 초기의 증상 심각도에 맞춘 더 효과적인 치료를 개발하는 것이 여전히 중요함을 시사한다.

또 다른 중요한 질문은 효과적인 행동치료나 심리사회적 치료를 약물에 기초한 치료와 결합하는 것이 이득을 증가시키는가 하는 것이다. 펠험과 머피(Pelham & Murphy, 1986)가 개관한 초기 연구에서는 비록 차이가 항상 통계적으로 유의미한 것은 아니지만 결합 치료 처방이 단일 양식 개입보다 더 큰 향상을 가져왔다는 것이 밝혀졌다. 더 큰 규모의 임상적 검증은 혼합된 증거를 보여 주었다. 애비코프와 동료들(Abikoff et al., 2004)은 개별 약물치료에 체계적인 행동치료나 다른 심리사회적 치료를 추가했을 때 유의미한 부가적인 이득을 발견하지 못하였다. 반 데르 오드 등(Van der Oord et al., 2008)의 메타분석에서도 유사한 결론이 나왔다. 한편, 중다 양식 치료연구(MTA)에서는 비록 치료 집단 간에 다음과 같은 현저한 차이가 시간이 지나면서 감소하는 경향을 보이기는 했지만(Molina et al., 2009), ① 범주로 묶어서 볼 때 임상적으로 유의미한 반응, ② 공병 증상군의 감소, 학업, 부모-자녀 그리고 사회적 기술의 향상, 증상 호전 등 복합적인 성과 측정치에 나타난 결과에서, 약물 관리와 집중적인 행동치료의 결합이 약물이나 행동치료를 단독으로 사용한 것보다 더 효과가 있었다(Conners et al., 2001; Swanson et al., 2001). 더욱이 힌쇼와 동료들(2000)의 연구 결과, 가족이 결합 치료(약물 관리에 심층적인 행동치료를 더한 중다 양식적 결합)를 받을 때 집에서 훈육하는 방식이 임상적으로 유의미하게 개선되었다. 즉, 부정적/비효율적인 훈육 방식이 현저하게 감소할 때 이런 부모의 자녀들은 학교에서 파괴적 행동이 완전히 정상화되고 사회적 기술을 사용하는 데서 중요한 향상을 보였다. 달리 말하면, ADHD의 생물학적 기초를 가진 경우라 할지라도 집에서의 사회화 연습이 아동의 기능에 주요한 향상을 가져오는 데 핵심적인 역할을 한다(뒤의 '치료 성과에서 매개와 조절 변수'를 보라). 결론적으로, 치료 성과와 관련된 요인들은 병인과 관련된 요인들과는 상당히 다를 수 있다.

계속되는 의문점은 결합 치료가 ADHD를 가진 많은 아동이 걷게 되는 어려운 궤도에서 더 잘 벗어나게 해 주는지 여부다. 반복해서 말하자면, 유관성 관리를 인지적으로 확장하는 것이 이득을 확대시키는 데 도움이 될 것인지 여부는 여전히 답하기 힘든 질문이다. 마지막으로, 약물에 심한 부작용을 보이거나 가족들이 약물학적 접근 방법을 불편하게 느끼는 소수의 ADHD 아동·청소년을 위해, 심리사회적 치료는 그 자체로서 역할을 할 수 있어야 한다.

4) 요 약

행동적 개입에 있어서, 직접적인 유관성 관리는 ADHD 아동·청소년들에게 커다란 효과를 가져올 수 있지만, 대개 매우 특정적인 상황에서 그리고 유관성이 유효할 경우에만 효과가 있어 일반화와 유지에 어려움이 있다. 부모와 교사에 대한 임상적인 행동치료 자문(일상적 치료에서 단연 가장 널리 보급된 행동적 개입) 역시 유의미한 향상을 가져오지만, 그 이득은 대개 더 작고, 개입의 수혜자인 부모와 교사들로부터 나온 평정 결과에 대개 한정된다(Hinshaw et al., 2007). 결정적으로, 중재와 문제해결을 향상시키기 위해 만들어진 인지치료는 임상적 수준의 ADHD 아동과 청소년들에게 긍정적인 효과를 가져오지 못하였다. 그러나 구체적인 유관성과 행동 시연을 확대한 것에 인지 절차를 결합하는 것(Hinshaw et al., 1984a, 1984b)은 일반화와 유지를 향상시키기 위해 계속 탐구할 가치가 있다. 사회적 기술 훈련의 경우에는 시연, 구체적인 유관성 그리고 부모 훈련 노력이 사회적 유능감을 향상시키기 위해 만들어진 인지적 방략들과 결합될 때 희망을 보였다. 집단 개입이 주의 깊게 모니터되지 않고 유관성에 뿌리를 두고 있지 않을 때는 여전히 외현화 행동의 '전염'과 모방의 위험이 있다. 자극제 약물치료는 대개 심리사회적 치료와 비교되는 기준이다. 약물의 효과는 행동적 개입의 효과보다 대개 더 낫지만 약물을 복용하는 동안에만 지속된다. 행동적 접근 방법과 약물학적 접근 방법을 결합하는 것이 여러 주요한 기능 영역에서 최상의 이득을 가져올 수 있다는 중요한 증거들이 있다. 종합적으로, 다른 아동·청소년 집단에게 효과적이라고 알려진 인지적 접근 유형들이 ADHD 아동들에게 임상적으로 충분하지 않으므로, 유용한 개입에서는 직접적인 유관성 관리, 행동 시연 그리고 일반화와 유지를 촉진시키는 것과 인지 방략들을 결합하는 것이 필요하다.

4. 임상 사례

ADHD 아동·청소년은 다양한 상황(집, 학교, 또래 집단, 여가 활동)에 걸쳐서 여러 가지 문제와 손상을 나타내고, 교육적, 가족 관계, 사회적, 그리고 행동 목표 설정까지 전형적으로 치료가 필요하기 때문에, 조화와 협동이 이들에 대한 개입의 두 핵심적인 측면이다. 치료 노력들이 조화롭지 못할 때 개입의 효과는 상당히 제한되기 쉽다. ADHD를 가진 대부분의 아이가 보이는 무질서와 충동성에 맞서려면, 더 일관성 있는 환경을 창출하고 더 생산적인 수행을 하도록 도우려는 사람들 간의 강력한 질서와 조화가 필요하다.

1) 사회적 기술을 위한 개입

피프너와 맥버넷(1997, 2004)의 사회적 기술 훈련(social skills training: SST) 교육 내용이 바로 이러한 조화와 관련되는데, 그들은 중다 양식 치료 조건에서 아동·청소년을 위한 사회적 기술 집단과, 이들이 습득한 것을 집과 놀이 환경에 일반화하도록 유도하기 위한 부모 교육을 목표로 추가적인 부모 집단을 결합하였다. 아동에게 초점을 맞춘 SST 프로그램에 대해, 우리는 행동 절차와 인지행동 절차가 매뉴얼로 만들어져 있는 예를 인용하겠다(Pfiffner & McBurnett, 2004).

이 훈련 프로그램에서 참가자들(6~9명에 이르는 집단 크기의 ADHD 소년들과 소녀들)은 매주 한 번씩 90분짜리 회기에 8번 참가한다. 또래 및 어른들과의 관계를 개선하려는 목표는 ① 기술에 대한 지식과 기술 수행 결함을 개선하고, ② 언어적·비언어적인 사회적 단서들에 대한 아동의 인식을 함양하며, ③ 새로운 문제 상황에서 적응적으로 반응하도록 가르치고, ④ 일반화를 촉진시키는 것을 통해 다루어진다. 피프너와 맥버넷(2004)은 다음과 같이 말하였다.

> 집단은 매우 구조화되고, 상당히 치밀한 유관성 관리 프로그램을 포함한다. 이 보상 체계는 아동의 참가 동기를 증가시킬 뿐 아니라 더 재미있는 '게임 같은' 분위기를 창조하는 데 기여한다. 가르쳐야 할 현재의 기술 목록들로부터 특정한 기술들이 매일 선택된다. 회기는 항상 '이번 주의 기술'이라는 분명한 소개로 시작한다. 이런 기술들은 교육적으로 그리고 시범 보이기를 통해 제시된다(열정과 유머를 사용해서!). 그러고 나서 자극하기, 조성하기 그리고 '기술 게임들'과 역할 연기 동안의 시연을 사용해 그것들을 학생들에게 가르친다. 아동들은 예를 만들어 내고, 역할 연기에 참여하며, 언제, 어디서 그리고 왜 이 기술을 사용해야 하는지를 평가하는 데 적극적으로 관여한다. 일반화를 촉진시키기 위해, 상담자들은 세 가지 다른 상황, 즉 ① 또래와의 상황, ② 교실에서의 상황, ③ 형제자매나 부모와 함께 있는 집에서의 상황을 제시하거나 역할 연기를 제안한다. 훈련과 활동 모두에서 피드백은 아동이 자기 감찰하고 자신의 사회적 행동에 대해 스스로 평가하도록 돕는 것을 포함한다(예를 들어, "네가 게임에서 '졌다고' 들었을 때

'받아들일 수' 있었니? 그 문제를 다루기 위해 '무시하기' 기술을 사용했니?"). 만약 아동이 핵심 개념을 파악하지 못하였다면(참가를 잘하지 못하거나 과제에서 성공하지 못하였다면), 그 개념을 언어적으로 다시 가르치고 연습하게 한다(pp. 3-4).

이 인용문은 ADHD 아동을 위한 통합된 인지행동적 개입에 대해 예를 들면서, 강도 높은 보상과 인지적 요소 둘 다를 분명히 포함하고 있음을 보여 준다. 실제로 가르칠 기술들(예를 들어, 건전한 스포츠맨십, 결과를 수용하기, 화나는 상황에서 무시하기, 문제해결)이 먼저 논의되고 연기(예를 들어, 인형 사용)와 실제 시범 보이기를 사용해서 모방 학습된다. 다음으로, 아동들은 자신과 타인의 기술 수행을 평가하면서 확장된 역할 연기로 학교, 또래 그리고 집의 상황에 적용하는 연습을 한다. 그리고 나서 30분짜리 자유로운 놀이 게임 시간 동안, 상담자로부터 격려와 피드백을 받으면서 더 현실적인 맥락에서 기술들을 연습한다. 특정 사회적 기술을 적절하게 사용하도록 동기화하고 제시하며 시범 보이기 위해 보조적인 보상들(예를 들어, 피자 파티)과 함께 뚜렷한 강화물('멋진 스포츠 토끼' 스티커)이 사용된다. 규칙을 따르고, 회기에 참석하며, 경청하는 것에 대해 전 회기에 걸쳐 점수도 얻을 수 있다. 이것들은 훈련 회기의 끝에 아동이 선택하는 활동들과 교환된다. 반응 대가도 포함되는데, 끼어들기, 별명 부르기, 욕하기, 공격하기, 물건 파괴하기 같은 행동을 하면 점수를 잃게 된다. 공격적이거나 파괴적인 행동에 대해서는 타임아웃이 실시된다. 다음의 인용문은 '받아들이기' 기술과 관련된 절차들을 보여 준다.

(손가락으로 책상을 두드리며) 이번 주의 기술은 받아들이기임을 소개한다. 상담자들은 '받아들이기'라고 써 있는 종잇조각을 방 안 어디엔가 감춘다. 아동들에게 탐정이 된 것처럼 행동하라고 말한다. 맨 먼저 종잇조각을 찾는 임무를 할당한다……. 그것을 찾으면 상담자가 보는 앞에서 어떻게 좋은 받아들이기를 보여 줄 수 있을지에 대해 생각하라는 임무를 받게 된다. 한 상담자가 교사 역할을 하고 또 다른 상담자는 학생 역할을 연기한다.

역할 연기 시범: 한 학생이 운동장에서 자기가 제일 좋아하는 게임인 피구를 하고 있고, 너무 이기고 싶어 한다. 하지만 그녀는 결국 공에 얻어맞고 다음 회까지 게임을 하지 못하고 앉아 있어야 한다. 그녀는 받아들이기의 올바른 방식을 보인다(선의 끝으로 가서, '건전한 스포츠' 표정과 자세를 보이는 등). 교사가 그 행동을 칭찬한다.

아동들에게 좋은 받아들이기를 보여 주는 어떤 단서들을 탐지했는지 물어보라. 상담자가 어떻게 보였는지, 그녀가 무엇을 했고 무엇을 말했는지를 질문함으로써 다음 과정을 이끌어 내도록 격려하라. 아동들의 생각을 포스터 용지나 칠판에 쓴다. *조용히 있었다, *규칙을 따랐다, *곧바로 지시를 따랐다, *건전한 스포츠맨 표정, *순응하는 말을 하였다(예를 들어, "알았어요, 그렇게 하죠."), *다른 사람들과 계속 잘 어울렸다. 그때마다 '멋진 스포츠 토끼'를 제공하고, 아동들이 좋은 받아들이기를 보여 주었다고 말하라.

이제 상담자들은 받아들이기의 나쁜 방식을 역할 연기한다(게임을 그만두기, 주먹 쥐기, 별명 부르기 등). 교사는 받아들이지 않는 행동에 대해 대가를 제공한다(학생을 벤치의 구석진 곳에 앉히기). 항상 그렇듯이 역할 연기는 생동감 있고 재미있어야 한다…….

역할 연기: 아동들을 자발적으로 참여하게 하고, 각 아동이 기회를 갖게 한다. 참여하지 않는 아동들에게는 연기자들이 역할 연기에서 받아들이기 기술을 얼마나 잘 보여 주었는지를 엄지손가락을 올려 투표하게 한다(Pfiffner & McBurnett, 2004, pp. 11-12).

자유로운 놀이 시간 동안, 아동들이 소집단 보드 게임이나 야외 운동을 하면서 그 주에 배운 기술을 적절하게 보여 주고 사용하면 '멋진 스포츠 토끼'를 받을 수 있다. 이 '토끼들'은 피자 파티를 위한 예금으로 교환될 수 있다. 또한 멋진 스포츠 온도계가 목표 설정과 자기 평가를 위한 시각적 보조도구로 사용된다. 온도계의 맨 아래 수준인 (1)은 모든 아동이 받아들이기를 잘 못했다는 판정이 내려질 때 주어지는 평정이다. 맨 위 수준인 (5)는 모두가 훌륭한 받아들이기를 보였다는 것이다(더욱이 만약 모두가 최고의 받아들이기를 보였다면, 그들은 온도계를 '부순다'). 아동들은 게임 이전에 집단의 수행을 예측하고, 끝난 뒤에 다시 평가한다. 상담자들은 게임을 따라가면서 주의 깊게 관찰하면서 게임 전반에 걸쳐 자극을 주고 격려한다.

마지막으로, SST-PG('부모-매개 일반화[parent-medicated generalization]'; Pfiffner & McBurnett, 1997을 보라)라 불리는 치료 조건에서 부모들은 그들의 자녀들이 SST 집단을 하는 그 시간에 집단에 참여한다. 그들은 아동들과 유사한 교육을 받고, 일방경을 통해 SST 회기들을 관찰한다. 그 목적은 아동들이 사회인지적 기술들을 집에서 사용하기 시작하도록 자극을 주고 강화하는 것을 배우기 위한 것이다. 또한 부모는 교사가 자녀의 '또래와 잘 지내기' 목표 행동을 매일 평가하는 일일 보고 카드를 집에서 검토한다. 이 기준에서 아동이 교사로부터 높은 평가를 얻으면, 부모들은 집에서 '멋진 스포츠 토끼'로 지원 보상을 제공한다.

2) 자기 평가 절차

이 책의 이전 개정판들(Hinshaw, 2000, 2006; Hinshaw & Erhardt, 1991)에서와 마찬가지로, 대부분의 ADHD 아동에게 상당히 결핍되어 있는 학업, 행동 그리고 사회적 유능감을 향상시키기 위해 두 가지 핵심 기술인 자기 감찰과 자기 평가에 대해 명확한 훈련을 제공하는 절차를 기술하겠다(예를 들어, Douglas, 1999; Hinshaw, 1992). 실제로 과제 수행에 대해 '검토(checking)'를 하지 못하고, 그 결과로 학업적 실수, 행동의 무질서함, 사회적 거부 등이 나타나는 것이 ADHD의 표식이다. 이 장애를 가진 아동들은 지시나 명령을 내리는 어른들에게뿐 아니라 자신의 행동 수행에도 주의를 잘 기울이지 못한다. 따라서 초기 목표에서 자기 감찰과 자기 평가 능력에 대한 명확한 훈련이 매우 중요하다. 힌쇼와 동료들(1984a)은 여름 연구와 치료 프로그램에서 이 절차들을 평가하였다.

이 절차는 소집단 치료 형태로 가장 자주 사용되었지만, 개인 훈련 회기들에도 적용될 수 있다. 맞추기 게임(Match Game)의 전반적인 목표는 어떤 학업, 행동 또는 사회적 작업에 더 자기 반영적 접근을 하도록 격려하는 것이다. 그것은 이 장의 초점인 통합된 인지행동적 개입의 예시에서처럼, 행동 유관성과 적절한 행동에 대한 토큰 보상이 수립될 경우에만 사용될 수 있다. 자기 평가 훈련의 목표는, 사실상 대개 아동을 감독하는 어른들에게 맡겨졌던 과정의 감시를 ADHD 아동이 '인계받도록' 격려함으로써 그들을 위한 보상 프로그램의 이득을 확대하는 것이다. 따라서 맞추기 게임 같은 자기 평가 연습은 그 자체로 효과적인 것이 아니라, 학습한 기술들을 일반화하고 유지시키도록 격려하기 위해 문제해결을 강조하는 교육 내용과 짝지워질 필요가 있다.

지도자들은 배우고 연습해야 할 특별한 기술이나 개념을 소개하면서 시작한다. 예를 들어, 협동이 그날의 초점일 수 있다(혹은 다른 회기에서는 주의 기울이기, 또는 다른 사람 돕기). 이 기술에 대해 핵심적인 요점을 큰 차트 위에 쓰면서, 집단 지도자가 정의를 내리고 집단에서 토의한다(Pfiffner & McBurnett, 2004도 보라). 처음에는 지도자가, 그다음에는 집단 구성원들이 준거 행동에 대해 좋은 예와 나쁜 예를 모두 역할 연기한 뒤에, 집단 구성원들은 학업 수행이나 사회적 게임을 수행하면서 준거 행동에 대한 그들의 연기에 대해 주기적으로 보상을 받는다. 보상은 점수 형태로 주어지는데, 5점이 최고의 행동을 나타내고, 1점은 기준에 미치지 못한 것이다(이 점수들은 이후의 지원 강화물로 상환된다). 지도자들은 아동들에게 준거 행동에 대해 그들이 얼마나 잘 수행하고 있는지 생각하도록 수시로 환기시킨다.

지도자들은 맞추기 게임을 할 시간이라고 선언한다. 활동을 멈추고, 각 참가자들에게 어른들이 그(녀)의 행동을 평가한 평정 점수를 추측하거나 '맞추도록' 할 것이라고 설명한다. 그러고 나서 지도자는 맞추기 게임 회기를 시범 보인다. 한 지도자가 아동 흉내를 내면서 "그 작업 기간 동안, 나는 게임의 규칙들을 지켰어요, 나는 내 물건들을 나누어 썼어요……. 예, 나는 정말 협동했어요. 하지만 나는 공을 여러 번 잡았고, 빌리가 나보다 더 잘했다고 생각했을 때 화가 났어요. 그렇지만 전반적으로 내가 협동을 꽤 잘했다고 생각해요. 나는 나에게 4점을 줄 거예요."라고 말한다.

그러고 나서 다른 어른이 훈련자의 시범을 보이면서 다음과 같이 말할 수 있다. "글쎄. 베티, 너는 협동을 잘하면서 시작했어. 나는 네가 손을 얌전히 두고 순서를 잘 지키는 걸 봤어. 너는 공을 다른 사람과 같이 썼어. 그러나 너는 다른 팀이 한 판을 이겼을 때 상당히 화를 냈고, 네가 공을 빼앗았을 때 빌리는 속이 상했을 수 있어. 그래서 나는 너에게 3점을 줬어. 어떤 작업에서는 협동을 잘했지만 다른 경우에는 협동을 못했어." 여기서 핵심은 아동의 입장에서 시범을 보이고 구체적인 회상을 하게끔 만든 지도자 '보고'의 구체성이다. 이렇게 시범을 보이는 맞추기 게임 동안, 훈련자가 아동이 자신의 점수를 과대평가하는 역할을 연기하는 것이 가장 효과가 있다. 왜냐하면 많은 ADHD 아동이 지나치게 관대하게 자기 평가를 한다는 사실에 부합하여 필요한 훈련을 시킬 수 있기 때문이다.

역할 연기된 맞추기 게임의 결론 부분에서, 지도자들이 상을 줄 아동들의 점수에 대해 따로 논의하는 동안, 각 아동은 평정 양식을 개별적으로 작성한다. 이제 이 훈련의 핵심 부분은 각 아동이 차례로 스스로의 자기 평가—그리고 매우 중요하게, 자신이 매긴 평정치의 이유—를 이야기할 때 드러난다. 그 후에 지도자들은 좋은 수행과 나쁜 수행의 정확한 예를 보여 주면서, 아동에 대한 지도자 자신들의 평정 점수에 대해 말한다. 아동은 훈련자가 주는 보상 점수들을 받지만, 정확한 자기 평가를 했을 경우—즉, '맞추었을' 경우—점수는 두 배가 된다(또는 만약 3점의 보너스 점수가 주어지는 것을 선호한다면 그렇게 할 수 있다). 처음에 보너스는 아동의 자기 평정 점수가 어른이 매긴 평정 점수의 1점 이내에 있을 때 주어진다. 시간이 지날수록, 오직 정확하게 맞추었을 때에만 보너스를 받을 수 있다. 초기 단계 동안, 특별한 자기 평정에 대한 이유를 아동에게 말하게 하고, 그리고 자기 평가의 정확성에 대해 지도자가 보상을 주는 것에 다시 강조점을 두면서, 맞추기 게임은 훈련 회기 내에서 여러 번 연습할 수 있다. 점차적으로, 자기 평가의 시간 간격을 늘릴 수 있다.

그러나 다음을 주목하라. 똑똑하고 교활하기도 한 ADHD 아동이라면, 의도적으로 잘못된 행동(어른으로부터 1점 혹은 2점을 받을 행동)을 하고, 이를 쉽게 맞출 수 있다는 것을 금방 눈치채고 쉽게 보너스를 얻을 수 있다("나는 완전히 망쳤어요. 그래서 나는 나에게 1점을 줄 거예요."). 따라서 처음에는 평가의 어떤 수준이든 맞추도록 격려하지만, 회기가 진행되면서 어른이 최소한 3점 이상(또는 4점 이상까지도) 평정할 때만 정확한 자기 평가에 대한 보너스를 받을 수 있도록 기준이 엄격해져야 한다. 행동 목표가 교육 내용과 부합하도록 회기가 지남에 따라 달라질 수 있음을 주목하라. 그래야 주의와 학업의 목적뿐 아니라 사회적 · 행동적 목표들이 그날의 특정한 '맞추기' 기준으로 사용될 수 있기 때문이다.

아동을 위한 궁극적인 목표는 자기 평가가 그 자체로 목적이 됨으로써 아동이 어른의 강화를 점점 덜 필요로 하게 하는 것이다. 여전히 어른이 주기적으로 '검토'하는 것은 필요하다. 맞추기 게임을 임상 장면뿐 아니라 부모와 교사가 어른의 기준으로 평정하는 집과 학교 환경에까지 확대하는 것이 자기 평가 기술을 일반화하기 위해 중요하다. 따라서 아동에 초점을 둔 자기 평가 그리고 부모와 교사 훈련을 결합하는 것이 일반화를 촉진시키는 데 도움이 될 수 있다. 그렇게 하지 않으면 사실상 일반화는 상당히 제한될 것이다(Abikoff, 2009를 보라).

3) 분노 관리

분노는 특정한 공격 행동의 한 구성 요소다(Lochman et al., 이 책 2장과 Nelson, Finch, & Ghee, 이 책 4장을 보라). ADHD 아동들—특히 파괴적 행동장애를 함께 가진—

은 정서적으로 과잉 반응하려 하고(Melnick & Hinshaw, 2000), 대인관계에서 화나는 상황을 왜곡해서 해석하기 때문에(Milich & Dodge, 1984) 보복이나 반응적인 공격성을 보이기 쉬우며, 이는 대인관계에서 거부당할 위험성을 높인다. 여기서 강조되는 교육 내용에서는 행동적 절차(예를 들어, 분노 통제 방략들의 반복 시연, 연속적으로 바람직한 행동에 근접해 가는 것에 대한 외부의 보상)와 인지적 절차(예를 들어, 대인관계 자극에 대한 재구조화, 시도하려는 계획에 대한 자기 감찰) 모두 중요하다. 실제로, 힌쇼와 동료들(1984b)에서 나타나듯이, 분노 통제에 있어서 시연에 근거를 둔 인지행동적 개입은 정서 인식의 인지 요소들 그리고 관찰된 결과적 행동들과 관련된 공감의 향상만을 강조하는 치료보다 우위에 있다.

성인 분노 관리에 대한 노바코(Novaco, 1979)의 구성요소들을 사용해 제작된 교육 내용은 집단 훈련 형식을 채택해 자기 통제의 향상을 촉진하는 데 또래를 활용한다. 분노 통제 연습을 위한 현실적인 환경을 제공하기 위해, 훈련 절차들(그리고 성과 평가 자료를 생성하는 데 사용되는 행동적 도전)이 화나는 상황을 적극적으로 사용하는 것과 관련되기 때문에, 우리는 이것이 가볍게 시도되는 교육 내용이 아니고, 또 한두 번에 끝나는 훈련 프로그램으로 만든 것이 아니라는 점을 강조한다. 여러 번의 필수적인 초기 회기들에서 지도자들은 참가자의 입장에서 자기 조절을 향상시키기 위해 헌신하는 것과 임상적인 민감성의 균형을 이룬다.

처음에 지도자들은 아동들에게 정말 '성미를 건드리는' 또래들이 사용하는 별명이나 말을 큰 차트에 적도록 하고, 나중 회기들에서 자기 통제를 연습할 때 집단 구성원들이 그 말들을 사용할 것이라고 설명해 준다. 만약 집단 안에서 신뢰의 분위기가 조성되지 않거나 분명한 행동적 유관성이 없다면, 이런 개방은 당황하게 만들 수도 있고 우습기까지 할 수 있다.

실제 훈련이 시작될 때, 지도자들은 별명 부르기와 약 올리기 주제를 제시하고, 아동들이 이 문제를 얼마나 문제라고 지각하는지를 탐색하고 그것에 가장 잘 대처하는 방법에 대해 제안하라고 요청한다. 아동들의 첫 계획들은 주의 깊게 글로 작성된다. 토론 이후에 좋은 생각과 별로 좋지 않은 생각이 분류되고 논의된다. 다음으로 2명의 지도자가 처음에 말로 보복하는 식으로 반응하는 '희생자' 역할을 하면서, '자발적인'(그러나 참가자가 못 듣는 곳에서 실제 미리 시연된) 놀리기 언쟁을 시작한다. 이 활동의 목표는 아동들을 놀라게 하고 '무슨 일이 있어났는지' 그리고 '놀림 받은 지도자가 했던 것과는 다르게 어떤 것을 할 수 있는지?'에 대한 토론을 촉진시키는 것이다. 지도자들은 사건의 연쇄들을 이끌어 내기 위해(그리고 집단이 그것이 역할 연기임을 깨닫도록 안심시키기 위해) 전형적으로 화나게 만드는 이런 상황을 단계별로 계속 밟아 나갈 필요가 있다. '언쟁'은 반복되고, 희생자의 입장에서 더 나은 자기 통제에 대해 아동들이 제안하는 것들이 이때 병합된다.

많은 ADHD 아동을 포함하여 분노는 정서 조절을 잘 하지 못하는 사람들에게서 상당히 빠르게 생겨날 수 있다. 따라서 또 다른 훈련 단계는 참가자들로 하여금 자신이 기분이 상하거나 화가 날 때를 어떻게 아는지를 탐색하도록 격려하는 것과 관련된다. 언어적 기술이 있는 나이 많은 아동과 청소년들은 임박한 감정 상태를 아는 것이 비교적 쉬울 수 있다("나는 피가 끓어오르는 것을 느낄 수 있다."). 더 어린 아동들이나 내적 과정을 잘 알아채지 못하는 사람들의 경우에는 이런 연습이 사실상 어렵다.

이때 적극적인 인지행동 훈련 절차들이 중요한 역할을 한다. 성인의 충분한 지지를 받으면서, 각 아동은 그(녀)가 분노 감정이 일어나는 것에 대항하기 위해 사용할 여러 가지 구체적인 절차들을 처음에 만들어 낸다. 집단 토론과 개인적 자문에 뒤이어, 처음에 각 아동의 목록에 넣어 둔 별명을 사용해 집단이 놀리고 언어적으로 화나게 하는 수준을 점차 올리는 동안 아동은 분노에 대한 구체적인 대안을 선택하고 그것을 시연한다. 초등학교 저학년 아동들은 상당히 행동적인 방략들을 선택할 수 있다(예를 들어, 손을 가만히 두기, 귀를 막기). 이에 비해 청소년에 가까운 아동들은 구체적인 행동을 대체하기 위해 더 정교화된 인지적 중재 방략들을 사용할 수 있다. 선택한 방략을 화나는 상황에서—지도자와 집단 모두로부터 피드백을 받으면서, 그리고 이런 피드백에 근거해 적응력을 높이면서—반복 연습하는 것이 핵심적인 구성 요소다.

또다시 임상적인 민감성과 기술이 중요해진다. 만약 화내는 상황을 연습하는 것이 기계적이고 인위적이라면, 새롭게 학습한 방략들을 적용하고자 하는 동기를 충분히 유발하지 못할 것이고, 그 절차는 효과가 없을 것이다. 한편, 만약 지도자들이 '무관심'과 '우리의 단서에 대한 놀리기 중단'의 규칙들을 실시하는 데 실패한다면, 그런 분노 유발 절차들은 빠르게 분노를 상승시키고 역효과를 낳을 것이다.

이러한 분노 통제 절차들의 수정안이 펠험과 호자(Pelham & Hoza, 1996)의 심층적인 여름 치료 프로그램 교육 내용과 피프너와 맥버넷(1997, 2004)의 사회적 기술 교육 내용에 병합되었다. 비록 그 자체로 임상적으로 충분하지는 않지만, 이 인지행동적 분노 관리 절차는 많은 ADHD 아동·청소년의 근본적인 대인관계 문제를 다루기 위한 다른 프로그램들과 기술들에 병합될 수 있다. 힌쇼, 버메스터와 헬러(Hinshaw, Buhrmester, & Heller, 1989)는 적극적인 분노 관리와 비교적 높은 용량의 자극제 약물을 결합하는 것이 최상의 자기 조절을 가져온다는 것을 보여 주었다.

5. 치료 성과에서 매개와 조절 변수

캐즈딘과 웨이즈(Kazdin & Weisz, 1998)는 아동 치료 연구에서 가장 중요한 것으로, 치료에 대한 반응들을 예언하고 형성하는 요인들과 과정들을 파악할 것을 강조하였다. '조절변인'은 치료에 대한 반응에 영향을 주는 이미 존재하는 특성들로 정의된다. 매개변수는 치료가 왜 효과가 있는지를 설명하는 것으로 치료 도중에 일어나는 변인들(출석률, 처방받은 '용량', 치료자와의 관계, 인지 변화, 가족 과정 등)이다(Hinshaw, 2002b; Kraemer, Wilson, Fairburn, & Agras, 2002를 보라). 매개와 조절 과정에 대한 연구에 관심이 증가하고 있음에도 불구하고 이런 핵심적인 과정을 조사하기 위해 적절한 설계나 측정치를 사용하거나 충분한 통계적 힘을 가진 치료 연구들은 거의 없다(Weersing & Weisz, 2002; Fabiano et al., 2009를 보라).

인지적 절차를 강조하는 치료에서 아동의 나이나 발달 수준이 중요한 조절변인으로 반드시 고려되어야 한다(명확한 논의를 위해 Holmbeck, Greenley, & Franks, 2003을 보라). 특히 학령 전 또는 초등학교 저학년 연령의 아동들은 자기 통제를 위한 자기 반영적 방략을 보이기에는 인지적 정교화와 추상적 사고력이 부족할 수 있다. 이 연령대의 아동들을 위한 치료적 방략들은 상당히 구체적이어야 한다(예를 들어, Hinshaw et al., 1984a). 그러나 이 장 전반에 걸쳐 강조했듯이 나이 든 ADHD 아동들조차도 인지적 개입만 시행할 경우 효과가 적으며, 이는 아마 ADHD로 인해 전반적인 발달 미성숙이 초래된다는 주장을 타당화하는 것일 수 있다(Barkley, 1997). 따라서 ADHD가 인지적 방략들을 사용하는 데서 효율성이 상대적으로 결핍되어 있는 것에 대해 한 가지 가능한 설명은, 이 장애를 가진 아동들이 실제연령보다 더 어린 수준에서 언어적·정서적으로 계속 기능한다는 것이다(ADHD와 관련해 피질 두께의 발달에서 발달적 미성숙에 대한 정확한 신경학적 자료는 Shaw et al., 2006, 2009를 보라. 이에 대한 더 이상의 논의는 이 장의 범위를 벗어나는 것이다). 여전히, ADHD를 가진 성인에게서 인지행동적 개입의 사용을 지지하는 증거들이 존재한다(Safren et al., 2005를 보라)는 사실은 ADHD를 가진 사람들에게 있어서 이런 유형의 치료 효과에 영향을 주는 중요한 발달적 영향력을 시사한다.

ADHD가 부가적인 행동 및 언어 장애 그리고 학습장애의 공병을 갖는 것을 또 다른 조절변인으로 중요하게 고려할 수 있다. 중다양식치료 연구는 579명의 사례 수로, 조절변인 분석에 충분한 표본 크기를 갖고 있었다. 다소 놀랍게도, 공병으로 반항성장애나 품행장애가 있는 경우, 주요 결과를 확연하게 변경시키지 않았다. 즉, 이 공병을 갖고 있거나 갖고 있지 않은 아동들 모두 치료 직후의 평가 시 핵심 증상에 대한 성과 척도들에서, 심층적인 행동치료보다는 약물치료가 더 효과적이었다. 그러나 표본의 34%는 치료 전에 불안장애의 공병을 보였는데, 이 하위 집단은 행동적 개입에 특히 좋은 치료적 반응을 보였다. 이들의 경우, 치료가 끝날 때 약물 관리나 행동치료의 효과가 비슷하였고, 각각의 단일 방식의 개입에 비해 결합 치료에 더 좋은 반응을 보이기까지 하였다(MTA Coopertive Group, 1999b). 달리 말하면, 불안장애 상태가 공병인 경우, 부모가 보고한 ADHD 증상군과 내재화 특성과 같은 치료 성과 변인들에서, 행동치료 절차의 효과가 강화됨을 예측하였다.

젠슨과 동료들(Jensen et al., 2001)은 공병의 두 가지 패턴을 탐지하는 것이 중요하다는 것을 더 명료화하였다. ODD나 CD 없이 불안장애를 가진 아동들은 행동치료만 해도 매우 향상된 반응을 보인 반면, 두 가지 공병을 모두 가진 아동들(불안에 ODD나 CD가 더해진)은 실제로 결합 치료를 해야 효과를 보였다. 이런 효과의 기저에 있는 기제들은 완전히 이해되기 어렵다. 예를 들어, ADHD 및 불안 집단은 공병이 없는 집단과 비교할 때, 기저선 측정 시 ADHD와 관련된 증상의 심각성에서 다르지 않았다. 이런 가족들은 치료에 더 동기화되어 있었을까, 아니면 ADHD와 불안의 공존이 체계적인 보상에 더 잘 반응하게 만들었을까? 전반적으로 임상가들은 ADHD 아동에게서 공병을 주의 깊게 평가해야 하고, ADHD를 가진 매우 불안한 아동들은 행동적 및 심리사회적 접근만으로도 비교적 더 호전될 수 있다는 점을 고려해야 한다.

또한 조절변인들이 한 번에 한 가지씩 분리되어 작용하는 것이 아니기 때문에 오웬스 등(Owens et al., 2009)은 중다양식치료 연구에서 조절 요인들이 치료 성과와 관련될 수 있는 방식에 대해 탐색적이지만 중요한 연구를 수행하였다. 요약하면, 주요 (다소 맥빠지는) 결과는 다음과 같다. 첫째, MTA 연구에서 치료 조건에 무선 할당하기 이전에 주 양육자가 심지어 경미한 수준의 우울 증상이라도 가진 아동들은 우울한 부모를 갖지 않은 아동들에 비해 약물 관리나 결합 치료의 효과를 더 적게 보였다. 더욱이 상호작용 측면에서 이런 아동·청소년들(다시, 부모가 경미한 수준의 우울이라도 갖고 있는 경우)이 또한 기저선에서 더 심각한 ADHD 수준을 보이고 게다가 평균보다 낮은 IQ 점수(100 이하)를 보일 때, 약물치료에 대해 적정 반응을 보이는 기회가 극적으로 떨어졌다. 요점을 말하자면, 기저선 기능이 나빴던 ADHD 아동·청소년(우울한 부모, 심각한 수준의 ADHD 증후군 및 평균 이하의 IQ)은 대부분 약물이나 중다양식치료에 대해 임상적으로 성공적인 효과를 보이지 않았다. 따라서 임상적 도전은 유용한 개입이 필요한 ADHD 아동들에게 도움이 되는 행동적·인지적·약물학적 개입의 유형들을 발견하는 것이다.

중다양식치료의 연구 결과들이 어떻게 그리고 왜 나타났는지를 설명하는 데 도움이 되는 매개 과정에 관해서는 힌쇼와 동료들(2000)의 결과를 상기해 보라. 그 연구에서 가족 훈육 양식의 변화(구체적으로 부정적 및 비효율적 훈육의 감소)가 (약물과 행동치료가 결합된) 중다양식치료를 받은 가족들의 사회적 기술에서 주된 향상뿐 아니라, 학교에서의 파괴적 행동의 정상화와 밀접하게 관련되어 있음이 밝혀졌다. 이것이 주는 메시지는 가족 사회화가 ADHD의 심리생물학적 기초와 마찬가지로 상당히 중요하다는 것이다. 그러나 ADHD 아동·청소년에게서 인지 양식의 변화(또는 향상)가 최상의 치료 성과와 관련해 잠재적인 매개 역할을 하는지를 검토하는 연구는 수행되지 않았다. 다시 한 번 언급하지만, 이 영역은 증거 기반 치료에서 유의한 개입 효과와 매개나 조절 역할 모두에 대해 다루기 어려운 것으로 밝혀졌다.

6. 결론과 주요 쟁점

이 장에서 도출된 중요한 요점은 다음과 같다.

- ADHD는 억제성 조절 능력이 결핍되어 있으며, 상당히 유전적이고 선천적인 위험성과 더불어 가족과 학교 환경에 영향받는, 손상이 심하고 대개 만

성적인 장애다. 여러 생활 영역에 미치는 영향이 크고 매우 누적되기 때문에 아동기에 강력한 개입이 필수적이다.

- 인지적 자기 지시 방법에 근거한 절차들은 ADHD의 증상군이나 경과에 강력하게 영향을 줄 정도로 충분하지 않다. 즉, 그 절차들이 분명히 이득이 있다는 초기 주장에도 불구하고, 그리고 ADHD 아동·청소년의 덜 발달된 중재 기술과 혼잣말 방략의 잠재적인 사용이 직관적으로 관련되어 있음에도 불구하고, 개입에서 인지 요소만을 배타적으로 사용하는 것은 이 장애를 가진 아동·청소년에게서 경험적으로 지지되지 않는다.
- 더 전통적인 행동치료(직접적인 유관성 관리, 임상적 행동치료)가 많은 단기 검증에서 약물에 비해 상대적으로 단기간의 효과와 상대적으로 약한 효과에도 불구하고 ADHD에 대한 효과적인 심리사회적 개입의 기초를 형성하고 있으며, 치료 효과의 일반화에 대해 오래 지속되는 쟁점들의 근거가 된다.
- 사회적 기술 훈련(특히 부모 훈련과 함께 실시할 때), 자기 평가에 대한 개입, 그리고 분노 관리의 촉진 영역에서 유관성에 근거한 개입을 인지적 측면까지 포함시켜 강화하는 것이 사회적 유능감을 향상시키고 치료 이득을 유지하도록 촉진하는 데 가치가 있을 수 있다. 여전히 이 영역에서 더 많은 연구가 필요하다.
- 오늘날까지 본질적으로 약물이나 심리사회적 치료 등 어떤 치료도 ADHD와 관련된 여러 가지 문제, 손상 및 장기적 경과에 있어서 대부분 충분하지 않다. ADHD의 예방과 너무 자주 파괴적인 궤도의 변화는 아직 어려운 목표로 남아 있다.

1) 현재의 접근들이 ADHD 아동의 요구에 잘 맞는가

행동적 개입들의 핵심적인 특징들—점진적으로 가르치는 접근 방법, 일관적인 긍정적 강화, 그리고 잘못한 행동에 대해 분명한 부정적 결과를 포함하는—은 ADHD 아동과 청소년들의 무질서한 양식과 자극에 즉각적으로 반응하는 본질에 잘 맞는 것 같다. 동시에 직접적인 유관성 관리나 임상적 행동치료 프로그램들이 실제로 어떤 기저의 결함을 치료하는지는 결코 분명하지 않다. 그보다는 그것들이 기술의 학습을 촉진하고 문제 행동을 감소시킬 것이라는 희망에서 환경적 유관성을 재작동시키려는 것이다. 이에 더해 행동적 프로그램들이 효과를 보이고 유지되기 위해서는 상당한 노력이 들고, 유관적인 강화물이 적어지면 그 이득이 자동적으로 전이되지 않는다. 아마 이것이 ADHD에 대한 현재의 지식에 근거해 기대할 수 있는 정도일 것이지만, 그것은 실망스러운 양상이다. 미래의 진전이 변화를 더 오래 지속시키고 더 일반화할 것이라는 희망만은 가질 수 있다. 즉, 이처럼 지속되고 일반화되는 이득을 가져오게 할 도전이 남아 있다.

ADHD에 대한 인지행동적 이론가들과 치료자들의 초기 주장들이 개념적으로 호소력을 계속 더해 가고 있다. 즉, 내적 동기와 자기 조절을 향상시키려는 목적을 가진 치료들은 외적 강화와 환경적인 조성에 초점을 두면서, 조작적 행동 접근들을 선호할 것이다(예를 들어, Henker, Whalen, & Hinshaw, 1980; Whalen, Henker, & Hinshaw, 1985). 자기 지시나 내적 언어 발달을 향상시키는 또 다른 방법들—ADHD 아동들에게서 자주 부족하거나, 지체되거나 또는 비생산적인(Berk & Potts, 1991)—이 더 사려 깊은 인지 양식을 키우게 하고, 자기 강화가 내적인 유관성 통제를 가져오며, 문제해결과 실수에 대처하는 절차들이 무질서한 행동과 충동성에 대응하게끔 한다는 것 또한 어느 정도까지는 논리적인 것으로 보인다.

이 장 전반에 걸쳐 언급했듯이, 경험적인 자료들은 강력한 행동적 유관성과 분리하여 이런 절차를 사용하는 것을 여전히 지지하지 않는다. 이런 '비관련성'을 설명하기는 상당히 어렵다. 한 가지 설명은, ADHD의 특징인 중다 인지적·동기적·행동적·정서적인 문제들 자체가 개념적으로 호소력이 있는 인지적 원리들과, 이들에게서 '반드시' 작동해야 할 필요가 있는 방략들을 이런 아동·청소년들이 학습할 수 없도록 단순히 막을 수 있다는 것이다(Hinshaw, 2000). 이에 더해 ADHD가 임상적으로 의미 있는 공격성을 함께 가지는 경우가 많다는 사실은 종종 성취 결함, 매우 무질서한 가족 기능, 신경심리학적/실행 기능의 어려움, 그리고 극단적인 또래 거부 등의 심각한 위험성을 가진 아동들을 우리가 치료하려 한다는 것을 의미한다(Hinshaw, 1999; Moffitt, 1993, 2006도 보라). 이런 심각한 정신병리는 현장의 가장 강력한 치료 노력에도 상당히 저항적이다. 다음으로, 앞에서 제안했듯이 ADHD의 기저에 있는 결함은 언어적 자기 조절이 가지는 잠재적인 개선 효과보다 앞서서 일어나는 억제적 통제에서의 근본적인 문제와 밀접하게 연관되어 있을 수 있다. 언어적 중재 개입의 시기는 중요한 정신적 과정의 핵심적 연쇄에서 너무 늦을 가능성이 크다. 마지막으로, 인지치료는 인지적 방략의 결함을 대체하거나 보완하기보다는, 신념 체계에서의 왜곡을 변화시키는 데 더 잘 맞을 수 있다. 그런데 ADHD의 경우에는 인지적 결함이 기준이 된다(Kendall & MacDonald, 1993을 보라). 이런 이유들 때문에 인지적 접근들에서는 ADHD로 진단된 아동들이 극히 어려운 치료 대상이다. 유관성 관리에 근거를 둔 철저하게 통합된 인지행동치료가 이득을 가져온다고 증명되었지만 최소한 현재로서는 이런 치료들이 정말 치료적이라기보다는 재활을 돕는 것으로 가장 잘 간주될 수 있을 것이다.

이 모든 치료 양식—심지어 일반화를 강화하도록 특별히 제작된 방략들을 포함하는 것들조차도—에 있어서 중요한 쟁점 중 하나는 일반화에 대한 것이다(Abikoff, 2009). 애비코프가 설명했듯이, 치료 일반화를 획득할 수 없게 하는 여러 요인이 있을 수 있다. 여기에는 (그것에만 한정되는 것은 아니지만) 불충분한 학습, 너무 적은 장면에 대해 제한된 치료, 부적절한 치료 표적 등이 포함된다. ADHD를 가진 아동·청소년이 치료에서 얻은 이득을 일반화할 수 있는 능력이 실제 있는지 여부는 여전히 또 다른 중요한 의문이다(Abikoff, 2009). ADHD 관련 결함들이 거의 모든 장면(예를 들어, 집, 학교, 지역사회)에 걸쳐 해로운 영향을 주기 때문에, 일반화 능력 및 일반화에 대한 장벽들을 더 잘 이해하려는 노력이 중요하다.

ADHD의 기저에 있는 결함의 적어도 일부분이 억제적 통제 기제와 연관되어 있다고 가정할 때(Barkley, 1997; Nigg, 2001), 임상가들은 이런 일차적인 어려움에 어떻게 영향을 줄 수 있는가? 미래의 정교화된 컴퓨터 게임들이 아동으로 하여금 더 사려 깊고 억제된 반응을 통합하도록 도울 수 있을 것인가? 달리 말하면, 억제적 통제 기제를 '재작동'시키는 것이, 이미 우세한 반응들을 성공적으로 억제하는 연습을 반복함으로써 가능해질 것인가? 만약 이것이 사실로 판명된다면, 이득이 신경계 구조에 각인되어 아동의 집에서의 행동과 학교에서의 수행에 자동적으로 전이될 것인가? 이는 다른 행동들로 일반화되거나 적극적 개입의 시기 이후까지 유지되지 않는 현재의 행동적, 인지적 혹은 약물학적 치료를 넘어서는 거대한 진전을 나타내는 것일 수 있다. 약물의 경우에도 더 특정한 목표를 둔 약물치료가 억제적 통제를 매개하는 수용기 하위 유형에 특정적으로 영향을 줄 수 있을 것인가? 여전히 이런 질문들에 대답할 수는 없다.

더 근본적으로, 계획적이고 비충동적인 행동과 발달 중에 있는 기술을 강화하려는 목적을 가지고 더 전통적인 강화 프로그램들을 일관성 있게 적용하는 것이 억제적 통제를 촉진시키려는 목적을 향해 주요 뇌 영역과 신경 경로를 (시간이 지남에 따라) 재조직화하도록 도움을 줄 수 있을 것인가? 만약 이런 낙관적인 각본이 사실이라면 아마 행동적 유관성 관리가 더 근본적인 치료적 역할을 할 수 있을 것이다. 특히 만약 발달 초기에 다양한 장면에 걸쳐 전적으로 일관성을 갖고 적용되고 실시된다면 그럴 것이다. 이런 관점에서 보면 아마도 현장에서의 노력들은 발달적으로 너무 늦게 시작되는 것 같다. 예를 들어, 자폐 스펙트럼 장애의 경우에 집중적인 행동적 개입을 아주 초기부터 하면 장애의 경과를 어느 정도 변경시키는 데 도움이 될 수 있다(Dawson & Toth,

2006; Dawson et al., 2010; McEachin, Smith, & Lovaas, 1993을 보라). 초기에 파악함으로써 이와 유사한 유형의 '침투'가 학령전기의 ADHD 아동들에게도 이익이 될 수 있을 것인가? 틀림없이 더 '유연한' 발달 시기 동안의 개입은 수년간 실패를 겪어 온 아동이나 청소년에 대한 재활 훈련보다는 훨씬 더 선호될 것이다. 그러나 과잉행동을 보이고 충동적인 학령전기 아동들이 정말 ADHD를 갖고 있는지(일시적인 행동 패턴이 아닌)와 조기 개입이 필요한지를 정확하게 파악하는 것이 현재로서는 정확한 과학과는 거리가 멀다는 것을 주목하라(Campbell, 2002를 보라). 특히 틀린 긍정의 오류(ADHD가 아닌데 그렇다고 진단하고 치료하는)의 문제에 있어서 그러하다.

2) 다른 장애와의 유사성

우리는 더 나아가 기본적인 억제 결함이 언어적 중재 같은 이런 실행 기능에 앞서 일어난다고 주장하는 바클리(1997)의 ADHD에 대한 신경심리학 모형에 주목하였다. 따라서 인지적 자기 지시 훈련이 억제적 통제에 앞서기보다는 그것을 뒤따르는 과정을 표적으로 할 것이 시사되었다. 아직 그 모형은 성공적인 개입이 기본적인 수준의 기제나 과정에서 일어나야 함을 자동적으로 가정하지는 않는다. 예를 들어, 성인 우울증에서 우울 인지와 대인관계 결과가 정서적 증상들에 시간적으로 선행한다고 주장할 사람은 거의 없다. 그럼에도 불구하고 인지치료와 대인관계 치료는 주요우울증에 효과가 있음이 분명하게 밝혀졌다(Craighead, Hart, Craighead, & Ilardi, 2002). 심리적/행동적 치료만으로는 매우 불충분한 것으로 밝혀진(그러나 여전히 일차적인 약물치료의 보조치료로 필요한) 조현병과 양극성장애 같은 심각한 장애와 ADHD 간의 유사성을 더 살펴보자. 매우 유전적인 이런 상태에서 복잡한 심리생물학적 인과 경로가 추적되었지만, 핵심적인 기저의 기제(들)은 아직 불명확하다. 그러나 양극성장애의 경우, 자각과 약물 복용을 향상시키기 위해 고안된 보조적인 개인, 집단 그리고 가족에 대한 심리교육적 치료들이 갖는 이득은 간과될 수 없다(Craighead, Miklowitz, Frank, & Vajk, 2002; Miklowitz & Craighead, 2007). 따라서 이런 장애들에서 심리사회적 치료가 상당한 역할을 할 수 있다.

3) 미래의 방향

첫째, 개입 노력들이 특히 기능적 손상을 겨냥해야 한다는 것이 강조되어야 한다. 조직화 기술, 사회적 유능성 그리고 학습치료가 대다수의 ADHD 아동·청소년을 위한 세 가지 주요 목표 영역이다. 비록 치료가 ADHD 기저의 정신병리를 정상화하는 데 실패할지라도, 이런 중요한 영역에서의 손상을 성공적으로 치료하는 것은 적응적인 기능과 장기적인 경과를 매우 촉진시킬 수 있다. 이런 관점에서 현장의 전통적인 치료와 다소 다른 목표들을 생각하고 싶다. 예를 들어, 힌쇼, 주팬, 시멜, 니그와 멜닉(Hinshaw, Zupan, Simmel, Nigg, & Melnick, 1997)은 권위적인 양육이 ADHD 소년들의 또래 수용과 관련되고, 또래의 거부를 막아 주는 완충 역할도 한다는 것을 발견하였다. 따라서 양육에 대한 개입에서, 더 구체적으로는 온정성, 한계 설정 그리고 이러한 아동 양육 방식의 특징인 독립성을 촉진시키려 시도해야 한다고 생각한다. 또한 부모의 정신병리가 종종 ADHD와 함께 나타난다는 사실을 볼 때, 아동의 문제에 초점을 맞추는 것에 더해, 예를 들어 어머니의 우울증, 아버지의 물질 사용 또는 극심한 부부 갈등을 다루는 것이 상당히 중요할 수 있다(부모 우울증을 다루는 데 대한 초기 예는 Chronis, Gamble, Roberts, & Pelham, 2006을 보라).

둘째, 부주의 유형의 ADHD 아동과 청소년들의 치료에 대한 연구 노력은 거의 없었다. 이런 아동들은 권위 인물 및 또래 집단과 갈등을 일으키는 과잉행동/충동성 또는 복합형의 ADHD 아동들에게서 흔히 나타나는 파괴적이고 충동적인 행동들을 보이지 않는다. 그러나 사회적, 학업적 그리고 개인적 영역에서 손상을 보인다(Hinshaw, 2002c; Hinshaw et al., 2006; Lahey et al., 1994, 1998). 이런 유형의 ADHD 아동들에게 행동 지향적 치료를 사용해 처음으로 무선 할당을 사용한 검증 결과, 가족 기술, 교사 자문 및 사회적 기술 개입을 목표로 하는 중다 측면의 개입이 부주의 유형의 ADHD와 관련된 증상들과 손상 모두를 감소시켰다(Pfiffner et al., 2007). 이 개입에 대해 두 장소에서 더 대규모의 무선 할당을 사용해 통제된 검증이 현재 진행 중에 있다. 적극적인 치료 절차들은 직접적인 행동적, 유관성에 근거한 구성 요소들과 상당히 인지적인 구성 요소들, 그리고 신경학적 손상을 가진 사람들에 대한 인지 재활 문헌들에서 가져온 또 다른 구성 요소들을 통합한다는 것을 주목하라. 임상적으로 충분한 이득을 내기 위해서는 중다 관점과 중다 구성 요소들이 필요할 것이다.

셋째, ADHD에서 심리사회적 치료 방략들을 약물과 결합하는 것에 대해 더 많은 것을 알 필요가 있다. 답하지 못한 여러 가지 중요한 질문들이 계속 남아 있다. 이런 치료 양식들을 결합하는 최상의 시간적 패턴은 무엇인가? 즉, 개입들이 동시에 시작되어야 하는가, 아니면 행동적 접근이 먼저 시도되고 약물은 필요한 경우에만 부가되어야 하는가? 또는 약물이 치료 방법으로 선택되어 증상이 약물학적으로 통제된 다음에만 보조적으로 행동치료가 사용되어야 하는가(예를 들어, Pelham & Fabiano, 2008)? 이에 더해 결합 치료의 잠재적인 이득은 각각의 개입 양식이 단독으로 사용될 때의 빠른 효과보다 더 오랜 시간이 지난 다음에 나타나는가? 최상의 약물치료는 행동적 접근으로부터 더 이상의 개선을 보이기 어려운 핵심 증상군에 대해 충분히 강력할 수 있다고 앞에서 언급하였다(특히 복합형 ADHD의 경우). 그러나 대부분의 임상적 검증에서 쉽게 또는 적절히 측정되지 못하는 기능적 손상 영역들(학업 성취, 사회적 관계)에서의 부가적인 이득은 덜 명확할 수 있다.

마지막으로, 우리는 이 장 전반에 걸쳐 ADHD에 대한 인지행동적 접근이 외현적인 보상 프로그램과 행동 유관성을 분명하게 통합해야 한다고 강조하였다. 만약 적정하고 지속되는 효과를 원한다면 다양한 장면과 여러 사람(예를 들어, 부모와 교사)의 관여 또한 직접적으로 통합되어야 한다. 일반화와 유지를 위해 분명한 유관성이나 명시적인 프로그램이 없는 상태에서, 인지적 수준에서 사고방식을 변화시키거나 문제해결을 가르치는 것은 ADHD 아동 · 청소년들에게 있어서 성공적이지 않은 것 같다. 그러나 중요한 의문점으로, 얼마나 긴 최상의 치료 프로그램이 이 장애를 가진 사람들에게 실시되어야 하는지—그리고 행동적 프로그램에 인지적 측면을 보완해 향상시키는 것이 다양한 장면에서 그리고 시간이 지나면서 치료 효과를 증대시키는 데 도움이 되는지 여부—가 남아 있다. ADHD를 일생 동안 지속되는 증상과 손상들을 가진 상태로 보는 견해가 증가하고 있다. 그러나 대부분의 개입 프로그램은 몇 주 또는 기껏해야 몇 달 동안 시행하는 단기치료 모형들에 의존한다. 다음 세대의 임상과학자들은 부모와 가족, 학교 그리고 ADHD에 대해 확장된 치료를 제공할 자금을 관리하는 사람들을 설득하여, 중요한 임상적 이득이 지속되고 확장될 수 있도록 증거에 기반을 둔 통합적 절차들을 명시적으로 병합할 수 있기를 희망한다.

참고문헌

Abikoff, H. (1991). Cognitive training in ADHD children: Less to it than meets the eye. *Journal of Learning Disabilities, 24,* 205-209.

Abikoff, H. (2009). ADHD psychosocial treatments: Generalization reconsidered. *Journal of Attention Disorders, 13,* 207-210.

Abikoff, H., Ganeles, D., Reiter, G., Blum, C., Foley, C., & Klein, R. G. (1988). Cognitive training in academically deficient ADHD boys receiving stimulant medication. *Journal of Abnormal Child Psychology, 16,* 411-432.

Abikoff, H., & Gittelman, R. (1985). Hyperactive children treated with stimulants: Is cognitive therapy a useful adjunct? *Archives of General Psychiatry, 42,* 953-961.

Abikoff, H., Hechtman, L., Klein, R. G., Weiss, G., Fleiss, K., Etcovitch, J., et al. (2004). Symptomatic improvement in children with ADHD treated with long-term methylphenidate and multimodal psychosocial treatment. *Journal of the American Academy of Child and Adolescent Psychiatry, 43,* 802-811.

American Academy of Pediatrics, Committee on Quality Improvement, Subcommittee on Attention-Deficit/Hyperactivity Disorder. (2000). Clinical practice guideline: Diagnosis and evaluation of the child with attention-deficit/hyperactivity disorder. *Pediatrics, 105,* 1158-1170.

American Psychiatric Association. (2000). *Diagnostic and statistical manual of mental disorders* (4th ed., text rev.). Washington, DC: Author.

Anastopoulos, A. D., & Farley, S. E. (2003). A cognitive-behavioral training program for parents of children with attention-deficit/hyperactivity disorder. In A. E. Kazdin & J. R. Weisz (Eds.), *Evidence-based psychotherapies for children and adolescents* (pp. 187-203). New York: Guilford Press.

Angold A., Costello E. J., & Erkanli, A. (1999). Comorbidity. *Journal of Child Psychology and Psychiatry, 40,* 57-87.

Antshel, K., & Barkley, R. A. (2008). Psychosocial interventions in attention deficit hyperactivity disorder. *Child and Adolescent Psychiatric Clinics of North America, 17,* 421-437.

Antshel, K. M., & Remer, R. (2003). Social skills training in children with attention deficit hyperactivity disorder: A randomized-controlled clinical trial. *Journal of Clinical Child and Adolescent Psychology, 32,* 153-165.

Barkley, R. A. (1997). Behavioral inhibition, sustained attention, and executive functions: Constructing a unifying theory of ADHD. *Psychological Bulletin, 121,* 65-94.

Barkley, R. A. (2003). Attention-deficit/hyperactivity disorder. In E. J. Mash & R. A. Barkley (Eds.), *Child psychopathology* (pp. 75-143). New York: Guilford Press.

Barkley, R. A. (2006). *Attention-deficit/hyperactivity disorder: A handbook for diagnosis and treatment* (3rd ed.). New York: Guilford Press.

Barkley, R. A., Murphy, K. R., & Fischer, M. (2008). *ADHD in adults: What the science says.* New York: Guilford Press.

Barkley, R. A., Shelton, T. L., Crosswait, C., Moorehouse, M., Fletcher, K., Barrett, S., et al. (2000). Multi-method psychoeducational intervention for preschool children with disruptive behavior. *Journal of Child Psychology and Psychiatry, 41,* 319-322.

Beauchaine, T., & Hinshaw, S. P. (Eds.). (2008). *Child and adolescent psychopathology.* Hoboken, NJ: Wiley.

Berk, L. E., & Potts, M. (1991). Development and functional significance of private speech among attention-deficit hyperactivity disordered and normal boys. *Journal of Abnormal Child Psychology, 19,* 357-377.

Braswell, L., & Bloomquist, M. L. (1991). *Cognitive-behavioral therapy with ADHD children: Child, family, and school interventions.* New York: Guilford Press.

Brooks, K. J., Mill, J., Guindalini, C., Curran, S., Xu, X., Knight, J., et al. (2006). A common haplotype of the dopamine transporter gene associated with attention-deficit/hyperactivity disorder and interacting with manternal use of alcohol during pregnancy. *Archives of General Psychiatry, 63,* 74-81.

Bugental, D. B., Whalen, C. K., & Henker, B. (1977). Causal attributions of hyperactive children and motivational assumptions of two behavior change approaches: Evidence for an interactionist position. *Child Development, 48,* 874-884.

Campbell, S. B. (2002). *Behavior problems in preschool children: Clinical and developmental issues* (2nd ed.). New York: Guilford Press.

Castellanos, F. X. (1999). The psychobiology of attention-deficit/hyperactivity disorder. In H. C. Quay & A. E. Hogan (Eds.), *Handbook of disruptive behavior disorders* (pp. 179-198). New York: Kluwer Academic/Plenum.

Chronis, A. M., Gamble, S. A., Roberts, J. E., & Pelham, W. E. (2006). Cognitive-behavioral depression treatment for mothers of children with attention-deficit/hyperactivity disorder. *Behavior Therapy, 37,* 143-158.

Coghill, D., Nigg, J., Rothenberger, A., Sonuga-Barke, E., & Tannock, R. (2005). Whither causal models in the neuroscience of ADHD? *Developmental Science, 8,* 105-114.

Coles, E. K., Pelham, W. E., Gnagy, E. M., Burrows-MacLean, L., Fabiano, G. A., Chacko, A., et al. (2005). A controlled evaluation of behavioral treatmentwith children with ADHD attending a summer treatment program. *Journal of Emotional and Behavioral Disorders, 13,* 99-112.

Conners, C. K., Epstein J. N., March, J. S., Angold, A., Wells, K. C., Klaric, J., et al. (2001). Multimodal treatment of ADHD in the MTA: An alternative outcome analysis. *Journal of the American Academy of Child and Adolescent Psychiatry, 40,* 159-167.

Craighead, W. E., Hart, A., B., Craighead, L. W., & Ilardi, S. S. (2002). Psychosocial treatments for major depressive disorder. In P. E. Nathan & J. M. Gorman (Eds.), *A guide to treatments that work* (2nd ed., pp. 245-261). New York: Oxford University Press.

Craighead, W. E., Miklowitz, D. J., Frank, E., & Vajk, F. C. (2002). Psychosocial treatments for bipolar disorder. In P. E. Nathan & J. M. Gorman (Eds.), *A guide to treatments that work* (2nd ed., pp. 263-275). New York: Oxford University Press.

Dawson, G., Rogers, S., Munson, J., Smith, M., Winter, J., Greeson, J., et al. (2010). Randomized, controlled trial of an intervention for toddlers with autism: The Early Start Denver Model. *Pediatrics, 125,* e17-e23.

Dawson, G., & Toth, K. (2006). Autism spectrum disorders. In D. Cicchetti & D. Cohen (Eds.), *Developmental psychopathology: Vol. 3. Risk, disorder, and adaptation* (2nd ed., pp. 317-357). New York: Wiley.

DeGrandpre, R., & Hinshaw, S. P. (2000). Attention-deficit hyperactivity disorder: Psychiatric problem or American cop-out? *Cerebrum, 2,* 12-38.

Dishion, T. J., & Piehler, T. F. (2009). Deviant by design: Peer contagion in development, interventions, and schools. In K. H. Rubin, W. M. Bukowski, & B. Laursen (Eds.), *Handbook of peer interactions, relationships, and groups* (pp. 589-602). New York: Guilford Press.

Douglas, V. I. (1983). Attention and cognitive problems. In M. Rutter (Ed.), *Developmental neuropsychiatry* (pp. 280-329). New York: Guilford Press.

Douglas, V. I. (1999). Cognitive control processes in attention-deficit/hyperactivity disorder. In H. C. Quay & A. E. Hogan (Eds.), *Handbook of disruptive behavior disorders* (pp. 105-138). New York: Kluwer Academic/Plenum.

Douglas, V. I., Parry, P., Marton, P., & Garson, C. (1976). Assessment of a cognitive training program for hyperactive children. *Journal of Abnormal Child Psychology, 4,* 389-410.

Fabiano, G. A., Pelham, W. E., Coles, E. K., Gnagy, E. M., Chronis-Tuscano, A., & O'Connor, B. C. (2009). A meta-analysis of behavioral treatments for attention-deficit/hyperactivity disorder. *Clinical Psychology Review, 29,* 120-140.

Frankel, F., Myatt, R., Cantwell, D. P., & Feinberg, D. T. (1997). Parent-assisted transfer of children's social skills training: Effects on children with and without attention-deficit/hyperactivity disorder. *Journal of Child and Adolescent Psychiatry, 36,* 1056-1064.

Goldstein, S. (2004). Do children with ADHD benefit from psychosocial intervention? *ADHD Report, 12*(6), 1-4.

Greenhill, L. L., & Osman, B. O. (2000). *Ritalin: Theory and patient management* (2nd ed.). Larchmont, NY: Liebert.

Halperin, J. M., & Schulz, K. P. (2006). Revisiting the role of the prefrontal cortex in the pathophysiology of attention-deficit/hyperactivity disorder. *Psychological Bulletin, 132,* 560-581.

Henker, B., Whalen, C. K., & Hinshaw, S. P. (1980). The attributional contexts of cognitive intervention strategies. *Exceptional Education Quarterly, 1,* 17-30.

Hinshaw, S. P. (1987). On the distinction between attentional deficits/hyperactivity and conduct problems/aggression in child psychopathology. *Psychological Bulletin, 101,* 443-463.

Hinshaw, S. P. (1992). Intervention for social skill and social competence. *Child and Adolescent Psychiatric Clinics of North America, 1,* 539-552.

Hinshaw, S. P. (1999). Psychosocial intervention for childhood ADHD: Etiologic and developmental themes, comorbidity, and integration with pharmacotherapy. In D. Cicchetti & S. L. Toth (Eds.), *Rochester Symposium on Developmental Psychopathology: Vol. 9: Developmental approaches to prevention and intervention* (pp. 221-270). Rochester, NY: University of Rochester Press.

Hinshaw, S. P. (2000). Attention-deficit hyperactivity disorder: The search for viable treatments. In P. C. Kendall (Ed.), *Child and adolescent therapy: Cognitive-behavioral procedures* (2nd ed., pp. 88-128). New York: Guilford Press.

Hinshaw, S. P. (2002a). Is ADHD an impairing condition in childhood and adolescence? In P. S. Jensen & J. R. Cooper (Eds.), *Attention-deficit hyperactivity disorder: State of the science, best practices* (pp. 5-1-5-21). Kingston, NJ: Civic Research Institute.

Hinshaw, S. P. (2002b). Intervention research, theoretical mechanisms, and causal processes related to externalizing behavior patterns. *Development and Psychopathology, 14,* 789-818.

Hinshaw, S. P. (2002c). Preadolescent girls with attention-deficit/hyperactivity disorder: I. Background characteristics, comorbidity, cognitive and social functioning, and parenting practices. *Journal of Consulting and Clinical Psychology, 70,* 1086-1098.

Hinshaw, S. P. (2003). Impulsivity, emotion regulation, and developmental psychopathology: Specificity vs. generality of linkages. *Annals of the New York Academy of Sciences, 1008,* 149-159.

Hinshaw, S. P. (2006). Attention-deficit hyperactivity disorder. In P. C. Kendall (Ed.), *Child and adolescent therapy: Cognitive-behavioral procedures* (3rd ed., pp. 46-68). New York: Guilford Press.

Hinshaw, S. P. (2009). Psychosocial interventions for attention-deficit disorders and comorbidities. In T. E. Brown (Ed.), *Attention-deficit disorders and comorbidities in children, adolescents, and adults* (2nd ed., pp. 385-398). Washington, DC: American Psychiatric Press.

Hinshaw, S. P., & Blachman, D. R. (2005). Attention-deficit/hyperactivity disorder. In D. Bell-Dolan, S. Foster, & E. J. Mash (Eds.), *Handbook of behavioral and emotional problems in girls* (pp. 117-147). New York: Kluwer Academic/Plenum.

Hinshaw, S. P., Buhrmester, D., & Heller, T. (1989). Anger control in response to verbal provocation: Effects of methylphenidate for boys with ADHD. *Journal of Abnormal Child Psychology, 17,* 393-407.

Hinshaw, S. P., & Erhardt, D. (1991). Attention-deficit/hyperactivity disorder. In P. C. Kendall (Ed.), *Child and adolescent therapy: Cognitive-behavioral procedures* (pp. 98-128). New York: Guilford Press.

Hinshaw, S. P., Henker, B., & Whalen, C. K. (1984a). Cognitive-behavioral and pharmacologic interventions for hyperactive boys: Comparative and combined effects. *Journal of Consulting and Clinical Psychology, 52,* 739-749.

Hinshaw, S. P., Henker, B., & Whalen, C. K. (1984b). Self-control in hyperactive boys in anger-inducing situations: Effects of cognitive-behavioral training and of methylphenidate. *Journal of Abnormal Child Psychology, 12,* 55-77.

Hinshaw, S. P., Klein, R. G., & Abikoff, H. (2007). Childhood attention-deficit hyperactivity disorder: Nonpharmacologic treatments and their combination with medication. In P. E. Nathan & J. M. Gorman (Eds.), *A guide to treatments that work* (3rd ed., pp. 3-27). New York: Oxford University Press.

Hinshaw, S. P., March, J. S., Abikoff, H., Arnold, L. E., Cantwell, D. P., Conners, C. K., et al. (1997). Comprehensive assessment of childhood attention-deficit hyperactivity disorder in the context of a multisite, multimodal clinical trial. *Journal of Attention Disorders, 1,* 217-234.

Hinshaw, S. P., & Nigg, J. T. (1999). Behavior rating scales in the assessment of disruptive behavior problems in childhood. In D. Shaffer, C. P. Lucas, & J. E. Richters (Eds.), *Diagnostic assessment in child and adolescent psychopathology* (pp. 91-126). New York: Guilford Press.

Hinshaw, S. P., Owens, E. B., Sami, N., & Fargeon, S. (2006). Prospective follow-up of girls with attention-deficit/hyperactivity disorder into adolescence: Evidence for continuing cross-domain impairment. *Journal of Consulting and Clinical Psychology, 74,* 489-499.

Hinshaw, S. P., Owens, E. B., Wells, K. C., Kraemer, H. C., Abikoff, H. B., Arnold, L. E., et al. (2000). Family processes and treatment outcome in the MTA: Negative/ineffective parenting practices in relation to multimodal treatment. *Journal of Abnormal Child Psychology, 28,* 555-568.

Hinshaw, S. P., Zupan, B. A., Simmel, C., Nigg, J. T., & Melnick, S. M. (1997). Peer status in boys with and without attention-deficit hyperactivity disorder: Predictions from overt and covert antisocial behavior, social isolation, and authoritative parenting beliefs. *Child Development, 64,* 880-896.

Holmbeck, G. N., Greenley, R. N., & Franks, E. A. (2003). Developmental issues and considerations in research and practice. In A. E. Kazdin & J. R. Weisz (Eds.), *Evidence-based psychotherapies for children and adolescents* (pp.

21-41). New York: Guilford Press.

Hoza, B. (2007). Peer functioning in children with ADHD. *Journal of Pediatric Psychology, 32,* 655-663.

Hoza, B., Gerdes, A. C., Mrug, S., Hinshaw, S. P., Bukowski, W. M., Gold, J. A., et al. (2005). Peer-assessed outcomes in the multimodal treatment study of children with attention deficit hyperactivity disorder. *Journal of Clinical Child and Adolescent Psychology, 34,* 74-86.

Hughes, A. A., Brown, R. T., & Kendall, P. C. (in press). Treatment outcomes for children with anxiety disorders and comorbid attention-deficit hyperactivity disorder.

Jensen, P. S., Arnold, L. E., Swanson, J., Vitiello, B., Abikoff, H. B., Greenhill, L. L., et al. (2007). 3-year follow-up of the NIMH MTA study. *Journal of the American Academy of Child and Adolescent Psychiatry, 46,* 989-1002.

Jensen, P. S., Hinshaw, S. P., Kraemer, H. C., Lenora, N., Abikoff, H. B., Conners, C. K., et al. (2001). ADHD comorbidity findings from the MTA study: Comparing comorbid subgroups. *Journal of the American Academy of Child and Adolescent Psychiatry, 40,* 147-158.

Jensen, P. S., Martin, D., & Cantwell, D. P. (1997). Comorbidity in ADHD: Implications for research, practice, and DSM-V. *Journal of the American Academy of Child and Adolescent Psychiatry, 36,* 1065-1079.

Kazdin, A. E., & Weisz, J. R. (1998). Identifying and developing empirically supported child and adolescent treatments. *Journal of Consulting and Clinical Psychology, 66,* 19-36.

Kendall, P. C., & Braswell, L. (1982). Cognitive-behavioral self-control therapy for children: A components analysis. *Journal of Consulting and Clinical Psychology, 50,* 672-689.

Kendall, P. C., & Braswell, L. (1993). *Cognitive-behavior therapy for impulsive children* (2nd ed.). New York: Guilford Press.

Kendall, P. C., & MacDonald, J. P. (1993). Cognition in the psychopathology of youth and implications for treatment. In K. S. Dobson & P. C. Kendall (Eds.), *Psychopathology and cognition* (pp. 387-427). San Diego: Academic Press.

Klein, R. G., Abikoff, H., Hechtman, L., & Weiss, G. (2004). Design and rationale of controlled study of long-term methylphenidate and multimodal psychosocial treatment in children with ADHD. *Journal of the American Academy of Child and Adolescent Psychiatry, 43,* 792-801.

Klingberg, T., Fernell, E., Olesen, P. J., Johnson, M., Gustafsson, P., Dhalström, K., et al. (2005). Computerized training of working memory in children with ADHD—a randomized, controlled trial. *Journal of the American Academy of Child and Adolescent Psychiatry, 44,* 177-186.

Kraemer, H. C., Wilson G. T., Fairburn, C. G., & Agras, W. S. (2002). Mediators and moderators of treatment effects in randomized clinical trials. *Archives of General Psychiatry, 59,* 877-884.

Lahey, B. B., Applegate, B., McBurnett, K., Biederman, J., Greenhill, L., Hynd, G., et al. (1994). DSM-IV Field Trials for attention deficit hyperactivity disorder in children and adolescents. *American Journal of Psychiatry, 151,* 1673-1685.

Lahey, B. B., Pelham, W. E., Stein, M. A., Loney, J., Trapani, C., Nugent, K., et al. (1998). Validity of DSM-IV attention-deficit/hyperactivity disorder for younger children. *Journal of the American Academy of Child and Adolescent Psychiatry, 37,* 695-702.

Lahey, B. B., & Willcutt, E. (2002). Validity of the diagnosis and dimensions of attention-deficit hyperactivity disorder. In P. S. Jenson & J. R. Cooper (Eds.), *Diagnosis and treatment of attention-deficit/hyperactivity disorder: An evidence-based approach* (pp. 1-1-1-23). Kingston, NJ: Civic Research Institute.

Larson, K., Russ, S. A., Kahn, R. S., & Halfon, N. (2011). Patterns of comorbidity, functioning, and service use for children with ADHD, 2007. *Pediatrics, 127,* 462-470.

Levy, F., Hay, D. A., McStephen, M., Wood, C., & Waldman, I. (1997). Attention-deficit hyperactivity disorder: A category or a continuum? Genetic analysis of a large-scale twin study. *Journal of the American Academy of Child and Adolescent Psychiatry, 36,* 737-744.

Levy, F., McStephen, M., & Hay, D. A. (2001). The diagnostic genetics of ADHD symptoms and subtypes. In F. Levy & D. A. Hay (Eds.), *Attention, genes, and ADHD* (pp. 35-57). Philadelphia: Taylor & Francis.

Liston, C., Cohen, M. M., Teslovich, T., Levenson, D., & Casey, B. J. (in press). Atypical prefrontal connectivity in attention-deficit hyperactivity disorder: Pathway to disease or pathological end-point? *Biological Psychiatry.*

Lochman, J. E., Powell, N., Boxmeyer, C., Derning, A. M., & Young, L. (2007). Cognitive-behavior group therapy for angry and aggressive youth. In R. W. Christner, J. L. Stewart, & A. Freeman (Eds.), *Handbook of cognitive-behavior group therapy with children and adolescents: Specific settings and presenting problems* (pp. 333-348). New York: Routledge/Taylor & Francis.

Lyon, G. R., Fletcher, J. M., & Barnes, M. C. (2003). Learning disabilities. In E. J. Mash & R. A. Barkley (Eds.), *Child psychopathology* (2nd ed., pp. 520-586). New York: Guilford Press.

Mannuzza, S., & Klein, R. G. (2000). Long-term prognosis in attention-deficit/hyperactivity disorder. *Child and Adolescent Psychiatric Clinics of North America, 9,* 711-726.

McEachin, J. J., Smith, T., & Lovaas, O. I. (1993). Long-term outcome of children with autism who received early intensive behavior therapy. *American Journal of Mental Retardation, 97,* 359-372.

Meichenbaum, D. H. (1977). *Cognitive-behavior modification: An integrative approach.* New York: Plenum.

Melnick, S. M., & Hinshaw, S. P. (2000). Emotion regulation and parenting in AD/HD and comparison boys: Linkages with social behaviors and peer preference. *Journal of Abnormal Child Psychology, 28,* 73-86.

Mikami, A. Y., Hinshaw, S. P., Arnold, L. E., Hoza, B. E., Hetchman, L., Newcorn, J. H., et al. (2010). Bulimia nervosa symptoms in the Multimodal Treatment Study of Children with ADHD. *International Journal of Eating Disorders, 43,* 248-259.

Mikami, A. Y., Hinshaw, S. P., Patterson, K. A., & Lee, J. C. (2008). Eating pathology among adolescent girls with attention-deficit/hyperactivity disorder. *Journal of Abnormal Psychology, 117,* 225-235.

Miklowitz, D. J., & Craighead, W. E. (2007). Psychosocial treatments for bipolar disorder. In P. E. Nathan & J. M. Gorman (Eds.), *A guide to treatments that work* (3rd ed., pp. 309-322). New York: Oxford University Press.

Milich, R., & Dodge, K. A. (1984). Social information processing in child psychiatry populations. *Journal of Abnormal Child Psychology, 12,* 471-489.

Moffitt, T. E. (1993). "Adolescence-limited" and "life-course-persistent" antisocial behavior: A developmental taxonomy. *Psychological Review, 100,* 674-701.

Moffitt, T. E. (2006). Life-course-persistent versus adolescent-limited antisocial behavior. In D. Cicchetti & D. Cohen (Eds.), *Developmental psychopathology: Vol. 3. Risk, disorder, and adaptation* (2nd ed., pp. 317-357). New York: Wiley.

Molina, B. S., Hinshaw, S. P., Swanson, J. M., Arnold, L. E., Vitiello, B., Jensen, P. S., et al. (2009). The MTA at 8 years: Prospective follow-up of children treated for combined-type ADHD in a multisite study. *Journal of the American Academy of Child and Adolescent Psychiatry, 48,* 484-500.

Morris, G. B. (1993). A rational-emotive treatment program with conduct disorder and attention-deficit hyperactivity disorder adolescents. *Journal of Rational-Emotive and Cognitive-Behavior Therapy, 11,* 123-133.

MTA Cooperative Group. (1999a). Fourteen-month randomized clinical trial of treatment strategies for attention-deficit hyperactivity disorder. *Archives of General Psychiatry, 56,* 1073-1086.

MTA Cooperative Group. (1999b). Moderators and mediators of treatment response for children with ADHD: The MTA Study. *Archives of General Psychiatry, 56,* 1088-1096.

MTA Cooperative Group. (2004). The National Institute of Mental Health MTA follow-up: 24-month outcomes of treatment strategies for attention-deficit hyperactivity disorder. *Pediatrics, 113,* 754-761.

Murray-Close, D., Hoza, B., Hinshaw, S. P., Eugene Arnold, L., Swanson, J., Jensen, P. S., et al. (2010). Developmental processes in peer problems of children with attention-deficit/hyperactivity disorder in the Multimodal Treatment Study of Children with ADHD: Developmental cascades and vicious cycles. *Development of Psychopathology, 22,* 785-802.

Nigg, J. T. (2001). Is ADHD an inhibitory disorder? *Psychological Bulletin, 127,* 571-598.

Nigg, J. T. (2006). *What causes ADHD? Understanding what goes wrong and why.* New York: Guilford Press.

Nigg, J. T., Hinshaw, S. P., & Huang-Pollack, C. (2006).

Disorders of attention and impulse regulation. In D. Cicchetti & D. Cohen (Eds.), Developmental psychopathology: Vol. 3. *Risk, disorder, and adaptation* (2nd ed., pp. 358-403). New York: Wiley.

Nigg, J. T., & Nikolas, M. (2008). Attention-deficit/hyperactivity disorder. In T. P. Beauchaine & S. P. Hinshaw (Eds.), *Child and adolescent psychopathology* (pp. 301-334). Hoboken, NJ: Wiley.

Nigg, J. T., Nikolas, M., Knottnerus, G. M., Cavanagh, K., & Friderici, K. (2010). Confirmation and extension of association of blood lead with attention-deficit/hyperactivity disorder (ADHD) and ADHD symptom domains at population-typical exposure levels. *Journal of Child Psychology and Psychiatry, 51,* 58-65.

Novaco, R. W. (1979). The cognitive regulation of anger and stress. In P. C. Kendall & S. D. Hollon (Eds.), *Cognitive-behavioral interventions: Theory, research, and procedures* (pp. 241-283). New York: Academic Press.

Oden, S., & Asher, S. R. (1977). Coaching children in social skills for friendship making. *Child Development, 48,* 495-506.

Owens, E. B., Hinshaw, S. P., Kraemer, H. C., Arnold, L. E., Abikoff, H. B., Cantwell, D. P., et al. (2003). Which treatmentfor whom for ADHD?: Moderators of treatment response in the MTA. *Journal of Consulting and Clinical Psychology, 71,* 540-552.

Parker, J. G., Rubin, K. H., Erath, S. A., Wojslawowicz, J. C., & Buskirk, A. A. (2006). Peer relationships, child development, and adjustment: A developmental psychopathology perspective. In D. Cicchetti & D. J. Cohen (Eds.), *Developmental psychopathology: Vol. 1: Theory and method* (2nd ed., pp. 419-493). Hoboken, NJ: Wiley.

Paykina, N., & Greenhill, L. L. (2007). Pharmacological treatments for attention-deficit/hyperactivity disorder. In P. E. Nathan & J. M. Gorman (Eds.), *A guide to treatments that work* (3rd ed., pp. 29-70). New York: Oxford University Press.

Pelham, W. E., Carlson, C. L., Sams, S. E., Vallano, G., & Dixon, M. J. (1993). Separate and combined effects of methylphenidate and behavior modification on boys with attention-deficit hyperactivity disorder in the classroom. *Journal of Consulting and Clinical Psychology, 61,* 506-515.

Pelham, W. E., & Fabiano, G. A. (2008). Evidence-based psychosocial treatments for attention-deficit/hyperactivity disorder. *Journal of Clinical Child and Adolescent Psychology, 37,* 184-214.

Pelham, W. E., & Hinshaw, S. P. (1992). Behavioral intervention for attention-deficit hyperactivity disorder. In S. M. Turner, K. S. Calhoun, & H. E. Adams (Eds.), *Handbook of clinical behavior therapy* (2nd ed., pp. 259-283). New York: Wiley.

Pelham, W. E., & Hoza, B. (1996). Intensive treatment: A summer treatment program for children with ADHD. In E. D. Hibbs, & P. S. Jensen (Eds.), *Psychosocial treatments for child and adolescent disorders: Empirically based strategies for clinical practice* (pp. 311-340). Washington, DC: American Psychological Association.

Pelham, W. E., & Murphy, H. A. (1986). Behavioral and pharmacological treatment of hyperactivity and attention-deficit disorders. In M. Hersen & S. E. Breuning (Eds.), *Pharmacological and behavioral treatment: An integrative approach* (pp. 108-147). New York: Wiley.

Pelham, W. E., Wheeler, T., & Chronis, A. (1998). Empirically supported psychosocial treatments for attention deficit hyperactivity disorder. *Journal of Clinical Child Psychology, 27,* 190-205.

Pfiffner, L., & McBurnett, K. (1997). Social skills training with parent generalization: Treatment effects for children with attention deficit disorder. *Journal of Consulting and Clinical Psychology, 65,* 749-757.

Pfiffner, L., & McBurnett, K. (2004). *Social skills training for children with ADHD.* Unpublished manual, University of California, San Francisco.

Pfiffner, L. J., Mikami, A. Y., Huang-Pollock, C., Easterlin, B., Zalecki, C., & McBurnett, K. (2007). A randomized, controlled trial of integrated home-school behavioral treatment for ADHD, predominately inattentive type. *Journal of the American Academy of Child and Adolescent Psychiatry, 46,* 1041-1050.

Raggi, V. L., & Chronis, A. M. (2006). Interventions to address the academic impairment of children and adolescents with ADHD. *Clinical Child and Family Psychology Review, 9,*

85-111.

Robin, A. L. (1998). Training families with ADHD adolescents. In R. A. Barkley (Ed.), *Attention deficit hyperactivity disorder: A handbook for diagnosis and treatment* (2nd ed., pp. 413-457). New York: Guilford Press.

Safren, S. A., Otto, M. W., Sprich, S., Winett, C. L., Wilens, T. E., & Biederman, J. (2005). Cognitive-behavioral therapy for ADHD in medication-treated adults with continued symptoms. *Behaviour Research and Therapy, 43,* 831-842.

Sagvolden, T., Aase, H., Zeiner, P., & Berger, D. F. (1998). Altered reinforcement mechanisms in attention deficit/ hyperactivity disorder. *Behavioral Brain Research, 94,* 61-71.

Scheffler, R. M., Brown, T., Fulton, B., Hinshaw, S. P., Levine, P., & Stone, S. I. (2009). Positive association between ADHD medication use and academic achievement during elementary school. *Pediatrics, 123,* 1273-1279.

Seidman, L. J., Valera, E. M., & Makris, N. (2005). Structural brain imaging of attention-deficit/hyperactivity disorder. *Biological Psychiatry, 57,* 1263-1272.

Sergeant, J. A. (2005). Modeling attention-deficit/hyperactivity disorder: A critical appraisal of the cognitive energetic model. *Biological Psychiatry, 57,* 1248-1255.

Shaw, P., Lerch, J., Greenstein, D., Sharp, W., Clasen, L., Evans, A., et al. (2006). Longitudinal mapping of cortical thickness and clinical outcome in children and adolescents with attention-deficit/hyperactivity disorder. *Archives of General Psychiatry, 63,* 540-549.

Shaw, P., Lalonde, F., Lepage, C., Rabin, C., Eckstrand, K., Sharp, W., et al. (2009). Development of cortical asymmetry in typically developing children and its disruption in attention-deficit/hyperactivity disorder. *Archives of General Psychiatry, 66,* 888-896.

Sonuga-Barke, E. J. S. (2002). Psychological heterogeneity in AD/HD—a dual pathway model of behaviour and cognition. *Behavioural Brain Research, 130,* 29-36.

Swanson, J. M., & Castellanos, F. X. (2002). Biological bases of ADHD: Neuroanatomy, genetics, and pathophysiology. In P. S. Jensen & J. R. Cooper (Eds.), *Attention-deficit hyperactivity disorder: State of the sciences, best practices* (pp. 7-1—7-20). Kingston, NJ: Civic Research Institute.

Swanson, J. M., Kraemer, H. C., Hinshaw, S. P., Arnold, L. E., Conners, C. K., Abikoff, H. B., et al. (2001). Clinical relevance of the primary findings of the MTA: Success rates based on severity of ADHD and ODD symptoms at the end of treatment. *Journal of the American Academy of Child and Adolescent Psychiatry, 40,* 168-179.

Tannock, R. (1998). Attention deficit hyperactivity disorder: Advances in cognitive, neurobiological, and genetic research. *Journal of Child Psychology and Psychiatry, 39,* 65-99.

Van der Oord, S., Prins, P. J. M., Oosterlaan, J., & Emmelkamp, P. M. G. (2008). Efficacy of methylphenidate, psychosocial treatments, and their combination in school-aged children with ADHD: A meta-analysis. *Clinical Psychology Review, 28,* 783-800.

Walcott, C. M., & Landau, S. (2004). The relation between disinhibition and emotion regulation in boys with attention deficit hyperactivity disorder. *Journal of Clinical Child and Adolescent Psychology, 33,* 772-782.

Weersing, V. R., & Weisz, J. R. (2002). Mechanisms of action in youth psychotherapy. *Journal of Child Psychology and Psychiatry, 43,* 2-29.

Wells, K. C., Chi, T. C., Hinshaw, S. P., Epstein, J., Pfiffner, L., Nebel-Schwalm, M., et al. (2006). Treatment-related changes in objectively measured parenting behaviors in the Multimodal Treatment Study of Children with ADHD. *Journal of Consulting and Clinical Psychology, 74,* 649-657.

Whalen, C. K., Henker, B., & Hinshaw, S. P. (1985). Cognitive-behavioral therapies for hyperactive children: Premises, problems, and prospects. *Journal of Abnormal Child Psychology, 13,* 289-308.

제4장

아동 · 청소년의 분노 관리

W. Michael Nelson III, A. J. Finch, Jr., & A. Cash Ghee

지금 그 사건에 대해 회고해 보니, 그는 그것을 나에게 말했고 나는 듣자마자 그에게 달려들었다. 내 머릿속은 하얘졌고 눈에 보이는 게 없을 정도로 격노했다. 내 마음속에 불현듯 떠오른 것은 '그가 대가를 치르게 하겠어!' 였다. 나는 온몸이 긴장되었고 내가 아는 그다음 일은 선생님이 나를 그에게서 떼어 내려 했다는 것이다.

– '불 같은 성질을 가진 문제아' 로 기술되는 6학년 소년

화를 마음속에 담고 있는 것은 누군가에게 던지려는 마음을 갖고 뜨거운 석탄을 쥐고 있는 것과 같다. 화상을 입을 사람은 바로 당신일 수 있다. – 부처

비록 미국의 아동, 청소년 그리고 성인의 공격성과 폭력의 공식적인 비율은 1993년에 최고 수준에서 감소하다가 1999년 이후로 상승하고 있지만(Office of Juvenile Justice and Delinquency Prevention [OJJDP], 2009), 분노와 공격성이 여전히 우리 사회가 당면한 가장 뚜렷하고 어려운 문제들 중 하나로 남아 있다는 것에 대해 이의를 제기할 사람은 별로 없을 것이다. 미국은 폭력 수준에서 대부분의 다른 산업화된 나라들을 자주 능가해 왔다(예를 들어, Loeber & Hay, 1997; Rutter, Giller, & Hagell, 1998). 분노, 공격성, 심각한 행동 표출 그리고 파괴적 행동 패턴은 1960년대부터 지금까지 계속 정신건강 서비스에 의뢰되는 가장 흔한 이유들이다(Achenbach & Howell, 1993). 2009년도 미국 범죄 통계에 의하면, 18세 이하의 아동과 청소년들이 미국에서 매년 일어나는 폭력 범죄의 약 14%를 저지른다(Federal Bureau of Investigation, 2009). 다음 사실들을 고려해 보자.

- 미국에서 품행장애의 유병률은 2~6% 혹은 대략 140만~420만 명의 아동이 해당된다.

- 이런 심각한 행동 표출을 하는 아동의 33~50%는 외래 치료에 의뢰된다. 사실상 파괴적, 공격적 그리고 비행을 저지르는 아동과 청소년 행동은 학교에서 실시되는 특별 교육의 거의 25%의 원인이 되고, 지역사회 정신건강 기관들에 의뢰되는 모든 청소년의 거의 절반의 원인이 된다(예를 들어, Stewart, deBlois, Meardon, & Cummings, 1980; Stouthamer-Loeber, Loeber, & Thomas, 1992).
- 이런 젊은이들은 대략 70%가 미래에 어떤 유형의 정신과 장애의 기준에 부합하게 될 '위험'에 처해 있다. 특히 다른 외현화 장애나 파괴적 장애(예를 들어, 반항성장애, 품행장애, 주의력결핍 과잉행동장애)의 위험성이 높고, 그보다는 더 낮은 비율이지만 내재화 장애(예를 들어, 불안장애, 기분장애)의 위험성 또한 갖고 있다.
- 이런 공격적이고 반사회적인 행동의 표적이 되는 낯선 사람들뿐 아니라, 부모, 형제자매, 또래 그리고 교사들을 포함하는 타인들에게 많은 나쁜 결과가 생긴다. 심각하게 공격적이고 반사회적인 행동의 과거력을 가진 이런 청소년들은 성장하면서 일반적으로 이런 행동을 더 계속하는 경향이 있고, 때때로 살인, 강간, 강도, 배우자나 아동 학대, 방화 그리고 음주운전으로 많은 희생자를 만들어 낸다(Farrington, Loeber, & Van Kammen, 1990; Kazdin, 1995). 이런 아동·청소년은 또한 성인 범죄, 알코올 중독, 약물 남용, 실업, 이혼 그리고 정신질환의 고위험 상태에 놓이게 되는 것으로 알려져 왔다(예를 들어, Farrington, 1995; Fergusson, Horwood, & Ridder, 2005; Horne & Sayger, 1990; McCord & McCord, 1960; Robins, 1966).
- 이들 아동·청소년은 자주 특별 교육 학급에 배치되고, 청소년 법 체제에 걸리며, 정신건강 서비스를 받고, 그들의 전반적인 삶에 걸쳐 여러 사회적 서비스를 받게 되기 때문에 막대한 사회적·경제적 비용이 든다. 사실상 미국에서 이런 체제들에 상당한 비용이 들기 때문에, 이 장애는 북미에서 가장 비용이 많이 드는 정신건강 문제다(Cohen, Miller, & Rossman, 1994; Lipsey, 1992). 심각한 행동 표출과 관련된 사회적·경제적 비용에 대해 언급하면서, 도나 E. 샤랄라(Donna E. Shalala)는 "세상은 아동과 청소년들에게 위협적이고, 때로 위험한 장소로 남아 있다. 그리고 오늘날 미국에서 아동과 청소년의 삶을 가장 위협하는 것은 질병이나 기아나 유기가 아니라 폭력이라는 끔찍한 현실이다."라고 하였다(U.S. Department of Health and Human Services, 2001, paragraph 2).

시골과 소도시 지역사회에서 이런 아동들의 공격적이고 폭력적인 행동으로 인해 계속 경각심이 일고 있지만, 전형적인 청소년 살인은 여전히 도시 내 소수 인종 남성들과 관련되고 미국에서 하루에 6건씩 일어난다(NIMH, 2000). 아프리카계 미국인 소년들 내에서 외현화된 분노와 공격성은 사회생태학적 스트레스(예를 들어, 실직, 소외, 인종주의)가 높은 것과 연관되어 왔다(Nyborg & Curry, 2003). 폭력은 아프리카계 미국인 청소년에게 특히 많이 나타난다. 아프리카계 미국인 소녀들은 4배, 소년들은 11배 이상 살해당하기 쉽다. 그리고 투옥되는 사춘기 청소년의 67%를 이들 청소년이 차지한다(Commission for the Prevention of Youth Violence, 2000). 소녀들의 경우, 빈번하지 않은 폭력 행동들이 종종 집이나 대인관계에서의 학대와 폭력에 연관되어 있는 데 비해, 일반적으로 소년들은 신체적으로 공격적인 행동 및 또 다른 반사회적 행동에 연계되기가 훨씬 더 쉽다(Chesney-Lind & Brown, 1999; Vanderberg & Marsh, 2009). 비록 낮은 비율의 청소년만이 전 생애에 걸쳐 지속되는 범죄자로 분류되지만(NIMH, 2000), 일찍 시작되는 공격성은 성인기 문제들의 전조가 되는 것 같다(Mash & Wolfe, 2005; Sanford et al., 1999). 이런 공격성은 청소년기 후기까지 빈번한 싸움, 배우자 폭력 그리고 30대 초기까지 폭력 범죄 판결을 받는 것 등과 같은 이후의 폭력을 예측한다(Farrington, 1991, 1994; Stattin & Magnusson, 1989). 국립정신건강연구소(National Institute of Mental Health[NIMH], 2000)는 폭력적인 아동의 프로필을 사용하는 것에 반대하는 조언을 한다. 그 대신, 정신건강과 인지 결함, 학대나 폭력에 노출됨, 스트레스를 유발하는 이웃, 폭력을 지지하는 가정환경 그리고 비효율적인 양육을 포함하는 여러 요인이 고려되어야 한다. NIMH의 권고는 공격 행동의 기저 원인을 실제 다루는 감찰 기관 외에도 미국법정협회(American Bar Association), 그리고 대안적 해결을 지지하는 미국 비행법 체계 지도자들의 권고와 일관된다(Kaye, 2009).

비록 부적응적인 분노, 공격성과 폭력의 양상과 결과들이 가해자와 피해자의 인구통계학적 특성에 따라 다를 수 있지만, 아동 · 청소년의 폭력과 공격성이 지역사회에 미치는 영향은 매우 크다. 일반적인 분노에 한정된 문헌들이 성을 구분하지 않은 반면(Saini, 2009), 공격성과 폭력에 대한 문헌을 보면 대부분 소년들이 연구되었다(Putallaz & Bierman, 2004). 소년들과 관련된 분노의 외현화, 공격성 및 폭력은 소녀들보다 유의하게 더 높은 비율로 일어난다(Cox & Stabb, 2000). 그러나 외현화, 반사회적이고 폭력적인 행동에 관여하는 미국 소녀들의 수가 증가하고 있다(Putallaz & Bierman, 2004; Voisin, Neilands, Salazar, Crosby, & DiClemente, 2008). 연구자들은 가담자의 특성, 공격 행동의 유형과 기능 및 분노와 폭력의 표출 간 관계에 대해 이해하려 노력하면서, 개인과 지역사회가 가해자나 피해자의 특성과 상관없이, 그리고 공격 행동의 원인과 상관 없이 고통을 겪는다는 데 의견 일치를 보았다.

많은 지역사회에서 공포와 위협의 분위기는 공격 행동과 폭력적 외상의 위협 또는 현실로부터 나온 것이다(Harris, Lieberman, & Marans, 2007; Richters & Martinez, 1993). 위협이나 관계적 공격성을 통해 신체적으로 희생되는 아동들은 내재화된 고통을 경험하게 되고(Rosenthal & Wilson, 2006), 이는 화를 통제하는 데 어려움을 갖고 공격자에 대한 직접적인 반항 행동(Crick & Bigbe, 1998; Crick, Grotpeter, & Rockhill, 1999)뿐 아니라 자살 행동과 약물 사용 등의 내재화된 행동을 가져올 수 있다(Voisin et al., 2008). 따라서 희생자가 공격자가 되는 폭력의 순환이 일어날 수 있다. 비록 공격 행동이 나이가 들면서 감소한다 할지라도, 이런 행동들을 보이는 아동들은 시간이 지나도 또래들에게 공격 행동을 계속하는 비율이 상대적으로 높다(Broidy et al., 2003). 종단적 연구(Loeber, Green, Lahey, & Kalb, 2000) 결과, 사실상 심각한 공격 행동 표출(예를 들어, 지속적인 신체적 싸움)이 매우 지속적으로 나타났고(서로 다른 시기에 이런 행동들 간에 최대 .70의 평균 상관; Loeber, Green, Lahey, & Kalb, 2000), 이는 공격 행동이 지능만큼이나 시간에 걸쳐 안정되게 나타난다는 것을 뜻한다. 이와 유사하게, 연구가 아직 초기 단계지만 아동기의 관계적 공격성이 공격 행동을 악화시키는 발달에 기여한다는 몇몇 증거가 있다(Werner & Crick, 2004). 비록 시간이 지나도 공격성이 지속되는 것으로 나타났지만, 이것이 아동과 청소년의 이런 행동이 변화될 수 없다는 것을 뜻하지는 않는다. 사실상 신체적 싸움이나 공격적 행동 표출이 일반적으로 아동기부터 성인기가 되면서 감소한다는 증거가 있다(예를 들어, Loeber & Stouthamer-Loeber, 1998).

공격적이고 폭력적인 청소년들에게는 세 가지 발달 유형, 즉 ① 평생 지속되는 유형(life-course-persistent: LCP), ② 청소년기에 한정된 유형(adolescent-limited: AL), ③ 늦게 시작되는(만발성) 유형(late-onset)이 나타난다(Loeber & Stouthamer-Loeber, 1998; Moffit, 1993; Moffit, Caspi, Dickson, Silva, & Stanton, 1996). 평생 지속성(LCP) 경로는 어린 나이에 공격적인 사회적 행동에 개입해 성인기까지 계속되는 청소년들을 나타낸다. 이런 아동들의 심각한 행동 표출은 일찍 시작되고, 언어와 자기 통제를 방해할 수 있는 미세한 신경심리학적 결함에서 기인할 수 있으며, 3세나 더 어릴 때부터 나타나는 인지적 지체와 기질상의 어려움과 관련된다. 이런 결함들은 빈약한 양육이나 학대 같은 환경적 결함에 대한 아동의 취약성을 높이게 되어, 결국 적대적이고 품행의 문제를 야기한다(Lansford et al., 2002; Moffit, 1993). 이런 아동들은 생애 후반에 매우 공격적인 사람들 중 가장 큰 비율을 차지하게 된다. 청소년기에 한정된(AL) 경로는 비록 성인기 초기 동안 공격성에서 벗어나기는 하지만 공격적인 행동 표출이 사춘기 즈음에 시작되어 청소년기까지 지속되는 경우와 관련된다(Farrington, 1986). 이런 행동 표출은 LCP 경로의 경우보다 십대에 더 한정되고, 덜 심각한 공격성과 행동 표출을 보인다. 이런 청소년들은 더 강한 가족 결속력을 갖고 있고 학교를 중단할 가능성이 더 적다. 그들의 공격성과 행동 표출은 LCP의 경우처럼 일반적으로 상황에 걸쳐 일관적이지 않다. 그러나 AL 경로를 밟는 일부 청소년은 이런 행동이 감소되기 전인 20대까지 공격적이고 반사회적인 행동을 계속 나타낸다. 또 다른 아이들은 20대가 되어도 여전히 그만두지 않고 이런 심각한 행동 표출, 충동성, 물질 남용, 재산 관련 범죄 그리고 정신건강 문제를 계속 보인다(Moffitt, Caspi, Harringon, & Miline, 2002). 이러한 LCP와 AL 경로를 밟는 청소년들을 파악하는 데 있어서, 대부분의 청소년이 반사회적 성인으로 가지는 않는다는 것을 기억할 필요가 있다(Robins, 1978). 초기 성인기의 기로에서, 그들은 분화되고 다양하게 다른 길을 가게 된다. LCP 아동 · 청소년들은 공격성과 반사회적 행동을 계속하는 같은 길을 가지만, AL 경로는 이를 중단하는 특성을 보인다. 마지막으로, 늦게 시작되는 폭력 행동 유형은 더 적은 경우로 성인기 동안에만 나타나며, 분노를 억제하려는 과잉 통제 때문에 나타날 수 있다.

전반적으로, 공격 행동은 체계적인 개입을 통해 변화될 여지가 있다(예를 들어, Southam-Gerow & Kendall, 1997; Tate, Reppucci, & Mulvey, 1995; Wasserman & Miller, 1998). 따라서 조기 발병과 아동기와 청소년기 동안 지속되는 공격성이 안정적인 성격 특성으로 발달한다는 생각이 전적으로 정확한 것은 아니다. 효과적인 개입을 통해, 고위험 청소년들이 공격성과 폭력이 아닌 다른 방식으로 문제를 다루도록 배울 수 있을 뿐 아니라 생산적인 삶을 살 수 있다는 증거와 희망이 있다. 임상적인 상황은 항상 어둡거나 우울한 것은 아니다.

약물 개입과 집, 학교 그리고 지역사회에 기반을 둔 심리치료적인 프로그램들, 그리고 입원치료와 거주 시설에서의 치료들처럼, 더 심각한 행동 표출, 품행장애 아동에 대한 다양한 개입 방략이 평가되어 왔다(개관을 위해 Derzon, 2001; Kazdin, 1993, 2003; Nelson, Finch, & Hart, 2006; Nelson & Schultz, 2009; Park-Higgerson, Perumean-Chaney, Bartolucci, Grimley, & Singh, 2008을 보라). 캐즈딘(Kazdin, 2003)은 개입 프로그램들의 전망을 평가하는 데 다음과 같은 여러 증거에 기반을 둔 기준을 제시하였다. ① 치료를 이끌 이 장애의 이론적인 개념화, ② 이 장애가 얼마나 연구에 의해 지지되는가에 대한 개념화, ③ 치료 성과 연구의 치료 효과 지지 정도, ④ 치료 성과가 어떻게 이 장애의 개념화에서 파악되는 과정과 관련되는지에 대한 설명. 두 가지의 증거 기반 개입—사회학습이론에서 파생된 가족/부모에 초점을 둔 치료와 아동에 초점을 둔 인지행동적 개입(Kazdin, 2003; Miller & Prinz, 1990; Southam-Gerow & Kendall, 1997)—이 심각하게 행동 표출을 하는 아동들에게 희망적으로 보인다. 이 장은 아동에 초점을 둔 인지행동적 개입에 일차적으로 초점을 맞출 것이다.

1. 분노와 공격성에 대한 이론, 개념, 주요 특징 그리고 분류

모든 심리학 이론의 가치는 적어도 부분적으로는 평가의 향상 정도와 치료적 개입 절차의 유용성에 의해 평가된다. 공격성에 대한 여러 전통적 이론들에 대한 관심은, 특히 개념적인 기초와 거기서 파생된 치료 기법들이 덜 효과적이라는 사실이 명백해짐에 따라 감소되었다. 이들 이론 중에는 공격 행동을, 사실상 모든 다른 사회적 행동처럼 본능적 통제하에 있는 것으로 보는 이론들이 있다(본능이론; McDougall, 1931). 즉, 죽음 본능의 표현으로서의 공격성(정신분석이론: Freud, 1920), 공격 행동이 특정한 외적 자극이나 '신호' 자극에 의해 각 종(species)에서 방출되는 분명하게 조직화된 반응 패턴으로 구성된다는 생각(생태학이론: Lorenz, 1966), 공격성이 좌절에 의해 유발된 충동이라는 견해(좌절-공격성 가설: Dollard, Doob, Miller, Mowrer, & Sears, 1939), 그리고 공격성이 거부당한 결과로 나타난다는 견해

(Leary, Twenge, & Quinlivan, 2006) 등이 있다. 게다가 일부 더 행동적으로 지향된 이론들은 공격 행동이 빈약한 역할 모델, 강화 또는 사회인지에서의 결함에서 오는 것이라고 제안한다. 비록 각 이론이 잠재적으로 중요한 요인이나 결정인을 강조할 수는 있지만, 분노, 공격성 그리고 품행 문제의 원인에 대해 단일한 원인을 가정하는 이론은 없다. 공격 행동과 품행 문제는 다음과 같은 여러 요인의 상호작용에서 나온 결과다. 즉, 소인적 요인/매개 요인들에는 아동 수준 요인들(예를 들어, 아동기 외상에의 노출, 술과 불법적 약물 사용[Harris, Leiberman, & Marans, 2007; Nichols, Mahadeo, Bryant, & Botvin, 2008; Trembley, 2000])뿐 아니라, 유전적 영향, 출생 전 요인들, 출생 시 합병증, 신경생물학적 요인들, 빈약한 사회인지와 문제해결 기술들, 빈약한 정서적 자기 조절과 또래 관계 상황에 대한 지각, 또래 압력에 저항하지 못하는 것), 맥락적 요인들/가족의 영향(예를 들어, 빈약한 부모 모델, 양육 문제 및 아동에 대한 훈육; Wasserman & Seracini, 2001), 지역사회의 영향(예를 들어, 가족의 연결망, 학교와 동네의 안전 기관들, 지방 정부의 역할, 폭력 조직의 관여; Bronfenbrenner, 1989; Voisin et al., 2008), 문화적 요인들(예를 들어, 역사적 사건들, 더 폭넓은 문화적, 인종적, 청소년 하위 문화; Bešić & Kerr, 2009; McMahon & Watts, 2002; Rosenthal & Wilson, 2006; Rutledge, Rimer, & Scott, 2008) 등이 있다.

공격적이고 폭력적인 행동이 상호 관련된 중다 요인들의 맥락에서 이해할 수밖에 없다는 점을 고려할 때 (Hill, 2002; Lahey, Moffitt, & Caspi, 2003; Mash & Wolfe, 2010), 다음 내용을 주목하는 것 또한 중요하다.

- 유전적 영향은 공격적/반사회적 행동의 변량에서 약 50%를 설명한다.
- 공격성과 반사회적 행동은 불안 및 현재 행동을 억제하는 데 책임이 있는 행동 억제 체계(BIS)의 결함과 함께 나타나는, 보상이나 비처벌의 신호에 대한 행동과 반응을 자극하는 행동 활성화 체계(BAS)의 기능일 수 있다.
- 여러 가족 요인(예를 들어, 심한 부부 갈등, 가족의 고립, 부정적/비일관적이고 강압적인 훈육, 가정 폭력, 부모 부재, 부모의 감독 부족, 애착의 결핍) 또한 중요한 역할을 할 수 있다.
- 부모의 범죄와 반사회적 성격, 가족 불안정성, 이혼, 반사회적 가족 가치관, 실직 등도 역시 이 문제에 영향을 줄 수 있다.
- 빈곤, 이웃의 범죄, 가족 붕괴, 주거지 이동, 낮은 사회경제적 상태 등과 같은 지역사회 요인들이 공격성과 심각한 행동 표출이 출현하는 데 '토양'을 제공할 수 있다.
- 학교, 또래 그리고 미디어 역시 잠재적인 위험 요인들로 보인다. 즉, 특정 인종 집단의 구성원과 지위는 미국에서 공격적/반사회적 행동과 관련되어 왔다. 그러나 이런 결과들은 경제적 어려움, 제한된 고용 기회, 위험성이 큰 도시 이웃과 함께 거주하고, 갱단의 일원이 되는 것과 관련되는 경향이 있다.

이런 다양한 원인에 대해 치료자는 무엇을 할 것인가? 심리학 이론들 중에 아동과 청소년들의 공격 행동에 대해 가장 널리 수용되는 이론들로 부각되고 잘 유지되어 온 것(Nelson et al., 2006; Nelson, Hart, & Finch, 1993)은 사회학습이론(Bandura, 1986)과 인지행동이론들(Novaco, 1978)이다. 사회학습이론은 공격 행동이 직접 경험이나 관찰을 통해 학습된다고 주장한다. 인지행동 모형은 이 입장을 확대해서 고조된 자율신경계 각성, 중추신경계 활동의 변화 그리고 심리적 각성을 분노라고 인지적으로 이름 붙이는 특징을 가진, 좌절이나 화나는 상황에 대한 강렬한 정서 반응으로 본다. 따라서 공격성을 분노에 대한 주관적 경험을 잠재적으로 외현화하는 것 중 단지 한 가지 표현으로 본다.

치료 과정의 첫 단계는 아동과 청소년의 외적 행동 표출을 기술하는 데 다양한 용어가 사용된다는 점을 인식하는 것이다. 청소년의 행동 표출을 이해하기 어려운 것은 이런 행동을 기술하는 데 사용되는 용어에 혼란이 있을 뿐 아니라 이런 정서와 행동을 이해하는 데 여러 다른 개념 모형을 적용하기 때문이다. 따라서 아동과 청소년들의 행동 표출을 기술하는 데 사용되는 용어들을 명료화하는 것이 중요하다. '분노(anger)'는 인지적(즉, 생각, 자기 진술, 사적 언어, 심상, 귀인)이고 신체적인 구성 요소들을 가진, 개인적이고 주관적인 사건에 대한 내적 경험(즉, 정서)이다. '공격성(aggression)'은 타인에게 신체적 또는 심리적 해를 가하는 행동에 관여하는 '신체적 공격성'(Loeber & Hay, 1997)이나 사회적 또는 심리적 해를 가하는 행동에 관여하는 '관계적 공격성'(Crick & Bigbee, 1998; Crick & Grotpeter, 1995)으로 분류된다. 공격성은 심각한 피해를 유발하는 공격 행동을 나타내는 '폭력(violence)'(예를 들어, 가중 폭행, 강간, 강도, 살인; Loeber & Stouthamer-Loeber, 1998)보다는 덜 심각한 피해를 가져온다. 청소년의 공격적인 행동 표출을 기술하는 데서 두 가지 기본적인 분류 접근이 있다. 첫째는, 외현화된(충동적인, 과잉행동적인, 공격적인, 반사회적 행동으로 대표되는) 갈등과 내재화된(기분부전을 가진, 철회된, 불안한, 신체화하는 특성이 있는) 갈등 사이를 구분하는 경험적으로 추출된 중다 변인 통계적 접근이다(Achenbach, 1991; Quay, 1986). 두 번째는, 더 임상적인 『정신장애의 진단 및 통계 편람 제4판 개정판(*Diagnostic and Statistical Manual of Mental Disorders, 4th ed., text rev.: DSM-IV-TR*)』 접근으로 명명하는 것이다(APA, 2000). DSM-V는 개발 중에 있다.* 반사회적 성격장애가 성인에게 해당되는 반면, 아동·청소년의 경우 품행장애(CD)와 반항성장애(ODD)의 진단적 범주들이 현재 두 가지 주된 DSM-IV-TR 분류 범주다. 이런 분류 체계가 널리 받아들여지고 있음에도 불구하고 그것이 실제 치료를 하는 임상가에게 이 문제에 대해 반드시 더 잘 이해하게 해 주지는 않는다. 아동·청소년의 공격 행동 수준을 분류하는 데서 임상적으로 더 유용한 방식들이 있다.

분노와 공격성의 다양한 수준을 구분하는 것은 중다 방법의 임상적 평가를 실시하는 데서뿐만 아니라 인지 행동적 개입의 단계를 설정하는 데 있어서도 중요한 첫 단계다. 유용한 진단적 구분은, DSM-IV-TR과 평정척도(예를 들어, 아켄바흐 아동·청소년 행동평가척도[Archenbach Child Behavior Checklist: CBCL]) 분류와는 상반되는 것으로, 적절한 개입을 계획하려는 치료자에게 도움을 줄 뿐 아니라, 가족이 청소년의 공격 행동의 심각성과 위험성을 정확하게 평가하는 데도 도움이 된다. 이런 구분은, 내담자의 주된 문제가 분노와 공격성이어서, 그들의 행동으로 인해 가족 구성원들과 주위의 중요한 사람들뿐 아니라 치료자도 강한 정서적 반응을 하게 되는 내담자를 다루는 데 있어서 특히 중요하다. 이런 정서적 반응들은 이 청소년이 실제보다도 더 '나쁘고' 혹은 더 심각하게 위험하다고 즉각적으로 가정하게 만들 수 있다.

어떤 경우에는 치료자들이 정당한 이유 없이 더 위험하다고 가정하는 실수를 범하는 경향이 있다(Buchanan, 1997; Limandri & Sheridan, 1995; Monahan & Walker, 1990). 이처럼 문제를 평가하는 데 있어서 치료자의 평가는 부모나 교사가 통제력이 부족해 보이는 청소년을 관리할 수 있을까 하는 두려움을 갖고 있는 것에 의해 편향될 수 있다. 따라서 분노, 타인에 대한 폭력의 위협, 그리고 이런 위협을 실제 실행하는 것 사이를 구분하는 것이 중요하다. 이러한 행동들이 단순히 불쾌하고 격앙시키는 것에서부터 심각하게 해를 주거나 폭력적인 데까지 넓은 범위를 포함할 수 있다는 점을 고려해, 이런 진단 과정에서 부모와 중요한 타인들은 분노, 언어적 공격성 그리고 신체적 공격성의 상이한 수준 간의 차이에 민감하고 그것을 인식할 필요가 있다. 게다가 치료자가 분노와 공격성의 표현을 인종이나 문화와 상관없이 나타나는 것으로 보고 싶어 함에도 불구하고, 보편적인 진단 공식들이 다양한 인종의 내담자들에게 일반적으로 적용되어서는 안 된다.

임상적 진단에 관한 연구의 초기 결과들은 여러 인종 집단에서 과잉 진단되는 것은 인종에 대해 민감하지 못하기 때문임을 시사하였다. 예를 들어, 이중언어를 사

* 역자 주: DSM-5는 2013년에 출간이 되었으며, 번역서가 국내에서 2015년에 출간되었다.

표 4-1 임상적으로 유용한 분류 체계에서 관련되는 차원

	분노	자신을 향한 언어적 공격성	타인을 향한 언어적 공격성	무생물 대상에 대한 물리적 공격성	타인에 대한 신체적 공격성	폭력
수준 1	●	●				
수준 2	●	●	●			
수준 3	●	●	●	최소한의 손상 ●		
수준 4	●	●	●	심각한 손상 ●		
수준 5	●	●	●	●	고의적이지 않은 가해	
수준 6	●	●	●	●	●	고의적인 가해 ●

용하는 라틴계 사람들은 스페인어 대신 영어로 면담했을 때 더 심각한 진단을 받았고(Ruiz, 1995), 아프리카계 미국인 아동, 청소년은 품행장애의 진단이 지나치게 많았다(Spencer & Oatts, 1999; Steiner, 1997). 더 최근의 증거는 품행장애 진단을 받은 아프리카계 미국인 아동, 청소년이 그 진단을 지지하는 기록을 별로 갖고 있지 않았다는 것을 보여 준다(Jerrell, 2003). 이에 더해 최근 연구는 유럽계 미국인이 덜 심각한 적응장애로 더 진단되는 데 비해, 아프리카계 미국인 아동과 성인은 심각한 파괴적 행동장애로 더 자주 진단받는다는 결과를 보여 준다(Feisthamel & Schwartz, 2009). 다문화 배경을 가진 내담자들을 부정확하게 진단하고 과잉 진단하는 문제는, 문화적 적합성 훈련과 자문을 통해 문화 차이가 인간 행동을 평가할 때 매우 중요하다는 것을 가정함으로써 감소된다(Dana, 2000). 반응의 평가에 있어서 여러 부가적인 변인—문화 순응 수준(Cuéllat, 2000), 초기 생활 경험, 영어 유창성, 학교 변인들(예를 들어, 학생 비율과 일인당 지출되는 경비), 그리고 가족의 수입(Romero et al., 2009)—이 제안되었는데, 이것들이 인종 집단 간 차이를 설명하는 데 도움이 될 것이다. 임상적으로 유용한 분류 체계에서 분노, 공격성 그리고 폭력과 관련되는 차원들(Price, 1996에서 수정 인용)을 〈표 4-1〉에 제시하고 설명하였다.

1) 수준 1: 참을성 없는/귀찮게 하는/짜증내는 아동

수준 1의 아동들은 칭얼대고, 불평하고, "안 돼."라는 말을 들을 때마다 화를 내며, 할 일을 하지 않거나 이의를 제기한다. 그들은 목소리를 높이고, 숨을 죽이고, 얼굴이 붉어진다. 이런 분노는 '통제되고' 분노를 자기 자신에게 돌리기까지 해서 "나는 내 자신이 미워.", "나는 항상 잘못하고 있어.", "나는 멍청해."라고 말한다.

2) 수준 2: 고집스러운/변덕스러운 아동

수준 2의 아동과 청소년들은 지시를 따르거나 요구에 순응하는 것을 고집스럽게 거부한다. 그들은 쉽게 화를 내고, 욕을 하고, 다른 사람에게 나쁜 말을 하고, 모욕을 주는 등 언어적 공격성을 나타낸다. 언어적으로 공격적인 이런 행동은 부모로 하여금 자녀가 폭력에 가까이 가 있음을 보여 주는 것으로 해석하게 만든다. 아동의 극적인 행동은, 사실상 화가 나서 이 감정을 단지 언어로만 표현한다고 해도 자녀가 '통제력을 잃는다'고 종종 확신시키기에 충분하다(강도와/혹은 빈도 면에서). 몇 발자국 앞까지 다가가서 어머니에게 "나쁜 년."이라고 하는 15세 소년은 수준 2의 행동을 보이는 것이다.

3) 수준 3: 위협하고, 손상의 시작 단계에 있는 아동

수준 3에서 아동들은 더욱 화를 잘 내고(빈도와/혹은 강도 면에서), 언어적 공격성의 범위가 부모, 형제자매, 또래를 포함하여 동물들에게 상해를 입히거나 죽이겠다는 위협을 하는 수준에 이른다. 수준 3의 아동들이 실제로는 사람이나 생물을 해친 적이 없다는 것을 주목해야 한다. 비록 아동이 비싸지 않은 무생물 대상에게 약간의 손상을 가할 수는 있어도, 그(녀)는 여전히 일차적으로 언어적으로 공격하고 위협하는 것과 관련되어 있다. 10세 소년이 의자를 발로 차고 석고 벽에 꽤 크게 흠집을 내지만, 칼, 유리 혹은 물건들을 텔레비전에 던지지 않는다는 사실은 그가 무생물 대상에게 하는 공격 형태보다 더 현저하게 심한 공격성이 어떤 것인지를 이미 알고 있음을 나타낸다. 따라서 비록 부모(또는 치료자)가 이런 행동을 분명하게 '통제력을 잃은' 것으로 해석하더라도, 그는 자기가 어디까지 할 것인지에 대해 분명하게 생각하고 있다.

4) 수준 4: 더 심각한 아동

수준 4의 아동들은 무생물 대상에게 심각하게 손상을 입히거나 파괴하는 것으로 자신의 분노를 의도적이고 고의적으로 방출한다. 그들은 몹시 화를 내고, 벽에 구멍을 내고, 창문을 향해 물건을 던지고, 값비싼 물건들을 부수는 등의 공격 행동을 나타낸다. 이런 아동들은 실제로 야구 방망이, 망치 혹은 칼 같은 물건이나 무기를 가지고 가족 구성원을 때리겠다고 위협할 수 있다. 그러나 이 수준을 결정짓는 가장 중요한 특징은 타인에게 실제 신체 접촉이나 해를 입히지는 않는다는 사실이다. 이런 십대들은 화가 났을 때 타인을 위협할 수 있지만, 적으로 보는 사람과 자신 간의 거리를 유지한다. 그들은 다른 사람이 가까이 접근하면 대개 후퇴하거나 방에서 뛰쳐나간다. 대부분의 부모는 자녀가 이때 매우 위험하다고 믿고, 그(녀)로 인해 상당히 겁을 먹게 된다. 그럼에도 불구하고 타인에 대한 그들의 언어적 공격성과 무생물 대상에 대한 물리적 공격성이 타인에 대한 실제 신체적 폭력으로 악화되지 않는다는 점에서, 이런 아동들은 어느 정도 인지적 · 행동적 통제를 보인다.

5) 수준 5: 공격적인 아동

수준 5의 아동은 언어적 분노 표현과 무생물 대상에게 보이는 물리적 공격성을 상당히 넘어서서 타인에 대한 신체적 상해를 일으키는 신체적 공격성과 관련된 행동을 보인다. 따라서 실제 신체적 공격성이 자주 언어적 위협에 동반된다. 그러나 이 수준에서 공격성은 폭력이나 심각한 신체 손상과 관련되지는 않는다. 이런 행동은 밀기, 밀치기, 어깨로 치기, 때리기, 그리고 심각한 상해를 입히지 않을 정도로 타인에게 물건(예를 들어, 정구공, 연필, 플라스틱 컵, 동물 인형) 던지기 등을 포함한다. 이 수준에서 실제 신체적 상해는 경미하고, 이런 상해는 직접적으로 고의적이라기보다는 더 우연하게 일어나는 경향이 있다. 예를 들어, 12세 소년이 정구공을 방에서 던졌는데 우연히 여동생이 맞았다. 비록 그녀가 넘어지고 팔에 멍이 들었지만, 그가 이런 결과를 예상하지 않은 만큼 이 상해는 기본적으로 비의도적이다. 청소년이 실제로 누군가를 신체적으로 해를 입히려고 선택했는지의 여부 혹은 화나거나 공격적인 표출 행동으로 인해 상대방이 입은 상해가 의도되지 않은 결과였는지 여부를 평가하는 것은 어려울 수 있지만 매우 중요하다. 이 시점에서 부모들은 대개 매우 겁을 먹고, 자녀가 정말 통제력을 잃고 누군가에게 폭력적인 방식으로 신체적 해를 가할 것이라고 본격적으로 두려워한다.

6) 수준 6: 폭력적인 아동

수준 6에 있는 청소년과 아동들은 타인에게 심각한 해를 입히고 위험한 폭력 행동을 보인다. 그들은 타인에게 고의로 위험한 물건을 던지거나 상해를 입히려는 의도를 가지고 주먹으로 타인을 공격한다. 남동생이 공을 주지 않았다는 이유로 15세 소녀가 나뭇가지로 9세 된 남동생을 고의로 때린 경우와 같이, 무기를 고의적으로 사용한다. 수준 6의 중요한 차원은 신체적 가해가 의도하에 일어나는 실제 폭력 행동이라는 것이다. 이 단계에서 부모들은 겁을 먹고, 희망을 잃으며, 학대당한다고까지 느낀다. 그들은 몇 년 동안 고통받았던 모욕과 학대 때문에 '충격 신경증(shell-shocked)'을 보이거나 '탈진한' 것처럼 보일 수 있다. 부모들은 분노의 언어적 표현으로부터 무생물 대상에 대한 공격성, 경미한 신체적 상해를 일으킨 비의도적인 공격성, 타인에 대한 실제 폭력까지 점점 더 심해지는 자녀의 폭력에 심지어 포기하려는 느낌까지 가질 수 있다. 부모들은 종종 자신들의 상황이 너무 끔찍해서 더 이상 어떤 상황도 통제할 수 없고, 탈진하고, 포기하며, 희망이 없다고 느낀다. 프라이스(Price, 1996)는 이런 부모들을 자녀에 의해 '정서적으로 그리고 신체적으로 학대받은' 상태로 본다.

2. 아동 · 청소년의 분노와 공격성에 대한 인지행동치료

인지행동치료는 행동 수정, 합리적 정서치료, 그리고 인지치료와 사회인지에 대한 통합적 지식 등의 풍부한 전통에 근거한 것이다(Crick & Dodge, 1994; Lochman, Powell, Jackson, & Czopp, 2006). 이러한 인지행동치료 개입들은 단일한 치료 기법과 관련되는 것이 아니고, 중다 개입 구성 요소들로 구성되어 있다. 이 구성 요소에는 ① 문제해결과 사회적 기술 교육, ② 대처 모형들, ③ 역할 연기, ④ 실제적인 경험과 과제들, ⑤ 정서 교육, ⑥ 숙제 할당, ⑦ 대부분 전형적으로 반응 대가인, 조작적 조건형성(Kendall & Braswell, 1985; Kendall, 이 책 1장을 보라) 등이 있다. 이에 더해, 치료적 개입들은 아동에게 인지 처리 과정을 사용함으로써 공격 행동을 억제하도록 가르치는 것뿐 아니라(달리 말하면, 환경적 자극 혹은 '유발 요인'과 외현화된 공격 반응 사이에 생각하기를 집어넣는 것), 공격적인 방식으로 행동하는 것을 억제하는 대안적 기술들을 가르치는 다양한 자기 통제 방략들을 포함한다. 인지행동치료는 학습 이론과 정보처리 원리에 의해 통합된 것이고, 따라서 기법들을 단순히 느슨하게 절충한 것이 아니다. 디기우세프와 타프레이트(DiGiuseppe & Tafrate, 2001)는 경험적인 성과 연구들의 개관에 근거해 분노 관리에 대한 포괄적 치료 모형을 제안하였다.

메타분석 결과들은 분노와 공격성 문제의 치료에서 인지행동치료의 효과를 지지한다(Beck & Fernandez, 1998; Fossum, Handegard, Martinussen, & Morch, 2008; Tafrate, 1995). 그러나 타프레이트의 조사는 성인 표본에 한정되었다. 반면, 벡과 페르난데즈(Beck & Fernandez, 1998)의 연구는 성인과 아동을 포함할 뿐 아니라 출판되지 않은 연구들도 통합하였다. 그들의 표본은 1,640명의 참가자를 포함하고, 최소한 1개의 분노 관련 변화 척도를 사용한 50개의 규준적 연구로 구성되어 있다. 그들은 전형적으로 중다 개입 기법들을 사용한, 분노에 대한 인지행동적 개입만 포함하였다. 분석 결과, 인지행동적 개입을 받은 치료 집단 참가자들이 통제 집단 참가자보다 평균 76% 이상 향상을 보여, 보통 정도의 치료적 이득이 시사되었다. 35개 연구 중 메타분석 계산에 사용된 25개 연구(2개의 서로 다른 연구 결과에서 보고된 2개의 논문)가 서로 다른 아동 · 청소년 표본에 근거하였다. 이 25개 연구는 참가자 수, 성, 나이, 개입 기법들, 치료 성과 척도들 그리고 치료 성과 측면에서 검토되었다. 이 연구들에서는 중다 인지행동적 개입이 선택되었다(예를 들어, 자기 감찰, 자기 지시, 문제해결, 이완, 주장 훈련, 목표 설정, 조망 수용). 이에 더해 이 표본은 8~21세의 아동 · 청소년을 포함하였다. 17개 연구는 남성만, 8개 연구는 남성, 여성 모두를 포함하였다. 치료 성과 척도들은 다양했지만 이들 아동 · 청소년 집단에서 종속변인으로 대부분 자기 보고형 분노 척도가 사용되었다. 다른 경우에는 공격성에 대한 행동 평정이나 타인 평정이 종속변인으로 사용되었다.

포섬 등(Fossum et al., 2008)은 교사가 보고한 공격

행동의 변화, 사회적 기능 및 부모의 스트레스 수준을 계산한 65개 연구를 조사하였다. 그 결과, 행동적 개입과 인지행동적 개입을 적용한 연구들에서 긍정적인 효과를 보였고, 효과 크기는 중간 정도였다. 연구 문헌들에 대한 덜 양적인 개관에서 블레이크와 햄린(Blake & Hamrin, 2007)도 이와 유사한 결과를 얻었다. 그들은 인지행동적이고 기술에 근거한 접근이 청소년의 분노 관리 문제를 치료하는 데 가장 폭넓게 연구되고 경험적으로 지지된다는 결론을 내렸다.

3. 분노에 대한 인지행동 모형

분노에 대한 인지행동 모형에 따르면([그림 4-1]을 보라), 인지행동치료는 외적/환경적 자극 혹은 내적 자극과 이에 대한 특정한 공격 반응을 다룬다는 점에서 아동의 특정한 상황에 맞춘 개인화된 일반 치료적 개입들의 집합을 포함한다. 분노에 대한 모든 모형은 임상가가 효과적으로 치료적 개입을 활용하도록 안내해 줄 만큼 충분히 포괄적이어야 하고, 분노와 이에 뒤따르는 공격 행동의 본질에 대해 가족과 타인은 물론 아동이나 청소년들도 이해할 수 있도록(적어도 치료자가 도와줌으로써) 충분히 단순해야 할 필요가 있다. 따라서 인지행동 모형은 치료자가 아동과 가족을 이해하는 참조틀을 제공해 주고, 아동이 치료를 받게 만든 자신의 문제를 이해할 수 있도록 참조틀을 제공한다.

인지행동 모형은 아동의 정서와 이후의 행동이 환경적 사건들을 지각하고, 처리하고/또는 매개하는 방식에 의해 조절된다는 논리에 근거를 두고 있다(또한 Kendall, 이 책 1장을 보라). 문제들 또는 환경적 사건들 그 자체는 어떤 사람이 주어진 상황에서 어떻게 느끼거나 실제 무엇을 할지를 직접적으로 결정하지 않는다. 분노는 일상적인 문제들이나 '촉발 요인들'에 대한 주관적인 반응이다. 정서에 대한 인지적 각성 이론(Mezzacappa, Katkin, & Palmer, 1999; Schachter, 1964)에 의하면, 분노 정서의 경험은 물리적 사건에 대해 통합된 인지 처리 과정을 반영한다. 현재의 개념화는 분노가 생리적, 정서적, 인지적 그리고 언어적 구성 요소들의 상호작용으

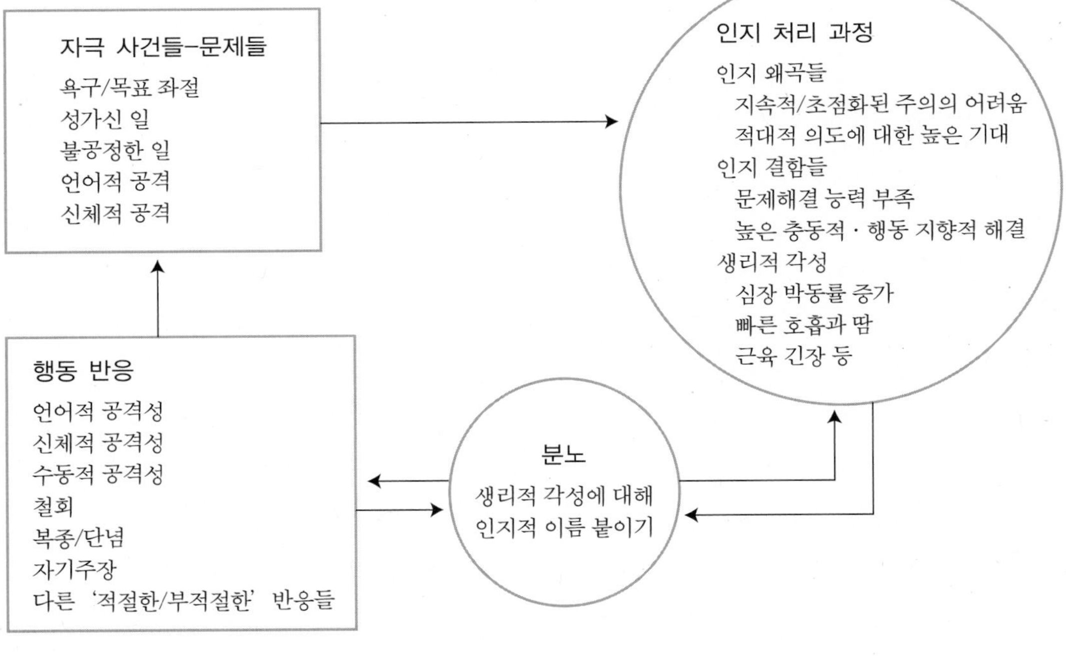

그림 4-1 분노와 공격성에 대한 인지행동 모형

(Nelson & Finch, 2008에서 인용. LochNels Publishing Inc.와 Workbook Publishing Inc.의 허락하에 옮김)

로 구성되는 다측면적인 구성 개념이라는 것이다. 그래서 개인은 분노를 적응적 상태부터 부적응적 상태까지의 연속선상에서 경험하고, 이는 공격성과 폭력을 통해 표현된다(Saini, 2009). 공격적인 아동 · 청소년들은 문제에 대처하는 데 있어서 필요한 심리적 자원이 부족하다고 가정된다. 이로 인해 화가 나는 상황에 직면할 때 공격적인 방식으로 반응하기 쉽다. 따라서 인지행동 모형은 기술 결함과 관련된다. 문제나 스트레스 자극에 대처하기 위해, 아동은 분노라는 주관적 상태를 효과적으로 관리하는 데 필요한 기술을 발달시킬 필요가 있고, 그 결과 문제 상황에서 더 적응적인 행동 반응을 보이게 된다. 구체적인 인지행동치료 방략들은 직접적인 행동 절차(예를 들어, 자기주장 훈련, 이완 기법)와 인지적 개입들(예를 들어, 혼잣말, 문제해결, 유머)을 포함한다. 전자의 경우, 문제나 스트레스에 반응하는 대안적인 방식들을 아동에게 가르치는 것에 초점을 둔다. 후자의 인지 기법들에서는 분노를 유발하는 상황에 대한 아동의 인지나 이런 상황에 대한 처리 과정을 변화시키는 데 초점을 둔다. 두 경우 모두 바람직한 성과는 청소년이 부적절하고 공격적인 방식으로 분노를 느끼고 행동하는 상황에서 이후의 행동이 더 적응적으로 변하는 것이다.

4. 공격적인 아동 · 청소년을 위한 치료 관계와 스트레스 면역 패러다임

임상가가 이런 정서와 행동을 이해하기 위해서는 분노와 공격성의 개념적 모형뿐 아니라 다양한 개입 기법을 효과적인 치료 개입 계획으로 개념화하고 통합할 수 있는 모형도 갖고 있는 것이 필수적이다(Finch, Nelson, & Ott, 1993; Nelson et al., 2006; Novaco, 1978). 스트레스 면역 훈련 모형이 이런 틀을 제공하는데, 이는 〈표 4-2〉에서 볼 수 있다.

표 4-2 스트레스 면역 훈련 모형의 네 단계

1. 평가
2. 교육 단계(인지적 준비)
3. 기술 습득 단계(분노 관리 연극 학습하기)
4. 적용 훈련 단계(연습, 연습, 또 연습……)

구체적인 스트레스 면역 방략들을 논의하기 전에, 인지행동치료자가 공격적인 아동 · 청소년과 맺으려고 하는 치료 관계의 유형에 대해 고려하는 것이 중요하다. 이런 내담자들은 역기능적 신념들, 자기 진술 그리고 타인과 상호작용하는 방식 때문에 치료 상황을 여러모로 어렵게 만든다. 공격적인 청소년들은 아무도 자신을 이해하지 못한다고 믿을 수 있다. 특히 자신들에게 공격적인 반응을 하게끔 유발하는 사람이 타인들이라고 자주 믿기 때문에 더 그렇다. 그들은 '만약 내가 먼저 공격하지 않으면, 다른 사람이 나를 공격할 것이다.' 또는 '만약 내가 다른 사람에게 요구하지 않는다면, 내가 괴롭힘을 당할 것이다.'라고 믿는 경향이 있다. 공격적인 아동 · 청소년들은 치료받기를 거의 원하지 않을 뿐 아니라, 부모나 권위적인 타인의 강요로 인해 치료를 받으러 왔을 때 종종 치료자를 그들이 지각한 치료실 밖의 성인들과 같이 부정적인 시각으로 보게 된다. 따라서 치료자들은 공격적인 아동 · 청소년들과 긍정적인 치료 관계를 맺기 위해 '그들에게 맞추어야' 한다.

인지행동치료는 '협력적 경험주의'(Beck, Rush, Shaw, & Emery, 1979)에 토대를 두고 있다. 달리 말하면, 아동과 협력적인 관계(Kendall, 이 책 1장을 보라)가 확립되어야 '치료자-내담자 팀'이 공동의 적인 적대적인 분노/공격성에 대해 작업할 수 있다. 행동으로 표출하는 아동들은 성인이나 권위 인물을 자주 '적'으로 보기 때문에 이러한 협력 관계를 형성하는 것이 필수다. 이런 관계는 아동이 부적응적이고 공격적인 방식으로 행동한 후에 부정적인 결과로 고통받는 것을 피하게끔 더 나은 기술을 발달시키도록 도와주기 위해, 아동과 동맹을 맺거나 '제휴'함으로써 이루어진다. 비록 사건의 공격적인 순환이나 연쇄에서 자주 자신들의 책임을 최소화하거나 부인하려 할지라도, 행동으로 표출하는 대부분의 아동은 많은 상황에서 '결국 궁지에 몰리거나' 또는 '손해 보는' 사람이 바로 자신이라는 사실을 금방 알아차린다. 따라서 대부분의 상황에서 그들은 자신을 희생자로 본다. 특히 치료의 초기 단계에서 그들에게 그런 시각과 다르게 보게 만들려고 시도한다면, 치료자-내담자 관계에 자주 금이 가게 된다. 결과적으로 치료자가 이런 권력 투쟁을 '비껴 가서' 아동 · 청소년과 전략적 동맹을 맺는 것이 좋다. 이를 통해 '적'으로 개념화할 수 있는 것—고삐 풀린 분노와 이후의 부적응적인 공격성이나 폭력—에 대항하도록 치료해 나갈 수 있다.

더 공식적인 평가를 하려는 관점에서 보면, 화나고/공격적인 청소년뿐 아니라 더 일반적으로 그 외의 정서적 · 행동적 · 사회적 문제를 갖고 있는 사람들의 경우에도 평가의 '최고 기준'은 가능한 한 증거에 기반을 둔 중다 방법, 여러 정보 제공자, 다양한 장면 및 여러 절차를 사용하는 것이다. 이는 숙련된 임상가가 아동 · 청소년을 가족 특성, 문화 및 선호하는 것의 관점에서 이해하는 데 자신의 임상적 경험을 통합하는 평가에서 이같이 '여러 정보를 통한 이해'를 하는 것이다(Finch, Lochman, Nelson, & Roberts, in press). 이러한 평가는 여러 사람, 여러 상황 그리고 여러 시점에서 서로 다른 평가 절차를 통해 통합적 증거를 제공하기 때문에 단지 한 가지 방법을 적용하는 것에 비해 더 포괄적 평가를 하게 만든다. 따라서 평가에 도움이 될 뿐 아니라 신뢰도와 타당도를 높이는 고유한 정보를 제공하게 된다. 그러나 정보 수집에서 어떤 방법이 다른 것에 비해 더 적절할지를 결정하는 사람은 바로 임상가다. 평가적 정보를 얻기 위해 여러 유형과 다양한 출처를 사용하는 것이 중요하다. 왜냐하면 외현화된 장애의 높은 공병률에 반영되듯이 부적응적인 아동 · 청소년의 분노/공격성이 광범위한 문제와 종종 관련되고, 아동 · 청소년에 관해 여러 출처와 유형에서 나온 정보들 간에 일치도가 낮기 때문이다(예를 들어, Johnson, 2003).

어떤 치료적 이득이 있는지를 확신하기 위해서는 치료 과정에 걸쳐 중다 방법을 사용한 평가가 유용하다. 현장의 임상가들은 대개 내담자 자신이나 부모가 보고한 결과에 더 의존하기 때문에, 이런 평가가 항상 가능하지는 않을 것이다. 실험 연구들의 경우, 분노 관리 개입을 평가하기 위해 최소한 두 번의 시기 동안 평가하는 것이 중요하다. 한 번은 치료 선택을 위해 처음에, 그리고 개입이 시작되기 직전에 다시 평가한다. 이런 방식으로 자기 보고 척도의 안정성 문제뿐 아니라 치료 직전의 내담자의 실제 상태를 확실하게 알 수 있다(Kendall & Flannery-Schroeder, 1995; Kendall, Hollon, Beck, Hammen, & Ingram, 1987).

더 일반적인 수준에서 치료적 노력은 문제해결의 틀 안에서 개념화되어 왔고(예를 들어, Nezu, 2004), 더 최근에는 치료 과정에 따라 임상가의 의사 결정 과정을 촉진시키기 위해 사례 개념화 접근법이 개발되었다(예를 들어, Needleman, Finch, Lochman, Nelson, & Roberts, in press; Parson, 2006). 사례 개념화는 평가나 치료의 새로운 형식이 아니다. 그보다는 치료자와 아동 · 청소년-가족이 현재 문제를 단순하게 이해하게 만들어 치료를 받게 하고, 효과적이고 효율적인 치료 개입으로 이끄는 통합적 과정이다(예를 들어, Kuyken, Padesky, & Dudley, 2008; Sacco & Beck, 1995). 핀치, 로크먼, 넬슨과 로버츠(Finch, Lochman, Nelson, & Roberts, in press)는 성인에 대한 이러한 이전 접근법들의 구성 요소들을 선택하고 통합하여 가족 맥락 내에서 아동 · 청소년 내담자에게 이를 사용하도록 확장한 두 가지 사례 개념화 요약 양식(Case Formulation Summery Forms, 행동치료와 인지행동치료 양식)을 개발하였다. 왜냐하면 아동 · 청소년을 위한 대부분의 평가와 치료 절차에서도 대개 그랬듯이, 현존하는 사례 개념화 모형들은 처음에는 성인 내담자를 위해 제작되었기 때문이다. 비록 아동 · 청소년에 대한 사례 개념화 논의가 이 장의 범위를 벗어나지만, 치료(특히 행동적이고 인지행동적으로 지향된 치료자의 치료)는 아동 · 청소년 치료에 대해 사례 개념화의 틀 쪽으로 계속 확장되고 통합될 것이다.

실제 치료에서는 임상가가 청소년의 분노나 공격성이 자신이나 타인을 해치는 쪽으로 향해 있는 정도 및 그와 관련된 요인들을 이해할 때 치료 관계가 향상된다. 분노와 공격성이 어떻게 경험되는지에 있어서는 성에 따른 차이가 있다. 일반적인 지역사회에서 남아들은 분노를 타인에 대한 공격 행동으로 외현화하는 경향이 있는 반면, 여아들은 분노를 자기 자신 쪽으로 더 내재화한다. 반사회적 행동과 외현화된 공격성에 관여된 여아들은 신체적 학대와 성적 학대의 가족 배경을 더 많이 갖고 있다(Cannor et al., 2004). 마찬가지로, 거주 시설 치료에서 반항적인 여아들은 남아들에 비해 내재화 증상과 외현화된 공격 행동 모두 더 많이 경험한다(Doerfler, Toscano, & Connor, 2009). 아동기에 성적 학대를 받은 과거력에 더해, 거주 시설 치료를 받는 이러한 여아들은 같은 치료를 받는 남아들에 비해 더 심각한 정신병리와 알코올/약물 사용 과거력을 갖고 있다(Connor et al., 2004).

또한 분노를 이해하는 첩경으로 두 가지 핵심 요인이 있다. 내담자가 채택하는 공격 행동의 유형(외현적 대 관계적)과 공격성의 목적에 대한 내담자의 지각(의도적 대 반응적)이 그것이다(Marsee & Frick, 2007). 소녀들은 관계적으로 공격적인 것으로 또래들에게 보이는 데 비해, 소년들은 외현화된 공격성으로 더 자주 묘사된다(예를 들어, Cairns, Cairns, Neckerman, Ferguson, & Gariepy, 1989; Crick & Grotpeter, 1995; Xie, Cairns, & Cairns, 2002). '관계적 공격성'은 조종과 압력 주기를 통해 또래 관계에 손상을 가져옴으로써 타인에게 더 간접적으로 해를 입히는 데 비해, '외현적 공격성'은 타인에게 해가 될 수 있는 직접적인 언어적 · 신체적 공격성 모두와 관련된다. 관계적 공격성의 예로는 거짓 소문을 만들어 내는 것, 누군가를 모욕하거나 성적으로 깎아내리기 위해 공개적으로 비난하는 것, 그리고 여럿이 협동하여 피해자를 외톨이로 만들도록 종용하는 것 등이 있다. 또한 관계적 공격성은 외현적인 공격성에 선행해 나타나는 경향이 있다(Odgers & Moretti, 2002). 더욱이 최근의 기술 변화(예를 들어, 온라인 사회적 네트워크 사이트, 즉각적인 메시지 전달, 채팅룸, 그리고 휴대폰 문자 메시지 서비스)는 잠재적으로 수많은 사람과 즉각적인 의사소통을 가능하게 하고 공격자의 익명성을 제공한다. 결과적으로 **사이버 괴롭힘**(cyberbulling, 즉, 고의적인 온라인 괴롭힘)이 점점 더 청소년들이 피해를 당하는 방식이 되었고(Mitchell, Ybarra, & Finkelhor, 2007), 이런 피해 유형은 관계적 공격성이 현대적 기술을 이용한 것이다. 대표성을 지닌 935명의 13~17세 청소년을 대상으로 십대의 인터넷 사용에 대한 전국적인 조사를 실시한 결과, 온라인 사회적 네트워킹에 관여하는 것과 온라인 괴롭힘 발생률 간에 정적 연관성이 나타났다. 이에 더해 이 연구자들은 소년의 39%에 비해 소녀들은 61%가 사이버 괴롭힘을 당했다고 보고해 더 많이 피해를 당한다는 것을 발견했다(Mesch, 2009).

임상가는 공격 행동이 분노 유발의 인식에 대한 반응으로 나타나는지, 미리 계획한 것인지, 또는 이유 없이 냉정한 공격인지 여부로 내담자의 공격 행동 이면의 기능이나 의도를 탐색함으로써 득을 볼 것이다. 반응적 공격성은 어떤 가해가 자신에게 이미 행해졌다고 내담자가 인식할 때 일어난다. 따라서 그들은 어떤 사람이나 상황이 자신들로 하여금 공격적인 방식으로 반응하게 유도했다고 믿는다(Dodge, 1991). 반응적 공격성을 보인 내담자들은 그들의 공격 행동이 정당화될 수 있고, 필요하거나 피할 수 없는 것이라고 인식할 가능성이 있다. 마시와 프릭(Marsee & Frick, 2007)은 청소년 구류 판결을 받은 여자 청소년 표본에서 이처럼 유도된 공격 행동이 참가자의 감정 관리 및 조절의 결함과 정적으로 연관됨을 발견했다. 전형적인 분노 유발 상황에서 소녀들은 소년들에 비해 공격성을 통해 응수하는 것이 더 적으며, 상황을 개선시키는 방법을 더 찾으려 한다는 일부 증거가 있다(Champion & Clay, 2007). 어떤 사람은 단지 방어적이거나 반응적인 이유로 타인에 대해 공격적으로 행동하지만, 다른 사람들은 스스로 공격 행동을 시작하고, 또 다른 사람들은 두 경우 모두에 관여한다(Anderson & Bushman, 2002; Walters, 2005).

의도적인 공격성은 미리 계산되고, 의도적인 자기 이득을 목적으로 하는 유발 원인 없이 일어나기 때문에 반응적 공격성과는 다르다. 더욱이 의도적인 공격성은 반사회적 행동과 유사하게 냉정한 행위와 공감 결여의 특성이 있다(Dodge, 1991). 마시와 프릭(2007)은 청소년 구류 체계 내의 소녀들 간에 일어나는 관계적 공격성이 의도적 대 반응적 공격성의 기능과 연관되어 있다는 홍미로운 발견을 하였다. 소년과 소녀 모두에게서 특히 행동의 의도와 유형 간 관계를 탐색하기 위해 더 많은 연구가 필요하다. 마시와 프릭은 공격성의 유형과 외적으로 유발된 것인지 그렇지 않은 것인지에 따라 특정한 치료적 접근이 제공될 수 있다고 제안한다. 효과적인 분노 치료는 성별 역할을 고려하고 내담자가 외현적, 관계적, 반응적 또는 의도적 공격 행동에 관여하는 정도를 고려해야 한다. 이 요인들은 초기 평가와 치료 동안 의미 있는 분노 위계를 이해하게 해 준다.

평가 단계는 외부 환경적 자극과/또는 내적 '촉발 요인들'을 파악하기 위해 철저한 중다 방법 과정—행동적 면담과 관찰, 부모, 교사, 또래 그리고 자기 보고의 평정 척도들을 통해—을 포함한다. 평가 기법들은 임상가가 인지, 정서 그리고 행동 간의 상호 연관성을 이해하도록 도울 뿐 아니라, 아동과 협동적 동맹을 발달시키는 '함께 하기'에 사용될 수 있다. 두 번째 단계인 교육 단계는 아동의 분노 감정의 본질과 이후의 공격 행동이 어떻게 자기 패배적이고 '스스로를 어려움으로 몰아넣는지'에 대해 아동에게 가르치는 것과 관련된다. 따라서 교육 단계는 아동·청소년으로 하여금 분노 경험(인지와 생리적 사건들과 관련된)이 어떻게 부적응적인 행동 표출을 가져오는지에 대해 더 잘 알게 하는 단계다. 이런 증가된 자각은 자율신경과 생리적 과정의 자기 관찰이나 자기 감찰을 통해 아동이 분노의 두 구성요소(생리적 느낌과 인지)를 더 잘 이해하게 하는 것과, 분노와 이후의 공격성을 더 잘 관리하게 하기 위한 기술 습득 단계인 세 번째 단계에서 이것들이 어떻게 사용될 수 있는지와 관련된다. 따라서 이런 자기 관찰은 분노와 공격적인 행동 표출을 일으키는 환경적인 '촉발 요인들'을 아동이 더 잘 인식하게 할 뿐 아니라, 부적응적인 인지적-생리적-행동적 순환 고리를 인식하도록 돕는 데에도 활용된다. 적용 훈련 단계에서 아동들은 새롭게 배운 분노 관리 기술들을 연습하기 위해 더 심각한 문제 상황으로 점진적이고 위계적으로 노출된다. 마지막으로, 치료 효과를 최대한 일반화하고 지속시키기 위해 재발 방지와 실제 종결이 계획되고 다루어질 필요가 있다.

『평정심을 유지하기(*Keeping Your Cool*)』(Nelson & Finch, 2008; www.WorkbookPublishing.com)라는 치료 워크북에서는 행동으로 표출하는 아동들에게 사용할 수 있도록 가장 자주 사용되는 인지행동적 개입 기법 다섯 가지가 통합되었다. 그 프로그램은 구조화되어 있지만 유연하게 사용될 수 있다. 또한 치료 회기 중에 사용되는 〈평정심을 유지하기: 분노 관리 비디오(Keeping Your Cool: The Anger Management Video)〉(Nelson, 1998)에서는 시범자들이 분노의 본질에 대해 내담자(그리고 부모)를 교육하고, 구체적인 분노 관리 기술들을 내담자에게 가르친다. 이것은 『평정심을 유지하기』 워크북의 원판과 함께 개발되어 2판(2008)을 사용할 때도 쉽게 적용될 수 있다. 이 프로그램은 일차적 또는 이차적 개입으로 집단이나 개인에게 사용될 수 있다. 사실상 「청소년 폭력: 공중위생국 장관 보고서(*Youth Violence: A Report of the Surgeon General*)」(U.S. Department of Health and Human Services, 2001)는 예방과 치료라는 두 유형의 개입 프로그램이 청소년의 공격성/폭력을 감소시키는 데 있어서 희망적임을 시사하였다. 효과적인 방략들은 기술 훈련, 사회적 문제해결, 생각하기 기술 및 사회적 조망 수용 등을 포함한다. 사실상 이 보고서는 "기술 지향적 프로그램들은 청소년 폭력과 위험 요인의 감소에 가장 효과적인 일반적 방략들이다."(p. 106)라고 결론 내렸다. 『평정심을 유지하기』 워크북은 이처럼 경험적으로 지지된 많은 절차—언어적 자기 지시, 이완훈련, 문제해결, 자기주장 훈련 그리고 유머—를 통합하여 심리교육적 워크북 형식으로 만들었다. 이런 특별한 절차들은 개인적으로 적용하기에 유용하고, 분노 관리에 대한 인지행동적 모형 내에서 이론적 일관성이 있기 때문에 선택되었다.

이완 훈련(Jacobsen, 1938)은 여러 근육군을 구분하고, 이완과 긴장의 느낌을 비교하는 것과 관련된다. 아동용으로 수정했을 때(예를 들어, Koeppen, 1974) 이완훈련은 불안(Eisen & Silverman, 1993), 우울(Dujovne, Barnard, & Rapoff, 1995), 분노(Deffenbacher, Lynch, Oetting, & Kemper,

1996)의 감소뿐 아니라 긍정적인 태도의 증가에도 유용하다는 것이 밝혀졌다(Benson, Kornhaber, Kornhaber, & LeChanu, 1994). 게다가 화가 나 있는 아동들과 했던 우리의 임상적인 작업에서 나타난 차이에서처럼, 이완 훈련이 인지 훈련보다 신체 증상에 더 효과적일 수 있다(Eisen & Silverman, 1993). 분노 관리의 문제를 갖고 있는 대부분의 아동과 청소년은 분노가 증가할 때 근육도 긴장한다. 이런 긴장의 증가는 일부 공격 행동의 준비로서 종종 해석되는 신호다. 이완 훈련을 통해, 아동은 이런 신호를 이완이 필요한 것으로 해석하도록 배울 수 있다.

『평정심을 유지하기』 워크북의 또 다른 치료 방략은 문제해결이다. 문제해결 훈련은 우울(Clarke, Lewinsohn, & Hops, 1990; Stark et al., 1996), 불안(Kendall, Hudson, Gosch, Flannery-Schroeder, & Suveg, 2008) 그리고 분노(Larson & Lochman, 2002; Lochman, 1992)의 치료에 사용되어 왔다. 임상적으로, 공격적인 아동과 청소년들은 대인관계 문제를 해결하는 데 현저한 결함을 보인다. 다양한 문제 상황에 대한 그들의 첫 반응은 분노이고, 대안적 해결책을 찾는 다른 기술들이 부족한 것 같다.

자기주장 훈련은 앨버티(Alberti)와 에먼스(Emmons)가 2001년에 여덟 번째 개정판을 출판한 『전적으로 당신의 권리(*Your Perfect Right*)』라는 자조 도서에서 볼 수 있듯이, 널리 사용되어 온 대중적인 개입이다. 낮은 수준의 주장성 등의 부적절한 사회적 기술과 정신병리 간의 연관성을 고려해 볼 때, 대인관계에서 자기주장을 증가시키는 개입은 특히 젊은이들에게 필요하다(Eskin, Ertekin, & Demir, 2008). 분노 관리를 위해 자기주장 훈련을 사용하는 논리는 사람들이 자기 자신을 내세우거나 혹은 적절하게 주장적인 방식으로 자신의 욕구를 타인에게 알리는 데 어려움이 있고, 이러한 기술의 결함으로 인해 공격적이거나 화난 방식으로 반응한다는 것이다. 선행 연구들에 의하면 자기주장 훈련은 자기 보고한 공격성을 감소시키고(예를 들어, Dong, Hallberg, & Hassard, 1979), 교사와 적절한 상호작용을 증가시키는 데 효과적인 개입으로 밝혀졌다(예를 들어, Pentz, 1980). 더 최근에는 중학생의 공감과 타인 배려 및 자기 행동 통제를 향상시키고(Sanz de Acedo Lizarraga, Ugarte, Cardelle-Elawar, Iriarte, & Sanz de Acedo Baquedano, 2003), 소녀들의 물질 사용의 시작을 늦추는 데 효과적인 것으로 밝혀졌다(Kumpfer, Smith, & Franklin Summerhays, 2008).

계획된 유머는 재미있고 즐거우며, 따라서 분노와는 병행할 수 없는 정서 반응을 유발한다. 치료에서 유머의 사용(Buckman, 1994; Chapman & Chapman-Santana, 1995; Fry & Salameh, 1993)과 평가에서 유머의 사용(Dana, 1994; Dowling & Fain, 1999)이 논의되었고, 유머를 아동과 청소년들에게 사용하기 위한 구체적인 지침들이 출판되었다(Ventis & Ventis, 1988). 유머의 사용에 대한 논의에도 불구하고 그것의 효과성에 대한 연구는 별로 없다. 우리의 임상적 직관은 유머가 아동 · 청소년의 긴장과 분노를 감소시키는 데 효과적인 수단이 될 수 있을 뿐 아니라, 치료자와 내담자 사이의 협동적인 치료 관계를 향상시키는 데 도움이 될 수 있다는 것이다.

비록 치료자 매뉴얼의 가치에 대해 논쟁이 있어 왔지만(예를 들어, Beutler, 2004; Levant, 2004), 치료자 매뉴얼과 아동 워크북은 임상가들에게 치료에 대한 지침이나 향상에 대한 이론적 틀뿐 아니라, 개입 기법들에 대한 구체적인 기술과 절차들을 제공한다. 워크북은 규칙들의 기계적인 모음이 아니라 치료자가 인지행동적 개입의 구조에 도달하는 수단이다.

『평정심을 유지하기』 워크북은 인지행동적 접근에 근거를 두고, 행동으로 표출하는 아동과 청소년에게 분노 관리 기술들을 가르치기 위한 연속적인 프로그램을 제공한다. 이 워크북에 제시된 다섯 가지 구체적인 개입 방략은 아동들이 잠재적으로 문제 있는 상황을 빨리 파악하고, 환경적 단서를 더 정확하게 자각해 처리하며, 매일의 문제들이나 분노를 유발하는 상황을 다루는 데 있어서 그들이 적용할 수 있는 다양한 분노 관리 기술을 배우도록 돕는다. 이런 기본적인 방략들은 인지행동치료 문헌들에서 경험적으로 지지된 다른 인지행동적 기법들—목표 설정, 자기 감찰, 조망 수용 그리고 비합리적 신념을 변화시키기—로 확대된다.

1) 단계 1: 평가(사례 개념화)

아동의 분노를 평가하는 것은 중다 차원 과정이며, 현재 문제가 본질적으로 어떤 것인지에 의해 영향을 받게 된다. 그러나 특정한 핵심적 구성 요소들은 반드시 고려되어야 한다. 초기 결정은 첫 면담에 치료자가 누구를 만나야 할 것인가와 관련된다. 어떤 치료자들은 문제의 본질을 결정하기 위해 부모를 처음 만나야 한다고 주장한다. 다른 치료자들은 처음에 아동만 만날 것을 제안하고, 또 다른 치료자들은 첫 회기 동안 가족 전체와 만날 것을 제안한다. 우리는 첫 회기 동안 가족 전체를 보는 것을 추천한다. 이는 비밀스러운 어떤 것이 계획되고 있다고 아동이 지각하는 것을 방지할 수 있다. 분노 관리에 어려움을 갖고 있는 아동들은 권위 인물들과 갈등을 겪은 과거사를 갖고 있고, 곤경에 처하게 되리라고 쉽게 믿는다. 부모가 다른 권위 인물과 만나는데 무슨 말을 하는지 듣지 못한다면, 아동은 부정적으로 지각하게 될 가능성이 있다. 부가적인 염려가 한부모 가정의 아동 · 청소년들에게 생길 수 있다. 그들은 외부의 권위자가 그들의 부모와 위협적인 동맹을 맺어, 그들의 빈약한 부모-자녀 관계를 더 위험으로 몰아넣을 것이라고 걱정할 수 있다.

다른 문화의 내담자와 치료 작업을 하는 경우, 문화적으로 민감하게 작업해야 하고, 인종/민족이나 문화 집단에 특유한 가족 구조, 성역할 그리고 의례에 친숙해야 하며, 협동과 자문을 구할 자원을 가져야 한다. 예를 들어, 존경(respeto)에 대한 문화적 가치관에서, 라틴계 가족은 어른이나 연장자에게 '씨'와 같은 존칭을 붙이지 않으면 매우 모욕적이라고 느낀다(Santiago-Rivera, Arredondo, & Gallardo-Cooper, 2002). 이와 유사하게, '음-음' 같은 최소한의 격려하는 언어 등의 특정한 언어적 의사소통을 사용하는 것은 효과적인 심리치료 기술로 간주되지만, 중류층의 아프리카계 미국인 노인에게 이런 표현은 존경하지 않는(그리고 비하하는) 말로 종종 받아들여진다. 더욱이 '음-음'은 다른 많은 언어의 경우에 존재하지 않기 때문에, 영어의 뉘앙스에 친숙하지 않은 중국인 내담자들에게 이런 말을 사용하는 것도 추천되지 않는다(Helms & Cook, 1999).

가족 전체를 만나 보는 것의 또 다른 이점은 가족 구성원들의 상호작용을 관찰할 수 있다는 것이다. 상호작용을 직접 관찰함으로써 존경, 의사소통 라인, 제휴 그리고 역할 등에 대한 상당한 정보를 쉽게 알 수 있다. 순종과 거부의 문제를 어떻게 가장 잘 다루는지에 대해서도 금방 평가할 수 있다. 게다가 임상가는 현재 문제로 인해 부모가 자녀에게 그리고 서로에게 얼마나 화가 나 있는지에 대한 정보를 어느 정도 얻을 수 있다. 이런 정보는 치료를 하는 동안 유용할 수 있다.

가족 전체와 함께 하는 첫 회기 후에, 다음 회기는 부모만 만나는 것 또는 아동만 만나는 것으로 나눌 수 있다. 이 만남들 동안에, 분노를 다루는 문제의 일반적인 발생률과 구체적인 발생률에 대해 더 자세한 정보를 얻는다. 이때 아동을 방어적으로 만들지 않도록 주의할 필요가 있다. 종종 자연스러운 반응은 아동이 위축되고 말을 안 하는 것이다. 그런 경우에는 문제를 최소화하려는 것이 예상되므로, 치료자는 아동을 치료 기관에 오게 만든 구체적인 문제들보다는 다른 주제들을 아동과 이야기하는 '준비' 기간이 필요할 수 있다. 이 '준비' 기간은 내담자와 치료자가 인종이나 민족이 다를 때 필수적이다. 예를 들어, 많은 아프리카계 미국인 십대 소년들은 전반적인 사회에서 권위 인물의 부당함에 대한 기대를 치료 관계에까지 일반화할 가능성이 있다는 점에서, 신뢰를 형성하는 데 추가적인 시간이 필요하다. 이와 유사하게 라틴계 아동 · 청소년들은 치료적 동맹을 거부하기도 하는데, 차별에 대한 환멸뿐 아니라 특히 가족 구성원들이 이전에 이민 당국에 대한 두려움을 가졌던 경우에 그럴 수 있다.

치료자는 '공동의 적'인 분노/공격성에 대항해서 아동과 동맹을 맺어야 한다. 그러나 이런 동맹은 느리게 그리고 간접적으로 형성될 가능성이 크다. 게다가 임상가는 가족의 인종/문화적 지향점의 맥락 내에서 어떻게 분노가 이해되고 표현되는지를 결정해야 한다. 분노가 정당화될 수 있을 때, 임상가는 관련된 행동이 해로운 정도를 평가하는 동시에 그들의 감정에 대해 공감을 보여 주는 방식으로 가족과 관계 맺는 것이 중요하다. 내담자의 인종/민족적 규범 및 관련된 권위 인물의 규칙과 법을 계속 염두에 두면서 분노/공격성의 표현이 문화적으로 건강한 것인지 또는 정상적인 적응적 행동 범위를 넘어선 것인지를 구별할 필요가 있다.

아동들을 면담하는 데 다양한 방향을 선택할 수 있다. 분노 관리 문제를 가진 아동들은 개방형 질문에조차 자주 한두 단어로만 답하거나 단순히 어깨만 으쓱하기도 한다. 인지행동치료자가 탐색하고 싶어 하는 많은 요인이 개인적인 것이므로(예를 들어, 부정적인 자기 진술, 타인의 의도에 대한 잘못된 지각), 치료자는 아동을 지지하고 인내해야 한다. 아동들은 자주 문제를 최소화하거나 자기 자신이 '가장 훌륭했을 때'를 제시하려 한다. 직면시키는 것은 도움이 되지 않는다. 그것은 아동의 방어만 증가시킨다. 11세 된 스티브와의 다음 사례 내용에서 이런 접근을 볼 수 있다.

〈치료실에서〉

치료자: 여동생에게 화가 났던 가장 최근의 일에 대해 이야기해 보렴.

스티브: 학교에 늦어서 뛰어가고 있었어요…….

치료자: '늦어서 뛰어간 것'에 대해 좀 더 얘기해 보렴. 무슨 일이 있었지?

스티브: 여동생이 저에게 '게으름뱅이'라고 했어요.

치료자: 너를 게으름뱅이라고 했을 때, 너는 어떻게 했니?

스티브: 네가 나에게 게으름뱅이라고 할 때 화가 난다고 말했어요. 그러자 여동생이 미안하다고 했어요.

[설명: 치료자는 스티브가 실제로는 여동생에게 책을 집어던지고 이어서 신체적인 싸움을 했으며, 스티브가 너무 화를 내고 공격적이어서 그의 어머니가 그를 통제할 수 있는 지원군을 찾아야 했다는 것을 알고 있었다. 그러나 치료자는 스티브가 자신을 좋은 사람으로 보이려 애쓴다는 것 또한 믿었다. 치료자가 만약 이것을 직면시킨다면, 스티브가 더 방어적으로 반응하리라는 것을 알고 있었다. 치료자는 '비껴 가기'로 반응한다.]

치료자: 여동생이 너를 화나게 만들었을 때 네가 그렇게 잘 처리하지 못했던 또 다른 경우에 대해 말해 줄 수 있을지 궁금하구나. 네가 여동생에게 화를 냈던 때에 대해 얘기해 다오.

[설명: 여기서 치료자는 그가 분노를 잘 다루지 못했던 경우를 선택하여 자유롭게 치료자에게 이야기하도록 스티브에게 허용하고 있다. 따라서 스티브가 자신이 가장 훌륭했을 때를 제시할 필요가 없다.]

분노 관리의 문제를 갖고 있는 아동들에게 사용될 수 있는 여러 면담 기법이 소개되었고(Finch, Nelson, & Moss, 1993), 여기서는 몇 가지만 논의하겠다. 아동으로 하여금 사건에 대해 '영화를 상영하도록' 하라. 아동들은 비디오/DVD에서 '정지', '되돌리기', '재상영' 같은 용어들에 친숙하고, 이런 활동에 별 어려움이 없는 것 같다. 치료자는 아동에게 눈을 감고 사건을 시각화하라고 요청한다. 그다음에 아동에게 그 장면을 '상영'하고 무엇이 상영되는지에 대해 치료자에게 말로 설명해 줄 것을 요청한다. 치료자는 내적 대화, 시각적 심상, 생리적 감각들, 그리고 잠재적으로 중요한 다른 세부 사항들에 대해 구체적인 질문을 함으로써 아동이 주의를 기울이도록 도울 수 있다. 아동이 이런 설명을 하는 동안, 치료자는 나중의 '재상영'과 미래 회기 동안의 '편집'을 위해 그 장면을 '기록'(상세하게 적는 것)할 필요가 있다. 협동적 동맹이 계속 형성되고 있는 이 초기 단계 동안 치료자는 청소년의 행동에 대해 도전하거나 판단하거나 교정하는 대신 이해하려 노력해야 한다는 것을 기억하라.

어린 아동들(10세 미만)은 '영화를 상영하는 것'을 자주 어려워한다. 그들은 주의가 산만해서 더 구체적인 접근 방법을 필요로 한다. 한 가지 접근 방법은 '연기자 그리기'다. 이 과제에서 아동은 그 장면을 설명하도록 요청받고, 치료자는 설명된 장면을 막대기 인물 그림으로 그린다. 치료자는 원하는 감정, 생각 그리고 신체 감각들에 대해 실제적으로 정보를 얻으면서 '그림 그리기'를 도와달라고 아동에게 요청할 수 있다. 외적 언어는 실선의 말풍선으로 그려지는 반면, 내적 대화는 생각 풍선으로 표시될 수 있다(만화에서 사용되는 것처럼; 또한 Kendall, 이 책 1장을 보라). 아동들은 이 과제를 즐거워하는 경향이 있고, 이는 이후의 치료에 유용한 협동감을 발달시키는 데 도움이 될 수 있다.

아동들의 분노를 평가하는 데 사용되는 또 다른 절차들은 자기 보고 척도를 사용하는 것이다. 분노가 생각, 태도 및 감정으로 구성된 각성의 내적 상태이기 때문에, 자기 보고 척도는 분노 경험과 분노 표현 둘 다를 직접적으로 평가하는 방법이다(Kerr & Schneider, 2008). 퀘이와 라 그레카(Quay & La Greca, 1986)가 처음 지적했듯이, 내적 자기 진술과 정서는 부모와 교사가 정확하게 파악하기 어렵다. 그럼에도 불구하고 자기 보고 척도들을 사용하는 것은 아동이 그(녀)의 내적 감정을 기꺼이 보고하려 하고, 보고할 능력이 있다는 것을 가정하기 때문에 특히 아동에게 분노에 대한 자기 보고 척도를 사용할 때 염려가 될 수 있다. 이런 사실은 분노를 평가하는 데 있어서 신뢰하고 협동하는 관계의 발달이 더 중요할 수 있음을 뜻한다.

한 가지 유용한 자기 보고 척도는 아동 분노 척도(Children's Inventory of Anger: ChIA; Nelson & Finch, 2000)다. 38개 문항의 ChIA는 아동에게 각 항목이 자신에게 얼마나 해당되는지를 '상관 안 한다. 그 상황은 나를 괴롭게 하지도 않는다. 나는 왜 그것이 누군가를 미치게(화나게) 만드는지 모른다.'부터 '나는 그것을 참을 수 없다. 나는 너무 화가 난다! 나는 그 사람을 해치거나 죽이고 싶고 그것을 부수고 싶다!'까지 4점 척도상에 평정하도록 요청한다. 문항들은 4학년 읽기 수준으로 써 있고 집, 학교, 또래 상호작용 그리고 잠재적으로 화가 날 수 있는 다른 상황들에서 일어날 수 있는 다양한 장면을 담고 있다. 또 다른 많은 자기 보고 척도 또한 유용한 것으로 밝혀졌다. 커와 슈나이더(Kerr & Schneider, 2008)는 문헌들을 개관하여 1985년 이후 출판된 연구들에서 아동과 청소년에게 사용되는 분노 평가에 대한 자기 보고 척도 10개를 확인하였다. 이 척도들 중에서 상태-특성 분노 표현 척도(State-Trait Anger Expression Inventory: STAXI, STAXI-2; Spielberger, 1996, 1999)는 심리측정적 속성이 양호하고 가장 널리 사용된다. 이 척도는 아동, 청소년 및 성인에게 사용될 수 있는 연령 규준이 있는 척도다. STAXI는 (분노 기질과 특성 반응의 두 하위 척도로 구분되는) 내적 분노, 외적 분노, 분노 통제, 분노 표현, 상태 분노, 특성 분노의 6개 척도로 구성된다. STAXI는 44개의 리커트 유형의 문항들로 구성되고, STAXI-2는 9개 문항이 더 추가되어 있다. 가장 최근 개정판은 아동·청소년 상태-특성 분노 표현 척도(State-Trait Anger Expression Inventory for Children and Adolescents: STAXI-CA; del Barrio, Aluja, & Spielberger, 2004)다. 이 척도는 32개 문항으로, 상태 분노가 신체적 분노와 언어적 분노의 두 하위 척도로 구분되지만 STAXI와 동일한 척도와 하위 척도들로 구성되어 있다.

아동의 분노 표현과 분노 관리에 대한 정보는 자기 보고 척도에 더해 아동을 상황적 맥락에서 관찰할 기회를 가진 다른 사람들뿐 아니라 부모와 교사들로부터 얻어질 수 있다. 아동 행동평가척도(Child Behavior Checklist: CBCL; Achenbach, 1991; Achenbach & Edelbrock, 1983) 같은 행동 평정 척도들은 중요한 성인이 아동의 행동을 관찰해 평정하게끔 해 준다. 부가적으로 자주 사용되는 평정 척도는 아동 행동평가체계(Behavioral Assessment System for Children: BASC; Reynolds & Kamphaus, 1992)다. 이 척도들은 상이한 관점에서 아동에 대한 자료를 제공하기 때문에, 두 척도 모두 아동의 즉각적인 치료 요구를 이해하고, 나중에는 치료 효과를 평가할 때 매우 도움이 될 수 있다. 중요한 성인을 평가에 관여시키는 것은 인지행동적 모형과 일관되고, 또한 특히 경제적으로 어려운 가족의 경우처럼 사회경제적, 문화적 그리고 인종적 배경에 근거를 두고 여러 중요한 권위 인물들이 아동의 개입에 포함되어야 하는 '중다 체계' 모형에서도 나타난다(Boyd-Franklin, 2003). 이런 예로는 비공식적인 양육을 하는 친척이 아닌 대모, 가족 재결합 계획에 관여하는 사회복지사 또는 통과의례 프로그램 명령을 받은 아동들의 멘토 등이 있다. 이런 사람들은 아동 행동의 배경, 선행 사건들 그리고 이후의 결과 등에 대해 치료자에게 중요한 정보를 제공할 수 있다. 게다가 가족 구성원들은 치료자의 배경이 가족의 배경과 다를 때 자문을 받아야 한다. 확대가족이 제공하는 확증적인 정보와 협동적인 지지가 특정한 아동을 위한 개인 맞춤형 치료 프로그램에서 자주 매우 유용하다는 것이 밝혀졌다. 이에 더해 아동들은 자기 자신의 행동에 대해 항상 가장 잘 보고하는 사람은 아니다. 오히려 아동들은 어떤 상황에서 자신들의 역할을 부인하거나 최소화하거나, 한편으로 자신의 행동을 때때로 자각하지 못한다(Finch & Politano, 1994).

핀치, 넬슨과 모스(Finch, Nelson, & Moss, 1993)가 논의했듯이, 치료자는 정보 제공자와 면담할 때 ① 아동의 불평, 증상들 그리고 스트레스원에 대한 견해, ② 아동의 현재 환경(집, 학교, 또래들)에 대한 견해, ③ 아동의 발달과 과거력에 대한 견해, ④ 아동의 미래에 대한 기대 등에 대한 정보를 얻는 데 초점을 맞출 수 있다.

비공식적으로, 우리는 분노 유발 상황에 대해 역할 연기를 사용하는 것이 유용함을 발견하였다. 아동은 무대에서 공연되는 분노를 유발하는 상호작용에 반응하도록 요청받는다. 선택적인 행동 역할 모델링이 적용되는데, 청소년은 그(녀) 자신의 상황을 상기시키는 영화, 뮤직 비디오, 비디오 게임 등에 나오는 인기 있는 인물과 동일시하고 그 역할을 연기한다. 이 방법은 청소년으로 하여금 자신의 성, 인종 또는 민족적 차이를 인식하게 하여 자신의 하위 문화 틀 안에서 작업하도록 허용하고, 자기를 개방하기 어려울 때 스스로를 쉽게 개방하도록 촉진시킨다. 한 가지 예가 〈인크레더블 헐크(Incredible Hulk)〉인데, 이 만화 캐릭터는 좌절하거나 공격당하거나 혹은 당황할 때 파괴적인 격노와 초인간적인 힘을 경험하는 인물상이다. 분노 문제를 가진 아동·청소년은 자신을 헐크와 쉽게 동일시한다. 그의 녹색 피부와 좋지 않은 환경들은 인종, 민족 그리고 사회계층을 초월하여 화가 난 아동·청소년들의 심금을 울리는 것으로 보인다. 몇 분간의 '준비 작업' 후에 대부분의 아동은 이 상황에 편안해지고, 그들을 의뢰하게끔 만든 동일한 행동에 몰입한다. 우리는 아동들이 이런 인위적인 상황에서 화를 내는 횟수에 놀랐다. 한계를 명확하게 정의하고 '연기를 멈추게 하는' 신호를 주기 위해, 이런 역할 연기 상황이 시작되기 전에 '기본적인 규칙들'을 확립하는 것이 중요하다. 이 같은 중단 계획이 명확하게 정의되었을 때, 부모, 형제자매 그리고 또래들이 성공적으로 활용될 수 있다. 이런 '연출된' 상호작용을 사용하여 상당한 양의 정보를 얻을 수 있다.

2) 단계 2: 교육 단계(인지적 준비)

교육 단계는 평가 단계와 구분되는 것이 아니라 확장된 것이다. 이 단계는 다음의 네 가지 주된 목적이 있다. ① 공동의 '적'인 분노에 대항해 아동과 함께 작업하기 위해 협동적 동맹을 계속 유지하기, ② 아동의 분노와 이후의 공격 행동의 본질에 대해 아동이 더 잘 이해하도록 돕기, ③ 분노를 유발하는 반응 연쇄에서 인지-정서-행동 간의 관련성을 초기에 빨리 알아채기, ④ 분노-공격성 반응 패턴을 '촉발'하는 특정한 환경적 자극이나 문제들을 계속 파악하고 인식하기다. 첫째, '팀'을 형성하기 위해 아동과 함께 합류하는 전략은 부적응적인 공격 행동에 전형적으로 뒤따르는 혐오스러운 결과를 피하도록 도와주기 때문에, 공격적인 아동들에게 더 좋은 효과가 있다. 협력적 경험주의의 목표가 촉진될 수 있다. 둘째, 공격 행동에 선행하는 분노의 두 구성 요소(인지와 생리적 과정)를 아동에게 가르치기 위한 협동적인 시도에서, 아동은 그(녀)가 자신의 생각/심상과 감정을 통제할 수 있고 더 잘 관리할 수 있으며, 분노를 만들어 내는 스트레스 원천을 고려할 때 자신이 무기력한 희생자가 아니라는 분명한 메시지를 전달받는다. 내담자들은 자신이 '그 문제'(사람 또는 상황)에 따라 움직여야 하거나 '꼭두각시'가 아니며, 공격적으로 행동할지 아닐지를 선택할 수 있다고 배운다([그림 4-2]를 보라). 그들은 '폭발'(혹은 자기 파괴적인 공격적 방식으로 반응)하기 전에 마음으로 퓨즈를 '절단'함으로써

그림 4-2 분노가 어떻게 사람을 조종하는지에 대한 논의를 촉진시키는 워크북 그림
(Nelson & Finch, 2008에서 인용. LochNels Publishing Inc.와 Workbook Publishing Inc.의 허락하에 옮김)

분노를 '중단'시키는 것을 교육받는다([그림 4-3]을 보라).

워크북은 기술 습득 단계에서 부적응적인 인지-정서-행동 반응을 차단하기 위해 아동이 자신의 분노 경험뿐 아니라 개입 방략들을 어떻게 사용할지를 준비하도록 가르치기 위해 치료자가 노련한 노력을 증가시키도록 구체적인 과제를 제공한다. 〈평정심을 유지하기〉 비디오(Nelson, 1998)는 분노의 기본 구성 요소와 그런 정서를 더 잘 관리하는 방법을 묘사하는 모형을 제공하기 때문에 특히 유용할 수 있다. 분노와 공격성에 대한 이해는 성격의 인지행동적 틀로 통합되고 '성격의 ABC'로 제시된다. 달리 말하면, 개인의 성격과 분노 경험은 그가 어떻게 생각하고(A), 느끼며(B), 행동하는지(C)에 의해 결정된다. 이 ABC 패러다임은 합리적 정서 모형으로부터 나온 것이다(Dryden, 2006; Ellis, 1970; Kopec, Beal, & DiGiuseppe, 1994). 촉발시키는 경험인 A(Activating experience)는 아동이 마주치는 외적 사건, 문제 또는 '촉발 요인들'을 지칭한다. 신념인 B(Belief)는 A에 반응하여 나오는 청소년의 내적 감정과 이후의 행동들을 야기하는 생각, 심상 혹은 특정한 자기 언어화를 지칭한다. 따라서 B는 외적 사건에 반응하여 청소년 내에서 일어나는 인지 과정을 상징한다. 이런 과정들은 상황에 대한 아동의 평가, 타인들의 반응에 대

그림 4-3 청소년이 어떻게 분노를 통제할 수 있게 되는지를 논의하기 위해 사용되는 그림
(Nelson & Finch, 2008에서 인용. LochNels Publishing Inc.와 Workbook Publishing Inc.의 허락하에 옮김)

한 기대, 그리고 촉발 사건들에 반응하는 자기 진술 등을 포함한다. 마지막으로, 결과인 C(Consequences)는 청소년의 행동 이후에 타인들로부터 나온 환경적 반응들을 지칭한다.

〈치료실에서〉

다음은 학교상담자가 의뢰한 12세의 멕시코계 미국 소녀인 엘레나와 치료자의 초기 상호작용이다. 엘레나는 학교에서 여러 명의 소녀를 신체적으로 공격한 후에 중학교에서 퇴학당했다. 엘레나는 그 소녀들이 인종 모욕과 그녀의 성적 행동에 대해 거짓된 소문을 퍼뜨린 책임이 있다고 주장한다. 엘레나는 획일적인 지역사회에서 3세 때부터 영국계 외조부모에 의해 양육되었지만, 최근 멕시코계 미국인으로서의 정체감을 갖기 시작했다. 엘레나는 다른 지역에 살고 있는 어머니를 거의 보지 못하고 아버지와 친가 친척들을 만난 적이 없다.

치료자: (인사를 한 후) 최근에 지내기가 많이 힘든 것 같은데 정말 그러니?

엘레나: 아마 그럴 거예요(빈정거리는 말투).

치료자: 학교 보고서를 봤어. 그리고 네 할머니와도 얘기했어. 어떤 일이 있었는지 네가 직접 말해 주겠니?

엘레나: (부루퉁하게) 왜요? 지금은 괜찮아요. (고개를 돌리고 계속 부루퉁함)

치료자: 많은 일이 일어났지? 그리고 그 일에 대해 자꾸 다시 말하기가 피곤하구나. 내 말이 맞니 아니면 틀리니?

[설명: 치료자는 반응적 공격성으로 인해 어떤 일이 일어났는지에 대해 내담자가 말하게 유도함으로써 라포를 형성하려 하고 있다. 이 청소년이 가진 인지는 그녀의 공격적/폭력적 행동이 정당하고(즉, 자신에게 잘못한 사람들에게 복수했다) 목적이 있다(즉, 그녀는 가해자가 더 이상의 악행을 못하게 만들었다)는 믿음을 가져온다. 잘못되게도, 엘레나는 자신의 공격 행동의 결과에서 결백을 기대한다. 따라서 이러한 면죄부를 받지 못했기 때문에 분노 수준이 상승하였다.]

엘레나: 요점이 뭐죠? 선생님이 말하려는 것은 내가 잘못했다는 거죠. 그런 부류의 사람들은 그렇게 당해야 해요! (화난 어조이지만 시선 접촉을 하고 있음)

[설명: 자신의 분노의 출발점을 언급함으로써 엘레나는 개입의 단초를 치료자에게 제공하고 있다.]

치료자: 너는 열두 살이고 벌써 7학년이야. '그런 부류의 사람들'에 대해 내가 이해할 수 있도록 말해 주면 어떨까?

[설명: 이처럼 외적으로 유발된 공격성의 경우, 치료자는 내담자의 분노의 원천이 공격 행동을 '피할 수 없었다'고 내담자가 지각한 상황 안에 있음을 이해하고 있다. 치료자는 부드러운 말투를 사용하고 지지와 동정심을 보임으로써 엘레나가 그런 행동을 하게 된 분노를 탐색하도록 길을 열어 주고 있다.]

엘레나: 멍청한 인종차별주의자를 말하는 거예요!

치료자: 좀 더 말해 볼래?

엘레나: 걔들은 내가 내 페이스북에 멕시코계 미국인이라고 올리기 전까지는 1학년 때부터 내 친구들이었어요. 그런데 걔들이 나를 공격했어요. (울기 시작한다.) 걔들은 내가 성전환장애를 갖고 있는 멕시코인이라고 모든 사람에게 메시지를 보냈어요. 그리고 내 페이스북에 제가 메시지를 보냈을 거라고 상상하는 모든 사람의 이름을 올렸어요.

치료자: 그렇구나. 너는 네가 멕시코계 후손이라는 걸 자랑스러워했는데, 걔들은 그걸 끔찍한 것으로 만들었구나. 그때 어떤 느낌이었어?

[설명: 치료자는 청소년인 엘레나가 자신의 정체성과 또래 관계에 특히 취약하다는 것을 이해하고 있다. 엘레나가 멕시코인 아버지와 접촉이 없다는 사실이 그녀의 취약성을 증가시킨다. 치료자는 엘레나가 자신의 분노 및 그것과 연관된 사고와 감정을 파악하길 원한다. 이는 엘레나가 최선의 행동을 사려 깊게 결정하지 못하고 통제를 잃은 정도를 탐색하게 할 것이다.]

엘레나: 짜증나! 어떻게 그렇게 비열할 수 있죠! 6년간 이나 친구였던 사람이 어떻게 친구의 인생을 파괴할 수 있죠? (흐느낀다.)

치료자: 짜증나겠구나. (엘레나에게 티슈를 준다.) 너에게 일어났던 일에 대해 네가 너무 슬펐다고 말할 수 있겠니?

[설명: 치료자는 외적 관점에서 벗어나 자신의 감정을 들여다보도록 엘레나를 독려하고 있다.]

엘레나: 예. 처음에는 너무 슬퍼서 메시지를 받을 때마다 배가 아팠어요. 그러고 나서 컴퓨터 랩에서 걔들이 내 페이스북에 쓴 것을 읽고는 내 컴퓨터에 악을 썼죠. 나는 점점 미쳐 갔어요. 그걸 읽었을 때 뭔가 잘못되어 가고 있다는 걸 알았지만 그게 뭔지 몰랐어요.

치료자: 그래서 너는 몹시 상처받았다고 느꼈고 그다음에는 몹시 화가 났고, 그리고 반응을 했구나.

엘레나: 예, 그런 일이 있었어요. 내가 반응을 했어요. 그럴 계획은 아니었지만 폭발한 거죠.

치료자: 만약 네가 폭발하지 않았더라면 어떤 일이 일어났을지 궁금하네.

엘레나: 모르겠어요.

치료자: 네가 퇴학당하지 않고 걔들의 잔인한 행동에 대해 벌을 받게 할 어떤 방법을 찾았을 거라는 생각이 드니?

엘레나: 그건 생각 못했어요. 어떻게 걔들을 벌하고 그렇게 못하게 하죠?

치료자: 그래, 걔들이 너에게 상처 주는 거짓말을 퍼뜨리지 못하도록 하는 방법 말이지? 소위 '멕시코인이 옮기는 성병' 같은, 걔들이 만들어 낸 거짓말처럼 인종차별적 생각을 퍼뜨리지 못하게 하는 방법!

인지행동치료의 관점에서 보면, 이 대화는 ABC 모형에 따라 개념화될 수 있는 상호작용 양상과 관련된다. 이 장면은 반응적 공격성의 복잡성을 묘사한다(예를 들어, 이 청소년의 공격성은 유용한 것으로 지각되고 있고 정당화될 수 있는 것으로 스스로 믿고 있다). 이 12세 소녀 사례는 청소년에게 흔히 나타나는 정체성 발달을 다루고 있다. 게다가 멕시코계 미국인이라는 그녀의 정체성에 대해 사회적 지지나 정서적 지지를 받지 못한 아동으로서 그녀는 특히 취약하다. 그녀는 자신의 인종 정체성을 이해하고 사회에서 차별을 헤쳐 나가는 데 도움이 될 역할 모델과 인생 경험의 보호를 받지 못하고 있다. 소외된 선행 사건(인종차별이라는 새로운 경험과 결합된 관계적 공격성으로 인한 피해) 때문에 그녀의 부정적 감정이 강렬해진 것으로 예상된다. 그러나 그녀가 그 문제를 독립적으로 다루거나 그것을 다루기 위해 도움을 청하지 않기 때문에 강렬한 부정적 감정과 분노 유발적 사고가 폭발적인 반응을 가져오게 된다.

엘레나의 경우 이 같은 피해를 당하는 것이 활성화 사건(A)이다. 그녀는 또래들의 잔인한 행동 때문에 상처받았다. 그녀에 대한 그들의 잔인한 행동의 결과, 그녀는 자신이 조롱받고 배척당한다는 것을 알게 되었다. 다른 인종 집단의 구성원으로 새롭게 선언한 그녀의 정체성이 획일적인 학교와 동네에 알려졌을 때 소외감을 악화시켰다. 그러나 그녀의 패배주의적인 사고방식 때문에 엘레나는 자신의 노력이 좋은 결과를 가져올 거라 믿지 않는다. 이런 유형의 신념(B)은 무기력과 분노 감정을 가져오고, 그녀는 자신의 생각에 대해 들여다보지 못하면서 신체적 · 행동적으로 반응하게 되었다. 결과적으로 그녀의 공격적 표출은 가해자들에 대한 여러 신체적 공격과 관련되는 것이었다. 의도적이든 그렇지 않든 간에 그녀는 분노를 폭력적으로 표현하게 되었다. 결과적으로, 엘레나의 부적절하고 해로운 행동의 결과로 교장은 그녀를 퇴학시켰다(C). 이 회기의 후반에 치료자는 엘레나의 비관적인 기대가 어떻게 그녀가 받은 피해에 대해 도움을 구하지 못하게 방해했는지, 따라서 부정적 감정과 분노를 상승시키고 결국 더 안 좋은 결과를 가져오게 했는지를 이해시키려 시도하였다. 엘레나는 먼저 치료자가 주변에 있고 그녀의 정체성을 존중하며, 자신의 생물학적 부모와 심리적 연결을 구축하는 것이 그녀에게 어떤 의미인지를 치료자가 이해한다는 것을 느껴야 한다. 치료자는 엘레나가 자신의 역기능적 신념 체계를 해체하도록 돕는 한편, 엘레나가 특히 이런 상황과 전반적인 그녀의 인생에서 도움이 될 역할을 찾도록 도울 것이다.

3) 단계 3: 기술 습득(분노 관리 연극 학습하기)

인지행동치료 모형에서 세 번째 단계는 아동에게 대처 과정 동안에 사용할 구체적인 인지와 행동 기법들을 제공하도록 제작되었다. 기술 습득 단계 동안, 분노를 감소시키는 혼잣말, 이완 기법들, 문제해결 기술들, 자기주장 훈련 그리고 유머를 소개하고 가르치기 때문에, 자기 관리 방략들은 인지, 정서 그리고 행동 수준에 목표를 둔다. 교육 단계 동안 '무대 장치'를 가짐으로써, 아동들은 어떤 상황에서 궁극적으로 그들이 무엇을 하는지(행동)가 자신의 선택이고, 그들이 어떻게 느끼는지(감정들)에 기본적으로 달려 있다는 것을 제시받는다. 이는 결국 상황에 대해 어떻게 생각하는지 그리고 자신에게 무슨 말을 하는지(예를 들어, 외현화된 혼잣말과 생각들)에 의해 자신의 행동이 더 영향을 받는다는 것을 알려 준다. 따라서 공격성은 단지 환경적 사건에 의해 촉발되는 것이 아니라, 그보다는 이런 사건이 지각되고 처리되는 방식에 의해 결정된다. 분노 통제에 어려움을 가진 아동들은 사회적 상황에 대해 자기중심적이고 왜곡된 지각을 보인다는 것이 밝혀졌다(Crick & Dodge, 1994; Lochman & Dodge, 1998; Lochman et al., 2006; Lochman & Wells, 2002). 일반적으로 공격적인 아동들은 타인과의 상호작용에서 전형적으로 적대적인 단서들에 선택적으로 주의를 기울이고 기억한다(Dodge, Price, Bachorowski, & Newman, 1990). 분노 통제의 문제를 가진 아동들은 적대적 단서들을 과잉 회상하는 경향을 보이고, 상황이 원래 긍정적이거나 중립적이었다 할지라도 상황을 적대적인 관점으로 기억할 수 있다(Milich & Dodge, 1984). 조망 수용은 청소년의 대인관계를 이해하는 데 핵심적인 인지 요소다(예를 들어, Chandler & Boyes, 1982). 공격적인 아동·청소년들이 타인의 적대적인 의도를 빠르게 가정하고 부정확하게 지각한 위협에 근거해 이후에 공격적으로 반응할 가능성이 큰 것을 보면, 이들은 적대감을 타인에게 과잉 귀인하는 것 같다(예를 들어, Dodge, Lochman, Harnish, Bates, & Petit, 1997; Lochman, Meyer, Rabiner, & White, 1991). 공격적인 아동·청소년의 이런 왜곡된 '관점'으로 인해 다양한 범위의 문제 상황에서 특히 충동적이고 공격적으로 반응할 가능성이 커진다는 것을 이해할 수 있다.

타인의 관점을 받아들이고 타인의 생각과 관심에 대해 추론할 수 있는 개인의 능력을 '인지적 조망 수용'이라고 부른다. 타인의 감정과 내적 정서에 대해 이해하는 것은 '정서적 조망 수용'이라고 불린다. 둘 다 발달적 요인들에 의해 분명히 영향을 받는다(예를 들어, Kimball, Nelson, & Politano, 1993). 대인관계에서 이런 부적응적인 처리 과정으로 인해 대인관계 상황에서 공격적인 아동들의 어려움이 가중된다. 따라서 공격적인 아동·청소년들은 타인이 자신에게 적대적으로 행동할 것이라고 빠르게 가정하는 것 같고, 위협에 대한 부정확한 지각에 근거해 공격적인 방식으로 반응하기 쉽다. 이 워크북의 '조망 확인(Perspective Check)' 연습들은 치료자가 이런 왜곡된 조망 수용을 다루고, 아동·청소년이 타인의 생각과 의도를 더 정확하게 추론하도록(인지적 조망 수용) 도우며, 이어서 타인의 느낌과 감정 상태에 대한 이해(정서적 조망 수용)를 향상시킬 수 있는 기회를 제공한다. 워크북 과제들은 사회적 단서들에 대해 대안적 해석을 고려하고, 타인들이 무엇을 생각하고 느끼는지에 대해 대안적 추론을 고려함으로써, 사람들 간의 유사성과 차이점들을 정확하게 파악하도록 청소년들을 돕는다. 예를 들어, '조망 확인' 만화를 사용해 아동에게 "이 소년이 엉망인 방에 대해 어떻게 느낄까?", "엄마는 어떻게 느낄까?", 그리고 "그들의 조망(관점)은 어떻게 다를까?"라고 질문한다([그림 4-4]를 보라).

이 과제들의 기본적인 목표는 청소년들에게 사람들(자신을 포함해서)이 서로 다른 관점을 가지며, 타인의 의도, 생각, 감정을 잘못 해석할 수 있다는 것을 더 잘 이해하도록 돕는 것이다. 치료자는 누군가가 "(거친 목소리로) 그거 어디서 났어?"라고 물어볼 때 학교 깡패

조망 확인

"그렇지만 이 방식이 더 좋아 보여요."

그림 4-4 타인들이 어떻게 생각하고 느끼는지에 대해 대안적 추론을 고려하도록 논의를 촉진시키기 위해 사용되는 '조망 확인' 만화
(Nelson & Finch, 2008에서 인용. LochNels Publishing Inc.와 Workbook Publishing Inc.의 허락하에 옮김)

또는 '시비 거는' 사람은 어떻게 반응할 것인지, 그리고 그(녀)의 반응이 '시비 걸지 않는' 다른 사람의 반응과 어떻게 다를 것인지를 물어봄으로써 이런 생각을 또한 제시할 수 있다. 이런 식으로 적대적인 의도에 대해 또 다른 대안들을 고려함으로써, 청소년들은 타인의 의도를 더 정확하게 평가하는 것을 배운다. 다시 말해, 대인관계 상황에서 그들의 적대적인 지각과 평가 그리고 타인이 위협할 것이라는 이후의 해석이 어떻게 변화될 수 있는지를 명료화하고, 그들의 문제에 대해 더 효과적인 행동 반응을 개발할 수 있는 다른 생각이나 행동들을 할 수 있게 되므로, 그들은 힘을 갖게 된다. 분노를 감소시키는 자기 언어화와 유머가 체계적인 방식으로 적용되어 외적 인지 모델링, 외적 지도, 외적 자기 안내, 점점 줄어드는 외적 모델링, 줄어드는 외적 자기 안내, 내현적 지도 모델링 그리고 내현적 자기 안내의 순서를 따르게 된다. 기본 방략은 개인이 분노를 감소시키는 혼잣말을 하도록 하거나, 인지-정서-행동적 공격성 연쇄를 '중단'시키기 위해 어떤 재미있는 것을 생각하게 하는 것이다.

인지적 수준의 개입들은 혼잣말, 문제해결, 자기주장 훈련 그리고 유머와 관련된다. 다음은 이런 개입 기법들이 『평정심을 유지하기』 워크북에서 어떻게 제시되고 있는지에 대한 간략한 설명이다. 치료 회기들과 집에서의 과제에서 채택되는 '각본'에서 각각의 분노 관리 기술에 대한 기법이 소개된다. 이런 방식으로, 배워야 할 기술을 단계적으로 단순화하여 가르친다. 따라서 우리는 (가족뿐 아니라) 아동이 각각의 분노 관리 기술이나 '연극'의 기본 구성 요소들을 더 잘 배울 수 있기를 원한다. 연극 1(혼잣말)은 아동이 문제 상황에 대한 반응에서 이미 잘 알고 있는 분노를 증가시키는 혼잣말 대신에 분노를 감소시키는 혼잣말을 하도록 가르치는 것과 기본적으로 관련된다([그림 4-5]를 보라).

분노를 증가시키는 혼잣말은 흔하게 나타나며, 특히 도시에 사는 많은 아동과 청소년은 또래 집단에서 인기를 얻는 데 그것이 도움이 된다고 생각할 수 있다(예를 들어, 거친 것이 도시의 소위 '거리 문화' 안에서 생존하기 위한 필수 요건이다; Ghee, 1994; Ghee, Walker, & Younger, 1997). 그러나 '갱스터 랩(gangsta rap)'(Brown, 2006; Rich, Woods, Goodman, Emans, & DuRant, 1998), 하드록, 헤비메탈 및 펑크(North & Hargreaves, 2006) 같은 여러

각본

숙제를 할 때는 스스로 빈칸을 채우시오.

촉발 요인:

분노를 증가시키는 혼잣말	분노를 감소시키는 혼잣말
느낌	느낌
평정하시오: 전혀 화나지 않음 미칠 듯이 화남 1 2 3 4 5 6 7 8 9 10	평정하시오: 전혀 화나지 않음 미칠 듯이 화남 1 2 3 4 5 6 7 8 9 10
행동	행동
결과	결과

그림 4-5 혼잣말 각본

(Nelson & Finch, 2008에서 인용. LochNels Publishing Inc.와 Workbook Publishing Inc.의 허락하에 옮김)

장르의 청소년을 지향한 음악을 통해, 그리고 영화 및 비디오 게임들의 폭력적인 주제(American Academy of Pediatrics, 2001)를 통해 분노와 공격적인 대중매체 내용에 노출되는 것이 우리 사회 전반의 젊은이들에게 만연되어 있다. 지속적인 노출에도 불구하고 대다수의 젊은이는 이런 대중매체가 자신의 생각이나 행동에 영향을 준다는 것을 믿지 않는다(예를 들어, Brown, 2006). 결과적으로 현재의 청소년 하위 문화는 폭력에 둔감화되어 있고 공격성과 분노를 찬미하도록 전파되어 왔다. 이런 아동 · 청소년들에게 긍정적인 인지 변화를 위한 한 가지 효과적인 방략은, 그들에게 힘을 부여하고 강인한 자기상—그러나 폭력은 제거한—을 유지하면서도, 그들 자신의 매체의 힘을 빌려 부정적인 메시지를 분석하여 자기 효율적이지만 친사회적인 것으로 다시 쓰는 도전을 하게 하는 것이다(Brown, 2006; Ghee et al., 1997). 만약 청소년들이 겉보기에 무능하거나 겁쟁이 같은 방식으로 지각되는 혼잣말을 다른 것으로 대체할 수 있다면 화나는 혼잣말을 하지 않는 것이 가능할 수 있다. 헤비메탈, 하드록이나 펑크 음악도 적절하지만 '랩' 음악 장르는 가사를 강화시키는 리듬에 의해 분노 주제가 부풀려지기 때문에 이런 인지적 변화를 위한 양호한 틀을 제공한다. 장르의 선택은 해당 청소년의 선호도에 따를 때 가장 좋다.

〈치료실에서〉

적대적 행동으로 인해 의뢰된 한 십대에게 이 연습을 시킨 것이 이 방략의 효과를 보여 준다. 치료 회기 동안, 처음에 이 청소년은 대중적이고 논란을 일으키는 랩 음악가 에미넴(Eminem)*의 〈나는 결코 몰랐어(I Never Knew)〉라는 노래가 자신의 상황을 나타낸다는 것을 알고 있었다. 이 노래에서는 "너는 내가 나쁜 말을 쓰지 않기를 원하니?"라는 질문에 반응하여, 폭력적이지만 시적인 해결책이 제시되었다. 이어서 치료자는 가사에서 묘사된 공격적 반응의 역기능적 사고와 부정적 결과들에 대해 내담자와 함께 토의하였다. 그러고 나서 치료자는 내담자에게 비공격적인 해결책을 선택해 가사를 개사하는 치료적 작업을 하였다.

> 너는 내가 나쁜 말을 쓰지 않기를 원하니?
> 어떻게? 만약 네가 내 눈알을 오랫동안 쳐다보고 있다면,
> 내가 강하다는 걸 너는 알게 될 거야.
> 잘못된 것을 옳다고 네가 나에게 말할 필요는 없어,
> 나는 누군가 내 노래를 이해하기를 원해.

혼잣말을 바꾸는 것이 공격적인 아동 · 청소년들이 자주 부딪히는 문제에 대한 반응에서 다른 감정, 행동, 결과를 가져오게 하는 것이 우리의 희망 사항이다. 유사한 각본이 연극 5(유머)에 적용되었다. 여기서 다시 기본적인 방략은 분노를 유발하는 상황과 이후의 행동 간에 다른 인지 과정을 끼워 넣는 것이다.

문제해결과 자기주장 훈련은 체계적인 훈련이 필요한 더 복잡한 기술들이다. 연극 3(문제해결)은 기본적으로 청소년에게 문제해결 과정을 가르친다. 문제해결 각본(SPEAR)은 [그림 4-6]에 나와 있다. 그림에서 볼 수 있듯이, 문제해결 순서는 다음의 단계들을 포함한다.

① **멈춤**: 문제가 뭐지?
② **계획**: 무엇을 할 수 있지? 다양한 해결책을 생각하라.
③ **평가**: 가장 좋은 해결책이 무엇이지?
④ **실행**: 그것을 실행하라.
⑤ **반응**: 그것은 효과가 있었는가?

더 복잡한 기술들의 집합인 연극 4(자기주장 훈련)의 개관은 이 장의 범위를 넘어서는 것이다. 그럼에도 기본적인 방략은 공격적인 청소년들로 하여금 전형적으로 분노와 공격성이 유발되는 상황들에 대해 다른 식으로 반응하도록 가르치는 것이다. 기본 형식은 ① 공격적, 수동공격적 그리고 자기주장적 반응들을 구분하고,

* 역자 주: 2000년대 가장 많은 앨범이 판매되고 여러 차례 그래미상을 수상한 미국의 랩 가수.

1. **멈춤**: 문제가 뭐지? 

누가: ____________________ 무엇을: ____________________ 언제: ____________________

어디서: ____________________ 왜: ____________________

2. **계획**: 다양한 해결책을 생각해서 아래 빈칸을 채우시오.
그것이 좋은 해결책인지 아닌지에 대해 걱정하는 것은 힘들게 할 뿐이니 걱정하지 말고,
오로지 다양하게 생각하시오.

1) ______________________________
2) ______________________________
3) ______________________________
4) ______________________________

3. **평가**: 가장 좋은 결과는 무엇인가?
위에서 작성한 각 해결책에 대해 어떤 결과가 올 것인지 생각해서 쓰시오.
그다음에 각 해결책과 결과에 대해 오른쪽 칸에 좋다(+) 또는 나쁘다(−)로 평가하시오.

	+/−
1) ______________________________	__________
2) ______________________________	__________
3) ______________________________	__________
4) ______________________________	__________

4. **실행**: 그것을 실행하라. 

가장 좋은 해결책을 골라 실행하시오.

5. **반응**: 그것은 효과가 있었는가? 

만약 효과가 있다면 다행이다! 만약 효과가 없다면 뒤로 돌아가서 두 번째 해결책을 선택하고 다시 그것을 실행하시오.

그림 4-6 문제해결 각본

(Nelson & Finch, 2008에서 인용. LochNels Publishing Inc.와 Workbook Publishing Inc.의 허락하에 옮김)

당신의 권리장전

1. 당신은 자신의 감정을 경험하고 느낄 권리가 있다.
2. 당신은 어떤 일에 대해 자신의 의견을 말할 권리가 있다.
3. 당신은 존경받을 권리가 있다.
4. 당신은 다른 사람들에게 '아니요' 라고 말하면서 죄책감을 느끼지 않을 권리가 있다.
5. 당신은 시간을 가지고 천천히 생각할 권리가 있다.
6. 당신은 자신의 마음을 바꿀 권리가 있다.
7. 당신은 남들과 다르거나 '당신 자신' 이 될 권리가 있다.
8. 당신은 당신이 원하는 것을 요구할 권리가 있다.
9. 당신은 실수할 권리가 있다.
10. 당신은 자기 자신에 대해 좋게 느낄 권리가 있다.

다른 것들을 더 생각해 낼 수 있는가?

11. ______________________________
12. ______________________________
13. ______________________________

그림 4-7 권리장전

(Nelson & Finch, 2008에서 인용. LochNels Publishing Inc.와 Workbook Publishing Inc.의 허락하에 옮김)

② 여러 상황에서 그들의 개인적 권리들을 파악하며, ③ 비주장적인 행동을 지탱하는 비합리적 생각들을 파악해 변화시키고, ④ 여러 분노 유발 상황에서 자기주장적으로 반응하는 것을 연습하도록 아동·청소년들을 돕는 것과 관련된다. 첫 단계는 상이한 문제들에 대해 반응하는 다양한 방식에 대해 아동이 인식할 수 있는 능력을 키우고, 그들의 '개인적 권리들'을 파악하도록 돕는 것과 관련된다([그림 4-7]을 보라). 분노를 더 잘 관리하는 또 다른 퍼즐 조각(또는 기술)인 자기주장 각본은 [그림 4-8]에 묘사되어 있다.

연극 2(이완)는 아동·청소년들에게 분노를 감소시키는 대처 기술로, 심호흡과 이완 기법들을 사용하도록 가르치는 것과 관련된다. 이 개입은 혼잣말, 유머, 문제해결 그리고 자기주장 훈련 같은 인지적 수준이 아니고, 정서적 수준에서 일어난다. 비록 이완-O-미터기([그림 4-9]를 보라)를 사용함으로써 아동들이 이완을 사용하는 자신의 능력을 평정하도록 격려하지만, 구체적인 이완 훈련을 세부적으로 설명하는 것은 또다시 이 장의 범위를 넘어선다.

전반적으로, 여기서의 목표는 분노의 표현이 적절한지 여부를 결정하고, 그다음에는 감정(분노)을 비적대적이고 더 적응적인 방식으로 의사소통하거나 감정을 직접 표현하는 등의 문제해결 행동을 하기 위해 분노의 인지-생리적 요소들을 아동이 인식하도록 돕는 것이다.

〈치료실에서〉

다음의 인용문에서 치료자는 아동이 자신의 분노를 관리하는 방법을 배우는 것이 어떤 잠재적인 이득을 가져오는지를 알 수 있도록 돕는다. 비록 우리가 만나는 분노 관리 문제를 가진 많은 아동·청소년은 자신이 문제가 있다는 것을 받아들이지 않지만, 그들 자신이 삶에서 원하는 것을 얻지 못하고 있다는 것은 잘 알고 있다. 그들은 자신이 문제 상황에 처해 있고 여러 혜택을 잃고 있음을 자주 발견한다. 다음의 대화에서 치료자는

각본

당신 스스로 긍정적으로 자기주장을 한 상황:

____

____

관련된 다른 사람은 누구였나? ____________

당신은 어디에 있었는가?____________

____

당신의 개인적 권리는 무엇이었나?

____

____

그 상황을 어떻게 다루었나? ____________

____

그 상황의 결과는?____________

____

____

그림 4-8 자기주장 각본

(Nelson & Finch, 2008에서 인용. LochNels Publishing Inc.와 Workbook Publishing Inc.의 허락하에 옮김)

10세 소년 매튜의 분노를 관리해 부정적인 결과들을 예방하도록, 그와 함께 '협력 관계'를 형성하려 시도한다.

치료자: 지난주에 우리는 신체적 공격성에 대해 이야기했어. 공격성이라는 건 남에게 피해를 주거나 파괴하는 행동이라는 걸 기억해라. 그리고 아이들이 자신의 분노를 관리하는 데 어려움이 있을 때 어떻게 때때로 공격성을 사용하는지에 대해서도 얘기했지. 그리고 공격성은 대개 '손해를 보는 것'으로 끝나기 때문에 점점 더 많은 문제를 가져오지. 우리가 보았던 만화와 비디오에서 뭐가 기억나니?

매튜: 저는 저의 코믹만화를 그리기 시작했어요.

치료자: 그래, 너는 우리가 봤던 만화와 비디오에서 어떤 그림을 그리기 시작했다고 말했어. 슈퍼 영웅을 그리는 거 맞지?

매튜: 저의 그림을 좀 그렸어요. 한 영웅은 그냥 선장이라 부르지만 강한 남자로 불렀던 거예요.

치료자: 강한 매튜처럼? 너의 선장 또는 강한 남자는

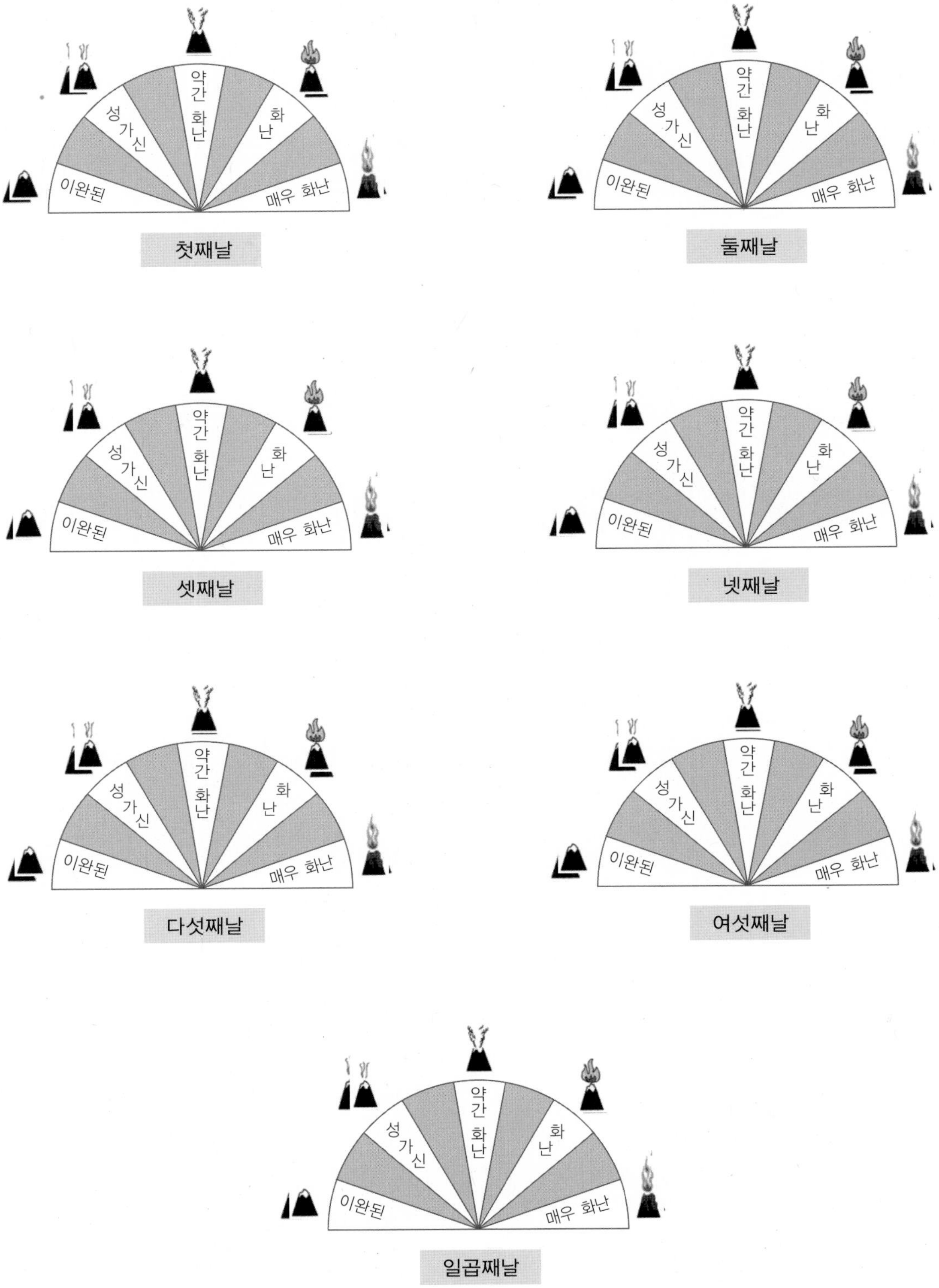

그림 4-9 이완-O-미터기

(Nelson & Finch, 2008에서 인용. LochNels Publishing Inc.와 Workbook Publishing Inc.의 허락하에 옮김)

너의 분노에 대해 어떤 생각을 갖고 있니?

매튜: 누군가 선장을 화나게 만들 때 그에게 어떤 일이 일어나는지를 말하는 거죠? 그는 강한 남자를 부르기 위해 그의 활성화 단추를 누르고 그 남자를 우주로 보내요.

치료자: 그럼 선장이 처음에는 강한 남자를 부를 시간이라고 자신에게 알려 주는 신호 같은 걸 느껴야 되겠네? 네 생각에 그가 강한 남자를 부르기 전에 어떤 느낌이나 신호가 오는 것 같아?

매튜: 만약 누군가 그의 물건을 가져가거나 그에 대해 거짓말을 하는 등, 그를 괴롭힌다면 그는 강한 남자를 부를 수 있어요.

치료자: 그렇구나. 만약 누군가 그의 물건을 가져가거나 그에 대해 거짓말을 한다면, 그건 그 사람을 불같이 화나게 만드는구나. 만약 네가 선장이 화내는 코믹한 책을 만들 거라면, 어떤 그림들이 들어 있을까?

매튜: 아주 뜨겁고 불타오르는 불길이요! 그다음엔 공습에서 오는 폭탄의 폭발 같은 거겠죠.

치료자: 네가 화가 났을 때를 생각해 봐. 너의 몸에서 뜨겁고 불타오르는 부분이 있니?

매튜: 데이브의 가방에서 저의 게임 콘트롤러를 봤을 때 머리가 불타는 것 같고 손도 그랬던 것 같아요.

치료자: 그렇구나. 그게 너의 신호가 될 수 있겠네. 그러니까 너의 머리나 손이 뜨겁고 불 속에 있는 것처럼 느낄 때 네가 몹시 화났다는 걸 알 수 있고, 그때가 멈춰서 너를 곤경에 빠지지 않도록 어떤 것을 해야 할 시간이라는 신호 말이야.

매튜: 그렇지만 실생활에서 그런 활성화 단추를 갖고 있으면 좋겠어요.

[설명: 매튜는 자신보다 세 살 많은 데이브의 남동생이다. 비록 매튜가 그의 십대 형에게서 신체적 학대를 받는다고 인식하지는 않지만 데이브가 자신을 때로 조종한다고 느끼는 것 같다. 매튜는 형을 다루는 효과적인 방략이 부족해 공격 행동을 하게 된다(즉, 형의 물건을 파괴하는 것).]

치료자: 그리고 만약 네가 활성화 단추를 갖고 있다면 먼저 너의 분노가 위험 수준임을 경고해 주는 몸과 마음에서 오는 신호들에 주의를 기울일 필요가 있을 거야. 분노 온도계에서 온도가 몇 도나 되니?

매튜: 미칠듯이 뜨거운 5도예요.

치료자: 그렇구나. 이제 활성화 단추를 누를 때구나. 어떻게 그걸 잘 할 수 있을까?

매튜: 할 수 있어요(확신하지 못함).

치료자: 좋아! 네가 첫 단계를 달성할 수 있도록 같이 계획을 세워 보자. 첫 단계는 활성화 단추를 누를 필요가 있는 정확한 시점, 즉 너무 화가 나서 도움을 요청할 필요가 있는 정확한 시점을 아는 거야. 너의 온도계가 5도거나 미칠듯이 뜨거운 지금처럼. 네가 첫 단계를 달성한 후에 활성화 단추를 사용해 상황을 더 좋아지게 만드는 그다음 단계에 대해 이야기할 수 있어.

치료자는 매튜가 자신의 분노를 분노 온도계상에 평가하게 함으로써 자신의 분노와 신체적 · 인지적 구성요소를 인식하도록 돕기 위해 의견 일치를 만들어 냈다. 매튜의 분노는 그의 형을 향한 어떤 신념과 비효율감에 의해 촉발된다. 따라서 치료자는 이 아동이 자신있어 하는 그림 그리기 기술과 창의성을 활용함으로써 자신의 문제 있는 분노의 결과를 이해하도록 이끌어 준다. 매튜가 자신의 분노 감정을 행동과 분리하는 능력을 갖게 함으로써 치료자는 (타인에게 해를 주지 않으면서) 자신에게 득이 되는 유용한 분노 표현을 하게 만든다. 매튜가 만들어 낸 강한 남자 캐릭터에서 보이듯이, 그가 바라는 결과는 가족 내에서 힘을 갖는 것이기 때문에, 치료자는 그의 파괴적 행동이 가족 안에서 자신을 더 곤경에 빠뜨리게 만들어 결국 힘을 갖는 대신 힘을 잃게 된다는 것을 매튜가 이해하도록 도울 것이다(논리적 생각). 그다음에 치료자는 '활성화 단추'를 누름으로써 촉발시킬 수 있도록 돕기 위해 다섯 가지 분노 관리 연극 또는 방략 중에 어떤 것이 가장 효과적일지 매튜가 생각하도록 할 것이다.

ABC 보고서

날짜: ____________________

무슨 일이 일어났나?

A		B		C
촉발 요인	→	행동	→	결과

사용한 연습에 동그라미 하시오.

혼잣말

이완

문제해결

자기주장

유머

그 연습을 실행한 후 화난 정도를 온도계상에 평가하시오.

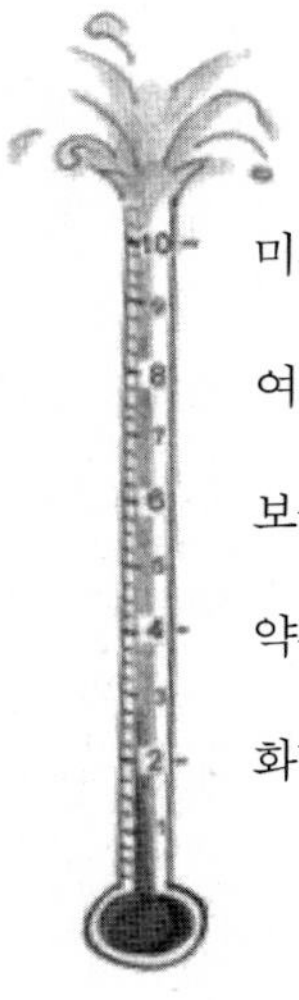
미칠 듯이 화난

여전히 화난

보통으로 화난

약간 화난

화나지 않은

그림 4-10 새롭게 배운 분노 관리 기술들의 유지와 일반화를 촉진하기 위해 ABC 보고서를 사용해 자기 감찰을 계속하기

(Nelson & Finch, 2008에서 인용. LochNels Publishing Inc.와 Workbook Publishing Inc.의 허락하에 옮김)

4) 단계 4: 적용 훈련(연습, 연습, 또 연습…)

아동 · 청소년이 단계 3에서 배운 하나 이상의 기술에 점점 익숙해질 때, 치료자는 이 기술들을 통제된 상황에서 시험해 볼 기회를 제공한다. 5개의 모든 분노 관리 기술을 다 숙달하는 것이 꼭 필요한 것은 아님을 주목하라. 그중 단지 몇 가지에 대해 작업하고, 그것들을 잘 배우고, 그러고 나서 새롭게 학습한 분노 관리 기술을 실습해 보는 것이 더 좋다. 따라서 워크북은 분노 위계에서 더 어려운 상호작용으로 점진적으로 나아가는 것을 가능하게 한다. 워크북은 정서적으로 각성시키는 분노 상황에서 사용할 분노 관리 방략들을 아동으로 하여금 이해하고 배우게 한 다음, 그것을 적용해서 성공적인 결과를 극대화하도록 만들어졌다. 이것은 치료자와 아동이 새롭게 배운 기술들을 '검사'해 보기 위해 치료 회기 내에서 구조화된 역할 연기 각본을 실행함으로써 달성된다. 이 연습은 아동이 실생활에서 마주치기 쉬운 많은 분노 상황을 채택해서, 상상의 그리고 직접적인 행동 역할 연기 각본 모두에서 실시된다. 아동이 익숙해지기만 하면, 치료자는 (Kaufmann & Wagner, 1972에서 처음 제안한) '미끼' 또는 '주고받기' 검사(Reinecke, 2006)를 사용할 수 있다. 치료자는 "내가 너에게 미끼를 던질 거야."(예를 들어, "그렇게 나를 쳐다보지 마! 너 내일 혼날 거야!")라고 말하면서 그 논리와 절차를 아동에게 설명한다. 부모, 교사, 치료 관련자 그리고 다른 중요한 사람들이 미끼를 던지고 다음 치료 회기에서 검토하고 논의하기 위해 아동의 반응들을 기록한다. 아동은 또한 ABC 보고서([그림 4-10]을 보라)를 사용하도록 격려받는다. 전반적으로, 과제를 하는 것은 아동들에게 매우 익숙하고 인지행동적 개입들에서 주축이 되는 역할을 한다. 그것은 아동이 분노 관리 기술들을 연습하는 구조를 제공함으로써 치료 효과를 실생활로 일반화하는 것을 촉진하는 주요 기제다. 그것은 실생활에서 나타난 향상이 치료자의 노력보다는 (부모뿐 아니라) 아동 자신의 노력의 산물임을 알게 하는 것도 시사한다.

워크북은 새롭게 배운 분노 관리 기술들을 실생활에 활용하게 하기 위해 표식([그림 4-11]을 보라)과 그 외의 자극이나 외적 단서들을 제공하는 것 또한 포함한다.

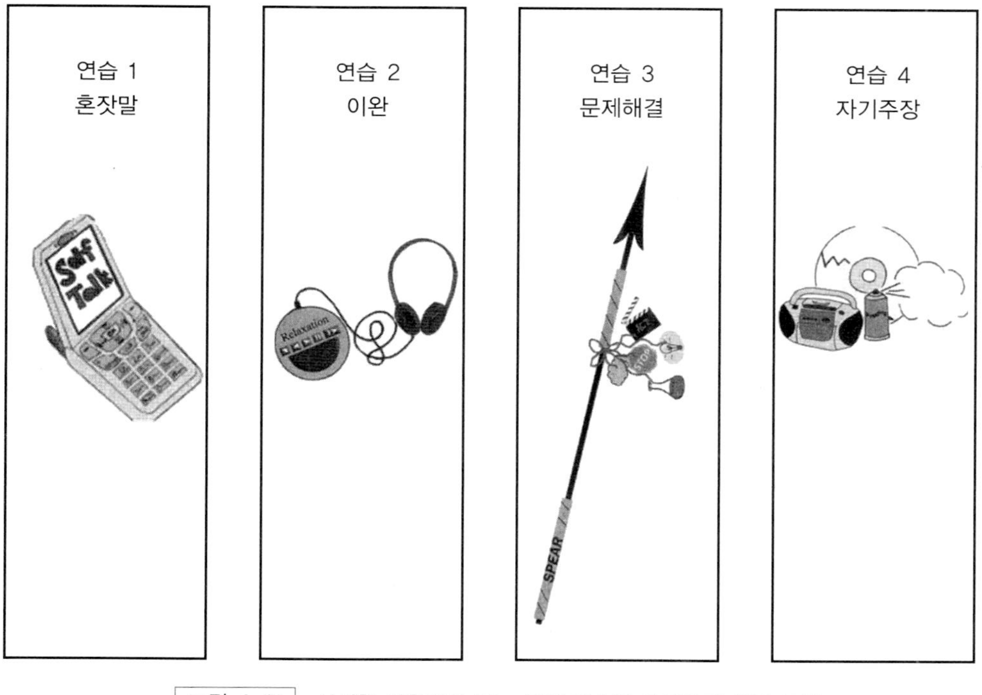

그림 4-11 실생활 상황에서 분노 관리 연습을 촉진하기 위한 표식

(Nelson & Finch, 2008에서 인용. LochNels Publishing Inc.와 Workbook Publishing Inc.의 허락하에 옮김)

마지막으로, 워크북은 아동들이 반항과 분노를 누그러뜨리는 방법을 어떻게 배웠는지를 타인들에게 보여 주기 위해 '광고하도록' 격려한다(예를 들어, 광고 제작하기, 시, 포스터 또는 서명하기, 그림 그리기). 이러한 '또래 가르치기'는 분노 관리 방략들에 대한 학습을 촉진시킬 뿐 아니라 아동이 그(녀)의 분노를 더 잘 관리하는 법을 이제 배웠음을 알리는 성취 인증서로, 내담자로 하여금 축하받는 종결을 준비하도록 돕는다. 인지행동적 관점에서 종결 과정은 계획된 개입 과정의 일부다(더 상세한 논의는 Nelson & Politano, 1993을 보라).

5. 개인과 가족 개입의 통합: 미래의 방향

아동과 청소년 치료에서는 부모의 관여가 효과적일 수 있다. 부모의 관여는 부모 훈련 치료에 전적으로 초점을 두는 것(예를 들어, Patterson, 1982, 1986)에서부터 인지적 개입에 부모가 간접적으로 지지 역할을 하는 것(예를 들어, Kendall & MacDonald, 1993)까지 다양하다. 부모 훈련을 포함하도록 아동 초점 인지행동치료를 확대하는 것이 치료 효과를 촉진시키는 것으로 보인다. 비록 여러 치료 프로그램들이 어떤 유형의 부모 훈련과 개인 인지행동치료를 결합해 왔지만(예를 들어, Horne & Sayger, 1990; Kazdin, 2003; Webster-Stratton & Hammond, 1997), 개인에게 더 맞추어진 이러한 치료 프로그램들에서 부모의 적극적인 관여가 시사하는 바에 대해 더 많은 연구가 필요하다. 예를 들어, 캐즈딘(1993)은 부모 관리 훈련과 문제해결 훈련을 결합한 것이 심각한 반사회적/공격적 행동으로 의뢰된 아동과 청소년들(7~23세)에 있어서 효과가 탁월하다는 것을 발견하였다. 이에 더해 브레스턴과 아이버그(Brestan & Eyberg, 1998)는 아동과 청소년의 품행 문제에 대한 심리사회적 개입들과 관련된 82개의 통제된 연구를 개관하여, 비디오테이프 모델링 부모 훈련 프로그램과 패터슨과 걸리온(Patterson & Gullion, 1971)의 『아동과 함께 살기(*Living with Children*)』 매뉴얼이 효과적이라는 것을 발견하였다. 개관 연구들(Chamberlain & Rosicky, 1995; Estrada & Pinsof, 1995)에 의하면, 품행장애를 가진 공격적인 아동들의 치료에서 가족에 기초를 둔 접근의 효과에 대한 과학적인 증거를 규명한 분석 결과, 가족 개입이 아동과 부모의 기능을 일관성 있게 향상시켰다. 아이버그, 넬슨과 보그스(Eyberg, Nelson, & Boggs, 2008)는 파괴적 행동을 보이는 아동·청소년의 증거 기반 심리사회적 치료에 대한 (1996년부터 2007년까지) 문헌들을 개관한 결과, 부모와 아동 치료 모두에 대해 상당한 지지 증거를 발견하였다. 더 나아가 그들은 "치료자들은 어린 아동의 경우 부모 훈련을 우선적으로 고려하고, 아동 훈련 프로그램의 인지행동적 접근에서 이득을 볼 능력을 더 가진 것으로 가정되는 더 나이 든 청소년들의 경우 직접적인 아동 훈련 접근을 시도해야 한다."(p. 233)라고 결론 내렸다. 따라서 가족이 아동의 발달에서 중요한 역할을 하기 때문에, 치료 프로그램에 부모를 관여시키는 것은 좋은 생각인 것 같다.

그럼에도 불구하고 아동의 치료에 부모가 참여하는 것이 어려울 수 있다. 치료 프로그램에 한 사람 이상이 관여하는 것은 치료자가 관리하기에 더 복잡할 수 있다. 더욱이 품행장애를 가진 아동·청소년 치료에서 부모에 기초한 아동 개입을 실시하는 치료자들이 부모에게 참여를 설득하는 것은 종종 어렵고(예를 들어, Hawkins, von Cleve, & Catalano, 1991) 조기 탈락률이 높다(Forehand, Middlebrook, Rogers, & Steffe, 1983). 게다가 매우 공격적인 아동의 부모들은 아동만큼이나 같이 작업하기 어려울 수 있다. 왜냐하면 행동 표출을 하는 아동들의 부모는 일탈 행동을 보이는 빈도가 높고, 덜 성숙한 도덕적 판단을 나타내며, 가혹한 힘을 내세운 처벌을 사용하고, 공격적인 범죄 행동을 모방하며, 규칙을 적용하는 데 변덕스럽거나 비일관적인 경향을 보이는 등 더 거부적이기 때문이다. 또한 그들은 자녀를 다루는 데 너무 '지쳤고', 비록 그들이 자녀를 사랑할 수 있지만 치료 시작 시기에 자녀들을 좋아하지 않을 수 있다. 이런 어려움들에도 불구하고 부모의 관여에서 오는 잠재적인 이득은 주목할 만해서, 치료적 이득이 집, 학교 그리고 다른 곳에 일반화되기 위해서뿐 아니라 시간이 지나도 유지되도록 하기 위해서도 필요하다. 부모들은 아동이 발달하는 환경에 상당히 기여하기 때문에, 시간에 따른 일반화와 치료적 이득 및 재발 방지에도 기여할 수 있다. 비록 이 장의 범위를 넘어서는 것이지만, 캐즈딘과 켄달(Kazdin & Kendall, 1998)은 치료 연구에서의 진전을 위해 확장된 평가를 추천하는 청사진을 강조하였다. 즉, 넓은 범위의 치료 질문들을 다루고, '임상적 중요성'을 평가하며, 발견된 사실을 반복 검증하고, 연구에서 나온 결과들을 현장의 임상가들이 어떻게 사용할 것인지를 검토하는 평가를 추천하였다.

특정한 아동들에게 가장 효과적인 개입 유형은 무엇인가? 부모 훈련 구성 내용을 개인에 대한 개입과 어떻게 가장 잘 통합할 수 있는가? 그리고 치료적 개입이 가장 효과적일 수 있는 조건들을 어떻게 결정할 수 있는가(예를 들어, 학교/지역사회에 근거한 프로그램들)? 이와 같은 핵심 문제들은 여전히 남아 있다. 이런 노력에서 모든 개입의 구성 요소들은 사회 학습, 인지행동 그리고 행동주의 원리에 기본적으로 근거를 둘 필요가 있다. 행동으로 표출하는 아동과 청소년들의 부모는 아동을 주의 깊게 관찰하고, 긍정적이거나 부적응적인 행동을 명확하게 파악하도록 배울 필요가 있다. 대부분의 부모 훈련은 아동의 분노를 더 잘 관리하기 위해 어떻게 강화를 줄 것인지와 아동이 분노를 관리하지 못할 때 어떻게 효과적으로 그 일을 다룰 것인지에 초점을 두고 있다. 일관성, 협상 그리고 행동 계약은 모두 여러 해 동안 채택되어 온 부모 훈련의 구성 요소들이고, 이에 관한 매뉴얼이 부모와 교사용으로 만들어져 있다(예를 들어, McMahon, Forehand, & Guest, 1981; Patterson & Forgatch, 1987; Patterson & Gullion, 1971; Patterson, Reid, Jones, & Conger, 1975).

이와 더불어 또 다른 기법들은 특히 전략적인 가족치료자들에게서 나온 것인데, 개인 아동 · 청소년 치료 개입을 잠재적으로 향상시키는 데 기여한다(예를 들어, Price, 1996; Sells, 1998). 심각한 행동에 대해 분명하고 효과적인 결과물의 사용이 '인지적' 접근과 더욱 통합되어야 한다는 점에서, 인지행동치료들은 본질적으로 '행동적'이기도 하다는 점을 기억하라. 예를 들어, 『평정심을 유지하기』 워크북(Nelson & Finch, 2008)을 적용하여, 이 책의 저자 중 한 사람(Nelson)은 부모 자신의 분노를 관리하는 데 문제가 있음으로 인해 행동으로 표출하는 자녀에게 가르치는 것과 똑같은 자기 통제 기법들을 즉각 가르쳐야 할 필요가 있는, 화나고/공격적인 부모에게 분노 관리 기술을 가르치는 데 어느 정도 성공하였다. 이런 식으로 어른(부모가 모두 있는 가정에서는 대개 아버지)과 아동 모두 치료되고, 부모는 자녀를 도움으로써 스스로를 치료하도록 '코를 꿰이게' 된다. 이런 작업은 부자 관계를 변화시키고, 아버지로 하여금 규율가보다는 교육자 역할을 더 하게끔 만든다. 이런 치료 개입은 아버지에게 필요한 분노 관리 기술을 제공할 뿐 아니라 부자 관계를 변화시키고, 궁극적으로 향상시키는 목적을 가진다. 이런 접근과 연결된 또 다른 방법 역시 '행동주의적'인 것인데, 부모들이 자녀를 학대하지 않으면서 자녀의 극단적인 공격 행동을 중단시키는 데 효과적인 결과물들을 개발하도록 배우는 것이다. 그럼에도 불구하고 대부분 여성이 가장인 한부모 가정의 수가 증가하는 데 따른 요구에 맞춰 구체적인 부모 개입이 개발되어야 한다. 이런 여성들은 어리고 가난하고 교육 수준이 낮은 경향이 있기 때문에(Amato, 2000), 모자 관계를 향상시키는 동시에 혼자 아이를 키우는 엄마에게 분노 관리 기술을 제공하는 것이 아동에 대한 감독과 지도를 향상시킬 수 있을 것이다.

심리학자들 간에 투사 검사의 유용성뿐 아니라 정책과 신조에 대한 논쟁이 존재한다는 것은 경험적으로 지지되는 치료들의 사용에 대해 정서적으로 부하된 갈등을 야기하는 의견들이 있다는 증거다. 이런 열띤 토론 속으로 '난투극을 벌이려 뛰어들기' 전에, '경험적으로 타당화된', '경험적으로 지지된', 그리고 '경험적으로 평가된' 것으로 이름 붙여진 치료들 사이의 차이점을 아는 것이 중요하다(예를 들어, Chambless et al., 1996). 첫 번째 용어는 이미 타당화된 치료가 완성되었거나 최종 상태임을 가정한다는 것을 시사한다. 사실상 아주 타당화되어서 그것을 사용하는 데 의문의 여지가 없는 아동 · 청소년 치료는 없다고 주장할 수 있다. 타당화는 결코 완성되거나 끝나지 않았고, 일부 학자는 치료가 '고치는(cure) 것'이라는 생각이 잘못된 신념이라고 주장하였다(Kendall, 1989). '경험적으로 지지되는 것'을 목적으로 하는 이들 치료자는 치료가 수용할 만한 경험적 연구들에 의해 지지되어야 함을 제안한다. 그러나 그것이 함축하는 것은 치료라고 이름 붙일 만한 어떤 경험적인 근거를 가진 증거가 있다는 것이다. 마지막으로, 세 번째인 '경험적으로 평가된' 치료 유형은 경험적으로 평가된 치료가 최소한 어느 정도까지는 지지되었지만, 그 말은 평가 과정을 성급하게 끝내지 않아야 한다는 것을 나타낼 뿐이다(더 나아간 논의를 위해 Kendall, 1998을 보라). 현재의 생각은 매뉴얼이 유용한 안내 방략, 치료 순서 및 연습을 제공하지만, 그것들을 고정된 방식으로 따라야 함을 뜻하지는 않는다. '충실성 안에서의 융통성(Kendall & Beidas, 2007; Kendall, Gosch, Furr, & Sood, 2008)'이라는 문구가 치료 매뉴얼을 따르는 데서 선호되는 접근법을 나타내는 데 사용되어 왔다.

치료를 '경험적으로 지지된' 또는 그와 유사한 식으로 이름 붙이는 것은 그것을 사용하고 남용할 가능성을 갖게 한다. '자료가 지지하는 치료 및 이론적 지향이 이미 존재할 때, 아직 평가되지 않은 치료를 제공하는 것이 윤리적일 것인가?'와 같은 질문들이 제기되었다. 대학원과 클리닉에서 가르치는(그리고 제3의 집단에 의해 제공되는) 제한된 치료 목록에서, 경험적으로 지지된 치료들이 선두에 서게 될 것인가? 이런 치료들이 단순히 '필수가 되어야' 하는가? 치료 매뉴얼을 사용하는 데서 어느 정도나 융통성이 허용되어야 하는가? 또는 양질의 치료를 보장하지 못하는 매뉴얼을 고수해야 하는가? 확실히 우리는 어떤 장애에 어떤 치료가 어느 정도 효과가 있는지에 대해 알고 있지만, 이런 개입의 효율성이나 임상적 유용성에 대해서는 분명히 더 검토가 요구된다(Christopherson & Mortweet, 2003; Eyberg et al., 2008; Kazdin, 2003; Levant, 2004를 보라). 이런 쟁점들은 과학자와 임상가 사이의 오래된 긴장을 건드리고, 효력이 있는 것으로 밝혀진 개입들을 치료 제공 장면들로 어떻게 전달할 수 있는지에 대해 생각하게 한다.

『평정심을 유지하기: 분노 관리 워크북』(Nelson & Finch, 2008)은 문헌들에서 일부 경험적 지지를 받은, 주의 깊게 조사한 인지행동적 절차에 따라 개발되었다(Beck & Fernandez, 1998; DiGiuseppe & Tafrate, 2003; Wilson, Gottfredson, & Najaka, 2001; Wilson, Lipsey, & Derzon, 2003). 또한 이 워크북은 내담자와 작업하기 위해 구조화된 매뉴얼에 근거한 형식을 제공함으로써, 인지행동적 개입들을 치료자와 내담자 모두에게 '사용자에게 친숙하게' 만든다는 점에서 '전달 가능성(transportability)'을 키우도록 제작되었다(Kendall, 1998; Stirman, Crits-Christoph, & De Rubeis, 2004). 그것은 치료 회기와 목표를 알려 주는 전반적인 틀을 제공하고, 다른 이론적 지향을 가진 치료자들이 그들의 목표를 성취하는 데 도움이 될 방략들을 제공하며, 치료자에게 치료 과정에 걸쳐 특정한 내담자에게 개입을 맞출 수 있도록 안내한다. 그것은 '일상생활이 생생하게 담긴 치료 매뉴얼'을 필요로 하는 임상가들에게 하나의 청사진을 제공한다(Kendall, Chu, Gifford, Hayes, & Nauta, 1998). 경험적으로 평가된 다양한 치료 프로그램과 매뉴얼이 급증함에도 불구하고, 이런 개입들이 실제 임상 치료에 미치는 영향은 중간 정도였다(예를 들어, Addis & Krasnow, 2000; Chorpita & Nakamura, 2004). 심리치료에 대한 가장 최근의 지식을 정신건강 서비스의 제공자와 소비자가 이용할 가능성을 어떻게 증가시킬 것인지뿐 아니라, 실제 치료에서 이런 치료들을 사용하도록 적극적으로 촉진하는 도전이 우리 앞에 놓여 있다(예를 들어, Stirman et al., 2004). 보급과 실시 분야에서 더 확장된 작업을 통해 경험적으로 지지된 치료들이 서비스 제공 장면으로 더 전달되게 될 것이다.

의미 있는 감별 진단을 하고, 공격적인 아동 · 청소년들에게 적합한 치료들을 만들어 내면서 이론적 모형들을 정교화하는 방향으로 상당한 진전이 이루어졌다(Finch, Lochman, Nelson, & Roberts, in press). 그럼에도 불구하고 모든 아동 · 청소년에게 효과가 있는 것은 아니므로 해야 할 일이 훨씬 더 많이 남아 있다. 가능한 가장 좋은 치료적 접근을 갖추는 것과 이런 개입들에 대해 경험적 평가를 계속하는 것이, 행동으로 표출하는 공격적인 아동과 청소년들을 건강하고 생산적인 사회 구성원인 성인으로 발달하게 하는 데 우리가 더 큰 도움을 줄 수 있도록 인도해 주기를 희망한다.

참고문헌

Achenbach, T., & Edelbrock, C. (1983). *Manual for the Child Behavior Checklist and Revised Behavior Profile*. Burlington: University of Vermont, Department of Psychiatry.

Achenbach, T., & Howell, C. (1993). Are American children' s problems getting worse?: A 13-year comparison. *Journal of the American Academy of Child and Adolescent Psychiatry, 32*(6), 1145-1154.

Achenbach, T. M. (1991). *Manual for the Child Behavior Checklist/4−18 and 1991 profile*. Burlington: University of Vermont, Department of Psychiatry.

Addis, M. E., & Krasnow, A. D. (2000). A rational survey of practicing psychologists' attitudes toward psychotherapy treatment manuals. *Journal of Consulting and Clinical Psychology, 68*, 331-339.

Alberti, R., & Emmons, M. (2001). *Your perfect right: Assertiveness and equality in your life and relationships* (8th ed.). Atascadero, CA: Impact.

Amato, P. R. (2000). Diversity within single-parent families. In D. H. Demo, K. R. Allen, & M. Fine (Eds.), *Handbook of family diversity* (pp. 149-172). New York: Oxford University Press.

American Academy of Pediatrics. (2001). Media violence. *Pediatrics, 108*(5), 1222-1226.

American Psychiatric Association. (2000). *Diagnostic and statistical manual of mental Disorders* (4th ed., text rev.). Washington, DC: Author.

Anderson, C. A., & Bushman, B. J. (2002). Human aggression. *Annual Review of Psychology, 53*, 27-51.

Bandura, A. (1986). *Social functions of thought and action: A social cognitive theory*. Englewood Cliffs, NJ: Prentice-Hall.

Beck, R., & Fernandez, E. (1998). Cognitive behavioral therapy in the treatment of anger: A meta-analysis. *Cognitive Therapy and Research, 22*, 63-74.

Beck, A. T., Rush, A. J., Shaw, B. F., & Emery, G. (1979). *Cognitive therapy of depression*. New York: Guilford Press.

Benson, H., Kornhaber, A., Kornhaber, C., & LeChanu, M. (1994). Increases in positive psychological characteristics with a new relaxation-response curriculum in high school students. *Journal of Research and Development in Education, 27*, 226-231.

Bešić, N., & Kerr, M. (2009). Punks, goths, and other eye-catching peer crowds: Do they fulfill a function for shy youths? *Journal of Research on Adolescence, 19*, 113-121.

Blake, C. S., & Hamrin, V. (2007). Current approaches to the assessment and management of anger and aggression in youth: A review. *Journal of Child and Adolescent Psychiatric Nursing, 20*, 209-221.

Boyd-Franklin, N. (2003). *Black families in therapy: Understanding the African American experience* (2nd ed.). New York: Guilford Press.

Brestan, E. V., & Eyberg, S. M. (1998). Effective psychological treatments of conduct-disordered children and adolescents: 29 years, 82 studies, 5, 272 kids. *Journal of Clinical Child Psychology, 27*, 180-189.

Broidy, L. M., Nagin, D. S., Tremblay, R. E., Bates, J. E., Brame, B., Dodge, K. A., et al. (2003). Developmental trajectories of childhood disruptive behaviors and adolescent delinquency: A six-site, cross-national study. *Developmental Psychology, 39*, 222-245.

Bronfenbrenner, U. (1989). Ecological systems theory. In R. Vasta (Ed.), *Analysis of child development* (Vol. 6, pp. 187-250). Greenwich, CT: JAI Press.

Brown, V. (2006). Guiding the influence of hip-hop music on middle-school students' feelings, thinking, and behaving. *Negro Educational Review, 57*, 49-68.

Buchanan, A. (1997). The investigation of acting on delusions as a tool for risk assessment in the mentally disordered. *British Journal of Psychiatry, 170*(Suppl. 32), 12-14.

Buckman, E. (Ed.). (1994). *The handbook of humor: Clinical

applications in psychotherapy. Malabar, FL: Krieger.

Cairns, R. B., Cairns, B. D., Neckerman, H. J., Ferguson, L. L., & Gariepy, J. L. (1989). Growth and Aggression 1: Childhood to early adolescence. *Developmental Psychology, 25,* 320-330.

Chamberlain, P., & Rosicky, J. G. (1995). The effectiveness of family therapy in the treatment of adolescents with conduct disorders and delinquency. *Journal of Marital and Family Therapy, 21,* 441-459.

Champion, K. M., & Clay, D. L. (2007). Individual differences in responses provocation and frequent victimization by peers. *Child Psychiatry and Human Development, 9,* 398.

Chandler, M., & Boyes, M. (1982). Social-cognitive development. In B. Wolman (Ed.), *Handbook of developmental psychology* (pp. 387-402). New York: Wiley.

Chapman, A., & Chapman-Santana, M. (1995). The use of humor in psychotherapy. *Arquivos de Neuro-Psiquiatria, 53,* 153-156.

Chesney-Lind, M., & Brown. M. (1999). Girls and violence: An overview. In D. J. Flannery & C. R. Huff (Eds.), *Youth violence: Prevention, intervention, and social policy* (pp. 171-199). Washington, DC: American Psychiatric Press.

Chorpita, B. F., & Nakamura, B. J. (2004). Four considerations for dissemination of intervention innovations. *Clinical Psychology: Science and Practice, 11,* 364-367.

Christopherson, E. R., & Mortweet, S. L. (2003). *Treatments that work with children: Empirically suggested strategies for managing problems.* Washington, DC: American Psychological Association.

Clarke, G., Lewinsohn, P., & Hops, H. (1990). *Adolescent coping with depression course.* Eugene, OR: Castalia Press.

Cohen, M., Miller, T., & Rossman, S. (1994). The costs and consequences of violent behavior in the United States. In A. J. Reiss & J. A. Roth (Eds.), *Understanding and preventing violence: Vol. 4. Consequences and control* (pp. 67-167). Washington, DC: National Academic Press.

Commission for the Prevention of Youth Violence. (2000). *Youth and violence: Medicine, nursing, and public health: Connecting the dots to prevent violence.* Retrieved on November 7, 2004, from *www.ama.saan.org/upload/mm/386/ fullreport.pdf.*

Connor, D. F., Doerfler, L. A., Toscano, P. F., Volungis, A. N., & Steingard, R. J. (2004). Characteristics of children and adolescents admitted to a residential treatment center. *Journal of Child and Family Studies, 13,* 497-510.

Cox, D. L., & Stabb, S. D. (2000). Anger and depression in girls and boys. *Psychology of Women Quarterly, 24,* 110-112.

Crick, N. R., & Bigbee, M. A. (1998). Relational and overt forms of peer victimization: A multi-informant approach. *Journal of Consulting and Clinical Psychology, 66*(2), 337-347.

Crick, N. R., Casas, J. F., & Mosher, M. (1997). Relational and overt aggression in preschool. *Developmental Psychology, 33,* 579-588.

Crick, N. R., & Dodge, K. A. (1994). A review and reformulization of social-information processing mechanisms in children's social adjustment. *Psychological Bulletin, 115,* 74-101.

Crick, N. R., & Grotpeter, J. K. (1995). Relational aggression, gender, and social-psychological adjustment. *Child Development, 66,* 710-722.

Crick, N. R., Grotpeter, J. K., & Rockhill, C. M. (1999). A social information-processing approach to children's loneliness. In K. J. Rothenberg & S. Hymel (Eds.), *Loneliness in childhood and adolescence* (pp. 153-175). New York: Cambridge University Press.

Cuéllar, I. (2000). Acculturation as a moderator of personality and psychological assessment. In R. H. Dana (Ed.), *Handbook of cross-cultural and multicultural personality assessment* (pp. 113-129). Mahwah, NJ: Erlbaum.

Dana, R. (1994). Humor as a diagnostic tool in child and adolescent groups. In E. Buckman (Ed.), *The handbook of humor: Clinical applications in psychotherapy* (pp. 41-51). Malabar, FL: Krieger.

Dana, R. H. (2000). An assessment-intervention model for research and practice with multicultural populations. In R. H. Dana (Ed.), *Handbook of cross-cultural and multicultural personality assessment* (pp. 5-16). Mahwah, NJ: Erlbaum.

Deffenbacher, J., Lynch, R., Oetting, E., & Kemper, C. (1996). Anger reduction in early adolescents. *Journal of Counseling*

Psychology, 43, 149-157.

del Barrio, V., Aluja, A., & Spielberger, C. (2004). Anger assessment with STAXI-CA: Psychometric properties of a new instrument for children and adolescents. *Personality and Individual Differences, 37,* 227-244.

Derzon, J. H. (2001). Antisocial behavior and the prediction of violence: A meta-analysis. *Psychology in the Schools, 38*(2), 93-106.

DiGiuseppe, R., & Tafrate, R. C. (2001). A comprehensive treatment model for anger disorders. *Psychotherapy, 38,* 262-271.

DiGiuseppe, R., & Tafrate, R. C. (2003). Anger treatment for adults: A meta-analytic review. *Clinical Psychology: Science and Practice, 10,* 70-84.

Dodge, K. A. (1991). The structure and function of reactive and protective aggression. In D. J. Pepper & K. H. Rubin (Eds.), *The development and treatment of childhood aggression* (pp. 210-218). Hillsdale, NJ: Erlbaum.

Dodge, K. A., Lochman, J. E., Hamish, J. D., Bates, J. E., & Petit, G. (1997). Reactive and proactive aggression in school children and psychiatrically impaired chronically assaultive youth. *Journal of Abnormal Psychology, 106,* 37-51.

Dodge, K. A., Price, J. M., Bachorowski, J., & Newman, J. P. (1990). Hostile attributional biases in severely aggressive adolescents. *Journal of Abnormal Psychology, 99,* 385-392.

Doerfler, L. A., Toscano, P. F., & Connor, D. F. (2009). Sex and aggression: The relationship between gender and abuse experience in youngsters referred to residential treatment. *Journal of Child and Family Studies, 18*(1), 112-122.

Dollard, J., Doob, L. W., Miller, N. E., Mowrer, O. H., & Sears, R. R. (1939). *Frustration and aggression.* New Haven, CT: Yale University Press.

Dong, Y., Hallberg, E., & Hassard, H. (1979). Effects of assertion training on aggressive behavior of adolescents. *Journal of Counseling Psychology, 26,* 459-461.

Dowling, J. S., & Fain, J. A. (1999). A multidimensional sense of humor scale for school-aged children: Issues of reliability and validity. *Journal of Pediatric Nursing, 14,* 38-43.

Dryden, W. (2006). *Getting started with REBT: A concise guide for clients.* New York: Routledge.

Dujovne, V., Barnard, M., & Rapoff, M. (1995). Pharmacological and cognitive behavioral approaches in the treatment of childhood depression: A review and critique. *Clinical Psychology Review, 15,* 589-611.

Eisen, A., & Silverman, W. (1993). Should I relax or change my thoughts?: A preliminary examination of cognitive therapy, relaxation training, and their combination with overanxious children. *Journal of Cognitive Psychotherapy, 7,* 265-279.

Ellis, A. (1970). *The essence of rational psychotherapy: A comprehensive approach to treatment.* New York: Institute for Rational Living.

Eskin, M., Ertekin, K., & Demir, H. (2008). Efficacy of a problem-solving therapy for depression and suicide potential in adolescents and young adults. *Cognitive Therapy and Research, 32*(2), 227-245.

Estrada, A. U., & Pinsof, W. M. (1995). The effectiveness of family therapies for selected behavioral disorders of childhood. *Journal of Marital and Family Therapy, 21,* 403-440.

Eyberg, S. M., Nelson, M. M., & Boggs, S. R. (2008). Evidence-based psychosocial treatments for children and adolescents with disruptive behavior. *Journal of Clinical Child and Adolescent Psychology, 37,* 215-237.

Farrington, D. P. (1986). The application of stress theory to the study of family violence: Principles, problems, and prospects. *Journal of Family Violence, 1*(2), 131-147.

Farrington, D. P. (1991). Childhood aggression and adult violence: Early precursors and life outcomes. In D. J. Pepler & K. H. Rubin (Eds.), *The development and treatment of childhood aggression* (pp. 5-29). Hillsdale, NJ: Erlbaum.

Farrington, D. P. (1994). Childhood, adolescent, and adult features of violent males. In L. R. Huesmann (Ed.), *Aggressive behavior: Current perspectives* (pp. 215-240). New York: Plenum.

Farrington, D. P. (1995). The development of offending and antisocial behavior from childhood: Key findings from the Cambridge Study in Delinquent Development. *Journal of Child Psychology and Psychiatry, 36,* 929-964.

Farrington, D. P., Loeber, R., & Van Kammen, W. B. (1990).

Long-term clinical outcomes of hyperactivity-impulsivity-attention deficit and conduct problems in childhood. In L. N. Robins & M. Rutter (Eds.), *Straight and devious pathways from childhood to adulthood* (pp. 62-81). Cambridge, UK: Cambridge University Press.

Federal Bureau of Investigation. (2009). *Crime in the United States/Uniform Crime Reports.* Clarksberg, WVA: Author.

Feisthamel, K. P., & Schwartz, R. C. (2009). Differences in mental health counselors' diagnoses based on client race: An investigation of adjustment, childhood, and substance-related disorders. *Journal of Mental Health Counseling, 31,* 47-58.

Fergusson, D. M., Horwood, L. J., & Ridder, E. M. (2005). Show me the child at seven: The consequences of conduct problems in childhood for psychosocial functioning in adulthood. *Journal of Child Psychology and Psychiatry, 46,* 837-849.

Finch, A. J., Jr., Lochman, J. E., Nelson, W. M., III, & Roberts, M. (in press). *Clinical child and adolescent practice in professional psychology.* New York: Oxford University Press.

Finch, A. J., Jr., Nelson, W. M., III, & Moss, J. H. (1993). Childhood aggression: Cognitive-behavioral therapy strategies and interventions. In A. J. Finch, Jr., W. M. Nelson, III, & E. S. Ott (Eds.), *Cognitive-behavioral procedures with children and adolescents: A practical guide* (pp. 148-205). Boston: Allyn & Bacon.

Finch, A. J., Jr., Nelson, W. M., III, & Ott, E. S. (1993). *Cognitive-behavioral procedures with children and adolescents: A practical guide.* Boston: Allyn & Bacon.

Finch, A. J., Jr., & Politano, P. M. (1994). Projective techniques. In T. H. Ollendick, N. J. King, & W. Yule (Eds.), *International handbook of phobic and anxiety disorders in children and adolescents* (pp. 381-393). New York: Plenum Press.

Forehand, R., Middlebrook, J., Rogers, T., & Steffe, M. (1983). Dropping out of parent training. *Behaviour Research and Therapy, 21,* 663-668.

Fossum, S., Handegard, B. H., Martinussen, M., & Morch, W. M. (2008). Treatment of oppositional defiant and conduct problems in young Norwegian children. *European Child and Adolescent Psychiatry, 17,* 438-451.

Freud, S. A. (1920). *A general introduction to psycho-analysis.* New York: Boni & Liveright.

Fry, W., & Salameh, W. (Eds.). (1993). *Advances in humor and psychotherapy.* Sarasota, FL: Professional Resources Press.

Ghee, K. L. (1994). Edu-Culture: An innovative strategy for promoting identity and scholarship in young African American males. In B. A Jones & K. M. Borman (Eds.), *Investing in U.S. schools: Directions for educational policy* (pp. 102-125). Norwood, NJ: Ablex.

Ghee, K. L., Walker, J., & Younger, A. (1997). The RAAMUS Academy: Evaluation of an Edu-Cultural after-school intervention for young African American males. *Journal of Prevention and Intervention in the Community, 16*(1/2), 87-102.

Harris, W. W., Lieberman, A. F., & Marans, S. (2007). In the best interests of society. *Journal of Child Psychology and Psychiatry, 48,* 392-411.

Hawkins, J. D., von Cleve, E., & Catalano, R. F. (1991). Reducing early childhood aggression: Results of a primary prevention program. *Journal of the American Academy of Child and Adolescent Psychiatry, 30,* 208-217.

Helms, J., & Cook, D. (1999). *Using race and culture in counseling and psychotherapy: Theory and practice.* Boston: Allyn & Bacon.

Hill, J. (2002). Biological, psychological and social processes of conduct disorders. *Journal of Child Psychology and Psychiatry, 43,* 133-164.

Horne, A. M., & Sayger, T. V. (1990). *Treating conduct and oppositional defiant disorders in children.* Elmsford, NY: Pergamon.

Jacobsen, R. (1938). *Progressive relaxation.* Chicago: University of Chicago Press.

Jerrell, J. (2003). Are assessment and treatment influenced by ethnicity and gender? *Psychiatric Times, 20*(10), 71-74.

Johnson, V. K. (2003). Linking changes in whole family functioning and children's externalizing behavior across the elementary school years. *Journal of Family Psychology, 17,* 499-509.

Kaufman, L., & Wagner, B. (1972). Barb: A systematic treatment technology for temper control disorders. *Behavior Therapy, 3,* 84-90.

Kaye, J. S. (2009). Education counts: Turning crisis into opportunity for adolescents. *Juvenile and Family Court Journal, 60,* 1-10.

Kazdin, A. E. (1993). Treatment of conduct disorder: Progress and directions in psychotherapy research. *Development and Psychopathology, 5,* 277-310.

Kazdin, A. E. (1995). *Conduct disorder in childhood and adolescence* (2nd ed.). Thousand Oaks, CA: Sage.

Kazdin, A. E. (2003). Problem-solving skills training and parent management training for conduct disorder. In A. E. Kazdin & J. R. Weisz (Eds.), *Evidence-based psychotherapies for children and adolescents* (pp. 241-262). New York: Guilford Press.

Kazdin, A. E., & Kendall, P. C. (1998). Current progress and future plans for developing effective treatments: Comments and perspectives. *Journal of Clinical Child Psychology, 27,* 217-226.

Kendall, P. C. (1998). Empirically supported psychological therapies. *Journal of Consulting and Clinical Psychology, 66,* 3-6.

Kendall, P. C. (2006). Guiding theory for therapy with children and adolescents. In P. C. Kendall (Ed.), *Child and adolescent therapy: Cognitive-behavioral procedures* (3rd ed., pp. 3-30). New York: Guilford Press.

Kendall, P. C., & Beidas, R. (2007). Smoothing the trail for dissemination of evidence-based practices for youth: Flexibility within fidelity. *Professional Psychology: Research and Practice, 38,* 13-20.

Kendall, P. C., & Braswell, L. (1985). *Cognitive-behavioral therapy for impulsive children.* New York: Guilford Press.

Kendall, P. C., Chu, B., Gifford, A., Hayes, C., & Nauta, M. (1998). Breathing life into a manual: Flexibility and creativity with manual-based treatments. *Cognitive and Behavioral Practice, 5*(2), 177-198.

Kendall, P. C., & Flannery-Schroeder, E. C. (1995). Rigor, but not rigor mortis, in depression research. *Journal of Personality and Social Psychology, 69,* 892-894.

Kendall, P. C., Gosch, E., Furr, J., & Sood, E. (2008). Flexibility within fidelity. *Journal of the American Academy of Child and Adolescent Psychiatry, 47,* 987-993.

Kendall, P. C., Hollon, S. D., Beck, A. T., Hammen, C. H., & Ingram, R. E. (1987). Issues and recommendations regarding use of the Beck Depression Inventory. *Cognitive Therapy and Research, 11,* 289-299.

Kendall, P. C., Hudson, J., Gosch, E., Flannery-Schroeder, E., & Suveg, C. (2008). Cognitive-behavior therapy for anxiety disordered youth: A randomized clinical trial evaluating child and family modalities. *Journal of Consulting and Clinical Psychology, 76,* 282-297.

Kendall, P. C., & MacDonald, J. P. (1993). Cognition in the psychopathology of youth and complications for treatment. In K. S. Dobson & P. C. Kendall (Eds), *Psychopathology and cognition* (pp. 387-432). San Diego, CA: Academic Press.

Kerr, M. A., & Schneider, B. H. (2008). Anger expression in children and adolescents: A review of the empirical literature. *Clinical Psychology Review, 28*(4), 559-577.

Kimball, W., Nelson, W. M., III, & Politano, P. M. (1993). The role of developmental variables in cognitive-behavioral interventions with children. In A. J. Finch, Jr., W. M. Nelson, III, & E. S. Ott (Eds.), *Cognitive-behavioral procedures with children and adolescents* (pp. 25-66). Boston: Allyn & Bacon.

Koeppen, A. (1974, October). Relaxation training for children. *Elementary School Guidance and Counseling,* pp. 14-21.

Kopec, A. M., Beal, D., & DiGiuseppe, R. (1994). Training in RET: Disputational strategies. *Journal of Rational-Emotive and Cognitive-Behavior Therapy, 12,* 47-60.

Kumpfer, K. L., Smith, P., & Summerhays, J. F. (2008). A wake-up call to the prevention field: Are prevention programs for substance use effective for girls? *Substance Use and Misuse, 43*(8/9), 978-1001.

Kuyken, W., Padesky, C. A., & Dudley, R. (2008). The science and practice of case conceptualization. *Behavioural and Cognitive Psychotherapy, 36,* 757-768.

Lahey, B. B., Moffitt, T. E., & Caspi, A. (Eds.). (2003). *Causes of conduct disorder and juvenile delinquency.* New York: Guilford Press.

Lansford, J. E., Dodge, K. A., Petit, G. S., Bates, J. E., Crozier, J., & Kaplow, J. (2002). Long-term effects of early child physical maltreatment on psychologinormalities. *Journal of Autism and Developmental Disorders, 26,* 205-209.

Larson, J., & Lochman, J. E. (2002). *Helping schoolchildren cope with anger: A cognitive-behavioral intervention.* New York: Guilford Press.

Leary, M. R., Twenge, J. M., & Quinlivan, E. (2006). Interpersonal rejection as a determinant of anger and aggression. *Personality and Social Psychology Review, 10,* 111-132.

Levant, R. F. (2004). The empirically validated treatments movement: A practitioner's perspective. *Clinical Psychology: Service Practice, 11,* 219-224.

Limandri, B., & Sheridan, D. (1995). Prediction of intentional interpersonal violence. An introduction. In J. C. Campbell (Ed.), *Assessing dangerousness: Violence by sexual offenders, batterers, and child abusers* (pp. 1-19). Thousand Oaks, CA: Sage.

Lipsey, M. W. (1992). Juvenile delinquency treatment: A meta-analytic inquiry into the variability of effects. In T. D. Cook, H. Cooper, D. S. Cordray, H. Hartmann, L. V. Hedges, R. J. Light, et al. (Eds.), *Meta-analysis for explanation: A casebook* (pp. 83-126). New York: Russell Sage Foundation.

Lochman, J. E. (1992). Cognitive-behavioral interventions with aggressive boys: Three-year follow-up and preventive effects. *Journal of Consulting and Clinical Psychology, 60,* 426-432.

Lochman, J. E., & Dodge, K. A. (1998). Distorted perceptions in dyadic interactions of aggressive and nonaggressive boys: Effects of prior expectations, context, and boys' age. *Development and Psychopathology, 10,* 495-512.

Lochman, J. E., Meyer, B., Rabiner, D., & White, K. (1991). Parameters influencing social problem solving of aggressive children. In R. Prinz (Ed.), *Advances in behavioral assessment of children and families* (Vol. 5, pp. 31-63). Greenwich, CT: JAI Press.

Lochman, J. E., Powell, N. R., Jackson, M. F., & Czopp, W. (2006). Cognitive-behavioral psychotherapy for conduct disorder: The Coping Power Program. In W. M. Nelson III, A. J. Finch, Jr., & K. J. Hart (Eds.), *Conduct disorders: A practitioner's guide to comparative treatments* (pp. 158-215). New York: Springer.

Lochman, J. E., & Wells, K. C. (2002). Countertextual social-cognitive mediators and child outcome: A test of the theoretical model in the Coping Power Program. *Development and Psychopathology, 14,* 971-993.

Loeber, R., Green, S. M., Lahey, B. B., & Kalb, L. (2000). Physical fighting in childhood as a risk factor for later mental health problems. *Journal of the American Academy of Child and Adolescent Psychiatry, 39,* 421-428.

Loeber, R., & Hay, D. F. (1997). Key issues in the development of aggression and violence from childhood to early adulthood. *Annual Review of Psychology, 48,* 371-410.

Loeber, R., & Stouthamer-Loeber, M. (1998). Development of juvenile aggression and violence: Some common misperceptions and controversies. *American Psychologist, 53,* 242-259.

Lorenz, K. (1966). *On aggression.* New York: Harcourt Brace Jovanovich.

Luria, A. (1961). *The role of speech in the regulation of normal and abnormal behaviors.* New York: Liveright.

Marsee, M. A., & Frick, P. J. (2007). Exploring the cognitive and emotional correlates to proactive and reactive aggression in a sample of detained girls. *Journal of Abnormal Child Psychology, 35,* 969-981.

Mash, E. J., & Wolfe, D. A. (2010). *Abnormal child psychology* (4th ed.). Belmont, CA: Wadsworth.

McCord, W., & McCord, J. (1960). *Origins of alcoholism.* Stanford, CA: Stanford University Press.

McDougall, W. (1931). *An introduction to social psychology.* London: Methuen.

McMahon, R. J., Forehand, R., & Guest, D. L. (1981). Effects of knowledge of social learning principles on enhancing treatment outcome and generalization in a parent training program. *Journal of Consulting and Clinical Psychology, 49,* 526-532.

McMahon, S. D., & Watts, R. J. (2002). Ethnic identity in urban African American youth: Exploring links with self-worth, *aggression,* and other psychosocial variables. *Journal of Community Psychology, 30,* 411-431.

Mesch, G. S. (2009). Parental mediation, online activities, and cyberbullying. *Cyberpsychology and Behavior, 12*(4), 387-393.

Mezzacappa, E. S., Katkin, E. S., & Palmer, S. N. (1999). Epinephrien, Arousal, and Emotion. *Cognition and Emotion, 13,* 181-199.

Milich, R., & Dodge, K. A. (1984). Social information processing in child psychiatric populations. *Journal of Abnormal Child Psychology, 12,* 471-490.

Miller, G. E., & Prinz, R. J. (1990). Enhancement of social learning family intervention for childhood conduct disorder. *Psychological Bulletin, 108,* 291-307.

Mitchell, K. J., Ybarra, M., & Finkelhor, D. (2007). The relative importance of online victimization in understanding depression, delinquency, and substance use. *Child Maltreatment, 12,* 314-24.

Moffitt, T. E. (1993). Adolescence-limited and life-course-persistent antisocial behavior: A developmental taxonomy. *Psychology Review, 100,* 674-701.

Moffitt, T. E., Caspi, A., Dickson, N., Silva, P., & Stanton, W. (1996). Childhood-onset versus adolescent-onset antisocial conduct problems in males: Natural history from ages 3 to 18 years. *Development and Psychopathology, 8,* 399-424.

Moffitt, T. E., Caspi, A., Harrington, H., & Milne, B. J. (2002). Males on the life-course-persistent and adolescence-limited antisocial pathways: Follow-up at age 26 years. *Development and Psychopathology, 14,* 179-207.

Monahan, J., & Walker, L. (Eds.). (1990). *Social science in law: Cases and materials* (2nd ed.). Westbury, NJ: Foundation Press.

National Institute of Mental Health. (2000). *Child an adolescent violence research at the NIMH* (NIH Publication No. 00-4706). Washington DC: U.S. Government Printing Office.

Needleman, L. D. (1999). *Cognitive case conceptualization: A guidebook for practitioners.* Mahwah, NJ: Erlbaum.

Nelson, W. M., III. (1998). *Keeping your cool: The anger management video.* Ardmore, PA: Workbook Publishing.

Nelson, W. M., III, & Finch, A. J., Jr. (2000). *Children's Inventory of Anger (CHIA) manual.* Los Angeles: Western Psychological Services.

Nelson, W. M., III, & Finch, A. J., Jr. (2008). *Keeping your cool: The anger management workbook* (2nd ed., Parts 1 & 2). Ardmore, PA: Workbook Publishing.

Nelson, W. M., III, Finch, A. J., Jr., & Hart, K. J. (2006). *Conduct disorders: A practitioner's guide to comparative treatments for conduct disorder.* New York: Springer.

Nelson, W. M., III, Hart, K. J., & Finch, A. J., Jr. (1993). Anger in children: A cognitive-behavioral view of the assessment-therapy connection. *Journal of Rational-Emotive and Cognitive-Behavior Therapy, 11,* 135-150.

Nelson, W. M., III, & Politano, P. M. (1993). The goal is to say "good-bye" and have the treatment effects generalize and maintain: A cognitive-behavioral view of termination. *Journal of Cognitive Psychology, 7,* 249-261.

Nelson, W. M., III, & Schultz, J. R. (2009). *Managing anger and aggression in students with externalizing behavior problems: A focus on exemplary programs.* In M. J. Mayer, R. VanAcker, J. E. Lochman, & F. M. Gresham (Eds.), *Cognitive-behavioral interventions for emotional and behavioral disorders: School based practice* (pp. 143-175). New York: Guilford Press.

Nezu, A. M. (2004). Problem solving and behavior therapy revisited. *Behavior Therapy, 35,* 1-33.

Nichols, T. R., Mahadeo, M., Bryant, K., & Botvin, G. J. (2008). Examining anger as a predictor of drug use among multiethnic middle school students. *Journal of School Health, 78,* 480-486.

North, A. C., & Hargreaves, D. J. (2006). Problem music and self-harming. *Suicide and Life-Threatening Behavior, 36,* 582-590.

Novaco, R. W. (1978). Anger and coping with stress. In J. P. Foreyt & D. P. Rathjen (Eds.), *Cognitive behavior therapy: Research and application* (pp. 241-286). New York: Plenum.

Nyborg, V. M., & Curry, J. F. (2003). The impact of perceived racism: Psychological symptoms among African American boys. *Journal of Clinical Child and Adolescent Psychology, 32*(2), 258-266.

Odgers, C. L., & Moretti, M. M. (2002). Aggressive and antisocial girls: Research update and challenges. *International Journal of Forensic Mental Health, 1,* 103-119.

Office of Juvenile Justice and Delinquency Prevention(OJJDP). (2008). Juvenile arrest rate trends. Retrieved from.

Park-Higgerson, H., Perumean-Chaney, S. E., Bartolucci, A. A., Grimley, D. M., & Singh, K. P. (2008). The evaluation

of school-based violence prevention programs: A meta-analysis. *Journal of School Health, 78*(9), 465-479.
Patterson, G. R. (1982). *Coercive family process.* Eugene, OR: Castalia Press.
Patterson, G. R. (1986). Performance models for antisocial boys. *American Psychologist, 41,* 432-444.
Patterson, G. R., & Forgatch, M. (1987). *Parents and adolescents living together: Part 1. The basics.* Eugene, OR: Castalia Press.
Patterson, G. R., & Gullion, M. E. (1971). *Living with children: New methods for parents and teachers.* Champagne, IL: Research Press.
Patterson, G. R., Reid, J. B., Jones, R. R., & Conger, R. W. (1975). *A social learning approach to family intervention.* Eugene, OR: Castalia Press.
Pentz, M. (1980). Assertion training and trainer effects on unassertive and aggressive adolescents. *Journal of Counseling Psychology, 27,* 76-83.
Price, J. A. (1996). *Power and compassion: Working with difficult adolescents and abused parents.* New York: Guilford Press.
Putallaz, M., & Bierman, K. L. (2004). *Aggression, antisocial behavior, and violence among girls: A developmental perspective.* New York: Guilford Press.
Quay, H. C. (1986). Conduct disorders. In H. C. Quay & J. S. Werry (Eds.), *Psychopathological disorders of childhood* (3rd ed., pp. 35-72). New York: Wiley.
Quay, H. C., & La Greca, A. M. (1986). Disorders of anxiety, withdrawal, and dysphoria. In H. C. Quay & J. S. Werry (Eds.), *Psychopathological disorders of children* (3rd ed., pp. 73-110). New York: Wiley.
Persons, J. B. (2006). Case formulation-driven psychotherapy. *Clinical Psychology: Science and Practice, 13,* 167-170.
Reinecke, M. A. (2006). Cognitive-developmental treatment of conduct disorder. In W. M. Nelson, III, A. J. Finch, Jr., & K. J. Hart (Eds.), *Conduct disorders: A practitioner's guide to comparative treatments* (pp. 99-136). New York: Springer.
Reynolds, C., & Kamphaus, R. (1992). *Behavior Assessment System for Children: Manual.* Circle Pines, MN: American Guidance Services.
Rich, M., Woods, E. R., Goodman, E., Emans, S. J., & DuRant, R. H. (1998). Aggressors or victims: Gender and race in music video violence. *Pediatrics, 101*(4), 669-674.
Richters, J. E., & Martinez, P. E. (1993). Violent communities, family choices, and children' s chances: An algorithm for improving the odds. *Development and Psychopathology, 5,* 609-627.
Robins, L. N. (1966). *Deviant children grown up: A sociological and psychiatric study of sociopathic personality.* Baltimore: Williams & Wilkins.
Robins, L. N. (1978). Sturdy childhood predictors of adult antisocial behavior: Replications from longitudinal studies. *Psychological Medicine, 8*(4), 611-622.
Romero, H. R., Lageman, S. K., Kamath, V., Vidya, I. F., Sim, A., Suarez, P., et al. (2009). Challenges in the neuropsychological assessment of ethnic minorities: Summit proceedings. *Clinical Neuropsychologist, 23,* 761-779.
Rosenthal, B. S., & Wilson, W. C. (2006). Adolescents' psychological response to the experience of community interpersonal violence: A cross-national and a cross-cultural comparison. *Adolescence, 41,* 417-433.
Ruiz, P. (1995). Assessing, diagnosing and treating culturally diverse individuals: A Hispanic perspective. *Psychiatric Quarterly, 66,* 329-341.
Rutledge, C. M., Rimer, D., & Scott, M. (2008). Vulnerable Goth teens: The role of schools in this psychosocial high-risk culture. *Journal of School Health, 78,* 459-464.
Rutter, M., Giller, H., & Hagell, A. (1998). *Antisocial behavior by young people.* New York: Cambridge University Press.
Sacco, W. R., & Beck, A. T. (1995). Cognitive theory and therapy. In E. E. Beckham & W. R. Leber (Eds.), *Handbook of depression: Treatment, assessment, and research* (2nd ed., pp. 329-351). New York: Guilford Press.
Saini, M. (2009). A meta-analysisof the psychological treatment of anger: Developing guidelines for evidence-based practice. *Journal of American Academy of Psychiatry Law, 37,* 473-488.
Sanford, M., Boyles, M. H., Szatmari, P., Offord, D. R., Jamieson, E., & Spinner, M. (1999). Age-of-onset classification of conduct disorder: Reliability and validity in a prospective cohort study. *Journal of the American Academy*

of *Child and Adolescent Psychiatry, 38,* 992-999.

Santiago-Rivera, A. L., Arredondo, P., & Gallardo-Cooper, M. (2002). *Counseling Latinos and la familia.* Thousand Oaks, CA: Sage.

Sanz de Acedo Lizarraga, M. L., Ugarte, M. D., Cardelle-Elawar, M., Iriarte, M. D., & Sanz de Acedo Baquedano, M. T. (2003). Enhancement of self-regulation, assertiveness, and empathy. *Learning and Instruction, 13*(4), 423-439.

Schachter, S. (1964). The interaction of cognitive and physiological determents of emotional state. In L. Berkowitz (Ed.), *Advances in experimental social psychology* (pp. 49-80). New York: Academic Press.

Schachter, S., & Singer, J. (1962). Cognitive, social and physiological determinants of emotional state. *Psychological Review, 69,* 379-399.

Sells, S. P. (1998). *Treating the tough adolescent: A family-based, step-by-step guide.* New York: Guilford Press.

Southam-Gerow, M. A., & Kendall, P. C. (1997). In D. M. Stoff, J. Breiling, & J. D. Moser (Eds.), *Handbook of antisocial behavior* (pp. 384-394). New York: Wiley.

Spencer, L., & Oatts, T. (1999). Conduct disorder vs. attention-deficit hyperactivity disorder: Diagnostic implications for African-American adolescent males. *Education, 119*(3), 514-518.

Spielberger, C. D. (1996). *State-Trait Anger Expression Inventory manual.* Odessa, FL: Psychological Assessment Resources.

Spielberger, C. D. (1999). *Manual for the State-Trait Anger Expression Inventory, STAXI-2.* Odessa, FL: Psychological Assessment Resources.

Stark, K., Kendall, P. C., McCarthy, M., Stafford, M., Barron, R., & Thomeer, M. (1996). *Taking action: A workbook for overcoming depression.* Ardmore, PA: Workbook Publishing.

Stattin, H., & Magnusson, D. (1989). The role of early aggressive behavior in the frequency, seriousness, and types of later crime. *Journal of Consulting and Clinical Psychology, 57,* 710-718.

Steiner, H. (1997). Practice parameters for the assessment and treatment of children and adolescents with conduct disorder. *Journal of American Academy of Child and Adolescent Psychiatry, 36,* 1225-1395.

Stewart, M. A., deBlois, S., Meardon, J., & Cummings, C. (1980). Aggressive conduct disorder of children: The clinical picture. *Journal of Nervous and Mental Disease, 168,* 604-615.

Stirman, S. W., Crits-Christoph, P., & De Rubeis, R. J. (2004). Achieving successful dissemination of empirically-supported psychotherapies: A synthesis of dissemination theory. *Clinical Psychology: Science and Practice, 11,* 343-359.

Stoff, D. M., Breiling, J., & Maser, J. D. (Eds.). (1997). *Handbook of antisocial behavior.* New York: Wiley.

Tafrate, R.. C. (1995). Evaluation of treatment strategies for adult anger disorders. In H. Kassinove (Ed.), *Anger disorders: Definition, diagnoses, and treatment* (pp. 109-130). Washington, DC: Taylor & Francis.

Tate, D. C., Reppucci, N. D., & Mulvey, E. P. (1995). Violent juvenile delinquents: Treatment effectiveness and implications for future action. *American Psychologist, 50,* 777-781.

Tremblay, R. E. (2000). The development of aggressive behaviour during childhood: What have we learned in the past century? *International Journal of Behavioural Development, 24,* 129-141.

U. S. Department of Health and Human Services. (2001). *Youth violence: A report of the Surgeon General.* Retrieved December 13, 2004, from *www.surgeongeneral.gov/library/youthviolence/sgsummary/summary.htm.*

Vandenberg, B., & Marsh, U. (2009). Aggression in youths: Child abuse, gender, and SES. *North American Journal of Psychology, 11*(3), 437-442.

Ventis, W., & Ventis, D. (1988). Guidelines for using humor in therapy with children and young adolescents. *Journal of Children in Contemporary Society, 20,* 179-197.

Voisin, D. R., Neilands, T. B., Salazar, L. F., Crosby, R., & DiClemente, R. J. (2008). Pathways to drug and sexual risk behaviors among detained adolescents. *Social Work Research, 32,* 147-157.

Wasserman, G. A., & Miller, L. S. (1998). The prevention of serious and violent juvenile offending. In R. Loeber & D. P.

Farrington (Eds.), *Serious and violent juvenile offenders: Risk factors and successful interventions* (pp. 197-247). Thousand Oaks, CA: Sage.

Wasserman, G. A., & Seracini, A. G. (2001). Family risk factors and family treatments for early-onset offending. In R. Loeber & D. P. Farrington (Eds.), *Child delinquents: Development, intervention, and service needs* (pp. 165-190). Thousand Oaks, CA: Sage.

Webster-Stratton, C., & Hammond, M. (1997). Treating children with early onset conduct problems: A comparison of child and parent training interventions. *Journal of Consulting and Clinical Psychology, 65,* 93-109.

Werner, N. E., & Crick, N. R. (2004). Maladaptive peer relationships and the development of relational and physical aggression during middle childhood. *Social Development, 13,* 495-514.

Wilson, D. B., Gottfredson, D. C., & Najaka, S. (2001). School-based prevention of problem behaviors: A meta-analysis. *Journal of Quantitative Criminology, 17*(3), 247-272.

Wilson, S. J., Lipsey, M. W., & Derzon, J. (2003). The effects of school-based intervention programs on aggressive behavior: A meta-analysis. *Journal of Consulting and Clinical Psychology, 71*(1), 136-149.

Xie, H., Cairns, R. B., & Cairns, B. D. (2002). The development of social aggression and physical aggression: A narrative analysis of interpersonal conflicts. *Aggressive Behavior, 28,* 341-355.

제 3 부 내재화 장애

제5장

아동 · 청소년 불안장애

Philip C. Kendall

많은 연구가 아동 및 청소년의 불안에 대한 병인론, 본질 그리고 치료에 대하여 알려 오고 있다(Foa et al., 2005; Furr, Tiwari, Suveg, & Kendall, 2008; Rapee, Schniering, & Hudson, 2009). 이러한 연구에서 아동 · 청소년기 불안장애의 유병률 범위가 2.4%에서 17%에 이른다고 명시했다(Costello, Mustillo, Erkanli, Keeler, & Angold, 2003; Kashani & Orvaschel, 1988). 청소년기에 경험하는 불안의 장기적 영향과 같은 부정적 결과에 대한 연구도 계속되어 왔다. 아동 · 청소년기의 불안은 아동의 공병 진단의 위험을 증가시키고(Brady & Kendall, 1992; Verduin & Kendall, 2003), 성인기의 정신병리(불안, 우울증, 물질 사용; Aschenbrand, Kendall, Webb, Safford, & Flannery-Schroeder, 2003; Woodward & Fergussin, 2001) 그리고 학업 성적, 또래 관계 영역(Last, Hansen, & Franco, 1998; Woodward & Fergusson, 2001)과 가족 관계 영역(Verduin & Kendall, 2008)에서의 적응 기능을 낮추게 한다.

하지만 발달적 관점에서는 가벼운 공포와 불안은 정상적인 발달의 일부라고 생각한다는 점이 중요하다. 따라서 이 장은 규준적 맥락 내에서 불안을 다루는 것으로 시작한다. 그러고 나서 아동 · 청소년기 불안장애의 신체적, 행동적, 인지적 그리고 정서 관련 특징들을 설명한다. 불안의 정상 발달 경로에 대해 특별히 주의를 기울이면서, 평가에 대한 쟁점을 논의할 것이다. 가족 스트레스, 병리 그리고 각 구성원들의 대인관계 및 양육 방식의 잠재적 영향을 인식함으로써, 아동의 불안 경험의 발달과 지속에 있어서의 가족의 역할을 분석해 볼 것이다. 마지막으로, 인지행동치료의 방략들과 일반 원리들의 기술적 개관을 제시하고, 이러한 절차를 평가한 최근의 결과 연구에 대한 간략한 요약을 제공하고자 한다. 아동 · 청소년기의 불안에 대한 한 치료 모형(코핑 캣 프로그램[Coping Cat program]; Kendall & Hedtke, 2006a, 2006b)은 템플 대학교의 아동 · 청소년 불안장애 클리닉(Child and Adolescent Anxiety Disorders Clinic:

CAADC)에서 나타난 사례의 실제 회기 장면들을 통하여 자세하게 기술되고 설명된다.

1. 규준적 발달

정상 발달은 아동기의 불안과 공포의 내용과 본질에 대한 이해뿐 아니라, 표적 불안과 공포의 심각도를 평가하는 데 유용한 출발점을 제공한다(Kendall, Marrs-Garcia, Nath, & Sheldrick, 1999을 보라). 아동들은 성장할수록 그들의 불안과 공포의 내용이 그들의 지각의 변화를 반영하는 경향이 있다(Campbell, 1986). 아동들의 공포는 보다 전반적이고 가상적이며, 통제되지 않은 강력한 내용에서 시작하고, 시간이 지날수록 점점 더 구체적이고 분화되며 현실적인 내용이 된다. 예를 들면, 어두운 곳에 숨어 있고 널리 퍼져 있는 '유령'에 대한 공포가 또래 수용과 학교 내 성취에 대한 걱정을 포함하는 분명하고 현실적인 공포로 발전한다(Gullone, 2000을 보라).

누군가는 아동기 공포의 본성을, 어떻게 그것들을 '함께 덩어리 지을 수 있는지'를 고려함으로써 파악할 수 있다. 소아 공포조사목록 개정판(The Fear Survey Schedule for Children-Revised: FSSC-R; Ollendick, 1983; Ollendick, Matson, & Helsel, 1985)은 ① 실패와 비판에 대한 공포, ② 미지에 대한 공포, ③ 부상과 작은 동물에 대한 공포, ④ 위험과 죽음에 대한 공포, ⑤ 병원 공포와 같은 다섯 가지의 덩어리(요인)를 포함한다. 연령차와 성차가 있기는 하나, 이 요인들 자체는 연령, 성별 그리고 심지어는 국적 전반에 걸쳐 일관되게 나타나는 것으로 보인다(Ollendick, King, & Frary, 1989). 그러나 최근의 비교문화 조사(Fonseca, Yule, & Erol, 1994)는 비영어권 나라에서 다섯 가지 요인 모형을 반복 검증할 수 없었다. 이는 우리에게 문화 간의 일반화에 대해 주의해야 함을 상기시켜 주었다.

중요한 것은, 서로 다른 민족의 아동들이 가지는 공포를 조사한 연구에서 민족들 사이에 차이점보다는 유사성이 더 많다는 것이 드러났다는 것이다(Ginsburg & Silverman, 1996; Kendall, Compton, et al., 2010; Treadwell, Flannery-Schroeder, & Kendall, 1994). 폰세카와 동료들(Fonseca et al., 1994)의 폭넓은 비교문화 관련 문헌 검토에서, 아동들이 보고한 가장 일반적인 공포는 나라와 문화에 걸쳐 현저하게 유사하였다.

아동들이 나이가 들어 감에 따라 그들이 경험하는 공포의 수는 점차적으로 감소하며(Draper & James, 1985), 이 추세는 여러 문화에 걸쳐 지지되어 오고 있다(Fronseca et al., 1994를 보라). 공포의 개수에서의 성차 또한 지지되고 있는데, 어머니 보고 및 자기 보고 평가에서 여아가 남아보다 더 많은 수의 공포를 보고하였다(Gullone, 2000; Ollendick et al., 1985). 성차는 문화에 따라 다양하며(Fonseca et al., 1994), 일각에서 경계했듯이 사회적 바람직성과 성역할의 고정관념 및 기대들이 공포의 보고 가능성뿐만 아니라 의뢰율에도 영향을 미칠 수 있다. 이에 대한 관심은 연구에 반영되었고, 연구에서는 여아들이 남아들보다 임상적 치료에 더 많이 의뢰되는 경향이 있음을 보여 준다(예를 들어, Weisz & Weiss, 1991). 또 다른 흥미로운 점은, 여아들에서 공포를 보고하는 비율이 더 높기는 해도, 7~17세 사이의 남아와 여아들에게서 불안장애로 진단되는 비율은 비슷하다는 점이다(Kendall et al., 2010).

많은 아동·청소년은 그들의 수행과 관련된 과도하고 원치 않는 공포 유발을 경험하는데(O'Neil, Benjamin, Crawley, & Kendall, 2011), 기능을 방해하지 않는다면 이는 타당한 정서적 반응일 수 있다. 사실 불안은 예상 가능한 전형적 발달의 일부이지만, 주어진 상황에서 기대되는 것보다 불안 경험이 과장되고 아동·청소년의 기능을 방해하는 경우는 예외다. 대부분 또는 주로 불안과 관련 있는 몇몇 장애가 『정신장애의 진단 및 통계 편람 제4판(*DSM-IV*)』(American Psychiatric Association, 1994)에 명시되어 있다. 여기서는 세 가지 유형의 아동기 불안장애, 즉 범불안장애(GAD; Robin et al., 2006을 보라.), 분리불안장애(SAD; Mychailyszyn, Domingues, Treadwell, & Kendall, 2010), 사회공포증(SP; Mychailyszyn, Cohen,

Edmunds, Crawley, & Kendall, 2010; Puliafico, Comer, & Kendall, 2007; Rapee & Spense, 2004)에 초점을 둔다.[1] 분리불안장애는 애착 대상으로부터 분리되거나 또는 분리될 것이라는 예상에서 생기는 극도의 불안과 관련되어 있다. 분리불안장애가 있는 아동 · 청소년은 그들 자신이나 사랑하는 사람에게 위험이나 피해가 닥쳐서 사랑하는 사람을 다시는 볼 수 없을 것이라는 공포를 느낄 수 있다. 이러한 공포 때문에 종종 발달적으로 적절한 시기에 양육자들에게서 떨어지는 것을 거부한다. 사회공포증에서 공포의 원천은 사회적 평가다. 이는 다른 사람들 앞에서 당황하거나 굴욕감을 느끼는 것에 대한 공포를 포함한다. 나이가 어린 아동들의 경우, 또래 관계에서 사회적 공포를 느끼는 것이 진단에 필요하다. 범불안장애는 광범위하고 통제할 수 없는 걱정들이 특징이다. 이런 걱정들은 수행에 대한 염려, 가족이나 사회적 관계, 신체적 건강 또는 미래나 과거 행동의 반추를 포함한 영역들에서 발생할 수 있다. 중요한 것은 범불안장애가 있는 아동 · 청소년은 걱정을 조절하는 것이 어렵다는 점이다.

2. 불안의 특징

'불안'은 행동적, 신체적, 인지적 그리고 정서적 요소들로 이루어져 있는 다차원적 구조다. 불안에 대한 가장 주된 행동 반응은 회피이지만, 떨리는 목소리, 경직된 자세, 울음, 손톱 물어뜯기 그리고 엄지손가락 빨기와 같은 다른 반응들도 포함할 수 있다(Barrios & Hartmann, 1988). 분리불안장애가 있는 아동은 돌봐 주는 사람과 가까이 머물러 있고 싶어 밖에서 자는 것을 피하려고 할 수 있다. 반면에, 사회공포증이 있는 아동은 또래들의 평가가 두려워 친구 집에서 자고 오는 것을 피하려 할 수 있다.

생리학적으로, 불안한 아동 · 청소년은 자율신경계 활성화, 발한, 확산적 복통("긴장되어서 속이 울렁거려요."), 홍조, 위장관의 고통 그리고 떨림의 증가를 나타낼 수 있다(Barrios & Hartmann, 1988를 보라). 불안한 아동이 경험하는 인지적 고통은 반추나 지나친 걱정 또는 불안한 생각(어떤 상황에서 나쁜 것이 일어날 것이라는 기대)을 포함한다. 불안장애를 가진 많은 아동 · 청소년이 인지적 고통을 경험한다 할지라도, 인지적 고통의 특징은 장애에 따라 다양하다. 자신이나 부모가 다칠지도 모른다거나 양육자가 떠나서 결코 다시는 돌아오지 않을지도 모른다는 공포는 분리불안을 가진 아동에게 흔하다. 사회공포증이 있는 아동들은 그들이 당황하거나 굴욕감을 느낄 수도 있는 사회적 상황 또는 수행 상황들에 대해 걱정한다. 불안의 고통은 제한된 사회적 상황들(예를 들어, 연설, 사람들 앞에서의 식사) 또는 좀 더 일반화된 사회적 상황들을 포함할 수 있지만, 또래와 있는 장면에서 보이는 불안이 반드시 포함되어야 한다. 범불안장애는 이름에서 암시할 수 있듯이, 평가에 대한 공포, 자의식 그리고 과거나 미래에 대한 반추를 포함하는 많은 문제에 대한 좀 더 일반화되거나 확산적인 걱정으로 특징지어진다. 대상이 무엇인지에 관계없이 각각의 이런 장애들에서 걱정은 지속적이고, 과도하며, 대개 아이들이 조절하기 어렵다. 진단적으로, 증상 지속 기간은 중요한 고려 사항이다. 분리불안장애를 경험하는 아동이 그런 고통이 최소 4주가 있은 후에 공식적 진단을 받을 수 있는 반면에, 사회공포증과 범불안장애 진단들은 적어도 6개월의 증상 발현과 손상이 있어야 진단받을 수 있다(American Psychiatric Association, 1994).

아동 · 청소년 치료 시 '인지 왜곡'과 '인지 결함' 사이에 중요한 구별이 이루어져야 한다(Kendall, 이 책 1장; Kendall, Choudhury, Chung, & Robin, 2002). 결함은 인지 기술의 부재를 나타내는 데 반해, 왜곡은 역기능적인 또는 편향된 생각을 포함한다. 결함은 좀 더 심사숙고해야 하는 상황에서 앞일을 미리 생각하지 못하는 것이다. 왜곡은 정보처리 능력의 부족이라기보다는 부적응적 사고에서 인지적 역기능이 일어나는 것이다. 이러한 구별을 짓는 것은 임상가들이 역기능의 특정한 본질을 대상으로 삼을 수 있게 하기 때문에 치료적으로 도움이 된다. 즉, 인지 결함을 다루는 것은 생각 없이 충동적으로 행동하는 것을 없앨 것을 요구하며, 좀 더 사려 깊고 의미 있는 문제해결을 지향하며 노력할 수 있도록 한다. 반면, 인지 왜곡(Puliafico & Kendall, 2006)은 반드시 우선적으로 파악되어야 하고, 문제로 인식되어야 하며, 그다음에 교정되어야 한다. 예를 들어, 부정적인 혼잣말, 다른 사람들의 평가에 몰두하는 것, 그리고 종종 아동들을 불안하게 괴롭히는 위험과 위협에 대한 오지각은 주로 왜곡되고, 궁극적으로는 역기능적인 사고 과정으로부터 오는 것처럼 보인다. 에렌라이히와 그로스(Ehrenreich & Gross, 2002)는 불안한 아동·청소년들이 그들이 처한 환경 내에서 위협적이거나 공포스러운 자극에 주의를 집중하는 경향을 입증할 만한 문헌들을 검토하였다. 이런 성향의 결과로 위협에 관한 신호를 주는 환경적 단서에 과잉 각성하게 될 수 있다. 지각된 위협에 대한 생각은 테러 행위 상태로 인하여 악화되고(Comer & Kendall, 2007), 심지어는 더 확연한 위협 관련 편향을 만들 수도 있다. 정확히 이러한 방식의 부적응적 그리고 자기 패배적 생각이 불안한 아동들의 치료 목표가 된다.

정서적으로, 불안한 아동·청소년들은 불안하지 않은 아동·청소년들과 다르게 반응한다. 비록 규준적 모집단에 대한 연구는 거의 없지만, 불안한 아동·청소년들에 있어 정서의 역할에 대한 연구들은 불안한 아동·청소년 임상 표본을 포함하고 있다(Suveg, Southam-Gerow, Goodman, & Kendall, 2007; Southam-Gerow & Kendall, 2002를 보라). 예를 들어, 불안한 아동들과 정상 아동들의 정서 이해의 양상을 비교한 한 연구에서, 불안한 아동들은 자신의 정서를 어떻게 숨기고 변화시키는지에 대한 이해가 부족하다는 것을 볼 수 있었다(Southam-Gerow & Kendall, 2000). 정서를 숨기고 변화시키는 행동들이 정서적 경험들을 다루는 데 사용되는 방법이라고 보면, 불안한 아동들은 정서의 조절 또는 변화를 이해할 만한 능력이 제한되어 있을 수 있다. 또 다른 연구(Suveg & Zeman, 2004)는 불안장애가 있는 아동들과 불안장애가 없는 아동들에 있어서 정서 조절을 비교하였다. 결과에 의하면 불안한 아동들이 ① 그들의 감정을 더 강하게 경험하였고, ② 자신이 불안하지 않은 아동들보다 정서 유발 상황을 덜 성공적으로 다룬다고 생각하였다. 정서 관리의 특별한 양상들을 조사하였을 때, 불안장애가 있는 아동들은 불안장애가 없는 아동들보다 ① 정서 관리에서 더 많은 조절 이상(즉, 문화적으로 부적절한 정서 표현), ② 화, 슬픔, 근심 상황에 걸쳐 덜 적응적인 대처를 보였다. 불안장애가 있는 아동들의 어머니들도 불안장애가 없는 아동들의 어머니들보다 그들의 아동들을 더 융통성 없고 불안정하며 정서적으로 부정적이라고 인식하였다. 흥미롭게도 불안한 아동·청소년들 중 일부는 CBT를 받은 후 정서 조절 기술에 있어 긍정적 변화를 보였고(Suveg, Sood, Comer, & Kendall, 2009), 일부 초기 자료는 CBT에 정서 조절을 추가한다면 효과적으로 수정될 수 있다고 제안한다(Suveg, Kendall, Comer, & Robin, 2006). 정서 조절에 대한 초점은 특히 불안과 우울한 기분이 흔히 함께 발생한다는 것을 고려할 때 타당하다(O'Neil, Podell, Benjamin, & Kendall, 2010). 치료적으로, 불안한 아동들은 정서 조절에 대한 지식과 능력을 향상시키는 것을 포함하는 개입을 통해 도움을 받을 수 있을 것이다.

3. 가족 문제

CBT는 가족이 아동기 불안에 미치는 영향에 대하여 인정하고 관심을 가지며(Ginsburg, Siqueland, Masia-Warner, & Hedtke, 2004; Kendall, 1991; Kendall & Comer, 2010), 최근 불안이 있는 아동·청소년과 관련된 가족 요인에 대한 연구들이 증가하고 있는 것을 지켜보고 있다(Hughes, Hedtke, & Kendall, 2008; Wood, McLeod, Sigman, Hwang, & Chu, 2003을 보라). '하향식'과 '상향식' 연구들의 결과는 불안장애가 있는 아동들이 불안의 종합적 증상이나 기분장애 또는 다른 정신병리가 있는 부모들을 가질 가능성이 더 크고(Hughes, Furr, Sood, Barmish, & Kendall, 2009), 불안장애가 있는 부모들이 불안장애 아동들을 가질 가능성이 크다는 증거를 제공한다(예를 들어, Last, Hersen, Kazdin, Francis, & Grubb, 1987; Last, Phillips, & Statfield, 1987). 더욱이 불안한 아동들의 부모들은 그들의 자녀들과 직접적인 토론을 하거나(Barrett, Rapee, Dadds, & Ryan, 1996; Dadds, Barrett, Rapee, & Ryan, 1996; Suveg, Zeman, Flannery-Schroeder, & Cassano, 2005), 부모 자신들의 불안 행동을 시범 보이거나(Whaley, Pinto, & Sigman, 1999), 과잉통제와 과잉보호 행동을 보이는 것(Dumas, LaFreniere, & Serketich, 1995; Hudson & Rapee, 2001; Lieb et al., 2000; Siqueland, Kendall, & Steinberg, 1996; Whaley et al., 1999)과 같은 다양한 방법을 사용하여 잠재적으로 부적응적인 반응 양상을 조장하는 것을 보였다. 예를 들면, 바렛과 동료들(Barrett et al., 1996)은 불안한 아동들이 불안하지 않은 아동들보다 더 위협적인 방식으로 모호한 상황을 해석하였다고 보고했다. 게다가 불안장애를 가진 아동·청소년의 어머니들은 불안하지 않은 아동·청소년의 어머니들에 비하여 자녀가 부정적 정서를 논하는 것에 덜 관대하였다(Hudson, Comer, & Kendall, 2008; Suveg, Sood, Barmish, Tiwari, Hudson, & Kendall, 2008).

이런 상황들에 대해 불안한 아동이 선택한 반응들은 불안하지 않은 아동들이나 공격적인 아동들과는 다른데, 불안한 아동은 더 회피적인 방식으로 반응하는 경향이 있었다. 불안한 아동의 부모들 또한 유의미하게 더 높은 비율로 위협 해석을 하고, 더 높은 비율로 자녀가 회피 반응을 선택할 것이라는 예상을 보였다. 더욱이 강화를 제공하는 가족의 역할은 잠재적으로 불안한 행동에 기여할 수 있다. 주어진 상황에서 어떻게 행동할지에 대한 가족 논의에 참여할 기회를 가진 후에, 불안한 아동은 회피 반응이 유의미하게 증가한 반면, 반항적인 아동은 공격적 반응이 증가했고, 불안하지 않은 아동의 반응은 덜 회피적이 되었음이 밝혀졌다. '회피적 및 공격적 반응에 대한 가족의 강화'라고 부르는 이 현상은 불안한 아동·청소년의 가족을 대상으로 수행해야 할 개입의 유형에 대한 함의를 갖는다. 하지만 이런 영향들은 일방향적인 것이 아니며, 아동(예를 들어, 불안에 대한 생물학적 기질)과 부모(예를 들어, 자신의 정신병리)의 상호작용 변인들이 아동·청소년의 불안에 가장 많이 기여하는 경향이 있다(Kendall & Ollendick, 2004).

아동기의 불안에서 가족 변수들을 조사하는 많은 연구의 핵심은 '통제' 또는 '지각된 통제'의 개념이다(Chorpita & Barlow, 1998; Chorpita, Brown, & Barlow, 1998; Ginsburg, Silverman, & Kurtines, 1995를 보라). 본질적으로, '통제'는 아이들이 자신의 행동이 사건들과 결과들에 영향을 줄 수 있다고 믿는 정도를 가리킨다. 불안장애와 우울장애를 가진 성인들은 다양한 사건에 대한 통제의 경험을 제한하는 경향이 있는 가족 환경과, 이후의 불안 및 우울과 관련되는 과보호적이고 자율성을 꺾는 부모가 있다고 기술하였다(Parker, 1983). 연구는 불안장애가 있는 아동·청소년의 부모들은 불안장애로 의뢰되지 않는 아동들의 부모들보다 아동들에게 심리적 자율성을 허용하는 경향이 덜하다는 것을 나타낸다(Siqueland et al., 1996). 더욱이 불안과 우울로 진단받은 아동들은 다른 아동들보다 그들의 가족들이 덜 지지적이고, 덜 응집적이며, 의사결정에 있어 덜 민주적이고, 더 갈등적이라고 묘사하는 경향이 많다(Stark, Humphrey, Crook, & Lewis, 1990).

스트레스 상황들에 대처하는 아동의 대처 능력에 대한 어머니의 기대 및 귀인에 관한 연구에서, 코틀랜더, 켄달과 파니첼리-민델(Kortlander, Kendall, & Panichelli-Mindel, 1997)은 불안한 아동들의 어머니들은 불안하지 않은 아동들의 어머니들에 비하여 자녀들이 주어진 상황에서 더 고통을 받을 것이고 일을 잘 수행할 수 없을 것이라고 예상하였다. 유사하게, 덜 불안한 여아들의 어머니들과는 대조적으로 더 불안한 여아들의 어머니들은 딸들이 과제를 해결할 때 더 간섭하고 아동이 그 문제를 해결하는 것을 기다리지 못하는 경향이 있었다(Krohne & Hock, 1991). 동, 양과 올랜딕(Dong, Yang, & Ollendick, 1994)이 실시한 아동기의 공포와 불안에 대한 비교문화적 조사에서, 중국에서 나타나는 더 억압적이며 과보호적인 경향이 있는 자녀 양육 방식과 교육적 신념들이 서구적 맥락들에서 보다 높은 수준의 불안과 우울증 증상들을 예측하였다. 저자들은 특히 11~13세의 아동들에게서 이런 예측들을 뒷받침하는 증거를 발견하였다. 이와 같은 모든 결과를 고려해 볼 때, 이런 가족 요인들 각각이 아동의 불안 행동에 기여할 수 있다. 불안한 아동들의 가족들이 과잉보호적이라는 것을 고려할 때, 결국 부모들은 아동이 스스로 통제할 수 있도록 해야 하며, 자율성을 허용해야 한다는 생각이 중요한 고려 사항이 된다. 따라서 독립성을 발달시키는 것이 치료적인 고려 사항으로 필요하다.

여러 치료 모형이 부모의 통제와 아동의 자율성에 대한 욕구의 문제를 치료 목표로 삼는 것을 시도해 왔다. '통제의 이양(transfer of control)' (Ginsburg et al., 1995)이라는 모형에서 부모는 매개자 역할을 하며 치료자는 아동에게 대처 기술을 이양시키는 체계를 갖춘다. 치료자는 부모와 아동에게 기술을 가르치고, 이후에는 부모들이 코치의 역할을 하며 고통스러운 상황에서 자녀들을 안내하도록 한다. 이 저자들에 따르면, '통제의 이양'을 가로막는 장애물에는 부모의 불안 증상과 불완전한 가족 관계가 있다. 치료 방략들은 인지행동의 틀을 비롯하여 유관성 관리, 자기 통제 관리 그리고 노출(Kendall, 1994에서 보인 것처럼)을 포함하고, 통제의 이양에서 보이는 장애물들에 초점을 두고 부모의 불안 증상뿐만 아니라 문제가 있는 가족 관계를 치료 목표로 하는 양자적 개입법도 포함한다(Ginsburg et al., 1995; Silverman & Kurtines, 1996도 보라).

아동 · 청소년의 불안장애들은 다요인적이고 중다결정적이다. 예를 들어, 또래들에게 거절당할 것을 지나치게 걱정하거나, 그것 때문에 신체적으로 아프게 되거나, 학교에 가는 것을 원하지 않거나, 혹은 이 모든 것을 한꺼번에 느끼는 아동이 있다고 할 때 그 아동의 경험을 우리가 어떻게 이해해야 하는가? 우리는 아동의 걱정들, 공포에 대한 말들, 그리고 공포의 감정들을 어떻게 임상적으로 의미 있는 설명으로 해석할 것인가? 계속되는 우리의 발달적 관점으로부터, 우리는 이제 아동기의 불안을 치료하는 데 있어서 중요한 출발점으로 평가에 대한 주제를 살펴볼 것이다.

4. 평 가

이제까지 우리는 DSM 체계와 일치하는 방법, 즉 아동이 진단을 만족시키는지 아닌지와 같은 범주적 체계로 아동 · 청소년의 불안장애를 설명해 왔다. 그러나 불안의 평가가 반드시 범주적일 필요는 없다. 실제로 아동기 장애들의 DSM 분류 체계에 대해 상당한 논쟁이 있다. 일부 정신건강 전문가는 아동기 장애들이 범주 체계보다는 복합적인 연속체로써 가장 잘 기술될 수 있다고 주장한다(Achenbach & Edelbrock, 1978; Drabick & Kendall, 2010). 이 논쟁의 철저한 검토가 이 장의 범위를 벗어난다 할지라도, 몇몇 연구자가 아동기 장애들에서 나타나는 증상들의 상당한 중복이 DSM 범주 체계로 분류된 장애들의 변별 타당도와 임상적 유용성에 관한 의문들을 증가시킨다고 주장하는 것은 주목할 만하다. 또한 범주 체계는 환자에게 진단 기준을 충족하기 위해 최소한으로 필요한 증상들의 수를 보여 줄 것을 요구한다. 진단을 위해 그런 '역치'를 요구하는 체계는 준임상적 환자들의 치료를 놓치게 할 수 있다(Albano, Chorpita, & Barlow, 1996).

범주 체계에 대한 한 가지 대안은 아켄바흐(Achenbach)와 동료들(Achenbach, 1991, 1993; Achenbach & Edelbrock, 1983, 1986; Achenbach & Rescorla, 2001)이 개발했던 것과 같은 경험적으로 유도된 차원적 체계다. 다변량의 견지에서, 아켄바흐와 동료들(Achenbach, 1991; Achenbach & McConaughly, 1992)은 아동 행동평가척도(CBCL)를 개발하였으며, 임상에 의뢰된 내재화 문제들이 있는 다양한 나이의 아동과 청소년에게서 4개의 특정한 증상군을 확인하였다. 이 증상은 불안-우울, 분열성, 신체 증상 호소, 사회적 철회다(CBCL로 평가할 수 있는 외현화 문제들은 포함하지 않는다). 이 분야의 연구는 DSM-IV에서 제시된 윤곽을 잡는 데에 기여해 왔다. DSM-IV는 증상들의 비필수적인 다양성을 허용하는 동시에 장애의 필수적인 증상을 확인하는 범주적 및 차원적 접근들의 특징을 결합한 분류 체계에 기반을 두고 있다(Barlow, 1992). DSM-IV가 이전의 DSM들에 비해 상당히 개선되기는 하였으나 여전히 문제는 남아 있으며(Kendall & Drabick, 2010), 아동 및 청소년 정신병리의 분류(공병 및 함께 나타나는 증상들에 대한 쟁점)와 DSM의 몇몇 측면은 여전히 논란의 소지가 있다(*Clinical Psychology: Science and Practice*, Volume 17(4), December, 2010 특별판을 보라).

이런 분류의 문제들이 다른 요인들과 결합되어 아동·청소년 불안의 평가를 어렵게 하는데, 여기에는 잦은 공병 그리고 불안장애들 간에 중복되는 기준들(Costello et al., 2003), 발달적으로 적절한 것과 발달적으로 비전형적인 불안을 구별해야 할 필요, 정보 제공자들 사이의 잦은 의견 불일치(Grills & Ollendick, 2002) 등이 포함된다. 아동기 불안장애에 관한 정보 제공자들 사이의 의견 불일치 문제는 예전부터 인식되어 왔으며(Grills & Ollendick, 2002, 2003), 최근의 경험적 연구는 보고의 특성을 조사하기 시작하였다(Choudhury, Pimentel, & Kendall, 2003; Comer & Kendall, 2004; Silverman & Rabian, 1995).

평가와 치료를 위한 치료 권고안(American Academy of Child and Adolescent Psychiatry, 1997)에서는 아동·청소년들의 불안장애 평가에서 강조해야 할 중요한 분야들을 언급하였다. 구체적으로 살펴보면, 불안 증상들의 발병, 발달, 맥락뿐만 아니라 아동의 발달적, 의학적, 학교생활 및 사회적 과거력에 관한 정보 그리고 가족 정신병력에 대한 정보를 얻어야 한다(Bernstein, Borchart, & Perwein, 1996). 이 요인들을 고려할 때, 아동과 청소년들의 불안을 평가하는 데 사용되는 도구들은 ① 다양한 영역(즉, 인지적, 행동적 그리고 심리적 영역)의 증상에 대한 신뢰성 있고 타당한 측정을 제공해야만 하고, ② 장애들을 변별하며(선택/분류), ③ 심각도를 평가해야 하고, ④ 다양한 관찰(예를 들어, 부모와 아동의 평가들)을 조합해야 하며, ⑤ 치료적 변화의 평가를 가능하게 해야 한다(Kendall & Flannery-Schroeder, 1998; Stallings & March, 1995). 완벽한 도구는 없을지라도, 몇몇의 수용할 만한 평가 도구가 이용 가능하다. 이 절에서는 아동과 청소년들의 불안을 평가하는 보다 더 보편적으로 사용되는 몇몇 도구에 대한 개관을 제공한다(더 철저한 검토를 위해 Langley, Bergman, & Piacentini, 2002를 보라).

1) 임상 면담

면담은 아동기 장애, 특히 불안을 평가하는 가장 흔한 방법들 중의 하나다. 아동들과 부모들에게 시행되도록 고안된 수많은 면담표가 개발되어 왔고 경험적으로 검증되어 왔다. 면담은 매우 구조화된 형식부터 구조화되지 않은 것까지 다양하며, 아동과 부모 모두의 관점에서 아동의 발달력에 대한 정보를 수집한다는 이점이 있다. 구조화되지 않은 임상 면담이 몇몇 임상 상황에서 받아들여질 수 있다 할지라도, 표준화의 부재는 이후 연구에서 문제가 된다. 반구조화된 면담 형식은 구조를 제공하는 동시에 조사자에 의해 적절하다고 판단된 추가적 정교화를 위한 기회들을 제공하기 위해 개발되어 왔으며, 이는 진단의 신뢰성을 증가시키는 데 기여한다.

DSM-IV에 대한 불안장애 면담표 아동용 및 부모용(Anxiety Disorders Interview Schedule for DSM-IV-Child and Parent versions: ADIS-C/P; Silverman & Albano, 1996)은 아동·청소년에게서 DSM-IV 불안 진단(증상, 경과, 병인 그리고 심각도를 평가하는 것)을 결정하기 위해 특별하게 개발된 반구조화된 면담이다(Silverman, 1991). ADIS-C/P는 불안과 그에 관련된 장애들을 위한 DSM 기준에 의존한다. 그리고 임상가가 면담과 임상적 관찰 모두로부터 정보를 끌어내는 것을 가능하게 해 주는 면담자-관찰자 형식을 사용한다. 아동 면담은 아주 세세하게 종합적 증상을 다루는 반면에, 부모 면담에서는 아동의 과거력에 대한 정보를 얻는다. 최종 진단 또는 종합 진단들은 부모 면담과 아동 면담 사이에서 파악된 병리의 일치성과 각 면담에서 승인된 심각도 수준에 기반을 두고 있다. 이 도구의 강점들 중 하나는 좋은 심리측정적 속성들(March & Albano, 1998; Silverman, Saavedra, & Pina, 2001; Wood, Piacentini, Bergman, McCracken, &

Barrios, 2002)을 가진다는 점이며, 아동 · 청소년의 분리 불안장애들을 진단하는 명확하고 임상적으로 민감한 부문을 가지고 있다. 이 면담의 추가적인 부분은 다른 장애들의 진단을 위해 개발되어 왔다(예를 들어, 공병 상태들을 평가하기 위해).

일반적으로 사용되는 또 다른 반구조화된 면담은 학령기 아동용 감정장애 및 조현병 목록(Schedule for Affective Disorders and Schizophrenia in School-Age Children: K-SADS; Puig-Antich & Chambers, 1978)이다. 이 도구에서는 면담뿐 아니라 모든 다른 이용 가능한 정보들 및 자료들에 의해 만들어진 정보를 이용하여 진단을 내릴 수 있는 숙련된 임상가가 필요하다. 아동 및 청소년용 진단면담(Diagnostic Interview for Children and Adolescents: DICA; Herjanic & Reich, 1982)과 아동용 미국 국립정신건강연구소(NIMH) 진단 면담표 제4판(National Institute of Mental Health[NIMH] Diagnostic Interview Schedule for Children-IV, DISC-IV; Shaffer, Fisher, Lucas, Dulcan, & Schwab-Stone, 2000)은 분류 체계에 따라 진단들을 내리도록 제작된 다른 면담들이다.

비록 이러한 면담들이 아동들에게서 일반적 진단들을 이끌어 내기 위해 제작되었다 할지라도, 모든 면담이 특별하게 불안의 진단을 다루도록 개발된 것은 아니다. 일반적인 진단의 경우, 임상 면담 동안 부모와 아동 간 보고의 일치 정도는 보통부터 좋은 것까지이지만, 불안장애 진단의 일치율은 대개 더 낮다(Chambers et al., 1985; Choudhury et al., 2003; Comer & Kendall, 2004; Edelbrock, Costello, Duncan, Conover, & Kalas, 1986; Edelbrock, Costello, Duncan, Kalas, & Conover, 1985; Grills & Ollendick, 2003; Hodges, McKnew, Birbach, & Roebuck, 1987). 예를 들면, 코머와 켄달(Comer & Kendall, 2004)의 최근 연구는 ADIS-IV의 진단과 증상들에 관한 부모-아동 일치를 조사하였다. 조사 결과에 의하면, 진단 수준에서보다는 오히려 증상 수준에서 더 많이 일치하였다. 게다가 이러한 일치는 관찰 가능하지 않은 증상보다는 관찰 가능한 증상에서, 학교를 기반으로 한 증상보다는 학교를 기반으로 하지 않은 증상들의 경우에서 더 높았다. 사실적이고 모호하지 않으며 구체적인 정보에 관한 질문들을 할 경우, 부모와 아동 간 보고의 일치율이 가장 높았다(Herjanic, Herjanic, Brown, & Wheatt, 1975; Herjanic & Reich, 1982). 반면, 주관적인 정보 그리고 우울증 및 불안에 관련된 내재화된 증상들에 관한 질문들을 할 경우, 가장 낮은 일치율을 보였다(Herjanic et al., 1975; Herjanic & Reich, 1982; Verhulst, Althaus, & Berden, 1987). 임상 면담에 관한 부모와 아동 보고의 신뢰성은 발달 수준에 따라서도 다양하다. 아동 보고의 신뢰도는 나이에 따라 증가되는 반면에, 부모 보고의 신뢰도는 아동의 나이에 따라 감소하는 경향이 있다(Edelbrock et al., 1985).

2) 자기 보고형 질문지

아동기 불안 평가에 가장 널리 사용되는 방법은 자기 보고형 검사다. 자기 보고 측정 도구들은 불안의 주관적 속성을 고려하기 위한 중요 측면인 증상들에 관한 아동 · 청소년의 관점들을 평가하는 것이다(Bernstein et al., 1996). 또한 자기 보고 질문지들은 대개 시행하기에 신속하고 비싸지 않다(Seligman, Ollendick, Langley, & Bechtoldt, 2004를 보라). 그러나 일반적 불안에 대한 대부분의 자기 보고 측정들이 가지는 중요한 한계점 중 하나는, 그것들이 단독으로 사용되었을 때는 진단 도구가 아니라는 점이다. 불안과 다른 장애들을 구별하는 자기 보고 척도들의 능력은 의문시되어 왔다(예를 들어, Perrin & Last, 1992). 이것은 아마도 아동들에 있어 불안장애들에 대한 개념상의 구별 부족 또는 질문지들 자체에 있는 한계에 기인하는지도 모른다(Schniering, Hudson, & Rapee, 2000를 보라). 여하튼 평가는 정확한 진단을 극대화하기 위한 중다 접근 방법을 포함해야 한다.

수많은 자기 보고 검사들이 있다고 할지라도, 아동 발현 불안 척도-개정판(Revised Children's Manifest Anxiety Scale: RCMAS; Reynolds & Richmond, 1978), 소아 공포조사목록-개정판(Fear Survey Schedule for Children-Revised: FSSC-R; Ollendick, 1983), 소아 상태-특성 불안 척도

(State-Trait Anxiety Inventory for Children: STAIC; Spielberger, 1973), 아동용 다차원적 불안 척도(Multidimensional Anxiety Scale for Children: MASC; March, Parker, Sullivan, Stallings, & Conners, 1997)가 가장 일반적으로 사용될 것이다. 이런 도구들 외에도, 우리는 유망하지만 덜 연구된 평가 척도들을 또한 개관한다.

RCMAS(Renolds & Richmond, 1978, 1997)는 6~19세의 아동과 청소년의 불안을 평가하는 37항목의 척도다. RCMAS는 전체 점수뿐만 아니라 3개의 하위 척도 점수들, 즉 생리적 불안, 걱정/과민성 그리고 집중 점수를 산출한다. RCMAS는 아동이 사회적으로 바람직한 방식으로 응답한 정도를 측정하는 척도 또한 포함하고 있다. RCMAS의 심리측정적 속성들은 광범위하게 연구되어 왔으며, 충분한 신뢰도와 타당도를 반영하고 있다(예를 들어, Lonigan, Carey, & Finch, 1994; Muris, Merckelbach, Ollendick, King, & Bogie, 2002; Reynolds & Paget, 1983; Reynolds & Richmond, 1979).

STAIC(Speilberger, Edwards, & Lushene, 1973)는 20항목으로 구성된 2개의 목록으로 이루어져 있다. 상태 척도는 현재 상태와 상황적으로 연결된 불안을 조사하고, 특성 척도는 상황에 관계없이 안정적인 불안을 평가한다. 8~12세 아동들의 국가적인 표본에 근거한 규준 자료가 STAIC에서 이용 가능하다(Spielberger, 1973). 다른 자기 보고 질문지들에서처럼 측정의 변별 타당도가 의문스럽긴 하지만, 전체적인 척도의 신뢰도는 수용 가능하다(Muris et al., 2000). 이런 이유들 때문에 STAIC는 일반적 선별 도구로서 가장 잘 사용될 수 있다(Barrios & Hartman, 1988; Perrin & Last, 1992를 보라).

FSSC-R은 쉐러와 나카무라(Scherer & Nakamura, 1968)가 개발한 소아 공포조사목록의 개정판이다. 앞서 언급했듯이, 이 도구를 통하여 실패에 대한 공포, 죽음에 대한 공포, 부상과 작은 동물에 대한 공포, 병원 공포, 미지에 대한 공포의 다섯 가지 요인을 측정할 수 있는 것으로 밝혀져 왔다. 이 다섯 가지 요인 구조는, 이 척도가 공포의 구체적인 원천들, 공포의 심각도 그리고 치료 효과들을 확인하는 데 유용하게끔 한다. 올렌딕과 동료들(Olendick et al., 1985)은 7~18세의 아동과 청소년들을 대상으로 높은 내적 일관성과 중간 정도의 3개월 간격의 검사-재검사 신뢰도를 나타내는 FSSC-R에 대한 규준 자료를 제공하였다(Ollendick, 1983).

아동용 사회공포증과 불안 검사(Social Phobia and Anxiety Inventory for Children: SPAI-C; Beidel, Turner, & Morris, 1995) 또한 아동과 청소년의 불안을 평가하기 위해 신뢰할 수 있고 일반적으로 사용되는 자기 보고 척도다. 불안-각성 상황들, 신체적 증상들과 인지적 증상들 그리고 회피 행동을 측정하는 26항목의 자기 보고 검사인 SPAI-C는 높은 내적 일관성과 높은 검사-재검사 신뢰도를 보여 주었다(Beidel, Turner, Hamlin, & Morris, 2000; Beidel et al., 1995). 또한 이 도구는 사회공포증이 있는 아동들을 정상적인 아동들이나 외현화 문제들이 있는 아동들로부터 구별하였다(Beide et al., 2000).

아동용 다차원적 불안 척도(MASC; March et al., 1997)는 불안의 다차원적 개념화 문제를 다루기 위해 개발되었다. 이 척도는 아동들과 청소년들이 자기 보고한 불안의 주된 영역들을 다룬다. 이는 4개의 주요 요인, 즉 신체적 증상들(예를 들어, 긴장), 사회적 불안(예를 들어, 거부), 위험 회피(예를 들어, 완벽주의), 그리고 분리불안을 포함한 39항목의 자기 보고 검사다. 이 요인 구조는 남아와 여아, 나이가 어리거나 나이가 많은 아동·청소년 모두에게 적용되고, 검사-재검사 신뢰도는 3주와 3개월에 걸쳐 우수한 것으로 밝혀졌다(March & Albano, 1998). 호주의 한 연구에서 심리측정에 대한 추가적 지지가 제공되었다(Baldwin & Dadds, 2007).

유망하지만 아동기 불안장애에 있어서 비교적 연구되지 않은 자기 보고의 영역은 인지적 평가에 대한 자기 보고다. 인지적 내용들, 과정들, 도식들 그리고 산물들은 불안의 병인과 지속에 연루되어 왔지만(예를 들어, Ingram & Kendall, 1986, 1987; Kendall & Ingram, 1987, 1989), 아동을 대상으로는 경험적 관심을 거의 받지 못하였다(Kendall & Ronan, 1990). 불안장애가 있는 아동들의 인지 평가는 유망한 분야이지만, 이를 측정하는 척도들은 거의 존재하지 않는다. 로넌, 켄달과 로우

(Ronan, Kendall, & Rowe, 1994)는 불안/기분부전 아동들의 인지 내용을 평가하기 위해 부정적 감정 자기진술 질문지(Negative Affectivity Self-Statement Questionnaire: NASSQ)를 개발하였다. 8~15세 아동을 대상으로 불안한 혼잣말을 측정하는 하위 척도가 평가되었는데, 그 결과 좋은 신뢰도를 보였고, 심리측정적으로 정의된 불안의 임상적 사례들과 불안하지 않은 아동들 간의 차이를 식별할 수 있었다. NASSQ는 자기 진술들로 이루어져 있고, 참여자들이 지난주 동안 그 생각이 자신에게 일어났던 빈도를 보여 주는 1~5점 척도에 표시하도록 한다. 척도 개발, 신뢰성 그리고 타당도에 대한 지지는 로넌과 동료들(1994) 그리고 트래드웰과 켄달(Treadwell & Kendall, 1996; Ronan & Kendall, 1997도 보라)에게서 보고되었고, 최근 연구에서도 좋은 심리측정적 속성들이 나타났다(Sood & Kendall, 2007).

대처 질문지-아동용(Coping Questionnaire-Child Version: CQ-C; Kendall, 1994; Kendall et al., 1997)은 인지 평가에 대한 또 다른 중요한 도구다. 이 척도는 어려운 상황 속에서 불안의 고통들에 대처하는 아동의 능력을 평가한다. 분석에서 적절한 내적 일관성과 강력한 재검사 신뢰도가 나타났고, 향상의 측정 도구로서 이 질문지의 유용성이 증명되었다(Kendall & Marrs-Garcia, 1999).

다른 자기 보고 측정 도구들은 좀 더 국한된 혹은 관련된 구조들을 측정한다. 불안으로 고통받고 있는 아동·청소년들에게 있어 그들의 걱정하고 '다시 생각하는' 경향이 문제가 되므로, '불확실성에 대한 경직성'을 측정하는 자기 보고식 측정도구가 존재한다. 이 도구의 심리측정적 속성들은 강력하고, 이를 통해 불안한 아동·청소년과 불안하지 않은 아동·청소년을 구별할 수 있다(Comer et al., 2009). '부정적 감정'과 불안 및 우울한 기분의 동시 발생에 대한 관심을 고려하면, 아동용 정적 정서 및 부적 정서 척도(Positive and Negative Affect Scale for Children: PANAS-C)가 적용 가능하다(Hughes & Kendall, 2009). 마지막으로, 불안장애가 있는 아동·청소년들에게 동시에 나타나는 우울 증상들이 있다는 것을 고려할 때, 소아 우울 척도(Children's Depression Inventory: CDI)를 사용하여 아동·청소년의 우울증을 측정해 볼 수도 있다. 몇몇 자료는 이 척도가 불안한 아동들에게 유용하다고 제안했다(Comer & Kendall, 2005).

자기 보고 척도들은 시간과 비용의 두 가지 면에서 경제적인 이점을 가지고 있지만 여러 가지 면에서 제약이 있다. 그것들은 아동기 불안장애들의 상황적 특수성을 적절하게 다루지 못하고 몇몇은 각 아동에게 특정한 공포 및 불안들을 포착하지 못할 수도 있다(Kendall & Ronan, 1990). 그런 정보 없이는 치료가 개별화될 수도 없고 아동의 독특한 행동적 역기능을 다룰 수도 없기 때문에 이런 제약은 잠정적으로 치명적일 수 있다. 또 다른 약점은 자기 보고 검사들이 발달적 어려움들을 설명하지 못하는 것이다. 서로 다른 발달 단계를 위한 적절한 규준 자료를 가진 검사들은 거의 없고, 많은 검사가 아동들의 이해력 차이에 따른 수정된 검사를 가지고 있지 않다. 예를 들면, '전혀 걱정하지 않았다', '별로 걱정하지 않았다', '가끔 걱정하였다' 사이의 차이가 서로 다른 인지 발달 단계에 있는 아동들에게 같은 의미를 나타내는지 또는 더 낮은 발달 단계에 있는 아동들이 그런 구별들을 할 수 있는지가 불분명하다. 자기 보고들은 아동의 내적 상태를 반영하지 못할 수도 있다. 부정확함은 고통스럽지 않거나 사회적으로 바람직한 방식으로 반응하려는 아동의 바람으로부터 나올 수 있다. 불안장애가 있는 아동·청소년은 자기 제시와 타인의 평가에 대한 과민한 걱정들을 가지고 문제들에 접근한다(Kendall & Ingram, 1989). 자기 제시를 좋게 하고자 하는 경향은 자기 보고 평가와 같은 과제를 수행하는 데 영향을 미칠 수 있다(Kendall & Flannery-Schroeder, 1998). 이런 경향을 인식하여 어떤 질문지들은 자기 제시를 평가하기 위한 척도들을 포함하고 있다(예를 들어, RCMAS; Reynolds & Richmond, 1997).

3) 행동관찰

아동기 불안의 행동 평가는 구조화된 그리고 구조화

되지 않은 많은 관찰 기법을 포함하고 있다. 평가 과정 전반에 걸쳐, 특히 임상 면담 동안 진단가들은 아동을 관찰하며 안절부절못하는 것, 손톱을 물어뜯는 것, 시선 맞추기를 피하는 것, 그리고 조용하게 말하는 것 같은 불안을 암시할 수 있는 모든 행동을 기록한다. 이후 논의되겠지만, 부모와 교사의 평가 척도들은 자연스러운 환경에서 이루어지는 아동 행동의 구조화되지 않은 관찰들에 기초를 두고 있다. 구조화되지 않은 관찰들은 중요하지만 관찰자 편향에 의해 제한될 수 있으며, 특히 부모와 교사 평가의 경우 일반적으로 적절한 관찰자 훈련이 부족하다.

학교 교실 또는 운동장 같은 자연스러운 환경에서 훈련된 평가자들에 의한 직접적인 관찰을 동반하는 좀 더 구조화된 관찰 방략들은 행동적 회피 과제들(behavioral avoidance tasks: BATs)에 이용된다. 하나의 예로서, 공공장소에서 음식을 먹는 것과 관련된 고통스러운 불안을 평가하는 BAT를 생각해 보라. 그 상황은 잘 준비되어서 먹을 수 있는 음식들, 선택한 음식을 담을 접시들, 그리고 음식을 먹을 수 있는 장소들—일인용 자리, 1명과 함께하는 자리, 여러 명과 함께하는 자리—과 같은 여러 가지 선택권이 있을 수 있을 것이다. BAT에서 참여자는 상황에 들어갈 것이며, 훈련된 관찰자들은 고통스러운 상황에 접근하는 정도를 기록할 것이다. 이 경우 '먹지 않음'에서 '사람들 사이에서 먹음'의 연속선상에서 참여자가 어디에 해당하는지를 기록한다.

훈련된 평가자들이 조작적 정의에 따라 아동의 행동을 평가하기 때문에 구조화된 행동 평가 방법들이 장점이 있다 할지라도, 표준화된 절차가 없어 제한점이 있다. 이 문제는 이런 기법들로 얻어진 자료에 기초한 연구들을 비교하기 어렵게 만든다. 게다가 구조화되지 않은 행동관찰들 또는 구조화된 행동관찰들 모두는 그 자체로 충분한 평가 기법이 아니다. 비록 몇몇 행동관찰을 부호화한 것들의 총점이 불안의 존재와 상관관계가 있다 할지라도, 어떤 단일 부호화된 행동 빈도가 아동기 불안의 특징은 아닌 것 같다. 앞서 말했듯이, 내재화 장애들 간에 중복된 증상이 보이며(Kendall & Watson, 1989도 보라) 불안 증상의 행동적 표현에 피험자 간 변이성이 있다.

4) 부모, 교사 그리고 임상 평가 척도

부모와 교사 보고는 추가적인 중요한 관점들을 제공한다. 그러나 아동들의 내재화 장애들을 평가할 때 이러한 도구들을 사용하는 것은 약간의 잠재적인 한계점들이 있다. 부모들과 교사들은 아동의 내적 갈등들과 고통의 정도와 속성을 알지 못할 수도 있다. 또한 아동과 부모의 불안 보고 간에는 일치율이 종종 낮게 나타난다(Klein, 1991). 게다가 모든 자료에서 일관되지는 않지만(Krain & Kendall, 2000를 보라), 프릭, 실버던과 에반스(Frick, Silverthorn, & Evans, 1994)는 어머니들이 자녀들의 불안 증상들을 과잉 보고하는 경향이 있으며, 이것은 어머니의 증가된 불안 수준과 관련이 있다고 보고하였다. 이 발견은 임상가가 부모 불안의 고통 수준을 반드시 알고 있어야 함을 제안한다(Bernstein et al., 1996). 다른 한계점들 중에는 관찰의 회상적인 속성과 평가자의 편향 가능성이 있다.

가장 널리 사용되고 있는 평가 척도들 중에는 아동행동평가척도(Child Behavior Checklist: CBCL; Achenbach, 1991)가 있는데, 이는 수용 가능한 신뢰도, 타당도 그리고 규준 자료를 지니고 있다. 118항목으로 구성된 CBCL은 행동 문제들과 사회적 역량들을 평가한다. 특정 진술들이 아동의 특징을 나타내는 정도에 따라 항목들은 0, 1, 2로 채점된다. CBCL은 특정 요소에 대한 아동의 장애 수준에 관한 자료를 제공하며 광범위한 외현화 장애와 내재화 장애 사이의 구별을 제공한다. 이 도구는 확실히 불안장애를 가진 아동과 그렇지 않은 아동을 구별할 수 있다(Aschenbrand, Angelosante, & Kendall, 2005). CBCL의 항목들의 사용을 통하여, 아동 · 청소년의 불안장애 식별을 극대화할 수 있도록 하는 특정 항목 세트를 발견하였다. 이 측정치(CBCL-A)는 검사-재검사 신뢰도와 내적 일관성을 가지고 있었고, 불안장애가 있는 아동 · 청소년과 그렇지 않은 아동 · 청소년을 확실히 구별할 수 있다고 밝혀졌다(Kendall et al., 2007). 또한 CBCL은 변화를 평가하기 위하여 아동의 사회 활동 참여와 또래와의 상호작용에 대한 자료를 제공한다.

더불어 교사들을 위해 고안된 CBCL 개정판인 아동행동평가척도 교사 보고 기록지(Teacher Report Form: TRF; Achenbach, 1991; Achenbach, & Edelbrock, 1986)가 있다. TRF를 사용하여 담임교사는 교실에서의 아동의 기능을 평가한다. TRF의 정보 수집과 검토는 집과 학교에서의 아동의 불안 행동을 비교 가능하게 하며, 특히 사회적 · 평가적 상황들에 수반되는 공포를 느끼는 아동들에게 적절할 수 있다. 그러나 불안 아동들의 교실에서의 행동은 교사에게 문제로 보이지 않을 수도 있다는 것을 명심해야 한다. 그러므로 불안장애가 있는 일부 아동의 TRF 점수들이 반드시 극단적이지는 않다. 이 도구는 유용한 정보를 제공하지만 DSM 진단 범주에 연결되지는 않는다.

최근에는 아동의 종합적 증상들에 대한 아동 보고 척도들을 유사한 부모 보고 척도들로 변형하려는 노력이 있어 왔다. 그런 척도 중 하나가 소아 상태-특성 불안 척도 부모 보고-특성 개정판(State-Trait Anxiety Inventory for Children-Parent Report-Trait Version; Strauss, 1987; Southam-Gerow, Flannery-Schroeder, & Kendall, 2003도 보라)이다. 여기서 STAIC(소아 상태-특성 불안 척도)의 항목들은 부모들의 관점을 알아낼 수 있도록 수정되었다. 부모 보고 척도에 대한 심리측정적 속성들에 대한 조사는 높은 내적 일관성, 적당한 검사-재검사 신뢰도 그리고 혼재된 타당도를 보여 주었다.

아동용 소아과 불안평정 척도(Pediatric Anxiety Rating Scale for Children: PARS; RUPP Anxiety Group, 2002)는 아동과 청소년에게 사용하는 임상가에 의해 평가된 불안 심각도 척도다. PARS는 50항목의 증상 점검표와 7점의 심각도 평가들로 되어 있다. 다른 불안 점검표들과는 달리, PARS는 SAD, SP, GAD 증상의 결합된 심각도 평가를 반영한다. PARS를 작성하는 데에는 약 30분이 필요하고 우수한 평정자 간 신뢰도를 가지고 있다. 이 측정 도구는 불안에 대해 민감한 일반적 측정 도구이며, CBT, 약물 그리고 병용치료에 대한 차이의 결과를 반영한다고 밝혀졌다(Walkup et al., 2008).

앞에서 설명했던 대처 질문지 또한 대처 질문지-부모용(Coping Questionnaire-Parent: CQ-P; Kendall, 1994)이라고 불리는 유사한 부모용 개정판을 가지고 있다. 부모는 일반적으로 진단적 면담에서 파악된, 불안을 가장 많이 유발하는 3개의 상황에 대처하는 아동의 능력을 평가한다. 이 척도는 중간 정도의 평정자 간 일치도를 보여 주며, 치료 효과 탐지에 민감함을 보여 왔다(Kendall, Hudson, Gosch, Flannery-Schroeder, & Suveg, 2008; Kendall & Marrs-Garcia, 1999).

5) 생리 반응 기록

불안의 생리적 평가가 성인 연구에서는 폭넓은 관심을 받아 왔지만(Himiad, Boice, & Barlow, 1985를 보라), 아동과 청소년 집단에서는 이런 지표들에 관한 경험적 자료가 거의 존재하지 않는다(Barriors & Hartmann, 1988; Beidel, 1988). 아동들의 불안을 평가할 때 이런 방법을 사용하는 데 반대하는 사람들은 그런 정보를 수집하는 데 드는 시간과 비용의 손실에 비해 상대적 이익이 너무 작다고 주장하였다(Barlow & Wolfe, 1981). 더욱이 심혈관계와 피부전기 측정과 같은 가장 일반적으로 사용되는 생리적 기법들은 아이들에 대한 적절한 규준 자료가 부족하다. 또한 아동들은 생리적 평가 동안 개인 특유의 반응 양상들을 보이는 것으로 나타난다. 게다가 측정들은 기대 효과, 불안 이외의 다른 감정들, 그리고 우발적인 운동과 지각 활동에 의해 영향을 받을 수 있다(Well & Virtulano, 1984; Werry, 1986).

이런 다소 실망스러운 제약들에도 불구하고, 아동기 불안의 생리적 평가는 완전히 포기되어서는 안 된다. 불안한 아동에서의 자율신경계 반응에 대한 경험적 연구들은 반드시 수행되어야 한다. 왜냐하면 이러한 연구의 결과들이 불안의 정신생리학적 표현의 이해를 증가시키고 이 영역의 규준 자료를 개발하는 데 도움이 될 것이기 때문이다. 아동 불안의 정신생리학적 평가의 개관을 위해 베이델(Beidel, 1989)을 참조하라.

6) 가족 변수

아동 · 청소년의 불안에 관련된 가족 요인들을 검토한 선행 문헌들을 고려해 볼 때, 가족 요인들을 평가하는 것은 임상적으로 유용할 수 있다. 그러한 평가가 종종 심리적 측정 한계들을 겪어 왔지만, 통제나 과잉보호와 같은 구성 요소들을 평가하기 위한 척도들이 고안되어 왔다. 예를 들어, 성장기 가정교육에 관한 나의 기억(Egna Minnen Betraffande Uppfostram: EMBU-C; Castro, Toro, van der Ende, & Arrindell, 1993)은 여러 요인 중 부모의 정서적 온화함, 통제 그리고 거부에 대한 아동의 지각을 평가하고 있다. 자기 보고와 행동관찰 가족 평가 도구들의 철저한 개관을 위해, 독자에게 긴스버그 등(Ginsburg et al., 2004)을 추천한다.

아동의 불안 평가에는 중다 방법 접근, 임상 면담으로부터 정보를 끌어내는 것, 아동의 자기 보고, 부모와 교사의 평가 그리고 행동관찰들뿐만 아니라 가족사와 상호작용의 양상들이 요구된다. 각각의 방법은 장점들과, 진단 목적들을 위해서는 단일 평가 기법에 의존할 수 없는 잠재적인 단점들을 가지고 있다. 아동의 불안은 반드시 다면적인 평가들로 측정해야 하며, 치료 변화에 대한 평가에 민감해야만 한다.

5. 치료: 절차와 성과

아동기 불안을 목표로 한 개입들이 많은 관심을 받고 있으며, 그 결과 많은 것을 배울 수 있다고 말할 수 있는 것은 만족스러운 일이다. 아동/청소년 치료의 개발은 불안으로 고통받고 있는 아동 · 청소년들에 대한 유병률과 영향력에 대한 관련 분야에서의 증가된 이해와 일관되게 나타난다. 다양한 형태의 행동치료와 인지행동치료들은 아동기 공포증과 불안장애들의 치료에 유망하다. 행동 및 인지 치료 접근들을 발달에 따라 민감하게 조합하는 것은 불안한 아동의 치료에 도움이 되는 결과를 가져올 수 있다(Ollendick, & King, 이 책 17장을 보라). 다음의 논의는 이완, 인지적 대처틀 형성, 문제해결, 모델링, 유관성 관리 그리고 상상 및 실제 노출 같은 인지행동치료의 특징들을 강조한다. 우리는 또한 『코핑 캣 워크북(*Coping Cat Workbook*)』(Kendall, 1992b; Kendall & Hedtke, 2006b)을 사용하는 불안장애 아동 · 청소년을 위한 통합된 치료 패키지를 논의한다(Kendall, 2000a; Kendall & Hedtke, 2006a를 보라). 〈많이 대처하기 캠프: 코핑 캣 DVD(Camp Cope-A-Lot: The Coping Cat DVD)〉(Kendall & Khanna, 2008)라는 최근 버전의 컴퓨터 지원 프로그램 또한 묘사될 것이다. 마지막으로, 이들 절차들에 대한 연구 평가의 개관이 제공된다.

1) 불안한 아동을 대상으로 하는 CBT의 개관

불안장애 아동 · 청소년을 위한 CBT는 효과적이라고 증명된 행동적 접근들(예를 들어, 노출 과제, 이완 훈련, 역할 연기)과 각 개인의 불안들에 연관되어 있는 인지적 정보처리 요소들에 대한 추가적 강조를 통합한 것이다(치료 매뉴얼을 보라; 예를 들어, Flannery-Schroeder & Kendall, 1996; Howard & Kendall, 1996b; Kendall & Hedtke, 2006a; Kendall & Khanna, 2008).[2] 치료 프로그램의 전반적 목표는 청소년들에게 불안 각성의 신호를 인식하게 하고 이런 신호들이 불안 관리 방략들의 사용을 위한 단서로 기능하도록 가르치는 것이다. 일반적으로 구조화된 치료 프로그램은 총 16개의 회기로 이루어지며, 그것들은 2개의 동등한 치료 부분, 즉 기술훈련 회기들(처음 8회기들)과 기술연습 회기들(마지막 8회기들)로 세분된다. 기술훈련 회기들은 네 가지 기본 기술 영역의 형성에 초점을 둔다. 이 네 가지 기본 기술 영역은 ① 감정들에 대응하는 신체 반응들의 인식과 불안에 특정적인 신체적 증상들, ② '혼잣말' 또는 불안할 때 아동이 무엇을 생각하는지와 자신에게 무엇이라고 말을 하는지에 대한 인식과 평가, ③ 불안한 혼잣말을 수정하거나 대처 계획들을 발달시키는 것을 포함한 문제해결 기술, ④ 자기 평가와 보상이다.

치료의 기술연습 부분에서는 아동·청소년이 실제적으로 불안을 유발하는 상황들(즉, 노출 과제들)에서 학습된 기술들을 연습한다. 노출 과제들은 아동에게 자신의 능력들을 실제 생활 속에서 증명하고 자기 역량감을 발달시켜 주는 기회를 제공한다. 시연과 여러 번의 시도들을 통하여, 아동은 이전에는 불가능하다고 느꼈던 상황에서 성공하게 되며, 안심하기 위해 다른 사람에게 의존하기보다는 오히려 자신의 대처 기술에 의지하는 것을 배우게 된다. 아동들은 안전 추구 행동 사용을 회피하고 대처하게끔 격려된다. 자료들은 안전 추구 행동의 감소와 긍정적인 성과들이 관련이 있다고 제시하였다(Hedtke, Kendall, & Tiwari, 2009). 인지 과정들과 대처들을 만드는 것에 초점을 두는 것은 아동·청소년들이 배운 것들을 내재화하고 기술을 여러 장면에 일반화하도록 도와주기 위함이다. 아동은 성공이 자신의 급성장한 역량 때문이라고 귀인하는 것을 배우며, 이런 기술들을 단지 회기 중 연습에서만이 아닌 다양한 상황에서 사용하는 것에 대하여 배우게 된다. 학습 과정을 촉진하기 위해서, 치료자는 아동과 함께 치료 목표들을 만들어 내는 협력적인 코치의 자세를 취하며 치료 개입을 아동의 관심과 능력들에 맞게 수정한다. 실제로 연구들은 치료 성과에 있어 협력적인 분위기와 라포 형성의 중요성을 지지한다. 치료 성과에 대한 협력적인 분위기와 라포 형성의 중요성이 최근 연구조사에 의해 지지되어 왔다(Chu et al., 2004; Chu & Kendall, 2004; Creed & Kendall, 2005; 개관을 위해 Shrink & Karver, 2003을 보라).

치료 기간 내내, 치료자는 각각의 새로운 상황에서 기술을 보여 주는 대처 모델로서 기능을 한다. 대처 모델로서 치료자는 불안한 경험과 불안에 대처하기 위한 방략들을 시범 보인다. 그런 다음 아동은 치료자와 함께 역할 연기에 참여하도록 요청받는다. 역할 연기를 덜 위협적이게 하기 위해서, 치료자가 먼저 역할 연기를 하고 아동이 이를 따라 하도록 할 수 있다. 치료자가 무엇을 느끼는지 혹은 어떻게 생각하는지를 설명하고, 치료자는 아동에게 비슷하거나 다른 감정을 경험하고 있는지를 묻는다. 궁극적으로, 아동은 새롭게 배운 기술을 스스로 연습하는 역할 연기 장면을 혼자 하도록 격려된다. 아동의 기술 수준과 소개된 개념들의 이해 정도에 따라 역할 연기를 다양하게 사용한다. 청소년들과 할 때는 따라 해 보기 절차는 대개 필요하지 않다. 역할 연기들은 아동과 관계있는 상황들을 보여 주어야 하므로, 아동의 조직화된 공포 위계 또는 아동이 예전에 일어났다고 보고한 외부의 사건들로부터 유도될 수 있다.

또한 치료자의 자기 개방은 대처 모델로서 치료자의 역할을 시연하는 데 적절할 수 있다. 치료자 자기 개방은 대개 아동의 경험들과 관련된 과거 경험들을 이야기해 주는 형태 또는 치료 시 그런 상황들이 발생할 때 상황에 대한 치료자의 생각과 감정들을 큰 소리로 묘사하는 형태를 취한다. 예를 들면, 치료자가 아동과 만나는 첫 번째 회기에 대한 자신의 불안감을 아동에게 공개하는 것이 적절할 수도 있다. 이런 일종의 개방은 불안을 정상화하고 감정들이 자유롭게 논의될 수 있는 환경이 되도록 회기의 분위기를 설정한다. 치료자는 아동에게 고통스러운 상황에 대처하는 법을 시연해 보일 수 있는 상황들을 포착하는 기회주의자로서 작업한다. 예를 들어, 만일 치료자가 발에 걸려 넘어진다면, 그가 할 수 있는 최선은 그 자신의 불안을 표현하는 것이다("우와, 네가 웃지 않아서 난 기뻐. 네가 웃었다면 내가 당황했을 텐데."). 그러고 나서 치료자는 어떻게 자신의 기분을 더 낫게 했는지를 설명한다("하지만 설사 네가 나를 보고 웃었다 하더라도, 그것이 네가 나를 더 이상 좋아하지 않는다는 것을 뜻하는 것은 아니라고 생각했어."). 치료자가 고통스러운 상황에 대처하는 일반적 과정을 모방함으로써, 아동은 유능한 어른이 매일의 스트레스들에 대처하는 법을 알아 가기 시작한다. 다음 절에서는 ① 아동·청소년에게 이용 가능한 대부분의 CBT 프로그램의 일반적인 구성 요소들을 설명하며, ② CAADC(The Temple University Child and Adolescent Anxiety Disorder Clinic)에서 사용되는 CBT 프로그램의 예를 제공한다.

2) CBT의 구성 요소

(1) 심리교육

치료 과정 전반에 걸쳐, 아동 · 청소년은 불안의 다양한 측면에 대해 배운다(예를 들어, 불안의 속성과 구성 요소들). 치료의 심리교육 구성 요소는 아동 · 청소년이 그들 자신의(그리고 타인의) 감정 상태를 파악하고 구별하는 것을 돕는다. 불안한 많은 아동 · 청소년은 불안 때문이 아닌 질병 때문이라고 귀인하기 쉬운 생리적 증상들을 경험한다. 아동 · 청소년은 그 증상이 일어나는 전후 상황(예를 들어, 학교 가기 바로 전)을 조사함으로써 그들의 신체적 증상(예를 들어, 복통)이 불안에서 기인하는지 아니면 질병에서 기인하는지 구별하는 것을 배운다. 이것에 대한 이론적 근거는 만일 아동 · 청소년이 불안을 파악할 수 있고 다른 상태들로부터 구별할 수 있다면, 불안에 더 잘 대처할 수 있을 것이라는 것이다. 아동 · 청소년의 심리교육의 한 부분으로서, 이러한 회기의 내용을 부모에게 알려 주는 것이 유용할 수 있다. 이와 비슷한 방식으로, 아동의 치료 과정 동안 '**부모 동반자**(Parent companion; Kendall, Podell, & Gosch, 2010)'를 부모에게 실시할 수 있다.

(2) 이 완

이완 훈련의 목표는 아동들에게 불안에 대한 자신의 생리적 및 근육 반응들을 인식하고 통제하는 것을 가르치는 것이다. 이 과정에서 신체의 주요 근육들은 체계적 긴장 이완 연습을 통하여 점진적으로 이완된다(예를 들어, King, Hamillton, & Ollendick, 1988). 여러 근육을 긴장시키고 이완시킴으로써, 개인은 신체적 긴장감을 인지하며 이런 감각들을 이완 과정을 시작하는 단서로 사용하는 것을 배운다. 초기 교육 동안, 아동은 자신의 불안 상태에 특정적인 근육들과 신체적 감각들을 파악하는 것을 배운다. 불안에 대한 자신의 신체적 반응들을 더 잘 인식하는 것은 아동이 각성된 생리적 상태들을 이완 절차를 시작하는 '초기 경계 신호'로 사용하는 것을 가능하게 한다. 게다가 고통에 대한 개인적 반응들을 보다 잘 인식하는 것은 아동이 불안할 때 긴장하는 특정 근육들을 겨냥하는 것을 가능하게 한다.

치료자는 또한 아동이 이완된 상태를 '침착'과 같은 자기가 만든 신호 단어와 연합하는 것을 배우도록 신호 조절 이완을 가르칠 수 있다. 아동이 완전히 이완되어 있는 동안, 매번 숨을 내쉴 때마다 마음속으로 신호 단어를 말하게 된다. 그 신호는 이완된 상태를 상기시키는 역할을 하며 고통스러운 상태에서 사용되었을 때 근육 이완을 시작할 수 있게 한다. 아동이 공공장소에서 근육 이완을 시작하기를 원하지만 점진적 이완 기법들을 수행하는 것이 불편할 때 신호 조절 이완이 도움이 될 수 있다.

치료자들은 점진적인 신호 조절 기법을 가르칠 때 보통 이완 훈련 대본들을 만든다(예를 들어, Koeppen, 1974; Ollendick & Cerny, 1981; Pincus, 2000). 예를 들면, 아동은 울타리 속으로 비집고 들어가는 것을 상상함으로써 자신의 배를 긴장시키고 이완시키는 것을 배우거나, 레몬에서 레몬즙을 짜내는 척함으로써 손 근육들을 긴장시키고 이완시키는 것을 배운다. 대본들은 대상 내담자의 연령 범위에 따라 다르다. 나이가 어린 아동들의 대본들은 청소년들이나 성인들의 대본들보다는 일반적으로 길이가 더 짧으며 근육 사이의 구별이 적다. 웨이즈먼, 올렌딕과 혼(Weisman, Ollendick, & Horne, 1978)은 정상적인 6세와 7세의 아동들을 대상으로 근육 이완 절차의 효율성을 증명하였다. 올렌딕과 서니(Ollendick & Cerny, 1981)의 절차와 코펜(Koeppen, 1974)의 절차 모두가 근전도 검사(EMG) 기록들에 의해 측정된 근육 긴장의 수준을 대폭 감소시키는 결과를 가져왔다는 것을 알아냈다(두 집단들은 주의 통제 집단보다 우월했으나 서로 다르지는 않았다). 이런 발견은 근육 이완 절차들이 나이가 어린 아동들에게 효과적인 역조건 형성제가 될 수 있다는 것을 시사한다. 이완 훈련 프로그램(체계적 둔감화로서)에 상상 또는 실제 상황에의 노출 과제들을 추가하는 것은 점진적인 이완의 치료 성과를 증진시킬 수 있다. 아동기 공포와 공포증에 대한 치료 효율성을 평가한 통제된 연구들의 최근 검토에서(Ollendick & King,

1998을 보라), 점진적인 상상 노출과 함께 사용된 이완이 단독 이완 훈련보다 더 낫고(Barabasz, 1973; Kondas, 1967; Mann & Rosenthal, 1969; Miller, Barrett, Hampe, & Noble, 1972), 상상 노출보다는 실제 노출이 시행된다면 치료로 얻는 혜택은 더 크다고 결론지었다(Kuroda, 1969; Ultee, Griffioen, & Schellekens, 1982). 그러므로 불안을 유발하는 자극에 의해 생성된 것과 유사한 정서 상태를 일으키는 노출을 통하여 아동이 각성된 정서 상태가 되었을 때, 역조건 형성제로서 근육 이완이 가장 잘 작동할 수 있다.

(3) 인지적 대처틀 형성

인지가 정서 및 행동과 분리될 수 없게 연결된 것으로 이론화되었기 때문에(Ingram, Kendall, & Chen, 1991), 행동 영역 혹은 정서 영역에서의 역기능은 아동의 왜곡되거나 비현실적인 인지를 파악하고 그것에 도전함으로써 개선될 수 있다. 인지에 기초한 치료들은 역기능적 행동에서의 부적응적 사고의 역할을 강조하며, 왜곡된 인지 과정을 좀 더 건설적인 사고방식으로 조정함으로써 작용한다. 일반적으로 인지 방략들은 아동에게 부정적 혼잣말을 검증하고 감소시키는 것을 가르치는 것, 긍정적인 자기 진술들을 만들어 내는 것, 비현실적 또는 역기능적인 부정적 자기 진술들에 도전하도록 하는 것, 그리고 두려운 상황들에 대처하는 계획을 만들어 내는 것으로 이루어진다. 인지적 모델링, 시연, 사회적 강화 및 역할 연기 모두 아동이 미래에 있을 두려운 상황과의 상호작용을 새로운 견지에서 해석할 수 있도록 돕는 인지적 틀을 형성하는 데 도움을 준다. 인지적 대처 틀을 형성하는 것은 상황을 바라보는 새로운 방식, 즉 대처에 기초를 둔 새로운 구조를 형성하는 것뿐만 아니라 부적응적인 혼잣말을 파악하고 수정하는 것을 수반한다. 치료자는 ① 환경적 사건들에 대한 특징적 오해석을 제거하기 위해, ② 대처에 대한 방략들을 포함한 참조틀을 점진적이고 체계적으로 형성하기 위해 아동과 함께 작업한다. 역기능적 사고 구조의 정확한 평가와 개념화는 필수적이다. 예를 들어, 만일 아동이 말을 더듬는 어려움을 가지고 있고 과거에 그것으로 놀림을 당한 적이 있었다면 다른 사람들 앞에서 말하는 것에 대한 아동의 공포는 정당한 근거에 기초한 것이다. 그러나 아동이 말을 더듬어 몇몇 아이에게 놀림 받는다고 해서 다른 아이들까지 아동과 친구가 되기를 거부할 것이라고 결론을 내리는 것은 현실성이 떨어진다. 이 단계에서 치료자와 아동은 도움이 되는 혼잣말을 포함한 대처틀을 만들어 낼 수 있는데, 이는 융통성 없는 신념 구조에 도전한다. "발표 후에 다른 학급 친구들 모두가 나를 놀리는 게 사실일까?" 그리고 "다른 아이들에게서 놀림을 받은 후에 나의 현재 친구들이 나를 저버리고 떠날까?" 와 같은 질문들을 통하여 아동에게 대안적 관점들이 존재한다는 것을 이해하기 시작하도록 도울 수 있다.

사고에 대한 새로운 틀을 형성하는 것의 목표는 스트레스의 지각이 영원히 사라지게 하는 것이 아니라, 인지적 대처 구조를 통해 보았을 때 이전의 고통스러운 오지각과 각성이 대처 방략 사용을 생각나게 하는 것으로 기능하는 것에 있다. 또한 우리가 불안한 아동을 긍정적인 혼잣말로 채우려고 애를 쓰는 것도 아니다. 오히려 그 힘은 긍정적인 혼잣말에 있는 것이 아니라 부정적인 혼잣말의 감소에 있다고 인식된다. 이런 현상을 '부정적이지 않은 사고의 힘' 이라고 부른다(Kendall, 1984). 변화의 매개변수/기제에 대한 2개의 독립된 연구에서, 부정적/불안한 혼잣말의 감소가 긍정적인 치료적 성과와 관련되어 있다는 결과가 나타났다(Kendall & Treadwell, 2007; Treadwell & Kendall, 1996). 현재 불안장애가 있는 아동들을 대상으로 하는 인지에 기초한 치료는 상당히 유망하다(예를 들어, Eisen & Silverman, 1993; Kane & Kendall, 1989; Ollendick, 1995). 인지 방략들은 종종 행동치료의 다른 형태들과 병용되며(예를 들어, Friedman & Ollendick, 1989; Graziano & Mooney, 1980, 1982; Mansdorf & Lukens, 1987), 아동 치료에 사용될 때 혼잣말과 인지 재구성은 조작적 조건형성을 기반으로 한 강화 방략들을 필요로 한다고 제안되어 왔다(예를 들어, Hagopian, Weist, & Ollendick, 1990). 치료 모형에서 핵심적인 것으로 개념화된 과정들을 인지적 절차가 실제로 변화시킬 수 있을지(즉, 치료의 결과로 왜곡된 인지가 변화되는지) 여부를 결정하기 위해 추가적 연구들이 요구된다(Ollendick & King, 1998). 최근의 증거는 아동들의 (긍정적인 혼잣말이 아닌) 부정적 혼잣말에서의 변화가 실제로 치료와 관련된 불안에서의 변화를 매개함을 보여 준다(Treadwell & Kendall, 1996).

(4) 문제해결

불안에 대한 인지행동적 접근의 다른 구성 요소는 문제해결이다. 초기에 드저릴라와 골드프리드(D'Zurilla & Goldfried, 1971)는 5단계의 문제해결 순서의 틀을 제시하였다(D'Zurilla & Nezu, 1999; Spivack & Shure, 1974). 문제해결을 가르치는 전반적인 목표는 아동들 스스로 매일의 난관에 직면하도록 돕는 자신의 능력에 대한 자신감을 개발하도록 훈련시키는 것이다. 문제해결의 첫 번째 단계에서(전반적 오리엔테이션), 치료자는 아동에게 문제들이 일상생활의 한 부분이라는 것을 이해하도록 돕는 데 초점을 두며, 아동이 초기 충동(예를 들어, 회피 행동)을 억제하도록 격려한다. 두 번째 단계에서, 아동은 문제를 조작적으로 정의하고, 그것을 목표를 가지고 해결할 수 있는 문제로 만들도록 작업한다.

문제해결의 세 번째 단계는 대안적 해결책들을 만들어 내는 것을 포함하는데, 그 핵심은 브레인스토밍에 있다. 여기에서 실용적이고 기이한 아이디어들 모두가 비판 없이 생성되어야 한다. 많은 경우 처음에는 받아들여지기 어려운 것처럼 보인 대안들이 일단 좀 더 신중하게 심사숙고하면 실용적인 해결책들이 될 수도 있다. 치료자는 실용적이고 독특한 대안 모두를 만들어 내고 아동이 따르도록 격려함으로써 좋은 브레인스토밍 기술들을 시범 보일 수 있다. 네 번째 단계인 의사결정에서, 아동은 가장 적절한 해결책을 선택하기 위해 각 대안을 평가한 뒤 이를 행동에 옮긴다. 마지막 단계는 선택된 해결책의 장점들을 평가하는 것으로 이루어진다. 아동이 자신에게 다음과 같은 질문들을 하는 훈련은 아동이 스스로 문제해결 사고방식을 갖게 할 수 있다.

① 문제가 무엇인가?
② 그것에 관해 내가 할 수 있는 모든 것은 무엇인가?
③ 만일 내가 그런 것들을 한다면 무슨 일이 일어날 것인가?
④ 내가 생각하기에는 어느 해결책이 가장 효과가 있을 것 같은가?
⑤ 그것을 시도한 후에 내가 한 행동은 어땠는가?

결국 문제해결은 아동으로 하여금 처음에는 절망적으로 보인 상황에 대해 대안들을 생성함으로써 적응해 가도록 돕는 것이다.

클레이너, 마샬과 스페백(Kleiner, Marshall, & Spevack, 1987)은 문제해결이 불안장애 치료 후의 재발을 예방하는 것을 돕는다고 보고하였다. 이 연구에서 26명의 광장공포증 환자가 실제 노출 치료 단독 조건과 실제 노출에 문제해결 기술 훈련 프로그램을 더한 조건 중 하나에 무작위로 할당되었다. 12회의 치료 회기 이후 환자들 모두는 상당한 향상을 보였다. 하지만 실제 노출 과정 단독 조건의 환자들은 추후 조사에서 추가적 향상을 보이는 데 실패했거나 재발했지만, 문제해결 훈련을 함께 받은 환자들은 추후 조사에서 향상이 계속되었다. 그러므로 문제해결은 실제 노출 같은 치료 방략들의 치료 혜택을 강화시킬 수 있다(예를 들어, Arnow, Taylor, Agras, & Telch, 1985; Jannoun, Munby, Catalan, & Gelder, 1980).

(5) 유관성 강화

접근 행동이 발생하기 전에 공포가 줄어들거나 제거되어야 한다고 가정하는 이완 훈련, 체계적 둔감화, 모델링과는 대조적으로, 조작적 조건형성 원리에 기반을 둔 유관성 강화 절차는 다른 가정으로 작동한다. 조작적 조건형성에 기반을 둔 절차는 적절한 보상과 강화를 통해 접근 반응을 촉진시키는 것에 초점을 두고 불안을 줄이는 것 자체에는 초점을 덜 둔다. 공포증 또는 불안 행동을 줄이기 위해 가장 자주 사용되는 유관성 관리 절차는 조성, 긍정적 강화, 소거다.

불안장애로 진단받은 어떤 아동들은 자신을 비하하는 사고들과 자신감에 대한 의심들로 특징지어지는 부정적 자기 초점을 보일 것이다. 다른 불안한 아동들은 자신들에게 극도로 높은 성취 기준을 둘 수 있으며, 만일 그들이 이런 기준들에 미치는 것에 실패한다면 다른 사람들보다 스스로를 잘 용서하지 못할 것이다. 이러한 부당한 중요 신념 구조에 맞설 수 있도록 돕기 위해서, 치료자는 노력과 부분적 성공에 대해 스스로에게 주는 보상의 중요성을 강조한다. 이때 치료자는 처음으로 재주를 배우는 개의 예를 사용할 수 있다. 개가 주인의 명령으로 앉는 것을 처음 배울 때, 누구도 개가 처음부터 완벽하게 성공하리라고는 기대하지 않을뿐더러 지속적으로 해낼 것이라고도 기대하지 않는다. 마찬가지로, 불안한 아동에게도 처음에 도전 과제를 이루려고 시도할 때 완벽한 수행을 기대하지 않는다는 것을 알려 주어야 한다. 점차적인 연습과 시기적절한 강화는 아동이 시간이 지나면서 자신감을 발달시키도록 도우며 역량감이 증가하게 만들 수 있다.

학교 공포 행동(예를 들어, Ayllon, Smith, & Rogers, 1970)과 어둠에 대한 회피(Leitenberg & Callahan, 1973) 같은 다양한 불안 관련 행동을 변화시키는 데 수행에 따른 강화 절차들은 성공적이었다. 다른 행동 기법들과 비교했을 때, 어둠에 대한 공포 치료에서 유관성 관리 프로그램이 강화 절차가 없는 자기 지시 집단에 비하여 큰 이점을 낳았다고 나타났다(Sheslow, Bondy, & Nelson, 1982). 마찬가지로 물공포증이 있는 아동의 치료에서 실물 모델링과 강화된 연습을 비교할 때(Menzies & Clarke, 1993), 강화된 연습 조건이 실물 모델링 절차보다 통계적 그리고 임상적으로 유의미한 성과가 있었다. 게다가 강화된 연습 조건은 단독으로 수행되었을 때나 추가적 실물 모델링 개입과 병용되었을 때나 효과에서 차이가 없었다.

(6) 모델링

모델링의 개념적 근원은 사회적 학습 패러다임으로부터 유래한다(Bandura, 1969, 1986). 여기에서는 아동에게 적절한 반응들을 설명하기 위해 공포를 일으키는 상황에서 두려워하지 않는 행동을 시연해 보인다. 그 결과, 공포는 감소하고 적절한 기술을 얻게 된다. 모델링의 변형들은 녹화된(상징적) 모델링, 실물 모델링 그리고 참여자 모델링을 포함한다. '녹화된 모델링'에서는 불안한 아동이 모델이 나오는 비디오테이프를 시청하는 반면, '실물 모델링'에서는 모델이 불안한 아동과 함께 있다. '참여자 모델링'에서는 실제 모델이 불안한 아동과 상호작용을 하며, 두려운 자극에 대한 아동의 접근을 이끈다. 아동이 모델의 행위를 비슷하게 하도록 돕기 위해, 아동이 한 노력과 부분적 성공에 대한 정기적인 교정적 피드백과 강화가 필요하다(Ollendick & Francis, 1988).

로스, 로스와 에반스(Ross, Ross, & Evans, 1971)는 또래들과의 상호작용에 공포를 느끼는 6세의 소년을 치료하는 과정에서 모델링의 성공적인 사용을 보였다. 일반화된 모방, 참여자 모델링 그리고 사회적 강화가 주된 치료 과정들이었다. 치료 직후와 추후 조사에서, 아동은 또래들과 긍정적으로 상호작용을 할 수 있었으며 회피 행동을 거의 보이지 않았다. 녹화된 또는 실제 모델 단독을 사용하는 것보다 지원받은 참여(치료자의 접근 행동 모델링과 함께 이루어지는 아동의 참여)를 포함한 개입들에서 더 많은 회피 행동의 변화를 보였다(Lewis, 1974; Ritter, 1968). 전반적으로, 다양한 형태에서의 모델링은 불안해하고 공포를 느끼는 아동들(예를 들어, Melamed & Siegel, 1975; Murphy & Bootzin, 1973)에 대한 치료뿐만 아니라 스트레스 상황에 있는 아동들(예를 들어, 의료 시술 절차; Peterson, 1989)을 돕는 데서도 임상적 유용성을 지지받았다.

(7) 노출에 기초한 절차

'노출'은 내담자가 고통스러운 상황에 적응하도록 하기 위해 그리고 가상의 또는 현실적인 상황들 내에서 대처 기술을 연습하는 기회를 제공하기 위해 내담자를 상상이든 실제든 공포를 일으키는 경험에 처하게 한다(Francis & Beidel, 1995; Marks, 1975). 노출은 점진적인 방식 또는 홍수법으로 시행될 수 있다. '점진적인 노출'에서 치료자와 아동은 가장 적게 불안을 일으키는 상황부터 가장 많이 불안을 일으키는 상황의 위계로 두려운 상황들의 목록을 만들어 낸다. 그런 다음 아동은 각 상황에 순서대로 접근하고, 자신의 불안 수준이 허락하는 한 연속적으로 위계를 올라간다. 어떤 단계에서든 노출이 지나치게 혐오스러워서 그 경험이 실제로 공포를 강화시키게 되면 안 된다는 것이 중요하다. 점진적인 노출은 아동이 시간이 지나면서 숙달감을 경험하고 발달시키도록 돕는다. 아동이 위협 자극과 비위협 자극을 얼마나 변별할 수 있을지는 공포를 줄이는 노출자의 능력과 관련되어 있음을 주목하는 것이 중요하다. 치료자는 아동이 의도된 목표들을 이해하도록 노출들을 설계할 때 아동과 협력하는 것에 신경 써야 할 것이다.

'홍수법'에서 아동은 자기가 보고한 불안 수준이 감소할 때까지 두려운 자극에 대한 반복적이고 지속적인 노출에 참여하고, 불안을 일으키는 자극(상상이거나 실제의)이 있는 상태에 머물러 있는다. 일반적으로 홍수법은 '반응 방지'와 함께 사용되는데, 이때 아동은 노출 동안 회피 행동을 사용하지 못하게 금지된다. 홍수법과 반응 방지는 다른 노출 절차들보다 더 많은 고통을 초래할 수 있으므로(Francis & Beidel, 1995), 치료 이유에 대한 아동의 명확한 이해가 중요하다. 따라서 나이가 어린 아동에게 이를 적용할 때는 사려 깊게 고려해야만 한다.

아동기 불안 치료에서의 노출의 유용성에 대한 단일 사례 연구에서, 프랜시스와 올렌딕(Francis & Ollendick, 1990)은 일반화된 사회공포증이 있는 16세의 여아를 3개월의 노출 개입을 통하여 추적하였다. 청소년은 학교 거부와 대부분의 사회적 상황들에 대한 회피의 과거력을 가지고 있었으며, 심한 사회적 평가 공포를 보고하였다. 가장 적게 불안을 일으키는 것(누군가와 함께 쇼핑몰에 가는 것)부터 가장 많이 불안을 일으키는 것(혼자 학교에 가서 하루 종일 있는 것)까지의 상황들에 대한 공포 위계가 개발되었다. 위계의 항목들은 회기들 사이에 연습하는 과제로서 사용되었다. 과제들은 각각을 반복적으로 연습하는 점진적인 방식으로 수행되었다. 이 여아는 이전에 다니던 학교로 되돌아갈 수는 없었지만, 노출 개입을 통하여 대안학교 프로그램에 출석하게 되었고, GED(미국의 고졸 학력 검증시험)를 획득해서 지역전문대학에 입학할 수 있었다. 그녀는 일부 사회적 상황에서는 여전히 불안을 보고하였지만 더 이상 회피 행동을 보이지 않았다(불안 아동 · 청소년을 대상으로 한 노출 과제 사용에 대한 보다 폭넓은 논의는 Kendall et al., 2005를 보라).

3) CBT 프로그램의 예

이런 인지행동 방략들은 템플 대학교의 아동 · 청소년 불안장애 클리닉(CAADC)에서 사용되었던 것과 같은 통합된 인지행동 프로그램을 구성한다. 학습을 촉진시키기 위해서 CBT 프로그램은 FEAR이라는 약어를 사용하여 불안 관리의 주된 원리들을 제시하고 있다. ① 신체적으로 불안 증상들을 인지하는 것(즉, 공포를 느꼈는가?[Feeling Frightened?]), ② 불안 인지를 파악하는 것(즉, 안 좋은 일들이 일어날 것 같은가?([Expecting bad things to happen?]), ③ 대처 방략들의 레퍼토리를 개발하는 것(즉, 도움이 될 수 있는 태도들과 행동들[Attitudes and actions that can help]), ④ 유관성 관리(즉, 결과와 보상들[Results and rewards])가 불안 관리의 주된 원칙들이다. 앞에서 검토된 행동 방략들이 포함된다(즉, 모델링, 노출 과제들). 마지막으로, 치료 프로그램은 아동에게 회기 중 학습한 기술을 연습하기 위한 기회를 제공하는 주간 과제로 STIC(내가 할 수 있는 것을 보여라[Show That I Can]) 과제들을 사용한다. 허드슨과 캔달(Hudson & Kendall, 2002, 2005)이 언급했듯이, STIC 과제들은 치료 과정의 필수 구성 요소이며, 회기 중에 학습했던 기술에 대한 숙달감뿐 아니라 아동 · 청소년의 불안에 대한 숙달감의 발달을 촉진시킨다(각 아동에 대한 개별화된 과제의 예시는 Kendall & Barmish, 2007을 보라). CBT를 수행하는 데 있어 아동의 개별적 욕구와 발달 수준(사회적 · 정서적 · 인지적)에 대한 고려가 필수적이다(예를 들어, Barrett, 2000; Kendall & Choudhury, 2003; Piacentini & Bergman, 2001; Silverman & Ollendick, 1999). 이러한 점에서 치료자는 CBT 모형 내에서 매뉴얼을 융통성 있게 적용하도록 격려된다(Kendall, Chi, Gifford, Hayes, & Nauta, 1998). 실제로 우리는 일반적인 치료 방략을 고수함과 동시에 개별화된 치료를 위한 수정을 한다는 의미로 '정확성을 가진 융통성'(Kendall & Beidas, 2007; Kendall, Gosch, Furr, & Sood, 2008)이라는 서술적 용어를 제안하였다(특수 아동 · 청소년에 대한 수정의 예는 Beidas, Benjamin, Puelo, Edmunds, & Kendall, 2010; Suveg, Comer, Furr, & Kendall, 2006을 보라).

(1) FEAR 계획의 'F' 단계: Feeling Frightened? (공포를 느꼈는가?)

코핑 캣 프로그램(십대들의 경우 C.A.T. 프로젝트)에서 아동 · 청소년이 배우는 불안 관리의 첫 번째 단계는 불안한 감정을 인식하고 그것을 다른 정서들과 구별하는 것이다. 감정 교육을 통해 아동 · 청소년은 자신과 다른 사람 모두에 대한 서로 다른 감정과 연관되어 있는 얼굴 표정들, 자세들 그리고 생리적 신호들을 인식하는 것을 배운다. 처음에 개념들은 아동 자신의 경험에 초점을 두기보다는 오히려 다른 사람들을 예로 들거나 추상적으로 소개된다. 많은 활동 중의 어떤 것이라도 'F' 단계의 학습을 촉진시키는 데 이용될 수 있으며, 아동과 치료자가 잡지나 책에서 다양한 감정을 경험하고 있는 사람의 그림을 오려 내는 활동을 포함할 수 있다. 다른 활동에서 치료자와 아동은 다른 정서들을 경험하는 역할 연기를 할 수 있다(예를 들어, 감정을 몸짓으로 설명하고 알아맞히는 게임들). 마지막으로, 아동들은 불안한 상황에 있는 그들 자신을 상상한 다음 불안을 경험하는 자신에 대한 아주 큰 그림을 그림으로써 (심장이 뛰는 것, 얼굴이 붉어지는 것 등) 자기 감정의 특별한 생리적 표현들을 파악하는 것을 배운다.

다음의 예에서, 10세의 소녀는 감정 목록에서 하나의 정서를 연기한다. 치료자가 감정의 이름을 말하면, 소녀는 추측하여 그 행동을 말로 묘사한다. 치료자는 여러 개의 감정 단어 이름표 또한 이용하는데, 아동은 각각을 고려해 보고 그것을 수용해야 할지 거절해야 할지 판단하도록 요구된다. 이런 방식으로 아동은 각 감정의 독특하고 특징적인 느낌을 개발하여 자신만의 감정 단어에 적용할 수 있다. 상호 교환이 끝나갈 무렵, 소녀는 연기했던 감정들을 과거에 가졌던 경험과 연관 짓는다. 아동들은 대개 자신의 감정 단어들을 적용했을 때 그리고 감정이 현실과 관련된 것일 때 경험들을 더 잘 내재화한다.

치료자: (아동이 뛰어다니고, 안절부절못하며, 테이블을 친다.) 너는 드럼을 치고 있고, 갇혀서 움직이지 못하고 있고, 숨을 쉬고 있구나!
아동: 그건 감정이 아니잖아요!
치료자: 그래, 네가 맞아. 그건 감정이 아니지. 너는 거칠게 숨 쉬고 있고, 감정이 격해 있어.
아동: 그게 뭘 말하는 거죠?
치료자: 아마도 네가 집중하고 있다는 것일 거야. 너는 긴장해서 숨을 죽이고 있어. 너는 열심히 일을 하고 있구나. 음, 스트레스를 받은 거니?
아동: 그게 뭐죠?
치료자: 심한 압박에 시달리는 거랑 비슷한 건데…….
아동: 비슷해요. 하지만 그것은 목록상에 있어요. 몇 가지가 모여 있고요.
치료자: 너는 약간 두려워하는 것처럼 보여. 너의 눈이 아주 커졌어. 초조함인가?
아동: 초조하고, 두렵고, 걱정스러운 거예요. 나는 마치 무대에 있는 것 같고 초조해요.
치료자: 오, 그래서 넌 심호흡을 하고 있구나.
아동: 예, 제 입술이 떨리는 것이 보이나요?
치료자: 그래.
아동: 마치 연극에 나가기 전 같아요.

일단 아동들이 불안의 생리적 증상을 파악하기 시작

하면, 그들은 이완을 시작하기 위한 단서로 이런 생리적 반응들을 사용할 수 있다. 일반적으로, 아동·청소년은 그들이 불안해지기 시작한다는 것을 인식하자마자 심호흡을 몇 차례 하는 것을 배운다. 그다음으로 그들은 수정된 점진적 근육 이완 절차를 배우는데, 처음에는 불안으로 가장 영향을 많이 받는 3개 내지 4개의 근육에 초점을 둔다. 그 후에 치료자는 이완 단계의 사용이 언제 유용한지를 아동과 함께 논의하고 모델링할 수 있다. 나이가 어린 아동들의 경우, 이야기 같은 시나리오에 훈련을 담은 대본(예를 들어, Koeppen, 1974)으로 참여를 촉진한다. 나이가 더 많은 아동·청소년에게는 올렌딕과 서니(1981)의 대본이 사용된다. 아동은 이완 절차를 행하는 치료자의 오디오테이프를 받을 수 있는데, 그것으로 집에서 연습을 할 수 있다. 이 외에도 아동은 부모들에게 그 절차를 보여 줄 수 있는데, 부모들은 아동과 함께 연습하고 싶어 할 수도 있고 아동이 집에서 연습을 할 장소와 시간을 찾는 것을 도와줄 수도 있을 것이다. 치료자는 아동에게 이완은 학습되는 것이기 때문에 연습이 아주 중요하다는 것을 상기시킨다.

(2) FEAR 계획의 'E' 단계: Expecting bad things to happen?(안 좋은 일들이 일어날 것 같은가?)

불안의 생리적 증상들을 인식한 후, 아동·청소년은 불안을 경험하게 하는 생각들을 파악하는 것을 배운다. 아동들이 불안할 때 자신에게 하는 말인 '혼잣말'은 이 훈련 프로그램에서 소개되는 중요한 개념이다. 혼잣말은 자신, 타인, 상황들에 대한 아동의 기대 및 귀인들을 포함한다. 불안한 아동의 경우, 이러한 기대들은 부정적 자기 평가, 수행에 대한 완벽주의적 기준들, 높은 자기 초점적 주의, 다른 사람이 어떻게 생각할지에 대한 염려, 그리고 실패나 대처하지 못할 것에 대한 염려들을 포함한다. 예를 들면, 성경공부에서 나올 퀴즈에 대해 이야기할 때 사회공포증 진단을 받은 12세 소년은 다음과 같은 다섯 가지 공포를 보고하였다. '나는 통과하지 못할 거야.', '나는 시험을 아주 못 봐서 학교에서 쫓겨나게 될 거야.', '우리 가족 모두는 내가 바보라고 생각할 거야.', '나는 정말 창피할 거야.', '나는 견진성사에도 참석 못할 거야.' 이 아동의 공포들에 담겨 있는 것은 자기 역량에 대한 의심, 실패할 것이라는 예상, 그리고 사회적 굴욕감에 대한 공포다.

혼잣말을 명료화하는 것이 특히 나이가 어리거나 인지적으로 지체된 아동·청소년을 돕기에는 다소 어려울 수 있지만, 다양한 방략이 이 목표를 촉진시키는 데 사용된다. 예를 들면, 치료자는 머리 부분 위에 빈 생각풍선이 있는 만화들을 사용할 수 있는데, 그 만화는 등장인물의 사고들이 꽤 명료하게 드러나고 위협적이지 않으며 간단하게 그린 것이다. 아동이 과제에 익숙해져 감에 따라, 좀 더 애매모호하거나 불안을 일으키는 상황들이 사용될 수 있다. 일단 아동·청소년이 불안한 사고들을 파악할 수 있으면, 치료자는 등장인물들에 대한 불안을 감소시키는 (대처) 사고들을 만드는 것을 돕는다. 예를 들면, 치료자는 "그것이 실제로 일어날 가능성은 얼마나 되니?", "전에 몇 번이나 그 일이 일어났니?", "그것을 바라보는 다른 방법들이 있니?", "너는 그것이 네가 예상한 만큼 나쁠 것이라는 것을 어떻게 아니?" 같은 질문들로 아동을 도울 수 있을 것이다. 치료자는 불안과 고통을 초래하는 추측들과 신념들 모두에 도전할 수 있는 경험적 가설 검증 과정을 통하여 아동을 지도한다. 치료 과정 동안의 목표는 아동·청소년이 대처에 기반을 둔 대안적 정보처리 틀을 개발하는 데 있다.

다음의 예에서, 아동은 과학 박람회 이전에 그가 경험했던 불안한 사고들과 그가 걱정하고 있는 것을 알아차린 교장 선생님에게서 받은 조언을 자세히 이야기한다.

> 치료자: 네가 정말로 불안했던 상황을 생각할 수 있니? 네가 전에 말했던 과학 프로젝트를 예로 들어 보자. 어떤 생각들을 했지?
>
> 아동: 오, 안 돼. 내가 'F학점'을 받게 될까? 힘 있는 아이들은 어쩌지? 그들이 나를 비웃지 않을까? 나는 이것을 하지 않을 거야. 글쎄, 나는 해야만 해.

그렇지 않으면 'F학점'을 받을 거야……. 교장 선생님은 그 애들에 대해서는 걱정하지 말라고 말했어요. 그리고 난 그들의 프로젝트를 보았고 그것들은 그렇게 잘한 것이 아니었어요. 그래서 나는…… 모르겠어요.

치료자: 교장 선생님의 조언에 대해 너는 어떻게 생각하니?

아동: 모르겠어요. 괜찮았다는 생각이 들어요. 아마도…….

아동은 그의 불안한 혼잣말을 보여 주는 것에 편안해 보이며, 대처 사고들을 만들어 내는 약간의 능력을 보여 주고 있다. 치료 초기에는 그런 대처 사고들을 해도 즉각적인 불안 감소가 따르지 않을 수도 있다. 치료 과정 전반에 걸쳐, 심지어 아동이 완전하게 대처 신념 구조를 내재화하지 못할 때라도, 불안한 아동 · 청소년은 대처 자기 진술을 만드는 것에 능숙해질 수 있다. 이전 사건에서 아동은 다른 아동들이 걱정을 불러일으키지 않는다는 것을 시인하고, 권위자가 그가 최선을 다하도록 지지해 주는 것을 인정하고 있다. 그러나 그의 마지막 대답에서 명백하게 나타나듯이, 아동은 교장의 조언을 받아들이는 데 어려움을 지니고 있다. 이는 불안한 아동 · 청소년에게 드물지 않은 현상이다. 치료자가 아동이 대처틀을 형성하는 것을 도와줄 수 있을지라도, 아동이 그 자신의 고통스러운 상황들을 다룰 수 있는 능력을 가지고 있다는 메시지를 뒷받침하기 위해서는 과제(STIC 과제들), 역할 연기 그리고 노출 과제들이 필요하다. 여기에 언급된 사례에서, 치료자는 집에 있는 다른 사람들이 그의 과학 프로젝트에 대해서 어떻게 생각하는지 또는 만일 그가 경연대회에서 입상하지 못했을 때 그를 어떻게 평가할 것인지를 알아보기 위해 아동에게 집에 있는 다른 사람들과 면담을 하도록 요구할 수 있다. 만일 그의 주된 공포가 못살게 구는 아이들 때문에 왕따를 당하는 것이라면, 그는 친구들을 모아서 그들 중의 얼마나 많은 수가 놀림을 당해 왔는지 또는 그들은 어떻게 그들의 공포에 대처했는지를 물을 수 있다. 연습과 조사를 통해 자신감을 얻는 것은 불안한 아동에게 대처틀이 미래의 도전적인 문제들에 유용할 것이라는 더 큰 믿음을 개발하도록 도와준다.

(3) FEAR 계획의 'A' 단계: Attitudes and Actions That Can Help(도움이 될 수 있는 태도들과 행동들)

아동들이 그들의 불안에 대한 생리적 그리고 인지적 증상들을 파악하는 것을 배울 때, 그들은 그들의 불안을 즉시 감소시키는 것을 도울 수 있는, 실행하기 쉬운 방략들을 학습한다(예를 들어, 'F' 단계를 학습할 때, 아동 · 청소년은 몇 차례의 심호흡을 하는 것을 학습한다). 그러나 'A' 단계에서 아동 · 청소년은 불안 상황을 다루기 위한 좀 더 광범위한 계획을 개발한다. 이 단계에서는 문제해결이 강조되고 있으며, 치료자는 아동이 어려운 상황에 대처하기 위한 다양한 대안적 해결책을 만들어 내기 시작하도록, 그리고 가장 적절한 해결책을 선택하도록 도와준다. 아동 · 청소년이 압도당하지 않게 하기 위해서, 문제해결 개념을 소개할 때 위협적이지 않은 상황에 대한 논의를 사용할 수 있다. 예를 들면, "너는 집에서 신발을 잃어버렸어. 그것들을 찾기 위해 네가 할 수 있는 일은 무엇일까?" 치료자는 상황들의 다른 예들을 제공하며 아동이 대안들을 만들어 내도록, 실현 가능성들을 평가하도록, 그리고 가장 선호하는 해결을 선택하도록 도와준다. 일단 아동이 위협적이지 않은 상황에 대한 문제해결에 편안함을 보인다면, 불안한 상황들이 도입될 것이다.

다른 단계들에서처럼, 치료자는 처음에 자신이 경험했던 불안한 상황을 역할 연기한다. 그런 다음 아동에게 특정한 상황들을 만들어 줄 수 있다. 해결책들은 지지와 조언을 해 줄 친구 및 가족 구성원 목록을 만드는 것, 어떻게 다른 사람들이 상황들에 대처하는지를 지켜보거나 생각하는 것, 또는 학업, 수행, 사회적 상황들에서 다양한 기술을 연습하고 시연하는 것들을 포함할 수 있다. 예를 들면, (학교 견학에서) 동물원에 있는 뱀 집을 보러 가는 것을 두려워하는 아동이 그 상황을 다루기 위해 다음의 가능성들을 생각해 냈다. '심호흡을 하자.' '모든 것이 괜찮다고 말해 보자.' '음악을 들으며 음악에 대해 생각하자.' '내가 무서워하지 않고 나를 놀리지 않을 친구와 함께 있자.' 아동은 가능한 한 많은 가능성을 만들어 내고 평가한다. 그리고 가장 좋다고 느끼는 것을 결정한다.

문제해결을 연습할 때, 나이 어린 아동들은 어려운 상황들에 대처할 수 있다고 믿거나 찬미하는 영웅이나 만화(텔레비전, 영화) 등장인물을 선택하기를 원할 수 있다. 치료자는 아동에게 불안을 일으키는 상황들을 등장인물이 어떻게 다룰 것인지에 대해 생각하도록 격려한다. 문제해결 방략으로 아동은 그 등장인물이 되는 척할 수도 있고, 지지받기 위해 그 등장인물을 무서운 상황에 데리고 갈 수도 있다. 한 10세 소년은 자기보다 나이가 더 많은 아동이 자신을 자전거에서 밀어뜨리자 그와 대치한 적이 있는데, 그 후로 학교에서 집으로 걸어오는 것을 두려워하게 되었다. 이에 그 소년은 그의 대처 방략들 중의 하나로 이 방법을 사용하였다. 다음번에 불안해질 때 심호흡하고 '아무 일도 나에게 일어나지 않을 거야.' 또는 '나는 이것을 처리할 수 있어.'라고 생각할 수 있고, 가게에 들어가거나 다른 사람의 현관에 갈 수도 있다고 계획하였다. 그는 길을 걸을 때 'X맨'(슈퍼히어로 인형)을 가지고 간다면 좀 더 자신감을 느꼈을 수 있다. 그는 X맨을 필요로 할 때 X맨이 바로 그의 뒤에 있을 것이라고 상상했을 수 있다.

(4) FEAR 계획의 'R' 단계: Results and rewards (결과들과 보상들)

불안한 아동들은 종종 자신들을 정확하게 평가하는 데 어려움을 가지고 있으며 대개 성공에 대한 극도로 높은 기준들을 설정한다. 그러므로 아동·청소년이 그들의 불안을 관리하기 위해 학습해야 할 마지막 기술은 대처에 대한 그들의 노력을 정확하게 평가하고 자신에게 그에 상응한 보상을 하는 것이다. 중요한 것은, 아동·청소년이 상황의 결과가 아닌 그들의 노력에 기초하여 자신을 평가하는 것을 학습해야 한다는 것이다. 아동·청소년은 그들이 상황을 다룬 방식에서 좋았던 것들은 무엇인지 그리고 다르게 해 보고 싶은 것들은 무엇인지를 파악하는 것을 학습한다. 스스로를 격려하기 위하여 즐거운 활동들(예를 들어, 자전거 타기 또는 독서)에 보다 많은 시간을 보내는 것, 자신에게 "잘했어."라고 말하는 것, 가족이나 친구들과 여가 시간을 함께 하는 것과 같은 가능한 자기 보상들의 목록을 만들어 내도록 아동·청소년을 격려한다. 치료자는 아동·청소년에게 그들의 노력에 대해 말로 충분히 보상하도록 격려한다.

다음의 예에서, 치료자는 앞서 언급한 성경공부 퀴즈를 준비하는 12세 소년이 다가오는 시험에 대처하는 계획을 개발하도록 도와준다. 처음에 아동은 불안한 사고들의 목록 만들기와 그의 공포에 도전할 대처 사고들을 만들어 내는 데에 재능을 보인다. 불안을 야기하는 그리고 불안을 감소시키는 사고들을 파악하는 것 외에도, 아동과 치료자는 협력적으로 아동이 퀴즈를 준비할 때 할 수 있는 행동 목록의 초안을 작성해야 한다. 그러나 불안한 아동의 전형인 이 소년은 그의 대처 수행을 평가할 때 결과로부터 노력을 분리하는 데 어려움을 가지고 있으며, 시험 성적을 너무 많이 중요시하고 있다. 치료자는 대처 시에 자신의 노력과 수행 및 성적표 간의 차이를 구별하게 함으로써 아동을 도우려고 노력한다.

치료자: 네가 이런 모든 행동, 즉 읽고, 쓰고, 크게 소리 내어 말하면서 공부를 한다고 해 보자.

아동: ……쓰고, 소리 내어 크게 말하고, 네.

치료자: 그리고 부모님께 네게 퀴즈를 내 보라고 부탁한다고 해 보자.

아동: 그렇게 해 주실 거예요.

치료자: 너는 예비 퀴즈도 보았고 네가 알아야 할 모든 것을 점검했어. 1에서 10까지 너 자신에게 어떻게 점수를 매길 수 있겠니?

아동: 제가 통과한 경우에요?

치료자: 아니, 지금 그것은 중요하지 않아. 네가 통과하든 실패하든 상관없이. 네가 이것들을 얼마나 잘 수행했는지에 대해 스스로 평가해 보는 거란다.

아동: 음…… 만일 내가 정말, 정말 잘한다면, 나는 자신에게 대략…… 7을 줄래요.

치료자: (놀라면서) 7? 만일 네가 이것들을 정말로 열심히 노력한다면, 너는 너 자신에게 10에서 7을 준다는 거니?

아동: 음, 만일 제가 정말, 정말 잘하고 시험에 통과한다면, 그런 다음 자신에게 10을 주고 싶어요. 하지만 보세요. 나는 겨우 ……할 뿐이에요.

치료자: 그런데 봐봐. 너는 이 점수를 결과가 아니라 네가 얼마나 열심히 준비하는가, 대처하려 하는가에 주는 거야.

아동: 맞아요, 그래도 7점이요.

치료자: (화가 난 목소리로 시작하며) 그러나 만일 네가 정말로 노력을 한다면, 정말로 열심히, 그땐 네가 어떻게 하든 상관없이 10을 받을 자격이 되지 않을까?

아동: 오, 아마도요. 나 자신에게 줄 수 있을 거예요.

치료자: 그러면 만일 네가 그런 모든 것을 한다면 우리는 네게 10을 주기로 하자.

아동: 만일 내가 하지 않으면 나는 0을 얻겠죠.

치료자: 만일 네가 아무것도 하지 않는다면, 그땐…… 그땐 내가 너에게 0을 주지.

마지막 진술에서 만일 치료자가 아동에게 동의하지 않고 심지어 그가 아무런 것도 행동에 옮기지 않을지라도 3을 받을 자격이 된다고 제안하는 것도 적절했을 것이다. 의심할 여지없이, 소년은 이 제안에 놀랐을 것이다. 그러나 치료자는 대처의 처음 3단계들(예를 들어, 불안한 혼잣말 목록을 만드는 것, 대처 혼잣말을 만드는 것, 도움이 되는 행동들을 만들어 내는 것)을 통하여 진행된 것이 그 노력의 일부라는 것을 그에게 상기시킬 수 있다. 행동 계획을 수행하는 것이 궁극적인 목표일지라도, 아동은 대처 과정을 시작한 것에 대한 보상을 받아야 하고, 기술의 숙달에는 시간이 걸림을 상기해야 한다.

(5) FEAR 계획의 검토와 노출 과제들의 수행

아동・청소년이 회기 내에 있지 않을 때 그들의 불안을 다루기 위한 단계들을 기억하도록 돕기 위하여, 신호, 지갑 크기의 카드, 또는 장식된 벽 포스터—개인판 FEAR 계획을 각각 보여 주는—를 만들도록 격려된다. 노출 과제들의 시작을 위한 통합된 FEAR 계획의 최종 검토도 아동・청소년에게 도움이 될 수 있다. 프로그램의 후반은 불안을 자극하는 상황에서 상상 또는 실제 노출을 통하여 아이들이 새롭게 획득한 기술을 연습할 기회들을 제공한다. 스트레스 상황에 대한 상상 노출은 아동이 이런 상황에서 사용할 수 있는 다양한 대처 방략을 생각하는 것을 시작하도록 돕는 데 사용된다. 그러나 극도로 불안한 아동을 제외하고는 상상 노출이 항상 눈에 보이는 많은 불안을 만들어 내는 것은 아니다. 그러므로 그것은 대개 실제 노출 이전의 중간 단계로 사용된다. 실제 노출들을 계획할 때, 덜 불안한 상황들이 처음에 준비되며, 그다음에 고불안 유발 상황들로 단계적으로 진행된다.

치료자는 마주칠 법한 상황, 문제가 될 것 같은 상황들의 양상에 대한 의견들을 제시하고 대처 행동을 시범 보인다. 그다음 치료자는 아동이 그 상황에 접근할 때 사용하는 단계들을 통해 생각하는 것을 돕는다. 그러고 나서 치료자와 아동은 아동이 더 침착해지고 상황을 시도할 준비가 될 때까지 실제 노출에서 대처 방략 단계들을 사용할 때 발생할 수 있는 일들에 대해 시연한다. 그러한 노출 후에, 아동이 자신이 했던 수행을 평가하는 것과 보상을 생각하도록 돕는다. 가능하다면, 치료자는 노출 과제를 설계하는 데 있어 아동의 도움을 이끌어 내야 한다. 치료자와 아동 간의 협력적인 노력으로부터 나온 실제 노출은 대개 아동에게 가장 기억에 남으며 의미가 있다.

수학 시험 보기, 발표하기, 소수의 청중이나 비디오 카메라 앞에서 시를 낭송하기, 또는 사무실 직원에게 자신을 소개하기와 같은 다양한 실제 노출 상황들은 치료실 안에서 설정될 수 있다. 다른 실제 노출들은 예를 들어, 묘지, 동물원 또는 쇼핑몰처럼 아동을 치료실 밖으로 데리고 나오는 것을 수반한다. 자연스럽게 발생하는 다양한 학업적 · 사회적 상황들은 학교 안에서 교사들과 지도교사의 도움을 받아 이루어진다. 첫 번째 실제 노출에서의 성공으로, 아동은 대개 새로운 역량감을 경험하며 불안을 자극하는 다른 상황들에 좀 더 기꺼이 참여한다. 아동이 불안을 느낄 때 사용할 수 있는 새로운 기술들이 있기 때문에 대부분의 치료에서는 위험을 감수해 볼 것을 격려한다. 그 과정에서 치료자는 공포는 정상이며 관리할 수 있는 경험이라는 것을 강조하면서, 불안을 정상화하는 것에 유념해야 한다.

다음의 예는 실제 노출을 준비할 때 치료자와 아동 사이의 대표적인 대화를 보여 주고 있다(Kendall, 1991에서 처음에 언급하였다). 아동은 길을 잃는 공포 때문에 새로운 장소들을 방문하기를 꺼린다. 쇼핑몰에 데리고 갔을 때, 그는 다음과 같은 계획을 생각해 냈다.

치료자: 그래, 지금 긴장되니?

아동: 모르겠어요. 별로요.

치료자: 긴장하기 시작한다는 것을 네가 어떻게 알 수 있을까?

아동: 심장이 빨리 뛰기 시작할 거예요.

치료자: (이 아동의 일반적인 신체 호소를 기억해 내며) 너의 호흡은 어떠니?

아동: 아마도 호흡이 빨라지기 시작할 거예요.

치료자: 그리고 어떤 생각을 하게 될까?

아동: 아마 난 길을 잃을 거야, 아니면 내가 어디 있는지 모르겠다.

치료자: 만일 네가 긴장하기 시작하면, 할 수 있는 것들은 무엇이 있니?

아동: 나는 심호흡을 할 수 있을 것이고 모든 것이 괜찮아질 것이라고 말할 거예요.

치료자: 좋아. 하지만 만약에 어디인지를 모르겠고 길을 잃었다면 어쩌지?

아동: 누군가에게 물어볼 수 있어요.

치료자: 그래, 너는 누군가에게 물어볼 수 있을 거야. 경비들이나 경찰들 중의 누군가에게 물어보는 것은 좋은 생각일 것 같니? 지금 기분은 어떠니? 시도할 준비가 되어 있다고 생각하니?

치료자와 아동은 쇼핑몰 안에서 거리와 친숙도의 정도에 있어 다양한 장소를 다녀와 보기로 동의한다. 돌아다니는 동안, 아동은 경비에게 방향을 물어보았는데, 이를 통해 이후에 비슷한 일을 하는 것을 편안하게 느끼게 될 것이다.

지지적인 환경 내에서 행해지기는 하나, 노출 과제는 설계 방법에 따라 어렵고 불안을 유발하도록 의도될 수 있다. 실제로 불안을 불러일으키는 노출 과제가 포함된 과정을 통하여 누군가는 불안을 감소시켰다. 치료의 한 부분으로서 불안을 불러일으키는 것이 치료적 관계에 있어 원치 않는 효과를 낳게 될까? 치료적 동맹에 대한 다양한 견해를 비교하고, 매주 동맹에 대한 평정을 하는 것이 노출 과제를 통하여 어떤 영향을 받을지에 대한 한 연구에서 이와 같은 질문을 다루었다. 켄달, 코머 등(Kendall, Comer, et al., 2009)은 16주로 이루어진 두 가지 형태의 가족치료(한 가지는 노출 과제가 포함되어 있고, 다른 한 가지는 노출 과제가 포함되어 있지 않음) 각각에서 아동, 치료자, 어머니, 아버지의 치료적 동맹에 대한 개별적 견해에 대한 정보를 수집했다. 연구 결과, 4명의 관점 모두에서 대략 4~5주를 지남에 따라 매주 관계가 향상되었고, 노출 과제를 시행하는 시기에는 점근선에 도달하여 유의미한 효과가 나타나지 않았다(동맹에 있어 변화가 없음). 동맹에 대한 여러 번의 평점을 이어 그린 선의 기울기는 비슷하였다. 확실히 노출 과제의 사용에 의해 동맹이 불리한 영향은 받지 않았다.

치료자는 아동의 참여를 증가시키기 위해 과제들과 숙제들을 설계할 때 아동을 위한 재미있는 구성 요소들을 포함할 수 있다(Podell, Martin, & Kendall, 2009). 확실히 긍정적 정서를 유도하는 것은 불안한 아동의 위협 편향에 유리한 영향을 미쳤다(예를 들어, Hughes & Kendall, 2008). 일반적으로 아동을 위협하는 상황들을 독창적으로 변형함으로써 좀 더 다룰 만하게 보이도록 할 수 있다. 예를 들면, 발표를 두려워하는 아동에게 아카데미상을 받은 후 연설하는 척하게 할 수 있고, 사회공포증이 있는 아동에게는 치료자와 오락실에 가서 비디오게임을 하기 위해 동전을 바꿔 오게 할 수 있다. 아동은 다른 사람들과의 상호작용의 난관을 극복하고, 상황 자체는 자연스러운 강화를 제공한다. 특별히 가치 있는 노출 과제는 아동이 평소에 다소 금지된 활동을 하게끔 허락하는 것이다. 아동이 다른 사람의 의견에 대해 걱정을 하는 경우라면, 그가 좋아하는 곡을 노래하면서 도서관을 뽐내며 걸어가라는 것은 위협이 되는 제안이다. 그러나 어떤 아동이 어른의 허락하에 도서관에서 소란을 떨 수 있는 흔치 않은 기회를 거절하겠는가? 치료자는 매력적이고 창의적인 노출 과제가 기억에 남고 효과적이라는 원칙을 고수한다(Kendall, Chu, et al., 1998).

치료의 노출 과제 전반에 걸쳐, 치료자는 실제 노출의 시기 및 계획에 있어서 융통성을 가진다. 전통적으로 치료자는 위계적 방식, 즉 아동을 위해 가장 쉬운 것에서부터 가장 어려운 것으로 진행하는 방식의 노출을 계획한다. 가끔 치료 밖에서 일어나는 사건들은 치료자로 하여금 찾아온 기회들을 충분히 활용하기 위해 계획들을 조정하도록 요구한다. 이런 유형의 기회는 대개 노출 단계 후반부에서 다루어지거나 연출될 스트레스 상황을 아동이 경험할 때 온다. 켄달, 추와 동료들(Kendall, Chu, et al., 1998)이 좀 더 자세하게 언급하였듯이, 다음의 사례는 아동에게 걱정거리가 생겼을 때 치료자가 어떤 식으로 계획들을 아동의 걱정거리에 적절하게 적용할 수 있는지를 보여 준다. 다음에서 임상가는 11세 여아 내담자의 분리 문제들을 다룰 것을 계획하였다. 내담자는 아버지와의 말다툼 후에 아버지가 그녀를 떠날지도 모른다는 것을 두려워하고 있었다. 임상가는 이 문제를 지각하고 있었으나 공포의 심각성 때문에 치료 후반부의 노출 과제에서 아동과 아버지 사이의 논쟁을 연출할 계획을 세웠다. 아동이 방금 있었던 아버지와의 말다툼 때문에 눈에 보이게 심란해하고 겁을 먹었던 열두 번째 회기에 이르렀을 때, 임상가의 계획은 난관에 부딪혔다. 치료자는 선택에 직면해 있었다. 그들이 관계된 노출을 체계적으로 준비할 수 있을 때까지 이완 훈련들을 시작하고 그녀의 걱정을 담아 두라고 말을 해야 하는가, 아니면 그의 계획들을 재정비하고 현재 아동이 가진 대처 기술 수준에 맞춰 지금 나타난 위기를 다룰 과제를 고안해야 하는가? 다행히도 치료자는 후자의 접근을 선택하였다.

치료자: 그래, 벨린다, 네 아버지가 너에게 인색하게 군다고 생각하는 많은 것을 나에게 말했어. 너의 생각풍선에 있는 '미칠 정도로 화가 남'을 제외한 다른 생각이 있니? 아버지가 너에 대해 어떻게 생각할지에 대해 걱정한 적이 있니?

아동: 음, 아마도요. 가끔 저는 아버지가 내게 더 많이 화를 낼 것이라고, 그래서 나를 좋아하지 않을 것이라고 걱정해요. 예를 들어, 제가 집에 와서 오늘 있었던 몇몇 안 좋았던 일들에 대해 얘기를 하면 아버지는 내가 불평을 너무 많이 한다고 말할 거예요. 아버지는 내가 말하는 것은 다 불평뿐이라고 말해요. 아버지는 내게 일어나는 어떤 것들에도 관심이 없어요.

치료자: 아버지가 정말 너에게 관심이 없다고 생각하니?

아동: 글쎄요, 아버지는 내가 불평을 너무 많이 해서 나랑 시간을 보내고 싶지 않다고 말을 해요. 그러고 나서 아버지는 "벨린다, 만약 내가 너와 더 이상 시간을 함께 보내지 않으면, 그때 너는 내가 너와 시간을 보내는 것에 대해 감사하는 것을 배우게 될 거야."라고 말해요.

이 시나리오에서 아동은 자신의 감정을 보여 주는 것이 그녀의 아버지를 떠나게 할 것이라고 걱정하고 있다. 그녀의 아버지는 사전 만남에서 그가 종종 딸이 부정적 사건들에 역점을 두는 것에 스트레스를 받았으며, 그는 그들이 서로 즐거운 활동들에 참여하는 데 시간을 더 많이 보낼 수 있기를 바랐다고 이야기했다. 아버지는 딸의 불만에 화가 났을 때, 딸과 거리를 두려고 하였다. 이 행동은 딸에게서 공포를 이끌어 내었고 더 매달리게 하는 행동을 초래하였다. 일련의 역할 연기를 통해, 치료자는 벨린다가 아버지의 시각을 이해하도록 도와주는 동시에 그녀의 감정을 분명하게 표현할 수 있도록 도와준다. 치료자와 아동은 역할을 번갈아 가며 한다. 처음에는 벨린다가 쌀쌀맞은 태도를 보이는 아버지의 역할을 연기하고 치료자는 벨린다가 그녀의 다친 감정들을 표현하는 적절한 방법들을 시범 보인다. 그다음에 벨린다가 그녀 자신을 연기하기 위해 치료자와 아동은 역할을 바꾼다. 그리고 치료자는 짜증을 잘 내지만 비난받을 정도는 아닌 현실적인 아버지의 연기를 한다. 이런 시연을 많이 한 후에, 벨린다와 치료자는 그날 일어났던 부정적이고 긍정적인 사건들 모두의 토론을 포함하여, 벨린다가 아버지와 자유롭게 의사소통하도록 하는 현실적인 계획을 고안해 낸다. 회기가 끝날 무렵에 벨린다는 그녀의 아버지를 치료실로 초대하고 그녀의 계획을 아버지에게 제안하며, 아버지와 성공적인 상호작용을 할 시간 계획을 세운다.

(6) '할리우드' 진출

여기에 언급한 프로그램은 프로그램에 대한 아동의 경험을 '광고'로 창조하고 제작함으로써 아동과의 치료를 종결하는 것이다. 다시 말해서, 내담자는 다른 아동들에게 불안을 다루는 방법들에 대해 알릴 수 있는 비디오, 소책자, 카세트테이프, 또는 다른 독창적인 표현들을 조합하여 도움을 주도록 요청받는다. 아동·청소년은 광고의 개발과 제작 과정에 전적으로 독창적인 통제력을 갖도록, 그리고 광고 '감독'으로서 행동하도록 격려된다. 과거에는 광고방송들이 유머스러우면서도 인상 깊게 정보를 주는 '랩' 테이프들과 비디오카세트들을 포함하고 있었다. 목표는 대상자들이 프로그램을 지지하도록 단계를 설정하는 것이다. 예를 들어, 테이프를 만드는 것은 치료자가 그들의 지지에 관심이 있다는 분명한 증거를 보여 주고, 그들의 성공에 대한 설명을 제공하고, 프로그램 종료 후의 확실한 보상을 제공하며, 치료에서 얻게 된 이익을 유지시키도록 뒷받침하는 것을 도울 것이라고 가정한다.

4) 가족들과의 작업

치료자들은 아동이 불균형적인 불안을 극복하도록 돕는 부모 개입의 중요성을 인식한다. 비록 아동이 생각이나 행동을 다르게 하도록 돕는 데 초점을 두는 것이 프로그램의 인지행동적 특징일지라도, 지지적인 역할로서 부모를 참여시키는 것 또한 격려해야 한다(부모 개입에 대한 개관은 Barmish & Kendall, 2005을 보라). 여기서 기술된 아동 중심 치료 프로그램은 '가족' 치료에 초점을 두지는 않지만, 부모들은 아동 중심 프로토콜의 처음 시작부터 활발하게 관여한다. 일단 치료가 시작되면, 치료자는 세 번째 회기 후에 부모들을 만나서 치료 계획에 대해 부모와 협력하고 그들에게 협조를 요청한다. 이 만남에서 프로그램의 개요나 프로그램 내에서 아동의 진행 상태와 같은 세부 사항들을 통하여 치료에 대한 추가적인 정보를 제공한다. 부모들은 아동에 대한 그들의 걱정에 대해 이야기할 수 있는 기회가 있으며, 치료자에게 도움이 될 수 있는 더 많은 정보를 제공하기도 한다. 치료자와 부모는 어떤 특정한 상황들이 아동의 불안을 유발하는지, 그리고 아동들이 어떻게 일반적으로 반응하는지에 대한 생각을 공유한다. 마지막으로, 부모들에게 아동의 치료에 대한 특성을 파악할 수 있도록 〈코핑 캣: 부모 동반자(The Coping Cat: Parent Companion)〉(Kendall et al., 2010)의 복사본을 제공하며, 치료에 참여할 수 있는 구체적인 방식에 대하여 제시한다. 예를 들면, 부모들은 아동이 이완 기술을 연습하는 것을 돕기 위해 아동의 다음 회기 중 일부에 들어와서 앉아 있도록 초대된다. 또한 만약 그들이 도움이 될 수 있는 추가적 정보들을 생각해 내거나 질문이 있다면 치료자에게 전화하도록 한다. 아동의 나이와 부모 지지의 질에 따라, 다가오는 주에 아동에게 할당된 다른 구체적인 과제들에 대해 치료자가 부모에게 도움을 요청할 수 있다. 부모가 아동의 치료에서 중요한 역할을 하기 때문에, 치료자들은 불안한 아동의 가족들이 경험하고 있을지도 모르는 특별한 문제들을 인식하고 있어야 한다. 이런 문제들은 불안장애 및 다른 정신병리의 높은 비율뿐 아니라 과잉보호, 아동이 경험하는 문제에 대한 죄책감과 같은 양육에 있어서의 특별한 문제들까지 포함하여 다양하게 분포할 수 있다(Chropita & Barlow, 1998을 보라).

이 장의 초기 부분에서 검토되었던 연구에서 불안한 아동 가족들의 병리 비율이 높다고 제시했을지라도, 이 연구들은 임상 장면에서 부모들과 작업할 때 무엇을 기대하는지에 대한 통찰을 거의 제공하지 못한다. 이 분야에서 이루어진 연구가 부족하기 때문에, 다음의 많은 의견들은 CAADC 임상 작업과 관찰에서 나온 것이다. CAADC에서의 경험에 따르면, 과도하게 불안한 아동·청소년에 대한 부모 관여의 범위는 부모가 아동의 문제에 대해 인식하고 있지도 않은 과소관여부터 극심한 과잉보호까지 다양하다. 과소관여는 치료 약속을 지키는 것이나 아동이 치료 관련 자료들을 조직화하여 정리하도록 도와주는 것에 있어서 문제를 유발할 수 있다. 부모에게 이런 과소관여가 치료에 미치는 부정적 영향에 대해 알려 주는 것이 도움이 된다. 과잉보호는 아동이 자신감을 쌓도록 설계된 중요한 과제를 수행하는 데 방해가 될 수 있다. 예를 들면, 어린아이였을 때 암으로 고통을 받았던 12세 소녀의 한 어머니는 치료자가 그녀와 그녀의 딸에게 건물을 나가서 가까운 서점에 가라고 말했을 때 염려를 표현하였다. 그 어머니는 앞서가고 싶어 하였다. 치료자는 걱정하는 부모와 힘겨루기를 하기보다, 어머니와 소녀가 함께 문 밖으로 걸어 나가라고 간단하게 말하였다. 그런 과잉보호 부모를 다룰 때, 치료자는 아동이 좀 더 독립적이 되도록 돕는 것과 부모의 불안이 증가하여 치료에 소원해지지 않도록 하는 것 사이에 세심한 균형을 맞출 필요가 있다. 하나의 전술은 부모가 먼저 아동들이 수행하게 될 실제 노출들의 일부를 제안하게 하거나 그것에 참여하게 하는 것이다. 부모가 실제 노출들을 계속 할 수 없기 때문에, 이를 통해 아동의 독립적인 행동을 격려하면서 부모가 아동과 함께 초기의 개입을 유지하게 한다. 또한 치료자는 부모가 그들의 불안과 과잉보호를 자녀에게 어떻게 전달하고 있는지를 지적하고 싶을 수 있다. 부모들은 그들의 선의의 정보전달이 어떻게 아동에게 불안 및 공포 반응의 단서로 해석되는지를 알아차리지 못할 수도 있다. 예를 들면, 어머니와 사회공포증을 진단받은 12세 아들이 수행하고 있는 치료 회기에서, 치료자는 사회적 상황들에서의 당황함에 대한 어머니의 메시지들이 어떻게 사회적 상황에서의 아동의 공포에 기여하는지를 보여 주어야만 하였다. 치료에 대한 아동의 자기 보고된 치료 목표들은 새로운 친구들을 사귀는 것과 친숙하지 않은 사람들 앞에서 좀 더 편안하게 말하는 것이었다. 아동의 공병인 표현성-수용성 학습장애 진단은 그가 이해하는 것에 그리고 다른 아이들을 이해시키는 것에 실제로 문제가 있다는 것을 의미하며, 그것은 다른 사람들에게 이야기하는 것에 대한 그의 공포와 혼재되어 있었다.

이 아동이 사회적 노출 과제에 준비되어 있지 않다는 것을 관찰했으므로, 치료자는 중간적인 접근을 선택하였다. STIC 과제로서, 아동이 친숙하지 않은 아이들을 보는 것에 익숙해지도록 동네 주위를 자전거를 타고 다님으로써 사회적 환경에 적응하는 것을 시작하라고 제안하였다. 치료자는 아동이 어떤 상호작용들에도 관여하지 말고, 다만 길을 따라서 자전거만 타라고 권고하였다. 그가 대답할 수 있기 전에 어머니가 불쑥 끼어들었다. "하지만 네가 만일 아무 말도 하지 않은 채 자전거만 타고 내려간다면, 다른 아이들이 너를 보고 무례하다고 생각하지 않을까?" 비록 부모의 이런 질문이 아동에게 행동의 결과들을 생각하도록 도울 의도가 있을지라도, 치료자는 이것을 전달할 수 있는 보다 좋은 방법들이 있다고 지적하였다. 치료자는 가능한 부정적 결과들에 대한 어머니 자신의 공포를 이야기하는 대신, 아동에게 그가 생각하기에 어떤 일이 일어날 것 같은지 물어보고 문제해결 틀 내에서 상황을 논의하라고 권하였다.

불안한 아동들의 부모들은 아동의 불안에 대한 죄책감 또한 표현할 수 있다. 그들이 이런 감정들에 대처하도록 돕는 것은, 어떻게 문제가 발생했는지가 중요한 것이 아니라 아동이 현재에 대처하도록 도와주는 데에 어떻게 그들이 기여할 수 있는가에 초점을 두는 것이 중요한 것임을 제안하는 실용적인 논의를 수반할 수 있다. 만일 부모들 자신의 불안 또는 다른 문제들이 아동의 불안에 실제로 기여하는 것처럼 보인다면, 그것은 부모와 함께 논의된다. 그런 논의는 아마도 '부모-아동' 상호작용을 변화시키는 방법에 대한 관찰과 제안을 포함하고, 심지어는 부모 자신의 치료에 대한 권고를 포함할 것이다. 더 구체적으로, 부모들이 아동에게 학업적 · 행동적으로 어떠한 기대를 하고 있는지를 알아내는 것이 도움이 될 수 있다. 예를 들어, 그들은 학업 성적에 지나치게 관심을 가져서 그들의 아동에게 그것을 이루도록 큰 압력을 행사하는가? 부모들은 또한 아동의 발달 수준에서 무엇이 적절한 행동인가에 대하여 부정확한 기대를 가지고 있다. 부모들이 정상 범위 내에 있는 행동과 그렇지 않은 행동을 명확히 하도록 도움으로써 아동의 정상 행동에 대한 부모의 부적절하고 불안을 유발하는 반응들을 막을 수 있다. 마지막으로, 부모들이 아동의 불안 행동에 대한 새로운 방식의 반응을 학습하도록 돕는 것이 중요하다. 불안한 아동이 다루는 스트레스 때문에 부모들은 아동에게서 보이는 불안의 모든 신호에 민감해진다. 부모들은 불안의 모든 징후에 과잉 경계하고 강하게 반응할 수 있다. 예를 들면, 부모들은 무엇을 해야 할지 모르는 무력감을 느낄 때 불안해지거나 우울해질 수 있다.

한 치료자는 아들의 신체 증상 호소와 학교 거부 행동에 대한 부모의 과민성을 극적으로 보여 주기 위해 8세 소년과 그의 어머니가 함께한 회기를 비디오로 녹화하였다. 아동은 학교 또는 다른 과외 활동들을 위해 출발하기로 했던 몇 분 전에 갑작스러운 복통, 두통 그리고 설사를 포함한 다양한 신체 증상을 말하기 시작하곤 하였고, 화장실에 가야 한다고 말하곤 하였다. 어머니는 아동의 호소에 대한 반응으로 그의 신체적 고통의 정도를 평가하기 위해 일련의 질문을 하곤 하였다. "뭐가 잘못되었니?" "목이 아프니? 귀가 아프니?" "몸이 아플 것 같니?" 일단 어머니가 관심을 보이기 시작하면, 아동의 신체 증상들의 보고는 통증, 병 또는 공포로 거의 아무것도 할 수 없을 지경까지 점차 확대된다. 치료자는 어머니의 질문들이 아동이 보고하는 신체 증상들의 증가에 얼마나 기여하는지를 보여 주기 위해 비디오테이프를 사용하였다. 비디오테이프를 보고 나서, 어머니는 걱정을 보이는 것이 정말로 아들이 고통의 증상들을 보고하는 데에 기여하였다는 것을 알 수 있었다. 어머니는 그녀가 어떤 면에서 그것을 '악화시켰다'는 것을 알고 있었지만, 그 악순환이 어디에서 어떻게 시작되었는지는 알지 못하였다고 시인하였다. 만일 이러한 설명이 비난하지 않고, 비판적이지 않은 방식으로 제공된다면, 부모들에게 현재의 상호작용 양상을 설명해 주는 것을 도우며 행동의 변화를 위한 방향을 제시해 주는 구체적인 정보를 제공할 수 있다. 아동기 불안장애에 대한 아동 중심 치료의 성공에 부모들이 하는 중요한 역할과 불안장애의 생성과 유지에 있어 가족 구성원들의 가정된 역할을 고려할 때, 우리가 CAADC에서 아동 중심의 치료 개입뿐 아니라 가족 개입을 개발해 왔다는 것은 놀라운 일이 아니다. 같은 방략들이 채택되지만 회기들은 부모 참여를 포함한다. 이 프로그램을 설명하고 있는 매뉴얼은 이용 가능하다(Howard, Chu, Krain, Marrs-Garcia, & Kendall, 2000). 초기의 연구는 가족 중심 인지행동적 형식으로 수행되어 왔다(Howard & Kendall, 1996a).

우리는 가족 구성원들의 상호작용 영향에 목표를 둔 모형의 지속적인 개발을 지지한다. 예를 들어, 분리불안이 있는 아동에 대한 치료는 아동이 이전에는 불필요하게 부모에게 의존해 오던 것을 여러 상황에서 나이에 적절한 문제해결 또는 자기주장 기술을 사용할 수 있도록 함으로써 아동의 더 큰 독립성에 대한 욕구를 다룬다. 동시에 아동의 역량에 대한 부모의 오지각이 있지 않은지 또는 부모가 좋은 양육을 과잉관여와 동일시하고 있지는 않은지를 조사하고 교정한다(실제 상황에서의 검증을 통해). 부모와 아동 간에 협력의 노력이 없다면 더 큰 독립성을 향한 아동의 성과와 공포를 다루는 능력이 반항적이라고 잘못 명명되거나 부모를 슬프게 할 것이라고 생각하는 사람도 있을 것이다. 왜냐하면 부모들은 이런 변화를 아동이 이제 더 이상 자신을 필요로 하지 않는 것으로 잘못 해석할 수 있기 때문이다. 이러한 반응은 아동이 치료적 이득을 유지하는 데 있어 위협이 될 수도 있다. 협력의 노력을 함으로써 아동의 새로운 행동은 부모 쪽에서 나온 새로운 신념 및 기대들과 조화를 이룬다. 거꾸로 말하면, 하루 종일 잠자는 것보다는 일하러 나가는 것 같은 부모들의 새로운 적응 기술 및 외적 행동의 습득은 부모의 힘에 대한 아동의 새로운 귀인 및 부모의 안전에 대한 공포의 감소와 연합될 것이다. 가족들을 위한 인지행동적 치료 방략들이 CAADC 임상 연구와 실제에 통합되었지만 아동과 청소년의 불안장애 치료에 부모들이 포함되는 것이 최선인지 혹은 포함되지 않는 것이 최선인지에 대한 경험적 평가의 필요성이 여전히 남아 있다.

5) 연구 성과

미국심리학회(American Psychological Association: APA) 심리적 절차의 보급 및 진흥을 위한 특별위원회(Task Force on Promotion and Dissemination of Psychological Procedures, 1995)는 '잘 입증된', '아마도 효과적인' 그리고 '실험적인' 것으로 간주되는 치료 안내 지침을 제공하였다(Chambless & Hollon, 1998도 보라). 효과적인 것으로 간주되는 치료는 독립적인 연구자들에 의해 시행된 무선 할당을 사용한 임상 시험에서 통제 조건(치료를 하지 않은)보다 더 효과적임을 반드시 보여야 한다. 불안장애 아동을 위한 경험적으로 지지된 치료에 관한 문헌 검토를 통해 행동 절차 및 인지행동 절차가 가장 경험적으로 지지를 받아 온 양식이라는 결론을 내릴 수 있었다(Silverman & Hinshaw, 2008; Albano & Kendall, 2002도 보라). 공포증의 치료에는 유관성 관리 방략과 더불어 상상 및 실제 노출 과제, 실물 · 녹화 · 참여자 모델링을 포함하는 행동적 기법이 '아마도 효과적인' 또는 '잘 입증된' 지위를 얻었다. 다른 불안장애 치료에 있어서는 가족 불안 관리를 동반하는 것과 동반하지 않는 인지행동 절차 모두가 '아마도 효과적인' 것으로 간주되었다. 이러한 연구 이후에 출판된 자료들에서(예를 들어, Kendall et al., 2008; Walkup et al., 2008), 아동의 불안에 대한 CBT가 입증된 치료로서 고려될 가치가 있다고 나타났다.

단일 사례 설계 연구들로부터의 유망한 결과들로 기초로(예를 들어, Eisen & Silverman, 1993; Kane & Kendall, 1989; Ollendick, 1995), CBT를 사용한 서로 다른 연구 집단이 시행한 몇몇 무선 할당을 사용한 임상 시험(randomized clinical trials: RCTs)이 이러한 명명이 적용될 수 있는 증거에 힘을 실어 주었다(예를 들어, Barrett, Dadds, & Rapee, 1996; Kendall, 1994; Kendall et al., 1997, 2008; Silverman et al., 2001; Walkup et al., 2008). 켄달(1994)은 불안장애가 있는 9~13세의 아동 · 청소년들을 대상으로 CBT의 효율성을 조사하는 것을 목표로 삼은 RCT를 사용한 임상 연구를 최초로 실시하였다. 매뉴얼에 기반을 둔 CBT와 대기자 명부 통제 조건을 비교하는 연구에서, 치료받은 아동의 64%가 치료 후에 불안장애 주 진단을 받지 않았고 1년 후 추후 조사에서 치료로 얻은 그 효과는 지속되었다(Kendall, 1994). 장기간의 추후 조사 평가들은 그 효과가 2~5년(평균 3.35년)에 걸쳐 지속되었다고 보고하였다(Kendall & Southam-Gerow, 1996). 이 절차의 효율성은 불안장애를 주 진단으로 받은 9~13세로 이루어진 94명의 아동을 CBT와 대기자 통제 조건에 무선 할당한 두 번째 무선화된 연구에서 반복 검증되었다(Kendall et al., 1997). 치료 직후 시점에서 치료 집단이 대기자 명부 통제 조건보다 아동에 대한 다양한 긍정적 성과 측정치들을 보였다. 이런 치료 성과들이 1년 추후 조사 시점에서 유지되었고 명백하였다(Kendall et al., 1997).

켄달, 새퍼드, 플래너리-슈로더와 웹(Kendall, Safford, Flannery-Schroeder, & Webb, 2004)은 최근에 두 번째 RCT 연구에 포함되었던 표본(즉, 1997 보고에 포함되었던 표본)의 장기간 추후 조사에 대해 보고하였다. 치료 효과의 유지 및 아동기 불안의 잠재적 후유증에 대한 치료 효과가 조사되었다. 추후 조사 표본에는 원래 표본 94명 중 86명이 포함되었고(원래 표본의 90% 이상), 이들의 주 진단은 GAD(n=55), SAD(n=22) 또는 SP(n=17)였다. 대다수의 참여자를 대상으로 한 진단적 면담과 아동 및 부모 보고를 기반으로 한 결과는 치료 성과가 치료 후 평균 7.4년간 지속되었음을 보여 준다. 아동기 불안의 잠재적 후유증에 대한 치료 효과 측면에서는, 치료에 긍정적으로 반응했던 참여자들이 덜 긍정적이었던 참여자들보다 알코올 및 다른 물질을 덜 사용했고 물질 관련 문제들을 덜 가지고 있었음이 밝혀졌다. 치료 반응과 이후의 기분장애 발달 간에는 관계가 없었다. 다른 연구 또한 불안에 대한 집단 인지행동치료를 지지하는 결과를 보였다(예를 들어, Flannery-Schroeder & Kendall, 2000; Manassis et al., 2002; Silverman et al., 1999).

중요한 것은 CBT의 긍정적 치료 효과들은 심지어 공병하는 외현화 장애가 있을 때에도 강하게 나타난다는 점이다. 구체적으로, 연구들은 공병하는 외현화 정신병리를 가진 불안장애 아동들이 ① 치료 직후에(예를 들어, Berman, Weems, Silverman, & Kurtines, 2000; Rapee, 2000; Southam-Gerow, Kendall, & Weersing, 2001), ② 1년 후 추후 조사에서(Kendall, Brady, & Verduin, 2001), 그리고 ③ 치료 후 몇 년(평균 7.4년)이 지난 시점에서(Flannery-Schroeder, Suveg, Safford, Kendall, & Webb, 2004) 공병하는 정신병리가 없는 불안장애 아동·청소년과 다름없이 유사하게 치료에 반응하는 경향이 있음을 알아냈다. 공병하는 우울장애가 치료에 미치는 효과들에 대해 알려진 것은 더 적다. 아마도 이런 불안장애 아동·청소년이 일반적으로 주 진단으로 우울증을 만족시키기 때문에 심한 우울증은 주 진단이 불안장애인 아동·청소년을 대상으로 하는 연구들에 포함되지 않았다. 그럼에도 불구하고 몇몇 연구는 우울장애들과 치료 성과 사이의 부정적 관련성을 시사한다(Berman et al., 2000). 또 다른 자료에서도, 공병 우울장애는 없지만 치료에서 우울한 기분을 자기 보고했던 아동들이 덜 긍정적인 결과와 관련이 있었다(O'Neil & Kendall, in press).

몇몇 연구자는 아동기 불안장애 치료에 부모나 가족의 추가적 개입의 필요성을 제안하고 있다(예를 들어, Barrett, Duffy, Dadds, & Rapee, 2001; Barrett, Rapee, et al., 1996; Medlowitz et al., 1999; Sinqueland & Diamond 1998). 바렛, 대즈와 동료들(Barret, Dadds, et al., 1996)은 켄달(1992b)의 프로그램에 기초한 CBT 개입과 CBT 개입에 가족 개입(FAM)을 더한 개입을 비교하였다. 과잉불안장애, 분리불안장애 또는 사회공포증을 주진단으로 받은 7~14세의 아동 79명이 포함되었고, 그들은 CBT 집단, CBT+FAM 집단 또는 대기자 통제 집단에 무선 할당되었다. 모든 조건은 12주간 지속되었다. CBT 조건은 켄달(1994)의 것과 유사했으며, CBT+FAM은 부모가 유관성 관리 방략들과 의사소통 및 문제해결 기술을 훈련받고 자극에 대한 그들 자신의 감정적 반응과 불안 반응들을 다루며 인식하는 것을 배우는 가족 불안 관리 구성 요소를 포함하였다. 진단을 받지 않게 호전된 상태가 대기자 통제 조건 아동들에서 30% 이하인 것에 비하여 두 치료 조건의 60%가 이를 달성하였다. 12개월의 추후 조사에서 진단을 받지 않은 비율이 CBT의 경우는 70%, CBT+FAM 개입 집단의 경우는 95%였다. 부모를 포함시켰던 다른 연구들은 이 같은 긍정적인 결과들을 산출하지 못하였다(예를 들어, Nauta, Scholing, Emmelkamp, & Minderaa, 2003; Spence, Donovan, & Brechman-Toussaint, 2000). 예를 들면, 스펜스와 동료들은 사회불안장애를 진단받은 50명의 아동·청소년(7~14세)의 치료 성과 연구를 실시하였다. 아동·청소년과 부모들은 부모-아동 집단 치료, 아동 단독 치료 또는 대기자 조건 중 한 조건에 무선 할당되었다. 대기자 조건에 비하여 2개의 적극 치료가 불안 진단을 크게 감소시켰지만, 두 조건들 사이에는 차이가 없었다.

한 연구는 개별적 아동 CBT(ICBT)와 가족 CBT(FCBT)를 각각 서로 비교하고, 두 CBT 치료를 가족 교육-지지-주의(family education-support-attention: FESA) 치료와도 비교하도록 설계되었다. 전반적으로 ICBT와 FCBT는 FESA에 비하여 더 나은 결과가 나타났으며, ICBT와 FCBT 조건 사이의 차이를 비교했을 때 ICBT가 FCBT보다 더 나은 결과를 낳았다(Kendall et al., 2008). 중간 정도 혹은 낮은 자폐 스펙트럼 장애(ASD) 증상을 가진 아동·청소년에 대한 두 가지 CBT 치료의 사후 비교 연구에서, 중간 정도의 ASD가 있는 아동·청소년에게 FCBT

가 ICBT에 비하여 더 알맞았다(Puelo & Kendall, 2001).

그러므로 가족 구성 요소를 치료에 더한 것이 좀 더 효과적일 수 있다는 것이 다소 직관적이라고 할지라도, 출판된 논문들(Barmish & Kendall, 2005)을 검토한 결과, 치료에 부모를 포함하는 것의 장점들은 확정적이지는 않다고 결론 내릴 수 있다. 연구자들이 말했듯이, 치료 연구에서 부모들이 포함되었던 방식들(예를 들어, 부모 불안 관리와 유관성 관리 훈련)은 부모 참여에 관한 일반적 결론들을 내리는 것을 불가능하게 할 만큼 아주 다양하였다. 한 연구 결과, ① 통제의 이양과 ② 유관성 관리를 배운 부모들의 아동이 가장 치료적으로 이득을 얻었다고 나타났다(Khanna & Kendall, 2009). 부모에게 미디어 정보 해독 능력과 대처 기술을 가르치는 것이 테러와 관련된 불안공포를 줄이는 데 효과적일 수 있다(Comer et al., 2009). 어떤 치료가 누구에게 그리고 어떤 상황들에서 좋을지에 대해 임상가들을 안내하기 위해 앞으로 연구가 필요하다.

지금까지 가장 큰 평가 연구에서, 워크업 등(Walkup et al., 2008)은 미국 전역에 걸친 의학적/임상적 세팅 여섯 군데 중 각 한 군데에서 치료를 받은, 불안장애 및 다른 공병 장애가 있는 아동 · 청소년 488명(7~17세)에 대한 연구 결과를 보고하였다. 평가된 치료들은 CBT(즉, 코핑 캣 프로그램), 약물(즉, 설트랄린[Sertraline]), 병용 치료 그리고 위약치료였다. CBT 치료를 받은 아동 · 청소년들 중 무려 60%가 치료 이후 '매우 많이 향상된' 혹은 '많이 향상된' 결과를 보인 것으로 나타났다. 설트랄린 약물에서는 55%, 병용 치료는 세 가지 치료 중 가장 좋은 결과인 80%의 긍정적 응답자가 있었다. 이 연구의 결과와 이 연구 이전의 축적된 증거들을 함께 고려할 때, CBT(즉, 코핑 캣 프로그램)가 아동 · 청소년의 불안에 있어 경험적으로 지지된 치료라는 결론을 내리는 것이 타당한 것으로 보인다.

아동 · 청소년 불안을 위한 개인치료와 가족치료 이외에도, 다른 연구자들은 학교에 기반을 둔 집단치료 접근들의 효과를 조사하기 시작하였다(예를 들어, Masia, Klein, Storch, & Corda, 2001). 이 분야의 연구자들이 학교 장면에서 행해지는 치료에 대한 잠재적인 난관들(예를 들어, 공간, 학교 직원의 우유부단함)이 있을 것으로 보았으나, 예비 연구는 이 분야의 연구에 대해 지지한다(Masia, 2002).

최근 수년간의 연구는 또한 '위험에 처한' 표본들과 일반적인 학령기 집단 모두를 겨냥했던 불안에 대한 인지행동적 예방 프로그램들의 효율성을 조사하였다. 여러 연구(Barrett & Turner, 2001; Dadds et al., 1999; Dadds, Spence, Holland, Barrett, & Laurens, 1997)는 불안장애들의 위험에 처한 아동과 청소년에서 불안 예방을 위한 인지행동치료 및 가족에 기반을 둔 집단치료의 효과성에 대한 증거를 제공한다(Mychailyszyn & Kendall, 2010). 예를 들면, 퀸즐랜드 조기 개입(Queensland Early Intervention)과 불안예방 프로젝트(Prevention of Anxiety Project)는 나중에 불안장애를 가질 위험에 처한 아동들을 파악하기 위해 학교 기반 선별 절차를 사용하였다. 그러고 나서 인지적 행동 기술 훈련을 아동과 부모들에게 제공하였다. 가족 참여와 부모 자신의 불안 증상을 다루는 데 초점을 둔 교육적 회기들이 포함되었다. 개입 집단과 관찰된 집단들은 개입 직후 즉각적으로 향상을 보였다. 그러나 6개월의 추후 조사에서 오직 개입 집단만 감소된 불안장애 비율과 새로운 불안장애의 발병을 예방하는 향상을 유지하였다. 12개월의 추후 조사에서 집단 간 차이가 없어졌다. 그러나 개입 집단의 우위는 2년의 추후 조사에서 다시 분명해졌다(Dadds et al., 1999). 다른 연구 팀은 학령기 아동 · 청소년에게 인지행동 모형을 사용한 전반적 예방 프로그램 효과를 지지하였다(예를 들어, Barrett & Turner, 2001; Shortt, Barrett, & Fox, 2001).

6) 새로운 개척: 컴퓨터 사용하기

컴퓨터 지원 치료가 불안한 아동 · 청소년들과 작업하는 데 있어 특히 매력적이라고 보는 데에는 여러 이유가 있다(Khanna, Aschenbrand, & Kendall, 2007; Khanna & Kendall, 2008). 예를 들면, 컴퓨터 기반(컴퓨터 독립형/스스로 시행) CBT와 컴퓨터 지원 CBT(치료자가 안내) 모두 실제적인 장점을 가진다. 즉, 비용이 절감되고(McCrone et al., 2004; Wright et al., 2005), 순응성이 향상된다. 컴퓨터 프로그램들은 자기 진도에 맞추어 학습할 수 있고 자료를 쉽게 검토할 수 있게 한다. 기록 관리와 자료 수집도 쉬워지며(Marks, Canvangh, & Gega, 2007; Greist, 2008), 이는 자동적으로도 가능하다. 컴퓨터 지원 프로그래밍을 사용하여 아동·청소년에게 직접적으로 서비스를 제공하기 위한 활동 중 하나는 코핑 캣을 기반으로 한 〈많이 대처하기 캠프: 코핑 캣 DVD〉다(Kendall & Khanna, 2008; 흥미가 있는 독자들은 March, Spence, & Donovan, 2008; Spence, Holmes, March, & Lipp, 2006도 보라). 많이 대처하기 캠프는 표준 CBT와 비교한 RCT와, 컴퓨터 접근, 교육 및 지지를 제공하는 또 다른 비교 집단과의 RCT를 통하여 평가되었다(Kendall & Khanna, 2008). 연구 결과, 컴퓨터 지원 프로그램의 효율성이 지지되었다(Khanna & Kendall, 2010). 불안장애를 가진 아동·청소년을 많이 대처하기 캠프를 통하여 치료한 연구 결과, CBT를 받은 아동·청소년의 결과와 비슷하였고, 비교치료 집단에 비하여 유의미하게 더 나은 결과를 보였으며, 여러 가지 이전의 연구에서 보고된 긍정적인 결과들과 동일한 폭의 결과가 나타났다. 뿐만 아니라 아동·청소년들은 컴퓨터 지원 프로그램에 상당히 만족한다고 보고하였다.

컴퓨터 사용의 또 다른 잠재적 이익은 훈련과 보급이다. 회기 단위 훈련 DVD는 치료 방략과 치료 회기에 대한 비디오 표본과 인쇄할 수 있는 치료 회기 자료들을 제공한다. 이 외에도 훈련을 자기 진도에 맞추어 할 수 있고, 훈련생들이 원하는 순서대로, 이해력 정도에 따라 훈련을 완수한 뒤 이를 확인하기 위한 지식 점검도 가능하다. 아동기 불안을 위한 CBT4CBT(Computer-Based Training for Cognitive-Behavioral Therapy)라는 프로그램(Kendall & Khanna, 2008) 또한 개발되었으며, 최근 평가되고 있다.

앞서 이야기했던 것처럼, 컴퓨터는 경험적으로 지지된 치료에서 훈련을 용이하게 한다. 훈련 DVD는 내용을 제공할 수는 있지만, 더 많은 것이 필요하다. 예를 들어, 경험에 의하면 양질의(그리고 충실한) 치료의 적용을 위해서는 훈련 이후 치료의 사용에 있어 지도감독이 중요하다. 뿐만 아니라 보급과 이후의 시행은 그 시기에 준비된 시스템에 의해 영향을 받을 수 있다. 시스템이 새로운 접근을 지지할 것인가(Beidas & Kendall, 2010)? 의사결정자들이 경험적으로 지지된 개입으로의 전환을 지원할 것인가? 훈련 이후에 치료자들이 그들의 변화된 역할을 받아들이고, 사회적 체계들이 지속적인 지도감독에 필요한 재정적인 원조를 제공할 것인가?

현재 진행 중인 시행 프로젝트가 완료되고 보고된다면 더 많은 것을 알 수 있겠지만, 낙관적으로 볼 만한 이유는 있다. 실제로 다양한 주(州), 학군, 전문적 프로그램 및 전문협회들이 경험적으로 지지된 치료의 교육과 시행에 있어 성실하고 양심적이기로 결정해 오고 있다. 한 가지 바라고 싶은 것은, 경험적으로 지지된 치료 임무에 대한 광범위한 지지가 충분하고 적절한 훈련 및 지도감독과 일치했으면 하는 것이다.

〈감사의 글〉

여기에 보고된 작업의 일부는 미국 국립정신건강연구소(National Institute of Mental Health)의 연구비 지원을 받았다(지원 번호 MH59087, MH64484, MH63747, MH086438, MH80788). 이 책의 1판과 2판에서 이 주제의 장을 쓴 저자들에게 감사한다. 앞선 판의 저자들이 제공한 토대와 각 저자의 협력적인 노력과 작업이 반영되었다.

후주

1. 다른 아동기 장애들, 예를 들어 외상후 스트레스장애(PTSD), 강박장애(OCD) 역시 존재하는 주요 문제의 일부로 불안을 가진다. 하지만 중요한 차이점이 있기 때문에, PTSD와 OCD는 각 장애에 초점을 둔 개입이 필요하다. OCD에 관심이 있는 독자들은 Piacentiti, Peris, March, & Franklin(이 책 8장), Piancentiti, Gitow, Jaffer, Graae, & Whitaker(1994), March &

Mulle(1998), Henin & Kendall(1997)을 참고하여 보기를 권한다. 학대와 관련해서는 Deblinger, Behl, & Glickman(이 책 11장)을 참고하기를 바란다.

2. 치료 매뉴얼이나 『코핑 캣 워크북』의 외국어 번역판에 관심이 있는 독자들은 출판사와 연락을 하기를 권한다(Workbook Publishing, Ardmore, Pennsylvania; www.workbookpublishing.com). 다른 나라 혹은 다른 언어로 된 개정판과 적용에 관심이 있는 독자들은 다음의 자료를 참조하길 바란다. 아르헨티나어 버전(Kendall & Kosovsky, 2010), 노르웨이어 버전(Universitetsforlaget, in Oslo Norway; Kendall, Martinsen, & Neumer, 2006a, 2006b), 아프리카어 버전(H. Viljoen-Brand, in South Africa), 이탈리아어 버전(Kendall & DiPietro, 1995), 일본어 버전(Masayi Ichii, University of the Ryukyus, Okinawa, Japan), 호주 내 영어 버전(Barrett, Dadds, & Rapee, 1996), LA에서 사용되는 스페인어 버전(John Weisz & Michael Southam-Gerow, University of California at Los Angeles), 아일랜드(Claire Hayes, University of Dublin, Ireland), 네덜란드(Maaki Nauta, University of Gröningen, the Netherlands), 네덜란드(Susan Bögels, University of Maastricht, the Netherlands), 벨기에(Dominiek Bracke & Caroline Braet, University of Ghent, Belgium), 캐나다 토론토(Sandra Mendlowitz and colleagues, 1999, Hospital for Sick Children). 예방에 관심이 있는 독자들은 Dadds et al.(1997)의 보고서를 보기를 바라며, 보스턴 하버드 의과대학 매사추세츠 종합병원(Massachusetts General Hospital, Harvard Medical School, Boston)의 데나 허시펠드-베커(Dena Hirshfeld-Becker)의 현재 진행 중인 작업을 고려하기를 바란다.

참고문헌

Achenbach, T. M. (1991). *Integrative guide for the 1991 CBCL/4.18, YSR, and TRF*. Burlington: University of Vermont.

Achenbach, T. M. (1993). Implications of multiaxial empirically based assessment for behavior therapy with children. *Behavior Therapy, 24*, 91-116.

Achenbach, T. M., & Edelbrock, C. (1986). *Manual for the TRF and the Child Behavior Profile*. Burlington: University of Vermont.

Achenbach, T. M., & Edelbrock, C. S. (1978). The classification of child psychopathology: A review and analysis of empirical efforts. *Psychological Bulletin, 85*, 1275-1301.

Achenbach, T. M., & Edelbrock, C. S. (1983). *Manual for the Child Behavior Checklist and Revised Child Behavior Profile*. Burlington: University of Vermont, Associates in Psychiatry.

Achenbach, T. M., & McConaughy, S. H. (1992). Taxonomy of internalizing disorders of childhood and adolescence. In W. M. Reynolds (Ed.), *Internalizing disorders in children and adolescents* (pp. 19-60). New York: Wiley.

Achenbach, T. M., & Rescorla, L. (2001). *Manual for the CBCL school-aged norms and profiles*. Burlington, VT: University of Vermont.

Albano, A. M., Chorpita, B. F., & Barlow, D. H. (1996). Childhood anxiety disorders. In E. J. Mash & R. A. Barkley (Eds.), *Child psychopathology* (pp. 196-241). New York: Guilford Press.

Albano, A. M., & Kendall, P. C. (2002). Cognitive behavioural therapy for children and adolescents with anxiety disorders: Clinical research advances. *International Review of Psychiatry, 14*, 129-134.

American Academy of Child and Adolescent Psychiatry. (1997). AACAP official action: Practice parameters for the assessment and treatment of anxiety disorders. *Journal of the American Academy of Child and Adolescent Psychiatry, 36*, 1639-1641.

American Psychiatric Association. (1994). *Diagnostic and statistical manual of mental disorders* (4th ed.). Washington, DC: Author.

American Psychological Association Task Force on Promotion and Dissemination of Psychological Procedures. (1995). Training in and dissemination of empirically validated psychological treatments: Report and recommendations. *Clinical Psychologist, 48*, 3-24.

Arnow, B. A., Taylor, C. B., Agras, W. S., & Telch, M. H. (1985). Enhancing agoraphobia treatment outcome by changing couple communication patterns. *Behavior Therapy, 16*, 452-467.

Aschenbrand S., Angelosante, A., & Kendall, P. C. (2005). Discriminant validity and clinical utility of the CBCL with anxiety-disordered youth. *Journal of Clinical Child and Adolescent Psychology, 34*, 735-746.

Aschenbrand, S. G., Kendall, P. C., Webb, A., Safford, S., & Flannery-Schroeder, E. (2003). Is childhood separation anxiety disorder a predictor of adult panic disorder and agoraphobia?: A seven-year longitudinal study. *Journal of the American Academy of Child and Adolescent Psychiatry, 42*, 1478-1485.

Ayllon, T., Smith, D., & Rogers, M. (1970). *Behavioral management of school phobia. Journal of Behavior Therapy and Experimental Psychiatry, 1*, 125-138.

Baldwin, J. S., & Dadds, M. R. (2007). Reliability and validity of parent and child versions of the Multidimensional Anxiety Scale for Children in community samples. *Journal of the American Academy of Child and Adolescent Psychiatry, 46*, 252-260.

Bandura, A. (1969). *Principles of behavior modification*. New York: Holt, Rinehart & Winston.

Bandura, A. (1986). *Social learning theory*. Englewood Cliffs, NJ: Prentice-Hall.

Barabasz, A. F. (1973). Group desensitization of test anxiety in elementary school. *Journal of Psychology, 83*, 295-301.

Barlow, D. (1992). Diagnosis, DSM-IV, and dimensional approaches. In A. Ehlers, W. Fiegenbaum, I. Florin, & J. Margraf (Eds.), *Perspectives and promises of clinical psychology* (pp. 13-21). New York: Plenum.

Barlow, D., & Wolfe, B. E. (1981). Behavioral approaches to anxiety disorders: A report on the NIMH-SUNY, Albany, Research Conference. *Journal of Consulting and Clinical Psychology, 49*, 448-454.

Barmish, A., & Kendall, P. C. (2005). Should parents be co-clients in cognitive-behavioral therapy for anxious youth? *Journal of Clinical Child and Adolescent Psychology, 34*, 569-581.

Barrett, P. M. (2000). Treatment of childhood anxiety: Developmental aspects. *Clinical Psychology Review, 20*, 479-494.

Barrett, P. M., Dadds, M. R., & Rapee, R. M. (1996). Family treatment of childhood anxiety: A controlled trial. *Journal of Consulting and Clinical Psychology, 64*, 333-342.

Barrett, P. M., Duffy, A. L., Dadds, M. R., & Rapee, R. M. (2001). Cognitive-behavioral treatment of anxiety disorders in children: Long-term (6-year) follow-up. *Journal of Consulting and Clinical Psychology, 69*, 135-141.

Barrett, P. M., Rapee, R. M., Dadds, M. M., & Ryan, S. M. (1996). Family enhancement of cognitive style in anxious and aggressive children. *Journal of Abnormal Child Psychology, 24*, 187-203.

Barrett, P. M., & Turner, C. (2001). Prevention of anxiety symptoms in primary school children: Preliminary results from a universal school-based trial. British *Journal of Clinical Psychology, 40*, 399-410.

Barrios, B. A., & Hartmann, D. P. (1988). Fears and anxieties. In E. J. Mash & L. G. Terdal (Eds.), *Behavioral assessment of childhood disorders* (2nd ed., pp. 196-264). New York: Guilford Press.

Beidas, R., Benjamin, C., Puleo, C., Edmunds, J., & Kendall, P. C. (2010). Flexible applications of The Coping Cat Program for anxious youth. *Cognitive and Behavioral Practice, 17*, 142-153.

Beidas, R., & Kendall, P. C. (2010). Training therapists in evidence based practice: A critical review of studies from a systems-contextual perspective. *Clinical Psychology: Science and Practice, 17*, 1-30.

Beidel, D. C. (1988). Psychophysiological assessment of anxious emotional states in children. *Journal of Abnormal Psychology, 97*, 80-82.

Beidel, D. C. (1989). Assessing anxious emotion: A review of psychophysiological assessment in children. *Clinical Psychology Review, 9*, 717-736.

Beidel, D. C., Turner, S. M., Hamlin, K., & Morris, T. L. (2000). The Social Phobia and Anxiety Inventory for Children (SPAI-C): External and discriminative validity. *Behavior Therapy, 31*, 75-87.

Beidel, D. C., Turner, S. M., & Morris, T. (1995). A new inventory to assess childhood social anxiety and phobia: The Social Phobia and Anxiety Inventory for Children. *Psychological Assessment, 7*, 73-79.

Berman, S. L., Weems, C. F., Silverman, W. K., & Kurtines, W. M. (2000). Predictors of outcome in exposure-based cognitive and behavioural treatment for phobic and anxiety disorders in children. *Behavior Therapy, 31*,

713-731.

Bernstein, G. A., Borchardt, C. M., & Perwein, A. R. (1996). Anxiety disorders in children and adolescents: A review of the past 10 years. *Journal of the American Academy of Child and Adolescent Psychiatry, 35*, 1110-1119.

Brady, E., & Kendall, P. C. (1992). Comorbidity of anxiety and depression in children and adolescents. *Psychological Bulletin, 111*, 244-255.

Campbell, S. B. (1986). Developmental issues. In R. Gittelman (Ed.), *Anxiety disorders of childhood* (pp. 24-57). New York: Guilford Press.

Castro, J., Toro, J., van der Ende, J., & Arrindell, W. A. (1993). Exploring the feasibility of assessing perceived parental rearing styles in Spanish children with the EMBU. *International Journal of Social Psychiatry, 39*, 47-57.

Chambers, W. J., Puig-Antich, J., Hirsch, M., Paez, P., Ambrosini, P. J., Tabrizi, M. A., et al. (1985). The assessment of affective disorders in children and adolescents by semistructured interview: Test-retest reliability of the Schedule for Affective Disorders and Schizophrenia for School-Age Children, Present Episode Version. *Archives of General Psychiatry, 42*, 696-702.

Chambless, D., & Hollon, S. (1998). Defining empirically supported treatments. *Journal of Consulting and Clinical Psychology, 66*, 5-17.

Chorpita, B., & Barlow, D. (1998). The development of anxiety: The role of control in the early environment. *Psychology Bulletin, 124*, 3-21.

Chorpita, B. F., Brown, T. A., & Barlow, D. H. (1998). Perceived control as a mediator of family environment in etiological models of childhood anxiety. *Behavior Therapy, 29*, 457-476.

Choudhury, M. S., Pimentel, S. S., & Kendall, P. C. (2003). Childhood anxiety disorders: Parent-child (dis)agreement using a structured interview for the DSM-IV. *Journal of the American Academy of Child and Adolescent Psychiatry, 42*, 957-964.

Chu, B. C., Choudhury, M. S., Shortt, A. L., Pincus, D. B., Creed, T. A., & Kendall, P. C. (2004). Alliance, technology, and outcome in the treatment of anxious youth. *Cognitive and Behavioral Practice, 11*, 44-55.

Chu, B. C., & Kendall, P. C. (2004). Positive association of child involvement and treatment outcome within a manual-based cognitive-behavioral treatment for children with anxiety. *Journal of Consulting and Clinical Psychology, 72*, 821-829.

Comer, J., Furr, J., Beidas, R., Weiner, C., & Kendall, P. C. (2008). Children and terrorism-related news: Training parents in coping and media literacy. *Journal of Consulting and Clinical Psychology, 76*, 568-578.

Comer, J., & Kendall, P. C. (2005). High-end specificity of the Children's Depression Inventory in a sample of anxiety-disordered youth. *Depression and Anxiety, 22*, 11-19.

Comer, J., & Kendall, P. C. (2007). Terrorism: The psychological impact on youth. *Clinical Psychology: Science and Practice, 14*, 179-212.

Comer, J. S., & Kendall, P. C. (2004). A symptom-level examination of parent-child agreement in the diagnosis of anxious youths. *Journal of the American Academy of Child and Adolescent Psychiatry, 43*, 878-886.

Comer, J. S., Roy, A., Furr, J., Gotimer, K., Beidas, R., Dugas, M., et al. (2009). The Intolerance of Uncertainty Scale for Children: A psychometric evaluation. *Psychological Assessment, 21*, 402-411.

Costello, E. J., Mustillo, S., Erkanli, A., Keeler, G., & Angold, A. (2003). Prevalence and development of psychiatric disorders in childhood and adolescence. *Archives of General Psychiatry, 60*, 837-844.

Creed, T. A., & Kendall, P. C. (2005). Therapist alliance-building behavior within a cognitive behavioral treatment for anxiety in youth. *Journal of Consulting and Clinical Psychology, 73*, 498-505.

Dadds, M. R., Barrett, P. M., Rapee, R. M., & Ryan, S. (1996). Family process and child anxiety and aggression: An observational analysis. *Journal of Abnormal Child Psychology, 24*, 715-734.

Dadds, M. R., Holland, D. E., Laurens, K. R., Mullins, K. R., Barrett, P. M., & Spence, S. H. (1999). Early intervention and prevention of anxiety disorders in children: Results at 2-year follow-up. *Journal of Consulting and Clinical Psychology, 67*, 145-150.

Dadds, M. R., Spence, S. H., Holland, D., Barrett, P. M., &

Laurens, K. (1997). Early intervention and prevention of anxiety disorders: A controlled trial. *Journal of Consulting and Clinical Psychology, 65*, 627-635.

Dong, Q., Yang, B., & Ollendick, T. H. (1994). Fears in Chinese children and adolescents and their relations to anxiety and depression. *Journal of Child Psychology and Psychiatry, 35*, 351-363.

Drabick, D., & Kendall, P. C. (2010). Developmental psychopathology and the diagnosis of mental health problems among youth. *Clinical Psychology: Science and Practice, 17*, 272-280.

Draper, T. W., & James, R. S. (1985). Preschool fears: Longitudinal sequence and cohort changes. *Child Study Journal, 15*, 147-155.

Dumas, J., LaFreniere, P., & Serketich, W. (1995). "Balance of power": Transactional analysis of control in mother-child dyads involving socially competent, aggressive, and anxious children. *Journal of Abnormal Psychology, 104*, 104-113.

D'Zurilla, T., & Nezu, A. M. (1999). *Problem-solving therapy: A social competence approach to clinical intervention* (2nd ed.). New York: Springer.

D'Zurilla, T. J., & Goldfried, M. R. (1971). Problem-solving and behavior modification. *Journal of Abnormal Psychology, 78*, 107-126.

Edelbrock, C., Costello, A. J., Duncan, M. K., Conover, N. C., & Kalas, R. (1986). Parent-child agreement on child psychiatric symptoms assessed via structured interview. *Journal of Child Psychology and Psychiatry, 27*, 181-190.

Edelbrock, C., Costello, A. J., Duncan, M. K., Kalas, R., & Conover, N. C. (1985). Age differences in the reliability of the psychiatric interview of the child. *Child Development, 56*, 265-275.

Ehrenreich, J. T., & Gross, A. M. (2002). Biased attentional behavior in childhood anxiety: A review of theory and current empirical investigation. *Clinical Psychology Review, 22*, 991-1008.

Eisen, A. R., & Silverman, W. K. (1993). Should I relax or change my thoughts?: A preliminary examination of cognitive therapy, relaxation training, and their combination with overanxious children. *Journal of Cognitive Psychotherapy: An International Quarterly, 7*, 265-279.

Flannery-Schroeder, E., & Kendall, P. C. (1996). *Cognitive-behavioral therapy for anxious children: Therapist manual for group treatment*. Ardmore, PA: Workbook Publishing. (www.workbookpublishing.com)

Flannery-Schroeder, E., & Kendall, P. C. (2000). Group and individual cognitive-behavioral treatments for youth with anxiety disorders: A randomized clinical trial. *Cognitive Therapy and Research, 24*, 251-278.

Flannery-Schroeder, E., Suveg, C., Safford, S., Kendall, P. C., & Webb, A. (2004). Comorbid externalizing disorders and child anxiety treatment outcomes. *Behaviour Change, 21*, 14-25.

Foa, E., Costello, E., Franklin, M., Kagan, J., Kendall, P. C., et al. (Commission on Anxiety Disorders in Adolescents). (2005). Defining anxiety disorders. In D. L. Evans, E. Foa, R. Gur, H. Hendin, C. O'Brien, M. Seligman, et al. (Eds.), *Treating and preventing adolescent mental health disorders: What we know and what we don't know* (pp. 162-182). New York: Oxford University Press.

Fonseca, A. C., Yule, W., & Erol, N. (1994). Cross-cultural issues. In T. H. Ollendick, N. J. King, & W. Yule (Eds.), *International handbook of phobic and anxiety disorders in children and adolescents* (pp. 67-84). New York: Plenum.

Francis, G., & Beidel, D. (1995). *Cognitive-behavioral psychotherapy*. In J. S. March (Ed.), *Anxiety disorders in children and adolescents* (pp. 321-340). New York: Guilford Press.

Francis, G., & Ollendick, T. (1990). Behavioral treatment of social anxiety. In E. L. Feindler & G. R. Kalfus (Eds.), *Casebook in adolescent behavior therapy* (pp. 127-146). New York: Springer.

Frick, P. J., Silverthorn, P., & Evans, C. (1994). Assessment of childhood anxiety using structured interviews: Patterns of agreement among informants and association with maternal anxiety. *Psychological Assessment, 6*, 372-379.

Friedman, A. G., & Ollendick, T. H. (1989). Treatment programs for severe nighttime fears: A methodological note. *Journal of Behavior Therapy and Experimental Psychiatry, 20*, 171-178.

Furr, J., Tiwari, S., Suveg, C., & Kendall, P. C. (2008). Anxiety disorders in children and adolescents. In M. Anthony (Ed.), *Oxford handbook of anxiety and related disorders* (pp. 636-656). Oxford University Press.

Ginsburg, G., & Silverman, W. (1996). Phobic and anxiety disorders in Hispanic and Caucasian youth. *Journal of Anxiety Disorders, 10*, 517-528.

Ginsburg, G. S., Silverman, W. K., & Kurtines, W. K. (1995). Family involvement in treating children with phobic and anxiety disorders: A look ahead. *Clinical Psychology Review, 15*, 457-473.

Ginsburg, G. S., Siqueland, L., Masia-Warner, C., & Hedtke, K. A. (2004). Anxiety disorders in children: Family matters. *Cognitive and Behavioral Practice, 11*, 28-43.

Graziano, A. M., & Mooney, K. C. (1980). Family self-control instruction for children's nighttime fear reduction. *Journal of Consulting and Clinical Psychology, 48*, 206-213.

Graziano, A. M., & Mooney, K. C. (1982). Behavioral treatment of "Nightfears" in children: Maintenance of improvement at $2\frac{1}{2}$-to 3-year follow-up. *Journal of Consulting and Clinical Psychology, 50*, 598-599.

Greist, J. H. (2008). A promising debut for computerized therapies [Editorial]. *American Journal of Psychiatry, 165*, 793-795.

Grills, A. E., & Ollendick, T. H. (2002). Issues in parent-child agreement: The case of structured diagnostic interviews. *Clinical Child and Family Psychology Review, 5*, 57-83.

Grills, A. E., & Ollendick, T. H. (2003). Multiple informant agreement and the Anxiety Disorders Interview Schedule for Parents and Children. *Journal of the American Academy of Child and Adolescent Psychiatry, 42*, 30-40.

Gullone, E. (2000). The development of normal fear: A century of research. *Clinical Psychology Review, 20*, 429-451.

Hagopian, L. P., Weist, M. D., & Ollendick, T. H. (1990). Cognitive-behavior therapy with an 11-year-old girl fearful of AIDS infection, other diseases, and poisoning: A case study. *Journal of Anxiety Disorders, 4*, 257-265.

Hedtke, K., Kendall, P. C., & Tiwari, S. (2009). Safety-seeking and coping behavior during exposure tasks with anxious youth. *Journal of Clinical Child and Adolescent Psychology, 38*, 1-15.

Henin, A., & Kendall, P. C. (1997). Obsessive-compulsive disorder in childhood and adolescence. In T. Ollendick & R. Prinz (Eds.), *Advances in clinical child psychology* (Vol. 19, pp. 75-131). New York: Plenum.

Herjanic, B., Herjanic, M., Brown, F., & Wheatt, T. (1975). Are children reliable reporters? *Journal of Abnormal Child Psychology, 1*, 41-48.

Herjanic, B., & Reich, W. (1982). Development of a structured psychiatric interview for children: Agreement between child and parent on individual symptoms. *Journal of Abnormal Child Psychology, 10*, 307-324.

Himadi, W. G., Boice, R., & Barlow, D. H. (1985). Assessment of agoraphobia: Triple response measurement. *Behaviour Research and Therapy, 23*, 311-323.

Hodges, K., McKnew, C., Burbach, D. J., & Roebuck, L. (1987). Diagnostic concordance between the Child Assessment Schedule and the Schedule for Affective Disorders and Schizophrenia for School-age Children in an outpatient sample using lay interviewers. *Journal of the American Academy of Child and Adolescent Psychiatry, 26*, 654-661.

Howard, B. L., Chu, B., Krain, A., Marrs-Garcia, A., & Kendall, P. C. (2000). *Cognitive-behavioral family therapy for anxious children: Therapist manual* (2nd ed.). Ardmore, PA: Workbook Publishing. (www.workbookpublishing.com)

Howard, B. L., & Kendall, P. C. (1996a). Cognitive-behavioral family therapy for anxiety disordered children: A multiple baseline evaluation. *Cognitive Therapy and Research, 20*, 423-443.

Howard, B. L., & Kendall, P. C. (1996b). *Cognitive-behavioral therapy for anxious children: Therapist manual.* Ardmore, PA: Workbook Publishing. (www.workbookpublishing.com)

Hudson, J., & Kendall, P. C. (2005). Using homework tasks successfully with children. In N. Kazantzis, F. Deane, K. R. Ronan, & L. L'Abate (Eds.), *Using homework assignments in cognitive-behavior therapy*. New York: Routledge.

Hudson, J., Comer, J. S., & Kendall, P. C. (2008). Parental responses to positive and negative emotions in anxious and non-anxious children. *Journal of Clinical Child and Adolescent Psychology, 37*, 303-313.

Hudson, J. L., & Kendall, P. C. (2002). Showing you can do it: Homework in therapy for children and adolescents with anxiety disorders. *Journal of Clinical Psychology, 58*, 525-534.

Hudson, J. L., & Rapee, R. M. (2001). Parent-child interactions and anxiety disorders: An observational study. *Behaviour Research and Therapy, 39*, 1411-1427.

Hughes, A., & Kendall, P. C. (2008). Effect of a positive emotional state on interpretation bias for threat in children with anxiety disorders. *Emotion, 8*, 414-418.

Hughes, A. A., Furr, J., Sood, E., Barmish, A., & Kendall, P. C. (2009). Anxiety, mood, and substance use disorders in parents of children with anxiety disorders. *Journal of Child Psychiatry and Human Development, 40*, 405-419.

Hughes, A. A., Hedtke, K. A., & Kendall, P. C. (2008). Family functioning in families of children with anxiety disorders. *Journal of Family Psychology, 22*, 325-328.

Hughes, A. A., & Kendall, P. C. (2009). Psychometric properties of the Positive and Negative Affect Scale for Children (PANAS-C) in children with anxiety disorders. *Child Psychiatry and Human Development, 40*, 343-352.

Ingram, R. E., & Kendall, P. C. (1986). Cognitive clinical psychology: Implications of an information processing perspective. In R. E. Ingram (Ed.), *Information processing approaches to clinical psychology* (pp. 3-21). New York: Academic Press.

Ingram, R. E., & Kendall, P. C. (1987). The cognitive side of anxiety. *Cognitive Therapy and Research, 11*, 523-537.

Ingram, R. E., Kendall, P. C., & Chen, A. H. (1991). Cognitive-behavioral interventions. In C. R. Snyder & D. R. Forsyth (Eds.), *Handbook of social and clinical psychology: The health perspective* (pp. 509-522). New York: Pergamon.

Jannoun, L., Munby, M., Catalan, J., & Gelder, M. (1980). A home-based treatment program for agoraphobia: Replication and controlled evaluation. *Behavior Therapy, 11*, 294-305.

Kane, M., & Kendall, P. C. (1989). Anxiety disorders in children: A multiple baseline evaluation of a cognitive-behavioral treatment. *Behavior Therapy, 20*, 499-508.

Kashani, J. H., & Orvaschel, H. (1988). Anxiety disorders in mid-adolescence: A community sample. *American Journal of Psychiatry, 145*, 960-964.

Kendall, P. C. (1984). Behavioral assessment and methodology. In G. T. Wilson, C. M. Franks, K. D. Brownell, & P. C. Kendall (Eds.), *Annual review of behavior therapy: Theory and practice* (Vol. 9, pp. 39-94). New York: Brunner/Mazel.

Kendall, P. C. (1985). Toward a cognitive-behavioral model of child psychopathology and a critique of related interventions. *Journal of Abnormal Child Psychology, 13*, 357-372.

Kendall, P. C. (1991). Guiding theory for treating children and adolescents. In *Child and adolescent therapy: Cognitive-behavioral procedures* (pp. 3-24). New York: Guilford Press.

Kendall, P. C. (1992b). *Coping Cat workbook*. Ardmore, PA: Workbook Publishing. (www.workbookpublishing.com)

Kendall, P. C. (1994). Treating anxiety disorders in children: Results of a randomized clinical trial. *Journal of Consulting and Clinical Psychology, 62*, 100-110.

Kendall, P. C. (2000a). *Childhood disorders*. London: Psychology Press.

Kendall, P. C. (2000b). *Cognitive-behavioral therapy for anxious children: Therapist manual* (2nd ed.). Ardmore, PA: Workbook Publishing. (www.workbookpublishing.com)

Kendall, P. C., & Barmish, A. (2007). Show-That-I-Can (homework) in cognitive-behavioral therapy for anxious youth: Individualizing homework for Robert. *Cognitive and Behavioral Practice, 14*, 289-296.

Kendall, P. C., & Beidas, R. (2007). Smoothing the trail for dissemination of evidence-based practices for youth: Flexibility within fidelity. *Professional Psychology: Research and Practice, 38*, 13-20.

Kendall, P. C., Brady, E. U., & Verduin, T. L. (2001). Comorbidity in childhood anxiety disorders and treatment outcome. *Journal of the American Academy of Child and Adolescent Psychiatry, 40*, 787-794.

Kendall, P. C., & Choudhury, M. S. (2003). Children and adolescents in cognitive-behavioral therapy: Some past efforts and current advances, and the challenges in our future. *Cognitive Therapy and Research, 27*, 89-104.

Kendall, P. C., Choudhury, M., Chung, H. L., & Robin, J. A. (2002). Cognitive-behavioral approaches. In M. Lewis (Ed.), *Child and adolescent psychiatry* (pp. 154-164). Philadelphia: Lippincott/Williams & Wilkins.

Kendall, P. C., Chu, B., Gifford, A., Hayes, C., & Nauta, M. (1998). Breathing life into a manual: Flexibility and creativity with manual-based treatments. *Cognitive and Behavioral Practice, 5*, 177-198.

Kendall, P. C., Comer, J., Marker, C., Creed, T., Puliafico, A., Hughes, A., et al. (2009). In-session exposure tasks and therapeutic alliance across the treatment of childhood anxiety disorders. *Journal of Consulting and Clinical Psychology, 77*, 517-525.

Kendall, P. C., & Comer, J. S. (2010). *Childhood disorders* (2nd ed). London: Psychology Press.

Kendall, P. C., Compton, S., Walkup, J., Birmaher, B., Albano, A. M., Sherrill, J., et al. (2010). Clinical characteristics of anxiety disordered youth. *Journal of Anxiety Disorders, 24*, 360-365.

Kendall, P. C., & DiPietro, M. (1995). *Terapia scolastica dell' ansia: Guida per psicologi e insegnanti.* Trento, Italy: Edizioni Erickson.

Kendall, P. C., & Drabick, D. (2010). Problems for the book of problems? Diagnosing mental health disorders among youth. *Clinical Psychology: Science and Practice, 17*, 265-271.

Kendall, P. C., & Flannery-Schroeder, E. C. (1998). Methodological issues in treatment research for anxiety disorders in youth. *Journal of Abnormal Child Psychology, 26*(1), 27-38.

Kendall, P. C., Flannery-Schroeder, E., Panichelli-Mindel, S., Southam-Gerow, M., Henin, A., & Warman, M. (1997). Therapy for youths with anxiety disorders: A second randomized clinical trial. *Journal of Consulting and Clinical Psychology, 65*, 366-380.

Kendall, P. C., Gosch, E., Furr, J., & Sood, E. (2008). Flexibility within fidelity. *Journal of the American Academy of Child and Adolescent Psychiatry, 47*, 987-993.

Kendall, P. C., & Hedtke, K. (2006a). *Cognitive-behavioral therapy for anxious children: Therapist manual* (3rd ed). Ardmore, PA: Workbook Publishing. (www.workbook-publishing.com)

Kendall, P. C., & Hedtke, K. (2006b). *Coping Cat workbook* (2nd ed). Ardmore, PA: Workbook Publishing. (www.workbookpublishing.com)

Kendall, P. C., Hudson, J., Gosch, E., Flannery-Schroeder, E., & Suveg, C. (2008). Cognitive-behavioral therapy for anxiety disordered youth: A randomized clinical trial evaluating child and family modalities. *Journal of Consulting and Clinical Psychology, 76*, 282-297.

Kendall, P. C., & Ingram, R. (1987). The future for cognitive assessment of anxiety: Let's get specific. In L. Michelson & L. M. Ascher (Eds.), *Anxiety and stress disorders: Cognitive-behavioral assessment and treatment* (pp. 89. 104). New York: Guilford Press.

Kendall, P. C., & Ingram, R. (1989). Cognitive-behavioral perspectives: Theory and research on depression and anxiety. In P. C. Kendall & D. Watson (Eds.), *Anxiety and depression: Distinction and overlapping features* (pp. 27-54). New York: Academic Press.

Kendall, P. C., & Khanna, M. (2008). *Camp Cope-A-Lot: The Coping Cat DVD.* Ardmore, PA: Workbook Publishing. (www.workbookpublishing.com)

Kendall, P. C., & Khanna, M. (2008). *CBT4CBT: Computer-Based Training to be a Cognitive-Behavioral Therapist (for anxiety in youth).* Ardmore, PA: Workbook Publishing. (www.workbookpublishing.com)

Kendall, P. C., & Kosovsky, R. (2010). *Tratamiento cognitivo-conductual para trastornos de ansiedad en ninos: Manual para el terapeuta.* Buenos Aires, Argentina: Libreria Akadia Editorial.

Kendall, P. C., & Kosovsky, R. (2010). *El gato valiente: Cuaderno de activdades.* Buenos Aires, Argentina: Libreria Akadia Editorial.

Kendall, P. C., & Marrs-Garcia, A. (1999). *Psychometric analyses of a therapy-sensitive measure: The Coping Questionnaire (CQ).* Unpublished report, Temple University.

Kendall, P. C., Marrs-Garcia, A., Nath, S., & Sheldrick, R. C. (1999). Normative comparisons for the evaluation of clinical significance. *Journal of Consulting and Clinical Psychology, 67*, 285-299.

Kendall, P. C., & Martinsen, K. D. (2009). *Mestringskatten: Kognitiv atferdsterapi for barn med angst Gruppemanual [Using the Coping cat program with groups of children and adolescents]*. Oslo: Universitetsforlaget.

Kendall, P. C., Martinsen, K. D., & Neumer, S.-P. (2006a). *Mestringskatten: Kognitiv atferdsterapi for barn med angst terapeutmanual* [ ]. Oslo: Universitetsforlaget.

Kendall, P. C., Martinsen, K. D., & Neumer, S.-P. (2006b). *Mestringskatten: Kognitiv atferdsterapi for barn med angst. Arbeidsbok* [ ]. Oslo: Universitetsforlaget.

Kendall, P. C., & Ollendick, T. H. (2004). Setting the research and practice agenda for anxiety in children and adolescence: A topic comes of age. *Cognitive and Behavioral Practice, 11*, 65-74.

Kendall, P. C., Podell, J., & Gosch, E. (2010). *The coping cat: Parent companion*. Ardmore, PA: Workbook Publishing. (www.workbookpublishing.com)

Kendall, P. C., Puliafico, A., Barmish, A., Choudhury, M., Henin, A., & Treadwell, K. (2007). Assessing anxiety with the Child Behavior Checklist and Teacher Report Form (CBCL-A and TRF-A). *Journal of Anxiety Disorders, 21*, 1004-1015.

Kendall, P. C., Robin, J. A., Hedtke, K. A., Suveg, C., Flannery-Schroeder, E., & Gosch, E. (2005). Considering CBT with anxious youth?: Think exposures. *Cognitive and Behavioral Practice, 12*, 136-150.

Kendall, P. C., & Ronan, K. R. (1990). Assessment of childhood anxieties, fears, and phobias: Cognitive-behavioral models and methods. In C. R. Reynolds & R. W. Kamphaus (Eds.), *Handbook of psychological and educational assessment of children: Personality, behavior, and context* (pp. 223-244). New York: Guilford Press.

Kendall, P. C., Safford, S., Flannery-Schroeder, E., & Webb, A. (2004). Child anxiety treatment: Outcomes in adolescence and impact on substance use and depression at 7.4-year follow-up. *Journal of Consulting and Clinical Psychology, 72*, 276-287.

Kendall, P. C., & Southam-Gerow, M. (1996). Long-term follow-up of treatment for anxiety disordered youth. *Journal of Consulting and Clinical Psychology, 65*, 883-888.

Kendall, P. C., & Treadwell, K. (2007). The role of self-statements as a mediator in treatment for anxiety-disordered youth. *Journal of Consulting and Clinical Psychology, 75*, 380-389.

Kendall, P. C., & Watson, D. (Eds). (1989). *Anxiety and depression: Distinctive and overlapping features*. San Diego: Academic Press.

Khanna, M., Aschenbrand, S., & Kendall, P. C. (2007). New frontiers: Computer technology in the treatment of anxious youth. *Behavior Therapist, 30*, 22-25.

Khanna, M., & Kendall, P. C. (2008). Computer assisted CBT for child anxiety. *Cognitive and Behavioral Practice, 15*, 159-165.

Khanna, M., & Kendall, P. C. (2009). Exploring the role of parent training in the cognitive-behavioral treatment of anxiety disorders in youth. *Journal of Consulting and Clinical Psychology, 77*, 981-986.

Khanna, M., & Kendall, P. C. (2010). Computer-assisted cognitive-behavioral therapy for child anxiety: Results of a randomized clinical trial. *Journal of Consulting and Clinical Psychology, 78*, 737-745.

King, N. J., Hamilton, D. I., & Ollendick, T. H. (1988). *Children's phobias: A behavioral perspective*. London: Wiley.

Klein, R. G. (1991). Parent-child agreement in clinical assessment of anxiety and other psychopathology: A review. *Journal of Anxiety Disorders, 5*, 187-198.

Kleiner, L., Marshall, W. L., & Spevack, M. (1987). Training in problem-solving and exposure treatment for agoraphobics with panic attacks. *Journal of Anxiety Disorders, 1*, 219-238.

Koeppen, A. S. (1974). Relaxation training for children. *Elementary School Guidance and Counseling, 9*, 12-21.

Kondas, O. (1967). Reduction of examination anxiety and "stage fright" by group desensitization and relaxation. *Behaviour Research and Therapy, 5*, 275-281.

Kortlander, E., Kendall, P. C., & Panichelli-Mindel, S. M. (1997). Maternal expectations and attributions about coping in anxious children. *Journal of Anxiety Disorders, 11*, 297-315.

Krain, A. L., & Kendall, P. C. (2000). The role of parental emotional distress in parent report of child anxiety. *Journal of Clinical Child Psychology, 29*, 328-335.

Krohne, H. W., & Hock, M. (1991). Relationships between restrictive mother-child interactions and anxiety of the child. *Anxiety Research, 4*, 109-124.

Kuroda, J. (1969). Elimination of children's fears of animals by the method of experimental desensitization: An application of learning theory to child psychology. *Psychologia, 12*, 161-165.

Langley, A. K., Bergman, L., & Piacentini, J. C. (2002). Assessment of childhood anxiety. *International Review of Psychiatry, 14*, 102-113.

Last, C. G., Hansen, C., & Franco, N. (1998). Cognitive-behavioral treatment of school phobia. *Journal of the American Academy of Child and Adolescent Psychiatry, 37*, 404-411.

Last, C. G., Hersen, M., Kazdin, A. E., Francis, G., & Grubb, H. J. (1987). Psychiatric illness in the mothers of anxious children. *American Journal of Psychiatry, 144*, 1580-1583.

Last, C. G., Phillips, J. E., & Statfield, A. (1987). Childhood anxiety disorders in mothers and their children. *Child Psychiatry and Human Development, 18*, 103-112.

Leitenberg, H., & Callahan, E. J. (1973). Reinforced practice and reduction of different kinds of fears in adults and children. *Behaviour Research and Therapy, 11*, 19-30.

Lewis, S. (1974). A comparison of behavior therapy techniques in the reduction of fearful avoidant behavior. *Behavior Therapy, 5*, 648-655.

Lieb, R., Wittchen, H., Hofler, M., Fuetsch, M., Stein, M. B., & Merikangas, K. R. (2000). Parental psychopathology, parenting styles, and the risk of social phobia in offspring: A prospective longitudinal community study. *Archives of General Psychiatry, 57*, 859-866.

Lonigan, C. J., Carey, M. P., & Finch, A. J. (1994). Anxiety and depression in children and adolescents: Negative affectivity and the utility of self-reports. *Journal of Consulting and Clinical Psychology, 62*, 1000-1008.

Manassis, K., Mendlowitz, S. L., Scapillato, D., Avery, D., Fiksenbaum, L., Freire, M., et al. (2002). Group and individual cognitive-behavioral therapy for childhood anxiety disorders. A randomized trial. *Journal of the American Academy of Child and Adolescent Psychiatry, 41*, 1423-1430.

Mann, J., & Rosenthal, T. L. (1969). Vicarious and direct counter-conditioning of test anxiety through individual and group desensitization. *Behaviour Research and Therapy, 7*, 359-367.

Mansdorf, I. J., & Lukens, E. (1987). Cognitive-behavioral psychotherapy for separation anxious children exhibiting school phobia. *Journal of the American Academy of Child and Adolescent Psychiatry, 26*, 222-225.

March, J. S., & Albano, A. M. (1998). New developments in assessing pediatric anxiety disorders. In T. Ollendick & R. Prinz (Eds.), *Advances in clinical child psychology* (Vol. 20, pp. 213-242). New York: Plenum.

March, J. S., & Mulle, K. (1998). *OCD in children and adolescents: A cognitive-behavioral treatment manual*. New York: Guilford Press.

March, J. S., Parker, J., Sullivan, K., Stallings, P., & Conners, C. (1997). The Multidimensional Anxiety Scale for Children (MASC): Factor structure, reliability, and validity. *Journal of the American Academy of Child and Adolescent Psychiatry, 36*, 554-565.

March, S., Spence, S. H., & Donovan, C. L. (2008). The efficacy of an Internet-based cognitive behavioral therapy intervention for child anxiety disorders. *Journal of Pediatric Psychology, 34*(5), 474-487.

Marks, I. M. (1975). Behavioral treatments of phobic and obsessive-compulsive disorders: A critical appraisal. In M. Hersen, R. M. Eisler, & P. M. Miller (Eds.), *Progress in behavior modification* (pp. 65-158). New York: Academic Press.

Marks, I. M., Cavanagh, K., & Gega, L. (2007). *Hands On Help: Computer-aided psychotherapy*. London: Psychology Press.

Masia, C. L., Klein, R. G., Storch, E. A., & Corda, B. (2001). School-based behavioral treatment for social anxiety disorder in adolescents: Results of a pilot study. *Journal of the American Academy of Child and Adolescent Psychiatry, 40*, 780-786.

McCrone, P., Knapp, M., Proudfoot, J., Ryden, C., Cavanagh,

K., Shapiro, D., et al. (2004). Cost effectiveness of computerized cognitive-behavioral therapy for anxiety and depression in primary care: Randomized controlled trial. *British Journal of Psychiatry, 185*, 55-62.

Melamed, B. G., & Siegel, L. J. (1975). Reduction of anxiety in children facing hospitalization and surgery by use of filmed modeling. *Journal of Consulting and Clinical Psychology, 43*, 511-521.

Mendlowitz, S. L., Manassis, K., Bradley, S., Scapillato, D., Miezitis, S., & Shaw, B. F. (1999). Cognitive-behavioral group treatments in childhood anxiety disorders: The role of parental involvement. *Journal of the American Academy of Child and Adolescent Psychiatry, 38*, 1223-1229.

Menzies, R. G., & Clarke, J. C. (1993). A comparison of in vivo and vicarious exposure in the treatment of childhood water phobia. *Behaviour Research and Therapy, 31*, 9-15.

Miller, L. C., Barrett, C. L., Hampe, E., & Noble, H. (1972). Comparison of reciprocal inhibition, psychotherapy, and waiting list control for phobic children. *Journal of Abnormal Psychology, 79*, 269-279.

Muris, P., Merckelbach, H., Ollendick, T., King, N., & Bogie, N. (2002). Three traditional and three new childhood anxiety questionnaires: Their reliability and validity in a normal adolescent sample. *Behaviour Research and Therapy, 40*, 753-772.

Murphy, C. M., & Bootzin, R. R. (1973). Active and passive participation in the contact desensitization of snake fear in children. *Behavior Therapy, 4*, 203-211.

Mychailyszyn, M., Cohen, J., Edmunds, J., Crawley, S., & Kendall, P. C. (2010). Treating social anxiety in youth. In K. Rubin & R. Coplan (Eds.), *The development of shyness and social withdrawal* (pp. 300-324). New York: Guilford Press.

Mychailyszyn, M., & Kendall, P. C. (2010, November). *A meta-analysis of school-based interventions for the prevention and treatment of anxiety and depression in youth.* Presented as part of a symposium "Providing evidence-based interventions in secondary schools" at the Association for Behavior and Cognitive Therapies, San Francisco.

Nauta, M., Scholing, A., Emmelkamp, P., & Minderaa, R. (2003). Cognitive-behavioral therapy for children with anxiety disorders in a clinical setting: No additional effect of a cognitive parent training. *Journal of the American Academy of Child and Adolescent Psychiatry, 42*, 1270-1278.

Ollendick, T. H. (1983). Reliability and validity of the Revised Fear Survey Schedule for Children (FSSC-R). *Behaviour Research and Therapy, 21*, 685-692.

Ollendick, T. H. (1995). Cognitive behavioral treatment of panic disorder with agoraphobia in adolescents: A multiple baseline design analysis. *Behavior Therapy, 26*, 517-531.

Ollendick, T. H., & Cerny, J. A. (1981). *Clinical behavior therapy with children.* New York: Plenum.

Ollendick, T. H., & Francis, G. (1988). Behavioral assessment and treatment of childhood phobias. *Behavior Modification, 12*, 165-204.

Ollendick, T. H., & King, N. J. (1998). Empirically supported treatments for children with phobic and anxiety disorders: Current status. *Journal of Clinical Child Psychology, 27*, 156-167.

Ollendick, T. H., King, N. J., & Frary, R. B. (1989). Fears in children and adolescents: Reliability and generalizability across gender, age, and nationality. *Behaviour Research and Therapy, 27*, 19-26.

Ollendick, T. H., Matson, J. L., & Helsel, W. J. (1985). Fears in children and adolescents: Normative data. *Behaviour Research and Therapy, 23*, 465-467.

O'Neil, K., Benjamin, C., Crawley, S., & Kendall, P. C. (2011). Anxiety: Situational and performance anxiety. In G. P. Koocher & A. M. La Greca (Eds.), *The parent's guide to psychological first aid: Helping children and adolescents cope with predictable life crises* (pp. 257-263). Oxford, UK: Oxford University Press.

O'Neil, K., & Kendall, P. C. (in press). Role of comorbid depression and co-occurring depressive symptoms in outcomes for anxiety-disordered youth treated with cognitive-behavioral therapy. *Child and Family Behavior Therapy.*

O'Neil, K., Podell, J., Benjamin, C., & Kendall, P. C. (2010). Comorbid depressive disorders in anxiety-disordered youth: Demographic, clinical, and family characteristics. *Child Psychiatry and Human Development, 41*, 330-341.

Parker, G. (1983). *Parental overprotection: A risk factor in psychosocial development.* New York: Grune & Stratton.

Perrin, S., & Last, C. G. (1992). Do childhood anxiety measures measure anxiety? *Journal of Abnormal Child Psychology, 20*, 567-578.

Peterson, L. (1989). Coping by children undergoing stressful medical procedures: Some conceptual, methodological, and therapeutic issues. *Journal of Consulting and Clinical Psychology, 57*, 380-387.

Piacentini, J., & Bergman, R. L. (2001). Developmental issues in cognitive therapy for childhood anxiety disorders. *Journal of Cognitive Psychotherapy, 15,* 165-182.

Piacentini, J., Gitow, A., Jaffer, M., & Graae, F., & Whitaker, A. (1994). Outpatient behavioral treatment of child and adolescent obsessive compulsive disorder. *Journal of Anxiety Disorders, 8*, 277-289.

Pincus, D. (2000). I Can Relax! CD for children. Boston: Child Anxiety Network.

Podell, J., Martin, E., & Kendall, P. C. (2009). Incorporating play in a manual-based treatment for children and adolescents with anxiety disorders. In A. Drewes (Ed.), *Blending play therapy with cognitive behavior therapy: Evidence-based and other effective treatments and techniques.* New York: Wiley.

Puleo, C., & Kendall, P. C. (2011). Cognitive-behavioral therapy for typically developing youth with anxiety: Autism spectrum symptoms as a predictor of treatment outcome. *Journal of Autism and Developmental Disorders, 41*, 275-286.

Puliafico, A., Comer, J., & Kendall, P. C. (2007). Social phobia in youth: The diagnostic utility of feared social situations. *Psychological Assessment, 19,* 152-158.

Puliafico, A., & Kendall, P. C. (2006). Threat-related attentional bias in anxious youth: A review. *Clinical Child and Family Psychology, 22*, 1-33.

Rapee, R. (2000). Group treatment of children with anxiety disorders: Outcome and predictors of treatment response. *Australian Journal of Psychology, 52*, 125-129.

Rapee, R. M., Schniering, C. A., & Hudson, J. L. (2009). Anxiety disorders during childhood and adolescence: Origins and treatment. *Annual Review of Clinical Psychology, 5,* 11-41.

Rapee, R. M., & Spence, S. H. (2004). The etiology of social phobia: Empirical evidence and an initial model. *Clinical Psychology Review, 24,* 737-767.

Reynolds, C. R., & Paget, K. D. (1983). National normative and reliability data for the Revised Children's Manifest Anxiety Scale. *School Psychology Review, 12,* 324-336.

Reynolds, C. R., & Richmond, B. (1997). *Revised Children's Manifest Anxiety Scale.* Los Angeles: Western Psychological Services.

Reynolds, C. R., & Richmond, B. O. (1978). What I Think and Feel: A revised measure of children's manifest anxiety. *Journal of Abnormal Psychology, 6,* 271-280.

Reynolds, C. R., & Richmond, B. O. (1979). Factor structure and construct validity of "What I Think and Feel": The Revised Children's Manifest Anxiety Scale. *Journal of Personality Assessment, 43*, 281-283.

Ritter, B. (1968). The group desensitization of children's snake phobias using vicarious and contact desensitization procedures. *Behaviour Research and Therapy, 6,* 1-6.

Robin, J., Puliafico, A., Creed, T., Comer, J., Hofflich, S., Barmish, A., et al. (2006). Generalized anxiety disorder. In M. Hersen & J. Thomas (Eds.), *Child psychopathology* (pp. 117-134). New York: Wiley.

Ronan, K., Kendall, P., & Rowe, M. (1994). Negative affectivity in children: Development and validation of a self-statement questionnaire. *Cognitive Therapy and Research, 18,* 509-528.

Ronan, K. R., & Kendall, P. C. (1997). Self-talk in distressed youth: States-of-mind and content specificity. *Journal of Clinical Child Psychology, 26*, 330-337.

Ross, C., Ross, S., & Evans, T. (1971). The modification of extreme social withdrawal with guided practice. *Journal of Behavior Therapy and Experimental Psychiatry, 2,* 273-279.

The RUPP Anxiety Group. (2002). The Pediatric Anxiety Rating Scale: Development and psychometric properties.

Journal of the American Academy of Child and Adolescent Psychiatry, 41, 1061-1069.

Scherer, M. W., & Nakamura, C. Y. (1968). A Fear Survey Schedule for Children (FSS-FC): A factor analytic comparison with manifest anxiety (CMAS). *Behaviour Research and Therapy, 6*, 173-182.

Schniering, C. A., Hudson, J. L., & Rapee, R. M. (2000). Issues in the diagnosis and assessment of anxiety disorders in children and adolescents. *Clinical Psychology Review, 20*, 453-478.

Seligman, L. D., Ollendick, T. H., Langley, A. K., & Bechtoldt, H. (2004). The clinical utility of self-report measures of child and adolescent anxiety: A meta-analytic review. *Journal of Clinical Child and Adolescent Psychology*, 557-565.

Shaffer, D., Fisher, P., Lucas, C. P., Dulcan, M. K., & Schwab-Stone, M. E. (2000). NIMH Diagnostic Interview Schedule for Children-Version IV (NIMH DISC-IV): Description, differences from previous versions, and reliability of some common diagnoses. *Journal of the American Academy of Child and Adolescent Psychiatry, 39*, 28-38.

Sheslow, D. V., Bondy, A. S., & Nelson, R. O. (1982). A comparison of graduated exposure, verbal coping skills, and their combination in the treatment of children's fear of the dark. *Child and Family Behavior Therapy, 4*, 33-45.

Shirk, S. R., & Karver, M. (2003). Prediction of treatment outcome from relationship variables in child and adolescent therapy: A meta-analytic review. *Journal of Consulting and Clinical Psychology, 71*, 452-464.

Shortt, A. L., Barrett, P. M., & Fox, T. L. (2001). Evaluating the FRIENDS program: A cognitive behavioral group treatment for anxious children and their parents. *Journal of Clinical Child Psychology, 30*, 525-535.

Silverman, W., & Hinshaw, S. (2008) Special Issue: Evidence-based psychosocial treatments for children and adolescents: A ten year update. *Journal of Clinical Child and Adolescent Psychology, 37*, entire issue.

Silverman, W., Kurtines, W., Ginsburg, G., Weems, C., Lumpkin, P., & Carmichael, D. (1999). Treating anxiety disorders in children with group cognitive-behavioral therapy: A randomized clinical trial. *Journal of Consulting and Clinical Psychology, 67*, 995-1003.

Silverman, W. K. (1991). *Guide to the use of the Anxiety Disorders Interview Schedule for Children. Revised* (Child and Parent versions). Albany, NY: Graywind.

Silverman, W. K., & Albano, A. M. (1996). *The Anxiety Disorders Interview Schedule for Children (DSM-IV)*. San Antonio, TX: Psychological Corporation.

Silverman, W. K., & Kurtines, W. M. (1996). *Anxiety and phobic disorders: A pragmatic approach*. New York: Plenum.

Silverman, W. K., & Ollendick, T. H. (1999). *Developmental issues in the clinical treatment of children*. Boston: Allyn & Bacon.

Silverman, W. K., & Rabian, B. (1995). Test-retest reliability of the DSM-III-R childhood anxiety disorders symptoms using the Anxiety Disorders Interview Schedule for Children. *Journal of Anxiety Disorders, 9*, 139-150.

Silverman, W. K., Saavedra, M. S., & Pina, A. A. (2001). Test-retest reliability of anxiety symptoms and diagnoses with the Anxiety Disorders Interview Schedule for DSM-IV: Child and Parent versions. *Journal of the American Academy of Child and Adolescent Psychiatry, 40*(8), 937-944.

Siqueland, L., & Diamond, G. (1998). Engaging parents in cognitive behavioral treatment for children with anxiety disorders. *Cognitive Behavioral Practice, 5*, 81-102.

Siqueland, L., Kendall, P. C., & Steinberg, L. (1996). Anxiety in children: Perceived family environments and observed family interaction. *Journal of Child Clinical Psychology, 25*, 225-237.

Sood, E., & Kendall, P. C. (2007). Assessing anxious self-talk in youth: The Negative Affectivity Self-Statement Questionnaire-Anxiety Scale. *Cognitive Therapy and Research, 31*, 603-618.

Southam-Gerow, M. A., Flannery-Schroeder, E. C., & Kendall, P. C. (2003). A psychometric evaluation of the parent report form of the State-Trait Anxiety Inventory for Children-Trait Version. *Journal of Anxiety Disorders, 17*, 427-446.

Southam-Gerow, M. A., & Kendall, P. C. (2000). A preliminary study of the emotion understanding of youths referred for treatment of anxiety disorders. *Journal of Child Clinical Psychology, 29*, 319-327.

Southam-Gerow, M. A., & Kendall, P. C. (2002). Emotion regulation and understanding: Implications for child psychopathology and therapy. *Clinical Psychology Review, 22*, 189-222.

Southam-Gerow, M. A., & Kendall, P. C. (2006). Supervising a manual-based treatment program: Experiences from university-based and community-based clinics. In T. K. O'Neill (Ed.), *Helping others help children: Clinical supervision of child psychotherapy* (pp. 123-136). Washington, DC: American Psychological Association.

Spence, S. H., Holmes, J., March, S., & Lipp, O. (2006). The BRAVE Internet program for children aged 7-12 years from the University of Queensland: The feasibility and outcome of clinic plus internet delivery of cognitive-behavioural therapy for childhood anxiety. *Journal of Consulting and Clinical Psychology, 74,* 614-621.

Spielberger, C. (1973). *Preliminary manual for the State-Trait Anxiety Inventory for Children ("How I Feel Questionnaire").* Palo Alto, CA: Consulting Psychologists Press.

Spielberger, C. D., Edwards, C. D., & Lushene, R. E. (1973). *State-Trait Anxiety Inventory for Children.* Palo Alto, CA: Consulting Psychologists Press.

Spivack, G., & Shure, M. (1974). *A problem-solving approach to children's adjustment.* San Francisco: Jossey-Bass.

Stallings, P., & March, J. S. (1995). Assessment. In J. S. March (Ed.), *Anxiety disorders in children and adolescents* (pp. 125-147). New York: Guilford Press.

Stark, K. D., Humphrey, L. L., Crook, K., & Lewis, K. (1990). Perceived family environments of depressed and anxious children: Child's and maternal figure's perspectives. *Journal of Abnormal Child Psychology, 18*, 527-547.

Strauss, C. (1987). *Modification of trait portion of State. Trait Anxiety Inventory for Children.* Parent Form. Gainesville: University of Florida.

Suveg, C., Comer, J., Furr, J., & Kendall, P. C. (2006). Adapting manualized CBT for a cognitively delayed child with multiple anxiety disorders. *Clinical Case Studies, 5*, 488-510.

Suveg, C., Kendall, P. C., Comer, J. S., & Robin, J. (2006). Emotion-focused cognitive-behavioral therapy for anxious youth: A multiple-baseline evaluation. *Journal of Contemporary Psychotherapy, 36*, 77-85.

Suveg, C., Sood, E., Barmish, A., Tiwari, S., Hudson, J., & Kendall, P. C. (2008). "I'd rather not talk about it": Emotion parenting in families of children with an anxiety disorder. *Journal of Family Psychology, 22*, 875-884.

Suveg, C., Sood, E., Comer, J., & Kendall, P. C. (2009). Changes in emotion regulation following cognitive-behavioral therapy for anxious youth. *Journal of Clinical Child and Adolescent Psychology, 38*, 390-401.

Suveg, C., Southam-Gerow, M., Goodman, K., & Kendall, P. C. (2007). The role of emotion theory and research in child therapy development. *Clinical Psychology: Science and Practice, 14*, 358-371.

Suveg, C., & Zeman, J. (2004). Emotion regulation in children with anxiety disorders. *Journal of Clinical Child and Adolescent Psychology, 33*, 750-759.

Suveg, C., Zeman, J., Flannery-Schroeder, E., & Cassano, M. (2005). Emotion socialization in families of children with an anxiety disorder. *Journal of Abnormal Child Psychology, 33*, 145-155.

Treadwell, K. H., Flannery-Schroeder, E. C., & Kendall, P. C. (1994). Ethnicity and gender in a sample of clinic-referred anxious children: Adaptive functioning, diagnostic status, and treatment outcome. *Journal of Anxiety Disorders, 9*, 373-384.

Treadwell, K. H., & Kendall, P. C. (1996). Self-talk in anxiety-disordered youth: States-of-mind, content specificity, and treatment outcome. *Journal of Consulting and Clinical Psychology, 64*, 941-950.

Ultee, C. A., Griffioen, D., & Schellekens, J. (1982). The reduction of anxiety in children: A comparison of the effects of "systematic desensitization in vitro" and "systematic desensitization in vivo." *Behaviour Research and Therapy, 20,* 61-67.

Verduin, T., & Kendall, P. C. (2008). Peer perceptions and liking of children with anxiety disorders. *Journal of Abnormal Child Psychology, 36*, 459-469.

Verduin, T. L., & Kendall, P. C. (2003). Differential occurrence of comorbidity within childhood anxiety disorders. *Journal of Clinical Child and Adolescent Psychology, 32,* 290-295.

Verhulst, F. C., Althaus, M., & Berden, G. F. (1987). Psychopathology in the offspring of anxiety disordered patients. *Journal of Consulting and Clinical Psychology, 55,* 229-235.

Walkup, J., Albano, A. M., Piacentini, J., Birmaher, B., Compton, S., Sherrill, J., et al. (2008). Cognitive behavioral therapy, sertraline, or a combination in childhood anxiety. *New England Journal of Medicine, 359,* 2753-2766.

Weisman, D., Ollendick, T. H., & Horne, A. M. (1978). *A comparison of muscle relaxation techniques with children.* Unpublished manuscript, Indiana State University, Terre Haute.

Weisz, J. R., & Weiss, B. (1991). Studying the "referability" of child clinical problems. *Journal of Consulting and Clinical Psychology, 59,* 266-273.

Wells, K. C., & Virtulano, L. A. (1984). Anxiety disorders in childhood. In S. E. Turner (Ed.), *Behavioral theories and treatment of anxiety* (pp. 413-439). New York: Plenum.

Werry, J. S. (1986). Diagnosis and assessment. In R. Gittelman (Ed.), *Anxiety disorders of childhood* (pp. 73-100). New York: Guilford Press.

Whaley, S. E., Pinto, A., & Sigman, M. (1999). Characterizing interactions between anxious mothers and their children. *Journal of Consulting and Clinical Psychology, 67,* 826-836.

Wood, J. J., McLeod, B. D., Sigman, M., Hwang, W., & Chu, B. C. (2003). Parenting and childhood anxiety: Theory, empirical findings, and future directions. *Journal of Child Psychology and Psychiatry, 44,* 134-151.

Wood, J. J., Piacentini, J. C., Bergman, R. L., McCracken, J., & Barrios, V. (2002). Concurrent validity of the anxiety disorders section of the Anxiety Disorders Interview Schedule for DSM-IV: Child and Parent versions. *Journal of Clinical Child and Adolescent Psychology, 31*(3), 335-342.

Woodward, L. J., & Fergusson, D. M. (2001). Life course outcomes of young people with anxiety disorders in adolescence. *Journal of the American Academy of Child and Adolescent Psychiatry, 40,* 1086-1093.

제6장

아동기 우울증: ACTION 치료 프로그램

Kevin D. Stark, William Streusand,
Prerna Arora, & Puja Patel

ACTION 프로그램은 매뉴얼화된 집단치료이지만, 개별 참가자에 대한 사례 개념에 따라 진행된다. 이 장에서는 ACTION 프로그램과 각 사례에 대한 개념화를 돕는 측정 도구들을 기술할 것이다. 여기에서 기술되는 ACTION 프로그램은 우울한 여아들을 위한 인지행동적 개입이며, 부모 훈련 구성 요소도 포함하고 있다. 따라서 이상적인 상황은 참여한 여아들이 대처 방법, 문제해결 그리고 인지 재구성 기술들을 배움과 동시에 기술의 습득과 적용을 도울 수 있도록 가정환경을 변화시키는 것이다. 이 프로그램은 공병을 가지고 있는 청소년들의 요구를 다루기 위하여 수정되었다. 프로그램을 자세히 기술하기 전에, 심리사회적 및 약물학적 치료 연구 결과를 먼저 검토해 볼 것이다. ACTION 매뉴얼이 우울한 여아들을 위해 설계된 것이기는 하나, 이 치료는 우울한 남아들을 위해 수정될 수 있고 효과적일 것으로 보인다. 더불어 과정과 활동 일부를 수정한다면, 환자 개개인을 위하여 수정된 프로그램으로 사용할 수 있다. 개개인의 치료를 위한 수정에 대한 제안은 수년에 걸친 프로그램의 임상적 경험에 근거한다.

1. 심리사회적 치료 성과 연구

1) 지역사회에서의 치료

대부분의 우울한 아동 · 청소년은 치료를 받지 않고 있으며, 치료를 받더라도 증거를 기반으로 한 치료를 받지 않고 있다(Olfson, Gameroff, Marcus, & Waslick, 2003). 올프슨 등에 따르면, 치료를 받는 우울한 아동 · 청소년 중 79%는 한 번 또는 그 이상 회기의 심리치료를 받았으며, 59.8%는 약물치료를 받았다. 21%는 전적으로 약물치료만 받았고, 거의 절반은 심리치료와 약물치료를 함께 받았다. 심리치료를 받은 청소년 중에서 75%는 1년에 8회기 미만을 완수하였고(Olfson et al.,

2003), 이는 심리치료에서 최소한으로 용인 가능한 횟수보다 더 적다(Howard, Kopta, Krause, & Orlinsky, 1986). 다른 연구들에서 심리치료의 이용은 줄어들고 있고 약물치료의 이용은 증가하고 있는 추세임이 관찰되었는데, 이것은 두 치료 간의 상호 보완적인 관계를 말하기보다는 치료가 대체되고 있음을 제안한다(Ma, Lee, & Stafford, 2005). 더욱이 약물치료를 받기 위해 방문하는 우울한 청소년들 중 42~52%는 심리치료에 참여하지 않고 있다. 대부분의 우울한 아동·청소년은 의사에게 치료를 받고(76.7%), 1/3은 심리학자에게 치료를 받으며, 나머지는 다른 종류의 제공자에게 치료를 받는다(Olfson et al., 2003).

우울한 아동·청소년의 대다수는 지역사회 정신건강센터(community mental health center: CMHC), 개인 개업의 또는 다른 장면에 있는 치료자를 통해 치료를 받는다. 최신 증거에 기반을 둔 개입들을 받는 경우는 거의 없다. 일반적으로 지역사회에 있는 아동 심리치료자들은 증거에 기반을 두지 않고(Weisz, 2006) 절충적으로 치료를 섞어서 사용한다(Addis & Krasnow, 2000). 이러한 접근이 심리치료를 받고 있는 아동들에게 효과적인지를 지지하는 증거는 없다(Bickman, Noser, & Summerfelt, 1999). 더욱이 이런 형태의 아동 심리치료는 아무런 치료를 받지 않는 것과 마찬가지다(Andrade, Lambert, & Bickman, 2000). 일반적으로 아동들이 찾고 있는 이러한 심리치료에 대한 결과들과 일치하게, 위어싱과 웨이즈(Weersing & Weisz, 2002)는 CMHC에서 서비스를 받은 우울한 아동·청소년을 위한 표준적 치료는 주된 정신역동적 절차들과 약간의 인지행동적 기법을 절충적으로 혼합한 중앙치 11회기의 치료라고 보고하였다. 이 아동·청소년의 상당한 비율(35.8%)이 여덟 번의 회기에도 채 미치지 못하였다(Weersing & Weisz, 2002).

지역사회에서 흔히 이루어지는 치료는 연구 프로토콜 내에서 시행된 치료만큼 효과적이지 않은 것으로 나타났다(Weersing & Weisz, 2002). 우울 청소년에 대한 한 연구 프로토콜에서 회기 수의 중앙치는 12회기였고, CMHC에서 치료받은 우울 청소년과 비교해 볼 때 연구 프로토콜을 통해 치료받은 우울한 아동·청소년은 아주 빠르게 호전되었으며, 치료 후 그들의 점수들은 CMHC 표본 점수보다 유의미하게 더 좋았다. 인지행동치료(CBT)로 치료받은 우울한 아동·청소년은 우울증 증상들에서 충분히 호전되었음을 보고하였고, 그들의 점수는 정상군 점수들에 가깝게 낮아졌다. CBT를 받은 아동·청소년과 CMHC에서 치료받은 아동·청소년 사이의 이런 상당한 차이점은 3개월의 추후 조사에서까지 지속되었다. CMHC에서 치료받은 아동·청소년은 치료를 받지 않은 참가자들과 유사한 변화 경로를 보였고, 변화가 느리게 일어났다. 즉, 일상적인 치료는 우울 증상에 있어 자연스럽게 시간이 지나면서 일어나는 변화보다 더 나은 향상을 이끌어 내지 못하였다.

일상적인 치료의 실패가 아동·청소년들이 받았던 회기 수의 부족 그리고 장기간에 걸쳐 생긴 변화를 평가하는 것의 실패라는 주장이 있을 수 있다. 웨이스, 해리스, 카톤과 한(Weiss, Harries, Carton, & Han, 2003)은 개방형 치료 프로토콜을 통해 이 문제를 다루었다. 이 치료 프로토콜은 치료자들이 18개월까지 아이들과 함께 작업하도록 허락했으며, 치료 유형이나 만남 수에 어떠한 제한도 두지 않았다. 그 밖에도 내재화와 외현화한 증상들이 2년에 걸쳐 추적되었다. 결과들은 전통적인 아동 심리치료의 효과를 뒷받침할 어떠한 증거도 보여 주지 않았다. 치료 후에도 증상의 심각성은 정상 수준의 기능에 도달하지 못하였다.

연구 기반 프로토콜의 효과성은, 지역사회 장면에 고용된 대부분의 임상가에게는 실행 가능하지 않은, 상당한 시간이 투입되는 CBT 치료자들의 고등 훈련에서 기인한다고 제안되어 왔다(Southam-Gerow, Weisz, & Kendall, 2003). 이러한 광범위한 훈련은 지역사회 장면에서는 현실적으로 실현 가능하지 않을 것이지만, 환자들에게 그러한 훈련을 제공하기 위한 우리의 윤리적인 책임을 표현하는 것일 수 있다. 우리가 환자들의 안녕에 책임을 가지고 있고, 우울한 환자들과 함께 작업할 경우 자살 행동의 위험성이 상당히 높다는 것을 기억하는 것은 매우 중요하다. 따라서 치료자들에게 최고 수준의 전문기술을 훈련시키는 것이 우리의 윤리적 책임감이다. 웨이즈 등(2009)은 지역사회 임상치료자들을 아동 · 청소년 우울을 위한 CBT에 대한 간단한 훈련과 지도감독 또는 일상적 치료 조건(usual care: UC; 주로 정신역동 접근 혹은 가족치료 접근)으로 무선화하여 이러한 훈련에서의 차이를 처리했다. 치료는 자연스러운 종결로 이어질 수 있다. CBT와 UC 치료 집단 모두 치료 종료 후 준임상 수준의 우울 증상의 결과를 야기하였으므로 우울 증상에 있어서는 효과가 다르지 않았지만, CBT가 부가적인 서비스들(예를 들어, 약물치료)을 덜 사용하였고, 길이가 더 짧았으며(즉, 24 대 39주), 비용이 덜 들었고, 부모들이 평정한 치료 동맹 수준이 더 높았다. 종합적으로, 우울증을 가진 청소년들을 위한 전통적 아동치료 사용을 지지할 만한 증거는 아주 적다. 다행히도 연구 프로토콜의 일부로 시행된 개입에 대한 긍정적인 결과들은 더 많이 발견되었다.

2) 프로토콜 기반의 치료

(1) 치료 상태에 대한 우려

우울한 청소년들을 위한 프로토콜 기반의 치료에 대한 결과들은 CBT가 더욱 효과적이라고 제안한다. 그럼에도 불구하고 문헌에서 도출될 수 있는 결론들은 성과 연구들이 부족하기 때문에 보류되어야 한다. 아동 치료의 성과 연구 상태를 향상시키려는 안건들이 다루어져 왔다(Kazdin, 2000; Kendall, 2000; Weisz, 2000을 보라). 우울한 아동 · 청소년을 위한 현존하는 성과 연구들의 일반적인 제한점도 고려되었다. 캐즈딘(Kazdin, 2000)에 따르면, 대부분의 성과 연구에 참여한 아이들은 그다지 심각하게 우울하지 않고, 공병을 덜 경험하며, 부모의 정신병리에 덜 노출되고, 전반적으로 덜 불우할 수 있다. ACTION 연구와 우울증을 가진 청소년에 대한 치료 연구(Treatment for Adolescents with Depression Study: TADS; March, 2004)를 제외하고, 우울한 청소년에 대한 현존하는 연구들에 있어 이러한 비판은 사실일 수 있다. ACTION과 TADS 연구에 참여한 참가자들은 비교 가능하고, 모두 높은 수준의 공병 장애를 보고하였으며(60%), 치료 전의 전반적 기능 평가(Global Assessment of Functioning: GAF) 점수 면에서도 비슷하였다. 이러한 쟁점을 고려했을 때, 경미한 우울증을 가진 청소년들이 포함된 이런 연구의 결과가 임상적으로 조금 더 심각한 우울증을 가진 청소년들에게 적용될 수 있는지는 확실하지 않다. 도스와 웨이즈(Doss & Weisz, 2006)는 현실 세계 장면에서의 치료적 결과에 있어 공병의 영향에 대하여 평가하였다. 그들은 공병의 존재가 결과에 유의미한 영향을 갖지는 않는다고 결론지었으며, 현실 세계에서 자주 볼 수 있는 더욱 복잡한 사례들의 존재가 치료의 성공 여부에 방해가 되지는 않을 것이라고 제안했다. 비슷하게, ACTION 연구에서도 공병 조건의 존재가 치료 결과에 부정적 영향을 미치지 않았다.

우울 청소년 치료의 주된 목적이 증상 경감이라고 할지라도, 효과적인 개입은 기능적 손상, 학업 기능, 부모와 가족 기능 그리고 사회적 기능에 있어서 향상 또한 가져온다. 다음에 기술할 ACTION 연구에서 연구자들은 앞서 언급한 변인들에 대한 개입의 효과를 평가하였다.

웨이즈(2000)는 아주 근본적인 문제는 비록 효과적인 개입을 발견하였을지라도, 경험적으로 지지된 치료 중 어떤 것도 정규 임상 현장으로 나아가지 못한다는 점이라고 믿었다. 적용 가능성을 촉진시킨 한 가지 방법은 치료들을 매뉴얼화하는 것이다. ACTION 치료는 여아와 그들의 부모와 함께 작업하기 위한 광범위한 치료자 매뉴얼뿐 아니라 구조화된 치료 매뉴얼을 가지고 있다. 그러나 매뉴얼들은 각 아동과 치료자의 특성을 인식하는 것을 필요로 하는데(Kendall, 2000), 몇 가지 매뉴얼은 이 목표에 도달하지 못한다. 실제로는 수련, 이론적 지향, 경험, 기술들, 대인관계 능력 그리고 다른 개인적인 차이들에서 아주 큰 다양성이 있기 때문에 치료자들 중에 완전히 '똑같은 영역에서 활동하는' 사람은 없다(Kendall, 2000). 아동들 또한 매우 다양하며, 이것은 매뉴얼화된 치료를 적용할 때 숙련된 치료자가 수행할 것을 요구한다. 치료자가 일관된 이론적 시각에서 청소년들의 문제점들을 개념화하는 능력은 매뉴얼화된 치료를 융통성 있고 현실적으로 수행하게 하는 데 도움이 된다. 그 밖에도 치료자들은 자연스럽게 치료 방략들을 적용할 기회를 인식할 수 있도록 매뉴얼의 '큰 그림'을 이해해야만 한다. 이러한 요점들을 고려함으로써 치료자들은 치료 매뉴얼을 적용할 때 '정확성을 가진 융통성'을 발휘할 수 있다(Kendall & Bedias, 2006). 치료에 대한 기본적인 이해가 없다면, 아이들의 특별한 요구들에 맞지 않는 경직된 방식으로 매뉴얼이 수행될 것이다.

(2) 연구에 근거를 둔 개입

심리사회적 개입 이 책의 2판 이후로, 우울한 아동·청소년을 대상으로 하는 상당량의 추가적인 치료 성과 연구가 수행되어 왔다. 경험적으로 지지된 치료들의 기준에 따르면(Chambless & Hollon, 1998), CBT는 우울한 아동 및 청소년에게 '잘 입증된(well-established)' 것으로 명명되어 왔다(David-Ferdon & Kaslow, 2008). 청소년의 우울증 대처 과정(Adolescent Coping with Depression Course; Lewinsohn, Clarke, Hops, & Andrews, 1990), 자기 통제 치료(Stark, Reynolds, & Kaslow, 1987)와 펜 예방 프로그램(Penn Prevention Program; Jaycox, Reivich, Gillham, & Seligman, 1994)과 같은 특정 CBT 개입들은 아마도 효과적이었던 것으로 보인다.

르윈손(Lewinsohn), 클라크(Clarke)와 동료들은 우울한 청소년을 위한 예방과 치료 프로그램인 우울증 대처 과정(Coping with Depression Course)을 적용하고 검증해 보았다(Clarke et al., 1995, 2001; Clarke, Rohde, Lewinsohn, Hops, & Seeley, 1999; Lewinsohn et al., 1990). 프로그램은 개입의 표준 절차에 추수 회기들까지 포함하였다. 그 과정은 청소년 단독 또는 그들의 부모와 함께 사용되었을 때 우울증 치료에 효과적이었다(Clarke et al., 1999; Lewinsohn et al., 1990). 추수 회기들은 우울 삽화의 재발을 막지 못했지만, 치료 후 평가에서 우울했던 청소년들은 추수 회기들을 받은 경우에 더 빠른 회복률을 보였다(Clarke et al., 1999). 다른 연구자들 또한 CBT를 지속하는 것이 재발을 방지하는 데 효과적이라고 언급하고 있다(Kroll, Harrington, Jayson, Fraser, & Gowers, 1996).

브렌트와 동료들(Birmaher et al., 2000; Brent, Holder, & Kolko, 1997)은 우울증 청소년들의 치료로서 CBT, 체계적 행동 가족치료 그리고 비지시적인 지지치료를 비교하였다. 치료 후 CBT를 마쳤던 참가자들은 다른 치료 상태들에 있던 참가자들보다 더 많은 변화를 보였다. 그러나 장기 추후 조사에서 그런 변수들의 평균 차이들은 조건들 간에 유의미하게 다르지 않았다.

어떤 변인들이 CBT 회기들을 마친 후의 진전을 예측하는가? 치료 개시 전 우울장애가 덜 심각할수록, 나이가 어릴수록, 부모와 아동의 갈등의 비율이 더 낮을수록, 인지 왜곡 수준이 더 낮을수록, 자살 관념이 적을수록, 공병 장애가 적을수록, 무망감을 덜 보일수록, 개선에 대한 기대가 높을수록, 그리고 일반적인 기능이 더 좋을수록 보다 나은 치료 성과를 예측할 수 있는 것으로 나타났다(Birmaher et al., 2000; Curry et al., 2006). 켄달(Kendall, 2000)과 캐즈딘(Kasdin, 2000)은 개입들이 치료 목표(예를 들어, 우울한 인지)에 있어서 변화들을 창출하는지, 그리고 이런 변수들의 변화로 우울증의 개선을 예측할 수 있는지를 판단하는 것의 중요성을 강조하였다. CBT가 우울한 인지에서의 변화들, 이를테면 부정적인 혼잣말에서의 변화들을 이끌어 낸다는 몇몇 증거가 있다(Kaufman, Rohde, Seeley, Clarke, & Stice, 2005; Treadwell & Kendall, 1996도 보라). 그러나 CBT가 목표로 하지 않았던 가족 기능에도 어떤 변화들이 있었다(Kolko, Brent, Baugher, Bridge, & Birmaher, 2000). 우울증을 포함한 다양한 장애가 있는 아동들을 위한 CBT 개입들의 메타분석에서, CBT의 효과는 인지 발달 단계에 의해 조절됨이 보고되었고, 이는 CBT가 인지 변화를 통해 아동들의 기능에 영향을 준다는 것을 보여 주는 발견이다(Durlak, Fuhrman, & Lampman, 1991). 그러나 이 연구자들은 인지 과정에서의 변화들이 행동에서의 진전과 관련되어 있다는 것을 발견하지 못하였다. 아동·청소년 우울증의 심리사회적 치료에 용량 효과가 있는 것인가? 다시 말해서, 더 많은 치료 회기를 마친 아이들이 적은 횟수의 회기를 마친 아이들보다 더 큰 진전을 보였는가? CBT의 용량 효과는 한 연구에서 발견되었다(Weersing & Weisz, 2002).

성인 치료 연구 문헌에는 참가자가 한 회기와 다음 회기 사이에 아주 의미 있는 향상을 보고하는 '갑작스러운 진전'이라 불리는 현상이 있다. 이 변화는 치료 기간 동안 언제든지 일어날 수 있다. 게이너와 동료들(Gaynor et al., 2003)은 이런 현상을 우울한 아동 · 청소년들에게서 평가하였다. 갑작스러운 진전은 CBT나 비특정적 지지치료를 사용한 개인치료에 참여했던 우울증 청소년들에게서 발견되었지만, 체계적인 가족치료를 받았던 참가자들에서는 발견되지 않았다. 갑작스러운 진전은 치료 동안 발생하는 일종의 '순간적인 인지적 이해'에서 나온다고 생각된다. 그러나 이런 가설은 검증되지 않은 채로 남아 있다.

TADS 연구(March, 2004)라고 불리는, 임상적으로 우울한 아동 · 청소년들을 대상으로 한 엄격한 대규모 표본 연구에서 우울증 청소년들을 위한 독립적인 개입으로서의 CBT의 효율성은 의문점을 낳았다. 마치(March, 2004)는 중간에서 심각한 정도까지의 주요우울장애(MDD)를 주 진단으로 받은 439명의 청소년들을 대상으로, 선택적 세로토닌 재흡수 억제제(SSRI) 플록세틴(fluoxetine), CBT, 플록세틴과 CBT의 병용, 그리고 위약 치료의 상대적 효능을 평가하였다. 참가자들은 12주의 치료를 받았다. CBT는 '필수적인' 기술 형성 회기와, 청소년의 요구를 치료에서 다룰 수 있도록 하는 유연하고 발달적으로 민감하며 개별적으로 맞춰져 있는 추가적인 또는 '맞춤식 회기' 둘 다를 포함하였다. 필수 기술 형성 회기들은 처음 여섯 번의 만남에 걸쳐 마쳤으며, 우울증에 대한 심리교육, 목표 설정, 기분 감찰, 유쾌한 활동들에 참여 증가시키기, 사회적 문제해결 그리고 인지 재구성을 포함하였다. 바로 다음의 선택적인 맞춤식 회기들에서는(7~12번째 만남), 아동과 치료자가 협력적으로 십대들과 관련된 사회 기술의 결함들을 선택했으며, 이런 기술들(예를 들어, 사회적 참여, 의사소통, 협상, 타협, 또는 자기주장)의 개발에 힘썼다. 부모를 위한 우울증에 대한 심리교육, 부모-청소년 사이의 확인된 문제를 다루는 데 초점을 둔 부모와 청소년 연합의 회기들을 포함하는 부가적인 가족 회기들이 이루어질 수 있다. 비록 평가된 세부적 CBT가 이전에 효과적이라고 밝혀진 프로그램은 아니었지만 프로그램의 참가자들은 일련의 CBT 특징을 포함하고 있는 회기를 평균 11회 완료하였다.

3개월간의 치료 후, 결과는 플록세틴과 CBT의 병행이 주요우울장애(MDD)의 증상을 크게 개선시킨 것을 보여 주었다. 플록세틴 단독 사용은 효과적이었지만 CBT와의 병용만큼 효과적이지는 않았다. CBT 단독 사용은 플록세틴보다 덜 효과적이었으며, 위약보다 유의미하게 더 효과적이지도 않았다. 임상적으로 유의미한 진전에 대한 결과들을 보면, 병행 치료를 받은 참가자들의 71%, 플록세틴을 사용한 청소년들의 60.6%, CBT를 받은 청소년들의 43.2%, 그리고 위약을 받은 청소년들의 34.8%에서 치료에 대한 긍정적인 반응이 나타났음을 알 수 있다. 더욱이 병용 치료는 단일 치료보다 더 빠르게 결과를 낳았고, 우울한 청소년들의 기능, 전반적인 건강 및 삶의 질의 향상에 있어 효과성이 있음이 검증되었다(Kennard et al., 2006; Vitiello et al., 2006).

TADS 연구에서 CBT의 더 낮은 효과성은 단지 TADS에 관련된 연구의 참가자 중 대다수가 심각한 우울을 경험하고 있었기 때문만은 아니다. 브렌트와 동료들(Brent et al., 1997) 그리고 마치(2004)의 연구 모두 참가자들은 클리닉에 의뢰된 MDD와 다양한 공병들을 경험하고 있었던 아동 · 청소년들이었다. 우울장애의 심각성에 있어 표본들이 유사하고, 참가자들이 각각의 연구 조사에서 마친 회기 수가 유사함에도, 이 조사들에 사용된 두 형태의 CBT에 대한 결과들은 아주 다르다. 브렌트와 동료들(1997)의 개입에서는 인지치료(Beck, Rush, Shaw, & Emery, 1979)에 입각한 치료가 더 사용되었으며, 그것은 협력적인 경험주의, 인지치료 모형에 대한 사회화 그리고 자동적 사고, 가정 및 신념에 대한 수정과 감찰을 강조하였다. 참가자들은 또한 문제해결, 정서 조절 그리고 사회적 기술들을 습득하였다. TADS에서 치료자들은 인지치료를 사용하지 않았다. 대신 참가자들은 처음 여섯 번의 만남에서 여섯 가지 인지행동적 기술을 배웠고, 이후 여섯 회기는 사회적 기술들의 훈련을 배웠다. 아마도 그것이 임상적 개선의 비율에 차이점을 야기하는 두 치료들 간의 차이일 것이다. 브렌트와 동료들(1997)은 우울 삽화를 가진 청소년의 60%에서 치료 이후 완화가 되었다고 보고한 반면, TADS 연구에서는 43%가 완화를 보고하였다. CBT와 약물의 병용 치료는 가장 비용 효율적인 치료인 것으로 밝혀졌다(Domino et al., 2009).

하지만 흥미롭게도 치료 9개월 후, 플록세틴, CBT, 병용 치료에 대한 반응 비율이 각각 81%, 81%, 86%로 나타나 세 가지 적극 치료의 치료 효과의 차이가 더 이상 지속되지 않았다. 게다가 세 가지 적극 치료에서의 완화 비율 역시도 각각 55%, 64%, 60%로 수렴하였다. 앞선 결과들은 항우울제 약물이 치료 반응과 완화율을 가속화하는 데 효과가 있는 반면, 심리치료는 점차적으로 효과를 보여 결국에는 치료적 양상에 있어 차이가 거의 없음을 나타낸다. TADS 연구에서 약물치료와 CBT 반응에 강력한 영향을 줄 수 있는 다른 요인은 몇몇 피험자에게서 나타난 성학대 및 신체적 학대의 존재다. 루이스 등(Lewis et al., 2010)은 TADS 연구에서 트라우마가 있는 우울장애 참가자들이 치료적 개입에 더 저조한 반응을 보였으며, 이 연구에 사용된 CBT 방법이 트라우마가 있는 참가자들에게 있어 가장 최선의 방법은 아니었다고 언급했다. 비슷하게, 학대력이 청소년기 치료 저항성 우울증의 치료(Treatment of Resistant Depression in Adolescents: TORDIA) 연구에서 2차적으로 벤라팍신 그리고/혹은 CBT 치료를 받은 치료 저항 청소년들의 우울 치료에 대한 반응을 줄인다는 것이 발견되었다.

ACTION 프로그램의 평가 ACTION 치료 프로그램은 국립정신건강연구소(National Institute of Mental Health)의 후원하에 5년간 치료 연구로 평가되었다. 우울장애로 진단 가능한 9~13세의 여아 158명이 부모 훈련을 받는 CBT, 부모 훈련을 받지 않는 CBT 혹은 최소 접촉의 통제 조건(MCC)에 무선 할당되었다. 참가자의 대부분(64%)은 적어도 1개의 공병을 경험 중이었고, 30%는 2개 혹은 그 이상의 공병 장애를 가지고 있었다. 이러한 점에서, 이들이 전반적 기능지표에서 경험하고 있는 혼란은 전국 각지의 대학 병원에서 수행되었던 TADS 연구의 참가자들의 것과 비슷하다. CBT는 아동의 학교 내 수업 시간 중에 소집단으로 수행되었다. 부모 훈련 역시 방과 후 소그룹으로 수행되었다. CBT는 11주에 걸쳐 스무 번의 집단 모임과 두 번의 개별 모임을 포함한다. 모임은 45~60분간 지속되었다. 부모 훈련 역시 동일한 11주 동안 시행되며, 여덟 번의 그룹 모임과 두 번의 가족 모임을 포함한다. 여아들은 부모 훈련의 절반에 참여하기 때문에 부모들이 치료자의 안내에 따라 기술을 훈련할 수 있다. 치료자들은 치료 매뉴얼 연구, 치료 프로그램 테이프 청취, 치료가 수행되는 동안 상급 치료자를 관찰한 뒤 공동치료자로서 치료 집단을 이끌어 가는 경험을 하는 것 등을 포함하는 ACTION 치료 시행에 대한 광범위한 훈련을 받은 대학원생들이었다. 그 후 치료자들은 독립적으로 집단을 이끌어 갈 수 있었다. 1차 연구자들이 치료자들을 지도감독하였다. 회기의 내용은 이 장의 다음 절에서 제시된다. MCC 조건에 무선 할당된 참가자들은 그들의 안녕을 관찰하기 위하여 격주로 벡 소아 우울 척도(Beck Depression Inventory for Youth: BDI-Y; J. Beck, Beck, & Jolly, 2003)를 완수하였거나 DSM 우울 증상 면담(DSM Symptom Interview for Depression; Stark, 2010)을 통한 면담을 하였다. 더불어 격주로 연구 조교들은 아동의 안녕에 대한 관점을 얻기 위하여 각 참가자들의 교사 혹은 1차 양육자와 함께 이야기하였다. 또한 매주 아동들의 자유 시간 동안 관찰을 통하여 그들이 보이는 명시적인 우울 증상이 어느 정도인지 평정하였다. 우울증은 치료 전, 치료 후 그리고 1년 후 추수 평가에서 학령기 아동용 감정장애 및 조현병 목록(Schedule for Affective Disorders and Schizophrenia for School-Age Children: K-SADS; Ambrosini & Dixon), 벡 소아 우울 척도(BDI-Y), 소아 우울 척도(Children's Depression

Inventory: CDI; Kovacs, 1981), 그리고 아동 행동평가척도(Child Behavior Checklist: CBCL; Achenbach & Rescorla, 2001)를 통하여 평가되었다. 인지기능 역시 같은 시기에 아동용 인지삼제 척도(Cognitive Triad Inventory for Children: CTI-C; Kaslow, Stark, Printz, Livingston, & Tsai, 1992)를 통하여, 그리고 가족기능은 자기보고식 가족 기능 척도 아동용(Self-Report Measure of Family Functioning for Children: SRMFF-C; Stark, Humphrey, Crook, & Lewis, 1993)을 통하여 평가되었다. 부모의 병리는 간이증상 체크지-90-개정판(Symptom Checklist 90-Revised: SCL-90-R), 부모의 인지는 부모용 인지삼제 척도(Cognitive Triad Inventory for Parents: CTI-P)로 평가되었고, 부모의 가족 환경에 대한 지각은 SRMFF(Bloom, 1985)로 평가되었다.

우울 척도의 결과는 ACTION 치료 프로그램이 상당히 효과적이었음을 보여 준다. 두 가지 적극 치료를 받은 여아들은 MCC 조건에 속한 여아들에 비해 K-SADS와 BDI-Y에서 유의미하게 낮은 우울을 보고하였다. 또한 그들은 CTI-C에서 자신과 미래에 대하여 유의미하게 더 긍정적인 태도를 보고하였다. 어떤 측정치에서도 두 가지 적극 치료 조건 사이의 차이는 나타나지 않았다. 뿐만 아니라 CBT 단독 혹은 CBT와 부모 훈련에 모두 참여했던 여아들은 각각 84%와 81%가 치료 이후 더 이상 우울장애로 진단되지 않았다는 결과가 보고되었다. 즉, 그들 중 대부분은 증상이 사라졌다. 반면 MCC 조건에 속한 여아들의 경우 46%만이 치료 이후 더 이상 우울장애를 경험하지 않았다.

ACTION 치료 프로그램은 다중 요소의 매뉴얼화된 개입이다. 따라서 우울증의 개선에 어떠한 요소 혹은 요소들의 조합이 효과가 있었는지는 분명하지 않다. 기초이론(grounded theory)을 사용한 질적 연구(Molnar, 2006)는 참가자들이 어떤 치료 요소로부터 가장 도움을 받았는지 밝혀내고자 진행되었다. 참가자들은 그들과 치료자 간의 관계는 우울증 감소에 기여한 바가 없다고 분명히 말하였다. 참가자들은 그들이 생각하기에 치료자들이 '좋았고' 치료자들이 그들을 좋아한다고 생각하기는 했지만, 이러한 관계가 그들의 개선에 있어 도움을 준 것 같지는 않다고 이야기하였다. 또한 참가자들은 핵심적인 치료 기술을 배우고 사용한 것이 그들의 우울증 개선에 큰 역할을 하였다고 이야기하였다. 이에 대하여 더 질문하자, 1/3의 참가자가 대처 기술이 개선에 가장 큰 기여를 하였고, 비슷한 수의 참가자가 문제해결 기술을 배우고 적용한 것이 변화하는 데 도움이 되었다고 여긴 반면, 또 다른 1/3은 긍정적인 방식으로 생각하는 것을 배운 것이 그들의 개선을 이끈 것 같다고 말하였다. 이 연구에서 나온 변화의 이론은 서로 다른 치료 요소가 서로 다른 참가자들의 변화를 낳았다는 생각을 포함한다.

이 연구를 기반으로 우울 증상의 심각도를 변화시키기 위한 치료적 관계, 대처 기술, 다른 행동적 개입, 문제해결 및 인지적 재구성의 기여에 대하여 이후에 평가해 보고자, 우리는 각각의 참가자를 위한 이러한 치료적 요소에 대한 치료자의 시행의 질을 부호화하는 체계를 개발했다. 치료 회기 절반에 대한 녹음테이프를 부호화하였다. 그 결과, 치료자로부터 높은 수준의 치료적 동맹 형성 행동을 받았던 참가자들이 치료 이후 더 낮은 수준의 우울 증상을 보이지는 않았다(Gerber, 2009). 참가자들의 치료에 대한 만족도 평가를 통제하자, 동맹 행동은 치료적 변화의 유의미한 예측인자였다. 좀 더 구체적으로 보자면, 치료자와 참가자 사이의 강한 라포, 참가자의 문제에 대한 활발한 협력, 그리고 높은 수준의 대인관계 효과성은 우울 증상의 감소와 관련이 있었다. 치료 동맹의 형성 과정은 참가자가 치료 내에서 조금 더 적극적으로 참여할 수 있게 고무하였기 때문에 효과적이었다. 각 참가자들에게 수행된 행동 개입의 질은 더 낮은 우울 증상에 대한 유의미한 예측인자로(Patel, 2009), 행동 개입이 우울증 치료의 변화에 있어 주요 기제라는 가설에 대한 추가적 지지를 제공한다(Dimidjian et al., 2006; Jacobson et al., 1996). 이론적으로, 행동적 기술들은 적응적 행동을 활성화하고 결과적으로 기분의 고양을 이끄는 환경으로부터의 강화를 증가시키는 데 사용된다(J. Beck, 1995). 이 연구에서 모임 내에서 시행된 행동의 활성화와 긍정적 강화의 질은 치료 후 우울 증상의 상당한 감소와 관련이 있었다. 자세히 살펴보면, 치료자가 참가자의 긍정적 행동 계획하기, 연습하기, 구성하기(행동 활성화)에 더 많이 관여할수록 치료 종료 후 우울 수준이 더 낮은 것으로 예측되었다. 더불어 치료자가 치료 내에서 긍정적 행동에 대한 지속적인 강화를 포함하는 높은 수준의 강화를 하는 것이 치료 후 더 낮은 수준의 우울과 연관이 있었다. 예를 들어, 치료자는 참가자의 지루함을 목표로 하여 참가자와 함께 '자전거 타기'와 같은 더 적응적인 행동에 대해 구성하고, 계획하며, 연습할 수 있다. 자전거 타기와 같은 새로운 행동을 지지하기 위하여, 치료자는 참가자의 자전거 타기에 대한 칭찬과 보상을 함으로써 불행감(dysphoria) 감소에 도움이 되는 이러한 즐거운 행동에 더욱 참여할 수 있도록 촉진시킬 수 있다. 치료자가 행동과 대처 기술 개입의 기여뿐 아니라 만족 평정까지도 통제를 하면, 관계의 효과는 더 이상 우울 증상의 심각도를 감소시키는 것을 예측하지 못한다. 과제 복습의 질이 높은 것은 치료 후 우울 증상의 감소를 예측하지 않았다. 사실 참가자들이 우울에 대한 개선을 보고하지 않았을 경우는 치료자들이 치료 과제를 살피는 데 너무 많은 시간을 소요했거나, 치료적 기술의 적용을 일반화하였거나, 참가자들의 치료 회기 이외 시간의 사고, 감정, 행동에 대하여 녹음하도록 격려하였을 때였다. 이러한 경우 치료자들이 참가자들과 열심히 작업하였음에도 불구하고, 상당한 노력이 유의미한 개선을 낳지 못하였다.

행동적 개입이 긍정적인지를 설명하는 데 큰 역할을 하는 이유를 설명하기 위해 여러 가설이 주장되었다. 행동 개입의 적극적인 특성이 부정적 생각과 근본적인 믿음에 도전할 수 있는 경험적 태도를 창출했을 수 있다(Persons & Miranda, 1992). 우울한 개인에게 행동적 개입을 적용하는 것이 우울 기분에 대한 통제감, 무망감과 무력감에 대한 일반적인 생각의 반박 등에 기여했을 수도 있다(Abramson, Seligman, & Teasdale, 1978). 발달적으로 아동들은 적극적이고 구체적이며 외부 사건에 초점을 둔 개입을 선호할 수 있다. 행동 개입은 건설적이고 즐겁고 편안하고 즐거운 활동에 참여하는 것으로 주의를 돌림으로써 직접적으로 부적응적인 정보처리를 다룬다. 이러한 참여는 아마도 부정적으로 편향된 정보를 걸러 내고, 효율성이나 가치감, 또는 변화에 대한 기대와 같은 더 적응적인 새로운 정보에 대한 평가를 강화시키는 더 긍정적인 신념을 촉진한다. 우리는 현재 문제해결이 우울 증상 심각도의 감소를 예측하는 데 어떠한 기여를 하는지 평가하고 있어, 여기에는 어떠한 결과도 보고할 수 없다. 놀랍게도, 더 높은 질의 인지적 개입은 치료 전의 우울 수준, 나이, 학습장애의 존재 여부, 치료적 기술의 숙달 및 행동적 개입을 설명한 후에도 치료 후의 더 높은 우울 수준과 유의미하게 관련되어 있음이 발견되었다(Monnat, 2009). 연구 설계의 특성 때문에 인과관계에 대해서는 단언할 수 없지만, 치료자가 제공한 테이프와 지도감독의 검토에 근거하면 치료자들은 더 심각하고 지속적인 우울 증상을 가진 여아들에게 더 높은 수준의 인지 개입을 사용하는 것으로 나타났다. 다시 말하면, 참가자들이 향상되지 않는 것으로 보일 때 치료자들은 더 열심히 작업하고, 더 높은 질의 인지적 개입을 사용한다. 치료자들은 여아들의 BDI-Y 평정을 격주로 검토하기 때문에, 치료가 진행되어 인지 재구성을 배우는 부분으로 들어갔을 때 여전히 우울 증상을 보고하는 여아들을 향상시키기 위하여 더 많은 인지 재구성을 사용하는 것은 당연한 일이다. 동시에 그들은 이미 상당한 향상을 보고한 여아나 재구조화할 부정적인 사고가 더 이상 없는 여아들에게는 인지 재구성 방략을 사용할 필요가 없고, 그러할 시간도 적다. 따라서 몰너(Molnar, 2006)의 긍정적인 결과나 현재의 결과를 고려하면, 우울한 여아의 치료에서 인지적 재구성이 가지는 역할은 불분명하다.

2. 약물학적 치료

앞서 언급했던 것처럼, 우울한 청소년들은 흔히 항우울제 약물과 심리치료의 병용 치료를 받는다. 이에 항우울제 약물들의 효능에 대한 연구 결과들을 간단하게 기술할 것이다. 여러 SSRI들이 청소년기 주요우울장애(MDD)를 치료하는 데 있어 위약보다 더 우수한 것으로 보고되고 있으며, 그중 플록세틴은 가장 광범위하게 연구된 SSRI다. 엠슬리와 동료들(Emslie et al., 1997)은 MDD가 있는 7~17세의 아동 · 청소년을 20mg의 플록세틴 또는 위약을 사용하는 8주간의 실험에 무선 배정하였다. 위약을 받은 참가자(33%)에 비해 플록세틴을 받은 참가자(56%)들이 연구 끝에 유의미하게 더 큰 비율로 '많이' 또는 '아주 많이' 향상된 것으로 평정되었다. 완전한 증상 완화는 플록세틴으로 치료받은 참가자의 31%와 위약으로 치료받은 참가자의 23%에게서 나타났다고 보고되었다. 반응률은 성별과 나이에 걸쳐 유사하였다.

한 대규모의 다기관 연구에서, 엠슬리와 동료들(2002)은 MDD가 있는 아동들과 청소년들의 치료로 플록세틴과 위약을 비교하였다. 플록세틴으로 치료받은 환자들은 1주일 동안 매일 10mg을 처방받았고 그다음 8주 동안에는 하루에 20mg을 처방받았다. 위약으로 치료받은 환자들에 비하여 플록세틴으로 치료받은 환자들은 마지막의 반구조화된 인터뷰에서 우울증 증상의 심각도에서 유의미하게 큰 감소를 나타냈다. 위약으로 치료받은 집단은 단지 19.8%가 우울증 삽화가 완화되었다고 보고한 반면, 플록세틴으로 치료받은 집단은 41.3%가 우울증 삽화의 완화를 보고하였다. 플록세틴으로 치료받은 환자들의 65%, 위약으로 치료받은 환자들의 53%에서 임상적 반응이 보고되었다. 좀 더 최근에 엠슬리와 동료들은 에스시탈로프람(escitalopram)을 평가하기 위하여 312명을 대상으로 이중은폐 기법을 사용한 무선화된 위약 통제 실험을 실시하였다. 그 결과, 위약에 비하여 약물이 유의미한 효과를 보이기는 했으나, 4주차에는 위약 반응률이 69%로 나타났다.

와그너와 앰브로시니(Wagner & Ambrosini, 2003)는 6~17세 아동과 청소년들의 MDD 치료에서 위약과 비교하여 설트랄린(sertraline)의 안전성과 효율성을 평가하였다. 참가자들은 설트랄린의 유동적 용량(하루에 50~200mg) 또는 그에 맞는 위약을 10주간 받기 위해 무선 배정되었다. 위약을 받은 참가자들에 비해 설트랄린으로 치료받은 참가자들은 우울증 증상들의 정도에서 유의미하게 더 호전되었다. 그리고 59%의 위약치료를 받은 참가자들에 비하여, 69%의 설트랄린으로 치료받은 참가자들이 임상적 반응을 보인 것으로 간주되었다. 또 다른 연구에서 와그너, 롭, 핀들링, 구티에레즈와 헤이돔(Wagner, Robb, Findling, Gutierrez, & Heydom, 2004)은 MDD가 있는 7~17세 아동 · 청소년들을 위약 통제 집단과 8주간의 시탈로프람(citalopram) 처치에 무선 배정하였다. 참가자들은 처음에는 위약 또는 하루 20mg의 시탈로프람 처치를 받았고, 4차까지 용량을 하루 40mg까지 증가시킬 수 있는 옵션이 주어졌다. 대략적인 평균 시탈로프람 용량은 하루 약 24mg이었다. 임상적 반응은 시탈로프람으로 치료받은 집단이 위약으로 치료받은 집단에 비해 더 좋았다(36% 대 24%). 기저선으로부터 증상 심각도의 변화는 위약으로 치료받은 집단에 비해 시탈로프람으로 치료받은 집단에서 유의미하게 더 나았다.

SSRI로 치료를 받은 우울증 아동 · 청소년은 2~3% 더 높은 자살 행동률을 보이며(자살 관념의 표현과 자해 행동을 포함), 치료 기간 동안 조증과 경조증 삽화가 발병할 위험이 높다(Physician Desk Reference, 2004). MDD가 있는 아동과 청소년이 SSRI로 치료받을 때 자살과 양극성장애의 가족력은 자살 관념 그리고 조증 반응의 증가와 연관이 있을 수 있다. 미국 식품의약국(FDA)에 따르면, 항우울제로 치료받는 환자들은 우울증의 악화, 증가된 자살 관념과 충동들, 조증 반응, 불안, 초조, 과민반응, 적대감 그리고 충동성 때문에, 특히 초기 치료 기간 동안 면밀히 관찰되어야 한다.

우울한 청소년의 약물치료에 있어 주요 쟁점은 SSRI 복용과 관련된다고 보이는 자살 관념 및 행동의 증가에 대한 우려다. 자살 시도와 자살 관념을 포함하는 자살 사건들의 증가 추세는 CBT 집단(6.3%)에 비해 플록세틴 단독 집단(14.7%)에서 더 높았다(TADS Team, 2007). 병용 집단에서 자살 사건의 비율이 유의미하게 높지 않았기 때문에(8.4%), CBT가 자살 관념 및 행동에 있어 예방적 효과를 가지고 있는 것으로 보인다(TADS Team, 2007). 아동 및 청소년의 항우울제와 관련된 자살 경향에 대한 쟁점은 전문가 및 대중매체의 폭넓은 관심을 받고 있다. 항불안제 변인은 실제 영향이 통계적으로 미미하고, 그것의 단독적인 효과를 분리하는 것도 어렵지만, 사회적 기대 효과와 소아과 의사나 가족 주치의의 처방 관행에 대한 효과는 상당하다. 대부분의 1차 진료 의사들은 18세 이하의 소아 · 청소년에게 항우울제를 처방하는 것을 꺼린다. 미국에는 대략 7,000여 명의 소아 · 청소년 개업의가 있지만, 기분 안정제를 통해 도움을 받을 수 있는 많은 아동이 기분 안정제를 받지 못하고 있다. FDA가 블랙박스 경고문(black box warning)을 발행하도록 이끈, 총 피험자 3,000명에 달하는 복합 연구에서 자살을 완수한 사례는 없었다. 실제 청소년 자살률은 1980년대 후반 이후로 감소해 왔으나, 블랙박스 경고문의 발행 이후 다시 증가하기 시작했다. 처방을 덜 내리는 것과 증가된 청소년 자살 사건이 동시에 일어난 것이 과연 인과관계가 있는 것인지 아니면 우연인지는 추측의 대상이다. 이 영역에 대한 더 많은 연구가 분명히 필요하다.

청소년 우울 치료에 대한 또 다른 다지역 연구(TORDIA)에서, SSRI로 치료받는 데 실패한, 높은 수준의 공병과 자살 경향성을 가진 334명의 청소년이 항우울제 단독 조건(또 다른 SSRI 혹은 벤라팍신) 또는 항우울제와 CBT 병용 치료 조건에 무선 할당되었다. CBT 요소는 22개 단위로 구성되었고, 현재 사용되는 매뉴얼에 기초하였으며, 인지 재구성, 행동 활성화, 감정 조절, 사회 기술 및 문제해결을 강조한다(Brent et al., 2008). 12주의 치료 후, CBT와 항우울제, 특히 SSRI를 병용한 치료(중앙치 9회기)에서 높은 치료 반응이 나타났다(Brent et al., 2008). 이후 분석에서 9회 혹은 그 이상 회기에 참여한 환자들이 9회 이하로 회기에 참여한 환자들에 비하여 2.5배 이상 더욱 긍정적인 반응을 보인 것으로 확인되었다. 더불어 문제해결 및 사회 기술 단위를 경험한 환자들은 각각 2.3배, 2.6배 더 성공적인 치료 반응을 보였다(Kennard et al., 2009). 이러한 자료들은 만성적이고 더욱 심각한 우울증이 있을 경우의 최소 투약량과 적극 치료 요소의 고려 사항을 암시한다.

아동기 우울증 치료에 있어서의 약물치료(그리고 어느 정도의 CBT)의 효율성을 입증하는 것은 성인기 우울증 연구에서는 볼 수 없는 유의미한 위약 반응률에 있어 중요하다. 이러한 현상의 이유에 대한 추측에는 다지역 연구의 인위적 효과, 약물 처방/복용의 심리치료적 측면, 성인을 위해 설계된 MDD에 대한 순응성의 필요, 높은 공병(특히 남용) 및 우울증이 있는 아동에게서 보인 다른 감정장애로의 높은 변화 수준 등이 포함된다.

3. 증상 완화의 신경생물학적 상관관계

우울증 치료 동안 뇌에서는 무슨 일이 일어날 것 같은가? 신경가소성이 초기 삶의 스트레스가 우울증의 취약성을 만들어 내는 기능적 신경 변화를 유발하는 기제로 논의되는 것처럼(Penza, Heim, & Nemeroff, 2003), 적응적 기능 변화들 또한 증상 완화에서 관찰되어 왔다. 적응적 기능 변화를 평가한 연구는 매우 소수이지만, 연구 조사는 항우울증 약물들과 심리치료의 성공적인 치료에 의해 일부 영역에서 뇌 활동이 정상화되었음을 보여 주었다. 현재까지 대부분의 문헌이 성공적인 정신약물학적 치료 후에 변화하는 뇌에 초점을 맞추어 왔고, 비록 증상 완화가 추가적인 비정상적인 신경 활동 패턴과 관련 있긴 했지만(Mayberg, 2003), 많은 연구는 뇌의 이상성에서의 변화를 제시하였다(예를 들어, Bench, Frackowiak, & Dolan, 1995; Brody et al., 2001; Kennedy et al., 2001; Mayberg et al., 2000). 비록 뇌의 변화를 연구하기 위해 심리치료를 사용한 연구는 거의 없지만 심리치료가 약물치료에서 관찰된 신경 영역과 약간 다른 신경 영역에 영향을 줌으로써 회복을 매개한다는 초기 연구가 있고(Brody et al., 2001; Kennedy et al., 2007; Martin, Martin, Rai, Richardson, & Royall, 2001), 아마도 다양한 형태의 치료가 뇌의 변화를 일으킬 것이다(Goldapple et al., 2004).

약물로 인한 것이든, 심리치료로 인한 것이든 증상 완화 후에 발생하는 신경 기능적 변화들에 의해 나타날 수 있는 심리적 과정들을 고찰하는 것은 흥미롭다. 이 문제를 다루기 시작하는 연구들이 아직은 탐색적이고 표본 규모가 작아서 어려움을 겪고 있지만 이 연구들은 흥미로운 관심사다. 노르아드레날린성 레복세틴(noradrenergic reboxetine; Harmer, Hill, Taylor, Cowen, & Goodwin, 2003)이나 SSRI(Harmer et al., 2003; Kemp, Gray, Silberstein, Armstrong, & Nathan, 2004)의 1회량을 받은 건강한 성인들은 위약을 받은 참가자들과 비교해 볼 때 긍정적인 정서 정보를 향한 정보처리 과정 편향을 보였다. 연구자들은 우울증 치료에서 심리적 및 생리적 기제들의 유사성을 강조하였다. CBT는 부정적 정보로부터 좀 더 긍정적이며 현실적인 정보 쪽으로 정보처리 편향을 변화시키도록 내담자를 도우려고 노력한다. 이러한 연구들이 완화를 이끄는 공통적인 신경 경로의 가능성을 나타낸다 할지라도, 다른 연구들은 그 상황이 보다 더 복잡할 것이라고 제안한다. SSRI 제제(선택적 세로토닌 재흡수 억제제)로 치료받고 있는 우울증 환자들은 트립토판 고갈 문제로 인해 기분이 침체되는 경향이 있었다(Delgado et al., 1990, 1999). 그러나 SSRI나 인지치료로 성공적으로 치료를 받아 왔던 이전의 우울증이 있는 개개인들을 비교하는 최근의 연구에서, 인지치료를 받았던 집단은 SSRI 치료 집단에서 발견되었던 트립토판 고갈로 인한 기분의 악화를 보이지 않았다는 것이 발견되었다(O'Reardon et al., 2004). 저자들은 인지치료로 인한 완화는 정상적으로 기능하는 세로토닌 체계에 의해 반드시 매개되는 것은 아니라고 가정한다. 그러므로 인지치료는 아마 다른 체계에 영향을 미칠 것이다. 만약 CBT와 SSRI 제제가 서로 다른 체계들에 영향을 준다면, 이것이 두 치료의 결합 치료에서의 유리한 영향을 설명할 수 있을 것이다.

우울한 아동들의 내분비 체계의 가변성 또한 중요 관심사다. 55명의 우울한 청소년을 대상으로 한 코르티솔 수준과 스트레스 사건의 복합적 상호작용에 관한 연구에서(Rao, Hammen, & Poland, 2010) 코르티솔의 높은 기저선 수준이 느린 회복을 예측했고, 높은 기저선 수준의 코르티솔과 최근 스트레스 경험이 재발을 가장 잘 예측하였다.

4. 성과 척도

제한된 지면으로 인하여 여기서는 선택된 성과 척도들과 개입을 알려 주는 데 사용된 방식에 초점을 맞출 것이다. CBT로 우울증을 치료할 때, 증상 완화는 설명 방식과 인지 과정 변화의 결과로서 발생한다고 믿어진다. 그러므로 아동의 자기, 세계 그리고 미래에 대한 느낌을 측정하기 위하여 CTI-C(Kaslow et al., 1992)와 같은 측정 도구를 사용하는 것이 중요하다. 벡(J. Beck, 1995)은 핵심 신념이 정보처리 체계를 주도하고, 우울한 개인의 핵심 신념은 사랑받지 못한다는 느낌, 무가치감, 무망감으로 특징지을 수 있다고 가설을 세웠다. 우리는 사랑받지 못함과 무가치함의 핵심 신념을 측정하려는 임상적 목적을 위한 질문지를 사용하였지만, 이에 대한 심리측정적 특성은 아직 검토 중이다. 앞서 말한 것과 같이 행동 활성화는 우울장애의 치료에 있어 중요한 요소다. 그러나 오직 임상적 측정치만이 활성화할 수 있다고 고려되는 활동에 아동이 참여하는 정도를 평가하도록 개발되었다. 아동 및 청소년의 치료적 계획을 개발할 때, 부모의 적응(예를 들어, SCL-90-R)과 가족 환경(SRMFF-C; Stark et al., 1990)을 측정하는 것이 중요한데, 이는 둘 모두 치료 내에서 도움을 줄 수 있는 변화의 목표 혹은 잠재적 자원이기 때문이다. 공병장애의 심각도를 측정하는 부가적인 측정 도구는 상당히 도움이 될 수 있는데, 이러한 장애가 치료의 부수적 목표가 될 수 있기 때문이다.

1) 우울증의 평가

아동 · 청소년 우울증을 평가하는 데 가장 좋은 방법

들은 여러 평가자가 작성한 여러 척도와 중다 방법을 포함하는 것이다. 소아 우울 척도(CDI; Kovacs, 1981), BDI-Y(Beck et al., 2003)와 같은 자기 보고식 질문지, 학령기 아동용 감정장애 및 조현병 목록(K-SADS; Ambrosini & Dixon, 2000) 같은 면담, 그리고 아동 행동평가척도(CBCL; Achenbach & Rescorla, 2001) 같은 부모 보고 척도들을 포함한 증상 심각성 척도들은 우울증 증상의 존재 여부와 심각도를 평가하는 수단으로서 도움이 된다. 우울증과 공병 장애를 진단하는 데에도 사용할 수 있는 K-SADS는 아동과 주 양육자에게 독립적으로 시행된다. 각 증상의 심각도는 빈도, 기간, 현상학적 경험에 관한 정보에 따라 결정된다. 우울장애의 심각도는 장애를 구성하는 모든 증상의 심각도 평정을 결합하여 결정된다. K-SADS를 처음 사용할 때는 번거롭고, 강도 높은 훈련을 요구하며, 연구에 사용하도록 고안된 것이긴 하지만, 이 형식은 충분히 융통성이 있어서 임상 실제에서 훈련된 면담자들에게 적용될 수 있다.

CDI나 BDI-Y와 같은 자기 보고식 척도는 우울증 증상의 심각도를 좀 더 양적으로 측정하는 수단으로써 사용될 수 있다. 면담이 임상가에게 라포 형성과 각 증상에 관한 질문을 하는 기회를 제공하긴 하지만, 자기 보고식 질문지도 때때로 주관적인 고통에 대한 부수적인 정보를 제공한다. BDI-Y는 우울과 관련된 부정적 인지와 우울 증상의 심각도를 측정한다. 따라서 이는 면담을 보충하는 데 있어 유익하며, 이 항목들에 대한 아동의 반응을 통하여 치료적 안내를 제공할 수 있다.

면담 결과는 삽화의 심각도를 제공하고, 연구 조사에 의하면 좀 더 심한 삽화들의 경우 경과가 더 장기적임을 보여 주고 있기 때문에(McCauley et al., 1993) 치료자들은 좀 더 강도 있거나 장기간의 개입을 계획하기 위해 이 정보를 이용할 수 있다. 좀 더 잦은 만남을 계획하고, 부수적인 개입들이나 입원을 의뢰함으로써 치료 강도를 증가시킬 수 있다. 또한 전반적인 개입이 공병들을 다루기 위해 조정되어야 하므로, 진단적 면담은 공병 상태를 확인함으로써 치료를 안내할 것이다.

우울증 척도들에서 얻은 구체적인 우울 증상의 존재와 관련된 정보 또한 치료를 안내할 수 있다. 예를 들어, 만일 아동이 수면장애를 보고한다면, 진정시키고 이완시키는 대처 능력을 강조하는 것과 함께 수면 위생 행동들이 개입으로 통합된다. 만일 아동이 무쾌감증과 함께 많은 아주 심한 무기력 증상들이 있음을 보고한다면 약물 개입을 시작할 수 있다. 다른 예로는 기분장애, 지나친 피로 또는 수면 과다를 보고하지만, 연관되어 있는 우울증의 인지 증상들이 없는 아동을 들 수 있다. 이런 아동은 시상하부 기능의 평가가 의뢰될 것이며, 아마 관련된 의학적 치료를 받게 될 것이다.

다른 중요한 고려 사항은 자살 위험의 평가다. K-SADS는 자살 위험 및 자해 행동들의 위험의 심각도를 평가하는 한 부문을 포함한다. 면담의 이런 부문은 유용하긴 하지만, 이것은 철저한 위험 평가의 시작점일 뿐이다. 따라서 우리는 면담의 이 부분을 좀 더 철저한 평가를 하게 해 주는 일련의 질문으로 보충한다. 유사한 맥락에서 우리는 우리의 면담자들이 칼로 긋기와 같은 자해 행동에 관한 부수적인 질문들을 하도록 훈련시켜 왔다. K-SADS가 관련성 있는 항목은 포함하는 반면에, 이런 분야에 적절한 면담은 포함하지 않고 있다. 만일 청소년들이 자살 행동 위험에 놓여 있다면, 그들의 안전을 위해 즉각적으로 조치를 취해야 하며, 정신과 의사에게 긴급하게 의뢰되어야 된다.

우울장애의 존재를 평가하는 것 이외에도, 증상의 심각도에 대한 척도가 시간이 경과함에 따라 치료 효과를 평가하는 하나의 수단으로 사용된다. K-SADS의 현재 삽화 버전(The Present Episode version of the K-SADS)은 그 민감성과 심각도 평점의 범위로 인해 훌륭한 성과 측정 도구가 된다. BDI-Y와 같은 자기 보고식 척도는 시간에 걸친 치료의 진전을 평가하기 위해 사용될 수 있다. 예를 들면, 우리는 2회기마다 한 번씩 시작할 때 아동들에게 BDI-Y의 우울장애 부문을 작성하기를 요구한다. 우리는 이런 목적으로 CDI와 BDI-Y의 우울증 부문 모두를 사용해 왔으며, 아동 · 청소년들은 좀 더 간단한 형식이고, 리커트 척도 반응 선택지이며, 작성하는 시간이 더 짧기 때문에 BDI-Y를 더 선호한다.

2) 관련된 구성 요소의 평가

추가적인 척도들은 우울과 관련된 변인들을 평가하고 치료적 계획의 발달을 안내한다. 몇몇 지필식 척도들은 중요한 인지적 변인들을 평가하기 위해 개발되었다. ATQ(Hollon & Kendall, 1980)의 한 버전인 아동용 자동적 사고 질문지(Automatic Thoughts Questionnaire for Children: ATQ-C; Stark, Humphrey, Laurent, & Christopher, 1993)는 서른 가지의 우울한 자기 진술로 이루어져 있다. 아동은 각각의 생각에 대한 발생 빈도를 평가한다. 아동들의 평정들은 인지적 재구성을 안내하기 위해 검토되고 사용된다. 앞에서 이야기한 대로 또 다른 유용한 질문지는 아동용 인지삼제 척도(CTI-C; Kaslow et al., 1992)로, 이는 자기 자신, 세계 그리고 미래에 대한 아동들의 신념을 평가한다. CTI-C는 세 가지 척도에 동등하게 배분된 36개의 항목으로 이루어져 있다. 세 가지 척도와 각각의 척도에 포함된 구체적인 항목들에 관한 아동의 점수들은 치료의 지표가 된다. 예를 들면, 자신에 대해 부정적인 견해를 보이는 아동은 이것을 치료의 목표로 삼을 수 있다. 치료자는 아동들이 부정적인 자기 견해와 반대되는 증거를 확인하고, 좀 더 긍정적인 자기 견해를 지지하는 증거를 확인하도록 지속적으로 도와줄 것이다. 무력한 설명 방식이 우울증과 관련이 있다고 밝혀져 왔으나, 지금까지 아동기의 귀인 양식을 측정하는 심리측정적으로 견고한 측정 방식은 존재하지 않는다.

우리는 우울한 청소년들의 치료 계획의 개발을 안내하기 위한 많은 실험적 측정 도구를 개발해 왔다. 예를 들어, ACTION 프로그램의 대처 기술 요소의 개발을 안내하기 위한 예비 연구에서, 특히 탄력성 있는 아동들이 다섯 가지 넓은 범주의 대처 방략을 사용한다고 보고했다. ① 재미있고 기분 전환이 되는 일을 한다, ② 이완되고 진정되게 해 주는 일을 한다, ③ 많은 에너지를 요하는 일을 한다, ④ 다른 사람들과 함께 하는 일을 한다, ⑤ 좀 더 긍정적으로 생각한다. 우리는 청소년들의 대처 기술 및 정서 조절 기술을 평가하기 위한 측정 도구를 개발해 왔다(Stark, Funk, Arora, & Morris, 2010). 앞서 말한 대로, 사랑받을 만한, 가치 있는 그리고 희망적인 것에 관한 아동의 신념을 평가하는 것이 중요하다. 하지만 이에 대한 측정 도구가 존재하지 않기 때문에, 우리가 임상적으로 사용할 수 있는 측정치를 개발해 오고 있다.

대인관계 행동의 평가는 치료자의 관찰과 매트슨 아동·청소년 사회기술 평가척도(Matson Evaluation of Social Skills in Youths; Matson, Rotatori, & Helsel, 1983) 같은 지필식 자기 보고 척도를 통해 이루어질 수 있다. 대인관계 기술이나 기능적인 장애가 확인되면, 치료자는 이 장애가 '만일 내가 사람들과 가까워진다면 그들이 나에게 상처 줄 것이다.'와 같은 부적응적인 신념에 기인한 것인지, 아니면 나이에 맞는 행동에서의 실패와 같은 기술 부족에 기인한 것인지를 결정한다. 만일 인지장애가 수행 결핍을 낳는다면, 인지 재구성 절차, 특히 행동 과제 할당이 새롭고 더 적응적인 신념을 구축하는 데 사용될 수 있다. 부적응적인 행동 양상이 인식되면 치료자는 자신의 관찰을 아동과 공유하고, 그들 자신이 그 행동에 대해 드는 생각을 아동이 확인할 수 있게 도와야 한다. 그 후에 그들은 함께 부적응적 행동이 재발하는 것을 방지하기 위한 계획과, 부적응적인 행동을 더 적응적이면서도 같은 기능(건강한 기능임을 가정하고)을 수행하는 행동으로 대체하기 위한 계획을 세운다.

가족 기능 평가를 안내하는 것은, 가족은 아동이 필수적인 인지와 대인관계 기술을 발달시키는 환경을 대표한다는 신념에서다. 이처럼 치료자는 부적응적 신념, 정보처리 과정 오류 그리고 부적응적 대인 행동을 만들고 유지시킬 수 있는 상호작용 양상을 확인하고자 하는 것을 목표로 가족을 관찰하고 평가한다. 아마도 이것을 달성하는 가장 효과적인 방법은 스트레스 상태에서 가족 구성원 간의 상호작용을 관찰하는 것이다. 이 외에도 우리는 우울한 사고방식의 발달에 기여할 수 있는 가족 기능과 상호작용 양상을 평가하는 것을 도와주도록 고안된 몇 가지 측정 도구를 개발하였다. 우울장애와 연관되어 있는 가족 환경의 특성들을 평가하기 위해 우리는 자기보고식 가족기능 척도(SRMFF; Stark et al., 1990) 아동용을 개발하였다. 이 척도는 광범위한 개정을 거쳐, 현재는 응집력, 표현, 갈등, 조직화, 민주주의적 가족 양상, 권위주의적인 가족 양상, 자유방임주의의 가족 양상, 사교성, 활발한 오락적 지향, 그리고 지적 및 문화적 지향을 포함한 가족 환경의 중요한 특성을 신뢰성 있게 평가하는 65문항과 열 가지 척도로 이루어져 있다. 우울증 청소년을 다른 장애를 가진 청소년들과 구분해 주는(Schmidt, Stark, Carlson, & Anthony, 1998) 매우 유용한 다른 척도는 가족 메시지 척도(Family Message Measure; Stark et al., 1996)다. 이것은 36문항의 자기 보고 질문지로, 아동이 부, 모 각각으로부터 받았다고 지각하는 자신, 세상, 미래에 대한 메시지를 평가한다. 이러한 질문지에 대한 아동의 응답들은 가족 상호작용을 관찰하는 동안에 세워진 가설을 검증하기 위해 사용된다.

5. ACTION 프로그램: 우울증에 대한 인지행동치료의 예

1) 개 요

ACTION 치료(Stark, Schnoebelen, et al., 2005; Stark, Simpson, et al., 2005)는 우울한 청소년을 위한 CBT의 원형이다. 주요 구성 요소들이 남성과 여성 그리고 아동과 청소년에게 적합하다. 그러나 연구 설계에 의하면, 치료 매뉴얼과 활동지 내의 치료 시행 방식, 치료 활동들, 특정한 대처 기술들, 대인관계에 대한 강조 그리고 실제 예들은 9~13세의 여아들에게 특화되어 있다. 게다가 설계된 치료 매뉴얼에는 여아들의 회기 내에서의 사례들과 회기에 가지고 온 자료들이 사례로 사용되었기 때문에 이 연령대에 특정적이다. 즉, 치료를 설명하고 적용하기 위해 사용된 예들은 치료를 완료한 여아들에 대한 우리의 경험에 기반을 두고 있다. 하지만 치료 프로그램은 대형 외래환자 치료 센터에서 수정되어 사용되어 왔기 때문에, 치료가 어떻게 개인 환자들에게 수정되어 사용될 수 있는지에 대한 묘사가 포함될 것이다.

2) 아동 치료의 개요

ACTION 치료는 구조화된 치료자 매뉴얼(Stark, Simpson, et al., 2005)과 워크북(Stark, Schnoebelen, et al., 2005)을 따르는 우울증 여아들을 위한, 한쪽의 성에 국한되어 있으면서 발달적으로 민감한 집단치료 프로그램이다. 치료 자료들은 소집단 방식을 통해 전달된다. 각 20회의 집단 회기와 2회의 개인 회기들은 약 60분간 지속되며, 11주 동안 한 주에 두 번 행해진다. 우리의 경험에서 미루어 볼 때, 한 주에 두 번 모임을 가지는 것은 개입의 효율성을 증가시키는 것으로 보이는 중요한 발달적 고려 사항이다. 이는 참가자들로 하여금 각 모임에서 논의된 것들이 무엇인지 기억할 수 있도록 돕고, 과제 배정과 과제의 결과물을 평가하는 것 사이의 시간을 감소시켜 주는 데 도움이 된다. 따라서 아동들로 하여금 과제를 더 잘할 수 있게 돕고, 과제의 결과물이 가지는 의미를 정확하게 평가할 수 있게 한다. 각 부모들과 함께 프로그램을 시행할 때, 회기의 수, 아동에게 가르칠 치료의 요소들, 그리고 치료 절차로부터 이득을 얻을 수 있도록 촉진하는 활동들을 아동 개개인에게 맞추어 설계한다. 하지만 개별화된 개입도 매뉴얼화된 집단치료의 치료 절차와 동일한 순서를 따라 이루어진다. 치료 시행의 유형과는 상관없이, 아동 치료는 재미있고 즐겁지만, 그들의 우울 증상, 대인관계의 어려움 및 다른 스트레스 요인들에 적용할 수 있는 여러 가지 기술과 치료적 개념을 가르칠 수 있도록 설계된다. 이러한 기술들은 교훈적으로 제시되거나 경험적인 활동을 통해 배우게 되고, 회기 내 활동을 통해 예행연습을 하며, 치료적 과제를 통해 적용해 보게 된다. 다시 한 번 이야기하지만, ACTION 프로그램의 평가 동안 배울 수 있는 중요한 교훈 중 하나는, 참가자들이 경험적 활동을 통하여 설명을 받을 때 개념들을 더 잘 기억하고 이해한다는 것이다. 더불어 이러한 치료 절차는 참가한 여아들이 회기 동안 기술들이 가지는 장점들을 경험할 때 더욱 신뢰성을 가지게 된다. 기술 적용은 워크북 활동의 완수를 통하여 관찰되고 녹음되며, 치료 과제의 완수는 회기 내 보상 체계를 통하여 촉진한다. 발간된 워크북은 9~13세 여아들에게 적합하다. 좀 더 성중립적이고 발달적으로 적절한 활동기록지는 남아와 좀 더 나이 많은 아동·청소년에게 사용되어 왔다.

아동은 즐거운 기분을 얻고 유지하기 위해 여러 가지 기술을 사용하거나 기분 변화, 부정적 사고, 다른 우울한 증상들을 그들이 프로그램에서 배운 대처 방략, 문제해결 방략, 또는 인지 재구성 방략들을 사용할 필요가 있다는 신호로 사용한다. 이 세 영역에서의 경험에 주의를 기울임으로써 아동·청소년들은 자신의 정서를 더 잘 자각할 수 있게 되고, 점차적으로 더 작은 변화도 대처, 문제해결, 인지 재구성을 사용해야 할 단서로 사용할 수 있게 된다. 회기 내에서 수행된 다양한 활동과 과제는 참가자들이 그들의 개인적 경험들을 좀 더 자각할 수 있도록 도와준다.

참가자들은 그들의 불쾌한 정서와 다른 우울 증상들을 다스리기 위한 대처 기술들을 배운다. 아동들은 회기 내에서 대처 기술들이 그들의 불쾌한 기분에 미치는 영향을 증명하는 활동들을 통하여 그 기술들을 배운다. 예를 들어, 참가한 여아들이 불행하게 보이는 것을 알아챈 치료자는 그들에게 그들 자신의 기분이 어떤지 평정해 보도록 물은 뒤, 10분간 밖에 나가서 훌라후프를 하고 오라고 이야기한다. 그들이 모임실로 다시 돌아오면 기분을 다시 한 번 평정해 보고 호전된 이유에 대해 논의한다. 우울한 아동·청소년은 종종 자신의 통제를 벗어나 있어서 스스로 변화시킬 수 없는 원치 않는 상황들을 경험한다. 그런 상황에서 아동들은 첫 9회기 동안 배우고 적용해 보았던 대처 기술을 사용하여 그들의 기분을 향상시키고 우울 증상을 감소시키기 위한 '조치를 취할 수' 있다.

우울한 아동·청소년들은 원치 않는 상황들을 자신이 통제할 수 있고 변화 가능한 것으로 만들 수 있도록 돕는 문제해결을 배운다. 아동·청소년은 5단계의 문제해결 단계를 배우게 된다. 그 단계들은 ① 문제 정의, ② 목표 정의, ③ 해결책 생성, ④ 결과적 사고, ⑤ 자기평가를 포함한다. 각 단계들은 발달적으로 민감한 방식으로 정의된다. 이 단계들에 대해 치료자를 모델링하고 가상적인 상황들에 적용한다. 다시 한 번, 각 단계의 목적과 의미를 설명하기 위해 활동들을 이용한다. 시간이 지남에 따라 치료자는 참가자들이 문제해결을 그들의 현실 생활 속 문제들에 적용하도록 도와준다. 워크북에는 아동들이 회기 이외의 상황에서도 이러한 절차를 통하여 문제해결을 적용할 수 있도록 안내하는 문제해결 활동기록지가 포함되어 있다. 치료 중반쯤 되면, 아동들은 대개 대처 기술과 문제해결 기술을 사용하는 데 능숙해진다. 이러한 기술은 참가자들이 기분의 호전을 포함하는 증상 완화를 경험하도록 돕고, 이를 통해 부정적 사고의 확인, 자기 감찰, 평가 및 변화에 초점을 둔 치료의 다음 단계로 넘어갈 수 있다.

우울한 아동·청소년들은 보통 그들 자신, 그들의 일상 경험들 그리고 미래를 비현실적으로 부정적 방식으로 본다. 이에 대항하기 위해 우울한 아동·청소년들은 자신의 부정적 사고를 인식하는 것을 배운다. 종종 그들은 부정적 사고의 수렁에서 자신을 끌어내는 데 어려움을 겪는다. 우리는 이것을 '부정적인 진흙탕 속에 빠져 오도 가도 못하는 것'이라고 말한다. 아동들은 그들 자신의 부정적 사고를 인식한 다음, 많은 인지 재구성 방략을 이용하여 그것들을 평가하는 것을 배운다. 청소년들이 2개의 질문을 사용해 그들의 부정적 사고의 타당성을 평가하는 '생각 심판자'가 되도록 가르치기 위해 다시 한 번 다양한 회기 내 활동과 치료적 과제의 연습들이 사용된다. 그 두 가지 질문은 '그것에 대해 다른 식으로 생각할 수 없겠는가?', '그렇게 생각하는 근거가 무엇인가?'다. 만일 그들의 부정적 사고가 현실적이고 변화될 수 있는 상황을 반영한다면, 아동들은 상황을 개선시킬 계획을 세우고 실행하기 위해 문제해결을 사용하도록 격려된다. 만일 상황이 현실적이지만 변화될 수 없다면, 그때 아동들은 상황에 부합하게 반응하기 위해 대처 방략을 사용하는 것을 배운다.

각 치료 요소에 대한 좀 더 완전한 설명은 다음에 제시할 것이다. 일반적으로, 1~9회기는 주로 정서적 교육에 초점을 두고, 대처 기술과 문제해결 기술들을 가르친다. 10~19회기는 이전의 학습 방략들을 계속적으로 사용하는 것과 더불어 주로 인지 재구성을 배우고 적용하는 것에 초점을 둔다. 11회기부터 20회기까지 아동들은 자기감(sense of self)을 증진시키기 위해 작업한다. 환자 개개인과 작업할 때에는 개별화된 방식으로 각 치료 방략에 초점을 맞추고 그들에게 속도를 맞추어야 한다. 개입 방략들을 설명하기에 앞서, 치료적 쟁점, 형식, 집단 크기, 기간, 회기의 간격 그리고 회기의 구조들이 설명된다. 이것들은 덜 분명하지만 치료 프로그램에 있어서 중요한 부분들이다.

3) 치료자 쟁점

CBT가 효과적이기 위해서는 치료자가 아동 우울장애를 개념화할 수 있어야 하며, 그다음엔 효과적으로 우울 증상을 다루기 위해, 그리고 우울장애에 내재되어 있는 핵심 신념을 변화시키기 위해 아동을 어디로 이끌지에 대한 마음속의 지도를 가지고 있어야 한다. 더불어 치료자가 CBT에 대한 이해를 반드시 가지고 있어야만 CBT를 아동의 우울장애 개념화에 제대로 적용할 수 있을 것이다. 치료를 이끄는 큰 그림을 사용할 수 있는 이런 능력이 효과적인 치료에 반드시 필요하다. 여느 다른 매뉴얼화된 개입처럼 ACTION 프로그램도 요리책 같은 방식으로는 효과적으로 적용될 수 없을 것이다. 그보다는 치료자가 우울장애와 우울증의 인지치료에 대한 이해를 지닐 때에만 프로그램이 효과적으로 사용될 수 있다. 우울증에 대한 CBT가 독특한 사례 개념화와 우울증 아동의 연구에서 나왔기 때문에, 회기 내 상호작용을 하는 동안 치료자는 각 아동의 개념화에 대한 타당성을 평가하려 노력해야 한다. 그다음 치료자는 개념화를 매뉴얼의 회기들과 통합해야만 한다. 개념화는 전형적으로 치료 과정에 걸쳐 진화한다.

치료 회기 내에서 언제든지 치료자가 그룹 내 많은 환자가 표현하는 혹은 개별 환자가 표현하는 수많은 진술에 직면하게 되면, 그들은 무엇에 주의를 기울이고 무엇을 다루어야 할지 결정해야 한다. 그러므로 치료자는 시기가 적절한지—다시 말해서, 아동이 개입을 받아들일 준비가 되어 있는지—그리고 다루어야 할 문제가 치료적 관점에서 가장 중요한 문제인지를 알아야 한다. 이런 의사결정을 안내하는 것이 인지행동적 사례 개념화다. 치료자는 아동의 진술 또는 아동이 설명하는 상황이 다음과 같은 것을 나타내는지를 스스로에게 묻는다. ① 아동에게 자신의 삶에서 보이는 증거들이 우울한 신념과 어떻게 대조되는지 또는 새롭고 더 적응적인 생각과 어떻게 일치하는지를 볼 수 있도록 돕는 기회, ② 대처 방략 사용이 우울 증상들을 어떻게 완화시키는지 또는 우울 증상을 완화시키기 위해 대처 기술이 어떻게 사용될 수 있는지를 아동이 볼 수 있도록 돕는 기회, ③ 문제해결을 사용할 기회 또는 문제해결이 사용될 수 있었던 상황을 인식할 수 있는 기회.

집단 CBT는 치료자가 한 번에 아주 많은 것을 알고 있어야만 하기 때문에 치료자에게 아주 무거운 짐을 지울 수 있다. 예를 들면, 치료자는 안건을 가지고 있다. 각 안건 항목은 아동들의 현재 문제들에 적절할 수도 있고 아닐 수도 있다. 그러므로 어떻게 진행할지에 대한 판단이 이루어져야 한다. 치료자는 참가자들을 치료적 기술들을 획득하도록 도와주는 절차나 활동에 참여시킬지 말지를 결정해야 한다. 치료자는 아동에게 기술들을 진정한 것으로 만들어 줄 기회들을 주시해야 한다. 다시 말하면, 치료자는 아동들에게 어떻게 그들이 그 기술을 현실 상황에 적용할 수 있는지를 보여 줄 기회들을 주시해야 한다. 치료자는 부정적 사고와 신념 일치 사고를 경계해야 하며, 그러고 나서 그것들을 재구성할지 아니면 다음 개입을 위해 기록해 둘지를 결정해야 한다. 치료자는 친사회적 행동을 주시하고 격려해야 하며, 집단 행동을 다루려고 노력해야 한다. 우울한 아동을 위한 개인치료 동안 치료자는 수많은 동일한 걱정을 의식하고 있되, 현재 치료 중인 한 명의 아동만을 위해서만 이를 수행해야 한다.

4) 수 행

(1) 치료 형태

외래진료실에서 볼 수 있는 대부분의 청소년이 개인치료를 받는 반면에, 다수의 치료 성과 연구들에서 치료는 집단 형태로 실시된다. 연구 목적을 위하여, 우리는 비교적 짧은 시간에 많은 수의 여아를 치료해야 할 필요성 때문에 집단 형태를 사용해 왔다. 그러나 다음의 중요한 의문점은 문헌에서 언급되지 않았다. 어떤 형태가 다른 것들보다 더 효과적인가? 임상 경험에 기초해 볼 때, 각 형태마다 어떤 이점이 있고, 실용적이지 않긴 하지만 때때로 두 가지를 다 포함하는 혼합 모형이 이상적인 것으로 나타났다. 우울증 청소년의 CBT를 위한 집단 형태의 몇몇 장점과 단점은 〈표 6-1〉에 나타나 있다.

(2) 집단 크기

집단 형태는 치료자가 한 번에 많은 아동을 만나게 할 수는 있을지라도, 집단이 너무나 커져서 치료 가치가 없어지는 지점이 있다. 우리는 9~13세의 우울증이 있는 여아들의 경우는 4명이 좋은 크기라고 제안한다. 참가자가 4명일 경우에는 한 집단처럼 느끼고 작업하지만 그 집단의 크기가 충분히 작아서 각 참가자들에 주의를 기울일 시간이 충분하다. 잘 운영하고 있는 집단(대인관계 갈등이 없음, 참가자들이 활발하게 치료에 참여함 등)에서 최대 아동 수는 5명인 것으로 나타난다. 참가자들이 많을 때 주요 문제는 각 아동들의 관심사들에 주의를 기울일 충분한 시간이 없다는 것이다. 집단에 참여하는 아동들이 많으면 많을수록, 그날의 주제 또는 그들의 관심사들에 대해 이야기할 시간이 각각에게 더 적어진다. 가장 간단히 말해, 참가자 수가 많으면 치료가 더뎌지고, 각자에게 직접적으로 집중하는 데 사용되는 시간이 줄어들 것이다.

(3) 회기 기간과 간격

치료가 최대한 효과를 거두기 위해서는 얼마나 많은

표 6-1 집단 CBT의 장점과 단점

집단 CBT의 장점	집단 CBT의 단점
• 치료자의 시간 절약 • 같은 연령의 다른 여아들도 우울증을 경험한다는 인식 • 집단 구성원들이 사회적 및 정서적 지지를 제공 • 집단 구성원들이 격려의 원천이 됨 • 사회적 기술들의 습득이 용이 • 부정적 신념들에 대항하는 증거를 제공 • 서로에게 치료적으로 적절한 피드백을 줌 • 집단 구성원들이 서로 치료적으로 관계된 피드백 제공 • 또래에 의한 신념의 재구성 • 또래들을 통해서 만들어지는 문제해결책들 • 또래들을 통해서 만들어지는 대처 행동들 • 타인의 우울한 사고를 인식하기 시작 • 타인의 부정적 사고에 대한 재구성이 시작 • '아무도 나를 좋아하지 않는다'는 부정적 사고에 반대 • 참여자들이 다른 집단 구성원들에 대해 좀 더 알게 될 수 있음 • 또래들은 서로에게 좀 더 강력한 영향력을 지님	• 구성원 각각에게는 덜 강력함 • 집단 구성원 각각에 대한 적은 관심 • 집단 구성원 각각에 대해 집중하는 시간이 적음 • 참여자들이 집중하지 않고 지루해함 • 참여자들이 몰입하지 않음 • 집단 구성원 간의 대인관계 갈등 • 치료자에게는 더 복잡함 • 치료자에게 매우 부담을 줌 • 재구성의 대상이 되는 아동은 자의식이 강해질 수 있음 • 한 치료자에게 너무 많은 정보처리 과정 • 인식하고 작업해야 할 과정 요인이 더 많음 • 참여자들은 그들의 친구들이 있는 자리에서는 자기 공개를 꺼릴 수도 있음

표 6-2 1주에 두 번의 회기가 가지는 장점

- 집단 응집이 더 빨리 형성된다.
- 치료 관계가 더 빨리 형성된다.
- 참여자들이 다음 만남에서 지난번 만남을 더 잘 기억한다.
- 이전의 만남을 재검토하는 데 적은 시간이 필요하다.
- 치료 과제를 더 잘 기억하며 완성해 오는 경향이 있다.
- 만남들을 더 효과적으로 함께 섞어 짤 수 있다.
- 참여자들의 의식이 치료적 대화로 가득 채워질 수 있다.
- 중요 사건이 발생한 시간에 더 가까운 때에 만남을 가질 수 있다.
- 중요 사건들과 관련된 사고들 및 감정들을 좀 더 기억하기 쉽다.
- 회기 사이에 일어난 파괴적인 사건과의 시간 간격이 짧아, 사건에 대한 치료적 과제의 성과에 대한 처리를 더 빠른 시간 내에 할 수 있다.
- 참여자들이 치료적 기술을 사용하고 난 후, 더 빠른 시간 내에 강화받을 수 있다.
- 회기 사이에 발생한 파괴적인 사건들의 영향을 최소화한다.
- 참여자들은 사건에서 기술을 사용한 것에 대해 더 빠른 시간 내에 사회적 강화를 받을 수 있다.

회기들이 필요하며, 충분한가? 이 질문은 아직 경험적으로 문헌에서 언급되지 않고 있다. 각 내담자에 따라 다르기 때문에 그 답은 단순하지가 않다. 현재 우리의 치료 집단들은 11주에 걸쳐 두 번의 개인 만남을 포함하여 20회기로 실시된다. 부수적인 개인 만남들은 필요에 따라 이 기간 동안 이루어진다. 각 회기의 시간은 발달 상태에 따라 다르다. 회기들은 청소년에겐 좀 더 긴 시간으로, 그리고 나이 어린 아동들에게는 좀 더 짧은 시간으로 짜여져 있다. 우리는 9세와 10세 집단의 회기에서는 50~60분을, 그리고 11세와 그 이상 나이 집단에서는 60~75분간의 회기를 선호한다. 우울증이 있는 성인들과 아동들에게 나타날 수 있는 발달적 차이는, 아동들의 경우 1주에 한 번보다는 두 번의 만남이 유익하다는 것이다. 주당 두 번의 회기에는 많은 장점이 있다(〈표 6-2〉를 보라).

(4) 회기 구조

우울증을 위한 CBT에서의 치료 회기들은 구조화되어 있고, 각 모임은 일련의 순서를 따른다(J. Beck, 1995). 우리는 주디스 벡(Judith Beck, 1995)이 윤곽을 잡은 순서를 발달적으로 적절하게 수정해 왔다(〈표 6-3〉을 보라). 일관된 순서를 따르는 것은 참가자들로 하여금 무엇을 할지 알게 함으로써 안정감을 제공하고, 일관성을 통하여 모임 내에서 치료적으로 관련이 있는 자

표 6-3 회기의 구조

- 라포 형성
- 안건 설정
- 목표 달성 확인
- 지난 만남과 과제 검토
- 대처 기술 활동
- 기술 형성
- 검토
- 긍정적 행동 검토
- 치료적 과제 할당

료들에 초점을 맞출 수 있도록 돕는다. 벡은 이러한 구조가 우울증이 있는 성인들을 치료하는 데 적용된다고 설명했으며, 저자들은 이 구조를 우울증 아동과 청소년들에게 해당되는 것으로 설명해 왔다(Stark et al., 2009). 다음에서는 아동 · 청소년들에게 특정적인 치료의 부문들이 간단하게 설명될 것이다.

라포 형성 라포를 재형성하고 참가자들이 좀 더 사적인 논의에 편안하게 참여하도록 하기 위해 회기는 구조화되지 않은 5분간의 '잡담 시간'으로 시작된다. 어린 십대들은 신뢰를 얻는 수단으로서 또래들과 치료자들을 알려는 욕구가 크기 때문에 이 '잡담 시간'은 그들에게 중요한 것으로 보인다. 청소년은 서로를 알아 가는 수단으로서 지난번 만남 이후에 무슨 일이 일어났는가를 이야기하는 데 이 시간을 이용하는 것을 좋아한다. 이러한 토론들은 완전히 치료와 무관할 수도 있고 관계가 있을 수도 있으며, 치료자들에게 가능한 안건 항목들을 확인하게 해 준다. 만일 토론이 치료적으로 관계가 있다면, 그다음에 치료자는 기술 형성으로 옮기고 기술들과 개념들을 가르치기 위해 토론을 이용할 수도 있다. 상황이 치료적으로 관계가 있지만 가르치기로 예정되어 있는 기술과 맞지 않을 때, 치료자는 그 상황과 관계된 기술을 대신 가르치는 융통성을 갖는다.

목표 달성 확인 모든 회기에서 치료자는 참가자들에게 그들이 목표 달성을 향해 진전을 보였는지에 관해 묻는다. 만약 진전이 있었다면, 참가자는 그 진전과 사용된 치료 기술들을 설명하도록 요구받는다. 집단은 박수갈채나 다른 형식의 인정을 통하여 진전을 축하한다. 어떤 경우에는 아동들이 목표 달성을 향한 진전을 보이는 데 어려움을 겪는다. 집단은 아동들이 새로운 계획들을 개발하는 것을 돕는 문제해결을 할 수 있다. 또는 주된 장해가 부정적인 생각인지 또는 그녀가 집단에서 토론하길 원하지 않는 것인지를 알아보기 위해 치료자가 개별적으로 아동을 만날 수도 있다. 만일 부정적으로 왜곡된 사고 때문에 진전이 방해를 받는다면, 치료자는 부정적 사고를 재구성할 것이다. 어떤 경우에 아동은 회기 중 또는 가정에서의 보상 체계를 통해 추가적인 격려가 필요할지도 모른다. 가끔 목표들이 너무나 방대할 때는 하위 목표들로 나누어야 하고, 계획을 수정해야 한다.

대처 기술 활동 치료 매뉴얼의 설계에서 발달적으로 고려해야 할 사항 중 하나는 아동 · 청소년이 대처 기술의 이점들을 먼저 경험해야 대처 기술이 잘 작용한다고 믿고 기술을 사용하는 것을 고려해 보게 될 것이라는 점이다. 대처 기술의 이점을 경험하는 것은 '내 기분이 더 좋아지도록 하기 위해 내가 할 수 있는 아무것도 없다.'는 신념을 재구성하는 것 또한 돕는다. 그러므로 청소년들에게 대처 기술들을 가르치는 강력한 방법은 회기 안에서 대처 기술의 효과를 보여 주는 것이다. 일반적으로 이것은 5~10분의 짧은 활동을 사용해 달성될 수 있다. 이러한 활동들과 구체적인 기술들은 이 장의 후반부에서 설명된다. 활동은 회기 동안 어느 시점에서나 행해질 수 있고, 치료자는 그 순간에 그 집단에 가장 유익할 것이라고 생각하는 대처 기술을 자유롭게 선택할 수 있다. 예를 들어, 만일 집단이 특별히 자기 표현이 없거나 우울해 보인다면, 활력을 주는 활동이 사용될 것이다. 한 가지 필수 조항이 있는데, 그것은 대처 방략의 모든 다섯 가지 범주(이 장의 후반부를 보라)는 아홉 번째 회기 때까지 설명되어야 한다는 것이다. 그래서 참가자들이 치료의 중간 시점까지 각 방략을 어떻게 사용해야 하는지를 경험하고 알도록 확실히 해야 한다. 그렇게 함으로써 아동들은 이후의 몇 주 동안 기술 사용을 연습하고 그 기술들이 기분을 향상시키는 데 도움이 된다는 것을 스스로에게 증명할 수 있게 된다. 연구 프로토콜 이외의 임상적 장면에서 청소년들과 작업을 할 경우, 청소년들이 지속적으로 그들의 대처 활동 레퍼토리를 확장하도록 도울 수 있게끔 매 회기 대처 활동을 포함시키는 것이 유용하다. 종종 우울한 청소년들은 기분을 고양시키기 위하여 상당히 제한된 범위의 여가 활동을 사용한다. 매 회기 기분을 좋게 만드는 대처 활동을 포함함으로써 우울한 청소년들이 실제로 기분을 향상시키는 데 도움이 되는 활동의 수를 성공적으로 증가시킬 수 있다.

긍정적 대인관계 행동 검토 회기의 이 부문은 '긍정적 활동을 잡아라.'라고 부른다. 이것은 치료자들로 하여금 행동을 조성하기 위한 칭찬을 사용하고, 그들이 참가자들의 새롭고 긍정적인 핵심 신념을 만들 수 있도록 돕는 기회를 나타낸다. 아동 내담자들은 치료로부터 최상의 이득을 어떻게 이끌어 낼지를 알지 못한다. 그러므로 그들에게 어떻게 효과적인 내담자들이 될지를 가르치는 것이 중요하다. 치료자는 각 아동이 스스로를 돕기 위하여 무엇을 했는지 구체적으로 칭찬하며, 이는 아동이 집단으로부터 최대한의 이득을 얻도록 도와줄 것이다. 다시 말하면, 치료자는 참가자들의 치료 경험들을 최대화하는 행동들을 사회적으로 강화한다(듣기, 토론에 공헌하기, 자신들에게 무엇인가를 어떻게 적용할지 논의하기, 다른 집단 구성원들을 지지하기 등). 치료자가 각 아동을 칭찬할 때, 치료자는 웃는 얼굴을 한 부드러운 스펀지 공을 칭찬받는 수령자인 아동에게 던지며, "케이트, 너는 멜리사가 친구들이 있다는 증거를 보도록 도와주는 좋은 일을 했구나."와 같이 말한다. 일부 참가자에게는 갈등을 예방하거나 다른 집단 구성원들에게 수용되도록 돕기 위해 바람직한 대인관계 행동들을 강화하는 것이 중요하다. 치료가 진전됨에 따라, 치료자들은 참가자들을 서로 칭찬하도록 한다. 예를 들어, "린제이는 오늘 새라를 칭찬하고, 새라는 셀레나를 칭찬해."라고 말한다. 남은 여섯 번의 회기 각각에서, 아동들은 회기 동안에 자신이 무엇을 잘했는지에 주목하고 자신을 칭찬하기를 요청받는다. 아동들은 회기의 이런 부분을 즐기며 칭찬을 내재화하는 것처럼 보인다. 이 외에도 그들은 그들 또래의 다른 사람을 칭찬하는 방법을 배우는데, 그것은 그들이 집단 회기 밖에서 사용할 수 있는 강력한 사회적 기술이 된다.

5) 핵심 치료 요소

(1) 감정 교육

감정 교육은 우울증과 그것을 관리하는 방법에 대해 참가자들을 가르치는 치료의 교육적 요소다. 그것은 참가자들이 자신의 사고, 정서와 행동 그리고 그 사이의 관계를 포함하는 우울 경험들을 더 잘 알아차리도록 돕는다. 필수적으로, 여아들은 우울증의 CBT 모형, 어떻게 그 모형을 자기 것으로 받아들이는지, 그리고 우울증을 어떻게 관리하는지를 배운다. 이 외에도 아동이 좀 더 자기를 인식하게 되도록, 특히 그들의 우울증적 사고들, 불쾌한 정서들 그리고 다른 우울증 증상들 같은 치료와 관련된 경험들을 깨닫도록 돕는다. 그러고 나서 참가자들은 이런 경험들을 단서로 사용하여 불쾌한 정서들을 다루는 수단으로 인지 방략 그리고 문제해결 또는 대처 기술을 사용하는 것을 배운다. 우울증을 위한 CBT는 아동이 자기 반성적이고, 내성적인 인지 능력을 가지고 있으며, 자기 사고에 대해 생각할 수 있는 메타인지 능력을 가지고 있다는 가정을 기반으로 한다. 이러한 인지 능력들은 자기 통제와 치료의 인지 재구성 요소에 필수적인 것으로 나타난다. 하지만 지금까지 이러한 영역에 있어서 인지 결함이 치료에 미치는 영향을 평가한 관련 연구는 완수된 바가 없다. 따라서 인지 능력이 필요하다는 임상적인 인상은 추측으로 남아 있다. 하지만 이로 인해 치료적 계획을 발달시킬 때 아동의 관련된 인지적 능력을 평가하는 것이 중요하다는 사실이 약화되는 것은 아니다. 예를 들어, 아스퍼거 증후군을 가지고 인지적 및 상위인지적 능력이 부족한 아동의 필요에 응하기 위하여 치료적 프로토콜을 어떻게 변화시킬 수 있겠는가? 감정 교육은 치료 프로그램 전반에 걸쳐 실시되지만, 특히 처음 몇 번의 만남 동안에 두드러진다.

발달상 한계들로 인하여, 아동들은 부정적 사고들과 바람직하지 않은 결과에 대한 반응을 처리하는 능력의 부재로 인해 슬픔이 초래된다는 단순화된 우울증 모형을 배운다. 우울의 원인에 대한 이 모델은 치료 프로그램에 직접적으로 관련되므로, 치료에 대한 근거를 만들

그림 6-1 아동의 3B를 확인하기 위해 사용하는 그림

(Stark, Schnoebelen, et al., 2005에서 인용. Workbook Publishing Inc.의 허락하에 옮김)

어 낸다. 우울증을 관리하기 위해서 참가자들은 세 가지 핵심 방략을 배운다. ① 만약 원하지 않는 상황이 변화될 수 없다면 대처 방략을 이용하라. ② 만약 원하지 않는 상황이 변화될 수 있다면 상황을 개선시키기 위해 문제해결을 이용하라. ③ 부정적 사고들을 알아내서 그것들을 좀 더 현실적이며 긍정적인 사고들로 변화시키라. 이런 세 가지 방대한 방략을 사용하기 위해서 아동들은 문제와 부정적 사고들을 경험하고 있는 그들의 불쾌한 기분을 인식해야만 한다. 우리는 청소년들이 '3B', 즉 몸(Body), 뇌(Brain), 행동(Behavior)의 경험들을 조사하는 '정서 탐정'처럼 행동함으로써 그들의 정서를 확인하도록 도와준다. 참가자들은 어떻게 그들의 몸이 반응하는지, 그들이 무엇을 생각하고 있는지, 그리고 그들이 어떻게 행동하는지로 전환시켜 봄으로써 자신들의 정서적 경험들에 대해 더 잘 인식하는 것을 배운다. 회기 동안, 아동이 특별한 정서를 경험하고 있다고 말할 때, 치료자는 몸에 무슨 일이 일어나는지, 무슨 생각을 하는지, 그리고 어떻게 행동하고 있는지를 설명하도록 아동에게 요구한다. 동시에 치료자는 아동의 몸, 뇌 그리고 행동에 무슨 일이 일어나고 있는지 설명하기 위해 단순한 소녀 그림([그림 6-1])을 이용할 수 있다. 치료가 진행되고 여아들이 처리 과정에서 좀 더 능숙해짐에 따라, 그들은 스스로 그림을 그리게 된다. 여아들은 또한 그들의 감정적 경험들을 알아내고 독립적으로 3B를 사용하는 그림을 그리는 치료 과제들을 수행한다.

치료 프로그램의 결정적인 요소는 아동들에게 부정적 사고들과 원치 않은 감정들 그리고 행동들 사이의 관계를 가르치는 것이다. 아동들이 이 관계를 이해하도록 돕기 위해서, '~을 할 때 너는 무엇을 생각하고 있었니?' 또는 '~을 할 때 너의 머릿속에서는 무엇이 떠올랐니?' 같은 질문들을 함으로써 치료자는 사고와 감정들을 연결시킨다. 유사하게, 치료자는 다음과 같은 예를 사용하여 참가자들이 사고와 감정 간의 연결을 알도록 도와준다. "한 여아가 '아무도 나를 좋아하지 않아, 나는 어떤 것도 제대로 할 수 없어. 그리고 나는 항상 이런 문제들을 가질 거야.'라고 생각하고 있어. 그 아이는 어떤 기분일까? 만일 그 아이가 '나는 몇 명의 아주 좋은 친구가 있어. 나는 대부분의 일은 잘해. 그리고 나는 더 잘할 수 있어.'라고 생각한다면, 그때 어떤 기분일까?" 아마도 사고와 감정 사이의 연결을 가르치는 가장 효과적인 방법은 여아들이 회기 동안에 자연스럽게 그것들을 말할 때 여아들 자신만의 예들을 찾아내는 것이다. "나는 엄마가 나에게 화가 나 있다고 생각했어요. 그래서 나는 기분이 정말로 안 좋았어요."

"오, 네 말은 네가 그 상황을 생각하는 방식이 너의 기분을 안 좋게 했다는 거니? 엄마가 네게 화났다는 생각이 너의 기분을 나쁘게 했구나?" 이러한 진술들은 아동에게 사고의 의미를 이해하는 기회도 제공하고, 그렇게 함으로써 아동의 신념을 향한 창문을 열게 된다. 치료자는 아동이 사건의 더 깊은 의미를 알게끔 도와주며, 그래서 상황들을 구조화하도록 이끄는 신념을 아동이 알아차리도록 도와준다. 이것은 아동들의 핵심 신념을 재구성할 수 있는 더 세련되고 강력한 기회를 갖게 한다. 우리가 후반부에서 언급할 것과 같이, 이 요소는 많은 연구자가 'CBT'라고 기술하는 대부분의 개입에서 빠져 있고, 아마도 CBT와 인지치료의 차이를 나타낼지 모른다.

활동들과 과제 역시 아동들이 그들의 사고와 정서 간의 연계를 알아 가도록 돕는 데 사용된다. 예를 들면, 참가자들은 돌아가며 정서의 이름을 가방에서 꺼내고 그런 다음 그 정서를 이끌어 낼 만한 생각들에 대해 묘사한다. 또는 그들은 가방에서 생각의 풍선을 꺼낸 다음 그 생각의 결과로 나타날 정서를 진술해야 한다. 치료가 진행됨에 따라, 참가자들은 그들의 부정적 사고들을 확인하는 데 능숙해지도록 돕는 많은 활동, 예를 들어 검은 선글라스 활동(dark sunglasses activity), 얼음사탕 활동(rock-candy activity), 이야기 과제(storytelling) 등(각 과제에 대한 묘사가 되어 있는 치료 매뉴얼을 보라: Stark, Schnoebelen, et al., 2005; Stark, Simpson, et al., 2005)에 참여한다.

참가자들이 그들의 사고와 정서 간의 연결을 인식하도록 도움을 받는 것, 그리고 그들이 치료에 있어 그들의 사고를 일찍 말로 표현하며 변화하기 시작하는 것이 개입의 전체적 효율성에 있어 필수적이다. 이것은 참가자들로 하여금 이런 사고가 그들의 화난 기분과 부적응적 행동을 초래한다는 것, 그리고 이런 사고가 사실이 아니라는 것을 알게끔 해 준다. 즉, 이런 사고는 그들에게 거짓말하는 '진흙 괴물(Muck Monster)'(인지 재구성에 관한 절을 보라)이며, 아동은 그것이 말하는 것을 믿지 않아야 한다.

(2) 목표 설정

CBT는 아동이 치료 목적들과 이런 목적들을 달성하기 위해 사용되는 방법들을 충분히 아는 상태에서 이루어지는 심리치료에 대한 협력적 접근이다. 이 협력 과정의 핵심은 참가자가 치료 목표를 파악하도록 돕는 것이다. 아동들을 치료할 때, 부모가 가족 또는 양육 실제를 변화시키는 목표 파악과 더불어 아이의 치료를 위한 부모 자신의 목표를 파악하도록 돕는 것을 포함할 수 있다. ACTION 프로그램에서 치료자는 각 아동이 치료 이전에 작성한 많은 평가 정보를 검토하면서 목표 설정 과정을 시작한다. 이 정보는 초기 사례 개념화를 작성하는 데 사용된다. 그다음에 개념화는 치료 목표들, 즉 바라는 성과들에 대해 긍정적인 말로 표현된 진술들로 변화된다. CBT의 관점에서 사례 개념화는 아동에 대해 더 많은 것을 알게 됨으로써 변화되는 유동적인 과정이다(예를 들어, J. Beck, 1995). 초기 개념화는 회기에서 얻게 되는 새로운 정보들을 통해 점차 발전된다.

집단 개입을 실시할 때, 치료자는 세 번째와 네 번째의 집단 회기 사이에 각 여아를 개별적으로 만나서 그들의 가장 큰 관심사들과 치료에 관련된 최대 세 가지의 치료 목표를 협력적으로 확인한다. 따라서 치료자는 상호 합의된 일련의 치료 목표를 개발하기 위해 사례 개념화 동안 치료자가 만들었던 목표들과 아동의 목표 및 관심사들을 통합한다. 이 외에도 치료자는 목표 달성을 돕는 데 사용될 치료 절차들을 설명한다. 목표 관련 만남이 끝나기 전에, 치료자는 아동에게 그녀의 목표들을 집단과 공유할 마음이 있는지 묻는다. 만일 아동이 목표를 비밀로 하기를 선호한다면, 이 요구는 존중되어야 한다. 네 번째 집단 회기에서 참가자들은 서로 목표들을 공유하며, 어떻게 각 집단 구성원이 다른 사람들이 그들의 목표를 이루도록 도와줄 수 있을지 브레인스토밍한다. 이 단계는 집단 내 응집력과 지지감을 더욱 향상시킨다. 서로를 돕는 이 방략들은 그들의 목표 기록지에 기록되어서 필요할 때마다 참고할 수 있게 한다. 개별 환자와 함께 작업할 때는 첫 회기에 그들의 치료 목표를 확인하는 것이 일반적이다. 이후 이러한 목표들은 초반 한두 번의 만남에서 치료자의 목표와 통합하고, 미래의 고려 사항을 위하여 추가적 목표들이 기록된다. 다시 한 번 말하지만, 한 번에 3개 이상의 목표에 초점을 두어서는 안 된다. 우리는 우울한 청소년들이 '나는 이것들 모두를 절대 할 수 없을 거야.' 혹은 '이 모든 변화를 해야 한다면 난 정말 망쳐 버리고 말 거야.' 와 같이 조기 치료 종료나 무망감 또는 무가치감의 핵심 신념을 강화시키는 생각을 하는 것을 예방하기 위하여 목표의 개수를 제한한다.

앞에서 언급했듯이, 각각의 회기를 시작할 때에는 목표 달성을 향한 진전을 보고하고 진전을 축하하기 위한 '목표 확인 시간' 이 있다. 목표들이 달성되면, 치료자는 참가자가 새로운 목표들을 파악하는 것을 도와준다.

목표를 향한 진전을 인식하기 목표 달성을 향한 진전은 각 아동에 대해 시각적으로 기록될 수 있다. 다른 집단 구성원들이 목표 달성을 향해 더 많은 진전을 보일 때, 집단 차트는 경쟁을 만들며, 자신에 대한 부정적 사고들을 강화할지도 모르기 때문에 개개인의 차트를 사용한다. 만일 원래의 계획들이 실패한 경우에는 새로운 계획들을 만들어 내는 데 문제해결이 사용된다. 진전을 인식하고 강화하기 위해 스티커(나이가 어린 아동들의 경우) 또는 체크 마크들(좀 더 나이가 있는 아동들과 청소년들의 경우)이 사용된다. 목표 달성을 향한 진전을 보는 것은 자기 효능감을 형성하는 데 기여하며, 이는 우울한 아동이 무망감에 대한 핵심 신념과 싸울 수 있게 돕는다.

(3) 대처 기술 훈련

ACTION 프로그램의 기본적인 요소는 대처 기술들이다. 이 요소를 형성하는 것을 돕기 위하여 예비 연구가 수행되었는데, 이는 9~13세의 탄력성이 특히 높은 아동들의 발달적으로 적절하고 한쪽 성에 국한된 대처 방략을 식별하기 위하여 실시되었다. 이 연구에서 나온 대처 방략의 다섯 가지 일반 범주는 남아와 여아 모두와 관련 있다(〈표 6-4〉를 보라). 이러한 대처 기술들은 기분을 향상시키는 일반적인 방략으로서 그리고 좀 더 세부적으로는 아동이 변화시킬 수 없는 불행한 상황 또는 스트레스 상황에서 기분을 향상시키는 데 사용될 수 있는 방략으로서 배우게 된다. 따라서 내담자들은 정서에 중점을 둔 대처를 배운다. 참가자들은 2~9회기에서 대처 기술들을 구체적으로 배우고 연습한다(Kendall, 이 책 5장도 보라). 대처 기술들의 연습은 치료 초기에 강조된다. 왜냐하면 이러한 기술들은 청소년들의 기분을 즉각적으로 향상시키도록 돕고, 그들의 일상에서 행동적으로 활동적이고, 긍정적으로 재관여할 수 있게끔 돕기 때문이다. 또한 이는 참가자들에게 효과적인 새로운 방략을 배우게 함으로써 정서 조절 방략의 레퍼토리를 확장시킬 수 있다. 게다가 이러한 기분의 호전은, 이후에 배우게 될 문제 해결과 인지 재구성으로부터 더 쉽게 배우고 이득을 얻을 수 있게끔 만들어 준다. 호전된 기분은 여아들이 문제해결과 인지 재구성을 배우고 사용할 수 있도록 해 준다. 초반 아홉 번의 회기 동안 다섯 가지 범주 모두에 대한 예시들을 가르쳐야 한다는 제약이 있다. 이 때문에 각 회기 동안 치료자들은 대처 기술들을 가르치고 적용하는 데 사용하기 위하여 집단의 감정을 사용할 수 있다는 점에서 프로그램은 융통성이 있

표 6-4 ACTON 프로그램의 참여자들이 배우는 다섯 가지 핵심 대처 전략

1. 재미있으며 기분 전환시킬 무엇인가를 하라.
2. 진정시키고 이완시켜 주는 무엇인가를 하라.
3. 에너지를 확장시켜 주는 무엇인가를 하라.
4. 누군가에게 이야기하라.
5. 그것에 대해 당신이 생각하는 방식을 변화시키라.

다. 이런 제약 이외에도 치료자는 각 회기 동안 집단에 가장 필요하다고 생각되는 대처 기술들을 선택한다. 대처 기술이 집단에 도움이 될 때는 치료 기간 어느 시점에서라도 치료자가 대처 기술 훈련을 포함할 수 있다는 것을 주목하는 것이 아주 중요하다. 치료자는 이후 회기 동안 계속적으로 방략의 영향을 입증할 수 있는 방법으로서 대처 방략을 지속적으로 사용하도록 격려한다. 이는 그들의 불행감에 직면하여 무망감을 느끼는 청소년들에게 특히 중요하다. ACTION을 개별 환자에게 시행할 때, 각 아동의 특정한 요구와 발달적 수준에 맞추어 개별적으로 대처 방략을 수정하는 것이 가능하다. 예를 들어, 더 어린 아동들은 그들에게 발달적으로 적절한 더 활동적이고 기분 전환이 되는 방략이 요구되는 반면, 십대들은 대처 사고를 더 많이 사용하는 경향이 있다. 불안이나 동요를 더 많이 경험하는 청소년들은 더 진정되고 이완되는 활동들이나 더 많은 에너지를 들여야 하는 활동으로부터 더 이익을 얻을 수 있다. 시간이 지남에 따라 환자들에게 있어 다섯 가지 일반 범주 각각에 대한 활동들을 포함하는 대처 방략의 레퍼토리를 만들어 내는 것이 중요하다. 이를 완수하기 위하여 매 회기에 대처 방략을 연습해 보는 것이 유용하다. 이를 통해 아동은 그들이 효과가 있을 것이라고 생각해 보지 못했던 새로운 방략들을 시도해 보게 되고, 더 넓은 범위의 대처 기술을 경험하고 숙달해 보도록 경험을 넓힐 수 있다. 이 방략은 자신에게 유용한 대처 방략을 발견하기는 하였으나 그것이 효과가 없을 수 있는 상황에서도 남용하는 아동들의 방략 사용량을 넓혀 줄 수 있다.

대처 기술들과 어떻게 그것들이 작용하는지에 대해 이야기하는 것은 적절하지가 않은데, 그 이유는 대부분의 아동들에게는 그것이 지적인 연습 이상의 아무것도 아니기 때문이다. 우울증이 있는 아동들 그리고 아마도 다른 장애가 있는 아동들은 대처 기술이 효과가 있고, 치료 이외의 시간에 그것들을 사용해 보려고 시도하기 이전에 대처 기술의 이익을 경험해 보아야 한다. 예를 들면, 여아들은 치료자와 함께 5분간 훌라후프를 할 수 있다(재미와 기분 전환). 혹은 그들은 얼음땡 놀이를 할 수도 있고(에너지를 쓰기), 해변에서 휴식을 취하는 장면을 상상하면서 모래 속에서 그들의 발가락을 꿈틀거릴 수도 있으며(진정과 이완), 스트레스 요인에 대해 서로 이야기할 수도 있고(누군가에게 얘기하기), 또는 그들의 부정적 사고들에 대항하는 말하기를 요청받을 수도 있다(당신의 생각을 변화시키기). 활동 5~10분 후, 그들은 멈춰서 그들의 기분을 재평가한다. 필연적으로 그들의 기분은 종종 상당히 극적으로 향상된다. 치료자들은 그들과 함께 경험에 대해 처리하며 그들에게 무엇을 배웠는지 묻는다. 그들은 "우리는 재미있는 무엇인가를 함으로써 우리 자신의 기분이 나아지도록 도울 수 있어요."라고 대답한다. 치료자는 "그렇다면 다음번에 기분이 저하될 때 너희들이 할 수 있는 것이 무엇이라고 생각하니?"라고 묻는다. 그러고 나서 집단 구성원들은 그들이 방금 했던 대처 방략(예를 들어, 재미와 기분 전환)에 대한 일반적 범주로부터 그들이 할 수 있는 것들의 목록을 만든다. 이 외에도 그들은 대처 방략이 작동되는 기제에 대해 토론한다(그들을 우울하게 만든 생각으로부터 그들의 주의를 돌려 기분 전환할 수 있는, 즐거움을 주는 재밌는 활동). 그다음에 여아들은 그들이 대처 방략을 이용할 수 있는 상황들을 브레인스토밍한다. 그리고 다음번에 그들이 유사한 상황을 경험할 때 이러한 대처 기술들 중의 하나를 사용해 보도록 지시받는다. 여아들에게 대처 방략을 가르치는 것 이외에도, 치료자는 그들에게 특정 대처 기술 범주를 사용하기에 가장 유리한 상황을 확인하도록 돕는다. 예를 들면, 재미있고 기분 전환되는 일을 하는 것은 기분을 북돋으며, 화를 감소시키거나 불안을 감소시키도록 도울 수 있다. 진정시키기와 이완시키기 대처 기술들은 화, 과민성 그리고 스트레스를 전반적으로 감소시키는 방법으로 강조되고 있다. 게다가 그것들은 침착하고, 즐거운 정서 상태를 만들어 내는 데 사용될 수 있다. 에너지를 확장시키기는 일반적으로 더 많은 에너지를 만들어 내고, 스트레스를 감소시키며, 기분을 돋우고, 보다 나은 수면 위생을 조장하는 데 유용하다. 누군가에게 얘기하기는 마음을 상하게 하는 어떤 것으로부터 자신의 주의를 돌리고 침착해지는 방법으로서, 견해를 얻는 한 수단으로서 그리고 좀 더 친밀함을 느끼는 한 방법으로서 사용될 수 있다. 치료 초기에 참가자들은 기분을 다스리는 하나의 수단으로 간단한 대처 진술들을 사용하는 것을 배운다. 참가자들은 좀 더 복잡한 인지 재구성 방략들을 획득하는 시기 동안 대처 진술들을 이용한다. 예를 들어, 다른 사람으로부터 비웃음을 당한 한 아동은 '나를 사랑하며 걱정해 줄 사람들이 있어. 그녀가 말하는 것은 사실이 아니야.'라고 자신에게 상기시키는 것을 배울 수 있다. 이러한 진술들은 청소년이 적어도 일시적으로라도 우울한 생각과 싸우도록 도와주게끔 만들어져 있다. 이것들은 후반부에서 설명될 좀 더 세련된 인지 재구성 과정들과 혼동되어서는 안 된다. 개별 아동과 작업을 할 때, 그들에게 그들을 불행함으로 이끄는 상황에 대한 일기 및 일지를 적어 보도록 하는 것이 유용하다. 이를 통해 아동들이 기분을 관리하고 좋게 만드는 대처 기술을 사용할 수 있는 상황 목록을 만들어 볼 수 있다. 이후 치료자는 치료 회기 내에서 비슷한 상황을 만들어 보고(실제로 혹은 상상을 통해), 아동이 기분을 관리하는 대처 기술을 적용하도록 도울 수 있다. 기분 평정은 활동 전후로 기록된다.

ACTION 치료가 집단 방식으로 수행되었든, 임상 실제에서 개인에게 수행되었든 간에, 아동들이 대처 기술들을 배울 수 있고 그것으로부터 혜택을 얻을 수 있다는 것은 분명하지만, 치료적 진전은 집단 회기들 밖에서 기술들을 적용하는 데 달려 있다. 적용을 촉진하기 위해 치료 과제가 할당된다. 이 과제는 정서의 변화와 이에 동반되는 사고를 식별하는 것에서부터 정서의 변화, 정서 변화가 일어난 맥락, 기분을 향상시키기 위해 사용한 대처 기술을 기록해 보는 것까지로 진전된다. 일반적으로 참가자들은 비교적 쉽게 대처 기술을 배우고 그들의 우울증 증상들에 그것을 적용한다. 치료의 중간 시점까지, 그들은 자신의 기분을 향상시키기 위해 대처 기술들을 어떻게 사용하는지의 실례들을 가져온다. 좀 더 심각한 우울증을 가진 아동과 그들에게 희망이 없다는 핵심 신념을 가진 아동에게는, 독립적으로 대처 기술을 적용해 보기 전에 더 길고 성공적인 경험을 해 볼 필요가 있다. 그리고 그들에게 과제로서 대처 기술을 적용해 보도록 하는 데에는 더 많은 노력이 필요할 것이다. 부모들은 아동들에게 지도 그리고/또는 강화를 제공함으로써 도움이 될 수 있다. 때때로 아동들에게 그들의 대처 활동 완수를 상기시키기 위하여 암호화된, 비밀번호로 보호된 이메일이나 문자 메시지를 보내는 것이 유용할 수 있다. 아동은 대처 활동의 결과에 대한 메시지의 반응으로 고무될 수 있다. 이와 같은 사소한 추가적 압력은 종종 아동들로 하여금 과제 완수를 성공할 수 있게끔 한다. 또한 아동은 일반적으로 치료자가 얼마나 그들에게 신경 쓰고 있는지에 대한 상징으로서 메시지를 보기 때문에, 이러한 압력이 치료 동맹을 강화시키는 이점도 가진다.

치료를 시작하며 참가자들은 기분을 향상시키는 일반적 방략으로서 대처 기술들을 배운다. 즐거운 활동들에 참여하는 것은 참가자들의 전체적 기분을 북돋우는 한 방법으로 사용되고 있다. 이것을 이루기 위해서 집단 구성원들은 그들의 통제 안에 있는 '재미있는 활동들'의 목록을 만들도록 요청받는다. 각 참가자는 자신을 가장 즐겁게 해 주는 활동들을 확인하도록, 그리고 즐거운 사건 계획을 만들기 위해 그 목록을 사용하도록 요청받는다('실행할 행동 목록'). 이러한 목록들은 기분을 향상시키는 활동들과 사건들 그리고 매일 그것들의 발생과 미발생을 표시할 공간으로 이루어진다. 페이지의 하단에는 아동이 그날의 기분을 평가한 기분 측정표가 있다. 아동은 가능한 한 많이 즐거운 활동들에 참여하도록, 그리고 적절한 칸 안에 표시를 함으로써 자신의 참여를 나타내도록 지시를 받는다. 즐거운 활동에 더 많이 참여함으로써, 그리고 그들 삶에서 좋은 일은 결코 일어나지 않는다는 그들의 신념을 재구성함으로써 청소년들의 기분은 고양된다. 치료자는 매일 아동들이 즐거운 활동에 참여했는지, 그리고 그에 상응하는 기분이 어떤지 기록할 수 있다. 즐거운 활동에 참여하는 것과 기분 간의 관계를 더 확실히 보여 주기 위하여 활동의 수와 기분을 도표로 그려 볼 수도 있다. 또한 활동을 도표화하는 것을 통해 기분의 저하를 야기하는 스트레스 요인과 불쾌한 사건들 그리고 특히 강력한 대처 활동이 무엇인지 식별할 수 있다. 이러한 정보를 사용하여 치료자와 아동은 문제 상황을 없어지게 하거나, 그것의 영향을 최소화하는 계획을 만들기 위하여 문제해결, 대처 기술 그리고 인지 재구성을 사용할 수 있다.

개별 아동과 함께 '실행할 행동 목록'를 발전시키는 작업을 하는 것은 좀 더 어려운 일일 수 있다. 쾌감상실증을 경험하고 있을 수 있는 우울한 아동들은 한때는 즐거웠던 많은 활동으로부터 즐거움을 얻을 수 없다. 따라서 그들은 그들의 목록을 완성하기 위한 활동들을 찾는 데 어려움을 겪게 된다. 이러한 경우에는 그들이 우울하기 이전의 시간으로 돌아가, 한때는 즐겼던 활동들을 식별해 봄으로써 그들의 목록에 그 활동들을 추가해 볼 수 있다. 일어날 수 있는 또 다른 현상은 우울한 아동이 실제로 많은 여가 활동에 노출되거나 한 번도 참여해 본 적이 없어, 진심으로 어떤 것이 재미있는 것인지 찾을 수가 없는 경우다. 집단에서 작업을 할 경우에는 다른 집단 구성원이 그들이 즐겼던 것들 중에서 제안을 할 수 있기 때문에 큰 문제가 되지 않는다. 하지만 개별적으로 작업을 할 경우에는 이러한 자원이 부족하다. 때때로 부모들이 활동의 브레인스토밍 과정에 참가하여, 그들의 아동과 함께 활동해 보도록 격려될 수 있다. 부모가 이를 원하지 않는 경우에는 치료자가 계획을 하여 아동과 함께 활동에 참여함으로써 아동이 그것으로부터 즐거움을 얻는지 살펴볼 수 있다. 종종 광범위한 브레인스토밍이 필요하며, 아동이 가능한 즐거운 활동을 찾기 위하여 그녀가 좋아하는 TV 프로그램을 시청하도록 지시할 수 있다. 부모와 함께 아동 잡지를 훑어보는 것 또한 아동이 해 보고 싶을 수 있는 활동들의 식별로 이어질 수 있다.

(4) 문제해결 훈련

참가자들이 그들의 정서에 대해 더 잘 이해하고, 정확하게 파악하며, 행동과 사고에 대한 정서의 영향력을 인식하고, 그들이 정서의 강도와 영향력을 조절하는 행동을 취할 수 있게 됨에 따라, 우리는 여아들에게 불쾌한 감정을 초래하는 몇몇 원치 않는 상황이 변화될 수 있다는 것을 가르친다. 문제해결은 원치 않는 상황들을 변화시킬 계획을 개발하는 데 사용할 수 있는 방략이다. 5단계의 문제해결 절차는 다섯 번째 회기에서 공식적으로 소개된다. 이 회기 동안 집단은 그들 나이의 여아들이 일반적으로 직면하는 문제들의 광범위한 목록 또한 만들어 낸다. 특정 아동을 지목하지 않고, 치료자도 여아들이 경험하거나 경험해 왔던 문제들의 실례들도 제공한다. 그다음에 집단은 목록을 하나씩 살펴보면서 각 문제가 변화될 수 있는지 아닌지를 결정한다. 만일 그들이 문제를 변화시킬 수 없다면, 그땐 치료자가 그들에게 사건의 영향을 완화하기 위해 사용할 대처 기술에 대해 묻는다. 이는 문제가 언제 그들의 통제하에 있는지 혹은 그들의 통제 밖에 있는지를 식별하는 첫 단계이므로 매우 중요하다. 왜냐하면 이를 통해 아동이 문제해결 대처를 할지 혹은 정서에 초점을 둔 대처를 할지 결정하기 때문이다. 여아들이 믿는 것이 그들을 더 나아지도록 돕는지 혹은 향상되지 않도록 이끄는지를 조사한 한 질적 연구에서, 한 여학생이 문제해결 기술을 사용해 보았지만 효과가 없어 프로그램에 나오는 것을 포기하고 더 나아지지 않았다고 보고했다. 치료자가 "문제해결이 효과가 없었던 상황을 묘사해 보겠니?" 하고 묻자, 그녀는 부모가 이혼을 할 것이라고 얘기했을 때 이 문제에 대한 가능한 해결책을 만들어 냈지만 부모가 결국 이혼을 했다고 대답했다. 분명히, 이 상황은 그녀의 통제 밖에 있었고, 정서에 초점을 둔 대처를 사용하는 것이 더 적절했을 것으로 보인다. 불행히도 치료자는 잘못하여 문제해결에 대해 놓쳤고, 소녀는 치료에 나오는 것을 포기하고 결국 향상되는 데 실패했다. 개인치료에서 아동은 문제 상황에 대한 일기를 계속 써 보도록 요청받는다. 그리고 치료자와 아동은 문제가 그녀의 통제하에 있는지 아니면 통제 밖에 있는지 평가하기 위해 함께 작업한다. 또한 그들은 상황이 정서적으로 얼마나 고통스러웠는지 논의해 보고, 상황

표 6-5	5P에 상응하는 다섯 가지 문제해결 단계

- Problem(문제) – 문제 정의
- Purpose(목적) – 문제해결의 목표
- Plans(계획) – 해결책 생성 브레인스토밍
- Predict and pick(예상과 선택) – 결과적 사고
- Pat on the back(격려의 말이나 칭찬) – 목표를 향한 진전에 대한 자기 평가와 노력에 대한 자기 강화

의 영향력을 완화시키기 위해 사용한 혹은 사용할 수 있는 대처 전략이 무엇인지 논의한다.

사용되는 문제해결 절차는 캔달에 의해 설명된 것을 수정한 것이다(예를 들어, Kendall & Braswell, 1993). 아동은 교육, 모델링, 코칭, 시연 그리고 피드백을 통하여 문제해결을 다섯 개의 단계로 나누는 것을 배운다. 과정을 단순화하고 여아들이 단계들을 기억하는 것을 돕기 위해서, 치료자는 그 단계들을 '5P'라고 부른다(〈표 6-5〉를 보라). 단계들이 다른 곳에도 기술되어 있기 때문에, 여기에서는 우울한 아동 · 청소년에게 가르치는 단계들의 독특한 요소들만 기술될 것이다.

절차의 첫 단계는 문제 파악과 정의다. 아동들은 이 단계를 '문제(Problem)'라고 부른다. 우울증 아동들은 대개 문제를 개인적 위협으로 보기 때문에 이 단계가 우울증 아동들이 배우기 가장 어려운 단계일 것이다. 우울한 아동에게 문제가 있다는 것은 아동 자신이 무엇인가 잘못되어 있다는 것을 의미할 수도 있고, 문제가 곧 닥칠 상실을 의미하기도 한다. 그 외에도 우울증 청소년은 마치 그들이 문제를 해결할 수 없을 것 같다고 생각하고, 문제들에 압도당한다고 느끼며, 심지어는 현존하는 문제를 해결했다 할지라도 그것이 다른 문제로 즉각 대체될 것이라고 느낀다. 따라서 그들의 무망감('난 무력해.'라는 핵심 신념에서 기인함)은 실제로 문제들을 극복할 수 있다는 것을 보여 주는 그들의 삶의 경험에서 나온 구체적인 증거를 통해 반박되어야 한다. 비슷하게, 개별 아동과 작업할 때에도 문제해결 방략이나 그와 비슷한 방략을 사용하여 그녀 삶에 영향을 주고 향상시킬 수 있는 일련의 학습 경험을 준비하는 것이 가능하다. 우울한 아동 · 청소년이 문제해결을 위한 목표를 파악하도록 돕는 주된 열쇠는 그들이 건설적인 목표들을 선택하고 파괴적인 목표들은 피하도록 도와주는 것이다. 예를 들어, 한 여아가 자신에 대한 루머를 퍼뜨린 다른 여학생에 대한 루머를 말하고 다니는 것은 소문의 출처를 멈출 수도(아동의 목표), 껄끄러운 친구 사이를 고칠 수도 없는 효과적이지 못한 방법이다. 우울증이 있는 아동에겐 계획이 효과가 있을 이유보다는 효과가 없을 이유가 일반적으로 더 생각나기 때문에 대안적인 해결들을 만들어 내기 어렵다. 심지어는 계획이 효과가 없다는 구체적인 이유를 파악할 수 없다 할지라도, 그들은 자신이 느끼는 기분에 기초한 예측을 한다(정서적 추리). 그러므로 참가자들은 문제해결을 시도하기 전에, 그리고 그들이 좌절하거나 화가 나기 시작하여 문제해결을 하는 동안에도 그들의 기분을 나아지게 만드는 대처 기술을 사용하도록 배운다. 우울한 아동 · 청소년이 현실적인 문제들에 직면할 때 결과적인 사고를 사용하려 할 것이기 때문에, 치료자는 다른 가능성들의 한계와 자멸적인 결과뿐만 아니라 잠재적인 긍정적 성과들을 인식하도록 자주 도와야 한다. 다시 한 번 말하지만, 이 단계에서 인지 재구성과 기분 고양 대처 방략을 사용하여 아동들의 비관주의와 싸울 필요가 있다. 우울증이 있는 이들은 그들의 성공은 최소화하는 반면, 실패했던 시도는 극대화하며 실패를 자신의 탓으로 돌리는 경향이 있기 때문에, 여아들이 문제해결을 처음 사용하기 시작할 때 치료자가 성과를 처리하는 과정이 중요하다. 여아들은 실패했던 계획들과 관련되는 불쾌한 감정들을 다룰 수 있도록, 대처 진술뿐 아니라 다른 대처 기술들을 사용하도록 배운다.

문제해결 단계들을 아동들에게 가르치는 것은 훈련

의 쉬운 부분에 속한다. 스트레스와 고통을 일으키는 상황들을 변화시키기 위해 문제해결을 사용하게 하는 것이 어려운 부분이다. 참가자들은 5~9회기 동안 공식적으로 다섯 단계를 배운다. 개별 환자와 작업할 때, 아동이 능숙하게 자신의 기분을 다루는 것이 입증된 후 문제해결을 시작한다. 직접적인 가르침, 활동, 게임, 모델링, 역할놀이를 사용하여 문제해결 단계를 가르칠 수 있다. 즐거운 활동에 참여하는 절차 역시 기분을 호전시키기 때문에, 이를 통하여 단계들을 가르치는 것이 상당히 유용한 방법이다. 예를 들어, 개별적 아동들과 작업할 때, 바둑이나 체스를 하는 것은 문제해결을 가르치기 위한 재미있는 방법이 된다. 매 움직임이 문제가 해결되는 것을 묘사한다. 일반적으로 치료자가 매우 빠르게 이기도록 게임을 하는 것이 유용하다. 그러고 나서 치료자는 매우 효과적인 절차로서 문제해결에 대해 서술하게 된다. 그리고 치료자는 재시합에서 참가자가 문제해결을 어떻게 사용하는지 가르치고, 참가자가 이기거나 이전에 비해 훨씬 더 잘 게임을 하게 하는 것과 같이 게임을 더 잘 그리고 더 오래 할 수 있도록 도움으로써 문제해결을 사용하는 것의 이점을 경험하게 할 수 있다. 문제해결 적용을 촉진하기 위해서 참가자들은 각각의 회기 사이에 적어도 한 번 문제해결을 사용하고 문제해결 과제 기록지에 그들의 경험을 적으라고 지시받는다. 처음에는 과제가 문제의 인식을 촉진한다. 그다음 과제 기록지는 5단계를 그들의 실제 생활 문제에 적용하라고 설명한다. 또 다른 쟁점은 참가자들이 문제해결을 시도하기 위해 노력을 가할 수 있을 만큼 충분히 기분이 좋지 않을 수 있다는 것이다. 이 경우, 참가자들이 문제해결 사용을 시도하기 전에 기분을 향상시킬 수 있는 대처 기술을 사용한다. "왜 그래야 되는가? 어쨌든 아무것도 변화하지 않는다. 아무튼 나는 일을 망칠 것이다. 아무것도 효과가 없을 것이다. 설령 그것이 변한다 하더라도, 그것들은 다시 원래대로 되돌아갈 것이다." 따라서 치료자는 참가자들이 문제해결 시도를 방해하는 인지적 장애물을 극복할 수 있도록 인지 재구성 방략을 사용해야 할 수도 있다. 여아들이 삶에 의미 있는 변화를 만들기 위해 문제해결을 사용할 수 있다는 것을 믿기 시작하기 위한 충분한 새로운 학습 경험을 형성하는 데는 시간이 상당히 걸린다. 또 다른 유용한 방략은 여아들에게 대처 기술들과 문제해결을 병용할 것을 가르치는 것이다. 기분을 고양시키거나 비관주의를 극복하기 위한 대처 기술을 사용하는 것을 배우고 나면, 그들은 문제에 정서적으로 더 거리를 두어야 할 때, 그리고 좀 더 현실적으로 생각해야 할 때 문제해결에 관여할 수 있다.

(5) 인지 재구성

우울한 아동들을 위한 ACTION 치료의 일차적 목적은 부정적으로 왜곡된 그들의 사고를 좀 더 긍정적이며 현실적인 사고로 변화시키는 것이다. 이 목적을 이루기 위해서 치료자는 아동의 우울한 사고 밑바탕에 깔려 있는 핵심 신념들을 파악해야 하며, 그런 다음에 아동이 역기능적 신념들을 평가하고 변화시킬 수 있도록 도와주는 교정적 학습 경험들을 제공해 주는 계획을 개발시켜야 한다. 초기에 언급했던 것처럼, 치료자는 치료적 만남을 시작하기 전에 개념화를 발달시키기 위해 평가정보를 이용한다. 이 개념화는 가능한 핵심 신념들에 대한 가정들을 포함한다. 아론 벡(Aaron Beck)이 지적한 바대로, 우울증 밑바탕에 깔려 있는 가장 보편적인 핵심 신념이나 도식들은 '나는 사랑받을 만하지 않다.', '나는 무가치하다.', 그리고 '나는 무력하다.'(예를 들어, Beck et al., 1979)다. 우울증 아동은 이러한 신념들 중의 하나 또는 그 이상을 경험하고 있을 수 있다. 각 아동에게 어떤 신념 또는 신념들이 작용하고 있는지를 결정하기 위해서, 치료자는 아동의 자기에 대한 언급과 일상 경험으로부터 아동이 얻어 낸 의미들을 경청한다. 그 신념들은 주제들에 반영되어 있고, 아동의 사고 각각에는 일관성이 있다. 사건의 의미들은 토론으로부터, 그리고 '만일 ……라면, 그것은 너에 대해 무엇을 의미하느냐?'라고 질문함으로써, 그리고 가장 근본적인 의미를 알아낼 때까지 부수적인 유사 질문을 함으로써 추론될 수 있다. 주디스 벡(1995)은 이 절차를 '하향 화살표 기법(downward-arrow technique)' 이라고 부른다.

부정적 사고들은 치료를 통해 직접적 · 간접적으로 재구성된다. 첫 아홉 번의 회기 동안, 치료자는 부정적 사고들을 파악하며 인지 재구성으로 이르는 질문을 한다. 결과적으로, 여아들은 회기 밖에서 많은 자아 성찰을 할 필요가 없다. 부정적 사고의 직접적인 재구성은 아동이 자신의 부정적 사고를 파악하고 평가한 다음에 좀 더 현실적이고 긍정적인 사고로 대체하도록 배우는 것을 통하여 달성된다. 여아들은 인지 재구성을 치료 후반기(10~20회기)에 배운다. 왜냐하면 인지적 재구성은 그들이 좀 더 자기에게 집중하고, 우울증 증상들을 악화시키는 부정적 사고들에 집중하기를 요구하기 때문이다. 대처와 문제해결 기술들을 치료의 초기에 제공함으로써, 여아들은 자기에 대한 집중이 증가함에 따라 나타나는 동요를 처리할 수 있다. 그 밖에도 치료자가 보여 주는 인지 재구성은 사고의 전환을 시작하는 것을 도와주며, 그것을 어떻게 하는지를 보여 주는 모델 역할을 한다. 다른 치료적 요소들과 치료자가 이끌어 낸 인지 재구성의 결과로 나타난 기분 및 증상의 개선은, 아동들로 하여금 우울한 사고 및 신념으로부터 인지적 거리를 두게 함으로써 그들의 사고를 재구성하도록 하는 것처럼 보인다.

아동의 기저에 있는 부정적 사고들과 신념들을 독립적으로 재구조화하기 위해서, 여아들은 반드시 그들의 사고를 자각해야 한다. 다른 누군가가 부정적 사고들을 표현할 때 인식하는 것은 좀 더 쉬우므로, 우리는 여아들에게 그들 자신의 부정적 사고들을 파악하며 인식하는 중간 과정으로서 다른 사람의 부정적 사고를 인식해 보도록 요청하는 것으로 시작한다. 이것을 이루기 위해서 치료자와 여아들은 어떻게 부정적 사고를 인식하는지에 대해 논의해 보고, 그다음엔 서로의 부정적 사고들을 찾아내는 게임을 한다. 그 집단 안에서 누군가 부정적 사고가 담긴 말을 표현할 때마다 여아들은 '부정적 사고'라고 외치도록 지시를 받는다. 치료자는 여아들이 이것을 하는 것을 연습시키기 위해 그리고 '부정적 사고'라는 말을 듣는 것이 별일이 아니라는 것을 보여 주기 위해 의도적으로 많은 부정적 진술들을 한다. 그다음에는 여아들이 재구성을 돕기 위해 과제 기록지에 그들의 부정적 사고들을 찾아내고 기록하여 집단에 가져오기를 요청받는다. 어떤 점에서는 개별 환자가 가지는 부정적 사고를 인식하도록 돕는 것이 더 쉽다. 왜냐하면 치료자에게 아동의 진술이나, 여러 질문의 답변에 반영된 그들의 사고를 알아차리는 것이 더 쉽기 때문이다. 치료자는 자기 자신의 사고에 대한 인식을 시작하기 위해 제3의 귀를 사용하여 듣기를 격려받은 아동에게 쉽게 그것에 대해 언급할 수 있다. 사고에 대해 알아내면, 치료자는 그것을 식별한 것에 대하여 아동을 칭찬한다. 치료자가 개별 환자에게 더 많은 주의를 기울일수록, 그들이 완전한 인지 재구성 과정을 가지도록 더 쉽게 도울 수 있다.

아동의 나이에 따라 치료자는 그들의 생각과 기저의 신념을 재구조화하는 것을 돕는 다양한 질문을 사용할 수 있다. 9~13세의 여아들에게 치료자는 그들이 'what(무엇) 질문'이라고 이름 붙인 두 가지 질문을 사용할 수 있다. 일단 부정적 사고가 파악되면, 아동은 그것의 타당성을 평가하고 부정적 사고들을 대체하기 위한 적응적 사고를 개발하는 2개의 'what 질문' 중의 하나를 질문할 것이다. 2개의 'what 질문'은 ① 그것에 대해 다르게 생각하는 방식은 무엇인가, ② 그렇게 생각하는 근거가 무엇인가다. 먼저, 여아들은 부정적 사고들을 변화시키기에 가장 적합한 질문을 배운다. 아동들이 배우기에 가장 쉬운 인지 재구성 질문은 '그것에 대해 다르게 생각하는 방식은 무엇인가?'다. 그들은 괴로운 상황에 대해 대안적이고 이치에 맞는 긍정적인 사고들을 만들어 내기 위해 이 질문을 사용한다. 그러므로 이 질문은 여아가 상황으로부터 여러 개의 다른 실행 가능한 결론을 이끌어 내어 결론을 냈을 경우 사용하기에 좋은 질문이다. 객관적인 사실들이 아동의 부정적 사고를 지지하지 않을 때는 '그렇게 생각하는 근거가 무엇인가?'라는 질문을 사용한다.

아동과 성인의 발달적 차이를 고려하면, 아동들에게 표준적 인지 재구성 과정을 사용하도록 가르치는 것이 어려울 수 있다. 여아들이 '진흙 괴물에게 말대꾸하기(talking back to the Muck Monster)'라고 부르는 활동은 ACTION 치료의 한 부분인 강력한 도구다. 참가자들이 부정적 사고를 변화시키거나 떨쳐버리는 데 어려움이 있을 때, 우리는 이것을 '부정적인 진흙 속에 빠져 오도 가도 못하는 상태'라고 말한다. 여아들은 이 은유를 좋아하며 이해한다. 그들이 부정적인 진흙 속에 빠져 오도 가도 못할 때, 그들을 부정적 사고로 채우고, 진흙으로부터 빠져나오려 할 때 그들을 붙잡고 있는 것이 바로 '진흙 괴물'이다. 다소 놀랍게도, 여아들은 자신의 진흙 괴물에 대한 이미지를 지니고 있다고 지속적으로 보고한다. 활동 준비를 위하여 그것을 그리도록 요청받을 경우, 그들은 그것을 매우 열심히 묘사한다. 그림으로 그리는 것은 부정적 사고를 비개인화하고 아동과 아동의 우울증적 사고 사이에 감정적 거리를 두게 하며 싸움에서 이길 구체적인 상대방을 만들어 내기 때문에, 치료자는 이 활동을 격려한다. 진흙 괴물에게 말대꾸하는 것은 여아들이 그들의 부정적 사고들을 어떻게 재구성화하는지를 배우는 것을 돕기 위해 열 번째 회기부터 종결 사이에 필요한 만큼 많은 시간 동안 수행된다. 개인치료에서도 비슷하게, 치료자는 아동에게 그녀의 부정적 사고의 원천에 대한 이름을 스스로 만들어 보라고 요청한다. 그러면 그 이름은 부정적 사고를 야기하는 상대편의 이름이 된다. 부정적 사고의 원천을 표면화하는 것의 또 다른 장점은, 부정적 사고의 타당성에 대한 질문을 함으로써 공격당한다는 생각으로부터 아동을 보호할 수 있다는 점이다. 이를 통해 우울한 아동이 '만약 내가 생각조차 제대로 하지 못한다면 나는 정말로 엉망이 되고 말 거야.'라는 생각을 할 가능성이 줄어드는 것으로 보인다.

인지 재구성에 대한 준비는 치료 이전의 평가 과정부터 시작하며 치료 전 기간에 걸쳐 계속된다. 치료자는 각 여아의 부정적 사고들의 목록을 보관한다. 그 목록은 치료 전 평가에서 나온, 치료 회기 중에 말로 표현된, 그리고 과제 양식에 기록된 사고들을 포함한다. 이 목록은 각 여아들의 '진흙 괴물'의 내용을 나타낸다. 10회와 11회의 집단 회기 사이에 이루어지는 개별 만남 동안, 치료자는 그것이 '진짜처럼 들리는지' 확인하기 위해서, 그리고 이런 사고 및 신념뿐만 아니라 사고 및 신념이 정서, 행동 그리고 대인관계에 미치는 영향을 알게 하기 위하여 각 여아의 목록을 아동과 함께 논의한다. 여아들의 진흙 괴물 그림 안에 신념들을 쓰고 진흙 괴물 주위의 생각풍선에 그 신념으로부터 나온 생각들을 쓰게 한다. 더 어린 여아와 함께 하는 개인치료에서 치료자는 진흙 괴물(혹은 다른 이름을 붙여도 됨)을 그려 보라고 요청한다. 치료자와 아동은 그들이 부정적 사고에 대해 이야기할 때마다 그 생각을 그림 안에 적는다. 개인치료 동안, 치료 초반에 부정적인 사고에 대해 명시적으로 알아보고 그에 대해 이야기할 수 있다. 뿐만 아니라 치료자는 치료 초반에 사고를 재구성하기 위해 노력하고, 아동이 그녀의 생각을 변화시킬 마음이 있는지 살펴보고자 할 것이다. 개인치료에서 더 많은 관심과 라포를 제공하는 것은, 치료자가 부정적 사고를 치료 초기에 재구성할 수 있도록 돕는다.

여아들이 인지 재구성을 독립적으로 적용하는 방법을 배우는 것을 도와주기 위해서, 치료자는 회기 동안 2개의 'what 질문'을 사용하여 진흙 괴물에게 말대꾸하도록 요청한다. 이것을 이루기 위해서 집단 회기에 여분의 의자가 있어야 한다. 그 의자는 진흙 괴물을 위한 것이다. 아동이 부정적 사고들 중의 하나를 말하는 동안 치료자는 빈 의자로 이동해서 아동의 진흙 괴물 그림을 들고 있는다. 여아는 진흙 괴물에게 말대꾸하도록 이끄는 2개의 'what 질문'을 효과적으로 사용한다. 집단 구성원들은 추가 증거와 대안적 해석을 제공함으로써 아동이 말대꾸를 하도록 도와준다. 아동은 진흙 괴물에게 고함을 지름으로써 진흙 괴물에게 강력하게 말대꾸하도록 격려될 수 있다. 아동이 단호하게 부정적 사고들을 평가하고 나서 그것들을 보다 현실적인 긍정적 사고들로 대체할 때 다른 집단 구성원들은 도와주며 힘을 북돋아 준다. 때때로 치료자가 2개의 'what 질문'을 사용해서 진흙 괴물에게 말대꾸하는 동안 여아가 진흙 괴물 역할을 하면서 자신의 부정적 사고를 말하고 자신이 그런 진흙 괴물 그림을 들고 있는 것도 도움이 된다. 여아들은 이 활동을 즐기며 이 활동은 그들이 인지 재구성을 어떻게 이용하는지를 배우는 데 도움이 된다. 회기 밖에서 인지 재구성을 적용하는 데 추가적인 도움을 주기 위해, 워크북은 여아들이 부정적 사고들을 알아내고 평가하며 대체하는 과정을 안내하도록 구성되어 있다. 개별 환자와 작업할 때에도 유사한 절차를 따른다. 하지만 아동이 부정적 사고에 말대꾸를 할 때 응원할 수 있는 사람은 치료자뿐이다. 따라서 아동이 허락하는 경우에는 치료자가 아동의 부모를 다음 회기에 초대하여 그녀가 부정적 사고에 말대꾸하는 동안 응원하도록 할 수 있다. 아동이 부정적 사고에 말대꾸하는 것을 디지털 방식으로 녹음·녹화하고, 그 파일을 아동에게 주어 아동이 녹음·녹화된 것을 듣고 보며 부정적 사고에 말대꾸하는 것을 연습하도록 하는 것 역시 유용하다.

또한 부정적 사고들의 재구성은 치료로 통합된 유도된 학습 경험들을 통해 간접적으로, 하지만 매우 강력하게 완성된다. 이러한 선택된 학습 경험들은 치료 회기 전 초기 사례 개념화에 기반을 두고, 치료를 통하여 점차 정교해진다. 그러므로 치료자는 사례 개념화를 정교화하는 동시에, 아동이 부정적 신념들을 부정하고 새롭고 더 적응적인 신념들을 지지하는 증거를 처리하도록 돕기 위해 아동의 고유한 경험을 사용할 기회를 엿본다. 예를 들어, '아무도 나를 좋아하지 않아.'라는 중간 신념을 야기하는 '나는 사랑스럽지 않아.'라는 핵심 신념을 가지고 있는 한 여아는, 회기 사이에 다음의 사건들이 일어났다고 말한다. 그녀는 인터넷상에서 친구들과 얘기하였다. 그녀는 주말 동안 놀러 와서 자고 가는 친구가 있었다. 그녀는 생일 파티에 초대받았다. 그녀와 그녀의 엄마는 크리스마스 쿠키를 함께 만들었다. 그녀의 엄마는 그녀가 잠자리에 들게 하고 매일 밤 그녀와 함께 기도를 한다. 이러한 각 사건에 대한 소크라테스식 질문법은, 다른 사람이 그녀를 좋아하고 있으며 그녀가 중요한 타인들로부터 사랑받고 있다는 것을 알게 하는 데 사용될 수 있다. 물론 이것은 다른 사람들이 진정으로 그녀를 좋아하며 사랑할 경우에만 가능하다.

또한 치료자는 아동에게 존재하는 부정적 신념을 부인하며, 새롭고 좀 더 적응적인 신념을 형성하게 하는 학습 경험을 제공해 주는 특정한 과제들을 준다. 여아들은 그들의 관심을 인지 재구성을 촉진시키는 사건들로 이끄는 일기를 쓰도록 지시받는다. 그 일기는 '긍정적인 것을 포착하는' 일기장('Catch the Positive' Diary: CPD)이라고 불린다. 예를 들어, 자신이 사랑받을 만하지 않다고 믿는 여아는 그녀가 사랑받고 있다는 것을 보여 줄 수 있는 부모의 행동 목록을 만들어 보도록 요청받을 것이다. 이 목록은 그녀의 CPD의 일부가 될 것이며, 그녀는 회기들 사이에 CPD를 이용하여 이런 행동들이 발생하는지 관찰해 보도록 지시받을 것이다. 그 행동들이 일어날 때, 그녀는 그것들을 그녀의 일기장에 표시하고, 그 과제의 결과는 다음 회기 동안에 처리된다. 이 과제는 그녀의 사고가 왜곡을 반영하는 경우에만 아동의 신념을 재구성한다. 즉, 친구들이 정말로 그녀를 좋아하고 중요한 타인들이 정말로 그녀를 사랑할 경우에만 그러하다. 만일 부모가 그녀에 대한 그들의 사랑을 보여 줄 수 있는 방식으로 표현하지 않는다면, 이 과제는 효과가 없을 것이다.

(6) 긍정적인 자기감 형성

인지 재구성의 일차적 목적은 여아들이 긍정적인 자기 도식을 형성하도록 돕는 것이다. 12~20회기 동안 긍정적 자기감을 지지하기 위한 추가적 활동들이 사용된다. 작업 과정 중에 사용되는 모든 기술이 자기 향상과 자기의 긍정적인 측면 인식하기를 지향하고 있기 때문에, 이 치료 요소는 마지막에 나타난다. 우울한 아동들은 우울하지 않은 아동·청소년보다 그들의 수행, 능력 그리고 개인적 자질을 더 부정적으로 평가하고, 그들의 자기 평가는 부정적으로 왜곡되어 있는 경향이 있다(Kendall, Stark, & Adam, 1990; Krackow & Rudolph, 2008). 다시 말하면, 그들은 자기 평가에 있어 비현실적으로 그리고 비합리적으로 부정적인 경향이 있다. 아동들은 현실적인 범위에서 좀 더 합리적으로 그리고 긍정적으로 그들 자신을 평가하는 것을 배울 수 있다. 이 과

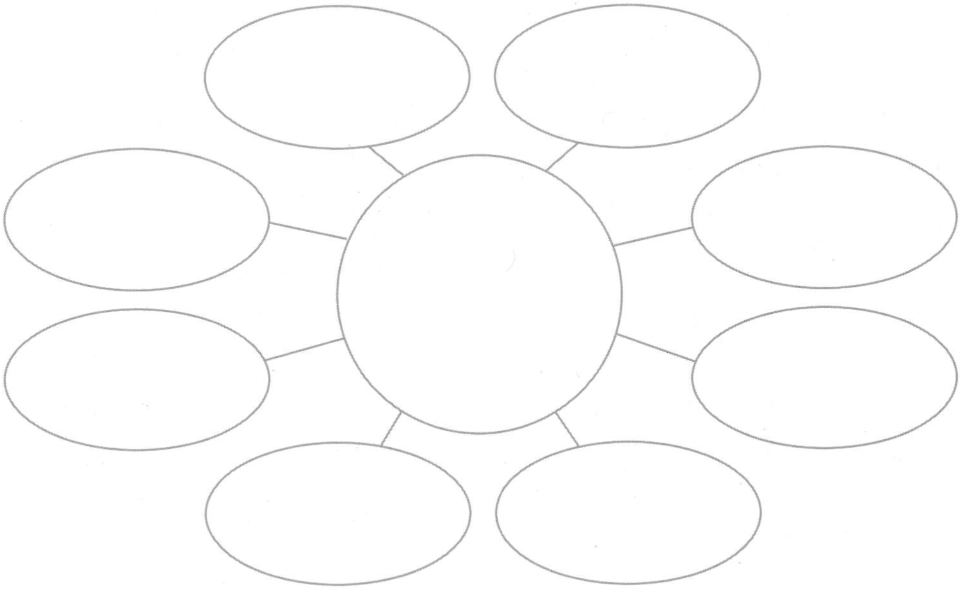

그림 6-2 자기 지도 도표

(Stark, Schnoebelen, et al., 2005에서 인용. Workbook Publishing Inc.의 허락하에 옮김)

정 동안 그들은 자신의 긍정적인 속성들, 성과 그리고 능력을 인식하는 것을 배운다.

아동이 더 긍정적인 자신감을 발달시키도록 도와주는 데 사용하는 도구들 중의 하나는 '자기 지도(self-map)'다([그림 6-2]를 보라). 그림 안의 각 원은 아동의 삶의 영역과 자기 정의의 요소를 나타낸다. 일반적으로 '자기 지도'는 여아들로 하여금 자기 정의를 넓히며, 그들이 이전에는 인식하지 못하고 있던 강점들을 인식하도록 도와준다. 참가자들은 각 풍선에 관련된 강점들을 채우도록 요청받는다. 그 밖에도 치료자는 부모와 교사들을 면담하여 각 영역에 있어 아동의 강점들에 대한 그들의 인식을 파악한다. 치료자는 이 정보를 여아들에게 제공한다. 우리는 아동들이 칭찬받는 것을 좋아하기 때문에 이 정보가 매우 큰 효과가 있다는 것을 알게 되었다. 그뿐만 아니라 집단 구성원들은 서로에게 각 원에 대해 긍정적인 피드백을 제공한다. 다시 한 번, 또래로부터 이런 정보를 받는 것은 아주 큰 효과가 있고 믿을 만한 것으로 보인다. 개인치료에서는 아동에게 부모와 교사의 피드백을 제공하는 것이 가능하다. 하지만 또래로부터의 피드백을 얻는 것은 불가능하다. 때때로 친구들이 환자에 대해 어떻게 생각하고, 어떤 식으로 이야기할 것 같은지에 대해 환자에게 물어봄으로써 이러한 정보를 얻을 수도 있다. 그러나 여전히 친구나 또래로부터 직접적으로 이러한 정보를 얻을 수 있는 가능성은 낮다.

아동들은 자기 지도에 약술된 긍정적인 자기 묘사를 지지하는 근거를 스스로 관찰해 보라고 요청받을 때 CPD를 사용할 수 있다. 예를 들어, 한 아동은 자신이 가진 음악적 재능으로부터 큰 자부심을 얻을 수 있다. 그녀는 수업, 개인지도, 연습 그리고 음악회에서의 성공을 자기 감찰하도록 지시받을 것이다. 더불어 다른 사람들과 그녀를 비교하는 것보다는 오히려 더 나은 음악가가 되려고 하는 그녀의 노력에 역점을 둘 것이다. 더욱이 그녀가 악기를 연주할 때 얻게 되는 개인적 즐거움이 강조될 것이다.

어떤 경우에 아동들의 부정적 자기 평가들은 정확하며, 그들은 변화함으로써 이익을 얻을 수 있다. 그러한 경우 치료 목표는 아동들이 개인적 기준들을 현실적인 목표들로 전환하고 나서, 그들의 목표들을 이루기 위한 계획들을 개발하고 수행하는 것을 도와주는 것이다. 전환 과정에 따라 아동들은 자기 향상을 위하여 어떤 영역들을 작업할 것인지 우선순위를 정한다. 처음에 성공이 가능한 영역에서 향상을 만들어 내기 위해 계획이 세워진다. 장기간의 목표는 하위 목표들로 나누어지며, 하위 목표들의 달성, 그리고 마침내는 최종 목표 달성에 이르기 위한 계획들을 개발하기 위해 문제해결이 사용된다. 계획들을 수행하기 전에 아동들은 계획들을 수행하는 데 있어 가능한 장애들을 파악한다. 문제해결은 다시 한 번 장애물들을 극복하기 위한 유관성 계획들을 개발하는 데 사용된다. 일단 대처 계획들을 포함한 계획들이 개발되었다면, 아동들은 변화를 향한 그들의 향상을 자기 감찰한다. 상황에 따라 계획이 변경될 수 있다.

(7) ACTION 키트(장비)

CBT를 수행하는 데 있어서 우울증 아동들과 우울증 성인들의 발달적 차이점들 중의 하나는, 아동들이 회기에서 논의되었던 것을 덜 기억하는 경향이 있다는 것이다. 그들이 핵심 치료 개념들을 기억하도록 돕기 위해서, '행동 키트' 가 구성되어 왔다. 그 키트는 ① 대처 기술들, 문제해결, 인지 재구성을 할 때 사용되는 간단한 도식적 묘사, ② 정서들을 파악하기 위해 3B를 이용하는 방법에 대한 시각적 묘사, ③ 대처 기술들의 다섯 가지 범주의 시각적 묘사, ④ 다섯 가지 문제해결 단계들('5P'), ⑤ 인지 재구성으로 이끄는 2개의 'what 질문' 을 포함한 다섯 가지 색깔 카드로 이루어진다. 그 밖에도 각 키트는 치료자가 긍정적인 행동을 포착했을 때 던져 주는 웃는 모양의 공 하나와 개인화된 목표와 그 목표들을 달성하기 위한 계획들을 적어 넣는 기록지들을 포함하고 있다. 이런 키트들은 모든 주요 치료 방략들이 소개된 후에 여섯 번째와 일곱 번째 회기들 사이에 여아들에게 주어진다. 집단 회기 동안 키트를 어떻게 사용하는지 시범을 보여 주기 위하여 치료자도 자기 소유의 키트를 사용한다. 예를 들면, 한 참가자의 과제에서 회기들 사이에 화가 나 있었다는 것이 밝혀졌을 때, 치료자는 각각의 세 가지 주요 치료 방략의 사용을 묘사하는 카드를 꺼낸다. 그것은 반 친구와 함께 있었던, 변화될 수 있는 상황이기 때문에, 집단은 문제해결을 사용할 것을 결정하며, 치료자는 계획을 세우도록 지도하기 위해 문제해결 카드를 사용한다. 그러나 치료자는 화가 나 있을 땐 건설적인 계획을 개발하는 것이 어려울 수 있다는 것을 알고 있다. 따라서 치료자는 대처 기술들 카드도 꺼내며, 아동은 자신의 화를 가라앉히도록 도와주고 좀 더 분명하게 생각할 수 있도록 하는 대처 기술들을 선택한다. 이를 통해 치료자는 세 가지 주요 치료 방략을 결합하는 것이 유익하다는 생각을 소개한다. 예를 들면, 아동은 효과적으로 부정적 사고를 재구성할 수 있기 이전에 불쾌한 기분을 개선시키는 대처 기술들을 적용할 수 있다. 아동들은 흔히 그들의 기분과 다른 우울 증상들을 개선시키기 위해서 동시에 여러 기술을 사용해야 한다. 치료자는 아동이 이러한 사용법을 적용하는 방법을 배우도록 돕기 위해 집단 구성원들이 치료에 가져온 치료적 과제들과 걱정들을 활용한다.

(8) 치료 과제

치료 과제는 치료에 반드시 필요한 한 부분이다. 과제는 회기 내에서 학습한 기술들을 아동 · 청소년들이 치료 밖에서 일어나는 실제 상황에 적용하는 것을 돕게끔 설계되었다. 더불어 과제들은 회기 동안 배운 것을 확장하고 강화하도록 설계되어 있다. ACTION 워크북(Stark, Schnoebelen, et al., 2005)은 치료 과제를 조직화한다. 각 과제는 회기 동안 배웠던 기술의 적용을 돕기 위해 설계되었다. 대처 기술들, 문제해결 그리고 인지 재구성 과제 서식의 예시들이 [그림 6-3], [그림 6-4], [그림 6-5]에 각각 제시되어 있다.

많은 아동이 치료 과제를 작성하는 것을 좋아하지 않는다. 그들이 과제를 하도록 격려하기 위해서, 우리는 회기 내 보상 체계를 포함한다. 과제를 완료한 아동들은 선호하는 상품 꾸러미를 보상으로 선택할 수 있으며, 과제를 완료하지 못한 아동들은 회기에 참석한 것에 대해 덜 선호하는 상품 꾸러미를 선택할 기회가 주

그림 6-3 대처 기술 워크북 서식의 예

(Stark, Schnoebelen, et al., 2005에서 인용. Workbook Publishing Inc.의 허락하에 옮김)

네가 문제를 가진 시기에 주목하라. 너의 문제에 대해, 그리고 5P's를 적용하여 어떻게 그 문제를 해결하였는지 적으라.

DAY: ______

문제가 무엇인가? 문제는 ____
____이다.

무엇이 목표인가? 내가 일어나길 바라는 것은 ______________________________
____이다.

계획에는 무엇이 있는가? 나는 다음의 것들을 할 수 있을 것이다.

1. ____
2. ____
3. ____
4. ____
5. ____

결과를 예상하고 최선의 계획을 선택하라. 그것은 ______________________________
____이다.

계획이 어떻게 작용했는가? 그것은______________________________________이다.

격려의 말이나 칭찬하기!

그림 6-4 문제 해결 워크북 서식의 예

(Stark, Schnoebelen, et al., 2005에서 인용. Workbook Publishing Inc.의 허락하에 옮김)

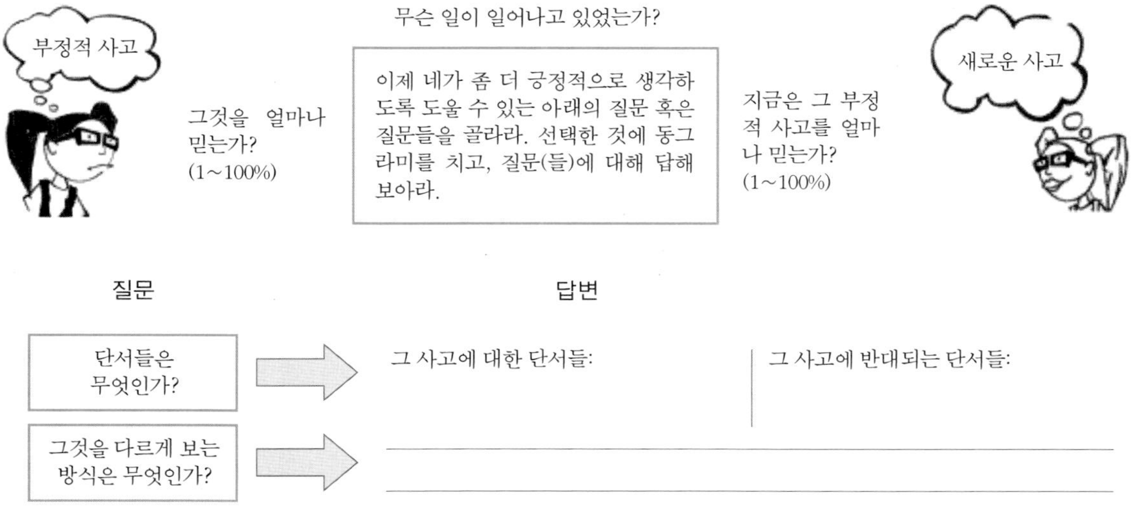

그림 6-5 인지 재구성 워크북 서식의 예

(Stark, Schnoebelen, et al., 2005에서 인용. Workbook Publishing Inc.의 허락하에 옮김)

어진다. 치료자들은 과제의 성공적인 수행에 대해 추가로 보상들을 이용할 수 있다. 개인치료에서도 치료 과제의 완수를 위한 보상 체계를 세우는 것이 효과적일 수 있다. 때로는 부모에게 아동이 치료 과제를 완수하도록 부드럽게 이야기함으로써 그녀의 노력에 대한 보상을 하도록 요청하는 것도 도움이 된다. 더 나이가 많은 아동과 청소년에게는 과제에 대한 부모의 관여가 덜 바람직하다.

아동이 과제를 수행하는 것에 실패하면, 그 회기를 시작할 때 아동은 기억나는 대로 최대한 그것을 수행하도록 요청받는다. 만일 아동이 지속적으로 과제를 수행하는 데 문제가 있다면 치료자는 아동을 개별적으로 만나서 과제 완수를 위한 계획을 만드는 문제해결을 할 것이다. 만일 참가자가 과제를 끝내는 것을 계속 어려워한다면, 우리는 이메일을 보내고 전화를 하여 상기시키는 방법이나, 아동이 매일 아침 학교 수업 전에 학교 상담자의 사무실에 들르게 하는 것 등 많은 추가 방략들을 사용한다.

6) 부모 훈련

부모 훈련(Stark, Schnoebelen, et al., 2005; Stark, Simpson, et al., 2005)은 아동 치료 요소를 지지하고, ① 치료적 기술을 배우고 적용하기 위한 아동의 노력을 어떻게 지지하는지 부모를 가르치고, ② 간접적으로 부모에게도 같은 기술을 가르치며, ③ 부모로 하여금 그들의 행동 관리와 의사소통 능력을 향상시키고 갈등은 감소시키는 기술과, 자녀의 부정적 사고를 식별하고 변화시키도록 자녀를 도울 수 있는 기술을 가르치도록 설계되었다. 부모 훈련 회기는 방과 후에 자녀의 학교에서 집단 형태로 이루어진다. 회기는 아동의 치료자와 동료 치료자에 의하여 행해지며 약 90분 동안 지속된다. 자녀들이 집단치료를 받고 있는 11주에 걸쳐 8회의 집단 부모 회기와 2회의 개별 가족 회기가 있다. 개별 가족 회기는 세 번째와 네 번째 집단 회기 사이에, 또 일곱 번째와 여덟 번째 집단 회기 사이에 이루어진다. 딸들은 동일한 횟수의 집단 회기 그리고 개별적 가족 회기들 모두에 참석한다. 이 회기들은 아동 회기들과 유사하게 구조화된다. 그러나 추가적인 것이 있다. 이전의 부모 회기에서의 주요 내용을 복습하기 전에 치료자 또는 치료자들과 여아들은 부모에게 자신이 배웠던 기술들에 대해 설명한다. 그리고 그들은 부모에게 어떻게 그 기술들을 사용하는지를 가르친다.

(1) 부모들에게 가르치는 기술

부모들은 청소년의 가족이 아동 · 청소년의 우울장애에 끼치는 영향에 관한 문헌에 기초한 많은 핵심 치료 기술들을 배운다. 부모들에게 구체적인 기술들을 가르치기 이전에, 아동과 십대 청소년들의 우울증, 우울장애의 모형, 그리고 어떻게 우울증을 성공적으로 치료하는지에 대한 정보를 제공한다. 좀 더 긍정적인 환경을 만들기 위해서, 부모들은 바람직한 행동에 대한 강화를 사용하여 자녀의 행동을 다루는 것을 배운다. 동시에 처벌적이고 강압적인 방략들의 사용을 감소시키도록 한다. 부모들에게 자녀의 행동을 다루기 위해 좀 더 긍정적인 접근을 가르치는 것은 긍정의 감정가를 지닌 가정환경을 만들어 낸다. 그리고 이것은 여아들에게 자신들에 대한 긍정적인 메시지('나는 좋은 사람이다.')와 부모들에 대한 긍정적인 메시지('그들은 나에게 관심을 두고 있다.')를 전달한다. 부모들은 처음 두 회기 동안 긍정적인 강화를 어떻게 효과적으로 사용하는지에 대한 것뿐 아니라, 긍정적 강화가 그들의 자녀에게 어떠한 영향을 주는지에 대한 세부적인 내용을 배운다. 부모들은 자녀들이 참여하는 이후의 모든 회기 동안 이를 적용하기 위한 연습을 한다. 그 후에 그들은 집에서 그들의 강화 사용을 감찰하도록 지시받는다. 두 번째 회기 동안, 여아들은 부모가 보상 메뉴를 발달시키는 것을 도와주며, 그들이 생각하기에 좀 더 많은 부모의 격려가 필요한 것이 어느 분야인지를 파악한다. 그 외에도 이 회기 동안 부모들은 자녀와 함께 게임을 함으로써 재미있는 일을 하는 것이 가진 힘을 경험한다. 부모들은 그들의 자녀가 대처 방략으로서 재미있는 일을 더 많이 하도록 도와주라고 격려받고, 가족 단위의 여가활동을 더 많이 하도록 격려받는다. 세 번째 회기 동안에 부모들은 자녀의 행동을 다루기 위해 사용하는 지나친 처벌의 유해한 영향을 배운다. 부모들은 자신이 사용하는 모든 처벌의 형태를 파악하기 위해 도움을 받으며, 처벌 사용을 줄이고 그것을 긍정적 강화로 대체하도록 격려받는다. 경험에 따르면, 부모들은 집단 회기 동안에는 다른 부모들로부터 안 좋은 평가를 받을 것이 두려워 과도한 처벌의 사용에 대하여 덜 인정하는 반면, 개인 회기 동안에는 이를 더 잘 인정하는 것으로 보인다. 부모를 집단으로 만나는 것은, 여아를 집단으로 만나는 것과 비슷하게 집단 구성원들 내에 존재하는 부가적인 병리에 의해 악영향을 받을 수 있다. 하지만 이러한 영향은 부모 모임에서 더 큰 것으로 나타난다. 또한 만약 부모들 중 하나가 불건전하고 논의나 치료자의 시간에 대해 지배적인 경우에는 다른 부모들이 모임에 나오는 것을 그만둘 수 있기 때문에, 부모의 참여에도 영향을 줄 수 있다. 자녀가 치료 목표를 설정하고 목표 달성을 위한 계획을 세우기 위해 치료자와 함께 협력적으로 일하는 주와 같은 주에, 치료자는 개별적 가족 회기들을 수행하고 자녀와 가족을 위한 부모의 목표를 파악하기 위해 부모와 함께 작업한다. 이 외에도 아동의 허락하에 치료자와 아동은 치료 목표들을 검토하고, 이를 현실화하기 위한 계획들을 검토한다. 부모는 이러한 목표들을 지지하도록 격려받으며, 자녀가 목표를 이루도록 도와주기 위해 부모가 무엇을 할 수 있을지를 논의한다.

부모들은 다양한 종류의 의사소통 기술들을 배운다. 처음에 그들은 공감적으로 경청하는 방법을 배운다. 이러한 기술들은 아동에게 자신이 하는 말을 부모가 경청하고 이해하고 있다는 느낌을 전달하며, 이는 아동으로 하여금 사랑받고 있고 자신이 가치 있다는 생각을 가지게 이끈다. 더불어 이는 여아들과 부모들 사이의 좋은 의사소통의 토대가 된다. 그들이 속상하거나 문제를 겪을 때마다, 여아들은 즉시 그들의 부모에게 이야기할 시간이 있냐고 물어보도록 배운다. 마찬가지로 부모들은 자녀가 마음이 상해 있다고 느낄 때마다 대화를 시도하라고 배운다. 일단 대화가 시작되면, 부모는 산만한 마음을 가다듬은 뒤, 문제에 대하여 성급하게 위로하거나 해결책을 제시하지 않고 딸의 이야기를 경청한다. 부모는 여아의 말들의 밑바탕에 깔려 있는 정서와 메시지에 귀를 기울인다. 이것은 부모들에게 상당히 어렵다. 부모들에게 단지 경청만 한다는 것은 힘든 일이며, 밑바탕에 깔려 있는 정서나 더 넓은 의미를 파악하는 것은 훨씬 더 힘들다. 부모들이 공감적으로 경청할 수 있기 위해서는 역할 연기와 코칭이 많이 필요하다. 몇몇의 경우에서는 부모가 적극적인 경청자가 되도록 가르치는 것이 최선인 듯하다. 어떤 부모들은 그들 자녀에게 공감하기에는 너무 산만하고 불안하거나 우울할 수 있다. 이런 경우에는 절차를 단순화하고, 자녀를 화나게 하는 것보다는 그냥 포기해 버리는 게 더 낫다. 이 외에도 부모들이 배우는 의사소통 기술은 ① 짧게 말하라, ② 비난하지 말라, ③ 구체적으로 하라, ④ 공감적으로 경청하라, ⑤ 감정을 이야기하라, ⑥ 만일 가능하다면 선택권을 주라 등이다. 치료자들은 이러한 기술의 시범을 보이고, 치료자들과 부모들이 함께 기술에 대한 역할 연습도 해 보며, 부모들과 그들의 딸들은 회기 동안 이 기술을 연습한다. 이 훈련은 쉬운 주제들에 관한 논의로 시작되며 그다음에는 좀 더 감정적으로 무게가 실린 주제들로 진행된다.

부모들은 여아들이 학습한 것과 같은 5단계의 문제해결 과정을 배운다. 부모들은 잘못된 행동과 가족이 직면하는 갈등을 해결해야 할 문제로 바라보는 것을 배운다. 여아들은 부모들에게 단계들을 가르치고, 그런 다음 부모들과 게임을 하는데, 이 게임은 각 단계를 단순한 상황에 적용하는 방법뿐만 아니라 각 단계들의 의미를 보여 주는 절차다. 일단 부모들이 단계들을 배우고 과정을 이해하게 되면, 치료자는 부모들과 딸들을 가족 단위로 나누고 가족에게 해결해야 할 가상의 가족 문제를 제공한다.

일반적으로 우울증 아동이 있는 가족들에게서는 높은 수준의 갈등이 보고되며(Sander & McCarty, 2005; Stark et al., 1990), 그 갈등은 자연스럽게 우울증 삽화가 완화되는 데 걸리는 시간과 관련이 있다. 따라서 부모들은 갈등 해결 기술들을 배운다. 좀 더 구체적으로, 그들은 갈등을 줄이는 도구로서 가족 회기들을 어떻게 구조화하고 이용해야 하는지를 배운다. 가족 회기의 첫 번째 단계는 각 가족 구성원에 대한 긍정적인 것을 말하는 것이다. 그런 다음엔, 모임을 소집한 사람이 안건을 설정하고, 주제를 진술하며, 그 갈등이 개인에게 미친 영향의 예들을 든다. 그다음에, 이 사람은 문제를 해결할 수 있는 대안 행동들에 대해 논의를 시작하고 가족은 각 대안의 잠정적 결과들을 논의한다. 마지막으로, 계획이 선택되고 시행된다. 가족들은 회기 과정을 치료자들의 코칭과 함께 역할 연기한다. 기분이 상한 것이 더 악화되어 건설적으로 다루어질 수 없기 전에 일찍 갈등을 포착하는 것에 역점을 둔다. 이후 몇 번의 회기 과정에 걸쳐 치료자는 신념과 같은, 갈등 해결의 장애물들을 제거하기 위하여 부모와 함께 작업한다.

부모들은 자녀가 자신의 부정적 사고와 신념을 알아내고 평가하며 재구성하는 것을 돕는 데 의미 있는 역할을 할 수 있다. 두 번째 개별적 가족 회기 동안 그리고 일곱 번째와 여덟 번째 집단 부모 회기 동안, 부모들은 자녀의 부정적 사고가 정서적 적응에 미치는 영향에 대해 배운다. 집단 회기 동안, 부모들은 자녀의 부정적 사고와 신념이 정서적 기능에 미치는 영향에 대해 배우며, 부모 자신의 행동과 말을 통해 무심코 딸들에게 보낸 메시지들을 살펴보는 것을 배운다. 개별 가족 회기 동안 그리고 가족들이 더 큰 집단 회기에서 가족 단위로 나뉘는 동안, 여아들은 특정 부정적 사고들이 정서에 미치는 영향을 설명한다. 그러면 부모들은 그 사고에 대해 자녀가 반박할 수 있게 도와준다. 부모들은 자녀들이 사용한 것과 같은 절차들을 사용하여 그들 자신의 부정적 사고를 파악하고 재구성하도록 격려받는다.

6. 요약과 결론

대부분의 우울증 아동 · 청소년은 치료를 받지 않으며, 치료를 받는 아동 · 청소년도 일반적으로 역동적, 행동적 그리고 인지적 과정들의 절충적 혼합을 사용하고 있는 치료자로부터 치료를 받는다(Weersing & Weisz, 2002). 불행하게도, 이러한 치료 형태는 시간의 경과 때문에 일어나는 변화 이상의 효과가 없는 것으로 알려져 왔고(Andrade et al., 2000), 다른 (연구에 근거를 둔) 치료들보다 덜 효과적이다(Weersing & Weisz, 2002). 이 책의

3판 이후로 수행되었던 많은 성과 연구에서 CBT가 아동 · 청소년 우울장애에 대한 효과적인 개입이라고 제안되어 왔지만, 더 빠른 결과가 나타나야 하거나, 아동의 우울증이 더 심각하거나, 혹은 CBT 단독 사용이 실패한 경우에는 CBT와 항불안 약물의 병용이 가장 효과적일 수 있다.

ACTION 치료 프로그램의 결과는 매우 흥미롭다. 이 치료는 공병 장애를 경험하고 있고, 일상생활 기능에 있어 상당히 방해를 받는 임상적으로 우울한 여아 표본에서 효과적이었다.

이러한 결과는 치료에서의 성별 특수성 때문인가? 많은 수의 치료 회기(20회의 집단 회기와 2회의 개별적 회기들) 때문인가? 치료에 포함된 특정 요소들 때문인가 아니면 특정 변화 목표들에 집중했던 회기의 횟수 때문인가? 인지적 사례개념화에 근거를 둔 각 아동 · 청소년의 개별화된 치료 때문인가? 참가자들의 나이가 어려서인가? 치료 실시 방법(집단 대 개인) 때문인가? 이러한 질문들과 다른 관련된 질문들에 답하기 위해 추가 연구가 필요하다.

ACTION 프로그램은 여아들에게 그들의 우울증 증상을 다루기 위해 대처, 문제해결 그리고 인지 재구성 기술들을 사용하는 단서로 유쾌하지 않은 감정과 다른 우울 증상들을 사용하는 것을 가르치도록 설계되었다. 심리교육은 아동들에게 정서적 경험들을 조절하는 법을 가르친다. 우선적으로, 치료 활동은 기분을 향상시키는 수단으로 유쾌한 정서들과 긍정적인 경험들에 초점을 둔다. 그 후에 여아들은 그들의 속상함이 변화할 수 없는 상황으로부터 올 때는 대처 방략들을, 그들이 변화시킬 수 있는 상황에서 올 때는 문제해결을, 그리고 부정적으로 왜곡된 사고에서 올 때는 인지 재구성을 사용하는 것을 배운다. 인지치료의 원칙과 일관되게, 치료 회기들은 치료적 가치를 갖도록 설계된 회기의 각 부문을 포함하도록 고도로 구조화되어 있다. 따라서 비생산적 시간이 최소화된다. 이 외에도 치료 시작 전에 치료자가 개발한 인지적 사례 개념화는, 치료 회기 내에서의 경험을 통하여 변화한다. 이 개념화를 통하여 치료자는 아동이 가진 우울 도식에 대한 모순된 증거를 제공하는 아동의 삶의 경험을 지켜볼 수 있는 도식을 가질 수 있고, 좀 더 현실적이고 긍정적인 도식을 형성할 수 있다. 이 밖에도 치료자는 아동을 위해 부정적 신념을 허물고 새롭고 더 적응적인 핵심 도식을 형성하는 학습 경험들을 개발하고자 한다.

ACTION 프로그램의 또 다른 목적은 부모 훈련을 통해 가족 환경을 변화시키는 것이다. 부모 훈련 프로그램은 부모들에게 행동을 다루는 주요 수단으로 긍정적 강화를 사용하는 것을 가르치기 위해 만들어졌다. 동시에 긍정적 강화 사용의 증가는 처벌적이며 강압적인 행동 관리 절차들을 감소시킨다. 부모들은 공감적 경청뿐만 아니라 다른 의사소통 기술들도 배운다. 이것은 주위의 의미 있는 타인이 자신의 이야기를 경청하고 이해해 주기를 원하는 여아들에게 중요한 듯 보인다. 공감적 경청은 이 두 가지 모두를 전달한다. 부모들은 스트레스, 구체적으로는 가족 내 갈등으로 인한 스트레스를 감소시키는 수단으로서 가족 문제해결과 갈등 해결 기술들을 배운다. 부모들은 또한 자녀의 부정적 사고를 어떻게 파악하는지, 그리고 이런 부정적 사고를 재구성하도록 도울 방법은 무엇인지를 배운다. 부모 훈련 요소의 또 다른 중요한 측면은 부모들이 자녀가 가정환경 속에서 ACTION 기술들을 적용하도록 어떻게 지지할 수 있는지를 이해하도록 돕는 데 있다. 마지막으로, 부모들은 자녀가 배우고 있는 기술들을 부모 자신의 삶에 적용하도록 격려된다.

각각의 우울증 아동 · 청소년은 복합적이며 독특한 사례다. 따라서 치료가 효과적이기 위해서 치료자는 우울장애를 위한 CBT의 사용에 능숙해야 하며, 이 치료를 아동 및 청소년들이 경험하기 쉬운 다른 공병들의 치료와 잘 융합할 수 있어야 한다.

참고문헌

Abramson, L. Y., Seligman, M. E., & Teasdale, J. D. (1978). Learned helplessness in humans: Critique and reformulation. *Journal of Abnormal Psychology, 87*(1), 49-74.

Achenbach, T. M., & Rescorla, L. (2001). *Manual for the ASEBA School-Age Forms and Profiles*. Burlington, VT: University of Vermont, Research Center for Children, Youth, and Families.

Addis, M. E., & Krasnow, A. D. (2000). A national survey of practicing psychologists' attitudes toward psychotherapy treatment manuals. *Journal of Consulting and Clinical Psychology, 68*, 331-339.

Ambrosini, P. J., & Dixon, J. F. (Eds.). (2000). *Schedule for Affective Disorders and Schizophrenia for School-Age Children (6-18 yrs.) KIDDIE-SADS (K-SADS) Present State and Lifetime Version, K-SADS-IVR (Revision of K-SADS)*. Unpublished manuscript, Drexel University College of Medicine, Philadelphia.

Andrade, A., Lambert, W., & Bickman, L. (2000). Dose effect in child psychotherapy: Outcomes associated with negligible treatment. *Journal of the American Academy of Child and Adolescent Psychiatry, 39*, 161-168.

Asarnow, J. R., Jaycox, L. J., Tang, L., Duan, N., LaBorde, A. P., Zeledon, L. R., et al. (2009). Longterm benefits of short-term quality improvement interventions for depressed youths in primary care. *American Journal of Psychiatry, 166*, 1002-1010.

Beck, A. T., Rush, J., Shaw, B. F., & Emery, G. (1979). *Cognitive therapy of depression*. New York: Guilford Press.

Beck, J. S. (1995). *Cognitive therapy: Basics and beyond*. New York: Guilford Press.

Beck, J. S., Beck, A. T., & Jolly, J. B. (2003). *Beck Youth Inventories*. San Antonio, TX: Psychological Corporation.

Bench, C. J., Frackowiak, R. S. J., & Dolan, R. J. (1995). Changes in regional cerebral blood flow on recovery from depression. *Psychological Medicine, 25*, 247-251.

Bickman, L., Noser, K., & Summerfelt, W. T. (1999). Long-term effects of a system of care on children and adolescents. *Journal of Behavioral Health Services Research, 26*, 185-202.

Birmaher, B., Brent, D. A., Kolko, D., Baugher, M., Bridge, J., Holder, D., et al. (2000). Clinical outcome after short-term psychotherapy for adolescents with major depressive disorder. *Archives of General Psychiatry, 57*, 29-36.

Bloom, B. (1985). A factor analysis of self report measures of family functioning. *Family Process, 24*, 225-239.

Brent, D., Emslie, G., Clarke, G., Wagner, K., Asarnow, J., Keller, M., et al. (2008). Switching to another SSRI or to venlafaxine with or without cognitive behavioral therapy for adolescents with SSRI-resistant depression: The TORDIA randomized controlled trial. *Journal of the American Medical Association, 299*, 901-913.

Brent, D. A., Holder, D., & Kolko, D. (1997). A clinical psychotherapy trial for adolescent depression comparing cognitive, family, and supportive therapy. *Archives of General Psychiatry, 54*, 877-885.

Brody, A., Saxena, S., Stoessel, P., Gillies, L., Fairbanks, L., Alborzian, S., et al. (2001). Regional brain metabolic changes in patients with major depression treated with either paroxetine or interpersonal therapy: Preliminary findings. *Archives of General Psychiatry, 58*(7), 631-640.

Chambless, D. L., & Hollon, S. D. (1998). Defining empirically supported therapies. *Journal of Consulting and Clinical Psychology, 66*, 7-18.

Clarke, G. N., Hawkins, W., Murphy, M., Sheeber, L. B., Lewinsohn, P. M., & Seeley, J. R. (1995). Targeted prevention of unipolar depressive disorder in an at-risk sample of high school adolescents: A randomized trial of group cognitive intervention. *Journal of Child and Adolescent Psychiatry, 32*, 312-321.

Clarke, G. N., Hornbrook, M., Lynch, F., Plen, M., Gale, J., Beardslee, W., et al. (2001). A randomized trial of a group cognitive intervention for preventing depression in adolescent offspring of depressed parents. *Archives of General Psychiatry, 58*, 1127-1134.

Clarke, G. N., Rohde, P., Lewinsohn, P. M., Hops, H., & Seeley, J. R. (1999). Cognitive-behavioral treatment of adolescent depression: Efficacy of acute group treatment and booster sessions. *Journal of the American Academy of Child and Adolescent Psychiatry, 38*, 272-279.

Curry, J., Rohde, P., Simons, A., Silva, S., Vitiello, B., Kratochvil, C., et al. (2006). Predictors and moderators of acute outcome in the Treatment for Adolescents with Depression Study (TADS). *Journal of the American Academy of Child and Adolescent Psychiatry, 45*, 1427-1439.

David-Ferdon, C., & Kaslow, N. (2008). Evidence-based psychosocial treatments for child and adolescent depression. *Journal of Clinical Child and Adolescent Psychology, 37*(1), 62-104

Delgado, P. L., Charney, D. S., Price, L. H., Aghajanian, G. K., Landis, H., & Heninger, G. R. (1990). Serotonin function and the mechanism of antidepressant action: Reversal of antidepressant-induced remission by rapid depletion of plasma tryptophan. *Archives of General Psychiatry, 47*, 411-418.

Delgado, P. L., Miller, H. L., Salomon, R. M., Licinio, J., Krystal, J. H., Moreno, F. A., et al. (1999). Tryptophan-depletion challenge in depressed patients treated with desipramine or fluoxetine: Implications for the role of serotonin in the mechanism of antidepressant action. *Biological Psychiatry, 46*, 212-220.

Dimidjian, S., Hollon, S. D., Dobson, K. S., Schmaling, K. B., Kohlenberg, R. J., Addis, M. E., et al. (2006). Randomized trial of behavioral activation, cognitive therapy, and antidepressant medication in the acute treatment of adults with major depression. *Journal of Consulting and Clinical Psychology, 74*, 658-670.

Domino, M. E., Burns, B. J., Silva, S. G., Kratochvil, C. J., Vitiello, B., Reinecke, M. A., et al. (2009). Cost-effectiveness of treatments for adolescent depression: Results from TADS. *The American Journal of Psychiatry, 165*(5), 588-596.

Doss, A., & Weisz, J. (2006). Syndrome co-occurrence and treatment outcomes in youth mental health clinics. *Journal of Consulting and Clinical Psychology, 74*, 416-425.

Durlak, J. A., Fuhrman, T., & Lampman, C. (1991). Effectiveness of cognitive-behavior therapy for maladapting children: A meta-analysis. *Psychological Bulletin, 110*, 204-214.

Emslie, G. J., Heiligenstein, J. H., Wagner, K. D., Hoog, S. L., Ernest, D. E., Brown, E., et al. (2002). Fluoxetine for acute treatment of depression in children and adolescents: A placebo-controlled, randomized clinical trial. *Journal of the American Academy of Child and Adolescent Psychiatry, 41*, 1205-1215.

Emslie, G. J., Rush, A. J., Weinberg, W. A., Gullion, C. M., Rintelmann, J., & Hughes, C. W. (1997). Recurrence of major depressive disorder in hospitalized children and adolescents. *Journal of the American Academy of Child and Adolescent Psychiatry, 36*, 785-792.

Gaynor, S. T., Weersing, V. R., Kolko, D., Birmaher, B., Heo, J., & Brent, D. A. (2003). The prevalence and impact of large sudden improvements during adolescent psychotherapy for depression: A comparison across cognitive-behavioral, supportive, and family therapy. *Journal of Consulting and Clinical Psychology, 71*, 386-393.

Gerber, B. G. (2009). *Relational factors and cognitive interventions in group cognitive-behavioral therapy: Effects on the cognitive triad and depression in preadolescent females.* Unpublished dissertation.

Goldapple, K., Segal, Z., Garson, C., Lau, M., Bieling, P., Kennedy, S., et al. (2004). Modulation of cortica-limbic pathways in major depression. *Archives of General Psychiatry, 61*, 34-41.

Harmer, C. J., Hill, S. A., Taylor, M. J., Cowen, P. J., & Goodwin, G. M. (2003). Toward a neuropsychological theory of antidepressant drug action: Increase in positive emotional bias after potentiation of norepinephrine activity. *American Journal of Psychiatry, 160*, 990-992.

Hollon, S. D., & Kendall, P. C. (1980). Cognitive self-statements in depression: Development of an Automatic Thoughts Questionnaire. *Cognitive Therapy and Research, 4*, 384-395.

Howard, K. I., Kopta, S. M., Krause, M. S., & Orlinsky, D. E. (1986). The dose-effect relationship in psychotherapy. *American Psychologist, 41*, 159-164.

Jacobson, N. S., Dobson, K. S., Truax, P. A., Addis, M. E., Koerner, K., Gollan, J. K., et al. (1996). A component analysis of cognitive behavioral treatment for depression. *Journal of Consulting and Clinical Psychology, 64*, 295-

304.

Jaycox, L., Reivich, K., Gillham, J., & Seligman, M. (1994). Prevention of depressive symptoms in school children. *Behaviour Research and Therapy, 32*, 801-816.

Kaslow, N. J., Stark, K. D., Printz, B., Livingston, R., & Tsai, S. (1992). Cognitive Triad Inventory for Children: Development and relationship to depression and anxiety. *Journal of Clinical Child Psychology, 21*, 339-347.

Kaufman, N. K., Rohde, P., Seeley, J. R., Clarke, G. N., & Stice, E. (2005). Potential mediators of cognitive-behavioral therapy for adolescents with comorbid major depression and conduct disorder. *Journal of Consulting and Clinical Psychology, 73*, 38-46.

Kazdin, A. (2000). Developing a research agenda for child and adolescent psychotherapy. *Archives of General Psychiatry, 57*, 829-835.

Kendall, P. C. (2000). Round of applause for an agenda and regular report cards for child and adolescent psychotherapy research. *Archives of General Psychiatry, 57*, 839-840.

Kendall, P. C., & Bedias, R. S. (2006). Smoothing the trail for dissemination of evidence-based practices for youth: Flexibility within fidelity. *Professional Psychology: Research and Practice, 38*, 13-20.

Kendall, P. C., & Braswell, L. (1993). *Cognitive-behavioral therapy for impulsive children* (2nd ed.). New York: Guilford Press.

Kendall, P. C., Stark, K. D., & Adam, T. (1990). Cognitive deficit or cognitive distortion in childhood depression. *Journal of Abnormal Child Psychology, 18*, 255-270.

Kennard, B., Silva, S., Vitiello, B., Curry, J., Kratochvil, C., Simons, A., et al. (2006). Remission and residual symptoms after short-term treatment in the Treatment of Adolescents with Depression Study (TADS). *Journal of the American Academy of Child and Adolescent Psychiatry, 45*, 1404-1411.

Kennard, B. D., Clarke, G. N., Weersing, R. V., Asarnow, J. R., Shamseddeen, W., Porta, G., et al. (2009). Effective components of TORDIA cognitive-behavioral therapy for adolescent depression: Preliminary findings. *Journal of Consulting and Clinical Psychology, 77*(6), 1033-1041.

Kennedy, S., Konarski, J., Segal, Z., Lau, M., Bieling, P., McIntyre, R., et al. (2007). Differences in brain glucose metabolism between responders to CBT and venlafaxine in a 16-week randomized controlled trial. *American Journal of Psychiatry, 164*, 778-788.

Kennedy, S. H., Evans, K. R., Kruger, S., Mayberg, H. S., Meyer, J. H., McCann, S., et al. (2001). Changes in regional brain glucose metabolism measured with positron emission tomography after paroxetine treatment of major depression. *American Journal of Psychiatry, 158*, 899-905.

Kemp, A. H., Gray, M. A., Silberstein, R. B., Armstrong, S. M., & Nathan, P. J. (2004). Augmentation of serotonin enhances pleasant and unpleasant cortical electrophysiological responses to visual emotional stimuli in humans. *NeuroImage, 22*, 1084-1096.

Kolko, D. J., Brent, D. A., Baugher, M., Bridge, J., & Birmaher, B. (2000). Cognitive and family therapies for adolescent depression: Treatment specificity, mediation, and moderation. *Journal of Consulting and Clinical Psychology, 68*, 603-614.

Kovacs, M. (1981). Rating scales to assess depression in school aged children. *Acta Paedopsychiatrica, 46*, 305-315.

Krackow, E., & Rudolph, K. D. (2008). Life stress and the accuracy of cognitive appraisals in depressed youth. *Journal of Clinical Child and Adolescent Psychology, 37*, 376-385.

Kroll, L., Harrington, R., Jayson, D., Fraser, J., & Gowers, S. (1996). Pilot study of continuation cognitive-behavioral therapy for major depression in adolescent psychiatric patients. *Journal of the American Academy of Child and Adolescent Psychiatry, 35*, 1156-1161.

Lewinsohn, P. M., Clarke, G. N., Hops, H., & Andrews, J. (1990). Cognitive-behavioral treatment for depressed adolescents. *Behavior Therapy, 21*, 385-401.

Lewis, C. C., Simons, A. D., Nguyen, L. J., Murakami, J. L., Reid, M. W., Silva, S. G., et al. (2010). Impact of childhood trauma on treatment outcome in the Treatment for Adolescents with Depression Study (TADS). *Journal of American Academy of Child and Adolescent Psychiatry, 49*(2), 132-140.

Ma, J., Lee, K., & Stafford, R. (2005). Depression treatment during outpatient visits by U.S. children and adolescents. *Journal of Adolescent Health, 37*(6), 434-442.

March, J. (2004). The Treatment for Adolescents with Depression Study (TADS): Short-term effectiveness and safety outcomes. *Journal of the American Medical Association, 292*, 807-820.

Martin, S. D., Martin, E., Rai, S. S., Richardson, M. A., & Royall, R. (2001). Brain blood flow changes in depressed patients treated with interpersonal psychotherapy or venlafaxine hydrochloride. *Archives of General Psychiatry, 58*, 641-651.

Matson, J. L., Rotatori, A. F., & Helsel, W. J. (1983). Development of a rating scale to measure social skills in children: The Matson Evaluation of Social Skills with Youngsters (MESSY). *Behaviour Research and Therapy, 41*, 335-340.

Mayberg, H., Brannan, S., Tekell, J., Silva, J., Mahurin, R., McGinnis, S., et al. (2000). Regional metabolic effects of fluoxetine in major depression: Serial changes and relationship to clinical response. *Biological Psychiatry, 48*(8), 830-843.

Mayberg, H. S. (2003). Modulating dysfunctional limbic-cortical circuits in depression: Towards development of brain-based algorithms for diagnosis and optimized treatment. *British Medical Bulletin, 54*, 193-207.

McCauley, E., Myers, K., Mitchell, J., Calderon, R., Schloredt, K., & Treder, R. (1993). Depression in young people: Initial presentation and clinical course. *Journal of the American Academy of Child and Adolescent Psychiatry, 29*, 611-619.

Molnar, J. (2006). *Cognitive-behavioral therapy for depressed girls: A qualitative analysis of the ACTION Program.* Unpublished dissertation.

Monnat, L. M. (2009). *Mechanisms of change in CBT for depressed early adolescent girls: Mediating effects of the cognitive triad on cognitive interventions for depressive symptoms.* Unpublished dissertation.

Olfson, M., Gameroff, M. J., Marcus, S. C., & Waslick, B. D. (2003). Outpatient treatment of child and adolescent depression in the United States. *Archives of General Psychiatry, 60*, 1236-1242.

O'Reardon, J. P., Chopra, M. P., Bergan, A., Gallop, R., DeRubeis, R. J., & Crits-Christoph, P. (2004). Response to tryptophan depletion in major depression treated with either cognitive therapy or selective serotonin reuptake inhibitor antidepressants. *Biological Psychiatry, 55*, 957-959.

Patel, P. G. (2009). *Investigating the role of cognitive and behavioral components in cognitive behavioral treatment for depressed early adolescent girls.* Unpublished dissertation.

Penza, K. M., Heim, C., & Nemeroff, C. B. (2003). Neurobiological effects of childhood abuse: Implications for the pathophysiology of depression and anxiety. *Archives of Women's Mental Health, 6*, 15-22.

Persons, J. B., & Miranda, J. (1992). Cognitive theories of vulnerability to depression: Reconciling negative evidence. *Cognitive Therapy and Research, 16*, 485-502.

Physicians' Desk Reference. (2004). Upper Saddle River, NJ: Thomson.

Rao, U., Hammen, C. L., & Poland, R. E. (2010). Longitudinal course of adolescent depression: Neuroendocrine and psychosocial predictors. *Journal of the American Academy of Child and Adolescent Psychiatry, 49*, 141-151.

Sander, J. B., & McCarty, C. A. (2005). Youth depression in the family context: Familial risk factors and models of treatment. *Clinical Child and Family Psychology Review, 8*(3), 203-219.

Southam-Gerow, M., Weisz, J., & Kendall, P. (2003). Youth with anxiety disorders in research and service clinics: Examining client differences and similarities. *Journal of Clinical Child and Adolescent Psychology, 32*(3), 375-385.

Stark, K., Reynolds, W., & Kaslow, N. (1987). A comparison of the relative efficacy of self-control therapy and a behavioral problem-solving therapy for depression in children. *Journal of Abnormal Child Psychology, 15*, 91-113.

Stark, K. D. (2010). *DSM Symptom Interview for Depression* (Unpublished measure). University of Texas, Austin.

Stark, K. D., Humphrey, L. L., Crook, K., & Lewis, K. (1990).

Perceived family environments of depressed and anxious children: Child's and maternal figure's perspectives. *Journal of Abnormal Child Psychology, 18*, 527-547.

Stark, K. D., Humphrey, L. L., Laurent, J., Livingston, R., & Christopher, J. (1993). Cognitive, behavioral, and family factors in the differentiation of depressive and anxiety disorders during childhood. *Journal of Consulting and Clinical Psychology, 61*, 878-886.

Stark, K. D., Schmidt, K., & Joiner, T. E. (1996). Depressive cognitive triad: Relationship to severity of depressive symptoms in children, parents' cognitive triad, and perceived parental messages about the child him or herself, the world, and the future. *Journal of Abnormal Child Psychology, 24*, 615-631.

Stark, K. D., Schnoebelen, S., Simpson, J., Hargrave, J., Molnar, J., & Glenn, R. (2005). *Treating depressed children: Therapist manual for ACTION*. Ardmore, PA: Workbook Publishing.

Stark, K. D., Simpson, J., Schnoebelen, S., Glenn, R., Hargrave, J., & Molnar, J. (2005). *ACTION workbook*. Ardmore, PA: Workbook Publishing.

TADS Team. (2007). The Treatment for Adolescents with Depression Study (TADS): Long-term effectiveness and safety outcomes. *Archives of General Psychiatry, 64*, 1132-1144.

Treadwell, K. R. H., & Kendall, P. C. (1996). Self-talk in anxiety-disordered youth: States-of-mind, content specificity, and treatment outcome. *Journal of Consulting and Clinical Psychology, 64*, 941-950.

Treatment for Adolescents with Depression Study Team. (2004). The Treatment for Adolescents with Depression Study (TADS): Short-term effectiveness and safety outcomes. *Journal of the American Medical Association, 292*, 807-820.

Treatment for Adolescents with Depression Study Team. (2007). The Treatment for Adolescents with Depression Study (TADS): Long-term effectiveness and safety outcomes. *Archives of General Psychiatry, 64*(10), 1132-1144.

Vitiello, B., Rohde, P., Silva, S., Wells, K., Casat, C., Waslick, B., et al. (2006). Functioning and quality of life in the Treatment for Adolescents with Depression Study (TADS). *Journal of the American Academy of Child and Adolescent Psychiatry, 45*, 1419-1426.

Wagner, K. D., & Ambrosini, P. (2003). Efficacy of sertraline in the treatment of children and adolescents with major depressive disorder: Two randomized controlled trials. *Journal of the American Medical Association, 290*, 1033-1041.

Wagner, K. D., Robb, A. S., Findling, R. L., Gutierrez, M. M., & Heydom, W. E. (2004). A randomized, placebo-controlled trial of citalopram for the treatment of major depression in children and adolescents. *American Journal of Psychiatry, 161*, 1079-1083.

Weersing, V. R., & Brent, D. A. (2006). Cognitive behavioral therapy for depression in youth. *Child and Adolescent Psychiatric Clinics of North America, 15*, 939-957.

Weersing, V. R., & Weisz, J. R. (2002). Community clinic treatment of depressed youth: Benchmarking usual care against CBT clinical trials. *Journal of Consulting and Clinical Psychology, 43*, 3-29.

Weiss, B., Harris, V., Catron, T., & Han, S. S. (2003). Efficacy of the RECAP intervention program for children with concurrent internalizing and externalizing problems. *Journal of Consulting and Clinical Psychology, 71*, 364-374.

Weisz, J., Southam-Gerow, M., Gordis, E., Connor-Smith, J., Chu, B., Langer, D., et al. (2009). Cognitive-behavioral therapy versus usual clinical care for youth depression: An initial test of transportability to community clinics and clinicians. *Journal of Consulting and Clinical Psychology, 77*, 383-396.

Weisz, J. R. (2000). Agenda for child and adolescent psychotherapy research: On the need to put science into practice. *Archives of General Psychiatry, 57*, 837-838.

Weisz, J. R. (2006). Evidence-based youth psychotherapies versus usual clinical care: A meta-analysis of direct comparisons. *American Psychologist, 61*, 671-689.

제7장

청소년기 자살 행동

Anthony Spirito, Christianne Esposito-Smythers,
Julie Weismoore, & Adam Miller

아동기부터 청소년기에 걸쳐 자살률과 자살 시도율이 급격히 증가하고 있다(Kessler, Borges, & Walters, 1999). 2006년, 미국에서는 4,189명의 15~24세 청소년 및 초기 성인이 자살을 한 것과 비교했을 때, 5~14세의 아동들은 219명이 자살을 하였다(Heron et al., 2009). 이런 비율을 계산해 보면 대략적으로 매년 200만 명이 자살을 시도하고, 그중 약 70만 명이 응급 치료를 받는다고 볼 수 있다(Shaffer & Pfeffer, 2001). 이러한 청소년기 자살의 급격한 증가를 설명할 수 있는 경험적 자료는 부족하지만, 발달학적 시기상 급격한 심리적 · 생물학적 · 사회적인 변화로 촉발되는 환경적인 스트레스에 대한 취약성이 증가하는 것과 관련이 있는 것으로 상정되어 왔다(Pelkonen & Marttunen, 2003). 예를 들어, 사회-인지적 재조직화와 더불어 불행을 외적으로 귀인하던 것이 내적으로 귀인하는 것으로 변화함에 따라, 대인관계적 스트레스 요인에 대한 반응으로 자기비난이 늘어나고, 이로 인하여 자살 행동의 위험성이 증가하게 된다(Borst, Noam, & Bartok, 1991). 청소년기 동안의 발달적 변화는 또한 청소년의 자살 행동과 연관되어 온 기분장애와 물질사용장애의 발병 원인이 될 수 있다(Pelkonen & Marttunen, 2003).

이전의 자살 시도는 청소년기에 있어 미래의 자살 시도뿐 아니라 종국적인 자살 성공에 대한 가장 예측력 있는 위험 요인들 중 하나다(Bridge, Goldstein, & Brent, 2006). 자살을 성공한 15~24세의 청소년 및 초기 성인 392명을 대상으로 한 대규모 심리부검 연구에서, 이들 중 1/3이 이전에 자살을 시도한 적이 있는 것으로 밝혀졌다(LeComte & Fornes, 1998). 자살 시도로 입원한 106명의 청소년을 포함하는 한 연구에서는, 이들 중 무려 64%가 퇴원 후 24개월 이내에 다시 자살을 시도한 적이 있는 것으로 보고되었다(Groholt, Ekeberg, & Haldorsen, 2006). 따라서 이 장의 초점은, 자살을 시도하는 청소년들에 대한 효과적인 치료가 청소년 자살에 대한 공중보건 문제를 다루는 데 있어 중요한 부분이라는 것이 분명하다는 데에 있다.

1. 자살 행동의 인지행동 모형

인지행동의 관점에서 자살 행동은 부적응적 인지, 행동 그리고 정서를 반영하는 잘못된 학습 경험들로 인해 나타나는 다른 형태의 정신병리들과 유사하다. 성인들의 자살 행동에 대한 모형 일부(Rudd, Joiner, & Rajab, 2001)와 자살 청소년에 대한 연구의 일부를 차용하여 우리는 청소년들의 자살 행동 모형을 제시하였다([그림 7-1] 참조). 자살 행동은 기질적 취약성을 가진 청소년들에서 스트레스 요인들에 대한 학습된 부적응적 인지, 행동 그리고 정서적 반응들 사이의 상호관계들 때문에 나타난다. 초기 학습 경험의 부족 때문에 생긴 소인적인 취약성에는 학대나 방치 같은 아동기의 외상(예를 들어, King & Merchant, 2008)과 자살 행동을 포함한 부모의 정신병리(Melhem et al., 2007)에 노출된 것 등이 포함된다. 또래 폭력 피해, 집단 괴롭힘에의 노출과 같은 또래 요인 또한 한몫을 할 수 있다(Kim & Leventhal, 2008). 정신병리에 대한 유전적 소인 역시 취약성 요인으로 기능한다(Brent & Melhem, 2008).

대인관계 갈등으로부터 오는 스트레스, 다른 부정적인 생활 사건들 또는 정신과적 증상의 악화는 취약한 청소년들에게 자살 위기를 최초로 촉발할 수 있다. 청소년들이 이러한 촉발 요인을 다루고자 시도할 때 왜곡된 생각이 발생하며, 이는 인지 오류들(예를 들어, 파국화, 개인화) 그리고 자신과 미래에 대한 부정적 전망을

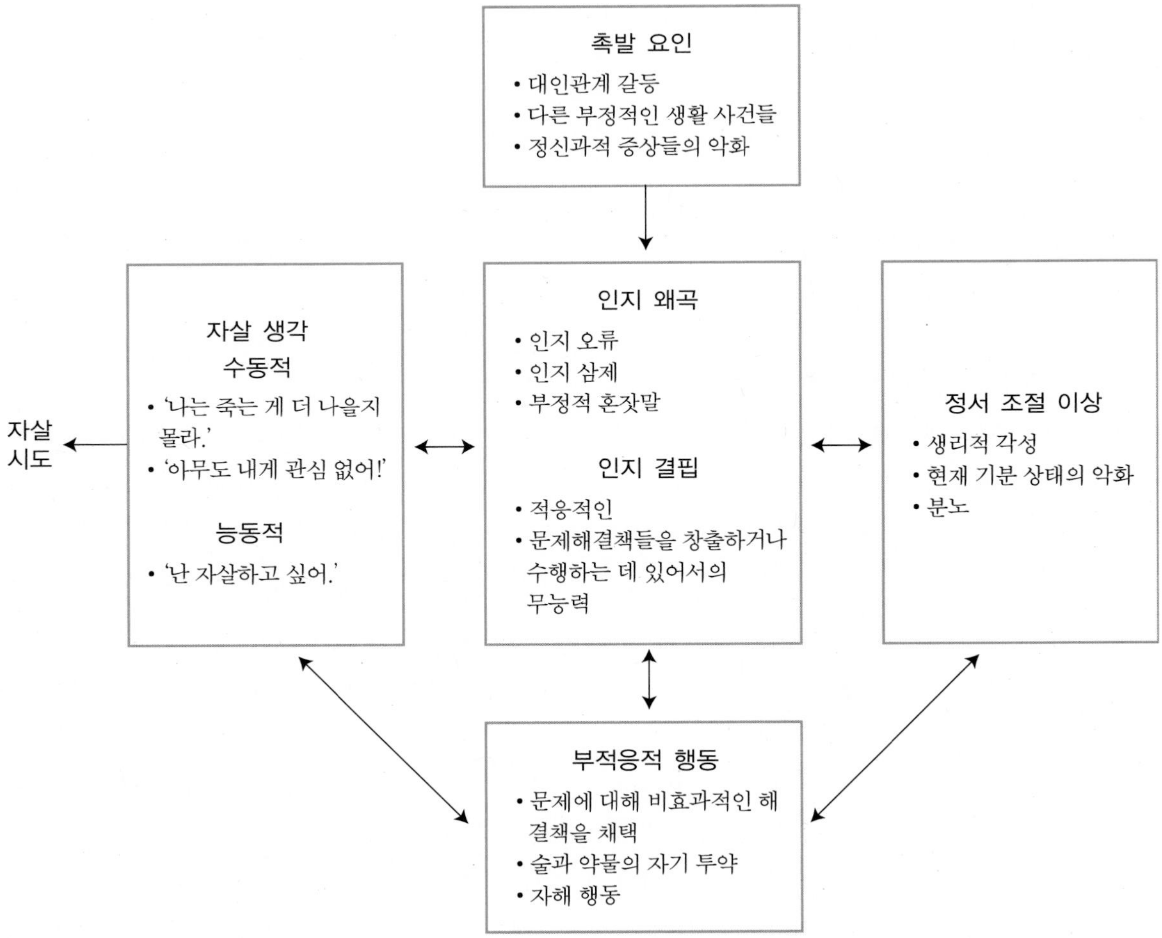

그림 7-1 소인이 있는 청소년의 자살 행동에 대한 인지행동 모형

초래한다. 실제로 브렌트, 콜코, 앨런과 브라운(Brent, Kolko, Allan, & Brown, 1990)은 자살 시도와 자살 관념이 있는 기분장애 청소년 입원 환자들이 자살 시도 및 자살 관념이 없는 기분장애 청소년들보다 파국화, 개인화, 선택적 추상, 과잉 일반화 그리고 전체적 인지 오류들을 더 많이 가진다는 것을 발견하였다. 그로홀트 등(Groholt et al., 2006)은 92명의 자살 시도 청소년 표본을 대상으로 9년 동안 연구한 결과 무망감 수준의 기저선이 높은 것이 미래의 자살 시도를 독립적으로 예측했다고 보고하였다.

인지적 왜곡(Kendall, 이 책 1장을 보라)과 촉발 요인의 반복성 정도에 따라, 청소년들은 촉발 요인에 대한 해결책을 만들어 내려고 시도할 수도 있다. 종종 청소년들이 만들어 낸 해결책들은 효과적이지 않으며 이는 더 큰 문제를 야기할 수도 있다. 혹은 해결책들이 효과적일 수 있지만, 그들이 성공적으로 해낼 것이라고 믿지 않을 수도 있다. 이와 관련하여, 자기 보고식 측정 도구를 사용한 연구들에서 자살 경향이 있는 청소년들은 자살 경향이 없는 청소년들과 비교했을 때 문제에 대한 대안을 만들어 내고 효과적인 대안을 선택/실행하는 데 있어 더 많은 어려움을 가진다고 밝혀졌다(Adams & Adams, 1996). 자살 청소년들은 또한 문제들을 좀 더 해결할 수 없는 것으로 바라볼 가능성이 있다(Orbach, Mikulincer, Blumenson, Mester, & Stein, 1999). 이러한 문제해결에서의 어려움은 결국 더 많은 인지적 왜곡뿐 아니라 신체적 각성, 분노 그리고/혹은 현재 기분 상태의 악화를 포함하는 감정적 고통을 야기한다. 자살 경향이 있는 청소년들은 내적 상태를 조절하는 능력의 감소를 보여 왔으며, 증상이 없는 청소년들에 비해 감정 조절 기술들을 덜 사용하는 것으로 보인다(Fritsch, Donaldson, Spirito, & Plummer, 2000). 관련된 연구에서도 분노가 청소년의 행동과 관련이 있다는 것을 보여 준다(Daniel, Goldston, Erkanli, Franklin, & Mayfield, 2009).

청소년은 인지 왜곡, 결핍 그리고 정서적 각성에 대한 반응으로 부적응적 행동에 관여할 수 있다. 이러한 행동에는 수동적이고 공격적인 의사소통 양식의 사용 그리고 또래들과의 대인관계 갈등(Prinstein, Boergers, Spirito, & Little, 2000)과 가족 구성원들 간의 대인관계 갈등(Wagner, 1997)을 다루는 것 등이 포함될 수 있다(Wagner, Silverman, & Martin, 2003). 다른 청소년들은 술과 약물들을 자기 투약하려 할 수 있다(Esposito-Smythers & Spirito, 2004). 대안적으로, 청소년은 상황으로부터 일시적으로 해리되기 위한 수단으로 자신을 칼로 살짝 긋거나 화상을 입히는 것 같은 덜 치명적인 자해 행동을 사용하는 것을 선택할 수 있다(Guertin, Lloyd-Richardson, Spirito, Donaldson, & Boergers, 2001). 선택된 행동은 종종 부모들, 또래들 또는 청소년들의 삶에 있어 다른 중요한 사람들의 행동에 대한 모방에 근거한다.

만일 그 문제가 여전히 해결되지 않은 채 남아 있거나 청소년들의 행동이 오히려 더 많은 스트레스 요인을 만들어 낸다면, 인지 과정들과 감정은 점점 더 부정적이 될 것이다. 또한 감정 조절 장애를 동반하는 청소년은 '나는 죽는 게 더 나을지도 몰라' 같은 수동적 자살 생각들을 경험하기 시작할 수 있다. 시간이 지나면서 이러한 생각들은 능동적 자살 생각들로 바뀔 수 있으며 그런 다음 자살 계획이 발달한다. 청소년들의 정서 역치, 충동성 수준, 자살 방법의 이용 가능성, 중독 여부, 고립 정도 그리고 지지 여부 같은 요인들에 따라서 청소년은 그 당시에 자신의 자살 생각을 활성화할 수 있으며 자살 시도를 한다. 대안적으로, 청소년은 이 인지적, 정서적 그리고 행동적 과정을 수도 없이 순환할 수 있다. 이 순환을 한 번 겪을 때마다 더 많은 인지적, 정서적, 행동적 역기능을 초래한다. 이 순환은 며칠, 몇 주 또는 몇 달 동안에 걸쳐 일어날 수 있다. 만일 어떤 경우든 개입이 없다면, 이 순환 주기의 마지막 결과는 해결책이 없고, 정서 상태는 견딜 수 없으며 자살만이 유일한 도피 수단이라는 인식이다.

한번 자살 행동이 일어나면, 그것은 청소년을 미래의 자살 관련 생각들과 행동에 민감하게 할 수 있다(Joiner, 2005). 벡(Beck, 1996)은 이러한 생각들과 행동들을 정향 도식(orienting schema)으로 개념화하고 있다. 자살 행동은 미래의 스트레스 상황에서 자살 도식을 더 쉽게 이용 가능하게 하고 쉽게 유발하게 한다. 일단 자살에 관한 금기가 깨졌을 때에는 자살을 삶의 문제들에 대한 실행 가능한 해결책으로 보기가 더 쉬워진다. 비슷하게, 조이너(Joiner, 2005)는 자살 시도가 다른 고통스럽고 자극적인 사건들과 마찬가지로 개인으로 하여금 위험한 행동의 경험과 시행의 습관을 들이게 만든다고 제안하였다. 이러한 습관화 과정은 인지 왜곡과 대인관계적으로 결합되어 미래의 치명적인 자해를 시행할 능력을 습득하게끔 한다. 그러므로 자살 시도 이후의 청소년들에 대한 효과적인 치료의 중요성이 과소평가되어서는 안 된다.

인지행동치료(CBT)는 자살 청소년들에게 효과적일 수 있다. 왜냐하면 인지행동치료가 부적응적 인지, 행동 그리고 정서 반응들이 교정될 수 있다는 전제에 근거를 두고 있기 때문이다. 그러한 복잡한 증상의 출현으로 인해, 자살 청소년들을 다루는 임상적 작업은 개인치료, 가족치료 및 부모 교육을 포함한 다양한 양식의 개입이 필요할 수 있다. 치료들은 자살뿐만 아니라 기저에 있는 장애들과 맥락 요인들을 반드시 다루어야 한다. 이 장에서 우리는 자살 행동의 치료에 초점을 둘 것이다.

2. 치료 계획을 위한 자살에 대한 평가

자살 시도 직후 청소년을 면담할 때, 자살 시도의 다섯 가지 관련 측면을 이해하는 것이 중요하다. 자살을 시도한 이유와 더불어 자살 관념, 시도한 방법, 자살 의도 그리고 자살의 촉진 요인이 그것이다. 이 평가에 기반을 두고 자살을 다루는 가장 좋은 방법에 대한 고려사항들이 만들어질 수 있다.

1) 자살 관념

자살 관념은 거의 모든 자살 행동의 기초가 된다고 추측될 수 있다. 그러나 자살 관념의 기간과 복잡성은 청소년들에게 다양할 수 있다. 어떤 청소년들은 오랜 생각과 세분화된 계획들을 세운 후 자살을 시도하는 반면에, 다른 청소년들은 좀 더 충동적으로 행할 수 있다. 청소년의 자살 관념 평가는 몇 가지 다른 도구들로 수행된다. 아동들과 청소년들의 자살 행동과 위험을 평가하는 도구들에 대한 광범위한 기술은 골드스톤(Goldston, 2003)이 출판하였다.

만일 평가 도구의 이용이 가능하지 않을 경우, 치료자는 자살 생각의 빈도(너는 요즘 얼마나 자주 자살 생각을 하니—1주일에 한 번, 1주일에 며칠, 날마다? 그런 생각들은 얼마 동안 지속되니—수 분간, 몇 시간 동안, 하루의 대부분?), 공개(너의 자살 생각들에 대해 누군가에게 말한 적이 있니? 누구에게 말했니? 언제?), 기간(이런 생각들을 처음 가지기 시작한 것은 얼마나 오래되었니?), 그리고 자살 계획들의 구체성(너는 자살 계획을 세웠니? 언제, 어떻게 자살을 시도하려고 했니? 너는 유서를 쓰거나 소지품들을 누군가에게 나눠 주는 것 같은 준비를 해 왔니?)을 가늠하는 질문을 할 수 있다.

2) 자살 시도의 방법과 치사율

청소년들 가운데 자살 시도를 위한 방법 선택은 대체로 기회와 이용 가능성에 의해 크게 좌우되는 것처럼 보인다. 대부분의 청소년은 처방전이 필요 없는 시판약들을 과다 복용함으로써 자살을 시도한다. 약물 과다복용 또는 칼로 살짝 긋는 것 이상의 다른 것을 시도하는 것은 반복적인 자살 시도의 가능성이 높다는 것을 예측할 수 있으며, 궁극적으로는 자살에 성공할 수 있다(Shaffer & Pfeffer, 2001). 앞으로의 자살 시도를 위한 수단(예를 들어, 알약, 권총)의 이용 가능성을 평가하고 자살 삽화가 해결될 때까지 그것들을 집에서 없애는 단계들을 반드시 밟는 것이 중요하다.

3) 자살 의도

낮은 치사율의 자살 시도를 평가할 때는 자살 시도의 다른 면들, 특히 의도를 고려하는 것이 중요하고, 시도한 방법의 낮은 위험성 때문에 오도되지 않아야 한다. 청소년에게 적어도 자살 의도의 두 가지 주요 측면, 즉 자살 시도로 기대한 결과와 자살 시도의 계획들에 대해 물어보는 것이 중요하다. 가장 경험적으로 지지된 청소년들의 자살 의도 측정은 자살의도 척도(Suicide Intent Scale, SIS; Beck, Schuyler, & Herman, 1974)에 의한 것이다.

자살 의도를 가늠하기 위해 물을 수 있는 질문들은 다음을 포함한다. 당신은 자살 시도 전에 자살 계획을 세웠는가? 당신의 계획에 대해 누군가에게 말한 적이 있는가? 당신이 자살을 시도하기 전에 이 계획에 대해 얼마나 생각했는가? 유서를 쓰거나 당신의 소지품을 남에게 나눠 주는 것같이 자살 시도를 위해 무슨 준비를 했는가? 당신은 자살 시도가 당신을 죽일 수 있을 것이라 생각했는가? 만약 그렇지 않다면, 당신은 무슨 일이 일어날 수 있을 것이라 생각했는가? 당신은 누군가가 당신이 죽지 않게끔 제시간에 발견할 것이라 생각했는가? 당신은 정말로 죽기를 원했는가? 그렇지 않으면 정말로 죽고 싶지 않았으나 참을 수 없는 상황에서 도피하고 싶었던 것인가? 당신은 아직도 그런 기분인가? 당신은 모든 것이 시간이 지나면서 더 나아질 것이라 생각하는가, 아니면 이 상황이 절망적이라고 생각하는가? 만일 자살 시도 후에도 청소년이 자살 경향이 있는 상태라면, 미래 계획에 대한 구체적인 것들(어떻게, 언제, 어디에서)을 질문해야 한다.

4) 자살의 촉진 요인과 시도 이유

청소년 자살의 촉진 요인은 일반적으로 매일의 스트레스 요인들, 특히 대인관계의 갈등이다. 의학적으로 심각한 자살 시도를 했던 청소년들 가운데, 가장 흔한 자살 촉진 요인에는 대인관계의 종결(24%) 또는 가족 구성원들이나 친구들 간의 다툼 같은 다른 대인관계 문제들(26%)이 포함되어 있었다(Beautrais, Joyce, & Mulder, 1997). 이런 명백히 사소한 스트레스들도 다른 위험 요인들에 힘들어하고 있는 개인들에게는 대개 '인내할 수 없는 부담'으로 인식된다. 자살 촉진 요인의 본성에 근거하여 청소년 자살 시도의 심각성이 과소평가되어서는 안 된다.

자살 행동에 의해 자살을 촉진하는 스트레스 요인이 해결되었는지를 판단하는 것과 대인관계 갈등이 변화되었는지를 평가하는 것 또한 중요하다. 문의되어야 할 질문들에는 다음이 포함된다. 무엇이 당신의 자살 시도를 유발하였는가? 그 문제는 아직도 남아 있는가? 미래에 이 문제를 피할 수 있는가? 이 문제를 피하려는 의도가 있는가?

3. 자살 행동 치료: 현재 연구 동향

자살을 시도하는 청소년들을 위한 심리사회적 치료에 대한 경험적 연구들은 많지 않다. 심리치료에 대한 무선 할당을 사용한 임상 시험(RCT)을 지금부터 살펴볼 것이다. 부가적인 치료를 시험한 연구(예를 들어, 사회연결망 개입; King et al., 2009)나 초기 성인에 초점을 맞춘 연구(Rudd et al., 1996)들은 검토되지 않았다.

1) 개인 심리치료

도널드슨, 스피리토와 에스포시토-스미더스(Donaldson, Spirito, & Esposito-Smythers, 2005)는 청소년 자살 시도자들에 대한 통상적 치료를 모방하여 설계된 문제 지향적 지지치료와 CBT를 비교하는 무선 통제 연구에 대하여 보고하였다. 두 치료들은 모두 개인치료 형식으로 부모-청소년 합동 회기들과 함께 이루어졌다. 청소년들은 CBT(n=18)나 문제 지향적 지지치료(n=17) 10회기에 무선 할당되었다. 7명의 서로 다른 치료자가 두 치료 모두를 제공하였다(치료자 효과를 통제하기 위해). 집단들은 기저선 변인들뿐만 아니라 연구 기간 동안 약물치료를 받은 참여자들의 비율까지도 균등하였다. 표본의 반 이상이 여러 번의 자살 시도를 하였다. 두 조건에 있는 참여자들은 3개월의 추후 조사에서 자살 관념과 우울의 현저한 감소를 보였지만 두 집단들 간의 차이점들은 없었다. 6개월이 되었을 때, 두 집단 모두 기저선을 넘어선 향상을 보였다. 그러나 자살 관념과 우울 수준은 3개월의 추후 조사에서보다 약간 높았다.

(1) 개인 심리치료와 약물치료의 통합

청소년 자살 행동을 다루기 위해 개인 심리치료를 약물치료와 결합한 치료의 효율성을 시험하기 위한 연구들이 최근 어느 정도 수행되었다. 청소년 자살 시도자 치료(Treatment of Adolescent Suicide Attempters: TASA; Brent et al., 2009)라고 불리는 다지역 연구에서, 지난 90일간 자살을 시도한 적이 있는 124명의 우울한 청소년들을 다음 세 가지 조건 중 하나에 참가시켰다. 항우울제(n=15), 자살 예방을 위한 인지행동치료(CBT-SP)(n=18), 혹은 병용 요법(n=93). 대부분의 참가자(84%)가 자신의 치료 조건을 선택하였다. CBT-SP는 위험감소와 재발방지 접근을 치료에 포함하였고, CBT 기술과 변증법적 행동치료(dialectical behavior therapy: DBT) 기술, 그리고 자살 경향성을 가진 우울한 청소년들을 위한 다른 치료적 기술들을 이론적으로 통합하였다. 참가자들은 개인 청소년 회기와 부모-청소년 합동 회기를 포함하여 6개월 동안 최대 22회기에 참여할 수 있었다. 모든 참가자는 치료 종료 시 기저선에 비하여 자살 관념이 현저하게 감소하였다. 치료 기간 동안 대략 12%의 참가자가 자살을 재시도하였고, 19%는 자살 사건(자살 시도, 자살 완수, 자살 행동을 위한 준비 행동, 자살 관념)을 경험하였다. 치료 조건 사이의 기저선 차이를 통제한 후, 자살 결과에 대한 단일 요법과 병용 요법 사이의 차이점은 없었다(Brent et al., 2009).

심리사회적 치료와 약물치료의 결합에 대한 2개의 다른 연구에서는 우울한 청소년 표본에서의 결과로서 자살 행동에 대하여 검토하였다. 우울증을 가진 청소년 치료 연구(Treatment for Adolescents with Depression Study: TADS; March et al., 2007)라는 다지역 연구에서, 327명의 우울한 청소년(30%에서는 기저선부터 임상적으로 유의한 자살 관념을 가지고 있음)을 무선적으로 3개의 적극 치료 조건 중 하나에 배당하였다. 플루옥세틴 치료(n=109), CBT(n=111), 혹은 병용 요법(n=107). CBT 개입법은 개인 청소년 치료 회기와 부모-청소년 합동 회기를 포함하였다. 참가자들은 첫 12주간 15회기에 참여할 수 있었고, 그다음 6주 동안은 일주일에 한 번 혹은 두 번씩 회기에 참여할 수 있었으며, 그 후 매 6주간은 추후 모임 회기(booster session)에 참여하였다. 모든 조건에 걸쳐 자살 관념이 감소하였으나, 플루옥세틴 치료에서보다는 CBT나 병용 요법에 무선 할당된 청소년들에서 더 많은 감소를 보였다. 게다가 플루옥세틴 치료를 받은 참가자들은 치료 동안 CBT(6.3%)나 병용 요법(8.4%)을 받은 참가자들에 비하여 약 2배 정도(14.7%) 자살 사건을 더 많이 경험하였다.

다지역 우울증 청소년 치료 저항 연구(Treatment of Resistant Depression in Adolescent study: TORDIA; Brent et al., 2008)에서, 이전에 선택적 세로토닌 재흡수 억제제(SSRI) 항불안제 치료 반응에 실패한 327명의 우울한 청소년들(이들 중 58.5%는 임상적으로 유의한 자살 관념을 보고하였고, 23.7%는 이전 자살 시도 경험을 보고함)이 다음과 같은 네 가지 중 한 가지 조건에 무선 할당되었다. 다른 SSRI로 변경(n=85), 다른 SSRI로 변경하고 CBT를 더한 치료(n=83), 벤라팍신으로 변경(n=83), 혹은 벤라팍신으로 변경하고 CBT를 더한 치료(n=83). CBT 회기에는 개인 청소년 회기와 가족 회기가 포함되었고, 참가자들은 첫 3개월 동안 최대 12회기까지 참가할 수 있었다. 모든 조건에 걸쳐 기저선과 비교하여 참가자들의 치료 후 자살 관념이 감소하였다. 치료 기간 동안 조건 간 차이 없이 대략 5%의 참가자는 자살을 시도하였고, 20%는 자해 관련 사건(자살 관념, 자살 시도, 자해 행동)을 경험하였다.

2) 가족치료

2개의 무선 할당된 가족 초점적 개입이 자살 경향이 있는 청소년 모집단에서 시행되었다. 해링턴과 동료들(Harington et al., 1998)은 약물 과다 복용으로 자살을 시도했던 162명의 청소년(10~16세)을 치료하였다. 환자들은 일상적인 치료(n=77, M=3.6회기, SD=4.0) 또는 일상적 치료에 가족 개입에 기반을 둔 4회기를 더한 치료(n=85, M=3.2회기, SD=4.4)에 무선 할당되었다. 가족 회기는 자살 시도에 대한 토론, 의사소통 기술들, 문제해결 그리고 심리교육에 중점을 두었다. 추가적인 가정 내 가족 개입은 일상적인 치료만 받은 것과 비교했을 때 6개월의 치료 후 첫 추후 조사에서 자살 관념을 상당히 감소시키는 결과를 낳았지만, 이는 주요우울장애가 없는 청소년들에게만 해당되었다. 대략 15%의 참가자는 6개월 추후 조사에서 한 번 혹은 그 이상의 자살 시도를 보였고, 치료 조건에 걸쳐 차이는 없었다.

다이아몬드 등(Diamond et al., 2010)은 임상적으로 유의한 자살 관념과 우울 증상을 가진 청소년들에 대한 애착 기반의 가족치료(attachment-based family therapy: ABFT)의 효과성을 평가하기 위한 무선 할당 실험을 보고하였다. 우울의 대인관계 이론에 기반을 둔 ABFT는 과정 지향적이고, 정서 초점적인 3개월간의 치료다. ABFT의 기본적인 목표는 부모-청소년의 애착 유대를 바로잡고 강화시키는 것이다. 청소년들은 그들의 가족들과 함께 ABFT(n=35) 혹은 강화된 일상적 치료(n=31)에 무선 할당되었다. 62%의 청소년들은 자살 시도 경험이 있다고 보고하였다. 평균적으로 ABFT 참가자들(M=9.71, SD=2.26)은 강화된 일상적 치료(M=2.87, SD=3.30) 참가자들보다 더 많은 회기에 참석하였다. 강화된 일상 치료와 비교하여 ABFT는 치료 시기 동안 자살 관념의 급격한 감소를 더 보이는 것으로 보였지만, 치료 3개월 후 추후 조사에서는 그러지 않았다. 게다가 치료 종료 당시와 치료 종료 3개월 후 추후 조사 모두에서, 강화된 일상적 치료 참가자들에 비하여 ABFT 참가자들의 자살 관념 점수 기준 범위가 더 높았다.

3) 집단치료

우드, 트레이너, 로스웰, 무어와 해링턴(Wood, Trainor, Rothwell, Moore, & Harrington, 2001)은 1년에 두 번 이상 고의적인 자해를 했던(죽을 의도가 있었거나 없었던) 63명의 12~16세 청소년을 대상으로 집단치료에 일상적 치료를 더한 조건(n=32)과 일상적 치료 조건(n=31)에 무선 할당하였다. 집단치료 접근은 다양한 이론적 지향으로부터 나온 기법들을 활용하였는데, 여기에는 이전에 우울 및 자살 경향이 있는 청소년에게 사용되었던 CBT 기법들(Harrington et al., 1998)과 DBT 기법들이 포함되었다. 청소년들은 여섯 번의 구조화된 '급성' 집단 회기에 참여하고, 그 이후에는 환자가 종결에 대한 준비가 되었다고 느낄 때까지 계속 할 수 있는 과정 중심적 장기 집단치료에 매주 참여하는 집단 개입에 무선 할당되었다. 이 조건에 무선 할당된 청소년들은 중앙치 8회기에 참석하였다(범위=0~25). 또한 집단치료와 함께 필요하다면 개인 회기도 참여할 수 있도록 허용하였다(중앙치 3회기, 범위=0~10). 일상적 치료 단독 조건에 할당된 청소년들은 중앙치 4회기에 참여하였다(범위=0~30). 치료 7개월 후 추후 조사에서, 일상적 치료에 더하여 집단치료를 받은 청소년들은 일상적 치료 단독 조건과 비교했을 때 의도적인 자해 삽화의 총계는 더 적었고(M=0.6 대 M=1.8), 반복적이고(2번 혹은 그 이상) 의도적인 자해를 덜 하였다(6% 대 32%). 우울 또는 자살 사고에 대한 효과에 있어서 개입들 간의 차이는 없었다.

헤이젤과 동료들(Hazell et al., 2009)은 우드와 동료들(Wood et al., 2001)이 수행하였던 집단 개입을 시험하기 위한 두 번째 연구를 수행하였다. 지난 1년간 적어도 두 번 이상의 의도적인 자해를 보고한 청소년들(죽을 의도가 있었거나 없었던)은 집단치료에 일상적 치료를 더한 조건(n=35) 혹은 일상적 치료 조건(n=37)에 무선 할당되었다. 조건들 사이에 회기 참석 수는 차이가 없었다(전체 M=9.97, SD= 11.25). 집단치료와 일상적 치료를 더하여 받은 청소년들은 일상적 치료만 받았던 청소년들에 비해 치료 6개월 후 추후 조사에서 어떠한 종류든 자해를 한 비율이 높았다(88% 대 68%). 게다가 6개월 후 반복적인(두 번 혹은 그 이상) 자해의 비율은 집단치료를 받거나 받지 않은 집단 조건 모두에 걸쳐 차이가 나타나지 않았다(65% 대 53%). 우드와 동료들의 연구와 일관되게, 모든 집단에서 6개월의 치료 후 추후 조사에서 자살 관념과 우울 증상의 감소는 동일하게 나타났다. 우드와 동료들(2001)의 연구에서 나타난 주요 발견을 되풀이하는 데 실패함으로써 의도적인 자해의 집단치료에 대한 효과성을 평가하기 위해서는 더 많은 연구가 필요하다는 것이 제안되었다.

휴이와 동료들(Huey et al., 2004)은 심리적 응급 상황에 처한 156명의 청소년을 정신과 입원(n=77)이나 중다체계치료(multisystemic therapy: MST; n=79)에 무선 할당하였다. MST는 양육 기술들을 특히 강조하면서 청소년의 어려움과 관련된 가정, 학교, 지역사회 요소들을 다루는 가족 중심의 가정 기반 개입이다. MST에서는 다양한 행동적 개입이 일반적으로 9개의 치료 원칙 세트와 지속적인 지도감독에 기반하여 시행된다. 각 치료자의 담당 사례에 대한 부담은 낮고, 치료 범위는 3~6개월이며, 필요시에는 일일 회기들을 갖는다. 치료 16개월 후 추후 조사에서 두 집단 모두 자살 관념과 우울 증상에서 비슷한 감소를 보였다. 하지만 연구자들이 이전의 자살 시도 내력을 통제하자, MST 집단의 청소년들이 입원한 청소년들에 비하여 더 낮은 자살 시도를 보고하였다.

4. 청소년 자살 시도자의 치료 쟁점

자살 경향 청소년들을 위한 우리의 구체적인 CBT 프로그램을 논의하기 전에, 우리는 자살 경향 청소년의 치료에 관련된 몇 가지 쟁점을 검토할 것이다. 첫째, 자살을 시도하는 청소년들은 치료 참여 정도에 있어서 아주 다양하다. 이런 청소년들의 추후 조사들은 일반적으로 외래환자 치료의 경우 치료 순응성이 부족함을 알아냈다(Boergers & Spirito, 2003). 동기적 쟁점에 더하여, 치료 참석에 영향을 주는 의심할 수 없는 또 다른 요인은, 치료에 관여하는 가족들이 종종 다양한 스트레스 요인을 가지며, 삶에 있어 불우한 환경이 치료 참여를 부담스럽게 만든다는 것이다. 그러므로 치료의 동기를 향상시키고 치료 참여를 방해하는 요인의 문제를 해결하며, 청소년과 가족 모두와 강한 치료 동맹을 형성하기 위한 노력이 초기에 이루어져야 한다.

둘째, 자살 행동은 정신병리가 없을 때는 거의 일어나지 않지만(Shaffer & Pfeffer, 2001), 청소년 자살 시도자들은 진단적으로 상당한 이질성을 보인다. 기분장애의 진단은 청소년에 있어서 자살 성공, 자살 시도 그리고 자살 관념의 가장 강력한 진단 예측 요인으로 끊임없이 확인되어 왔다(Beautrais et al., 1997; Bridge et al., 2006). 자살을 성공할 확률은 주요우울장애가 있는 청소년들이 주요우울장애가 없는 청소년들과 비교해 볼 때 약 27배가 더 높다(Beautrais et al., 1997). 이 책의 다른 장에서 다룰 불안, 파괴적 행동, 물질사용장애들도 청소년의 자살 행동과 관련되어 있다(Lochman et al., 2장; Kendall, 5장). 공병하는 정신과적 질환들은 자살의 위험을 더 증가시킨다. 우울증 청소년들에서의 자살 시도율은 그들이 불안, 파괴적인 행동(반항성장애 또는 품행장애) 그리고/혹은 물질사용장애(Bridge et al., 2006)를 공병으로 가질 때 증가한다. 그러므로 자살 경향이 있는 청소년들에 대한 개입은 다른 정신질환이 있어도 조절하거나 이를 다룰 수 있을 만큼 융통성 있어야 한다.

셋째, 자살 경향성을 포함하는 정신건강 문제가 강력한 가족 간 전이를 가진다는 것은 잘 알려져 있다(Brent & Melhem, 2008). 여러 연구에서 부모의 정신병리가 청소년 자살 시도자들의 빈약한 기능 수행과 관련이 있다는 것을 발견했다(Klimes-Dougan, Free, & Ronsaville, 1999). 또한 부모의 정신병리는 가족 환경(Esposito-Smythers, Birmaher, et al., 2006), 양육 행동(Downey & Coyne, 1990)과 심리사회적 치료에 대한 청소년의 반응(Brent et al., 1997)에 부정적인 영향을 미치는 것으로 나타났다. 그러므로 자살 경향성이 있는 청소년들에게 성공적으로 개입하기 위해서는 부모의 정신병리 평가를 포함하고, 필요에 따라 부모를 치료에 의뢰하는 것이 중요하다. 양육 기술과 가족 내 업무에 초점을 맞추는 것 또한 중요하다.

5. 청소년의 자살 행동 치료

청소년 자살 행동의 치료적 기술에 대한 우리의 논의는 2개의 경험적으로 시험된 프로토콜에서 도출되었다. 그중 하나는 청소년기 자살 시도자들에 대한 것이고(Donaldson et al., 2005), 다른 하나는 자살 경향성과 물질사용장애를 함께 가지고 있는 청소년들을 위한 것이다(Esposito-Smythers, Spirito, Uth, & LaChance, 2006; Esposito-Smythers, Spirito, Hunt, Kahler, & Monti, 2011). 두 번째 프로토콜을 첫 번째 프로토콜에 포함하고 확장하여, 우리는 좀 더 포괄적인 프로토콜에서 사용되는 방법과 기술들에 초점을 맞출 것이다. 부적응적 인지와 행동을 개선하기 위한 인지행동적 전략을 사용하는 프로토콜은, 흔히 기저의 자살 경향성, 물질 남용 및 동시에 나타나는 흔한 정신병리의 유형들(예를 들어, 우울, 불안, 파괴적 행동장애)을 발견한다. 동기면담 기술(motivational interviewing techniques)은 청소년과 부모의 치료 참여와 순응성을 향상시키는 것을 돕기 위한 프로토콜 내에 통합된다. 프로토콜은 매뉴얼화되어 있고 단위식이며, 청소년을 위한 치료자와 가족 치료자들이 실시하는 개별적 청소년 회기와 가족 회기, 그리고 부모 훈련 회기를 포함한다. 개별적 청소년 회기는 자살 경향성(문제해결, 인지적 재구성, 감정 조절), 물질 남용(동기면담, 거절 기술, 갈망 다루기, 친사회적 또래 네트워크) 혹은 둘 다(이완 훈련 및 자기주장 기술, 건강하고 유쾌한 사건 증가시키기, 예상치 않은 사건 계획하기, 재발 방지), 그리고 필요한 다른 문제 영역들(예를 들어, 자살과 관련 없는 자해, 분노)을 목표로 한다. 가족 회기는 의사소통, 문제해결, 행동 계약, 그리고 긍정적인 가족 상호작용에 초점을 맞춘다. 부모 훈련 회기는 부모의 치료 참여, 비논리적인 양육 신념, 부모 정서 조절, 부모 문제해결, 부모의 모니터링, 긍정적인 관심, 행동 계약 등에 목표를 둔다. 치료의 단위식 포맷과 통합적인 내용 때문에, 이 치료는 각각의 십대와 가족 개인의 요구에 맞춰 조정될 수 있다.

이 논의는 특별히 자살 삽화에 대한 문제해결, 인지적 재구성 그리고 감정 조절 기술들을 가르치기 위한 단위에 초점을 맞춘다. 이런 것들은 개인치료 회기들에서 구체적으로 자살을 다루기 위해 가르치는 주요 기술들이다. 우리의 치료 프로토콜에 있는 모든 개인 회기들은 같은 양식을 따른다. 약물치료를 병행하고 있다면 약물의 순응성을 점검하는 것으로 시작하여 지난 회기 이래 경험했던 자살 행동, 자살 생각과 더불어 알코올이나 약물 사용에 대한 평가가 이어진다. 만일 청소년이 자살 행동의 심각한 위험에 처한 것으로 보인다면, 우리는 앞에서 언급했던 질문들을 사용하여 현재 자살 경향성 평가를 수행한다. 자살하지 않겠다는 서약 역시 협의해야 한다. 모든 청소년은 다음 치료 회기까지 100% 확실하게 자신의 안전을 지킨다고 약속할 수 있는지에 답해야 된다. 안전에 대한 추가적인 고려 사항들에는 청소년들의 가정환경이 청소년 안전을 지키는 데에 얼마나 효과적인지가 포함된다. 예를 들면, 고려되어야 할 질문들에는 부모가 안전하게 청소년을 감찰할 수 있는지, 양육에 영향을 미칠 정신병이나 물질 남용이 있는지, 부모와 청소년 사이의 관계가 적어도 어느 정도는 긍정적인지, 그리고 가정에 학대나 방임이 존재하지는 않는지가 포함된다.

회기의 그다음 부분은 TADS(March et al., 2007)와 TORDIA(Brent et al., 2008)에서 사용되었던 인지행동 형식을 따른다. 청소년들에게 안건 항목들을 확인하라고 요구한다. 이전 회기의 과제를 검토하고, 새로운 기술을 소개하거나 이전에 배웠던 기술을 복습한다. 그러한 기술을 연습하고, 안건 항목을 논의하며 이를 이전 치료에서 배웠던 기술들과 통합해 보고, 개개인에게 맞추어진 과제를 수여한다. 매 회기에 배우는 기술에 대한 활동 기록지들과 유인물이 사용된다. 모든 개별 회기의 마지막에는 부모 면담 또한 포함된다.

1) 회기 개요

첫 회기는 라포 형성, 치료 방법들의 개관, 치료 순응 절차들, 안전 조치의 검토, CBT의 개관 그리고 초기 목표 설정을 위해 들이는 시간들을 포함한다. 마지막 두 요소는 대부분의 일반적인 인지행동 프로토콜들이기 때문에 여기에서 논의되지 않는다. 회기를 시작하면서 치료자는 라포 형성과 안전 평가를 수행하기 위해 청소년과 단독으로 만난다. 이후 치료자는 '살아야 하는 개인적 이유' 목록과 대처 카드를 청소년과 함께 작성하는 작업을 한다. 살아야 하는 이유 목록에, 청소년은 적어도 5개의 살아야 하는 이유들을 만들어 보고(예를 들어, 나의 가족을 갖기 위해, 그리고 나의 막내 동생이 성장하는 것을 보기 위해) 그것들을 활동 기록지에 적도록 요청받는다. 대처 카드의 경우, 청소년은 어려운 상황에 대처하는 데 그 또는 그녀가 사용할 수 있는 방략들의 목록뿐만 아니라 긴급 상황에서 연락할 수 있는 전화번호의 목록을 만든다. 대처 카드의 복사본은 청소년에게 주어 바로 이용할 수 있도록 그들의 지갑에 넣고 다니게 한다. 그다음에 치료자는 치료를 소개하기 위해 부모에게 회기에 참여하기를 요청한다.

(1) 치료 방법

부모들이 회기에 들어오면, 치료 방법들의 개관을 제공하여 치료에서 무엇을 기대할지를 정확히 알게 한다. 이 설명에는 예상되는 치료 기간, 치료 회기들의 수와 시간표, 치료 회기에서 무엇이 기대될 수 있는지, 치료 목표 그리고 부모의 참여 정도가 포함되어 있다. 또한 우리는 과도한 스트레스를 일으키는 가족 외부의 사회체계들(예를 들어, 학교, 소년법원)을 가족들이 효과적으로 다룰 수 있도록 지지하고 도울 것임을 전달한다. 더불어 우리는 처방받은 약물을 규칙적으로 복용하는 것에 대한 중요성 또한 논의한다.

(2) 치료 순응성

앞에서 언급한 대로 청소년 자살 시도자들은 높은 치료 중단율을 보이므로, 우리는 이전에 집단에서 검증된 간단한 순응 강화 프로토콜을 사용한다(Spirito, Boergers, Donaldson, Bishop, & Lewander, 2001). 우리는 이 절차의 일부로 청소년 자살 행동에 대한 정신교육을 제공하고 있다.

"당신이 이곳을 떠날 때 당신 자녀의 생활에 아무런 변화가 없다면, 자녀가 앞으로 스스로에게 해를 가할 위험에 처해 있다는 것을 당신이 아는 것이 중요합니다. 이것은 당신과 같은 상황에 있었던 가족들과 함께 작업했던 수년의 경험에 근거한 것입니다. 자살 시도로 입원한 십대들 중 약 10명당 1명이 병원에 입원해 있는 3개월간 자신을 해하려고 시도합니다."

우리는 가족들에게 규칙적으로 회기에 참여하여 모든 치료 프로그램을 마치도록 격려한다. 우리는 가족이 치료자를 알고 정보를 공유하는 것에 편안함을 느끼는 데는 시간이 걸린다는 원리를 알려 준다. 또한 치료자가 아동과 가족을 알아 가는 데도 시간이 걸린다. 게다가 가족들은 보통 수년간 힘들어해 왔기 때문에 치료가 바람직한 변화를 일으키는 데 시간이 걸린다. 치료를 조기에 종결하는 것은 또한 자살 행동의 재발을 가져올 수 있다. 우리는 가장 좋은 치료 성과를 얻기 위해, 치료의 전 과정을 마치는 것이 중요하다는 것을 강조한다.

그다음에 우리는 치료에 대한 기대와 치료의 순응성을 방해할 수 있는 요소들을 논의하고 나서, 잠재적 방해물들에 대한 문제를 해결한다. 치료의 기대들을 논의하는 중에, 우리는 청소년에게 상담을 받으러 오는 것에 대해 어떻게 생각을 하는지, 상담 중에 무슨 일이 일어날 것이라 생각하는지, 그리고 나아지기 위하여 상담이 몇 번이나 필요하다고 믿는지를 묻는다. 그러고 나서 우리는 규칙적으로 상담을 받으러 오는 것을 방해할 만한 것에 대해 묻는다. 치료자가 청소년 치료 순응성을 방해할 수 있는 다양한 요소(낙인, 치료자가 부모와 한편이 되어 자신과 대립할 것이라는 걱정, 또는 자신이 가족 문제들을 논의할 경우 부모가 화를 낼 것이라는 걱정 등)에 대해 논의할 준비를 하는 것이 중요하다. 방해물이 나타나는 경우에는, 경험을 정상화하기 위해 그런 것들은 다른 십대들도 이야기했던 것임을 알려 준 뒤,

청소년에게 그들이 생각하기에 방해가 되는 방해물(들)을 예방할 수 있는 방법이 무엇인지 모두 생각해 내도록 요청한다. 부모 또한 가능한 방해물들에 대하여 논의해 보고 이러한 대화에 참여할 수 있게끔 초대된다.

(3) 실용적 안전 정보

우리는 어른의 지도감독을 제공하는 것, 응급 상황의 경우에 대비하여 필요한 서비스들을 받는 것, 그리고 자살 행동에 사용될 수 있는 약물들과 물건들(모든 약, 총, 면도칼 등)을 제거하는 것을 포함하여 그 집을 안전하게 하는 것이 얼마나 중요한지를 부모들과 함께 검토한다. 가정에서 약물과 술을 안전하게 두거나 없애는 단계들과 함께 약물과 알코올의 탈억제 효과 또한 논의한다. 우리는 이것들이 영구적 변화가 아니라, 고위험 기간이 지속되는 한 염두에 둘 필요가 있다는 것을 이야기해 준다. 우리는 자녀에게 치료 약물을 주어야 할 책임은 청소년이 아닌 부모에게 있어야 한다는 것을 또한 강조한다. 부모들은 응급 상황 시에 자녀를 지역의 응급실로 데려가라고 지시받는다. 우리는 안전 절차들의 중요성을 재강조한다. 가족들이 이런 절차를 제쳐놓는 일이 흔하기 때문에, 우리는 그들을 강하게 격려해야 한다.

> "이것이 지나치게 들릴지 모르지만, 자살 시도가 대개 충동적이라는 것을 우리는 알고 있습니다. 만일 당신의 아이가 매우 동요하여 약물 같은 자살 시도를 할 수단을 쉽게 이용할 수 있다면, 자살 충동을 행동으로 옮길 가능성이 아주 큽니다. 그러나 만일 그 수단들을 이용할 수 없다면, 자살 충동은 자해 없이 지나갈 수 있습니다. 우리는 이러한 권고를 따르는 것이 얼마나 중요한지 아무리 강조해도 지나치지 않습니다."

2) 문제해결

문제해결의 결함은 제한된 융통성, 대안적 해결책들을 만드는 데 있어서의 어려움, 그리고 가능한 해결책들의 긍정적 결과들을 확인하는 데 있어서의 제한된 능력을 포함한다. 문제해결 훈련에 대한 몇몇 접근이 있긴 하지만, 우리는 'SOLVE' 체계(Donaldson et al., 2005)를 개발하였는데, 이는 기본 단계들을 포함하고 있고 청소년 자살 시도자들에게 쉽게 수행되어 왔다. 우리는 자살을 촉발하는 것들의 목록을 만드는 것으로 시작한다. 청소년은 대개 두 가지에서 다섯 가지의 사건 목록을 만들어 내고, 이후 치료자는 청소년에게 다음과 같은 SOLVE 체계를 가르친다.

> "오늘 우리는 여러분이 문제들을 해결하기 위해 사용할 수 있는 아주 중요한 기술, 특별한 문제해결 체계(special problem-solving system)에 대해 이야기하려고 해요. 즉, 우리는 그것을 'S-O-L-V-E 체계'라고 합니다. SOLVE의 각 글자는 문제해결의 다른 단계를 나타냅니다. 'S'는 '문제를 선택하라(Select a Problem)'를 나타냅니다. 문제해결의 첫 번째 단계는 문제가 무엇인지를 알아내는 것입니다. 두 번째 단계는 'O'로 '옵션들(Options)'입니다. 문제가 무엇인지 알아낸 후에, 문제를 다루기 위해 효과가 있을 것이라고 생각한 것뿐만 아니라 모든 가능한 목록을 만듭니다. 목록을 많이 만들면 만들수록 문제를 해결할 수 있는 기회는 더 많아집니다. 'L'로 시작하는 문제해결의 다음 단계는 '일어날 수 있는 결과(Likely Outcomes)'를 나타냅니다. 여러분이 만든 목록을 가지고 각각의 '옵션들'을 시도할 때 무슨 일이 일어날지를 판단하세요. 각 '옵션들'에 따라 일이 더 잘 될지 아니면 더 나빠질지에 대해 생각해 보고, 그다음에 각 옵션이 긍정적인지, 부정적인지, 아니면 둘 다인지를 평가하세요. 그다음 여러분은 사용하기에 '최선의 것(Very Best One)'을 골라 목록을 하나의 '옵션'으로 좁혀 갈 수 있습니다. 그다음에는 그것을 시도해 볼 시간입니다. 그리고 마지막으로 '옵션'을 시도하고 나서 '옵션'을 '평가(Evaluate)'할 수 있습니다. 만일 잘 되었을 경우, 여러분의 문제는 해결된 것입니다. 잘 안 되었을 경우에는 '옵션들'로 되돌아

가서 그것들을 비교 검토하고 다음으로 '최선인 것'을 고릅니다. 문제가 해결될 때까지 이것을 계속합니다. 한번 해 볼까요?"

문제해결 체계를 배운 후에, 그 회기의 다음 부분은 자살 시도를 부추겼던 문제를 다루기 위해 사용될 수 있다. 우리는 SOLVE 과정을 돕기 위해 활동 기록지를 개발해 왔다. 대개 청소년은 처음에 '옵션들'을 만들 때 어려움을 겪을 것이다. 치료자는 청소년이 이런 새로운 행동을 수용하고 사용하는 것을 돕기 위해 기술을 시범 보여야 할 수 있다. 치료자는 자살 시도도 옵션 목록에 포함시키라고 청소년을 격려한다. 이것은 회기 중에 자살 생각들과 자살 행동에 대해 이야기하는 것이 안전하다는 것을 보여 주며, 자살 시도가 항상 하나의 옵션임을 인정한다. 그것은 또한 자살 시도 관련 의사소통 통로를 열도록 도와주고, 치료자에게 이 자살 행동을 둘러싸고 있는 모든 인지 왜곡을 다루기 시작할 기회를 제공해 준다. 그 연습을 끝낸 후에, 치료자는 그때 자살 시도를 문제해결의 '실패'로 재구성할 수 있다. 이것은 청소년에게 자살 시도를 이해하는 적응적인 방법과 일어날지 모르는 앞으로의 문제들에 대한 더 나은 통제감을 제공하도록 도와준다.

치료자: 만일 네가 목록에 하나의 옵션만 가지고 있었고 그것을 시도했지만 제대로 잘 이루어지지 않았다면, 무슨 일이 생길까?

청소년: 내게 다른 어떤 옵션들도 없는 것인가요?

치료자: 그래 맞아. 너는 거기에서 꼼짝도 못하는 상황에 처해 있을 거야. 그게 바로 네가 자신을 해칠 때 일어나는 일이야. 너는 많은 옵션을 가지고 있지 않은 것처럼 느꼈어. 넌 어찌할 수 없다고 느꼈지. 그래서 네가 가지고 있다고 생각했던 유일한 '옵션'인 자신을 해치는 것을 선택했던 거야. 바로 그런 이유 때문에 그런 상황에 있는 십대들에게 'SOLVE'가 도움이 된단다. 더 많은 '옵션' 목록을 생각해 내려는 연습을 더 많이 할수록, 너에게 문제가 생길 때 선택할 수 있는 '옵션들'이 더 많아질수록, 어찌할 수 없다는 느낌을 덜 받거나 또는 유일하게 남은 것이 자신을 해치는 것이라는 생각이 덜 들 거야.

3) 인지 재구성

다른 종류의 정신병리를 보이는 청소년들처럼 자살 청소년들 또한 인지 왜곡을 보인다. 그 왜곡의 많은 부분이 기분장애, 불안장애 그리고 품행장애 같은 동시에 일어나는 정신과적 장애들에 기인한다. 우리는 인지 재구성을 가르치는 데 엘리스(Ellis, 1991)가 개발하고 맥클렁(McClung, 2000)이 수정한 기술의 수정판을 사용한다. ABCDE 머리글자 기법은 청소년들이 인지적 재구성을 더 잘 기억할 수 있도록 돕는 데 사용된다. 우리는 이 방법을 문제가 생겼을 때 청소년들이 경험할 수 있는 부정적 사고와 행동을 다루도록 도와주는 기술이라고 소개한다. 그들 자신에 대한 부정적 사고의 경험은 청소년들에게는 정상적인 것이지만 그런 사고들이 너무 자주 일어날 때는 문젯거리가 된다. 자신에 대한 잦은 부정적 사고는 전형적으로 자살 생각들이 나타날 때 일어나는 것이다. 청소년들은 'ABCDE 기법'을 통하여 비합리적인 사고들을 변화시키며 다루도록 지도된다.

치료자: ABCDE 기법의 각 글자들은 생각 변화의 다른 단계를 나타낸단다. 'A'는 '촉발 사건(Activating Event)'을 나타내. 부정적 사고 변화의 첫 단계는 부정적 사고들과 관련되어 있는 '촉발 사건'을 파악하는 거야. '촉발 사건'은 긍정적이거나 부정적일 수 있어. '촉발 사건'의 긍정적인 예는 영화를 보러 가는 것일 수 있지. '촉발 사건'의 부정적인 예는 시험에 떨어지는 것일 수 있다. 다른 것을 생각해 낼 수 있겠니?

청소년: 엄마와 싸우는 것?

치료자: 그것은 부정적인 촉발 사건의 좋은 예구나. 잠깐 동안 두 번째 단계를 생략하고 세 번째 단계로 가

보자. 세 번째 단계는 '촉발 사건'과 관련되어 있는 '결과들이나 느낌들(Consequences or Feelings)'을 파악하는 거야. 예를 들어, 영화를 보러 가는 것은 사람들 기분을 '매우 좋거나 흥분'되게 할 수 있어. 하지만 시험에 떨어진 후에, 그들은 '실망하거나 우울'해질 수 있겠지.

많은 사람들은 부정적인 '촉발 사건'이 우리의 기분을 나쁘게 한다고 믿고 있어. 예를 들면, 사람들은 '시험에 낙제한 것이 기분을 우울하게 한다'고 믿고 있어. 하지만 그건 사실이 아니야. 기분을 나쁘게 하는 것은 부정적 '촉발 사건'과 우리의 감정 사이에서 일어나는 것이야. 이런 것들을 '신념(Belief)'이라고 부르고, 그것들은 1단계와 3단계 사이에서 일어난단다. 이런 신념은 일반적으로 부정적이며 너무 빨리 일어나서 심지어는 우리가 그것을 가지고 있는지조차 모른단다. 이런 신념 중의 많은 것들은 '비합리적이거나 사실이 아니야.'

예를 들면, 시험에 낙제한 후에 어떤 사람들은 '내가 이 시험에 통과할 수 없다면, 나는 이 과목에서 실패하게 되는 것이다.'라고 생각할 수 있어. 그러므로 그것은 우리의 기분을 나쁘게 하는 동시에 대개는 사실이 아닌 부정적인 신념이야. 기분이 더 좋아지게 하기 위해서는 반드시 이런 신념에 대항해 '논쟁'하거나 그것들에 대해 '논박'해야 해. 논박(Disputing)은 사고를 변화시키는 가장 중요한 네 번째 단계란다.

이제, 내가 너의 좋은 친구이고 너에게 전화를 걸어 "나, 시험에 낙제했어. 난 실패자야. 나는 이 과목에 결코 통과하지 못할 거야."라고 말하였다고 해 보자. 너는 내 기분이 좋아지도록 뭐라고 말할 수 있을 것 같니?

청소년: 그것은 단지 한 번의 시험이었을 뿐이야. 너는 도움을 받으면 다음에는 통과할 거야.

치료자: 아주 잘했어! 그게 바로 네가 논박하는 방법이란다. 너는 방금 나의 부정적인 신념에 대해 논쟁 또는 '논박'을 했어. 대부분의 사람은 그들의 부정적인 신념을 논박하지 않고 아주 속상한 상태에 머물러 있게 되고, 바로 그때 자신을 해치는 것과 같은 안전하지 못한 결심을 하게 된단다.

마지막으로, 최종 단계는 'E'로 시작하고 '효과(Effect)'를 나타내. 만일 네가 무엇인가에 영향을 미친다면 변화가 일어날 거야. 우리는 부정적인 촉발 사건이 우리에게 일어났다는 사실은 변화시킬 수 없을지 몰라. 하지만 우리는 그것에 대한 우리의 부정적인 신념을 변화시킬 수 있어. 만일 우리가 그것에 대한 우리의 부정적 신념을 변화시킬 수 있다면, 우리는 기분이 더 좋아질 것이고 더 나은, 더 안전한 결정을 할 수 있을 거야.

치료자는 촉발 사건을 자살 시도의 촉발 요인으로 사용하여 ABCDE 기법을 연습시킨다. 청소년에게 논박하는 것을 가르칠 때, 우리는 청소년에게 부정적인 촉발 사건과 관련된 신념에 관한 2개의 간단한 질문을 자신들에게 하는 것으로 시작하도록 요구한다. ① 이 신념이 사실인가? 그리고 만약 사실이라면, ② 이 신념은 도움이 되는 것인가? 만일 이 질문들에 대한 답이 하나라도 '아니요'라면, 그때 논박이 사용된다. 청소년들이 이 기법을 사용하기 시작할 때, 치료자는 소크라테스식 질문법을 통해 지도를 많이 해야 할 필요가 있을 것이다. 우리가 흔히 사용하는 질문들은 다음을 포함한다. 그 신념에 대한 증거는 무엇인가?(그것은 '신념을 지지하는 증거/신념에 반대되는 증거' 목록으로 만들어진다.) 만일 친구가 이 신념을 듣는다면 무엇이라고 말할 것 같나? 이 신념이 원하는 것을 갖도록 도와주는가? 이 신념이 당신이 원하는 방향으로 느끼도록 도와주는가? 이 신념은 당신이 갈등을 피하도록 도움을 주는가? 왜 그 사건이 일어났는지에 대한 다른 설명이 있는가?

프로그램에는 청소년들에게 제공할 인지 왜곡 목록(예를 들어, 흑백논리적 사고, 최악을 예측하기, 긍정적인 것을 놓치기, 감정을 사실로 받아들이기, 성급하게 결론 내리기, 완벽을 기대하기; Beck, Rush, Shaw, & Emery, 1979를 보라)이 포함된다. 그것은 우리가 더 간단한 용어를 포함하는 것으로 수정한 것이며 '생각의 실수'라고 부른다. 우리는 청소년에게 자신의 신념에 있어서 어떤 생각의 실수라도 파악해 보도록 요구한다. 회기 말에 치료자는 청소년이 자살 시도를 더 재구성하도록 도와준다.

> 치료자: 이제, 만일 너에게 부정적인 신념이 떠올랐는데 그것들 중 어떤 것도 논박하지 않았다면, 무슨 일이 일어날까?
>
> 청소년: 나는 기분이 아주 나쁘겠죠?
>
> 치료자: 맞아! 너는 오직 너의 머릿속에 떠오르는 부정적인 생각들을 가질 뿐이고, 기분이 정말로 나빠질 거야. 그래서 자살 외의 다른 어떤 '옵션들'을 보지 않을 것이고, 네 머릿속에 떠오르는 모든 부정적인 신념을 갖게 되고, 그것들의 어느 것도 논박하지 못할 거야. 그리고 너에게는 자살하고 싶은 감정만 남게 될 거야. 이제, 네가 부정적 신념에 더 많이 논박하는 것을 더 많이 연습할수록, 네 머릿속에는 더 많은 긍정적인 생각이 떠오를 거야. 이것은 네 기분이 좋아지게 도울 것이고, 가장 중요한 것은 더 낫고 더 안전한 결정들을 내리도록 도와줄 거야. 하지만 그것을 정말로 잘하기 위해서는 연습이 필요하다는 것을 기억하는 것이 중요하단다. 그래서 우리는 회기 동안 함께 이 기술을 연습해 나갈 거야.

자살 경향성이 있는 사람들에게 특별히 유용한 수많은 다른 인지적 기법이 인지 재구성의 단위로 통합될 수 있다(Freeman & Reinecke, 1993). 예를 들어, '탈파국화'의 경우, 청소년으로 하여금 자살 시도의 촉발 요인이 가진 파국적인 성질을 과대평가하고 있는지 판단하기 위하여 다음과 같은 질문을 할 수 있다. "만약 ________이 다시 발생한다면, 일어날 수 있는 최악의 일은 무엇일까? 만약 그 일이 정말 발생한다면, 그것이 3개월, 6개월 후 너의 삶에 어떠한 영향을 미칠까? 일어날 가능성이 가장 큰 일은 무엇일까? 너는 그것을 어떻게 다룰 수 있을까?" 또 다른 기술에는 청소년들이 자살의 촉발 요인이나 예견된 미래의 스트레스 사건들을 평정하게 하는 것이 포함된다(예를 들어, 0에서 100까지 평정). 평정하는 것은 청소년이 사건을 이분법적 방식(흑/백)으로 보기보다는 연속선상에서 보도록 도와준다.

4) 감정 조절

감정 조절 기술들은 부정적 감정들을 야기하는 자극을 인식하기 위한 청소년 훈련 그리고 혼잣말과 이완을 통해 생리적 각성을 감소시키기 위한 학습을 포함한다. 다음의 대본은 초기 정서 관리 회기에서 사용된다.

> "오늘 우리는 문제들이 생길 때 당신의 기분이 좋아지도록 당신이 할 수 있는 많은 것에 대해 이야기하려고 합니다. 우리가 앞에서 말했듯이, 부정적인 촉발 사건이 일어날 때, 그것은 부정적이거나 사실이 아닌 신념을 유발합니다. 그때 이런 신념은 화 또는 슬픔 같은 부정적 감정들을 일으킵니다. 부정적 감정들뿐만 아니라, 이 부정적 신념도 우리의 몸이 감정을 통제할 수 없다고 느끼게 하기 시작합니다. 당신은 근육이 경직되는 것, 빠른 심장 박동, 발한, 호흡곤란을 경험할 것이며, 심지어 그것을 느끼지 못할 수도 있습니다. 당신의 신체가 더 통제할 수 없다고 느낄수록, 문제를 해결하는 것 또는 부정적 신념에 대해 논박하는 것이 더 어려워집니다. 만일 당신이 이것들을 할 수 없다면, 당신은 안전하지 않은 결정들을 내리기가 더 쉽습니다. 그러므로 오늘 우리는 문제해결을 위해 당신의 문제해결 기술과 논박 기술을 사용할 수 있게끔 당신의 신체를 통제 불능의 소용돌이에서 벗어나도록 하는 방법을 배우려고 합니다."

치료자는 그때 청소년에게 일련의 감정 카드를 보여주고 자살 시도를 유발했던 사건이 발생했을 때 어떻게 느꼈는지를 가장 잘 설명한 카드를 선택하도록 요구한다. 다음에, 치료자는 청소년에게 '보디 토크(body talk)'라고 불리는 부정적 정서와 관련된 생리적 및 행동적 증상들의 목록을 제공하고, 청소년에게 선택된 감정 카드에 설명되어 있는 것을 느꼈을 때 경험했던 증상들에 동그라미를 치라고 요구한다. 치료자는 이런 '보디 토크' 증상들이 한꺼번에 일어나지 않고 연쇄적으로 도미노처럼 일어난다는 것을 언급한다. 그 후에 '감정 온도계'의 개념이 청소년에게 소개된다(예를 들어, Rotheram-Borus, Piacentiti, Miller, & Graae, 1994를 보라). 온도계의 가장 밑은 눈금 '1'이며 '조용하며 침착함'을 나타낸다. 그리고 온도계의 꼭대기는 '10'이며 '극도로 화가 남' 또는 자살 유발 요인이 있던 시간에 청소년들에게 우세하게 나타난 어떤 감정을 나타낸다. 청소년은 그다음 자신의 활동 기록지에 기입된 '보디 토크'에 대한 온도계의 눈금을 평정하도록 요구받는다. 그것을 마친 후에 청소년들의 구체적인 부정적 신념을 적절한 수준에 끼워 넣는다. 그러고 나서 청소년은 개인적 '위험 수위'를 온도계에 표시하거나 신체에 통제 불능의 소용돌이가 너무 심해 안전하지 않거나 자살 행동의 위험에 처하게 되는 지점을 표시하도록 요구받는다. 보디 토크가 '위험 수위'까지 올라가기 전, 그것을 '초기에' 인식하고 감소시키는 것에 대한 중요성이 논의된다. 마지막으로, 청소년은 자신이 초기의 보디 토크와 부정적 신념을 알아차리기 시작할 때 사용하기 위한 '침착한 상태에 머무르기' 계획을 만들 것을 요청받는다. 이것은 자기를 진정시키는 다양한 행동과 긍정적인 자기 진술들을 포함하고 있다. 최종적으로 청소년이 회기를 떠나기 전에, 부모들이 회기 내용에 대한 설명을 듣기 때문에 아동들의 대처 계획을 지지할 수 있다.

청소년이 치료 과정 동안 자살 또는 자해 행동의 예를 보고할 때, 우리는 청소년과 함께 이 행동의 기능적 분석을 실시한다. 이 기능적 분석은 문제해결, 인지 재구성 그리고 다른 정서 조절 기술들을 결합하고 리네한(Linehan, 1993)의 것을 개정한 것이다. 이 기법은 '연쇄 분석(chain analysis)'이라고 불리며 다음과 같은 방법으로 청소년에게 소개된다.

> "당신이 (자살 행동에 대한 구체적 유발 요인들을 언급하라)를 처리하는 데 아주 어려워하고 있는 것처럼 들리네요. 또한 당신의 신체가 통제 불능의 소용돌이에 있고, 그것이 문제해결과 논박 기술을 사용하는 것을 어렵게 하는 것 같네요. 무엇이 잘못되었는지 그리고 어떻게 같은 일이 다시 일어나지 않게 할 수 있을지를 같이 알아봅시다. 이것을 하기 위해 우리는 당신을 자살 시도로 이르게 하는 당신의 행동, 사고, 감정 그리고 신체적 증상들을 살펴봐야 할 필요가 있습니다. 우리는 '연쇄 분석'이라고 부르는 연습을 사용하여 이것을 할 수 있습니다. 왜냐하면 많은 연결고리, 혹은 관련된 생각, 행동, 감정, 그리고 신체 감각들의 연쇄가 자살 시도에 이르게 하기 때문입니다. 연쇄 분석은 우리가 자살 시도 유발 요인과 그에 따르는 각각의 연결고리를 찾아내는 것을 도와서 무엇이 잘못 되었는지를 더 잘 이해하게 할 수 있습니다. 무엇이 잘못 되었는가를 알아낸 후에, 우리는 긍정적이며 유익한 연결고리들로 그 연쇄를 다시 형성할 수 있고 문제들을 다루는 보다 좋은 계획을 가지게 됩니다."

청소년은 처음에 자신을 특히 취약하게 만드는 자살 시도와 밀접한 관련이 있는 개인 내적 행동에 관한 일련의 질문을 받는다. 이것은 약물치료 준수, 식습관, 수면 양상, 운동 그리고 술과 약물 사용뿐만 아니라 화가 날 때 혼자 있는 것과 같은, 청소년마다 특별한 다양한 행동 양상을 포함할 수 있다. 다음에 청소년은 연결고리들이 나타나 있는 일련의 빈칸이 있는 활동 기록지를 받는다. 그리고 각 연결고리들과 관련되어 있는 행동, 사고, 보디 토크 그리고 감정들(0에서 100까지 평정)을 주어진 활동 기록지에 기록하도록 요청받는다. 치료자는 청소년에게 실제적 자살 시도를 촉발한 사건이 아닌, 기분을 더 부정적이게 만든 초기 유발 요인으로서 작용했던 그날 중 일찍 일어났던 행동으로부터 연쇄를 시작하라고 요청한다. 청소년들이 그날 좋지 않은 기분으로 잠에서 깼음을 보고하는 것은 드물지 않다. 이런 경우 연쇄는 그날 아침 잠자리에서 일어나는 것으로 시작된다(수면 부족은 좋지 않은 기분을 촉발할 수 있음을 언급한다). 연결고리들은 자살 시도의 시점에서 끝난다.

모든 연결고리를 완성하고 나서, 치료자는 청소년에게 부정적인 보디 토크와 감정들이 연관된 부정적인 행동과 신념이 순환하는 연쇄에서 '약한 연결고리들'을 파악하도록 요구한다. 그다음으로 청소년은 '약한 연결고리들'을 대치하는 것에 사용될 수 있는 '강한 연결고리들' 또는 대안적 적응 행동을 확인하고 기록하도록 요청받는다.

치료자: 연쇄에 있는 다섯 번째 연결고리를 살펴보자. 친구에게 전화를 걸었고(행동) 그 친구는 너에게 다른 전화를 받는 중이었다며 내일 얘기할 수 있는지를 물었어. 너는 '그녀가 나와 이야기하고 싶어 하지 않아.'(생각)라고 혼자서 생각했고, 신체에서 긴장을 느꼈으며(보디 토크), 그리고 거절당함(감정)을 느꼈지.
이 상황에서의 행동에 대해서는 부정적인 것으로 파악하지 않았구나. 좋은 결정이야. 슬플 때 친구들에게 이야기하는 것은 기분이 나아지도록 도와주는 행동이지. 하지만 뒤에 따랐던 생각을 살펴보자. 생각의 실수를 찾아볼 수 있겠니?

청소년: 결론을 성급하게 내린 것이요?

치료자: 맞아. 너는 그녀가 너와 이야기하는 것을 원하지 않았다고 추측했어. 그 생각을 작업하기 위해 어떤 기술을 이용할 수 있을까?

청소년: 논박이요.

치료자: 좋아. 이제 그 신념에 대해 어떻게 논박할 수 있을까?

청소년: 내일 이야기하자고 했다고 해서 그녀가 나와 이야기하기를 원하지 않는다는 것을 뜻하는 것이 아니라고 나 자신에게 말했어요.

치료자: 잘했어. 또 다른 어떤 가능한 이유가 있을까?

청소년: 시간이 늦었어요. 그래서 아마도 피곤했을 것이고 자기를 원했을 수도 있죠.

치료자: 좋아. 그 밖에 다른 것은?

청소년: 나는 그녀에게 내가 화가 나 있었다고 말을 하지 않았어요. 그래서 그녀는 내가 이야기할 필요가 있다는 것을 몰랐을 거예요.

치료자: 잘했어. 그러면 만일 '그녀가 나와 이야기하고 싶어 하지 않는다.' 대신에 '그녀가 아마도 피곤하며, 내가 화가 나 있다는 것을 몰랐다.'라고 생각을 했다면 거절당했다는 느낌이 들었을까?

청소년: 아니요. 아마도 그녀에게 다음 날 이야기하자고 했을 거예요.

치료자: 아주 잘했어. 논박 대신에, 신체에서 일어나는 긴장을 감소시키기 위해 다른 어떤 기술을 사용할 수 있을까?

청소년: 나의 테이프?

치료자: 물론이지. 이완 테이프를 사용할 수도 있었을 거야. 아주 잘했어! '약한 연결고리'에 대치할 수 있는 기술로 '논박'과 '이완'을 적어 보자. 그리고 활동 기록지에 네가 논박했던 목록들도 적어 보자.

연습은 청소년이 위험한 행동을 함으로써 충족하려했던 욕구는 무엇이며, 앞으로 어떻게 적응적인 방식으로 그런 욕구들을 충족할 수 있을지와 같은 청소년이 대답해야 할 일련의 반영적인 질문들을 포함한다. 연습 끝 무렵에, 청소년은 자살 삽화에 대한 보다 나은 이해, 일어났던 행동에 대한 피해를 다루기 위해 사용될 수 있는 계획 그리고 앞으로의 자살 삽화들을 예방하는 계획을 갖게 된다.

6. 가족 회기와 부모 교육

자살 행동을 다루는 데에는 가족 회기가 필요하다. 적어도 자살 시도를 둘러싼 환경들을 조사하는 가족 의사소통 회기라도 수행하는 것이 중요하다. 만일 필요하다면, 심지어는 자살 시도의 이유가 죽으려고 한 것이 아니라 할지라도, 치료자는 자살 시도가 심각하다는 것을 강조한다. 자살 시도에 대한 부모와 청소년의 설명들이 검토되며, 그 설명들에서의 불일치들이 조사된다. 만일 관점들에서의 차이가 분명하다면, 치료자가 부모와 청소년이 자살 시도에 대한 서로의 설명들을 이해하고 수용하도록 도와주며 앞으로의 시도들을 예방하기 위해 함께 작업한다.

가족 회기는 초점을 청소년에게 맞추지 않은 채, 의사소통의 부족을 포함한 자살 행동의 발달에 기여할지도 모르는 갈등 문제들을 치료자가 다룰 수 있게 하는데 이용될 수 있다. 가족과 함께 작업하는 주요 목표들은 일반적으로 가족 구성원들 간의 의사소통 양상과 부정적 상호작용을 변화시키고, 청소년이 가족으로부터 분리되어 행하는 적응적 시도를 지지하며, 가족의 문제해결 능력을 향상시키는 것이다. 청소년 행동 문제들을 다루기 위해 사용되는 의사소통 기술 및 문제해결 기술들을 강조한 가족 중심 프로그램들 또한 청소년 자살 시도자들의 가족들에게 성공적으로 사용되어 왔다(예를 들어, Rotheram-Borus et al., 1994). 부부 문제들과 부모의 정신병리는 치료 진행을 중단시키고 방해하므로 외부 의뢰를 필요로 한다.

우리는 부모가 가족 치료자를 따로 만나 진행하는 부모 교육 회기가 매우 도움이 된다는 것을 발견했다. 우리는 자살 행동을 다루기 위한 공통적인 부모들의 관심사에 대해 논의하고, 부모의 치료 참여를 향상시키기 위한 작업을 하며, 필요한 양육 기술을 가르치기 위하여 이 회기들을 사용한다. 우리는 간단하게 앞의 두 가지 영역에 대해 논의하고자 한다. 첫 번째 부모 교육 회기에서, 우리는 그것이 자살의 위험성과 자살에 대한 진술과 관련된 징후들을 다루기 위한 최선의 방법이 무엇인지 논의하는 데 특히 도움이 된다는 것을 발견하였다. 많은 부모는 우리에게 그들의 청소년 자녀들이 특히 화가 날 경우 자주 자살에 대한 진술을 한다고 이야기하였고, 언제 그것을 심각하게 받아들여야 하는지 잘 모르겠다고 하였다. 또 다른 부모들은 가정 내에서 규칙을 시행하는 것과, 청소년 자녀들의 잘못된 행동의 결과로서 다시 화가 나서 또 다른 자살 시도를 하게 될 가능성에 대하여 걱정한다. 이에 대하여 우리는 부모들로 하여금 어떤 상황이든지 간에 자살에 대한 모든 진술을 심각하게 받아들이도록 강하게 격려한다. 우리는 부모들이 십대 자녀들에게 그들이 상당히 걱정을 하고 있으며 자녀들의 안전을 평가하기 위하여 의료계 종사자들을 데리고 갈 수 있다는 것을 말하도록 권고한다. 이런 식으로 자살에 대한 진술을 지속적으로 다루는 것은 청소년들이 안전성 평가를 반드시 받을 수 있게 도울 수 있고, 그들로 하여금 부모의 보살핌과 이해를 받고 있다는 것을 알 수 있게 한다. 또한 우리는 부모들에게 자살 생각을 표현한 것에 대한 벌로써 치료를 받는 것이라고 소개하지 않도록 이야기한다. 따라서 부모들에게 도움을 받는 것은 그들이 십대 자녀들을 보살피고, 그들의 안전에 대해 걱정하기 때문이라는 것을 명확히 이야기하는 것이 중요하다. 그리고 나서 우리는 이러한 계획들을 청소년들과 함께 공유한다. 또한 우리는 부모들이 가정 내에서 규칙들, 특히 안전 문제(예를 들어, 귀가 시간, 물질 사용)와 관련된 것들을 유지할 수 있도록 격려한다. 부모가 규칙에 대한 청소년 자녀들의 반응에 대해 걱정하는 경우, 우리는 그들과 함께 작업하며 양쪽 당사자 모두에게 합당하고 용인 가능한 행동 계약을 청소년들이 만들 수 있게 한다. 만약 청소년들이 계약의 시행과 관련하여 화를 내게 되고 이로 인해 부모가 자녀들의 안전성에 대하여 걱정을 한다면, 청소년 자녀들을 즉시 도울 수 있는 방법을 찾을 수 있게끔 격려한다.

부모들로 하여금 가족 치료자와 그들의 걱정에 대하여 공유하도록 하는 것과 더불어, 부모 훈련 회기에서는 치료자들이 치료 참여에 방해가 되는 부모 요소에 대하여 다루고, 부모의 행동에 대하여 가르칠 수 있게끔 한다. 이는 청소년 자녀가 부재할 때 가장 잘 수행될 수 있다. 우리는 부모의 치료 참여를 향상시킬 수 있도록 설계된 동기 면접과 함께 부모 훈련 회기를 시작하는 것이 특히 도움이 된다는 것을 발견해 왔다. 우리는 우리의 초기 평가의 일부로서 부모와 청소년 모두에게 시행한 평가의 결과에 대한 피드백을 제공하는 것으로 시작한다. 여기에는 보통 청소년의 정신의학적 진단,

청소년의 우울 및 자살 경향성의 심각도, 가족 기능, 부모의 고통, 그리고 해당되는 경우에는 부부의 기능 등이 포함된다. 우리는 이러한 피드백을 다음과 같이 시작한다.

> "오늘 제가 하고자 하는 것은 당신과 당신의 아이가 우리 연구를 위하여 완수한 여러 평가의 결과에 대해 검토하는 것입니다. 우리는 당신의 아이와 가족들이 당신의 건강에 대하여 어떠한 의견을 가지고 있는지를 아는 것이 매우 중요하다고 생각합니다. 이 정보는 당신이 당신의 아이와 당신 가족의 필요에 관한 현명한 결정을 하는 데 도움이 될 것입니다. 결과에 대하여 검토한 뒤, 저와 함께 당신 가족만을 위한 개별화된 치료 계획을 만들고자 합니다. 괜찮으시겠어요?"

이러한 피드백을 제공한 뒤, "이 모든 것을 어떻게 생각하세요? 가장 놀라웠던 것은 무엇인가요? 어떤 부분에 대하여 가장 걱정되시나요?" 와 같은 질문을 통하여 부모의 반응을 이끌어 낸다. 또한 우리는 부모에게 그들의 십대 자녀와 가족들이 전혀 변화하지 않으려고 한다면 어떤 일이 일어날 것이라고 생각하는지에 대해서도 함께 이야기 나누자고 요청한다. 그러고 나서 십대 자녀와 가족들에게 일어날 수 있는 또 다른 결과들에 대하여 말해도 되는지 허가를 구한다. 특히 개입 없이 이러한 정보를 나누며 시작한다면, 평가 측정치의 점수는 점차 나빠질 것이다. 또한 우리는 그들의 십대 자녀가 어떠한 경우에는 자살을 완수하거나, 정신과 병동에 입원하거나, 보호시설로 가게 되거나, 투옥될 가능성이 상당히 높은 위험에 처해 있음을 함께 이야기한다. 만약 부모의 평가 측정치에서 상당한 수준의 가족 내 역기능 그리고/혹은 부부 문제 등이 있음이 나타난다면, 이혼의 가능성을 이야기한다. 만약 부모의 정신 질환이 문제가 된다면, 직업을 잃을 가능성이나 부모의 병이 악화될 가능성에 대해서도 언급한다. 만약 부부 문제나 부모의 질병을 다루지 않는다면, 십대 자녀들의 치료적 성공 가능성이 위태로울 수 있다는 것을 분명히 언급한다.

이러한 정보를 제공한 뒤, 우리는 부모의 반응을 끌어내고, 만약 그들이 변화에 수용적이라면 가족의 목표를 개발할 수 있도록 돕는다. 우리는 "이것이 지금 당신을 어떤 상태로 만드나요? 당신은 어떻게 변화해야 한다고 생각하나요? 당신 자신과 당신의 가족이 어떻게 달라지기를 원하나요?" 와 같은 질문을 한다. 그런 뒤, 활동 기록지를 나누어 주고 부모들이 그들 자신과 가족들에게 적절한 목표를 만들고 기록할 수 있게끔 돕는다. 구체적이고 달성 가능한 목표를 만들어 낸 뒤, 우리는 부모들에게 치료 프로토콜에서 다루었던 모든 기술과 그들이 다루었던 문제들이 적힌 유인물을 제공한다. 그리고 나서 그들의 목표에 가장 도움이 될 것이라고 생각하는 기술 영역들을 찾아내도록 요청하고, 그들이 선택한 것을 사용하여 치료를 이끌어 나가는 데 도움을 받을 수 있다는 것을 함께 이야기한다. 만약 눈에 띄는 기술 영역이 없다면, 도움이 될 만한 또 다른 기술들에 대한 우리의 생각들을 공유하고, 그것들이 포함될 만한 이유에 대하여 이야기할 수 있도록 요청한다.

다음으로, "무엇이 당신을 당신의 목표와 만나는 데에, 그리고 치료 프로그램을 완수하는 데에 방해가 되는 것 같나요? 과거의 치료 제공자가 방해가 되었던 적이 있다면 무엇인가요?" 와 같은 질문을 함으로써, 그들이 언급한 목표에 도달하는 데 있어 잠재적인 방해물들이 무엇인지 묻는다. 그런 다음에는 이러한 방해물들을 해결하기 위한 가능한 해결책들을 생성하는 데 시간을 할애한다. 그러고 나서 자기 효능감 진술을 이끌어 내기 위하여 "당신은 언제 우리가 이야기해 왔던 영역들에 대하여 생각하고, 무엇이 당신으로 하여금 그것이 가능하게 만들도록 돕는 것 같은가요? 친구들이나 가족 구성원들이 당신에게 관심을 가지는 것은 어떤 영향력을 가지나요?" 와 같은 질문을 한다. 마지막으로, 우리는 부모들에게 "우리는 당신이 혼자가 아니고, 우리가 당신의 가족과 당신의 자녀를 위해 이곳에 있다는 것을 기억해 주기를 바랍니다. 당신을 도울 수 있는 지원의 원천으로 우리를 사용해 주세요."와 같이 말하며 우리가 그들의 십대 자녀와 가족들이 나아질 수 있도록 '팀'으로서 그들과 함께 작업할 것임을 이야기한다. 회기의 마지막 한 부분으로서 회기 내용의 간단한 요약을 한 뒤, 부모들이 질문할 수 있는 시간으로 마무리한다.

1) 결 론

CBT는 자살을 시도하는 청소년들 사이의 부정적 감정을 야기하는 사고 과정과 행동에 대해 다루는 데 사용될 수 있다. 그들 중 다수는 이분법적 사고와 파국화 경향을 줄이는 것을 배움으로써 도움이 될 수 있다. 대인관계 문제는 우울과 자살 위험성에 중요한 역할을 하기 때문에, 그들의 사회 기술을 향상시키기 위하여 치료의 초점을 인지뿐만 아니라 행동의 변화에 두는 것이 중요하다. 치료가 성공적이었다 할지라도 청소년 자살 시도자들은 자살 감정들의 갑작스러운 재발에 취약해진 채로 있다(Beck, 1996). 치료자가 청소년과 부모들에게 자살 재발의 가능성을 미리 경고하는 것이 중요하다. 괴로움을 촉발하고 자살 생각으로 이어질 수 있는 감정적인 상태를 빨리 알아차리는 것을 치료에서 배우는 것이 청소년에게는 중요하며, 이를 통해 그들이 위험한 수준에 이르기 전에 부정적 정서들을 감소시키는 단계를 밟을 수 있다. CBT 치료 프로토콜에서 상당히 성공적이었던 청소년들의 경우, 이러한 단계들은 개인으로 대처하려는 노력이 포함되어 있다. 하지만 이 청소년들이 치료적인 이득을 계속적으로 유지하기 위해서는 추후 회기 또한 필요한 것으로 보인다.

7. 미래 방향

자살을 시도하는 청소년들에 대한 치료적 문헌들은 상당히 적은 편이다. 연구 프로토콜이 가지는 높은 수준의 지속적인 자살 경향 가능성과, 자살 행동 및 근본적인 정신장애 모두를 치료할 필요성은 청소년 자살 시도자의 치료 연구에 관심이 있는 연구자들의 수를 제한해 왔다. 이 집단에게 증거 기반의 치료로서 CBT를 고려하기 이전에, 무선 할당된 실험으로부터 얻은 더 많은 자료가 필요하다. 이러한 실험들은 치료가 반복되는 자살 시도를 감소시킬 수 있는지를 결정할 수 있는 효과성을 가지는 진정한 실험이 되기 위하여 충분히 커야 할 필요가 있다. 이러한 일련의 실험 후에야 우리는 치료의 매개변수와 조절변수뿐 아니라 장기적인 치료의 효과성에 대해서도 조사할 수 있을 것이다.

자살 시도 후 즉시 이 실험에 등록한다면, 많은 청소년이 하나 혹은 그 이상의 약물치료를 받을 것이다. 이는 치료 실험의 설계를 더욱 복잡하게 만들 것이다. 심리사회적-정신약물의 치료와 약물 사용 안내 표준 알고리즘 복합 치료는 앞에서 언급한 고위험군 연구의 임상적 및 윤리적 현실을 다루는 데 가장 적합한 치료적 접근 방법으로 보인다. 더불어 청소년 자살 시도자 집단은 상당히 이질적인 집단이기 때문에, 융통적인 치료 프로토콜 혹은 조정 가능한 치료 방략이 필요하다. 조절 가능한 치료 방략은 개별적으로 맞추어진 일련의 치료 연속으로, 치료 종류와 정도가 참가자에 맞추어 조정된다(Murphy & McKay, 2004). 조정 가능한 치료 등에서 사용되는 치료 알고리즘은 어떠한 집단이 이질적이라고 여겨지거나, 일반적으로 효과적인(혹은 받아들여지는) 치료가 없거나, 방향의 변동이 심하거나, 어떠한 치료의 반응에서도 이질성이 나타난다거나, 공병이 존재한다거나, 순응성에 문제가 있는 경우에 필요하다(Murphy & McKay, 2004). 이 모든 조건은 청소년기 자살 시도자들에게 적용된다. 존재하는 이러한 이질성은 주어진 프로토콜의 어떤 시기에도 치료에 대한 개인 간 그리고 개인 내 반응의 차이가 있음을 암시한다(Murphy & McKay, 2004). 결과적으로, 조정 가능한 설계 내에서 임상적 방략은 구조화된 평가 배터리에 따라 다양하게 사용될 수 있다. 예를 들어, 만약 초기 평가에서 감정 처리나 행동적 결함보다는 인지 왜곡이 두드러진 근본적 책임을 가지는 것으로 나타났다면, 인지적 방략이 치료의 초기 초점이 될 것이다. 이러한 접근은 치료자들이 환자가 현재 나타내고 있는 것에 기초하여 그들의 치료를 달리하는 통상적인 임상적 치료와 매우 비슷하다. 게다가 조정 가능한 치료 프로토콜은 객관적인 평가 자료에 기초한 판단 규칙과 함께 비체계적인 의사결정을 제거하는 데 도움을 줄 수 있다. 여기에는 임상 실제에서 발생할 수 있는 치료 과정에서 생길 수 있는 비체계적인 임상적 결정뿐 아니라, 융통적인 매뉴얼을 적용한 연구와 임상 평가에서 단위 선택에 근거를 둔 연구도 포함된다.

〈감사의 글〉

이 저술 작업은 앤서니 스피리토(Anthony Spirito, 지원 번호 MH 01738)와 크리스티안 에스포시토-스미더스(Christianne Esposito-Smythers, 지원 번호 AA016854, AA014191과 미국자살예방재단[American Foundation for Suicide Prevention])의 연구비를 일부 지원받아 수행되었다.

참고문헌

Adams, J., & Adams, M. (1996). The association among negative life events, perceived problem solving alternatives, depression, and suicidal ideation in adolescent psychiatric patients. *Journal of Child Psychology and Psychiatry, 37,* 715-720.

Beautrais, A. L., Joyce, P. R., & Mulder, R. T. (1997). Precipitating factors and life events in serious suicide attempts among youths aged 13 through 24 years. *Journal of the American Academy of Child and Adolescent Psychiatry, 36,* 1543-1551.

Beck, A. T. (1996). Beyond belief: A theory of modes, personality, and psychopathology. In P. Salkovskis (Ed.), *Frontiers of cognitive therapy* (pp. 1-25). New York: Guilford Press.

Beck, A. T., Rush, A. J., Shaw, B. F., & Emery, G. (1979). *Cognitive therapy of depression.* New York: Guilford Press.

Beck, A. T., Schuyler, D., & Herman, I. (1974). Development of suicidal intent scales. In A. T. Beck, H. Resnick, & D. Lettieri (Eds.), *The prediction of suicide* (pp. 45-56). Bowie, MD: Charles Press.

Boergers, J., & Spirito, A. (2003). The outcome of suicide attempts among adolescents. In A. Spirito & J. Overholser (Eds.), *Evaluating and treating adolescent suicide attempters: From research to practice* (pp. 261-276). San Diego: Academic Press.

Borst, S., Noam, G., & Bartok, J. (1991). Adolescent suicidality: A clinical developmental approach. *Journal of the American Academy of Child and Adolescent Psychiatry, 30,* 796-803.

Brent, D., Emslie, G., Clarke, G., Wagner, K. D., Asarnow, J. R., Keller, M., et al. (2008). Switching to another SSRI or to venlafaxine with or without cognitive behavioral therapy for adolescents with SSRI-resistant depression: The TORDIA randomized controlled trial. *Journal of the American Medical Association, 299,* 901-913.

Brent, D. A., Greenhill, L. L., Compton, S., Emslie, G., Wells, K., Walkup, J. T., et al. (2009). The Treatment of Adolescent Suicide Attempters Study (TASA): Predictors of suicidal events in an open treatment trial. Journal of the American *Academy of Child and Adolescent Psychiatry, 48,* 987-996.

Brent, D. A., Holder, D., Kolko, D. J., Birmaher, B., Baugher, M., Roth, C., et al. (1997). A clinical psychotherapy trial for adolescent depression comparing cognitive, family and supportive therapy. *Archives of General Psychiatry, 54,* 877-885.

Brent, D. A., Kolko, D. J., Allan, M. J., & Brown, R. V. (1990). Suicidality in affectively disordered adolescent inpatients. *Journal of the American Academy of Child and Adolescent Psychiatry, 29,* 586-593.

Brent, D. A., & Melhem, N. (2008). Familial transmission of suicidal behavior. *Psychiatric Clinics of North America, 31,* 157-177.

Bridge, J., Goldstein, T., & Brent, D. (2006). Adolescent suicide and suicidal behavior. *Journal of Child Psychology and Psychiatry, 47*(3), 372-394.

Daniel, S. S., Goldston, D. B., Erklani, A., Franklin, J. C., & Mayfield, A. M. (2009). Trait anger, anger expression, and suicide attempts among adolescents and young adults: A prospective study. *Journal of Clinical Child and Adolescent Psychology, 38*, 661-671.

Diamond, G. S., Wintersteen, M. B., Brown, G. K., Diamond, G. M., Gallop, R., Shelef, K., et al. (2010). Attachment-based family therapy for adolescents with suicidal ideation. *Journal of the American Academy of Child and Adolescent Psychiatry, 49*, 122-131.

Donaldson, D., Spirito, A., & Esposito-Smythers, C. (2005). Treatment for adolescents following a suicide attempt: Results of a pilot trial. *Journal of the American Academy of Child and Adolescent Psychiatry, 44*, 113-120.

Downey, G., & Coyne, J. C. (1990). Children of depressed parents: An integrative review. *Psychological Bulletin, 108*, 50-76.

Ellis, A. (1991). The revised ABC's of rational-emotive therapy (RET). *Journal of Rational-Emotive and Cognitive-Behavior Therapy, 9*, 139-172.

Esposito-Smythers, C., Birmaher, B., Valeri, S., Chiappetta, L., Hunt, J., Ryan, N., et al. (2006). Child comorbidity, maternal mood disorder, and perceptions of family functioning among bipolar youth. *Journal of the American Academy of Child and Adolescent Psychiatry, 45*, 955-964.

Esposito-Smythers, C., & Spirito, A. (2004). Adolescent suicidal behavior and substance use: A review with implications for treatment research. *Alcoholism: Clinical and Experimental Research, 28*(5), 77S-88S.

Esposito-Smythers, C., Spirito, A., Hunt, J., Kahler, C., & Monti, P. (2011). *Treatment of co-occurring substance abuse and suicidality among adolescents: A randomized pilot trial.* Manuscript submitted for publication.

Esposito-Smythers, C., Spirito, A., Uth, R., & LaChance, H. (2006). Cognitive behavioral treatment for suicidal alcohol abusing adolescents: Development and pilot testing. *American Journal on Addictions, 15*(Suppl. 1), 126-130.

Freeman, A., & Reinecke, M. (1993). *Cognitive therapy for suicidal behavior.* New York: Springer.

Fritsch, S., Donaldson, D., Spirito, A., & Plummer, B. (2000). Personality characteristics of adolescent suicide attempters. *Child Psychiatry and Human Development, 30*, 219-235.

Goldston, D. B. (2003). *Measuring suicidal behavior and risk in adolescents.* Washington, DC: American Psychological Association.

Groholt, B., Ekeberg, O., & Haldorsen, T. (2006). Adolescent suicide attempters: What predicts future suicidal acts? *Suicide and Life-Threatening Behavior, 36*, 638-650.

Guertin, T., Lloyd-Richardson, E., Spirito, A., Donaldson, D., & Boergers, J. (2001). Self-mutilative behavior in adolescents who attempt suicide by overdose. *Journal of the American Academy of Child and Adolescent Psychiatry, 40*, 1062-1069.

Harrington, R., Kerfoot, M., Dyer, E., McNiven, F., Gill, J., Harrington, V., et al. (1998). Randomized trial of a home-based family intervention for children who have deliberately poisoned themselves. *Journal of the American Academy of Child and Adolescent Psychiatry, 37*, 512-518.

Hazell, P. L., Martin, G., McGill, K., Kay, T., Wood, A., Trainer, G., et al. (2009). Group therapy for repeated deliberate self-harm in adolescents: Failure of replication of a randomized trial. *Journal of the American Academy of Child and Adolescent Psychiatry, 48*, 662-670.

Heron, M. P., Hoyert, D. L., Murphy, S. L., Xu, J. Q., Kochanek, K. D., & Tejada-Vera, B. (2009). Deaths: Final data 2006. In *National vital statistics reports, 57*(14). Hyattsville, MD: National Center for Health Statistics.

Huey, S., Henggeler, S. W., Rowland, M. D., Halliday-Boykins, C. A., Cunningham, P. B., Pickrel, S. G., et al. (2004). Multisystemic therapy effects on attempted suicide by youths presenting psychiatric emergencies. *Journal of the American Academy of Child and Adolescent Psychiatry, 43*, 183-190.

Joiner, T. E., Jr. (2005). *Why people die by suicide.* Cambridge, MA: Harvard University Press.

Kessler, R., Borges, G., & Walters, E. (1999). Prevalence of and risk factors for lifetime suicide attempts in the National Comorbidity Survey. *Archives of General Psychiatry, 56*, 617-626.

King, C. A., Klaus, N., Kramer, A., Venkataraman, S., Quinlan, P., & Gillespie, B. (2009). The Youth-Nominate

Support Team.Version II for Suicidal Adolescents: A randomized controlled intervention trial. *Journal of Consulting and Clinical Psychology, 77*(5), 880-893.

King, C. A., & Merchant, C. (2008). Social and interpersonal factors relating to adolescent suicidality: A review of the literature. *Archives of Suicide Research, 12*, 181-196.

Kim, Y. S., & Leventhal, B. (2008). Bullying and suicide: A review. *International Journal of Adolescent Medicine and Health, 20*, 133-154.

Klimes-Dougan, B., Free, K., & Ronsaville, D. (1999). Suicidal ideation and attempts: A longitudinal investigation of children of depressed and well mothers. *Journal of the American Academy of Child and Adolescent Psychiatry, 38*, 651-659.

LeComte, D., & Fornes, F. (1998). Suicide among youth and young adults, 15 through 24 years of age. A report of 392 cases from Paris, 1989-1996. *Journal of Forensic Sciences, 43*, 964-968.

Linehan, M. M. (1993). *Cognitive-behavioral treatment of borderline personality disorder.* New York: Guilford Press.

March, J. S., Silva, S., Petrycki, S., Curry, J., Wells, K., Fairbank, J., et al. (2007). The Treatment for Adolescents with Depression Study (TADS): Long-term effectiveness and safety outcomes. *Archives of General Psychiatry, 64*, 1132-1144.

McClung, T. (2000). *Rational emotive therapy adapted for adolescent psychiatric inpatients.* Unpublished manual, Charleston, WVA: West Virginia University School of Medicine.

Melhem, N. M., Brent, D. A., Ziegler, M., Iyengar, S., Kolko, D., Oquendo, M., et al. (2007). Familial pathways to early-onset suicidal behavior: Familial and individual antecedents of suicidal behavior. *American Journal of Psychiatry, 164*, 1364-1370.

Murphy, S. A., & McKay, J. R. (2004, Winter 2003/Spring 2004). Adaptive treatment strategies: an emerging approach for improving treatment effectiveness. *Clinical Science*, pp. 7-13. (www.pantheon.yale.edu/~tat22)

Orbach, I., Mikulincer, M., Blumenson, R., Mester, R., & Stein, D. (1999). The subjective experience of problem irresolvability and suicidal behavior: Dynamics and measurement. *Suicide and Life-Threatening Behavior, 29*, 150-164.

Pelkonen, M., & Marttunen, M. (2003). Child and adolescent suicide: Epidemiology, risk factors, and approaches to prevention. *Pediatric Drugs, 5*, 243-265.

Prinstein, M. J., Boergers, J., Spirito, A., & Little, T. D. (2000). Peer functioning, family dysfunction, and psychological symptoms in a risk factor model of adolescent inpatients' suicidal ideation severity. *Journal of Clinical Child and Adolescent Psychology, 29*, 392-405.

Rotheram-Borus, M., Piacentini, J., Miller, S., & Graae, F. (1994). Brief cognitive-behavioral treatment for adolescent suicide attempters and their families. *Journal of the American Academy of Child and Adolescent Psychiatry, 33*, 508-517.

Rudd, M. D., Joiner, T., & Rajab, M. H. (2001). *Treating suicidal behavior: An effective time-limited approach.* New York: Guilford Press.

Rudd, M. D., Rajab, M. H., Orman, D. T., Stulman, D. A., Joiner, T., & Dixon, W. (1996). Effectiveness of an outpatient intervention targeting suicidal young adults: Preliminary results. *Journal of Consulting and Clinical Psychology, 64*, 179-190.

Shaffer, D., & Pfeffer, C. (2001). Practice parameter for the assessment and treatment of children and adolescents with suicidal behavior. *Journal of the American Academy of Child and Adolescent Psychiatry, 40*(Suppl. 7), 24S-51S.

Spirito, A., Boergers, J., Donaldson, D., Bishop, D., & Lewander, W. (2001). An intervention trial to improve adherence to community treatment by adolescents after a suicide attempt. *Journal of the American Academy of Child and Adolescent Psychiatry, 41*, 435-442.

Wagner, B. M., Silverman, M. A. C., & Martin, C. E. (2003). Family factors in youth suicidal behaviors. *American Behavioral Scientist, 46*, 1171-1191.

Wood, A., Trainor, G., Rothwell, J., Moore, A., & Harrington, R. (2001). Randomized trial of group therapy for repeated deliberate self-harm in adolescents. *Journal of the American Academy of Child and Adolescent Psychiatry, 40*, 1246-1253.

제 4 부 특수 집단

제8장

강박장애

John C. Piacentini, Tara S. Peris,
John S. March, & Martin E. Franklin

강박장애(obsessive-compulsive disorder: OCD)는 아동과 청소년에 있어 만성적인 손상을 가져오는 상태다. 예전에는 드물다고 여겨졌지만 최근 역학 자료는 아동기 OCD의 유병률이 0.5~2%이며(Apter et al., 1993; Moore et al., 2007; Rapoport et al., 2000; Valleni-Basile et al., 1994), 이는 성인 OCD에서 보고된 비율과 유사하다. 실제로 OCD를 가진 성인의 반 이상은 아동기 혹은 청소년기 동안 장애가 발병한다고 보고하였고(Rasmussen & Eisen, 1990), 몇몇 개인에 있어서는 상태의 만성화가 강조된다. 비록 성인의 OCD 치료에서 인지행동치료와 정신약물학적 접근 모두의 효과를 지지하는 충분한 증거가 있음에도, 상당히 최근까지 아동 OCD 치료는 관심을 훨씬 덜 받아 왔다. 초기 개입이 장애를 가진 아동 및 청소년의 고통을 줄여 줄 수 있을 뿐만 아니라, 성인기로 가는 병의 경과에 있어 장기적인 병적 상태의 발달을 예방할 수 있다는 점을 고려할 때, 이 상황은 안타까운 일이다. 다행히도 OCD가 있는 아동과 청소년에 대한 CBT와 정신약물학적 개입들 모두의 효과가 있음을 보여 주는 임상적 연구의 수가 늘어나고 있다(Geller, 2007; Shalev et al., 2009). 비록 아동(de Haan, Hoogduin, Buitelaar, & Keijsers, 1998; Pediatric OCD Treatment Study Team, 2004)과 성인(Abramowitz, 1997; Abramowitz, Braddock, & Moore, 2009) 모두에 있어 이러한 두 가지 단일 치료의 반응에 대한 효과성, 안정성, 지속성을 지지하는 연구가 상당히 많기는 하지만, 문헌 내에서 전문가들의 합의와 철저한 검토를 통해 CBT가 전 연령에 걸쳐 OCD를 치료하는 일차적 선택으로 고려되고 있다(Barrett, Farrell, Pina, Peris, & Piacentini, 2008; March, Frances, Carpenter, & Kahn, 1997). 또한 광범위하게 임상에서 사용됨에도 불구하고, 정신역동적 가족치료, 지지적 가족치료 및 CBT가 아닌 가족치료들은 OCD가 있는 아동, 청소년 또는 성인들에 대한 효과가 입증되지 않았다(Barrett et al., 2008; March, Leonard, & Swedo, 1995; Salzman & Thaler, 1981).

이를 염두에 두고 이 장의 처음 부분은 인지행동치료와 가장 관련된 측면들을 강조하면서, 아동기 OCD의 현상학과 평가를 개관하는 데 할애할 것이다. 그런 다음 우리는 OCD의 인지행동적 개념화를 제시하고, 아동기 OCD에 대한 CBT의 시행을 설명하며, OCD 아동·청소년에 대한 이 치료 접근의 사용을 지지하는 증거들을 개관할 것이다.

1. 아동기 강박장애의 현상학적 측면

『정신장애의 진단 및 통계 편람 제4판 개정판(*DSM-IV-TR*)』(American Psychiatric Association, 2000)은 OCD의 본질적인 특징들을 고통스럽거나, 시간을 소모하거나(하루 1시간 이상), 정상 기능에 상당한 방해를 초래하는 강박 사고들 그리고/혹은 강박 행동들로 설명하고 있다. '강박 사고'는 반복적, 지속적, 침투적이며 고통스러운 사고, 심상, 충동인 반면, '강박 행동'은 강박 사고에 대한 반응으로 나타나고, 고통을 줄이거나 어떤 지각된 위험을 피하기 위한 반복적인 행동 또는 정신 활동으로 정의된다. OCD가 아동기에 비교적 이질적인 장애이지만(Ivarsson & Valderhaug, 2006), 일부 증상은 다른 것들보다 더 흔하게 보인다. OCD가 있는 아동과 청소년에게 가장 흔한 강박 사고는 자신과 다른 사람들에 대한 위험 또는 다른 부정적 결과들에 대한 공포들 그리고 세균, 오염 또는 질병에 대한 염려들과 관련된다(Moore et al., 2007). 성적, 종교적, 미신적(예를 들어, 행운-불행의 숫자들, 색들 그리고 단어들) 그리고 신체적 강박 사고들뿐만 아니라 꼼꼼함, 대칭, 모욕에 대한 공포와 관련된 강박 사고들은 자주 일어나지는 않지만 드문 것은 아니다(Geller et al., 2001; Swedo, Rapoport, Leonard, Lenane, & Cheslow, 1989). 과도하거나 의례화된 반복하기, 정열 및 순서 맞추기, 참회하기, 안심 추구하기도 비교적 흔하지만, 의례화된 또는 과도한 씻기, 청소하기, 확인하기가 가장 흔하게 나타나는 강박 행동이다. 흔한 정신적 의례 행동에는 기도하기와 마음속으로 숫자 세기 또는 숫자 정렬하기가 있다. 증상들의 절대적인 수가 비교적 일정하게 지속되고 있을지라도, 아동의 증상들의 구체적인 내용은 시간이 지남에 따라 다양해질 수 있다(예를 들어, 반복하기 증상이 오염공포로 대치될 수 있다)(Rettew, Swedo, Leoard, Lenanae, & Rapoport, 1992). OCD가 있는 대다수의 아동과 청소년은 강박 사고와 강박 행동 모두를 경험한다. 강박 사고가 없는 강박 행동이 강박 사고만 있는 경우보다 더 흔하다. DSM-IV-TR이 OCD를 불안장애로 분류하고는 있지만, 모든 아동·청소년이 그들의 증상을 불안과 관련된 것으로 설명하고 있지 않다는 것을 주목하는 것이 중요하다. 사실상 많은 아동은 혐오감, 불편감, 불완전감 또는 무언가가 좋지 않다는 느낌을 경감시키기 위해 의례 행위에 몰두한다고 보고한다.

2~3세의 어린 아동에게서도 발병이 보고되어 왔고, OCD의 초기 징후에 대한 관심이 증가하고는 있지만(Freeman et al., 2003; Garcia et al., 2009), OCD의 준거를 충족하는 아동·청소년 표본들에서 보고된 전형적인 발병 연령은 8~11세다(Chabane et al., 2005; Hanna, 1995; Piacentini, Bergman, Keller, & McCracken, 2003; Rapport, Swedo, & Leonard, 1992). 청소년기 초기에는 성별 분포가 균등하게 나타나지만, 일반적으로 임상 표본에서 약 3:2의 비율로 남아들에게 더 많이 나타난다(Swedo et al., 1989).

OCD를 가진 대부분의 아동 및 청소년은 그들의 증상 때문에 상당한 방해를 경험한다. 다양한 영역에서 나타나는 기능적 손상은 아동이 정상적 발달 지표를 이룰 수 있는 능력을 약화시킬 수 있고, 심리사회적 기능에 심각한 부정적 영향을 가질 수도 있다(Geller et al., 2000; Markarian et al., 2009; Peris et al., 2008a; Piacentiti, Peris, Bergman, Chang, & Jaffer, 2007).

가장 흔한 손상들은 가족 구성원들과 더불어 가정에서 그리고 일상생활 기술에서(예를 들어, 집안일 하기, 잠잘 준비하기, 목욕과 몸단장하기, 가족생활 내 일상 변경하기) 나타난다. 학교에서(예를 들어, 학교 공부에 집중하기, 숙제와 수업 중의 과제 완수하기)의 어려움과 사회적 상황에서의 어려움 또한 관찰된다(Piacentiti, Langley, et al., 2003; Piacentiti, Peris, Bergman, et al., 2007). 아동기 OCD는 만성적인 경과를 따르며, 치료하지 않고 둘 경우 시간이 지남에 따라 관련된 손상들이 더욱 악화되는 경향이 있다. 임상적 표본의 추수 연구들은 OCD로 진단받은 아동·청소년은 처음 장애가 확인되고 난 15년 후에도 약 40%가 이 장애의 진단 기준을 충족하였으며, 20% 정도는 준임상적 장해를 보여 준다는 것을 통해서, 아동기 발병 OCD의 만성적인 측면에 대한 비교적 일관된 증거를 보여 주었다(Leonard et al., 1993; Stewart et al., 2004). 그러나 이러한 추수 연구들에서 많은 청소년은 적절한 치료의 혜택을 받지 못했기 때문에, 현존하는 추수 자료는 아동 OCD의 만성적인 측면에 대해 지나치게 비관적인 예측을 하는 것일 수 있다.

OCD와 관련된 기능적 손상 외에도, OCD를 가진 아동·청소년들은 추가적인 정신건강 문제와 싸우게 된다. 이 아동·청소년들에게 있어 공병은 흔한 일이고, 최대 80%는 적어도 하나의 공병을 가지며 때때로 다수의, 동시에 나타나는 정신장애를 가지고 있다(Geller et al., 2001; Hanna, 1995; Ivarsson, Melin, & Wallin, 2008; Piacentiti et al., 2003; Rapoport et al., 2000; Storch, Larson, et al., 2008). 특히 틱장애와 뚜렛 증후군이 흔하고 중첩률이 상당히 높기 때문에, 몇몇 연구자는 틱과 관련된 OCD와 틱과 관련되지 않은 OCD 간의 차이가 나타난다고 제안해 오고 있다(deMathis et al., 2009; Jaisoorya, Reddy, Janardhan, Srinath, & Thennarasu, 2008; Leckman, Gnce, & Barr, 1994; Storch, Stigge-Kaufman, et al., 2008). 비록 두 집단에 걸쳐 OCD 증상의 윤곽과 전반적인 임상적 심각성이 어느 정도 다른지에 대해서는 논란이 있지만(Hanna, Piacentiti, Cantwell, Fischer, Himle, & Van Etten, et al., 2002; Lewin, Chang, McCracken, McQueen, & Piacentiti, 2010; Storch, Stigge-Kaufman, et al., 2008; Zohar et al., 1997), 종단 연구에서는 아동기 틱의 존재가 청소년기와 초기 성인기의 OCD 증상의 증가와 관련이 있다고 시사한다(Peterson, Pine, Cohen, & Brook, 2001). 공병 불안장애(예를 들어, 범불안장애, 사회공포증)도 OCD가 있는 아동·청소년에게 흔하며, 38~60%에서 보고된다(Diniz et al., 2004; Geller et al., 2001; Piacentiti et al., 2003; Zohar, 1999). 또한 주의력결핍 과잉행동장애(ADHD)의 비율도 25~30%(Geller, Biederman, Griffin, Jones, & Lefkowitz, 1996; Masi, Millepiedi, & Mucci, 2006)로, 대부분의 아동에서 OCD에 선행하여 ADHD가 나타난다는 증거들이 있다(Geller et al., 2002). 주목할 만한 것은, 이러한 두 가지 특정 장애가 동시에 나타날 경우 학업적 및 사회적 기능이 방해받을 위험이 있다는 것이다(Sukhodolsky et al., 2005). 이 장에서 앞으로 이야기하겠지만, 공병이 더 높은 수준의 OCD 증상 심각도(Langley, Bergman, Lewin, Lee, & Piacentiti, 2010; Storch, Larson, et al., 2008) 및 더 빈약한 CBT 치료 반응(Storch, Merlo, et al., 2008)과 관련이 있다는 것을 고려하면 OCD를 가진 모든 아동·청소년에 대한 철저한 진단적 평가가 권해진다.

덧붙여 성인과 아동 OCD의 전반적인 증상의 구조와 관련된 손상의 정도가 동일함에도 불구하고(Swedo et al., 1989), OCD를 평가할 때 특정 발달적 요인을 고려할 가치가 있다. 첫째로, 의례 행동이 초기 아동기, 특히 2~5세 사이에는 어느 정도 정상적이기 때문에(Evans et al., 1997), 일시적인 의례나 미신과 OCD를 구별하는 것이 어려울 수 있다. 이를 염두에 두고, 임상가들은 정상적 행동과 부적응적 행동의 연속체에 대한 충분한 이해를 가지고 진단적 접근을 하는 발달-정신병리학적 틀 안에서 작업해야 한다는 권고를 받는다(Leonard, Goldberger, Rapoport, Cheslow, & Swedo, 1990; Zohar & Felz, 2001). 둘째, 아동의 OCD를 진단하는 데 있어 통찰은 필요조건이 아니며(American Psychiatric Association, 2000), 많은 아동·청소년은 그들의 행동이 부적절하다거나 손상을 주는 것이라고 인식하지 못한다(Geller, Biederman, et al., 2001; Snider & Swedo, 2000). 혹은 그들은 처벌에 대한 두려움 때문에 그들의 행동에 대해 숨길 수도 있다(Moore et al., 2007). 따라서 앞으로 논의하겠지만, OCD 증상의 전체적 범위를 식별하기 위해서는 세심한 평가가 필요하다.

2. 아동기 강박장애의 평가

OCD가 있는 아동 또는 청소년의 초기 평가는 현재와 과거의 OCD 증상들, 현재의 OCD 증상들의 심각도, OCD와 관련된 기능적 손상, 그리고 다른 공병 정신병리를 확인하는 신중한 평가가 포함되어야 된다(March & Franklin, 2006). OCD의 존재를 정확하게 입증하기 위해, 현상학적으로 유사한 상태들을 배제하고 치료 계획에 영향을 줄 수 있는 모든 공존하는 문제들을 파악하는 데 조심스러운 진단 평가가 필요하다(Langley, Bergman, & Piacentini, 2002). 증상들과 연관된 문제에 대한 정보들을 수집하는 것 외에 아동과 아동 가족들의 강점들을 평가하는 것도 중요하다. 몇 가지 표준화된 자기 보고와 임상가가 실시하는 평가 도구가 이런 목적들에 이용 가능하며, 다음에 간단하게 기술되어 있다.

OCD 증상과 치료 내력, 심리사회적 기능 그리고 가능한 공병들을 포함하여 병력과 정신건강 문제들을 확인하는 자기 보고 질문지들을 우편으로 보내서, 가족이 첫 만남에 앞서 이를 작성하도록 하는 것이 때때로 유익하다. 아동과의 만남 전에 이런 자료들을 검토하는 것은, 접수면접 동안 좀 더 세심하게 평가될 수 있는 공병하는 우울이나 과잉행동 같은 잠재적인 문제 영역들의 확인을 촉진시킬 수 있다. 아동에 있어 OCD를 평가하는 1차적 평가 도구들에는 OCD 진단을 정립하는 것뿐만 아니라 다른 진단적 공병들을 확인하는 DSM-IV에 대한 불안장애 면담표-부모용과 아동용(Anxiety Disorders Interview Schedule for DSM-IV-Parent and Child Version: ADIS-IV-PC; Silverman & Albano, 1996)과 OCD 증상들의 프로파일과 장애들의 심각도를 확인하는 아동용 예일-브라운 강박증상 척도(Children's Yale-Brown Obsessive Compulsive Scale: CY-BOCS; Goodman, Price, Rasmussen, Riddle, & Rapoport, 1991; Scahill et al., 1997)가 있다. 이 척도들은 몇몇의 다른 도구와 함께 다음에 간단하게 기술되어 있다. 아동기 OCD의 평가에 대한 더욱 구체적인 연구들은 멜로, 스토크, 애드킨스, 머피와 제프킨(Merlo, Storch, Adkins, Murphy, & Geffken, 2007), 르윈과 피아센티니(Lewin & Piacentini, 2010)에 의해 수행되었다.

1) 아동을 위한 불안장애 면담

아동과 청소년 ADIS는 8~17세 아동·청소년들의 DSM-IV 불안장애들과 관련된 진단들을 평가하는 반구조화된 면담이다(Silverman & Albano, 1996). 아동 ADIS는 다른 이용 가능한 진단 도구들에 비해 내면화 장애들에 대한 우수한 심리측정의 특성을 지니고 있다(Silverman, Saavedra, & Pina, 2001; Wood, Piacentini, Bergman, McCracken, & Barrios, 2002). ADIS는 임상가가 부모와 아동의 독립적인 보고들과 임상 관찰들 모두로부터 정보를 이끌어 내게 하는 반구조화된 형식을 사용하고 있다. 점수를 통해 ① 특정한 진단들과 ② 진단에 관련된 문제의 수준에 대한 정보를 얻을 수 있다. 진단을 이끌어 내는 것과 더불어, 면담자들은 내려진 진단 각각에 대해 심각도/손상 차원을 측정하는 8점 척도의 임상 심각도 평가(Clinical Severity Rating: CRS)를 작성한다(Silverman & Albano, 1996). 아동 ADIS는 불안한 아동과 청소년에 관한 치료 연구들과 다른 임상 연구에 선호되는 도구다(Kendall, 이 책 5장을 보라).

2) 아동용 예일-브라운 강박증상 척도

CY-BOCS는 임상가가 평가하는 도구로, 관찰과 부모와 아동의 보고를 결합한 정보를 기반으로 하여 점수를 매긴다(Goodman et al., 1991). CY-BOCS의 처음 부분은 강박 사고들과 강박 행동들의 포괄적인 목록에서 증상의 존재 여부를 확인하는 점검목록을 사용한다. 점검목록에서 확인된 것들은 이후 치료에서 점진적 노출의 증상 위계를 만드는 기초 자료로 사용될 수 있다. 점검목록을 작성한 후, 임상가는 5개의 차원(시간 소모, 방해 정도, 고통, 저항, 통제)에 대해 아동의 집합적인 강박 사고들과 강박 행동들을 각각 평정한다. 강박 사고와 강박 행동은 각각 0~20점 범위의 점수로 매겨지며, 그런 다음 0~40점 범위의 총 점수로 합쳐진다. CY-BOCS는 OCD 심각도에 대한 주된 임상 척도로 고려되며, 성인용 도구(Goodman et al., 1989)와 유사하게 전반적으로 충분한 심리측정 특성들을 지닌 것으로 드러났다(Gallant et al., 2008; Scahill et al., 1997). 특히 타당한 치료적 민감성(Merlo, Lehmkuhl, Geffken, & Storch, 2009; Pediatric OCD Treatment Study Teamn, 2004)과 아동기 우울과 OCD와 관련 없는 불안의 측정치로서 변별 타당도(Gallant et al., 2008; Scahill et al., 1997)를 가진다고 입증되었다. 그러나 아동과 청소년에 있어 도구의 요인 구조뿐만 아니라, 저항과 통제 요인들의 신뢰도에 대한 의문점들이 여전히 있다(McKay et al., 2003). 일반적으로 총 16점 또는 그 이상이 임상적으로 유의미한 OCD를 나타내는 데 사용된다.

3) 아동 행동평가척도-강박척도

아동 행동평가척도(Child Behavior Checklist: CBCL; Achenbach, 1991)는 아동과 청소년에게 가장 널리 사용되는 측정 도구 중 하나로, 임상 및 비임상 아동 · 청소년 표본 모두에 대한 규범을 포함하고 있다. 따라서 8개 항목의 강박척도(Obsessive-Compulsive Scale: OCS)는 OCD 증상에 대한 빠르고 신뢰 가능한 선별 검사로 제안될 수 있다(Nelson et al., 2001). 최근 연구에 따르면, OCS가 적절한 신뢰도와 변별 타당도를 포함하고 있어 수용 가능한 심리측정적 특성을 가진다는 증거가 있다(Geller, Doyle, Shaw, Mullin, Coffey, Petty, et al., 2006; Storch et al., 2006). 하지만 OCD 증상을 가장 잘 포착하기 위해서 원래의 8항목 척도를 사용해야 하는지, 아니면 6항목 척도를 사용해야 하는지에 대한 논의가 남아 있다(Storch et al., 2006).

4) 아동 강박장애 영향 척도

아동 강박장애 영향 척도-개정판(Child OCD Impact Scale-Revised: COIS-R; Piacentini, Peris, Bergman, et al., 2007)은 OCD와 관련된 기능적 손상을 평가하는 자기 보고 질문지다. COIS-R은 가족, 학업 그리고 사회 환경에 중점을 둔 부모와 아동 각각의 자기 보고식 형식으로 되어 있다. 치료적 관점에서 COIS-R은 증상의 심각도에서의 변화가 향상된 심리사회적 기능으로 어느 정도 변화하는지를 조사함으로써, CY-BOCS에 보완적인 정보를 제공한다. 총 점수는 각 요인의 점수들을 합함으로써 산출된다. COIS-R은 내적 합치도, 검사-재검사 신뢰도, 공존 타당도 등을 포함하는 적절한 심리측정적 특성을 가진다(Piacentiti, Peris, et al., 2007).

5) 아동용 다차원적 불안 척도

아동용 다차원적 불안 척도(Multidimensional Anxiety Scale for Children: MASC; March, Parker, Sullivan, Stallings, & Conners, 1997)는 4개의 요인과 6개의 하위 요인으로 이루어진 아동 자기 보고 평가 척도다. 4개의 요인과 6개의 하위 요인은 신체적 불안(긴장한/안절부절못하는, 신체의/자율신경계의), 위험 회피(완벽주의, 불안 대처), 사회적 불안(모욕감/거부, 수행불안) 그리고 분리불안이다. 이 검사는 공병하는 불안의 심각도에 대한 우수한 차원적 측정을 제공한다. MASC는 임상과 학교 표본뿐 아니라 국가적으로 얻어진 규준 표본 모두에서 우수한 심리측정 특성을 가진다(March, Frances, Carpenter, & Kahn, 1997).

6) 소아 우울 척도

소아 우울 척도(Children's Depression Inventory: CDI)는 부모용과 아동용 모두에서 이용 가능한 27항목의 자기 보고 척도이며 우울증의 인지, 감정, 행동 그리고 대인관계 증상들을 측정한다(Kovacs, 1996). CDI는 적절한 신뢰도와 타당도를 보여 주며, 치료 계획 수정을 돕기 위한 잠재적 공병 우울 증상들의 심각도를 평가하는 데 사용된다.

3. 아동기 강박장애의 치료

우리는 우선 아동 · 청소년기 OCD의 치료적 접근에서 장애의 행동적 및 인지적 개념화와 그와 관련된 개입 방략들을 제시할 것이다. 그다음 아동 · 청소년기 OCD와 관련된 가족요인과 발달적 요인들에 대해 기술할 것이다. 그리고 치료 방략들의 적용 예들과 치료 성과 문헌의 개관이 이어진다.

1) OCD의 행동적 개념화

OCD의 행동적 개념화에서는 '강박 사고'를 크고 급격한 불안 증가를 유발하는 침투적이고 원하지 않는 사고와 심상들 또는 충동들로 보며, '강박 행동'은 이런 부정적 감정들을 줄이기 위해 만들어진 외현적 행동 또는 인지(내현적 행동)로 본다(Albano, March, & Piacentiti, 1999). 학습이론에 기초하면 강박 행동들은 강박 사고로 촉발된 고통을 줄여 주기 때문에, 시간이 지남에 따라 부적으로 강화된다. 더구나 강박 행동들은 고통을 감소시키는 데 더 성공적일수록 더 강력해진다(강박 사고-강박 행동 순환 과정). 하나의 예로, 자기 자신 혹은 가족에게 위험이 일어날 것이라는 강박적인 두려움이 있는 아동은 집의 현관문이 잠기지 않았다고 생각할 때 괴로워진다. 이 고통은 문이 잠겨 있는지를 확인하기 위해 문을 점검하려는 강력한 욕구를 유발한다(강박 행동). 긍정적 보상이 그것에 선행된 행동을 강화시키는 데 사용될 수 있는 것처럼, 아동이 그 강박 행동(즉, 문을 점검한다)을 수행할 때마다 고통이 감소되는 결과로 인해 점검 의례 행동이 강화된다. 강박 사고-강박 행동 순환 과정은 [그림 8-1]에 나와 있다.

(1) 노출 및 반응 방지 치료

행동치료의 가장 효과적인 형태인 노출 및 반응 방지 치료(exposure plus response prevention: ERP)는 수년 전에 메이어(Meyer, 1966)에 의해 개발되었다. ERP는 두려운 대상들과 상황들에 대한 실제 노출 또는 상상 노출을 통해 체계적으로 개인의 강박적 두려움을 유발하면서(노출), 동시에 강박 사고가 유발하는 고통을 감소시키기 위해 만들어진 특정한 반복 또는 강박 행동들을 하지 않게끔 한다(반응 방지; Kozak & Foa, 1997; Meyer, 1966). OCD가 있는 성인 환자들의 연구에서는 노출이 불안 공포를 감소시키고 반응 방지가 의례 행위들을 감소시키기 때문에, 노출과 반응 방지 모두가 필요하다고 시사한다(Foa, Steketee, Grayson, Turner, & Latimer, 1984). 일반적으로 ERP는 고통이 가장 작은 것에서 가장 큰 것으로 배열된 강박 사고 및 강박 행동 증상들의 위계(증상 위계)에 근거하여 점진적인 양상으로 진행한다(예를 들

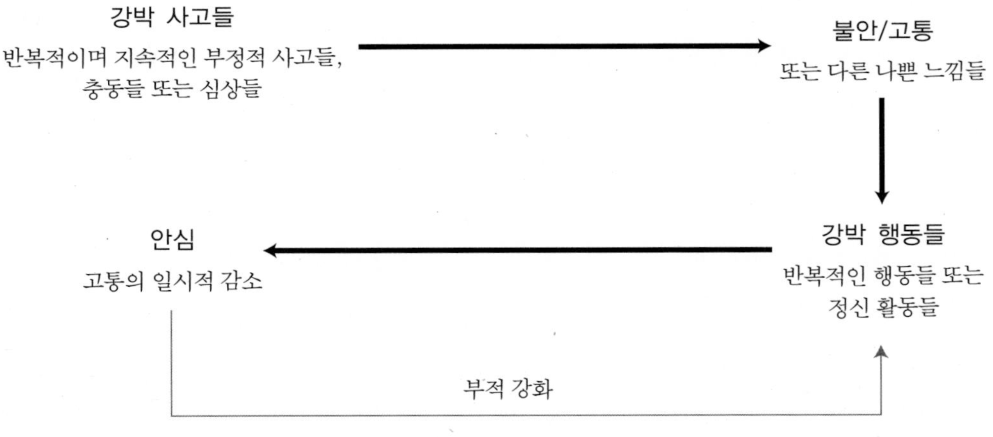

그림 8-1 강박 사고-강박 행동 순환

(Piacentini & Langley, 2004에서 인용. Wiley Periodicals, Inc.의 허락하에 옮김)

어, 점진적 노출). 대개 좀 더 경증의 증상들에 처음 노출되고, 치료가 진행되어 감에 따라 더욱 어려운 증상에 노출된다. 대부분의 경우, 처음에는 회기 중에 노출을 개발하고 연습한다. 이후에는 아동에게 자연스러운 환경에서 ERP를 연습하는 과제가 주어진다. 예상할 수 있듯이, 대부분의 치료적 개선은 자연스러운 상황에서 반복된 연습으로 생긴다.

아동 · 청소년들이 두려운 상황들에 직면해 있는 자신들을 상상하는 상상 노출 과제들은 치료 상황에서 다시 만들어 낼 수 없는 노출을 다루기 위해 사용된다. 예를 들면, 다른 사람을 해치는 것에 대한 강박적인 두려움이 있는 아동 · 청소년은 자신이 그것을 하는 것을 상상하도록 요청받을 수 있다. 또한 상상 노출은 주어진 상황과 장소에 대한 특정한 강박 사고들에 대한 회기 내 연습을 위해 사용될 수 있고, 아동이 실제 노출이 너무 어렵다고 인식하는 증상들을 다루기 위한 첫 단계로 사용될 수 있다. 상상적 노출 과제들은 또한 상응하는 강박 행동 없이 일어나는 강박 사고들을 다루는 데 효과적인 도구다.

가장 일반적으로 제안되는 ERP 효과의 기제는 반복된 노출을 함으로써 연합된 불안이 자율신경계의 습관화 과정을 통해 없어지고, 반응 방지를 함으로써 강박 행동과 연관된 부적 강화의 속성이 사라지게 된다는 것이다. 게다가 성공적으로 노출을 마침으로써 두려운 상황에 대해 유지되어 오던 인지 정보의 올바른 교정적 발달과 저장이 촉진되게 된다(Foa & Kozak, 1986). 즉, 강박 사고로 촉발된 두려움이 관련된 강박 행동을 하지 않고도 사라질 때, 아동 및 청소년은 의례 행동을 하지 않더라도 두려운 결과가 일어나지 않을 것임을 학습하게 된다.

2) 아동기 OCD의 인지적 개념화

살코프스키스(Salkovskis, 1985, 1989)와 다른 인지 이론가들(예를 들어, Freeston & Ladouceur, 1993; Shafran, 1997)은 인지 요인들을 성인 OCD의 중요한 원인이 되면서 그것을 유지시키는 요인들로 강조하고 있다. 이 중 가장 중요한 요인들에는 위험에 대한 왜곡된 인지 평가, 위해에 대한 과도한 책임감 그리고 병적 수준의 자기 의심이 있다. 또한 성인 OCD는 개인이 부정적 사고와 행동들을 같은 것으로 여기며 둘 모두를 동등하게 나쁘게 보는 경향이라고 정의되는 '사고 행동 융합(thought-action fusion: TAF)'의 개념과 관련되어 왔다(Rachman, 1993). 이런 과정들의 결과로, OCD가 있는 개인들은 침투적인 부정적 사고들을 무시하는 것을 어렵게 생각하게 되고, 증가된 불안과 그것을 무력화하는 행동을 하려는 강한 바람에 반응할 가능성이 크다. 성인 표본들을 사용한 많은 연구는 피해에 대한 증가된 책임감, 증가된 가능성 및 심각도 지각에 대한 인지적 편향들과 임상적 수준의 OCD 또는 준임상적 OCD의 특징들 간에 관계가 있음을 지지하였다(Foa & Kozak, 1986; Lopatka & Rachman, 1995; Rheaume, Ladouceur, Freeston, & Letarte, 1994, 1995; Steketee & Frost, 1994).

기존의 인지치료들이 아동기 OCD에 적용되는 정도는 분명하지는 않지만, 더 연구를 해야 할 필요가 있다(Comer, Kendall, Franklin, Hudson, & Pimentel, 2004). 바렛과 힐리(Barrett & Healy, 2003)는 OCD가 있는 아동 · 청소년이 성인들과 같은 인지 왜곡 패턴들을 보인다는 것을 알아냈다. 그러나 OCD 집단은 OCD가 없는 불안 아동들로 구성된 비교 집단과 잘 구분되지 않았다. 더구나 이 저자들은 실험적으로 유도된 높은 수준의 지각된 책임감과 지각된 고통 또는 위협 가능성과 피해 증가 사이의 관계를 찾아내지 못하였다(Barrett & Healy-Farrell, 2003). 아동과 성인 간의 인지 발달 수준에서의 차이점들로 인한 어려움을 감안하더라도, 아동기 OCD에 기저하는 인지 과정들은 여전히 복잡하다. 이 과정들을 더 잘 이해하여 잠재적 치료 세분화를 위해, 이 분야에서의 추가 연구가 매우 필요하다.

(1) 아동기 OCD의 인지적 개입

기존의 OCD 인지 모형들의 지지 수준에도 불구하고, 적어도 성인들에서는 ERP에 인지적 개입을 추가할 때의 증분 타당도가 불분명하다. 성인 OCD에 대한 일부 연구가 인지적 개입을 효과적이라고 발표했지만(예를 들어, Abramowitz, 1997; van Balkom et al., 1998), ERP에 인지치료를 더한 것과 ERP에 이완 훈련을 더한 것을 비교한 더 최근의 연구는(Vogel, Stiles, & Gotestam, 2004) 처리의향 분석 방략(intent-to-treat analytic strategy)을 사용하여 ERP-인지치료가 치료 중도 탈락을 감소시켰으나, 성과들을 향상시키지 못하였다는 것을 밝혔다. 아동기 OCD에 대한 인지치료의 추가적인 효과도 역시 조사되어야 한다. 바렛과 힐리-파렐(Barrett & Healy-Farrell, 2003)은 가족 CBT 개입이 아동이 평정한 피해에 대한 지각된 책임감을 유의미하게 감소시켰음을 발견하였다. 그렇지만 모든 아동·청소년이 행동적 및 인지적 측면에서 개입을 함께 받았기 때문에 개인에게 어떤 치료 요소가 구체적으로 영향을 주었는지를 결정할 수 없다.

그러나 제한된 경험적 지지에도 불구하고, 주로 ERP에의 순응성을 증가시키는 수단으로 인지치료를 포함시키는 것(Soechting & March, 2002)이 어느 정도 아동기 OCD 치료의 기준이 되었다. 가장 일반적으로 사용되는 방략들은 ① 건설적인 혼잣말, ② 인지 재구성, ③ 비집착 함양하기(즉, 사고 억제에 대한 강박 사고를 최소화하는 것) 등이다(March & Franklin, 2006). 인지적 개입의 전반적인 목표는 청소년들에게 의례 행동을 하지 않음으로써 공포스러운 결과들이 일어날 가능성을 좀 더 정확하게 평가하는 방법과 반응하지 않은 상태에서 강박 사고들을 인식하고 새로 이름 붙이는 방법을 가르치는 것이다. 문제가 되고 있는 아동의 특별한 증상들에 맞추고, 인지 능력들과 발달 단계에 맞춰서 인지적 개입이 개별화되는 것이 중요하다. 더불어 인지 기법들은 ERP의 대체제로 기능하기보다는 아동에 대한 ERP를 돕고 보완해 주기 위해 사용된다(Franklin & Foa, 2002).

3) 아동기 OCD 치료에서의 가족 요인

아동기 OCD에서 가족의 역할이 무엇인지를 조사하는 연구들이 많아지고 있다. 이들 연구에서는 OCD 발현에 가족 맥락이 미치는 영향과 아동의 증상이 가족 기능에 미치는 영향 모두를 평가한다(Farrell & Barrett, 2007; Piacentiti & Langley, 2004; Water & Barreett, 2000). 아동기 OCD에 대한 가족의 영향이 다양한 수준으로 작동된다는 것은 분명하다. 아동기 발병형 OCD는 강한 유전적 요인을 가지며(Nestadt et al., 2000, 2001), 아동기 사례의 50% 정도가 본질적으로 가족적인 소인을 가진다(Pauls & Alsobrook, 1999). 따라서 OCD가 있는 아동들이 OCD나 다른 불안 혹은 우울 장애가 있는 부모를 가지는 경우가 많은 것으로 보인다. 이 부모들은 아동에게 OCD에 취약한 유전자를 넘겨 주었을 뿐 아니라, 무심코 혹은 의도적으로 아동의 공포와 의례적 또는 회피적 행동을 강화시킴으로써 아동의 증상을 유지시키거나 악화시키는 가정환경을 만든다. 부모의 정신병리뿐만 아니라, OCD가 있는 아동·청소년의 가족들은 성공적인 치료를 악화시킬 수 있는 다른 여러 특성을 가진 것으로 특징지어진다. 이러한 가족들은 종종 직접적으로 아동의 의례 행위에 끌려 들어가고, 협상률(즉, 의례 행위에 참가/촉진)이 높다(Peris, Bergman, et al., 2008; Storch et al., 2007). OCD가 있는 아동의 가족들은 비교 아동들의 가족들보다 아동에게 긍정적인 문제해결을 사용하고 독립성을 보상해 줄 가능성이 적으며(Barrett, Shortt, & Healy, 2002; Farrell & Barrett, 2007), 따뜻함을 덜 표현하고, 표출된 정서의 비율이 높으며, 부모-아동 갈등을 보이는 것으로 드러났다(Hibbs, Hamburger, & Lenane, 1991; Peris, Roblek, Langley, Benazon, & Piacentiti, 2008; Riddle et al., 1990). 이 외에도 OCD가 있는 아동들과 그 부모들 모두 질병이 부모-아동 그리고 아동-형제 관계들에 상당히 부정적 영향을 준다고 보고한다(Barret, Rasmussen, & Healy, 2001; Piaceniti et al., 2003). 빈약한 가족 화합과 증가된 가족 갈등 및 비난의 수준 또한 흔하다(Peris, Bergman, et al., 2008). 비판적으로, 이러한 특징들이 부모로 하여금 OCD 증상들에서 벗어나는 것을 특히 어렵게 만드는 상호작용을 한다는 증거들이 있다(Peris, Bergman, et al., 2008).

OCD 아동 · 청소년들에 관한 연구가 잘 이루어지지 않았지만, 가족 기능은 치료에 대한 초기 반응과 장기적 결과 모두의 중요한 예측변인이 될 수 있다(Merlo et al., 2009). 레오너드와 동료들(Leonard et al., 1993)은 부모의 정신병리의 존재가 OCD가 있는 아동의 좋지 않은 장기적 결과를 예측함을 밝힌 반면에, OCD에 대한 높은 정서적 반응성과 부정적 가족 인식은 모두 OCD가 있는 성인의 더 나쁜 치료 반응과 연관되어 있다고 밝혔다(Livingston-Van Noppen, Rasmussen, Eisen, & McCartney, 1990; Steketee, 1990).

더 최근에 멀로와 동료들(Merlo et al., 2009)은 가족이 증상에 협상하는 것을 감소하는 것이 OCD에 대한 CBT 치료를 받은 아동 · 청소년의 치료적 결과를 예측한다고 밝혔고, 이 결과는 기저선 증상 심각도를 통제했을 때에도 유지되었다.

녹스, 알바노와 발로(Knox, Albano, & Barlow, 1996)는 4명의 피험자를 대상으로 한 다중 기저선 설계 연구로부터, 부모의 참여가 아동의 치료에 대한 반응을 강화한다는 결론을 내렸다. 비록 전문가들의 합의에 의하여 가족의 치료 개입이 권장되어 왔지만(American Academy of Child and Adolescent Psychiatry, 1998), 아동의 OCD 치료에 부모 또는 다른 가족 구성원들을 포함시키는 것의 추가적 이득은 무선 할당을 사용해 통제된 평가 속에서 충분히 평가되어야 할 과제로 남아 있다(Barrett et al., 2008; Barmish & Kendall, 2005도 보라). 이러한 쟁점은 특히 아동기 OCD에 대한 거의 모든 매뉴얼화된 CBT 프로토콜이 어느 정도 가족의 개입을 포함한다는 것을 고려했을 때 중요하다(예를 들어, March & Mule, 1998; Piacentiti, Langley, et al., 2007). 이후 연구에서는 가족 개입의 정도, 형식 또는 목표가 결과에 영향을 미치는지를 검토하고, 이러한 효과의 가능한 조절변수를 고려할 필요가 있다. 예를 들면, 아동 불안의 치료에 대한 연구에서, 부모 모두 불안장애를 가진 경우 가족 초점적 개입이 (개인 아동 CBT와 비교했을 때) 결과를 향상시킬 수 있다고 제안했으나(Kendall, Hudson, Gosch, Flannery-Schroeder, & Suveg, 2008), 그 외에는 두 치료 형식이 비슷한 결과를 산출하였다.

아동의 OCD가 부모 및 형제의 OCD나 다른 정신병리, 부정적인 패턴의 부모-아동 상호작용 또는 가족 환경의 다른 부적응적인 측면들에 의해 복잡하게 뒤얽힌 상황에서도, 아동의 치료에서 어느 정도의 가족 참여는 필요한 것 같다(Albano, Knox, & Barlow, 1995; Barrett, Healy, Piacentini, & March, 2004; Piacentini & Langley, 2004). 가족 개입의 정확한 성질은 사례별로 다양하지만, 가장 중요한 목표들은 아동 OCD 증상에서의 부모와 형제 관여를 줄이고, 아동의 회피성 행동 강화를 최소화하며, 가족 의사소통과 문제해결 방략들을 향상시키면서 아동에 대한 부정적 귀인을 교정하는 것을 포함한다(Barrett, Healy, et al., 2004; Piacentini & Langley, 2004).

4) 아동기 OCD 치료에서의 발달 요인

아동 · 청소년의 다른 장애들처럼, OCD 아동 · 청소년들의 치료 성공은 문제에 대한 개입의 발달적 적절성에 달려 있다(Clarke, 1995). 아동 OCD에 대한 현재의 CBT 프로토콜들 중 일부가 대개 성인 치료 모형들에서 나온 것이기는 하지만, 아동과 청소년과 함께 일하는 데 내재된 발달적 고려 사항들을 다루기에 가장 성공적인 것이 채택되어 왔다(Choate-Summers et al., 2008; Freeman, Garcia, & Coyne, 2008; March & Franklin, 2006). 나이 어린 많은 아동은 특정한 강박 사고를 설명하는 데 또는 의례 행위를 유발하는 강박 사고들의 역할을 인지하는 데에 어려움을 지니고 있어 CBT가 어려울 수 있다. 또한 나이 어린 아동들이 어른들보다 일반적으로 현재 지향적이기 때문에, 앞으로의 증상 감소에 대한 가능성에 상관없이 그들은 본질적으로 노출 훈련들에 기꺼이 참여하지 않으려 할 수 있다. 나이가 좀 더 어린 아동들, 특히 이 장애가 아주 일찍 발병한 아동들도 그들의 증상을 지나치다거나 비현실적인 것으로 설명하거나 인식할 가능성이 크지 않으며, 이 또한 치료에 대한 동기부여를 감소시킬 수 있다. 앞서 언급된 공병 장애들의 존재와, 부족한 좌절 인내력 및 대처 능력 또한 치료를 어렵게 할 수 있다. 그러나 나이와 치료 준비성 사이의 상관관계는 명확하지 않다. 우리는 자신의 증상들에 관해 좋은 통찰력과 치료에 대해 우수한 동기부여를 보인 6~7세의 어린 아동들을 많이 보았으며, 높은 수준의 부인, 제한된 통찰력, 좌절에 대한 인내력 부족 그리고 치료에 대한 최소한의 동기부여를 지닌 좀 더 나이 든 청소년들도 같은 수만큼 보았다. 그러므로 최적의 치료 계획에는 이런 요인들에 대한 신중한 평가가 필요하다.

아동기 OCD에 대한 가장 성공적인 CBT 치료 패키지들은 앞에서 지적했던 복합적인 요인들을 다루기 위해 다음과 같은 요소들을 포함하고 있다. ① 치료 순응성을 위한 행동적 보상 체계, ② 심리교육 강조 증가, ③ 앞에서 기술했듯이 인지 재구성을 촉진시키는 나이에 적절한 은유의 사용, ④ 치료에 대한 가족의 많은 참여(Barrett, Healy-Farrell, & March, 2004; Freeman et al., 2008; March & Mulle, 1998; Piacentiti, Bergman, Jacobs, McCracken, & Kretchman, 2002). 발달적으로 민감한 접근을 사용하여, 우리는 4세나 5세 정도로 어린 OCD 아동들을 성공적으로 치료할 수 있게 되었다. 치료에 상당한 융통성을 허용함으로써 개입들의 발달적 적절성을 최대화한다 할지라도, 이 융통성은 OCD의 조심스러운 인지행동 개념화의 제약들 내에서, 그리고 각 회기의 고정된 목표 내에서 이루어진다. 아마도 가장 중요한 고려 사항은 치료자의 개방 수준을 내담자 각각의 인지 기능, 사회적 성숙도 그리고 주의 유지 능력에 맞춰야 할 필요가 있다는 것이다(March & Franklin, 2006; Piacentini & Bergman, 2001). 어린 내담자들—그리고 그들 중 공병 장애를 가진 다수—은 주의와 동기를 유지하기 위해 많은 방향 수정과 활동이 필요한 반면에, 청소년들은 일반적으로 사회적 그리고 학업적 기능에 미치는 OCD의 영향에 더 민감하여 이런 분야들에서 추가적 개입이 필요할 수 있다. 인지적 개입들은 특히 발달 수준에 민감할 가능성이 있다(예를 들어, Piacentini & Bergman, 2001). 예를 들면, 나이가 어린 아동들은 나이가 든 청소년들보다 OCD에 '불쾌한 별명'을 지어 줌으로써 많은 도움을 받을 가능성이 더 크다. 아동의 관심과 지식의 영역에 관계된 은유들의 사용도 꽤 도움이 될 수 있다(March & Mulle, 1998). 우리는 스포츠 은유들이 그런 성향이 있는 청소년들에게 아주 유용하다는 것을 알아냈다. 예를 들면, 농구를 하는 아이에게는 OCD를 골대로 향하는 그의 경로를 차단하는 수비수로 생각하는 것을 배우게 하고(Piacentini & Langley, 2004), 축구를 하는 십대에게는 공격 도식과 방어 도식의 맥락에서 설명해 주면 치료를 더 잘 개념화할 수 있다(March & Franklin, 2006).

4. 치료 방략: 선택적 예시

여러 치료 방략이 실제적인 예시를 사용한다. 구체적으로 우리는 심리교육, 증상 위계체계 작성, ERP, 강박사고 다루기 그리고 유관성 관리의 예시를 제공한다. 이 방략들은 불안한 아동·청소년에게 사용되는 인지행동 접근과 일치한다(예를 들어, Kendall, 이 책 5장).

1) 심리교육

치료 초기 동안, 대개 첫 회기에 치료자는 OCD의 인지행동적 개념화를 제공하고, 어떤 치료가 수반될 것인지 설명하면서 OCD에 대하여 내담자와 가족을 교육시키는 것에 초점을 둔다. 아동의 발달 수준에 따라 달라지긴 하지만, 대부분의 이런 활동은 아동과 부모들에게 공동으로 실시된다. 심리교육의 목표는 아동 편에서는 낙인과 당황함을 다루고, 가족 편에서는 화, 비난 또는 절망감을 다루며, 가족에게 치료자에 대한 신뢰감을 주는 것이다. 아동이 다니는 학교의 크기를 참조하여 OCD의 유병률을 설명해 주는 것(예를 들어, 1~2%의 유병률은 1,000명의 학생들이 있는 학교에서 10~20명의 학생들이 이 장애의 영향을 받을 것이라는 것을 나타낸다)은 다른 사람들과 다르다거나 또는 '이 문제를 가진 지구상의 유일한 사람'이라는 낙인을 줄이는 것을 도울 수 있다(Piacentini & Langley, 2004).

신경행동장애로 OCD의 개념을 설명하는 것 또한 아동의 증상들이 전적으로 고의적이거나 계획적이라고 인지하고 있을 수 있는 가족 구성원들 가운데서 비난과 갈등을 감소키는 것을 도울 수 있다. OCD가 신경행동장애일지라도, 환경적 결정 요소들이 특정한 증상의 발달 또는 표현에 중요한 역할을 한다는 것을 공유하는 것 또한 가치 있는 일이다(March & Mulle, 1998; Piacentini, Langley, et al., 2007).

"OCD는 천식, 당뇨 또는 심지어는 시력이 나쁜 것 같은 일부 의학적 또는 신체적 상태들과 다를 것이 없다. 천식은 호흡에 영향을 미치는 문제이고, 당뇨는 신체가 당을 다루는 방법에 관한 문제인 반면에, OCD는 당신이 당신의 생각, 감정 그리고 행동을 조절하는 법에 관한 문제다. 우리는 우리가 어떻게 생각하고 느끼며 행동하는지를 조절하는 여러 화학물질을 몸에 가지고 있다. OCD가 있는 사람들은 아마도 이런 화학물질을 약간 더 많거나 혹은 너무 적게 가지고 있을 수 있으며, 그것은 실제로 위험한 것들과 그렇지 않는 것들 사이를 구별하는 것을 어렵게 할 수 있다. 그러나 우리가 비록 OCD를 의학 문제로 생각한다 할지라도, 심리적 접근들(즉, CBT)은 당신이 당신의 공포들과 강박 행동들을 조절하는 법을 장기간 동안 희망적으로 배울 수 있도록 도와주는 아주 효과적인 방법일 수 있다. 그러나 우리가 아프거나 스트레스 받을 때 또는 다른 어떤 큰 변화들이 일어날 때, 가끔 천식이 악화되는 것과 마찬가지로, 일부 OCD 증상들은 다시 나타날 수 있다. 이런 일이 일어났을 때 당신이 앞으로 배울 CBT를 사용해서 다시 그런 증상들을 통제할 수 있다는 것은 반가운 일이다…….

때때로 OCD 증상들은 실제로 당신 또는 당신이 알고 있는 다른 사람들에게 일어났던 일들과 관련이 있을 수 있다. 예를 들어, 엘리베이터에 갇히게 되면 어떤 사람들은 정말로 엘리베이터를 두려워하게 된다. 어떤 경우에는 엘리베이터를 타야 할 필요가 있을 때마다, 심지어는 엘리베이터를 보기만 해도, 그들은 좋지 않은 같은 감정을 없애기 위해 기도를 하거나 마음속으로 숫자를 세거나 또는 다른 것들 같은 의례 행위를 할 필요를 느낀다."

앞에서 언급했듯이 은유들은 종종 아동·청소년들과 부모들 모두에게 정보를 소개하는 유용한 방법이다(March, Mulle, & Herbel, 1994). '거짓 화재경보'와 같은 강박 사고에 대한 은유는 OCD 오명을 벗어던지고, 아동·청소년들과 부모들에게 OCD 개념화와 청소년이 불안을 경험하는 방식에 대한 틀을 소개하는 데 도움이 될 수 있다(Piacentini, Langley, et al., 2007).

"우리 모두는 때때로 불안해지거나 두려워하기도 한다. 불안은 모든 사람이—심지어는 동물들조차—경험하는 정상적 감정이다. 그것은 위험한 것들이나 상황들로부터 우리를 보호하는 데 도움을 준다. 만일 어느 것도 우리를 두렵게 하지 않는다면, 그땐 무엇이 우리를 차가 다니는 곳으로 걸어가게 하거나 자동차(또는 자전거)를 너무 빨리 운전하는 것 같은 위험스러운 일들을 하지 못하도록 막을 것인가? 그러나 약간의 불안이 좋은 것이라 할지라도 OCD처럼 너무 커다란 불안은 문제가 될 수 있다.

우리는 어떻게 OCD가 작동하는지를 이해하기 위해 화재경보를 예로 사용할 수 있다. 화재경보는 당신이 가능한 위험 상황, 즉 화재에 대해 경계를 하도록 고안된 것이다. 대부분의 사람이 화재경보가 울리는 것을 들으면 염려하거나 불안해진다. 그들은 식은 땀을 흘리기 시작하고 심장 박동은 더 빨라질 것이며 그들의 생각은 빠르게 변할 것이다. 어쩐지 익숙하지 않는가? 당신이 오염될 수 있다고 걱정하기 시작할 때와 똑같다. 모든 사람이 화재경보가 있었던 빌딩을 떠났을 때, 그들은 더 이상 위험 속에 있지 않기 때문에 진정된다. 당신이 손을 씻고 난 후 바로 기분이 더 나아지는 것과 똑같다. 그러나 화재가 일어나지 않았을 때 갑자기 화재경보가 울리는 것을 들어본 적이 있는가? 아마도 그것은 훈련 또는 사고였거나 혹은 심지어 누군가가 장난을 쳤을 수도 있다. 거짓 화재경보. 무슨 일이 일어날까? 맞다. 심지어 화재가 없었을지라도, 큰 소음은 마치 화재가 있었던 것처럼 모든 사람을 불안하게 하며, 그들이 빌딩 밖으로 나가길 원하게 한다. 사람들은 심지어 그들이 위험한 상황에 있지 않아도 그들이 위험한 상황에 있다고 생각한다.

OCD는 마치 거짓 화재경보와 같다. 당신이 세균들에 대해 걱정하기 시작할 때, 그것은 마치 화재경보가 울리는 것과 같다. 당신은 불안해하며 나쁜 무언가가 일어날 것이라고 생각한다. 그러나 거짓 경보와 마찬가지로, 아무런 나쁜 일도 일어나지 않는다. 치료에서 당신은 당신의 OCD 공포들이 거짓 경보이며, 만일 당신이 그것을 무시한다면, 그것은 사라질 것이고 좋지 않은 일은 아무것도 일어나지 않을 것이라는 것을 배울 것이다."

심리교육의 마지막 주된 요소는 CBT의 이론적 근거를 아동과 가족에게 소개하는 것이다. 가족이 치료의 이론적 근거를 이해하고 수용하는 정도는 치료 순응성에 있어, 궁극적으로는 개입의 성공에 있어 중요한 결정 요인일 수 있다.

"당신이 의례 행위를 하면 할수록 그것이 더 강력해진다는 것을 알고 있는가? 물론 고의는 아니겠지만 당신이 OCD에 굴복할 때마다, 스스로에게 이 강박사고를 없애 버리기 위해 의례 행위가 필요하다고 말하고 있는지도 모른다([그림 8-1]을 보라). CBT에서 당신은 의례 행위를 하지 않고 불안을 사라지게 하는 방법을 배울 것이다. 사실 당신이 OCD에 항복하지 않고 저항할수록, OCD는 점점 약해질 것이다.

처음에는 그것이 힘들 수 있지만, 우리와 함께하기 때문에 그것은 점점 더 쉬워지게 된다. 그것은 마치 당신이 차가운 풀장에 뛰어드는 것과 같다. 처음에 아주 차갑지만, 몇 분 지난 후에는 당신의 몸이 익숙해지거나 길들여진다. 그런 다음엔 더 이상 기분이 나쁘지 않게 된다. 같은 일이 치료에서 일어난다. 당신은 처음에 몹시 불안하거나 마음이 불편할 수 있으나, 당신의 몸은 풀장에서처럼 익숙해질 것이며 의례 행위를 하지 않고도 기분이 더 나아질 것이다."

2) 증상 위계 만들기

증상 위계는 개인의 노출 과제들(다음의 '노출 및 반응 방지 치료'를 보라)을 고안하고 그것들이 시도될 순서를 결정하기 위한 틀을 제공한다. CY-BOCS의 증상 점검 목록은 위계를 만드는 좋은 시작점이 된다. 각 증상은 두려움 온도계([그림 8-2]를 보라) 또는 다른 발달적으로 적당한 평가 체계를 사용해서 개별적으로 평정되고, 연관된 고통의 수준에 따라 순위가 매겨진다. 증상 위계 개발에서 부모의 참여 수준은 치료자, 아동 그리고 부모 간의 논의를 거쳐 결정되는데, 보다 어린 아동의 경우 나이 든 아동 및 청소년보다 부모의 참여가 더 많이 필요하다. 일단 위계가 완성되면, 치료자와 부모는 노출 및 반응 방지 치료(ERP)를 위한 초기 증상을 선택한다. 흔히 시작 증상은 비교적 낮은 고통과 연관되고 치료

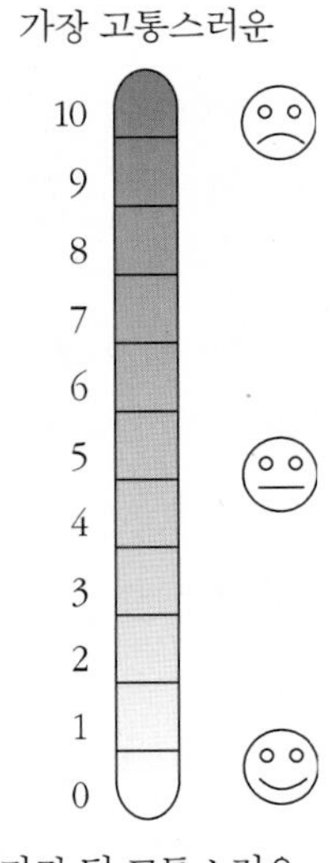

그림 8-2 OCD 공포 온도계

(Piacentini & Langley, 2004에서 인용. Wiley Periodicals, Inc.의 허락하에 옮김)

회기에서 쉽게 만들어 낼 수 있는 구체적인 행동이어야 한다.

3) 노출 및 반응 방지 치료

회기 내 노출 과제에서 중요한 것은 효율적으로 고통을 유발시키며 집이나 다른 환경 상황들에서 일반화에 이르게 하기 위해 가능한 한 현실적이어야 한다는 것이다(Kendall et al., 2005를 보라). 일단 주어진 노출 과제를 시작하면, 청소년들은 노출 전체 기간 동안 공포스러운 자극에 접촉하는 상태에 있게 되며, 모든 관련된 의례 행위들 또는 불안을 감소시키는 다른 행동들을 참도록 격려된다. 공포 온도계를 사용한 고통 평가의 경우 처음에는 일반적으로 30~60초마다 평가되며, 이후 아동의 습관화 속도와 양상을 관찰하기 위한 노출 기간에는 덜 자주 평가된다. 노출 과제 전체 과정에 걸친 아동의 고통 평가들을 그래프로 나타내는 것은 종종 도움이 된다. 그래프화하는 것은 습관화를 시각적으로 보여 주고, 아동을 크게 강화시킬 뿐만 아니라 좀 더 집중적인 노출이나 또는 다른 치료 기법들(예를 들어, 추가 인지 개입)의 추가를 요구할지 모르는 어려운 점들을 파악할 수 있게 해 준다.

노출 과제와 적응적인 대처 방략 모두에 대한 치료자 모델링은 예기 불안을 줄이며, ERP 전 혹은 ERP 동안에 아동의 혼잣말을 향상시키는 데 도움을 줄 수 있다. 조성(shaping) 절차 역시 어려운 노출을 다루는 데 사용될 수 있다. 예를 들면, 오염 노출을 하는 것에 어려움을 예상하는 아동은 처음에 한 손가락으로 오염된 물건을 만지고 그런 다음 손을 씻지 말도록 요구받을 수 있다. 일단 그 아동의 불안 수준이 적어도 50%까지 떨어지면, 다음 단계는 두 손가락으로, 그다음엔 손 전체로, 그리고 손에서 팔로, 그다음은 얼굴 등으로 물건을 만지게 할 수 있다. 노출 과제가 회기 내에서 연습되어 왔다면, 아동은 자연환경에서 매주 적어도 네다섯 번 노출을 연습하도록 지시받는다. 목표로 하는 공포가 일어난 자연스러운 상황에서, 아동은 또한 표적 공포에 대해 의례 행위를 하는 것에 저항하도록 지시를 받는다.

4) 강박 사고 다루기

노출 과제들은 강박 행동 없이 일어나는 강박 사고를 다루는 데 사용되곤 한다(예를 들어, 누군가를 해치거나 자신이 해를 입는다는 사고 또는 성적 강박 사고들). 앞에서 기술했던 것과 유사하게, 조성 절차는 이런 증상들에 대한 노출을 용이하게 하는 데 사용된다. 일반적으로 조성의 단계는 공포스러운 시나리오 상상하기, 공포스러운 시나리오 쓰기, 그것을 크게 소리 내어 설명하기, 치료자가 그 시나리오를 아동에게 설명하기, 시나리오를 녹음한 후 그것을 반복해서 듣기 등을 포함한다. 청소년들이 앞에서 설명했던 것 같은 강박 사고들과 관련된 의례 행위의 존재를 부인한다 하더라도, 관련된 회피 행동들은 상당히 흔하다(예를 들어, 공격적이거나 성적인 생각을 유발하는 공포 때문에 특정 개인과의 접촉을 피하기). 그런 경우들에서 회피 행동들은 증상 위계체계에 첨가되며 적절한 시기에 노출된다.

다른 방략들이 강박적 사고와 심상에 대한 정서가를 변화시키는 데 사용될 수 있다. 여기에는 강박 사고를 노래로 부르는 것, 랩으로 하는 것, 시로 짓는 것, 또는 공포스러운 상상들을 위험하지 않거나 유머스러운 것으로 바꾸는 것(예를 들어, 칼을 당근으로 대체하는 것)이 포함된다. 한 예로, 어떤 내담자는 성적인 상황에 있는 그와 아버지에 대한 상상을 두 사람이 스포츠를 하고 있는 상상으로 바꿀 수 있다. 다른 경우에서, 자신이 부모를 칼로 찌르는 원치 않은 심상을 가진 어떤 소년은 그 공포스러운 상황에 대한 상상을 하면서 플라스틱 칼로 그의 부모 사진을 찌름으로써 성공적인 습관화를 촉진시킬 수 있었다.

5) 유관성 관리

행동보상 프로그램들과 자유로운 사회적 강화 등 유관성 관리는 치료 순응성을 촉진하는 데 사용된다(March

& Franklin, 2006; Owens & Piacentini, 1998). 구조화된 보상 프로그램들은 습관화 그 자체가 아닌 치료 순응성(노출 과제들 그리고 다른 치료적 요건들을 시도하거나 마치는 것)을 목표로 한다. 구체적인 보상의 성격은 아동의 연령과 선호에 따라 좌우되는데, 어떤 청소년들은 구체적인 강화물에 흥미나 필요를 거의 느끼지 못한다. 시간이 지나면서 치료가 끝나 감에 따라, 목표는 치료자, 부모들 그리고 아동의 생활에 있어 다른 중요한 개인들로부터의 긍정적인 격려와 칭찬을 더욱 강조하면서 물질적 보상물이 갖는 영향을 점점 줄이는 것이다.

5. 경험적 지지: 연구 증거 현황

OCD 치료의 결과에 대한 문헌에 대한 검토에서는 개방형 임상 연구들과 통제된 성과 연구들 각각에 대해 살펴본다. 바렛과 동료들(Barrett et al., 2008), 그리고 브라운과 동료들(Brown et al., 2008)은 아동 및 청소년 OCD의 임상 연구 문헌에 대한 더 구체적인 검토를 제공한다.

1) 개방형 임상 연구

아동기 불안장애나 기분장애에서처럼, 아동기 OCD 초기 치료 접근도 성인 환자들에게 효과적인 것으로 드러났던 것들에서 가져왔다. 이런 초기 접근들 중 다수는 단일 사례 연구들이나 적은 일련의 사례를 포함했고, 방법론적으로 결함이 있을지라도, 전체적으로 볼 때 아동기 OCD 치료에서 ERP 사용에 대한 초기 지지를 제공하였다(March, 1995). 이런 초기 연구들 이후에는 좀 더 정교하며, 발달적으로 민감하고 구조화된 CBT 프로토콜들을 포함한 일련의 개방형 임상 연구들이 이어졌다(예를 들어, Flanklin et al., 1998; March et al., 1994; Piacentini et al., 2002). 방법론적 차이가 있었을지라도, 이런 연구들은 총체적으로 개인과 집단 모두에서 아동과 청소년에 있어 OCD에 대한 효과적이며 영속성 있는 치료로 CBT를 지지하는 매우 비슷한 결과들을 보였다.

개방형 연구들은 추가 치료와 관련된 질문들에 대해 다소 잠정적 증거를 제공하였다. 마치와 동료들(March et al., 1994)은 CBT 완료 후 약물치료를 그만둔 9명 중 6명에서 개선이 지속되었음을 발견하였다. 이 발견은 CBT가 약물 중단으로 인한 재발을 예방할 수도 있다는 견해와 일치하는 것이다. 프랭클린과 동료들(Franklin et al., 1998), 피아센티니와 동료들(Piacentini et al., 2002)은 약물의 기저선 상태는 치료 성과와 관련되지 않았다고 보고하였다. 더불어 피아센티니와 동료들은 CBT에 잘 반응하지 않는 것은 CY-BOCS 강박 사고 점수의 높은 기저선과 빈약한 치료 전 사회적 기능과 관련되어 있다는 것을 발견하였다.

2) 통제된 성과 연구

4개의 통제된 연구가 아동기 OCD에 대한 개별 CBT와 관련된 성과들을 평가하였다(Barrett, Healy-Farrell, et al., 2004; de Haan et al., 1998; Pediatric OCD Treatment Study Team, 2004; Storch et al., 2007). 바렛, 힐리-파렐과 동료들(2004)은 OCD가 있는 77명의 아동·청소년(7~17세)을 대상으로 하여 가족 기반 인지행동치료(cognitive-behavioral family-based therapy: CBFT; n=24), 집단 CBFT(GCBFT; n=29) 그리고 대기자 통제 집단(WL; n=24)을 비교하였다. 2개의 적극 치료들은 부모와 형제 요소들을 모두 포함하는 14주의 매뉴얼화된 프로토콜들로 이루어졌다. WL 집단에 있는 참여자들은 기저선에서 그리고 4~6주 후에 평가되었다. 2개의 적극 치료는 WL 집단에 비하여 상당한 향상과 관련되었다. 부모의 ADIS 보고에 따르면, 치료 후에 CBFT의 88%, GCBFT의 76%, 그리고 WL 아동·청소년들의 0%가 OCD의 기준을 더 이상 충족하지 않게 되었다. 아동만의 보고에 따르면, CY-BOCS에서 CBFT는 65% 감소, GCBFT는 61% 감소했고, WL은 변화가 없었다. 관찰된 이점들은 6개월 후에도 대체로 유지되었다. 조금 놀랍지만, 흥미롭게도 가족 척도들의 어느 것에서도 치료와 관련된 이점들은 없었다.

스토크와 동료들(Storch et al., 2007)은 OCD로 1차 진단된 40명의 아동 · 청소년을 집중적 치료 혹은 매주 진행되는 구조화된 가족 요소를 포함하는 개별적 CBT에 무선 할당하였다(평균 나이=13.3세). 집중적 치료는 3주간 매일 시행되는 14회기를 포함한다. 연구의 다른 치료는 14주간 매주 진행되는 CBT 회기를 포함한다. 연구 결과, 집중적 치료 조건의 75%, 그리고 매주 진행되는 조건의 50%에 해당하는 아동 · 청소년들이 차도를 보였다(이는 CY-BOCS의 총점이 10점 혹은 그 이하일 경우로 정의됨).

남아 있는 두 통제된 연구는 CBT와 약물치료를 비교하는 것을 포함하였다. 드한과 동료들(de Haan et al., 1998)은 22명의 아동(평균 연령 13.7세, 50% 여성)을 12주간의 클로미프라민(clmipramine, 평균 용량=2.5mg/kg) 또는 CBT(ERD에 인지 재구성을 추가한 것)에 무선 할당하였다. 이 연구는 통제 집단을 포함하지 않았다. 두 치료는 현저한 향상을 가져왔다. 그렇지만 반응률(66.7% 대 50%)과 증상의 심각성 감소(CY-BOCS에서 59.9% 대 33.4% 감소)에 있어서 ERP가 클로미프라민보다 상당히 더 효과적이었다.

소아 OCD 치료 연구(Pediatric OCD Treatment Study: POTS)는 현재까지 진행된 통제된 연구 중 가장 대규모 아동 OCD 연구다(Pediatric OCD Trearment Study Team, 2004). OCD가 있는 112명의 아동 · 청소년(7~17세, 각 치료 집단에 28명)으로 이루어진 이 다기관 임상 시험은 CBT, 선택적 세로토닌 재흡수 억제제(SSRI; 설트랄린[SER]) 그리고 그것들의 병용(COMB)을 위약 집단(PBO)과 비교하였다. 치료는 12주간에 걸쳐(1단계) 매뉴얼들에 따라서 제공되었다. 1단계 반응자들은 추가적인 4주간의 개방형 치료에 앞서, 모든 적극 치료를 중단하고 16주, 20주, 24주, 28주에서의 추후 평가를 받았다(2단계)(Franklin, Foa, & March, 2003).

처리의향 분석 방략에서, 3개의 적극 치료는 모두 위약 집단보다 유의미하게 효과적인 것으로 밝혀졌다. 게다가 병용 치료(CBT에 약물치료를 더한 것)는 CBT와 약물치료(SER) 각각보다 더 우세한 것으로 밝혀졌고 CBT와 약물치료는 차이가 없었다. 그러나 CY-BOCS에서 치료 후 점수에 따른 '우수한 반응자들'에 대한 조사에서는 CBT 조건에 대한 상당한 이점들이 나타났다. 반응률을 비교해 보았을 때 CBT가 39%, 약물치료가 21%, 위약 집단이 3%인 것에 비해 병용 치료는 54%로 훌륭한 반응률을 보였다. 또한 유의미한 장소×치료 상호작용이 확인되었다. 한 장소(펜실베이니아 대학교)에서의 CBT 단독이 다른 장소(듀크 대학교)에서의 CBT보다 우수했는데, 약물 단독(SER) 조건의 경우에는 반대로 나타났다. 이런 후자의 결과들은 우리에게 어떤 경우들에서는 CBT 단독 사용이 병용 치료만큼 효과적일 수 있다는 것을 제시한다. 총체적으로 이런 통제된 연구의 결과들은 아동기 OCD 치료에 대한 CBT의 단독 사용 그리고 약물과의 병용 모두가 효과적임을 지지한다.

이 연구를 바탕으로, 최근 연구들은 CBT 치료로부터 얻은 이점의 지속성과 더불어 개입이 지역사회 세팅에서 어느 정도까지 성공적으로 적용될 수 있는지 검토해 오고 있다. 예비 연구 결과들은 CBT로 얻은 이점이 치료 후 36개월까지 지속될 수 있다고 제안하며(Shalev et al., 2009), 이 결과는 CBT 치료로 얻는 이익의 유지 가능성에 대한 고무적인 소식을 제공한다. 동시에 이러한 결과들은 통제 집단의 부재와 아동 · 청소년이 치료 후 추가적 서비스를 받는 것에 대한 통제를 할 수 없다는 점 때문에 그 효과가 완화되어, 이 영역에 대한 추가적 연구의 필요성을 강조하는 데 한계를 가진다. 치료적 효과에 관한 발더호그, 라슨, 고트스탬과 피아센티니(Valderhaug, Larsson, Gotestam, & Piacentini, 2007)의 연구는 OCD 아동 및 청소년의 CBT가 지역사회에 성공적으로 적용될 수 있다는 주목할 만한 증거를 제공한다. 28명의 아동 · 청소년 표본(평균 나이=13.3세, 범위=8.17세)에 슈퍼바이저의 전문적인 지도감독을 사용하여 노르웨이의 지역사회 치료센터 세 군데에서 표준화된 가족 요소를 포함한 개별적 CBT(Piacentini, Langley, et al., 2007)를 실시한 결과, 치료 직후 CY-BOCS에서의 평균 증상 감소가 60.6%였고, 치료 6개월 후에는 68.8%였다. 이러한 결과들은 아동기 OCD에 대한 광범위한 무선 할당을 사용해 통제된 실험(RCT)을 따른 것으로, CBT가 엄격하게 통제된 학문적 연구 클리닉 세팅 외에서도 효과적으로 적용될 수 있을 것임을 제안한다.

3) 예측 변수

아동 및 청소년 OCD를 위한 CBT의 효율성과 효과성 지지를 구축하기 위하여, 성공적인 치료의 기저를 이루는 행위 기제의 이해에 대한 관심이 증가해 왔다. 이 영역에서의 작업은 이제 막 나타나기 시작했다. 하지만 CBT를 받고 있는 아동들에게 기저선 증상의 심각도와 빈약한 학업적 및 사회적 기능들이 빈약한 결과를 예측하는 것 같다는 증거들이 있다(Barrett, Farrell, Dadds, & Boulter, 2005; Piacentini et al., 2002). 1985년부터 2007년까지의 RCT 문헌을 검토한 결과, 긴스버그, 킹거리, 드레이크와 그레이도스(Ginsburg, Kingery, Drake, & Grados, 2008)는 아동의 연령, 성별, 그리고 질병의 지속 기간은 치료적 결과와 관련이 없지만, 빈약한 가족 기능과 기저선 증상의 심각도는 CBT 치료에 대한 빈약한 반응을 예측한다는 것을 발견했다. 대조적으로, 공병 틱과 외현화 장애의 존재가 치료에 대한 빈약한 반응을 예측했다. POTS 자료의 이차 분석에서도 비슷하게 공병 틱의 존재가 SSRI 치료를 받고 있는 아동 · 청소년의 결과를 조절하였지만, CBT를 받고 있는 아동 · 청소년에서는 그렇지 못하였다(March et al., 2007). 이러한 결과들은 OCD와 틱 모두를 보이는 청소년들에게 있어 CBT가 최우선적인 선택 방법으로서 중요하다는 사실을 강조한다.

참고문헌

Abramowitz, J. (1997). Effectiveness of psychological and pharmacological treatments for obsessive-compulsive disorder: A quantitative review. *Journal of Consulting and Clinical Psychology, 65*, 44-52.

Abramowitz, J. S., Braddock, A. E., & Moore, E. L. (2009). Psychological treatment of obsessive-compulsive disorder. In M. M. Antony & M. B. Stein (Eds.), *Oxford handbook of anxiety and related disorders* (pp. 391-404). New York: Oxford University Press.

Achenbach, T. M. (1991). *Manual for the Child Behavior Checklist/4-18 and 1991 profile.* Burlington: University of Vermont, Department of Psychiatry.

Albano, A., Knox, L., & Barlow, D. (1995). Obsessive-compulsive disorder. In A. R. Eisen, C. A. Kearney, & C. E. Schaefer (Eds.), *Clinical handbook of anxiety disorders in children and adolescents* (pp. 282-316). Northvale, NJ: Aronson.

Albano, A., March, J., & Piacentini, J. (1999). Cognitive behavioral treatment of obsessive-compulsive disorder. In R. E. Ammerman (Ed.), *Handbook of prescriptive treatments for children and adolescents* (pp. 193-213). Boston: Allyn & Bacon.

American Academy of Child and Adolescent Psychiatry. (1998). Practice parameters for the assessment and treatment of children and adolescents with obsessive-compulsive disorder. *Journal of the American Academy of Child and Adolescent Psychiatry, 37*, 527-545.

American Psychiatric Association. (2000). *Diagnostic and statistical manual of mental disorders* (4th ed., text rev). Washington, DC: Author.

Apter, A., Pauls, D. L., Bleich, A., Zohar, A. H., Kron, S., Ratzoni, G., et al. (1993). An epidemiologic study of Gilles de la Tourette's syndrome in Israel. *Archives of General Psychiatry, 50*, 734-738.

Barmish, A., & Kendall, P. C. (2005). Should parents be co-clients in cognitive-behavioral therapy for anxious youth? *Journal of Clinical Child and Adolescent Psychology, 34*, 569-581.

Barrett, P., Farrell, L., Dadds, M., & Boulter, N. (2005). Cognitive-behavioral family treatment of childhood obsessive-compulsive disorder: Long-term follow-up and predictors of outcome. *Journal of the American Academy of Child and Adolescent Psychiatry, 44*(10), 1005-1014.

Barrett, P., Farrell, L., Pina, A., Peris, T. S., & Piacentini, J. (2008). Evidence-based psychosocial treatments for child and adolescent OCD. *Journal of Clinical Child and*

Adolescent Psychology, 37*, 131-155.

Barrett, P., & Healy, L. (2003). An examination of the cognitive processes involved in childhood obsessive-compulsive disorder. *Behaviour Research and Therapy, 41*, 285-299.

Barrett, P., & Healy-Farrell, L. (2003). Perceived responsibility in juvenile obsessive-compulsive disorder: An experimental manipulation. *Journal of Clinical Child and Adolescent Psychology, 32*, 430-441.

Barrett, P., Healy-Farrell, L., & March, J. (2004). Cognitive-behavioral family treatment of childhood obsessive-compulsive disorder: A controlled trial. *Journal of the American Academy of Child and Adolescent Psychiatry, 43*, 46-62.

Barrett, P., Healy, L., Piacentini, J., & March, J. (2004). Treatment of OCD in children and adolescents. In P. Barrett & T. Ollendick (Eds.), *Handbook of interventions that work with children and adolescents* (pp. 187-216). West Sussex, UK: Wiley.

Barrett, P., Rasmussen, P. J., & Healy, L. (2001). The effect of obsessive-compulsive disorder on sibling relationships in late childhood and early adolescence: Preliminary findings. *Australian Educational and Developmental Psychologist, 17*, 82-102.

Barrett, P., Shortt, A. L., & Healy, L. (2002). Do parent and child behaviours differentiate families whose children have obsessive-compulsive disorder from other clinic and nonclinic families? *Journal of Child Psychology and Psychiatry and Allied Disciplines, 43*, 597-607.

Brown, R., Antonuccio, D., DuPaul, G., Fristad, M., King, C., Leslie, L., et al. (2008). *Childhood mental health disorders: Evidence base and contextual factors for psychosocial, psychopharmacological, and combined interventions*. Washington, DC: American Psychological Association Press.

Chabane, N., Delome, R., Millet, B., Mouren, M. C., Leboyer, M., & Pauls, D. (2005). Early-onset obsessive-compulsive disorder: A subgroup with a specific clinical and familial pattern. *Journal of Child Psychology and Psychiatry, 46*, 881-887.

Choate-Summers, M. L., Freeman, J. B., Garcia, A. M., Coyne, L., Przeworski, A., & Leonard, H. L. (2008). Clinical considerations when tailoring cognitive behavioral treatment for young children with obsessive-compulsive disorder. *Education and Treatment of Children, 31*(3), 395-416.

Clarke, G. N. (1995). Improving the transition from basic efficacy research to effectiveness studies: Methodological issues and procedures. *Journal of Consulting and Clinical Psychology, 63*, 718-725.

Comer, J., Kendall, P. C., Franklin, M., Hudson, J., & Pimentel, S. (2004). Obsessing/worrying about the overlap between obsessive-compulsive disorder and generalized anxiety disorder in youth. *Clinical Psychology Review, 24*, 663-683.

de Haan, E., Hoogduin, K. A., Buitelaar, J., & Keijsers, G. (1998). Behavior therapy versus clomipramine for the treatment of obsessive-compulsive disorder. *Journal of the American Academy of Child and Adolescent Psychiatry, 37*, 1022-1029.

deMathis, M. A., Diniz, J. B., Shavitt, R. G., Torres, A. R., Ferrao, Y. A., Fossaluza, V., et al. (2009). Early-onset obsessive-compulsive disorder with and without tics. *CNS Spectrums, 14*, 362-370.

Diniz, J. B., Rosario-Campos, M. C., Shavitt, R. G., Curi, M., Hounie, A. G., Brotto, S. A., et al. (2004). Impact of age at onset and duration of illness on the expression of comorbidities in obsessive-compulsive disorder. *Journal of Clinical Psychiatry, 65*, 22-27.

Evans, D. W., Leckman, J. F., Carter, A., Reznick, J., Henshaw, D., & King, R. A. (1997). Ritual, habit, and perfectionism: The prevalence and development of compulsive-like behavior in normal young children. *Child Development, 68*, 58-68.

Farrell, L. J., & Barrett, P. M. (2007). Prevention of childhood emotional disorders: Reducing the burden of suffering associated with anxiety and depression. *Child and Adolescent Mental Health, 12*, 58-65.

Foa, E., & Kozac, M. (1986). Emotional processing of fear: Exposure to corrective information. *Psychological Bulletin, 99*, 450-472.

Foa, E., Steketee, G., Grayson, J., Turner, R., & Latimer, P. (1984). Deliberate exposure and blocking of obsessive compulsive rituals: Immediate and long-term effects. *Behavior Therapy, 15*, 450-472.

Franklin, M. E., & Foa, E. B. (2002). Cognitive-behavioral treatment of obsessive compulsive disorder. In P. Nathan & J. Gorman (Eds.), *A guide to treatments that work* (2nd ed., pp. 367-386). Oxford, UK: Oxford University Press.

Franklin, M. E., Foa, E. B., & March, J. S. (2003). The Pediatric OCD Treatment Study (POTS): Rationale, design and methods. *Journal of Child and Adolescent Psychopharmacology, 13*(Suppl. 1), 39-52.

Franklin, M. E., Kozak, M. J., Cashman, L. A., Coles, M. E., Rheingold, A. A., & Foa, E. B. (1998). Cognitive-behavioral treatment of pediatric obsessive-compulsive disorder: An open clinical trial. *Journal of the American Academy of Child and Adolescent Psychiatry, 37*, 412-419.

Freeman, J., Garcia, A. M., & Coyne, L. (2008). Early childhood OCD: Preliminary findings from a family-based cognitive behavioral approach. *Journal of the American Academy of Child and Adolescent Psychology, 47*, 593-602.

Freeman, J. B., Garcia, A. M., Fucci, C., Karitani, M. K., Miller, L., & Leonard, H. L. (2003). Family-based treatment of early-onset obsessive-compulsive disorder. *Journal of Child and Adolescent Psychopharmacology, 13*, 71-80.

Freeston, M. H., & Ladouceur, R. (1993). Appraisals of cognitive intrusions and response style: Replication and extension. *Behaviour Research and Therapy, 31*, 185-191.

Gallant, J., Storch, E. A., Merlo, L. J., Ricketts, E. D., Geffken, G. R., Goodman, W. K., et al. (2008). Convergent and discriminant validity of the Children's Yale-Brown Obsessive Compulsive Scale-Symptom Checklist. *Journal of Anxiety Disorders, 22*(8), 1369-1376.

Garcia, A. M., Freeman, J. B., Himle, M. B., Berman, N. C., Ogata, A. K., Ng, J., et al. (2009). Phenomenology of early childhood onset obsessive compulsive disorder. *Journal of Psychopathology and Behavioral Assessment, 31*, 104-111.

Geller, D. A. (2007). Psychopharmacology of pediatric obsessive compulsive disorder. In E. A. Storch, G. R. Geffken, & T. K. Murphy (Eds.), *Handbook of child and adolescent obsessive compulsive disorder* (pp. 243-272). Mahwah, NJ: Erlbaum.

Geller, D. A., Biederman, J., Faraone, S., Agranat, A., Cradock, K., Hagermoser, L., et al. (2001). Developmental aspects of obsessive compulsive disorder: Findings in children, adolescents, and adults. *Journal of Nervous and Mental Disease, 189*, 471-477.

Geller, D. A., Biederman, J., Faraone, S., Frazier, J., Coffey, B., Kim, G., et al. (2000). Clinical correlates of obsessive-compulsive disorder in children and adolescents referred to specialized and non-specialized clinical settings. *Depression and Anxiety, 11*, 163-168.

Geller, D. A., Biederman, J., Faraone, S. V., Cradock, K., Hagermoser, L., Zaman, N., et al. (2002). Attention-deficit/hyperactivity disorder in children and adolescents with obsessive-compulsive disorder: Fact or artifact? *Journal of the American Academy of Child and Adolescent Psychiatry, 41*(1), 52-58.

Geller, D. A., Biederman, J., Griffin, S., Jones, J., & Lefkowitz, T. R. (1996). Comorbidity of juvenile obsessive compulsive disorder with disruptive behavior disorders. *Journal of the American Academy of Child and Adolescent Psychiatry, 35*, 1637-1646.

Geller, D. A., Doyle, R., Shaw, D., Mullin, B., Coffey, B., Petty, C., et al. (2006). A quick and reliable screening measure for OCD in youth: Reliability and validity of the obsessive-compulsive scale of the child behavior checklist. *Comprehensive Psychiatry, 47*(3), 234-240.

Ginsburg, G. S., Kingery, J. N., Drake, K. L., & Grados, M. A. (2008). Predictors of treatment response in pediatric obsessive-compulsive disorder. *Journal of the American Academy of Child and Adolescent Psychiatry, 47*, 868-878.

Goodman, W., Price, L., Rasmussen, S., Riddle, M., & Rapoport, J. (1991). *Children's Yale-Brown Obsessive Compulsive Scale (CY-BOCS)*. New Haven, CT: Yale University Press.

Goodman, W., Price, L. H., Rasmussen, S. A., Mazure, C., Fleischmann, R. L., Hill, C. L., et al. (1989). The Yale-Brown Obsessive Compulsive Scale: Development, use and reliability. *Archives of General Psychiatry, 46*, 1006-1011.

Hanna, G. (1995). Demographic and clinical features of obsessive-compulsive disorder in children and adolescents. *Journal of the American Academy of Child and Adolescent Psychiatry, 34*, 19-27.

Hanna, G., Piacentini, J., Cantwell, D., Fischer, D., Himle, J. & Van Etten, M. (2002). Obsessive-compulsive disorder with and without tics in a clinical sample of children and adolescents. *Depression and Anxiety, 16*, 59-63.

Hibbs, E., Hamburger, S., & Lenane, M. (1991). Determinants of expressed emotion in families of disturbed and normal children. *Journal of Child Psychology and Psychiatry, 32*, 757-770.

Ivarsson, T., Melin, K., & Wallin, L. (2008). Categorical and dimensional aspects of co-morbidity in obsessive-compulsive disorder (OCD). *European Child and Adolescent Psychiatry, 17*, 20-31.

Ivarsson, T., & Valderhaug, R. (2006). Symptom patterns in children and adolescents with obsessive-compulsive disorder (OCD). *Behaviour Research and Therapy, 44*, 1105-1116.

Jaisoorya, T. S., Reddy, Y. C., Srinath, S., & Thennarasu, K. (2008). Obsessive-compulsive disorder with and without tic disorder: A comparative study from India. *CNS Spectrums, 13*(8), 705-711.

Kendall, P. C., Hudson, J. L., Gosch, E., Flannery-Schroeder, E., & Suveg, C. (2008). Cognitivebehavioral therapy for anxiety disorder youth: A randomized clinical trial evaluating child and family modalities. *Journal of Consulting and Clinical Psychology, 76*, 282-297.

Kendall, P. C., Robin, J., Hedtke, K., Suveg, C., Flannery-Schroeder, E., & Gosch, E. (2005). *Considering CBT with anxious youth?: Think exposures. Cognitive and Behavioral Practice, 12*, 136-148.

Knox, L., Albano, A., & Barlow, D. (1996). Parental involvement in the treatment of childhood OCD: A multiple-baseline examination involving parents. *Behavior Therapy, 27*, 93-114.

Kovacs, M. (1996). *The Children's Depression Inventory.* Toronto: Multi-Health Systems.

Kozak, M. J., & Foa, E. B. (1997). *Mastery of obsessive-compulsive disorder: A cognitive-behavioral approach* (therapist guide). San Antonio, TX: Psychological Corporation.

Langley, A., Bergman, R. L., Lewin, A., Lee, J. C., & Piacentini, J. (2010). Correlates of comorbid anxiety and externalizing disorders in childhood obsessive compulsive disorder. *European Child and Adolescent Psychiatry, 19*, 637-645.

Langley, A., Bergman, R. L., & Piacentini, J. (2002). Assessment of childhood anxiety. *International Review of Psychiatry, 14*, 102-113.

Leckman, J. F., Gnce, O. E., & Barr, L. C. (1994). Tic-related versus non-tic-related obsessive compulsive disorder. *Anxiety, 1*, 208-215.

Leonard, H., Swedo, S., Lenane, M., Rettew, D., Hamburger, S., Bartko, J., et al. (1993). A two-to seven-year follow-up study of 54 obsessive-compulsive children and adolescents. *Archives of General Psychiatry, 50*, 429-439.

Leonard, H. L., Goldberger, E. L., Rapoport, J. L., Cheslow, D.L ., & Swedo, S. E. (1990). Childhood rituals: Normal development or obsessive compulsive symptoms? *Journal of the American Academy of Child and Adolescent Psychiatry, 29*, 17-23.

Lewin, A., Chang, S., McCracken, J., McQueen, M., & Piacentini, J. (2010). Comparison of clinical features among youth with tic disorders, obsessive-compulsive disorder (OCD), and both conditions. *Psychiatry Research, 51*, 603-611.

Lewin, A., & Piacentini, J. (2010). Evidence-based assessment of child obsessive compulsive disorder: Recommendations for clinical practice and treatment research. *Child and Youth Care Forum, 39*, 73-89.

Livingston-Van Noppen, B., Rasmussen, S. I., Eisen, J., & McCartney, L. (1990). Family function and treatment in obsessive-compulsive disorder. In M. A. Jenike, L. Baer, & W. E. Minichiello (Eds.), *Obsessive-compulsive disorders: Theory and management* (pp. 118-131). Littleton, MA: Year Book Medical Publishers.

Lopatka, C., & Rachman, S. (1995). Perceived responsibility and compulsive checking: An experimental analysis.

Behaviour Research and Therapy, 33, 673-684.

March, J. (1995). Cognitive-behavioral psychotherapy for children and adolescents with OCD: A review and recommendations for treatment. *Journal of the American Academy of Child and Adolescent Psychiatry, 34,* 7-18.

March, J., Frances, A., Carpenter, D., & Kahn, D. (1997). Expert consensus guidelines: Treatment of obsessive-compulsive disorder. *Journal of Clinical Psychiatry, 58,* 1-72.

March, J., & Franklin, M. E. (2006). Cognitive-behavioral therapy for pediatric OCD. In B. O. Rothbaum (Ed.), *Pathological anxiety: Emotional processing in etiology and treatment* (pp. 147-165). New York: Guilford Press.

March, J., Leonard, H., & Swedo, S. (1995). Obsessive-compulsive disorder. In J. S. March (Ed.), *Anxiety disorders in children and adolescents* (pp. 251-275). New York: Guilford Press.

March, J., Mulle, K., & Herbel, B. (1994). Behavioral psychotherapy for children and adolescents with OCD. *Journal of the American Academy of Child and Adolescent Psychiatry, 33,* 333-341.

March, J., Parker, J. D. A., Sullivan, K., Stallings, P., & Conners, C. K. (1997). The Multidimensional Anxiety Scale for Children (MASC): Factor structure, reliability, and validity. *Journal of the American Academy of Child and Adolescent Psychiatry, 36,* 554-565.

March, J. S., Franklin, M. E., & Leonard, H. (2007). Tics moderate treatment outcome with sertraline but not cognitive-behavior therapy in pediatric obsessive-compulsive disorder. *Biological Psychiatry, 61,* 344-347.

March, J. S., & Mulle, K. (1998). *OCD in children and adolescents: A cognitive-behavioral treatment manual.* New York: Guilford Press.

Markarian, Y., Larson, M. J., Aldea, M. A., Baldwin, S. A., Good, D., Berkeljon, A., et al. (2009). Multiple pathways to functional impairment in obsessive compulsive disorder. *Clinical Psychology Review, 30,* 78-88.

Masi, G., Millepiedi, S., & Mucci, M. (2006). Comorbidity of obsessive compulsive disorder and attention-deficit/hyperactivity disorder in referred children and adolescents. *Comprehensive Psychiatry, 46,* 42-47.

McKay, D., Piacentini, J., Greisberg, S., Graae, F., Jaffer, M., Miller, J., et al. (2003). The Children's Yale-Brown Obsessive Compulsive Scale: Item structure in an outpatient setting. *Psychological Assessment, 15,* 578-581.

Merlo, L. J., Lehmkuhl, H. D., Geffken, G. R., & Storch, E. A. (2009). Decreased family accommodation associated with improved therapy outcome in pediatric obsessive-compulsive disorder. *Journal of Consulting and Clinical Psychology, 77,* 355-360.

Merlo, L. J., Storch, E. A., Adkins, J. W., Murphy, T. K., & Geffken, G. R. (2007). Assessment of pediatric obsessive-compulsive disorder. In E. A. Storch, G. R. Geffken, & T. K. Murphy (Eds.), *Handbook of child and adolescent obsessive-compulsive disorder* (pp. 67-107). Mahwah, NJ: Erlbaum.

Meyer, V. (1966). Modification of expectations in cases with obsessive rituals. *Behavioural Research and Therapy, 4,* 270-280.

Moore, P. S., Mariaskin, A., March, J., Franklin, M. E., Storch, E., Geffken, G., et al. (2007). Obsessive. compulsive disorder in children and adolescents: Diagnosis, comorbidity, and developmental factors. In E. Storch, T. Murphy, & G. Geffken (Eds.), *Handbook of child and adolescent obsessive-compulsive disorder* (pp. 17-45). Mahwah, NJ: Erlbaum.

Nelson, E. C., Hanna, G. L., Hudziak, J. J., Botteron, K. N., Heath, A. C., & Todd, R. D. (2001). Obsessive-Compulsive Scale of the Child Behavior Checklist: Specificity, sensitivity, and predictive power. *Pediatrics, 108,* 1-5.

Nestadt, G., Samuels, J., Riddle, M., Bienvenu, J. O., Llang, K. Y., LaBuda, M., et al. (2000). A family study of obsessive compulsive disorder. *Archives of General Psychiatry, 57,* 358-363.

Nestadt, G., Samuels, J., Riddle, M. A., Liang, K. Y., Bienvenu, O. J., Hoehn-Saric, R., et al. (2001). The relationship between obsessive-compulsive disorder and anxiety and affective disorders: Results from the Johns Hopkins OCD Family Study. *Psychological Medicine, 31,* 481-487.

Owens, E., & Piacentini, J. (1998). Behavioral treatment of obsessive-compulsive disorder in a boy with comorbid disruptive behavior problems. *Journal of the American*

Academy of Child and Adolescent Psychiatry, 37, 443-446.

Pauls, D., & Alsobrook, J. (1999). The inheritance of obsessive-compulsive disorder. *Child and Adolescent Psychiatric Clinics of North America, 8*, 481-496.

Pediatric OCD Treatment Study Team. (2004). Cognitive-behavioral therapy, sertraline, and their combination for children and adolescents with obsessive-compulsive disorder: The Pediatric OCD Treatment Study (POTS) randomized controlled trial. *Journal of the American Medical Association, 292,* 1969-1976.

Peris, T. S., Bergman, R. L., Langley, A., Chang, S., McCracken, J. T., & Piacentini, J. (2008). Correlates of family accommodation of childhood obsessive compulsive disorder: Parent, child, and family characteristics. *Journal of the American Academy of Child and Adolescent Psychiatry, 47*, 1173-1181.

Peris, T. S., Roblek, T., Langley, A., Benazon, N., & Piacentini, J. (2008). Parental responses to obsessive compulsive disorder: Development and validation of the Parental Attitudes and behaviors scale (PABS). *Child and Family Behavior Therapy, 30*, 199-214.

Peterson, B. S., Pine, D. S., Cohen, P., & Brook, J. S. (2001). Prospective, longitudinal study of tic, obsessive-compulsive, and attention-deficit/hyperactivity disorders in an epidemiological sample. *Journal of the American Academy of Child and Adolescent Psychiatry, 40*(6), 685-695.

Piacentini, J., & Bergman, R. L. (2001). Developmental issues in cognitive therapy for childhood anxiety disorders. *Journal of Cognitive Psychotherapy, 15,* 165-182.

Piacentini, J., Bergman, R. L., Jacobs, C., McCracken, J., & Kretchman, J. (2002). Cognitive-behaviour therapy for childhood obsessive-compulsive disorder: Efficacy and predictors of treatment response. *Journal of Anxiety Disorders, 16,* 207-219.

Piacentini, J., Bergman, R. L., Keller, M., & McCracken, J. (2003). Functional impairment in children and adolescents with obsessive compulsive disorder. *Journal of Child and Adolescent Psychopharmacology, 13*, 61-70.

Piacentini, J., & Langley, A. (2004). Cognitive-behavioral therapy for children who have obsessive. compulsive disorder. *Journal of Clinical Psychology, 60,* 1181-1194.

Piacentini, J., Langley, A., & Roblek, T. (2007). *Cognitive-behavioral treatment of childhood OCD.* New York: Oxford University Press.

Piacentini, J., Peris, T. S., Bergman, R. L., Chang, S., & Jaffer, M. (2007). The Child Obsessive Compulsive Impact Scale-Revised (COIS-R): Development and psychometric properties. *Journal of Clinical Child and Adolescent Psychology, 36,* 645-653.

Rachman, S. (1993). Obsessions, responsibility, and guilt. *Behaviour Research and Therapy, 31*, 149-154.

Rapoport, J., Inoff-Germain, G., Weissman, M. M., Greenwald, S., Narrow, W. E., Jensen, P. S., et al. (2000). Childhood obsessive-compulsive disorder in the NIMH MECA Study: Parent versus child identification of cases. *Journal of Anxiety Disorders, 14*, 535-548.

Rapoport, J., Swedo, S. E., & Leonard, H. L. (1992). Childhood obsessive-compulsive disorder. *Journal of Clinical Psychiatry, 53*, 11-16.

Rasmussen, S., & Eisen, J. (1990). Epidemiology of obsessive compulsive disorder. *Journal of Clinical Psychiatry, 51* (Suppl. 2), 10-13.

Rettew, D., Swedo, S. E., Leonard, H. L., Lenane, M. C., & Rapoport, J. L. (1992). Obsessions and compulsions across time in 79 children and adolescents with obsessive-compulsive disorder. *Journal American Academy of Child and Adolescent Psychiatry, 31*, 1050-1056.

Rheaume, J., Ladouceur, R., Freeston, M., & Letarte, H. (1994). Inflated responsibility in obsessive-compulsive disorder: Psychometric studies of a semi-idiographic measure. *Journal of Psychopathology and Behavioural Assessment, 16*, 265-276.

Rheaume, J., Ladouceur, R., Freeston, M., & Letarte, H. (1995). Inflated responsibility in obsessive-compulsive disorder: validation of an operational definition. *Behavioural Research and Therapy, 88*, 159-169.

Riddle, M. A., Scahill, L., King, R., Hardin, M. T., Toublin, K. E., Ort, S. I., et al. (1990). Obsessive compulsive disorder in children and adolescents: Phenomenology and family history. *Journal of the American Academy of*

Child and Adolescent Psychiatry, 29, 766-772.

Salkovskis, P. M. (1985). Obsessional compulsive problems: A cognitive-behavioural analysis. *Behaviour Research and Therapy, 23*, 571-583.

Salkovskis, P. M. (1989). Cognitive behavioural factors and the persistence of intrusive thoughts in obsessional problems. *Behaviour Research and Therapy, 27*, 677-682.

Salzman, L., & Thaler, F. (1981). Obsessive-compulsive disorders: A review of the literature. *American Journal of Psychiatry, 138*, 286.296.

Scahill, L., Riddle, M. A., McSwiggan-Hardin, M. T., Ort, S. I., King, R. A., Goodman, W. K., et al. (1997). Children's Yale.Brown Obsessive Compulsive Scale: Reliability and validity. *Journal of the American Academy of Child and Adolescent Psychiatry, 36*, 844-852.

Shafran, R. (1997). The manipulation of responsibility in obsessive-compulsive disorder. *British Journal of Clinical Psychology, 36*, 397-407.

Shalev, I., Sulkowski, M. L., Geffken, G. R., Rickets, E. J., Murphy, T. K., & Storch, E. A. (2009). Long-term durability of cognitive behavioral therapy gains for children with obsessive compulsive disorder. *Journal of the American Academy of Child and Adolescent Psychiatry, 48*, 766-767.

Silverman, W., & Albano, A. M. (1996). *Anxiety Disorders Interview Schedule for DSM-IV: Parent Version*. San Antonio, TX: Graywing.

Silverman, W., Saavedra, L., & Pina, A. (2001). Test-retest reliability of anxiety symptoms and diagnoses with Anxiety Disorders Interview Schedule for DSM-IV: Child and Parent versions. *Journal of the American Academy of Child and Adolescent Psychiatry, 40*, 937-944.

Snider, L. A., & Swedo, S. E. (2000). Pediatric obsessive compulsive disorder. *Journal of the American Medical Association, 284*, 3104-3106.

Soechting, I., & March, J. (2002). Cognitive aspects of obsessive compulsive disorder in children. In R. Frost & G. Steketee (Eds.), *Cognitive approaches to obsessions and compulsions: Theory, assessment, and treatment* (pp. 299.314). Amsterdam: Pergamon/Elsevier Science.

Steketee, G. (1990). Personality traits and disorders in obsessive-compulsives. *Journal of Anxiety Disorders, 4*, 351-364.

Steketee, G., & Frost, R. O. (1994). Measurement of risk-taking in obsessive-compulsive disorder. *Behavioural and Cognitive Psychotherapy, 22,* 287-298.

Stewart, S., Geller, D., Jenike, M., Pauls, D., Shaw, D., Mullin, B., et al. (2004). Long-term outcome of pediatric obsessive-compulsive disorder: A meta-analysis and qualitative review of the literature. *Acta Psychiatrica Scandinavica, 110,* 4-13.

Storch, E. A., Geffken, G. R., Merlo, L. J., Mann, G., Duke, D., & Munson, M. (2007). Family-based cognitive-behavioral therapy for pediatric obsessive-compulsive disorder: Comparisons of intensive and weekly approaches. *Journal of the American Academy of Child and Adolescent Psychiatry, 46*, 469-478.

Storch, E. A., Larson, M. J., Merlo, M. J., Keeley, M. L., Jacob, M. L., Geffken, G. R., et al. (2008). Cormorbidity of pediatric obsessive compulsive disorder and anxiety disorders: Impact on symptom severity and impairment. *Journal of Psychopathology and Behavioral Assessment, 30*, 111-120.

Storch, E. A., Merlo, L. J., Larson, M. J., Geffken, G. R., Lehmkuhl, H. D., & Jacob, M. L. (2008). Impact of comorbidity on cognitive-behavioral therapy response in pediatric obsessive-compulsive disorder. *Journal of the American Academy of Child and Adolescent Psychiatry, 47,* 583-592.

Storch, E. A., Murphy, T. K., Bagner, D. M., Johns, N. B., Baumeister, A. L., & Goodman, W. K. (2006). Reliability and validity of the Child Behavior Checklist Obsessive-Compulsive Scale. *Journal of Anxiety Disorders, 20*, 473-485.

Storch, E. A., Stigge-Kaufman, D., Marien, W. E., Sajid, M., Jacob, M. L., Geffken, G. R., et al. (2008b). Obsessive-compulsive disorder in youth with and without a chronic tic disorder. *Depression and Anxiety, 25*, 761-767.

Sukhodolsky, D. G., Do Rosario-Campos, M. C., Scahill, L., Katsovich, L., Pauls, D. L., Peterson, B. S., et al. (2005). Adaptive, emotional, and family functioning of children with obsessive-compulsive disorder and comorbid attention deficit hyperactivity disorder. *American Journal of Psychiatry, 162*(6), 1125-1132.

Swedo, S., Rapoport, J., Leonard, H., Lenane, M., & Cheslow, D. (1989). Obsessive-compulsive disorder in children and adolescents: Clinical phenomenology of 70 consecutive cases. *Archives of General Psychiatry, 46*, 335-341.

Valderhaug, R., Larsson, B., Gotestam, K. G., & Piacentini, J. (2007). An open clinical trial of cognitive-behavior therapy in children and adolescents with obsessive-compulsive disorder administered in regular outpatient clinics. *Behaviour Research and Therapy, 45*, 577-589.

Valleni-Basile, L., Garrison, C., Jackson, K., Waller, J., McKeown, R., Addy, C., et al. (1994). Frequency of obsessive-compulsive disorder in a community sample of young adolescents. *Journal of the American Academy of Child and Adolescent Psychiatry, 33*, 782-791.

van Balkom, A., de Haan, E., van Oppen, P., Spinhoven, P., Hoogduin, K. A., & van Dyck, R. (1998). Cognitive and behavioral therapies alone versus in combination with fluvoxamine in the treatment of obsessive compulsive disorder. *Journal of Nervous and Mental Disorder, 186*, 492-499.

Vogel, P. A., Stiles, T. C., & Gotestam, K. G. (2004). Adding cognitive therapy elements to exposure therapy for obsessive compulsive disorder: A controlled study. *Behavioural and Cognitive Psychotherapy, 32*, 275-290.

Waters, T., & Barrett, P. (2000). The role of the family in childhood obsessive-compulsive disorder. *Clinical Child and Family Psychology Review, 3*, 173-184.

Wood, J., Piacentini, J., Bergman, R. L., McCracken, J., & Barrios, V. (2002). Concurrent validity of the anxiety disorders section of the Anxiety Disorders Interview Schedule for DSM-IV: Child and Parent version. *Journal of Clinical Child Psychology, 31*, 335-342.

Zohar, A. H. (1999). The epidemiology of obsessive-compulsive disorder in children and adolescents. *Child and Adolescent Psychiatric Clinics of North America, 8*, 445-460.

Zohar, A. H., & Felz, L. (2001). Ritualistic behavior in young children. *Journal of Abnormal Child Psychology, 29*, 121-128.

제 9 장

섭식장애와 비만

Denise E. Wilfely, Andrea E. Kass,
Rachel P. Kolko, & Richard I. Stein

섭식장애(eating disorder: ED)와 비만은 뚜렷한 기능적 손상과 저하된 삶의 질, 그리고 사회적 적응에 있어서의 어려움을 야기한다. 섭식장애로 고통받고 있는 사람들은 높은 재발률을 가지며, 공병률과 치사율 증가의 부담을 가지고 있다. 전 세계적으로 급속하게 증가하고 있는 비만 역시도 당뇨병, 심장병, 고혈압, 담낭질환, 심리사회적 문제 및 특정 암과 같은 주요 건강 상태를 수반한다. 이러한 질병을 가진 아동 · 청소년은 흔히 배고픔과 포만감, 신체 불만족, 건강에 해로운 체중 감량법의 사용, 폭식, 식이 제한과 관련된 문제들로 고군분투한다(자세한 사항은 Fairburn & Brownell, 2002; Neumark-Sztainer et al., 2007을 보라). 뿐만 아니라 둘 중 어느 한쪽의 발병이 다른 한쪽의 발병 가능성을 높이는 것과 같이, 섭식장애 정신병리와 비만 사이에는 강한 상호작용이 있는 것으로 보인다. 특히 아동기의 비만은 섭식장애 발달의 위험 요인이며(Fairburn, Welch, Doll, Davies, & O'Conner, 1997; Stice & Whitenton, 2002), 청소년의 폭식은 비만 발생의 위험 요인이다(Stice, Presenell, & Sprangler, 2002; Tanofsky-Kraff et al., 2006). 인지행동치료(CBT)를 활용한 개입 프로그램 접근이 계속해서 개발되고 있고, 상당히 성공적인 것으로 입증되어 오고 있다.

우리는 먼저 이들 상태 각각의 유병률, 관련된 의학적 합병증과 심리사회적 특징들에 대하여 검토할 것이다. 다음으로 인지행동치료(CBT) 프로그램과 연구들, 연구에서의 발견들에 대한 논의, 아동 · 청소년에의 적용을 개관할 것이다. 마지막으로 요약을 제공하고 앞으로의 방향들을 논의한다.

1. 섭식장애

섭식장애(ED)는 심각한 심리적 질환이다. 이 질병들은 일반적으로 여성에게 발생하며, 흔히 청소년기에 나타난다(American Psychiatric Association, 2006). 『정신장애의 진단 및 통계 편람 제4판 개정판(*DSM-IV-TR*)』(American Psychiatric Association, 2000)에서 가장 잘 알려진 두 가지 진단은 신경성 식욕부진증(anorexia nervosa: AN)과 신경성 폭식증(bulimia nervosa: BN)이다. AN은 극도로 낮은 체중, 신체상의 왜곡, 그리고 체중 증가에 대한 공포로 특징지을 수 있다. BN은 정상 체중이거나 정상 체중 이상인 개인에게 진단하며, 지속적이고 반복되는 폭식 삽화(즉, 많은 양의 음식을 먹을 때 통제감 상실을 경험)에 뒤따르는 보상 행동(자기 유도적 구토와 같은 구토, 하제나 이뇨제 오용)으로 특징짓는다. 최근 달리 분류되지 않은 섭식장애(eating disorders not otherwise specified: EDNOS) 내에 속한 폭식장애(binge-eating disorder: BED)는 지속적이고 반복되는 폭식 삽화가 보상 행동 없이 나타나는 것으로 특징짓는다. 2013년에 공개될 DSM-5의 출판을 위한 ED 작업 집단은, ED 진단 기준의 수정을 제안했다. 주요 변경 사항에는 ① AN 진단에 무월경(즉, 월경의 상실)을 더 이상 필요로 하지 않음(현재는 연속적으로 3개월 이상의 무월경 필요), ② 폭식 행동의 빈도를 3개월 동안 주 1회 이상으로 축소(현재는 3개월 동안 주 2회 필요), ③ 공식적으로 BED를 ED로 인정하며, 진단에 필요한 폭식 삽화의 빈도를 3개월 동안 주 1회로 축소(현재는 6개월 동안 주 2회 필요)가 포함된다(American Psychiatric Association, 2010). 이 제안이 최종적인 것은 아니나, ED에 대한 연구들은 이러한 변경 사항이 증가된 임상적 타당성과 향상된 유용성을 반영한다고 제안한다(Wilfley, Bishop, Wilson, & Agras, 2007).

최근 역학 자료에서는 어린 여성들에서 ED의 발달 위험이 가장 크다고 나타났다(Reijonen, Pratt, Patel, & Greydanus, 2003). ED는 여성 청소년들 사이에서 세 번째로 가장 흔한 만성 질환이고(Nicholls & Viner, 2005), AN은 더 어린 청소년들에서 흔히 나타나며, BN은 더 나이가 많은 청소년들에서 흔히 나타난다(Reijonen et al., 2003). 전형적인 발병 연령은 십대이며, AN, BN, BED 각각의 진단 기준에 부합하는 청소년들은 대략적으로 0.4, 0.5, 2.2%인 것으로 추정된다(Ackard, Fulkerson, & Neumark-Sztainer, 2007). 더욱이 ED로 진단받은 아동·청소년들은 수많은 의학적 및 심리학적 공병에 직면한다.

ED는 흔히 만성 및 재발률이 높은 것으로 특징지을 수 있다(Steinhausen, 2002; Steinhausen & Weber, 2009). 연구들은 완치를 위해서는 조기 개입이 중요하다고 시사한다(Agras et al., 2004). 특히 청소년기의 회복률은 성인에서의 회복률에 비해 높다고 기록되어 있고(American Psychiatric Association, 2006), 흔히 청소년들이 평균적인 유병 기간이 더 짧다.

우리가 초기 치료와 회복률에 대하여 알고 있기는 하나, 청소년에 대한 더 많은 치료 연구가 필요하다(Schmidt, 2009). 지금까지, BN이 있는 청소년에게 시행된 3개의 임상적 무선 할당을 사용해 통제된 실험(RCT)이 있는데, 그중 2개만이 CBT의 효율성을 검증하였고, 오직 2개의 RCT에서만 AN이 있는 청소년에 대한 CBT의 효과를 검증했다. BED가 있는 아동 혹은 청소년을 대상으로 CBT를 사용한 RCT는 없으나, 이 환자군을 위한 대인관계 심리치료(interpersonal psychotherapy: IPT)에 대한 예비연구가 시행되고 있다. 지금까지는 ED를 위한 CBT 연구의 다수가 성인을 대상으로 진행되어 왔지만, 때때로 표본 내에 나이가 많은 청소년들이 포함되어 있다.

ED가 있는 아동·청소년을 위한 CBT에 대한 연구가 왜 이렇게 부족한지에 대해서는 불명확하다. 아마도 ED가 청소년기에 흔히 발생하고, 부모들이 증상들을 치료가 필요한 확립된 양상이 아닌 일시적인 단계로 보기 때문일 수 있다. 아동·청소년들이 부모의 통제하에 있다는 것을 고려하면, ED가 있는 아동들은 또한 도움을 구하거나, 그들을 치료하도록 독려하는 성인들에게 이야기를 할 동기가 부족할 수 있다(Varchol & Cooper, 2009). 예를 들어, 청소년들은 그들을 치료에 데리고 오는 성인들에게 의존하기 때문에 치료에 참석하지 않는 것을 선택할 수 있는 성인들에 비하여 통제감을 덜 가지고 있고, 이는 자신의 문제를 성인에게 밝히는 것을 주저하게 만드는 원인이 될 수 있다. 또 다른 문제는 세 가지 ED 유형 모두에서 나타나는 공통 특징인 비밀 유지와 관련되어 발생한다. 개인들은 비정상적인 섭식과 구토에 대해 대개는 숨기기 때문에 이러한 행동을 발견하는 것은 어렵다. BN이 있는 개인들은 대개 평균 체중이거나 평균 체중 이상이기 때문에 BN이 있는 아동들의 부모는 그들 자녀의 ED에 대해 알지 못할 수 있다. 이는 신체적 체중 감소가 두드러지는 AN과는 대조적이다. 사실 이러한 이유 때문에 왜 CBT보다 다른 많은 치료가 이 집단을 위해 개발되어 왔는지(예를 들어, 병원 입원, 가족치료, 약물치료) 설명이 가능하다. BED는 상대적으로 최근에 생겼기 때문에 청소년 연구가 부족하다고 설명할 수 있다. BED가 가장 최근에 DSM(1994년판)의 ED 진단에 추가되었다는 점을 고려하면, 청소년, 그들의 가족들 그리고 의료 제공자들은 BED의 행동적 증상들이 실제로는 ED라는 것을 아직 인식하지 못할 수 있고, 비정상적인 신체적 증상들(체중 증가 이외)의 부재로 인해 이 장애를 더욱 발견하기 어려울 수 있다. 청소년기 BED의 발달과 치료에 대한 연구들이 필요하다.

AN의 경우, CBT에 대한 효율성 연구들은 성인을 대상으로 한 것조차도 매우 부족하다. 자료의 이런 부재는 AN의 낮은 기저율과 이들을 치료하는 것에 수반되는 내재적인 어려움 때문인 것처럼 보인다(Agras et al., 2004). AN이 있는 성인들은 흔히 치료에 저항적이고, 연구를 위한 모집과 유지가 어렵다(Halmi, 2008). 특히 청소년들은 흔히 유병 기간이 짧고, 중도에 치료를 그만둘 확률이 높으며(Agras et al., 2004; Halmi et al., 2005), 치료에 상당히 저항적이다. 2002년에, ED를 전문으로 하는 수많은 연구자가 AN이 있는 사람들의 치료에 대한 이런 장벽들을 어떻게 극복할 수 있는지를 논의하기 위해 미국 국립보건원(national institutes of health: NIH)에 모였다. 이 만남에서의 주요 권고는 AN이 있는 환자의 조기 발견과 치료였다(Agras et al., 2004). BN과 BED가 있는 성인들에게는 이런 연구의 부족이 나타나지 않는다는 점을 알아두어야 한다.

1) 유병률, 의학적 합병증 그리고 심리사회적 특징

(1) 신경성 식욕부진증

신경성 식욕부진증(AN)의 유병률은 일반 인구에서 대략 0.5%이며, 추정 유병률의 범위는 0.3%에서 3.7%다(American Psychiatric Association, 2006). AN의 발병 연령은 일반적으로 14~18세다(American Psychiatric Association, 1994). AN에 관련되는 의학적 상태들은 보통 굶주림의 결과이며, AN의 가장 심각한 경우들에서는 죽음까지도 초래할 수 있다. 한 메타분석은 15~24세의 AN이 있는 여성들의 사망률이 일반 인구의 모든 사례에서의 연간 사망률의 12배 이상이라고 보고하였고(Sullivan, 1995), 한 종단 연구에서는 일반 인구에 비하여 AN이 있는 여성이 자살로 사망할 확률이 56배나 높았다고 밝혔다(Keel et al., 2003). AN이 있는 개인들에게 영향을 끼치는 상태들은 무월경, 탈수, 서맥, 심부정맥, 저혈압, 저체온증, 솜털(얼굴, 등 또는 팔과 다리에 생기는 가는 털), 말초 혈액순환 부실, 말단 청색증(손가락과 발가락의 마비), 간헐적 궤양, 그리고 발가락에서의 괴저성 변화들을 포함한다(Goldstein, Herzog, Misra, & Sagar, 2008; Pomeroy & Mitchell, 2002). AN이 있는 청소년들에게서만 볼 수 있는 의학적 상태들은 성장 지체의 가능성 증가, 사춘기 발달의 중단 또는 지연 그리고 최대 골밀도 감소를 포함하고 있다(Katzman, 2005; Misra et al., 2008). 이런 상태들의 대부분이 체중 증가와 더불어 회복될 수 있지만, 이 장애가 오랜 기간 동안 지속된다면 특히 성장에 미치는 영향들은 영구적일 것이다(Misra et al., 2008). 마지막으로, 추가적인 의학적 합병증들이 AN의 폭식-구토 하위 유형 증상들인 구토, 하제와 이뇨제의 남용 또는 관장 때문에 생길 수 있다(뒤의 BN에 관한 절을 보라).

이 집단에서 종종 발견되는 공병 심리적 장애들과 증상들은 주요우울장애, 불안장애, 사회적 철회, 강박 경향, 좋지 않은 또래 관계, 성적 욕구의 상실 및 자살 위험성 증가를 포함한다(American Psychiatric Association,

2006; Beumont, 2002).

(2) 신경성 폭식증

신경성 폭식증(BN)의 발병 연령은 일반적으로 청소년 후반기이며, 평생 유병률은 1.0%에서 4.2%다(American Psychiatric Association, 2006). 의학적 합병증들은 구토, 하제와 이뇨제의 남용 또는 관장 때문에 생긴다. 장기간 동안 이런 보상 행동들을 반복적으로 사용하는 개인들은 전해질 불균형, 위장관 파열, 위와 식도의 자극과 출혈, 말로리-웨이스 열상(Mallory-Weiss tears: 강제적인 구토와 구역질의 결과로 식도 안의 점막들이 찢어지는 것에 의한 식도 출혈로 특징지어지는 증후군), 바렛 식도(Barret's esophagus: 식도와 위 사이에 장형성 세포들의 비정상적 증식), 대장 기능의 영구적 손상을 포함한 대장의 이상, 치아 에나멜의 부식, 이하선 부종, 고 아밀라아제혈증 그리고 급성 췌장염이 발달될 수 있다(American Psychiatric Association, 2006; Pomeroy & Mitchell, 2002).

심리적 공병에는 불안장애(가장 일반적으로 사회공포증과 범불안장애), 주요우울장애, 물질 남용 및 다른 중독장애, 경계성 인격장애 그리고 충동 행동을 포함한다(American Psychiatric Association, 2006; Bulik, 2002). 또한 높은 확률의 자해 행동(즉, 피부를 베는 것과 같은 자상)이 나타난다(O'Brien & Vincent, 2003).

(3) 폭식장애

폭식장애(BED)의 발병 연령은 보통 후기 청소년기에서 20대 초반이다. 일반 인구에서의 유병률은 0.7~3.0%로 추정된다(Brownley, Berkman, Sedway, Lohr, & Bulik, 2007). 체중 조절 프로그램에 참여하는 비만인 사람들에서, 유병률 보고는 사용된 평가 방법들에 따라 5~40%로 꽤 다양하다. 보다 엄격한 평가 방법들을 사용한 연구들은 5~10%를 보고하였다(Grilo, 2002). BED와 연관된 의학적 합병증은 비만이며(Yanovski, 2002), 이에 대한 의학적 및 심리적 상관성은 이 장의 후반부에 자세히 나타난다. BED의 심리적 공병들은 주요우울장애, 알코올 사용장애들, 불안장애, 충동 행동, 경계성 인격장애, 회피성 인격장애 그리고 강박성 인격장애를 포함한다(Wilfley et al., 2000; Wilfley, Wilson, & Agras, 2003). BED가 있는 개인들은 이러한 심리적 문제들뿐 아니라, 흔히 저하된 삶의 질과 손상된 심리사회적 기능으로 인해 고통받는다. 또한 BED는 더 많은 건강 관리 활용과 관련된다(Striegel-Moore & Franko, 2008; Wilfley, Bishop, et al., 2007).

3) ED에 대한 CBT

CBT는 BN에 대한 가장 효과적인 심리치료라고 밝혀져 왔다. CBT는 다른 2개의 ED보다 BN 치료에 더 인정받는다는 점을 고려하여, BN에 대한 CBT의 묘사를 시작으로 AN과 BED에 대한 CBT에 대해 서술한 뒤, 진단들 간의 치료 프로토콜의 비교를 강조할 것이다.

(1) BN에 대한 CBT

BN을 위한 첫 CBT 매뉴얼은 1980년대에 개발되었다(Fairburn, 1985; Wilson, Fairburn, & Agras, 1997). 이 매뉴얼의 증보판은 1993년에 나왔으며(Fairburn, Marcus, & Wilson, 1993), 최근에 BN을 위한 치료적 선택으로 고려된다(Wilson, 2005). BN에 대한 CBT의 기저 이론은 날씬해야 한다는 사회의 압력이 체중과 체형을 지나치게 강조하게 된다는 것이다. 이런 압력의 결과로 어떤 개인들은 음식 섭취를 심하게 제한하기 시작하고, 배고픔과 박탈감의 증가를 초래하며, 이것은 결국 폭식에 대해 심리적 및 생리학적 취약성을 증가시킨다. 폭식에 대한 보상의 노력으로, 이들은 심한 체중 조절을 하게 되며, 가장 빈번하게는 구토를 유도한다. 이 폭식-구토(마구 먹고 게워 내는) 주기는 극도의 고통과 자기존중감 감소를 초래하는 것으로 생각되며, 이것은 식사 제한을 한층 더 영속시킨다(Wilson et al., 1997). CBT의 일차적 목표는 정상적인 음식 섭취를 회복하며 체중과 체형에 관련된 역기능적 사고를 변화시킴으로써 폭식-구토 주기를 없애는 것이다(Wilson et al., 1997). 프로토콜을 기반으로 한 CBT는 3개의 추가된 순차적 단계를 통해 진전되며, 4~5개월에 걸쳐 16~20회기로 시행된다. 초기 단계의 목표들은 견고한 치료 관계를 정립하며, BN에 대한 교육과 BN을 대상으로 하는 CBT의 원리와 구조에 관한 오리엔테이션을 제공하는 것이다. 매주 체중을 재는 것과 음식 섭취의 자기 감찰 같은 행동적 기법들은 식사 제한, 폭식 그리고 결과적인 보상 행동들의 주기를 깨뜨리기 위해 도입된다. 두 번째 단계에서는 행동치료 기술들이 계속되고, 장애를 유지시키는 역기능적 사고들을 변화시키기 위해 문제해결과 인지 재구성을 포함한 인지 기법들이 시작된다. 마지막 단계는 재발 방지에 초점을 두고 있으며, 그 목적은 고위험 상황들과 촉발 요인들을 포함한 미래의 모든 문제에 대해 환자를 준비시키는 것이다(Wilson et al., 1997).

연구가 우리에게 말해 주는 것 지금까지 20개가 넘는 RCT가 진행되어 왔고, BN의 핵심 특징들을 감소시키는 데 있어서 CBT의 효율성을 지지하는 상당한 근거들이 있다(Fairburn & Harrison, 2003; Stein et al., 2001; Wilson, 1999). BN에 대한 CBT는 약물치료나 비교되었던 대부분의 다른 심리치료보다 더 뛰어나다고 밝혀졌다(Wilson, 2005). CBT에서는 기분과 사회적 기능의 향상뿐만 아니라 폭식, 구토, 식사 제한, 그리고 체중과 체형에 대한 비정상적 태도에 있어 유의미한 향상을 보였다. 효과는 처음 몇 주 동안 분명히 나타나며, 보통 6개월 및 1년 후 추후 조사에서도 유지되었다(Wilson, 1999). 항우울제를 병용했던 CBT는 CBT 또는 약물을 단독으로 사용한 것보다 더 효과적인 것으로 나타났다(Wilson, 1999). 치료 결과에 대한 가장 확고한 예언인자는 치료에 대한 조기 반응이다. 4주 이내의 행동적 증상들의 감소는 더 좋은 결과와 연관되어 있다. 게다가 식사 제한의 급격한 감소는 치료 성과를 분명하게 매개하는 것으로 나타났다(Wilson, Fairburn, Agras, Walsh, & Kraemer, 2002). 연구자들은 접근성을 증가시키기 위하여 치료자가 시행하는 CBT 작업을 컴퓨터나 인터넷에 기초한 방식으로 확장하고 있다(Sanchez-Ortiz et al., 2010; Schmidt et al., 2008).

(2) AN에 대한 CBT

AN 환자들을 위한 CBT에 기저하는 이론은 자기 가치가 주로 체중과 체형을 통해 규정된다는 것이다. 이러한 신념들은 특정한 성격 변인들(예를 들어, 완벽주의, 기분 불안정)과 여성의 아름다움에 대한 사회문화적 모형의 내재화 간의 상호작용으로부터 발달된다고 여겨진다(Vitousek, 1998). AN이 있는 개개인들은 저체중을 만들고 유지하기 위해 극심한 형태의 체중 조절을 하며, 이는 결과적으로 종종 기아를 초래한다(Vitousek, 2002). 이 장애를 유지시키는 것으로 고려되는 변인들에는 체중 증가에 대한 강한 공포, 성에 대한 공포, 체중 감소를 통해 얻을 수 있는 성공감 및 자기 통제감, 가족 문제 및 긍정적인 사회적 강화가 포함된다(Garner, Vitousek, & Pike, 1997).

가너와 동료들(Garner et al., 1997)은 AN에 대한 그들의 CBT 치료 매뉴얼을 BN에 대한 CBT와 비교해 볼 때, AN 집단에게만 있는 특유의 치료 문제들은 'CBT의 방식, 속도, 내용에서의 변화'를 필요로 한다고 지적하였다(p. 95). 특히 BN에 대한 CBT에서 내담자들은 그들의 체중이 아마 안정될 것이라고 듣는 반면에, AN에서는 체중 증가가 우선순위이며 개입의 일차적 목표다. 체중 증가에 대한 공포가 AN의 핵심 증상이기 때문에, 종종 치료를 시작 또는 계속하려는 동기가 부족하고, 따라서 이것이 치료의 첫 단계에서 다루어져야만 한다(Garner et al., 1997). 이들의 치료를 어렵게 하는 다른 요인들은 질병의 부인과 자아 동조적인 종합적 증상을 포함하고, 이는 변화에 대해 강한 저항을 가져온다(Vitousek, Watson, & Wilson, 1998).

BN에 대한 CBT에서처럼, AN의 치료도 3단계로 나뉜다. 첫 번째 단계는 대상자들이 기아 상태가 가지는 파급 효과를 배우며 영양에 대한 정보를 제공받는 등 부분적으로는 심리교육에 초점을 두고 있다. 이 기간 동안 사용되는 다른 중요한 방략들은 자기 감찰, 음식 섭취를 어떻게 변화시킬지에 관한 기법들 그리고 동기 강화 기술을 포함하고 있다. 두 번째 단계 동안에는 표준적 인지 기법들을 사용하여 왜곡된 신념들을 조작적으로 정의하고, 조사하며 경험적으로 검증한다. 세 번째 단계는 재발 방지 기법들과 종결에 대한 준비에 초점을 두고 있다(Garner et al., 1997).

AN에 대한 CBT와 BN에 대한 CBT 사이에 중복되는 부분이 여러 가지 있지만, 중요한 차이점들도 있다. 특히 AN의 경우 인지 개입들은 BN에서보다 광범위한 인간관계와 개인적 영역들에 초점을 두고 있다. 게다가 체중은 규칙적으로 점검되어야만 하며, 모든 기록된 변화들(증가 또는 감소)은 치료 회기의 방향과 구조에 영향을 줄 수 있다. 이러한 변인들에 기초하여, 치료 기간이 BN의 CBT보다 상당히 길다(1~2년). 왜냐하면 상당한 체중 증가를 이루고, 동기부여의 방해물을 다루고 해결하며, 이들에게서 종종 일어나는 의학적 합병증을 다루기 위해 필요한 입원이나 부분적인 입원과 같은 공조를 하면서, 인지적 개입이 가능하도록 하는 데는 많은 시간이 필요하기 때문이다(Garner et al., 1997).

AN의 유지를 설명하기 위한 대안적 이론이 제시되었다(Fairburn, Shafran, & Cooper, 1998). 자세히 살펴보면, 이 모형은 AN의 핵심 특성이 자신의 섭식을 통제하려는 지나친 욕구라고 가정한다. 그리고 3개의 주요 피드백 기제가 이러한 식사 제한을 영속화한다고 보았다. 3개의 주요 피드백 기제란 식사 제한이 통제감을 강화시키고, 굶주림 양상이 식사 제한을 더욱 부추기며, 체형과 체중에 대한 지나친 염려가 식사 제한을 부추긴다는 것이다. 페어번과 동료들(Fairburn et al., 1998)은 그들의 작업이 슬레이드(Slade, 1982)의 자기통제이론을 확장하여 통합한 것이라고 묘사했다. 그들은 자기 통제감이 AN의 발달과 유지의 핵심이므로, 이것이 체중 및 체형에 대해 극도로 과대평가하는 AN 환자들을 위한 CBT의 핵심 전제라고 상정했다. 특히 그들은 AN을 지속시키는 근본이 '섭식을 통제하려는 지나친 욕구'(p. 8)라고 보았으며, 이것이 다른 문제들(즉, 체형과 제중에 대한 염려들)을 다루는 데 있어 조직화 요인이 되어야 함을 주장하였다. 이 모형에 기초하여, 페어번과 동료들은 치료에 주는 두 가지 함축적 의미들에 주목하였다. 즉, 치료는 ① 주로 자기 통제에 대한 과도한 욕구와 그 장애를 유지시키는 기제들에 초점을 두어야 하며, ② 전반적 자기 통제 욕구와 체중, 체형 그리고 음식 간의 관계를 다루어야 한다는 것이다.

연구가 우리에게 말해 주는 것 성인 AN 집단에 대한 CBT를 조사한 통제 결과 연구는 5개밖에 없다. CBT는 행동치료(Channon, de Silva, Hemsley, & Perkins, 1989), 영양 상담(Pike, Walsh, Vitousek, Wilson, & Bauer, 2003; Serfaty, Turkington, Heap, Ledsham, & Jolley, 1999), 그리고 IPT와 불특정 지지 임상 관리(McIntosh et al., 2005)들과 비교되어 왔다. 이러한 연구들에서 CBT 조건이 우수한 성공을 보이기도 하고(영양 상담 및 IPT와 비교), 비슷한 향상을 보이기도 하며(행동치료와 비교), 더 빈약한 결과를 보이기도 하는 등(불특정 치료와 비교) 결과가 일관적이지 않다. 또한 CBT는 플루옥세틴과 함께 검증되어 오기도 했는데, 연구 결과 병용 치료가 효과적이었다(Halmi, 1999; Halmi et al., 2005). 이 모든 연구는 표본 크기가 작고, 연구자들이 이탈률 때문에 종종 난관에 부딪히기도 했으며, 결과를 해석하는 것이 어려웠다는 것을 알아두는 것이 중요하다. 이후의 치료 연구는 이 집단의 CBT 시행에 인지교정치료와 같은 부속 치료에 대한 연구로 확장될 것이다.

(3) BED에 대한 CBT

BED에 대한 CBT는 BN에 대한 CBT의 개정판으로(Marcus, 1997), BED와 연관된 특정한 행동과 인식을 다루기 위해 개정되었다. 예를 들면, BN과 AN에서는 심한 식사 제한이 폭식-구토 주기를 유지하는 데 핵심적인 행동으로 생각된 반면에, BED가 있는 환자에서는 혼란스러운 식사 양상들(과대 제한과 과소 제한을 수반하는)이 더 일반적이다. 그러므로 치료는 건강한 제한(식사 제한을 줄이기보다는 전반적인 음식 섭취를 조절하는 것)에 초점을 두고 있다(Wilfley et al., 2002). 이 외에도 체형과 체중에 대한 왜곡된 인식, 낮은 자아존중감 그리고 부정적 감정—BN과 AN에 대한 CBT에서 역시 다루어졌던—은 폭식 삽화들을 지속시키는 것으로 여겨진다.

더욱이 연구들에서는 부정적 감정이 폭식 삽화에 가장 흔히 선행한다고 나타났다(자세한 사항은 Wolfe, Baker, Smith, & Kelly-Weeder, 2009를 보라). 그러므로 BED에 대한 CBT의 일반적 치료 모형은 식사 양상의 정상화, 적당한 열량 섭취 장려, 그리고 다이어트-폭식 주기에 관련된 역기능적 사고들을 변화시키는 것에 초점을 두고 있다(Stein et al., 2001). 동일한 3단계 일반적 형식이 사용되며, 24주에 걸쳐 개인적으로(Marcus, 1997) 또는 20주에 걸쳐 집단 형태로 실시된다(Wilfley et al., 2002). 치료의 1단계 동안, 규칙적인 식사 양상을 수용하는 것과, 과대 또는 과소 제한되는 양상을 파악하기 위해 자기 감찰을 적용하는 것을 포함한 행동 방략들이 도입된다(Marcus, 1997; Wilfley et al., 2002). 2단계는 폭식 주기를 지속시키는 신념들을 파악하고 이에 도전하는 데 초점을 둔다. 더불어 폭식과 관련되고 개인으로 하여금 폭식하게 하는 부정적 사고에 반박하는 인지 기술을 배운다(Marcus,1997; Wilfley et al., 2002). 마지막으로, 3단계에서는 치료 진전을 파악하고 재발 방지 기술(예를 들어, 고위험 상황에서 대처하기, 문제 해결하기)을 배운다(Marcus, 1997; Wilfley et al., 2002).

연구가 우리에게 말해 주는 것 BED에 대한 CBT는 개인(Marcus, Wing, & Fairburn, 1995; Wilson, Wilfley, Agras, & Bryson, 2010)과 집단(Telch, Agras, Rossiter, Wilfley, & Kenardy, 1990; Wilfley et al., 1993, 2002) 형태 모두에서 검증되어 왔다. 대기 집단 조건과 비교했을 때, CBT가 폭식을 유의하게 감소시킨다는 결과가 일관되게 나타났다(Telch et al., 1990; Wilfley et al., 1993). CBT는 또한 2개의 RCT에서 대인관계 심리치료(IPT)와 비교되었다(Wilfley et al., 1993, 2002). 두 경우 모두, CBT와 IPT는 치료 후와 1년의 추후 조사에서 심리사회적 기능과 폭식에 있어서 상당한 향상을 비슷하게 보였다. CBT와 행동적 체중감량치료(behavioral weight loss treatment: BWL; Agras et al., 1994; Marcus et al., 1995; Nauta, Hospers, Kok, & Jansen, 2000)를 비교한 연구에서는 치료 후 폭식에 있어 비슷한 수준의 감소를 보였지만, 6~12개월의 추후 조사들로부터 얻은 자료는 식사, 체중, 체형과 관련된 염려들의 감소와 폭식의 절제율에 있어서 CBT가 BWL보다 더 효과적이라는 것을 보여 주었다(Nauta et al., 2000). 더 최근에는 윌슨과 동료들(Wilson et al., 2010)이 지금까지의 BED 환자들에 대한 가장 큰 RCT에서, 안내된 자조 CBT(guided self-help CBT: CBTgsh)를 IPT, BWL과 비교하였다. 그 결과 CBTgsh와 IPT가 BWL에 비해 더 효과적이었다. CBTgsh의 비용 대비 효과는 BED가 있는 환자들의 제1치료로 적합하였고, 반면 가장 전문적인 IPT 치료는 높은 ED 정신병리와 낮은 자존감을 가진 환자들에게 효과적인 선택지였다. 마지막으로, BED에 대한 CBT는 약리학적 치료와 비교되어 왔으며, 더 우세하다고 알려져 왔다(Grilo, Masheb, & Wilson, 2005; Ricca et al., 2001). 연구들에 걸쳐, 치료 후 폭식 절제율은 약 50% 정도다(Stein et al., 2001).

(4) 초진단적 CBT

CBT가 BN과 BED 치료에 있어 상당한 성공을 보이고는 있지만, 연구 결과에서 여전히 상당한 크기의 무반응자 집단 혹은 재발한 개인들이 나타난다. ED의 만성에 대해 다루기 위하여, 연구자들은 치료의 성공을 방해하는 요인들을 조사해 오고 있다. 임상적 완벽주의, 낮은 자존감, 빈약한 기분 조절 방략 및 높은 수준의 대인관계 문제들이 ED의 유지에 기여하는 것으로 나타나 왔다(Fairburn, Cooper, & Shafran, 2003). 이러한 네 가지 특징을 목표로 하는 것이 높은 절제율을 야기할 수도 있다. 그러므로 페어번과 동료들은 초진단적 CBT 접근법을 사용하여 이러한 핵심 문제들을 다루기 위해 CBT를 확장하였다. 이 이름은 모든 진단에 걸쳐 ED 증상들을 목표로 하는 데 사용됨을 암시한다.

초진단적 CBT는 외래 환자에게 20주 동안 시행되도록 설계되었다(Fairburn, 2008; Fairburn et al., 2003). 치료는 4단계로 실시된다. 1단계에서 환자들은 치료에 대해 교육을 받고 필요한 행동적 변화들을 확인한다. 2단계에서는 변화에 대한 장애물들을 다루고 ED의 네 가지 핵심 유지 특징들에 대한 논의를 포함한다. 치료에서 가장 긴 부분을 차지하는 3단계에서는 환자들의 부적응적 행동과 부정적인 정신병리 감소에 초점을 둔다. 마지막으로 4단계에서는 재발을 방지하기 위한 치료 유지 요인들을 확인한다. 심각한 저체중(체질량지수[BMI] ≤17.5)인 개인들을 위해서는 치료가 40주 이상 시행되어야 하며, 이때에는 추가적으로 체중 회복에도 초점을 둔다.

연구가 우리에게 말해 주는 것 초진단적 CBT는 BN 혹은 EDNOS가 있는 환자들을 위한 2개 지역 RCT에서 검증되었다(Fairburn et al., 2009). 초진단적 CBT의 두 가지 종류—CBT-Ef(확장된 CBT 양식의 집중 버전)과 CBT-Eb(ED를 유지시키는 네 가지 핵심 특징을 다루는 확장된 CBT 양식의 일반적 버전)—가 대기 집단 조건과 비교되었다. 연구 결과는 통제 집단에서 보이는 것과 비교하여 개입 집단에서 향상된 CBT를 받는 것이 ED 정신병리가 있는 환자들에 있어 증상의 상당한 감소를 야기함을 보여 준다. 게다가 결과들은 높은 수준의 대인관계 문제, 높은 임상적 완벽주의, 낮은 자존감 또는 빈약한 기분 조절 방략이 있는 참가자들의 ED 행동의 장기적 감소에 있어 CBT-Ef보다 CBT-Eb가 더 효과적임을 시사한다. 핵심 특징들이 적은 사람들에게는 그 반대가 적용된다. 이후 연구는 향상된 CBT 양식을 전통적 CBT 접근과 비교하는 것을 목표로 해야 한다.

3) 섭식장애 청소년을 목표로 하는 인지행동치료 및 관련 치료

(1) BN 청소년들을 위한 CBT

록과 동료들(Lock, 2002)은 페어번과 동료들(1993)의 BN에 대한 CBT의 성인 모형을 청소년들에게 사용하기 위해 수정하였다. 저자들은 처음에는 일련의 사례 연구에서 어떤 부분이 이 청소년 집단에게 적합한지를 결정하기 위해 수정되지 않은 CBT를 사용하여 BN이 있는 청소년을 치료하였다. 저자들은 청소년들이 치료에 대한 동기가 낮고, 가족 참여가 필요하며, 부모 개입에 잘 반응하였다는 것을 알아냈다(Lock, 2002). CBT의 수정판은 이러한 요인들을 포함하며, 6개월에 걸쳐 완성되는 것으로 설계된 3단계로 나뉘어 있다. 1단계에는 행동 기법들이 소개된다. 부모들에게 주어진 역할은 그들의 자녀가 치료에 참가하도록 격려하고, 자녀가 치료 회기들에 참석하는 것을 확인하며, 규칙적인 식사 구조를 제공하고, 폭식을 예방하기 위해 '촉발 음식'에의 접근을 제한하며, 구토 삽화를 예방하기 위해 식사 후 그들의 자녀와 함께 있는 것이다(Lock, 2002). 2단계는 인지 기법들과 더불어 1단계에서 소개된 행동 방략들을 통합한다. 여기에서 부모는 청소년들의 행동에 대한 관찰을 치료자에게 제공하고, 가족의 관점에서 문제해결 기술에 대한 통찰력을 제공하며, 필요한 경우에는 가정에서 청소년에게 도움을 제공한다(Lock, 2002). 마지막 단계의 초점은 유지다. 부모들은 아동을 돕고, 있을 수 있는 가능한 고위험 상황을 예방하기 위하여 이 단계와 그 이후에도 관여한다(Lock, 2002).

연구가 BN 개입에 대하여 우리에게 말해 주는 것 록과 동료들은 BN이 있는 청소년에 대한 그들의 CBT 모형을 16명의 청소년에게 (통제되지 않은 채) 시험적으로 검증하였다. 치료 후에 폭식이나 구토는 평균 77%까지 감소되었다. 10명의 참여자는 폭식이나 구토 행동을 중단하였으며, 2명은 중도에 그만두었다(Lock, 2002). 이런 결과들은 BN이 있는 성인들을 위한 CBT에 관한 문헌과 일치한다. 좀 더 최근에 슈미트와 동료들(Schmidt et al., 2007)은 BN이 있거나, 준임상적인 BN 진단을 받은 85명의 청소년(13~20세)을 대상으로 가족치료와 CBT를 통한 자조를 비교한 RCT를 실시하였다. CBT를 통한 자조 조건에서, 참가자들은 치료 매뉴얼(BN이 있는 성인들에게 사용되었고, 청소년들의 사용을 위해 수정됨)을 받았고, 임상가와 일주일에 한 번씩 10회기 동안 만났다. 세 번의 추후 회기 또한 실시되었고, 이때에는 참가자들이 ED 문제에 대해 논의하고 행동 훈련을 통한 작업을 하였다. 치료 후 CBT를 통한 자조치료를 받은 참가자들이 가족치료를 받은 참가자들에 비하여 더 많이 폭식을 중단하였다. 하지만 치료군 간의 폭식에 있어서의 차이점은 12개월 이후까지는 지속되지 않았으며, 구토 행동은 어떤 시점에서도 차이가 나타나지 않았다. 예상했던 것처럼 결과는 CBT를 통한 자조치료가 가족치료에 비하여 유의미하게 비용이 덜 드는 것으로 나타났다. 마지막으로, 한 개방적 시험 연구에서 BN이 있거나 준임상적 BN 진단을 받은 101명의 청소년(13~20세)에게 인터넷에 기초한 유형으로 실시된 CBT의 장점을 살펴보았다(Pretorius et al., 2009). 참가자들은 여덟 번의 온라인 회기를 완수하였고, 매주 연구 치료자로부터 이메일을 통한 피드백을 받았으며, 선택적으로 동료 참가자들과 함께하는 온라인 토의 집단에 참여할 수도 있었다. 비록 전반적인 관해율은 낮았지만, 참가자들은 프로그램 완수 후 유의미하게 폭식과 구토 행동이 줄어듦을 보였다. 추가적으로, 온라인 프로그램에 대한 순응성은 좋지 않았지만(8회기 중 중앙치 3회기 완수), 프로그램에 대한 만족률은 높았다. 집단의 일부(n=11)에게 이후의 질적 면담 연구를 통해 프로그램 수용 가능성을 평가하였고, 전반적으로 긍정적인 피드백을 받았다(Pretorius, Rowlands, Ringwood, & Schmidt, 2010).

연구가 AN 개입에 대하여 우리에게 말해 주는 것 볼과 미첼(Ball & Mitchell, 2004)은 AN이 있는 청소년 및 초기 성인(13~23세)을 대상으로 CBT(n=13)를 행동가족치료(n=12)와 비교하였다. 치료 6개월 후, 어느 쪽이든 치료를 받았던 참가자의 78%에서 중간 수준에서 양호한 수준의 결과를 가졌다. 하지만 치료들 사이에 차이는 없었다. 이 연구의 경우 집단 크기가 작아 해석이 어려웠다는 점을 알아두는 것이 중요하다.

좀 더 최근에 고워스와 동료들(Gowers et al., 2007)이 AN이 있는 167명의 청소년을 대상으로 한 RCT를 게재했다. 참가자들(12~18세)은 입원치료, 전문적 외래치료(CBT, 부모상담/피드백, 식생활 상담 포함), 혹은 일반적인 외래 서비스에 배정되어 치료를 받았다. 3개 집단 모두 시간이 지남에 따라 향상되었지만, 처리의향 분석에서 치료 결과들 사이에 유의미한 차이는 없는 것으로 밝혀졌다. 결론을 내리기 이전에 지속적인 연구가 필요하다.

연구가 BED 개입에 대하여 우리에게 말해 주는 것 한 시험 연구에서 BED의 통제 실패 양상에 초점을 둔 IPT를 청소년을 대상으로 실시하였다(Tanofsky-Kraff et al., 2010). 청소년을 위한 IPT는 처음에 우울증 치료를 위해 개발되었지만, 폭식 치료에 사용할 수 있게끔 수정되었다. 치료의 목표는 건강하지 못한 행동들—여기에서는 통제 실패한 식사—을 대인관계 문제 및 사회적 기능과 연결시키는 것이다(Tanofsky-Kraff et al., 2007). IPT는 부적응적 행동을 둘러싼 행동 및 인지적 변화를 목표로 하고, 개인의 더 큰 사회 연결망과 장애를 지속시키는 그것의 역할에 추가적인 초점을 둔다는 점에서 CBT와 비슷하다. 이 연구에서는 38명의 여자 청소년을 IPT (n=19) 혹은 건강교육(n=19)에 무선 할당하여 치료받게 한 뒤, 통제 실패한 식사 삽화의 비율과 체중 유지율을 살펴보았다. 그 결과, 교육에 비하여 IPT가 통제 실패 식사 삽화의 횟수를 감소시키고 지나친 체중 증가를 예방하는 데 있어 우수한 것으로 나타났다.

(2) 가족 기반 치료

AN의 첫 가족 모형은 미누친, 로스먼과 베이커(Minuchin, Rosman, & Baker, 1978)가 개발하였고, 그 후 1989년에 마라 셀비니 파라졸리와 동료들(Mara Selvini Palazzoli et al.)이 그 뒤를 이었다(자세한 사항은 le Grange, 1999; Stein et al., 2001를 보라). 가족치료의 두 가지 주요 모형, 즉 모우즐리(Maudsley) 접근과 행동적 가족체계 치료(behavioral family systems therapy: BFST)가 개발되어 왔다. 모우즐리 접근은 이 치료가 처음 개발된 영국의 모우즐리 병원의 이름을 본딴 것으로, 1년에 걸쳐 정기적인 20회기로 진행되는데, 3개의 분명한 단계로 나뉘어 있다. 이 치료는 장애를 지속시키는 데 개인, 가족, 사회문화적 영향들이 상호작용한다는 가설에 근거하고 있다(Dare & Eisler, 1997). 특히 강조할 점은 아동 혹은 부모의 질병에 대한 감정이나 책임을 감소시키는 것이다(Lock & le Grange, 2005). 1단계는 약 4~6개월간 지속되며, 심한 영양불량의 위험에 대해 가족을 교육시키는 것뿐만 아니라 아동이 다시 식사를 시작하는 것을 돕도록 부모를 가담시키는 것을 포함한다. 부모가 자녀의 바람에 반대하는 것이 어려우면, 치료자는 가족이 AN 증상들을 아동에게서 분리하여 인지하도록 도와줄 것이다. 좀 더 구체적으로, 목표는 아동과 부모들이 질병(AN)을 아동의 부분이라기보다는 아동과는 본질적으로 다른 것으로 인식하게 하는 것이다. 예를 들면, 치료자는 부모들이 AN이 발병하기 전 자녀가 어떠하였는지를 기억하게끔 할 수도 있다. 그렇게 함으로써 가족은 자녀를 공격하는 것 같은 느낌 없이 AN의 증상들과 싸울 수 있는 필요한 힘을 모으기 시작할 수 있다. 이 치료 단계 내의 또 다른 실제(in vivo) 단계로서, 실제 가족 식사를 치료 회기에 가져오게 된다. 가족 구성원들에게 그들이 가정에서 하듯이 먹으라고 이야기하고, 이를 통해 치료자는 가족 역동에 대한 보다 더 객관적인 관점을 제공받을 수 있다(Lock, 2002). 약 3~4개월 지속되는 2단계는 일단 청소년들이 적절하게 먹고 얼마간의 체중 증가가 유지되면 시작한다. 이 단계 동안, 무질서하게 먹는 증상들, 지속적인 체중 증가, 그리고 관련된 가족 문제들에 초점을 둔다. 체중 증가가 가장 중요하다 할지라도 치료자는 갈등을 일으킬 정도로 아동에게 지나친 압력을 가하지 않도록 주의한다. 일단 청소년들이 자신의 이상적 체중(IBW)의 95%에 이르고, 아동이 음식을 준비하고 독립적으로 먹을 수 있다고 부모들이 느끼게 되면, 3단계가 시작된다. 이 마지막 단계는 2~3개월 지속되며 사춘기부터 사회화까지의 다양한 영역들에서 청소년들에 관련된 문제들을 다룬다. 다루어지는 다른 문제들은 적절한 가족 경계와 청소년의 자율성 증가를 포함한다(Lock, 2002). 수많은 인지 및 행동 구성요소 때문에 어떤 사람은 모우즐리 접근을 CBT로 기술하였다(Bowers, Evans, le Grange, & Anderson, 2003). 그러나 가족에 기반을 둔 형식 때문에, 우리는 이 치료를 가족치료에 속하는 것으로 설명한다.

최근 가족 기반 치료들이 BN이 있는 청소년들에게 사용할 수 있도록 확장되어 오고 있다. 이 치료는 청소년 AN을 위한 모우즐리 접근법과 여러 특징을 공유하지만, 이 치료의 첫 단계를 수정하여 사용한다. 즉, 체중 회복(BN이 있는 환자들에게는 문제가 되지 않는)에 초점을 두는 대신, 폭식 및 구토 삽화의 빈도를 감소할 수 있도록 돕는 것에 주목한다(le Grange, Crosby, Rathouz, & Leventhal, 2007).

로빈, 시걸, 코프케, 모예와 타이스(Robin, Sigel, Koepke, Moye, & Tice, 1994)가 개발한 행동적 가족체계치료(BFST)는 설계와 내용 면에 있어서 모우즐리 접근과 유사하며, 4단계로 나뉜다. 4단계는 ① 평가, ② 통제 원리, ③ 체중 증가, ④ 체중 유지다(Rogbin, 2003). 가족 기반 절차들 간에 중복되는 부분이 많기 때문에, BFST에 대해서 더 자세한 설명은 하지 않기로 한다(자세한 사항은 Robin, 2003을 보라).

연구가 우리에게 말해 주는 것 AN을 진단받은 개인들을 위한 BFST와 가족치료에 대한 모우즐리 접근은 모두 RCT를 통해 다루어져 왔다. 첫 번째 RCT는 모우즐리 접근과 개인 지지치료를 비교하였다(Russell, Szmukler, Dare, & Eisler, 1987). 러셀(Russell)과 동료들은 AN을 진단받은 80명의 청소년과 성인을 대상으로 초기 발병(<18세) 또는 늦은 발병(>19세), 그리고 질병의 기간이 단기적(<3년) 또는 장기적(>3년)인 것에 근거해서 집단을 분류하였다. 단기간의 질병을 가진 청소년들의 경우 가족치료가 개별치료보다 우세하였다고 밝혀진 반면에, 성인들은 두 치료 모두에 똑같이 잘 반응하였다. 치료 5년 후 참가자들을 재평가했을 때, 약 절반 이상이 향상을 계속 보였다(Eisler et al., 1997). 이후 연구에서 르 그랑게, 에이슬러, 데어와 러셀(le Grange, Eisler, Dare, & Russell, 1992)은 공동 가족치료(부모들과 아동이 함께 참여)가 개별적 가족치료(부모와 아동이 개별적으로 참여)보다 뚜렷하게 더 효과적인지를 조사하였다. 참여자들은 AN이 초기에 발병한 18명의 청소년으로, 두 치료 조건들 중 하나에 무작위로 할당되었다. 그 결과들은 두 집단 모두에서 향상을 보였으나, 체중 증가에 있어서는 두 치료 형태 사이에 유의미한 차이가 없었다.

모우즐리 접근법은 영국에서 개발된 이후, 2001년 처음 미국 내에서 매뉴얼화되고 검증되었다(Lock & le Grange, 2001). 19개 가족이 6개월 동안 치료를 완수했고, 참가자들 중 89%가 더 이상 AN의 저체중 진단 기준에 속하지 않을 정도로 충분히 체중이 증가하였다. ED 정신병리 측정치와 구토 행동 감소 또한 주목할 만하다. 이후 한 임상 연구에서 단기(6개월간 10회기) 및 장기(1년 간 20회기) 가족치료를 비교하며, 치료의 양과 기간 사이의 차이에 대한 최소한의 결과를 비교하였다(Lock, Couturier, & Agras, 2006). 6년 후, 별개의 연구 팀에서 청소년을 대상으로 하는 모우즐리 치료에 대한 공개 실험을 실시하였고, 이 작업은 원래 치료가 매뉴얼화된 기관뿐 아니라 다른 곳에서도 모우즐리 매뉴얼을 전파할 수 있다는 실행 가능성의 지지를 제공하였다(Loeb et al., 2007). 여러 기관의 동료들과 더불어, 우리는 AN을 가진 청소년 환자들의 조기 개입에 있어 어떤 가족치료가 가장 유리하고 효과적인지를 보여 주고자 청소년 AN의 치료를 위한 모우즐리 접근법(여기서는 행동가족치료라고 부름)을 체계적 가족치료(지역사회 상황에서 실행 가능한 치료를 반영하도록 설계됨)와 비교하는 여러 지역 RCT를 실시하고 있다.

AN과 BN의 중첩된 증상들과 AN의 폭식-구토 유형의 치료에 있어 입증된 가족치료의 효과성을 고려할 때, 최근 연구는 청소년 BN 집단의 치료를 위한 가족치료의 사용을 조사하고자 해 왔다. 예비 연구 결과는 긍정적이었지만 사례 연구에 제한되어 있었다(Lock & le Grange, 2005). 하지만 최근 80명의 환자를 대상으로 한 RCT에서 치료 직후와 치료 6개월 후 폭식과 구토 행동 및 정신병리를 감소시키는 데 있어 지지치료보다 가족치료가 임상적으로 유용하다는 것이 밝혀졌다(le Grange et al., 2007).

로빈과 동료들(Robin et al., 1999)은 BFST와 관련해 유일한 무선할당치료 성과 연구를 실시하였다. 그들은 AN이 있는 37명의 청소년기 소녀 표본 내에서 BFST와 자아 지향적 치료를 비교하였다. 치료 후, BFST 조건에서 체중 증가가 유의미하게 더 컸다. 그러나 1년의 추후 조사에서는 이 차이가 더 이상 유의미하지 않았다. 섭식 정신병리와 우울증 측면에서, 두 치료 모두는 AN이 있는 청소년 치료에 효과적이라는 것이 발견되었다.

2. AN, BN, BED 청소년에게 인지행동치료를 적용하는 방법

CBT는 아동 · 청소년에 영향을 주는 수많은 심리적 상태에 적용 · 평가되어 왔으며 효과적인 것으로 알려졌다(Kendall, 2000; Kendall & Choudhury, 2003을 보라). ED가 있는 성인들을 위한 CBT 문헌의 개관에 근거해 볼 때, CBT가 BN과 BED에 효과적이며 AN에 있어서도 유망한 치료라는 것은 분명하다. 이 모형들(AN, BN, BED에 대한 CBT)의 어떤 구성 요소들이 ED가 있는 청소년에 적절하고, 어떤 수정들이 필요한지에 대하여 의문점들이 생긴다. 몇몇 저자는 청소년을 치료하는 데 있어 도움이 될 수 있는 기법들과 특히 청소년이 CBT에 많이 반응하도록 만드는 능력들을 제시하고 있다. 예를 들면, 치료와 보건에 대한 국제적 지침을 제공하는 영국 단체인 영국 보건감시기구(National Institute for Clinical Excellence: NICE)는 그들의 2004년 ED에 대한 임상 지침서에서 일단 CBT가 나이, 발달 수준 그리고 적절한 가족 개입을 반영하여 조정되기만 한다면, BN이 있는 청소년들에게 적합하다고 발표하였다.

이미 언급한 대로, ED 진단을 받은 사람을 위한 CBT는 행동 기법들(1단계), 인지 기법들(2단계) 그리고 재발 방지(3단계)를 강조하는 3단계로 나뉜다. 이 구조는 성인들에게 성공적이었으며, 청소년들에게는 적절하게 수정되어 사용되어야 할지도 모른다. 우리의 권고는 발달적 관점으로 CBT에 접근하는 것, ED가 발병하고 유지되는 맥락에 크게 역점을 두는 것, 그리고 청소년 집단에만 있는 고유한 문제들을 인식하는 것을 포함하고 있다. 이 외에도 청소년의 인지 능력과 관심들에 맞춰 세부적 인지행동 기법을 변화시키는 것 또한 권장된다. 마지막으로, 부모 개입이 강력하게 장려된다. ED

청소년에게 CBT를 적용하는 것에 대한 우리의 권고들은 ① ED 청소년을 위한 가족치료에서 나온 경험적 증거, ② 상태 전반에 걸쳐 아동·청소년에 대한 CBT에서 나온 경험적 증거, ③ 이 집단을 대상으로 일하는 전문가들로부터 나온 임상적 권고들에 기초하고 있다. 다음에서 우리는 이런 권고들에 대해 상세히 설명한다.

1) 접근 방법

청소년들은 여러 가지 발달 문제에 직면한다. 특히 극적인 신체적, 사회적, 인지적, 행동적 그리고 감정적 변화들이 이 단계 동안 일어나는 것으로 잘 알려져 있으며, 이런 변화들은 경험하는 문제들의 빈도와 성질에 영향을 주기 쉽다(Reinecke, Dattilio, & Freeman, 2003). ED는 일반적으로 청소년기에 발달하고, 사춘기 후 변화들 같은 발달적 요소들에 의해 지속될 수 있으며, 체중 증가, 성에 대한 인식의 시작, 자기존중감, 높아진 자기 인식, 자신의 분리된 정체성을 이루려는 노력과 관련이 있을 수 있다. ED 발달에 있어서 이런 요소들의 잠재적 특징 때문에, CBT가 이런 발달적 문제들을 다루어야 한다는 것이 바로 우리의 권고다. 예를 들면, 한 가지 제안은 체중 증가의 자연적 진행과 사춘기와 관련된 신체적 변화들, 그리고 이런 변화들과 미에 대한 사회적 기준 사이의 불일치에 대해 (여자) 청소년을 교육시키는 것이다(Pike & Wilfley, 1996). 이 주제는 특히 또래들보다 신체적으로 좀 더 성숙한 청소년들과 관련될 수 있다. 일반적으로 이런 발달적 관점으로부터 CBT에 접근하는 것은 특정한 CBT 기법들을 변화시킬 것 같지는 않다. 그 대신에, ED의 발달 정신병리에의 정통함과 앞에서 언급된 주요 문제들에 민감함을 요구할 것이다(Cooper & Stewart, 2008; Smolak, Levine, & Striegel-Moore, 1996을 보라).

CBT가 어떤 아동에게 적절한 것인지를 판단함에 있어, 인지 발달 수준 또한 고려되어야 한다. CBT가 인지에 집중된 것을 감안하면, 인지 발달에 대한 지식이 아동 및 청소년을 위한 CBT의 지도를 제공할 것이다. 7~11세 사이의 아동들은 조직화되고 논리적인 사고를 보인다. 게다가 나이가 더 어렸을 때보다 덜 자기중심적이며, 아동·청소년은 구체적인 문제해결 능력을 가진다. 11~15세까지는 사고가 점점 추상적이 되어 가고, 형식적 논리 원칙들의 통합이 가능해지며, 이론적 의도가 출현하고, 수많은 가설과 그것들의 잠재적 결과를 만들어 내는 능력이 분명해진다. 임상 경험에 기초하여, 로빈, 길로이와 데니스(Robn, Gilroy, & Dennis, 1998)는 아동의 인지 발달 수준이 ED 개념들(예를 들어, 외모)의 의미에 대해 추상적으로 생각하고, 그들 신체의 부정적 개념화에 대한 대안적 설명들을 심사숙고하며, 좀 더 긍정적인 사고와 행동을 검증할 수 있는 수준이 된다면, CBT는 ED 청소년에게 성공적으로 적용될 수 있다고 제안한다. 저자들은 14세 이상의 청소년들이 일반적으로 이런 능력들을 획득한다는 것과 어떤 경우들에서는 더 나이 어린 아동들 또한 그럴 수 있다는 것에 주목한다. 실제로, 정상 발달에서 11세 정도의 인지적 단계에 있는 청소년들은 전형적 CBT 개입들로부터 이익을 얻을 수 있다.

이런 기준들을 충족하지 않는 아동들을 위해, 우리는 그들의 인지적 수준에 맞춰 적용되어 왔던 인지행동 기법들을 사용할 것을 제안한다. 특히 ED가 있는 아동을 위한 CBT 모형을 개발하기 위하여, 다른 심리장애가 있는 아동들을 위해 개발된 CBT 프로그램을 참고하는 것이 도움이 될 것이다. CBT가 아동(9~12세)을 위해 어떻게 변화되었는지에 대한 가장 좋은 예들 중의 하나는 불안장애가 있는 아동들을 치료하기 위해 사용되는 코핑캣 프로그램이다(Kendall, 1990). '융통성 있게' 적용되는(Kendall, Gosch, Furr, & Sood, 2008) 경험적으로 지지된 이 프로그램에서도(Albano & Kendall, 2002; Kendall, 1994; Kendall et al., 1997를 보라), 모델링, 노출 과제들 그리고 역할 연기를 포함한 행동 기법들이 사용되며 과제를 통하여 강화된다. 인지 기법들은 인지 재구성(예를 들어, 불안한 생각들을 파악하고 도전하기, 불안한 생각에 반대되는 대처 사고들을 발달시키기)과 문제해결(예를 들어, 불안 유발 상황에서 불안을 감소시킬 수 있는 자기 진술 사용하기)을 포함한다. 아동들을 위해 수정된 CBT를 사용하여 경험적으로 지지된 또 다른 프로그램은 '새로운 시작(New Beginnings)'(Lustig, Wolchik, & Weiss, 1999)이다(Weiss & Wolchik, 1998; Wolchik et al., 1993). 이 예방적 개입 프로그램은 특별히 이혼한 부모들의 자녀(9~12세)를 위해 설계되었고, 집단 형태로 사용하도록 만들어졌다. 교육(즉, 기술을 제공하는 것), 역할 연기 또는 비디오테이프를 통하여 모델링하는 것, 그리고 구조화된 활동들을 사용한 연습을 통해 대처 기술을 소개한다. 구체적인 수정 사항은 좀 더 이해하기 쉬운 용어들로 인지 기법들을 설명하고 이름 붙이는 것(예를 들어, 부정적 혼잣말은 '비관과 절망', 부정적 혼잣말에 도전하는 것은 '생각 무찌르기'라는 이름 사용)과 중요한 개념들을 설명하기 위해 독창적인 방법을 사용하는 것(예를 들어, 인형극, 감정 온도계)을 포함하고 있다. 두 프로그램 모두에서 순응도를 증가시키기 위해 그리고 자기 효능감을 증진시키기 위해 긍정적 강화(예를 들어, 과제를 마친 보상으로써 주어지는 스티커, 적절한 때 치료자-집단 지도자가 주는 긍정적인 피드백)가 사용된다. 우리는 유사한 기법들이 ED 아동들에게도 적용될 수 있다고 권고한다.

ED 청소년에 대한 CBT의 두 번째 수정 사항은 발달적 과제가 발생하는 사회적 맥락을 통합시키는 것이다(Bowers et al., 2003; Lock, 2002; Reinecke et al., 2003). 청소년들의 인지 발달은 모델링과 강화를 통해 사회적 맥락 속에서 일어난다. 이 청소년기의 사회적 틀은 주로 가족 구성원들(부모와 형제들), 또래들, 학교 환경, 지역사회 그리고 역할 모델들을 포함한다(Bandura, 1977; Lock, 2002; Reinecke et al., 2003). ED의 맥락에서, 날씬해지라는 압력의 지각(ED를 발전시키는 주요 위험 요인으로 알려진; Stice, Ng, & Shaw, 2010)은 대중매체와 사회적 또래 집단들을 통해 강화된다. 예를 들면, 연구는 극도로 날씬한 패션 모델들(역할 모델)에 대한 찬미, 그리고 자신의 체중과 체형을 또래들과 비교하는 것이 청소년 여자아이들에게 부정적인 신체상과 섭식장애를 증진시킨다는 것을 보여 주고 있다(Stice, Maxfield, & Wells, 2003). 또래들 사이에서 날씬해지라는 직접적(예를 들어, 체중과 관련된 놀림) 그리고 간접적(예를 들어, 소위 '지방담화[살찌는 것과 관련한 이야기]') 형태의 사회적 압력들도 여자 청소년의 ED에 기여한다는 것이 밝혀졌다(Wertheim, Paxton, Schutz, & Muir, 1997). 또한 가족의 식사 습관, 가족의 다이어트 관습, 그리고 청소년의 체중과 체형에 관한 부모의 태도는 음식과 자신의 체중 및 체험에 대한 청소년들의 인지와 신념에 영향을 줄 수 있는 변수들이다(Taylor et al., 2006; Thelen & Cormier, 1995; Wertheim, Mee, & Paxton, 1999). 청소년기 소녀들은 그들의 신체를 가족 구성원들이나 매체에 나오는 여성들보다도 그들의 친구들과 학교에 있는 소녀들과 더 많이 비교한다고 알려져 있기 때문에, 또래들로부터 오는 압력들이 특히 치료에 관련된다(Wertheim et al., 1997).

ED 청소년을 치료하는 치료자들은 이런 심리사회적 맥락을 포함하도록 CBT를 수정할 수 있다. 이런 변수들의 영향의 정도는 청소년마다 다양할 것이기 때문에, 각 개별 사례에서 어느 사회적 관계가 ED에 유의미하게 기여하는지를 결정하는 것은 치료자에게 달려 있다. 예를 들면, 부모들의 식습관과 태도가 ED를 지속시키는 데 관여되어 있다면, 치료자는 회기 동안에 부모를 청소년들과 함께 포함시키거나, 정해진 같은 시간대에 따로 만나 볼 수 있을 것이다(다음의 '부모 관여' 절을 보라). ED에 대한 매체의 영향을 다루기 위해, 현재의 인기 있는 십대 역할 모델들을 잘 알고 있는 것이 유용하다(즉, 모델들, 배우들 그리고 음악가들). 이런 지식은 치료자가 청소년의 비교 표준을 알고 준비하게 할 뿐만 아니라 청소년에게 이해받고 있다는 느낌을 줌으로써 치료 동맹을 강화시킬 수 있다. 매체가 미치는 영향에서 높은 비율을 차지하는 것이 패션 잡지인 것을 감안하면, 십대 잡지 사진과 기사를 치료에 포함시키는 것 또한 건설적일 수 있다. 특히 이런 사진과 기사는 토론을 자극하는 데 사용될 수 있으며, 마침내는 청소년들이 이런 기사들이 가지고 있는 설득 전술(예를 들어, 날씬함은 성공과 같은 가치를 갖는다)뿐 아니라 이미지를 인위적으로 수정하는 방식들을 식별하고 그에 맞서도록 돕는다. 마지막으로, 대부분의 경우에서 ED 청소년에 대한 CBT는 반드시 또래들의 영향 또한 다루어야 한다. 유용한 기법에는 학교 친구들로부터 놀림을 당하는 것에 맞서기 위한 자기주장 훈련과 역할 연기가 포함될 수 있다. 그 외에도 신체 수용과 건강한 식습관에 초점을 둔 동성의 청소년 지지 집단이 CBT를 보완하는 데 필요할 수 있다.

2) 부모 관여

치료에서의 부모 관여는 강력하게 추천된다. 모든 장애에 걸친 아동 · 청소년 CBT(예를 들어, Albano, 2003; Heflin & Deblinger, 2003; Kendall & Choudhury, 2003; Pardini & Lochman, 2003; Ziedonis, Haberstroh, Hanos Zimmermann, Miceli, & Foulds, 2006)와 ED 청소년에 대한 가족치료는 대개 치료에서 부모를 자문을 구하는 역할부터 공동 내담자 역할까지 이용하곤 한다(Barmish & Kendall, 2005을 보라). ED 청소년들의 가족 구성원들(형제들을 포함한)은 정보를 공유하고, 의사소통을 도우며, 행동 관리에 대한 조언을 제공하기 위해 치료 과정에 포함되어야 된다. 이는 특히 AN 청소년들의 경우에 그러하다. 왜냐하면 장애가 종종 가족 전체에게 영향을 미치기 때문이다(National Institute for Clinical Excellence, 2004). 회기 동안 부모의 참석은 인지 능력이 부족한 청소년들(나이에 기초한 것이거나 ED 자체의 결과로서)을 도울 수 있으며, 만일 동기부여 문제가 있는 경우라면 치료 순응을 확실하게 할 수 있다(Lock, 2002). 게다가 부모의 참여는 청소년을 대상으로 한 ED 치료 연구에서 치료 유지에 긍정적인 영향을 주는 것으로 나타났다(Hoste, Zaitsoff, Hewell, & le Grange, 2007). 부모들은 행동의 변화가 일어날 수 있는 가족 환경을 촉진하고 장려할 수 있기 때문에 회기 밖에서의 부모 관여 또한 꼭 필요하다(예를 들어, 청소년에게 규칙적인 식사 형태를 제공하고, 적절한 음식을 위해 장을 보는 것). 가족 개입이 치료 순응성에 중요할지라도, 치료는 청소년의 독립을 위한 작업도 필요로 한다(Young, 1990). 그러므로 어떤 사람들은 나이가 많은 청소년들에 대한 치료의 경우 가족 맥락 안에서 시작되어야 하지만 청소년의 자기 주도가 일정 기간 동안 지속되면 개인 회기로 옮겨 가야 한다고 제안한다(Young, 1990). 종합적으로 보면, 부모 관여의 정도와 유형(예를 들어, 회기 내 포함 혹은 따로 만남)은 청소년의 나이, ED의 심각도, 부모의 지지 수준, 그리고 부모의 정신병리 존재 유무에 기초하여 결정되어야 한다.

3) ED 청소년 집단 특유의 쟁점과 적용

동기는 치료 순응에 있어 중요하다. 앞에서 언급했듯이, 변화에 대한 동기의 부족은 일반적으로 AN 집단의 공통 문제이며 CBT 프로토콜은 이에 맞추어 개발되어 왔다(Vanderlinden, 2008). AN과 BN이 있는 청소년들은 그들의 행동을 문제로 보지 않기 때문에 종종 치료에 참여하고 회복하려는 동기가 부족하다(Bowers et al., 2003). 게다가 ED 청소년들은 ED가 있는 성인기 초반의 사람들에 비해서 질병이 있다는 것을 부인할 가능성이 크고, 도움을 요구할 가능성이 더 낮다(Fisher, Schneider, Burns, Symons, & Mandel, 2001). 이런 치료 장벽들을 극복하기 위해서 몇 가지 방략이 추천된다. 첫째, 부모들은 그들의 자녀를 치료에 강압적으로 밀어붙이기보다는(비록 의학적 개선을 위해 필요할 수는 있지만) 자녀가 자발적으로 치료에 오게끔 하도록 격려된다. 이를 이루기 위한 한 가지 방법은 청소년이 존경하며 긍정적인 대인관계를 가지고 있는 개인(예를 들어, 손위 형제들, 교사, 종교 지도자)의 도움을 구하는 것이다(Pike & Wilfley, 1996). 둘째, 만일 청소년이 치료자와 동맹이 좋지 않다고 느낀다면, 유의미한 변화가 일어날 가능성은 희박하다. 그러므로 처음 몇 번의 만남 동안 치료자가 긍정적인 작업 동맹을 정립하는 것이 중요하다(Creed & Kendall, 2005; Vanderlinden, 2008를 보라). 라포를 형성할 수 있는 방법의 한 가지 예는 첫 회기의 대부분을 청소년의 시각에서 ED와 치료에 대한 감정을 논의하는 데 전념하는 것이다. 이 회기의 또 다른 목표는 성공적으로 치료가 되었던 다른 청소년과 내담 청소년의 공통점을 강조함으로써 내담 청소년의 염려를 정상으로 돌아올 수 있게 하는 것이다. 셋째, 수용, 이해, 공감을 소통하기 위해 치료자는 판단하지 않는 태도를 유지하고 청소년들과 똑같은 말투와 예시를 사용하도록 격려된다.

식사 양상을 변화시키기 위한 CBT 행동 기법들은 종종 그들의 학교와 가정환경뿐만 아니라 청소년들의 능력에 적합하도록 조정될 필요가 있다. 식사 양상의 관점에서 부모의 지지는 청소년들이 처방된 규칙적인 식사 양상을 따르도록 돕기 위해 권장된다(즉, 하루에 3회의 식사와 2~3회의 간식). 특히 순응을 확실하게 하기 위해서, 치료자는 부모들에게 청소년에게 추천된 식사와 간식을 제공하도록 지시할 수 있다. 이 외에도 CBT의 1단계 동안, 가족들이 '위험한' 음식들(즉, 폭식의 가능성을 증가시킬 수 있는 음식들)을 사는 것을 자제하며, 집에 적당한 양의 '안전한' 음식들을 갖고 있도록 지시한다. 처방된 오전과 오후 간식들은 학교 상황(예를 들어, 교실에서 먹지 않는 것)에 융합되기 어려울 수도 있다. 이 경우에는 간식을 어떻게 청소년의 일정에 통합하여야 하는가에 대해서 치료자가 청소년과 문제해결을 해야 할 필요가 있을 것이다(예를 들어, 오전 간식의 부족을 보충하기 위해 아침에 식사를 많이 하는 것, 학교에서 집으로 돌아온 후에 늦은 간식을 약간 먹는 것).

인지치료 방략들을 수행하는 데에는 추가적인 수정이 권장된다. 청소년들은 권위적인 사람들(즉, 부모나 치료자)에 비해서 비슷한 문제들을 다루고 있는 그들과 같은 나이의 누군가를 동일시할 가능성이 크다(Berndt, 1996; Laursen, 1996). 따라서 인지 기법들의 전통적 효과를 증진시키기 위해 우리는 ED가 있는 다른 청소년들과 관련 있는 비디오 또는 이야기들을 사용할 것을 추천하였다. 예를 들면, 자동적 사고의 현실 검증이라는 개념을 보다 명확하게 하기 위해서, 치료자는 자동적 사고(예를 들어, '만일 내가 체중이 늘면 아무도 나를 좋아하지 않을 거야.')를 확인한 다음 대안적 반응(예를 들어, '내가 체중이 더 늘었던 지난 여름에도 난 같은 수의 친구가 있었어.')을 제공하는 ED가 있는 어린 소녀의 이야기를 언급할 수 있다. 삽화 이야기 또는 쓰인 이야기들로 인지 기법들을 보완함으로써, 청소년들이 스스로 그 기법을 시도할 가능성이 더 커질 것이다.

ED가 있는 아동·청소년에 대한 치료에서 사용되는 특정한 인지 기법들은 청소년들의 사고에 대항하는 것보다는 오히려 대안적 사고방식을 강조하고, 청소년이 자동적 사고와 부적응적 가정들을 파악하기 위해 일기를 쓰도록 하는 것을 포함한다(Bowers et al., 2003). 동기의 부족 그리고 인지 발달 단계로 인하여, 몇몇 청소년은 인지 기법들에 참여하는 것에 완전히 저항적이거나 참여할 수 없을지도 모른다. BN 성인들에 대한 CBT 매뉴얼에서 페어번과 동료들(Fairburn et al., 1993)은 이런 상황에서 치료자가 인지치료를 포기하고 대신에 인지 지향의 행동 기법들(예를 들어, 생각을 감찰하는 것)을 수행하는 데 주로 초점을 둘 것을 권고하였다. 이 제안은 청소년에게도 적용할 수 있다.

3. 아동 및 청소년의 과체중과 비만: 개관

1) 정의 및 배경

지난 몇 십 년 동안 아동 및 청소년들은 점차적으로 무거워져 왔고, 이전에 비하여 더 많은 아동이 과체중과 비만으로 분류되고 있다(Hedley et al., 2004; Ogden et al., 2006; Ogde, Flegal, Carroll, & Johnson, 2002). 미국 질병통제예방센터(Centers for Disease Control and Prevention: CDC)는 아동·청소년에 있어 '과체중'을 체질량 지수(BMI: 몸무게[kg]를 키[m]의 제곱으로 나눈 것)가 나이와 성별에 대비하여 100명 중 85~95번째에 속해 있을 때로 정의하고, 95번째 이상에 있을 때를 '비만'이라고 정의하고 있다(Kuczmarski et al., 2000). BMI 점수와 명시된 백분위수 분포는 체중 분류를 결정하는 데 사용되는데, 그 이유는 계산하여 구하기 쉽고 체지방의 간접적 측정치를 제공하기 때문이다. 여기에 명시된 정의들은 '과체중 위험이 있는'을 '과체중'으로, '과체중'을 '비만'으로 대체하는 최근의 용어 변화를 반영한다(Barlow, 2007).

비만은 세계적으로 주요 건강 문제들 중의 하나로 고려된다. 세계보건기구(World Health Organization)는 성인 비만보다 더 빠른 수준으로 아동 비만의 비율이 증가하고 있어 1998년에 비만을 세계적인 유행병이라고 선언하였다(Henderson & Brownell, 2003). 안타깝게도 아동기의 비만은 연관된 심리사회적 · 의학적 후유증을 남김과 동시에 성인기의 비만으로 이어진다(Serdula et al., 1993). 더욱이 소아기 과체중 및 비만과 관련된 합병증의 치료는 의료 활용 및 비용의 증가로 이어진다(Hampl, Carroll, Simon, & Sharma, 2007).

우리는 소아기 과체중 및 비만의 유병률과 이와 관련된 의학적 및 심리사회적 합병증에 대해 먼저 검토하고 난 뒤, 소아기 과체중과 비만에 대한 개입에 대해 개관할 것이다. 이어서 체중 감량을 위한 주요 행동 및 인지 구성 요소들뿐 아니라 아동기 과체중 및 비만 치료에 있어서의 부모의 역할에 대한 자세한 논의도 제공한다. 마지막으로, 우리는 과체중과 비만인 청소년들의 체중 유지 치료를 서술한 뒤, 가능한 미래의 방향과 이후 연구 영역들에 대해 논의할 것이다.

2) 유병률, 의학적 합병증 그리고 심리사회적 특징

최근 국가적 조사를 통한 자료에서 2~19세 사이의 아동 및 청소년의 15%가 BMI 백분위수 85~95번째 사이에 있고 16%는 95번째 혹은 그 이상에 속하여, 현재 31%의 아동—거의 3명 중 1명의 아동이—과체중이거나 비만으로 분류된다고 나타났다(Ogden, Carroll, & Flegal, 2008). 높은 체중 상태에 있는 아동들은 보통 체중의 아동에 비하여 고혈압, 혈압의 증가, 높은 총 콜레스테롤 및 높은 혈청 지단백질과 같은 심혈관계 위험 요소를 더 가지고 있다(August et al., 2008; Berenson, Srinivasan, Wattigney, & Harsha, 1993; Freedman, Dietz, Srinivasan, & Berenson, 1999; Ippisch & Daniels, 2008; Ogden et al., 2002). 또한 최근 청소년들 사이에서 제2형 당뇨병 환자 수가 증가한 것은 과체중 청소년의 증가와 연관되어 있다는 것이 밝혀졌다(August et al., 2008; Pinhas-Hamiel et al., 1996; Rosenbloom, Joe, Young, & Winter, 1999). 다른 의학적 합병증에는 심혈관계 문제와 관련이 있는 폐쇄성 수면 무호흡증, 빈약한 학업 성취뿐 아니라 뼈와 고관절의 통증 혹은 장애 등이 포함된다(August et al., 2008).

아동기 과체중 및 비만의 심리적 영향도 신체적 영향만큼 해롭다는 것은 충분히 입증된 사실이다. 소아 과체중 및 비만과 관련된 심리사회적 합병증에는 우울, 불안, 무가치감 및 증가된 행동 문제들(BeLue, Francis, & Colaco, 2009), 행동장애(August et al., 2008)가 포함된다. 차별, 편견 그리고 놀림이 흔히 과체중 아동에게 향한다(Dietz, 2002; Goldfield & Chrisler, 1995; Gortmaker, Must, Perrin, Sobol, & Dietz, 1993; Hayden-Wade et al., 2005). 과체중 아동들에 대한 차별은 오랫동안 지속되어 왔으며, 이러한 낙인화는 지난 40년 동안 증가되어 왔다(Latner & Stunkard, 2003). 과체중 아동들은 사회적 상황과 운동경기에서 정상 체중의 아동들보다 덜 유능하다고 인식된다(Banis et al., 1988; Zeller, Reiter-Purtill, & Ramey, 2008). 심하게 과체중인 아동들과 청소년들은 정상 체중의 아동 · 청소년에 비해서 신체, 정서, 사회 그리고 학교 기능 면에서 삶의 질이 낮다. 이런 삶의 질 평정은 암을 진단받은 아동들과 청소년들에게서 발견된 것들과 유사하였으며 성별, 인종 그리고 사회경제적 지위 전반에 걸쳐 일관되게 나타났다(Schwimmer, Burwinkle, & Varni, 2003). 아동기 과체중은 이후의 ED 정신병리의 발달에서 가장 확고한 위험 요인들 중의 하나로 알려져 있다(Fairburn et al., 1997, 1998; Stice & Whitenton, 2002). 과체중 아동들은 또한 과체중이 아닌 아동들보다 덜 매력적이라고 생각되며 더 나쁜 신체상을 가지고 있다(Striegel-Moore et al., 2000; Zeller et al., 2008).

소아기 과체중 및 비만은 또한 장기간에 걸쳐 나타나는 여러 가지 건강 합병증과 관련이 있다(Must, Jacques,

Dallal, Bajema, & Dietz, 1992). 소아기 과체중 및 비만의 주요 경과 중 하나는 아동기의 증가된 체중이 성인기의 증가된 체중과 상관이 있어, 과체중이거나 비만인 아동들이 이후 과체중이거나 비만인 성인이 되기 쉽다는 것이다(Fisberg et al., 2004; Whitaker, Wright, Pepe, Seidel, & Dietz, 1997). 과체중 아동은 과체중이 아닌 아동에 비하여 대략 6~7배 정도 과체중 성인이 되기 쉽다(Serdula et al., 1993). 성인기 과체중 및 비만은 고혈압, 심혈관계 질환, 제2형 당뇨병 및 암에 걸릴 높은 위험과 같은 심각한 건강 문제와 연관되어 있다(Faith & Allison, 1996). 따라서 신체적 및 심리사회적 문제의 감소와 마찬가지로, 아동기 과체중 및 비만을 치료하는 것은 성인기 과체중 및 비만과 ED뿐 아니라 이러한 장애들과 관련되는 모든 부정적 후유증을 예방하는 중요한 도구 중 하나다(Golan, Fainaru, & Weizman, 1998).

3) 조기 개입

아동기 과체중 및 비만 치료에 사용되는 개입 방법은 성인기 과체중 및 비만 치료에 사용되는 것과 유사하다(Wilson, 1994). 하지만 소아 과체중의 치료는 장·단기적으로 성인 과체중의 치료보다 더 나은 결과를 가지는 것으로 보인다(예를 들어, Epstein, Valoski, Kalarchian, & McCurley, 1995). 아동에 있어서 치료 효과가 증가되는 이유는 여러 가지가 제안된다(Wilfley, Vannucci, & White, 2010). 첫째, 아동기의 체중 감량은 자발성이 덜 필요하고, 부모가 집에서 음식의 종류를 더 건강한 것으로 바꾸어 줄 수 있는 등 부모의 지원이 가능하기 때문일 수 있다. 둘째, 아동기의 식습관 및 운동 양상은 성인기에 비해 덜 자리 잡혀 있어, 이러한 습관들이 수정 프로그램에 의해 더 쉽게 반응할 수 있다. 셋째, 아동기에는 자연스럽게 키가 커지기 때문에, 체중이 거의 혹은 아예 감소하지 않더라도 과체중의 정도가 감소되는 것처럼 보이기 쉽다(Wilson, 1994). 넷째, 전통적인 프로그램 혹은 '종전과 같은 치료' 조건들(예를 들어, 학교 내 신체 활동, 1차 진료 선별검사)은 이미 과체중이거나 비만인 아동이 체중을 감소하는 것을 돕는 데 충분하지 않고, 과체중이 아닌 청소년들의 체중 증가를 예방하는 데 있어 덜 성공적이다(Simon et al., 2008; Wake et al., 2009). 마지막으로, 조기 개입은 증가된 체중과 관련되는 부정적 결과들을 감소시키거나 심지어 반대로 만들 수도 있으며, 성인기까지 이어지는 심각한 의학적 및 심리사회적 합병증의 발생 가능성을 감소시킬 수 있다(Faith, Saelens, Wilfley, & Allison, 2001).

4) 최근 증거: 다중 요인 생활방식 개입

아동·청소년의 과체중 및 비만은 다측면적으로, 사회적, 문화적 및 경제적 요인에서 기인하므로 다중 요인 개입 접근법을 필요로 한다(Livingstone, McCaffrey, & Rennie, 2006). 학교 신체 활동, 건강 교육 및 의사의 선별검사를 포함하는 일반적 프로그램은 이러한 질병 조건들을 다루는 데 충분하지 않으므로, 다중 요인을 목표로 한 개입 프로그램이 필요하다(Simon et al., 2008; Wake et al., 2009). 연구들은 생활방식 개입에 초점을 둔 다중 요인 접근이 아동·청소년의 과체중 및 비만 치료와 지나친 체중 증가의 예방에 있어 가장 성공적인 선택지일 수 있다고 제안했다(Wilfley, Tibbs, et al., 2007).

생활방식 개입은 아동의 일상적 습관을 수정(즉, 건강한 식사와 신체 활동 증가)하는 것을 목표로 하는 적극 치료이며, 일상생활 내에 포함되었을 때 관련된 변화를 더 낫게 유지시킬 수 있도록 돕는다(Faith et al., 2001). 성공적인 생활방식 치료 프로그램의 한 예는 가족 기반의 행동 개입으로, 이 접근법은 체중 통제를 다루고 건강한 습관 개발을 촉진하도록 가족의 개입과 지지를 활용한다.

5) 소아 과체중 및 비만을 위한 가족 기반 행동 개입

연구들은 가족 기반 행동 개입이 아동 및 청소년에 있어 효과적이고 실현 가능한 치료라고 제안한다(Epstein et al., 1985; Tsiros, Sinn, Coates, Howe, & Buckley, 2008; Wilfley, Tibbs, et al., 2007). 미국 예방 서비스 테스크 포스(U.S. Preventive Services Task Force, 2010)는 광범위한 비만의 문제를 다루기 위하여 임상가들이 6세 이하의 아동들을 선별 검사하여 치료를 위한 행동 개입에 보내기를 권고하였다. 더욱이 아동의 행동 개입은 단기적 및 장기적인 유지 효과를 보여 주었다(Epstein, McCurley, Wing, & Valoski, 1990; Epstein, Paluch, Roemmich, & Beecher, 2007; Epstein, Valoski, Wing, & McCurley, 1994; Epstein, Wing, Koeske, Andrasik, & Ossip, 1981). 청소년기 개입의 장기적 유지 효과에 대한 연구는 거의 없기 때문에 이 분야에 대한 더 많은 연구가 필요한 실정이다(Tsiros et al., 2008).

모든 가족 기반 행동 개입들은 가족이 체중을 조절하는 것을 돕는 것을 목표로 하며, 프로그램들은 ① 체중 감량과 ② 체중 유지라는 두 가지의 체중 관련 목표들에 초점을 둔다. 체중 감량을 목표로 하는 개입은 체중의 감소와 관련이 있으며 전형적으로 단기 프로그램인 반면, 체중 유지를 목표로 하는 개입은 장기간에 걸쳐 이후의 체중 증가를 예방하는 것과 관련된다(Wilfley et al., 2010). 비록 특정 치료 알고리즘을 발전시키기 위한 추가적인 연구들이 필요하기는 하나, 전문가들은 체중 관리를 위한 단계적인 접근을 추천한다(Barlow, 2007; Spear et al., 2007). 이 치료적 접근에서는 필요한 목표가 체중 감량인지 혹은 과도한 체중 증가의 방지인지를 먼저 결정한다. 가족 기반 생활방식 개입을 통한 체중 감량 치료는 좀 더 나이가 많은 아동 및 청소년, 그리고 BMI 백분위수 95번째 이상인 아동 · 청소년에게 사용하도록 권고된다. 이후의 체중 증가 예방을 목표로 하는 개입은 매우 어린 아동과 낮은 BMI 백분위수에 해당하는 아동들(즉, BMI 백분위수 85번째에서 95번째 사이)에게 권고된다. 전문가에 따르면 두 번째 고려 사항은 개입의 강도와 지속 기간과 관련된다. 좀 더 심각한 비만이 있는 아동 · 청소년에게는 폭넓은 치료 범위뿐 아니라 증가된 강도와 지속 기간이 권고된다. 마지막으로, 아동 및 청소년들은 나이와 비만의 심각도에 기초하여 치료 단계를 거쳐 점차적으로 좀 더 포괄적인 개입을 받게 될 수 있다(Barlow, 2007; Spear et al., 2007).

(1) 행동 구성 요소

행동 변화 구성 요소들은 거의 모든 형태의 아동 · 청소년의 과체중 및 비만의 치료에 있어 중심이 된다. 가족 기반 행동치료 프로그램은 가장 연구가 많이 되어 온 아동기 과체중 및 비만의 개입 방법이며, 최상의 장 · 단기적 결과를 낳아 왔다(Jelalian & Saelens, 1999; Kalarchian et al., 2009). 부모 개입은 결정적인 것으로 고려되지만, 프로그램에 따라 개입의 정도와 유형이 다양하다(Young, Northern, Lister, Drummond, & O'Brien, 2007). 효과적인 치료는 체중 감소로 이어질 뿐 아니라, 전반적인 건강상의 이점, 더 나은 체력, 그리고 향상된 지방질 농도와도 관련된다(Faith et al., 2001; Kalarchian et al., 2009).

(2) 인지 구성 요소

비록 소아 과체중 및 비만 개입이 인지적 접근 방법만을 단독으로 포함하는 경우는 드물지만, 몇몇 프로그램들은 자기존중감 및 자기 효능감과 관련된 문제해결이나 인지 재구성 기법들을 포함하도록 확장되어 왔다(Graves, Meyers, & Clark, 1988). 연구들에서는 아동 · 청소년의 과체중과 비만을 치료하는 데 있어 인지적 접근의 역할과 사용의 이점에 대하여 덜 분명하게 보여 주지만, 몇몇 연구는 통제 조건과 비교했을 때 인지 구성 요소들이 체중 감량과 체중 유지를 지지한다고 제안하기도 한다(Herrera, Johnston, & Steele, 2004; Wilfley, Stein, et al., 2007). 과체중 및 비만 치료에 인지 구성 요소를 통합하는 것의 장점을 설명하기 위하여 앞으로 더 많은 연구가 필요하다.

(3) 체중 감량 개입법

체중 감량 개입은 참가자들이 건강한 체중에 도달하는 것을 돕는 데 목표를 둔다. 체중 조절을 위한 한 가지 개념화는 에너지 균형이다. '에너지 균형 방정식'은

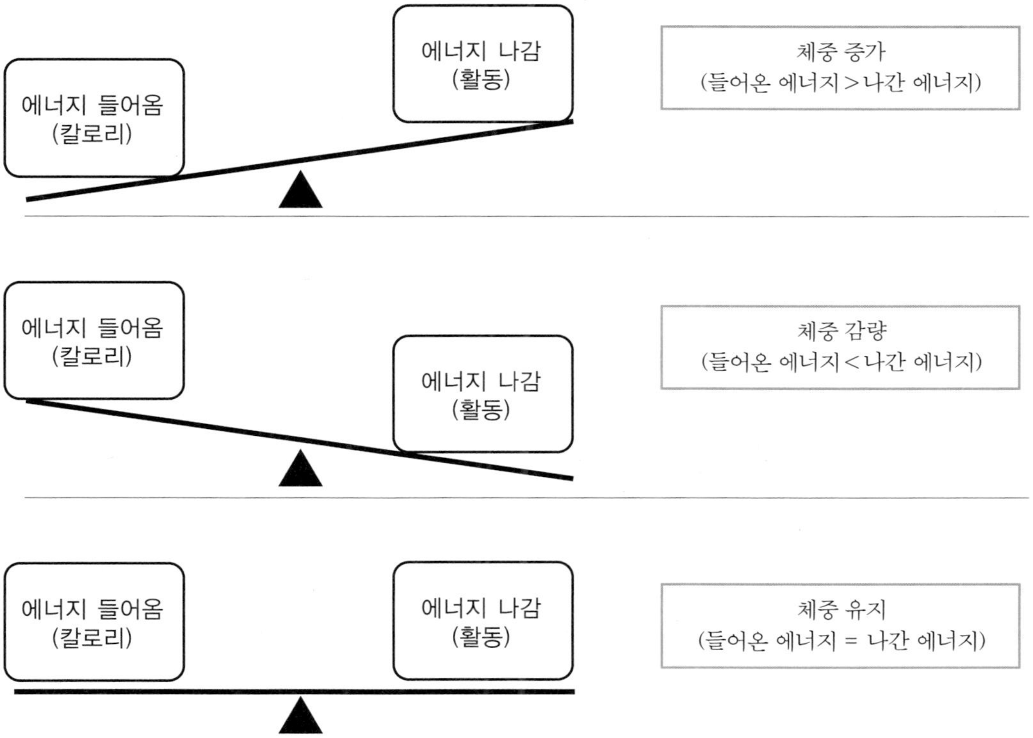

그림 9-1 세 가지 에너지 균형 방정식

시간의 흐름에 따른 식사와 신체 활동 습관의 관계를 나타내며, 체중을 증가, 감량 및 유지의 측면에서 설명한다(Kumanyika et al., 2008; Wilfley et al., 2010). 에너지 균형 방정식은 다음과 같은 세 가지 구성 요소를 포함한다. ① 오랜 시간에 걸쳐 에너지 섭취가 에너지 소비를 초과할 때 나타나는 양성적 에너지 균형의 결과인 체중 증가, ② 오랜 시간에 걸쳐 에너지 소비가 에너지 섭취를 초과할 때 나타나는 음성적 에너지 균형의 결과인 체중 감량, ③ 에너지 섭취와 에너지 소비가 동일할 때 발생하는 중성적 에너지 균형의 결과인 체중 유지. [그림 9-1]에서는 세 가지 에너지 균형 방정식에 대한 시각적 자료를 제공한다. 에너지 섭취는 열량을 섭취하는 것을 말하며, 에너지 소비는 열량을 태우는 것을 말한다. 그러므로 양성적 에너지 균형은 시간이 지남에 따라 체지방을 높이고 체중을 증가시킨다는 점을 고려할 때(Kumanyika et al., 2008), 에너지 섭취와 소비는 많은 체중 개입법의 주요 목표로서의 역할을 한다(Young et al., 2007). 프로그램은 신체 활동 지도의 유형과 사용되는 특정 식이 조절 계획에 따라 달라진다. 식이와 신체 활동 행동 변화 구성요소 모두를 포함하는 프로그램들이 가장 효과적인 체중 조절의 결과를 보여 준다(Jelalian & Saelens, 1999; Tsiros et al., 2008; Young et al., 2007).

식이/에너지 섭취 조절 연구들은 과체중 아동이 평균 체중 아동들에 비하여 더 많이 열량을 섭취하고 더 많은 강화를 하는 음식을 많이 찾는다고 제안한다(Temple, Legierski, Giacomelli, Salvy, & Epstein, 2008). 식이 습관의 변화는 소아 과체중 및 비만의 효과적인 치료뿐 아니라 성공적인 체중 관리 및 예방에 있어 핵심 구성 요소다. 최근 연구에서 전반적인 열량 섭취의 감량, 달콤한 음료 섭취의 감소 및 과일 · 채소 · 칼슘 · 저지방 유제품 · 섬유질 섭취의 증가가 체중 조절 행동에 해당한다고 지지하였다(Spear et al., 2007). 건강한 체중을 지키기 위한 식이 요법과 관련된 다른 행동들에는 아침밥 먹기, 저지방 간식 먹기, 에너지 밀도가 낮은 음식을 간식으로 먹기, 그리고 외식을 할 때 패스트푸드 소비 줄이기 등이 포함된다(Spear et al., 2007).

여러 식이 요법이 연구되어 왔지만, 엡스타인의 신호등 식이요법(Epstein's Traffic Light Diet; Epstein, Myers, Raynor, & Saelens, 1998; Epstein et al., 2007; Epstein & Squires, 1988)이 아마도 임상 연구에서 종단적으로 가장 잘 평가된 식사 행동 변화 프로그램일 것이다. 몇몇 연구에서 청소년들에게 신호등 식이요법 수정판을 사용하기는 했으나(예를 들어, Saelens et al., 2002), 엡스타인과 동료들은 신호등 식이요법을 사춘기 이전의 아동들에게 주로 사용하기 위하여 개발하였다. 이는 미국 농무부(USDA)의 식품 안내 피라미드(Food Guide Pyramid; 최근 마이피라미드[MyPyramid]로 업데이트됨)를 토대로 사용하였고, 식단은 주로 지방 함량과 영양 가치에 근거하며, 일부는 당분 함량에 기초하여 색깔로 부호화된 음식 교환 체계를 사용한다. 이 접근법은 적은 에너지 섭취를 통해 최대한의 영양가를 얻는 것을 목표로 하여(Spear et al., 2007), 아동과 가족들이 건강한 체중을 얻도록 돕는다.

신호등 식이요법을 사용하여 아동에게 어떻게 색깔 부호에 기초하여 총 지방량과 열량 섭취를 줄이고, 저열량에 영양이 밀집된 음식을 골라서 필요한 영양소를 얻을 수 있는지 가르친다(Epstein et al., 1994). 음식들은 세 가지 색깔 범주 중의 하나로 분류되며(빨강, 노랑, 초록), 색깔은 각 음식의 추천 빈도를 나타낸다. '빨강' 음식은 고열량, 저영양 음식(예를 들어, 감자튀김이나 도넛) 혹은 건강하거나 영양가 있는 음식의 지방을 제거하지 않은 형태(예를 들어, 지방을 빼지 않은 우유나 지방이 가득한 간 쇠고기)로, 대부분 피해야 하는 음식이다. '노랑' 음식은 적당하게 먹을 수 있는 중간 에너지 음식이다(예를 들면, 파스타, 다양한 종류의 저지방 치즈). '초록' 음식은 저열량, 고영양 음식으로(예를 들어, 탈지 우유, 대부분의 과일과 채소), 자유롭게 먹을 수 있다(Epstein et al., 1998; Spear et al., 2007). 비록 피라미드의 꼭대기 단계에는 '빨강' 음식만 함유할지라도, 가족들은 각 피라미드 범주 내에서 건강한(즉, 초록과 노랑) 대체 식품들의 자세한 목록들을 제공받는다. 아동들은 대략적으로 하루에 1,000~1,200kcal에 해당하는 개인의 열량 범위 섭취, 한 끼 내의 빨강 음식 수 제한을 목표로 하여 일주일에 약 200~300g 정도의 체중 감량을 목표로 삼는다. 상대적으로 저열량의 범위가 설정되는 이유는, 사람들이 자신이 섭취하는 열량을 과소 보고하는 경향이 있기 때문이다. 필요한 경우에는 아동의 체중 감소율에 따라 이 범위를 증가시킨다(예를 들어, 체중 감량이 너무 빠를 때). 개입의 목표와 일치하게, 이 접근의 성과들은 열량 섭취 감소와 빨강 음식 섭취 수의 감소를 보여준다(Epstein et al., 1981, 1998). 25년 회고분석에서는 이러한 가족 기반 행동 개입이 효과적이며, 시간이 지나도 결과가 동일하게 되풀이된다고 밝혔다(Epstein et al., 2007).

신체 활동/에너지 소비 조절 신체 활동 변화를 목표로 하는 것은 식이 요법 개입의 장기적 효과를 증가시킨다(Epstein et al., 1994). 활동 지향 개입 접근법은 신체 활동이나 좌식 행동에 초점을 둔다. 신체 활동과 관련하여 미국 보건사회복지성(Department of Health and Human Services, 2008)은 아동 및 청소년들이 매일 적어도 60분의 중간 정도에서 활발한 수준의 신체 활동을 할 것을 권고했다. 국가적 비만 유행병과 싸우기 위하여 정부와 다른 국가적 및 체육 관련 기관들은 전국적인 '렛츠 무브(Let's Move) 캠페인', '플레이 60 운동(전미 미식축구연맹[National Football League: NFL]의 활동적이고 건강한 세대를 위한 운동)' 등을 개발하고 있다. 이 프로그램들은 아동뿐 아니라 가족들도 매일 최소 60분 동안은 활동하도록 격려한다. 체중 감량에 관하여, 성인에 대한 지침(Haskell et al., 2007)에서는 체중을 감소하기 위해서는 주로 체중 감소보다는 건강한 생활방식을 위하여 만들어진 권고안에서 말하는 것보다 더 오랜 시간 동안 높은 강도로 신체 활동을 할 것을 제안한다. 그러므로 체중 감소를 위해 아동들은 매일 중간 정도에서 활발한 수준의 신체 활동을 60분 이상 하도록 격려된다.

좌식 행동은 열량을 거의 혹은 아예 태우지 않는 활동으로(예를 들어, TV 보기, 비디오게임 하기, 컴퓨터를 하며 자유시간 보내기), 치료는 학교나 직장에서 책상에 앉아 있는 것과 같이 여가 시간이 아닌 때의 좌식 활동과 구분되는 여가 시간 동안의 개인이 선택한 활동에 목표를 둔다. 신체 활동의 증가 혹은 좌식 활동의 감소를 목표로 하는 것 모두 효과적인 체중 감량을 이끌 수 있다(Epstein, Paluch, Gordy, & Dorn, 2000). 더욱이 TV를 보는 시간을 제한하고 좀 더 활동적인 놀이를 하는 것과 같은 좌식 활동의 감소는 체중 조절을 촉진시키는 신체 활동의 증가를 고무시킬 수 있다(Spear et al., 2007).

행동 변화를 위한 기술 식이 조절 및 신체 활동과 관련된 중요한 목표에 더하여, 체중 감소와 유지를 돕기 위한 여러 가지 행동 구성 요소가 입증되고 있다. 전형적인 행동적 체중 감소 방법에는 자극 통제 방략과 식사와 신체 활동 행동에 대한 자기 감찰이 포함된다(Epstein et al., 1998; Graves et al., 1988; Young et al., 2007). '자극 통제'는 집 안에서 음식과 활동 모두와 관련되는 원하는 행동들을 촉진하고 원치 않는 행동들은 제한하도록 재구성하는 것을 말하며, 이는 부모의 개입과 지지를 필요로 한다. 예를 들어, 고지방 및 고당도 음식들은 접근을 제한하면서 몸에 좋은 음식들을 더 접근이 쉬운 장소에 둔다. 비슷하게, 신체 활동에 사용되는 장비들은 더 쉽게 접근할 수 있게 하고(예를 들면, 옷장의 앞쪽 첫 번째 선반에 공이나 야외 스포츠 복장 두기), 좌식 활동을 촉진시키는 장비들은 손에 잘 닿지 않는 장소에 둔다(예를 들어, 비디오, 비디오 게임 및 게임기를 손이 닿기 어려운 높이 있는 선반에 두기). 또 다른 행동 기술인 자기 감찰은 최근 식생활 습관과 진행 중인 변화에 대한 아동의 인식을 증가시키는 첫 번째 단계로 권고된다(Faith et al., 2001; Wilfley & Saelens, 2002). 아동은 매일의 음식 및 열량 섭취나 활동과 같은 자신의 식습관에 대한 여러 측면을 자기 감찰하도록 지시받는다. 더불어, 매주 체중을 관찰하는 것은 아동이 자신의 식생활 습관과 체중의 변화 사이의 관련성을 배울 수 있도록 돕는다. 자기 감찰은 음식물 섭취를 기록하는 방법으로 치료 전반에 걸쳐 계속 사용된다. 부모들 역시 그들의 식사 및 활동 행동을 관찰하도록 지시받는데, 이는 부모 자신의 건강한 체중 조절을 촉진시키고 자녀의 모델로서 기여할 수 있도록 돕는다.

또 다른 방략은 체중 감량, 목표한 섭식 행동, 신체 활동의 증가, 좌식 활동의 감소와 같은 목표의 성공적인 완수 여부에 따라 보상을 주는 보상 체계의 사용을 포함한다(Dietz & Robinson, 2005). 이 접근법은 부모 개입을 필요로 한다. 부모에게 음식이나 돈의 형태를 포함하는 보상이 강화물에 포함되어서는 안 되며, 이상적으로는 자연스러운 대인관계 내에서 제공되어야 한다고 가르친다. 예를 들어, 가족 야유회, 특권 주기, 혹은 무언가 사 주기(예를 들어, 좋아하는 CD) 등이 좋으며, 하이킹, 자전거 타기, 아이스 스케이트 타기와 같은 건강에 좋은 행동을 촉진시킬 수 있는 활동들도 추천된다. 또한 부모에게 가족의 칭찬이 긍정적 행동에 대한 강력한 강화물이 됨을 알려 준다. 이러한 행동 보상 체계와 함께, 현재 일어나고 있는 행동에 대한 칭찬은 긍정적 변화를 강화시키고, 부정적 행동에 대한 관심을 최소화한다. 이 개입들 중 다수가 모델링, 지속적인 강화, 자극 통제 기법을 통한 환경 재구성과 같은 양육 기술을 가르치며, 이는 가족이 건강한 활동을 시행하고 유지하는 것을 돕는다.

부모의 역할: 가족의 관여와 지지 주로 아동기 과체중과 비만이 아동의 주위 환경들에 의해 학습되고 강화된 비적응적 행동에서 기인한다는 연구 결과를 바탕으로, 부모 관여는 치료의 주된 특징이 되어 왔다. 과체중 혹은 비만인 부모를 갖는 것은 유전과 환경(예를 들어, 부모들은 집 여기저기에 고지방 음식들을 둔다)의 결합으로 인해 과체중 아동이 될 위험성을 증가시킨다(Whitaker et al., 1997). 더 구체적으로, 과체중 및 비만의 주기적인 특성을 상기했을 때 과체중 아동은 주기를 영구적으로 지속시키는 과체중 자녀를 두기 쉬운 과체중 성인이 될 가능성이 높다. 비만이든 아니든 부모는 자극

통제를 통해 가정환경을 직접적으로 변화시킬 수 있는 능력 때문에 치료에 아주 중요한 역할을 한다(Golan et al., 1998). 더욱이 부모를 포함하는 개입은 소아 과체중 및 비만의 치료에 있어 더 좋은 효과를 가지는 것으로 보인다(McGovern et al., 2008).

부모들은 건강한 식사 행동을 지지함으로써(예를 들어, 건강에 좋은 식사를 제공하기, 아동/청소년이 고열량, 저영양 음식에 접근하는 것 제한하기, 패스트푸드 음식점에서 밥 먹는 횟수 줄이기), 건강에 좋은 신체 활동 변화들을 지지함으로써(예를 들어, 즐거운 가족 활동 계획하기, 운동하기, 활동적인 게임 함께 하기), 그리고 건전한 생활방식 변화들을 지지함으로써(예를 들어, 모델링 그리고 건강에 좋은 행동들을 칭찬하는 것) 그들의 자녀가 체중 감량을 이루도록 도울 수 있다. 그러므로 부모 관여는 소아 과체중 및 비만 치료에 있어 중요하다. 하지만 부모가 어느 정도로 관여해야 하는지는 연구들마다 의견이 다르다. 어떤 연구에서는 부모와 아동 모두에 초점을 두는 반면(부모와 아동을 함께 혹은 개별적으로 치료), 또 다른 연구들은 부모 단독 치료에 초점을 둔다.

많은 가족 기반 치료는 부모와 아동이 함께 행동을 수정하는 것, 그들에게 건강한 식사와 신체 활동을 정립하고 유지시킬 수 있는 필요한 기술들을 가르치는 것을 목표로 한다. 일반적으로 부모와 아동은 한 쌍으로 함께 회기에 참여하고, 그 후 부모와 아동을 위한 개별적인 집단 회기에 참여한다. 최근 연구들은 부모와 아동을 겨냥한 개입에서 부모의 체중 감량이 아동의 체중 감량을 예측함을 발견하였다. 그러므로 모델링 및 다른 형태의 지지를 통하여 부모가 중요한 역할을 수행하도록 지지를 제공해야 한다.

아동기 과체중 및 비만에 대한 변화의 주체로 부모만을 목표로 삼는 것 또한 효과적이라는 것이 밝혀져 왔다. 골런과 동료들(Golan et al., 1998)은 부모 단독 집단과 아동 단독 집단을 비교하도록 가족 기반의 아동기 과체중 치료 접근을 수정하였다. 이 프로그램은 부모의 지배하에 책임을 두면서, 아동에게 적절한 음식을 제공하는 것이 부모의 책임이고, 아동은 스스로 결정을 내릴 권한이 있어야 한다고 가르친다. 부모들은 가족의 좌식 행동 감소시키기, 식습관 향상하기, 그리고 집에서 더 살찌게 만드는 음식의 이용 가능성 감소시키기와 같은 전체 가족을 위한 행동 수정 기법들을 배우게 된다. 뿐만 아니라 부모들은 더 나은 대처 방법과 적절한 아동의 책임을 설정하는 방법 등을 포함하는 양육 기술도 배운다. 부모 단독 치료는 아동 단독 치료에 비해 장기적 추후 조사 결과에 있어 좀 더 효과적이라고 나타났다(Golan & Crow, 2004a, 2004b). 비슷하게, 엡스타인과 동료들(Epstein et al., 2001)은 정상 체중 아동의 식습관의 변화는 부모만을 겨냥하는 것으로도 얻어질 수 있음을 발견하였고, 재니크와 동료들(Janicke et al., 2008)은 부모 단독 치료가 가족 기반 개입의 효과적인 대안일 수 있다는 것을 알아냈다.

비록 부모 개입이 성공적인 소아 체중 개입에 있어 중요하다는 것이 분명하게 나타나기는 했지만, 연구들은 치료 과정에서 부모를 포함시키는 여러 방법에 대한 증거들을 제공한다. 몇몇 연구는 어린 아동들, 특히 8세 이하의 아동들의 부모에만 초점을 두는 것이 더욱 효과적이라고 제안한다(McGovern et al., 2008). 반면 더 나이가 많은 아동들에서는 부모와 아동을 개별적으로 목표로 하는 것이 더욱 효과적일 수 있다(Brownell, Kelman, & Stunkard, 1983). 그러므로 아동의 나이와 다른 가족 관련 요인들에 따라 서로 다른 접근법들이 효과적일 수 있다. 우리는 다양한 나이의 과체중 및 비만 아동·청소년들을 효과적으로 치료하기 위해서는 부모 개입의 정도와 종류를 수정할 것을 권고한다.

인지 구성 요소 제한된 수의 연구들만이 인지 구성 요소의 추가에 대해 평가하였으므로, 체중 감량을 향상시켰는지 여부에 대한 결론은 아직 나지 않았다. 지금까지 이러한 연구들은 문제해결 기술과 인지 재구성을 치료에 통합하는 데 주로 초점을 두어 왔다(Graves et al., 1988; Herrera et al., 2004). 그레이브스와 동료들(Graves et al., 1988)은 가족 기반 행동치료에 문제해결 기술을 추가하는 것이 체중 감량 성과를 향상시켰다는 것을 알아냈다. 비슷한 연구에서 엡스타인과 동료들(Epstein et al., 2000)은 문제해결 요소를 추가하는 것이 체중 감량에 어떠한 추가적인 이익도 주지 않았다고 보고하였다. 헤레라와 동료들(Hererra et al., 2004)은 행동 개입 접근 방법이 최대한의 체중 감량 효과를 낳기는 하지만, 인지 개입 접근을 받은 사람들 또한 동일한 체중 감량 결과를 보였음을 발견했다. 저자들은 인지 구성 요소가 개입에 추가됨으로써 도움이 되고 유익한 측면을 제공하고, 인지 구성 요소 또한 체중 유지 개입에 통합되어 왔지만(아래를 보라), 행동 구성 요소가 체중 감량 치료에 있어 중요한 요소임을 시사한다(Herrera et al., 2004). 이후 연구는 인지 구성 요소를 소아 과체중 및 비만의 체중 감량 치료에 추가하는 것에 대한 장점을 계속해서 평가해야 할 것이다.

(4) 체중 유지 접근법

체중 유지 접근법은 가족 기반 행동 개입법의 초점을 확장하였다. 하지만 이러한 개입법들은 체중을 감소시키기 위해 필요한 기술들은 체중을 유지하기 위해 필요한 기술과는 다르다고 추정한다. 특히 체중 유지 프로그램들은 유지되고 있는 행동의 변화를 촉진하는 것을 통하여 체중 회복 문제를 다루기 때문에 더욱 그렇다.

체중 회복 성인 및 아동에 있어 체중 회복은 체중 감량 개입에 뒤따라 가장 흔하게 발생한다(Epstein et al., 1998; Jeffery et al., 2000; Wadden, Butryn, & Byrne, 2004). 뿐만 아니라 연구에서는 초기에 체중 변화를 보였던 부모들이 10년 후 추후 조사에는 기저 수준의 비만으로 되돌아온다고 시사한다(Epstein, Valoski, Wing, & McCurley, 1990; Epstein et al., 1994). 그러므로 비록 체중 감량이 사람들로 하여금 체중을 효과적으로 감소시키도록 돕기는 하나, 이러한 접근법들이 오래도록 지속되는 체중 유지 효과를 제공하지는 않는다.

행동적 및 인지적 체중 유지 치료 구성 요소 이후의 체중 증가를 예방하는 것이 체중 조절 연구 분야에서 결정적인 요소라는 점을 고려하면, 체중 유지 연구는 이 연구의 새로운 길이라고 볼 수 있다. 체중 감량 개입은 아동이 체중을 감소시키는 것을 돕는다. 반면, 아동이 건강한 체중 조절을 유지하는 것을 돕는 체중 유지 개입은 현존하는 회기, 접촉 및 정보의 확장을 포함한다(Wilfley, Stein, et al., 2007). 이 분야에서 아동·청소년을 위한 성공적인 체중 감량 치료가 자리 잡았지만, 건강한 체중 유지와 체중 관련 변화에 대한 문제는 대부분의 개입에서 재발률을 보고하고 있어 여전히 난관으로 남아 있다(Epstein et al., 1998; Marcus, Kalarchian, & Levine, 2005).

치료의 장기적 효과성을 향상시키기 위하여, 윌플리, 스타인과 동료들(Wilfley, Stein, et al., 2007)은 가족 기반 체중 감량 치료를 확장하고, 체중 유지에 초점을 두고 체중 조절을 향상시키기 위한 인지 전략을 가르치는 것을 통합하여 종합적인 CBT 개입을 개발했다. 행동 및 사회적 기술 기반의 유지 접근법을 평가한 대규모의 RCT는 이러한 구성 요소들이 성공적인 장기적 체중 유지에 필요하다고 시사한다. 개입 조건에 속하는 아동들은 통제 조건의 아동들과 비교하여 유의미한 단기 체중 유지 효과를 보였으며, 이는 인지 구성 요소와의 지속적인 치료적 접촉이 유익함을 시사한다(Wilfley, Stein, et al., 2007).

기저의 이론은 비록 행동 구성 요소가 체중 감소에 효과적이라 할지라도, 인지 및 사회적 기술 구성 요소가 체중 회복을 예방하는 데 있어 필요할 수 있다는 것이다. 일상생활에서 아동들은 생일파티, 신체 활동을 제한하는 나쁜 날씨, 좀 더 격렬한 활동에 참여하는 대신 비디오게임을 하자는 또래의 압력과 같이 체중 유지 행동에 좋지 않은 여러 상황에 노출된다. 개입에서는 아동과 부모들에게 고위험 상황을 식별하고, 이러한 상황들을 피하도록 미리 계획을 세우거나 이에 효과적으로 대처할 수 있는 인지적 문제해결 기법을 사용하도록 가르친다. 인지 재구성에서의 가르침(예를 들어, "난 오늘 완전 망했어. 그러니까 내가 먹고 싶은 걸 다 먹을 거야." 혹은 "난 이번 주에 프로그램이 없어."와 같은 양자택일 사고

피하기)은 불가피한 행동의 실수가 완전한 재발의 결과로 이어질 가능성을 감소시키는 데 도움이 된다.

충분한 장기적 대처 기술이 없는 부정적 인지는 체중 감량의 목표를 체중 유지의 목표로 변화시키는 것을 어렵게 한다. 또한 자기 효능감의 부족과 지속적인 고위험 상황에의 노출은 체중의 증가로 이어질 수 있다(Perri, 2002). 윌플리, 스타인과 동료들(2007)의 행동적 기술 기반의 유지 개입은 CBT 방략을 통해 장기적 성과를 향상시키기 위한 시도를 했다. CBT 방략에는 ① 본질적으로 체중 유지는 체중 감소보다 덜 보상적일 수 있으므로, 아동과 부모가 체중 유지를 성공 가능한 목표로 볼 수 있도록 돕는 동기 향상 기술, ② 인지 재구성, ③ 부모와 아동에게 고위험 상황에 직면했을 때 실수를 피하거나 실수로부터 회복할 수 있는 대처 기술을 가르치는 재발 방지가 포함된다. 이러한 방략들은 행동적 실수를 제한하고, 어려운 상황에 대처하여 장기적 성공 향상으로 이어질 수 있는 아동의 자기 효능감을 향상시킬 수 있는 잠재력을 가진다. 이 연구는 인지치료 구성 요소와 유지를 위한 노력에 초점을 두었고, 두 가지 모두 이후의 연구를 보장하는 체중 조절의 한 영역을 대표한다는 점에서 새로운 것이었다.

사회생태학적 모형과 다중 수준, 다중 요인 접근법 체중 유지 연구에서 촉망되는 한 계통은 사회생태학적 틀을 따르는 것으로, 여기서는 건강한 행동은 추가적인 사회환경적 세팅을 넘어서는 치료의 범위를 통해 변화한다고 개념화한다(Glass & McAtee, 2006). 사회생태학적 모형은 체중 관련 행동에 영향을 주는 다양한 맥락을 고려하며, 비만은 유전적 민감성과 개인/가족, 또래/사회, 그리고 지역사회 요인의 상호작용의 결과라고 제안한다(Glass & McAtee, 2006; Huang, Drewnosksi, Kumanyika, & Glass, 2009). 윌플리와 동료들(Wilfley et al., 2010)은 사회생태학적 모형에서는 이전에 학습한 비만 촉진적 행동을 발전시키는 맥락적 자극이 수정되지 않아, 아동과 부모에게 예전의 행동 양상이 재발하게끔 함으로써 체중 회복이 발생한다고 제안한다. 더불어 사회생태학적 초점을 가진 가족 기반 유지 개입법은 지속가능한 행동 수정을 만들 가능성이 높은 것으로 받아들여진다. 왜냐하면 이 접근법이 다양한 맥락을 다루므로 오랜 시간 동안 치료의 효율성을 향상시키기 때문이다(Wilfley et al., 2010). 체중 변화의 컴퓨터 생체 시뮬레이션 모형으로부터 나온 자료를 사용하여, 윌플리와 동료들은 이론을 개인/가족 수준에서 추가적인 자기 조절 방략을 포함하고, 또래/사회적 수준으로 대인관계적 초점을 확장하며, 지역사회 수준에서 환경적 변화를 촉진하는 것을 포함하도록 다중 수준으로 설계된, 강화된 유지 치료 버전을 적용해 왔다. 결과는 장기간, 고강도, 그리고 환경적 맥락까지 확장한 개입이 체중 유지 치료의 성과를 향상시키는 데 잠재적인 접근을 제공할 수 있다고 제안한다(Wilfley et al., 2010).

앞서 언급한 것과 같이, 사회생태학적 모형은 다중 수준(즉, 개인/가족, 또래/사회, 지역사회 수준) 모두가 치료 요인에 순응하고 치료 중단 이후 이러한 변화를 유지시키는 아동 및 가족의 능력에 영향을 준다고 상정한다. 이 모형은 [그림 9-2]에 묘사되어 있다. **개인/가족 수준**에서, 성인(Haus, Hoerr, Mavis, & Robison, 1994; Perri, 1998)과 아동(Epstein et al., 1994; McGuire, Wing, Klem, Lang, & Hill, 1999; Wing, Tate, Gorin, Raynor, & Fava, 2006) 모두의 성공적인 체중 유지와 관련된 건강한 섭식 행동과 규칙적인 신체 활동에 대한 장기적인 순응성을 유지하기 위하여 지속적인 자기 조절이 요구된다. 특정한 자기 조절 행동은 체중 감량 기술과는 구별되며, (지속적인 자기 체중 재기와 체중 도표 사용을 통해) 개인의 최근 체중과 유지 체중을 비교하는 것, 건강한 식사와 활동 행동을 고수하는 것, 고위험 상황에 대한 계획을 짜는 것, 그리고 필요한 경우 체중 감량 행동으로 돌아가는 것을 포함한다(Wing et al., 2006). 이러한 자기 조절 행동이 아동(Wilfley, Stein, et al., 2007)과 성인(Wing et al., 2006)의 체중 유지를 돕는다는 것은 일관적으로 증명되어 왔으나, 이러한 행동을 지속하는 데 실패하는 것은 체중 회복과 관련된다(McGuire et al., 1999). 아동뿐 아니라 양육자에게도 이러한 행동들, 특히 부모의 체중

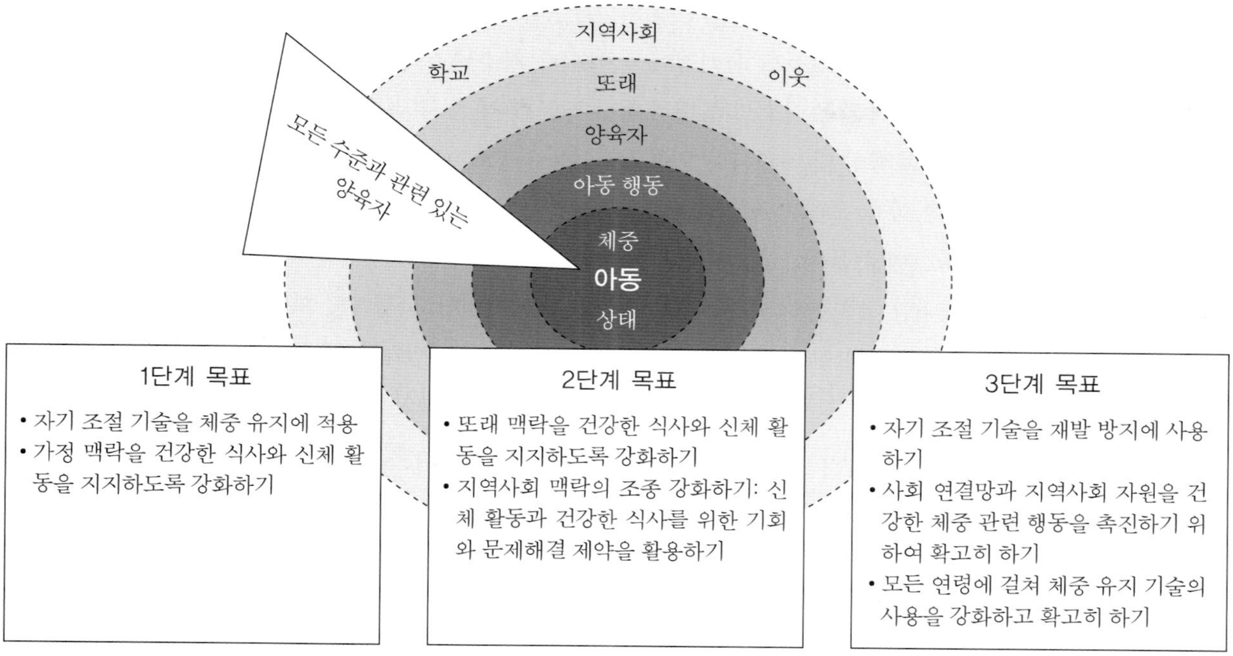

그림 9-2 체중 유지에 대한 사회생태학적 모형

성과가 아동의 체중 성과와 강한 상관이 있다는 증거들에 비추어 볼 때, 이러한 행동에 참여하는 것은 중요하다(Wrotniak et al., 2004).

또래/사회 수준에서, 건강한 행동을 지지, 보상, 격려하는 맥락으로 확장하는 것은 건강한 행동들을 유지시킬 수 있는지 여부에 있어 강력한 영향을 가질 수 있다(Christakis & Fowler, 2007; Hill, Wyatt, Reed, & Peters, 2003). 신체 활동 및 건강한 식사에 대한 사회적 지지의 부족(Epstein et al., 1994; Zabinski, Saelens, Stein, Hayden-Wade, & Wilfley, 2003), 신체 활동과 관련된 놀림(Hayden-Wade et al., 2005)과 같은 또래 요인들은 체중 회복에 기여할 가능성이 높다. 하지만 또래는 체중 회복을 예방하는 행동을 강화시킬 수도 있다. 예를 들면, 과체중인 아동·청소년은 혼자일 때보다 지지적인 또래가 존재할 때 더욱 건강한 식사와 활동을 선택한다(Salvy, Coelho, Kieffer, & Epstein, 2007; Salvy, Kieffer, & Epstein, 2008; Salvy, Romero, Paluch, & Epstein, 2007). 게다가 아동 및 청소년 간의 유대감(즉, 개인의 사회 연결망에 대한 만족감)은 더 나은 긍정적인 신체 활동(Smith, 1999), 건강한 식습관(Neumark-Sztainer, Wall, Perry, & Story, 2003)과 상관이 있다.

그러므로 또래의 특성 및 선택은 장기적인 체중 조절에 중요한 요인이다. 또래/사회적 구성 요소의 중요한 목표는 사회 연결망 내의 모든 개인(예를 들어, 변화를 원치 않는 할머니)의 태도와 행동을 변화시키기보다는 건강한 생활방식을 지지하는 개인의 비율을 증가시키는 것이다(Litt, Kadden, Kabela-Cormier, & Petry, 2007). 가족 기반 접근은 사회적 지지의 결정적인 원천이며, 대인관계적 초점이 가족을 도울 수 있는 지지적인 건강 지향적 사회 연결망을 만들 수 있도록 결합한다. 또한 부모들은 아동을 위한 활동적 놀이의 날짜를 정해 주고 지역사회 내에서 건강에 유익한 사건들에 노출될 수 있게끔 함으로써 유익한 또래 연결망을 발전시킬 수 있다. 종합적으로, 자료들은 건강한 행동에 대한 가족과 또래의 지지가 아동의 장기적인 체중 감량 유지에 있어 중요한 목표임을 제안한다.

지역사회 수준에서, 주거 환경의 양상은 에너지 균형 행동에 참여하는 개인의 선택에 영향을 줄 수 있다(Sallis & Glanz, 2006). 이웃의 환경적 특성들은 아동의 비만율 및 신체 활동과 관련이 있다(Epstein, Raja, Gold, Paluch,

& Roemmich, 2006; Roemmich et al., 2006). 중요한 환경 요인은 건강한 음식에의 접근성, 패스트푸드 음식점에의 근접성, 건강한 음식과 건강하지 않은 음식의 상대적 가격, 지각된 안전성과 이웃의 보행성 및 지역사회 오락 시설과 주변 공원에의 접근성 등을 포함한다(Huang et al., 2009; Sallis & Glanz, 2006). 예를 들어, 공원에의 접근성은 아동의 신체 활동에 대한 강력한 예측인자이며(Roemmich, Epstein, Raja, & Yin, 2007; Roemmich et al., 2006), 가까운 식료품점까지의 거리는 채소에 대한 높은 선호와 유의미한 관련이 있다(Jago, Baranowski, Baranowski, Cullen, & Thompson, 2007). 가족 기반의 다중 수준 유지 치료 내에서, 부모는 고위험 환경 맥락(예를 들면, 학교 파티)에서 자기 조절 기술을 실행하도록 격려된다. 가족들이 환경의 비만 촉진적 측면(예를 들면, 패스트푸드 음식점)에의 접근을 제한하면서 건강한 환경적 기회(예를 들면, 지역 공원)를 활용하도록 생활방식을 만드는 것을 배우는 것 또한 중요하다. 가족들은 체중 유지 행동에 지지적인 지역사회 자원과 행사에 대한 목록을 만들고, 이러한 자원의 활용을 증가시키는 계획을 세울 수 있다. 종합적으로, 체중 감량 유지 치료는 새롭게 획득한 체중 유지 기술의 사용을 촉진시키거나 사용하게 만드는 학교, 이웃 및 지역사회 맥락에 존재하는 자극을, 가능하면 부모와 아동이 수정하도록 격려함으로써 향상될 수 있다.

4. 요약과 미래의 방향

비만과 ED가 있는 아동 · 청소년에 대한 CBT의 평가는 서로 다른 발달 단계에 있다. ED의 경우, CBT는 BN과 BED가 있는 성인들의 경우에 잘 정립되어 있으며 상당수의 RCT가 대기자 비교 집단, 다른 경험적으로 지지된 심리치료들 그리고 약물치료에 비교해서 CBT의 효과를 확인하였다. AN의 순응하지 않는 특징 때문에, 더 적은 연구들이 AN에 대해 실시되어 왔다. ED는 흔히 여자 청소년 집단에서 발견되며, 이 장애는 수많은 신체적 · 심리적 공병들과 관련이 있다. 대부분의 ED가 청소년기에 발병하고, 질병의 지속 기간이 짧을수록 더 나은 결과를 예측한다는 발견에도 불구하고, 아동 · 청소년 ED에 특정적인 CBT에 대한 연구 근거가 빈약하다. 이제 성인 BN과 BED에 대한 입증된 효과성을 가지고서, 이런 장애들이 있는 아동 · 청소년에 맞게 CBT를 수정하고 평가할 때다. ED가 있는 아동 · 청소년의 치료를 개발하는 데 초점을 두는 연구들이 필요하므로, 미 국립정신건강연구소(National Institute of Mental Health: NIMH)는 ED의 부담을 줄이고 더 나은 이해를 위한 치료적 계획과 새로운 연구에 대한 우선 투자를 지정해 오고 있다.

CBT는 BN과 BED를 위한 최선의 치료로 간주되지만(National Institute for Clinical Excellence, 2004), 만병통치약은 아니다. 예를 들면, CBT 전 과정을 받은 BN 성인들에 대한 치료 연구 전반에 걸친 절제율은 40~50%다(Wilson et al., 2002). 이러한 결과는 다음과 같은 질문을 유발한다. '어느 하위 집단들에 CBT가 영향을 끼치지 않으며 그 이유는 무엇인가?' 아마도 일부의 경우는 ED 증상의 만성화가 완전한 회복의 기회를 제한할 것이다. 따라서 나이 어린 집단들을 겨냥하여 장애의 발병과 치료 개시 사이의 시간을 짧게 하는 것은 성공 가능성을 더 높게 할 것이다. 또 다른 가능성은 현재와 같은 형태의 CBT가 ED의 증상들에 너무 좁게만 초점을 두고 있다는 것이다. 다른 지속적인 문제들(예를 들어, 대인관계 어려움들)을 포함시키기 위해 CBT를 확장하는 것이 최근에 성인들을 위해 제안되어 왔으며(Fairburn, 2008; Fairburn et al., 2003), 이는 ED 청소년과도 밀접한 관계가 있을 것이다. 마지막으로, 성인들의 ED를 진단하는 현재의 분류 체계가 아동 · 청소년에게 적용될 수 있는지가 불분명하다. 아동과 청소년에 있어 ED의 역치와 속성을 결정하기 위한 연구가 필요하다.

아동 · 청소년 ED 치료의 제한된 검증과 대조적으로, 가족 기반의 행동적 체중 감량 치료를 받는 과체중 및 비만 아동들에게서 장기적 효과들이 알려져 왔다. 그러나 연구들이 아동기 과체중 및 비만을 성공적으로 치료한 개입 프로그램의 핵심 구성 요소들을 찾아내어 왔음에도 불구하고, 근본적인 기제나 관련이 있을 수 있는 요소들은 여전히 명확하게 설명되지 못하고 있다. 예를 들어, 최근의 임상 실험에서 과식 행동은 가족 기반 행동치료에서 고려되어야 한다고 제안하였다(Wildes et al., 2010). 아동기의 비만 치료가 아주 성공적임을 나타내고 있다고 할지라도, 소아 체중통제 프로그램들은 대부분 중 · 상류층 백인 가정이라는 조심스럽게 선택된 동질적인 표본을 이용하여 실험실에서 연구되어 왔다(Crawford, Story, Wang, Ritchie, & Sabry, 2001; Summerbell et al., 2003; Zeller, Saelens, Roehrig, Kirk, & Daniels, 2004). 다양한 집단이 있는 장면 또는 지역사회 장면들에서 거의 연구가 되지 않았으며(Summerbell et al., 2003), 오직 제한된 정도의 청소년들에게만 실시되었다(Jelalian & Saelens, 1999). 소아 과체중 및 비만에 대한 이후의 연구에서는 지역사회 및 임상적 상황에서, 다양한 인종/민족 집단을 대상으로 체중 감량과 건강한 체중 유지와 관련된 기제를 검토하는 것이 중요할 것이다.

아동의 체중 감량의 장기적 유지는 여전히 목표로 남아 있다. 좀 더 효과적인 치료들로 이끌 수 있는 주된 영역들은 ① 인지적 구성 요소들을 추가하고 구체적으로 평가하는 것, ② 최적의 결과들을 위해 어떤 가족 구성원이 치료에 참여해야 하는지를 이해하는 것, 그리고 ③ 또래 환경을 이용함으로써 장기적 성과들을 잠재적으로 증진시키는 것을 포함한다. 이 외에도 과체중인 아동의 나이가 많을수록 과체중 성인이 될 위험이 더 커지기 때문에 개입은 가능한 한 빨리 시작해야 한다(Epstein, Valoski, Koeske, & Wing, 1986). 일반적으로 연구되었던 8~12세 연령 집단보다 더 나이가 어린 아동들을 겨냥하는 추수 연구가 실시되어야 한다. 최근의 연방 지침이 6세 이상 아동들의 비만 선별검사를 강조한다는 점을 고려할 때(U.S. Preventive Services Task Force, 2010), 더 어린 집단을 위한 치료적 접근이 중요하다. 연구는 부모와 성인의 개입을 포함하는 다중 요인 접근법이 학령전기 아동의 과체중 및 비만의 예방과 치료에 더욱 성공적이라고 제안한다(Bluford, Sherry, & Scanlon, 2007). 이러한 목적으로 월플리와 동료들은 학령전기 아동의 가족을 대상으로 하는 인터넷 기반 프로그램의 효과성을 평가하는 RCT를 실시하였다. 이처럼 어린 아동들은 발달적으로 스스로 변화를 이끌 수 있는 능력이 없을 가능성이 크기 때문에, 변화의 주체로서 부모를 목표로 하는 것이 필요할 것이다. 부모 단독 개입이 비용 대비 효과적이며, 체중 감량 프로그램에 참여할 때 아동이 느낄 수 있는 잠재적인 낙인을 피할 수 있기 때문에, 모든 연령 집단에 걸쳐 부모 단독 개입이 유망한 연구 방향이다(Epstein et al., 2001). 최근의 연구들은 또한 가정 기반의 개입뿐 아니라(Vander Wal et al., 2007), 여러 상황에서 시행하고 전파할 수 있는 치료에 초점을 맞추기 시작하였다.

체중 관련 행동에 대한 현재의 개입을 향상시키는 것에 더하여, 지역사회에 전파될 수 있는 것 또한 필요하다. 이러한 핵심적인 쟁점에 대한 의료 제공자의 관심이 높아지는 것은 특히 도움을 찾는 것을 꺼리는 여러 인종/민족과 사회생태학적 배경을 가진 개인들의 초기 발견과 치료를 촉진시킨다. 제공자들은 문제가 있는 체중 관련 행동을 다루고 아동 · 청소년과 그들의 가족이 일반적인 치료적 목표에 조정하도록 하기 위한 중심적인 위치에 있다. 뿐만 아니라 학교 및 지역사회와의 공동 파트너십을 촉진함으로써 이러한 노력의 인식과 예방을 향상시킬 수 있다. 예를 들어, 최근의 시험 연구에서 지역사회 YMCA에서 과체중 아동 · 청소년을 위한 가족 기반의 행동적 체중 감량 프로그램의 성공적인 시행을 입증하였다(Stein, Vander Wal, & Klein, 2008). 지역사회의 더 많은 참여를 통하여 우리는 더 나은 치료 및 보살핌을 발달시키고, 서비스에의 접근을 증가시키며, 아동과 그 가족의 재발 방지를 위한 자원을 향상시킬 수 있다.

참고문헌

Ackard, D. M., Fulkerson, J. A., & Neumark-Sztainer, D. (2007). Prevalence and utility of DSM-IV eating disorder diagnostic criteria among youth. International *Journal of Eating Disorders, 40*(5), 409-417.

Agras, W. S., Brandt, H. A., Bulik, C. M., Dolan-Sewell, R., Fairburn, C. G., Halmi, K. A., et al. (2004). Report of the National Institutes of Health workshop on overcoming barriers to treatment research in anorexia nervosa. *International Journal of Eating Disorders, 35*(4), 509-521.

Agras, W. S., Telch, C. F., Arnow, B., Eldredge, K., Wilfley, D. E., Raeburn, S. D., et al. (1994). Weight loss, cognitive-behavioral, and desipramine treatments in binge eating disorder: An additive design. *Behavior Therapy, 25*, 225-238.

Albano, A. M. (2003). Treatment of social anxiety disorder. In M. A. Reinecke, F. M. Dattilio, & A. Freeman (Eds.), *Cognitive therapy with children and adolescents: A casebook for clinical practice* (2nd ed., pp. 128-161). New York: Guilford Press.

Albano, A. M., & Kendall, P. C. (2002). Cognitive behavioural therapy for children and adolescents with anxiety disorders: Clinical research advances. *International Review of Psychiatry, 14*, 129-134.

American Psychiatric Association. (1994). *Diagnostic and statistical manual of mental disorders* (4th ed.). Washington, DC: Author.

American Psychiatric Association. (2000). *Diagnostic and statistical manual of mental disorders* (4th ed., text rev). Washington, DC: Author.

American Psychiatric Association. (2006). Treatment of Patients with Eating Disorders, Third Edition. *American Journal of Psychiatry, 163* (Suppl. 7), 4-54.

American Psychiatric Association. (2010). *Proposed draft revisions to DSM disorders and criteria. Retrieved from www.dsm5.org/pages/default.aspx.*

August, G. P., Caprio, S., Fennoy, I., Freemark, M., Kaufman, F. R., Lustig, R. H., et al. (2008). Prevention and treatment of pediatric obesity: An endocrine society clinical practice guideline based on expert opinion. *Journal of Clinical Endocrinology and Metabolism, 93*(12), 4576-4599.

Ball, J., & Mitchell, P. (2004). A randomized controlled study of cognitive behavior therapy and behavioral family therapy for anorexia nervosa patients. *Eating Disorders, 12*(4), 303-314.

Bandura, A. (1977). *Social learning theory.* New York: General Learning Press.

Banis, H. T., Varni, J. W., Wallander, J. L., Korsch, B. M., Jay, S. M., Adler, R., et al. (1988). Psychological and social adjustment of obese children and their families. Child: Care, *Health and Development, 14*(3), 157-173.

Barlow, S. E. (2007). Expert committee recommendations regarding the prevention, assessment, and treatment of child and adolescent overweight and obesity: Summary report. *Pediatrics, 120*(Suppl. 4), S164-S192.

Barmish, A. J., & Kendall, P. C. (2005). Should parents be co-clients in cognitive-behavioral therapy for anxious youth? *Journal of Clinical Child and Adolescent Psychology, 34*(3), 569-581.

BeLue, R., Francis, L. A., & Colaco, B. (2009). Mental health problems and overweight in a nationally representative sample of adolescents: Effects of race and ethnicity. *Pediatrics, 123*(2), 697-702.

Berenson, G. S., Srinivasan, S. R., Wattigney, W. A., & Harsha, D. W. (1993). Obesity and cardiovascular risk in children. *Annals of the New York Academy of Sciences, 699*, 93-103.

Berndt, T. J. (1996). Transitions in friendship and friends' influence. In J. A. Greber, J. Brooks-Gunn, & A. C. Petersen (Eds.), *Transitions through adolescence: Interpersonal domains and context* (pp. 57-84). Hillsdale, NJ: Erlbaum.

Beumont, P. J. V. (2002). Clinical presentation of anorexia nervosa and bulimia nervosa. In C. G. Fairburn & K. Brownell (Ed.), *Eating disorders and obesity: A comprehensive handbook* (2nd ed., pp. 162-170). New York: Guilford Press.

Bluford, D. A., Sherry, B., & Scanlon, K. S. (2007). Interventions to prevent or treat obesity in preschool children: A review of evaluated programs. *Obesity (Silver Spring),*

15(6), 1356-1372.

Bowers, W. A., Evans, K., le Grange, D., & Anderson, A. E. (2003). Treatment of adolescent eating disorders. In M. A. Reinecke, F. M. Dattilio, & A. Freeman (Eds.), *Cognitive therapy with children and adolescents: A casebook for clinical practice* (2nd ed., pp. 247-280). New York: Guilford Press.

Brownell, K. D., Kelman, J. H., & Stunkard, A. J. (1983). Treatment of obese children with and without their mothers: Changes in weight and blood pressure. *Pediatrics, 71*(4), 515-523.

Brownley, K. A., Berkman, N. D., Sedway, J. A., Lohr, K. N., & Bulik, C. M. (2007). Binge eating disorder treatment: A systematic review of randomized controlled trials. *International Journal of Eating Disorders, 40*(4), 337-348.

Bulik, C. M. (2002). Anxiety, depression, and eating disorders. In C. G. Fairburn & K. Brownell (Eds.), *Eating disorders and obesity: A comprehensive handbook* (2nd ed., pp. 193-198). New York: Guilford Press.

Channon, S., de Silva, P., Hemsley, D., & Perkins, R. (1989). A controlled trial of cognitive-behavioural and behavioural treatment of anorexia nervosa. *Behavioural Research and Therapy, 27*(5), 529-535.

Chavez, M., & Insel, T. R. (2007). Eating disorders: National Institute of Mental Health's perspective. *American Psychologist, 62*(3), 159-166.

Christakis, N. A., & Fowler, J. H. (2007). The spread of obesity in a large social network over 32 years. *New England Journal of Medicine, 357*(4), 370-379.

Cooper, Z., & Stewart, A. (2008). CBT-E and the younger patient. In C. G. Fairburn (Ed.), *Cognitive behavior therapy and eating disorders* (pp. 221-230). New York: Guilford Press.

Crawford, P. B., Story, M., Wang, M. C., Ritchie, L. D., & Sabry, Z. I. (2001). Ethnic issues in the epidemiology of childhood obesity. *Pediatric Clinics of North America, 48*(4), 855-878.

Creed, T. A., & Kendall, P. C. (2005). Therapist alliance-building behavior within a cognitive-behavioral treatment for anxiety in youth. *Journal of Consulting and Clinical Psychology, 73*(3), 498-505.

Dare, C., & Eisler, I. (1997). Family therapy for anorexia nervosa. In D. M. Garner & P. E. Garfinkel (Eds.), *Handbook of treatment for eating disorders* (2nd ed., pp. 307-324). New York: Guilford Press.

Dietz, W. H. (2002). Medical consequences of obesity in children and adolescents. In C. G. Fairburn & K. D. Brownell (Eds.), *Eating disorders and obesity: A comprehensive handbook* (2nd ed., pp. 473-476). New York: Guilford Press.

Dietz, W. H., & Robinson, T. N. (2005). *Clinical practice: Overweight children and adolescents. New England Journal of Medicine, 352*(20), 2100-2109.

Eisler, I., Dare, C., Russell, G. F., Szmukler, G., le Grange, D., & Dodge, E. (1997). *Family and individual therapy in anorexia nervosa. A 5-year follow-up. Archives of General Psychiatry, 54*(11), 1025-1030.

Epstein, L. H., Gordy, C. C., Raynor, H. A., Beddome, M., Kilanowski, C. K., & Paluch, R. (2001). Increasing fruit and vegetable intake and decreasing fat and sugar intake in families at risk for childhood obesity. *Obesity Research, 9*(3), 171-178.

Epstein, L. H., McCurley, J., Wing, R. R., & Valoski, A. (1990). Five-year follow-up of family-based behavioral treatments for childhood obesity. *Journal of Consulting and Clinical Psychology, 58*(5), 661-664.

Epstein, L. H., Myers, M. D., Raynor, H. A., & Saelens, B. E. (1998). *Treatment of pediatric obesity. Pediatrics, 101*(3, Pt. 2), 554-570.

Epstein, L. H., Paluch, R. A., Gordy, C. C., & Dorn, J. (2000). Decreasing sedentary behaviors in treating pediatric obesity. *Archives of Pediatrics and Adolescent Medicine, 154*(3), 220-226.

Epstein, L. H., Paluch, R. A., Roemmich, J. N., & Beecher, M. D. (2007). Family-based obesity treatment, then and now: Twenty-five years of pediatric obesity treatment. *Health Psychology, 26*(4), 381-391.

Epstein, L. H., Raja, S., Gold, S. S., Paluch, R. A., & Roemmich, J. N. (2006). The neighborhood built environment influences substitution of physical activity for sedentary behavior in youth. *Psychological Science, 17*, 654-659.

Epstein, L. H., & Squires, S. (1988). The stoplight diet for children. Boston: Little, Brown.

Epstein, L. H., Valoski, A., Koeske, R., & Wing, R. R. (1986). Family-based behavioral weight control in obese young children. *Journal of the American Dietetic Association, 86*(4), 481-484.

Epstein, L. H., Valoski, A., Wing, R. R., & McCurley, J. (1990). Ten-year follow-up of behavioral, family-based treatment for obese children. *Journal of the American Medical Association, 264*(19), 2519-2523.

Epstein, L. H., Valoski, A., Wing, R. R., & McCurley, J. (1994). Ten-year outcomes of behavioral family-based treatment for childhood obesity. *Health Psychology, 13*(5), 373-383.

Epstein, L. H., Valoski, A. M., Kalarchian, M. A., & McCurley, J. (1995). Do children lose and maintain weight easier than adults: A comparison of child and parent weight changes from six months to ten years. *Obesity Research, 3*(5), 411-417.

Epstein, L. H., Wing, R. R., Koeske, R., Andrasik, F., & Ossip, D. J. (1981). Child and parent weight loss in family-based behavior modification programs. *Journal of Consulting and Clinical Psychology, 49*(5), 674-685.

Epstein, L. H., Wing, R. R., Woodall, K., Penner, B. D., Kress, M. J., & Koeske, R. (1985). Effects of family-based behavioral treatment on obese 5- to 8-year-old children. *Behavior Therapy, 16*, 205-212.

Fairburn, C. G. (1985). Cognitive-behavioural treatment for bulimia. In D. M. Garner & P. E. Garfinkel (Eds.), *Handbook of psychotherapy for anorexia nervosa and bulimia*. New York: Guilford Press.

Fairburn, C. G. (2008). *Cognitive behavior therapy and eating disorders*. New York: Guilford Press.

Fairburn, C. G., & Brownell, K. D. (2002). *Eating disorders and obesity: A comprehensive handbook* (2nd ed.). New York: Guilford Press.

Fairburn, C. G., Cooper, Z., Doll, H. A., O'Connor, M. E., Bohn, K., Hawker, D. M., et al. (2009). Transdiagnostic cognitive-behavioral therapy for patients with eating disorders: A two-site trial with 60-week follow-up. *American Journal of Psychiatry, 166*(3), 311-319.

Fairburn, C. G., Cooper, Z., & Shafran, R. (2003). Cognitive behaviour therapy for eating disorders: A "transdiagnostic" theory and treatment. *Behaviour Research and Therapy, 41*(5), 509-528.

Fairburn, C. G., & Harrison, P. J. (2003). Eating disorders. *Lancet, 361*(9355), 407-416.

Fairburn, C. G., Marcus, M. D., & Wilson, G. T. (1993). Cognitive-behavioral therapy for binge eating and bulimia nervosa: A comprehensive treatment manual. In C. G. Fairburn & G. T. Wilson (Eds.), Binge eating: Nature, assessment, and treatment (pp. 361-404). New York: Guilford Press.

Fairburn, C. G., Shafran, R., & Cooper, Z. (1998). A cognitive behavioral theory of anorexia nervosa. *Behaviour Research and Therapy, 37*, 1-13.

Fairburn, C. G., Welch, S. L., Doll, H. A., Davies, B. A., & O'Connor, M. E. (1997). Risk factors for bulimia nervosa: A community-based case-control study. *Archives of General Psychiatry, 54*(6), 509-517.

Faith, M. S., & Allison, D. B. (1996). Obesity and physical health: Looking for shades of grey. *Weight Control Digest*, 6, 539-540.

Faith, M. S., Saelens, B. E., Wilfley, D. E., & Allison, D. B. (2001). Behavioral treatment of childhood and adolescent obesity: Current status, challenges, and future directions. In J. K. Thompson & L. Smolak (Eds.), *Body image, eating disorders, and obesity in youth: Assessment, prevention, and treatment* (pp. 313-319). Washington, DC: American Psychological Association.

Fisberg, M., Baur, L., Chen, W., Hoppin, A., Koletzko, B., Lau, D., et al. (2004). Obesity in children and adolescents: Working Group report of the second World Congress of Pediatric Gastroenterology, Hepatology, and Nutrition. *Journal of Pediatric Gastroenterology and Nutrition, 39* (Suppl. 2), S678-S687.

Fisher, M., Schneider, M., Burns, J., Symons, H., & Mandel, F. S. (2001). Differences between adolescents and young adults at presentation to an eating disorders program. *Journal of Adolescent Health, 28*(3), 222-227.

Freedman, D. S., Dietz, W. H., Srinivasan, S. R., & Berenson, G. S. (1999). The relation of overweight to cardiovascular risk factors among children and adolescents: The

Bogalusa Heart Study. *Pediatrics, 103*(6, Pt. 1), 1175-1182.

Garner, D. M., Vitousek, K. M., & Pike, K. M. (1997). Cognitive-behavioral therapy for anorexia nervosa. In D. M. Garner & P. E. Garfinkel (Eds.), *Handbook of treatment for eating disorders* (2nd ed., pp. 94-144). New York: Guilford Press.

Glass, T. A., & McAtee, M. J. (2006). Behavioral science at the crossroads in public health: Extending horizons, envisioning the future. *Social Science and Medicine, 62*(7), 1650-1671.

Golan, M., & Crow, S. (2004a). Parents are key players in the prevention and treatment of weightrelated problems. *Nutrition Reviews, 62*(1), 39-50.

Golan, M., & Crow, S. (2004b). Targeting parents exclusively in the treatment of childhood obesity: Long-term results. *Obesity Research, 12*(2), 357-361.

Golan, M., Fainaru, M., & Weizman, A. (1998). Role of behaviour modification in the treatment of childhood obesity with the parents as the exclusive agents of change. *International Journal of Obesity and Related Metabolic Disorders, 22*(12), 1217-1224.

Goldfield, A., & Chrisler, J. C. (1995). Body stereotyping and stigmatization of obese persons by first graders. *Perceptual and Motor Skills, 81*(3, Pt. 1), 909-910.

Goldstein, M. A., Herzog, D. B., Misra, M., & Sagar, P. (2008). Case records of the Massachusetts General Hospital: Case 29-2008. A 19-year-old man with weight loss and abdominal pain. *New England Journal of Medicine, 359*(12), 1272-1283.

Gortmaker, S. L., Must, A., Perrin, J. M., Sobol, A. M., & Dietz, W. H. (1993). Social and economic consequences of overweight in adolescence and young adulthood. *New England Journal of Medicine, 329*(14), 1008-1012.

Gowers, S. G., Clark, A., Roberts, C., Griffiths, A., Edwards, V., Bryan, C., et al. (2007). Clinical effectiveness of treatments for anorexia nervosa in adolescents: Randomised controlled trial. *British Journal of Psychiatry, 191*, 427-435.

Graves, T., Meyers, A. W., & Clark, L. (1988). An evaluation of parental problem-solving training in the behavioral treatment of childhood obesity. *Journal of Consulting and Clinical Psychology, 56*(2), 246-250.

Grilo, C. M. (2002). Binge eating disorder. In C. G. Fairburn & K. D. Brownell (Eds.), *Eating disorders and obesity: A comprehensive handbook* (2nd ed., pp. 178-182). New York: Guilford Press.

Grilo, C. M., Masheb, R. M., & Wilson, G. T. (2005). Efficacy of cognitive behavioral therapy and fluoxetine for the treatment of binge eating disorder: A randomized double-blind placebo-controlled comparison. *Biological Psychiatry, 57*(3), 301-309.

Halmi, K. A. (1999). *A multi-site study of AN treatment involving CBT and fluoxetine treatment in prevention of relapse: A 6-month treatment analysis.* Paper presented at the 5th Annual meeting of the Eating Disorders Research Society, San Diego, CA.

Halmi, K. A. (2008). The perplexities of conducting randomized, double-blind, placebo-controlled treatment trials in anorexia nervosa patients. *American Journal of Psychiatry, 165*(10), 1227-1228.

Halmi, K. A., Agras, W. S., Crow, S., Mitchell, J., Wilson, G. T., Bryson, S. W., et al. (2005). Predictors of treatment acceptance and completion in anorexia nervosa: Implications for future study designs. *Archives of General Psychiatry, 62*(7), 776-781.

Hampl, S. E., Carroll, C. A., Simon, S. D., & Sharma, V. (2007). Resource utilization and expenditures for overweight and obese children. *Archives of Pediatric and Adolescent Medicine, 161*(1), 11-14.

Haskell, W. L., Lee, I. M., Pate, R. R., Powell, K. E., Blair, S. N., Franklin, B. A., et al. (2007). Physical activity and public health: Updated recommendation for adults from the American College of Sports Medicine and the American Heart Association. *Circulation, 116*(9), 1081-1093.

Haus, G., Hoerr, S. L., Mavis, B., & Robison, J. (1994). Key modifiable factors in weight maintenance: Fat intake, exercise, and weight cycling. *Journal of the American Dietetic Association, 94*(4), 409-413.

Hayden-Wade, H. A., Stein, R. I., Ghaderi, A., Saelens, B. E., Zabinski, M. F., & Wilfley, D. E. (2005). Prevalence, characteristics, and correlates of teasing experiences among overweight children vs. non-overweight peers.

Obesity Research, 13(8), 1381-1392.

Hedley, A. A., Ogden, C. L., Johnson, C. L., Carroll, M. D., Curtin, L. R., & Flegal, K. M. (2004). Prevalence of overweight and obesity among U.S. children, adolescents, and adults, 1999-2002. *Journal of the American Medical Association, 291*(23), 2847-2850.

Heflin, A. H., & Deblinger, E. (2003). Treatment of a sexually abused adolescent with posttraumatic stress disorder. In M. A. Reinecke, F. M. Dattilio, & A. Freeman (Eds.), *Cognitive therapy with children and adolescents: A casebook for clinical practice* (2nd ed., pp. 214-246). New York: Guilford Press.

Henderson, K. E., & Brownell, K. D. (2003). The toxic environment and obesity: Contribution and care. In J. K. Thompson (Ed.), *Handbook of eating disorders and obesity* (pp. 339-348). New York: Wiley.

Herrera, E. A., Johnston, C. A., & Steele, R. G. (2004). A comparison of cognitive and behavioral treatments for pediatric obesity. *Children's Health Care, 33,* 151-167.

Hill, J. O., Wyatt, H. R., Reed, G. W., & Peters, J. C. (2003). Obesity and the environment: Where do we go from here? *Science, 299*(5608), 853-855.

Hoste, R. R., Zaitsoff, S., Hewell, K., & le Grange, D. (2007). What can dropouts teach us about retention in eating disorder treatment studies? *International Journal of Eating Disorders, 40*(7), 668-671.

Huang, T. T., Drewnosksi, A., Kumanyika, S., & Glass, T. A. (2009). A systems-oriented multilevel framework for addressing obesity in the 21st century. *Preventing Chronic Disease, 6*(3), A82.

Ippisch, H. M., & Daniels, S. R. (2008). Hypertension in overweight and obese youth. *Pediatric Cardiology, 25,* 177-182.

Jago, R., Baranowski, T., Baranowski, J. C., Cullen, K. W., & Thompson, D. (2007). Distance to food stores and adolescent male fruit and vegetable consumption: Mediation effects. *International Journal of Behavioral Nutrition and Physical Activity, 4,* 35.

Janicke, D. M., Sallinen, B. J., Perri, M. G., Lutes, L. D., Huerta, M., Silverstein, J. H., et al. (2008). Comparison of parent-only vs family-based interventions for overweight children in underserved rural settings: Outcomes from project STORY. *Archives of Pediatrics and Adolescent Medicine, 162*(12), 1119-1125.

Jeffery, R. W., Drewnowski, A., Epstein, L. H., Stunkard, A. J., Wilson, G. T., Wing, R. R., et al. (2000). Long-term maintenance of weight loss: Current status. *Health Psychology, 19*(Suppl.), 5-16.

Jelalian, E., & Saelens, B. E. (1999). Empirically supported treatments in pediatric psychology: Pediatric obesity. *Journal of Pediatric Psychology, 24*(3), 223-248.

Kalarchian, M. A., Levine, M. D., Arslanian, S. A., Ewing, L. J., Houck, P. R., Cheng, Y., et al. (2009). Family-based treatment of severe pediatric obesity: Randomized, controlled trial. *Pediatrics, 124*(4), 1060-1068.

Katzman, D. K. (2005). Medical complications in adolescents with anorexia nervosa: A review of the literature. *International Journal of Eating Disorders, 37*(Suppl.), S52-S59; discussion S87- S59.

Keel, P. K., Dorer, D. J., Eddy, K. T., Franko, D., Charatan, D. L., & Herzog, D. B. (2003). Predictors of mortality in eating disorders. *Archives of General Psychiatry, 60*(2), 179-183.

Kendall, P. C. (1990). Coping Cat workbook. Ardmore, PA: Workbook Publishing. (www.workbookpublishing.com)

Kendall, P. C. (1994). Treating anxiety disorders in children: Results of a randomized clinical trial. *Journal of Consulting and Clinical Psychology, 62*(1), 100-110.

Kendall, P. C. (2000). *Child and adolescent therapy: Cognitive-behavioral procedures* (2nd ed). New York: Guilford Press.

Kendall, P. C., & Choudhury, M. S. (2003). Children and adolescents in cognitive-behavioral therapy: Some past efforts and current advances, and the challenges in our future. *Cognitive Therapy and Research, 27,* 89-104.

Kendall, P. C., Flannery-Schroeder, E., Panichelli-Mindel, S. M., Southam-Gerow, M., Henin, A., & Warman, M. (1997). Therapy for youths with anxiety disorders: A second randomized clinical trial. *Journal of Consulting and Clinical Psychology, 65*(3), 366-380.

Kendall, P. C., Gosch, E., Furr, J. M., & Sood, E. (2008). Flexibility within fidelity. *Journal of the American Academy* of Child and Adolescent Psychiatry, 47(9), 987-993.

Kuczmarski, R. J., Ogden, C. L., Grummer-Strawn, L. M., Flegal, K. M., Guo, S. S., Wei, R., et al. (2000). CDC growth charts: United States. *Advance Data, 314,* 1-27.

Kumanyika, S. K., Obarzanek, E., Stettler, N., Bell, R., Field, A. E., Fortmann, S. P., et al. (2008). Population-based prevention of obesity: The need for comprehensive promotion of healthful eating, physical activity, and energy balance: A scientific statement from American Heart Association Council on Epidemiology and Prevention, Interdisciplinary Committee for Prevention (formerly the Expert Panel on Population and Prevention Science). *Circulation, 118*(4), 428-464.

Latner, J. D., & Stunkard, A. J. (2003). Getting worse: The stigmatization of obese children. *Obesity Research, 11*(3), 452-456.

Laursen, B. (1996). Closeness and conflict in adolescent peer relationships: Interdependence with friends and romantic partners. In W. M. Bukowski, A. F. Newcomb, & W. W. Hartup (Eds.), *The company they keep: Friendship in childhood and adolescence* (pp. 186-210). New York: Cambridge University Press.

le Grange, D. (1999). Family therapy for adolescent anorexia nervosa. *Journal of Clinical Psychology, 55*(6), 727-739.

le Grange, D., Crosby, R. D., Rathouz, P. J., & Leventhal, B. L. (2007). A randomized controlled comparison of family-based treatment and supportive psychotherapy for adolescent bulimia nervosa. *Archives of General Psychiatry, 64*(9), 1049-1056.

le Grange, D., Eisler, I., Dare, C., & Russell, G. F. (1992). Evaluation of family treatments in adolescent anorexia nervosa: A pilot study. *International Journal of Eating Disorders, 12,* 347-357.

Litt, M. D., Kadden, R. M., Kabela-Cormier, E., & Petry, N. (2007). Changing network support for drinking: Initial findings from the network support project. *Journal of Consulting and Clinical Psychology, 75*(4), 542-555.

Livingstone, M. B., McCaffrey, T. A., & Rennie, K. L. (2006). Childhood obesity prevention studies: Lessons learned and to be learned. *Public Health Nutrition, 9*(8A), 1121-1129.

Lock, J. (2002). Treating adolescents with eating disorders in the family context: Empirical and theoretical considerations. *Child and Adolescent Psychiatric Clinics of North America, 11*(2), 331-342.

Lock, J., Couturier, J., & Agras, W. S. (2006). Comparison of long-term outcomes in adolescents with anorexia nervosa treated with family therapy. *Journal of the American Academy of Child and Adolescent Psychiatry, 45*(6), 666-672.

Lock, J., & le Grange, D. (2001). Can family-based treatment of anorexia nervosa be manualized? *Journal of Psychotherapy Practice and Research, 10,* 253-261.

Lock, J., & le Grange, D. (2005). Family-based treatment of eating disorders. *International Journal of Eating Disorders, 37*(Suppl.), S64-S67; discussion S87-S69.

Loeb, K. L., Walsh, B. T., Lock, J., le Grange, D., Jones, J., Marcus, S., et al. (2007). Open trial of family-based treatment for full and partial anorexia nervosa in adolescence: Evidence of successful dissemination. *Journal of the American Academy of Child and Adolescent Psychiatry, 46*(7), 792-800.

Lustig, J. L., Wolchik, S. A., & Weiss, L. (1999). The New Beginnings parenting program for divorced mothers: Linking theory and intervention. In C. A. Essau & F. Petermann (Eds.), *Depressive disorders in children and adolescents: Epidemiology, risk factors, and treatment* (pp. 361-381). Northvale, NJ: Aronson.

Marcus, M. D. (1997). Adapting treatment for patients with binge-eating disorder. In D. M. Garner & P. E. Garfinkel (Eds.), *Handbook of treatment for eating disorders* (2nd ed., pp. 484-493). New York: Guilford Press.

Marcus, M. D., Kalarchian, M. A., & Levine, M. D. (2005). *Treatment of severe pediatric overweight.* Paper presented at the 11th Annual meeting of the Eating Disorder Research Society, Toronto, Canada.

Marcus, M. D., Wing, R. R., & Fairburn, C. G. (1995). Cognitive behavioral treatment of binge eating vs. behavioral weight control on the treatment of binge eating disorder. *Annals of Behavioral Medicine, 17,* S090.

McGovern, L., Johnson, J. N., Paulo, R., Hettinger, A., Singhal, V., Kamath, C., et al. (2008). Clinical review:

Treatment of pediatric obesity: A systematic review and meta-analysis of randomized trials. *Journal of Clinical Endocrinology and Metabolism, 93*(12), 4600-4605.

McGuire, M. T., Wing, R. R., Klem, M. L., Lang, W., & Hill, J. O. (1999). What predicts weight regain in a group of successful weight losers? *Journal of Consulting and Clinical Psychology, 67*(2), 177-185.

McIntosh, V. V., Jordan, J., Carter, F. A., Luty, S. E., McKenzie, J. M., Bulik, C. M., et al. (2005). Three psychotherapies for anorexia nervosa: A randomized, controlled trial. *American Journal of Psychiatry, 162*(4), 741-747.

Minuchin, S., Rosman, B. L., & Baker, L. (1978). *Psychosomatic families: Anorexia nervosa in context.* Cambridge, MA: Harvard University Press.

Misra, M., Prabhakaran, R., Miller, K. K., Goldstein, M. A., Mickley, D., Clauss, L., et al. (2008). Weight gain and restoration of menses as predictors of bone mineral density change in adolescent girls with anorexia nervosa-1. *Journal of Clinical Endocrinology and Metabolism, 93*(4), 1231-1237.

Must, A., Jacques, P. F., Dallal, G. E., Bajema, C. J., & Dietz, W. H. (1992). Long-term morbidity and mortality of overweight adolescents. A follow-up of the Harvard Growth Study of 1922 to 1935. *New England Journal of Medicine, 327*(19), 1350-1355.

National Institute for Clinical Excellence. (2004). *Eating disorders: Core interventions in the treatment and management of anorexia nervosa, bulimia nervosa and related eating disorders: A national clinical practice guideline.* London: Author.

Nauta, H., Hospers, H., Kok, G., & Jansen, A. (2000). A comparison between cognitive and a behavioral treatment for obese binge eaters and obese non-binge eaters. *Behavior Therapy, 31*, 441-461.

Neumark-Sztainer, D., Wall, M., Perry, C., & Story, M. (2003). Correlates of fruit and vegetable intake among adolescents. Findings from Project EAT. *Preventive Medicine, 37*(3), 198-208.

Neumark-Sztainer, D. R., Wall, M. M., Haines, J. I., Story, M. T., Sherwood, N. E., & van den Berg, P. A. (2007). Shared risk and protective factors for overweight and disordered eating in adolescents. *American Journal of Preventive Medicine, 33*(5), 359-369.

Nicholls, D., & Viner, R. (2005). Eating disorders and weight problems. *British Medical Journal, 330*(7497), 950-953.

O'Brien, K. M., & Vincent, N. K. (2003). Psychiatric comorbidity in anorexia and bulimia nervosa: Nature, prevalence, and causal relationships. *Clinical Psychology Review, 23*(1), 57-74.

Ogden, C. L., Carroll, M. D., Curtin, L. R., McDowell, M. A., Tabak, C. J., & Flegal, K. M. (2006). Prevalence of overweight and obesity in the United States, 1999-2004. *Journal of the American Medical Association, 295*(13), 1549-1555.

Ogden, C. L., Carroll, M. D., & Flegal, K. M. (2008). High body mass index for age among US children and adolescents, 2003-2006. *Journal of the American Medical Association, 299*(20), 2401-2405.

Ogden, C. L., Flegal, K. M., Carroll, M. D., & Johnson, C. L. (2002). Prevalence and trends in overweight among U.S. children and adolescents, 1999-2000. *Journal of the American Medical Association, 288*(14), 1728-1732.

Pardini, D. A., & Lochman, J. E. (2003). Treatments for oppositional defiant disorder. In M. A. Reinecke, F. M. Dattilio, & A. Freeman (Eds.), *Cognitive therapy with children and adolescents: A casebook for clinical practice* (2nd ed., pp. 43-69). New York: Guilford Press.

Perri, M. G. (1998). The maintenance of treatment effects in the long-term management of obesity. *Clinical Psychology, 5*, 526-543.

Perri, M. G. (2002). Improving maintenance in behavioral treatment. In C. G. Fairburn & K. D. Brownell (Eds.), *Eating disorders and obesity: A comprehensive handbook* (2nd ed., pp. 593-598). New York: Guilford Press.

Pike, K. M., Walsh, B. T., Vitousek, K., Wilson, G. T., & Bauer, J. (2003). Cognitive behavior therapy in the posthospitalization treatment of anorexia nervosa. *American Journal of Psychiatry, 160*(11), 2046-2049.

Pike, K. M., & Wilfley, D. E. (1996). The changing context of treatment. In L. Smolak, M. P. Levine, & R. Striegel-Moore (Eds.), *The developmental psychopathology of eating disorders: Implications for research, prevention,* and treatment (pp. 365-397). Mahwah, NJ: Erlbaum.

Pinhas-Hamiel, O., Dolan, L. M., Daniels, S. R., Standiford, D., Khoury, P. R., & Zeitler, P. (1996). Increased incidence of non-insulin-dependent diabetes mellitus among adolescents. *Journal of Pediatrics, 128*(5, Pt. 1), 608-615.

Pomeroy, C., & Mitchell, J. E. (2002). Medical complications of anorexia nervosa and bulimia nervosa. In C. G. Fairburn & K. D. Brownell (Eds.), *Eating disorders and obesity: A comprehensive handbook* (2nd ed., pp. 278-285). New York: Guilford Press.

Pretorius, N., Arcelus, J., Beecham, J., Dawson, H., Doherty, F., Eisler, I., et al. (2009). Cognitivebehavioural therapy for adolescents with bulimic symptomatology: The acceptability and effectiveness of Internet-based delivery. *Behaviour Research and Therapy, 47*(9), 729-736.

Pretorius, N., Rowlands, L., Ringwood, S., & Schmidt, U. (2010). Young people's perceptions of and reasons for accessing a web-based cognitive behavioral intervention for bulimia nervosa. *European Eating Disorders Review, 18*(3), 197-206.

Reijonen, J. H., Pratt, H. D., Patel, D. R., & Greydanus, D. E. (2003). Eating disorders in the adolescent population: An overview. *Journal of Adolescent Research, 18*, 209-222.

Reinecke, M. A., Dattilio, F. M., & Freeman, A. (2003). What makes for an effective treatment? In M. A. Reinecke, F. M. Dattilio, & A. Freeman (Eds.), *Cognitive therapy with children and adolescents: A casebook for clinical practice* (2nd ed., pp. 1-18). New York: Guilford Press.

Ricca, V., Mannucci, E., Mezzani, B., Moretti, S., Di Bernardo, M., Bertelli, M., et al. (2001). Fluoxetine and fluvoxamine combined with individual cognitive-behaviour therapy in binge eating disorder: A one-year follow-up study. *Psychotherapy and Psychosomatics, 70*(6), 298-306.

Robin, A. L. (2003). Behavioral family systems therapy for adolescents with anorexia nervosa. In A. E. Kazdin & J. R. Weisz (Eds.), *Evidence-based psychotherapies for children and adolescents* (pp. 358-373). New York: Guilford Press.

Robin, A. L., Gilroy, M., & Dennis, A. B. (1998). Treatment of eating disorders in children and adolescents. *Clinical Psychology Review, 18*(4), 421-446.

Robin, A. L., Siegel, P. T., Koepke, T., Moye, A. W., & Tice, S. (1994). Family therapy versus individual therapy for adolescent females with anorexia nervosa. *Journal of Developmental and Behavioral Pediatrics, 15*(2), 111-116.

Robin, A. L., Siegel, P. T., Moye, A. W., Gilroy, M., Dennis, A. B., & Sikand, A. (1999). A controlled comparison of family versus individual therapy for adolescents with anorexia nervosa. *Journal of the American Academy of Child and Adolescent Psychiatry, 38*(12), 1482-1489.

Roemmich, J. N., Epstein, L. H., Raja, S., & Yin, L. (2007). The neighborhood and home environments: Disparate relationships with physical activity and sedentary behaviors in youth. *Annals of Behavioral Medicine, 33*(1), 29-38.

Roemmich, J. N., Epstein, L. H., Raja, S., Yin, L., Robinson, J., & Winiewicz, D. (2006). Association of access to parks and recreational facilities with the physical activity of young children. *Preventive Medicine, 43*(6), 437-441.

Rosenbloom, A. L., Joe, J. R., Young, R. S., & Winter, W. E. (1999). Emerging epidemic of type 2 diabetes in youth. *Diabetes Care, 22*(2), 345-354.

Russell, G. F., Szmukler, G. I., Dare, C., & Eisler, I. (1987). An evaluation of family therapy in anorexia nervosa and bulimia nervosa. *Archives of General Psychiatry, 44*(12), 1047-1056.

Saelens, B. E., Sallis, J. F., Wilfley, D. E., Patrick, K., Cella, J. A., & Buchta, R. (2002). Behavioral weight control for overweight adolescents initiated in primary care. *Obesity Research, 10*(1), 22-32.

Sallis, J. F., & Glanz, K. (2006). The role of built environments in physical activity, eating, and obesity in childhood. *Future of Children, 16*(1), 89-108.

Salvy, S. J., Coelho, J. S., Kieffer, E., & Epstein, L. H. (2007). Effects of social contexts on overweight and normal-weight children's food intake. *Physiology and Behavior, 92*(5), 840-846.

Salvy, S. J., Kieffer, E., & Epstein, L. H. (2008). Effects of social context on overweight and normal-weight children's food selection. *Eating Behaviors, 9*(2), 190-196.

Salvy, S. J., Romero, N., Paluch, R., & Epstein, L. H. (2007). Peer influence on pre-adolescent girls' snack intake: Effects of weight status. *Appetite, 49*(1), 177-182.

Sanchez-Ortiz, V. C., Munro, C., Stahl, D., House, J., Startup, H., Treasure, J., et al. (2011). A randomised controlled trial of Internet-based cognitive-behavioural therapy for bulimia nervosa or related disorders in a student population. *Psychological Medicine, 41*(2), 407-417.

Schmidt, U. (2009). Cognitive behavioral approaches in adolescent anorexia and bulimia nervosa. *Child and Adolescent Psychiatric Clinics of North America, 18*(1), 147-158.

Schmidt, U., Andiappan, M., Grover, M., Robinson, S., Perkins, S., Dugmore, O., et al. (2008). Randomised controlled trial of CD-ROM-based cognitive-behavioural self-care for bulimia nervosa. *British Journal of Psychiatry, 193*(6), 493-500.

Schmidt, U., Lee, S., Beecham, J., Perkins, S., Treasure, J., Yi, I., et al. (2007). A randomized controlled trial of family therapy and cognitive behavior therapy guided self-care for adolescents with bulimia nervosa and related disorders. *American Journal of Psychiatry, 164*(4), 591-598.

Schwimmer, J. B., Burwinkle, T. M., & Varni, J. W. (2003). Health-related quality of life of severely obese children and adolescents. *Journal of the American Medical Association, 289*(14), 1813- 1819.

Serdula, M. K., Ivery, D., Coates, R. J., Freedman, D. S., Williamson, D. F., & Byers, T. (1993). Do obese children become obese adults?: A review of the literature. *Preventive Medicine, 22*(2), 167-177.

Serfaty, M. A., Turkington, D., Heap, M., Ledsham, L., & Jolley, E. (1999). Cognitive therapy versus dietary counseling in the outpatient treatment of anorexia nervosa: Effects of the treatment phase. *European Eating Disorders Review, 7,* 334-350.

Simon, C., Schweitzer, B., Oujaa, M., Wagner, A., Arveiler, D., Triby, E., et al. (2008). Successful overweight prevention in adolescents by increasing physical activity: A 4-year randomized controlled intervention. *International Journal of Obesity (London), 32*(10), 1489-1498.

Slade, P. (1982). Towards a functional analysis of anorexia nervosa and bulimia nervosa. *British Journal of Clinical Psychology, 21*(3), 167-179.

Smith, A. L. (1999). Perceptions of peer relationships and physical activity participation in early adolescence. *Journal of Sports Medicine and Physical Fitness, 21*, 329-350.

Smolak, L., Levine, M. P., & Striegel-Moore, R. (1996). *The developmental psychopathology of eating disorders: Implications for research*, prevention, and treatment. Hillsdale, NJ: Erlbaum.

Spear, B. A., Barlow, S. E., Ervin, C., Ludwig, D. S., Saelens, B. E., Schetzina, K. E., et al. (2007). Recommendations for treatment of child and adolescent overweight and obesity. *Pediatrics, 120*(Suppl. 4), S254-S288.

Stein, R. I., Saelens, B. E., Dounchis, J. Z., Lewczyk, C. M., Swenson, A. K., & Wilfley, D. E. (2001). Treatment of eating disorders in women. *Counseling Psychologist, 29,* 695-732.

Stein, R. I., Vander Wal, J. S., & Klein, S. (2008, October). *Efficacy of YMCA-delivered family weight-loss program in treating childhood obesity: A pilot study.* Paper presented at the 26th Annual meeting of The Obesity Society, Phoenix, AZ.

Steinhausen, H. C. (2002). The outcome of anorexia nervosa in the 20th century. *American Journal of Psychiatry, 159*(8), 1284-1293.

Steinhausen, H. C., & Weber, S. (2009). The outcome of bulimia nervosa: Findings from one-quarter century of research. *American Journal of Psychiatry, 166*(12), 1331-1341.

Stice, E., Maxfield, J., & Wells, T. (2003). Adverse effects of social pressure to be thin on young women: An experimental investigation of the effects of "fat talk." *International Journal of Eating Disorders, 34*(1), 108-117.

Stice, E., Ng, J., & Shaw, H. (2010). Risk factors and prodromal eating pathology. *Journal of Child Psychology and Psychiatry, 51*(4), 518-525.

Stice, E., Presnell, K., & Spangler, D. (2002). Risk factors for binge eating onset in adolescent girls: A 2-year prospective investigation. *Health Psychology, 21*(2), 131-138.

Stice, E., & Whitenton, K. (2002). Risk factors for body dissatisfaction in adolescent girls: A longitudinal investigation. *Developmental Psychology, 38*(5), 669-678.

Striegel-Moore, R. H., & Franko, D. L. (2008). Should binge eating disorder be included in the DSM-V?: A critical review of the state of the evidence. *Annual Review of Clinical Psychology, 4*, 305-324.

Striegel-Moore, R. H., Schreiber, G. B., Lo, A., Crawford, P., Obarzanek, E., & Rodin, J. (2000). Eating disorder symptoms in a cohort of 11 to 16-year-old black and white girls: The NHLBI growth and health study. *International Journal of Eating Disorders, 27*(1), 49-66.

Sullivan, P. F. (1995). Mortality in anorexia nervosa. *American Journal of Psychiatry, 152*(7), 1073- 1074.

Summerbell, C. D., Ashton, V., Campbell, K. J., Edmunds, L., Kelly, S., & Waters, E. (2003). Interventions for treating obesity in children (Cochrane Review). In *The Cochrane Library*. Chichester, UK: Wiley.

Tanofsky-Kraff, M., Cohen, M. L., Yanovski, S. Z., Cox, C., Theim, K. R., Keil, M., et al. (2006). A prospective study of psychological predictors of body fat gain among children at high risk for adult obesity. *Pediatrics, 117*(4), 1203-1209.

Tanofsky-Kraff, M., Wilfley, D. E., Young, J. F., Mufson, L., Yanovski, S. Z., Glasofer, D. R., et al. (2007). Preventing excessive weight gain in adolescents: Interpersonal psychotherapy for binge eating. *Obesity (Silver Spring), 15*(6), 1345-1355.

Tanofsky-Kraff, M., Wilfley, D. E., Young, J. F., Mufson, L., Yanovski, S. Z., Glasofer, D. R., et al. (2010). A pilot study of interpersonal psychotherapy for preventing excess weight gain in adolescent girls at-risk for obesity. *International Journal of Eating Disorders, 43*(8), 701-706.

Taylor, C. B., Bryson, S., Celio Doyle, A. A., Luce, K. H., Cunning, D., Abascal, L. B., et al. (2006). The adverse effect of negative comments about weight and shape from family and siblings on women at high risk for eating disorders. *Pediatrics, 118*(2), 731-738.

Telch, C. F., Agras, W. S., Rossiter, E. M., Wilfley, D., & Kenardy, J. (1990). Group cognitive-behavioral treatment for the nonpurging bulimic: An initial evaluation. *Journal of Consulting and Clinical Psychology, 58*(5), 629-635.

Temple, J. L., Legierski, C. M., Giacomelli, A. M., Salvy, S. J., & Epstein, L. H. (2008). Overweight children find food more reinforcing and consume more energy than do nonoverweight children. *American Journal of Clinical Nutrition, 87*(5), 1121-1127.

Thelen, M. H., & Cormier, J. F. (1995). Desire to be thinner and weight control among children and their parents. *Behavior Therapy, 26*, 85-99.

Tsiros, M. D., Sinn, N., Coates, A. M., Howe, P. R., & Buckley, J. D. (2008). Treatment of adolescent overweight and obesity. *European Journal of Pediatrics, 167*(1), 9-16.

U.S. Department of Health and Human Services. (2008). *2008 Physical Activity Guidelines for Americans*. Retrieved February 15, 2010, from www.health.gov/paguidelines.

U.S. Preventive Services Task Force. (2010). Screening for obesity in children and adolescents: U.S. Preventive Services Task Force recommendation statement. *Pediatrics, 125*(2), 361-367.

Vander Wal, J. S., Wonderlich-Tierney, A. L., Markey, M. A., Dennis, J. P., Stein, R. I., & Barlow, S. E. (2007, October). *Home-based cognitive behavioral support for the treatment of child obesity: Pilot study outcomes*. Paper presented at the 25th Annual meeting of the Obesity Society, New Orleans, LA.

Vanderlinden, J. (2008). Many roads lead to Rome: Why does cognitive behavioural therapy remain unsuccessful for many eating disorder patients? *European Eating Disorders Review, 16*(5), 329-333.

Varchol, L., & Cooper, H. (2009). Psychotherapy approaches for adolescents with eating disorders. *Current Opinion in Pediatrics, 21*(4), 457-464.

Vitousek, K. (1998). The current status of cognitive-behavioral models of anorexia nervosa and bulimia nervosa. In P. M. Salkovskis (Ed.), *Frontiers of cognitive therapy: The state of the art and beyond* (pp. 383-418). New York: Guilford Press.

Vitousek, K. (2002). Cognitive-behavioral therapy for anorexia nervosa. In C. G. Fairburn & K. D. Brownell (Eds.), *Eating disorders and obesity: A comprehensive handbook* (2nd ed., pp. 308-313). New York: Guilford Press.

Vitousek, K., Watson, S., & Wilson, G. T. (1998). Enhancing motivation for change in treatment-resistant eating disorders. *Clinical Psychology Review, 18*(4), 391-420.

Wadden, T. A., Butryn, M. L., & Byrne, K. J. (2004). Efficacy of lifestyle modification for long-term weight control. *Obesity Research, 12*(Suppl.), 151S.162S.

Wake, M., Baur, L. A., Gerner, B., Gibbons, K., Gold, L., Gunn, J., et al. (2009). Outcomes and costs of primary care surveillance and intervention for overweight or obese children: The LEAP 2 randomised controlled trial. *British Medical Journal, 339*, b3308.

Weiss, L., & Wolchik, S. A. (1998). New Beginnings: An empirically based intervention program for divorced mothers to help their children adjust to divorce. In J. M. Briesmeister & C. E. Schaefer (Eds.), *Handbook of parent training: Parents as co-therapists for children's behavior problems* (2nd ed., pp. 445-478). New York: Wiley.

Wertheim, E. H., Mee, V., & Paxton, S. J. (1999). Relationships among adolescent girls' eating behaviors and their parents' weight-related attitudes and behaviors. *Sex Roles, 41*, 169-187.

Wertheim, E. H., Paxton, S. J., Schutz, H. K., & Muir, S. L. (1997). Why do adolescent girls watch their weight?: An interview study examining sociocultural pressures to be thin. *Journal of Psychosomatic Research, 42*(4), 345-355.

Whitaker, R. C., Wright, J. A., Pepe, M. S., Seidel, K. D., & Dietz, W. H. (1997). Predicting obesity in young adulthood from childhood and parental obesity. *New England Journal of Medicine, 337*(13), 869-873.

Wildes, J. E., Marcus, M. D., Kalarchian, M. A., Levine, M. D., Houck, P. R., & Cheng, Y. (2010). Self-reported binge eating in severe pediatric obesity: Impact on weight change in a randomized controlled trial of family-based treatment. *International Journal of Obesity (London), 34*(7), 1143-1148.

Wilfley, D. E., Agras, W. S., Telch, C. F., Rossiter, E. M., Schneider, J. A., Cole, A. G., et al. (1993). Group cognitive-behavioral therapy and group interpersonal psychotherapy for the nonpurging bulimic individual: A controlled comparison. *Journal of Consulting and Clinical Psychology, 61*(2), 296-305.

Wilfley, D. E., Bishop, M. E., Wilson, G. T., & Agras, W. S. (2007). Classification of eating disorders: Toward DSM-V. *International Journal of Eating Disorders, 40*(Suppl.), S123-S129.

Wilfley, D. E., Friedman, M. A., Dounchis, J. Z., Stein, R. I., Welch, R. R., & Ball, S. A. (2000). Comorbid psychopathology in binge eating disorder: Relation to eating disorder severity at baseline and following treatment. *Journal of Consulting and Clinical Psychology, 68*(4), 641-649.

Wilfley, D. E., & Saelens, B. E. (2002). Epidemiology and causes of obesity in children. In C. G. Fairburn & K. D. Brownell (Eds.), *Eating disorders and obesity: A comprehensive handbook* (2nd ed., pp. 429-432). New York: Guilford Press.

Wilfley, D. E., Stein, R. I., Saelens, B. E., Mockus, D. S., Matt, G. E., Hayden-Wade, H. A., et al. (2007). Efficacy of maintenance treatment approaches for childhood overweight: A randomized controlled trial. *Journal of the American Medical Association, 298*(14), 1661-1673.

Wilfley, D. E., Tibbs, T. L., Van Buren, D. J., Reach, K. P., Walker, M. S., & Epstein, L. H. (2007). Lifestyle interventions in the treatment of childhood overweight: A meta-analytic review of randomized controlled trials. *Health Psychology, 26*(5), 521-532.

Wilfley, D. E., Van Buren, D. J., Theim, K. R., Stein, R. I., Saelens, B. E., Ezzet, F., et al. (2010). The use of biosimulation in the design of a novel multilevel weight loss maintenance program for overweight children. *Obesity (Silver Spring), 18*(Suppl. 1), S91-S98.

Wilfley, D. E., Vannucci, A., & White, E. K. (2010). Family-based behavioral interventions. In M. Freemark (Ed.), *Pediatric obesity: Etiology, pathogenesis, and treatment: First edition*. New York: Humana Press.

Wilfley, D. E., Welch, R. R., Stein, R. I., Spurrell, E. B., Cohen, L. R., Saelens, B. E., et al. (2002). A randomized comparison of group cognitive-behavioral therapy and group interpersonal psychotherapy for the treatment of overweight individuals with binge-eating disorder. *Archives of General Psychiatry, 59*(8), 713-721.

Wilfley, D. E., Wilson, G. T., & Agras, W. S. (2003). The

clinical significance of binge eating disorder. *International Journal of Eating Disorders, 34*(Suppl.), S96-S106.

Wilson, G. T. (1994). Behavioral treatment of childhood obesity: Theoretical and practical implications. *Health Psychology, 13*(5), 371-372.

Wilson, G. T. (1999). Cognitive behavior therapy for eating disorders: Progress and problems. *Behavioural Research and Therapy, 37*(Suppl. 1), S79-S95.

Wilson, G. T. (2005). Psychological treatment of eating disorders. *Annual Review of Clinical Psychology, 1*, 439-465.

Wilson, G. T., Fairburn, C. G., & Agras, W. S. (1997). Cognitive-behavioral therapy for bulimia nervosa. In D. M. Garner & P. E. Garfinkel (Eds.), *Handbook of treatment for eating disorders* (2nd ed., pp. 67-93). New York: Guilford Press.

Wilson, G. T., Fairburn, C. C., Agras, W. S., Walsh, B. T., & Kraemer, H. (2002). Cognitive-behavioral therapy for bulimia nervosa: Time course and mechanisms of change. *Journal of Consulting and Clinical Psychology, 70*(2), 267-274.

Wilson, G. T., Wilfley, D. E., Agras, W. S., & Bryson, S. W. (2010). Psychological treatments of binge eating disorder. *Archives of General Psychiatry, 67*(1), 94-101.

Wing, R. R., Tate, D. F., Gorin, A. A., Raynor, H. A., & Fava, J. L. (2006). A self-regulation program for maintenance of weight loss. *New England Journal of Medicine, 355*(15), 1563-1571.

Wolchik, S. A., West, S. G., Westover, S., Sandler, I. N., Martin, A., Lustig, J., et al. (1993). The children of divorce parenting intervention: Outcome evaluation of an empirically based program. *American Journal of Community Psychology, 21*(3), 293-231.

Wolfe, B. E., Baker, C. W., Smith, A. T., & Kelly-Weeder, S. (2009). Validity and utility of the current definition of binge eating. *International Journal of Eating Disorders, 42*(8), 674-686.

Wrotniak, B. H., Epstein, L. H., Paluch, R. A., & Roemmich, J. N. (2004). Parent weight change as a predictor of child weight change in family-based behavioral obesity treatment. *Archives of Pediatrics and Adolescent Medicine, 158*(4), 342-347.

Yanovski, S. Z. (2002). Binge eating in obese persons. In C. G. Fairburn & K. D. Brownell (Eds.), *Eating disorders and obesity: A comprehensive handbook* (2nd ed., pp. 403-407). New York: Guilford Press.

Young, F. (1990). Strategic adaptations of cognitive-behavioral therapy for anorexic and bulimic adolescents and their families. In R. McMahon & R. Peters (Eds.), *Behavior disorders of adolescence: Research, intervention, and policy in clinical and school settings* (pp. 111-123). New York: Plenum.

Young, K. M., Northern, J. J., Lister, K. M., Drummond, J. A., & O'Brien, W. H. (2007). A metaanalysis of family-behavioral weight-loss treatments for children. *Clinical Psychology Review, 27*(2), 240-249.

Zabinski, M. F., Saelens, B. E., Stein, R. I., Hayden-Wade, H. A., & Wilfley, D. E. (2003). Overweight children's barriers to and support for physical activity. *Obesity Research, 11*(2), 238-246.

Zeller, M. H., Reiter-Purtill, J., & Ramey, C. (2008). Negative peer perceptions of obese children in the classroom environment. *Obesity (Silver Spring), 16*(4), 755-762.

Zeller, M. H., Saelens, B. E., Roehrig, H., Kirk, S., & Daniels, S. R. (2004). Psychological adjustment of obese youth presenting for weight management treatment. *Obesity Research, 12*(10), 1576-1586.

Ziedonis, D., Haberstroh, S., Hanos Zimmermann, M., Miceli, M., & Foulds, J. (2006). Adolescent tobacco use and dependence: Assessment and treatment strategies. *Adolescent Medicine Clinics, 17*(2), 381-410.

제10장

재난 및 테러 이후의 개입

Annette M. La Greca & Wendy K. Silverman

최근 파괴적인 자연재해(예를 들어, 허리케인이나 지진, 홍수, 쓰나미), 폭력(예를 들어, 학교에서의 총격, 폭발, 테러리스트의 공격 등)과 같은 잠재적으로 외상적인 사건이 아동·청소년들에게 어떠한 영향을 미치는지에 대해 관심이 있어 왔다. 그러한 사건에 노출되는 것이 아동 및 청소년들에게 극심한 스트레스와 심리적 손상을 야기한다는 것은 명백한 사실이다(Bonanno, Brewin, Kaniasty, & La Greca, 2010; Comer & Kendall, 2007; La Greca & Prinstein, 2002; Silverman & La Greca, 2002).

불행하게도 비극적인 자연재해들이 미국과 세계 곳곳에서 많은 영향을 미친다. 2010년 첫 3개월 동안, 아이티, 칠레, 터키 동부에서 발생한 지진은 수많은 파괴와 다수의 사상자, 그리고 수많은 아이와 그 가족들의 삶을 붕괴시켰다. 미국 내에서도 최근 몇 년간 캘리포니아 남부에서 여러 차례 산불이 났으며, 카트리나와 리타 그리고 이케와 같은 허리케인을 포함하여 걸프만에서의 끔찍했던 허리케인 또한 발생했다.

테러도 미국과 그 외 국가들에서 극심한 외상과 많은 생명을 앗아 가는 결과를 야기했다. 주요한 사례로, 2001년 9월 11일 미국의 세계무역센터 및 국방성에 대한 테러로 수많은 인명 피해가 발생했으며, 미래의 또 다른 테러 발생에 대한 우려 및 직접적으로 영향을 받은 생존자들의 정신건강 문제를 다루는 방법에 대해 관심이 증가되었다. 세계무역센터 테러 6개월이 지난 후에 뉴욕 시 학생 대상의 설문조사(Hoven et al., 2005) 결과, 7만 5,000명 이상의 아동·청소년에서 외상후 스트레스 장애(posttraumatic stress disorder: PTSD)와 관련된 증상들이 발견되었으며, 이러한 결과는 많은 사람이 정신건강에 상당한 관심을 갖도록 만들었다.

이러한 잠재적인 외상 사건의 맥락에서, 재난과 테러가 아동과 청소년들에게 어떤 영향을 미치고, 그들이 그 사건에서 회복할 수 있도록 돕는 방법이 무엇인지를 이해하는 것이 중요하다. 아동 및 청소년의 재난과 테러로 인한 반응에 대한 적절한 개입법을 개발하고, 후유증으로 인한 심각하고 지속적인 적응 문제를 예방하는 것은 분명히 도전적이며 중요한 정신건강상의 관심을 촉진한다(La Greca, 2008). 이 장에서는 재난 및 테러 이후에 아동을 치료하는 증거 기반 접근법에 대한 최근 지식을 개관할 것이다.

이 장의 첫 번째 절은 아이들의 심리적 반응에 초점을 맞추고, 그런 후에 아이들의 외상 후 반응과 관련된 주요 위험 및 보호 요인들을 짧게 설명하고자 한다. 이 자료는 재난/테러 직후의 후유증에 걸맞은 프로그램 및 지속적인 스트레스 반응의 증거를 보이는 아동·청소년 대상의 인지행동적 치료를 포함하여, 예방 및 개입 연구의 현재 상태에 초점을 맞춰 제시하고자 한다. 마지막으로 '최선의 실천책'에 대해 논의하고, 재난 및 테러의 후유증에 심리학적 개입법의 적용에 대한 난관들에 대해 주목하고자 한다.

1. 재난 및 테러로 인한 반응

재난과 테러는 아동 및 청소년에게 외상 사건으로 작용하여 급성 스트레스, 외상후 스트레스(PTS) 및 PTSD를 야기할 수 있다(American Academy of Child and Adolescent Psychiatry, 1998; Bonanno et al., 2010; Comer & Kendall, 2007; La Greca & Prinstein, 2002; Silverman & La Greca, 2002를 보라). 재난이나 테러 공격 직후에 짧은 쇼크 상태나 반응 마비, 때때로 심지어는 살아남은 것에 대해 기분이 들뜨거나 안도감을 경험할 수 있다(Vogel & Vernberg, 1993). 하지만 이러한 초기 반응 이후에, 아동 및 청소년들은 대개 외상 사건 이후에 수주에서 몇 달 이내에 급성 스트레스 및 PTS 증상(Silverman & La Greca, 2002), 그리고 그 외의 심리적 반응들을 보고한다. 또한 스트레스 반응은 몇몇 아이에서 더 심하고 지속적일 수 있다(Gurwitch, Sitterle, Young, & Pfefferbaum, 2002; La Greca & Prinstein, 2002; Yule, Udwin, & Bolton, 2002).

1) PTS 증상 및 PTSD

(1) 진 단

PTSD는 죽음이나 심각한 상해 혹은 개인이나 타인의 신체적 안녕을 위협할 만한 극심한 스트레스원이나 사건에 노출된 이후에 발생하는 일련의 증상으로 설명된다(American Psychiatric Association, 2000). PTSD로 진단하기 위해, 외상 사건에 대한 개인의 반응에 극심한 공포, 무력감, 혹은 와해된 행동이 포함되어야 하며, 세 가지 증상군, 즉 재경험, 회피 및 무감각 그리고 과잉각성에 부합되어야 한다. PTSD로 진단하기 위해서는 이러한 증상들이 적어도 1개월 이상 지속되어야 하며(급성 PTSD), 학교나 사회적 혹은 가족 관계에서의 심각한 기능상의 손상이 동반되어야 한다. 증상들이 3개월 이상 지속되면 만성 PTSD로 진단된다.

'재경험' 증상에는 그 사건에 대한 반복적이고 침투적인 생각이나 꿈, 그리고 그 사건을 상기시키는 단서로 인한 강한 고통이 포함된다. 어린아이들에서는 외상적 주제를 다루는 반복적인 놀이로 나타날 수 있으며, 놀이나 그림 혹은 이야기 등을 통해 외상 사건이 재현될 수도 있다. 총격 사건 같은 폭력을 경험한 이후에, 아이들은 그들을 괴롭히는 생생한 심상이나 소리를 호소하거나 생명을 위협당할 때의 강한 감정을 동반하는 외상적인 꿈을 보고하기도 한다(Nader & Mello, 2002; Pynoos & Nader, 1988). 재경험 증상은 자연재해(La Greca, Silverman, Vernberg, & Prinstein, 1996)와 테러 공격(Lengua, Long, Smith, & Meltzoff, 2005)과 같은 외상 사건 직후에 대부분 경험되는데, 심지어 재난이 발생하고 1년 이상 지난 이후에도 발생한다(La Greca, Silverman, Lai, & Jacard, 2010).

'회피/무감각' 증상에는 외상 사건과 관련된 생각이나 감정, 대화 혹은 그 사건을 떠올리게 만드는 단서를 피하려고 노력하고, 일상적인 활동에 대한 흥미가 감소되며, 다른 사람들과 분리되어 있거나 떨어져 있는 느낌을 받는 것 등이 포함된다. 아이들은 비디오게임이나 스포츠, 혹은 친구와 함께 시간을 보내는 등의 일상적인 활동에 대한 관심이 저하되며, 가족 구성원 및 친구와의 사이가 멀어진 것 같은 느낌을 보고한다. 회피 및 무감각은 PTSD 증상 중에 가장 덜 빈번하게 나타난다. 따라서 이 증상이 PTSD 진단의 존재에 대한 훌륭한 근거가 될 것이다(Lonigan, Anthony, & Shannon, 1998).

'과잉 각성' 증상에는 잠자기 또는 집중하기의 곤란, 자극 과민성, 분노 폭발, 과잉 경계 그리고 과도한 놀람 반응 등이 포함된다. 이 행동들은 외상 사건 이후에 처음 나타나는 것이어야 한다. 특히 놀람 반응은 총격(Nader & Mello, 2002)이나 폭파 사건(Gurwitch et al., 2002)과 같은 폭력 사건에 노출된 이후에 지속된다.

(2) 유병률 및 발달 경과

평가된 외상의 유형, 사용된 평가 도구 및 표집 절차, 그리고 외상 사건 이후의 경과 시간 등이 매우 다양하기 때문에 재난과 테러에 뒤따르는 아동 · 청소년의 PTSD 유병률을 추정하는 것은 어렵다(Bonanno et al., 2010; La Greca, 2008). 그럼에도 불구하고 PTS 증상 및 가능한 PTSD 진단의 비율은 시간의 흐름에 따라 감소되는 것처럼 보이지만, 파괴적인 자연재해 및 테러의 초기 여파 상태에서 꽤 높은 편이다.

지역사회 연구들에서는 파괴적인 자연재해에 직접적으로 노출된 아동 및 청소년들 중 대략 24~39%가 사건 이후 수주에서 몇 달 동안 PTSD 진단에 부합되는 상태라고 제안한다(American Academy of Child and Adolescent Psychiattry, 1998). 특히 PTS의 준임상적 수준은 '격렬한' 재난 이후에 흔히 나타난다(Norris, Friedman, Watson, Byrne, & Kaniasty, 2002). 예를 들어, 꽤 파괴적인 자연재해였던 허리케인 앤드류 이후에 세 달 동안 지역사회 표본의 약 55% 아동이 중등도 이상의 PTS 수준을 보고했다(Vernberg, La Greca, Silverman, & Prinstein, 1996).

폭력이나 테러로 인한 죽음 및 신체적 손상을 목격했거나, 많은 사상자를 낳은 재해에 노출된 아이들에서 더 많은 PTSD가 발생한다. 거위치와 동료들(Gurwitch et al., 2002)은 테러(납치 및 인질극 상황)에 노출된 아이들 중 28%에서 50%가량이 PTSD로 고통받고 있다고 추정하였다. 고엔지언과 동료들(Goenjian et al., 1995, 2001)은 2만 5,000명 이상의 목숨을 앗아간 미국 대지진 이후에 재난이 1년 이상 지났음에도 불구하고 50% 이상의 청소년이 'PTSD와 유사한' 상태라고 보고했다.

비록 이러한 양상이 꽤나 놀랄 만하지만, 지역사회 연구들은 아동들의 PTS 증상이 재난 이후 1년 이상 지나면 점차 감소된다는 것을 발견했다(Chen & Wu, 2006; La Greca et al., 1996). 예를 들어, 허리케인 앤드류 이후에 3개월이 지난 다음 PTSD라고 진단 내릴 수 있는 증상을 보고한 아동이 39%였는데, 7개월이 지난 후에는 24%로 감소하였고, 10개월 후에는 18%로 줄었다(La Greca et al., 1996). 재난 후 12개월 이상 조사한 연구들 중에, 아동 표본 중 30% 이상 PTSD를 보고한 것은 거의 없었다(Bonanno et al., 2010).

아동의 재난 후 PTSD 증상에 대한 발달 경과의 몇 안 되는 발견들은 PTSD 증상과 진단이 시간 경과에 따라 안정적으로 감소됨을 시사한다. 그럼에도 불구하고 소수의 아이는 수년이 지나더라도 PTSD에서 회복되지 않았다(Yule et al., 2000). 예를 들어, 율과 동료들(Yule et al., 2000, 2002)은 1988년 주피터호의 침몰 사고에서 살아남은 영국인 청소년들을 대상으로 한 연구에서 초기에 PTSD로 발전한 아이들의 1/3가량이 5년에서 8년이 지난 후에도 진단 기준에 부합됨을 발견하였다. 종합하면, 발견들은 재난 후 1년 이상 PTS 증상들이 지속되거나 PTSD 진단 기준에 부합되는 아동 및 청소년들의 증상이 지속되고 만성화될 가능성이 높기 때문에, 심리학적 개입의 표적으로 중요할 것이라고 제안한다.

2) 그 외의 재난 반응

아동 및 청소년들에서 확인된 그 외의 외상 반응들(Silverman & La Greca, 2002; Vogel & Vernberg, 1993)은 대부분 PTS 증상이나 PTSD와 함께 발생하는 것 같다. 실제로 공병률은 PTSD를 보이는 아이들에서 매우 높다(American Academy of Child and Adolescent Psychiatry,

1998). 외상에 대한 이러한 반응들을 평가하고 이해하는 것은 아동 및 청소년 대상의 더 효과적인 개입을 시도하는 정신건강 전문가들에게 도움을 줄 수 있다.

PTSD 증상들이 존재하는지 여부에 상관없이, 아동의 **불안 수준**은 외상에의 노출로 인해 영향을 받는 것 같다. 외상 사건은 청소년들에게 공포증 혹은 그 외의 불안장애로 발전할 수 있는 잠재적인 경로로 알려져 왔다(Silverman & Ginsburg, 1995). 외상에 대한 노출이 청소년의 높은 불안 수준과 연관되어 있다는 것은 그리 놀랍지 않다(La Greca, Silverman, & Wasserstein, 1998; Weems et al., 2007; Yule et al., 2002). 예를 들어, 볼튼, 오라이언, 우드윈, 보일과 율(Bolton, O'Ryan, Udwin, Boyle, & Yule, 2000; Yule et al., 2002)은 **주피터호** 침몰 사고의 청소년 생존자들에 대한 5~8년 이후의 연구에서 통제집단에 비해 불안장애(특정 공포증, 공황장애, 분리불안 및 그 외의 다른 불안장애) 비율이 더 높다는 것을 발견했다. 2001년 9 · 11 테러가 일어나고 6개월이 지난 이후에 뉴욕 공립학교 아동 · 청소년 대상의 설문조사에서도 테러 이전의 역학 조사와 비교하여 여러 불안장애(즉, 광장공포증, 분리불안, 공황)가 유의미하게 증가되었음이 밝혀졌다(Hoven et al., 2005).

자연재해 및 테러 이후의 **우울 증상들** 또한 보고되어 왔다(Bolton et al., 2000; Goenjian et al., 2001, 2005; Gurwitch et al., 2002; McDermott & Palmer, 2002). 특히 우울 반응은 재해를 통해 친구나 사랑하는 사람을 상실했을 때 뒤따른다(Goenjian et al., 1995, 2001, 2005; Gurwitch et al., 2002; Yule et al., 2002). 그런 경우에 우울증은 사별 및 해결되지 않은 PTSD 이후에 이차적으로 발생하는 장애인 것 같다(Vernberg & Varela, 2001). **주피터호** 침몰 사고의 청소년 생존자 대상의 장기간의 추적 연구 결과(Bolton et al., 2000; Yule et al., 2002), 61명의 청소년에게 주요우울증 및 PTSD가 함께 발생하였다. 이들 중 93%에서 우울증이 PTSD와 동시에 혹은 그 직후에 시작되었다.

안전 및 보호에 대한 걱정 역시 재난에 대한 일반적인 반응이다(Silverman & La Greca, 2002; Vernberg & Vogel, 1993). 어린 아동에서 이러한 걱정은 부모나 사랑하는 사람과의 분리에 대한 공포로 드러날 수 있다. 오클라호마 시의 미연방 건물 폭파 사건 이후에, 거위치와 동료들(2002)은 아동의 높은 분리불안 수준과 더불어 경계심이 늘었고, 안전과 보호에 대한 느낌이 감소되었음을 관찰했다. 총격과 테러 공격, 그리고 그 외에 예측할 수 없었던 폭력 행위 이후에, 사건의 재발생에 대한 두려움과 안전성에 대한 지속적인 걱정, 그리고 복수에 대한 집착 등이 명백하게 나타난다(Gurwitch et al., 2002; Nader & Mello, 2002; Pynoos & Nader, 1988).

재난 이후에는 흔히 **공포**도 증가한다(Gurwitch et al., 2002; Vogel & Vernberg, 1993; Yule et al., 2002). 항상은 아니지만, 대개 이러한 공포는 아동이 경험한 외상의 종류와 직접적으로 연관되어 있다. 예를 들어, 허리케인을 경험한 아이들은 물이나 천둥, 폭풍우 등에 대한 공포를 보고했다(Vogel & Vernberg, 1993).

끝으로, 몇몇 증거는 재난과 테러가 **수면 문제, 신체 증상** 및 **물질 사용**(청소년의 경우)에 기여함을 시사한다. 특히 거대한 폭발 사고를 경험한 독일 아동들은 통제집단의 아이들에 비해 위장 및 수면 문제가 증가되었음이 관찰되었다(Dirkzwanger, Kerssens, & Yzermans, 2006). 라 그레카, 레이 등(La Greca, Lai, et al., 2010) 또한 거대한 헤리케인(아이크의 찰리)에 노출되어 재난과 관련된 스트레스를 경험한 아이들이 낮은 수준의 재난에 노출된 아이들에 비해 재난 이후에 9개월 및 21개월이 지난 후 조사에서 유의미하게 더 많은 신체 증상(예를 들어, 두통 및 구역감)을 보고했음을 발견했다. 물질 사용과 관련하여, 세계 무역센터 근처 학교에 다니던 청소년 대상의 설문조사에서 9 · 11 이후 18개월이 지난 뒤에도 재난 노출과 물질 사용 사이의 강한 연관성이 밝혀졌다(Chemtob, Nomura, Josephson, Adams, & Sederer, 2009).

3) 요 약

재난 및 테러를 경험한 아동 및 청소년들에게 나타나는 가장 흔한 심리적 반응에는 PTS 증상 및 PTSD(가장 많이 연구된 반응), 불안장애나 증상 그리고 우울증이 포함된다. 불안 및 우울은 흔히 PTSD와 공존한다. 아이들은 공포와 안전에 대한 걱정도 자주 보고한다. 최근의 증거들은 청소년의 물질 사용을 비롯하여 건강 및 수면 문제 또한 재난 및 테러에 노출된 아이들에서 발생할 수 있는 잠재성을 시사한다.

이러한 발견들은 재난 이후 아이들에 대한 평가 및 치료에 대한 시사점을 지닌다. 대부분의 임상 장면에서, PTSD뿐만 아니라 재난 이후 청소년들의 기능에 대한 포괄적인 평가를 하는 것이 중요하다. 재난 이후 반응의 잠재적인 복잡성 및 PTSD와 다른 심리적 반응 사이의 높은 공병 수준을 감안하면, 청소년 대상의 재난 후 개입은 PTS 치료뿐만 아니라 불안 및 우울 증상, 공포 혹은 그 외의 행동 문제들을 처리할 수 있는 부가적인 방략을 검토할 필요가 있다. 이 점에 대해서는 재난 이후에 아이들이 나타낼 수 있는 다양한 공존 문제에 대한 효과적인 치료법을 소개한 이 책의 다른 장들을 참고하는 것이 유용할 것이다.

2. 아동 · 청소년의 재난 반응에 기여하는 요인 이해하기

치료 개입에 대해 소개하기 전에, '증거에 기반한' 치료적 노력의 기초를 제공하는 것과 더불어 아동 및 청소년들의 재난 반응에 중요한 역할을 담당하는 요인들을 살펴보는 것이 중요하다. 또한 재난과 테러에서 살아남은 아동 및 청소년들에 대한 잘 통제된 치료 개입 연구들이 부족한 상황에서, 우리가 여기서 주목하는 자료들은 그런 사건을 경험한 아이들을 돕는 효과적인 개입 및 예방 프로그램의 개발을 위한 자원으로 사용될 수 있다.

재난에 대한 많은 연구에서, 아동의 PTS 증상 발달과 연관된 변수들이 다음 범주들 중 하나에 포함될 수 있도록 개념화되었다. ① 외상에 대한 노출 측면, ② 아동이 원래 가지고 있던 특성, ③ 재난 이후 회복 환경의 특징, ④ 아동의 심리적 자원(La Greca et al., 1996; La Greca, Silverman, et al., 2010; Silverman & La Greca, 2002를 보라).

재난 이후에 PTSD 반응을 나타낼 가능성이 높은 아이들을 확인하는 데 몇몇 변수가 꽤나 유용한 위험 요인으로 생각되지만, 그것들은 수정할 수 없기 때문에 재난과 관련된 치료적 개입을 구성하는 데 도움이 되지 않는다. 대조적으로, 회복 환경의 대부분의 측면(예를 들어, 사회적 지지, 부모의 반응)과 아동의 자원(예를 들어, 대처 기술)은 수정 가능하기 때문에 치료적 노력의 초점이 될 수 있다.

1) 외상에 대한 노출 측면

외상에 대한 노출의 여러 측면이 아동의 재난 반응 발생에 중요하다. 무엇보다 우선적인 것은 생명에 위협적인 것 혹은 그에 대한 지각이다(Green et al., 1991). 아동 및 청소년들은 그들 자신이나 사랑하는 사람의 생명이 위협받는다고 더 많이 지각할수록 PTSD 증상을 더 많이 보고한다(예를 들어, La Greca et al., 1996, 1998; Lonigan Shannon, Finch, Daugherty, & Talor, 1991; McDermott, Lee, Judd, Gibbon, 2005; Yelland et al., 2010).

사랑하는 사람(부모, 친구, 급우 등)의 죽음을 야기한 재난, 특히 폭력(예를 들어, 총격이나 테러)에 의한 죽음은 PTSD 증상의 발현과 강한 연관이 있다(Ayalon, 1993; Gurwitch et al., 2002; Nader & Mello, 2002를 보라). 많은 사상자를 낳은 자연재해 또한 더 많은 PTSD 증상 및 진단과 상관이 있다(Goenjian et al., 2001, 2005). 이런 사건으로 인한 스트레스 반응은 비통함과 죄책감 등으로 뒤얽히게 된다. 예를 들어, 테러 공격으로 부모를 잃은 아이들은 사별과 관련된 복잡한 과제들을 처리해야 할 뿐만 아니라 자신은 살아남았지만 사랑하는 사람은 그렇지 못한 이유를 찾아야만 한다. 이것은 사건으로 인해 발생한 죽음을 막기 위해 그들이 다른 어떤 조치를 취할 수 있었을지 모른다는 생각으로 자신에게 상처를 주고 괴롭히게 만들 것이다.

집이나 학교, 마을을 잃는 등의 재산 손실과 일상생활

의 파괴 등도 재난 이후의 PTSD 증상들에 기여한다(La Greca et al., 1996, 2010; Vernberg et al., 1996). 파괴적인 자연재해 이후에, 아동 및 청소년들은 집이나 재산을 잃고, 전학을 가거나, 부모의 고용 상태 및 재정 상태가 변하며, 친구와 멀어지고, 여가 활동을 영위하지 못하는 등의 결과들을 극복하는 데 수개월에서 수년이 소요될 수 있는 대책을 세워야 하는 일련의 갑작스러운 삶의 스트레스 요인에 직면한다. 이러한 스트레스 요인들은 아동의 적응과 대처에 심각한 난관을 야기할 것이다.

최근 아이들이 미디어를 통해 재난 및 테러에 간접적으로 노출되는 것에 대한 관심이 늘어나고 있다(Comer & Kendall, 2007). 1995년 오클라호마 시의 연방정부 기관의 폭발(Pfefferbaum et al., 2001, 2003) 및 세계무역센터의 9 · 11 테러(Holmes, Creswell, & O'Connor, 2007; Lengua et al, 2005; Schuster et al., 2001; Taylor, Coward, Lipovsky, Jackson, & Finch, 2003)에 대한 연구들은 사건에 대한 미디어 노출과 아동 및 청소년의 PTS 증상 사이의 정적 상관에 대해 보고했다. 심지어 실제 사건이 발생한 곳에서 멀리 떨어진 곳에 살고 있고, 사랑하는 사람을 잃지 않은 아이들조차도 그러한 사건을 보여 주는 미디어에 영향을 받는 것처럼 보인다(예를 들어, Holmes et al., 2007; Lengua et al., 2005; Pfefferbaum et al., 2003).

끝으로, 생명을 위협하는 사건의 지속 기간이나 강도가 아동의 증상 심각성과 연관되는 외상에 대한 노출의 또 다른 측면이다(Nader & Mello, 2002; Vernberg & Varela, 2001). 예를 들어, 어떤 재난은 본래 지속적인 특성을 지니는데(예를 들어, 홍수), 이런 상황에서 즉각적인 구조를 기대할 수 없게 되고, 이것은 아이들에게 꽤나 고통스러운 것이다(Jacobs et al., 2002). 재난 반응은 하나 혹은 여러 사건에 노출됨으로써 영향을 받을 수 있는데, 대개(항상 그렇지는 않지만) 일련의 여러 사건에 노출되는 것이 더 큰 스트레스를 야기한다(Robin, Chester, Rasmussen, Jaranson, & Goldman, 1997).

2) 아동의 본래 특성

아동의 재난 전 특성이 더 심한 재난 후 반응을 야기하도록 이끌 수 있다. 가장 광범위하게 연구된 아동의 특성은 인구학적 변수(나이, 성별, 인종 등)와 같이 재난의 결과에 따라 달라지지 않고, 평가가 용이한 것들이다.

(1) 사회인구학적 변수

노리스와 동료들(Norris et al., 2002)은 아동이 성인에 비해 재난 후에 극단적인 심리적 손상을 경험할 가능성이 높다는 것을 보여 주는 1981년부터 2000년까지의 재난 문헌들을 포괄적으로 고찰했다. 다양한 연령대의 아동 재난 표본에서, 아동의 연령이 더 어릴수록 더 취약한 것으로 밝혀졌다. 예를 들어, 페르시안 걸프전 동안 스커드 미사일의 폭격에 노출된 6학년에서 11학년 아동들은 연령이 더 어릴수록 더 장기간의 PTS 반응을 보여 주었다(Schwarzwald, Weisenberg, Solomon, & Waysman, 1994). 또한 자연재해에 노출된 아동들에서 더 어린 연령이 더 심한 수준의 PTSD 증상과 상관이 높았다(McDermott et al., 2005; Weems et al., 2010; Yelland et al., 2010).

노리스와 동료들(2002)의 연구와 일관되게, 성차 또한 발생했는데, 재난 및 테러 이후에 여아가 남아에 비해 더 많은 PTSD 증상들을 보고했다(Hoven et al., 2005; Gurwitch et al., 2002; Vernberg et al., 1996; Weems et al., 2010; Yule et al., 2002). 하지만 성차의 정도는 전형적으로 적은 편이었으며, 임상적 의미 또한 불분명하다(Vernberg et al., 1996).

인종, 민족 그리고 문화적 배경은 상대적으로 연구가 덜 되었다(Rabalais, Ruggiero, & Scotti, 2002). 그럼에도 불구하고 증거들은 소수 인종/민족 집단에서 사회경제적 수준(SES)이 더 낮을수록 더 열악한 재난 결과를 보였음이 밝혀졌다(Norris et al., 2002). 재난 이후의 지역사회 연구들에서도 빈곤층 아동이 그렇지 않은 아동들에 비해 PTSD 증상이 더 심하며, 그 사건에서 회복하는 것이 더 어렵다는 것이 발견되었다(예를 들어, La Greca et al., 1996, 1998; Lonigan Shannon, Talyor, Finch, & Sallee, 1994; Rabalais et al., 2002를 보라). SES와 다른 위험 요소, 회복력 요인 등과의 중첩으로 인해 인종/민족의 영향력을 이해하는 것은 꽤나 복잡하다(Bonanno et al., 2010). 예를 들어, 파괴적인 자연재해 이후에 빈곤층 가족은 재정상 어려움이 더 심해지고, 재건 및 회복하는 데 보험금이 충분하지 않아 재난으로 인해 발생하는 삶의 붕괴 기간이 더 오래 지속될 수 있다.

전체적으로, 아동들의 재난 반응을 예측하는 데 있어서 사회인구학적 특징의 역할은 아직 명확하지 않다. 그러나 그 변수들은 다른 변수의 표지자로서 아동의 재난 반응을 발전시키는 더 직접적인 역할을 담당하는 것 같으며, 재난 이후 부정적인 반응들을 보일 위험성이 높은 아이들을 확인하는 데도 사용될 수 있다.

(2) 심리적 기능

비록 가용한 증거들이 부족해서 재난 전의 심리적 기능에 대한 정확한 정보를 얻기 어렵다 할지라도, 아동의 재난 전 심리사회적 기능을 통해 그들의 스트레스 반응을 예측할 수 있다. 특히 원래 지니고 있었던 불안은 재난 이후 PTSD 증상의 중요한 위험 요인이다(Asarnow et al., 1999; La Greca et al., 1998; Lonigan et al., 1994; Weems et al., 2007). 실제로 불안한 아동들은 재난 노출의 정도에 상관없이 PTSD 증상이 발현될 취약성을 지니고 있는 것 같다(La Greca et al., 1998; Kendall, 이 책 5장을 보라).

그 외의 발견들은 재난 이전의 **우울, 스트레스 그리고 반추적인 대처 방식**이 재해 이후 반응의 위험 요인이라고 제안한다. 1989년 로마 프리에타(Loma Prieta) 지진 이후에, 놀런-혹스마와 모로(Nolen-Hoeksema & Morrow, 1991)는 지진 이전에 이미 우울과 스트레스 그리고 반추적 대처 수준이 높은 아동들이 재난 이후 두 번의 추후 조사에서 더 많은 우울 및 스트레스 증상들을 보고했다는 점을 지적했다. 하지만 노스리지(Northridge) 지진에 대한 연구(Asarnow et al., 1999)는 아동의 지진 전 불안(지진 전의 우울이 아니라) 수준이 재난 1년 이후 PTSD 증상을 훨씬 더 잘 예측해 줌을 발견했다.

3) 회복 환경의 측면

재난 이후 회복 환경의 다양한 양상이 재난 반응을 더 증폭시키거나 감소시키는 것 같다. 이러한 양상에는 사회적 지지의 가용성, 부모의 정신병리나 양육 스트레스의 존재, 또 다른 생활 사건의 발생이나 스트레스 요인 등이 포함된다.

많은 스트레스가 재난에 동반되기 때문에 **사회적 지지**는 아동들에게 재난 이후 고통을 감소시키거나 최소화하는 보호 역할을 제공한다. 중요한 타인의 사회적 지지는 아동 및 청소년들에게 자연재해의 영향을 감소시킨다(La Greca & Prinstein, 2002; La Greca, Silverman, et al., 2010). 동시에 아동의 지지 체계가 재난과 관련된 스트레스 요인들(예를 들어, 이사, 부모의 직업 상실 혹은 재정적 곤란)에 의해 부정적으로 영향받을 수 있음을 보여준다(La Greca, Silverman, et al., 2010). 그러한 발견들은 재난 이후에 아동들에게 사회적 지지 수준을 높여 주는 것이 정신건강 측면에서 중요한 동시에 잠재적으로 난관을 지니고 있음을 시사한다.

부모의 정신병리 및 재난에 대한 반응과 같은 **부모의 심리사회적 기능**들은 아동의 재난 후 기능에 영향을 미치는 것 같다. 다양한 연구에서, 그리고 각기 다른 재난 및 테러들에서 부모의 심리적 고통은 아동의 재난 이후 더 심한 수준의 스트레스 증상(Gil-Rivas, Silver, Holman, McIntosh, & Poulin, 2007; Green et al., 1991; Kiliç, Özgüven, & Sayil, 2003; Kopelwicz et al., 2002; McLaughlin et al., 2009)과 연관이 있었으며, 아동의 재난 이후 정서 및 행동상 어려움을 지속시키는 것(Swenson et al., 1996)과도 관련이 있었다.

가족의 질병이나 죽음, 부모의 이혼이나 별거와 같은 **주요 생활 사건**이 재난 이후 몇 달 이내에 뒤따르는 것은 아동의 재난 이후 회복에 유의미하게 악영향을 미치며, 계속적으로 PTSD 증상들이 지속되는 것과 연관되어 있다(예를 들어, La Greca et al., 1996, 2010). 재난 이후에 재난과 관련된 스트레스뿐만 아니라 중요한 생활 사건에 봉착한 아이들은 더 심각하고 지속적인 PTS 반응들을 보일 수 있는 고위험 집단에 해당된다. 이 때문에 그러한 아이들을 더 꼼꼼하게 살펴봐야 하며 스트레스에 대한 더 효과적인 대처 방법을 알려 줄 필요가 있다.

끝으로, 아동의 심리적 자원은 재난 후 반응 및 회복과 연관되어 있다(Vernberg, 2002). 이러한 점에서 아동의 대처 기술은 많은 관심을 받아 왔다. 지역사회 연구들에서는 열악한 정서 조절(예를 들어, 분노, 타인을 비난하기)을 반영하는 대처 전략을 포함하여 스트레스를 처리하는 더 부정적인 대처 전략을 사용하는 아이들이 자연재해 이후에 더 심한 PTSD 증상을 보이고, 시간 경과에 따른 PTSD 증상이 더 오랫동안 지속된다는 것을 발견하였다(La Greca et al., 1996). 적응적인 대처를 촉진하기 위한 노력은 재난에 노출된 아동 대상의 개입에 유용할 것이다.

3. 재난 이후 아동 · 청소년을 위한 증거 기반 개입법의 최근 상태

재난 및 테러 이후에 아동 및 청소년을 치료하는 데 직면하는 수많은 난관 중 하나가 재난 이후 개입에 대한 성과 연구의 부족이다(La Greca & Silverman, 2009; Silverman et al., 2008). 그러나 재난 이후 지속되는 PTSD에 대한 인지행동치료는 유력한 접근이며, 어느 정도 유망한 결과를 보여 준다.

가용한 연구들을 개관하는 데 있어서, 다음과 같이 재난 이후 시간 경과에 따라 개입법을 구성하는 것이 유용하다. ① 사건 직후의 여파, ② 단기 회복 단계(재난 이후 1년), ③ 장기 회복 단계(Vernberg, 2002). 치료 목표는 재난 이후 시간 경과에 따라 그리고 개입이 실시되는 맥락에 따라 각기 다르다(La Greca, 2008; La Greca & Silverman, 2009).

1) 사건 직후 단계

사건 직후 단계(postimpact phase)는 특정 재난(허리케인, 지진, 테러 공격 등)과 동시에 시작되어 수 주 동안 이루어진다(Vernberg, 2002). 아동의 재난 후 걱정은 주로 개인의 안전과 신체적 욕구(예를 들어, 음식이나 주거)에 초점이 맞춰져 있다. 다수의 사상자를 야기한 재난으로 아이들은 갑작스러운 상실과 사별에도 직면할 수 있다(Gurwitch et al., 2002). 재난 직후의 맥락에서 심리학적 개입은 짧게 이루어지며, 현재에 초점을 맞춰 장기간의 심리적 어려움을 줄이거나 예방하는 목표를 지닌다(La Greca, 2008).

재난 직후 단계의 개입은 그 지역의 모든 아이를 대상으로 이루어진다(즉, 보편적 개입). 그런 개입은 재난에 대한 정보를 제공하며, 아이들의 반응을 중성화하도록 돕고, 안전감과 보호받는 느낌을 가지도록 하며, 아이들이 일상으로 돌아가 정상 상태를 느끼도록 돕는다. 전문가와 대중들에게 요약 보고서(fact sheet)와 웹사이트 그리고 대중매체를 통해 정보를 제공하는 것이 유용할 수 있으며(Vernberg & Vogel, 1993), 부모들에게 그들의 아이들이 더 심하고 복합적인 반응을 보이는지를 확인할 수 있도록 돕는다.

'주요 사건 스트레스 설명하기(Critical Incident Stress Debriefing: CISD)'는 비정상적인 스트레스 사건을 경험한 정상적인 사람에게 외상과 관련된 스트레스를 경감시키고 예방하는 목적을 가진다(Chemtob, Tomas, Law, & Cremniter, 1997). CISD는 지지 집단의 맥락에서 아이들이 감정을 표현하고, 재난에 대한 그들의 반응을 정상화하며, 재난에 대한 일반적인 반응에 대해 배울 수 있는 기회를 제공한다(Chemtob et al., 1997). 그러나 현재까지 그 효과성을 지지하는 증거는 거의 없다(Rose & Bisson, 1998; Stallard et al., 2006). CISD에 대한 우려로는 아이들에게 재외상을 경험하게 만들 수 있고, 재난 및 테러로부터 야기된 다양하고 복잡한 스트레스들을 다루는 데 충분하지 않으며, 아이들이 충분한 보살핌을 받는다고 믿기 때문에 도움 추구 행동을 감소시킬 가능성이 높다는 것 등이 해당된다(La Greca & Silverman, 2009; Ruzek et al., 2007).

심리적인 응급처치(Psychological First Aid: PFA)는 국가 아동 외상스트레스 네트워크(National Child Traumatic Stress Network: www.nctsn.org)의 재난 정신건강 전문가들이 개발하였다. PFA는 근거를 제시하는 치료 개입으로 문화적으로 민감하고 여러 발달 단계에 걸쳐 적절하다(Ruzec et al., 2007; Vernberg et al., 2008). 이 개입은 재난 후 위기에 대처하는 아동 및 청소년을 돕기 위해 학교나 임상 현장 혹은 지역사회 위기센터 등에서 실시될 수 있다(Amaya-Jackson & March, 1995). PFA의 주요 요소에는 안전감을 촉진시키는 것, '진정하기', 소속감, 자기 및 지역사회 효능감 그리고 희망이 포함된다(Brymer et al., 2006). PFA는 아이들에게 그들의 감정을 표현하고(그림 그리기나 이야기 만들기를 통해), 혼란스러운 부분을 명확하게 만들며, 필요한 부분을 확인할 수 있는 기회를 제공한다(Amaya-Jackson & March, 1995). 또한 PFA는 전문가가 심각한 반응을 보이는 아이들을 확인하여 그들에게 더 강도 높은 도움을 제공하는 데 유용할 수 있다. PFA는 그 효과성에 대한 통제된 평가가 아직 가용하지 않은 상태이나 꽤 유망해 보인다(Ruzek et al., 2007).

심리교육 자료 및 요약 보고서는 재난 반응에 대한 정보 및 아동의 재난 후 스트레스를 확인하여 그들의 대처를 촉진할 수 있는 방법을 제공하며, 이는 인터넷을 통해 쉽게 얻을 수 있다. 이러한 자료들은 미국 적십자[1]와 연방비상재난관리청(Federal Emergency Management Agency)[2]과 같은 주요 구호 단체와 미국심리학회(American Psychological Association)[3]와 미국 소아청소년정신의학회(American Academy of Child and Adolescent Psychiatry)[4], 국립정신건강연구소(National Institute of Mental Health)[5], 그리고 국가 아동 외상 스트레스 네트워크[6]와 같은 정신건강 기관에서 배포된다. 일반적으로, 이 자료들은 부모와 교사 그리고 정신건강 전문가들이 발달상 적절한 방법(예를 들어, 토론, 그림 그리기, 이야기 만들기, 일기 쓰기)을 통해 아이들 스스로 그들의 감정을 표현하도록 격려하고, 아동의 오지각 및 잘못된 정보를 교정하며, 재난 후 반응을 정상화하고, 아동의 공포와 걱정 및 안전에 대한 걱정을 확인하며, 그들의 원래 삶으로 돌아가도록 하기 위해 정상적인 규칙과 일상으로 복귀하게 돕는 대응책을 촉진한다(La Greca & Silverman, 2009; Prinstein, La Greca, Vernberg, & Silverman, 1996).

일반적으로, 재난 직후 단계를 위해 개발된 개입법의 효과성에 대한 증거는 부족하다. 이는 치료 보류에 대한 윤리적 문제와 기관생명 윤리위원회(Institutional Review Board: IRB)의 승인 및 외부 기금을 받는 것의 어려움을 포함하여 재난 및 테러 후유증에 대한 통제된 연구를 실행하는 것의 수많은 난관으로 인해 야기되는 것 같다(Norris, Galea, Friedman, & Watson, 2007).

2) 단기 회복 단계

비록 대부분의 아동이 재난 이후 1년 이내에 초기 스트레스 수준에서 대부분 회복되지만, 많은 아이는 여전히 지속적인 PTS 증상 혹은 PTSD를 경험한다(Bonanno et al., 2010). 아이들을 괴롭히는 부분에 초점을 맞춘 개입법은 장기간의 심리적 고통을 예방하고 긍정적인 적응 수준을 증진시키는 목표를 지니고 있기 때문에 재난 이후 단계에 적합하다(La Greca & Silverman, 2009). 단기 회복 단계에 걸맞게 고안된 개입법은 거의 없는 실정이다. 이러한 개입법에 대한 통제된 성과 연구가 현재까지는 전무하다. 하지만 이러한 개입법은 '증거에 기반'한다는 점에서 유망하다.

터키에서의 대규모 지진 이후에 아동들의 대응을 돕기 위해 심리교육 및 CBT 방략을 결합한 '학교 재활성화 프로그램(School Reactivation Program)'이 개발되었다(Wolmer, Laor, Dedeoglu, Siev, & Yazgan, 2005). 이 프로그램은 9세에서 17세 사이의 202명 아이를 대상으로 재난 이후 4~5개월 동안 실시되었다. 교사가 4주 동안 8회기의 2시간 프로그램을 진행했다. 3개월 추후 조사에서 치료받은 아이들의 1/3가량이 재난에 노출된 직후에 비슷한 수준의 PTS 증상을 보인 220명의 치료받지 않은 통제군 아이들과 비교되었다. 비록 집단 간

PTS 증상의 차이가 발견되지는 않았지만, 아동 적응 기능에 대한 교사 평정 점수가 치료받지 않은 집단에 비해 치료받은 아이들 집단에서 유의미하게 더 높았다.

여러 '증거 기반의' 심리교육 자료가 대규모 재난에 대응하는 아이들을 돕기 위해 개발되었다. 이 자료들은 다양한 장면(예를 들어, 학교, 가정, 클리닉)에서 개인 혹은 집단으로 사용될 수 있다. 온라인으로 가용한 자연재해에 적합한 매뉴얼로는 『산불과 나: 나와 내 가족에게 일어난 일에 대한 이야기(*The Bushfire and Me: A Story of What Happend to Me and My Family*)』(Storm, McDermott, & Finlayson, 1994), 『폭풍 이후(*After the Storm*)』(La Greca, Sevin, & Sevin, 2005), 『아이들이 자연재해에 대비하고 대처하는 것을 돕는 방법(*Helping Children Prepare for and Cope with Natural Disasters*)』(La Greca, Vernberg, Silverman, Vogel, & Prinstein, 1994) 등이 있다. 테러에 초점을 맞춘 매뉴얼에는 『외상 이후의 치유(*Healing after Trauma*)』(Gurwitch & Messenbaugh, 1998), 『미국의 대처 돕기: 부모와 자녀들에게 9 · 11 테러 공격에의 대처를 돕는 안내서(*Helping America Cope: A Guide to Help Parents and Children Cope with the September 11th Terrorist Attacks*)』(La Greca, Sevin, & Sevin, 2001), 그리고 『아동이 전쟁과 테러의 위협으로부터 대응하도록 돕기(*Helping Children Cope with the Challenges of War and Terrorism*)』(La Greca, Sevin, & Sevin, 2001) 등이 있다. 프로젝트 자유(Project Liberty)에서 9 · 11 사태 이후 개발된 치료 개입 자료는 www.nyc.gov/html/doh/html/liberty/nycpl.shtml에서도 확인 가능하며, 관련된 다양한 범주의 주제들(예를 들어, 테러와 전쟁에 관해 아이들과 함께 이야기하기, 재난 이후 PTSD를 지닌 아이들 돕기)을 다룬다.

일반적으로 이 매뉴얼들은 지지적이거나 구조화된 방법으로 아이들이 외상 사건 및 그 과정에 관해 이야기할 수 있도록 돕고, 외상으로 인한 불쾌감 및 지속적인 스트레스를 다루는 효과적인 대처 방략을 개발하며, 일상적인 역할이나 생활을 유지하고, 사회적 지지를 증진시키며, 다른 예측 가능한 재난(예를 들어, 화재, 허리케인, 홍수)에 준비하는 등의 방략(대개는 인지행동적)을 제공한다. 매뉴얼에는 교사나 부모 혹은 정신건강 전문가들이 재난을 겪은 아동 및 청소년들에게 사용할 수 있는 '교육 교재'가 포함되어 있으며, 또한 부모와 정신건강 전문가들이 심각한 스트레스 반응을 보이는 아이들을 파악하는 데 도움을 줄 수 있는 '위험 요인들'을 개관하고 있다. 또한 프로젝트 자유의 매뉴얼은 외상에 초점 맞춘 이야기를 만들고 아동의 외상적 재난 기억을 치료적으로 재활성화하기 위해 실제 혹은 상상 노출 중 어떤 등급이 필요한지에 대한 정보를 제공한다. 새로운 재난이 발생한다면, 매뉴얼은 재난의 특정 측면에 맞춰 수정되거나, 부모나 교사, 정신건강 전문가와 같은 실시자에 따라 다르게 수행될 수 있다.

이 자료를 이용하기 위해서는 인터넷 연결과 더불어 대규모 혹은 전국적인 재난 이후에 많은 자료를 출력하기 위한 자금이 필요하다. 여러 매뉴얼의 실현 가능성, 상담자 충실성, 효과성에 대한 예비 증거 등을 평가하기 위해 비맹검 연구(open trial)가 진행 중이다.

3) 장기 회복 단계

파괴적인 재난 이후 1년 이상이 지나면 대부분의 아동은 회복되지만, 극소수는 여전히 지속적이고 만성화된 심각한 스트레스 반응을 경험한다(Bonanno et al., 2010; Gurwitch et al., 2002; La Greca & Prinstein, 2002). 이사나 가족 구성원의 상실과 같은 이차적인 스트레스로 인해 아동의 회복력이 약화될 수도 있다. 이 단계에서의 개입은 대개 지속적이거나 만성적인 PTSD를 지닌 아동들에 초점을 맞춘다.

(1) 재난 이후 아동 외상에 대한 증거 기반 치료법의 제한된(아직 부족한) 사용

재난에 노출된 아동에만 특히 초점을 맞춘 치료 성과 연구는 거의 없다(앞에서 기술했던 것처럼). 하지만 실버먼과 동료들(Silverman et al., 2008)은 다른 외상 사건(주로 성 혹은 신체적 폭행)에 노출된 아이들 대상의 심리사회적 치료법을 개관했으며, 아동 외상에 대한 두 개의 증거 기반 치료법을 확인했다. 즉, 외상에 초점을 맞춘 인지행동치료(trauma-focused CBT: TF-CBT)와 학교판 TF-CBT로 불리는 학교 안에서의 외상에 대한 인지행동적 개입(cognitive-behavioral intervention for trauma in the school: CBITS; Jaycox, 2003)이다.

TF-CBT(Cohen, Deblinger, Mannarino, & Steer, 2004; Cohen, Mannarino, & Knudsen, 2005)는 아동 및 청소년 외상에 대한 잘 확립된 치료법으로 간주된다(Silverman et al., 2008). 대개 임상 장면에서 시행되며, 부모와 아동이 함께 참여하는 12~16회기로 구성된다(Cohen et al., 2009). TF-CBT에는 심리교육 정보, 아동 노출 과제(예를 들어, 이야기 만들기나 그림 그리기), 그리고 외상에 대한 적응적인 대처를 위한 인지행동적 절차가 포함되어 있다(Silverman et al., 2008). TF-CBT에 대한 인터넷 기반의 무료 교육과정(www.nctsnet.org/nctsn_assets/pdfs/TF-cbt_implementation_manual.pdf)이 치료 실시 방법에 대한 지시문을 포함하여 온라인상(tfcbt.musc.edu)에 개설되어 있다.

CBITS(Jaycox, 2003; Kataoka et al., 2003; Stein et al., 2003)는 중등도의 PTSD 증상과 불안, 그리고 우울 상태를 보이는 아이들을 대상으로 하는 전도유망한 학교 기반 CBT 집단치료법이다. 10회의 집단 회기와 1~3회기의 개인 회기에서는 심리교육, 이완 훈련, 인지치료, 외상 노출 과제 및 문제해결에 초점을 맞춘다. CBITS의 정보(www.nctsnet.org/nctsn_assets/pdfs/promising_practices/cbits_cultural.pdf)는 국가 아동 외상 스트레스 네트워크를 통해 온라인에 공개되어 있다.

최근에 TF-CBT는 자연재해 및 테러 이후에 외상 증상을 경험한 아동들을 치료하는 데 사용되었다. 예를 들어, 허리케인 카트리나 이후에, 프로젝트 붓꽃(Project Fleur-de-lis: PFDL; Cohen et al., 2009)은 아이들이 재난 이후 1년 이상 심각한 외상 증상을 경험한다는 것을 발견했으며, 그들을 무작위로 TF-CBT 혹은 CBITS 집단에 배정했다. 코헨(Cohen)과 동료들은 허리케인 카트리나에 영향을 받은 아이들을 대상으로 TF-CBT를 적용하여 두 개의 실제 사례를 제시했다. 또한 TF-CBT는 아동·청소년 외상 치료 및 서비스(Child and Adolescent Trauma Treatments and Services: CATS) 협력 사업의 맥락에서 9·11 사태의 후유증에 대해서도 평가되었다. 예비적인 발견들은 TF-CBT를 받은 아이들이 지역사회 일상적 치료 집단의 아이들에 비해 PTSD 증상이 훨씬 더 많이 감소했음을 보여 주었다(Cohen et al., 2009; Hoagwood et al., 2006).

TF-CBT 및 CBITS는 재난 및 테러로 인해 상처를 입은 아동·청소년의 정신건강 욕구를 충족하는 상당히 유망한 접근이다. 현재 재난 맥락에서의 효과성 자료가 준비 중이다. 이 개입법들은 경한 PTSD 증상을 지닌 아이들에게 학교 기반의 CBITS를 실시하고, 더 심하거나 지속적인 외상을 경험한 경우에는 더 강도 높은 개인 TF-CBT 개입을 적용하는 식으로 재난에 영향을 받은 아이들 대상의 단계별 관리 접근법에 대한 좋은 모델을 제공할 것이다(Cohen et al., 2009).

(2) 재난 이후 아동·청소년 대상의 인지행동치료

현재까지 재난이나 테러로 인해 외상 증상을 경험하는 아이들 대상의 CBT에 대해 효율성을 검증한 무선통제 연구가 하나도 없었다. 의심할 여지없이, 이것은 재난 이후 환경에서의 연구를 수행하는 데 대한 수많은 난관 때문이다(Cohen et al., 2009; La Greca, 2007). 여기에서 개관한 연구들은 재난으로 인해 심각하고 지속적인 외상을 경험하는 아동들 대상의 CBT 사용을 대부분 지지한다.

중다 양식 외상 치료(multi-modality trauma treatment: MMTT)는 노출에 기초한 18주의 CBT 프로그램이다. 마치, 아마야-잭슨, 머레이와 슐트(March, Amaya-Jackson, Murray, & Schulte, 1998)는 단일 스트레스 요인의 외상 사건(예를 들어, 교통사고, 총격, 심한 폭풍우, 화재)에 노출된 이후 PTSD를 나타내는 17명의 아이(10~15세 범위)를 대상으로 MMTT의 효율성을 검증했다. PTSD 증상의 평균 지속 기간은 1.5년에서 2.5년이었다.

정서처리이론(Foa & Rothbaum, 1998)을 각색하여, 집단 대상의 CBT인 MMTT가 만들어졌다. MMTT는

① 이야기 노출을 통해 조건 형성된 불안을 습관화하고, ② 긍정적인 혼잣말 및 인지 재구성을 통해 부적응적인 외상 관련 인지를 수정하며, ③ 왜곡된 감정과 생리적 반응들에 대한 적응적인 대처 전략들을 가르치고, ④ 문제해결 및 자기 관리 방략을 통해 불안, 분노, 우울, 비애 그리고 파괴적인 행동과 같은 동반 증상들을 감소시키는 데 초점을 맞춘다. 또한 치료 회기는 상상 노출에 대한 연습과 더불어, 과제로서 실생활에서의 실제 노출을 하도록 교육시키는 과정이 포함된다.

단일 사례, 중다 기저선 설계에서의 발견은 치료를 통해 임상가가 평정한 PTSD 수준이 유의미하게 개선되었으며, 이러한 개선이 6개월 추적 평가에서도 유지되었음을 보여 주었다. 또한 이러한 개선은 아동이 보고한 우울, 불안 및 분노 평정 척도에서도 발견되었다. 14명이 치료를 완수했는데, 그들 중 57%가 더 이상 PTSD 진단 기준에 맞지 않았으며, 86%가 6개월 추적 평가에서 진단 기준에 더 이상 부합되지 않았다. 비록 재난 관련 사건에 노출된 더 많은 아동 표본을 사용한 무선 연구가 필수적이지만, 이러한 발견들은 노출에 기초한 CBT 접근의 초기 증거를 제공해 준다.

단기 외상/비애에 초점을 맞춘 심리치료는 학교에서 시행되고, 짧으며, 노출에 기초한 CBT와 유사한 치료 요소를 포함하고, 외상과 비애에 초점을 맞춘 개입법이다. 고엔지언와 동료들(Goenjian et al., 1997)은 미국 스피탁에서의 충격적인 지진을 경험한 64명의 청소년(평균 연령=13.2세) 을 대상으로 이 치료법을 검증했다. 치료는 재난 이후 1.5년 동안 실시되었으며, 청소년들은 치료 이후에 18개월이 지나고(재난 3년 이후) 재평가를 받았다. 모든 아이가 지진 동안 생명의 위협에 노출되었거나, 불구가 되었거나, 혹은 끔찍한 죽음을 목격했고, 모두 지진이 일어났던 그 도시에서 계속 살고 있었다.

이 개입에는 3주 동안 이루어진 학급 집단(네 번의 30분 회기)과 개인 심리치료(평균 두 번의 1시간 회기)가 포함되었다. 개입은 다음의 영역을 포함했다. 외상 경험 및 관련된 사고와 감정을 재구성하고 재처리하기, 외상을 상기시키는 단서를 확인하고 이러한 단서들에 대한 내성 및 반응성을 증진시키기, 사회적 지지 추구 행동을 강화시키기, 대처 전략 증진시키기, 비애 및 사별 처리하기, 그리고 이행하지 못한 발달적 기회를 확인하여 긍정적인 발달을 촉진하기.

4개 학교 64명의 청소년이 높은 수준의 PTS와 우울 반응을 보여 피험자로 포함되었다. 연구 담당자가 제한되어 있었기 때문에, 아이들은 조건들에 무선 할당되지 않았다. 두 학교의 학생들(35명)은 단기 비애에 초점을 맞춘 치료에 참여했으며, 다른 두 학교 학생들(29명)은 비치료 통제 집단에 할당되었다.

초기 발견(Goenjian et al., 1997)은 18개월 추후 조사에서 치료받은 청소년(28%)이 그렇지 않은 아이들(69%)에 비해 추정된 PTSD 비율이 유의미하게 더 낮았음을 보여 주었다. 치료군의 우울증 추정 비율은 치료 직후(46%)와 추후 조사(46%) 동안 별다른 차이가 없었지만, 비치료군에서는 유의미하게 더 늘었다(각각 35%와 75%). 재난 이후 5년째에 실시된 두 번째 추후 조사(Goenjian et al., 2005)에서는 치료받은 아이들이 그렇지 않은 아이들에 비해 PTS 증상의 감소가 3배 더 많았다. 비치료군 청소년은 우울증에 있어서도 유의미한 증가를 보여 주었다. 이러한 비무작위 연구는 PTS 증상이 저절로 관해되지 않는다는 점에서, 대규모 희생자를 낳은 자연재해로 후유증을 경험하는 아이들에게 치료적 개입이 중요하다는 것을 시사한다.

학교에 기반을 둔 심리사회적 개입 또한 개발되었다. 쳄토브, 나카시마와 하마다(Chemtob, Nakashima, & Hamada, 2002)는 학교에 기반을 둔 선별 작업 및 재난과 관련된 지속적인 외상 증상을 경험하는 아이들을 확인하고 치료하기 위한 심리사회적 개입법의 결합을 검증하려는 가장 규모가 크고 체계적인 시도를 수행했다. 특히 하와이 카우아이섬의 모든 공립 초등학교 학생(2~6학년)인 3,864명의 아동이 재난 2년이 지난 이후에도 외상 관련 증상들이 여전히 심한 것으로 분류되었다. 높은 PTSD 점수를 받은 (백분위 94 이상의) 248명의 아동(6.4%)이 3개의 연속적인 치료 단위 중 하나에 무선 할당되었다. 각 집단 내의 아이들은 개인 혹은 집단 치료에 무선 할당되었으며, 두 치료 양식의 비교가 수행되었다.

치료는 매주 1회 4주 회기로 구성되었으며, 아동들이 안전감을 회복하고, 상실에 대해 슬퍼하고 새로운 애착을 형성하며, 재난 관련 분노 감정을 적절하게 표현하고, 재난에 관한 충분한 종결감과 앞으로 전진하도록 돕는 데 초점을 맞췄다. 치료 개입은 아동들이 아직 완수하지 못한 심리적 과제를 처리하도록 격려받는 동시에 구조화된 방식으로 그들의 경험을 성찰하도록 촉진하는 맥락을 제공하는 방식으로 설계되었다. 유사한 활동이 개인 및 집단 치료 접근에서 사용되었으며, 집단치료에는 협동적인 놀이와 토론이 포함되었다. 치료군 아이들이 PTS 증상의 유의미한 감소를 보고했으며, 이는 12개월 추후 조사에서도 유지되었음이 밝혀졌다. 비록 집단 및 개인 치료 접근이 유의미하게 다르지 않았지만, 집단치료 완수율(95%)이 개인치료(85%)보다 더 높았다. 이 연구는 재난이 2년 지난 이후에도 대규모 아동 표본 대상의 선별 작업이 가능하며, 학교에 기반을 둔 단기 심리사회적 개입의 실행 가능성과 효율성을 검증했다는 점에서 중요하다.

안구운동 민감소실 및 재처리(eye movement desensitization and reprocessing: EMDR)도 재난 이후에 수행되었다. 첌토브, 나카시마와 칼슨(Chemtob, Nakashima, & Carlson, 2002)은 허리케인 이니키(Iniki) 이후에 재난 관련 PTS 증상을 보이는 아동을 대상으로 EMDR 결과를 보고했다. 참여자는 32명의 아동(6~12세)으로 재난 관련 증상에 대한 이전 개입(아마도 앞서 기술된 치료 개입인 듯) 이후에 1년간 추후 조사에 참여했는데, 이들은 ① 치료에 반응을 보이지 않았고, ② 재난 관련 PTSD 진단 기준에 부합되었으며, ③ 치료에 대한 부모의 동의를 받았다.

연구는 두 집단을 사용한 ABA 설계와 추후 조사로 구성되었다. 집단 1은 치료 전에 평가를 받고 그 이후에 치료가 제공되었으며, 치료가 끝난 이후에 재평가를 하였다. 집단 2는 대기자 집단으로 구성되며, 기저선 평가 이후에 집단 1의 치료가 끝나고 뒤따라서(약 1개월 정도 이후에) 치료 전 평가를 다시 하고, 그다음에 치료를 받고, 치료 후 평가를 실시하였다. 두 집단 모두 6개월 추적 평가가 이루어졌다. EMDR 치료는 고통스러운 기억과 심상의 확인, 인지 재구성, 그리고 외상적 기억과 심상에 집중하는 동시에 치료자가 손을 앞뒤로 움직이는 것에 따라 안구를 움직이는 과정을 포함한다.

아동이 평정한 PTSD 증상, 불안, 우울에서, '즉시' 및 '지연' 치료 집단 모두 치료 전에 비해 치료 이후에 유의미한 감소를 보여 주었다. 이러한 개선은 6개월 추적 평가에서도 유지되었다. 몇몇 고무적인 발견에도 불구하고, 저자들은 연구에 실제적인 비교/통제 조건이 포함되지 않았기 때문에 EMDR 자체의 효율성에 관해 어떤 추론도 할 수 없다고 보고하였다. 심상적 노출, 외상 관련 경험의 시연, 그리고 훈련된 임상가의 지지를 포함한 EMDR의 구성 요소들은 긍정적인 결과에 대해 설명할 수 있다.

4. 요약 및 결론

현재까지도 재난에 영향을 받은 아동·청소년 대상의 심리사회적 개입의 효율성 혹은 효과성을 보여 주는 '확실한 자료'는 거의 없다. 재난 이후 1년 이상 지속되는 PTSD로 고통을 받는 아동·청소년에 초점을 맞춘 잘 통제된 연구는 거의 없었지만, 이 연구들에서 노출에 기초한 CBT 개입이 유망해 보인다고 제안한다. 게다가 TF-CBT는 다른 유형의 아동 외상에 대한 효과적인 개입법으로서 아동 재난 피해자를 돕는 데 상당히 촉망받고 있다. 하지만 재난 직후나 단기 회복 단계 동안 효과적인 것으로 알려진 개입법은 거의 없다.

재난 직후의 노력들은 아동을 안심시키고, 정보를 제공하며, 재난 반응을 정상화하는 것에 초점을 맞춰야 한다. 이와 더불어 아동이 그들의 감정을 표현하는 것을 격려하고, 그들이 지니고 있는 두려움이나 염려 혹은 안전에 대한 걱정을 처리하며, 정상적인 역할과 일상생활로 돌아가도록 돕는 것이 특히 중요하다. 또한 부모, 교사 그리고 임상가들은 극심한 반응을 보이는 아이들을 찾아서 추가적인 도움을 받을 수 있도록 해야 한다. 구제 기관 및 정신건강 기관의 웹사이트에서 수집된 자료에는 이러한 과정들을 촉진시킬 수 있는 요약 보고서, 활동 및 정보들이 담겨 있다.

재난 이후 몇 주에서 몇 달에 해당되는 단기 회복 단계 동안, 많은 아이가 PTSD의 준임상적 수준에 해당되며, 재난 관련 경험과 후유증에 대처하는 데 어려움을 경험한다. 지역사회 전반에 걸친 대규모의 재난으로 인해, 지역사회 내의 학교와 같은 장면에서 아동과 청소년 그리고 가족들을 도와주려는 노력들이 예방적 관점에서 가장 생산적일 수 있다. 우리는 이 장에서 학교에 기반을 둔 여러 치료 개입 및 학교나 지역사회 장면에서 사용되는 심리교육 자료들을 소개했다. 이에 더해 추가적인 정신건강 서비스가 요구될 정도로 심각하고 지속적인 PTS 반응을 보이는 아동 및 청소년들을 파악하는 것이 바람직하다.

재난이 많은 사람에게 영향을 미치기 때문에, TF-CBT와 노출에 기초한 CBT와 같은 강도 높은 개인치료 개입법은 현저한 재난 관련 스트레스의 증거가 있거나, 지속적이고 만성적인 PTS를 보이거나, 혹은 열악한 정신건강 문제를 나타낼 여러 위험 요인(예를 들어, 심각한 삶의 역경, 다양한 공존 질환)을 지닌 아동 · 청소년에게만 적합할지도 모른다(Vernberg, 2002). 증거들은 TF-CBT와 노출에 근거한 CBT가 재난에 노출되어 지속적인 PTSD 반응으로 고통받는 아이들에게 '최선의 해결책' 임을 시사한다.

비록 재난에 노출된 아이들의 PTSD에 대한 CBT를 평가한 체계적인 연구가 거의 없다는 점이 실망스럽지만, 이는 재난 이후의 통제된 성과 연구를 수행하는 데 대한 필연적인 어려움을 반영한다. 재난 이후 연구 수행에 대한 난관은 만만치 않다(Cohen et al., 2009; La Greca, 2007; La Greca, Silverman, Vernberg, & Roberts, 2002). 예를 들어, 학교와 지역사회 체계는 재난 이후에 종종 혼란에 빠져 있으며, 연구를 수행하는 것이 우선순위에서 밀릴 수 있다. 이는 특히 지역사회 전반에 걸친 재난의 경우 그러하며, 재건 노력이 더 우선시될 것이다. 또 다른 주요한 어려움은 아동의 삶에 중요한 성인(부모와 교사를 포함하여) 또한 재난에 의해 영향을 받을 것이라는 점이다. 많은 경우에 이들은 아동의 스트레스 정도와 치료의 필요성에 대해 잘 인식하지 못하는데, 이는 그들 또한 외상 사건에 의해 영향을 받았기 때문이다. 게다가 상당히 많은 자원과 기금 없이는 잘 통제된 성과 연구를 실시하기가 매우 어려우며, 가용한 기금 상태가 때로 부족하거나 불충분한 상태다(Cohen et al., 2009).

마지막으로 재난 및 테러에 노출된 아동 및 청소년들의 반응이 종종 복잡하고, 다방면에 걸쳐 드러나며, PTSD와 더불어 다른 문제들(예를 들어, 비애, 우울, 불안 등)이 포함되어 있기 때문에, PTSD 반응에만 초점을 맞춘 것 이상의 치료적 개입이 필요할 가능성이 높다. 재난 이후의 복잡하고 여러 장애가 공존하는 반응을 보이는 아동 및 청소년들은 PTSD에 덧붙여 공존하는 심리적 반응들에 초점을 맞춘 추가적인 CBT 치료로부터 이득을 얻을 수 있을 것이다. 우리는 이 장에서 미래의 복합적이고 다차원적인 치료적 개입의 개발과 평가를 위한 촉매제를 제공했다고 믿는다.

후주

1. www.disastereducation.org/guide.html에 여러 구제 기구에서 만든 소책자들이 올라와 있다. 미국 적십자가 개발한 『아이들이 자연재해를 이해하도록 돕는 방법(*Helping Children Understand Natural Disasters*)』은 아동과의 작업에 사용되는 힌트 소책자로서 columbus.redcross.org/pressroom/fact%20sheets/sesame%20street%20helping%20children%20understand%20natural%20disasters.pdf에서 받을 수 있다.
2. www.fema.gov/kids는 아동을 위한 재난 관련 웹사이트로서 여러 유형의 재난에 대한 정보와 더불어 그에 대비하고 대처하는 방법을 포함한다. 또한 www.fema.gov/rebuild/recover/cope_child.shtm에는 「아이들이 재해에 대처하도록 돕는 방법(*Helping Children Cope with Disaster*)」이라는 요약 보고서가 있다. 부모를 위한 요약 보고서 「아이들이 재해에 대처하도록 돕는 방법」은 gohsep.la.gov/factsheets/helpkidswdisasters.pdf에서 받을 수 있다.

3. 미국심리학회 홈페이지에는 아동 및 외상에 대한 여러 자료들과 전문가를 위한 정보 소책자가 있다. www.apa.org/pi/families/resources/task-force/child-trauma.aspx를 보라.
4. 미국 소아청소년정신의학회는 아동 및 가족을 위한 요약보고서를 포함하는 재난 자원 센터가 있으며, www.aacap.org/cs/DisasterTrauma.ResourceCenter에서 확인 가능하다.
5. 국립정신건강연구소는 아동이 폭력 및 재난에 대처할 수 있도록 소책자를 제공한다. www.nimh.nih.gov/health/publications/helping-children-and-adolescents-cope-with-violence-and-disasters-parents/helping-children-and-adolescents-cope-with-violence-and-disasters-what-parents-can-do.pdf를 보라.
6. 국가 아동 외상 스트레스 네트워크(www.nctsn.org)에는 아동, 부모, 전문가를 위한 많은 자료가 구비되어 있다.

참고문헌

Amaya-Jackson, L., & March, J. S. (1995). Posttraumatic stress disorder. In J. S. March (Ed.), *Anxiety disorders in children and adolescents* (pp. 276-300). New York: Guilford Press.

American Academy of Child and Adolescent Psychiatric. (1998). AACAP Official Action: Practice parameters for the assessment and treatment of children and adolescents with posttraumatic stress disorder. *Journal of the American Academy of Child and Adolescent Psychiatry,* 37(Suppl.), 4S-26S.

American Psychiatric Association. (2000). *Diagnostic and statistical manual of mental disorders* (4th ed., text rev.). Washington, DC: Author.

Asarnow, J., Glynn, S., Pynoos, R. S., Nahum, J., Guthrie, D., Cantwell, D. P., et al. (1999). When the Earth stops shaking: Earthquake sequelae among children diagnosed for pre-earthquake psychopathology. *Journal of the American Academy of Child and Adolescent Psychiatry, 38,* 1016-1023.

Ayalon, O. (1993). Posttraumatic stress recovery of terrorist survivors. In J. Wilson & B. Raphael (Eds.), *International handbook of traumatic stress syndromes* (pp. 855-866). New York: Plenum.

Bolton, D., O'Ryan, D., Udwin, O., Boyle, S., & Yule, W. (2000). The long-term psychological effects of a disaster experienced in adolescence: II. General psychopathology. *Journal of Child Psychology and Psychiatry, 41,* 513-523.

Bonanno, G. A., Brewin, C. R., Kaniasty, K., & La Greca, A. M. (2010). Weighing the costs of disaster: Consequences, risks, and resilience in individuals, families, and communities. *Psychological Science in the Public Interest, 11*(1), 1-49.

Brymer, M., Jacobs, A., Layne, C., Pynoos, R., Ruzek, J., Steinberg, A., et al. (2006). *Psychological first aid: Field operations guide* (2nd ed.). Los Angeles: National Child Traumatic Stress Network and National Center for PTSD.

Chemtob, C. M., Nakashima, J., & Carlson, J. G. (2002). Brief treatment for elementary school children with disaster-related posttraumatic stress disorder: A field study. *Journal of Clinical Psychology, 58,* 99-112.

Chemtob, C. M., Nakashima, J. P., & Hamada, R. S. (2002). Psychosocial intervention for postdisaster trauma symptoms in elementary school children: A controlled community field study. *Archives of Pediatric and Adolescent Medicine, 156,* 211-216.

Chemtob, C. M., Nomura, Y., Josephson, L., Adams, R. E., & Sederer, L. (2009). Substance use and functional impairment among adolescents directly exposed to the 2001 World Trade Center attacks. *Disasters, 33,* 337-352.

Chemtob, C. M., Tomas, S., Law, W., & Cremniter, D. (1997). Postdisaster psychosocial intervention: A field study of the impact of debriefing on psychological distress. *American Journal of Psychiatry, 154,* 415-417.

Chen, S. H., & Wu, Y. C. (2006). Changes of PTSD symptoms and school reconstruction: A two-year prospective study of children and adolescents after the Taiwan 921 earthquake. *Natural Hazards, 37,* 225-244.

Cohen, J. A., Deblinger, E., Mannarino, A. P., & Steer, R. A. (2004). A multisite randomzied controlled study of sexually abused, multiply traumatized children with PTSD: Initial treatment outcome. *Journal of the American Academy of Child and Adolescent Psychiatry, 43,* 393-402.

Cohen, J. A., Jaycox, L. H., Walker, D. W., Mannarino, A. P., Langley, A. K., & DuClos, J. L. (2009). Treating traumatized children after Hurricane Katrina: Project Fleur-de-Lis. *Clinical*

Child and Family Psychology Review, 12, 55-64.

Cohen, J. A., Mannarino, A. P., & Knudsen, K. (2005). Treating sexually abused children: 1 year follow-up of a randomized controlled trial. *Child Abuse and Neglect, 29,* 135-145.

Comer, J. S., & Kendall, P. C. (2007). Terrorism: The psychological impact on youth. *Clinical Psychology: Science and Practice, 14,* 179-212.

Dirkzwager, A. J. E., Kerssens, J. J., & Yzermans, C. J. (2006). Health problems in children and adolescents before and after a man-made disaster. *Journal of the American Academy of Child and Adolescent Psychiatry, 45,* 94-103.

Foa, E. B., & Rothbaum, B. O. (1998). *Treating the trauma of rape: Cognitive-behavioral therapy for PTSD.* New York: Guilford Press.

Gil-Rivas, V., Silver, R. C., Holman, E. A., McIntosh, D. N., & Poulin, M. (2007). Parental response and adolescent adjustment to the September 11, 2001 terrorist attacks. *Journal of Traumatic Stress, 20*(6), 1063-1068.

Goenjian, A. K., Karayan, I., Pynoos, R. S., Minassian, D., Najarian, L. M., Steinberg, A. M., et al. (1997). Outcome of psychotherapy among early adolescents after trauma. *American Journal of Psychiatry, 154,* 536-542.

Goenjian, A. K., Molina, L., Steinberg, A. M., Fairbanks, L. A., Alvarez, M. L., Goenjian, H. A., et al. (2001). Posttraumatic stress and depressive reactions among Nicaraguan adolescent after Hurricane Mitch. *American Journal of Psychiatry, 158,* 788-794.

Goenjian, A. K., Pynoos, R. S., Steinberg, A. M., Najarian, L. M., Asarnow, J. R., Karayan, I., et al. (1995). Psychiatric comorbidity in children after the 1988 earthquake in American. *Journal of the American Academy of Child and Adolescent Psychiatry, 34,* 1174-1184.

Goenjian, A. K., Walling, D., Steinberg, A. M., Karayan, I., Najarian, L. M., & Pynoos, R. (2005). A prospective study of posttraumatic stress and depressive reactions among treated and untreated adolescents 5 years after a catastrophic disaster. *American Journal of Psychiatry, 162,* 2302-2308.

Green, B. L., Korol, M. S., Grace, M. C., Vary, M. G., Leonard, A. C., Gleser, G. C., et al. (1991). Children and disaster: Gender and parental effects on PTSD symptoms. *Journal of the American Academy of Child and Adolescent Psychiatry, 30,* 945-951.

Gurwitch, R. H., & Messenbaugh, A. K. (1998). *Healing after trauma: Skills manual for helping children.* Oklahoma City: Author. Retrieved March 25, 2010, from.

Gurwitch, R. H., Sitterle, K. A., Young, B. H., & Pfefferbaum, B. (2002). The aftermath of terrorism. In A. M. La Greca, W. K. Silverman, E. M. Vernberg, & M. C. Roberts (Eds.), *Helping children cope with disasters and terrorism* (pp. 327-358). Washington, DC: American Psychological Association.

Hoagwood, K. E., Radigan, M., Rodriguez, J., Levitt, J. M., Fernandez, D., & Foster, J. (2006). *Final report on the Child and Adolescent Trauma Treatment and Services (CATS) project for the Substance Abuse and Mental Health Services (SAMHSA).* New York: Office of Mental Health.

Holmes, E. A., Creswell, C., & O'Connor, T. G. (2007). Posttraumatic stress symptoms in London school children following September 11, 2001: An exploratory investigation of peri-traumatic reactions and intrusive imagery. *Journal of Behavior Therapy and Experimental Psychiatry, 38*(4), 474-490.

Hoven, C. W., Duarte, C. S., Lucas, C. P., Wu, P., Manell, D. J., Goodwin, R. D., et al. (2005). Psychopathology among New York City public school children 6 months after September 11. *Archives of General Psychology, 62,* 545-552.

Jacobs, G. A., Boero, J. V., Quevillon, R. P., Todd-Bazemore, E., Elliott, T. L., & Reyes, G. (2002). Floods, In A. M. La Greca, W. K. Silverman, E. M. Vernberg, & M. C. Roberts (Eds.), *Helping children cope with disasters and terrorism* (pp. 139-156). Washington, DC: American Psychological Association.

Jaycox, L. H. (2003). *Cognitive behavioral interventions for trauma in schools (CBITS).* Longmont, CO: Sopris West Educational Services.

Kataoka, S. H., Stein, B. D., Jaycox, L. H., Wong, M., Escudero, P., Tu, W., et al. (2003). A school-based mental health program for traumatized Latino immigrant children. *Journal of the American Academy of Child and Adolescent Psychiatry, 42,* 311-318.

Kiliç, E. Z.,Özgüven, H. D., & Sayil, I. (2003). The psychological effects of parental mental health on children experiencing disaster: The experience of Bolu earthquake in Turkey. *Family Process, 42*(4), 485-495.

Kopelwicz, H. S., Vogel, J. M., Solanto, M. V., Norrissey, R. F., Alonso, C. M., Abikoff, H., et al. (2002). Child and parent response to the 1993 World Trade Center bombing. *Journal of Traumatic Stress, 15,* 77-85.

La Greca, A. M. (2007). School-based studies of children following disasters. In F. Norris, M. Friedman, D. Reissman, & P. Watson (Eds.), *Research methods for studying mental health after disasters and terrorism: Community and public health approaches.* New York: Guilford Press.

La Greca, A. M. (2008). Interventions for posttraumatic stress in children and adolescents following natural disasters and acts of terrorism. In M. C. Roberts, D. Elkin, & R. Steele (Eds.), *Handbook of evidence based therapies for children and adolescents* (pp. 137-157). New York: Springer.

La Greca, A. M., Lai, B. S., Auslander, B., Short, M., Thomas, J. F., Herge, W., et al. (2010, August). *The impact of natural disasters on children's physical health.* Washington, DC: International Congress of Behavioral Medicine.

La Greca, A. M., & Prinstein, M. J. (2002). Hurricanes and tornadoes. In A. M. La Greca, W. K. Silverman, E. M. Vernberg, & M. C. Roberts (Eds.), *Helping children cope with disasters and terrorism* (pp. 107-138). Washington, DC: American Psychological Association.

La Greca, A. M., Sevin, S., & Sevin, E. (2001). *Helping America cope: A guide to help parents and children cope with the September 11th terrorist attacks.* Miami, FL: Sevendippity. Retrieved March 7, 2010, from.*com/other/op_freedownloads.html.*

La Greca, A. M., Sevin, S., & Sevin, E. (2005). *After the storm: A guide to help children cope with the psychological effects of a hurricane.* Miami, FL: Sevendippity. Retrieved March 7, 2010 from.

La Greca, A. M., Sevin, S., & Sevin, E. (2010). *Helping children cope with the challenges of war and terrorism.* Miami, FL: Sevendippity. Retrieved March 27, 2010 from.

La Greca, A. M., Silverman, W. K., Lair, B., & Jacard, J. (2010). Hurricane-related exposure experiences and stressors, other life events, and social support: Concurrent and prospective impact on children's persistent posttraumatic stress symptoms. *Journal of Consulting and Clinical Psychology, 78,* 794-805.

La Greca, A. M., Silverman, W. K., Vernberg, E. M., & Prinstein, M. (1996). Symptoms of posttraumatic stress after Hurricane Andrew: A prospective study. *Journal of Consulting and Clinical Psychology, 64,* 712-723.

La Greca, A. M., Silverman, W. K., Vernberg, E. M., & Roberts, M. C. (2002). Children and disasters: Future directions for research and public policy. In A. M. La Greca, W. K. Silverman, E. M. Vernberg, & M. C. Roberts (Eds.), *Helping children cope with disasters* (pp. 405-424). Washington, DC: American Psychological Association.

La Greca, A. M., Silverman, W. K., & Wasserstein, S. B. (1998). Children's predisaster functioning as a predictor of posttraumatic stress following Hurricane Andrew. *Journal of Consulting and Clinical Psychology, 66,* 883-892.

La Greca, A. M., Silverman, W. S. (2009). Treatment and prevention of posttraumatic stress reactions in children and adolescents exposed to disasters and terrorism: What is the evidence? *Child Development Perspectives, 3,* 4-10.

La Greca, A. M., Vernberg, E. M., Silverman, W. K., Vogel, A., & Prinstein, M. (1994). *Helping children prepare for and cope with natural disasters: A manual for school personnel.* Miami, FL: Author. Retrieved March 1, 2010 from.

Lengua, L. J., Long, A. C., Smith, K. I., & Meltzoff, A. N. (2005). Pre-attack symptomatology and temperament as predictors of children's responses to the September 11 terrorist attacks. *Journal of Child Psychology and Psychiatry, 46*(6), 631-645.

Lonigan, C. J., Anthony, J. L., & Shannon, M. P. (1998). Diagnostic efficacy of posttraumatic symptoms in children exposed to disaster. *Journal of Clinical Child Psychology, 27,* 255-267.

Lonigan, C. J., Shannon, M. P., Finch, A. J., Daugherty, T. K., & Taylor, C. M. (1991). Children's reactions to a natural disaster: Symptom severity and degree of exposure. *Advances in Behaviour Research and Therapy, 13,* 135-154.

Lonigan, C. J., Shannon, M. P., Taylor, C. M., Finch, A. J. & Sallee, F. R. (1994). Children exposed to disaster: II. Risk factors for the development of post-traumatic symptomatology. *Journal of the American Academy of Child Psychiatry, 33,* 94-105.

March, J. S., Amaya-Jackson, L., Murray, M. C., & Schulte, A. (1998). Cognitive-behavioral psychotherapy for children and adolescents with posttraumatic stress disorder after a single-incident stressor. *Journal of the American Academy of Child and Adolescent Psychiatry, 37,* 585-593.

McDermott, B. M., Lee, E. M., Judd, M., & Gibbon, P. (2005). Posttraumatic stress disorder and general psychopathology in children and adolescents following a wildfire disaster. *Canadian Journal of Psychiatry, 50,* 137-143.

McDermott, B. M., & Palmer, L. J. (2002). Postdisaster emotional distress, depression and event-related variables: Findings across child and adolescent developmental stages. *Australian and New Zealand Journal of Psychiatry, 36,* 754-761.

McLaughlin, K. A., Fairbank, J. A., Gruber, M. J., Jones, R. T., Lakoma, M. D., Pfefferbaum, B., et al. (2009). Serious emotional disturbance among youths exposed to Hurricane Katrina 2 years postdisaster. *Journal of the American Academy of Child and Adolescent Psychiatry, 48,* 1069-1078.

Nader, K., & Mello, C. (2002). The aftermath of terrorism. In A. M. La Greca, W. K. Silverman, E. M. Vernberg, & M. C. Roberts (Eds.), *Helping children cope with disasters and terrorism* (pp. 301-326). Washington, DC: American Psychological Association.

Nolen-Hoeksema, S., & Morrow, J. (1991). A prospective study of depression and posttraumatic stress symptoms after a natural disaster: The 1989 Loma Prieta Earthquake. *Journal of Personality and Social Psychology, 61,* 115-121.

Norrsi, F. H., Friedman, M. J., Watson, P. J., Byrne, C. M., & Kaniasty, K. (2002). 60,000 disaster victims speak: Part I. An empirical review of the empirical literature. 1981-2001. *Psychiatry, 65,* 207-239.

Norris, F. H., Galea, S., Friedman, M. J., & Watson, P. J. (Eds.) (2007). *Methods for disaster mental health research.* New York: Guilford Press.

Pfefferbaum, B., Nixon, S. J., Tivis, R. D., Doughty, D. E., Pynoos, R. S., Gurwitch, R. H., et al. (2001). Television exposure in children after a terrorist incident. *Psychiatry, 64,* 202-211.

Pfefferbaum, B., Seale, T. W., Brandt, E. N., Pfefferbaum, R. L., Doughty, D. E., & Rainwater, S. M. (2003). Media exposure in children one hundred miles from a terrorist bombing. *Annals of Clinical Psychiatry, 15,* 1-8.

Prinstein, M. J., La Greca, A. M., Vernberg, E. M., & Silverman, W. K. (1996). Children's coping assistance after a natural disaster. *Journal of Clinical Child Psychology, 25,* 463-475.

Pynoos, R. S., & Nader, K. (1988). Psychological first aid and treatment approach to children exposed to community violence: Research implications. *Journal of Traumatic Stress, 1,* 445-473.

Rabalais, A. E., Ruggiero, K. J., & Scotti, J. R. (2002). Multicultural issues in the response of children to disasters. In A. M. La Greca, W. K. Silverman, E. M. Vernberg, & M. C. Roberts (Eds.), *Helping children cope with disasters and terrorism* (pp. 73-100). Washington, DC: American Psychological Association.

Robin, R. W., Chester, B., Rasmussen, J. K., Jaranson, J. M., & Goldman, D. (1997). Prevalence and characteristics of trauma and posttraumatic stress disorder in a southwestern American Indian community. *American Journal of Psychiatry, 154,* 1582-1588.

Rose, S., & Bisson, J. (1998). Brief early psychological interventions following trauma: A systematic review of the literature. *Journal of Traumatic Stress, 11,* 697-709.

Ruzek, J. I., Brymer, M. J., Jacobs, A. K., Layne, C. M., Vernberg, E. M., & Watson, P. J. (2007). Psychological first aid. *Journal of Mental Health Counseling, 29,* 17-49.

Schuster, M. A., Stein, B. D., Jaycox, L. H., Collins, R. L., Marshall, G. N., Elliott, M. N., et al. (2001). A national survey of stress reactions after the September 11, 2001 terrorist attacks. *New England Journal of Medicine, 345,* 1507-1513.

Schwarzwald, J., Weisenberg, M., Solomon, Z., & Waysman, M. (1994). Stress reactions of school-age children to bombardment by scud missiles: A 1-year follow-up. *Journal of Traumatic Stress, 4,* 657-667.

Silverman, W. K., & Ginsburg, G. S. (1995). Specific phobia and generalized anxiety disorder. In J. S. March (Ed.), *Anxiety disorders in children and adolescents* (pp. 276-300). New York: Guilford Press.

Silverman, W. K., & La Greca, A. M. (2002). Children

experiencing disasters: Definitions, reactions, and predictors of outcomes. In A. M. La Greca, W. K. Silverman, E. M. Vernberg, & M. C. Roberts (Eds.), *Helping children cope with disasters* (pp. 11-34). Washington, DC: American Psychological Association.

Silverman, W. K., Ortiz, C. D., Viswesvaran, C., Burns, B. J., Kolko, D. J., Putnam, F. W., et al. (2008). Evidence-based psychosocial treatments for child and adolescent exposed to traumatic events: A review and meta-analysis. *Journal of Clinical Child and Adolescent Psychology, 37,* 156-183.

Stallard, P., Velleman, R., Salter, E., Howse, I., Yule, W., & Taylor, G. (2006). A randomised controlled trial to determine the effectiveness of an early psychological intervention with children involved in road traffic accidents. *Journal of Child Psychology and Psychiatry, 47,* 127-134.

Stein, B. D., Jaycox, L. H., Kataoka, S. H., Wong, M., Tu, W., Elliott, M. N., et al. (2003). A mental health intervention for school children exposed to violence. *Journal of the American Medical Association, 290,* 603-611.

Storm, V., McDermott, B., & Finlayson, D. (1994). *The bushfire and me: A story of what happened to me and my family.* Newtown, Australia: VBD Publications. Available at *catalogue.nla.gov.au/record/491338.*

Swenson, C. C., Saylor, C. F., Powell, M. P., Stokes, S. J., Foster, K. Y., & Belter, R. W. (1996). Impact of a natural disaster on preschool children: Adjustment 14 months after a hurricane. *American Journal of Orthopsychiatry, 66,* 122-130.

Taylor, C. E., Coward, B. L., Lipovsky, J. A., Jackson, C., & Finch, A. J., Jr. (2003). Media exposure to September 11. *American Behavioral Scientist, 46,* 1522-1642.

Vernberg, E. M. (2002). Intervention approaches following disasters. In A. M. La Greca, W. K. Silverman, E. M. Vernberg, & M. C. Roberts (Eds.), *Helping children cope with disasters and terrorism* (pp. 55-72). Washington, DC: American Psychological Association.

Vernberg, E. M., La Greca, A. M., Silverman, W. K., & Prinstein, M. J. (1996). Prediction of posttraumatic stress symptoms in children after Hurricane Andrew. *Journal of Abnormal Psychology, 105,* 237-248.

Vernberg, E. M., Steinberg, A. M., Jacobs, A. K., Brymer, M. J., Watson, P. J., Osofsky, J. D., et al. (2008). Innovations in disaster mental health: Psychological first aid. *Professional Psychology: Research and Practice, 39,* 381-388.

Vernberg, E. M., & Varela, R. E. (2001). Posttraumatic stress disorder: A developmental perspective. In M. W. Vasey & M. R. Dadds (Eds.), *The developmental psychopathology of disaster* (pp. 386-406). New York: Oxford University press.

Vernberg, E. M., & Vogel, J. M. (1993). Interventions with children after disasters. *Journal of Clinical Child Psychology, 22,* 485-498.

Vogel, J., & Vernberg, E. M. (1993). Children's psychological responses to disaster. *Journal of Clinical Child Psychology, 22,* 464-484.

Weems, C. F., Pina, A. A., Costa, N. M., Watts, S. E., Taylor, L. K., & Cannon, M. F. (2007). Pre-disaster trait anxiety and negative affect predict posttraumatic stress in youths after Hurricane Katrina. *Journal of Consulting and Clinical Psychology, 75,* 154-159.

Weems, C. F., Taylor, L. K., Cannon, M. F., Marino, R. C., Romano, D. M., Scott, B. G., et al. (2010). Post traumatic stress, context, and the lingering effects of the Hurricane Katrina Disasters among ethnic minority youth. *Journal of Abnormal Child Psychology, 38,* 49-56.

Wolmer, L., Laor, N., Dedeoglu, C., Siev, J., & Yazgan, Y. (2005). Teacher mediated intervention after disaster: A controlled three-year follow-up of children's functioning. *Journal of Child Psychology and Psychiatry, 46,* 1161-1168.

Yelland, C., Robinson, P., La Greca, A. M., Lock, C., Kokegei, B., Ridgway, V., et al. (2010). Bushfire impact on youth. *Journal of Traumatic Stress, 23,* 274-277.

Yule, W., Bolton, D., Udwin, O., Boyle, S., O'Ryan, D., & Nurrish, J. (2000). The long-term psychological effects of a disaster experienced in adolescence: I. The incidence and course of PTSD. *Journal of Child Psychology and Psychiatry, 41,* 503-512.

Yule, W., Udwin, O., & Bolton, D. (2002). Mass transportation disasters. In A. M. La Greca, W. K. Silverman, E. M. Vernberg, & M. C. Roberts (Eds.), *Helping children cope with disaster and terrorism* (pp. 223-240). Washington, DC: American Psychological Association.

제 11 장

성학대를 당한 아동의 외상에 초점 맞춘 인지행동치료

Esther Deblinger, Leah E. Behl, & Alissa R. Glickman

아동 성학대(child sexual abuse: CSA)는 아동과, 성인 혹은 나이가 더 많은 아동 사이의 접촉이나 상호작용으로, 아동이 가해자나 다른 사람의 성적 자극에 이용되는 것으로 대개 정의된다. 이 정의는 포르노그래피나 성인의 성행위에 아동을 노출하거나, 매만지거나, 성행위를 흉내 내거나, 더 침투적인 행위인 구강 성교 및 질이나 항문에 손가락이나 성기를 삽입하는 행위 등 나이에 걸맞지 않는 광범위한 성적 접촉을 모두 포함한다. 비록 아동 성학대의 심각성이 대개 공중위생의 문제로 인식되고는 있지만, 문제의 범위는 아직 논쟁의 여지가 있다. 광범위한 대표적 표본을 활용하여 후향적으로 CSA 유병률에 대한 추정이 이루어져 왔다. 폭력에 노출된 아동에 대한 전국적인 설문조사 결과에 따르면, 유아부터 17세의 아이들 10명 중 1명이 일생 동안 접촉성 혹은 비접촉성 성학대를 경험하며, 4명 중 1명의 십대(14~17세)가 성적 희생자가 되거나 성착취를 당한다고 보고했다(Finkelhor, Turner, Ormrod, & Hamby, 2009). 22개 나라에서 실시된 성인 대상의 후향적인 발병률 연구들 65개에 대한 메타분석에서 대략 18세 이전에 아동 성학대를 경험한 비율이 남성에서 약 7.9%, 여성에서 19.7%임이 밝혀졌다(Pereda, Guilera, Forns, & Gomez-Benito, 2009). 비록 성학대 정의, 연구 표본 그리고 방법론에서의 차이로 인해 발병률 연구의 추정치가 매우 다양하지만, 그 결과는 미국을 비롯하여 전 세계적으로 이러한 공중위생의 문제가 광범위하게 발생되고 있음을 확인시켜 준다.

1. 아동 성학대의 영향력과 조절 요인

CSA를 경험한 아동 및 성인은 종종 정신병리 증상들 및 많은 영역에서의 기능 손상을 보인다(Kendall-Tackett, Williams, & Finkelhor, 1993; Putnam, 2003; Saywitz, Mannarino, Berliner, & Cohen, 2000). 아동 성학대는 발달

상 정상적인 사회적 · 정서적 · 성적 발달 경과를 방해할 수 있다. 성학대는 아동의 적절한 감정 조절 및 사회적 지지망을 발전시키는 능력에 영향을 미칠 수 있다. 아동이 경험하는 증상에는 낮은 자기존중감, 높은 자기비난, 대인관계에서의 불신감, 학교 및 학업의 어려움, 그리고 행동 문제 등이 포함된다(예를 들어, Kendall-Tackett et al., 1993). 또한 성학대의 피해자들은 체중에 대한 불만족과 섭식장애, 신체화장애, 해리성 정체감 장애 그리고 경계선 성격장애를 경험하기도 한다(Putnam, 2003). 또한 문헌 개관을 통해 성학대가 빠른 사춘기, 위험한 성적 행동, 그리고 십대 임신과 같은 위험 행동과 연관됨을 발견했다(MacMillan & Munn, 2001; Putnam, 2003). 나아가 성학대로 고통받는 아동의 50% 이상이 외상후 스트레스 장애(PTSD) 진단 기준에 부분적으로나 전적으로 부합된다(Kendall-Tackett et al., 1993; McLeer, Deblinger, Henry, & Orvaschel, 1992를 보라). 하지만 이러한 양상은 과소 추정될 수 있다. PTSD 진단 기준 중 몇 가지는 어린 아동에서 확인될 수 없으며, 증상의 발달적 측면이 고려되지 않는다는 점에서 염려스럽다(Saywitz et al., 2000).

아동기 성학대 경험이 있었던 성인과 PTSD 사이의 연관성은 CSA의 충격이 오랜 세월 동안 심각한 수준으로 지속될 수 있다는 것을 잘 알려 준다. 많은 회고적 연구들에서 아동기 성학대 경험이 불안, 우울, 성적 문제 및 물질 남용 등을 포함하여 이후의 심리적 곤란과 연관되어 있음을 보여 주었다(Cunningham, Pearce, & Pearce, 1988; Fry, 1993; Laws, 1993; Thakkar & McCanne, 2000). 연구들은 CSA의 생존자들에서 자살 시도 및 성인기 폭력 피해자가 될 위험성이 더 많아짐을 발견하였다(Arata, 2002; Chewning-Korpach, 1993; Gladstone et al., 2004; Marx, Calhoun, Wilson, & Meyerson, 2001; Melhem et al., 2007; Wyatt, Guthrie, & Notgrass, 1992).

비록 성학대가 아동의 신체적, 심리적 그리고 사회적 안녕감 및 발달 과정에 심각하게 해로운 영향을 미치는 것은 명백하지만, 모든 성학대 피해자들에서 유의미한 부정적인 결과가 발생하는 것은 아니다. 문헌 개관을 통해, 어떤 아이들은 성학대를 당한 이후에 심각한 증상이나 정신병리를 경험하지 않는다는 것이 밝혀졌다(Beitchman, Zucker, Hood, daCosta, & Akman, 1992; Browne & Finkelhor, 1986; Kendall-Tackett et al., 1993). 그러나 어떤 연구자들은 몇몇 생존자가 성학대 직후에 고통을 경험하지 않고 훨씬 더 오랜 시간이 흐른 뒤에 스트레스 증상을 경험할 수 있다는 '동면 효과'(Kendall, 이 책 1장을 보라)에 대한 증거들을 보고하였다(Kendall-Tackett et al., 1993).

몇몇 요인들은 성학대 이후의 손상 위험 증가와 연관이 있었다. 더 만성적이고 침투적인 학대(예를 들어, 성기 삽입), 완력이나 심리적 강권의 사용, 그리고 가해자가 가까운 관계의 사람인 경우가 더 심한 고통 수준과 관련되어 있었다. 이와 더불어 가장 중요한 것이 학대에 대해 아동이 털어놓은 이야기에 부모가 부정적으로 반응하는 것으로, 이는 가족의 지지가 CSA의 부정적 영향을 완충시켜 주는 것과 반대로 아동의 스트레스를 더욱 증가시킨다는 점과 연관되는 것 같다(Kendall-Tackett et al., 1993; Spaccarelli, 1994).

개인의 대처 방식이 CSA의 심리적 결과에 영향을 미칠 수 있다. 특히 자기 파괴적이고 회피적인 대처와 같은 부정적인 대처 기술들이 스트레스 증상의 악화와 관련되는 반면, 건설적인 대처, 정서적 지지의 추구, 인지 재구성과 같은 긍정적인 대처 기술들은 고통 증상의 경감과 상관이 있다(Spaccarelli, 1994). 학대 이전의 기능과 관련된 그 외의 요인들은 CSA의 충격을 조절해 주는 것 같다. 특히 귀인 양식, 수치심, 기존의 정신병리, 그리고 기질이 성학대 이후의 기능에 영향을 미칠 수 있다(Feiring, Taska, & Lewis, 2002). 양육 방식, 부모의 정신병리, 불편한 부모-자녀 관계 그리고 가족 갈등과 같은 가족 요인들 또한 CSA 이후의 증상 악화와 관련이 있는 것 같다(Deblinger, Steer, & Lippmann, 1999; Saywitz et al., 2000; Spaccarelli, 1994).

요컨대, CSA의 영향은 개인에 따라 상당히 다르다. 그러나 가족 환경과는 독립적으로 CSA가 부정적인 발달적, 생리학적 그리고 심리사회적인 결과들과 관련이 있다는 상당한 증거들이 있다(Nelson et al., 2002). 따라서 이러한 조절 요인들이 치료의 방향을 결정하고 부정적인 결과를 개선시키는 데 중요한 역할을 하기 때문에 특히 변화시킬 수 있는 요인들(예를 들어, 부모의 지지)을 확인하고 이해하는 것이 중요하다.

2. 치료 성과 연구

CSA의 파괴적인 후유증을 고려한다면, 이에 대한 예방과 치료에 관한 수많은 문헌이 있다는 점은 그리 놀랍지 않다. 유익한 사례 연구들, 창의적인 치료 설명서, 광범위한 이론적 배경을 지닌 치료 책자들 등 임상적 문헌들은 풍부한 편이다(Friederich, 1994, 2002; Friedrich, Berliner, Urquiza, & Beilke, 1988; Gil, 1991, 1996; James, 1989). 그렇지만 CSA의 후유증에 대해 아동이 대처하는 데 도움을 주도록 고안된 치료의 효과에 대해 객관적으로 평가하려는 과학적인 노력은 단지 지난 20년 전부터 문헌들에 나타나기 시작하였다(Cohen & Mannarino, 1996; Deblinger, Lippmann, & Steer, 1996; Deblinger, McLeer, & Henry, 1990; Friedrich, Luecke, Beilke, & Place, 1992; Lanktree & Briere, 1995; Sullivan, Scanlan, Brookhouser, Schulte, & Knutson, 1992). 비록 다양한 치료법이 연구되어 왔지만(예를 들어, 지지적인 상담 접근, 내담자 중심 치료, 놀이치료, 지역사회 치료, 가족 및 정신역동적 접근 등), CSA 치료 성과 문헌들에 대한 최근의 개관들에서 외상에 초점을 맞춘 CBT(TF-CBT)가 아동 대상의 PTSD 및 관련 어려움에 대한 치료에 가장 효과적이라는 경험적 지지를 얻고 있음을 보여 준다(American Academy of Child and Adolescent Psychiatry, 1998; National Registry of Evidence-based Programs and Practices, Substance Abuse and Mental Health Services Administration[SAMHSA], 2005; Putnam, 2003; Saunders, Berliner, & Hanson, 2003).

이 장에서는 일련의 성과 연구들에서 지지받는 TF-CBT(Cohen et al., 2004; Cohen & Mannarino, 1996, 1998; Deblinger et al., 1996; Deblinger, Stauffer, & Steer, 2001)를 개관할 것이다. 초기 연구는 개인치료 및 집단치료 형태 모두에서 비지시적이고 지지적인 상담, 그리고 지역사회 치료와 비교하여 외상에 초점을 맞춘 CBT의 효과가 우월함을 증명하였다. 게다가 이 연구 결과들은 수용적인 부모들이 아이들의 치료 성과 및 반응성에 중요한 영향을 미치고 있음을 밝혀냈다. 예를 들어, 코헨과 마나리노(Cohen & Mannarino, 1998)는 양육 수준 및 지지가 학대로 인해 생긴 아동의 스트레스와 치료 반응성 사이를 매개한다고 보고하였다. 더 구체적으로, 데블링거와 동료들(Deblinger et al., 1996)은 TF-CBT에 부모가 참여하는 것이 아동이 행동 문제와 자기 보고된 우울을 극복하는 데 특히 유용하다는 것을 발견하였다. 내담자 중심 치료와 비교하여, 성학대를 경험한 아동 및 청소년들에 대한 TF-CBT의 전반적인 효율성이 다기관 무선통제 연구에서 입증되었다(Cohen et al., 2004). 연구 발견은 두 치료 조건 모두의 아이들이 시간 경과에 따라 유의미한 개선을 보여 주었지만, 내담자 중심 치료와 비교하여 TF-CBT 접근에 할당된 가족들에서 아동 및 부모 모두의 기능이 유의미하게 더 많이 호전되었음이 발견되었다. 특히 TF-CBT에 속한 아이들은 PTSD, 우울, 행동 문제, 수치심, 대인관계에 대한 믿음 그리고 신뢰 수준에서 각각 유의미하게 더 큰 개선을 보여 주었다. 유사하게, TF-CBT 조건의 수용적인 부모들도 전반적인 우울, 학대로 인해 생긴 고통, 양육 기술 그리고 아동에 대한 지지 등에서 유의미하게 더 개선되었다. 추적 평가에서도 TF-CBT의 구성이 더 비지시적인 내담자 중심 접근에 비해 여러 외상 및 우울 공병을 지닌 아이들에게 특히 더 유용하다는 것을 시사한다(Deblinger, Mannarino, Cohen, & Steer, 2006).

요약하자면, TF-CBT에 대한 연구들은 그 효율성을 입증했을 뿐만 아니라 서로 다른 기관 및 다양한 집단에 걸쳐 긍정적인 결과를 산출했다(Cohen et al., 2004; Deblinger, Mannarino, Cohen, Runyon, & Steer, 2011; King et al., 2000). 실제로, 최근의 효과성 연구들은 2001년 9 · 11 사태와 허리케인 카타리나, 그리고 입양과 같은 상실 및 외상을 경험한 아동 · 청소년들에서 TF-CBT의 유용성을 입증해 왔다(Hoagwood et al., 2007; Jaycox et al., 2010; Lyons, Weiner, & Scheider, 2006). 앞서 예시했던 TF-CBT 연구에 참여한 많은 아이가 폭력을 비롯한 다양한 사건으로 인해 여러 외상 경험을 보고했음에 주목할 필요가 있다. 예를 들어, 입양 시설의 아동들은 대개 여러 외상을 경험한다. 따라서 최근에 보고된 입양 시설 아동들 대상의 TF-CBT 연구 발견들에서 일상적 치료 조건과 달리 외상 증상을 유의미하게 더 적게 보고한 것뿐만 아니라, 시설 내 안정성이 증진되었고, 가출 행동이 줄었다는 점에서 특히 고무적이다(Lyons et al., 2006). 끝으로, TF-CBT가 계속 진화하여 다양한 외상(예를 들어, 외상적 비애, 가정폭력에 노출)을 경험한 아동·청소년 및 각기 다른 장면(예를 들어, 외래 장면, 거주 시설)에서의 문제들에 대해서 그 효과성이 평가되어야 한다.

3. TF-CBT의 소개

TF-CBT는 인지행동적 원리에 기초하여 개발되었지만(Kendall, 이 책 1장을 보라), 몇몇 구성 요소는 외상을 극복하도록 돕게끔 고안된 다른 접근들에서 가져왔다. 이 접근법은 융통성을 지니며, 외상과 그 영향력에 대한 과학적인 이해의 증진에 따라 계속해서 발전해 나가는 합리적인 혼합물이다. 최근 몇 년 동안, 인본주의의 측면, 애착, 가족 내 권력 이양 그리고 발달 모델이 학대와 외상으로 고통을 받는 아동들에 대한 치료적 요구에 가장 잘 부합하도록 통합되어 왔다(Cohen et al., 2004). 하지만 아마도 TF-CBT 모델이 지닌 고유한 측면은 신뢰성 있는 치료적 관계의 맥락에서 구조화된 회기를 장려하는 단계적인 접근이라는 점이다. 치료 원리에 따라, 상대적으로 짧은 시간 동안 치료자는 확인된 치료 목표를 달성하기 위해 아동 및 수용적인 부모와의 개인 및 결합 회기를 통해 협력적으로 작업하면서 그들의 기술과 창의성을 활용하도록 권장된다.

4. 평 가

주의 깊은 평가가 개개인에게 걸맞은 치료 계획을 개발하는 데 중요하다. 치료 전 평가는 내담자에 대한 진단적 밑그림을 제공하며, 사례 개념화를 시작하고 현재의 성학대 치료가 적절한지 여부를 결정한다. 치료 전 평가가 완료된 이후에 치료 목표를 이끌어 내기 위해 비공식적인 평가가 치료 전반에 걸쳐 계속된다. 끝으로, 치료 직후의 평가는 아동 및 가족이 치료를 마칠 준비가 되어 있는지를 확인하기 위해 실시된다. 부모의 관여가 아동 및 부모의 행동과 정서 기능에 관해 중요한 정보를 제공할 수 있기 때문에 평가 과정에 아동 및 부모 모두 참여하는 것이 중요하다.

1) 치료 전 평가

첫 번째 평가 만남 전이라도, CSA에 초점을 맞춘 치료가 아동에게 적합한지 여부를 판단하는 것이 중요하다. 첫 번째 단계는 적절한 기관(예를 들어, 아동보호소, 법률 집행기관, 아동 변호사 그리고 독립적인 아동 학대 전문가 등)에 의해 성학대 진술이 믿을 수 있다는 것을 확인한 후에 성학대 경험에 대한 자료를 얻는 것이다. 만일 성학대 진술이 보고되지 않거나 확인되지 않았다면, 법에 따라 적절한 기관에 보고해야 할 의무가 있으며, 가족은 치료를 시작하기 전에 진술의 사실 여부를 판단하도록 도울 수 있는 독립적인 의학적 및 심리학적 평가를 받아야 한다. 일단 아동이 성학대를 당한 것이 사실이라면, 치료 전 평가와 일련의 치료가 시작될 것이다.

치료 전 평가의 목적은 치료를 길잡이하는 사례 개념화를 완성하기 위해 정보를 수집하는 것이다. 따라서 다양한 출처를 통해 가능한 한 많은 관련 정보를 수집하는 것이 중요하다. 그 결과로 아동에 대한 완전한 심리사회적 내력 및 관련된 부모의 과거력(예를 들어, 부모의 학대당한 경험)을 얻게 되며, 아동과 부모 모두의 기능에 대한 일반적인 수준과 학대로 인한 기능 수준을 평가하기 위한 표준화된 척도를 실시한다. 부모로부터 아동의 성학대 및 다른 외상 경험에 대한 과거력을 얻은 이후에, 아동에게도 직접 외상 노출과 관련된 과거력에 대해 질문하는 것이 권장된다. 학대나 다른 외상 경험에 대해 개방하거나 적어도 어느 정도 인식할 수 있는 아동의 능력은 임상가에게 아동이 경험한 학대에 대한 회피 수준에 관해 가치 있는 정보를 제공한다(면담 기술에 대해서는 Faller, 1996을 보라). 이 정보들은 아동에 대한 사례 개념화를 더 명확하게 만들어 줄 수 있으며, 관련된 문제들과 더불어 잠재적인 강점 및 치료 장애물에 관한 가설을 세울 수 있도록 돕는다.

치료 전 평가 동안, 아동이 어느 정도의 위험 상태에 처해 있는지를 판단하여 치료를 즉각적으로 시작할지 혹은 좀 더 이후에 시작할 필요가 있는지를 고려하는 것이 중요하다. 성학대 치료는 아동이 아직도 가해자와 접촉하거나 자살을 고민할 때 그리고 과도하게 약물을 사용할 때 최선의 초기 개입책이 될 수 없다. 임상가는 아동의 안전을 확보하는 차원에서 치료 작업이 가능할 때까지 수용적인 부모나 아동보호기관 그리고 법률 집행기관의 도움을 받아 아동의 안전을 가장 우선적으로 고려해야 한다.

2) 표준화된 평가

표준화된 척도의 사용은 일반 집단과 비교하여 부모와 아동 모두에서 기능의 기저선 수준을 제공한다. 표준화된 척도는 치료를 통한 임상적인 개선에 대한 객관적인 측정치를 제공하여 추가적인 치료가 필요한지 여부를 결정할 수 있게 해 준다. 따라서 같은 척도가 치료 전과 후의 평가 모두에서 사용될 수 있다.

아동의 일반적인 기능 수준을 평가할 때, PTSD, 우울증, 행동 문제, 수치심, 분노, 불안 등을 포함하여 성학대를 당한 아동들에서 자주 나타나는 증상들을 평가하는 것이 중요하다. 아동 행동평가척도(Child Behavior Checklist: CBCL; Achenbach, 1991)와 아동용 행동평가 시스템(Behavior Assessment System for Children: BASC; Reynolds & Kamphaus, 1992)은 아동들의 다양한 내재화 및 외현화 증상들을 확인하기 위한 부모 평정 척도다. 필요하다면, CBCL 및 BASC의 아동 및 교사 보고용이 추가적인 정보를 얻기 위해 사용될 수도 있다.

비록 부모와 교사들은 대개 아동의 외현화 증상들에 대한 최선의 보고자들이지만, 연구들은 아동들이 자신의 내재화 증상에 대한 최선의 보고자라는 결과를 보여주었다(Rey, Schrader, & Morris-Yates, 1992). 아동 우울 척도(Child Depression Inventory: CDI; Kovacs, 1985; 연령 7~12세), 벡 우울 척도-II (Beck Depression Inventory-II: BDI-II; Beck, Steer, & Brown, 1996; 연령 13세 이상) 혹은 소아 상태-특성 불안 척도(State-Trait Anxiety Inventory for Children: STAI-C; Spielberger, 1973)와 같은 자기 보고형 척도들이 내재화 증상을 평가하는 데 사용될 수 있다. 특히 성학대를 당한 아동들에게서 PTSD 증상들을 평가하는 것이 중요하다. PTSD 증상들은 반구조화된 면담(예를 들어, K-SADS PTSD 부분; Kaufman, Birmaher, & Brent, 1997; 부모 및 아동 보고)을 사용하면서 UCLA PTSD 척도(Rodriguez, Steinberg, & Pynoos, 1999)와 같은 표준화된 척도를 사용해 평가될 수 있다.

학대와 관련된 지각, 태도 및 행동을 평가하는 것도 유용하다. 아동용 외상사건 충격 척도(Children's Impact of Traumatic Events Scales: CITES; Wolfe, Gentile, & Wolfe, 1989)와 아동 귀인 및 지각 척도(Children's Attributions and Perceptions Scale: CAPS; Mannarino, Cohen, & Berman, 1994)는 아동의 학대-관련 지각에 대한 자기 보고 척도다. 성행동의 평가 또한 매우 중요하다. 아동 성행동 척도(Child Sexual Behavior Inventory: CSBI; Friedrich, Grambsch, et al., 1992)가 아동의 성행동 문제에 대한 부모의 보고로 평가하는 표준화된 척도다.

부모 기능의 평가는 치료 계획에 중요할 수 있다. 부모의 우울 수준은 벡 우울 척도-II(Beck et al., 1996)를 사용하여 평가할 수 있으며, 학대와 관련된 부모의 스트레스는 사건 충격 척도(Impact of Event Scale: IES; Joseph, Williams, Yule, & Walker, 1992)와 부모 정서반응 질문지(Parental Emotional Reaction Questionnaire: PERQ;

Mannarino & Cohen, 1996)와 같은 자기 보고 질문지로 확인할 수 있다.

3) 치료 중의 비공식적 평가

치료 중 평가 과정은 치료 전 및 직후의 평가들보다 더 자주 있다. 비공식적인 평가는 치료 전반에 걸쳐 계속되며, 치료 전 평가 동안 형성된 가설의 타당도를 검증하기 위해, 사례 개념화에 관한 의문을 명료화하기 위해, 추가적인 관심이 요구되는 영역을 결정하기 위해 등의 여러 가지 이유로 사용된다.

외상에 초점을 맞춘 치료를 준비하는 데 있어서, 치료 과정 초기에 아동의 생각과 느낌 그리고 신체 감각과 관련된 것을 비롯하여 사건의 세부 사항을 통합하여 자발적으로 이야기할 수 있는 능력을 평가하는 것이 유용하다. 어린 아동들도 대개 최근에 경험한 사건과 관련된 세부 사항의 일부와 느낌을 공유할 수 있다. 아동들에게 학대와 관련이 없는 긍정적인 사건을 말로 이야기하도록 권장하는 것은 ① 그들이 치료에서 외상 기억을 처리하는 데 필요한 기술을 이해하고 연습하는 데 도움을 준다. ② 임상가로 하여금 아동이 학대와 관련된 이야기를 시작할 때 기대할 수 있는 세부 사항 및 기술 수준을 미리 예측할 수 있도록 해 준다. ③ 아동에게 그들의 학대 경험을 공유하도록 요청했을 때 훨씬 더 세부적인 내용을 제공할 수 있도록 돕는다(Sternberg et al., 1997). ④ 아동이 세부 사항을 공유하는 것과 더불어 자신의 생각과 느낌, 신체 감각에 대한 공유를 연습할 수 있도록 해 준다. ⑤ 아동이 회피하지 않고 사건에 대한 이야기를 할 수 있는 능력의 기준선을 제공한다. ⑥ 라포를 형성한다. 아동에게 생일파티와 같은 즐거운 일을 상상하도록 요구하고 그때의 생각과 느낌을 포함하여 그 일의 세부 사항과 관련된 질문을 함으로써 이야기 수준의 기준선을 알아낼 수 있다. 아동이 다음과 같은 방식으로 긍정적인 이야기를 공유하게 함으로써 생각을 떠올리게 할 수 있다.

> "너는 지난 주말 생일파티에 가서 아주 즐거웠던 것 같아. 파티에 간 순간부터 케이크를 내놨을 때까지 파티에 대해 상세하게 이야기해 줘서 좋았어. 그 파티에서 무슨 일이 있었는지를 모두 들을 수 있으면 좋겠어. 네가 어떻게 느꼈고, 무슨 생각을 했는지, 머릿속에서 어떤 말들이 떠올랐는지 등등 말이야."

만일 아이가 이야기를 하는 도중에 오랜 침묵이 흐른다면, 치료자는 "그다음에 무슨 일이 있었니?" "무슨 생각을 했니?" "어떤 느낌이 들었니?" 혹은 "몸에 어떤 느낌이 들었니?"라는 식의 개방형 질문을 던질 수 있다. 모든 아이가 질문에 반응하지는 않기 때문에, 불안을 느끼는 아이들에게 사용되는 것(빈 생각풍선; Kendall & Hedtke, 2006a, 2006b)과 같은 다른 방략도 사용할 수 있다.

아동에게 긍정적인 사건에 관한 이야기를 나누는 방법을 가르친 후, 같은 방식으로 치료자는 엄마가 그들을 치료실에 데려온 이유에 관해 이야기하도록 요구할 수 있다. 만일 아동이 학대를 인정하고 반응한다면, 치료자는 아이가 생일파티에 관해 이야기했던 방식대로 그들의 생각과 느낌을 포함하여 무엇이 일어났는지에 대해 이야기하도록 요청할 수 있다. 아동에게 선택권을 주는 것(예를 들어, "네가 처음 상처를 입었던 때나 그에 대해 부모님께 말했던 때에 대해 이야기해 줄 수 있겠니?")은 아이에게 약간의 통제권을 느끼게 해 준다. 그 아동은 긍정적인 경험에 비해 학대 관련 경험에 대해 덜 상세하게 묘사할 수도 있으며, 이는 아동의 학대 관련 스트레스 및 회피에 관한 정보를 제공해 준다. 아동이 자신의 학대 경험에 대한 이야기를 처음 시도하는 것에 대해 이야기가 많고 적음에 상관없이 수용과 칭찬을 해 주어야 한다. 하지만 치료 중기에, 치료자는 아동과 함께 치료 초기에 배웠던 대처 기술을 적용하여 회피를 극복하는 능력을 향상시키고 가장 고통스러운 학대 관련 기억들에도 직면할 수 있는 방법을 찾을 것이다.

5. 치 료

앞서 예시했던 효율성 연구들에서 제시한 치료 모델은 대략 8회기에서 16회기로 구성된 90분의 개인치료 및 집단치료 형태로 적용되어 왔다. 이 장에서는 임상 장면에서 60분의 표준 회기로 구성된 개인치료 형태가 어떻게 활용되는지와 치료 과정의 다양성에 대해 언급한다. 하지만 공존 질환 및 중다 외상의 과거력이 있는 아이들은 대개 상대적으로 더 짧은 TF-CBT(즉, 12~22회기; Cohen et al., 2004)에서 꽤 좋은 반응을 보인다. 소송 절차에 놓여 있거나 가족의 재결합이 예상되는 경우, 치료 초기 과정이 완수된 이후에 이 문제들을 다룰 추수 회기 계획을 시의적절하게 세우는 것이 유용하다.

[그림 11-1]에서 보듯이, 초기 회기에서는 아동과 수용적인 부모가 치료자와 개별적으로 30~45분 정도 만나는 방식으로 구조화된다. 부모와의 초기 회기에서는 평가 결과에 대한 설명과 치료 계획에 대한 개략적인 소개를 한다. 부모에게 희망을 불어넣어 주기 위해서 치료 모델은 아동의 특정한 어려움에 어떻게 도움을 주는지에 대한 설명과 더불어 아동의 강점에 초점을 맞추는 것이 중요하다. 초기 개인 회기 동안 부모와 아이들은 동시에 개별적으로 작업을 하며, 회기가 진행되면서 더 편안하고 효과적으로 의사소통하는 데 필요한 교육과 기술을 제공받는다(일반적인 치료 회기 지침은 〈표 11-1〉을 보라). 부모와 아동이 효과적인 대처 기술들을 개발하고 발전시킴에 따라, 부모와 자녀가 함께 하는 회기(30~40분)에 더 많은 시간을 할애할 수 있다. 아동에게 치료에 부모가 참여하는 것의 가치를 제공함으로써 부모의 지지가 학대 이후 아동의 적응에 긍정적인 영향력을 가진 것으로 입증된 결과들을 공유할 수 있도록 돕는다.

1) PRACTICE 치료 요소

TF-CBT는 치료 요소에 기초한 접근이다. 치료 요소들은 머리글자 PRACTICE로 요약된다. 즉, 심리교육

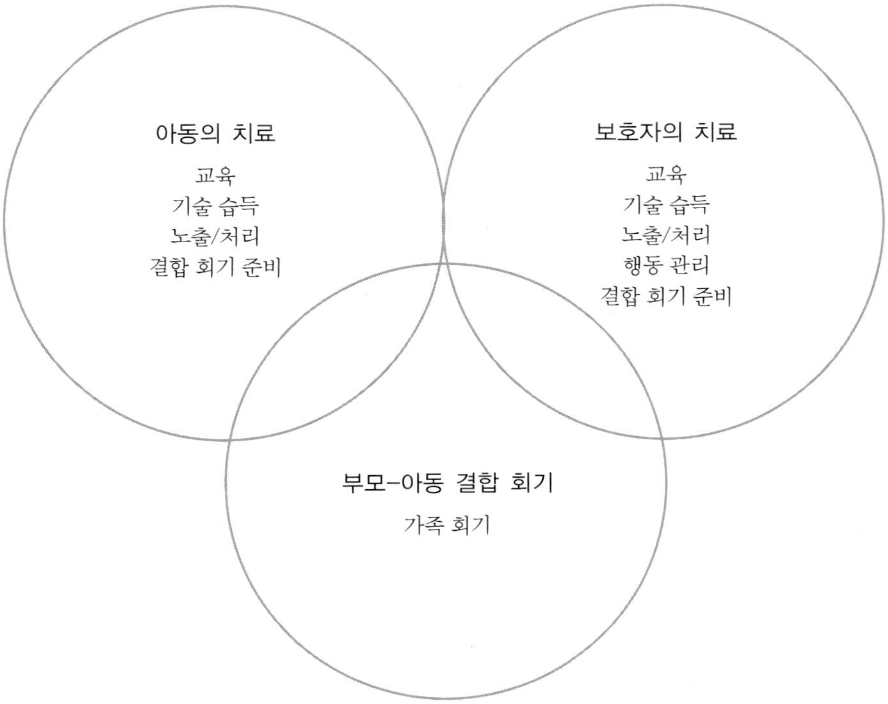

그림 11-1 TF-CBT 치료의 구성

(Deblinger & Heflin, 1996에서 인용. 저자의 허락하에 옮김)

표 11-1 일반적인 치료 회기 지침

아동	부모	아동과 부모 결합
초기 단계		
치료적 관계(rapport) 형성	치료적 관계 형성	선택적인 결합 회기 (대처 및 행동관리 기술 연습, 칭찬의 교환 등)
회기 구조의 소개	회기 구조의 소개	
치료 요약 및 이론적 근거 제시	치료 요약 및 이론적 근거 제시	
CSA에 대한 심리교육	CSA에 대한 심리교육	
	행동 관리	
대처 기술 습득 (즉, 이완, 감정 조절, 인지적 대처)	대처 기술 습득 (즉, 이완, 감정 조절, 인지적 대처)	
중립 및 학대 이야기 만들기의 기저선	성학대의 발견 및 관련된 사고 및 감정의 세부 사항을 함께 나누도록 격려	
중기 단계		
점진적 노출/이야기 만들기 시작	행동 관리(계속)-부모의 학대-관련 사고 및 감정의 계속적인 도출 및 확인	
이야기 만들기(계속)		
사고 및 감정 이끌어 내기	부모의 사고 및 감정 처리	CSA 및 다른 외상에 대한 심리교육
학대 관련 왜곡의 확인, 처리 및 논박	아동의 이야기 및 점진적 노출 작업의 공유	
결합 회기 준비	결합 회기 준비	아동의 이야기를 공유하고 부모와 함께 점진적 노출 활동 혹은 작업
후기 단계		
	행동 관리(계속)-효과적인 의사소통 및 훈육 방략	부모가 의문점을 제기하고 인지 왜곡을 교정
건강한 성, 결합 회기 준비	건강한 성, 결합 회기 준비	건강한 성
개인적 안전감, 결합 회기 준비	개인적 안전감, 결합 회기 준비	개인적 안전감
기술 및 진척 재검토	기술 및 진척 재검토	졸업(치료 종결)의 축하

및 양육 기술의 P, 이완 기법의 R, 감정 표현 및 조절의 A, 인지적 대처의 C, 외상 이야기 만들기 및 처리의 T, 외상을 상기시키는 단서에 대한 실제 숙달의 I, 부모-자녀 결합 회기의 C, 그리고 미래 안전감 및 발달의 증진에서 E다(Cohen, Mannarino, & Deblinger, 2006). 부모와 아동의 개별치료 및 결합치료로 이루어진 치료 과정을 통해 TF-CBT의 치료 요소들(양육 기술을 제외한)이 다루어진다.

PRACTICE 치료 요소들 각각의 수행 방법은 다음 절에서 설명된다. 〈표 11-1〉에는 치료 단계별로 강조되는 치료 요소가 제시되어 있지만, 앞서 언급했듯이 너무 경직되게 실시되지 않으며, 아동 및 가족의 욕구에 맞춰 수행되어야 한다. CSA와 관련된 심리교육의 점진적 노출은 양육기술 훈련과 마찬가지로 치료가 시작되었을 때 바로 실시되고, 치료의 모든 단계를 통해 계속된다. 심리교육 및 대처기술 훈련(이완, 감정 조절, 인지적 대처) 요소는 치료 초기 단계에 실시되며, 부모와 아동이 치료 중기 단계에서 수행할 외상에 초점을 맞춘 요소(즉, 외상 이야기 및 처리)에 대비하도록 돕기 위해 고안되었다. 치료의 후기 단계에서는 내담자가 개인적 안전을 위한 기술을 개발하고, 부모-자녀 의사소통을 증진시키며, 치료 졸업을 준비하면서 그들의 지식과 대처 기술을 재검토하고 통합할 수 있도록 돕고자 한다.

2) 심리교육 및 양육 기술

(1) 심리교육

치료를 시작하는 회기에서 부모와 아동은 평가 및 치료 과정에 대한 심리교육을 받는다. 특히 부모와 아동들은 가족이 수행한 평가 결과에 관한 피드백을 제공받는다. 이러한 정보를 제공함으로써 치료자는 부모가 아동의 고통을 외상 및 학대로 인한 일반적인 반응(PTSD 같은)이란 맥락에서 볼 수 있도록 도와준다. 마찬가지로 치료자가 아동과의 첫 번째 회기에서 '성학대'라는 용어를 사용하는 이유는 아동이 편안하게 이 용어를 접할 수 있음을 보여 주고, 아이에게 일어난 사건의 명칭을 알려 주기 위해서다. 치료가 지속되면서 부모와 아동은 성학대의 유병률과 특징, 병인학에 관해 교육받는다. 이러한 교육은 치료 후기에 확인되는 부모와 아동의 역기능적이거나 부정확한 사고를 스스로 논박하도록 돕기 위해 실시될 필요가 있다. 성학대 및 관련 문제에 대한 심리교육은 대개 치료 과정 전반에 걸쳐 계속되며, 건강한 성과 같은 주제가 후기 단계에서 다뤄진다.

(2) 양육 기술

치료자는 치료 초기 단계에 아동들이 새로운 행동을 학습하는 방법(즉, 모방 학습, 연합 그리고 결과)에 대해 부모에게 교육하는 방식으로 행동 관리 기술을 도입한다. 이러한 사회 학습의 근거를 제공하는 것은 부모가 아동들의 행동이 성학대 이후에 어떻게 그리고 왜 변화했는지를 이해하도록 도울 수 있다. 게다가 행동 변화가 영속적이지 않음을 부모에게 설명한다. 오히려 대부분의 행동은 학습되며 잊힐 수도 있다. 행동 관리 기술을 배우는 것은 부모가 아동의 학대 관련 행동 문제에 효과적으로 반응하도록 도울 뿐만 아니라, 관련이 없는 행동 문제나 다른 자녀들의 어려움에도 유용할 수 있다. 행동 관리를 시작하는 데 있어서 부모들이 걱정하는 아동의 증상이나 행동 변화보다는 아동의 강점이나 친사회적 행동으로 관심을 옮겨 가도록 권장하는 것이 중요하다. 이것이 가장 중요한 본질적인 양육 기술, 즉 차별화된 관심을 가르치는 단계가 되는데, 이 기술은 부모들이 아동들의 부정적인 행동에 관심 갖는 것을 줄이는 동시에 아동들의 긍정적인 행동에 적극적으로 주목하고 효과적으로 칭찬할 것을 요구한다. 또한 부모들은 적극적으로 경청하고 효과적으로 지시하며, 부정적인 행동에 대한 제한 및 결과물을 설정하는 등의 기본적인 행동 관리 기술을 배운다. 이러한 기술에 관한 교육과 연습은 치료 전반에 걸쳐 실시되며, 결합 회기는 기술을 효과적으로 활용할 수 있도록 부모를 도와줄 매우 좋은 기회를 제공한다. 예를 들어, 치료 초기에 치료자는 부모와 아동이 함께 참여하여 구체적이고 전반적인 칭찬을 연습하는 짧은 결합 회기를 실시할 수 있다. '구체적인 칭찬'은 특정 행동을 인식하고 감사한 마음을 표현하는 것(예를 들어, "지난밤에 저녁 준비를 도와줘서 고마워. 함께 하니까 정말 재미있었더라.")을 의미하며, '전반적인 칭찬'은 무조건적인 사랑을 표현하는 것(예를 들어, "사랑해. 내가 너의 엄마라는 것이 정말 뿌듯해.")을 의미한다.

많은 부모는 성학대를 당한 아동들을 딱하게 여기고 학대에 대한 죄책감을 느끼기 때문에 아이들의 잘못된 행동에 대해 지적하길 원하지 않는다. 부모들에게 아동들이 외상 사건을 겪었기 때문에 규칙이나 제한을 완화시키는 방식으로 자녀들을 다르게 대하지 말라고 권장한다. 아동은 자신의 세상에 구조와 일관성을 필요로 하며, 규칙과 제한을 설정하는 것이 이러한 구조와 일관성을 유지하도록 돕기 때문이라고 부모에게 설명한다. 학대 경험에도 불구하고 아동들은 가족 및 학교 규칙을 따르길 기대되며, 부적절한 행동에는 책임이 따르고 적절한 행동에는 칭찬을 받아야 한다. 집에서의 행동 관리 방략을 시행하는 것에 저항하는 부모들은 역기능적 사고가 방해를 하는 것이기 때문에, 인지적 대처 기술을 사용하도록 이끄는 것이 필요하다. 일단 그러한 역기능적 생각들이 겉으로 드러나고 바뀔 수만 있다면, 부모들은 규칙과 제한을 기꺼이 적용할 것이다.

(3) 이완 기술

더 강도 높게 외상에 초점을 맞춘 요소를 사용하기 전에, 아이들은 몸과 마음을 이완하는 방법을 배움으로써 도움을 얻는다. 이완 기술은 불안하고 회피적인 아동들에게 그들의 정서를 더 효과적으로 조절하도록 도울 수 있기 때문에, 통제감을 가지도록 해 주고, 이와 관련하여 불안을 유발하는 학대 관련 기억들 및 다른 자극들을 피하려는 태도를 줄여 준다.

이완은 아동의 발달 수준에 맞게 가르쳐 줘야 한다. 깊은 호흡 훈련의 경우 어린 아동에게는 복어처럼 몸을 부풀리는 물고기인 양 상상하게 해서 숨을 들이마실 때 그들의 배를 천천히 점점 더 부르게 하고, 숨을 내쉴 때는 배를 천천히 집어넣는 식으로 가르칠 수 있다. 어린 아동들은 대개 심상 연습을 좋아하기 때문에, '장난감 병정'과 '봉제 인형'과 같은 심상을 사용하여 긴장과 이완의 개념에 대해 이해할 수 있다. 더 나이가 많은 아동들에게는 주요 근육군(발, 다리, 복부, 손, 팔, 어깨, 얼굴 등)에 초점을 맞춘 점진적 근육 이완법을 가르칠 수 있다. 이 아동들은 성인과 유사하게 코로 숨을 들이마시고 천천히 다섯까지 센 후에 입으로 숨을 내쉬도록 함으로써 집중 호흡을 배울 수 있다.

아동에서처럼, 이완기술 훈련은 심한 스트레스를 경험하는 부모들에게도 유용하다. 몇몇 부모는 점진적 이완 연습이 일상의 스트레스에 대처하거나 두통을 비롯한 스트레스의 신체적 징후를 사라지게 하는 데 유용하다는 점을 발견한다. 또 다른 부모들은 깊은 호흡 훈련 및 마음챙김, 혹은 심상 연습을 통한 이점으로 아동의 학대 경험에 대한 토론을 더 잘 참아낼 수 있다. 또한 이러한 기술을 가르치는 것은 부모가 그들의 자녀에게 효과적인 역할 모델이 되고, 스트레스에 직면하거나 혹은 부모-자녀 상호작용 맥락에서 기대되는 자연스러운 갈등 상황에서 이완되고 진정된 상태를 유지할 수 있도록 해 준다.

(4) 감정 표현 및 조절 기술

아동 성학대는 종종 아동에게 강하고 혼란스러운 정서를 일으키며, 이는 또 다른 불안을 유발한다. 정서 및 사람들이 정서를 느끼는 이유에 대한 교육을 하는 것은 매우 유용할 수 있다. 환경 내에 주의를 기울일 필요가 있는 어떤 자극으로 인해 정서를 경험한다는 설명은 아동들이 어떤 불쾌한 정서를 느끼는 이유를 이해하도록 도울 수 있다(예를 들어, "화가 났을 때 네 주장을 굽히고 싶지 않을 수도 있지."). 정서에 이름을 붙이고 강한 정서를 느끼는 동안 발생하는 생리적 반응을 이해하는 것은 자신의 몸에 어떤 문제가 있는 것은 아닐까 하는 두려움을 경감시킬 수 있도록 도와준다. 성학대 경험에 대한 아동의 정서 반응을 정상화하는 것 또한 불안을 감소시킬 수 있다. 불안의 감소와 정서 표현 능력의 증진은 이전에 그들의 정서를 적절하게 처리하는 방법을 알지 못했던 아이들이 행동 문제를 감소시키는 데 도움을 줄 것이다.

감정을 지칭하는 어휘력의 발달을 통해 아동이 자신의 감정을 수용하고, 정서 인식 능력을 증진시키며, 자신이 느끼는 것을 더 효과적으로 표현할 수 있도록 도와준다. 치료자는 가능한 한 많은 감정을 묘사하는 단어 목록을 만들도록 도와줄 수 있다. 어린 아동의 경우에, 치료자는 『내가 느끼는 방식(*The Way I Feel*)』(Janan Cain, 2000)과 『오늘 느낌이 시시해(*Today I Feel Silly*)』(Jamie Lee Curtis, 1998) 같은 책을 읽어 줌으로써 감정 단어를 더 쉽게 익히도록 해 줄 수 있다.

아동이 정서에 대한 더 많은 어휘를 습득한 이후에, 치료자는 다른 사람 및 자신의 정서를 확인하도록 돕기 시작할 것이다. 사진이나 그림, 손인형 그리고 역할 연기 등과 같은 다양한 도구를 사용하여 아이들이 이 개념을 익히도록 도울 수 있다. 아이들은 자신의 느낌에 대해 이야기하도록 요청받는다. 치료자와 아동은 그들이 서로 다른 정서를 느꼈을 때에 관해 번갈아 이야기를 나눌 수 있다. 아동은 다른 사람이 여러 정서를 경험할 때 어떻게 보고, 행동하고, 듣는지에 관해 생각해 보도록 장려될 수도 있다. 아이들은 다른 사람들이 어떻게 느끼는지를 이해하고자 시도할 때 '보고, 듣고, 질문하라.' 고 배울 수 있다. 아이들에게 다른 사람이 어떻게 느끼는지 질문하도록 가르치는 것은 단지 관찰만으로 부정확한 결론을 내리는 것을 피하기 위해서 중요하다. 예를 들어, 아동이 그들의 성학대 경험을 드러냈을 때, 많은 아이가 부모가 나타내는 정서를 잘못 지각한다. 다른 사람이 어떻게 느끼는가에 대해서 그들에게 질문하는 것이 단지 관찰을 통해서만 추측하는 것보다 더 좋은 방법임을 깨닫도록 도와주는 것이 유용하다.

일단 아동들이 자신의 감정을 확인하는 것을 편안해 한다면, 적절한 방식으로 자신의 정서를 표현하도록 격려된다. 타인과 감정을 공유하는 것 및 아동 자신의 감정에 관해 이야기할 수 있는 사람이 누구인지를 확인하는 것의 중요성이 강조된다. 인형을 사용한 역할 연기 또한 정서 표현의 적절한 방식을 연습하는 방법이다. 이와 함께 아이들이 자신에게 알맞은 정서 조절 방략을 확인하고 연습하는 것이 중요하다. 아이들에게 그들이 슬프거나 겁에 질리거나 화가 났을 때 어떻게 하는지에 대한 질문은 약간의 수정과 연습을 통해 생산적인 대처 방략을 나타나게 해 줄 뿐만 아니라 생산적이지 않은 방략을 사용하지 않도록 해 준다. 게다가 아동이 문제 해결이나 사회적 지지 추구, 긍정적 심상, 혹은 다른 자기 위안이나 주의 분산 방법과 같은 여러 효과적인 접근의 목록을 만들도록 돕는 것은 아이들이 고통을 느끼는 상황들에 따라 각기 다른 대처 방법을 선택할 수 있다는 것을 알 수 있도록 해 준다.

끝으로, 아동들은 학대와 관련된 감정들을 이야기하도록 요청받는다. 만일 아동이 이전에 감정 목록을 만들었다면, 성학대 도중에, 성학대 이후에, 조사 동안에, 그리고 현재에 경험하는 감정들에 (다른 색깔의) 원으로 표시할 수 있다. 대개 혼란스러운 감정 상태이기 때문에, 아동들은 그들이 이전에 언급하지 않았던 것이라면 성학대와 관련된 혼란스러운 느낌이나 혼합된 감정을 지니고 있는지에 대해 직접 질문을 받기도 한다. 아이들은 혼란스러운 감정에 관해 그들이 믿을 수 있는 성인과 이야기를 하도록 적극 권장된다.

부모 성학대는 아동과 마찬가지로 부모에게도 강하고 혼란스러운 정서를 유발할 수 있다. 감정을 인식하고 명명하며 표현할 수 있는 능력은 중요한 기술이다. 부모가 그들의 아동에게 일어난 성학대와 관련된 감정을 논의하도록 표현 수단을 제공받는 것이 꽤 중요하며, 이것은 특히 부모 자신의 반응을 중성화하는 데 도움을 준다. 또한 그들의 자녀가 어떤 정서를 경험하고 그것이 그들의 행동에 어떻게 영향을 미치는지를 이해하도록 하는 것은 아동이 효과적인 정서 표현 및 조절 기술을 모방하고 격려받는 동안 부모가 적절하게 자녀를 공감할 수 있도록 도와주는 것 같다.

아동에 대한 개입에서처럼, 부모들도 그들의 아동들이 성학대를 당한 것을 발견했을 때 경험했던 많은 감정들과, 아동들의 성학대 사실에 대해 생각할 때 떠오르는 감정들을 열거하도록 요청받는다. 그 이후에 이러한 감정들을 함께 이야기한다. 부모가 그들의 아동에게 분노감을 느끼고 아동의 진술을 믿지 못하는 등의 '사회적으로 덜 바람직한 느낌'이라 할지라도 이를 인정하고 수용하는 것이 중요하다. 시간이 지남에 따라 이러한 느낌들은 변화할 것이며, 부모가 치료자에 의해 지지받고 이해받는다고 느끼는 것이 중요하다.

부모는 한 주 동안 그 학대와 관련된 자신의 느낌을 감찰하는 과제를 수행하도록 격려받는다. 그러나 부모가 성학대와 관련된 강렬한 감정을 직접적으로 아동과 공유하지 않고 피해야 한다는 점과 더불어 아동이 우연히 들을 수 있는 전화 통화나 다른 방에서 이야기를 하는 것에 주의해야 한다는 것을 이해하는 것이 중요하다. 부모는 아동이 엿들을 가능성이 없다는 확신을 가지고 자신의 감정에 관해 이야기할 만한 사람을 찾을 수 있다. 궁극적으로, 치료자의 안내에 따라 부모들은 이후의 치료 과정에서 부모와 자녀의 결합 회기를 통해 그들의 감정을 공유하거나 명확하게 표현할 수 있다. 예를 들어, 부모는 아동이 사건에 대해 이야기했을 때 분노 반응을 보였던 것이, 아동에게 화가 난 것이 아니라 가해자에게 화가 났던 것을 의미한다고 설명할 수 있다.

(5) 인지적 대처 기술

아동 아동이 정서 표현 기술을 발달시키고 나면 인지적 대처 기술이 도입된다. 치료 초기 단계에서, 인지적 대처에의 초점은 기저하는 혹은 자동적인 사고를 파악하고 공유하도록 격려하는 것이다. 많은 아동은 대부분의 사람이 시종일관 스스로에게 말하며, 이러한 생각들이 우리가 느끼고 행동하는 데 영향을 미친다는 것을 자각하지 못한다. 이러한 인식은 아동들이 그들의 정서와 행동을 더 잘 이해하고 통제감을 가질 수 있도록 도와주는 것 같다. 하지만 초기의 목적은 아동들이 소리 내어 말하지 않았던 것을 확인하고 감찰하며 공유하는 것(특히 치료자와 함께)의 중요성을 단지 이해하도록 돕는 것이다. 즉, 치료자는 예를 들어 아동에게 아침에 일어나자마자 겉으로 말을 내뱉기 전에 마음속에서 자신에게 이야기했던 것을 함께 공유하도록 요청하는 것으로 시작할 수 있다. 약간의 도움을 주면 대부분의 아이는 스스로에게 "일어나기 싫어."라거나 "배고파."라고 말한다는 것을 인식할 수 있다. 아동이 다양한 긍정적 또는 중립적인 상황에서 자신의 생각을 치료자와 공유하는 연습을 하는 것은 이후에 외상에 초점을 맞춘 연습의 맥락에서 아동들의 생각을 공유하도록 준비해 줄 수 있다.

인지적 대처 기술은 아동들이 어떤 것에 관해 생각하는 방식을 변화시킴으로써 그들이 느끼는 방식을 변화시킬 수 있다는 것을 이해하도록 도울 수 있다. 또한 이것은 아동들에게 정서에 대한 더 많은 통제감을 제공해 줄 수 있다. 더 나이가 많은 아동이나 부모에게 인지적 대처에 대해 설명하는 첫 번째 단계는 인지적 대처 삼각형(각 꼭짓점에 느낌과 사고, 행동이 있으며, 각 변에는 양방향을 가리키는 화살표가 그려진)을 사용하여 사고, 느낌 및 행동 사이의 상호작용을 설명하는 것이다. 전형적으로 아이들에게 다음과 같은 모호한 상황에 대한 이야기를 들려준다.

> "어느 날, 네가 거리를 걷고 있는데, 가장 친한 친구가 길을 건너 네 쪽으로 오고 있어. 그 친구에게 손을 흔들었지만, 그는 네게 손을 흔들지 않았지. 너는 스스로에게 어떤 말을 할까?"

그런 다음 치료자는 이 시나리오에서 아동들이 생각했을 법한 것을 이끌어 낸다. 전형적인 반응은 "친구가 내게 화가 난 것 같아요."라거나 "아마도 다른 어떤 생각을 하고 있나 봐요." 등이다. 치료자의 역할은 이러한 생각들 각각이 아이들에게 각기 다른 감정을 경험하도록 이끌고, 결국 다른 방식으로 행동하게끔 만든다는 것을 이해하게 돕는 것이다. 예를 들어, "그 친구가 어떻게 그렇게 무례할 수 있지?"라고 생각하는 아동은 친구에게 화가 났음을 의미하며, 그러면 그 친구를 다시 보게 되었을 때 공격적으로 반응할 수도 있다. 반면에 "아마 그 친구가 다른 생각을 하고 있나 봐요."라고 생각하는 아동은 그 친구를 약간 걱정하는 마음을 가지게 만들고, 다음에 만날 때 상냥하게 대하도록 만들 것이다. 이러한 생각은 우리가 어떤 문제에 관해 부정적인 방식으로 생각하면 종종 기분이 나쁘겠지만, 그것이 사실이 아닐 수도 있다는 것으로 요약될 수 있다. 모든 가능한 대안을 생각해서 더 긍정적인 감정을 일으킬 만한 더 정확한 표현을 통해 부정적인 감정을 바꿀 수 있는 설명을 선택하는 것이 더 나을 것이다.

같은 상황을 다르게 볼 수 있다는 것을 아동이 이해했다면, 치료자는 아동에게 부정적인 생각을 논박하도록 가르치는 것을 시작할 수 있다. 인지적 대처는 부정적이고 비생산적인 생각을 더 긍정적이고 생산적인 생각으로 바꾸도록 도울 수 있는 기술을 말한다. 우리의 생각이 얼마나 강하든지 간에 영구불변한 것이 아니며, 충분히 연습한다면 생각이 변화될 수 있다는 것을 아동에게 설명한다. 그러나 생각을 변화시키는 것이 어렵고, 기분을 더 좋게 만들기 위해서는 시간을 두고 연습해야 한다는 것이 강조된다.

아동이 연습 사례를 사용하여 부정적인 생각에 대해 논박하는 방법을 명확하게 이해한 후에는 아동의 생각으로 초점을 옮겨야 한다. 처음에 치료자는 학대와 관련이 없는 부정적인 생각들을 확인하고 논박하도록 돕는다. 많은 아동은 자신의 역기능적 사고를 깨닫지 못하고 있어서, 아동들의 이러한 부정적인 생각들을 인식하도록 도와주고, 그 생각을 논박하도록 가르쳐 줘야 한다. 치료자는 소크라테스식 문답법(Sternberg et al., 1997)과 '가장 친한 친구' 역할 연기를 사용하여 반박 증거를 확인하고, 생각의 정확성을 검증하는 식으로 부정적인 사고를 논박하게끔 도울 수 있다.

'가장 친한 친구' 역할 연기(Deblinger & Heflin, 1996)는 손인형 게임(Seligman, 1991)과 유사하고, 아동들의 가장 친한 친구가 부정적인 생각(대개 아동에 의해 제시된 생각)에 빠져 있으며, 부정적인 생각들에 도전하여 기분이 더 나아지도록 도울 필요가 있다는 상상을 해 보는 기법이다. 아동이 표현했던 것과 유사한 부정적인 생각으로 인해 고통받는 가장 친한 친구의 역할은 치료자나 인형, 손인형 등에 의해 연기된다. 이 절차는 '가장 친한 친구'를 돕기 위해 아동이 자신의 부정적인 생각을 논박하도록 이끈다. 나중에 치료자는 아동들이 자신의 생각에 도전하고 기분이 더 나아지도록 돕는 것을 통해 그들 스스로가 가장 친한 친구가 될 수 있다고 설명해 주어야 한다.

학대와 관련이 없는 생각을 논박하는 방법을 배운 다음, 치료자는 아동이 학대에 관련된 부정적인 생각을 논박하도록 돕는다. 하지만 이 과정은 아동이 그 외상에 대한 이야기 만들기 활동을 거의 완수했거나 점진적 노출 연습에 참여한 이후에 실시되어야 한다는 것을 기억하는 것이 중요하다. 이렇게 외상에 초점을 맞춘 활동을 하는 도중에 아동은 성학대 당시에 경험한 감정과 생각을 표현한다. 아동이 자신의 가장 불쾌한 경험과 생각에 관해 완전히 공유할 기회를 가진 이후에, 치료자는 노출 이후의 과정 동안 논박될 수 있는 부정확하고 역기능적인 생각들을 확인하도록 도울 수 있다. 이러한 학대 관련 생각들을 너무 빠른 시기에 논박한다면 아동이 자신의 가장 혼란스럽고 고통스러운 생각을 치료자와 공유하는 것에 대해 불편해할 수도 있다. 따라서 치료자의 초기 역할은 이야기 만들기 절차를 통해 역기능적 사고를 처리하고 도전하는 것에 더해 학대와 관련된 감정과 사고를 끄집어내고, 적극적으로 경청하며, 입증하는 것이다. 이 과정은 나중에 논의될 것이다 (뒤의 '외상 이야기 만들기 및 처리 과정'을 보라).

끝으로, 더 어린 아동들은 그들의 부정적인 생각을 확인하고 논박하는 것에 대한 개념을 형성하지 못하기 때문에, 인지적 대처 개념에 대한 이해가 어려울 것이다. 인지적 대처 과정은 더 어린 아동들에게 사용하기 위해 쉽게 만들 필요가 있다. 치료자는 생각이 무엇인지 설명하고 아이들이 '유용하거나' '해로운' 생각을 구별하도록 도울 수 있다. 그 후에 치료자는 역기능적 생각을 대신할 일련의 긍정적인 자기 진술을 가르치고 싶을 수도 있다. 예를 들어, 두려움을 느끼거나 숨으려고 하는 아동에게는 "나는 이것을 할 수 있어!" 혹은 "나는 용감하게 말할 수 있어!"라고 말하도록 격려할 수도 있다. 관련된 상황에서 마음에 잘 간직하고 더 잘 활용해 볼 수 있도록 이러한 문장을 행동으로 시연하게 하는 것이 중요하다.

부모 인지적 대처 기술은 아동에게 했던 것과 상당히 유사한 이유나 방식으로 부모에게 소개된다. 부모들은 생각과 감정, 행동 사이의 상호 관련성에 관해 배운다. 궁극적으로 그들이 느끼고 아이들에게 반응하는 방식을 변화하는 방향으로, 그들은 자신의 역기능적인 생각을 변화시키는 것에 대해 교육받는다. 이러한 개념을 설명하기 위해 치료자는 앞서 이야기했던 것처럼, 거리를 걸어가다가 친구를 보고 손을 흔들었지만 인사하지 않은 친구 사례를 사용할 수 있다.

그런 다음에 부모는 자녀의 학대와 관련된 정서 및 그러한 정서와 연관된 생각들을 이야기하도록 권유받을 수 있다. 그 이후에 치료자는 CSA에 대한 부모들의 부정확한 생각을 교정하여 더 올바른 생각으로 바꾸는 목적과 함께, 그들이 부정확하고 비생산적인 생각들을 논박할 수 있는 방법을 배우도록 도울 수 있다. 예를 들어, 치료자는 "저는 존스 씨가 성학대범이었다고 말할 수 있었어야 했어요."라고 말하는 부모들에게 성학대 가해자를 직접 보면서 그들에게 대놓고 말할 수는 없었을 것임을 알려 줄 수 있다. 그 부모의 생각은 "나를 비롯해 누구라도 존스 씨가 성학대 가해자라고 직접적으로 말할 수 있는 방법이 없었다. 성학대 가해자는 다른 사람들과 전혀 다르게 생기지 않았다."는 식으로 변화될 수 있다. 비생산적인 생각(즉, 가해자에게 초점을 맞춘 생각) 또한 치료자의 안내를 통해 더 생산적인 생각(즉, 아동이 치료에 얼마나 잘 임하는지에 초점을 맞춘 생각)으로 변화될 수 있다.

끝으로, 부모들은 문제를 영속적이고 전반적이며 개인적으로 보는 것이 비관론적 사고의 특징이라는 사실을 배운다(Seligman, 1991). 대부분의 문제는 영속적인 것이 아니라 변화 가능하고, 전반적인 것이 아니라 특정적이며, 개인적이기보다는 비개인적이라는 것을 부모들에게 가르쳐 줘야 한다. 치료자는 부모들이 이러한 특징 중 어떤 것을 가지고 있는지 여부를 확인하여 성학대와 관련된 자신의 생각을 검증하도록 도울 수 있다. 만일 그렇다면 치료자는 부모의 생각을 재검증하여 더 유용하고 올바른 생각으로 변화시키도록 감정이입적으로 도움을 줄 수 있다. 수용적인 부모들의 정서적 고통 및 역기능적 생각의 공통된 영역들은 CSA에 대한 책임감이나 죄책감, 아동의 '순결 상실'에 대한 슬픔과 비애, 아동이나 그들 자신 그리고 가해자에 대한 분노 감정, 학대가 아동의 미래 행복에 미칠 잠재적인 영향력에 관한 불안감 등을 포함한다.

(6) 외상 이야기 만들기 및 처리 과정

부모 대상의 외상에 초점 맞춘 활동은 아동의 그것과 유사하다. 치료 초기에 치료자는 외상 기억에 관한 논의와 처리 과정에 대한 이론적 근거를 제시해야 한다. 또한 부모는 아동이 외상 이야기 만들기를 하는 동안 치료에 참여하는 것에 더 심하게 저항할 수 있음을 인식해야 하며, 이를 통해 아동이 회기에 참석하지 않겠다는 요구를 수용해서는 안 된다. 부모는 치료가 진행됨에 따라 아동의 저항이 점차 줄어들게 되고 고통을 덜 느끼게 되며, 치료 노력에 대해 더 큰 자부심을 가지게 될 것이라고 확신을 받을 수 있다.

성학대 같은 외상 사건을 경험한 이후에 아이들은 학대와 관련된 기억이 되살아날 때마다 실제 학대 동안 경험했던 것과 같은 강한 정서를 재경험할 수 있다. 치료 시작 시점부터, TF-CBT에 참여하는 아동들은 점진적인 방식으로 이러한 기억에 직면하기 시작하여, 결국 외상 이야기 만들기 수준에 도달한다. 때론 아이들이 처음에는 이 치료 요소에 저항하기도 하지만, 외상 이야기를 작성하면서 종종 외상 기억에 대처할 수 있는 능력을 통달했다는 느낌이 증진되고, 학대와 관련된 기억 및 상기시키는 것에 대한 강렬한 정서 반응이 감소된다. 실제로 안전한 환경에서 학대에 관해 이야기하거나 기록하는 것을 통해 아이들은 기억이 그들을 해칠 수 없다는 사실을 깨닫는다. 그 학대의 실제적 기억과 연관된 강한 정서적 반응의 연결고리를 끊도록 도와주는 동시에, 외상 이야기 만들기를 발전시키고 처리하는 것이 아이들 스스로 평온한 느낌을 가지도록 하며, 심지어 그들의 경험을 자세히 말하고 기록하는 것에 대한 자부심까지도 느끼게 한다는 점에서 새로운 연결을 확립한다. 이후의 치료 처리 단계 동안 아동이 학대를 당하던 그 시점에서 지니고 있었을 부적응적 신념을 확인하고 도전하여, 결국 아동이 자신과 다른 사람 그리고 세상에 관해 더 건강한 관점을 가질 수 있도록 하는 것이 중요하다(앞의 '인지적 대처 기술'을 보라).

앞서 주목했던 것처럼, 일반적인 CSA 교육은 자신의 성학대 경험에 관해 말하는 것을 불편하게 여기는 아이들에게 좋은 시작점이 될 것이다. 잠재적으로, 교육은 성학대 주제에 대한 도입을 제공하고, 불안을 감소시키며, 향후에 개인의 성학대 경험에 관해 편안하게 논의할 수 있도록 도와줄 것이다. 또한 교육은 아이들의 경험과 정서가 혼자만의 것이 아님을 알 수 있도록 돕기도 한다.

CSA가 무엇인지, 누가 아동에게 성학대를 하는지, 얼마나 많은 아동이 성학대를 당하는지, 성학대를 당했을 때 그 아이들은 어떤 느낌이 들었는지, 아동들이 왜 성학대를 당하는지, 성학대를 당한 이후에 그 사실을 말하지 못하는 이유가 무엇인지 등을 함께 이야기하는 것이 유용하다. 교육은 재미있고 유익한 방식으로 제공될 수 있는데, 『생존자의 여행(*Survivor's Journey*)』(Burke, 1994)이나 성학대와 신체학대 그리고 가정폭력에 관해 아동이 학습하고 이야기하는 것을 돕도록 고안된 치료적인 단순한 문답 카드 게임인 '너는 무엇을 알고 있니? (What do you know?)' (Deblinger, Neubauer, Runyon, & Baker, 2006) 등의 책과 게임을 활용하기도 한다. 아동 및 청소년들은 독서를 통해서도 이렇게 할 수 있다. 『제발 말해 줘! 성학대에 관한 한 아동의 이야기(*Please Tell! A Child's Story about Sexual Abuse*)』(Jessie, 1991)라는 책은 성학대 경험에 관한 아동의 이야기가 담겨 있는 훌륭한 책이다. 많은 아이가 이 책을 읽은 후에 자신의 성학대 경험에 관한 책을 쓸 마음이 생기기도 한다. 더 나이가 많은 아동은 아동기 외상에 대한 개인적 경험과 더불어 일반적인 정보에 대해 이야기하도록 권장되는 교육적인 '토크쇼'를 만드는 데 흥미를 느낄 수도 있다.

초기 평가 및 치료 초반 동안 수집된 정보에 기초하여 치료자는 점진적 노출 연습을 도울 수 있도록 아동을 위한 잠정적인 고통의 위계를 만들 수 있다. 성인 환자에게 하는 것처럼 치료자가 외현적인 위계를 만들 필요는 없다. 각각의 회기에서 치료자는 두 가지 선택(예를 들어, 학대의 첫 번째 삽화 혹은 그 학대에 관해 처음 말했을 때를 이야기하는 것)을 제시하여, 각 회기 동안 논의할 내용을 아동 스스로 통제할 수 있도록 한다. 아동은 대개 불안을 덜 유발시키는 경험을 선택하기 때문에, 그들의 학대에 대한 이야기는 가장 어렵고 고통스러운 경험(위계의 가장 꼭대기)에 관해 이야기할 수 있는 능력의 획득을 확신할 수 있도록 지지해 주고 안내하는 방식으로 단계적으로 만들어진다.

외상 이야기 만들기가 도입되면 부모에게 아동들이 치료에 참여하는 것을 저항할 수도 있음을 알려 주는 것이 좋다. 학대에 대한 회상은 아동에게 고통을 유발시킬 것이다. 그러나 학대에 관해 이야기하는 것이 장기적인 관점에서 더 나은 기분을 느끼도록 도울 수 있다는 것을 확신시켜 주는 것이 중요하다. 무서운 영화와의 유사성이 사용될 수 있다(즉, "더 많이 볼수록, 두려움은 더욱더 줄어든다."). 노출의 목적은 편안한 장소에서 아동이 학대와 관련된 기억과 연관된 고통스러운 감정을 재경험하고 지속시켜서 결국 불편감이 자연스럽게 사라지도록 만드는 것이다. 하지만 외상에 초점을 맞춘 활동을 제대로 해내기 위해서는 시간이 필요한데, 이는 치료 회기를 마치기 전에 긍정적이거나 이완시키는 활동을 통해 평정심을 되찾도록 하기 위해서다.

외상 이야기 만들기를 시도하는 과정 전반에 걸쳐, 아동은 성학대에 관한 그들의 기억, 사고 그리고 감정에 대해 직면하고 공유하도록 요청된다. 시간이 흐름에 따라, 아동은 더욱더 심한 고통을 야기하는 학대 관련 단서 및 기억에 대한 이야기를 참아낼 수 있다. 이 과정은 인형이나 손인형의 사용, 시 쓰기, 그림 그리기, 노래 만들기, 그리고 발생한 사건에 관한 책 쓰기와 같은 창의적인 매개체들이 포함될 수도 있다. 회기마다 만들어지거나 복습할 수 있는 책이나 동화와 같은 결과물들을 통해, 반복된 노출 과정이 간소화되고 아동들이 자랑스러워할 만한 최종 성과를 내게 된다. 게다가 이러한 성과는 부모와 공유되어 아동의 경험에 대한 수용적인 부모의 반응과 상호작용에 영향을 미칠 수 있다.

(7) 외상 이야기 만들기

아동이 외상과 관련된 감정과 생각을 표현하는 데 필요한 감정적 및 인지적 기술들을 실제로 수행하고, 성학대 단서(예를 들어, 성학대와 관련된 일반적인 정보)로 인한 스트레스를 덜 받는 상태로 이야기를 진행할 수 있게 된 이후에, 아동은 학대 경험의 더 세부적인 사항들에 대해 이야기하도록 권유받을 수 있다. 외상 이야기의 발전 및 과정 동안에는 두 가지 주요 목표가 있다. ① 아동이 그들의 성학대 기억에 관해 더 편안하고 덜 회피적인 태도를 보이는 것, ② 치료 후반부에 부적응적인 생각을 확인하고 교정하여 새로운 신념을 만드는 것.

각각의 이야기 만들기 회기를 시작할 때, 치료자는 아동에게 그 회기에서 논의되고 작성될 학대에 관련된 2개의 경험 사이에서 선택을 하게끔 유도한다. 아동이 공유하길 원하는 경험을 선택한 이후에, 앞서 기술된 이야기 방식으로 그 정보를 제공하도록 요청한다. 아동이 제공하지 않은 이야기를 세부적으로 논의하지 않는 것이 중요하다. 게다가 만일 세부적인 내용이 거의 상상의 산물이라면(즉, "그런 후에 나는 줄넘기 줄로 그를 묶어서 지하실에 가둬 놨어요." 처럼), 그것이 실제로 일어난 일인지 아니면 일어나길 원하는 일인지를 말하는 도중에 끼어들어 질문해야 한다. 치료자는 추가적인 개방형 질문을 하기 전에 아동이 이야기를 마치도록 놔둘 수도 있다. 어떤 아동들은 학대에 대해 처음 이야기할 때 자신의 생각과 느낌에 대한 풍부한 정보를 제공하지 않을 수도 있다. 아동이 첫 이야기를 꺼낸 다음에 치료자는 제공된 정보에 대해 다시 접근하여 추가적인 생각이나 느낌을 공유하도록 아동에게 요청할 수 있다(다음 예를 보라).

치료자: 지난주에 성학대에 관해 쓰기라는 굉장한 작업을 했지. 자, 이제 네가 친구 피터의 형인 제이크와 함께 있었을 때 일어났던 일에 관해 썼던 것을 읽어 보자.

아동: (잠시 머뭇거리다가) 꼭 해야 해요?

치료자: 나는 그렇게 하는 것이 좋다고 생각해. 왜냐하면 우리가 이것에 대해 더 많이 이야기할수록 그것을 극복하기가 더 쉬워지거든. 그래서 네가 그것을 읽어 줬으면 좋겠어. 내게 읽어 줄 수 있겠니?

아동: 선생님도 읽을 수 있잖아요.

치료자: 맞아. 그렇구나. 그래, 내가 읽는 동안 네가 주의 깊게 들었으면 좋겠어. 그래야 마음속으로 다시 그곳으로 돌아가 그때 느꼈던 감정이나 생각을 다시 기억해 낼 수 있을 거야. 내가 이야기를 멈추고 지금 이 순간 떠오르는 너의 생각이나 느낌에 대해 공유하자고 요구할 수도 있어.

아동: 좋아요.

치료자: (천천히 읽는다.) 그 사건이 처음으로 일어난 건 내가 친구인 피터의 집에 있을 때였다. 우리는 2층에서 놀고 있었고, 피터의 형인 제이크가 함께 놀자고 말했다. 우리는 함께 지하실로 내려갔고, 제이크가 옷을 모두 벗으라고 말했다. 그런 후에 내 성기를 만지기 시작하였다. (잠시 멈추고) 자, 지금 어떤 느낌과 생각이 드니?

아동: (오랫동안 머뭇거리다가) 나는 너무 무섭고 역겨운 느낌이 들어요. '그가 뭘 하고 있는 거지?'라고 생각했어요. 여기서 나가게 해 줘. 지하실로 내려가지 말았어야 했어요.

치료자: (아동이 말한 것을 적고 반복해 이야기하며) 그것을 나에게 이야기해 줘서 고마워. 내가 제대로 알아들었는지 한번 보자. 너는 "나는 너무 무섭고 역겨운 느낌이 들어. 나는 '그가 뭘 하고 있는 거지?'라고 생각했어. 여기서 나가게 해 줘. 나는 그와 함께 지하실로 내려가지 말았어야 했어."라고 말했어. 여기에 더 추가하고 싶은 말이 있니?

아동: 없어요.

치료자: 그래. 아주 도움이 될 것 같아. 계속 읽어 볼게.

외상 이야기 과정 전반에서 학대에 대한 아동의 기억들에 주로 초점을 맞춘다. 이 과정 동안 아동은 반복적으로 이야기함으로써 고통스러운 느낌이 점점 줄어든다는 것을 확신할 필요가 있다. 어떤 아동들은 치료의 이 단계를 회피하기 때문에, 이에 대비하는 것이 중요하다. 회피 행동은 이야기의 주제나 양식, 시기, 길이 등에 대한 선택을 하거나 동의("10분간만 이 이야기를 하고 나서 카드 게임을 하자.")를 통해 대응할 수 있다. 끝으로, 학대에 관해 이야기하는 근거를 확실하게 제시하고 상기시키는 것이 회피적인 아동이 어려운 회기를 이겨내는 데 도움을 줄 수 있다.

(8) 인지적 처리

학대 당시에 경험했던 생각을 이끌어 냄으로써, 발생한 역기능적 신념이 확인되거나 가정될 수 있다. 성학대를 경험한 아동들이 학대에 대해 이해하려고 시도할 때, 종종 그들의 경험에 대한 정보나 지식이 부족하다. 이로 인해 그들은 학대에 대한 혼란스럽고, 부정확하며, 역기능적인 생각들을 발전시키게 된다. 이러한 부적응적인 생각들은 그들 자신과 주변 세상에 관한 관점과 신념의 기초가 되어 불안이나 우울을 야기하게 된다. 외상에 초점을 맞춘 활동의 맥락에서 이런 기이한 생각들을 드러내도록 유도함으로써, 이후의 처리 연습 동안 재검토할 수 있게 된다. 이러한 부적응적인 생각들에 도전하는 것은 아동 자신이나 그들을 둘러싼 세상에 관한 부정적인 관점을 경감시키도록 도와, 종종 불안이나 우울 증상들을 완화시킨다. 그러나 아동이 그들의 외상 기억을 공유할 수 있을 때까지 역기능적 사고나 신념을 논박하지 않도록 하는 것이 중요하다. 외상 이야기 절차는 학대 당시에 경험한 생각과 느낌을 포함하여 실제 경험과 거의 일치하도록 만들어진다. 따라서 처리 연습들(예를 들어, 사고의 논박 혹은 가장 친한 친구 역할 연기)은 적어도 몇 번의 외상에 초점 맞춘 활동을 완수하거나 외상 이야기 책의 일정 부분을 완성한 이후에 실시된다. 그런 이후에 아동의 책을 살펴보면서 아이들이 더 생산적이고 낙관적인 생각을 할 수 있도록 도와주기 위해 새롭거나 더 정확한 생각들을 추가하여 부적응적인 생각을 교정하도록 격려할 수 있다. 예를 들어, 앞의 사례에서 그 아동은 지하실에 내려간 자신을 비난함으로써 성학대에 대한 책임을 스스로에게 지우는 것 같다. 이야기가 완성되면, 치료자는 아동이 이러한 생각을 다음과 같은 방식으로 처리하도록 도와줄 수 있다.

치료자: 네가 쓴 책에 대해 자랑스러워해야 할 것 같아.

아동: 고마워요. 내용이 너무 길죠?

치료자: 그건 충분히 길고, 잘 만들어졌어! 너와 함께 그 책을 한 번 더 보고 싶어. 너는 성학대를 당했을 때에 대해 두 가지 생각을 가지고 있는 것 같고, 난 그때로 돌아가고 싶어. 왜냐하면 난 네가 아직 그렇게 생각하고 있는지 확인하고 싶은 마음이 있거든. 지하실로 내려간 것에 관해 쓴 것을 보자. 너는 "나는 너무 무섭고 역겨운 느낌이 들어. 나는 '그가 뭘 하고 있는 거지?'라고 생각했어. 여기서 나가게 해 줘. 나는 그와 함께 지하실로 내려가지 말았어야 했어."라고 적었어. 너는 아직도 지하실로 내려가지 말았어야 한다고 생각하고 있니?

아동: 글쎄요. 음……. 만일 내가 그렇게 하지 않았다면, 그는 나를 만질 수 없었겠죠. 나는 다시는 지하실에 내려가지 않을 거예요.

치료자: 너는 여태까지 다른 사람과 함께 지하실에 내려간 적이 없니?

아동: 저를 성학대한 다른 사람이 있는지를 물어보시는 건가요?

치료자: 아니. 예전에 다른 사람과 함께 지하실에 내려가서 놀았던 적이 있었나를 물어보는 거야.

아동: 물론 많이 있었죠.

치료자: 정말? 누구와 함께?

아동: 엄마와 아빠. 그리고 제가 함께 지하실에서 비디오게임을 했죠. 그리고 외박했을 때, 친구들과 같이 자려고 지하실에 내려간 적도 있고요.

치료자: 지하실에 내려갔을 때 그들 중 누가 너의 성기를 만졌거나 성학대를 했니?

아동: 아뇨! 아무도요.

치료자: 그래. 아마도 성학대는 네가 지하실에 내려갔기 때문에 발생하지는 않았을 거야. 아마 지하실이나 네가 그렇게 행동한 것과는 관련이 없겠지. 아마 제이크가 어떤 문제가 있었기 때문에 발생한 일인 것 같아.

아동: 맞아요. 하지만 만일 그와 함께 지하실에 내려가지 않았다면, 그가 그렇게 하지 못했을 거예요.

치료자: 나는 네가 제이크와 함께 또다시 지하실로 내려가는 건 좋은 생각이 아니라고 확신해. 또한 지하실 때문이 아니라 그가 그렇게 하길 원해서 일어난 성학대이기 때문에 그와 함께 시간을 보내는 것 자체가 좋은 생각이 아닌 것 같아. 만일 그가 그때 그렇게 하지 않았더라면, 너를 성학대할 만한 다른 시간과 장소를 찾았을 거라고 생각하니?

아동: 그럼요. 다른 시간, 다른 장소라도 그랬을 거예요.

치료자: 그렇다면 지하실에 내려가는 것이 성학대를 유발시킨 이유일까? 아니면 제이크가 그렇게 하려고 원했기 때문에 일어난 일일까?

아동: 제 생각엔…… 선생님이 그렇게 말하니까, 제이

크가 그렇게 만든 것 같아요.

치료자: 엄마나 아빠, 혹은 네가 편하게 느끼는 친구와 함께 지하실에 내려가는 것은 괜찮다고 생각되니?

아동: 예. 그건 괜찮다고 생각해요.

끝으로 자기 공개와 탐사의 맥락에서 발생한 사건을 시간 순서에 따라 적절하게 이야기를 배열하여 조직화하도록 도와주는 것이 중요하다. 아동들이 치료에서 배운 것을 요약하여 긍정적이고 희망적인 결말을 만들어 내도록 돕는 것 또한 중요하다. 이 과정은 외상 기억을 더 효과적으로 부호화할 수 있도록 도와서, 성학대와 관련된 단서들이 수치스럽고 두려운 감정 및 생각과는 반대로 더 생산적이고 건강한 생각과 감정(예를 들어, "참 슬픈 일이야. 하지만 내가 잘 대처했다는 것이 자랑스러워.")을 유발한다.

아래에 사례의 아동이 쓴 이야기 책의 마지막 장이 있다. 치료자는 아동이 감정적 및 인지적 처리를 통해 완성된 더 건강한 신념 및 결론을 통합하도록 도왔다. 또한 이야기는 이 소년이 치료 과정을 통해 자기 자신 및 가족에 관해 배운 긍정적인 것과 더불어 미래에 대한 희망찬 기대로 끝을 맺는다.

"나는 처음 치료에 왔을 때, 성학대에 관해 말하는 것이 두려웠어요. 치료자도 처음 본 사람이고, 그것에 관해 말하고 싶지도 않았어요. 하지만 그녀에 대해 알게 되고, 해로운 방법 대신 도움이 되는 방식으로 느끼고 생각하는 법에 관해 배웠어요. 우리는 함께 게임을 했고 내 친구 피터의 형인 제이크가 나를 성학대했던 것에 대해 책을 썼어요. 그와 함께 지하실에 내려갔기 때문에 처음에는 내 잘못이라고 생각했지만, 그가 그렇게 할 거라는 사실을 알지 못했기 때문에 이제는 내 잘못이 아님을 깨달았어요. 그리고 예전에도 다른 사람과 지하실에 갔던 적이 있지만, 단 한 번도 성학대를 당한 적이 없었고, 그래서 내가 제이크와 함께 지하실에 내려갔기 때문이 아니라 그가 그렇게 하려고 했기 때문에 성학대를 당했다는 사실을 알아요."

"나는 내 책을 엄마에게 보여 줬고, 엄마는 그걸 보고 너무 좋았대요. 그리고 무언가 말하고 싶은 것이 있다면 언제나 들을 준비가 되어 있다고 말했어요. 그리고 나는 안전하게 만드는 방법과 '아니요.'라고 말하는 방법, 그리고 누군가 내가 원하지 않는 방법으로 나를 만질 때 도망가서 어른에게 말하는 법을 배웠어요. 만일 내가 성학대를 당한 다른 아이에게 이야기할 기회가 있다면, 무엇이 일어났는지에 대해 아는 것이 기분을 더 나아지게 한다는 사실을 알도록 해 주고 싶어요. 또 나는 그들에게 '네 잘못이 아니라 그건 그 일을 저지른 사람의 잘못이야.'라고 말할 거예요. 난 지금 훨씬 더 나아졌음을 느껴요! 내가 자라서 경찰관이나 상담자 혹은 선생님이 된 것 같아요. 그래서 나와 같은 아이들을 도울 수 있고, 아이들에게 상처를 주려는 사람들을 막을 수 있어요."

부모에 있어서, 학대에 대한 논의와 처리는 그들의 자녀가 성학대를 당한 것을 발견한 경험을 공유하면서 시작한다. 앞서 제시했던 것처럼, 아동의 CSA에 대해 논의할 때, 부모는 일어난 사건 자체와 더불어, 발견 당시와 현재 경험하는 감정과 사고 모두를 공유하도록 격려된다. 이러한 정서적 및 인지적 처리는 종종 치료 초기에 시작되는데, 치료자는 부모가 경험하는 다양한 정서들을 수용하는 동시에 문제가 되는 역기능적 신념(예를 들어, 장기간 영향을 미칠 것이라는 두려움, 학대를 더 빨리 발견하지 못했다는 자기비난; 앞의 부모의 인지적 대처에 관한 내용을 보라)을 확인하고 교정할 수 있도록 고안된 인지적 대처법을 사용하는 데 CSA에 관해 배웠던 교육을 적용하도록 권유한다.

아동이 치료 동안 학대에 대해 더 많은 정보를 공개함에 따라, 치료자는 아동의 허락을 받아 부모와의 개인 회기에서 이 정보를 점진적으로 공유하기 시작하며, 아동의 이야기가 유발한 정서와 사고를 공유할 수 있도록 부모를 격려한다. 인지적 및 감정적 처리의 과정은 아이들이 없는 상태에서 아동의 학대 경험에 대한 부모의 사고 및 감정 반응을 공개적으로 표현할 수 있는 기회이기 때문에 꽤 중요하다. 치료자는 앞서 제시한 대처 기술을 사용하여 부모가 이러한 생각과 정서를 처리하는 것을 도울 수 있다. 만일 아이가 그림이나 시 혹은 책과 같은 산출물을 만들어 낸다면, 치료자는 그것을 아동의 학대 경험에 대한 논의의 촉매제로 부모와 점차적으로 공유할 수 있다. 아동의 학대 경험에 대한 점진적이고 반복적인 논의를 통해 부모의 스트레스 수준이 점차 줄어들며, 특히 외상 이야기의 공유가 부모와 아동 모두에게 이득을 준다는 확신이 있다면, 이렇게 부모가 정서적 침착성을 유지할 수 있는 것은 부모-자녀 결합 회기의 성공에 중요할 것이다.

3) 점진적인 실제 노출

외상을 상기시키는 대상에 대한 실제 숙달 혹은 실제 노출(in vivo exposure)이 성학대 치료에 종종 사용된다. 성학대를 당한 아이들은 해롭지 않은 자극에 대해서도 간혹 두려움을 느끼며, 이로 인해 그것을 회피하려는 모습을 보이기도 한다(Kendall, 이 책 5장의 불안치료에 관한 절을 보라). 노출은 중요한 부분이지만(Kendall et al., 2005), 학대의 이야기 및 처리 단계에서의 노출은 때때로 아동의 일상생활을 심각하게 방해하는 것들에 대한 두려움과 회피 행동을 충분히 제거하지 못한다. 예를 들어, 자신의 방에서 성학대를 당한 아동은 깜깜한 자신의 방에 두려움을 느끼기 때문에 혼자 자기 방에서 자지 않으려고 하며, 학교에서 성학대를 당한 아이는 학교에 가지 않으려 한다. 아동의 방과 학교에 대한 실제 노출과 행동 강화의 결합이 혼자 자기 방에서 자거나 다시 등교하기 시작하는 데 도움을 줄 수 있다. 종종 치료자가 직접 실제 노출을 실시하는 것이 비현실적이기 때문에, 그 기법을 어떻게 실시하고, 다른 상황이 발생하면 어떻게 다룰지에 대해 대개 부모를 가르치는 것이 보통이다.

앞선 사례에서, 만일 아동이 지속적으로 지하실을 회피한다면, 부모가 아이를 도와 집에서 실제 노출을 실시하도록 권장하는 것이 중요하다. 이 방법은 대처 기술(예를 들어, 이완 기술)을 연습하고 시간을 점차 늘려가면서 아동과 부모가 함께 지하실에서 즐겁게 놀 수 있는 활동을 계획하는 것이 필요하다. 추가적인 목표로 혼자 혹은 친구와 함께 지하실에서 놀도록 하는 것이 포함된다. 지하실에서 노는 것이 우선적으로 처리되어야 하는 것이 아니기 때문에, 아동의, 회피 행동이 초기 노출 및 처리 작업을 통해 소거되지 않는다면 실제 노출 작업은 치료 후기 단계에서 실시될 수도 있다. 이와 달리, 더 이상 어떤 위험도 없는데도 아동이 등교를 거부하는 경우에는 결석 일수 및 학교로 돌아가는 것에 대한 추가적인 불안을 최소화할 수 있기 때문에 가능한 한 치료 초기에 실제 노출을 시도하는 것이 선호된다.

4) 부모-자녀 결합 회기

결합 회기(conjoint session)의 내용과 목표는 치료 초기에 일반적인 용어로 논의되어야 하는데(예를 들어, "치료가 진행되면서 우리는 부모님과 함께 만나 그 기술을 연습할 수도 있어."), 부모와 자녀 사이의 공유가 둘 모두에게 이득이 될 것이라는 확신이 내려질 때까지는 외상 이야기의 공유를 구체적으로 논의하거나 계획하지 않는 것이 최선이다. 실제 어떤 경우에, 그 이야기가 부모의 성학대 과거력과 관련된 해결되지 않은 PTSD를 촉발시킬 가능성이 높을 때는 이야기의 공유가 금기시될 것이다. 그런 경우에, 부모는 아이가 보여 준 것을 그대로 살펴보는 것이 아니라 아동의 이야기 작업에 대해 얼마나 자랑스러운지를 표현하게 하고, 그 작업을 통해 배운 것을 깨닫도록 하면 된다. 반면, 대부분의 부모는 적절한 시점에서 아이들의 이야기를 직접 듣고 적절하게 반응을 해 준다. 즉, 부모와 아동이 결합 회기에서 이야기 및 처리 작업을 할 수 있는 준비가 되었는지를 평가하는 것이 중요하다. 부모는 ① CSA, 성교육, 개인적 안전감 등에 대한 일반적인 논의를 할 때 충분히 편안한 수준을 유지하고, ② 적극적으로 아동을 지지할 수 있는 능력이 있으며, ③ 부모 자신의 불안 및 걱정 수준이 감소되고, ④ 부모의 개인 회기에서 학대나 그에 대한 아동의 이야기에 대해 타당한 정서 반응을 보여 준다면 준비된 것이다. 아동의 준비 상태는 필수적인 교육 활동에 참여할 수 있는 능력과 상대적으로 덜 고통스러운 상태로 학대를 이야기할 수 있는 능력을 갖췄는지에 따라 결정된다. 치료자가 결합 회기 동안 무엇을 할지에 대해 소개를 함으로써 부모와 아동 모두 준비가 된다.

(1) 결합 회기의 준비 및 실시

부모와 함께하는 외상에 초점 맞춘 논의 과정 동안, 치료자는 부모가 자녀들과 함께 학대 및 그 외의 주제들에 대해 더 효과적으로 이야기를 나눌 수 있는 방법을 배우도록 돕는 데 초점을 맞추기 시작한다. 부모는 집이나 결합 회기에서 사용될 수 있는 적극적인 경청 기술을 연습하도록 권장된다. 이 기술들은 부모가 충고하거나 문제를 해결하려는 욕구를 억제해야 하기 때문에 특히 어려울 수 있다. 하지만 부모가 단지 '잘 들어주기'만 해도 아이들이 얼마나 많이 고마워하는지를 살펴보도록 권유받으면, 자신이 아동을 위한 공명판과 지지 자원에서 그들에게 제공되는 가치에 열중하게 된다. 실제로 부모가 적극적으로 경청하는 것은 민감한 문제에 대해 아이들이 부모에게 말하고 싶은 욕구를 증진시킬 수 있으며, 이를 통해 개방적인 의사소통 유형이 치료가 끝난 이후에도 지속될 것이다. 결합 회기에서의 논의 및 집에서의 상황에 대비한 행동 시연을 하는 것은 아동들과 함께 이야기를 할 때 자신감을 가지고 잘 처리할 수 있다는 느낌을 갖도록 도와줄 것이다.

첫 번째 결합 회기에는 부모나 아동 중 한쪽이 감정을 몸으로 표현하고 상대방이 그 감정이 무엇인지 알아맞히는 정서 표현 게임과 같은 간단한 기술 습득 연습이 포함될 수 있다. 그들의 기술 수준 및 준비성에 따라 부모와 아동들은 아동의 성학대에 관한 문답 게임으로 바로 넘어갈 수 있다. 이완되고 즐거운 분위기를 조장하기 위해 부모는 그들의 아동들과 협력하여 경쟁적인 게임을 진행하기도 한다(진행자가 문제를 내고, 정답을 맞추면 점수를 주는 방식). 결합 회기 이전에 부모들은 많은 질문에 대해 아동들이 어떻게 대답하든 허용하면서, 동시에 부모들 자신이 성학대를 편안하게 이야기할 수 있는 모델로서 적극적으로 참여하도록 권장된다. 아동들은 그들의 부모 앞에서 자신 있게 대답할 수 있도록 게임쇼에서 질문을 미리 보는 것으로 준비시킨다. 이 회기는 부모와 아동들이 서로 개방된 방식으로 더 쉽게 성학대에 관한 이야기를 할 수 있도록 돕는다.

이후의 결합 회기들은 아동의 이야기나 부모에 의해 실시된 외상 관련 작업들을 공유하는 데 초점을 맞춘다. 부모의 개인 회기 동안, 그들은 CSA에 관한 자신의 반응을 이미 다루었다. 하지만 치료자는 결합 회기에서 이야기를 공유할 수 있도록 부모와 아동 모두를 준비시켜야 한다. 부모와의 개인 회기에서, 이러한 준비성은 마치 아동이 이야기를 읽는 것에 반응하듯이 치료자가 읽는 것에 부모가 반응하도록 지시하는 역할 연기의 형태로 이루어진다. 많은 부모에게 적극적인 경청의 사용이 권장되는데, 이는 아동의 이야기를 부모가 단순히 듣기만 하는 것이 아니라 성학대에 관해 아동이 편안하게 이야기를 할 수 있다는 것을 확신시켜 준다는 점에서 유용하다. 아동의 이야기를 들은 후에, 치료자는 부모가 아동의 어떤 왜곡(예를 들어, 내가 그 말을 했을 때 내게 많이 화가 난 것처럼 보인다는)을 교정하거나 아동이 성학대에 대해 걱정하는 것을 질문할 때 그에 대해 반응할 수 있게 준비하도록 도울 것이다. 치료자는 부모가 아동에게 말하고 싶은 것이 무엇인지를 알아내어 지지적이고 수용해 주는 태도로 진술을 순화시키도록 돕는다. 대부분의 부모는 이러한 지도에 꽤 잘 따른다. 부모는 아동이 성학대를 견뎌 내고 극복하려는 용기와 장점에 대해 더 호의적인 태도를 지니고, 아동의 이야기에 대해 구체적으로 칭찬하는 식으로 반응하도록 격려되어야 한다. 몇몇 부모는 이것이 꽤 자연스럽게 이루어지지만, 어떤 부모에게는 지도가 더 필요할 수 있으며, 주의 깊게 준비한 짧은 편지로 그들의 감정을 표현하는 것이 더 나을 수도 있다. 그러한 부모의 반응은 다른 민감한 주제들을 포함하여 성학대에 관해 아동이 부모에게 더 편안하게 이야기할 수 있도록 만들어 준다.

또한 때때로 아동들은 자신의 경험을 밝히는 것이 부모의 마음을 아프게 할까 봐 걱정하고, 그들의 부모를 보호하기 위해 아무 말도 하지 않을 수 있다. 아동이 부모와 학대 이야기를 공유하는 데 초점 맞춘 결합 회기에서는 아동에게 부모가 그 학대에 대해 알고 있으며, 그 학대에 대해 이야기하지 않는 것이 그들의 부모를 보호하는 것이 아님을 이해하도록 알려 준다.

부모가 충분히 준비되기만 하면, 치료자는 아동과의 개인 회기에서 이야기를 큰 소리로 읽는 연습을 통해 아동을 준비시킨다. 많은 아동이 결합 회기를 기다리며, 그들의 이야기를 읽었을 때 큰 자부심을 나타낸다. 아동에게 이야기를 어떤 방식으로 공유하고 싶은지를 선택하게끔 제안하는 것이 유용할 수 있다. 어떤 아동들은 결합 회기에서 성학대와 관련된 이야기를 치료자가 읽어 주는 것을 선호하며, 또 다른 아동들은 스스로 읽는 것을 더 좋아한다. 그런 다음에 부모는 치료자와 이전에 연습했던 대로 명확하고 지지적인 말들로 아동에게 반응할 기회를 가진다. 부모와 함께 학대 경험의 세부 내용들을 공유하고 부모가 지지적으로 반응하는 것은 아동에게 치료적으로 매우 강력한 긍정적인 경험이 될 수 있다.

그 외의 결합 회기들은 부모와 치료자가 이전에 논의하고 동의했던 교육 자료를 활용한 성교육에 초점을 맞추게 된다. 건강한 성에 대한 논의는 아동들을 괴롭혔던 성과 관련된 어떤 질문(예를 들어, "내 안에 들어온 정자 때문에 임신될까요? 누군가가 선생님 가슴에 키스를 하면 암에 걸리는 거예요?")을 할 수 있는 기회를 제공한다. 성에 대한 논의는 아동이 성학대의 진상을 올바르게 이해하여, 성인들이 동의하에 건강한 성행위를 하는 애정행위와는 다르다는 것을 이해하도록 돕는다.

비록 치료자가 개인 회기에서 아동들에게 신체적 안전 기술을 가르치기 시작하지만, 아동과 부모는 결합 회기에서 함께 개인적 안전 기술을 검토할 것이다. 치료자는 괜찮지 않은 방식으로 아동을 만지려는 사람에게 "안 돼요."라고 말하고 이를 다른 사람에게 알리는 일련의 역할 연기 게임에 부모와 아동 모두를 참여시킨다. 부모들이 자발적으로 역할 연기에 참여하여 아동들이 부모에게 괜찮지 않은 접촉에 대해 이야기할 수 있다면 참으로 의미 있을 것이다. 부모들은 결합 회기 이전에 아동의 그러한 공개에 대해 반응하는 방법을 배운다. 이것은 부모들에게 지지적인 반응을 연습할 수 있는 기회를 제공하며, 아동들이 지지적인 부모의 반응을 얻을 기회를 준다. 특히 이것은 아동이 실제 성학대에 대해 처음 이야기했을 때 지지적인 반응을 제공할 수 없었던 부모에게 강력한 효과를 지닌다. 부모와 함께 이러한 역할 연기를 통해 개인적 안전을 연습하는 것은 부모와 함께 훈련되고, 행동 시연을 적극적으로 격려하는 것이 포함되었을 때 더 효과적으로 유지되고 활용되었다는 연구들에 비추어 볼 때 특히 중요하다(Deblinger et al., 2001; Finkelhor, Asdigian, & Dziuba-Leatherman, 1995).

치료 후기 단계 동안, 부모들은 자녀들의 질문을 격려하고, 부모와 함께 그 문제를 공유하는 것을 강화하며, 적절한 방식으로 감정을 표현하는 것을 권장하고, 그들의 아동과 일대일로 시간을 보냄으로써 성학대 주제와 관련하여 개방된 방식으로 의사소통하는 것을 촉진하도록 권장된다. 또한 부모들은 성학대와 관련하여 자녀들과 개방된 의사소통을 하는 모델의 역할을 하도록 권장된다. 부모가 성학대에 관해 편안하게 이야기하는 것을 아동에게 보여 줌으로써 아동은 부모에게 그런 이야기를 하는 것을 더 편하게 느낄 것이다. 치료자는 부모가 긍정적인 방식으로 학대에 관한 아동의 질문이나 걱정에 반응하도록 준비시켜 이후의 논의를 촉진한다. 또한 부모 스스로가 더 효과적으로 대처할 수 있을 때, 성학대와 관련하여 자연스럽고 점진적으로 대화를 시작하는 것이 권유될 것이다. 예를 들어, 성학대와 관련된 내용이 TV에 나온다면, TV를 끄는 것보다는 오히려 아이들의 질문을 격려하고 감정을 공유하는 동시에 TV에 나온 내용에 관해 함께 이야기를 할 수 있는 기회를 취하는 것이다.

아동과 함께 성학대에 대해 이야기할 때 부모들은 과잉 반응하거나 파국화하는 태도를 취하지 않도록 주의해야 한다. 끝으로, 치료자는 아동이 부모와 같은 방식으로 가해자를 보지 않을 수 있기 때문에 가해자에 대해 아동과 부모의 관점이 서로 다른 것에 대해 부모가 개방적인 태도를 지니도록 장려할 수 있다. 부모들이 가해자를 악마라거나 전적으로 나쁘다고 묘사하는 것은 가해자에게 긍정적인 감정을 지닌 아동들을 혼란스럽게 만들 수 있기 때문에 주의해야 한다. 대개 아동과 가해자의 관계가 긍정적이고 부정적인 상호작용 모두를 포함하고 있기 때문에 그리 드문 현상은 아니다. 대신에, 부모들은 누군가가 괜찮지 않은 행동을 할 때 잘못된 행동임을 알면서도 그렇게 하는 사람이 있다고 아동들에게 설명하도록 권장된다.

5) 안전감 증진 및 향후 발달

(1) 건강한 성

아동 나이에 걸맞은 방식으로 성에 관한 정확한 정보를 제공하는 것은 아동이 이미 갖고 있거나 앞으로 갖게 될 수 있는 성에 대한 잠재적인 부적응적 신념을 교정하거나 예방하는 데 도움을 줄 것이다. 치료 초기에는 의사소통을 위해 그들의 모든 신체 부위의 이름을 배우고, 건강한 성과 개인적 안전 기술에 관한 더 깊이 있는 논의는 외상 이야기 만들기 단계 이후에 주로 실시한다.

건강한 성에 대해 아동과 이야기를 하기 전에, 부모의 성에 대한 관점이나 가치관을 알아보고 그들의 자녀들이 알았으면 하는 것이 무엇인지 확인하는 것이 중요하다. 게다가 아동에게 사용하기 전에 부모들이 안심할 수 있도록 성교육 도구들을 먼저 보여 줄 수 있다. 치료자와 부모는 이러한 정보를 제공하는 데 최선의 접근을 결정하기 위해 함께 작업할 수도 있다. 이에 대한 추가적인 논의는 다음에 제시되어 있다.

부모 부모와 함께 건강한 성과 관련된 교육에 대해 논의하기 시작할 때, 치료자는 아동에게 성교육을 제공하는 이론적 근거를 제시하는 것에서 시작해야 한다. 치료자는 부모에게 아동이 그들의 성학대 경험의 결과로 성과 관련된 부정확한 정보를 갖게 되었고, 부모가 건강한 성인의 성에 대한 긍정적인 관점을 아동에게 제공하도록 돕길 바란다고 설명할 수 있다. 부모들은 그들의 가치 체계를 치료자와 공유해야 치료자 및 부모가 제공하는 성교육이 일치할 수 있다고 격려받는다. 치료자는 부모들이 자녀들에게 편안한 마음으로 성교육을 할 수 있게 하기 위해 성에 대한 부모들의 느낌을 탐색하도록 돕는다. 재차 강조하지만, 인지적 대처 기술이 부모의 역기능적 생각들을 논박하는 데 사용될 수 있다.

성과 관련하여 부모들이 아동들을 교육하는 것에 대해 더 편안하게 느낀다면, 치료자는 최선의 진행 방법에 대한 여러 지침을 제안할 수 있다. 부모들은 성 기관의 이름을 어린 아동들에게 가르쳐 주기 위해 목욕 시간을 이용하거나 아기가 어떻게 태어나는지에 대해 아동에게 알려 주기 위해 가족 구성원의 임신 등을 응용하는 등 일상적인 기회를 통해 일찍 성교육을 시작하도록 권유받는다. 치료자는 부모가 아동의 발달 수준에 걸맞게 적절한 성교육을 하도록 도울 수 있다. 게다가 부모들은 그들의 아이들과 성에 대해 논의하기 전에 아이들이 질문하기만을 기다려서는 안 된다. 그들은 긍정적인 방식으로(심지어 적절하다면 유머를 사용해서라도) 성교육을 실시하도록 격려된다. 부모와 아동 모두를 위한 성교육 도서 자료를 가지고 함께 이야기하는 것이 권장된다.

아동의 나이와 발달 수준에 알맞은 여러 종류의 책이 건강한 성과 관련된 교육에 유용할 수 있다. 어린 아동을 대상으로 피터 메일(Peter Mayle, 1995)이 지은 『내가 어디에서 온 거지?(*Where Did I Come Here?*)』는 아기가 어떻게 수정되고 출산하게 되는지를 재미있게 기술한 책이다. 십대 이전의 아동들이 제기한 질문과 이에 대한 솔직한 답변으로 구성된 『성과 성장에 관한 질문(*Asking about Sex and Growing up*)』(Cole, 1988)은 그 또래 아동들에게 유익할 수 있다. 『십대의 성과 자기존중감, 그들 사이의 모든 것에 대한 솔직한 이야기(*Teen to Teen: Plain Talk from Teens about Sex, Self Esteem, and*

Everything in Between)』(Gold, Horwitz, Greene, Taleb, & Hatcher, 2005)는 청소년들을 위한 책으로, 정체성 발달을 비롯하여 성 발달 및 성욕, 피임, 성병에 대해 논의한다. 『당신의 아이와 성에 관해 이야기하는 방법(*How to Talk with Your Child about Sexuality*)』(Planned Parenthood, 1986)은 자녀의 연령에 상관없이 모든 부모에게 유용할 수 있다.

치료자는 아동이 발달하면서 할 수 있는 어려운 질문들 및 직면할 수 있는 문제들에 부모가 준비하도록 돕는다. 예를 들어, 성학대를 당한 아동의 부모가 겪을 수 있는 장애물들이 무엇인지 인식하는 것이 필요하다. 아동은 성과 관련된 어떤 이야기도 피하려 할 수 있으며, 치료자는 부모가 더 천천히 성교육 자료를 제시하도록 도울 수 있다. 특히 불안해하고 회피적인 아동일 때, 성교육은 점진적인 노출 과정의 한 부분으로 도입되기도 한다.

(2) 개인적 안전 기술

아동 개인적 안전 기술에 관한 교육은 아동들의 이야기 만들기 혹은 그 외의 점진적 노출 연습을 거의 완수한 이후에 제공되는 것이 일반적이다. 이야기는 아동들이 실제로 반응한 방식을 포함하여 그들이 경험한 것을 반영하는 것일 뿐, 개인적 안전 교육에 기초해 아동들이 반응했어야 하는 부분을 생각하는 것은 포함되지 않는다. 개인적 안전 기술에 대한 교육은 아동들이 그들 자신을 안전하게 보호하기 위해 미래의 가능한 상황에서 해야 할 것들을 가르치는 것이다. 이러한 교육은 아동의 재희생화 위험을 줄이는 동시에 스스로를 보호하는 능력에 관한 자기 효능감을 증진시킨다.

신체 소유권은 개인적 안전 기술 교육의 핵심 부분이다. 아동들은 그들 자신의 몸이 그들의 것이며, 누군가가 자신의 몸을 만지는 것을 원하는지 그렇지 않은지를 결정하는 권리가 스스로에게 있다는 것을 배운다. 또한 모든 신체 기관이 중요하며, 어느 누구도 그들의 몸을 다치게 할 수 있는 권리를 가지고 있지 않다는 것을 배운다. 어린 아동의 경우에, 은밀한 부분(즉, 음경, 질, 가슴, 둔부)을 수영복으로 가린 상태로 가르쳐 주는 것이 좋다.

신체 소유권에 대해 배운 이후에, 아이들은 대개 괜찮은 접촉과 괜찮지 않은 접촉 사이의 차이에 대해 교육받을 수 있다. 아동이 포옹이나 악수, 하이파이브 등과 같은 괜찮은 접촉의 목록을 작성하도록 돕는 것이 유용하다. 또한 치료자는 하이파이브 또는 포옹과 같은 괜찮은 접촉을 요구하는 방법에 관해 역할 연기를 할 수도 있다. 아동의 발달 수준 및 부모의 가치관에 따라, 괜찮은 접촉의 목록에 둘 다 원할 때 각기 자신의 음부를 만지는 것과 서로의 음부를 만지도록 허락하는 것을 포함시킬 수도 있다. 그다음에 아동은 성인이나 다른 아동에 의한 성적인 접촉뿐 아니라 때리거나 주먹을 날리는 등의 괜찮지 않은 접촉 목록을 작성하도록 격려될 수 있다.

아동들이 접촉이 괜찮은지 여부를 명확하게 알지 못하고 혼란스러울 때가 있다는 것을 이해하도록 돕는 것이 중요하다. 치료자는 아동들을 혼란스럽게 만드는 방식으로 접촉했던 시기에 관해 이야기를 하도록 아동에게 요청할 수 있다. 만일 아동이 어떤 것도 생각해 내지 못한다면, 치료자는 낯선 사람이나 아동과 친밀하지 않은 사람이 포옹하려고 하는 것 같은 혼란스러운 접촉의 예를 제공할 수 있다. 추가로, 이는 바람직하지 않은 성적 접촉일지라도 혼란스럽게도 생리적으로 어떻게 좋게 느껴질 수 있는지에 대해 함께 이야기하는 적기일 수 있다. 아동들은 괜찮지 않은 접촉과 혼란스러운 접촉에 관해 어른들에게 이야기하도록 격려될 수 있다.

또한 아동들은 누군가가 괜찮지 않은 방식으로 또다시 그들을 만지려고 할 때 그들이 어떻게 해야 하는지를 생각해 보도록 격려된다. 만일 아동들이 성학대를 당했을 때 개인적 안전 기술을 사용하지 않았더라도 그것에 대해 나쁜 감정을 갖지 않도록 해야 함을 기억하라. 대부분의 아동이 어떻게 해야 올바른 행동인지를 모르고 있음을 알려 주는 것이 유용할 수 있다. 또한 아동의 행동이 자신을 안전하게 지켜 줬다는 인식과 '무엇이 일어났는지에 대해 다른 사람에게 말하는 것'(지금 그들이 하고 있는 것)이 가장 중요한 안전 기술이라는 것을 알려 주라. 개인적 안전 기술을 연습하는 것은 미래에 유사한 일이 일어나더라도 아동이 자신감을 지니게 하며, 아동 성학대나 신체적 안전에 관한 어떤 것을 알기 전에 이러한 경험을 처리했던 방식에 대해 자부심을 갖도록 도울 것이다.

이러한 점에서 아동들은 그들 신체에 대한 지배력과 통제력이 있으며, 접촉을 원하지 않을 때 상대방이 괜찮은 접촉을 하려고 할지라도 "안 돼요."라고 말할 권리가 있음을 배울 수 있다. 특히 괜찮지 않은 접촉을 하려 할 때는 더욱 그렇다. 아이들은 직접 눈을 마주친 상태로 강하고 확신에 찬 목소리로 "안 돼요."라고 말하는 것을 연습한다. 대부분의 아동에게 치료자가 모델의 역할을 해 줄 필요가 있다.

"안 돼요."라고 말하는 것을 배운 이후에, 아동들이 부적절한 접촉을 하려는 사람으로부터 벗어나려는 시도를 하도록 권장된다. 어떤 아이들은 가해자와 싸우려 할 수도 있다. 하지만 이러한 시도는 위험할 수 있으며, 안전한 장소로 이동하여 다른 사람에게 이야기하는 것이 더 중요하다는 사실을 알려 주는 것이 필요하다. 그러나 치료자는 아동이 재빠르게 벗어날 수 없을 때가 있으며, 이러한 경우에 아동이 안전하다고 느끼게 되는 즉시 괜찮지 않은 접촉에 대해 누군가에게 이야기해야 한다는 것을 알려 줄 수 있다.

괜찮지 않거나 혼란스러운 접촉에 관해 다른 사람에게 이야기하도록 가르치는 것은 안전 기술 훈련의 꽤 중요한 부분이다. 치료자는 괜찮지 않은 접촉을 당할 때 아동들의 가족이나 가족 외에 이야기할 수 있는 사람이 누구인지를 파악하도록 도울 수 있다. 아동들은 다른 사람이 이해하고 도울 때까지 이야기를 계속해야 한다는 것을 배워야 한다. 끝으로, 치료자는 적절하고 부적절한 '비밀들'에 대해 이야기를 해야 하며, 이를 통해 아동들은 부적절한 비밀을 이야기하는 것이 중요하다는 것을 배운다. 더 어린 아동들에게는 놀라운 일 대 비밀의 맥락에서 설명될 수 있다. 즉, 놀라움은 그 이후에 곧 학습할 수 있기 때문에 재미있는 것인 반면, 비밀은 누구에게도 이야기하지 않는 것이다. 아동들은 그들이 비밀을 지키기로 약속했다고 해도 누군가에게 그것을 이야기할 수 있음을 알아야 한다. 아동들이 이러한 개념들에 대해 배울 수 있을 만한 책과 비디오가 많이 있다(Chaiet, Russell, & Gee, 1998; Freeman, 1982; Stauffer & Deblinger, 2003).

개인적 안전 기술의 모든 구성 요소는 치료 동안 그리고 집에서 부모와 함께 시연함으로써 내재화할 수 있다. 역할 연기, 손인형 및 인형은 행동 시연의 유용한 도구들이다. 치료자는 개인적 안전 기술 각각의 측면들과 연관된 상황들을 창출해 낼 수 있으며, 아동과 함께 시연함으로써 아동이 기술을 연습할 수 있는 기회를 제공한다. 또한 여기에는 목소리의 높낮이, 자세 그리고 눈 맞춤 등을 비롯하여 도움을 줄 만한 어른에게 자기주장을 하고, 편안하게 걱정을 이야기하는 언어적 기술을 가르치는 것 등이 포함된다.

부모 치료자는 치료의 개인적 안전 기술 부분에 부모를 포함시킨다. 부모와 아동들은 종종 결합 회기 및 집에서 함께 안전 기술을 연습할 수 있다. 게다가 부모들은 회기 사이의 과제로 자녀들과 함께 신체 안전에 관한 책을 읽도록 권장된다(Stauffer & Deblinger, 2003). 아동이 타인(특히 아동과 접촉할 가능성이 있는 가해자인 경우)의 부적절한 행동에 반응하는 방식을 부모에게 미리 알려 주는 것이 유용하다. 배운 기술에 대해 부모가 이해하고 있는 것은, 치료가 끝나고 나면 아동이 이러한 행동을 사용하는 것에 대해 강화를 주는 사람이 부모이기 때문에 중요하다.

(3) 치료 종결에 대한 준비

마지막 개인 및 결합 회기에서는 성학대에 관한 계속적인 논의를 통해 습득된 기술과 교육 및 진척된 부분에 대한 복습의 기회를 제공한다. 그러한 논의는 치료 종결을 준비하고 치료 이후에도 지속적인 부모-자녀 의사소통을 촉진하도록 돕는다. 부모와 아동들은 스트레스를 받는 동안 일어날 수 있는 일시적인 증상 재발에 대해 그동안 배웠던 기술을 적용하도록 권장된다. 그들은 향후의 걱정거리에 대한 논의를 위해 치료자에게 연락할 수 있으며, 추가적인 치료가 필요한지 여부를 결정하도록 격려받는다. 실제로 추수 회기들은 아동이 법정에 출두해야 할 때나 가족 재결합을 시도할 때 꽤 유용할 수 있다. 치료 직후의 평가를 완수한 이후에, 마지막 회기는 대개 치료를 통해 이룬 진척과 치료 과정에서 입증된 강점과 책임감을 축하하는 종결 의식으로 계획된다. 종결 회기에 대한 축하의 의미를 생각해 본다면, 종결 회기까지 참여한 아동과 부모들을 위해 선물이나 케이크 혹은 심지어 풍선을 준비하는 것은 그리 이상하지 않다.

6. 결론과 미래의 방향

앞서 언급했듯이, 새로운 연구들에서는 PTSD, 우울증, 청소년기 비행, 그리고 수많은 심리사회적 어려움을 포함하여 성학대를 당한 수많은 아동 및 청소년이 경험하는 어려움이 더욱 악화되고 장기간 지속된다는 사실이 확인되어 왔다(Feiring, Miller-Johnson, & Cleland, 2007; Kaplow, Dodge, Amaya-Jackson, & Saxe, 2005). 성학대를 경험한 아동들에서 다양한 CSA 삽화를 비롯하여, 다른 외상 유형(충격적 상실, 신체학대, 가정폭력에의 노출, 지역사회 폭력 사건에의 연루 등; Cohen et al., 2004)을 보이는 것은 그리 특이한 일이 아니다. 연구는 중다 외상 및 우울증이 공존하는 성학대 아동 생존자들이 덜 구조화된 내담자 중심 접근보다 구조화된 TF-CBT 치료 모델에 더 잘 반응함을 시사한다(Deblinger, 2006). 여기 제시한 경험적으로 지지받는 접근이 CSA를 경험한 아동 및 수용적인 부모를 도와 필요한 기술을 습득하고 대처 자원을 증진하기 위해 고안된 것이긴 하지만, 가정폭력이나 지역사회 폭력, 자연재해 및 충격적인 상실 경험 등에 노출된 경우를 포함한 다른 외상에도 적용이 가능하다(Cohen, Berliner, & Mannarino, 2003; Cohen & Mannarino, 2004; Cohen, Mannarino, & Deblinger, 2001). 미국 정신보건국(SAMHSA) 및 국가 아동 외상 스트레스 네트워크의 지원으로, 중다 외상 혹은 다양한 외상 경험을 한 아동 및 가족들을 대상으로 다양한 지역사회 치료 장면에서 TF-CBT 실시의 적용, 평가 그리고 보급의 확장 노력에 대한 연구가 진행 중에 있다.

끝으로, 이 장의 지면과 범위의 한계 때문에 성학대 후유증을 경험한 아동 및 가족들의 치료 요구를 효과적으로 다루는 데 필요한 정신건강상, 의학적, 법적 그리고 아동 보호와 관련된 더 복합적이고 충분한 논의가 아직까지는 가능하지 않다. 따라서 독자들은 이 주제에 대한 더 포괄적인 문헌을 참고할 수 있으며(Cohen et al., 2006; Deblinger & Heflin, 1996; Dubowitz & DePanfilis, 1999; Myers et al., 2002), 기초적인 온라인상의 훈련으로 TF-CBT를 사용할 수 있는데, 이 자료는 www.musc.edu/tfcbt/에서 무료로 받아 볼 수 있다. 또한 독자들이 성학대 아동 및 가족의 치료적 욕구에 효과적으로 대응하고자 노력하는 것을 지지하며, 추가적인 정보와 전문가 훈련, 그리고 관련된 자문에 대해서는 아동학대에 대한 미국전문가협회(American Professional Society on the Abuse of Children; apsac.org) 및 국가 아동 외상 스트레스 네트워크(nctsn.org) 등의 기관에 접속하는 것을 권장한다.

참고문헌

Achenbach, T. M. (1991). *Manual for the Child Behavior Checklist/4-18 and 1991 Profile.* Burlington: University of Vermont, Department of Psychiatry.

American Academy of Child and Adolescent Psychiatry. (1998). Practice parameters for the assessment and treatment of children and adolescents with posttraumatic stress disorder. *Journal of the American Academy of Child and Adolescent Psychiatry, 37,* 4-26.

Arata, C. M. (2002). Child sexual abuse and sexual revictimization. *Clinical Psychology: Science and Practice, 9,* 135-164.

Beck, A. T., Steer, R. A., & Brown, G. K. (1996). *BDI-II: Beck*

Depression Inventory manual (2nd ed.). San Antonio, TX: Psychological Corporation.

Beitchman, J. H., Zucker, K. J., Hood, J. E., daCosta, G. A., & Akman, D. (1992). A review of the short-term effects of child sexual abuse. *Child Abuse and Neglect, 15,* 537-556.

Browne, A., & Finkelhor, D. (1986). Impact of child sexual abuse: A review of research. *Psychological Bulletin, 99,* 66-77.

Burke, C. R. (1994). *Survivors journey.* Indianapolis, IN: Kidsright.

Cain, J. (2000). *The way I fell.* New York: Scholastic.

Chaiet, D., Russell, F., & Gee, L. (1998). *The safe zone: A kid's guide to personal safety.* New York: Harper Trophy.

Chewning-Korpach, M. (1993). Sexual revictimization: A cautionary note. *Eating Disorders: The Journal of Treatment and Prevention, 1,* 287-297.

Cohen, J. A., Berliner, L., & Mannarino, A. (2003). Psychosocial and pharmacological interventions for child crime victims. *Journal of Traumatic Stress, 16,* 175-186.

Cohen, J. A., Deblinger, E., Mannarino, A. P., & Steer, R. (2004). A multi-site, randomized, controlled trial for children with sex abuse-related PTSD symptoms. *Journal of the American Academy of Child and Adolescent Psychiatry, 43,* 393-402.

Cohen, J. A., & Mannarino, A. P. (1996). A treatment outcome study for sexually abused preschool children: Initial findings. *Journal of the American Academy of Child and Adolescent Psychiatry, 35,* 42-50.

Cohen, J. A., & Mannarino, A. P. (1998). Interventions for sexually abused children: Initial treatment outcome findings. *Child Maltreatment, 3,* 17-26.

Cohen, J. A., & Mannarino, A. P. (2004). Treatment of childhood traumatic grief. *Journal of Clinical Child and Adolescent Psychology, 33,* 820-832.

Cohen, J. A., Mannarino, A. P., & Deblinger, E. (2006). *Treating trauma and traumatic grief in children and adolescents.* New York: Guilford Press.

Cole, J. (1988). *Asking about sex and growing up.* New York: Morrow.

Cunningham, J., Pearce, T., & Pearce, P. (1988). Childhood sexual abuse and medical complaints in adult women. *Journal of Interpersonal Violence, 3,* 131-144.

Curtis, J. L. (1998). *Today I feel silly.* New York: HarperCollins.

Deblinger, E., & Heflin, A. H. (1996). *Treating sexually abused children and their nonoffending parents: A cognitive behavioral approach.* Thousand Oaks, CA: Sage.

Deblinger, E., Lippmann, J., & Steer, R. (1996). Sexually abused children suffering posttraumatic stress symptoms: Initial treatment outcome findings. *Child Maltreatment, 1,* 310-321.

Deblinger, E., Mannarino, A. P., Cohen, J. A., Runyon, M. K., & Steer, R. (2011). Trauma-focused cognitive behavioral therapy for children: Impact of the trauma narrative and treatment length. *Depression and Anxiety, 28,* 67-75.

Deblinger, E., Mannarino, A. P., Cohen, J. A., & Steer, R. A. (2006). Follow-up study of a multisite, randomized, controlled trial for children with sexual abuse-related PTSD symptoms: Examining predictors of treatment response. *Journal of the American Academy of Child and Adolescent Psychiatry, 45,* 1474-1484.

Deblinger, E., McLeer, S. V., & Henry, D. E. (1990). Cognitive/behavioral treatment for sexually abused children suffering post-traumatic stress: Preliminary findings. *Journal of the American Academy of Child and Adolescent Psychiatry, 29,* 747-752.

Deblinger, E., Neubauer, F., Runyon, M. K., & Baker, D. (2006). *What do you know?: A therapeutic card game about child sexual, physical abuse, and domestic violence.* Stratford, NJ: CARES Institute and the National Child Traumatic Stress Network.

Deblinger, E., Stauffer, L. B., & Steer, R. (2001). Comparative efficacies of supportive and cognitive-behavioral group therapies for young children who have been sexually abused and their non-offending mothers. *Child Maltreatment, 6,* 332-343.

Deblinger, E., Steer, B., & Lippmann, J. (1999). Maternal factors associated with sexually abused children's psychosocial adjustment. *Child Maltreatment, 4,* 13-20.

Dubowitz, H., & DePanfilis, D. (1999). *Handbook for child protection practice.* Thousand Oaks, CA: Sage.

Faller, K. C. (1996). *Evaluating childrensuspected of having been sexually abused.* Thousand Oaks, CA: Sage.

Feiring, C., Miller-Johnson, S., & Cleland, C. M. (2007). Potential pathways from stigmatization and internalizing symptoms to delinquency in sexually abused youth. *Child Maltreatment, 12*(3), 220-232.

Feiring, C., Taska, L., & Lewis, M. (2002). Adjustment following sexual abuse discovery: The role of shame and attributional style. *Developmental Psychology, 38,* 79-92.

Finkelhor, D., Asdigina, N., & Dziuba-Leatherman, J. (1995). Victimization prevention programs for children: A follow-up. *American Journal of Public Health, 85,* 1684-1689.

Finkelhor, D., Turner, H., Ormrod, R., & Hamby, S. (2009). Violence, abuse and crime exposure in a national sample of children and youth. *Pediatrics, 124*(5), 1411-1423.

Freeman, L. (1982). *It's my body.* Seattle, WA: Parenting Press.

Friedrich, W. N. (1994). Individual psychotherapy for child abuse victims. *Child and Adolescent Psychiatric Clinics of North America, 3,* 797-812.

Friedrich, W. N. (2002). An integrated model of psychotherapy for abused children. In J. E. B. Myers & L. Berliner (Eds.), *The APSAC handbook on child maltreatment* (2nd ed., pp. 141-157). Thousand Oaks, CA: Sage.

Friedrich, W. N., Berliner, L., Urquiza, A. J., & Beilke, R. L. (1988). Brief diagnostic group treatment of sexually abused boys. *Journal of Interpersonal Violence, 3,* 331-343.

Friedrich, W. N., Grambsch, P., Damon, L., Hewitt, S. K., Koverola, C., Lang, R. A., et al. (1992). Child Sexual Behavior Inventory: Normative and clinical comparisons. *Psychological Assessment, 4,* 303-311.

Friedrich, W. N., Luecke, W. J., Beilke, R. L., & Place, V. (1992). Psychotherapy outcome of sexually abused boys: An agency study. *Journal of Interpersonal Violence, 7,* 396-409.

Fry, R. (1993). Adult physical illness and childhood sexual abuse. *Journal of Psychosomatic Research, 37,* 89-103.

Gil, E. (1991). *The healing power of play: Working with abused children.* New York: Guilford Press.

Gil, E. (1996). *Systemic treatmentof families who abuse.* San Francisco: Jossey-Bass.

Gladstone, G. L., Parker, G. B., Mitchell, P. B., Malhi, G. S., Wilhelm, K., & Austin, M. (2004). Implications of childhood trauma for depressed women: An analysisof pathways from childhood sexual abuse to deliberate self-harm and revictimization. *American Journal of Psychiatry, 161,* 1417-1425.

Gold, M. A., Horwitz, M., Greene, A., Taleb, A., & Hatcher, R. A. (2005). *Teen to teen: Plain talk from teens about sex, self esteem, and everything in between.* Tiger, GA: Bridging the Gap Communication.

Hoagwood, K. E., Vogel, J. M., Levitt, J. M., D'Amico, P. J., Paisner, W. I., & Kaplan, S. J. (2007). Implementing an evidence-based trauma treatment in a state system after September 11th: The CATS project. *Journal of the American Academy of Child and Adolescent Psychiatry, 46,* 773-779.

James, B. (1989). *Treating traumatized children: New insights and creative interventions.* Lexington, MA: Lexington Bookx/Heath.

Jaycox, L. H., Cohen, J. A., Mannarino, A. P., Walker, D. W., Langely, A. K., & Gegenheimer, K. L. (2010). Children's mental health care following Hurricane Katrina within a randomized field trial of trauma-focused psychotherapy. *Journal of Traumatic Stress, 23,* 223-231.

Jessie (1991). *Please tell!: A child's story about sexual abuse.* Center City, MN: Hazelden.

Joseph, S. A., Williams, R., Yule, W., & Walker, A. (1991). Factor analysis of the Impact of Events Scale with survivors of two disasters at sea. *Personality and Individual Differences, 13,* 693-697.

Kaplow, J. B., Dodge, K. A., Amaya-Jackson, L., & Saxe, G. N. (2005). Pathways to PTSD: Part II. Sexually abused children. *American Journal of Psychiatry, 162*(7), 1305-1310.

Kaufman, J., Birmaher, B., & Brent, D. (1997). Schedule for Affective Disorders and Schizophrenia for School-Age Children?Present and Lifetime version (K-SADS-PL): Initial reliability and validity data. *Journal of the American Academy of Child and Adolescent Psychiatry, 36,* 980-988.

Kendall, P. C., & Hedtke, K. (2006b). *Cognitive-behavioral therapy for anxious children: Therapist manual* (3rd ed.). Ardmore, PA: Workbook Publishing. *(www.workbookpublishing.com)*

Kendall, P. C., Robin, J., Hedtke, K., Suveg, C., Flannery-

Schroeder, E., & Gosch, E. (2005). Considering CBT with anxious youth?: Think exposures. *Cognitive and Behavioral Practice, 12,* 136-148.

Kendall-Tackett, K. A., Williams, L. M., & Finkelhor, D. (1993). Impact of sexual abuse on children: A review and synthesis of recent empirical studies. *Psychological Bulletin, 113,* 164-180.

King, N., Tonge, B. J., Mullen, P., Myerson, N., Heyne, D., Rollings, S., et al. (2000). Treating sexually abused children with post-traumatic stress symptoms: A randomized clinical trial. *Journal of the American Academy of Child and Adolescent Psychiatry, 59,* 1347-1355.

Kovacs, M. (1985). The Children's Depression Inventory (CDI). *Psychopharmacology Bulletin, 113,* 164-180.

Lanktree, C. B., & Briere, J. (1995). Outcome of therapy for sexually abused children: A repeated measures study. *Child Abuse and Neglect, 19,* 1145-1155.

Lyons, J. S., Weiner, D. A., & Scheider, A. (2006). *A field trial of three evidence-based practices for trauma with children in state custody* (Report to the Illinois Department of Children and Family Services). Evanston, IL: Mental Health Services and Policy Program, Northwestern University.

MacMillan, H. L., & Munn, C. (2001). The sequalae of child maltreatment. *Current Opinion in Psychiatry, 14,* 325-331.

Mannarino, A., Cohen, J., & Berman, S. (1994). The Children's Attribution and Perceptions Scale: Methodological implications of a two-stage survey. *Child Abuse and Neglect, 16,* 399-407.

Mannarino, A. P., & Cohen, J. A. (1996). A follow-up study of factors which mediate the development of psychological symptomatology in sexually abused girls. *Child Maltreatment, 1,* 246-260.

Marx, B. P., Calhoun, K. S., Wilson, A. E., & Meyerson, L. A. (2001). Sexual revictimization prevention: An outcome evaluation. *Journal of Consulting and Clinical Psychology, 69,* 25-32.

Mayle, P. (1995). *Where did I come from?* New York: Kensington.

McLeer, S., Deblinger, E., Henry, D., & Orvaschel, H. (1992). Sexually abused children at high risk for posttraumatic stress disorder. *Journal of the American Academy of Child and Adolescent Psychiatry, 31,* 875-879.

Melhem, N. M., Brent, D. A., Ziegler, M., Iyengar, S., Kolko, D., Oquendo, M., et al. (2007). Familial pathways to early-onset suicidal behavior: Familial and individual antecedents of suicidal behavior. *American Journal of Psychiatry, 164,* 1364-1370.

Myers, J. E. B., Berliner, L., Briere, J., Hendrix, C. T., Jenny, C., & Reid, T. A. (2002). *The APSAC handbook on child maltreatment* (2nd ed.). Thousand Oaks, CA: Sage.

National Registry of Evidence-based Programs and Practices, Substance Abuse and Mental Health Services Administration. (2005). *Cognitive-behavioral therapy for child sexual abuse (CBT-CSA).* Washington, DC: Author. Available online at *modelprograms.samhsa.gov/template_cf.cfm?page=model&pkProgramid=90.*

Nelson, E. C., Heath, A. C., Madden, P. A. F., Cooper, M. L., Dinwiddie, S. H., Bucholz, K. K., et al. (2002). Association between self-reported childhood sexual abuse and adverse psychosocial outcomes. *Archives of General Psychiatry, 59,* 139-145.

Pereda, N., Guilera, G., Forns, M., & Gomez-Benito, J. (2009). The international epidemiology of child sexual abuse: A continuation of Finkelhor (1994). *Child Abuse and Neglect, 33,* 331-342.

Planned Parenthood. (1986). *How to talk with your child about sexuality.* Available online at.

Putnam, F. W. (2003). Ten-year research update review: Child sexual abuse. *Journal of the American Academy of Child and Adolescent Psychiatry, 42,* 269-278.

Rey, J. M., Schrader, E., & Morris-Yates, A. (1992). Parent-child agreement on children's behaviors reported by the Child Behavior Checklist (CBCL). *Journal of Adolescence, 15,* 219-230.

Reynolds, C. R., & Kamphaus, R. W. (1992). *Behavioral Assessment System for Children manual.* Circle Pines, MN: American Guidance Service.

Rodriguez, N., Steinberg, A. M., & Pynoos, R. S. (1999). *UCLA PTSD Index for DSM-IV.* Unpublished measure, UCLS Trauma Psychiatry Service, Los Angeles.

Saunders, B. E., Berliner, L., & Hanson, R. F. (Eds.). (2003). *Child physical and sexual abuse: Guidelines for treatment*

(Rev. report, April 26, 2004). Charleston, SC: National Crime Victims Research and Treatment Center. Available online at *musc.edu/cvc/guide1.htm.*

Saywitz, K. J., Mannarino, A. P., Berliner, L., & Cohen, J. A. (2000). Treatment for sexually abused children and adolescents. *American Psychologist, 55,* 1040-1049.

Seligman, M. E. P. (1991). *Learned optimism.* New York: Knopf.

Spaccarelli, S. (1994). Stress, appraisal, and coping in child sexual abuse: A theoretical and empirical review. *Psychological Bulletin, 116,* 340-362.

Spielberger, C. D. (1973). *Preliminary manual for the State-Trait Anxiety Inventory for Children.* Palo Alto, CA: Consulting Psychologists.

Stauffer, L. B., & Deblinger, E. (2003). *Let's talk about taking care of you: An educational book about body safety.* Hatfield, PA: Hope for Families, Inc.

Sternberg, K. J., Lamb, M. E., Hershkowitz, I., Yudilevitch, L., Orbach, Y., Esplin, P. W., et al. (1997). Effects of introductory style on children's abilities to describe experiences of sexual abuse. *Child Abuse and Neglect, 21,* 1133-1146.

Sullivan, P. M., Scanlan, J. M., Brookhouser, P. E., Schulte, L. E., & Knutson, J. F. (1992). The effects of psychotherapy on behavior problems of sexually abused deaf children. *Child Abuse and Neglect, 16,* 297-307.

Thakkar, R. R., & McCanne, T. R. (2000). The effects of daily stressors on physical health in women with and without a childhood history of sexual abuse. *Child Abuse and Neglect, 24,* 209-221.

Wolfe, V. V., Gentile, C., & Wolfe, D. A. (1989). The impact of sexual abuse on children: A PTSD formulation. *Behavioural Therapy, 20,* 215-228.

Wyatt, G. E., Guthrie, D., & Notgrass, C. M. (1992). Differential effects of women's child sexual abuse and subsequent sexual revictimization. *Journal of Consulting and Clinical Psychology, 60,* 167-173.

아동 · 청소년 심리치료

제 5 부

최근 관점들

제12장

아동 · 청소년 심리치료의 '최근 부각되는 집단'

증거 기반 치료를 임상 현장용으로 재구조화하기

John R. Weisz & Bruce F. Chorpita

아동 · 청소년의 행동과 정서 문제를 치료하기 위한 공식적이고 전문적인 노력이 이제 거의 한 세기가 되었다(예를 들어, Freud, 1909를 보라). 다양한 치료 모형이 생겨나고 진화하며 어떤 경우에는 새로운 이론과 방법으로 대치되었지만, 경험적 검증에 따라 치료가 개발되기 시작했을 때 중요한 변화가 나타났다. 반두라(Bandura), 패터슨(Patterson), 그 외 많은 학자(예를 들어, Bandura, Grusec, & Menlove, 1967; Patterson, McNeal, Hawkins, & Phelps, 1967)의 업적은 치료 방법이 프로토콜이나 '매뉴얼'에 기록되는 것과 함께 무선 할당을 사용해 통제된 검증(RCTs)으로 이어졌다. 결국 체계적 개관(예를 들어, Silverman & Hinshaw, 2008), 메타분석(예를 들어, Weisz, McCarty, & Maleri, 2006) 및 영향력 있는 웹사이트들(예를 들어, www.nrepp.samhsa.gov;www.effectivechildtherapy.com)은 증거 기반 심리치료(evidence-based psychotherapies: EBPs)의 풍성한 결실에 초점을 맞추어 왔고, 주요 연구 결과들이 EBPs의 현장 적용을 옹호해 왔다(예를 들어, National Association of State Mental Health Program Directors, 2004; National Institute of Mental Health[NIMH], 2001; Office of the Surgeon General, 1999, 2004; President's New Freedom Commission on Mental Health, 2003).

1. 아동 · 청소년 EBPs: 현재 구조와 설계

대부분의 아동 · 청소년 EBPs는 공통적으로 특정한 설계의 특징을 갖고 있다(Weisz, 2004; Weisz & Kazdin, 2010을 보라). 예를 들어, 치료 전반에 걸쳐 어떤 장애에 초점을 유지하고 상이한 아동들에게 동일한 순서로 회기를 실시하는 다소 고정된 치료 단계의 순서를 따르기 위해 특정 문제나 장애 또는 동질적인 범주(예를 들어, 주요우울장애와 기분부전장애)에 초점을 맞추는 경향이 있다(예를 들어, Silverman과 Hinshaw, 2008에 요약되어 있는 대부분의 치료를 보라). 이런 개입들은 유명한 임상 과학자들의 괄목할 만한 수십 년간의 업적을 나타내고, 아동 · 청소년 치료의 과학적 핵심과 우리의 작업(다음에 서술하는)이 제작되는 확고한 토대를 형성하고 있다.

2. 일상적인 임상 치료에서 EBPs

개관과 메타분석 결과들은 EBPs가 최소한 비교적 통제된 효과 시험 조건에서 검증된다면 다양한 통제 조건보다 평균적으로 중간에서 큰 효과 크기로 더 효과적일 수 있음을 시사한다(Weisz, 2004; Weisz, Weisz, Han, Granger, & Morton, 1995를 보라). 그러나 다른 연구는 EBPs의 이점을 최대화하기 위해, 특히 임상적으로 의뢰된 아동 · 청소년을 치료자들이 매일 치료하는 장면에서 일부 설계의 변화가 필요함을 시사한다. 개입의 개발에서 배치(deployment)에 **초점을 둔 모형**(Weisz, 2004; Weisz & Gray, 2008)에서는 궁극적으로 개입하는 장면에서 효과적인 개입을 창조하기 위해 그 맥락에서 개입을 개발하고 검증해야 하며, 그 맥락에서 흔히 사용되는 개입의 효과와 비교해야 한다고 주장한다. 이 모형의 관점에서 연구 증거가 검토될 때 결과들은 흔히 다음의 정보를 준다.

- (RCTs가 자주 적용되는) 연구를 위해 임상 장면에서 치료받는 아동과 일상적인 치료 기관에서 치료받는 아동을 비교하면, 진단적 공병, 사회경제적 수준(SES) 및 가족 구조에서의 차이를 보여 왔다(예를 들어, Southam-Gerow, Weisz, & Kendall, 2003).
- 아동 · 청소년 RCTs에 대한 한 개관(Weisz, Jensen-Doss, & Hawley, 2005)에서 치료자가 제공하는 임상적 치료 장면에 정상적으로 의뢰된 아동 · 청소년 치료에 관련된 검증은 단 1.3%에 불과하다는 것을 보였다.
- 일반적인 임상 치료에 대한 아동 · 청소년 EBPs를 비교한 RCTs의 메타분석(Wiesz, Jensen-Doss, & Hawley, 2006) 결과, EBPs를 선호하는 데서 단지 중간 정도의 평균 효과 크기(0.30)를 보였다. 그리고 그 효과는 연구자를 치료자로 하고 치료를 각 조건에 무선 할당하며 중요한 공병을 허락하는 연구들에서 더 줄어들었다.
- 이런 결과들과 부합하게, 일상적인 임상 조건 아래서 EBPs를 일반적인 치료와 비교한 최근의 몇몇 효과성 검증 결과, 임상적 성과에서 유의미한 차이가 나타나지 않았다(예를 들어, Weisz et al., 2009).
- 더욱이, 높은 질의 치료(예를 들어, EBPs)를 아동 · 청소년에게 제공하는 서비스 체계를 만들려는 노력들은 그런 목표에 도달하기 위해 필요한 여러 가지 고정된 단일 장애 EBPs의 조정 및 통합과 관련된 도전에 직면하게 되었다(Chorpita & Daleiden, 2010; Chorpita et al., 2002).

확실히, EBPs의 출현과 프로토콜로 기록하는 작업은 혁명적이고 괄목할 만해서 우리 분야를 예술에서 과학으로 옮겨 가는 데 도움이 되었다고 믿는다. 이 과정에서 파생된 치료는 미래를 향한 주요 진보이자 과학적 토대를 제공한다. 이 장에서 중요한 것은 일반적인 지역사회 통로를 통해 의뢰되고 일상적인 치료 현장의 치료자들이 치료하는 아동 · 청소년에게 치료를 적용할 때 초기의 효과성 검증보다는 더 나아간 진보가 필요하다는 것이다. 우리의 접근은 EBPs를 현재 형식으로 훈련하고 적용할 방략들을 개선하기 위한 것이고, 이는 아마 성공할 것이다. 이 장에서 우리는 프로토콜 설계의 변화와 관련된 대안적 접근에 초점을 맞춘다.

우리가 설명하려는 변화는 일상적 치료 현장에서 EBPs를 개발하고 적용하며 검증하려는 노력을 할 때 직면해 온 난관들에 대처하기 위해 나온 것이다. 우리의 난관은 임상적으로 의뢰된 아동들이 복합적인 문제와 장애를 갖는 경향이 있다는 것이다(예를 들어, Angold, Corstello, & Erkanli, 1999; Jensen & Weisz, 2002; Southam-Gerow et al., 2003); 어떤 EBPs는 높은 공병에도 불구하고 목표로 하는 진단 범주를 치료하는 데 성공적이었지만, 공병 상태를 치료할 때 단일 장애나 단일 범주에 초점을 둔 치료로는 어려움이 있을 수 있다. 또 다른 난관은 한 가지 특정 장애에 초점을 두고 치료를 시작한 아동들이 종종 치료 도중 다른 장애나 문제들로부터 나오는 진짜 손상을 나중에야 보인다는 것이다. 이런 변화는 단일 장애 프로토콜로는 다루기 어려울 수 있다(Bearman, Ugueto, Alleyne, & Weisz, 2010; Weisz et al., 2009). 우리는 또한 지역사회에서 의뢰된 많은 아동 · 청소년이 중요한 IV축 문제와 가족 문제를 가진다는 것을 발견했다. 이런 생태학적 난관은 선형적인 치료 모형의 적용을 방해할 수 있다(예를 들어, Hammen, Rudolph, Weisz, Burge, & Rao, 1999; Weisz et al., 2009를 보라). 공적인 정신건강 클리닉 등의 일부 현장에서, 부분적으로는 치료의 일차적 초점인 불안의 CBT 표준 절차를 자주 방해하는 위기와 외현화 문제를 다루기 위해 매뉴얼로 되어 있는 인지행동치료(CBT)를 사용할 때 프로토콜 구조의 변화가 필요하다(Chorpita, 2007). 변경된 접근에 대한 초기 검증은 일차적 장애 그 이상을 다루기 위해 제작된 치료가 이런 현장에서 성공할 수 있음을 보여 주었다(예를 들어, Chorpita, Taylor, Francis, Moffitt, & Austin, 2004).

대부분의 치료 현장에 있는 전형적인 치료자들에게 또 다른 난관은 만약 각 프로토콜이 단일 장애를 위해 제작되어 있다면, 평균 업무량으로 대부분의 아동 · 청소년을 담당하기 위해 치료자들이 많은 EBP 프로토콜의 전문성을 쌓는 것을 요구한다는 것이다. 그렇게 많은 프로토콜을 배우는 것은 많은 치료자가 감당할 수 있는 시간과 비용을 넘어설 수 있다. 캘리포니아에서 실시된 효과성 검증에서, 지역사회 치료자들이 한 장애에 대해 한 가지 CBT 매뉴얼 이상을 공부할 시간이 없다는 것을 알고 우리는 각각 다른 치료자 팀을 사용해 불안과 우울에 대해 검증했다(Weisz et al., 2009를 보라). 하와이에서는 모든 아동 · 청소년의 치료를 개선하기 위해 주 전체에 EBPs를 적용하려는 시도(Chorpita et al., 2002)가 예산과 훈련 능력의 한계에 의해 좌절되었다. 각각의 새로운 EBP가 새로운 비용, 훈련 요구 및 적용과 성과 측정 요구(각 EBP에 따라 다른)를 가져온다는 것을 알고, 하와이 체계는 독립형의 EBPs를 융통성 있게 적용할 수 있는 프로토콜 설계를 포함하는 쪽으로 초점을 변경하였다(Chorpita & Daleiden, 2010). EBPs를 치료자들에게 전달하려는 우리의 노력은 또 다른 난관에 부딪혔다. 다른 보고(예를 들어, Addis & Krasnow, 2000)와 마찬가지로 우리는 많은 치료자가 단일 장애 EBPs의 대표적 특성과 선형적 구조를 정확히 알지 못한다는 것을 알게 되었다. 이런 특징들은 치료 기간 중에 치료자의 의사결정 역할뿐 아니라 위기 대응 및 치료를 발전시키는 치료자의 선택을 제한하는 것으로 생각되었다.

일부 이런 여러 가지 난관은 이 매뉴얼의 절차를 다양하게 적용함으로써 다루어질 수 있고, 몇몇 매우 사려 깊은 연구자의 작업을 보면 잘 알 수 있다. 예를 들어, 켄달, 고쉬, 퍼와 수드(Kendall, Gosch, Furr & Sood, 2008)는 매뉴얼로 되어 있는 치료 절차를 적용할 때 균형을 유지하면서 매뉴얼에 충실하기 어렵다는 문제를 융통성을 발휘함으로써 해결하였다. 이에 더해 퍼슨스와 톰킨스(Persons & Tompkins, 1997)는 CBT 모형에 근거를 둔 개인적 사례 형식을 개발함으로써 맞춤형 치료 방략에 초점을 두었다. 또 다른 많은 예가 인용될 수 있다(Chorpita, Daleiden, & Weisz, 2005; Henggeler et al., 1998을 보라).

3. 치료 과정 단위 설계

1) 목적과 목표

단위식(modular) 치료는 융통성과 내용 조정의 두 측면에서, 앞에서 언급한 난관을 다루는 또 다른 접근 방법을 제공한다. 비록 조립식 설계가 명쾌하게 융통성을 요구하지는 않는다 해도(치료 단위는 사실상 매우 선형적이거나 경직된 방식으로 배열될 수 있다), 특정한 맥락에 맞추기 위해 융통성의 수준을 조정하는 확실한 틀을 제공할 수 있다. 이러한 조정 가능성은 매우 중요하다. 성인 치료에 대한 문헌들에서 융통성이 항상 바람직한 것은 아니고(Schulte, Kunzel, Pepping, & Schute-Bahrenberg, 1992), 공병을 목표로 하는 것이 항상 최상의 방략은 아니라는 증거가 있다(Craske et al., 2007). 그러나 일부 맥락에서는, 치료 회기 내에서 치료적 요구를 개발해야 하는 공병 장애나, 치료 계획을 따르지 못하게 하는 가족이나 생태학적 난관에서 오는 어려움을 다루는 데 융통성이 도움이 될 수 있다(Chorpita, 2007을 보라). 부가적인 이점은 치료 내용 측면에도 있다. 단위식 설계는 ① 한 번에 단지 일부 치료 단위(모듈)를 더하거나 제거함으로써 치료적 접근을 점차적으로 수정하고, ② 복합 장애에 적절한 내용을 추가함으로써 치료 프로토콜의 진단적 범위를 확장하기 위한 틀을 창조한다. 이 두 가지의 '내용'상 이점은 다양한 사례 부담을 감당하기 위해 치료자가 배워야 하는 개입의 수를 줄여 줌으로써 여러 가지의 단일 장애 치료를 배워야 하는 부담을 다루는 데 도움이 될 수 있다.

이런 이점들은 모든 불안장애에 더해 공병 상태를 다루기 위해 제작되는 프로토콜에 설명되어 있다(Chorpita, 2007을 보라). 더 최근에 우리는 외상후 스트레스 증상에 더해 불안, 우울 및 품행 관련 장애와 문제를 다루기 위한 단위식 프로토콜을 개발하였다(Chorpita & Weisz, 2009). 두 경우 모두에서 이 프로토콜은 복합적 문제와 장애를 포괄하고, 아동의 인생 문제 때문에 생길 수 있는 치료 계획의 어려움(예를 들어, 누가 양육자인지)뿐 아니라 치료 도중에 발생할 수 있는 치료적 요구에서의 변화에 잘 대응하게 한다. 부가적인 목표는 치료자의 학습 부담을 덜어 주는 것이었다(그렇지 않으면 여러 가지의 단일 장애 프로토콜을 배워야 하는 과업에 직면할 것이다). 고정된 회기 순서를 요구하는 선형적 매뉴얼에 비해 이러한 단위식 프로토콜에 포함되어 있는 융통성은 치료 계획하기와 의사 결정하기에 있어서 치료자를 더 능동적인 참여자로 만드는 데도 도움이 될 수 있었다. 단위식 매뉴얼 제작에서 한 가지 난관은 믿을 만한 치료를 확실히 하게 하기 위해 충분한 구조를 사용하는 것과 충분한 융통성 간의 균형을 맞추는 것이다. 단위식 틀의 한 가지 이점은 이런 균형의 잣대를 세울 수 있고, 치료 단위의 선택과 사용을 안내하는 흐름도(플로차트)를 다시 그림으로써 이를 효율적으로 재조정할 수 있다는 것이다.

2) 구성 요소와 구조

몇몇 탁월한 증거 기반 치료의 개발자들은 자신들의 치료를 '단위식(modular)'으로 칭하거나 치료 구성 요소를 '모듈(modules)'이라고 지칭해 왔다(예를 들어, Carroll, 2998; Clarke, Lewinsohn, & Hops, 1990). 명백히, 단위식 치료 제작에 대한 우리의 구상은 다른 곳에서도 상세히 나타나 있다(Chorpita et al., 2005). 여기서 중요한 것은 단위(모듈)가 상이한 구조와 관계를 형성하기 위해 재배열될 수 있는 본질적으로 구별되는 프로토콜의 기능적 단위라는 것이다(Parnas, 1972를 보라). 우리는 '단위(모듈)'라는 용어를 치료 '내용'(예를 들어, 특정 기법을 어떻게 사용할지에 대한 절차적 묘사)의 단위를 지칭하기 위해 종종 사용한다. 예를 들어, 어떤 치료 단위의 초점은 빠른 자기 진정시키기 절차일 수 있다(예를 들어, 호흡 천천히 하기, 근육 이완하기, 편안한 심상 시각화하기). 이러한 단위는 우울증 등의 더 큰 치료 프로그램을 만들기 위해 다른 치료 단위와 결합될 수 있다. 또한 불안이나 품행장애를 비롯해 다른 장애에 대한 치료 프로그램을 형성하기 위해 재배열되거나, 필요한 또 다른 치료 단위와도 결합될 수 있다(예를 들어, 분노 관리를 위해 자기 진정시키기).

이러한 내용 단위들(서로 구분되고 재배열이 가능한)의 제작에 적용되는 동일한 원리들이 치료를 조정하고, 치료 단위의 선택과 순서를 안내하는 데 사용되는 흐름도(플로차트)에도 역시 적용된다. 동일한 원리가 적용되기 때문에 이 흐름도들은 '조정 단위'로 불릴 수 있다. 예를 들어, 불안 치료에 대한 흐름도는 심리교육과 자기감찰로 시작해서 노출 절차를 기준에 부합할 때까지 계속한 뒤 마무리로 끝날 수 있다. 흐름도 자체가 단위식일 수 있는 또 다른 이유는 치료 계획을 이끄는 서로 관련된 흐름도의 체계를 만들어 내기 위해 다른 흐름도와 결합될 수 있기 때문이다. 예를 들어, 만약 아동이 A라는 문제를 갖고 있는 경우 문제 A에 대한 흐름도를 사용하지만, 만약 문제 B가 나타나 방해한다면 흐름도 B를 사용하게 된다. 내용(즉, 치료 절차)과 그것들의 조정(즉, 흐름도)이라는 두 독립적 요소는 특정 치료 맥락이나 전집에 잘 맞는 절차 세트와 연결 논리를 만들어 내기 위해 다시 제작될 수 있다.

3) 한 가지 예: MATCH-ADTC 프로토콜

단위식 설계의 잠재적 이점들로 인해 우리는 초기 작업(예를 들어, Chorpita, 2007)을 일상적 치료와 여러 증거 기반 매뉴얼 둘 다에 대해 검증될 수 있는 단위식 체계를 개발하는 방향으로 확장시켰다. 우리는 이 작업을 아동 정신건강 관리에 대한 연구와 개선에 공헌한 집단인 아동 STEPs 네트워크[1] 계획의 일부로 수행했다(예를 들어, Schoenwald, Kelleher, Weisz, & the Research Network on Youth Mental Health, 2008을 보라). 이 작업은 다양한 문제를 다루기 위한 치료 내용을 개발하는 것을 동반했다. 우리는 이 문제들을 단순히 공병 상태뿐 아니라 일차적 치료 표적으로 다루려 했기 때문에, 이는 또한 각각의 문제/장애를 일차적 초점으로 하는 구분된 조정 논리를 가진 흐름도를 개발하는 것을 의미하기도 했다. **불안, 우울, 외상 및 품행 문제를 가진 아동에 대한 치료의 단위식 접근**(Modular Approach to Therapy for Children with Anxiety, Depression, Trauma or Conduct Problems: MATCH-ADTC)으로 불리는 최종 프로토콜은 불안, 우울, 외상적 스트레스 및 품행 문제를 치료의 일차적 초점으로 하여 제작되었다(따라서 머리글자를 딴 MATCH-ADTC다).

(1) MATCH 프로토콜의 구조

MATCH 프로토콜은 네 가지 문제 영역에 대한 치료 논리와 단계를 묘사하는 치료 절차들과 안내 흐름도의 모음이다. 온라인과 책자 형식 모두 사용 가능한 이 프로토콜은 전통적인 책보다는 절차들의 도서관처럼 보인다. 온라인 형식은 업데이트(전체 프로토콜을 대체하지 않고도 치료 단위들이 편집되고 업데이트될 수 있다)와 정보 관리에서 이점이 있다. 예를 들어, 비록 프로토콜의 내용이 400쪽 이상이지만, 온라인 사용자들은 어느 순간이든 필요한 특정 정보만을 볼 필요가 있다. 이는 치료자가 덜 관련된 내용에 압도되거나 종이책의 맨 앞에서부터 끝까지 찾아야 하는 수고를 하지 않게 해 준다. 프로토콜을 더 잘 안내하는 데 도움이 되도록, 온라인판은 네 가지의 독립적인 검색 방략을 제공한다. ① 치료 단위 제목, 재료, 문제의 초점 등으로 분류하기 위해 검색 분야와 통제를 갖춘 표준화된 내용 목록, ② 각 장애 영역 내에서 핵심 내용과 이차적 내용으로 범주화되어 있는 메뉴 주도적 체계(예를 들어, 어떤 절차가 일차적 장애를 다루고, 어떤 것이 방해되는 공병 문제를 다루는 데 유용한지), ③ 흐름도의 논리에 따라 치료 절차를 사용자가 '클릭해 찾아가기'가 가능하도록 흐름도의 구성요소에 시각적 흐름도가 하이퍼링크됨, ④ 치료자가 사례에 대해 질문할 때 대답해 주는 안내 체계(예를 들어, "아동이 노출치료에 준비된 것 같은가?" 또는 "치료를 방해하는 것이 무엇인가?")가 있어, 치료자의 응답 및 내재되어 있는 프로그램화된 논리 모형에 근거해 추천되는 치료 단위들과 연결됨.

(2) 치료 단위 내 구조

단위식 치료 프로토콜의 목표 중 하나가 복합적 문제를 치료하려는 치료자들의 학습을 단순화하는 것이기 때문에 우리는 각 내용 단위에 대해 동일한 틀을 만들었다. 이 틀의 기본 구성 요소는 〈표 12-1〉에 제시하였다. 그 목적은 치료자가 한 사례에서 다른 사례로, 한 문제에서 다른 문제로 옮겨 갈 때 프로토콜 구조의 요소들에 대해 친숙성을 느끼도록 하는 것이다(예측 가능한 '보기와 느끼기'와 함께 모든 것을 단일 체계로 조직화함으로써). [그림 12-1]은 '인지적 대처-BLUE'에 대한 것으로, 한 치료 단위의 첫 페이지 예를 보여 준다. 이 단위는 MATCH의 다른 단위들과 마찬가지로 (그 기능이 치료자의 의도와 부합한다는 것을 확실히 하기 위해) 치료 단위의 목적이나 기능에 대한 간략한 언급인 '이것을 사용하라(Use This)'는 프롬프트로 시작한다. 아이콘은 그 단위가 주로 양육자, 아동 또는 가족 구성원 모두를 향해 구성되었는지 여부를 나타낸다. 그리고 측정 가능한 적은 수의 목표(Goals)가 그 단위의 맨 위에 보인다(예를 들어, "아동은 더 현실적 생각을 하도록 배울 것이다."). 그 다음에 치료 단위에 필요한 재료들의 목록(Materials)이 나타난다. 온라인판에서는 한 번에 한 개씩(예를 들어, 특정 유인물) 또는 집단으로(예를 들어, '부모와 관련된 모든 재료') 필요한 재료로 하이퍼링크된다. 또한 모든 치료 단위는 그 회기에 모든 절차를 다 다룰 수 없다면, 수행해야 할 가장 중요한 목표를 나타내는 단일 문장을 담고 있는 '만약 시간이 없다면(If time is tight)' 상자를 포함하고 있다.

단위의 주된 몸체는 치료 절차의 구체적 단계들(Main Steps)을 모두 포함한다. 우리는 다음을 포함하였다. ① 아이디어를 어떻게 전달할지에 대한 각본 예(Example Script)를 종종 포함하는 치료 단계에 대한 상세한 기술, ② 그 단계에 대해 3~5개의 단어로 묘사하거나 프롬프트를 제공하는, 동일한 단계에 대한 '체크리스트 어구들'(예를 들어, '생각과 감정 간의 관련성 소개'). 모든 치료 단계는 상세한 묘사와 체크리스트 어구를 갖고 있어서 치료자가 치료 절차를 배울 때 프롬프트를 통해 상세한

표 12-1 MATCH-ADTC 프로토콜의 내용 단위(모듈) 구성 요소

구성 요소 명칭	기능	예
이것을 사용하라	치료자에게 사용 조건에 대해 간략한 기술을 제공한다.	관계 형성과 계획을 수립하기 위해 우울증 치료를 시작할 때
대상	치료 절차의 추천되는 형식을 나타낸다(예를 들어, 그것이 일차적으로 아동, 양육자 또는 가족과 관련되는지 여부).	아동용
목표	그 절차의 목적 2~4개를 보여 준다.	아동은 자신을 기분 좋게 만들어 줄 활동들을 계획할 것이다.
재료	그 회기에서 필요한 모든 재료	책이나 잡지, 역할 연기를 위한 장난감이나 퍼즐
만약 시간이 없다면	모든 치료 절차를 다룰 시간이나 능력이 부족할 때 그 문제의 주된 목표를 보여 준다.	자녀를 잘 성장하도록 잡아 주기와 주의 기울이기, 감사하기, 칭찬하기 등을 부모에게 가르친다.
단계(체크리스트)	치료 절차의 다음 단계를 기억하도록 치료자를 일깨울 간략한 문구를 제공한다.	평정하기
단계(상세 내용)	치료자가 프로토콜에 익숙하지 않거나 부가적인 지원이 필요할 때 치료 절차에 대해 더 상세한 설명을 제공한다.	만약 주된 초점이 외상후 스트레스나 불안이라면 아동과 부모 모두에게서 두려움 사다리 평정을 얻기 위해 0~10점의 두려움 온도계 척도를 사용하라.
각본	치료자와 아동이나 양육자 간의 상호작용이나 어떤 말을 해야 할지의 예	치료자: 그래서 불안이 좋은 거라고 생각하니? 아니면 나쁜 거라고 생각하니? 아동: 음, 나쁜 거요.
웃으면서 떠나게 하라	긍정적인 언급으로 회기를 끝내라는 제안 목록이나 프롬프트	게임, 활동, 다른 연습 등으로 재미있게 회기를 끝내라.
……를 공유하라	회기에 참여하지 않았던 가족 구성원과 어떤 정보를 공유할 것인지에 대한 프롬프트	부모와 만나서 ……에 대해 상의하라.
도움이 되는 팁	치료 절차를 어떻게 더 효율적으로 전달할지에 대한 조언	만약 부모가 타임아웃에 대해 생소하다면 ……할 가능성에 대해 그들을 준비시키라.
특수 사례	치료 절차가 특별한 문제나 상황에 어떻게 적용될 필요가 있는지에 대한 권고	공황장애……가 있는 아동에게 두려움 사다리……를 만들기 위해 감각 수용기 평가가 필요할 수 있다.
당신의 방식은 어떠한가?	치료자가 프로토콜을 수행하는 방식에 주의를 기울이도록 상기시키는 프롬프트	자주 칭찬해 주는 것을 기억했는가?

MATCH Protocol

Cognitive Coping - BLUE

Use This:

To identify and revise unrealistic negative thoughts in order to improve mood.

Goals

- The child will understand the relationship between thinking and feeling
- The child will be able to identify unrealistic negative thoughts
- The child will learn to evaluate the evidence that supports or does not support the negative thoughts
- The child will learn to generate more realistic thoughts

Materials

- ***Fear Thermometer*** and ***Fear Ladder*** (2 unrated copies for anxiety/trauma) or ***Behavior Rating Scale*** (for disruptive behavior)
- ***Feelings Thermometer***
- ***Changing B-L-U-E Thoughts*** worksheet
- ***Double Bubbles on My Own*** worksheet (2 copies)
- ***Changing B-L-U-E Thoughts*** parent handout
- Sunglasses
- Pencils, pens, markers

⌛ ***If time is tight:*** *Make the connection between what we think and how we feel and help the child identify and change unrealistic negative thoughts.*

	Main Steps	*Remember to start by setting an agenda together and reviewing any practice assignments.*
☐	**Obtain Weekly Ratings**	If the main focus is traumatic stress or anxiety, use the 0 to 10 scale of the ***Fear Thermometer*** to obtain ***Fear Ladder*** ratings from both the child and his or her parent. If the main focus is depressed mood, use the ***Feelings Thermometer*** to take a rating. If the main focus is disruptive behavior, take a parent rating with the ***Behavior Rating Scale***.
☐	**Introduce Connection Between Thoughts and Feelings**	Explain to the child that today's session will focus on how our thinking can change our feelings, and on learning how to examine and change thoughts in order to feel better. **Example script** *Imagine that you get a bad grade on a test. How you think about this situation can affect how you will feel about it. One way of thinking about this might be "Oh no, I've failed. I'm always going to fail. This means I'll never get anywhere in life. I'm probably the biggest idiot in the whole school." Another way to view the situation is, "I'm sorry I made a bad grade, but I know I can study more next time and do better." How would you feel after having these thoughts? What would you do?*

그림 12-1 우울증 치료를 위한 4쪽짜리 인지적 대처-BLUE 내용 단위의 첫 페이지

(2009 PacticeWise, LLC.의 저작권. 허락하에 옮김)

내용을 생각나게 할 수 있다. 주된 치료 단계들은 다음을 따른다. ① 긍정적이고 보상을 주는 말로 회기를 끝내는 '웃으면서 떠나게 하라'는 제안, ② 회기 중이 아닌 부모나 다른 가족 구성원들을 위한 회기를 어떻게 요약할 것인지에 대한 '부모와 공유하라' (또는 다른) 안내. 각 단위는 치료자가 원하는 방식의 치료를 할 수 있도록 제작된 구성 요소들로 끝을 맺는다. '특별한 팁' 부분은 주된 단계의 일부가 아닌 임상적으로 유용한 아이디어들을 알려 준다(예를 들어, 아동이 기분 나쁜 상태로 왔다면 어떻게 할 것인지). '특수 사례' 부분은 모든 서로 다른 임상적 문제에 대해 사본 없이 어떤 단위에 도달하도록 돕는다. 예를 들어, MATCH는 강박, 공황, 분리불안 장애에 대해 별도의 '노출' 단위를 갖고 있지 않다. 그 대신 서로 다른 임상적 문제에 부합하는 기본 절차를 채택하는 방법을 설명하기 위해 '특수 사례' 부분을 사용한다. 각 단위는 치료자로 하여금 자신의 접근에 대해 반성하도록 상기시켜 주는 '당신의 방식은 어떠한가?' 부분으로 끝을 맺는다(예를 들어, "소크라테스식 질문을 사용했는가?").

(3) 프로토콜의 임상적 포함 범위

우리는 ① 대부분의 외래 치료자가 다루는 광범위한 사례들을 포괄하기 위해 아동·청소년 역기능의 넓은 범위를 다루고, ② 주요한 새로운 문제가 주의를 요할

표 12-2 MATCH-ADTC 내용 단위의 문제 영역에 따른 기능적 분류

치료 단위 이름	목적	불안	우울	외상	품행
적극적으로 무시하기	원치 않는 행동을 무시하고 긍정적 행동에 주의를 기울이도록 양육자 가르치기	방해 요인 관리하기	방해 요인 관리하기	방해 요인 관리하기	핵심
활동 선택	기분을 개선하기 위해 즐거운 일을 파악하고 선택하도록 아동 가르치기	방해 요인 관리하기	핵심	방해 요인 관리하기	방해 요인 관리하기
보조 회기	품행 문제에 대한 치료 과정 개관하기				핵심
인지적 대처-BLUE	우울과 관련된 인지 오류 교정하기	방해 요인 관리하기	핵심	방해 요인 관리하기	방해 요인 관리하기
인지적-STOP	불안과 관련된 인지 오류 교정하기	방해 요인 관리하기	방해 요인 관리하기	방해 요인 관리하기	방해 요인 관리하기
인지적 대처-TLC	우울에 대한 부가적인 인지 방략들	방해 요인 관리하기	핵심	방해 요인 관리하기	방해 요인 관리하기
일일 기록 카드	집과 학교 간의 행동 감찰				핵심
부모 관여시키기	부모의 치료 관여 동기 증가시키기				핵심
두려움 사다리	연습을 위해 두려운 것의 목록 만들기	핵심		핵심	
친해지기-불안	아동과 관계 맺고 알아가기	핵심		핵심	
친해지기-우울	아동과 관계 맺고 알아가기		핵심		
효과적인 지시하기	최대한 순종하도록 하기 위해 어떻게 지시할 것인지를 다룸	방해 요인 관리하기	방해 요인 관리하기	방해 요인 관리하기	핵심
불안에 대해 배우기-아동	불안에 대한 심리교육	핵심		핵심	
불안에 대해 배우기-부모	불안에 대한 양육자 심리교육	핵심		핵심	
행동에 대해 배우기	품행 문제에 대한 양육자 심리교육				핵심
우울에 대해 배우기-아동	우울에 대한 심리교육		핵심		
우울에 대해 배우기-부모	우울에 대한 양육자 심리교육		핵심		
이완 배우기	점진적 근육 이완, 심상 안내, 호흡하기	방해 요인 관리하기	핵심	핵심	
미리 보기	품행 문제의 치료 정리와 종결 계획하기				핵심
유지시키기	불안 문제의 치료 정리와 종결 계획하기	핵심		핵심	
계획하기	품행 문제를 줄이기 위해 선행 요인이나 촉발 요인 관리	방해 요인 관리하기	방해 요인 관리하기	방해 요인 관리하기	핵심
1:1 시간	아동에게 비수반적 주의 기울이기				핵심
대처 계획	우울의 치료 정리와 종결 계획하기		핵심		
연습하기	두려운 자극에 노출	핵심	방해 요인 관리하기	방해 요인 관리하기	핵심
칭찬	칭찬하도록 양육자 훈련하기				핵심
긍정적 자기 제시	자기 제시와 관련된 사회적 기술 훈련	방해 요인 관리하기	핵심	방해 요인 관리하기	
문제해결	구조화된 문제해결 기술	방해 요인 관리하기	핵심	방해 요인 관리하기	
빨리 진정시키기	은밀한 이완 절차	방해 요인 관리하기	핵심	방해 요인 관리하기	

보상	보상 프로그램 적용 훈련	방해 요인 관리하기	방해 요인 관리하기	방해 요인 관리하기	핵심
안전성 계획하기	개인적 안전성 관리 훈련	방해 요인 관리하기	방해 요인 관리하기	핵심	
타임아웃	강화물로부터 타임아웃 훈련	방해 요인 관리하기	방해 요인 관리하기	방해 요인 관리하기	핵심
외상 이야기	외상적 사건에 대해 써 있는 이야기 개관	방해 요인 관리하기	방해 요인 관리하기	핵심	
마무리하기	종결하기	핵심	핵심	핵심	

때, 또는 아동, 가족 또는 환경적 요인이 치료 진전을 방해할 때 치료의 초점을 변화시키도록 지원할 수 있는 프로토콜을 목표로 하였다. MATCH의 내용 단위들은 불안, 우울 및 품행 문제와, 외상후 스트레스를 겪는 아동·청소년에게 사용하기 위한 외상 이야기와 안전성 계획하기라는 두 개의 추가 단위에 대해 매뉴얼로 된 증거 기반 치료의 구성 요소들에 부합된다. 흐름도는 이런 문제 영역들에서 치료 단위 간 이동을 안내한다.

프로토콜의 치료 절차의 내용은 〈표 12-2〉에 제시하였다. 치료 절차들은 치료의 초점에 따라 '핵심' 또는 '방해 요인 관리하기'로 제작되었다. 각 문제 영역은 일차적 치료 접근을 나타내는 절차 세트를 갖고 있다(예를 들어, 불안의 경우 심리교육, 자기 감찰과 노출을 포함한다). 난관에 직면할 때, 주된 표적 문제에 대한 증거 기반 프로토콜의 핵심적 구성 요소가 아닌 다른 치료 단위를 선택할 수 있다. 예를 들어, 우울 기분이 치료를 방해할 때 기분을 북돋기 위해 불안에 대한 노출에 근거한 접근에서 이탈해 즐거운 활동하기를 활용할 수 있다. 따라서 치료 방해 요인을 다루기 위해 프로토콜의 핵심 영역들은 다른 핵심 영역의 치료 절차를 '빌려' 올 수 있다. 이는 치료 단위들을 여러 목적에 맞게 함으로써 효율성을 높인다. 예를 들어, 외상적 스트레스와 우울 치료의 핵심 부분인 '이완하는 방법 배우기'는 필요한 경우 불안 치료에도 사용할 수 있다.

(4) 내용 조정하기

프로토콜에서 치료 절차의 분류는 치료 단위 사용의 논리로부터 나온다. 치료의 전체적인 흐름은 프로토콜이 겨냥하는 네 개의 문제 영역을 포괄하는 주요 흐름도에 의해 안내된다. 4개의 부가적인 흐름도가 각 4개의 문제 영역(우울 등) 내에서 치료 단계를 안내한다. 각 문제 영역에 대해 다른 부분의 단위가 필요하지 않은 사례에 대한 내용 단위의 표준 순서인 기본 경로가 있고, 필요한 다른 부분으로 우회하도록 안내하는 대안적 경로가 있다. 예를 들어, 만약 우울증으로 치료받고 있는 어떤 아동이 집이나 학교에서 심각한 비행을 보인다면, 치료는 프로토콜의 품행 부분에서 나온 단위로 우회할 수 있다.

이를 이해하기 위해 우울증 흐름도인 [그림 12-2]를 참고하라. 왼쪽 위 코너에 있는 3개의 네모는 우울 치료가 친해지는 것(라포 형성)과 부모와 아동에게 우울증에 대한 심리교육을 하는 것에서 시작함을 보여 준다. 그 다음으로, 만약 치료자가 기본 순서로 '진행할 수 있다면'(예를 들어, 어떤 방해 요인도 그 순서대로 실시하는 것을 방해하지 않을 때), 치료자는 체계적인 문제해결에 초점을 두는 데서 시작해 비현실적인 부정적 인지를 파악하고 수정하는 데 대한 2개의 단위로 끝나는, 맨 위의 중간에 있는 7개 단위를 순서대로 진행한다. 만약 치료의 어떤 지점에서 기본 순서대로 실시하지 못하게 만드는 '방해 요인'을 치료자가 직면한다면, 다음 단계는 그 방해 요인의 본질을 파악하는 것이다. 첫째, 그것이 품행, 불안 또는 외상과 관련된 것인지, 둘째, 그 영역 내에서 어떤 구체적인 원인이 가장 가능성이 있어 보이는지를 파악한다. 예를 들어, 아동이 우울증 치료 단위의

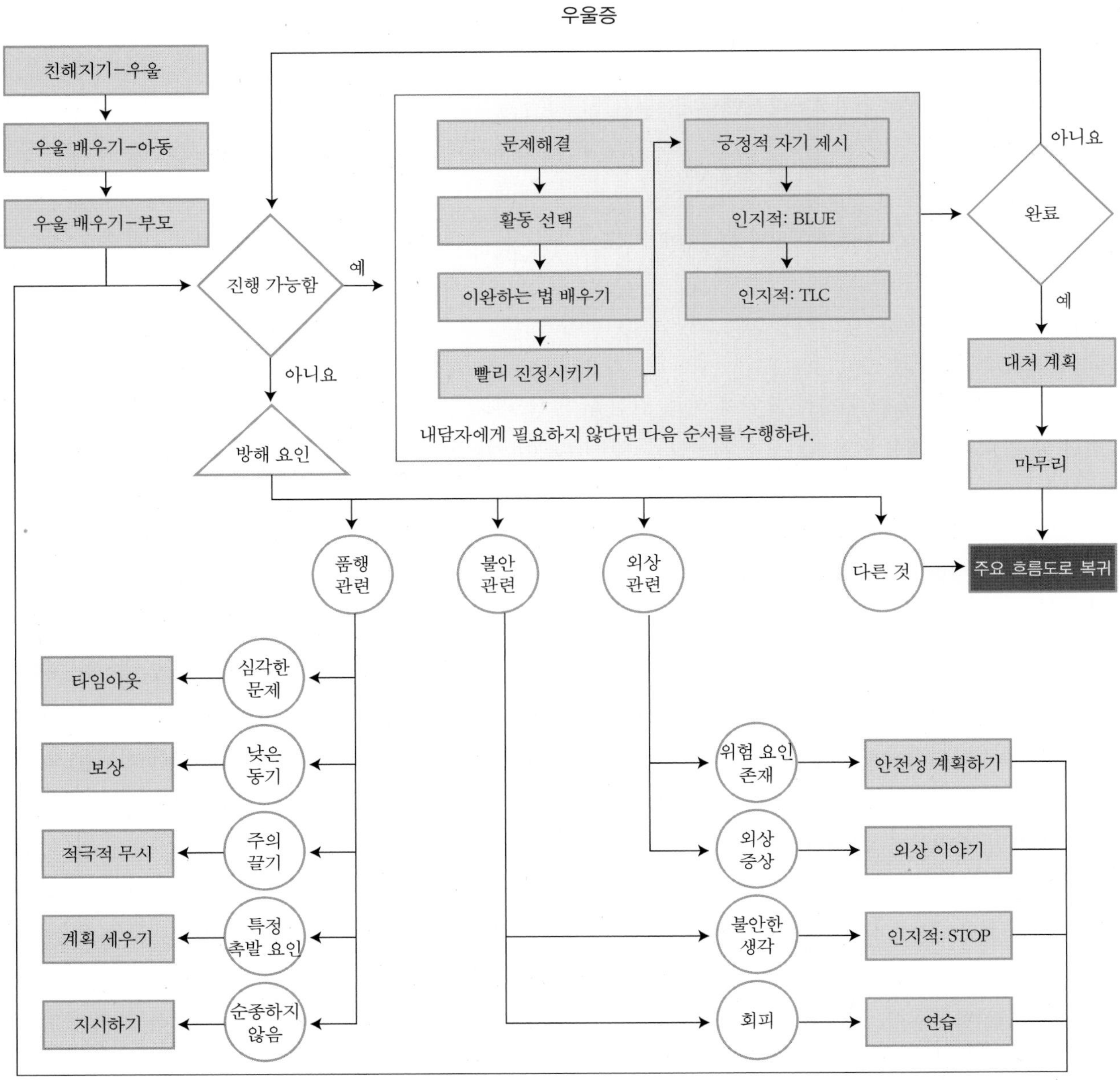

그림 12-2 우울증에 대한 흐름도(조정 치료 단위)

(2009 PacticeWise, LLC.의 저작권. 허락하에 옮김).

연습이나 실습 과제를 계속 거부하는 것이 품행과 관련된 것인지, 더 구체적으로 아동의 낮은 동기와 관련되어 있는지를 결정해야 한다. 이는 5개의 핵심 품행 치료 단위 중 이 아동에게 지금 상황에서 사용할 수 있는 가장 적절한 것이 보상 단위일 수 있음을 의미한다. 따라서 우울증 치료에서 아동이 적극적 참여에 대한 보상을 받는 점수 체계를 사용함으로써 이 문제가 다루어질 수 있다. 만약 이 보상 체계가 치료 연습과 실습 과제에 더 관여하게 해 준다면, 치료는 흐름도의 우울 부분으로 되돌아가서 두 개의 인지적 치료 단위로 끝을 맺는 기본 순서에 따라 진행될 수 있다.

(5) MATCH에서 치료 실시를 안내하기 위한 임상적 정보 체계

치료를 계획하고 계속 조정하기 위해 흐름도를 사용하는 것은 치료 중 아동 · 청소년이 보이는 기능에서의 확고한 변화에 의해 지지될 필요가 있다고 우리는 믿는다. 그런 정보는 많은 형태를 취할 수 있지만 우리가 MATCH에서 사용하는 것은 [그림 12-3]의 내담자 계기판에 의해 설명된다. 이 그림에서 계기판 위쪽 부분은 양육자와 아동이 간편 문제 체크리스트(Brief Problem Checklist: BPC; Chorpita et al., 2010)에 평정한 주별 보고를 사용해 우울증 치료가 얼마나 효과적인지를 보여 준다. 시간이 지나면서 BPC 상의 부모와 아동 평정치가 저하되는 것은 향상되었음을 나타낸다. 주별 BPC 보고는 치료를 시작할 때 파악되었던 구체적인 '주요 문제들'에 대한 부모와 아동의 주별 보고(Weisz, Chorpita, Frye, Ng, Lau, Bearman, et al., in press)와, 더 포괄적인 도구를 사용해 덜 자주 수집된 보고(예를 들어, 아동 행동평가척도[Child Behavior Checklist]; Achenbach & Rescorla, 2001)로 보완된다. 계기판의 중간 부분은 치료에서 어떤 치료 단위들이 어느 주에서 사용되었는지를 보여 준다. 여기서 동그라미는 어느 주에 어떤 치료 단위들이 계획되었는지를 보여 준다. 채워진 원은 계획된 단위가 실제 실시되었음을 나타내고, 빈 원은 그렇지 않음을 나타낸다. 아래 부분은 누가 회기에 참가했는지와 특별한 관심에 대한 특정 절차(예를 들어, 역할 연기, 실생활 연습, 숙제)가 사용되었는지 여부를 보여 준다. 이 예시

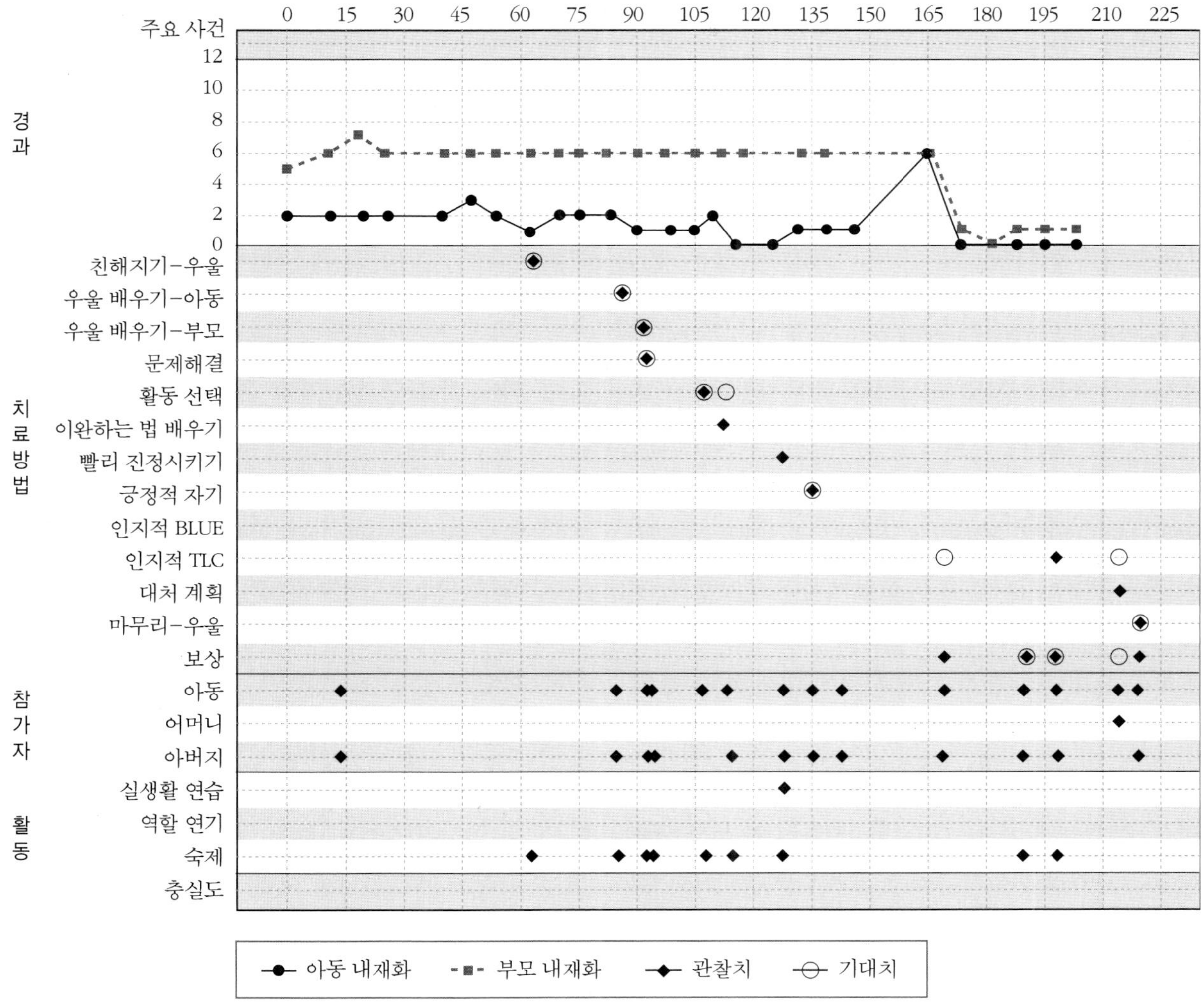

그림 12-3 치료 중 내담자의 변화를 모니터하고, 어떤 치료 단위들이 사용되었는지를 추적하며, 다양한 치료 참가자의 주요 사건, 치료 기법 및 출석 등을 기록하기 위해 사용되는 임상적 계기판

(Research Network on Youth Mental Health의 저작권, 허락하에 옮김).

계기판은 치료자가 우울증의 핵심 치료 단위를 대부분 사용했지만 내재화 문제 수준의 실제 감소—특히 부모 보고에서—는 치료 후반에 보상 단위(MATCH의 품행 모형의 핵심)가 사용된 후에야 나타난 사례를 보여 준다. 즉, 우울 대처 기술을 사용하기 위해 보상이 제공되었고, 집에서도 사용되었다. 그러고 나서 내재화 문제의 심각성이 감소하였다.

이 계기판은 웹 기반으로 만들어져 치료자가 쉽게 접근하고 지도감독 시 빠른 정보 공유가 가능하다. 계기판은 또한 향상되는 아동과 그렇지 않은 아동 간을 구분함으로써 지도감독에 도움이 되기도 한다. MATCH 프로토콜—흐름도, 문제 부분, 치료 단위, 보충 재료—을 웹 기반 계기판에 표시되는 주별 업데이트 정보와 결합하여 사용함으로써, 특정 치료 단위와 프로토콜 부분을 얼마나 오래 계속할지, 언제 방향을 바꿀지, 언제 종결에 대한 계획을 세울지 등에 대해 증거를 기반으로 한 결정을 내릴 수 있기 때문에, 사용자는 치료 회기들을 효율적으로 진행시킬 수 있다.

(6) MATCH 프로토콜에 대한 연구 평가

더 나아가 우리는 MATCH 프로토콜에 대해 세 가지 효과 검증을 하였다. 첫 번째, 우리는 매사추세츠와 하와이의 여러 지역에서 외래치료로 의뢰된 7~15세 아동에게 MATCH(외상 부분은 포함하지 않은 판)를 사용하였다. 치료자들은 ① MATCH 훈련과 지도감독을 받는 조건, ② 불안에 대한 CBT, 우울에 대한 CBT, 파괴적 품행 아동에 대한 행동적 부모 훈련에 대해 표준 치료 매뉴얼 훈련과 지도감독을 받는 조건, 또는 ③ 치료자들이 일상적으로 실시하는 치료 절차를 사용하는 '일상적 치료' 조건에 무선 할당되었다. 우리는 이 프로젝트에서 얻은 자료를 분석하고 있는 중이다. 현재 진행 중인 두 번째와 세 번째 검증에서는 메인과 캘리포니아의 외래치료 참가자들이 MATCH 또는 일상적 치료 조건으로 무선 할당되었다. 두 검증 모두 정신건강 치료를 위해 아동 복지 체계에서 의뢰한 많은 아동·청소년을 포함한다. 우리는 이 표본에서 상당수의 학대받은 아이를 치료하기 위해 외상 후 증상 치료 단위를 포함하는 MATCH 판을 사용하고 있다.

4) 치료 단위식 접근에 대한 질문

(1) 일상적 임상 치료에 적용하기

치료 단위식 방법이 우리 영역에서 생소하기 때문에 확실히 예전의 구조와 형식에서 진화된 것이다. MATCH 프로토콜은 치료 단위 영역에서 단지 하나의 예일 뿐이다. 배치(deployment)에 초점을 둔 모형(Weisz, 2004; Weisz & Gray, 2008)과 일관되게, 우리는 일상적인 임상 치료의 힘든 여건 안에서 이 접근법을 개발하고 다듬으며 검증하고 있고, 예상했던 대로 경험을 통해 배우고 있다. 임상적으로 의뢰된 아동·청소년과 가족들에게 MATCH를 사용하고 일상적 치료에서 이를 적용하는 치료자들과 작업하는 것은 이 프로토콜을 다듬으려는 계획을 세우고 전반적인 단위식 설계를 명료화하는 데 도움이 되고 있다. 이 계획에 대한 몇 가지 질문의 예는 다음과 같다.

① **특정 치료 단위나 특정 문제 영역을 계속할 것인지, 아니면 한 단위에서 다른 단위로 이동할 것인지를 어떻게 결정하는가.** 원칙적으로 한 단위에서 다른 것으로 옮겨 가는 결정은 내담자가 현재 단위의 기술을 이해하고 숙달했는지 여부에 대한 정보에 따라 결정되어야 한다. 만약 그렇다면, 다음 단위로 옮겨 갈 시간이 된 것이다. 만약 그렇지 않다면, 이 치료 단위에 대해 더 노출시키는 것이 숙달과 증상 감소를 가져올지 또는 이 단위 안에서 더 이상의 소득이 없을 것인지를 결정해야 한다. 우리는 이런 판단을 내담자의 반응에 대한 치료자의 피드백(예를 들어, 내담자의 이해 정도, 관심 및 관여 수준)에 더해 계기판이 주는 정보에 근거해서 내리고 있다(예를 들어, 얼마나 많은 회기가 이 치료 단위에 초점을 두었는지, 이 단위가 도입된 이래 얼마나 큰 행동 변화가 일어났는지). 우리는 더 체계적이

고 경험적으로 추출된 결정 규칙을 개발할 수 있을지, 또는 개발해야 할지 여부에 대해 고민 중이다. 특정 문제 영역(예를 들어, 우울) 내에 머무를 것인지 아니면 다른 영역으로 옮겨 갈 것인지에 대해 결정을 내리는 문제에 대해서도 똑같은 고민이 있다.

② **치료가 완료되는 때를 어떻게 결정하는가.** 많은 EBP 매뉴얼에는 치료의 적절한 종결이 매뉴얼 내용(예를 들어, 설명된 모든 회기)의 완료 또는 수행 준거의 달성(예를 들어, 불안 치료에서 표적에 대한 노출의 완료 또는 행동적 부모 훈련에서 부모 행동에서의 확실한 변화)에 의해 결정된다고 정의되어 있다. 단위식 치료에서는 대개 이와는 다른 치료 종결 규칙이 요구된다. 왜냐하면 ① 우리는 대부분의 내담자가 모든 부분을 완료하거나 심지어 한 부분 내에서 모든 치료 단위를 완료할 것을 기대하지 않고, ② 동시에 발생하는 문제들과 치료 도중에 일어나는 치료적 요구에서의 변화에 초점을 두기 때문에 치료를 시작할 때 한 개의 주된 성공 준거를 파악하기 어렵다. 따라서 우리는 ① 사용된 치료 단위가 내담자의 요구에 가장 적절한지, ② 이 단위를 사용한 치료적 이득이 확실하고 지속되는지, ③ 대부분의 이득이 달성되었는지 여부를 결정하기 위해 판단하는 시점에서 계기판, 치료자의 피드백, 그리고 부모와 아동이 제공한 내용 등에 나타난 향상의 정보를 사용한다. (앞에서 논의한) 치료 단위와 장애 영역에 대한 판단과 더불어, 우리는 이 방법과 부가적인 경험적 접근의 올바른 결합을 추구하고 있다.

③ **단위식 치료에서 결정을 내릴 때 부모 대 아동의 평정에 어떻게 가중치를 두는가.** 평가 자료를 자주 수집하는 것(우리가 사용하는 일부 척도의 경우 매주 사용)은 단위식 치료에서 필요한 중요한 결정의 근거인 정보의 가치를 높여 주고, 치료받는 아동과 부모로부터 나오는 정보를 모두 포함하는 것이 현명해 보인다. 그러나 많은 증거가 누적되면서 (Achenbach, Howell, & McConaughy, 1987을 보라), 부모와 아동 · 청소년의 보고는 자주 일치하지 않는다. 주별 아동의 보고는 치료상 진전을 나타내고 다른 치료 단위나 다른 문제 영역으로 옮겨 갈 준비가 되었음을 시사하지만 부모 보고는 그렇지 않음을 나타낼 때, 우리는 누구의 보고가 더 타당한지 판단해야 하는데, 사용 가능한 다른 정보(예를 들어, 과거에 아동과 부모 보고의 신뢰도에 대해 알고 있는 것, 학교와 집에서 아동의 현재 기능에 대해 알려 주는 더 객관적인 지표들)에 근거해 판단하게 된다. 시간이 지나면서 우리는 이러한 정보의 흐름을 통합하는 더 정교한 방법을 개발할 것으로 기대한다.

④ **치료자가 프로토콜에 충실하게 따르는지를 어떻게 평가하는가.** 단위식 치료가 일상적 임상 치료로 들어갈 때 우리는 치료자가 이 프로토콜을 어느 정도나 충실하게 이행하는지를 평가할 방법을 갖고 있을 필요가 있다. 가장 기본적 수준에서 충실도는 각 치료 단위에 설명되어 있는 치료 절차를 실시하는 것이다. 그러나 단위식 접근에 대한 충실도는 흐름도와, 현장의 지도감독자가 개발한 계획을 신뢰성 있게 수행할 때 의사결정의 원칙에 따르는 것 또한 관련된다. 계기판([그림 12-3])은 충실도에 대한 이러한 후자의 형식을 나타낸다. 즉, 가운데 부분의 빈 원은 어떤 치료 단위가 다음에 올 것인지에 대해 지도감독자와 치료자가 동의한 것을 나타내고, 다이아몬드 표시는 그 회기 내에서 실제 치료 내용을 수행했음을 나타낸다. 단순한 방식으로 이 체계를 사용한다면 원 안의 다이아몬드를 충실도의 지표로, 원 밖의 다이아몬드는 비충실도의 지표로 볼 것을 주장할 수 있다. 그러나 지도감독 동안 만들어 낸 계획에서 이탈된 치료자의 결정이 치료 회기를 실시하는

중에 얻은 정보에 근거한 좋은 판단인 경우를 우리는 자주 본다. 예를 들어, 이전 치료 단위의 숙제 부과에 대해 논의한 결과 그 단위에 대해 더 설명하고 연습하는 것이 필요함을 시사했기 때문에 '인지적 BLUE' 치료 단위([그림 12-1]을 보라)로 옮겨 가는 계획을 연기하는 것은 현명한 결정이다. 우리는 회기 도중에 치료자가 좋은 판단을 내릴 경우에 충실도를 알아내는 방법에 대해 작업 중이다.

⑤ **종합하면, 경험적으로 안내된 의사결정을 임상적 판단과 어떻게 통합할 것인가.** 우리의 많은 정교화 계획은 하나의 질문으로 집약된다. 즉, 단위식 치료 과정에서 경험적 평가와 임상적 판단을 통합하는 가장 좋은 방법은 무엇인가? 경험주의에 대한 우리의 믿음은 어떠한 임상적 결정에 있어서든 표준화된 평가의 사용을 포기하기 어렵게 만든다. 그러나 단위식 치료에서 요구되는 많은 결정, 일상적 임상 치료에서 다룰 수 있는 정도의 객관적 평가의 부담을 포기하지 않으려는 우리의 요구, 그리고 단위식 치료에서 필요한 일부 판단의 경우 현존하는 표준화된 척도로 정확히 지지되지 않는다는 사실은 효율적인 평가, 치료자와 지도감독자의 판단, 가족 구성원이 제공한 정보 등을 통합하여 많은 중요한 결정을 내리게끔 하였다. 이러한 요소들 간의 올바른 균형을 달성하는 것이 우리가 계속 추구해야 할 목표 중 하나다.

(2) 앞으로 해야 할 일

우리는 단위식 개입에 대해 몇몇 광범위한 질문들에 또한 직면해 있다.

① **단위식 프로토콜은 얼마나 상세해야—아니면 개념적이고 효율적이어야—하는가?** 한 가지 중요한 질문은 단위식 프로토콜에서 상세함의 이상적인 수준에 관한 것이다. 심지어 각본의 경우에도 극단적으로 상세한 치료 단위를 가진 프로토콜을 만드는 것이 가능할 것이다. 그러나 우리는 치료자가 비교적 빨리 배우고 깊이 있는 사례 자문을 통해 폭넓게 배울 수 있는, 핵심적 기술에 초점을 둔 개념적 접근을 채택하였다. 이는 대부분의 사례에서 3~5쪽의 비교적 간략한 치료 단위들을 만들게 했다. 이는 매뉴얼이 치료자에게 매력적으로 보이게 하고 훈련과 기술 습득에서 효율성을 강화하는 것 같다. 더 길고 더 복잡한 훈련 절차를 가진 더 상세한 설명이 더 나은 결과를 가져올 것인가? 이 질문에 대한 답은 앞으로 몇 년 내에 확실해질 것이다.

② **치료 단위식 프로토콜이 얼마나 포괄적이어야 하는가?** 치료자와 내담자를 압도하지 않으면서 얼마나 많은 치료적 초점이 프로토콜 안에 포함될 수 있는가? MATCH는 불안, 우울, 품행 및 외상과 관련된 문제와 장애들을 포괄한다. 그런 아이디어는 특히 외래에 의뢰되는 흔한 문제들을 포괄하기 위한 것이었다. 다른 문제와 장애들이 더 추가될 수 있을 것이다. 실제로, 의뢰되는 대부분의 주된 문제들은 단위식 틀 안에서 다루어질 수 있을 것이다. 그러나 하나씩 더해지는 것은 숙달되기 위해서 더 길고 더 복잡한 프로토콜, 더 긴 시간의 훈련과 훈련 사례의 다양성이 필요함을 뜻한다. 가용한 시간을 넘어서는 교수와 학습 부담, 저장 용량을 넘어서는 기억 부담, 그에 따른 치료의 효율성 하락 등을 고려할 때, 어느 선을 넘으면 손해가 될지에 대해 적정 지점이 있을 것이다. 적절한 크기의 치료 단위 포괄성은 미래 연구의 도전 과제다.

③ **어떤 유형의 치료자 능력이 단위식 치료의 성공에서 가장 중요한가, 그리고 그것이 어떻게 측정되고 키워질 수 있는가?** MATCH를 사용하는 치료자들과 작업하면서, 우리는 아동 및 부모와 관계 맺

는 능력, 그들에게 기술을 배우고 과제를 하도록 동기를 유발하는 능력, 치료 단위 내용을 정확하고 명료하게 실시하는 능력, 내담자가 치료 내용을 이해하고 관심을 갖는지 측정하는 능력, 회기 내에서 안건을 세우고 충실하게 이행하는 능력 등과 같은 기본적인 치료자 기술에 큰 가치를 두게 되었다. 이에 더해 우리는 어떤 '부가적인 것들'이 치료에서 진짜 차이를 가져올 수 있다고 생각한다. 그중 하나는 예상하지 않은 사건들을 활용하는 능력으로, 갑작스러운 내담자의 울음조차도 기술 학습의 유용성을 설명하고 시범 보이는 기회로 사용하는 능력이다. 또 다른 것은 얼마나 오래 한 치료 단위를 지속할지를 판단하고, 새로운 문제 영역으로 언제 옮겨 갈 것인지를 결정하며, 어떤 새로운 초점이 내담자에게 가장 효과적일지를 평가하는 기술이다. 이런 기술들의 목록이 계속 축적됨에 따라 우리는 그 기술들을 평가하고—더 중요하게는—키울 수 있는 타당한 방법들을 찾게 될 것이다.

4. 결 론

치료를 개발하고 검증하는 연구들이 증가하고 치료 매뉴얼에 치료 절차들이 축적된 덕분에 약 한 세기 동안 아동 · 청소년 심리치료가 예술에서 엄격한 과학으로 점차 변화되어 왔다. 증거 기반 치료가 집약된 결과는 이 분야의 과학적 선구자들의 경이로운 업적이고, 미래에 더 발전을 가능하게 하는 매우 실제적인 토대다. 미래에 해야 할 중요한 부분은 효율성 검증으로부터 일상적 임상 치료에 적용하는 것으로의 전이이고, 이런 전이는 치료 설계에 대한 새로운 생각에서 비롯될 수 있다. 아동의 공병, 치료 중 치료적 요구의 변화, 치료자가 여러 EBPs를 배울 기회의 한계, 그리고 치료자가 계속 사용할 동기를 갖게 할 필요성 등의 적용에서의 어려움은 단위식 설계를 통해 다루어질 수 있다. 우리가 예시를 보인 접근법인 MATCH는 아동 · 청소년의 불안, 우울, 외상 및 품행 관련 장애에 사용하기 위해 제작된 단위식 프로토콜이다. 흐름도와 임상적 정보 체계가 치료 단위 사용의 결정, 치료 초점의 변화, 종결 시기 등을 안내하고, 효율적이고 간결한 설계는 훈련 부담을 줄이고 바쁜 치료자들의 접근 가능성을 높인다. 우리는 MATCH에 대해 경험적 검증에 관여하고 있고, 단위식 설계의 가장 효과적인 사용을 위해 요구되는 평가, 의사결정 및 실시 방략을 더 정교화하려는 계획을 계속하고 있다.

〈감사의 글〉

이 장에서 언급된 업적은 국립정신건강연구소(NIMH)의 존 D.와 캐서린 T. 맥아더(John D. and Catherine T. MacArthur) 재단, 애니 E. 케이시(Annie E. Casey) 재단의 케이시 가족 프로그램, 그리고 놀리언(Norlien) 재단이 존 R. 와이즈(John R. Weisz)에게 지원한 연구비, 그리고 존 D.와 캐서린 T. 맥아더 재단과 애니 E. 케이시 재단이 브루스 F. 초피타(Bruce F. Chorpita)에게 지원한 연구비로 수행되었다.

후 주

1. 아동 STEPS는 2001년부터 존 D.와 캐서린 T. 맥아더(John D. 와 Catherine T. MacArthur) 재단으로부터 연구비를 지원받은 아동 · 청소년 정신건강에 대한 연구 네트워크(Research Network on Youth Mental Health)를 지칭한다. 네트워크 구성원은 Bruce F. Chorpita, Ann Garland, Robert Givvons, Charles Glisson, Evelyn Polk Green, Kimberly Hoagwood, Kelly Kellher, John Landsverk, Stephen Mayberg, Jeanne Miranda, Lawrence Palinkas, Sonja Schoenwald와 John R. Weisz(네트워크의 총감독 및 책임 연구자)다.

참고문헌

Achenbach, T. M., McConaughy, S. H., & Howell, C. T. (1987). Child/adolescent behavioral and emotional problems: Implications of cross-informant correlations for situational specificity. *Psychological Bulletin, 101,* 213-232.

Achenbach, T. M., & Rescorla, L. A. (2001). *Manual for the ASEBA School-Age Forms and Profiles.* Burlington, VT: University of Vermont, Research Center for Children, Youth and Families.

Addis, M. E., & Krasnow, A. D. (2000). A national survey of practicing psychologists' attitudes toward psychotherapy treatment manuals. *Journal of Consulting and Clinical Psychology, 68,* 331-339.

Angold, A., Costello, E. J., & Erkanli, A. (1999). Comorbidity. *Journal of Child Psychology and Psychiatry, 40,* 57-87.

Bandura, A., Grusec, J. E., & Menlove, F. L. (1967). Vicarious extinction of avoidance behavior. *Journal of Personality and Social Psychology, 5,* 16-23.

Bearman, S. K., Ugueto, A., Alleyne, A., & Weisz, J. R. (2010). Adapting CBT for depression to fit diverse youths and contexts: Applying the development-focused model of treatment development and testing. In J. R. Weisz & A. E. Kazdin (Eds.), *Evidence-based psychotherapies for children and adolescents, second edition* (pp. 466-481). New York: Guilford Press.

Carroll, K. M. (1998). A cognitive-behavioral approach: Treating cocaine addiction (Therapy Manual for Drug Addiction, NIH Publication No. 98-4308). Rockville, MD: U.S. Department of Health and Human Services, National Institutes of Health.

Chorpita, B. F. (2007). *Modular cognitive-behavioral therapy for childhood anxiety disorders.* New York: Guilford Press.

Chorpita, B. F., Bernstein, A., Daleiden, E. L., & the Research Network on Youth Mental Health. (2008). Driving with roadmaps and dashboards: Using information resources to structure the decision models in service organizations. *Administration and Policy in Mental Health and Mental Health Services Research, 35,* 114-123.

Chorpita, B. F., & Daleiden, E. L. (2010). Building evidence-based systems in children's mental health. In A. E. Kazdin & J. R. Weisz (Eds.), *Evidence-based psychotherapies for children and adolescents* (pp. 482-499). New York: Oxford University Press.

Chorpita, B. F., Daleiden, E. L., & Weisz, J. R. (2005). Modularity in the design and application of therapeutic interventions. *Applied and Prevention Psychology, 11,* 141-156.

Chorpita, B. F., Reise, S., Weisz, J. R., Grubbs, K., Becker, K. D., Krull, J. L., et al. (2010). Evaluation of the Brief Problem Checklist: Child and caregiver interventions to measure clinical progress. *Journal of Consulting and Clinical Psychology, 78*(4), 526-536.

Chorpita, B. F., Taylor, A. A., Francis, S. E., Moffitt, C. E., & Austin, A. A. (2004). Efficacy of modular cognitive behavior therapy for childhood anxiety disorders. *Behavior Therapy, 35,* 263-287.

Chorpita, B. F., Yim, L. M., Donkervoet, J. C., Arensdorf, A., Amundsen, M. J., McGee, C., et al. (2002). Toward large-scale implementation of empirically supported treatments for children: A review and observations by the Hawaii Empirical Basis to Services Task Force. *Clinical Psychology: Science and Practice, 9,* 165-190.

Chorpita, B. F., & Weisz, J. R. (2009). *Modular Approach to Therapy for Children with Anxiety, Depression, Trauma, or Conduct Problems (MATCH-ADTC).* Satellite Beach, FL: Practice-Wise.

Clarke, G., Lewinsohn, P., & Hops, H. (1990). *Leader's manual for adolescent groups: Adolescent coping with depression course.* Portland, OR: Kaiser Permanente Center for Health Research.

Craske, M. G., Farchione, T., Allen, L., Barrios, V., Stoyanova, M., & Rose, R. (2007). Cognitive behavioral therapy for panic disorder and comorbidity: More of the same or less of more? *Behaviour Research and Therapy, 45,* 1095-1109.

Freud, S. (1909). Analysis of a phobia in a five-year-old boy. In *Standard editions of the complete psychological works of Sigmund Freud* (Vol. 10). London: Hogarth Press. (Original work published 1955)

Hammen, C., Rudolph, K., Weisz, J. R., Burge, D., & Rao, U. (1999). The context of depression in clinic-referred youth:

Neglected areas in treatment. *Journal of the American Academy of Child and Adolescent Psychiatry, 38,* 64-71.

Henggeler, S. W., Schoenwald, S. K., Borduin, C. M., Rowland, M. D., & Cunningham, P. B. (1998). *Multi-systemic treatment of antisocial behavior in children and adolescents.* New York: Guilford Press.

Jensen, A. L., & Weisz, J. R. (2002). Assessing match and mismatch between practitioner-generated and standardized interview-generated diagnoses for clinic-referred children and adolescents. *Journal of Consulting and Clinical Psychology, 70,* 158-168.

Kendall, P. C., Gosch, E., Furr, J. M., & Sood, E. (2008). Flexibility within fidelity. *Journal of the American Academy of Child and Adolescent Psychiatry, 47,* 987-993.

Kendall, P. C., Hudson, J. L., Gosch, E., Flannery-Schroeder, E., & Suveg, C. (2008). Cognitive behavioral therapy for anxiety disordered youth: A randomized clinical trial evaluating child and family modalities. *Journal of Consulting and Clinical Psychology, 76,* 282-297.

National Association of State Mental Health Program Directors. (2004). NASMHPD website listings: www.nasmhpd.org-programs.

National Institutes of Mental Health, National Advisory Mental Health Council, Workgroup on Child and Adolescent Mental Health Intervention and Development. (2001). *Blueprint for change: Research on child and adolescent mental health.* Rockville, MD: Department of Health and Human Services, Public Health National Institutes of Health.

Office of the Surgeon General. (1999). *Mental health: A report of the Surgeon General.* Rockville, MD: U.S. Department of Health and Human Services.

Office of the Surgeon General. (2004). *Report of the Surgeon General's Conferences on Children's Mental health: A national action agenda.* Rockville, MD: U.S. Department of Health and Human Services.

Parnas, D. L. (1972). On the criteria to be used in decomposing systems into modules. *Communications of the ACM, 13,* 1053-1058.

Patterson, G. R., McNeal, S., Hawkins, N., & Phelps, R. (1967). Reprogramming the social environment. *Journal of Child Psychology and Psychiatry, 8,* 181-195.

Persons, J. B., & Tompkins, M. A. (1997). Cognitive-behavioral case formulation. In T. D. Eells (Ed.), *Handbook of psychotherapy case formulation* (pp. 314-339). New York: Guilford Press.

President's New Freedom Commission on Mental Health. (2003). *Achieving the promise: Transforming mental health care in America: Final Report* (DHHS Publication No. SMA-03-3832). Rockville, MD: Department of Health and Human Services.

Schoenwald, S. K., Kelleher, K., Weisz, J. R., & the Research Network on Youth Mental Health. (2008). Building bridges to evidence-based practice: The MacArthur Foundation Child System and Treatment Enhancement Projects (Child STEPs). *Administration and Policy in Mental Health and Mental Health Services Research, 35,* 66-72.

Schulte, D., Kunzel, R., Pepping, G., & Schute-Bahrenberg, T. (1992). Tailor-made versus standardized therapy of phobic patients. *Advances in Behaviour Research and Therapy, 14,* 67-92.

Silverman, W. K., & Hinshaw, S. P. (Eds.). (2008). Evidence-based psychosocial treatments for children and adolescents: A ten year update [Special issue]. *Journal of Clinical Child and Adolescent Psychology, 37,* 1-301.

Simon, H. A. (1996). *The sciences of the artificial* (3rd ed.). Cambridge, MA: MIT Press.

Southam-Gerow, M. A., Weisz, J. R., & Kendall, P. C. (2003). Youth with anxiety disorders research and service clinics: Examining client differences and similarities. *Journal of Clinical Child and Adolescent Psychology, 32,* 375-385.

Weisz, J. R. (2004). *Psychotherapy for children and adolescents: Evidence-based treatments and case examples.* Cambridge, UK: Cambridge University Press.

Weisz, J. R., Chorpita, B. F., Frye, A., Ng, M. Y., Lau, N., Bearman, S. K., et al. (in press). Youth top problems: Using idiographic, consumer-guided assessment to identify treatment needs and track change during psychotherapy. *Journal of Consulting and Clinical Psychology.*

Weisz, J. R., & Gray, J. S. (2008). Evidence-based psychotherapies for children and adolescents: Data from the present and a model for the future. *Child and Adolescent*

Mental Health, 13, 54-65.

Weisz, J. R., Jensen-Doss, A. J., & Hawley, K. M. (2005). Youth psychotherapy outcome research: A review and critique of the evidence base. *Annual Review of Psychology, 56,* 337-363.

Weisz, J. R., Jensen-Doss, A. J., & Hawley, K. M. (2006). Evidence-based youth psychotherapies versus usual clinical care: A meta-analysisof direct comparisons. *American Psychologist, 61,* 671-689.

Weisz, J. R., & Kazdin, A. E. (2010). *Evidence-based psychotherapies for children and adolescents.* New York: Guilford Press.

Weisz, J. R., McCarty, C. A., & Valeri, S. M. (2006). Effects of psychotherapy for depression in children and adolescents: A meta-analysis. *Psychological Bulletin, 132,* 132-149.

Weisz, J. R., Southam-Gerow, M. A., Gordis, E. B., Connor-Smith, J. K., Chu, B. C., Langer, D. A., et al. (2009). Cognitive-behavioral therapy versus usual clinical care for youth depression: An initial test of transportability to community clinics and clinicians. *Journal of Consulting and Clinical Psychology, 77,* 383-396.

Weisz, J. R., Weiss, B., Han, S., Granger, D. A., & Morton, T. (1995). Effects of psychotherapy with children and adolescents revisited: A meta-analysis of treatment outcome studies. *Psychological Bulletin, 117,* 450-468.

제13장

여러 문제를 지닌 청소년 대상의 변증법적 행동치료

Alee L. Miller, Heather L. Smith, & Becky L. Hashim

변증법적 행동치료(dialectical behavior therapy: DBT)는 인지행동치료(CBT)에 포함되는 관점으로 정서와 행동 조절에 어려움이 있는 여러 문제를 지닌 청소년에 적용이 가능하다. 우리는 이 관점을 네 부분으로 나누어 서술한다. 첫 번째로는 DBT의 이론적 기초를 개관한다. 두 번째로는 청소년 대상 DBT 적용의 이론적 근거를 제시한다. 세 번째로는 다문제 청소년 대상의 DBT 적용에 대한 세부 사항들을 기술한다. 마지막으로는 청소년 대상의 DBT에 대한 예비적인 경험적 지지를 약술한다.

1. DBT의 이론적 기초

본질적으로 달라 보이는 DBT의 네 가지 이론적 기초, 즉 행동주의, 선종(禪宗, Zen), 변증법 그리고 생물사회이론은 (말 그대로) 변증법적으로 통합되어 있다. 핵심적으로, DBT는 서구 심리학의 실제에서 도출된 CBT에 기초한 **변화** 전략(Kendall, 이 책 1장을 보라)과 (선종) **수용**에 대한 동양적 실천(Linehan, 1993) 사이의 조화를 통해 추출된 혼합물이다. DBT에서 사용된 CBT 개입은 대부분 행동주의 및 인지 이론에 기초된다. 실제 장면에서의 표준화된 CBT는 경험적으로 타당화된 변화 전략들인 노출법, 유관성 관리, 문제해결 그리고 인지 수정을 사용한다. 하지만 전통적인 CBT와는 대조적으로, DBT는 내담자에게 그들의 생각과 행동을 변화시키는 방법을 가르치는 것 이상을 시도한다. 또한 DBT는 사람들이 지금 이 순간 그들의 현실(그들의 행동, 정서 및 환경을 포함한)을 **수용**하는 방법을 가르친다. DBT는 선종의 마음챙김 실천에서 도출된 수용(Semple & Burke, 이 책 14장을 보라)을 강조하며, 개인의 마음챙김과 비판단적 참여를 포함한다.

변증법적 철학은 DBT 치료 전략의 이론적 기초를 제공한다. 이 철학은 현실을 계속적인 변화의 상태에서 내적 압력에 저항하는 상호 연관된 체계로 간주한다. '변증법'은 여러 문제를 지닌 환자를 치료하기 위해 탄생한 중다 압력(multiple tensions)을 말한다. DBT의 핵심 변증법에는 존재하는 환자 자신을 정확하게 수용하는 것(환자에게 자기 수용을 가르치는 것을 포함)과 동시에 그들을 변화시키도록 돕는 작업이 포함된다. 움직임, 속도, 흐름 등으로 특징지어지는 치료 양식에서, 치료자는 환자 자신의 '중도'를 발견하기 위해 내면의 대항 세력들을 통합하도록 돕는다.

개인 치료자는 두 수준으로 변증법적인 초점을 맞춘다. 첫째, 치료 상호작용 내에서 치료자는 환자와의 협동적 관계를 유지하기 위해 변화와 수용, 융통성과 안정성, 도전과 육성 사이의 균형을 맞춘다. 둘째, 치료자는 환자에게 변증법적 사고와 행동을 가르치고 모델 역할을 하는 동시에, 환자의 행동과 생각을 반박하는 데 초점을 맞추기 위해 반대되거나 대안적인 자세(position)를 제안하는 식의 변증법적 전략을 이용한다. 우리는 환자가 '양자택일'의 사고에서 벗어나, '둘 다 가능한' 생각을 하길 원한다. 예를 들어, "저는 당신이 제1형 당뇨병을 지니고 있고, 매일 인슐린을 주사해야 한다는 사실에 화가 나 있는 동시에 이 질병을 수용하고 생존을 위해 식단을 감찰하는 방식을 알고자 한다는 것을 이해합니다."

리네한(Linehan, 1993)의 생물사회이론은 치료자와 청소년 환자, 그리고 그들의 가족이 정서 조절의 곤란이 뿌리 깊다는 점을 이해하도록 돕는 동시에 그 문제를 더 효과적으로 처리하도록 이끄는 방법으로서 방향을 제시하는 일종의 연민(compassion)이다. 리네한은 몇몇 사람이 다른 사람들에 비해 더 높은 민감성(즉, 정서 반응의 낮은 역치), 더 높은 반응성(즉, '큰' 혹은 강한 반응), 그리고 더 느린 회복 속도로 그들의 정서를 경험하는 생물학적 소인을 지니고 있다고 가정했다. 또한 그들 중 대부분은 정서적 취약성으로 인해 그들 자신의 정서를 조절하는 데 필요한 역량이 제한되어 있다. 그들은 낮은 정서 역치 및 관련 기술의 결함 둘 다를 지니고 있어서 행동 조절의 어려움을 비롯하여 대인관계 조절, 자기 조절 그리고 인지 조절에서의 문제를 나타낼 가능성이 높다. 그 외의 심리학자들은 혼란된 역할 정서 조절(the profound role emotion regulation)이 심한 조절 곤란 상태 아동의 일반적인 기능성 및 심리치료에 효과적으로 참여할 수 있는 역량에 영향을 미친다는 점에 주목했다(Southam-Gerow & Kendall, 2002).

그 이론에 따르면, 이러한 기능장애의 병인학은 생물학적 및 정서적으로 취약한 사람과 병약한 환경(즉, 취약성에 부정적으로 들어맞는) 사이의 상호작용에 초점을 맞춘다. 병약한 환경은 개인의 반응이 부정확하거나, 잘못되었거나, 부적절하거나, 혹은 어쨌든 간에 좋지 않다는 메시지를 지속적으로 그리고 전체적으로 보낸다. 예를 들어, 만일 부모가 하키 팀에 들어가지 못한 딸[1]이 짜증을 부리는 것에 대해 "네가 너무 멍청해서 아무것도 제대로 할 수 있는 것이 없어."라고 말한다면, 부모는 딸의 마음을 더욱 아프게 할 것이다. 이따금 환경이 악영향의 시초일 수도 있다(예를 들어, 신체적 또는 정서적 학대를 하는 경우). 하지만 대개는 환경 자체가 시간 흐름에 따라 개인의 정서 변화에 의해 야기되는 문제일 수도 있다. 이러한 상호작용 모델은 개인과 환경 사이에 호혜적으로 영향을 주고받는 방식에 초점을 맞춘다.

생물사회이론은 다양한 방식으로 치료자와 환자에게 도움을 준다. 첫째, 환자와 가족 구성원의 행동에 대한 경멸적인 해석(예: '피해자를 비난하는 것') 대신에 환자 및 가족에 대한 연민을 촉진시킨다. 둘째, 청소년의 생물학적 영향 및 부적절한 학습 경험에 초점을 맞춤으로써, 환자 및 가족에게 심리교육을 제공할 수 있다. 셋째, 극단적인 정서를 조절하는 기술을 획득하고, 정서 취약성 및 부적응적인 기분 의존적 행동을 줄이며, 타인과 자기 자신의 정서와 사고, 행동을 인정하는 법을 배우는 데 치료 초점을 맞추는 것을 지지한다.

2. 다문제 청소년 대상의 DBT 적용에 대한 이론적 근거

왜 다문제 청소년에게 DBT를 적용하려 하는가? 첫째, DBT의 생물사회이론(Linehan, 1993)은 지속적인 정서 조절 곤란의 병인론과 유지, 그리고 궁극적으로는 경계성 인격장애(borderline personality disorder: BPD)에 대한 설명을 제공한다. 앞서 언급했던 것처럼, 이론은 BPD가 정서 조절 체계의 기능 장해에 의해 야기된다고 주장한다. 이는 BPD 환자에서 보이는 대부분의 역기능적 행동(예: 자해, 물질 남용, 폭력 행위, 병적인 섭식)이 정서 조절 곤란의 직접적인 결과 혹은 재조절의 수단으로 간주될 수 있다는 개념에 부합된다. 예를 들어, 상대방으로부터 버림받았다고 지각하여 스트레스를 경험하는 여자 청소년은 정서 조절의 곤란을 경험할 경우 상대방에게 신체적인 폭행을 가하거나(즉, 정서 조절의 곤란으로 인한 직접적인 결과), 혹은 불안이나 슬픔에서 벗어나기 위해 약물을 사용할 수 있다(즉, 재조절의 수단). 그렇기에 역기능적 행동은 해결되어야 할 문제가 대개 고통스러운 정서 상태의 처리라는 점에서 부적응적인 문제해결 시도로 간주된다. 따라서 DBT 이론에서 정서 조절의 곤란이 환자의 행동적, 인지적, 자기, 대인관계 그리고 가족 문제를 야기할 수 있는 주요한 문제라고 강조한다는 점에서 DBT가 다른 대상으로 일반화될 수 있다는 제안은 타당해 보인다. 또한 치료는 정서 조절의 곤란을 비롯하여 행동, 인지, 자기 및 대인관계의 어려움에 적용할 수 있는 특정 기술들을 제시한다.

DBT를 청소년에게 적용할 수 있는 두 번째 근거는 집단 형태로 기술 훈련을 강조한다는 점이다. DBT 치료자는 모든 사람(치료자와 다른 성인을 포함한)에게 이득이 되는 중요한 '삶의 기술'을 제공하는 방식으로 기술 훈련을 제시한다. 많은 청소년과 그 가족은 과정 지향적이고 비구조화된 집단치료에 참석하는 것보다 구체적인 기술과 수단을 배우는 과정이 포함된 치료를 더 선호한다고 보고했다. 집단 내에서의 학습은 많은 청소년에게 친숙한 학교의 그것과 흡사하다.

셋째, 평범한 청소년일지라도 사춘기에 들어서면 수많은 신체적, 인지적, 사회적 그리고 정서적 변화를 경험한다. 발달 수준에 따른 난관과 변화는 새로운 심리적 어려움을 더욱 악화시킬 수 있다. 심리사회적 치료법의 발달은 표적 문제의 본질 및 특정 연령대의 발달 수준 모두의 지식을 지녀야 한다고 생각한다(Holmbeck, Devine, Wasserman, Schellinger, & Tuminello, 이 책 15장을 보라). DBT를 청소년에게 적용하는 데 있어서 밀러, 래더스, 리네한, 웨츨러와 레이(Miller, Rathus, Linehan, Wetzler, & Leigh, 1997)는 발달적 고려 사항에 기초한 여러 변화를 주었다. 예를 들어, 기술 유인물(skill handout)을 단순화하고, 청소년 행동 패턴 및 십대 가족 갈등과 관련된 새로운 기술들을 추가하며, 기술 훈련 집단에 부모를 포함하는 등이다. 그 외의 DBT 세부 사항들, 즉 원리, 기술, 형식, 표적 및 방략(strategies)은 유지된다. 청소년 대상의 DBT에 사용하는 재료들에 대해서는 밀러, 래더스와 리네한(Miller, Rathus, & Linehan, 2007)의 저서를 참고하길 바란다.

끝으로, 다문제 성인을 위한 DBT의 효율성과 더불어, 다문제 청소년에 대한 DBT의 적용도 유망해 보인다(Goldstein, Axelson, Birmaher, & Brent, 2007; Rathus & Miller, 2002; Salbach-Andrae, Bohnekamp, Pfeiffer, Lehmkuhl, & Miller, 2008; Trupin, Stewart, Beach, & Boesky, 2002). 이 연구들의 공통점은 청소년들이 자신의 강한 부정적 정서 상태를 조절하는 능력이 결핍되어 있어서 결국 충동적인 행동으로 귀결된다는 점이다. 정서 및 행동 조절의 곤란에 대한 프로필은 진단 간에 걸쳐 연관된 치료 양식으로서 DBT와 연결된다. 비록 우리가 다음 절에서 청소년 외래환자를 위한 DBT의 적용에 대해 서술하고는 있지만, 임상가들은 청소년 입원 병동(Katz, Gunasekara, Cox, & Miller, 2004), 거주치료 시설(Sunseri, 2004), 그리고 법정(Trupin et al., 2002) 및 학교 장면(Sally, Jackson, Carney, Kevelson, & Miller, 2002) 같은 다양한 기관에서의 치료에 적용해 왔다.

3. 다문제 청소년 대상의 DBT

1) 누구를 대상으로 DBT를 실시하는가

DBT는 다양한 치료 장면에서 여러 가지 심리적 및 행동적 문제를 지닌 청소년에게 시도되어 왔다. 해설 목적으로 우리가 가지고 있는 외래환자 모델을 개관한다. 우리의 외래환자 DBT 프로그램의 참여 기준에는 다음이 포함된다. ① 12~18세이고, ② 과거 16주 동안 자살 시도 혹은 비자살 자해 행동을 했거나 현재 자살 생각이 있으며, ③ 경계성 인격 특성(DSM-IV에서의 진단 기준에 부합되거나 적어도 3개 이상의 진단 기준에 해당되는)을 지니고 있다. 배제 기준에는 현재 정신병적 상태에 있거나 지적장애가 있는 경우가 포함된다. 우리가 치료했던 대부분의 청소년은 DSM-IV 축 I 장애인 기분장애나 불안장애, 물질사용장애, 섭식장애, 학습장애, 파괴적 행동장애 등의 공존 질환을 지니고 있었다. 연구 자료를 수집하지 않은 상태로 많은 청소년 DBT 프로그램이 포함 기준을 확장하여, 가지각색의 진단과 연관된 심한 정서적 및 행동적 조절 곤란을 지닌 '개입하기 어렵고', '치료가 힘든' 청소년들을 모집한다. 우리 환자들은 인종 및 사회경제적 수준에서 매우 다양하며, 도심의 저소득층 소수민족 가족에서부터 더 부유한 지역의 중산층 이상의 다수민족 가족까지 그 범위가 넓다.

2) 누가 치료를 제공하는가

치료 팀에는 DBT 훈련을 받은 세 명 이상의 정신건강 전문가가 포함되며, 되도록이면 청소년 치료 경험이 있는 것이 더 좋다. 우리는 심리학자, 심리학 수련 과정, 정신의학자, 정신과 전공의, 그리고 전임의와 사회복지사가 포함된 다학제 팀으로 작업한다. 그 외에도 간호사와 사회복지 상담사, 학습지도사, 정신건강 관리사 등이 참여할 수 있다. 팀원 중 적어도 1명(팀장일 가능성이 높은)이 DBT 교육(10일간의 교육과정)을 받는 것이 이상적이다. 기존에 인지행동치료와 가족치료 교육 및 경험을 한 것이 DBT를 배우고 능숙해지는 데 유용하다.

3) 치료의 구성은 어떻게 이루어지나

치료는 포함 기준을 확인하기 위한 심층 평가를 통해 시작된다. DBT로 결정된 이후에, 청소년은 적어도 20주 동안 앞서 언급한 다른 치료 방식의 5회기를 포함한 치료의 1단계를 시작한다. 청소년과 그 가족은 첫 번째 개별 회기에서 DBT에 대한 소개를 듣고, 첫 번째 다가족 기술 훈련 집단에 참여한다. 환자들은 20주 동안 1주에 2회기씩의 만남을 완수한 이후에 그들의 1차 표적 행동(예를 들어, 약물 사용, 폭식, 비자살 자해 행동, 우울)이 감소된 것으로 판단했을 때 1단계를 졸업한다. 그런 후에 청소년들은 DBT 2단계를 시작한다. 2단계는 졸업 집단으로, 1주 1회의 집단치료 회기와 더불어 부치료자와의 전화 상담을 포함한 16주 치료 유지 단계에 참여할 것을 요구받는다. 환자들이 이전에 표현했던 목표를 달성하지 못했다면 이를 제공하는 16주 집단 회기에 한 번 이상 재참여가 가능하다.

DBT에서는 참석 방침이 명백하게 제시되어 일관성 있게 따른다. 특히 20주 치료 프로그램에서 결석은 어떤 치료 방식이든 네 번까지만 허용된다. 만일 어떤 치료 방식(개인치료 혹은 다가족 기술 집단)에서 다섯 번의 결석을 한다면, 치료 '중단'으로 간주된다. 처벌을 위한 것이 아니라, 명확하고 일관성 있는 규칙 및 유관성을 통해 치료 순응성을 증진시키고자 하는 목적으로 방침을 제시한다. 다른 치료 기관에서 우리 외래환자 프로그램으로 의뢰된 환자들이 치료 약속에 참여하는 것에 대한 유관성에 익숙해지지 않음을 발견했다. 그로 인해 우리는 이 방침에 대한 근거를 명백하고 반복적으로 제시할 필요가 있다. 치료자들은 환자 및 가족 구성원들이 문제해결의 잠재력을 증진시키고, 그 방침에 대한 실제적인 장애물을 해결하도록 돕기 위해 애쓰고 있다.

4) 포괄적인 DBT란 무엇인가

DBT에서 포괄적인 치료는 다섯 가지 기능을 포함한다. ① 환자의 역량을 증진시키는 것, ② 환자의 변화 동기를 개선하는 것, ③ 새로운 역량이 치료 장면에서 환자의 실생활로 일반화될 수 있음을 확신시켜 주는 것, ④ 환자를 효과적으로 치료할 수 있는 치료자의 역량과 동기를 증진시키는 것, ⑤ 환자와 가족 그리고 치료자 역량을 뒷받침할 수 있도록 환경을 조성하는 것. 외래 환자 DBT에서 이러한 기능의 증진을 위해 개인치료, 다가족 기술 훈련 집단, 전화 상담, 치료자 자문 회의, 가족치료 등의 치료를 동시에 실시한다. 이런 치료 방식에는 약물치료 및 자조 집단 등의 보조치료도 해당된다. 주 치료자(즉, 개인치료자)는 그 체계가 하나의 전체로서 각각의 기능을 담당한다는 점을 확신시켜 준다.

'역량을 증진시키는 것'은 주로 심리교육적인 다가족 기술 훈련 집단에서 파생된 새로운 기술을 환자들이 학습하는 것을 의미한다. 기술 훈련 집단에서는 여러 기술을 가르친다. 마음챙김 기술은 자기의 혼란 상태(confusion about oneself)에, 정서 조절 기술은 정서적 불안정성에, 스트레스 인내 기술은 충동성을 표적으로, 대인관계 효과성 기술은 대인관계 문제에, 그리고 중도 행동 기술은 청소년-가족 갈등 및 딜레마에 적용할 수 있다. 두 번째 기능인 '동기 향상시키기'는 개인 및 가족 회기 모두에서 기술 사용 능력(즉, 동기 증진)을 방해하는 요인을 줄이기 위해 치료자와 일대일로 작업하는 것을 말한다. 세 번째 기능인 기술 일반화를 확신시켜 주는 것은 실제 개입(위기 시에 전화 상담을 하거나 개인이나 집단 혹은 가족 치료에서의 실제 상호작용)을 통해 야기된다. 우리는 언제 어디서든 기술 교습을 받기 위해 청소년이 주 치료자에게 전화하라고(가족 구성원은 기술 코치에게 전화하도록) 권한다. 중요한 점은 낡은 방법을 통해 문제를 해결하려고 시도한(해로운 약물을 사용하거나 타인과 물리적으로 다투는 등으로) 이후가 아니라 문제 행동을 보이기 전에 전화하는 것이다. 네 번째 기능인 치료자 자신을 위한 것은 DBT를 유능하게 수행하는 데 도움이 되는 기술적 도움 및 정서적 지지를 제공해 주는 치료자 자문 회의에 매주 참석하는 것이다. 이것은 본질적으로 '치료자를 위한 치료'로서 치료자가 소진되지 않도록 도우며 DBT 모델에 대한 충실성을 증진시켜 준다. 다섯 번째 기능은 환경을 조성하도록 돕는 다른 개입(예를 들어, 추가적인 가족 회기나 다른 치료 제공자 혹은 학교 직원과의 회의)을 추가하고, DBT 프로그램 자체의 필수 양식(mode) 및 구성(예를 들어, 지도감독 및 자문 회의를 위한 시간)을 보장함으로써 치료자가 효과적이고 유능한 방식으로 치료를 수행하도록 이끄는 것이다.

5) DBT는 어떤 치료 단계로 이루어지는가

DBT는 단계들로 구성되어 있다. DBT의 사전 단계 및 4단계에서는 각각의 특정한 치료 표적을 지닌다. 사전 단계에서는 치료에 몰입하여 집중하겠다는 약속을 받아내고, '문제 행동'을 줄이는 것을 목표로 삼는다. 1단계는 안전성을 확립하고, 행동 통제 문제를 치료한다. 2단계는 과거에 대한 정서 처리를 통해 외상후 스트레스를 줄이는 데 목표를 둔다. 3단계는 자기존중감을 증진시키고 개인적 목표에 따라 작업하도록 노력한다. 그리고 4단계는 쾌락 능력(hedonic capacity)을 증진시키는 데 초점을 맞춘다. 치료의 처음 20주 동안 이루어지는 작업의 대부분은 사전 단계 및 1단계 표적의 감소에 초점을 맞춘다. 대개 청소년은(이 장의 나머지에서 설명할) 졸업 집단이라고 알려진 치료의 두 번째 단계에 이를 때까지는 2~3단계 표적을 처리하지 못한다.

6) 1차 및 2차 행동 표적은 무엇인가

DBT의 치료 표적은 증가 혹은 감소시켜야 할 행동 세트를 포함한다. 2차 치료 표적은 1차 표적 기저에 존재하는 특정 행동 패턴과 관련이 있으며, 2차 표적의 처리 없이는 진술된 문제 행동을 줄일 수 있는 능력을 손상시킨다(Rathus & Miller, 2000).

(1) 1차 행동 표적

① 사전단계 표적

사전단계 표적은 DBT로 내담자를 이끌고 치료에 열심히 임하겠다는 약속을 하며, 특정 부적응 행동을 줄이고, 적응 행동의 증진을 위해 필요한 장기간의 목표를 향해 나아가는 것을 포함한다.

② 1단계 표적

여기에는 각 회기마다 표적으로 정할 필요가 있는 것들을 첫 번째부터 네 번째까지로 나누는 데 도움을 주는 위계적 방식의 목록이 있다.

생명을 위협하는 행동 줄이기 DBT는 자살 관련 행동을 가장 높은 순위의 표적으로 삼는다. 자살 및 비자살 자해 행동과 갑작스러운 자살 사고를 다루는 것이 다른 모든 표적보다 앞선다. 만일 환자가 다음 약속 이전에 자살 혹은 타살의 위험에 놓여 있다면, 덜 위험한 문제들을 다루기 전에 이것을 막는 데 필요한 작업을 한다. 이유는 명확하다. 환자가 가능한 한 치료에 계속 참여하기 위해서는 다음 회기에 살아 있어야 한다.

DBT는 자살 행동을 참을 수 없는 정서적 고통이 만연된 상태에서의 부적응적 문제해결책으로 간주한다. DBT는 환자가 의미 있는 삶을 구성하고, 효과적인 문제해결 행동이 부적응적인 문제해결 시도를 대치하도록 돕는다. DBT는 치료가 자살을 막기 위해서가 아니라 가치 있는 삶을 살아가도록 돕기 위해 고안된 생명 증진 프로그램이라고 명시하고 있다. DBT에서 사용되는 기술 및 방략들은 청소년들에게 종종 삶을 끝내고픈 욕구를 야기하는 문제들을 유지하거나 악화시키는 수많은 생활 스트레스원, 위기, 관계의 어려움, 학교 관련 문제 그리고 역기능적인 행동 패턴에 대처하고 변화시키도록 돕는다. 즉, 치료자는 자살을 가치 있는 선택으로 보도록 공모하는 것은 피하고, 효과적인 문제해결책들을 찾아 나갈 수 있도록 돕는다.

치료를 방해하는 행동 줄이기 다문제 청소년들은 높은 치료 중단율에 기여하는 반복적인 치료 실패를 경험해 왔을 것이다. 치료에서의 문제는 치료자의 치료 동기를 저하시키는 동기의 어려움, 관계 혹은 그 외의 행동상 문제나 효과적인 치료자 행동을 방해하고 비효과적인 행동을 강화하는 환자의 행동을 포함한다. DBT 치료자는 치료를 방해하는 환자, 가족 그리고 치료자 행동을 표적으로 삼는다. 치료 방해 행동을 줄이는 것은 환자의 삶의 질과 관련된 표적을 제거한다. 환자와 공유할 수 있는 이론적 근거는 명확하다. 만일 환자가 치료를 중단한다면, 다른 이슈에 대한 논의가 불가능하다. 치료를 받지 못하는 환자는 더 이상 치료를 통해 아무것도 얻지 못한다.

삶의 질을 저하시키는 행동 줄이기 다문제 환자는 직접적으로 그들의 삶의 질에 영향을 미치는 수많은 행동을 나타낸다. 이 행동들은 역기능적인 대인관계의 상호작용(예를 들어, 난잡하거나 안전하지 않은 성관계, 학대관계에 머물러 있기, 부모, 치료자, 교사와 거리 두기), 학교나 직장 관련 기능 장해(예를 들어, 수업 빼먹기, 낙제), 충동적 행동(예를 들어, 분노 발작, 절도), 물질 남용 및 관련 행동(예를 들어, 폭력성, 조직 폭력배), 정신건강과 관련된 역기능적 행동(예를 들어, 반복적인 입원, 응급실 방문), 그 외의 축I 혹은 축II 장애의 증상 패턴(예를 들어, 우울장애, 사회공포증), 신체 건강의 유지 문제(예를 들어, 당뇨병에 인슐린 투여를 하는 등의 필요한 약물 처방에 따르지 않기), 장기간의 목표를 방해하는 행동(예를 들어, 극단적인 행동적 수동성, 고교 중퇴, 임신) 등과 관련되어 있다.

(2) 2차 행동 표적

DBT의 2차 행동 표적은 특정 단계가 아닌 치료 전반에 걸쳐 제기된다. 이 표적들은 '변증법적 딜레마' 세트 혹은 양극단 사이에서의 동요로 특징지어지는 행동 패턴에 기초된다. 각각의 패턴은 정서적으로 취약한 개인 및 병약한 환경 사이의 상호작용 측면을 나타낸다. 오랜 시간을 거쳐 정서 조절의 곤란이 만연된 사람은 어떤 행동이 정서를 조절하지 못하게 만들고, 또 다른 행동이 정서를 조절하게 만드는 것을 학습한다. 양극단 사이의 끊임없는 변동은 환자가 양극단에서 경험하는 강한 긴장 및 불편감 때문에 발생한다고 가정된다. 이러한 변동은 치료적 변화의 장애물이다. 따라서 치료 표적에는 이러한 극단적인 행동 방식의 합을 발견하는 것이 포함된다. 비록 리네한(Linehan, 1993)이 제안한 원래의 변증법적 딜레마와 2차 표적이 더 어린 연령군에 적용이 가능하지만(표준 DBT의 변증법적 딜레마와 표적에 대한 확장된 논의는 Miller et al., 2007을 보라), 청소년의 1차 표적 문제를 성공적으로 치료하는 데 청소년 및 가족에 고유한 부가적인 행동 패턴에 더 많은 관심과 개입이 요구됨을 발견했다. 다문제 청소년은 그들의 부모 및 치료자들 사이에서 대개 동요되며 세 차원의 양극단 사이에 놓여 있다. ① 과도하게 관대하거나 권위주의적 통제, ② 정상 행동을 병적으로 보이는 것 대 병리적 행동을 정상처럼 보이는 것, ③ 의존성만을 보이거나 억지로 자율성을 드러내는 것(Miller et al., 2007). 본질적으로, DBT의 2차 표적은 변증법적 행동 패턴을 향상시키는 목적을 지니고 있으며, 이는 청소년과 그들의 가족 구성원이 극단적인 행동 패턴을 더 균형 잡힌 생활 습관으로 변화시키도록 돕는다. 치료의 단계와 상관없이, 강조점은 환자 및 그들의 가족 구성원이 '중도를 지킬 수 있는' 능력을 증진시키고 그들의 정서와 사고 그리고 행위에서 발생하는 수많은 필연적인 변증법적 긴장을 해결하는 것이다.

7) 치료 방식에는 어떤 것들이 있는가

(1) 개인치료

DBT 청소년 개인치료는 20주 동안 1주일에 1회 50~60분 회기로 구성된다. 개인치료자의 주요한 역할은 청소년의 변화 동기를 증진시키고 치료 기간 동안 치료에 열심히 참여하도록 이끄는 것이다. 치료자는 청소년을 위한 전체 치료 계획을 준비하고, 다가족 기술 집단에서 배운 기술을 집과 학교 장면에서 적용할 수 있도록 가르친다. 치료자는 청소년의 새로운 기술 행동을 변화시켜 유지하려는 노력으로 문제 지향적 변화 방략(즉, 전통적 인지행동적 기법) 및 수용 방략(즉, 핵심 인정 및 호혜적 의사소통 방략) 모두를 사용한다. 개인치료 회기에서, 치료자는 청소년과의 치료 동맹을 전략적으로 사용함으로써 새로 습득한 행동을 가르치고 강화해 주는 동시에 비효과적인 행동을 무시하거나 억제하는 것을 강화한다. 또한 주 치료자는 청소년의 실제 환경, 즉 가족 체계 및 학업 문제에 대해서도 효과적 유관성을 지니고 있음을 확신시켜 준다.

DBT에서 다문제 청소년의 문제 행동(즉, 비자살 자해 행동[NSSI], 가출, 폭식 등)을 변화시키는 첫 번째 단계는 그들의 행동을 조절하고 유지하는 변인(즉, 표적 행동의 지형학)을 확인하는 것이다. 치료자와 십대는 우선 십대의 정서적 취약성 요인(자정 전의 불면, 부모와의 갈등, 곧 있을 시험)을 확인하고, 표적 행동을 구성하는 일련의 사건과 생각 그리고 느낌에 대해 상세하게 서술한다. 행동 및 해결책 분석 동안, 치료자와 청소년은 문제 행동을 조절하고 유지시킨 선행 사건 및 강화물을 확인하고, 더 유용한 행동을 사용했거나 처음에 문제 행동이 발생했던 것을 미연에 예방했던 것을 강조하려 애쓴다. 치료자는 종종 기술 훈련, 노출, 유관성 관리 그리고 인지 수정으로만 제한된 것이 아닌, 해결책 분석에 경험적으로 입증된 인지 및 행동 방략을 사용하기도 한다.

(2) 다가족 기술 훈련 집단

이것은 매주 2시간 동안 실시되며, 3~4군의 청소년과 부모로 구성된 단위식 집단이다. 여러 가족을 함께 보는 것은 종종 그들의 경험을 이해할 수 있는 '보편성'의 개념을 촉진시키며, 공동체 의식과 학습, 치료에의 전념을 강화시킬 수 있다. 이 집단은 새로운 기술의 습득 및 강화를 위한 주요한 포럼이며, 개인 및 가족 치료 회기는 그들의 삶에서 직면하는 상황에 그 기술을 일반화하도록 돕는다.

DBT에서 배운 기술들은 DSM-IV의 경계성 인격장애 진단에 대한 리네한의 재조직(개편)과 거의 일치한다

(Linehan, 1993). 이 개편에 따르면, 기준 문제들이 조절 곤란의 5개 주요한 영역, 즉 정서, 행동, 자기, 대인관계, 그리고 청소년-가족 딜레마에 부합된다(Miller et al., 2007). 조절 곤란의 이 영역들은 BPD 기준에 들어맞지 않는다 할지라도, 다문제 청소년과는 관련이 있다. 조절 곤란의 영역들 및 부합되는 기술 단위는 다음에 제시되어 있다.

① 자기 조절의 곤란	핵심 마음챙김 기술
② 대인관계 조절의 곤란	대인관계 효과성 기술
③ 행동 및 인지 조절의 곤란	스트레스 인내 기술
④ 정서 조절의 곤란	정서 조절 기술
⑤ 청소년기 가족 딜레마	중도 지키기 기술

(3) 회기 사이의 자문

개인 회기 사이에, 청소년은 위기 상황에서 표적 행동을 시도하기 전에 치료자로부터 문제해결에 실제 도움을 받을 수 있도록 연락(삐삐, 전화, 문자 등 치료자의 선호에 따라)하라고 안내받는다. 회기 사이의 자문은 청소년이 치료실 밖에서 그들의 기술을 일반화할 수 있는 능력을 증진시키고, 필요하다면 치료자와의 관계를 회복하며, 좋은 소식을 가지고 치료자와 만나도록 돕는다. 기술 일반화의 목적으로 다가족 기술 집단의 가족 구성원 또한 집단의 주 치료자에게 전화 자문을 받도록 안내된다. 전화 자문은 DBT만의 독특한 방략이며, 치료자는 청소년 및 부모가 표적 행동을 실행하는 것보다 기술을 활용하고자 하는 의지를 강화하는 데 중점을 둔다. 회기 사이의 전화 만남에 대한 더 상세한 논의는 스타인버그, 스타인버그와 밀러(Steinberg, Steinberg, & Miller, 2011)의 연구를 참고하라.

(4) 가족치료

DBT 가족 회기는 여러 기능을 지닌다. ① 부모를 DBT에 적응시키고, ② 특정 문제 행동(예를 들어, NSSI, 우울, 병적 섭식)에 대한 심리교육을 제공하며, ③ 청소년의 부적응적 행동을 유지하는 데 기여하는 환경적 유관성을 수정하도록 돕고, ④ 가족 맥락 안에서 청소년 및 가족 구성원의 행동 기술 사용을 증진시키며, ⑤ 치료 순응성을 높이고 치료 방해 행동을 줄이는 것.

(5) DBT 자문 팀

대부분의 DBT 팀은 매주 90~120분의 자문 회기를 실시하는데, 청소년 치료에 직접적으로 관여하는 모든 개인 치료자와 기술 트레이너, 그리고 그 외의 DBT 스태프들이 참석해야 한다. 그 팀의 한 가지 기능은 모든 치료자가 DBT의 원리에 충실하고, 효과적으로 문제를 해결하며, 가능한 한 가장 효과적인 치료를 제공할 수 있도록 기술적 도움을 제공하는 것이다. 치료에서 다문제 청소년 및 그 가족과 함께 작업할 때 발생할 수 있는 스트레스 및 소진을 인정하고 이에 맞서 싸운다. 팀 구성원은 치료자의 사기를 진작시키고 치료에서의 변증법적 자세를 유지하도록 도움으로써 이를 달성한다. 전체적으로 자문 팀은 청소년 및 그들의 가족에게 사용하는 수용 및 변화의 방략을 그대로 사용함으로써 DBT 치료자를 '치료'한다.

8) DBT의 2단계는 무엇인가

DBT 프로그램 1단계를 졸업하면, 환자 및 가족 구성원은 졸업장을 받으며, 개인 치료자와의 개인치료, 다가족 기술 훈련 및 전화 자문이 종결된다. 치료의 2단계에서, 청소년은 매주 2시간씩 청소년 졸업자들(1단계의)과 두 명의 치료자로 구성된 '졸업 집단'에 참여하게 된다. 졸업 집단은 치료 유지 단계다. 1단계를 통한 이득을 유지하고 강화하는 방법이 없다면, 많은 다문제 청소년은 또다시 표적 행동이 재발할 위험에 놓인다. 졸업 집단은 먼저 16주 동안의 집단 회기에 참여하도록 요구한다. 하지만 만일 청소년이 새로운 치료 목표를 확인하고 이를 위해 능동적으로 치료에 임할 것을 약속한다면 추가로 16주의 치료를 더 받게 되며, 이를 통해 표적 행동이 나아지고, 치료 없이 살아갈 수 있도록 충분한 DBT 기술을 습득하고 일반화할 때 궁극적으로 졸업이 된다.

4. 청소년 대상 DBT의 경험적 지지

DBT는 만성적인 자살 위험성을 지닌 여성 BPD 환자를 위해 고안된 경험적으로 지지된 치료법(empirically supported treatment: EST)이다(Linehan et al., 1991; Linehan, 1993). 10회의 무선 할당을 사용한 임상 시험(RCTs)이 치료 개발자 및 다른 연구자 모두에 의해 시행되었으며, DBT가 사회적 적응 및 치료 순응성을 증진시킴으로써 자살 시도, NSSI 행동(빈도 및 의학적 위험 모두), 분노, 그리고 정신과 입원 일수를 유의미하게 더 줄였다(Bohus et al., 2000; Koons et al., 2001; Linehan, Heard, & Armstrong, 1993; Linehan, Tutek, Heard, & Armstrong, 1994; Linehan et al., 2002, 2006; Lynch, Morse, Mendelson, & Robins, 2003; Van den Bosch, Koeter, Stijnen, Verheul, & van den Brink, 2005; Verheul et al., 2003).

성인 DBT 연구는 외래 및 입원 환자, 낮병원, 법정 등 다양한 치료 장면에서 수행되었다(Groves, Backer, van den Bosch, & Miller, in press). DBT는 BPD와 물질 남용, 섭식장애를 동반한 환자를 비롯하여 BPD와 섭식장애를 함께 지닌 환자, 그리고 성격 문제를 지닌 노인성 우울 외래환자 등에서도 타당성이 입증되었다(Groves et al., in press). 일련의 성인 DBT 연구는 다양한 청소년군 대상의 DBT를 증명하려는 연구자들에게 기초를 제공했다.

1997년에 보고되었듯이, DBT는 밀러와 동료들(Miller et al., 1997, 2007)이 청소년에게 적용하였다. 비록 아직까지 어떤 RCT도 수행되지 않았지만, 두 개의 청소년 RCT 연구가 현재 진행 중에 있다. ① 멜럼(Mehlum)이 노르웨이 오슬로에서 평가를 수행 중이며, ② 뉴질랜드에는 쿠니(Cooney)가 연구 중이다.

우리의 조사에 기초하여, 청소년 대상의 DBT를 평가한 비무선화 연구들이 출판되었다. 래더스와 밀러(Rathus & Miller, 2002)의 DBT(29명)와 일상적 관리(TAU, 82명)를 비교한 12주 유사 실험 연구에서, DBT군의 청소년들이 TAU 환자들에 비해 정신과 입원이 더 적었으며, 더 높은 외래환자 치료 순응도를 보여 주었다. 또한 치료 전후의 척도를 비교한 결과, DBT군에서 우울 증상, 불안, 자살 생각, 그리고 BPD 증상의 유의미한 감소를 보고했다(Rathus & Miller, 2002).

카츠, 콕스, 거네스카라와 밀러(Katz, Cox, Gunasekara, & Miller, 2004)는 폐쇄병동 장면에서 2주 동안 62명의 청소년을 대상으로 DBT와 TAU 치료 성과를 비교했다. 입원 동안의 행동 문제가 감소되었으며 약물치료 순응도를 포함하여 치료 충실성이 증진되었다는 점에서 DBT가 TAU에 비해 더 우월했다. 퇴원하면서 두 치료 집단 모두 외래환자 치료로 전환되었다. 치료 1년 이후의 평가에서, 두 집단의 환자들은 모두 자살 생각, NSSI 행동, 그리고 우울 증상의 유의미한 감소를 보여 주었다.

플레이쉬하커, 문즈, 뵈메, 식스트와 슐츠(Fleischhaker, Munz, Böhme, Sixt, & Schulz, 2006), 우드베리, 밀러, 글린스키, 인딕과 미첼(Woodberry, Miller, Glinski, Indik, & Mitchell, 2002)은 자살 및 NSSI 청소년 외래 환자 대상의 비맹검 연구(open trial)에서 긍정적인 치료 성과를 보고했다. 또 다른 비맹검 연구에서, 제임스, 테일러, 윈밀과 엘포데리(James, Taylor, Winmill, & Alfoadari, 2008)는 지속적이고 심한 고의적 자해 행동[2]을 보이는 16명의 여자 청소년을 대상으로 DBT 성과를 검증했다. 치료 후 발견은 자기 보고된 우울, 절망감, 그리고 고의적 자해의 횟수가 매우 감소되었으며 환자의 전반적인 기능성이 유의미하게 증진되었음을 보여 주었다.

양극성장애로 진단된 10명의 청소년 외래환자에 대한 1년간의 비맹검 연구에서, 골드스타인과 동료들(Goldstein et al., 2007)은 밀러, 래더스와 리네한(Miller, Rathus, & Linehan, 1999)의 DBT 기술 매뉴얼을 활용하여 치료의 높은 실현 및 인정 가능성을 발견했다. 10명 중 9명의 환자(그리고 그들의 가족)가 치료를 완수했고, 그들의 경험에 높은 만족도 점수를 줬다. 또한 치료 이후에 환자들은 자살, NSSI 행동, 정서 조절의 곤란, 그리고 우울 증상들에서 유의미한 개선을 나타냈다.

DBT는 자살 및 NSSI 행동, BPD, 그리고 기분장애 외의 문제와 증상을 보여 주는 청소년들에서도 수행되었다. 예를 들어, 외현화 행동 문제를 지닌 청소년 치료에 DBT가 실시된 두 연구가 있다(Nelson-Gray et al., 2006; Trupin et al., 2002). 유사 실험 연구에서, 트루핀과 동료들(Trupin et al., 2002)은 폭력범죄로 투옥 중인 90명의 여성 재소자를 대상으로 DBT 치료 프로그램을 수행했는데, 그들 대부분은 심각한 정서적 동요, 품행장애 행동 그리고 정서장애 증상들을 지니고 있었다. DBT가 정신건강군 및 일반군에서 실시되었으며, 이 두 군이 TAU군의 청소년과 비교되었다. 결과는 DBT를 시행한 정신건강군의 청소년들이 다른 군이 보여 준 변화 이상으로 통계적으로 유의미한 행동 문제의 감소를 나타냈다. 또한 강도 높은 DBT 훈련을 받은 (즉, 정신건강군의) 스태프 구성원에 의한 개입은 개입 전년도보다 유의미하게 덜 가혹했다. 넥슨-그레이와 동료들(Nelson-Gray et al., 2006)은 32명의 적대적 반항장애 청소년을 대상으로 치료 이후 보호자에 의해 보고된 부정적 행동의 감소 및 긍정적 행동의 증가를 통해 16주의 DBT 기술 훈련 집단의 효과를 검증했다. 끝으로, 샐바크-안드레와 동료들(Salbach-Andrae et al., 2008)은 12명의 외래치료 중인 신경성 식욕부진증 혹은 폭식증 청소년 환자에 대한 치료로 DBT를 적용했다. 결과는 섭식장애군의 행동 증상 및 일반 정신병리의 유의미한 개선을 보여 주었으며, 저자들은 청소년 섭식장애 환자 치료에 DBT를 적용하는 것이 유망하며 미래 연구에서 밝혀질 것이라고 결론 내렸다. 비록 결론에 도달하기 전에 DBT의 RCT 결과를 기다리고 있지만, 다양한 정서 및 행동 문제를 지닌 청소년에 대한 DBT 적용의 예비 연구는 꽤나 유망해 보인다.

5. 결 론

DBT는 BPD로 진단된 만성적인 자살 위험 성인 대상으로 처음 개발된 증거 기반 치료법이다(Linehan et al., 1991). DBT는 다양한 진단 및 행동 프로파일을 지닌 자살 위험 청소년과 다문제 청소년들에 적용되도록 채택되었다. 청소년 DBT는 개인치료, 다가족 기술 훈련 집단, 전화 자문, 가족치료, 그리고 매주 치료자 자문 회의를 포함하여 다양한 방식을 포함하는 포괄적인 치료법이다. 졸업 집단은 청소년들이 그 이득을 유지하도록 도울 것이라고 시사된다. 예비 연구 결과들은 유망하다(Miller et al., 2007).

후 주

1. 우리는 13장 전체에서 우리의 청소년 내담자들을 여성으로 지칭했는데, 이것은 별다른 이유가 없긴 하지만 DBT에 의뢰된 여성의 수가 더 많음을 뜻하기도 한다.
2. '고의적인 자해'는 자살 및 비자살 자해 행동의 특징을 모두 지닌 것으로 많은 유럽 임상 연구자들이 사용하는 더 상위의 용어다.

참 고 문 헌

Bohus, M., Haaf, B., Stiglmayer, C., Pohl, U., Böhme, R., & Linehan, M. (2000). Evaluation of inpatient dialectical behavior therapy for borderline personality disorder-a prospective study. *Behaviour Research and Therapy, 38,* 875-887.

Fleischhaker, C., Munz, M., Böhme, R., Sixt, B., & Schulz, E. (2006). Dialectical Behaviour Therapy for Adolescents (DBT-A)—a pilot study on the therapy of suicidal, parasuicidal, and self-injurious behaviour in female patients with a borderline disorder. *Zeitschrifte Kinder Jugendpsychiatrie und Psychotherapie, 34*(1), 15-25.

Goldstein, T. R., Axelson, D. A., Birmaher, B., & Brent, D. A. (2007). Dialectical behavior therapy for adolescents with bipolar disorder: A 1-year open trial. *Journal of the American Academy of Child and Adolescent Psychiatry, 46,* 820-830.

James, A. C., Taylor, A., Winmill, L., & Alfoadari, K. (2008). A preliminary community study of dialectical behavior therapy (DBT) with adolescent females demonstrating persistent, deliberate self-harm (DSH). *Child and Adoles-*

cent Mental Health, 13, 148-152.

Katz, L. Y., Cox, B. J., Gunasekara, S., & Miller, A. L. (2004). Feasibility of dialectical behavior therapy for suicidal adolescent inpatients. *Journal of the American Academy of Child and Adolescent Psychiatry, 43*(3), 276-282.

Katz, L. Y., Gunasekara, S., Cox, B. J., & Miller, A. L. (2004). Feasibility of dialectical behavior therapy for parasuicidal adolescent inpatients. *Journal of the American Academy of Child and Adolescent Psychiatry, 43,* 276-282.

Koons, C. R., Robins, C. J., Tweed, J. L., Lynch, T. R., Gonzalez, A. M., Morse, J., et al. (2001). Efficacy of dialectical behavior therapy in women veterans with borderline personality disorder. *Behavior Therapy, 32,* 371-390.

Linehan, M. M. (1993). *Cognitive behavioral therapy of borderline personality disorder.* New York: Guilford Press.

Linehan, M. M., Armstrong, H. E., Suarez, A., Allmon, D., & Heard, H. L. (1991). Cognitive behavioral treatment of chronically parasuicidal borderline patients. *Archives of General Psychiatry, 48,* 1060-1064.

Linehan, M. M., Comtois, K. A., Murray, A. M., Brown, M. A., Heard, H. L., Gallop, R. J., et al. (2006). Two-year randomized controlled trial and follow-up of dialectical behavior therapy vs. therapy by experts for suicidal behaviors and borderline personality disorder. *Archives of General Psychiatry, 63,* 757-766.

Linehan, M. M., Dimeff, L. A., Reynolds, S. K., Comptois, K., Shaw-Welch, S., Heagerty, P., et al. (2002). Dialectical behavior therapy versus comprehensive validation plus 12-step for the treatment of opioid dependent women meeting criteria for borderline personality disorder. *Drug and Alcohol Dependence, 67,* 13-26.

Linehan, M. M., Heard, H. L., & Armstrong, H. E. (1993). Naturalistic follow-up of a behavioral treatment for chronically parasuicidal borderline patients. *Archives of General Psychiatry, 50,* 971-974.

Linehan, M. M., Schmidt, H., Dimeff, L. A., Craft, J. C., Kanter, J., & Comptois, K. (1999). Dialectical behavior therapy for patients with borderline personality disorder and drug-dependence. *American Journal on Addictions, 8,* 279-292.

Linehan, M. M., Tutek, D. A., Heard, H. L., & Armstrong, H. E. (1994). Interpersonal outcome of cognitive behavioral treatment for chronically suicidal borderline patients. *American Journal of Psychiatry, 151,* 1771-1776.

Miller, A. L., Rathus, J. H., & Linehan, M. M. (1999). *Multi-family skills training manual.* Unpublished manuscript, Bronx, New York.

Miller, A. L., Rathus, J. H., & Linehan, M. M. (2007). *Dialectical behavior therapy with suicidal adolescents.* New York: Guilford Press.

Miller, A. L., Rathus, J. H., Linehan, M. M., Wetzler, S., & Leigh, E. (1997). Dialectical behavior therapy adapted for suicidal adolescents. *Journal of Practical Psychiatry and Behavioral Health, 3,* 78-86.

Nelson-Gray, R. O., Keane, S. P., Hurst, R. M., Mitchell, J. T., Warburton, J. B., Chok, J. T., et al. (2006). A modified DBT skills training program for oppositional defiant adolescents: Promising preliminary findings. *Behaviour Research and Therapy, 44,* 1811-1820.

Rathus, J. H., & Miller, A. L. (2002). Dialectical behavior therapy adapted for suicidal adolescents. *Suicide and Life-Threatening Behavior, 32,* 146-157.

Rutherford, L., & Couturier, J. (2007). A review of psychotherapeutic interventions for children and adolescents with eating disorders. *Journal of the Canadian Academy of Child and Adolescent Psychiatry, 16,* 153-157.

Salbach-Andrae, H., Bohnekamp, I., Pfeiffer, E., Lehmkuhl, U., & Miller, A. L. (2008). Dialectical behavior therapy of anorexia and bulimia nervosa among adolescents: A case series. *Cognitive and Behavioral Practice, 15,* 415-425.

Sally, M., Jackson, L., Carney, J., Kevelson, J., & Miller, A. L. (2002, November). *Integrating DBT skills training groups in an underperforming high school.* Poster session presented at the 7th Annual Meeting of the International Society for the Improvement and Training of DBT, Reno, NV.

Steinberg, J., Steinberg, S., & Miller, A. L. (2011). Intersession phone contact with suicidal adolescents receiving DBT: Procedures and pitfalls. *Cognitive and Behavioral Practice, 18,* 196-206.

Southam-Gerow, M., & Kendall, P. C. (2002). Emotion regulation and understanding: Implications for child psychopathology and therapy. *Clinical Psychology Review, 22,* 189-222.

Sunseri, P. A. (2004). Preliminary outcomes on the use of dialectical behavior therapy to reduce hospitalization among adolescents in residential care. *Residential Treatment for Children and Youth, 21,* 59-76.

Trupin, E. W., Stewart, D. G., Beach, B., & Boesky, L. (2002). Effectiveness of a dialectical behavior therapy program for incarcerated female juvenile offenders. *Child and Adolescent Mental Health, 7,* 121-127.

van den Bosch, L. M. C., Koeter, M., Stijnen, T., Verheul, R., & van den Brink, W. (2005). Sustained efficacy of dialectical behaviour therapy for borderline personality disorder. *Behaviour Research and Therapy, 43,* 1231-1241.

Verheul, R., van den Bosch, L. M. C., Koeter, M. W. J., De Ridder, M. A., Stijnen, T., & van den Brink, W. (2003). Dialectical behavior therapy for women with borderline personality disorder: 12-month, randomized clinical trial in the Netherlands. *British Journal of Psychiatry, 182,* 135-140.

Woodberry, K., Miller, A. L., Glinski, J., Indik, J., & Mitchell, A. (2002). Family therapy and with behavior therapy with adolescents: Part II. A theoretical review. *American Journal of Psychotherapy, 56,* 582-602.

제14장

마음챙김에 기초한 아동 및 청소년 치료

Randye J. Semple & Christine A. Burke

당신의 생각은 '그냥 생각'일 뿐이며, 그 생각들은 '당신' 혹은 '현실'이 아님을 알게 되면 얼마나 자유로운지 놀라울 것이다…….

−카밧진(Kabat-Zinn, 1990, p. 69)

지난 20년 동안 만성 통증, 불안, 우울 및 다른 장애를 가진 성인들을 위한 마음챙김에 기초한 심리치료의 개발과 시행에 대한 관심이 상당히 증가하였다. 다른 보건 분야의 발달과 비슷하게, 성인을 대상으로 한 치료들을 지지하는 초기 증거들을 뒷받침하는 아동 및 청소년에 대한 연구, 임상 실험이 뒤따랐다. 성인에 대한 마음챙김에 기초한 개입들은 임상심리학, 정신의학, 행동 건강 및 정신신체의학 등에서 널리 받아들여졌고, 기분, 불안 및 다른 장애의 치료에 효과적이었다(Baer, 2003; Grossman, Niemann, Schmidt, & Walach, 2004; Hofmann, Sawyer, Witt, & Oh, 2010). 하지만 아동 및 청소년에 대한 실행 가능성, 수용 가능성 및 치료의 효과성에 대한 연구는 이제 막 시작되었다.

우리는 먼저 '마음챙김'에 대해 정의한 후, 마음챙김과 인지행동적 접근 사이의 전반적인 유사점과 차이점에 대하여 논의하고자 한다. 비록 마음챙김이 명상적 종교와 영적 전통에서 유래한 것이기는 하나, 우리는 대중적 및 임상적 맥락에서의 연구와 응용에 대해 살펴볼 것이다. 또한 마음챙김에 기초한 아동 및 청소년에 대한 치료와 관련된 현존하는 연구들이 매우 적기 때문에, 마음챙김에 기초한 성인에 대한 네 가지 개입 방법을 간단히 살펴본 후 각각이 아동 및 청소년에게 어떻게 적용되어 사용될 수 있을지 논의하고자 한다. 이후 아동 및 청소년과 관련된 마음챙김에 기초한 접근의 미래의 가능한 방향을 탐색하며 이 장을 마치고자 한다.

1. 마음챙김이란 무엇인가

서양의 심리학에서 마음챙김에 기초한 치료들이 상대적으로 새로운 것이기는 하지만, 이는 2500년도 더 전부터 시작된 불교의 명상 수행에서 나온 개념이다. '마음챙김(mindfulness)'이라는 단어는 '사티(sati)'라는 팔리(Pali)어를 현대 영어로 번역한 것으로, 대략적으로 의식적인 알아차림(awareness), 주의(attention), (지금 이 순간에 온전히 존재함을) 기억하기(remembering) 및 지속적인 평정심을 유지하기와 관련되어 있는 불교의 복잡한 개념을 표현한다(Bhikkhu Bodhi, 1993). 마음챙김은 광범위하게 현재에 초점을 맞춘 주의라고 여겨지며, 마음챙김 수행은 흔히 '주의 훈련'을 나타낸다. 가장 흔하게 인용되는 마음챙김에 대한 정의는 "지금 현재, 매 순간 펼쳐지는 자신의 경험에 의도적이고 비판단적으로 주의를 기울임으로써 생겨나는 알아차림"이다(Kabat-Zinn, 2003, p. 145). 마음챙김은 종종 '마음챙김 주의(mindful attention)' 혹은 '마음챙김 알아차림(mindful awareness)'과 바꾸어 사용하기도 한다.

마음챙김은 수행의 결과로 나타나는 역동적 과정이자 마음 상태라고 여겨진다. 과정으로서 마음챙김은 매 순간 일어나는 내부 사건 및 외부 사건에 비판단적인 주의를 기울이는 행위다. 내부 사건은 생각, 정서, 지각 및 신체 감각을 포함한다. 외부 사건은 환경적, 상황적 및 대인관계적 경험을 포함한다. 마음챙김을 연습하는 것은 단순히 카밧진(Kabat-Zinn, 2005)이 '지금 이 순간에 머무르기(nowscape)'라고 부르는 풍부하고 복잡한 지각과 경험의 내적·외적 세계를 통하여 반복해서 주의를 돌리는 것이다. 마음챙김 상태는 순간적인 경험에 수용적이고 주의를 기울이는 것이며, 이는 사건이 유쾌하거나 불쾌한 것과는 상관없는 호기심과 비판단적인 수용의 태도와 관련된다. 마음챙김 알아차림은 경험 자체에 대한 증가된 주의, 경험의 인지적 정교함에 대한 더 큰 알아차림, 경험의 합리화·연장·회피·판단 및 변경에 대한 더 적은 시도로 특징지을 수 있다. 샤피로, 칼슨, 애스틴과 프리먼(Shapiro, Carlson, Astin, & Freedman, 2006, p. 375)은 '마음챙김의 공리'의 세 가지로 의도(intention), 주의(attention), 태도(attitudes)(수용적이고, 애쓰지 않고, 친절한)를 제안했으며, 이는 매 순간 동시에 나타나며, 마음챙김의 과정이자 결과다.

마음챙김 수행을 통해 예상되는 한 가지 결과는 '탈중심화'로, 생각을 마음속의 순간적인 사건으로서 지각하고 받아들이는 경험으로 정의된다(Segal, Williams, & Teasdale, 2002). 이 장의 초입에 인용된 것과 같이, 생각은 '그냥 생각(just thought)'이 된다. 탈중심화 행위는 감정적 평정심을 증가시키고, 경험의 수용을 향상시키지만 이를 식별하지는 않으며, 사회-정서적 탄력성을 강화시키는 지각적 변화의 결과라고 여겨진다(Teasdale, 1999). 탈중심화와 함께, 느껴진 경험적 세계가 어떻게 지각되고 해석되는지에 대한 미묘한 변화가 일어난다. 로드웰(Rothwell, 2006)은 마음챙김이 기억이나 주의만큼이나 중요한 능력이며, 기억이나 주의처럼 수행을 통해 향상될 수 있다고 제안했다. 경험적 증거에서도 마음챙김이 수행을 통해 향상될 수 있다는 개념들이 지지된다(Allen, Chambers, & Knight, 2006; Ivanovski & Mahli, 2007의 논평을 보라).

2. 마음챙김과 인지행동치료: 유사점과 차이점

마음챙김이 행동치료의 '제3의 물결'이라고 불리기는 했으나(Hayes, 2004), 사실 인지행동치료(CBT)와는 근본적으로 다른 패러다임에 기초를 두고 있다. 마음챙김에 기초한 개입은 CBT와는 다른 이론적 근거를 가지고 있어 효과성의 기제 또한 다르다. 커피와 하트먼(Coffey & Hartman, 2008)은 정서의 고양, 비집착, 반추의 감소를 통한 마음챙김 명상 수행이 우울과 불안 증상을 감소시킨다고 제안했다. 명상 수행은 뇌의 구조 변화(Lazar et al., 2005), 주의(Jha, Krompinger, & Baime, 2007) 및 감정적 평정심(Davidson, Kabat-Zinn, & Schumacher,

2003)과 관련된 신경학적 기능의 변화를 야기한다고 나타냈다. 마음챙김 치료의 개별적 요소들은 치료적 변화의 기제를 이해하기 위하여 검토되고 있다(Arch & Craske, 2006; Carmody, Baer, Lykins, & Olendzki, 2009; Coffey & Hartman, 2008).

마음챙김 치료는 인지 및 행동 치료 전통의 몇몇 요소를 차용해 왔다. 여기에는 문제 개념화 모델의 사용, 최근 경험에의 초점, 목표의 식별, 생각과 감정에 대한 반복적인 관찰, 주간 숙제 및 치료 효능감에 대한 평가 등이 포함된다(Teasdale, 2004). 이러한 인지 및 행동적 요소들은 마음챙김과 수용의 패러다임으로 통합되었다. 구조적으로 CBT와 마음챙김 프로그램은 둘 다 단기적이고 명확한 개입 방법이다. 비록 CBT가 개인치료로 개발되었고 흔히 개인치료로 사용되기는 하지만, 집단 CBT 역시 효과적이며 자주 사용된다. 마음챙김에 기초한 여러 치료들은 집단 프로토콜이기는 하나, 각 요소들이 개인치료로 실시될 수도 있다. 이제부터 마음챙김의 관점에서, 마음챙김과 CBT 접근 방법의 네 가지 분야에서의 차이점을 이야기해 볼 것이다.

1) 결함의 개선 대 탄력성 함양

마음챙김의 관점에서 마음챙김은 탄력성을 기반으로 한 접근인 반면, CBT는 근본적으로 결함을 기반으로 한 치료 모델이다. CBT의 기본 전제에 의하면 와해된 혹은 역기능적인 사고방식, 편향된 정보처리, 회피 행동, 행동적 기술 결함 등은 부적응적인 정서와 행동을 야기하거나 악화시킨다(Beck & Clark, 1997). 행동 기술 훈련과 역기능적 사고의 인지적 재구성은 CBT의 핵심적 개입 방법이다. 비록 벡(Beck, 1976)이 짧게나마 생각으로부터 '거리두기'와 '탈중심화'에 대하여 논의하기는 했으나, 예전부터 CBT의 효과성은 왜곡되고 역기능적인 사고의 내용을 재구성하는 것과 관련된다고 받아들여져 왔다(Eysenck, 1997).

반면, 마음챙김에 기초한 치료는 일반적으로 심리학적 탄력성을 향상함으로써 심리사회적 스트레스 요인에 대한 전반적인 취약성(vulnerability)을 감소시키는 것을 목표로 한다. 탄력성을 증가시키는 요소에는 내적 동기 갖기, 자기 효능감, 지각력, 자기 가치에 대한 통찰력 등이 포함될 수 있다(Wicks, 2010). 마음챙김 훈련을 통해 탄력성과 안녕감(well-being)이 증가되는 것으로 보인다(Orzech, Shapiro, Brown, & McKay, 2009). 경험이 인지적 · 감정적으로 처리되는 방식은 취약성 발달에 영향을 준다(Rutter, 1999). 마음챙김 알아차림은 감정적 평정심을 증가시키고, 고통이나 불안 유발 상황을 유연하게 대처하는 능력을 강화시키며, 내담자들로 하여금 덜 편향된 내적 평가를 바탕으로 더 나은 선택을 하도록 돕는 것으로 보인다(Semple, Lee, Rosa, & Miller, 2010).

2) 재구성 대 탈중심화

마음챙김의 관점에서, CBT는 사고의 **내용**(content)에 중점을 둔다. 반면, 마음챙김에서는 사고의 **과정**(process)에 초점을 둔다. CBT는 참가자들이 ① 그들의 인지적 편향을 발견하고, ② 사고가 정서와 행동에 어떻게 영향을 미치는지 인식하며, ③ 그들의 개인 특유적 관점으로부터 거리를 두는 법을 배우고, ④ 현실적인 자기 진술을 발달시킬 수 있는 연습을 할 수 있게끔 돕는다(Beck, 1976). 몇몇 연구자는 일관적인 마음챙김 수행 또한 동일한 변화를 보일 수 있다고 주장하기도 한다(De Silva, 1985; Teasdale, 1999). CBT와 마음챙김 모두에서 나타나는 효과적인 변화 기제는 내담자가 사고의 내용이 아닌, 현재 진행되고 있는 사고의 방식을 변화시키는 것, 즉 내담자가 생각과 관련해서 어떻게 변화하는지와 관련되는 결과라고 본다(Segal et al., 2002; Teasdale, 1999). 탈중심화는 마음챙김에 기초한 치료들의 효과성의 주요 요소로 여겨진다. CBT에서 내담자들은 왜곡되고 부적응적인 것으로 확인된 생각을 변화시키는 것을 명시적인 목표로 하여, 반복적이고 객관적이며 냉정하게 특정 생각의 정확성을 검토한다. CBT 패러다임은 '메타인지 지식(metacognitive knowledge)'으로 간주될 수 있는데, 이는 생각이 반드시 정확할 필요는 없음에 대한 이해다. 다른 한편으로, 마음챙김에 기초한 접근에서 내담자들은 생각을 '그냥 생각(just thought)'으로만 받아들이는 것을 목표로 생각의 경험을 관찰한다. 생각에 대한 의도적이고 비판단적이며 현재에 초점을 둔 알아차림을 반복적으로 하는 것은, 이러한 내적 경험에 대한 그들의 관계를 바꾸는 것을 촉진시킨다. 생각, 정서, 신체 감각들은 그들의 현실 및 그들 자신에 대한 고정되고 변하지 않는 것의 반영이기보다는 일시적인 현상으로 경험된다(Segal et al., 2002). '탈중심화'는 '메타인지적 통찰'로 간주되며, 이는 생각을 그 내용에 상관없는 실제 지각 자체로 경험하는 것이다(Teasdale, 1999). 마음챙김 알아차림은 메타인지적 통찰을 향상시킬 수 있으며, 이를 통해 반사적이고 조건적인 행동 반응을 감소시킬 수 있다(Teasdale et al., 2002).

3) 상황적 노출 대 삶에의 노출

불안장애를 위한 CBT치료의 또 다른 효과성 요소는 불안 유발 스트레스 요인에의 노출이다(Barrett, Shortt, & Wescombe, 2001). 예를 들어, 불안한 아동들은 과경계와 회피 행동을 야기하는 곧 닥칠 위협, 위험 혹은 재앙에 대한 강한 생각과 걱정을 가지는 경향이 있다(Muris, 2003; Kendall, 이 책 5장을 보라). 모우러(Mowrer)의 2요인 모델(1960)에서는 회피 행동이 불안을 유지시키는 원인이 된다고 제안한다. CBT 모델은 불안과 관련된 물체나 상황에 초점을 둔 노출 과제(실제 노출, 내부 수용적 노출, 상상 노출)를 사용하여 회피 행동을 다룬다. 마음챙김에 기초한 치료는 선택에 대한 마음챙김 주의를 고무하고 전반적인 심리학적 탄력성을 향상시킴으로써 회피 행동을 다룬다(즉, '삶에의 노출'). 원치 않는 생각과 감정을 가진 채 현재에 머무르는 연습은 반응 방지를 이용한 무조건적인 심리내적 노출의 종류로 간주될 수 있다. 어려운 경험을 현재에 유지하는 능력은 내담자 자신의 생각, 감정, 신체 감각과 관련된 것으로 정의되는 심적 표상을 변화시킴으로써 감정적 평정심을 지지하는 것으로 보인다.

4) 변화 대 수용

마음챙김의 관점에서, CBT는 때때로 변화에 기반을 둔 모델로 묘사되는 반면, 마음챙김은 수용에 기반을 둔 모델이다. 마음챙김은 매 순간 어떤 일이 발생하여도 비판단적으로 수용하며 관찰하는 것을 연습하는 것이다. 수용 기반 치료들에서는 경험 중인 생각이나 정서가 유쾌하거나 불쾌하거나 상관없이 이를 회피하거나 변화시키려는 시도를 하지 않는다. 역설적으로, 이러한 수용의 자세를 통해 치료적 변화가 일어날 수 있다(Allen, Bromley, Kuyken, & Sonnenberg, 2009). 하지만 수용이 수동성이나 체념을 의미하는 것은 아님을 유념해야 한다. 마음챙김은 직접적인 경험 안에서 관찰하기, 묘사하기 그리고 참여하기와 관련 있으며, 동시에 내담자의 일상생활 및 관계와 상호작용한다. 마음챙김 알아차림은 삶에 대한 적극적이고 의도적인 참여다. 인지치료들은 주로 부적응적인 생각과 행동을 변화시키는 것과 관련이 있다. 마음챙김에서는 모든 생각이 '그냥 생각'으로 받아들여지며, 가정된 변화들은 생각 그 자체가 아니라 내담자와 생각의 관계다. CBT와 마음챙김은 지금 현재 일어나고 있는 생각의 관찰, 정서에의 노출, 신체 감각의 경험에 초점을 두는 것 등에서 유사점이 있다. 하지만 각 패러다임들은 관찰된 현상들에 어떻게 반응하는지 선택하는 데 있어 근본적으로 다르다. 마음챙김 접근은 생각이 왜곡되었다거나 역기능적이라고 이름 붙이지 않으며, 생각을 재구성하려고 노력하지 않는다. 생각은 '그냥 생각'일 뿐이다. 그렇다고 해서 마음챙김을 연습할 때 경험에 대한 지각적 변화, 재구성 혹은 재평가가 발생하지 않는 것은 아니다. 다만 무조건적 수용이 인지적 접근과 마음챙김을 구별 지어 주는 핵심 요소다.

3. 치료적 개입으로서 마음챙김 연구하기

마음챙김을 연구하는 것이나 이를 치료적 개입으로

서 정의하는 것은 내재된 난관과 역설을 포함한다. 첫째, 마음챙김은 근본적으로 비개념적이고 경험적인 것이므로 이를 말로써 정확하게 묘사하는 것은 상당히 어렵거나 불가능한 일일 수 있다. 둘째, 마음챙김은 무언가를 분석하고, 성취하고, 변화시키고, 고치는 것을 시도하는 것이 아니다. 마음챙김 수행은 '개입(intervention)'이 아니다. 대신 마음챙김은 경험에 개방적이고 수용적으로 되기 위해, 그리고 세상에 그저 존재하기 위해 진행 중인 연습으로 묘사될 수 있다(Kabat-Zinn, 1990). 예상되는 결과로서 '변화'가 수반되는 대부분의 치료와는 다르게, 마음챙김은 현재 그들이 무엇을 경험하고 있든 간에 매 순간 이를 수용하는 것을 배우는 것과 관련된다. 역설적으로, 치료적 '변화'에 대한 생각을 버리고 '수용'하는 태도를 취하는 것은 우울, 불안 그리고 다른 장애들을 치료하거나 예방할 수 있는 효과적인 방법일 수 있다. 두 가지 메타분석의 결과에 따르면, 마음챙김에 기초한 접근들은 성인의 기분, 불안 및 다른 장애들의 치료를 향상시킬 가능성이 있다고 제안한다(Baer, 2003; Grossman et al., 2004). 이러한 새로운 치료들은 아동 및 청소년의 불안장애 및 주의 문제(Lee, Semple, Rosa, & Miller, 2008; Semple et al., 2010), 품행장애(Bögels, Hoogstad, van Dun, de Schutter, & Restifo, 2008; Singh et al., 2007; Wagner, Rathus, & Miller, 2006), 주의력결핍 과잉행동장애(ADHD; Zylowska et al., 2008) 및 다른 장애들(Bootzin & Stevens, 2005; Sibinga et al., 2008; Singh et al., 2008)에 초기 효과가 있을 가능성이 있는 것으로 보인다.

1) 마음챙김 측정하기

마음챙김의 효과에 대한 연구들을 수행하기 위해 우리는 우리가 '마음챙김'이라고 생각하는 것을 측정할 수 있어야 한다. 현재로서는 4개의 자기 보고식 측정 도구만이 청소년에게 사용 가능하다. 여기에는 아동 및 청소년 마음챙김 척도(Child and Adolescent Mindfulness Measure: CAMM; Greco, Smith, & Baer, in press), 청소년용 마음챙김 사고 및 행위 척도(Mindful Thinking and Action Scale for Adolescents; West, 2008)가 포함된다. 성인용 마음챙김 주의 알아차림 척도(Mindful Attention Awareness Scale: MAAS; Brown & Ryan, 2003)는 최근 청소년에게 사용될 수 있도록 수정 및 타당화되었다(MAAS-A; Brown, West, Loverich, & Biegel, 2011). 청소년용 회피 및 융합 질문지(The Avoidance and Fusion Questionnaire for Youth: AFQ-Y; Greco, Lambert, & Baer, 2008)는 수용전념치료(ACT)에 특정한 자기 보고식 척도다.

성인에 있어서의 마음챙김은 자기 보고식 도구들(Baer, Smith, Hopkins, Krietemeyer, & Toney, 2006를 보라), 주의 평가(Jha et al., 2007; Semple, 1999; Valentine & Sweet, 1999), 안녕감(Orzech et al., 2009) 및 정신생리학적 척도(Dunn, Hartigan, & Mikulas, 1999; Ortner, Kilner, & Zelazo, 2007) 등을 사용하여 측정되어 왔다. 뇌영상 기술은 마음챙김의 객관적인 측정을 위한 흥미로운 새로운 방향을 제공하고 있다. 여러 기능적 자기공명영상(fMRI) 연구에서는 명상 수행과 관련되는 대뇌피질의 신경가소성(cortical neuroplasticity)에 대한 증거가 발견되고 있다. 데이비슨과 동료들(Davidson et al., 2003)은 8주간의 마음챙김 훈련을 받은 성인에게서 접근 기반 및 긍정 정서와 관련되어 있는 좌측 앞쪽 대뇌피질의 활성화가 증가했다고 보고하였다. 주의, 내부감각(interoception) 및 감각 과정과 관련된 뇌 영역의 대뇌피질 두께는 통제 집단에 비하여 명상 참가자들이 더 두꺼웠으며, 이러한 구조적 차이는 명상 수행의 길이와도 상관이 있었다. 파브와 동료들(Farb et al., 2007)은 마음챙김 명상자들에서 자기 지각과 관련된 영역의 신경 활성화가 증가함을 발견하였고, 마음챙김 훈련이 개개인으로 하여금 우울 및 불안한 생각과 관련되는 조건화되고 자기 지시적인 반추로부터 쉽게 벗어날 수 있도록 돕는 것 같다고 제안하였다. 청소년과 관련된 마음챙김 개입의 신경생리학적 효과에 대해 발표된 연구는 아직까지 없고, 아동의 신경인지적 발달에 대한 장기적 효과나 영향에 대한 정보 또한 없다. 하지만 마음챙김 명상이 뇌 기능 및 구조의 신경생리학적 변화에 영향을 준다는 증거들이 증가하고 있다.

4. 마음챙김을 치료로 통합하기

저머(Germer, 2005)는 '마음챙김 지향적 심리치료'의 3단계 계층화를 통해 마음챙김이 치료로 통합될 수 있는 방법을 묘사한 유용한 구조를 제공하였다. 첫 단계는 치료자의 **마음챙김으로 존재하기**(mindful presence)로, 치료자 자신의 일관되고 개인적인 마음챙김 수행을 통하여 발달한다. 마음챙김 치료자가 되는 것은 현재 초점된 주의, 동정, 합치, 조율, 공감 및 평정심을 포함하는 내담자와의 치료적 관계의 여러 양상을 향상시키는 것일 수 있다(Shapiro & Carlson, 2009). 다음 단계는 **마음챙김 정보에 근거한 치료로**, 마음챙김은 치료적 접근에 대한 이론적 틀을 제공한다. 하지만 마음챙김 기술들을 내담자들에게 직접적으로 가르치는 것은 아니다. 저머의 세 번째 단계는 **마음챙김에 기초한 치료로**, 마음챙김 기술을 내담자에게 직접 가르치는 것이다.

5. 마음챙김에 기초한 네 가지 치료

마음챙김에 기초한 치료들 중 가장 유명한 것들은 변증법적 행동치료(dialectical behavior therapy: DBT; Linehan, 1993), 수용전념치료(acceptance and commitment therapy: ACT; Hayes, Strosahl, & Wilson, 1999), 마음챙김에 기초한 스트레스 감소(mindfulness-based stress reduction: MBSR; Kabat-Zinn, 1999)와 마음챙김에 기초한 인지치료(mindfulness-based cognitive therapy: MBCT; Segal et al., 2002)다. 비록 마음챙김의 계발이 모두 네 가지로 통합되지만, MBSR과 MBCT는 ① 치료자들이 그들의 규칙적인 마음챙김 수행을 지속한다는 것과 ② 내담자들이 일관적인 매일의 마음챙김 수행을 개발한다는 것을 강조한다는 점에서 구별할 수 있다. 이러한 요소들은 저머(Germer)가 마음챙김에 기초한 치료들을 연습에 기초하지 않은 것(DBT와 ACT)과 연습에 기초한 것(MBSR과 MBCT)으로 구분한 것에 대하여 이야기할 것이기 때문에 상당히 중요하다. DBT와 ACT는, 연습에 기초한 치료에서는 거의 부재하는 좀 더 구체적인 인지기술, 정서 조절 방략 및 행동적 변화 방략을 가르친다. DBT와 ACT는 마음챙김에 대한 심리교육과 함께 마음챙김 알아차림을 증진시키기 위한 간단하고 분리된 마음챙김 수행을 제공한다(Hayese & Strosahl, 2004; Linehan, 1993). DBT와 ACT는 행동 지향적 치료로서, 수용과 변화의 균형에 초점을 둔다. 반대로 MBSR과 MBCT는 일반적으로 수용 지향적 치료로, 경험에 대한 현재 초점의 알아차림 및 무조건적인 수용을 계발할 수 있는 방략을 가르친다. MBSR과 MBCT에서는 경험적인 마음챙김 훈련이 주된 개입 방법이다. MBSR과 MBCT 연습은 확실하게 자기 스스로의 마음챙김 수행이 된 강사나 치료자가 가르치게 된다. 마음챙김은 치료자가 마음챙김을 태도, 말투, 행동을 구현하는 방법에 따라 부분적으로 전달된다. 변화 방략은 연습에 기초한 모델의 명시적인 부분은 아니지만, 인지적, 감정적 및 행동적 변화는 종종 마음챙김 수행이 계발됨에 따라 드러나게 된다.

우리는 이제 이러한 치료들을 살펴보고, 각 치료가 아동 및 청소년에게 어떻게 적용되어 사용되는지 묘사해 볼 것이다. 가장 중요한 강조점은 MBSR과 MBCT(연습에 기초한 치료들)에 관한 것이다. 왜냐하면 저자들이 이 치료들에 가장 친숙하고, 이 치료들이 청소년기 기분 및 불안 장애의 주의 혼란과 정서 조절 치료에 독특한 효과가 있기 때문이다. DBT와 ACT는 간단하게 개요만 서술할 것이다(Miller, Smith, & Hashim, 이 책 13장을 보라).

1) 연습에 기초하지 않은 치료

(1) 변증법적 행동치료

경계선 성격장애의 치료법으로 개발된 DBT(Linehan, 1993)는 선종불교(Zen Buddhism)로부터 도출되었고, 행동 및 인지 방략이 수용 및 변화 방략과 통합되었다.

DBT는 내담자들로 하여금 양극화된 입장에서 야기된 역설적 긴장감을 해결할 수 있도록 돕는다. 가장 중요한 변증법은 무조건적인 자기 수용과 행동적 변화를 위해 필요한 인식 사이의 균형을 찾는 데 있다. DBT는 수용(마음챙김과 고통에 대한 내성)과 변화(대인관계적 효과성 및 정서 조절)를 가르치는 기술에 기초한 모델이다. DBT는 매주 개인 및 집단 회기를 포함한다. 마음챙김 기술들은 기초적인 것으로 간주되며, 마음챙김의 '무엇(what)'(관찰하고, 묘사하고, 참여하는)과 '어떻게(how)'(비판단적, 현명한 마음, 효과적 행동들)에 초점을 맞춤으로써 발달한다.

청소년을 위한 DBT DBT-A(DBT for Adolescent)는 청소년의 발달적 요구를 다루고, 집단 기술 훈련에 가족을 포함하며, 가족치료 회기를 구성함으로써 청소년들의 삶에 부모와 가족의 역할을 인식시킨다(Rathus & Miller, 2000). DBT-A는 성인 프로그램보다 짧고, 일반적으로 12~16주간 지속되며, '중도 걷기(walking in the middle path)'라는 독특한 가족 기술 단위를 포함한다. DBT-A는 자살 문제로 입원한 환자(Katz, Cox, Gunasekara, & Miller, 2002), 섭식장애가 있는 외래환자(Salbach-Andrae, Bohnekamp, Pfeiffer, Lehmkuhl, & Miller, 2008; Miller et al., 이 책 13장을 보라)에게 적용되어 왔다.

(2) 수용전념치료

ACT는 관계 구성틀 이론(relational frame theory: RFT)에 기초하여, 행동치료, 마음챙김, 수용의 요소들을 조합하였다(Hayes & Strosahl, 2004). RFT는 인간의 언어와 인지에 대한 구성주의 이론이다. 기능적 맥락주의에 근거를 두고, RFT는 모든 사건과 행위들은 그것이 일어난 관계적 맥락 안에서만 의미를 가진다고 제안한다. ACT의 핵심 개념은 인지적 융합과 경험적 회피를 포함하는데, 이는 심리적 경직성과 고통을 초래하는 것으로 생각된다. 인지적 융합은 언어의 내적 사용과 관련이 있고, 생각과 다른 개인적인 사건들은 현실에 대한 일반적이고 정확한 반영이라는 믿음이며, 이는 행동적 반응에 영향을 준다. 경험적 회피는 생각, 정서, 느낌, 심지어 행동이 도움이 되지 않을 경우 이를 회피, 처리, 통제하고자 하는 시도의 결과다(Fletcher & Hayes, 2005).

ACT는 내담자로 하여금 심리적 유연성을 발달시키고, 개인적 가치를 만들며, 6요소 모델(수용, 인지적 탈융합, 현재 순간과의 접촉, 맥락으로서의 자기, 가치, 전념 행위) 내에서 변화되도록 노력할 수 있게끔 돕는다(Hayes et al., 1999). ACT는 인지적 융합과 경험적 회피에 대한 이해, 그리고 융합과 회피가 어떻게 행동에 영향을 미치는지에 대한 이해를 증가시키기 위하여 은유와 역설을 다방면에 걸쳐 이용한다. 경험적 연습은 짧은 명상과 비슷한 연습(예를 들어, 생각, 정서, 호흡 및 다른 생리적 감각의 마음챙김)을 포함한다. 장기적인 연습은 이 모델의 한 부분이 아니며, 매일 집에서 연습하는 것이 제안될 수는 있지만 필수적 요소는 아니다.

청소년을 위한 ACT 융통성 있는 ACT 모델은 청소년을 위한 치료적 및 발달적 요구에 맞추어 조정할 수 있다. ACT-A(Greco, Blackledge, Coyne, & Ehrenreich, 2010)는 발달적으로 적절한 내용, 시행 및 경험적 연습을 포함한다. 좀 더 추상적인 개념들(예를 들어, 맥락으로서의 자기)은 청소년들의 이해를 돕기 위한 좀 더 구체적인 은유를 필요로 한다(Holmbeck, Devine, Wasserman, Schallinger, & Tuminello, 이 책 15장을 보라). 신체 활동은 다양한 방식의(multimodal) 학습을 돕는다(Murrell, Coyne, & Wilson, 2005). ACT-A는 통증 관리, 불안장애, 신체상 장애, 섭식장애, 아동기 비만, 위험한 여러 외현화 행동 및 아동기 당뇨를 다루기 위한 개인 및 집단 치료로서 임상적으로 사용되어 왔다(Greco & Hayes, 2008). ACT-A는 일반적인 심리적 유연성, 개인적으로 경험되는 모든 현상에 대한 수용을 발달시키고, 삶의 가치와 질을 강조하는 데 목표를 두며, 심리적 경직성이 성인기에 몸에 배기 전에 사용될 경우 예방 효과가 있는 것으로 본다(Greco et al., 2010).

2) 연습에 기초한 치료

MBSR과 MBCT는 현재 경험에 대한 알아차림을 향상시키는 것을 목표로 하는 앉은 자세 호흡명상, 신체명상 및 동작명상의 직접적인 훈련과 연습을 제공한다. 일관적이고 정기적인 연습은 주의와 감정 조절 요소를 증가시키는 것으로 보인다(Chambers, Gullone, & Allen, 2009; Tang et al., 2007). MBSR과 MBCT 치료자들은 개인적인 마음챙김 수행을 발달시키고 유지하도록 기대된다. 치료자 자신의 마음챙김 체화는 마음챙김에 대한 교훈적 수업보다 내담자의 경험적인 학습을 좀 더 촉진시키는 것으로 보인다(Williams & Swales, 2004). 치료자는 치료적 관계 내에 마음챙김, 비판단, 신뢰, 인내심, 수용, 비집착 및 애쓰지 않는 태도를 가지고 오게 된다(Kabat-Zinn, 1990). 내담자에게 마음챙김을 가르치는 것은 어려울 수 있고, 이러한 연습에 기초한 모델에서는 오직 치료자 스스로의 연습을 통하여 일구어진 개인적 · 경험적 이해를 가지고 있을 때에만 마음챙김을 가르칠 수 있는 것으로 보인다(Segal et al., 2002).

(1) 마음챙김에 기초한 스트레스 감소

MBSR은 본래 만성 통증 환자들을 위한 8주 집단 프로그램으로 개발된 것으로, 광범위한 신체적 및 심리적 건강 상태에 적용되어 왔다. MBSR은 치료적 접근이기보다는 교육적인 것으로 소개되고 있지만, 신체적 및 심리적 건강의 측정치는 혼합된, 특히 비임상 연구에서는 중간 정도의 효과 크기를 가진 치료적 변화(d=0.50에서 0.59)를 보인다(Baer, 2003; Grossman et al., 2004). 임상적 불안과 기분장애를 가진 환자들에게, 마음챙김에 기초한 개입은 불안과 기분 증상의 개선에 있어 각각 0.97과 0.95라는 더 큰 효과 크기(Hedge's g)를 가지는 것으로 나타나고 있다(Hofmann et al., 2010). MBSR의 내용, 커리큘럼과 방법은 우울 재발 방지(뒤의 MBCT를 보라; Segal et al., 2002), 약물 남용(마음챙김에 기초한 재발 방지[MBRP]; Witkiewitz, Marlatt, & Walker, 2005), 마음챙김에 기초한 섭식장애의 치료(MB-EAT; Kristeller, Baer, & Quillian-Wolever, 2006) 및 마음챙김에 기초한 관계 증진(MBRE; Carson, Carson, Gil, & Baucom, 2006)을 포함하는 조금 더 대상이 한정된 개입의 기초를 형성했다. MBSR에서 마음챙김은 별개의 능력들의 묶음이라기보다는 세상에 존재하는 하나의 방법으로 개념화되며, 이는 규칙적인 마음챙김 수행을 통하여 경험적으로 발달한다. 주간 집단 회기는 대체로 경험적 연습이며, 내담자의 특정한 삶의 쟁점에 대한 경험적 학습과 관련된 대화, 심리교육, 연습들을 포함한다. 매일 집에서 하는 연습은 MBSR의 필수 요소로, 45분간의 명상 수행과 마음챙김 알아차림을 일상생활 활동으로 통합하는 것을 포함한다.

아동 및 청소년에 대한 MBSR 예비 연구에서는 임상적 및 비임상적 장면에서의 청소년에 대한 MBSR 프로그램의 실행 가능성과 수용성을 개정해야 한다고 제안되었다(Burke, 2010). 다른 모든 치료와 마찬가지로 이 역시 발달적으로 적절한 수정을 필요로 했다. 여기에는 더 짧은 연습(1세마다 1분씩 추가하는 것이 제안됨; Saltzman & Goldin, 2008), 감각 및 다양한 방식의 학습 활동 포함, 가정 내 연습에서 청소년 내담자를 지지하기 위한 부모의 참여 등이 포함되었다. MBSR의 무선 할당을 사용한 임상 시험(RCT) 중 하나에서는 정신건강의학과 외래 청소년 환자의 정신건강 측정을 위한 자기보고식 및 객관적 임상 측정치 모두에서 개선을 보였다고 보고되었다(Biegel, Brown, Shaprio, & Schubert, 2009). 비록 다소 수정되기는 하였으나, 개입은 성인 MBSR 프로토콜과 거의 비슷하게 만들어졌다. MBSR의 한 유형(Mindful Awareness Practices: MAPS)을 사용한 프로그램 완수 후, ADHD를 가진 청소년 및 성인 혼합 집단에서 주의에 대한 주관적 및 객관적 측정치에서의 향상이 보고되었다(Zylowska et al., 2008). 또 다른 개입에서도 아동 및 청소년에게 MBSR의 요소들이 성공적으로 포함되었다(Bootzin & Stevens, 2005; Singh et al., 2007, 2008; Wall, 2005).

(2) 마음챙김에 기초한 인지치료

MBCT는 본래 이전에 우울한 경험이 있던 내담자들의 우울 재발을 방지하기 위한 예방적 치료로 개발되었다. MBCT는 MBSR의 이론, 구조 및 연습을 매우 비슷하게 따랐다. MBCT는 기분과 관련된 인지, 정서, 생리적 패턴을 감찰함으로써 우울 재발에 대한 인지적 취약성을 감소시키는 데 초점을 둔 추가적인 인지 기술들을 통합하였다(Segal et al., 2002). MBCT는 내담자를 내적 경험으로부터 탈중심화하는 방법으로써 경험적 마음챙김 수행에 참여시킨다. 연구들에서 MBCT가 우울 재발 예방(Ma & Teasdale, 2004; Segal, Williams, & Teasdale, 2003), 치료 저항적 우울의 조절(Kenny & Williams, 2007), 자살 행동의 감소(Williams, Duggan, Crane, & Fennell, 2006) 및 불안장애 치료(Evans et al., 2008; Koszycki, Benger, Shlik, & Bradwejn, 2007)에 효과적이라고 나타난다.

아동 및 청소년에 대한 MBCT 아동을 위한 MBCT (MBCT for Children: MBCT-C)는 12회기로 구성된, 9~13세 아동의 주의를 향상시키고 불안을 감소시키기 위하여 개발된 매뉴얼화된 집단치료다(Semple & Lee, 2011). 성인 MBCT 프로그램(Segal et al., 2002)으로부터 수정된 MBCT-C는 생각, 감정, 신체 감각의 알아차림과 수용을 향상시키기 위한, 발달적으로 적절하고 감각에 기초한 마음챙김 연습을 사용한다. MBCT-C는 탄력성에 기초한 모델로, ① 아동이 어떻게 그들의 생각 및 정서와 관련되는지에 대한 변화를 촉진하고, ② 현재 초점적 알아차림을 통하여 개인의 선택을 확장시키며, ③ 이러한 것들이 변하지 않을 것이라는 것에 대한 수용을 계발하는 것을 목표로 한다. 무선 할당을 사용해 통제된 실험에서 MBCT는 불안을 가진 아동에게 실행 가능하고 수용될 수 있다고 나타났다(Lee et al., 2008). 주의 문제의 유의한 감소와 불안 증상의 치료에 대한 임상적 효과에 대한 지표 또한 보고되었다(Semple et al., 2010).

뵈겔스와 동료들(Bögels et al., 2008)은 혼합된 외현화 장애를 가진 청소년(11~18세)을 위한 수정된 MBCT 개입을 시험하였다. 부모들도 동시에 성인 MBCT 집단에 참여하였다. 프로그램 종료 후 참가자들은 안녕, 부주의, 충동성 측정치에서의 개선을 보고하였다. 뵈겔스와 동료들은 훈련 과정이 '힘든 일'이라고 언급하였고(p. 205), 품행 문제를 가진 몇몇 청소년은 집단 프로그램에 참여하기 전에 개인적인 마음챙김 훈련을 먼저 받는다면 더 효과적일 것이라고 보았다.

3) 아동 및 청소년의 마음챙김에 기초한 개입에 대한 주의 사항

우리는 우리가 사용하는 개입이 무엇이든 간에 생길 수 있는 부작용에 친숙해져야 할 주의 의무를 가져야 한다. 어떠한 치료든 간에 불안감을 느끼게 할 수 있고, 더 나아가 압도적인 내적 경험을 야기할 수 있는 가능성을 가진다. 경험적인 '삶에의 노출' 패러다임 안에서, 마음챙김 접근은 힘든 생각과 감정을 가진 채 현재에 머무르는 것을 강조한다. 이러한 패러다임 내에서, 힘든 경험은 마음챙김을 가지고 현재에 머무르는 것을 배우는 데 있어 '유용한 것'을 제공한다. 마음챙김에 기초한 개입(연습에 기초한 혹은 연습에 기초하지 않은)에 대한 유의미한 부작용은 보고된 적이 없다(Kostanski & Hassed, 2008). 집중적인 명상 수행을 경험한 참가자들은 서로 다른 정도의 정서적 불편감, 들썩거림, 불안을 보고하기도 하였다(Mace, 2008; Shapiro, 1992). 하지만 이는 명상 경험이 부족한 성인 및 청소년에게는 권장하지 않는 일반적으로 비임상적이고 종교적인 기반의 세팅에서 일어났다. 마음챙김 연습의 자기 성찰적 초점은 힘들거나 정신적 외상을 초래할 정도의 이미지나 기억을 떠올리게 할 수도 있다(Germer, Siegel, & Fulton, 2005). 특히 심각한 장애가 있거나 극한 트라우마를 경험한 아동 및 청소년과 함께 작업을 할 때에는, 언제나 그렇듯 적절한 치료적 민감성과 지지가 필수적이다. 어떤 청소년들은 발달적으로 몇몇 활동에 참여하거나 완전히 인식하기 어려운 나이(혹은 인지적 발달 수준)일 수 있다. 치료자 자신의 마음챙김 명상 수행 경험은 내담자로 하여금 개방성과 호기심을 가지고 경험에 도전할 수 있게끔,

어느 정도가 되었든 간에 참여하도록 인도하고 지지한다. 우리가 현재 가진 제한적인 지식에 기초하여, 우리는 활성기 정신증, 자살 생각, 혹은 심각한 알코올 및 물질 남용을 경험하는 청소년들에게 마음챙김에 기초한 연습 접근법을 사용하지 않기를 경고한다. 자살 청소년에 대한 DBT의 효과성에 대한 증거가 있기는 하지만(Wagner et al., 2006), 이는 분명히 그 집단을 위한 개입으로 개발된 것이다. 우리는 심각하게 정신적 장애가 있는 내담자에 대한 연습에 기초한 개입의 효과에 대해 거의 알지 못하기 때문에, 우리를 포함한 다른 학자들 역시도 경고를 지지한다(Williams & Swales, 2004).

6. 결 론

거의 대부분의 사람이 일정 수준에서, 어느 정도 마음챙김 알아차림을 연습할 수 있다. 마음챙김 알아차림은 '자동조종 양식'에 따라 지나간 과거의 생각에 사로잡혀 있거나 알 수 없는 미래에 관한 추측성의 반추에 관여하며 사는 것이 아니라, 지금 이 순간에 머무르기(nowscape)에 대한 보다 넓은 알아차림을 야기하기 위한 단순한 연습이다. 우리는 청소년에 있어서의 마음챙김이 성인의 마음챙김과는 다른 것인지, 혹은 이 새로운 패러다임이 두 집단 간에 서로 다른 효과가 있는 것인지에 대해서는 모른다. 초기 지표들은 마음챙김이 아동 및 청소년의 내재화 및 외현화 장애 치료 모두에 효과적인 개입방법이라고 제안하였다. 우리는 더 어린 내담자들이 마음의 습관이 어른들에 비해 덜 확립되어, 마음 알아차림 연습의 효과에 더 반응적일 수 있다고 생각한다. 가장 만성적이고 손상된 정신장애는 흔히 아동기에 시작되고 대체로 다른 많은 청소년기 및 성인기 정신, 행동 문제에 선행한다(Kessler & Wang, 2008). 이에 예방과 초기 치료적 개입은 어린 시절에 초점을 맞출 필요가 있다는 것이 널리 합의되고 있다. 탄력성에 기초한 모델로서, 마음챙김을 아동 및 청소년에게 가르치는 것은 아동기 문제의 발생과 진행을 완화시켜 성인기의 심각하고 견고한 장애로 발전하지 않도록 예방적 이익을 제공할 수 있을 것으로 보인다.

우리가 고려해야 할 하나의 요소는, 마음챙김에 기초한 치료에 대한 어린 내담자들의 비자발적 참여의 특성과 이것이 치료의 질에 어떠한 영향을 미치는지에 관한 것이다. 대부분의 성인 치료는 자발적인 참여가 이루어지지만, 아동 및 청소년이 치료를 시작하고자 요청하는 경우는 드물다. 마음챙김에 기초한 연습 개입은 상당한 수준의 전념이 요구되며, 마음챙김 알아차림은 구슬리거나 강압할 수 있는 것이 아니다. 마지못해 마음챙김 수행을 하는 것은 마음챙김이 아니다. 이러한 쟁점에 대한 접근 방법 중 하나는 부모와 아동을 함께 참여시키거나 부모 집단을 동시에 치료하는 것이다. 이는 마음챙김의 개념, 접근 및 연습에 대한 공유된 전념과 상호 간의 이해를 함양할 수 있다. 예를 들어, 어떠한 가족 역동 내에서는 공감적 배려와 상호 수용을 함양하는 것이 특히 중요할 수 있다. 불안한 아동들의 부모들은 아동의 불안을 유지시키는 방법으로 아이들과 상호작용하는 경우가 많다(Tiwari et al., 2008). 그러므로 부모와 아동이 마음챙김 알아차림을 함께 배우는 것이 추가적 이익을 생기게 할 수 있다.

1) 미래의 방향

주의와 정서 조절의 혼란은 많은 정신장애의 특징이며, 기분 및 불안 스펙트럼 장애, 주의력결핍장애, 품행장애에서 두드러진다. CBT는 아동 및 청소년 정신장애를 치료하기 위한 최근의 가장 우수한 방법이다. 1/2~2/3에 해당하는 이들은 '긍정적 반응자'의 기준에 부합하는 성공적 사례이지만, 불행하게도 거의 아동의 1/3~1/2 정도는 이 치료를 통하여 호전적인 결과의 증거를 찾아보기 힘들었다(In-Albon & Schneider, 2007; James, Soler, & Weatherall, 2005). 초기에 CBT를 받은 많은 수의 사람이 부분적으로 혹은 완전히 증상 완화를 보였으나, 이후 다시 재발하였다(Boschen, Neumann, & Waters, 2009). 초기 증거들에서는 마음챙김에 기초한 접근에 있어서 가능한 변화의 기제는 주의와 정서 조절에서의 변화와 관련이 있다고 제안한다. 반면, CBT는 인지적 변화에 조금 더 초점을 두는 경향이 있다. 각 패러다임들은 행위에 대한 특정한 이론적 기제를 대상으로 한 구조화된 개입 방법을 가진다. 마음챙김과 CBT는, 각각 구별되는 소집단 내 아동들에게 다른 효과를 가진다고 가설을 세우는 것이 타당해 보인다. 우리는 어떤 아동 및 청소년들이 어떤 치료에 반응할지 알 수 없다. 시행착오를 거쳐 치료적 결정을 하는 것보다는, 예측인자를 찾고 마음챙김과 인지행동 접근 모두에 있어서의 매개변수를 이해하는 것이 우리로 하여금 개개인에게 맞춘 치료 계획을 세우는 것을 가능하게 할 것이다.

마음챙김에 기초한 치료들은, CBT가 전반적인 생각과 감정의 수용을 고취하고, 심리적 탄력성을 증가시키며, 현재 초점적 주의의 함양을 통하여 정서적 자기 조절을 강화할 수 있도록 확장시켜 준다. MBSR과 MBCT에서의 매뉴얼화된 성인 치료를 더 어린 내담자에게 맞추어 개정하는 것은 이들에 대한 실행 가능성과 수용성을 제공한다. 우리는 중간 정도의 치료 효과를 발견하기 위해 방법론적으로 견고한 설계, 매뉴얼화된 치료 프로토콜, 명확한 모집단과 충분히 많은 수의 참가자를 사용한, 청소년을 위한 더 많은 마음챙김 연구를 강력하게 권장한다. 마음챙김 접근을 CBT와 같은 다른 적극 요법과 비교하는 RCT는 증상을 보이는 청소년들의 치료 보류에 대한 윤리적 우려를 완화시키고, 이러한 접근의 효율성을 지지하는 연구들을 제공할 수 있다.

비록 마음챙김에 기초한 치료들에 대한 연구들이 여전히 아주 초기 단계에 놓여 있기는 하지만, 마음챙김에 기초한 접근들은 아동 및 청소년기의 여러 가지 정신 및 행동 건강장애에 있어 효과적인 개입이라는 지표들이 나타나고 있다. 이 치료 모델은 특히 아동 및 청소년의 주의 문제를 다루고, 사회-정서적 탄력성을 향상시키는 데 효과적인 것으로 보인다.

참고문헌

Allen, M., Bromley, A., Kuyken, W., & Sonnenberg, S. J. (2009). Participants' experiences of mindfulness-based cognitive therapy: "It changed me in just about every way possible." *Behavioural and Cognitive Psychotherapy, 37*, 413-430.

Allen, N. B., Chambers, R., & Knight, W. (2006). Mindfulness-based psychotherapies: A review of conceptual foundations, empirical evidence and practical considerations. *Australian and New Zealand Journal of Psychiatry, 40*, 285-294.

Arch, J. J., & Craske, M. G. (2006). Mechanisms of mindfulness: Emotion regulation following a focused breathing induction. *Behaviour Research and Therapy, 44*(12), 1849-1858.

Baer, R. A. (2003). Mindfulness training as a clinical intervention: A conceptual and empirical review. *Clinical Psychology: Science and Practice, 10*, 125-143.

Baer, R. A., Smith, G. T., Hopkins, J., Krietemeyer, J., & Toney, L. (2006). Using self-report assessment methods to explore facets of mindfulness. *Assessment, 13*, 27-45.

Barrett, P. M., Shortt, A. L., & Wescombe, K. (2001). Examining the social validity of the FRIENDS treatment program for anxious children. *Behaviour Change, 18*(2), 63-77.

Beck, A. T. (1976). *Cognitive therapy and the emotional disorders*. New York: International Universities Press.

Beck, A. T., & Clark, D. A. (1997). An information processing model of anxiety: Automatic and strategic processes. *Behaviour Research and Therapy, 35*, 49-58.

Bhikkhu Bodhi. (Ed.). (1993). *A comprehensive manual of Abhidhamma*. Kandy, Sri Lanka: Buddhist Publication Society.

Biegel, G. M., Brown, K. W., Shapiro, S. L., & Schubert, C. M. (2009). Mindfulness-based stress reduction for the treatment of adolescent psychiatric outpatients: A randomized clinical trial. *Journal of Consulting and Clinical Psychology, 77*, 855-866.

Bögels, S. M., Hoogstad, B., van Dun, L., de Schutter, S., & Restifo, K. (2008). Mindfulness training for adolescents with externalizing disorders and their parents. *Behavioural and Cognitive Psychotherapy, 36*, 193-209.

Bootzin, R. R., & Stevens, S. J. (2005). Adolescents, substance abuse, and the treatment of insomnia and daytime sleepiness. *Clinical Psychology Review, 25*, 629-644.

Boschen, M. J., Neumann, D. L., & Waters, A. M. (2009). Relapse of successfully treated anxiety and fear: Theoretical issues and recommendations for clinical practice. *Australian and New Zealand Journal of Psychiatry, 40*, 285-294.

Brown, K. W., & Ryan, R. M. (2003). The benefits of being present: Mindfulness and its role in psychological well-being. *Journal of Personality and Social Psychology, 84*(4), 822-848.

Brown, K. W., West, A. M., Loverich, T. M., & Biegel, G. M. (2011). Assessing adolescent mindfulness: Validation of an adapted Mindful Attention Awareness Scale in adolescent normative and psychiatric populations. *Psychological Assessment*. [Epub ahead of print].

Burke, C. A. (2010). Mindfulness-based approaches with children and adolescents: A preliminary review of current research in an emergent field. *Journal of Child and Family Studies, 19*, 133-144.

Carmody, J., Baer, R. A., Lykins, E. L. B., & Olendzki, N. (2009). An empirical study of the mechanisms of mindfulness in a mindfulness-based stress reduction program. *Journal of Clinical Psychology, 65*, 613-626.

Carson, J. W., Carson, K. M., Gil, K. M., & Baucom, D. H. (2006). Mindfulness-based relationship enhancement (MBRE) in couples. In R. A. Baer (Ed.), *Mindfulness-based treatment approaches: Clinician's guide to evidence base and applications* (pp. 309-331). San Diego: Elsevier Academic Press.

Chambers, R., Gullone, E., & Allen, N. B. (2009). Mindful emotion regulation: An integrative review. *Clinical Psychology Review, 29*, 560-572.

Coffey, K. A., & Hartman, M. (2008). Mechanisms of action in the inverse relationship between mindfulness and psychological distress. *Complementary Health Practice Review, 13*, 79-91.

Davidson, R. J., Kabat-Zinn, J., & Schumacher, M. (2003). Alterations in brain and immune function produced by mindfulness meditation. *Psychosomatic Medicine, 65*, 564-570.

De Silva, P. (1985). Early Buddhist and modern behavioral strategies for the control of unwanted intrusive cognitions. *Psychological Record, 35*, 437-443.

Dunn, B. R., Hartigan, J. A., & Mikulas, W. L. (1999). Concentration and mindfulness meditations: Unique forms of consciousness? *Applied Psychophysiology and Biofeedback, 24*, 147-165.

Evans, S., Ferrando, S., Findler, M., Stowell, C., Smart, C., & Haglin, D. (2008). Mindfulness-based cognitive therapy for generalized anxiety disorder. *Journal of Anxiety Disorders, 22*, 716-721.

Eysenck, M. (1997). *Anxiety and cognition: A unified theory*. London: Psychology Press.

Farb, N. A. S., Segal, Z. V., Mayberg, H., Bean, J., McKeon, D., Fatima, Z., et al. (2007). Attending to the present: Mindfulness meditation reveals distinct neural modes of self-reference. *Social Cognitive and Affective Neuroscience, 2*, 313-322.

Fletcher, L., & Hayes, S. C. (2005). Relational frame theory, acceptance and commitment therapy, and a functional analytic definition of mindfulness. *Journal of Rational-Emotive and Cognitive-Behavior Therapy, 23*, 315-336.

Germer, C. K. (2005). Mindfulness: What is it? What does it matter? In C. K. Germer, R. D. Siegel, & P. R. Fulton (Eds.), *Mindfulness and psychotherapy* (pp. 3-27). New York: Guilford Press.

Germer, C. K., Siegel, R. D., & Fulton, P. R. (2005). *Mindfulness and psychotherapy*. New York: Guilford Press.

Greco, L. A., Blackledge, J. T., Coyne, L. W., & Ehrenreich, J. (2010). Integrating acceptance and mindfulness into treatments for child and adolescent anxiety disorders: Acceptance and commitment therapy as an example. In S. M. Orsillo & L. Roemer (Eds.), Acceptance and mindfulness-based approaches to anxiety: Conceptualization and treatment (pp. 301-324). New York: Springer.

Greco, L. A., & Hayes, S. C. (Eds.). (2008). *Acceptance and mindfulness treatments for children and adolescents: A practitioner's guide*. Oakland, CA: New Context/New

Harbinger.

Greco, L. A., Lambert, W., & Baer, R. A. (2008). Psychological inflexibility in childhood and adolescence: Development and evaluation of the Avoidance and Fusion Questionnaire for Youth. *Psychological Assessment, 20*, 93-102.

Greco, L. A., Smith, G., & Baer, R. A. (in press). *Assessing mindfulness in children and adolescents: Development and validation of the Child and Adolescent Mindfulness Measure* (CAMM). Psychological Assessment.

Grossman, P., Niemann, L., Schmidt, S., & Walach, H. (2004). Mindfulness-based stress reduction and health benefits: A meta-analysis. *Journal of Psychosomatic Research, 57*, 35-43.

Hayes, S. C. (2004). Acceptance and commitment therapy, relational frame theory, and the third wave of behavioral and cognitive therapies. *Behavior Therapy, 35*, 639-665.

Hayes, S. C., & Strosahl, K. D. (Eds.). (2004). *A practical guide to acceptance and commitment therapy*. New York: Springer.

Hayes, S. C., Strosahl, K. D., & Wilson, K. G. (1999). *Acceptance and commitment therapy: An experiential approach to behavior change*. New York: Guilford Press.

Hofmann, S. G., Sawyer, A. T., Witt, A. A., & Oh, D. (2010). The effect of mindfulness-based therapy on anxiety and depression: A meta-analytic review. *Journal of Consulting and Clinical Psychology, 78*, 169-183.

In-Albon, T., & Schneider, S. (2007). Psychotherapy of childhood anxiety disorders: A meta-analysis. *Psychotherapy and Psychosomatics, 76*, 15-24.

Ivanovski, B., & Malhi, G. S. (2007). The psychological and neurophysiological concomitants of mindfulness forms of meditation. *Acta Neuropsychiatrica, 19*, 76-91.

James, A. A. C. J., Soler, A., & Weatherall, R. R. W. (2005). Cognitive behavioural therapy for anxiety disorders in children and adolescents. *Cochrane Database of Systematic Reviews, 4*, CD004690.

Jha, A. P., Krompinger, J., & Baime, M. J. (2007). Mindfulness training modifies subsystems of attention. *Cognitive, Affective and Behavioral Neuroscience, 7*, 109-119.

Kabat-Zinn, J. (1990). *Full catastrophe living*. New York: Bantam/Doubleday/Dell.

Kabat-Zinn, J. (2003). Mindfulness-based interventions in context: Past, present, and future. *Clinical Psychology: Science and Practice, 10*, 144-156.

Kabat-Zinn, J. (2005). *Coming to our senses: Healing ourselves and the world through mindfulness*. New York: Hyperion.

Katz, L. Y., Cox, B. J., Gunasekara, S., & Miller, A. L. (2004). Feasibility of dialectical behavior therapy for suicidal adolescent inpatients. *Journal of the American Academy of Child and Adolescent Psychiatry, 43*, 276.282.

Kenny, M. A., & Williams, J. M. G. (2007). Treatment-resistant depressed patients show a good response to mindfulness-based cognitive therapy. *Behaviour Research and Therapy, 45*, 617-625.

Kessler, R. C., & Wang, P. S. (2008). The descriptive epidemiology of commonly occurring mental disorders in the United States. *Annual Review of Public Health, 29*, 115-129.

Kostanski, M., & Hassed, C. (2008). Mindfulness as a concept and a process. *Australian Psychologist, 43*, 15-21.

Koszycki, D., Benger, M., Shlik, J., & Bradwejn, J. (2007). Randomized trial of a meditation-based stress reduction program and cognitive behavior therapy in generalized social anxiety disorder. *Behaviour Research and Therapy, 45*, 2518-2526.

Kristeller, J. L., Baer, R. A., & Quillian-Wolever, R. (2006). Mindfulness-based approaches to eating disorders. In R. A. Baer (Ed.), *Mindfulness-based treatment approaches: Clinician's guide to evidence base and applications* (pp. 75-91). San Diego: Elsevier Academic Press.

Lazar, S. W., Kerr, C. E., Wasserman, R. H., Gray, J. R., Greve, D. N., Treadway, M. T., et al. (2005). Meditation experience is associated with increased cortical thickness. *NeuroReport, 16*, 1893-1897.

Lee, J., Semple, R. J., Rosa, D., & Miller, L. (2008). Mindfulness-based cognitive therapy for children: Results of a pilot study. *Journal of Cognitive Psychotherapy, 22*, 15-28.

Linehan, M. M. (1993). *Cognitive-behavioral treatment of borderline personality disorder*. New York: Guilford Press.

Ma, H. S., & Teasdale, J. D. (2004). Mindfulness-based

cognitive therapy for depression: Replication and exploration of differential relapse prevention effects. *Journal of Consulting and Clinical Psychology, 72*, 31-40.

Mace, C. (2008). *Mindfulness and mental health: Therapy, theory and science*. New York: Routledge.

Mowrer, O. H. (1960). *Learning theory and behavior*. New York: Wiley.

Muris, P. (2003). Information processing abnormalities in childhood anxiety. *Behaviour Change, 20*, 129-130.

Murrell, A. R., Coyne, L. W., & Wilson, K. G. (2005). ACT with children, adolescents, and their parents. In S. C. Hayes & K. D. Strosahl (Eds.), *A practical guide to acceptance and commitment therapy* (pp. 249.273). New York: Springer.

Ortner, C. N. M., Kilner, S. J., & Zelazo, P. D. (2007). Mindfulness meditation and reduced emotional interference on a cognitive task. *Motivation and Emotion, 31,* 271-283.

Orzech, K. M., Shapiro, S. L., Brown, K. W., & McKay, M. (2009). Intensive mindfulness training-related changes in cognitive and emotional experience. *Journal of Positive Psychology, 4*, 212-222.

Rathus, J. H., & Miller, A. L. (2000). DBT for adolescents: Dialectical dilemmas and secondary treatment targets. *Cognitive and Behavioral Practice, 7*, 425-434.

Rothwell, N. (2006). The different facets of mindfulness. *Journal of Rational-Emotive and Cognitive-Behavior Therapy, 24*, 79-86.

Rutter, M. (1999). Resilience concepts and findings: Implications for family therapy. *Journal of Family Therapy, 21*, 119-144.

Salbach-Andrae, H., Bohnekamp, I., Pfeiffer, E., Lehmkuhl, U., & Miller, A. L. (2008). Dialectical behavior therapy of anorexia and bulimia nervosa among adolescents: A case series. *Cognitive and Behavioral Practice, 15*, 415-425.

Saltzman, A., & Goldin, P. (2008). Mindfulness-based stress reduction for school-age children. In L. A. Greco & S. C. Hayes (Eds.), *Acceptance and mindfulness treatments for children and adolescents: A practitioner's guide* (pp. 139-161). Oakland, CA: New Harbinger.

Segal, Z. V., Williams, J. M. G., & Teasdale, J. D. (2002). *Mindfulness-based cognitive therapy for depression: A new approach to preventing relapse*. New York: Guilford Press.

Segal, Z. V., Williams, J. M. G., & Teasdale, J. D. (2003). Mindfulness-based cognitive therapy for depression: A new approach to preventing relapse. *Psychotherapy Research, 13*, 123-125.

Semple, R. J. (1999). *Enhancing the quality of attention: A comparative assessment of concentrative meditation and progressive relaxation*. Master's thesis, University of Auckland, New Zealand.

Semple, R. J., & Lee, J. (2011). *Mindfulness-based cognitive therapy for anxious children: A manual for treating childhood anxiety*. Oakland, CA: New Harbinger.

Semple, R. J., Lee, J., Rosa, D., & Miller, L. F. (2010). A randomized trial of mindfulness-based cognitive therapy for children: Promoting mindful attention to enhance social-emotional resiliency in children. *Journal of Child and Family Studies, 19*, 218-229.

Shapiro, D. H., Jr. (1992). Adverse effects of meditation: A preliminary investigation of long-term meditators. *International Journal of Psychosomatics, 39*, 62-67.

Shapiro, S. L., & Carlson, L. E. (2009). *The art and science of mindfulness: Integrating mindfulness into psychology and the helping professions*. Washington, DC: American Psychological Association.

Shapiro, S. L., Carlson, L. E., Astin, J. A., & Freedman, B. (2006). Mechanisms of mindfulness. *Journal of Clinical Psychology, 62*, 373-386.

Sibinga, E. M. S., Stewart, M., Magyari, T., Welsh, C. K., Hutton, N., & Ellen, J. M. (2008). Mindfulness-based stress reduction for HIV-infected youth: A pilot study. *Explore: The Journal of Science and Healing, 4*, 36-37.

Singh, N. N., Lancioni, G. E., Joy, S. D. S., Winton, A. S. W., Sabaawi, M., Wahler, R. G., et al. (2007). Adolescents with conduct disorder can be mindful of their aggressive behavior. *Journal of Emotional and Behavioral Disorders, 15*, 56-63.

Singh, N. N., Lancioni, G. E., Singh, A. N., Winton, A. S. W., Singh, J., McAleavey, K. M., et al. (2008). A mindfulness-based health wellness program for an adolescent with Prader.Willi syndrome. *Behavior Modification, 32*, 167-181.

Tang, Y.-Y., Ma, Y., Wang, J., Fan, Y., Feng, S., Lu, Q., et al. (2007). Short-term meditation training improves attention and self-regulation. *Proceedings of the National Academy of Sciences USA, 104*, 17152-17156.

Teasdale, J. D. (1999). Metacognition, mindfulness and the modification of mood disorders. *Clinical Psychology and Psychotherapy, 6*, 146-155.

Teasdale, J. D. (2004). Mindfulness-based cognitive therapy. In J. Yiend (Ed.), *Cognition, emotion and psychopathology: Theoretical, empirical and clinical directions* (pp. 270-289). New York: Cambridge University Press.

Teasdale, J. D., Moore, R. G., Hayhurst, H., Pope, M., Williams, S., & Segal, Z. V. (2002). Metacognitive awareness and prevention of relapse in depression: Empirical evidence. *Journal of Consulting and Clinical Psychology, 70*, 275-287.

Tiwari, S., Podell, J. C., Martin, E. D., Mychailyszyn, M. P., Furr, J. M., & Kendall, P. C. (2008). Experiential avoidance in the parenting of anxious youth: Theory, research, and future directions. *Cognition and Emotion, 22*, 480-496.

Valentine, E. R., & Sweet, P. L. G. (1999). Meditation and attention: A comparison of the effects of concentrative and mindfulness meditation on sustained attention. *Mental Health, Religion and Culture, 2*, 59-70.

Wagner, E. E., Rathus, J. H., & Miller, A. L. (2006). Mindfulness in dialectical behavior therapy (DBT) for adolescents. In R. A. Baer (Ed.), *Mindfulness-based treatment approaches: Clinician's guide to evidence base and applications* (pp. 167-189). San Diego: Elsevier Academic Press.

Wall, R. B. (2005). Tai chi and mindfulness-based stress reduction in a Boston public middle school. *Journal of Pediatric Health Care, 19*, 230-237.

West, A. M. (2008). *Mindfulness and well-being in adolescence: An exploration of four mindfulness measures with an adolescent sample.* Doctoral dissertation, Central Michigan University, Mount Pleasant, Michigan.

Wicks, R. J. (2010). *Bounce: Living the resilient life.* New York: Oxford University Press.

Williams, J. M. G., Duggan, D. S., Crane, C., & Fennell, M. J. V. (2006). Mindfulness-based cognitive therapy for prevention of recurrence of suicidal behavior. *Journal of Clinical Psychology, 62*, 201-210.

Williams, J. M. G., & Swales, M. (2004). The use of mindfulness-based approaches for suicidal patients. *Archives of Suicide Research, 8*, 315-329.

Witkiewitz, K., Marlatt, G. A., & Walker, D. (2005). Mindfulness-based relapse prevention for alcohol and substance use disorders. *Journal of Cognitive Psychotherapy, 19*, 211-228.

Zylowska, L., Ackerman, D. L., Yang, M. H., Futrell, J. L., Horton, N. L., Hale, T. S., et al. (2008). Mindfulness meditation training in adults and adolescents with ADHD: A feasibility study. *Journal of Attention Disorders, 11*, 737-746.

제 6 부 특수한 주제

제15장

청소년 치료에 대한 발달심리학적 지침

Grayson N. Holmbeck, Katie, A. Devine, Rachel Wasserman,
Kriston Schellinger, & Elizabeth Tuminello

청소년을 위한 치료적 개입에 대한 문헌들은 많은 경험 연구 및 종설, 논문집의 특별호, 그리고 메타분석 등 그 주제에 헌신적인 연구들이 성장을 계속하고 있다(예를 들어, Comptom et al., 2004; Kendall & Choudhury, 2003; Reinecke, Curry, & March, 2009; Sauter, Heyne, & Westenberg, 2009). 그러한 관심에도 불구하고 아동 및 청소년 치료 문헌들에 대한 많은 개관 연구가 실패로 돌아가고 있다는 점은 주목할 만하다. 반면, 어떤 연구자들은 연령이 치료 효과의 조절변수로 작용함을 증명했으며(Watanabe, Hunot, Omori, Churchill, & Furukawa, 2007; Weisz, McCarty, & Valeri, 2006), 또 다른 연구에서는 아동 및 청소년에 대한 구분된 치료 효과의 개관 논문을 제공했다(David-Ferdon & Kaslow, 2008).

비록 이전 개관 연구들이 청소년보다 아동 대상의 출판된 치료 성과 연구가 거의 2배에 이른다는 것을 발견했지만(청소년기의 정신병리 비율이 약간 더 높음에도 불구하고; Weisz & Hawley, 2002), 이러한 경향은 몇몇 영역에서 달라진 것처럼 보인다. 예를 들어, 우울한 청소년 대상의 치료에 대한 최근 개관 연구에서 1998년부터 2008년까지 아동에 비해 청소년 대상의 치료 연구가 거의 2배가량 더 출판되었음을 발견했다(David-Ferdon & Kaslow, 2008). 게다가 청소년 대상의 연구들은 방법론적으로 훨씬 더 엄격한 것으로 밝혀졌다. 우울증 치료에 대한 이러한 경향성에도 불구하고, 청소년 치료 문헌들은 청소년기 동안 상대적으로 더 흔한 여러 정신병리(예를 들어, 섭식장애, 물질사용장애, 자해, 자살; Muñoz-Solomando, Kendall, & Whittington, 2008; Weisz & Hawley, 2002)의 치료 효과에 대한 정보를 제시하지 못했으며, 상대적으로 적은 수의 정신병리에만 초점을 맞춰 왔다. 마지막으로, 청소년에게 적용된 증거 기반 치료법은 원래 성인을 위해 개발된 것이 하향 적용되거나 아동을 위해 개발된 것이 상향 확장된 것이 대부분이다(Weisz & Hawley, 2002). 아동 대상의 최근 치료에서 발달적 문제에 대한 관심이 늘었다는 점에서 청소년 대상의 치료를 개선시키는 것에도 비슷한 관심이 요망된다(David-Ferdon & Kaslow, 2008).

새로운 치료 개입이 개발되었을 때, 그 치료가 청소년기 중요한 발달 이정표와 발달 단계의 변화를 설명할 수 있다면, 우리는 그러한 치료의 질이 향상될 가능성이 높다고 말할 수 있다(David-Ferdon & Kaslow, 2008; Holmbeck, O'Mahar, Abad, Colder, & Updegrove, 2006; Ollendick, Grills, & King, 2001; Shirk, 2001; Silverman & Ollendick, 1999; Weisz & Hawley, 2002를 보라). 하지만 불행하게도 켄달(Kendall, 1984)이 '발달적 동일성 미신'(즉, 아동 및 청소년들은 대개 다르지 않고 거의 비슷하다는)이라고 지칭한 신념이 오늘날까지 개발된 대부분의 치료적 개입에 잠재되어 있다. 하지만 청소년들에 있어서 그들의 발달 수준과 사회적 혹은 학교 환경 사이에 적당한 조화가 이루어질 때 더 성공할 가능성이 높기 때문에(예를 들어, Eccles et al., 1993), 우리는 내담자의 발달 수준에 걸맞은 치료적 개입이 더 효과적일 것이라고 기대한다(Kendall & Choudhury, 2003; Piacentini & Bergman, 2001).

우리가 말한 '발달 수준'은 무엇을 의미할까? 청소년의 발달 수준은 연령과 연관되어 생물학적, 인지적, 정서적 그리고 사회적 기능에서 일어나는 예측 가능한 변화들이 축적되는 어떤 시점의 스냅사진으로 개념화될 수 있다(Feldman, 2001). 비록 발달 수준이 이러한 기능 영역 모두를 포함하지만, 청소년 치료 영역(특히 인지행동치료, CBT)의 연구들에서는 청소년의 생각을 변화시키는 것이 정서적, 행동적 혹은 사회적 영역에서의 실제적인 변화에 대한 중요한 기초라고 가정하기 때문에, 아동 및 청소년들을 대상으로 하는 많은 치료가 주로 인지적 영역에 초점을 맞춰 왔다(Durlak, 2006; Shirk, 2001).

발달에 기초한 치료를 통해 무엇을 달성하는가? 우리가 더 세부적인 부분에 대해 더 논의하겠지만, 그러한 치료는 청소년기의 중요한 발달적 과제 및 그 시기에 특히 나타날 수 있는 문제와 관련된 이정표(예를 들어, 사춘기 발달, 인지 발달, 청소년기 동안 행동적 자율성 및 사회적 조망 수용의 발달)를 고려한다. 또한 증상들이 발달적으로 얼마나 비전형적인가에 따라, 그러한 치료는 현재 어떤 증상들에 우선순위를 매겨야 할지 임상가가 선택할 수 있는 유연성을 갖게 해 줄 것이다(Weisz & Hawley, 2002). 예를 들어, 청소년기에는 적절한 행동적 자기 통제의 부족(예를 들어, 분노 관리를 잘못하거나 높은 위험 추구 행동을 하는 것)과 더불어 중등도 이상의 부모-자녀 갈등을 함께 드러낼 수 있다. 치료자는 전자가 후자에 비해 발달상 더 비전형적이고 문제가 되는 것이라고 결론 내릴 수 있으며, 이를 통해 치료에서 자기 통제의 어려움에 더 초점을 맞추게 된다.

같은 치료법의 여러 개정판이 청소년의 발달 수준에 따라 각기 다른 청소년 집단에 요구될 것이다(이러한 방략의 예를 참고하기 위해 Kendall, Choudhury, Hudson, & Webb, 2002a, 2002b를 보라). 예를 들어, 덜 복잡한 치료 개정판은 더 낮은 인지 발달 수준을 보이는 청소년들에게 제공될 것이며, 더 복잡한 개정판은 높은 수준의 청소년들에게 제공될 수 있다(Shirk, 2001). 게다가 대부분의 CBT 치료법은 청소년들이 자신의 사고 과정을 평가하고 변화시킬 수 있으며, 자신의 생각과 그로 인한 정서 상태 사이의 관계를 이해할 수 있는 기술(더 고등의 인지 능력을 요구하는)이 있어야 가능하다(Shirk, 2001). 끝으로, 발달 과정에 기초한 치료법은 부모나 또래와 같이 개입이 가능한 청소년의 현재 사회적 맥락을 참작할 것이다(David-Ferdon & Kaslow, 2008). 이 장에서는 CBT의 적용에 영향을 미치는 발달적 변화와 청소년기 이정표들에 초점을 맞췄다. 첫째, 우리는 청소년기에만 초점을 맞추는 이유가 정당함을 보여 주는 이론적 근거를 제시하고자 한다. 둘째, 문헌들에서 관심을 덜 두었던 발달적 요인들에 특히 주목하여 청소년 대상의 CBT 연구 발견들을 검토한다. 셋째, 청소년 발달 및 적응을 이해하는 발달의 이론적 틀에 대한 개요를 제공한다. 이 이론적 틀을 설명할 때 모델의 개별 요소들에 대한 치료적 함축성에 대해 논의할 것이다. 넷째, 임상가들이 청소년 내담자들과의 작업에서 고려하는 여러 발달적 요인들(예를 들어, 정상 발달, 발달 정신병리)에 대해 논의할 것이다. 끝으로, 우리는 청소년 대상의 CBT 방략을 적용하려는 치료자들을 위해 몇 가지 권고 사항을 제공한다.

1. 왜 청소년기에 초점을 맞추는가

청소년기는 유아기를 제외하고 인생의 어떤 단계보다도 더 많은 생물학적, 심리적 그리고 사회적 역할의 급변으로 특징지어지는 아동기와 성인기 사이의 과도적인 발달 단계다(Feldman & Elliott, 1990; Holmbeck, 1994; Lerner, Villarruel, & Castellino, 1999; Steinberg, 2005). '변화'는 청소년기를 정의하는 특징이며, 청소년들은 경험하는 변화의 시작과 기간 그리고 강도의 면에서 상당한 개인차를 보인다. 게다가 단일한 발달 단계 동안 두 번의 변화 지점이 있는데, 하나는 아동기로부터 초기 청소년기로의 변화이며, 하나는 후기 청소년기로부터 성인기로의 변화다(Steinberg, 2005).

그러한 변화의 정도가 크다는 점을 감안한다면, 아동기와 비교하여 청소년기에 나타나는 심리장애의 유형 및 빈도에서 유의미한 변화가 있다는 사실은 그리 놀라운 일이 아니다(Cicchetti & Rogosch, 2002; Holmbeck, Friedman, Abad, & Jandasek, 2006). 몇몇 청소년에게는 적응기 및 정신건강의 향상을 보이는 시기인 반면, 다른 청소년들에게는 부적응과 정신병리 수준이 심화되는 시기일 수도 있다. 요약하자면, 청소년기는 발달 궤도가 긍정적이거나 부정적인 방향으로 극적으로 변화될 소지가 있는 발달 단계상의 중요한 시기다.

발달 정신병리학의 관점에서, 많은 학자가 발달 경로에서의 개인차를 예측하는 위험 및 보호 과정을 확인하려고 시도해 왔다(Cicchetti & Rogosch, 2002; Rolf, Masten, Cicchetti, Nuechterlein, & Weintraub, 1990). 청소년기와 같은 삶의 전환기나 극적인 발달적 변화 기간 동안에는 보호 및 취약 과정이 매우 큰 영향을 미칠 수 있다(Rutter, 1990). 이에 더해 우리는 발달 문제를 고려하지 않는다면 그러한 기회를 놓칠 수 있다고 주장할 것이다. 우리는 청소년기에 초점을 맞추는 것이 발달적 관점의 중요성과 유용성을 입증하는 효과적인 방법이라고 믿는다.

2. 청소년 대상 CBT 개입에 대한 최근 연구의 개관

이 장의 이전 판(Holmbeck et al., 2000; Holmeck, O'Mahar, et al., 2006)에서, 우리는 청소년 내담자 대상의 인지행동적 개입법에 대한 설계 및 평가에 발달적 요인을 얼마나 고려해야 하는지를 조사했다. 이를 위해 우리는 인터넷 검색을 통해 1990년부터 1998년, 그리고 1999년부터 2004년 사이에 출판된 경험적 연구 논문들, 저서 그리고 개관 논문/메타분석 문헌들을 포괄적으로 확인하였다. 이번 개정판에서 우리는 유사한 방법으로 2005년에서 2009년까지 연구물들에 대해 포괄적으로 재검토했다. 그 기준은 원래의 검색과 유사했으며, 다음의 주요어를 포함한 다양한 조합의 검색을 포함한다. '인지적', '행동적', '청소년', '치료' 그리고 '치료법'. 이 검색은 497개의 중첩된 결과물을 산출하였다. 이렇게 방대한 목록으로부터 우리는 다음과 같은 것들을 선택하였다. ① 청소년 대상의 CBT를 적용한 경험적인 치료 성과 연구들(44개, 아동 및 청소년이 섞인 표본, 단일 사례 연구는 포함하지 않음), ② 청소년 대상의 CBT에 대한 저서의 본문(19개), ③ 청소년 대상의 경험적인 성과 연구들의 개관 및 메타분석 논문들(18개).

경험적 논문들에 대해서, 다음과 같은 정보들(해당되는 경우)이 기록되었다. ① 학술지 이름, ② 출판물의 제목, ③ 저자(들), ④ 출판연도, ⑤ 피험자의 나이(예를 들어, 초기, 중기, 후기 청소년기), ⑥ 표적 장애 유형, ⑦ 연구 유형(예를 들어, 치료 성과), ⑧ 치료 종류(예를 들어, 개인, 집단), ⑨ 치료 세부 사항(예를 들어, 통제 집단이 채택되었는지 여부, 회기 수, 치료 기간 등), ⑩ 치료 매뉴얼 여부, ⑪ 치료 장면(예를 들어, 대학 클리닉, 병원 등), ⑫ 통계 방법, ⑬ 발달적 요인이 논의되었는지 여부(그리고 발달적 요인의 유형). 이 질문들을 통해 얻어진 자료는

〈표 15-1〉과 〈표 15-2〉에 제시되어 있다. 발달적 요인이 고려되었는지를 결정하기 위해 각각의 기록들을 검토하였다.

27개의 각기 다른 학술지에 44개의 경험적 논문이 실려 있었으며, 2개 이상의 논문이 실린 학술지는 다음과 같다(괄호 안은 논문의 수). ① 『자문 및 임상심리학 저널(*Journal of Consulting and Clinical Psychology*)』(9개), ② 『미국 소아청소년 정신의학회 저널(*Journal of the American Academy of Child and Adolescent Psychiatry*)』(8개), ③ 『청소년 건강 저널(*Journal of the Adolescent Health*)』(2개), ④ 『정서 및 행동장애 저널(*Journal of Emotional and Behavioral Disorders*)』(2개). 〈표 15-1〉에서 볼 수 있듯이, 청소년 대상 인지행동치료의 가장 공통된 표적 장애는 주요우울증(25개, 57%)과 물질 남용(10개, 23%)이었다. 우울증은 계속해서 가장 널리 연구된 장애였으며, 물질 남용도 많은 차이로 그 뒤를 따른다. 하지만 이 책의 이전 판과 달리, 등교 거부에 관한 연구는 한 편도 없었다(2006년도에 개관한 연구의 10%와 비교하여). 게다가 이러한 결과는 청소년 대상의 치료에서 가장 공통된 문제가 불안장애 및 품행장애라는 웨이즈와 홀리(Weisz & Hawley, 2002)의 발견과 다른 결과다(비록 웨이즈와 홀리는 2000년 이전의 논문들을 검토했으며, CBT의 연구로만 한정 지어 고찰하지는 않았지만). 실제로 웨이즈와 홀리(2002)는 아동기와 비교하여 청소년기에 우울증과 물질 사용의 빈도가 증가한다는 점에 근거하여 이에 대한 치료법에 더 많은 관심을 가져야 한다고 권장했다. 개관된 연구들의 대부분은 초기 및 중기 청소년기에 초점을 맞추고 있으며(77%), 회기 수는 대개 11~15회(34%)나 6~10회(27%)였다. 통제 집단이 포함된 연구가 전체의 2/3에 육박하며(61%), 거의 모든 연구에서 치료 매뉴얼이 있다(93%)는 점에서 이전 판과 비교하여 통계적 엄격성이 더욱 강조된 것 같다. 또한 개인치료(39%), 집단치료(32%), 개인 및 가족 치료(23%), 개인 및 집단 치료(7%) 등 다양한 치료 형태가 사용되었다. 이것은 우리의 이전 개관에서 집단치료에 더 집중했던 것(2006년 개관에서 52%, 2000년 개관에서 62%)과 비교하여 치료 실시 방법이 확장되었음을 시사한다. 치료 장면은 이전 개관의 것보다 훨씬 더 많이 보고되어 있었으며, 가장 빈번한 장소에는 학교(27%), 외래환자 클리닉(25%), 그리고 대학 클리닉(23%)이 있었다.

개관한 경험적 논문들 중 대략 86%에서 치료 설계 및 평가 부분에 발달적 문제를 언급했다는 점에서, 발달적 문제에 대한 관심의 증가가 지속적인 경향을 띠는 것 같다. 이러한 비율은 1999년부터 2004년 사이의 문헌을 검토한 2006년도 개관보다 더 높았으며(70%; Holmbeck, O'Mahar, et al., 2006), 1990~1998년 사이의 문헌 개관(26%; Holmbeck et al., 2000)과 비교해서는 급격하게 증가하였다. 이것이 이제 청소년 대상의 치료를 평가하는 연구자들에게서 발달적 문제가 심각하게 고려되고 있음을 의미하는 것인가? 우리는 그 질문에 대한 대답이 '그렇다'와 '아니다' 모두라고 생각한다.

'있음'의 관점에서, 이번 개관의 절반이 넘는 논문에서 청소년 대상의 사용을 위해 치료 매뉴얼을 수정했거나(38개 중 7개, 18%), 이전에 청소년 대상으로 개발되었거나 수정된 치료 매뉴얼을 사용했다(38개 중 11개, 29%). 우리의 이전 개관에서(Holmbeck, O'Mahar, et al., 2006), 청소년 대상의 사용을 위해 매뉴얼을 수정했다는 논문은 20개 중 1개(혹은 5%)였다. 이런 상대적인 증가는 청소년 대상의 사용을 위해 기존에 개발되었거나 수정된 치료 매뉴얼이 많아진 것에 기인한 것 같다. 이전의 개관과 비교하여 약간 줄어들긴 했지만(38개 중 10개, 혹은 26%, 이번 개관에서; 20개 중 7개, 혹은 35%, 2006년 개관에서), 치료적 개입은 여전히 발달적 문제를 고려한 새로운 치료를 개발하고 있다. 비록 '연령'이 가장 흔하게 사용되었지만(예를 들어, Wilkinson, Dubicka, Kelvin, Roberts, & Goodyer, 2009), 이러한 개선은 웨이즈와 홀리(2002)의 청소년 대상 개입에 대한 더 많은 문헌 개관과 비교된다(즉, 그들이 개관한 연구들은 모두 피험자의 연령에 대한 정보를 포함하고 있음에도 불구하고 조절변수로 연령을 사용한 논문은 단지 6%만이다).

'없음'의 관점에서, 이전 개관과 비슷하게, 연구의 1/4만이 발달적 문제와 관련지어 결과들을 해석했다(이

표 15-1 청소년 대상 CBT 성과 연구의 개관(경험적 논문들)

차원 및 하위 범주	2005~2009년(44개)		1999~2004년(29개)		1990~1998년(34개)	
	연구 수(N)	전체 논문에서의 비율(%)	연구 수(N)	전체 논문에서의 비율(%)	연구 수(N)	전체 논문에서의 비율(%)
표적 장애						
주요우울장애/우울증 예방	25	57	8	28	11	32
물질 사용/남용	10	23	3	10	2	6
불안장애	1	2	2	7	4	12
사회공포증	1	2	2	7	1	3
노래부르기 장애	1	2		0		0
외상후 스트레스 장애	1	2		0	1	3
외상 노출(지진)	1	2		0		0
주요우울증과 품행장애의 공병	1	2		0		0
공격성	1	2		0		0
성학대	1	2		0		0
체중 감소	1	2		0		0
등교 거부		0	3	10	1	3
투옥된 청소년		0	2	7		0
강박장애		0	2	7	3	9
약물 사용과 내재화/외현화 장애의 공병		0	2	7		0
품행장애		0	1	3	4	12
사회적 기술 결함		0	1	3		0
임신과 출산을 경험한 청소년		0	1	3		0
충동 통제의 결함을 지닌 청소년		0	1	3		0
학대받은 청소년의 공격성		0	1	3		0
주의력결핍 과잉행동 장애		0		0	3	9
반항성장애		0		0	2	6
파괴적 행동		0		0	2	6
정신지체		0		0	1	3
편두통		0		0	1	3
공황장애		0		0	1	3
성폭행 가해자		0		0	1	3
말더듬		0		0	1	3
참여자의 나이						
초기 청소년기	1	2	0	0	3	9
초기/중기 청소년기	34	77	24	83	11	32
중기 청소년기	6	14	1	3	15	44
초기/중기/후기 청소년기	3	7	3	10	1	3
청소년기		0	1	3	4	12
통제 집단 여부						
있음	27	61	11	38	18	53
없음	17	39	18	62	16	47

회기 수						
1~5	6	14	0	0	4	12
6~10	12	27	7	24	7	21
11~15	15	34	11	38	8	24
16~20	6	14	6	21	7	21
21 이상	1	2	3	10	2	6
미상	2	5	1	3	6	18
각기 다름	2	5	1	3		0
치료 기간						
1~5주	5	11	0	0	5	15
6~10주	12	27	10	34	4	12
11~15주	13	30	13	45	4	12
16~20주	2	5	1	3	6	18
21주 이상	5	11	3	10	3	9
미상	4	9	1	3	12	35
각기 다름	3	7	1	3		0
개인 혹은 집단 치료						
개인	17	39	7	24	13	38
집단	14	32	15	52	21	62
개인 및 가족	10	23		0		0
개인 및 집단 회기가 섞인	3	7		0		0
언급 없음	0	0	7	24		0
치료 매뉴얼 여부						
있음	41	93	17	59	19	56
없음	3	7	3	10	10	29
미상	0	0	9	31	5	15
치료 장면						
학교	12	27	5	17	5	15
외래환자 클리닉	11	25		0		0
대학 클리닉	10	23	2	7	11	32
병원 및 대학(다기관)	2	5		0		0
인터넷	2	5		0		0
청소년 보호관찰소	1	2		0		0
병원	0	0	3	10	6	18
교정 시설		0	2	7		0
사설 상담소		0	1	3		0
거주 시설		0		0	7	21
미상	6	14	16	55	5	15
발달적 문제 논의 여부						
있음	38	86	20	69	9	26
없음	6	14	9	31	25	74

표 15-2 청소년 대상의 CBT에 대하여 경험적 논문들, 학술지 개관, 그리고 저서들에서 논의된 발달적 문제들

발달적 문제	44개 중 38개 (2005~2009년)	29개 중 20개 (1999~2004년)	34개 중 9개 (1990~1998년)
경험적 논문			
부모 개입과 연관된 문제들을 다룸	18	10	2
이전에 청소년 대상으로 개발되었거나 수정된 치료 매뉴얼 사용	11		
발달적 문제와 연관 지어 결과들을 해석	10	5	3
발달적 문제를 고려하여 개발된 치료	10	7	5
치료 효과의 조절변수로서 발달적 변인을 채택	10	2	1
청소년 대상 사용을 위한 매뉴얼로 수정	7	1	
청소년의 상호작용 상황에 초점 맞춘 치료	5	3	
인지 발달 혹은 CBT에 필요한 인지 기술의 논의	1	1	
발달과 관련된 성과변수의 채택			1
학술지 개관/저서			
치료에서의 부모 개입과 연관된 문제들을 다룸	15	9	2
인지 발달 혹은 CBT에 필요한 인지 기술의 논의	15	9	5
발달적 문제를 고려하여 개발된 치료	11	7	
청소년의 발달에 기초한 치료 장벽에 대한 논의	9	3	1
청소년의 상호작용 상황에 초점 맞춘 치료 제안	7	11	1
발달적 수준과 CBT의 본질 사이의 조화를 극대화하는 것의 중요성 강조	7	1	1
병인학과 연관된 청소년기 발달적 문제에 대한 논의	5	4	8
청소년과 관련된 '발달적 문제' 부분	5	2	6
발달적 문제를 고려하여 개발된 치료	4	6	2
청소년기에 걸친 발달적 변화 가능성 강조	4	2	2
증상 발현과 연관된 청소년기의 발달적 문제에 대한 논의	4	1	
청소년 대상의 고유한 치료 매뉴얼 적용의 주장	3	5	8
평가 전략의 선택 및 사용과 관련된 발달적 문제들	3	2	
치료 효과의 조절변수로서 발달 상태를 확인하는 것의 중요성 논의	3	2	3
정상 발달 및 정신병리 사이의 변별	2	5	1
CBT가 발달을 예견할 수 있다는 인식	2	1	

주: 표집 크기는 전체 자료(예를 들어, 2005~2009년 사이의 44개 경험적 논문) 중에 발달적 문제를 논의한 논문의 수(예를 들어, 2005~2009년 사이의 38개 경험적 논문)를 의미한다.

전 개관에서 25%; 이번 개관에서 26%). 또한 청소년의 상호작용 상황 및 인지 발달과 기술이 CBT와 관련된 방식에 대한 논의는 여전히 적었다(이전 개관에서 20개 중 3개, 혹은 15%와 비교하여 현재 개관에서 상황을 논의한 경우는 38개 중 5개, 혹은 13%; 인지 발달을 논의한 경우는 이전 개관에서 20개 중 1개, 혹은 5%와 비교하여 38개 중 1개, 혹은 2%). 결론적으로 청소년 대상의 CBT 문헌들에 포함된 개입의 설계, 자료 분석, 그리고 결과의 해석에 발달적 원칙을 적용해야 한다는 개선의 여지가 있다.

저서 및 학술지 개관/메타분석 연구에서, 대부분의 저자는 청소년들에게 적용한 CBT 관련 문헌들을 이야기할 때 발달적 문제에 주목했다(78%, 혹은 37개 중 29개). 이러한 비율은 이전 판과 유사하며, 첫 번째 판보다 훨씬 더 높았다(86%; Holmbeck, O'Mahar, et al., 2006; 43%; Holmbeck et al., 2000). 이전 판과 비교하여, 치료에서의 부모 관여(2006년 개관에서의 36%와 비교하여 현재 판에서

는 52%), 청소년만을 위해 개발된 치료법의 논의(2006년도 28% 대비 이번 판의 38%), 발달에 기초한 치료 장벽의 논의(2006년도 12% 대비 이번 판의 31%), 그리고 발달적 수준과 CBT의 본질 사이의 조화를 극대화하는 것의 강조(2006년도 4% 대비 이번 판의 24%) 등에 대한 관심이 증진된 것으로 보인다. 경험적 논문들에서처럼, 청소년의 상호작용 맥락에 초점을 맞춘 치료를 다룬 장들은 별로 없었다(2006년도 44% 대비 이번 판의 24%). 반면, 경험적 논문들과 달리 절반 이상의 장들에서 인지 발달 혹은 CBT에 필요한 인지 기술을 언급했다(2006년도 36% 대비 이번 판의 52%). 즉, 학술지 개관과 경험적 문헌들에서 다루는 발달적 요인들 사이에 간극이 존재한다.

비록 이번 개관에서 발달적 문제가 훨씬 더 많이 포함된 것은 사실이지만, 각 주제들에 대한 관심은 저자별로 큰 차이가 있다. 예를 들어, 종설 논문의 절반 이하(48%, 혹은 29개 중 14개)만이 발달적 문제를 상세하게 다뤘을 뿐이다. 대부분은 적어도 한 가지의 발달적 문제를 짧게 소개했으며(34%, 혹은 29개 중 10개), 몇몇 종설 논문은 어떤 발달적 문제를 단지 언급만 했을 뿐이었다(17%, 혹은 29개 중 5개).

이전의 개관과 유사하게, 발달적 관심사를 치료로 포함시킨 구체적인 사례나 방법은 거의 제시되지 않았다(예를 들어, Kingery et al., 2006; Sauter et al., 2009). 게다가 발달 평가를 위한 특정 도구들도 거의 없었다. 저자들이 청소년 대상의 개입에 대해 논할 때 발달적 요인을 더 자주 언급했지만, 이러한 논의에 인지 발달 및 치료의 부모 관여에만 주로 초점을 맞춘 것처럼 보인다. 또한 발달적 문제를 진정으로 고려하여 개발된 치료 사례가 별로 없었으며, 발달적 변수들을 치료 성과의 조절요인으로 고려한 것은 여전히 더 적었다. 게다가 발달이론이 경험적 연구들의 도입 혹은 결론 부분에서 거의 다뤄지지 않았다(Weisz & Hawley, 2002). 따라서 발달심리학과 치료 문헌들 사이의 통합은 아직 도전 과제로 남아 있다.

3. 청소년 발달과 적응을 이해하기 위한 이론적 틀

청소년 대상의 CBT 연구에서 발달적으로 중요한 문제들에 대한 관심이 매우 부족했기 때문에, 우리는 청소년 적응을 이해하기 위한 발달적 틀에 대한 개관을 제공한다([그림 15-1]을 보라). 우리는 청소년기의 빠른 발달적 변화에 대한 인식과 그러한 발달적 맥락이 임상가와 치료 성과 연구자들에게 도움을 줄 것이라고 믿는다.

이러한 이론적 틀은 이 분야의 연구자들이 연구하였으며, 힐(Hill, 1980), 홈벡(Holmbeck, 1996; Holmbeck, Friedman, et al., 2006; Holmbeck & Kendall, 2002; Holmbeck & Updegrove, 1995), 스타인버그(Steinberg, 2005), 그로트반트(Grotevant, 1997)가 제시한 초기 모형에 기초한 주요 구성 개념들로 요약된다. 개관된 구성 개념들의 더 상세한 설명은 위의 참고문헌들을 살펴보라. 제시된 모델의 개별 구성 요소에 대한 개관이 제공될 것이며, 관련된 임상적 논점들이 기술되어 있다. 제시된 모델은 청소년기 발달 단계에서의 생물학적, 심리적 및 사회적 변화를 강조한다([그림 15-1]을 보라).

가장 일반적인 수준에서, [그림 15-1]에 제시된 이론적 틀은 청소년기의 주요한 발달적 변화가 청소년이 발달시키는 대인관계적 맥락을 통해 발달 결과에 영향을 미침을 보여 준다. 다시 말해서, 청소년기의 발달적 변화는 중요한 타인의 행동에 영향을 미치며, 중요한 타인의 행동은 다시 자율성이나 성, 정체감 등과 같은 청소년기 주요 문제들을 해결하는 방식에 영향을 미친다.

예를 들어, 초기 청소년기 직전의 소녀가 또래들보다 더 빨리 신체적으로 성숙하기 시작했다고 가정해 보자. 이러한 조숙성은 제때 성숙한 소녀들에 비해 더 어린 나이에 성행동을 시작하도록 만듦으로써 또래 관계에 영향을 미치게 될 가능성이 크다(American Psychological Association, 2002). 연애 행동과 성 경험은 그녀 자신의 정체성과 성 관련 영역에서의 자기 지각에 영향을 미칠

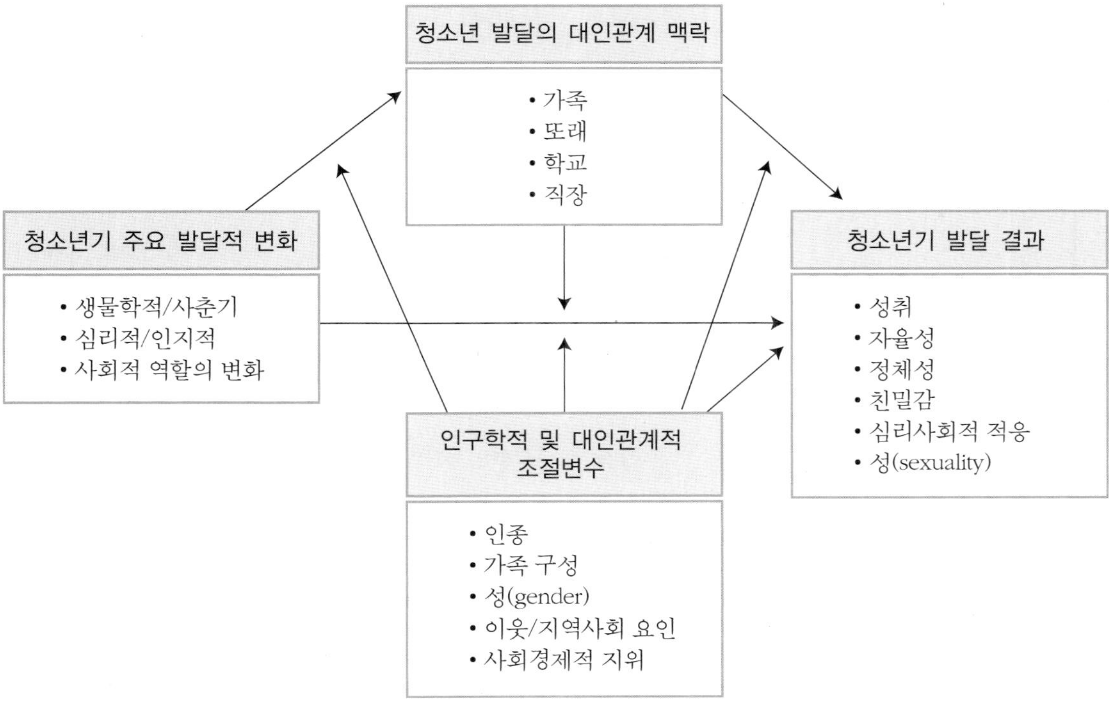

그림 15-1 청소년 발달과 적응을 이해하기 위한 이론적 틀

(Holmbeck & Shapera, 1999에서 인용. John Wiley & Sons, Inc.의 허락하에 옮김)

것이다. 이러한 방식으로 조숙한 소녀들의 또래 행동은 사춘기로의 변화와 성적 결과들 사이의 매개적 연합(따라서 적어도 부분적으로는 이러한 유의미한 연관성에 대해 설명할 수 있는)으로 이야기될 수 있다. 우리가 이 사례에 내재된 A ⇒ B ⇒ C 관계(즉, B[또래의 행동]가 A[사춘기 변화]와 C[성적 결과] 사이의 관계를 중재한다는)를 제안했기 때문에 매개라는 용어를 사용한다(매개 효과에 대한 더 상세한 설명은 Baron & Kenny, 1986; Holmbeck, 1997을 보라).

그러한 인과관계 및 매개변수의 영향력은 그것들이 발생한 인구학적 및 대인관계적 맥락에 따라 다양할 것이다([그림 15-1]의 '인구학적 및 대인관계적 조절변수'를 보라). 즉, 주요한 발달적 변화와 발달 결과들 사이의 연관성은 인종, 성, 사회경제적 지위와 같은 인구학적 변수들에 의해 조절될 것이다. 우리는 주요한 변화와 발달적 결과 사이의 연관성이 각 개인의 인구학적 특성에 따라 서로 다를 것이라고 기대하기 때문에 '조절'이란 용어를 사용한다(조절 효과에 대한 더 상세한 설명은 Baron & Kenny, 1986; Holmbeck, 1997을 보라). 예를 들어, 만일 사춘기 변화와 성적 결과 사이의 연관성이 단지 여아에게만 해당된다면, 성이 그러한 연관성을 조절한다고 추론할 수 있다. 또한 앞에서 언급한 대로 대인관계 맥락(즉, 가족, 또래, 학교, 직장 등의 맥락)은 매개 역할과 더불어 주요 변화와 발달적 결과 사이의 관계에 대한 조절 역할 또한 담당한 것이다. 예를 들어, 조숙성은 가족이 아동의 이른 사춘기 발달에 반응(예를 들어, 제한 및 감독을 늘리는)할 때만 적응상의 곤란을 야기할 것이다. 이 예에서 사춘기에 대한 가족의 반응이 사춘기 발달과 적응 사이의 연관성을 조절한다.

4. 청소년기 주요 발달적 변화

세 가지 주요한 발달적 변화의 유형이 청소년기 동안 일어난다([그림 15-1]을 보라). 즉, 생물학적/사춘기 변화, 심리적/인지적 변화, 그리고 사회적 역할의 재정의다.

그것들은 ① 문화에 상관없이 보편적이며, ② 청소년기 발달적 결과물(즉, 자율성, 정체성 및 성[sexuality]의 변화)에 선행하여 발생하기 때문에 '중요'하다고 간주된다. 이러한 변화의 보편성 및 중요성에도 불구하고 청소년기 임상적 문헌들에서는 이러한 발달적 문제들에 대한 관심이 부족했다(예를 들어, Holmbeck, Greenley, & Franks, 2003; Ollendick et al., 2001; Shirk, 1999; Weisz & Hawley, 2002).

1) 생물학적/사춘기 변화

신생아기를 제외한 삶의 다른 어떤 단계보다도 청소년기는 상당한 신체적 성장 및 변화를 보여 주는 시기다(Brooks-Gunn & Reiter, 1990; Tanner, 1962). 소년들에게 신체 비율, 얼굴 특징, 목소리, 체모, 완력 및 협응 능력 등의 변화가 일어난다. 소녀들에게는 신체 비율의 변화, 체모, 가슴 발달 그리고 초경과 같은 변화가 일어난다. 중요한 점은 사춘기 발달의 정점이 남성보다 여성에게서 2년 더 빠르다는 점이다. 또한 사춘기 변화의 서로 다른 시작점과 관련해 개인 내 차이 또한 있다는 것이 명백하다(즉, 모든 사춘기 변화가 동시에 시작하는 것은 아니다). 게다가 사춘기의 시작과 기간 그리고 종결에서 상당한 개인차가 있다(Brooks-Gunn & Reiter, 1990). 예를 들어, 2명의 14세 소년 중 한 아이는 아직 사춘기 변화가 시작되지도 않았지만 다른 아이는 이미 거의 대부분의 사춘기 경험을 마친 식으로 꽤 다른 사춘기 발달 단계에 있을 수 있다.

또한 연구들은 '사춘기 상태'(예측 가능한 일련의 사춘기 변화의 한 지점에 있는)와 '사춘기 시기'(비슷한 나이 또래에서의 변화 시기) 모두가 청소년의 기분과 감정 표현, 가족 관계의 질, 그리고 심리사회적 적응에 영향을 미침을 보여 주었다(예를 들어, Graber, Lewinsohn, Seeley, & Brooks-Gunn, 1997; Holmbeck & Hill, 1991; Paikoff & Brooks-Gunn, 1991). 사춘기 시기와 관련하여, 예를 들어 조숙한 소녀들은 우울이나 물질 남용, 때 이른 성적 위험 행동, 섭식 문제 및 장애 그리고 가족 갈등과 같은 다양한 적응상의 어려움을 경험할 위험성을 지니고 있다(American Psychological Association, 2002; Graber et al., 1997; Lanza & Collins, 2002). 그러한 소녀들과 치료 작업을 하는 치료자는 그들이 위험 상태에 있음을 자각하고 있어야 한다. 반면, 조숙한 소년들은 발달이 늦는 소년들보다 체육 활동이나 데이트, 사회적 장면에의 개입 등에 더 긍정적이다(Richards, Abell, & Petersen, 1993). 하지만 소녀들과 유사하게 조숙한 소년들 또한 일탈되고 위험한 활동 및 물질 남용의 위험성이 높다(Steinberg, 2005). 늦게 성숙하는 소년들은 우울증 및 학교 문제를 경험할 위험성이 높을 수 있다(American Psychological Association, 2002). 또한 어떤 연구는 열악한(즉, 따뜻하지 않고 갈등이 많은) 가족 관계가 조숙한 소녀들을 예측한다는 식으로, 심리사회적 요인들이 사춘기 시기에 영향을 미친다고 제안한다(Graber, Brooks-Gunn, & Warren, 1995).

사춘기 상태는 비만을 포함하여 또 다른 문제들과 연관되어 있다(Wang, 2002). 앞서 예시한 발견들처럼, 또래들에 비해 조숙한 소녀들과 늦게 성숙한 소년들에서 과체중 및 비만의 발병률이 더 높았다(Wang, 2002). 과체중 청소년들은 또 다른 건강 관련 문제 및 사회적 차별을 받을 위험성이 높다. 비록 체중에 대한 불만족 및 신체에 대한 집착과 같은 외모에 대한 관심이 청소년기에 정상적이긴 하지만, 몇몇 청소년은 섭식장애로 발전하기도 하는데, 대부분 여성이다(90%; American Psychological Association, 2002). 불행하게도 사춘기 시기와 같은 생물학적 변수를 고려한 청소년 대상의 CBT 연구는 거의 없다(Weisz & Hawley, 2002).

흥미롭게도 신체 발달 및 인지 발달 사이의 연관성은 거의 없는 것 같다(예를 들어, 또래들보다 외모가 더 성숙해 보이는 조숙한 소년들이라고 꼭 그들 또래들보다 더 추상적이거나 복잡하게 생각할 수 있는 것 같지는 않다). CBT 치료자 및 청소년의 주변 사람들은 신체 변화가 인지적 및 심리적 영역의 발달에 지표가 된다고 가정하지 않는 것이 더 낫다.

2) 심리적/인지적 변화

발달심리학과 CBT의 공통 영역과 관련된 것들 대부분이 치료적 개입의 효율성에 미치는 청소년의 심리적/인지적 변화의 잠재적인 조절 및 매개 효과다. 비록 치료 설계에서 인지 발달을 통해 설명하려는 몇몇 노력이 있었지만(예를 들어, Kendall, 1984; Kendall, Lerner, & Craighead, 1984; Rohde, Feeny, & Robins, 2005; Sauter et al., 2009; Shirk, 1999; Temple, 1997), 가용한 치료들이 청소년기 인지 발달 수준에 따라 서로 다른 효과를 보이는지를 검증했던 연구자들은 별로 없었다(David-Ferdon & Kaslow, 2008; Durlak, Fuhrman, & Lampman, 1991). 따라서 우리는 모델에서 이러한 구성 요소들을 설명하는 데 지면을 추가하였다. 이 부분에서 우리는 정서 조절 능력의 발달과 같은 다른 형태의 심리 발달을 배제한 채 단지 인지 발달에만 초점을 맞췄다(Cole, Martin, & Dennis, 2004; Suveg, Sood, Comer, & Kendall, 2009). 비록 정서 조절 기술이 중요하다는 점을 알고는 있지만, 그것들은 보통 CBT 개입에서 직접적으로 다루지는 않는다(CBT 프로그램에 정서 조절 훈련을 통합하는 데 대한 더 세부적인 논의와 제안은 Hannesdottir & Ollendick, 2007을 보라).

(1) 역사적 관점: 이론 공식화에서 '인지'의 중요성

CBT는 조건형성의 이론적 틀이 인간 행동을 설명하는 데 불충분하다는 입장에서 개발되었다(Bandura, 1977; Rosenthal, 1982). 예를 들어, 고전적 조건형성의 성과는 행동주의 요인들을 넘어서서 개인적, 사회적 및 인지적 변수들을 포함하는 것이었다. 게다가 치료 맥락에서 내담자들은 자극에 대한 수동적인 수혜자가 아니라 그들의 환경을 능동적으로 해석하는 존재로 여겨진다(Ollendick et al., 2001).

모든 인지행동적 접근들은 행동의 발달, 유지 및 수정에서의 인지 처리 과정을 강조한다(Durlak, 2006). 예를 들어, 사회학습이론(Bandura, 1977)에서는 행동이 인지 처리 과정의 산물이다. 이 과정은 우리가 무엇에 관심이 있는지, 사건을 어떻게 지각하는지, 그 사건이 기억되었는지 여부, 행동 반응을 수행하는 데 있어서 자기효능감의 정도, 기대했던 결과 등을 결정한다(Bandura, 1977). 이러한 기본 가정들로부터 여러 치료 목표가 파생되는데, ① 문제 행동에 기저하는 인지 처리 과정의 확인과 ② 이러한 과정을 바꾸어 줄 수 있는 학습 경험의 창출 및 그에 따른 행동 패턴의 변화가 그것이다.

(2) 치료에서 '인지'에 초점 맞추기

CBT에는 인지 처리 과정을 변화시키는 다양한 기법이 있다. 치료자는 종종 질문하기, 심상 그리고 역할 연기 등을 통해 부적응적 생각이나 가정(예를 들어, 귀인, 결과 기대)을 확인하려고 시도할 것이다. 잘못된 가정들에 도전하고, 새롭고 더 적응적인 생각들을 격려한다. 또 다른 CBT 기법인 문제해결 훈련은 사회적 갈등 상황에서 청소년들이 적응적인 반응을 개발하도록 돕는 데 널리 쓰이고 있다. 그 훈련은 종종 자기 감찰, 수단–목적 사고, 가능한 결과 평가하기, 해답의 선택, 재상영(enactment), 해답에 대한 평가, 그리고 필요하다면 대안적인 해결책을 찾는 과정 반복하기와 같은 기술의 개발을 포함한다(Temple, 1997).

일반적으로 CBT의 기법들은 자기 성찰(자신이 어떻게 생각하는지를 생각해 보는 것), 결과에 대한 생각(특정 생각이나 행동의 영향에 대해 심사숙고하기), 미래 가능성 고려하기(생각이나 행동의 변화가 결국 미래 자신의 삶에 어떻게 영향을 미칠 것인지에 관한 생각) 등을 강조한다. 따라서 CBT 기법들은 전형적으로 높은 인지 발달 수준을 요구하는 복잡한 상징적 처리 과정에 의존한다(Sauter et al., 2009). 게다가 인지적 처리 과정의 변화는 치료 성과를 매개하는 것으로 밝혀졌다(즉, 불안한 자기 진술을 줄이는 것이 치료적 이득과 관련된다; Kendall & Treadwell, 2007).

비록 CBT의 주요 요소이긴 하지만, 청소년기 동안 이루어지는 인지 발달의 수준에 상당한 개인차가 존재하며, 어떤 내담자들은 그들의 특정 심리적 문제에 초점을 맞출 때 고등의 상징적인 처리 과정이 불가능할 수도 있다. 즉, 청소년의 인지 발달 수준이 몇몇 CBT 기법의 성공에 영향을 미칠(혹은 성공을 촉진할) 가능성이 높다(예를 들어, Bobbit & Keating, 1983; Kendall & Braswell, 1985; Kingery et al., 2006; Sauter et al., 2009; Schleser, Cohen, Meyers, & Rodick, 1984; Shirk, 1999). 게다가 덜랙과 동료들(Durlak et al., 1991)의 메타분석 결과, 연령에 따른 차이가 없었으며, CBT와 비인지적 치료 사이의 효과 차이 또한 없었음을 발견했다.

(3) 청소년기 인지 발달

특히 청소년기에는 어떤 인지 변화가 있는가? 피아제(Piaget, 1970)는 발달심리학계에서 대표적인 인지 발달의 포괄적 단계 이론을 제공했다. 그는 청소년기를 형식적 조작 사고가 확산되며, 성인 수준의 추론이 가능한 시기로 정의하였다. 그러한 사고 능력을 획득한 청소년들은 더 복잡하고 추상적이며 가설적으로 생각할 수 있다. 그들은 가능성에 대해 생각할 수 있으며, 대부분은 미래에 관해 현실적으로 판단할 수 있다.

비록 아동기에서 청소년기로의 전환기에서 사고의 변환이 일어난다는 것에 대체로 동의할지라도, 피아제 학파에 대한 비판가들은 대안을 제시했다(Moshman, 1998). 예를 들어, 정보처리적 접근의 지지자들은 사고의 향상을 설명할 수 있는 인지 활동의 특수한 변화를 확인하려고 시도했다. 그들은 청소년기 동안 다음 영역에서의 중요한 진보가 있음을 확인했다. ① 정보처리 능력 혹은 효율성(예를 들어, 작업 및 장기 기억, 처리 속도), ② 조직화 전략들(예를 들어, 계획 세우기), ③ 그들 자신의 사고 과정에 대한 인식, ④ 인지적 자기 조절(예를 들어, 선택적 주의, 주의 분할; Keating, 1990; Steinberg, 2005). 정보처리 접근과 피아제식 접근이 필연적으로 서로 배타적인 것이 아니라는 것을 깨닫는 것이 중요하다. 피아제의 이론에서는 11~12세경 시작되는 청소년기 사고의 질적 변화를 기술하고 있으며, 정보처리적 관점이 이러한 변화에 밑바탕이 되는 인지적 특징들을 제안하기 때문에 이 이론을 더 완전하게 만들어 준다.

피아제 학파와 정보처리적 접근에 더해서, 청소년기 인지적 발달을 이해하려는 세 번째 접근은 맥락주의적 접근이다. 비고츠키(Vygotsky, 1978)는 심리 과정이 사회적 기반에 근거한다고 제안하였다. 이 접근에 따르면, 사회적 상호작용, 특히 언어적 의사소통은 인지 발달에 중요한 영향을 미친다. 이 접근은 아동이 그들 자신 및 타인의 행동을 이해하는 것과 같은 사회적으로 관련된 아동의 인지에 관심을 둔다. 치료의 진척에 영향을 미치는 사회-인지 발달 과제들에는 사회적 조망 수용 및 공감 기술의 개발, 사람들을 이해하는 데 있어서 감정의 역할, 사회적 상황에서의 귀인 과정, 그리고 친사회적 행동의 개발 등이 포함된다(Guerra, 1993; Nelson & Crick, 1999). 사회-인지 발달은 치료적 개입에 의해 예측될 수 있다(치료적 관계에 의한 것뿐만 아니라; Guerra, 1993).

전반적으로 청소년기 동안에는 추상화, 인과관계의 사고, 가설 추론 등으로 특징지어지는 꽤 정교화된 사고방식이 나타난다. 게다가 이러한 인지 과정들은 CBT에서 사용되는 대부분의 전략에서 핵심적인 중요성을 지닌다. 청소년들은 인지 발달 처리 과정을 변화시키거나 가속화하는 데 초점을 맞춘 치료로 도움을 받을 수 있으며(Shirk, 1999), 이는 치료의 효과를 더욱 증진시킨다(예를 들어, 템플[Temple, 1997]은 청소년들이 수단-목적 사고 및 조망 수용을 발전시키도록 돕기 위한 방략들을 보고했다). 즉, 치료자는 치료적 개입을 통해 청소년에게 도움을 주는 데 필요한 발달적 변화를 촉진하는 데 요구되는 것을 발견할 것이다(물론 아동은 그러한 변화를 경험할 수 있는 발달상 준비가 되어 있으며, 그 변화를 유지하기 위한 적절한 환경적 지지가 있다는 가정하에).

요약하자면 치료에서 인지 발달과 그 적용에 대한 기본 지식이 CBT 치료자에게 꽤 유용할 것이다. 하지만 CBT 치료자들 및 연구자들은 인지 변인을 그들 연구의 성과와 통합하는 것에 어려움을 느꼈을 것이다. 흥미롭게도, 웨이즈와 홀리(Weisz & Hawley, 2002)는 그들이 개관한 치료적 개입 연구의 단지 25%만이 인지의 어떤 측면에 대해 평가했으며, 인지 변인과 치료 성과 사이의 연관성에 관한 유형을 평가한 연구는 더 적다(9%)는 사실을 발견하였다. 청소년 대상의 치료적 개입 연구에서 인지 변인에 대한 관심의 부족은 아마도 부분적으로는 인지 과정을 측정할 수 있는 평가 도구의 부족에 기인한 것 같다(Sauter et al., 2009). 이러한 간격을 줄이기 위해, 웨이즈와 홀리(2002)는 CBT 치료자들(그리고 청소년 대상의 CBT 성과를 연구하는 연구자들)이 ① 치료 전의 인지 수준을 평가하고, ② 청소년과의 치료 작업에 인지 지향 접근을 포함하며, ③ 인지 수준의 기능에 따라 성과가 다양함을 검증하고, ④ 어린 내담자가 인지적 개념을 획득할 수 있는지 여부를 확인하며, ⑤ 인지 기술(예를 들어, 문제해결 기술)의 증진이 치료 성과로서의 긍정적인 변화와 연관되어 있는지 여부를 결정할 수 있다고 제안한다. 킹거리과 동료들(Kingery et al., 2006), 카츠, 포티와 포슬(Katz, Fotti, & Postl, 2009), 사우터와 동료들(Sauter et al., 2009) 또한 발달적으로 적절한 방법으로 치료를 제공하는 것이 실제적인 이득을 지닌다고 보았다.

3) 사회적 역할의 정의

아동의 사회적 지위에서의 다양한 변화가 청소년기 동안 일어난다(Steinberg, 2005). 비록 그러한 사회적 재정의가 보편적일지라도, 특정 변화는 각기 다른 문화들에 걸쳐 상당히 다르게 나타난다. 몇몇 산업화가 되지 않은 사회에서, 사춘기 변화가 시작된 직후에 공공 의례(즉, 통과의례)가 치러진다. 서구 산업사회에서는 그러한 변화가 덜 명확하지만, 사회적 지위에서 유사한 변화가 일어난다. 스타인버그(Steinberg, 2005)는 서구 문화의 4개 영역에 걸쳐 일어나는 변화를 예시하였다. 즉, **대인관계적**(예를 들어, 가족 지위의 변화), **정치적**(예를 들어, 후기 청소년기에 투표 자격이 주어지는 것), **경제적**(예를 들어, 청소년들의 구직이 허용) 그리고 **법적**(예를 들어, 후기 청소년기에 성인 법 체계에 따라 재판받는 것) 영역이다. 게다가 나이가 많은 청소년들은 운전면허를 발급받을 수 있으며 결혼할 수도 있다. 후기 청소년기에 집을 떠나는 것 또한 개인의 사회적 역할을 재정의하도록 만든다. 끝으로, 연구에 의하면 고정관념적인 성역할 기대가 청소년기 동안 더 강력해진다(Galambos, Almeida, & Petersen, 1990; Gilligan, Lyons, & Hanmer, 1990).

그러한 사회적 역할의 변화들은 임상적 함축성을 지닌다. 수용 가능한 행동에 대한 사회적 기대의 변화에 적응할 수 있는 청소년의 능력은 꽤 다양하다. 산업화가 덜 이루어진 문화보다 산업화된 문화에서 기대된 역할이 덜 명확할 수 있다(Steinberg, 2005). 서구 문화에서 청소년의 '정상' 행동이 어떻게 구성되는지에 대한 합의가 거의 이루어져 있지 않다(예를 들어, 성 및 물질 남용과 관련된 모순된 메시지들이 방송 매체에 의해 빈번하게 소개된다). 게다가 정신병리는 흔히 모순된 역할 기대를 다루지 못한 결과로 나타날 수 있다.

5. 청소년기의 대인관계 맥락

이론적 틀의 대인관계 맥락 부분에 4개의 구성 요소가 포함되어 있다([그림 15-1]을 보라). ① 가족, ② 또래, ③ 학교, ④ 직장. 반사회적 행동에 대한 헹겔러, 숀월드, 보두인, 롤랜드와 커닝험(Henggeler, Schoenwald, Borduin, Rowland, & Cunningham, 1998)의 중다 체계적 치료 작업을 통해 명확해진 것처럼, 맥락을 고려함으로써 개입의 효과성이 더욱 증진될 수 있다. 청소년들은 아동보다 더 많은 다양한 체계 내에 포함된다. 이러한 체계들이 개입의 적절한 표적이 될 수 있으며, 변화 가능성이 더욱 높을 것이다(Kazdin & Weisz, 1998; Shirk, 1999; Weisz & Weersing, 1999). 앞서 언급한 것처럼, 청소년의 관련 '맥락'에 초점을 맞춘 연구가 부족하기 때문에, 더욱 많은 관심이 요망된다.

1) 가족 맥락

청소년기는 가족 관계가 바뀌는 시기다(Collins, 1990; Holmbeck, 1996; Paikoff & Brooks-Gunn, 1991; Steinberg & Morris, 2001). 비록 대표적인 대규모 청소년 표본을 포함한 연구(Arnett, 1999)에서 초기 질풍노도의 시기에

대한 극단적인 관점(Freud, 1958)을 지지하지 않는다 할지라도, 공공 정책 및 대중적 신념은 여전히 시대에 뒤떨어진 이러한 관점의 선상에 있는 것처럼 보인다(Steinberg, 2001). 비록 심각한 부모–자녀 관계 문제가 초기 청소년기 동안의 전형적인 특징이 아닐지라도(Holmbeck, Paikoff, & Brooks-Gunn, 1995), 부모–자녀 관계에서 정서적 거리가 멀어지는 시기는 사춘기 변화의 절정에서 나타난다(Holmbeck & Hill, 1991; Laursen, Coy, & Collins, 1998; Paikoff & Brooks-Gunn, 1991). 예를 들어, 가족 구성원들과 함께 보내는 시간은 5학년에서 12학년으로 넘어가면서 35%에서 14%로 급감한다. 그러나 청소년과 다른 가족 구성원 사이의 긍정적인 관계는 대부분의 청소년에서 지속된다(Larson, Richards, Moneta, Holmbeck, & Duckett, 1996). 또한 갈등과 부정적인 감정 상태가 더욱 심해진다 하더라도, 대부분의 청소년은 부모와의 유대를 끊거나 심각한 장애로 발전되지 않은 상태로 이 시기를 잘 넘긴다(Collins & Laursen, 1992). 청소년으로 이행하는 시기에 부모–자녀 관계가 단절되는 것은 관계 연속선을 배경으로 발생하는 경향이 있다(Holmbeck, 1996). 게다가 청소년 변화의 시기에 발생한 갈등이 적응적인 역할을 한다고 주장되기도 한다. 실제로, 갈등의 증가는 부모의 양육과 의사결정 방식에서 조정이 필요하고, 청소년의 자율성이 가족 내에서 받아들여진다는 것을 나타내는 것일 수 있다(Cooper, 1988; Holmbeck, 1996).

또한 앞서 논의한 인지 변화에 의해서도 부모–자녀 관계가 바뀌는 것으로 보인다. 예를 들어, 청소년들은 어떤 문제에 관해 부모들의 주장에서 문제점을 지적하거나 심지어 다른 부모라면 어떠할지 상상하는 식의 더 복잡한 방식으로 토론(그리고 논쟁)할 수 있는 능력과 의지가 강해진다(American Psychological Association, 2002). 이러한 진일보된 사고 유형이 격려될 수도 있지만, 부모들은 청소년의 이러한 행동으로 위협받거나 도전받는다고 느낄 수도 있다.

이 발달 시기 동안 부모의 주요 과제들 중 하나는 가족 환경의 높은 응집성을 유지하고, 자녀의 행동을 감찰하며, 발달적으로 적절한 기대를 명확하게 제시하는 것과 동시에 가족 내에서의 책임감 증가와 의사결정의 힘에 대한 청소년의 욕구에 반응하는 것이다(American Psychological Association, 2002). 일반적으로, 온화함과 책임 그리고 요구성으로 특징지어지는 권위적인 양육은 청소년의 더 나은 심리사회적 성과와 일관되게 관련되어 있다(Steinberg, 2001). 만일 양육 행동이 청소년의 문제 행동과 관련된 것으로 결정된다면, 양육 기술과 부모–자녀 관계는 CBT의 부가적인 목표로 추가될 수 있다.

예를 들어, 만일 부모가 규칙과 자율성에 관한 청소년의 주장으로 도전받는다고 느낀다면, CBT 치료자들은 부모들에게 생각하는 방식을 배우도록 돕기 위해 아이들의 '요구(asking)'를 요구 그대로 수용하도록(물론 그들 자신의 독특한 방식으로) 제안하는 '재구성(reframing)' 기법을 사용할 수 있다. 청소년들에게 "내가 말한 대로 해!"라고 지시하는 것은 무수한 선택과 결정에 직면할 청소년들을 준비하지 못하게 만든다. 하지만 규칙이나 책임 그리고 의사결정과 관련된 문제들에 대해 청소년들과 함께 적절하게 논의하고자 하는 의지를 가진 부모들은 아이들에게 한 가지 문제에 대한 다양한 관점을 알려 준다. 이러한 의사소통 방식이 더 복잡한 사고 능력을 증진시키기 때문에 그러한 논의에 의해 인지 발달이 촉진될 수 있다. CBT 치료자는 청소년기 동안 부모에 대한 애착의 변형이 예상되며, 이러한 변화를 관리하는 것의 어려움으로 인해 몇몇 표준적인 가족 문제가 발생할 수 있다는 것을 자각하는 것이 좋다. 비록 치료에 부모와 가족이 관여하는 것의 이점에 대한 문헌들의 주장이 매우 다양하고(Barmish & Kendall, 2005; David-Ferdon & Kaslow, 2008; Durlak, 2006) 전통적인 CBT에 부모 요소를 포함하는 것의 이점이 불명확하다 할지라도(Barrett, Duffy, Dadds, & Rappe, 2001; Spence, Donovan, & Brechman-Toussaint, 2000), 몇몇 단기간의 이점이 확인되었다(Barrett, Dadds, & Rapee, 1996; Bögels & Siqueland, 2006; Sanford et al., 2006).

2) 또래 맥락

성인기 어려움(예를 들어, 학업 중퇴, 범죄)의 가장 명백한 예측변인 중의 하나는 아동기 및 청소년기의 열악한 또래 관계다(Parker & Asher, 1987). 아동–아동 관계는 사치가 아닌 필수 요소이며, 대부분의 연구자는 이러한 관계가 인지, 사회–인지, 언어, 성역할 그리고 도덕성 발달과 정적 관계가 있다는 것에 동의한다(Bagwell, Newcomb, & Bukowski, 1998; Berndt & Savin-Williams, 1993; Steinberg, 2005). 또래들은 자신과 유사한 아동들을 선택하는 경향이 있으며(선택 효과), 시간이 지남에 따라 서로에게 상당한 영향을 미치는 것 같다(사회화 효과; Dodge & Pettit, 2003).

아동기 및 청소년기의 또래 관계는 일련의 발달 단계를 통해 서서히 발전되는 것 같다(Brown, 1990; La Greca & Prinstein, 1999). 예를 들어, 셀먼(Selman, 1980, 1981)은 사회적 조망 수용에 관한 단계 이론을 주장하였다. 많은 청소년은 관계의 성숙도를 증진시킬 수 있는 진보된 역할 수용 기술을 꽤 잘 습득해 내는 듯 보인다. 설리번(Sullivan, 1953)은 아동–아동 및 부모–자녀 관계 사이의 차이점을 강조했으며, 중요한 발달적 성취로 간주되는 (대개) 동성 사이의 우정인 '단짝 관계' 개념을 소개하였다. 아동이 이 관계를 통해 친밀감에 관해 배울 수 있으며, 이러한 우정은 이후의 친밀한 관계에 초석이 된다. 또한 아이들은 청소년으로 발달하면서 사회적 상황의 요구가 더욱 복잡해짐에 따라 진일보된 새로운 사회적 기술들을 필요로 한다(Steinberg, 2005).

CBT 치료자는 친구가 별로 없는 어린 청소년들을 대상으로 사회적 조망 형성 및 사회적 문제해결 기술과 같은 기술의 습득을 통해 사회적 기술 및 '단짝 관계'의 발달을 촉진시키려고 할 수 있다. 우정 기술(예를 들어, 갈등 해결)은 모델링과 시연을 통해 촉진될 수 있다(La Greca & Prinstein, 1999).

더 일반적으로, CBT 치료자는 방과 후 활동이나 집단치료와의 결합 등으로 치료를 확장함으로써 청소년들이 기술을 연습하고 향상시키도록 격려할 것이다. 더 일반적으로, CBT 치료자가 가족 및 또래 환경이 서로 얽혀 있는 것과 유사한 내담자의 또래 관계 상태 및 질을 평가하는 것이 유용할 수 있다(Kendall & MacDonald, 1993). 부모들은 자녀의 친구 관계를 감찰하고(La Greca & Prinstein, 1999), 사회적 기술의 개발을 촉진하도록 격려해야 한다. 비록 치료에 또래를 관여시키는 것이 치료 성과에 얼마나 영향을 미치는지에 대한 지식은 제한적이지만, 몇몇 연구자는 치료에 청소년의 친구가 포함되어야 한다고 제안한다(La Greca & Prinstein, 1999).

집단 인지행동치료가 청소년 대상의 CBT 실시에 종종 유용한 맥락일 수 있다. 앞서 제시했듯이, 이 방법이 이 연령대에 흔히 사용된 개입 방략이다. 우리가 개관한 연구의 약 40%가 이러한 방식을 사용했다(〈표 15–1〉을 보라). 또래들이 청소년기 심리사회적 발달을 실현하는 데 중요한 역할을 담당하기 때문에, 청소년 대상의 집단치료는 부적응적인 사고 유형에 도전하고 적응적인 심리사회적 기술을 강화시켜 줄 강력한 원천으로 사용될 만한 효과적인 방법이다. 하지만 반사회적 행동과 같은 문제를 지닌 경우에 집단치료의 적절성에 문제가 생긴다. 몇몇 연구자는 반사회적 행동을 감소시키려는 의도로 설계된 집단치료적 개입에서 반사회적 특성을 지닌 사람이 다른 반사회적 또래들과 빈번하게 접촉할 때 발생하는 '일탈 훈련'으로 인한 부작용이 나타날 수 있음을 주장했다(Dishion, McCord, & Poulin, 1999; Steinberg, 2005). 하지만 최근의 메타분석 연구에서는 집단치료에서의 부작용이 거의 발견되지 않았으며, 이는 집단 회기 밖에서의 부정적인 또래 영향력을 살펴보는 것이 더 중요하다는 것을 시사한다(Weiss et al., 2005). 혼재된 결과로 인해, 반사회적 특성을 지닌 청소년 대상의 집단치료는 주의 깊게 실시되어야 한다.

3) 학교 맥락

청소년 발달의 또 다른 맥락은 학교 환경이다. 학자들은 인지와 성취에 대한 학교의 영향력에 관심을 가질 뿐만 아니라 아이들이 학교 맥락에서 많은 시간을 소비한다는 점에서, 청소년의 성격, 가치 그리고 사회적 관계의 발달에 학교 환경의 역할을 검증해야 한다고 역설해 왔다(Entwisle, 1990).

나이가 들어 감에 따라 아이들은 더 복잡한 학교 환경에 노출된다(Steinberg, 2005; 더 많은 교사, 자율성 요구의 증가, 훨씬 더 빈번하게 교실을 옮겨 다님). 잦은 전학이 더 해로운 영향을 미치지만, 진학(초등학교에서 중학교로) 또한 스트레스 요인으로 보인다(Seidman, Allen, Aber, Mitchell, & Feinman, 1994; Simmons & Blyth, 1987). 물리적 환경, 자원의 제한, 교육철학, 교사의 기대, 교육과정의 특징, 그리고 교사와 학생 사이의 상호작용 등이 아동·청소년 대상의 다양한 결과와 연관되어 있음이 밝혀졌다(Roeser, Eccles, & Sameroff, 2000). 또한 어떤 학교들에서의 높은 중퇴 비율은 학교 환경과 학생들의 욕구가 잘 합치되지 않았음을 시사한다(Eccles et al., 1993). 더 일반적으로, 최근 연구들에서는 다음과 같은 특징을 지닌 최선의 학교 환경을 제시했다. 즉, 지적 활동의 강조, 교장으로부터 자율성을 보장받은 헌신적인 교사, 적재적소에서 수업 과정을 감찰하는 방략들, 주변 지역사회의 개입, 그리고 학교 교육에 적극적으로 참여하는 학생들이다(Steinberg, 2005).

CBT 치료자들은 청소년 내담자의 학교 환경의 본질과 특성을 평가함으로써 이점을 얻을 수 있다(Trickett & Schmid, 1993). 학교에 대한 소속감 수준이 더 높을수록 정서적 고통 및 물질 사용 수준이 낮기 때문에, 내담자가 느끼는 학교에 대한 소속감 수준을 이해하는 것은 가능한 위험 요인을 확인하는 데 도움을 줄 것이다(Resnick et al., 1997). 임상가는 학교 환경의 다양한 측면을 고려하거나 영향력을 최소화하기 위해 평가 및 치료에 학교 교직원을 관여시킬 수도 있다(예를 들어, 청소년의 기술과 학교의 교육 방법 사이의 불일치가 문제일 때 특수교육 학급에 CBT 개입법을 추천할 수도 있음). 흥미롭게도, 청소년 대상의 치료적 개입에 대한 웨이즈와 홀리(2002)의 개관에서, 모든 치료적 개입의 대략 20% 정도가 어떤 방식으로든 학교 맥락에 개입했지만, 학교 요인과 치료성과 사이의 연관성을 밝힌 경우는 하나도 없었다.

추가적으로, CBT 개입은 종종 학교 환경 내에서 수행된다. 학교가 다른 상황에서는 치료를 접할 수 없는 많은 청소년에게 치료를 제공할 수 있기 때문에, 학교 장면이 대개 치료를 실시하기에 적절하다(Ginsburg & Drake, 2002). 게다가 학교 장면 내에서의 치료는 기술을 연습할 수 있는 기회가 훨씬 더 많다. 또한 집단 경험은 개입 이후의 지속적인 사회적 지지를 제공한다(Ginsburg & Drake, 2002). 학교 기반의 CBT 개입은 우울(예를 들어, Clarke et al., 1995; Gillham et al., 2007; Stark, Streusand, Arora, & Patel, 이 책 6장; Spence, Sheffield, & Donovan, 2003), 불안(예를 들어, Bernstein, Layne, Egan, & Tennison, 2005; Ginsburg & Drake, 2002), 외상(Jaycox et al., 2009; Kataoka et al, 2003; Stein et al., 2003), 주의력결핍 과잉행동장애(ADHD; Bloomquist, August, & Ostrander, 1991) 그리고 품행 문제(Wilson, Gottfredson, & Najaka, 2001의 개관을 보라)를 포함하여 다양한 문제에 적용되어 왔다. 개입은 학교나 학급 내 모든 아이가 포함되는 전체적인 방식일 수도 있으며, 부정적인 결과를 보일 위험을 지니고 있거나 기존에 표적 문제 증상을 지닌 청소년들만을 포함하는 선택적인 방식일 수도 있다. 우울 예방 프로그램에 대한 메타분석은 전체적인 개입의 효과 크기가 표적 개입에 비해 일반적으로 더 적음을 발견했다(Horowitz & Garber, 2006; Stice, Shaw, Bohon, Marti, & Rohde, 2009).

4) 직장 맥락

마지막으로 살펴볼 맥락은 직업 환경이다(Greenberger & Steinberg, 1986; Lewko, 1987). 비록 미국의 모든 고교생 중 80% 이상이 졸업하기 전에 직업을 갖게 되고(Steinberg, 2005), 많은 정부 기관이 청소년에게 직업을 가지도록 권고해 왔지만, 직업이 청소년 발달 및 중요한 타인과의 관계에 미치는 영향에 대한 연구는 거의 없었다.

하지만 연구(예를 들어, Mihalic & Elliot, 1997)에 기초할 때, 직무 환경은 청소년 발달에 긍정적이고 부정적인 효과 모두를 가진다는 것이 명백하다. 비록 일을 하고 있는 청소년들이 자립성을 증진시키는 경향이 있지만, 또한 ① 직업에 대한 냉소적인 태도를 발전시키고, ② 가족 및 또래들과 함께 보내는 시간 및 정서적 친밀성이 줄어들며, ③ 학교에 덜 관여하여 학업 포부가 감소되고, ④ 물질을 남용하거나 비행 행동을 저지를 가능성이 높아지며, ⑤ 자기 탐색 및 정체성 발달에 힘쓸 시간이 줄어들게 된다. 중요한 문제는 청소년이 수행하는 많은 직무가 단조롭고, 본질적으로 스트레스를 주는 특성을 가진다는 점이다. 작업장에서의 일탈된 또래들 및 일탈 행동을 묵인하는 모델에 노출되는 것은 부정적인 영향을 미칠 것이다(Mihalic & Eliot, 1997). 청소년기의 직업 활동이 10년 이후의 고용 가능성과 정적인 상관이 있지만, 고교 시절 일을 하지 않는 아이들과 비교하여 직업을 가진 청소년들에서 알코올 및 마리화나의 사용 증가와 같은 장기간의 부적 영향 또한 발견되었다(Mihalic & Eliot, 1997). CBT 치료자들은 직업과 청소년 삶의 다른 측면, 작업장 환경 자체의 특징과 영향력, 그리고 직업에 대한 청소년의 태도와 신념 사이의 균형을 맞추는 데 관심을 갖는 것이 도움을 줄 수 있다. 과거 연구들에서, 몇몇 연구자는 청소년들의 치료로 인한 진척을 확인하기 위해 직장에서의 피드백을 이용하기도 하였다(Weisz & Hawley, 2002).

6. 청소년기 발달 결과

[그림 15-1]에서 볼 수 있듯이, 청소년기의 발달상 변화들은 청소년 발달의 대인관계 맥락에 영향을 미치고, 이것은 또다시 청소년기 발달 결과에 영향을 미치게 된다. 여기에서는 청소년기의 중요한 발달 결과들, 즉 성취, 자율성, 정체성, 친밀감, 심리사회적 적응 및 성([그림 15-1]을 보라)에 대해 논의할 것이다.

1) 성 취

청소년기 동안 이루어지는 의사결정은 미래의 교육, 경력 그리고 여가 활동의 선택 등에 중요한 영향을 미칠 수 있다(Henderson & Dweck, 1990). 고교 재학 시절이 대부분의 청소년에게 그들의 교육에 대한 의사결정을 할 수 있는 최초의 시기다. 또한 청소년기는 직업 훈련을 시작할 시기다. 선택해야 할 것들이 늘어남에 따라, 특히 인지적으로 복잡한 의사결정 과정을 할 수 있는 준비가 덜 되어 있는 청소년들에게는 '인생 결정'으로 인한 불안 수준 또한 증가할 것으로 예상된다.

CBT 치료자들은 청소년들이 이러한 난관을 다룰 수 있도록 돕는 많은 방략을 사용할 수 있다. 예를 들어, 치료자는 이 문제들과 관련하여 청소년들에게 지침을 제공하거나 부모를 도와 모델 역할을 하도록 만들 수 있다. 성취와 관련된 의사결정의 복잡성 때문에, 청소년들은 인지 능력(즉, 문제해결 방략들; 미래 지향적인 사고, 추상적 추론 능력, 그리고 가설적 사고를 사용할 수 있는 능력)이 자연스럽게 발달하거나 치료적 개입을 통해 도움을 받을 수 있다. 이러한 능력을 개발한 청소년들은 교육 및 진로와 관련된 의사결정을 하는 데 유익하다.

2) 자율성

자율성은 다차원적이며, 일반적으로 세 가지 구성 개념으로 이루어졌다고 간주된다(Hill & Holmbeck, 1986; Silverberg & Gondoli, 1996). '정서적 자율성'은 부모에 대한 어린아이 같은 의존성을 버릴 수 있는 능력을 말한다(Fuhrman & Holmbeck, 1995). 청소년들은 그들의 부모를 양육자라기보다는 '사람'으로 봄으로써 그들을 이상화하지 않게 되며, 즉각적인 정서적 지지에 덜 의존하게 된다. 청소년들이 행동적 자율성을 지니게 될 때, 그들은 스스로 의사결정을 하고 자치적인 모습을 보일 수 있는 능력을 지닌다. 청소년들은 스스로 의사결정을 할 수 있는 상황인지, 아니면 부모나 동료들에게 충고를 얻어야 할 필요가 있는지를 인식할 수 있는 능력이 증진된다(Steinberg, 2005).

CBT 치료자는 치료 동안 나타나는 자율성과 연관된 문제들에 관심을 갖는 것이 유용할 것이다. ① 청소년들이 부모에 의해 승인되었던 자율성의 수준을 스스로 관리하는 책임 정도, ② 현재의 자율성 수준 및 앞으로 주어질 자율성 수준에 대해 부모와 아동 모두 현실적인 기대를 하고 있는지 여부, ③ 부모가 승인해 줄 자율성의 정도와 청소년이 관리할 수 있는 자율성의 양 사이의 불일치 정도(Holmbeck & O'Donnell, 1991), ④ 청소년이 자율성을 행사하는 데 대한 부모의 반응, ⑤ 자율성 문제를 둘러싸고 양육 태도의 변화에서 보이는 부모의 유연성 정도(Holmbeck et al., 1995), ⑥ 아동이 또래 압력에 영향을 받는 정도(Steinberg, 2005).

자율성 발달은 부모와 청소년이 치료에 참여하는 방식과 밀접한 관련이 있다(Forehand & Wierson, 1993; Shirk, 1999). 예를 들어, 부모 관리 훈련(parent management training: PMT)을 실시할 때, 그러한 치료는 "일방적인 개입보다는 상호적인 개입이란 용어로 재개념화되어야 한다."(Shirk, 1999, p. 64). 부모가 전적으로 그 치료의 통제하에 있는 것보다는(PMT를 그대로 아동에게 적용하는 식으로), PMT에 참여하는 부모와 청소년이 함께 협상 기술에 대해 배우며, 청소년들이 주된 역할을 하게 된다(Shirk, 1999). 부모와 치료자는 청소년의 투입을 존중하고 인정하는 것과 어느 정도의 부모 권위를 유지하는 것 사이의 균형을 맞춘 접근을 활용하고 싶을 것이다.

3) 정체성

청소년기의 주요한 심리적 과제는 정체성의 발달이다(Erikson, 1968; Harter, 1990). 청소년기에는 역할 기대 및 역할 책임을 통해 정체성이 발달한다. 한 사람의 정체성은 다차원적이며, 자기 지각 및 많은 영역(직업적, 학업적, 종교적, 대인관계적, 성적 그리고 정치적)에서의 책임을 포함한다. 정체성 발달 영역의 연구는 2개 차원, 즉 책임 및 탐색과 관련하여 정의되는 네 가지 정체성 상태로 분류해 왔다(Steinberg, 2005). 즉, 정체성 상태에는 정체성 유예(책임 없는 탐색), 정체성 상실(탐색 없는 책임), 정체성 혼란(책임 및 체계적 탐색 모두 없음) 그리고 정체성 성취(광범위한 탐색 이후의 책임)가 포함된다. 또한 청소년기 정체성 상태는 관심 영역(예를 들어, 학업 대 대인관계)에 따라 다양할 수 있다. CBT 치료자들은 남녀 사이에 정체성 형성 과정이 서로 다르고 그 어떤 과정도 병적인 것이 아님을 인식하는 것이 필요하다. 남성의 정체성 발달은 자율성을 위한 투쟁과 분리의 주제가 포함되며, 여성에서는 친밀한 관계의 발전 및 유지와 얽혀 있는 것 같다(비록 두 성 모두 둘 중의 하나 혹은 두 과정 모두를 경험할 수 있지만; Gilligan et al., 1990; Harter, 1990).

4) 친밀감

청소년들의 우정은 아직 친밀감 수준에 도달할 정도는 아니다(Savin-Williams & Berndt, 1990). 친밀한 관계는 신뢰, 상호 자기 공개, 의리, 도움 되기 등으로 특징지어진다. 친구와의 친밀한 공유는 친구에 대한 친근한 인식을 보이는 청소년기 동안 증진된다. 청소년기 동안의 모든 관계는 더욱 정서가가 높으며, 아동기보다는 이성과의 우정에 더욱 치중하게 된다. 소녀의 동성 관계는 소년들의 동성 관계보다 더 친밀한 것으로 묘사된다. 몇몇 학자는 사회 인지의 변화가 수반되기 때문에 청소년기 동안 친구 관계가 변한다고 제안하였다. 공감을 표현하고 사회적 관계에서 다양한 관점을 채택할 수 있는 능력은 친구 관계(그리고 치료적 관계)를 더욱 성숙되고 복잡하며 친밀하게 느낄 가능성을 더 증진시킨다.

청소년들은 타인과의 친밀한 관계를 발전시킬 수 있도록 돕는 기술인 조망 수용 기술의 개발에 초점을 맞추는 CBT로부터 이득을 얻을 수 있다(Shirk, 1999). 청소년기 또래 관계의 본질이 변화되는 것처럼, 더 어린 아동과의 관계와 비교하여 청소년과의 치료적 관계가 더욱 친밀하고 더 높은 정서가를 지닐 가능성이 높다. 신뢰, 의리 그리고 자기 개방(비밀스러운 주제에 더 많은 관심을 가지는 것을 포함하여) 또한 이 발달 시기에 명백한 치료적 관심사가 될 것이다.

5) 심리사회적 적응

청소년기를 연구하는 연구자들은 많은 심리사회적 적응 결과들에 대하여 관심을 가져왔다. 청소년 심리학 저서에는 대개 다양한 진단 범주(예를 들어, Gullotta, Adams, & Ramos, 2005; Lerner & Steinberg, 2004), 즉 우울과 불안장애, 자살 행동, 품행장애 및 비행, 물질사용장애, 섭식장애(거식증과 폭식증), 정신분열병, 학업 성취의 문제 등에 대해 서술하고 있다. 적응에 대한 잠재적인 예언 요인을 조사한 연구들에서는 그러한 예언 요인이 결과들마다 서로 다양하게 나타나며, 그 결과들 자체도 꽤 다차원적인 경향이 있기 때문에, 단일한 결과(예를 들어, 비행)에 주로 초점을 맞췄다(Loeber, Farrington, Stouthamer-Loeber, & Van Kammen, 1998; Tolan & Cohler, 1993). 정신병리는 자기 보고, 부모 혹은 교사 보고를 통해 평가되거나 청소년 대상의 진단적 임상 면접들(예를 들어, 소아청소년용 진단면접[Diagnostic Interview for Children and Adolescents: DICA]; Reich, 2000)을 통해 평가될 수 있다.

청소년 대상의 모든 임상가에게 해당되는 것으로, CBT 치료자들은 청소년기 동안의 장애 비율이 극적으로 변하며(예를 들어, 정신분열증과 알코올/물질 사용률의 증가, 유뇨증 비율의 감소), 몇몇 장애는 이 발달 시기 동안 처음 발생하는 주요 정신과적 문제임을 인식하는 것이 유용할 것이다(Holmbeck, Friedman, et al., 2006). 어떤 아동기 장애의 특징들은 아동이 청소년기로 들어서면서 변화하며(예를 들어, ADHD; Barkley, 1997), 청소년기의 몇몇 장애에서 극적인 성차가 있다(예를 들어, 우울증; Nolen-Hoeksema, 1994). 많은 학자가 장애의 변화율을 예측하는 요인들에 대해 관심을 가져왔다. 예를 들어, 어떤 연구자는 다음과 같은 의문을 가질 수 있다. 우울증 점수가 시간이 지남에 따라 몇몇 청소년에서는 급격하게 높아지는 반면, 다른 아이들에게는 왜 그렇지 않을까?

청소년기의 다양한 문제 행동은 한 개인 내에서 동시에 일어나는 경향이 있기 때문에 상호 연관되어 있는 것처럼 보인다. 어떤 분류 도식에 의하면 정신병리는 두 가지 광범위한 범주로 구분된다(Achenbach, 1982, 1985). 즉, **내재화 문제**(즉, 우울, 불안, 신체적 호소 그리고 사회적 철수와 같은 자기 내부로의 문제로 대표되는 장애들)와 **외현화 문제**(즉, 비행, 공격성 그리고 다른 자기 통제의 어려움과 같은 외부 환경과의 상호작용에서 나타나는 장애들)다. 이와 달리 제서와 동료들(Jessor, Donovan, & Costa, 1991; Jessor & Jessor, 1977)은 여러 유형의 문제 행동들(예를 들어, 물질 사용, 성관계, 음주 및 공격성)이 상호 관련되어 나타나는 청소년에 대해 '문제 행동 증후군'이란 용어를 제안하였다. 문제 행동 이론에 따르면, 그러한 행동은 같은 원인에 의해 발달하며, 따라서 한 개인에게서 동시에 발생하는 경향이 있다(다른 실험실 연구에서도 반복적으로 검증된 결과; 예를 들어, Farrell, Danish, & Howard, 1992; 대안적 관점에 대해서는 Loeber et al., 1998을 보라). 끝으로, 몇몇 청소년은 여러 장애를 함께 지니고 있다(즉, 공존 질환; Biederman, Newcorn, & Sprich, 1991; Loeber et al., 1998). 치료 기법들은 다양한 방식으로 상호작용하는 중다 정신병리에 적용되어야 한다. 예를 들어, 대개 ADHD 및 품행장애(CD)가 함께 나타나며, 이 두 장애의 결합은 ADHD 혹은 CD 한 가지만 지닌 것보다 더 부정적인 결과와 관련되어 있다(Lynam, 1996).

요약하자면, 청소년기의 다양한 정신병리 및 아동기에서 청소년기로 발달하면서 그러한 병리가 어떻게 바뀌는지를 아는 것이 CBT 치료자에게 많은 도움을 줄 수 있다. 특히 치료자는 서로 다른 병리들의 시작과 경과에 대한 발달적 변형들 및 다양한 장애들 사이의 중복이나 공존 정도에 관한 지식으로 많은 도움을 얻을 수 있다.

6) 성

대부분의 아동은 성적으로 성숙한 청소년으로 성장하는 것에 대해 혼란스러운 반응을 보인다. 부모들 역시 이처럼 자녀가 점점 더 성숙해지는 것에 대해 갈등을 경험하며, 성행동과 관련된 자녀의 의사결정에 영향을 미칠 가능성이 높다. 청소년기의 왕성한 성행동 비율에도 불구하고(거의 70% 이상의 청소년이 18세 이전에 성관계를 맺은 경험이 있다; Steinberg, 2005), 우리는 정상적인 청소년기 성(이성애든 동성애든)에 관해 아는 바가 거의 없는데, 그 이유는 이 주제에 관한 연구들을 수행하는 것의 어려움 때문이다(Katchadourian, 1990). 성행동의 시작 및 유지와 연관된 다수의 요인이 있다. 청소년의 사춘기 변화는 성행동에 대한 직접적이고(호르몬에 의한) 간접적인(사회적 자극) 효과를 모두 지니고 있다. 또한 성의 시작에 대한 인종 및 종교적 차이가 존재한다. 끝으로, 성격 특성(예를 들어, 성 정체성의 발달) 및 사회적 요인(예를 들어, 부모 및 또래의 영향력) 또한 청소년기 성행동의 시작에 선행하는 요인들이다. 예를 들어, 맥브라이드, 페이코프와 홈벡(McBride, Paikoff, & Holmbeck, 2003)은 아프리카계 미국인 청소년들에서 사춘기 발달이 더 빠르고, 가족 갈등이 더 심하며, 가족들 사이의 상호작용에 대한 긍정적인 감정 수준이 낮은 것이 이른 첫 성경험과 연관되어 있었음을 발견하였다. 반면, 부모/가족 및 학교 소속감이 더 높을수록 첫 성경험이 느려지는 것과 관련되어 있었다(Resnick et al., 1997).

청소년기 동안 늘어나는 성병 비율 및 청소년기에 감염되었을 후천성 면역결핍증(AIDS)을 지닌 많은 청년이 있다는 사실은 청소년의 성이 청소년 대상의 연구자들 및 정신건강 전문가들로부터 상당한 관심을 받을 만한 가치가 있음을 시사한다. 또한 청소년의 성적 관심의 이른 시작은 더 일반적인 청소년 문제 행동 증후군의 한 부분인 것처럼 보인다(Jessor et al., 1991).

성과 관련하여 청소년, 또래 그리고 부모 반응 사이에 대립되는 본질이 흔히 있기 때문에, CBT 치료자들은 성교육 전문가(예를 들어, HIV 바이러스의 전염에 관한 정확한 정보를 제공하는)로서의 역할을 요구받을 수 있다. 게다가 전문가들은 명확하고, 직접적이며, 철저하게 청소년기 성행동에 관해 평가해야 한다. 치료자들이 성 문제와 관련된 그들 자신의 갈등이나 근심을 자각할 때 치료가 가장 잘 시행될 수 있다는 것은 그리 놀라운 사실이 아니다.

7. 청소년 발달의 이해를 위한 이론적 틀의 사용

이론적 틀(framework)의 다양한 구성 요소에 대한 개관을 마치고, 이러한 이론적 틀이 개인의 행동을 이해하는 데 어떻게 사용될 수 있는지에 대한 두 가지 짧은 사례를 제공하고자 한다. 청소년기의 주요 발달 변화가 청소년의 대인관계 맥락에 영향을 미치고, 이것은 뒤이어 청소년기의 발달 결과에 영향을 미친다는 것을 기억하라([그림 15-1]을 보라).

1) 사례 1

초기 청소년기의 남아가 최근에 사회적 상호작용에서 다양한 관점을 수용할 수 있게 되었다고 가정해 보고, 그 아이의 행동에 대한 여러 가능성을 상상해 보라. 새롭게 개발된 인지 기술들은 그가 상상할 수 있는 만큼 부모와의 관계를 달라지게 만드는 식으로 가족 관계에 영향을 미칠 것이다. 그는 부모의 추리에 도전하고 가족 내에서 더 많은 의사결정의 권한을 요구하기 시작한다. 이러한 변화는 가족에게 환영받고 가족 체계 내에서의 성장 및 변화를 촉진시키거나, 혹은 더 부정적으로 받아들여져 갈등이 시작될 수도 있다. 이에 동반되는 부모와의 관계 변화는 결국 행동의 자율성 수준, 부모와의 애착의 본질 그리고 그의 정체성에 영향을 미칠 것이다.

2) 사례 2

미국의 16세 소녀가 운전면허를 취득했고, 용돈을 벌기 위해 그녀의 첫 번째 직업을 찾으려고 한다. 이제 그녀는 16세가 되었기 때문에, 전에는 할 수 없었던 다수의 특권을 최근에 누리기 시작하였다(즉, 그녀의 사회적 역할이 재정의된 것이다). 그녀는 집에서 수킬로미터 떨어진 패스트푸드 식당에 취직했고, 운전면허가 있기 때문에 스스로 직장까지 갈 수 있었다. 직업적 정체성이 발달하기 시작하면서 그녀의 직장 경험은 자율감과 성취감을 증진시켰다. 게다가 그녀의 또래 집단도 학교에서 벗어나 더 다양해졌다. 또래 집단의 변화는 선택 행동에 긍정적이든 부정적이든 변화를 주는 것 같다(예를 들어, 일탈된 또래와의 접촉을 통해 알코올 및 물질 사용이 늘어날 수도 있음).

8. 청소년 대상 CBT 사용에 대한 발달심리학의 시사점

셔크(Shirk, 1988)가 제안한 것처럼, "아동에 대한 심리치료는 발달적 원칙을 임상 개념 및 기법에 도입함으로써 알려지고 진보될 수 있다." (p. 14) 이 부분은 2개의 하위 영역, 즉 ① 정상 발달과 청소년 대상의 CBT, ② 발달 정신병리학과 청소년 대상의 CBT로 나뉜다.

1) 정상 발달과 청소년 대상의 CBT

청소년기의 정상 발달과 청소년 내담자에 대한 CBT의 적용에 대한 문헌들 사이에 공유된 영역과 관련된 여러 쟁점이 논의될 것이다. 특히 우리는 ① 발달의 동일성 미신, ② 발달 규준, ③ 조절 요인으로서 발달 수준, ④ 매개 요인으로서 발달 수준, ⑤ 발달 수준에 따른 치료적 접근의 선택에 초점을 맞춘다.

2) 발달의 동일성 미신

앞서 언급했듯이, 켄달(1984; Kendall et al., 1984)이 제안한 '발달 수준의 동일성 미신'은 서로 다른 나이의 아동 및 청소년들을 서로 다르지 않고 엇비슷한 것으로 보는 경향성으로, 임상가들이 이를 부주의하게 받아들이는 것처럼 보인다. 이러한 미신에 대한 믿음의 결과는 치료가 아동이나 청소년 내담자의 발달 수준(즉, 사회적, 정서적 그리고 인지적 발달 수준)에 대한 고려 없이 적용될 가능성을 높였다.

셔크(Shirk, 1999)는 발달 수준의 동일성 미신의 상호 관련된 여러 하위 유형을 소개하였다. 첫째, '발달 연속선 미신'으로, 이는 성인에게 적용했던 치료가 유사한 문제를 보이는 아동에게 별다른 수정 없이 그대로 적용될 수 있다는 가정을 포함한다. 둘째, '발달의 불변 미신'은 내담자의 장애가 단일한 발병학적 경로를 따른다는 가정을 포함한다(Shirk, 1999; 발병학적 경로는 다음에 나오는 발달 정신병리학에 관한 절에서 더 많이 다룰 것이다). 셋째, '발달의 일관성 미신'은 서로 다른 연령대임에도 불구하고 같은 발달 과제가 연관되어 있다는 가정이다. 이 미신과는 대조적으로, ① 치료에서 제기될 필요가 있는 임상적 관심은 아동의 발달 수준에 따라 다양할 수 있고(예를 들어, 특정 갈등 해결 기술의 획득은 특정 나이에서 더 많이 나타남), ② 부적응적인 것에서 적응적인 궤도로 성공적으로 진입하기 위한 치료적 개입이 발달 수준에 따라 다양할 가능성이 높으며(예를 들어, 초기 아동기의 공격성을 다루는 기법은 청소년 대상에서 적절한 것과 다르다; Shirk, 1999), ③ 어떤 병리의 존재는 그 아이가 특정 기술을 발전시키지 못할 가능성을 높인다(예를 들어, ADHD를 가진 공격적인 아동은 적절한 사회적 기술을 발달시키지 못한다). 마지막 논점의 함축성은 치료자가 현존하는 증상들(예를 들어, ADHD 및 공격성)뿐만 아니라 심각한 행동 문제로 인해 개발하지 못한 기술들(예를 들어, 사회적 기술)을 제공할 필요가 있다는 것이다(Shirk, 1999).

끝으로, '개인 발달에 대한 미신'은 치료가 맥락 요인에 관심을 두지 않고 개인 수준에서 이루어질 수 있다는 가정을 포함한다(Shirk, 1999). 이러한 미신에 반박하여, 헹겔러와 동료들(Henggeler et al., 1998)은 청소년과 상호작용하는 다양한 체계(가족, 또래, 학교 등)에 주목하는 것의 중요성을 입증하였다. 이와 더불어 만일 가족 지향적인 CBT 접근이 최선의 방법이라고 생각된다면, 치료의 부분으로 부모가 포함되기 전에 부모의 적응, 양육의 질, 양육 의사소통, 그리고 청소년의 장애와 치료에 관한 역기능적 부모 신념이 평가되어야 한다(Bögels & Siqueland, 2006; Shirk, 1999).

3) 발달 규준

정상적인 및 부적응적인 청소년기 발달 모두에 관한 지식을 가지고 있는 치료자는 치료 표적을 확인하고, 치료를 설계하며, 효율적인 치료 조건을 결정하고, 채택된 치료를 제대로 적용하려고 시도할 때 많은 이점을 지닐 가능성이 높다. 발달 규준에 대한 지식은 진단적 판단을 명확하게 하고, 치료의 필요성을 평가하며, 적절한 치료를 선택할 수 있는 기초를 제공한다(또한 Kendall, 이 책 1장을 보라). 진단의 관점에서, 과잉 진단 및 과소 진단 모두는 발달 규준에 대한 지식 부족이나 오류에 기인할 수 있다. 청소년의 행동이 그 연령대에서 전형적인지(예를 들어, 인지 발달로 인해 부모의 권위에 더 많은 의문을 제기하고, 가족과 보내는 시간을 줄이는 대신 또래들과 함께 보내는 시간을 늘리는 것) 여부에 대한 지식이 부족한 CBT 치료자는 과잉 진단할 가능성이 훨씬 더 높으며, 그러한 청소년들(그리고 그들의 가족)에게 부적절하게 치료를 권유할 수 있다.

과소 진단에 관해서, 청소년기가 극단적으로 격정의 시기이며, 부모와의 관계에서 스트레스를 받고, 부모로부터의 분리가 전형적이라는 일반적인 믿음과 관련되어 있다(Arnett, 1999; Holmbeck & Hill, 1988). 하지만 청소년들의 대략 20%만이(100%가 아닌) 부모로부터 독립한다는 점에서 연구들은 이 개념을 지지하지 않는다(Holmbeck & Hill, 1988). 이로 인해 임상가는 질풍노도의 시기에 대한 신념에 따라 청소년기의 정신병리를 과소 진단하는 결과를 낳는다. 또한 같은 진단 기준을 아동과 청소년 모두에게 적용할 때 과소 진단될 수 있다. 예를 들어, 아동들은 발달적으로 적절한 수준의 강박 증상들(예를 들어, 일반 아동들이 종종 고지식하게 틀에 박힌 대로 어떤 활동을 고집하는 것; March & Mulle, 1998)을 드러내는 경향이 있다. 하지만 그러한 강박 행동들이 청소년기에는 전형적인 모습이 아니며, 십대에서의 그러한 행동이 발달적으로 부적절한 것임을 인식하지 못하면 과소 진단을 할 수 있다.

청소년기 자율 기능의 증진과 관련된 발달 성향과 관련하여, 특정한 CBT 치료법들이 이 연령대에 더 적절하다. 자기 통제 전략(예를 들어, Feindler & Ecton, 1986)은 부모들이 행동 변화의 대리인으로 참여하는 행동 프로그램보다 더 나이 든 청소년에게 훨씬 더 유용한 것 같다(Guerra, 1993; Kendall & Williams, 1986; Shirk, 1999). 심지어 치료자가 표준이라고 생각하는 것이 연구 문헌과 일치할지라도, 청소년의 부모는 전형적인 청소년 행동에 관해 교육받을 필요가 있다. 부모들은 그들의 청소년들을 '표준'으로 바라볼지도 모르며, 따라서 그들 자녀의 행동에 관한 귀인 편향을 가질 수 있다. 또한 부모들은 그들 자신이 정상적이라고 생각하는 것과 자녀들의 또래 집단 규준 및 기대를 통합하는 추가적인 과제를 수행할 필요가 있다. 특히 처음 청소년기에 들어선 자녀의 부모들에게, CBT 치료자는 부모의 기대를 청소년기의 정상적인 행동에 대한 지식에 맞추도록 도울 수 있다. CBT 치료자가 이 정보를 부모에게 제시하는 방법이 중요하다. 어떤 연구자들은 이것이 치료자-청소년 치료 동맹을 깨뜨리거나 청소년의 자율성을 훼손시킬 수 있기 때문에 부모와의 독립적인 회기를 갖는 것에 주의하라고 제안한다(Kingery et al., 2006).

4) 조절 요인으로서의 발달 수준

치료 효과의 조절 요인으로서 인지 발달 수준의 중요성은 그 분야의 많은 학자가 강조해 왔다(예를 들어, Guerra, 1993; Holmbeck et al., 2003; Shirk, 1999). 치료 효과의 조절 요인 검증을 통해 우리는 치료가 특히 효과적이거나 비효과적일 때 이를 결정하는 조건들을 추출해 내는 데 관심이 있다([그림 15-2] 상단을 보라). 앞서 제시한 인지 변화의 목록에 근거하여, 이러한 기술을 발전시키는 정도가 특정한 심리치료적 개입의 근본적인 효과

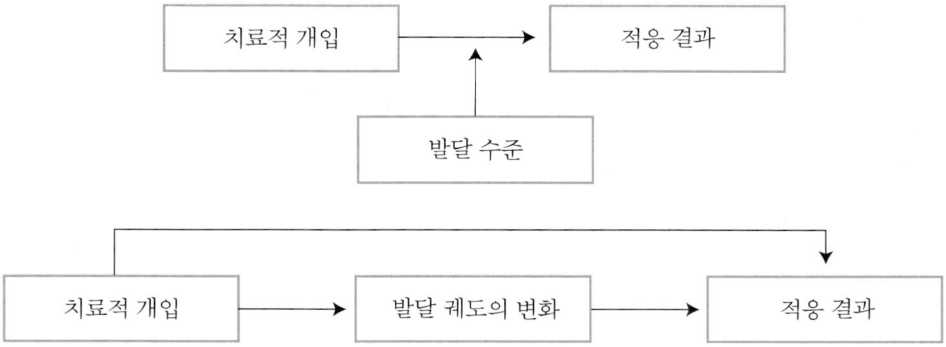

그림 15-2 치료 성과의 조절 모형(상단)과 매개 모형(하단): 발달 수준의 역할
(Holmbeck, Greenley, & Franks, 2003에서 인용. Guilford Press의 허락하에 옮김)

를 증진시키거나 제한할 수 있다는 가설이 타당해 보인다(Downey, 1995; Forehand & Wierson, 1993; Wasserman, 1984; Weisz, Rudolph, Granger, & Sweeney, 1992). 심지어 더 진보된 인지 능력이 어떤 정신병리를 더 악화시킬 가능성 또한 있다(예를 들어, 우울 유발 인지; Eyberg, Schuhmann, & Rey, 1998). 인지 발달의 조절변수에 대한 연구는 인지에 초점을 맞춘 새로운 치료법을 개발하거나 상이한 발달 수준에 있는 내담자의 욕구에 맞춰 치료법의 여러 개정판을 개발하고자 하는 치료자들에게 유용하게 사용될 수 있다. 예를 들어, 불안장애를 지닌 아동에 대한 CBT 및 약물치료의 효과(각각 그리고 결합하여)를 평가할 때 7~12세 아동 및 13~17세 청소년 대상으로 다른 CBT 프로그램을 실시했다(Walkup et al., 2008). 결과는 두 연령대 집단 모두에서 CBT(60%의 반응률) 및 약물치료(55%의 반응률) 단독보다 결합 치료(80%의 반응률)가 더 훌륭했으며, 위의 세 치료 모두 위약 집단(25%의 반응률)에 비해 더 나았다.

치료자들은 청소년 내담자들의 인지 발달 수준을 어떻게 평가할 수 있을까? 불행하게도, 각기 다른 인지적 하위 영역들에 걸쳐 인지 발달 수준을 손쉽게 평가할 수 있는 방법은 아직 없다. 그렇지만 인지 발달 영역의 연구자들은 치료적 맥락에서 관련될 만한 몇 가지 것에 대해 측정할 수 있는 도구를 성공적으로 개발하였다. 몇 가지 예로는 ① 피시호프(Fischhoff)의 위험 행동의 결과 지각 척도(Perceiced Consequences of Risky Behaviors; Beyth-Marom, Austin, Fischhoff, Palmgren, & Jacobs-Quadrel, 1993), ② 다양한 또래 및 부모 승인 조건들에서의 사회적 의사결정을 평가하는 청소년 의사결정 질문지(Youth Decision-Making Questionnaire; Ford, Wentzel, Wood, Stevens, & Siesfeld, 1989), ③ '만약 ~하다면, ~한다.'라는 10개의 조건문을 완성하는 방식으로 연역적 추론 능력을 평가하는 선택 과제(Selection Task; Chapell & Overton, 1998), ④ 추상적 추론 능력을 평가하는 WISC-IV의 공통성 소검사(Wechsler, 2003), ⑤ 도지(Dodge)의 사회적 정보처리 척도(Dodge & Coie, 1987; 다른 유사한 척도는 Nelson & Crick, 1999를 보라) 등이 있다. 그 외의 더 복잡한 척도들 또한 이용할 수 있지만 임상가보다는 연구자들에게 더 유용할 것이다(예를 들어, 플라벨[Flavell]과 셀먼[Selman]의 역할 수용, 조망 수용 그리고 우정 발달 척도; Flavell, 1968; Selman, 1981).

더 일반적으로, 임상가들이 형식에 얽매이지 않고 청소년 내담자들의 인지 발달 수준을 평가하는 것이 권장된다. 예를 들어, 임상가들은 청소년들이 ① 미래의 결과를 고려할 수 있는지, ② 복잡한 사회적 상황에서 대안 반응을 창출할 수 있는지, ③ 상위 인지 혹은 '자신의 생각이 어떤지를 생각할 수 있는지', ④ 조직적이고 계획적으로 생각할 수 있는지, 혹은 ⑤ 타인의 관점에 대해 고려할 수 있는지 여부를 평가할 수 있다. 이러한 비공식적인 평가는 청소년의 발달 수준에 치료적 개입이 잘 들어맞도록 촉진시킬 것이다.

물론 인지 발달 변수들이 치료 영향력의 조절 요인으로 작용할 수 있는 유일한 발달적 변수는 아니다. 웨이즈와 홀리(2002; Shirk, 2001도 보라)는 동기(특히 치료 참여 및 치료 변화에 대한)라고 불리는 다른 심리적 조절 요인에 주목하였다. 이 변수는 서로 다른 연령대의 아동들이 서로 다른 수준의 동기를 보여 주는 것으로 보아 '발달적'이다. 웨이즈와 홀리(2002)가 제시한 것처럼, 청소년기의 동기 수준이 더 낮아 보이며, 또래들에 집중하는 경우(성인이나 부모의 경우보다) 특히 더 그렇다. 추가적으로, 청소년들이 치료에 참여하지 않는 경우가 많기 때문에(부모가 자녀의 치료를 원하기에 치료에 대한 합의를 하는 것이 요망된다) 치료에 대한 동기 수준이 더욱 낮다. 홍미롭게도 치료자가 아동과의 협력을 강조하고 적극적으로 치료에 참여하는 것은 아동의 동맹 평정 점수가 더 높은 것과 관련이 있었으며(Creed & Kendall, 2005), 치료자-아동의 동맹은 더 나은 치료 성과와 관련이 있었다(Shirk & Karver, 2003). 게다가 청소년기의 인지 능력 증진과 관련하여, 청소년과 함께 작업하는 치료자는 동기부여를 위해 '미래의 이익'을 사용하는 것이 아동과의 작업보다 훨씬 더 유용할 수 있다(Piacentini & Bergman, 2001). 생물학적 발달과 관련하여, 초기 성적인 위험 행동에 초점을 맞추는 치료는 사춘기 변화가 시작된 청소년들에게 더 중요한 것으로 간주되기 때문에(비록 사춘기 이전의 아동에게 그러한 치료적 개입을 제공하는 것이 어떤 예방 차원의 이득이 가능하지만) 이런 청소년들에게 더 효과적인 것으로 입증될 것이다.

5) 매개 요인으로서의 발달 수준

매개 요인으로서 발달 수준을 평가하는 것은 상이한 여러 의문점을 야기할 것이다([그림 15-2] 하단을 보라). 만일 실시된 치료가 결과적으로 어떤 영향을 미쳤다는 것이 밝혀졌다면, 치료가 어떤 기제를 통해 관심 있는 결과에 영향을 미쳤는지에 대해 평가하는 것이 중요하다(Kazdin & Kendall, 1998). 이 관점으로부터 매개 요인은 적어도 치료 효과의 한 부분을 설명할 것으로 가정된다. 또한 매개 요인의 변화는 결과상의 변화와 연관되었을 것으로 기대되기 때문에 치료 성과에 대한 선행사건으로 간주된다.

홍미롭게도 몇몇 연구자는 매개 요인과 결과 사이의 이미 알려진 인과적 관련성 때문에 우선적인 치료 표적으로 (적응 결과보다는) 매개 요인에 초점을 맞추는 것을 선호할 수도 있다. CBT 치료자는 치료 과정 전반에 걸쳐 인지 오류의 변화를 감찰하고 평가하는 데 특히 관심이 있을 것이다(이 목적과 관련된 도구에 대한 자세한 논의는 Ingram et al., 2007을 보라). 매개변수는 발달과 관계가 있을 수도 없을 수도 있다. 치료 효과성에 대한 비발달적 매개 요인의 사례로서 켄달과 트레드웰(Kendall & Treadwell, 2007)은 불안한 아동의 자기 진술 변화가 불안 심각성에 대한 치료 효과를 매개함을 발견했다(유사한 발견은 Treadwell & Kendall, 1996도 보라). 이러한 방식으로, 불안한 자기 진술이 불안 심각성에 대한 선행 사건으로 간주되어 치료 효과의 일정 부분을 설명했다. 하지만 인지 요인이 매개 요인이라는 결과는 다른 연구에서 확인되지 못했다(예를 들어, Kolko, Brent, Baugher, Bridge, & Birmaher, 2000). 치료 효과에서 발달에 기초한 매개 요인의 관점에서, 구에라와 슬래비(Guerra & Slaby, 1990)는 문제해결 능력의 변화가 비행 행동의 긍정적인 치료 성과와 관련되었다는 사실을 발견했다. 가족 갈등은 멕시코계 청소년들의 문화 수용과 우울 증상 및 품행 문제 사이의 관련성을 매개하는 것으로 밝혀졌다(Gonzales, Deardorff, Formoso, Barr, & Barrera, 2006). 또한 가족 관계의 변화 및 비행 청소년 집단에의 가입이 치료 효과에 대한 발달과 관련된 매개 요인으로 확인되었다(Eddy & Chamberlain, 2000; Huey, Hemggeler, Brondino, & Pickrel, 2000).

치료 성과의 맥락에서 매개 요인을 검증한 모형들은 설계의 실험적 측면(즉, 무선 할당) 때문에 특히 유용한 연구 전략이다. 콜린스, 맥코비, 스타인버그, 헤더링턴과 본스타인(Collins, Maccoby, Steinberg, Hetherington, & Bornstein, 2000)이 제시한 것처럼, 만일 조작된 변수(즉, 치료)가 매개 요인의 변화와 연관되고, 그다음에는 성과의 변화와 관련이 있다면, 매개 요인이 인과적 기제를 지니고 있다는 가설을 강하게 지지하게 된다. 가설의 또 다른 지지는 매개 요인의 변화가 치료 결과의 변화 이전에 선행되었음을 입증하는(연구 설계를 통해) 것으로 확인될 것이다(Kraemer, Stice, Kazdin, Offord, & Kupfer, 2001).

이러한 발견들 및 성찰의 중요한 결론은 발달 수준이 치료의 **초점**이 될 수 있다는 점이다([그림 15-2]를 보라; Eyberg et al., 1998; Shirk, 1999). 즉, 만일 연구에서 특정 발달 과제를 완수하거나 어떤 발달 이정표를 성공적으로 성취해 내지 못한 아이들이 어떤 증상을 보일 가능성이 높다고 제안한다면, 아동의 발달 수준은 치료적 개입의 표적이 될 수 있다. 또 다른 방식으로 말하자면, 청소년과 함께 작업하는 치료자는 내담자가 보이는 증상(예를 들어, 공격성)뿐만 아니라 아동이 심각한 행동 문제를 가진 결과로 인해 개발하지 못한 정상적인 발달적 기술(예를 들어, 자기 통제, 정서 조절)에 개입할 필요가 있다는 것이다(Shirk, 1999).

앞서 언급했듯이, 청소년들은 치료 초기에 인지 발달 과정을 변화시키거나 가속화하는 데 초점을 맞춘 치료(특히 이 영역의 발달 지체로 증상이 더욱 악화되기 때문에)로 도움을 받을 수 있다(Shirk, 999; Temple, 1997).. 예를 들어, 아동의 조망 수용 능력이나 사회 인지의 적대적 귀인 편향의 발달에 영향을 미치는 치료는 아동의 정서 조절 능력을 촉진시킴으로써 궁극적으로 그들의 공격성 수준을 감소시킬 것이다(Aber, Jones, Brown, Chaudry, & Samples, 1998). 물질 사용 영역에서, 청소년의 의사결정 자율성이나 미래 지향적 사고에 초점을 맞춘 치료는 건강에 대한 위험을 줄일 수 있는 의사결정 능력을 촉진시킬 것이다.

끝으로, 정상 발달상 변화 단계가 치료 단계를 좌우할 수 있다. 예를 들어, 아동에게 사회적 기술 훈련의 한 부분으로서 더 복잡한 수준의 사회적 상호작용을 가르칠 때, 치료자는 발달적 연쇄와 사회적 놀이 및 관계의 단계를 따라감으로써(Selman, 1981) 결국 청소년의 사회적 기술에 영향을 미칠 것이다.

6) 발달 수준: 치료적 접근의 선택

웨이즈와 위어싱(Weisz & Weersing, 1999)은 인지 발달 수준이 치료 과정 및 치료 유형의 선택에 영향을 미치는 방식을 서술하였다. 추상적 추론이나 조망 수용 기술을 획득할 수 있는 아동의 능력 정도에 따라 가설적 사고를 요구하는 전략들처럼 특정한 인지적 혹은 통찰 지향적인 기법들을 사용할지 여부를 부분적으로 결정할 수 있을 것이다(Weisz, 1997). 만일 아동이 그러한 기술을 습득하지 못하였다면, 다른 치료적 기법들이 필요할 것이다(예를 들어, 치료자는 역할 연기 동안 큰소리로 말하거나 생각풍선이 있는 만화를 사용함으로써 부적응적인 생각들을 확인하는 방법을 제시할 필요가 있다; Kingery et al., 2006; Piacentini & Bergman, 2001).

살몬과 브라이언트(Salmon & Bryant, 2002)가 언급한 것처럼, 외상(예를 들어, 성학대)을 경험한 아동 및 청소년 대상의 치료법들에 대해 논의할 때, 적절한 치료법을 선택하기 위해서는 발달 단계의 고려가 중요하다. 임상가는 치료 시작 전에 치료에 대한 이론적 근거를 이해하도록 해야 하며, 청소년의 인지 및 정서 발달 수준에 걸맞은 치료 기법들을 채택할 필요가 있다. 또한 외상 사건을 경험했던 청소년을 대상으로 치료를 실시할 때, 외상 사건이 최근에 발생한 것인지, 아니면 아동기 때 발생한 사건이 청소년기에 새롭게 재등장한 것인지를 구별하는 것이 중요하다. 청소년이 더 복잡한 인지 및 정서 능력을 획득했다면, 이전에 경험한 사건을 새로운 관점(예를 들어, 그는 사건의 부당성을 인식할 수 있다)으로 바라볼 것이다. 이전 사건에 대한 그러한 새로운 관점은 추가적인 치료적 관심이 필요할 수 있다. 실제로, 이전의 외상(예를 들어, 초기 아동 학대나 이혼으로 인한 가족 붕괴)에 대한 치료는 원래의 외상이 새로운 발달 단계에서 재경험되기 때문에 서로 다른 중요한 시기에 그때그때 시도될 필요가 있다. 예를 들어, 만일 청소년이 아동기에 성학대를 당하였다면, 그들이 신체적으로 발달하고 이성 관계를 시작하는 청소년기에 새로운 문제가 드러날 수 있다.

9. 발달 정신병리학과 청소년 대상의 CBT

발달 정신병리학은 발달심리학의 연장선상에 있으며, 이는 정상 발달의 변형으로 간주된다(Holmbeck, Friedman, et al., 2006; Rutter & Garmezy, 1983). 발달 정신병리학의 관점에 기초한 연구는 우리에게 발달상 전조와 청소년 정신병리의 미래 결과들에 관한 정보를 알려 주었다. 게다가 발달 정신병리학 분야는 치료자와 관련되고 연구자들이 경험적으로 설명하려는 현상을 지칭하는 용어들을 제공해 왔다(예를 들어, 위험 및 보호 과정, 누적되는 위험 요인들, 동일 결과성, 다중 결과성, 이형 연속성, 탄력성, 발달 궤도, 증상을 유발하고 그 증상을 유지하거나 악화시키는 요인들 사이의 구분; Cicchetti & Rogosch, 2002; Drabick, 2009; Olin, 2001). 또한 발달 정신병리학자들은 정상과 비정상 사이의 경계 및 어떤 발달 단계에서의 특정 증상에 있어서 그러한 구분이 왜 불명확할 수밖에 없는지에 대하여 알려 주었다(예를 들어, 물질 남용 대 정상적인 실험적 사용; Cicchetti & Rogosch, 2002). 실제로, 심지어 몇몇 증상은 정상적인 발달 과제를 수행하려는 아동의 시도를 반영하는 것일 수 있다(Siegel & Scovill, 2000). 연구들은 대부분의 심리장애 빈도 및 본질이 연령대마다 서로 다르다는 것을 보여 준다. 빈도의 변화와 관련하여, 뢰버와 동료들(Loeber et al., 1998)은 특정 장애의 발병이 연령에 따라 확연히 차이가 있음을 입증하였다(예를 들어, 비행, 물질 사용, 성행동 등). 또한 그들은 일찍 시작되는 문제 행동(즉, 인생 전반에 걸쳐 지속되는 비행; Moffitt & Caspi, 2001)과 이후에 발생하는 문제 행동(즉, 청소년기에 제한된 비행)을 보이는 아동 · 청소년들 사이의 중요한 차이를 발견하였다. 러터(Rutter, 1980)는 아동기에서 청소년기 동안 발생하는 행동장애의 변화에 대해 개관했으며, 모든 청소년기 장애의 대략 절반 정도가 아동기에서 보이는 문제의 연속선상에 있다고 결론 내렸다. 청소년기에 확산되는 장애들(예를 들어, 거식증)은 아동기에 시작되는 장애(예를 들어, ADHD)와 꽤 다른 경향이 있으며, 대부분의 아동 · 청소년기 장애의 증상들이 특정 발달 단계에서 두드러진다(예를 들어, 거식증은 청소년기 동안 사춘기 및 신체상에 대한 관심 때문에, ADHD는 초기 아동기 동안 자기 조절과 관련하여). 또한 발달 정신병리학 분야는 연속성 및 불연속성과 관련된 문제들을 제기한다. 반사회적 행동은 반사회적인 성인의 경우 거의 언제나 반사회적 아동기를 거쳤다는 점에서 연속선상에 있지만(Loeber et al., 1998), 많은 우울한 성인은 이전에 우울한 아동기를 보내지 않았다. 유사하게, 정신분열병의 경우도 대개 아동기 및 청소년기 동안의 정신병적 장애들이 선행되지 않는다(Rutter, 1980).

발달 정신병리학의 이론적 틀을 사용한 연구들로부터 얻어진 지식이 많음에도 불구하고, 개념들이 DSM 체계로 직접적으로 옮겨지지는 않았다(Drabick, 2009). 드래빅(Drabik)은 심리적 상태에 대한 잠재적인 차원을 확인하는 발달 정신병리학을 채택하는 것이 현재 범주적 진단 체계의 몇몇 한계를 보여 주며 메이저와 동료들(Maser et al., 2009)이 제안한 혼합된 범주적-차원적 체계와 같은 대안적인 분류 접근을 촉진시킬 수 있음을 제안했다. 발달 정신병리학 연구와 분류학의 통합은 각기 다른 장애들에 대한 우리의 이해를 더욱 증진시킬 수 있다.

발달적 예언 요인에 대한 임상가의 지식은 다음 예에서 설명하는 것처럼 청소년 대상의 치료에서 많은 시사점을 지닌다. 첫째, 만일 우리가 종단적 연구를 통해 초기 아동기에 발생한 특정한 행동 문제들(예를 들어, 외현화 행동 증상, 적대적 반항장애 등)이 청소년기의 더 심각한 병리(예를 들어, 비행, 품행장애 등)와 연관되어 있음을 안다면, 더 심각한 결과적 장해를 보이기 이전에 덜 심각한 선행 문제들을 치료할 수 있다. 행동상 어려움을 지닌 아동들은 종종 정신병리를 악화시키는 환경을 '선택'하기 때문에 초기 개입이 중요하다.

둘째, 특정한 발달 궤도를 보이는 몇몇 청소년들(예를 들어, 이른 사춘기 발달을 경험하는 소녀들)은 그와 연관된 행동 증상(예를 들어, 이른 성적 위험 행동)의 위험에 노출될 수 있으며, 이 아이들이 치료의 대상이 될 수 있다. 셋째, 또래 관계 및 나중의 개인적 적응에 대한 문헌들은 아동기 초기의 부정적인 또래 관계 경험(예를 들어, 또래 거부, 공격성, 수줍음, 사회적 철수 등)이 청소년기 적응에서의 어려움을 야기할 수 있음을 알려 준다. 비록 이러한 아동들이 종종 전반적이거나 목표가 있는 집단 차원의 예방적 노력의 관심 대상이지만, '위험 상태'에 있는 아이들은 개인치료의 맥락에도 포함된다. 미래의 정신병리 가능성이 높은 행동에 초점을 맞추는 것과 더불어, 치료자는 위험 상태의 청소년이 보일 수 있는 미래의 적응 곤란으로부터 이를 완충할 수 있는 기회들(예를 들어, 주변에 지지적인 어른들이 있음)을 확인할 수도 있다.

동일 결과성, **다중 결과성** 그리고 **이형 연속성**은 청소년 대상의 치료 작업을 하는 임상가들에게 유용한 개념인 것 같다. 흥미롭게도, 동일 결과성 및 다중 결과성은 예외보다는 규칙에 더 가까운 것처럼 보인다(Cicchetti & Rogosch, 2002). 특히 동일 결과성은 한 가지 장애가 다양한 발달적 경로를 통해 발생하는 과정을 말한다(같은 진단을 공유하는 청소년들이 모두 같은 병리적 과정을 보이는 것은 아니다; Shirk, 1999, p. 65). 예를 들어, 두 우울한 청소년은 그 배경에 서로 다른 발병 요인을 지닐 수 있다. 다중 결과성은 같은 발달적 사건이 서로 다른 적응적 결과(어떤 청소년은 적응적이고, 다른 청소년은 부적응적인)를 낳는다는 개념이다. 예를 들어, 두 어린 아동이 같은 수준의 심각한 성학대를 당했을 때 청소년기 동안 서로 다른 발달적 경과를 보일 수 있다. 과거 연구들이 동일 결과성과 다중 결과성의 개념을 지지하기 때문에(Cicchetti & Rogosch, 2002), 치료자가 내원한 청소년에 관해 가능한 한 많은 발달력 및 개인력에 관한 정보를 수집하는 것(치료자가 이전의 질문을 통해 장애의 원인에 관해 알고 있는 것에 더해서)이 최선의 치료를 제공하는 데 도움을 줄 수 있다. 정신병리에 영향을 미치는 다양한 인구학적 및 개인내적 변인을 이해하는 것([그림 15-1]에 제시된 것처럼)은 적절하고 발달에 민감한 치료 계획을 세우는 데 중요한 부분이다. 달리 말해서, 만일 동일 결과성이 대부분의 청소년기 정신병리에 대한 적절한 설명적 모형으로 입증된다면, 단일한 원인/매개 모형에 기초한 치료법이 장애로 고통을 받는 많은 청소년에게 효과적이지 않을 가능성이 높다(Cicchetti & Rogosch, 2002). 끝으로, '이형 연속성'은 존재하는 병리적 과정이 일련의 발달 과정 동안 다른 양상으로 나타난다는 개념이다. 예를 들어, 비록 잠재적인 품행장애 및 행동의 의미가 상대적으로 변하지 않은 채로 남아 있을지라도, 잠재적인 품행장애의 행동 표현은 시간에 따라 변화할 것이다(Cicchetti & Rogosch, 2002; Drabick, 2009; Patterson, Forgatch, Yoerger, & Stoolmiller, 1998).

요약하자면, 청소년 대상의 치료자들은 청소년의 문제 경과에 관한 가설을 설립하는 데 도움을 받기 위해 발달 정신병리학에 대한 지식을 사용할 수 있다. 그러한 지식으로, 다음과 같은 질문에 더 잘 대답할 수 있게 된다. 치료하지 않는다면, 이 청소년의 문제가 시간에 따라 더 심해지거나 완화될 것인가, 아니면 그대로 지속될 가능성이 높은가? 관찰된 문제가 이 연령대 청소년에서 흔히 볼 수 있는 전형적인 것인가? 이러한 의문에 대답할 수 없다면, 치료자는 오진을 하게 될 것이며, 부적절한 치료법을 적용하게 되거나 특정 증상의 존재에 관해서만 과도하게 걱정하게 될 것이다.

10. 치료자를 위한 권고 사항

① **최신 문헌 및 치료 성과 연구를 확인하라.** 청소년기의 발달 주제에 초점을 맞춘 최신 연구들을 계속 확인하기 위해 『발달 및 정신병리학(*Development and Psychopathology*)』, 『아동 발달(*Child Development*)』, 『발달심리학(*Developmental Psychology*)』, 『청소년 연구 저널(*Journal of Research on Adolescence*)』 등과 같은 학술지에 관심을 가지라고 치료자들에게 권장한다. 흥미롭게도 이 학술지들은 모두 발달적 맥락 내에서 임상적 문제들을 검토하는 정기 간행물이다. 유사하게, 『자문 및 임상심리학 저널(*Journal of Consulting and Clinical*

Psychology)』과 『미국 소아청소년 정신의학회지(*Journal of the American Academy of Child and Adolescent Psychiatry)*』와 같은 학술지들은 대개 발달적 및 임상적 문제들을 통합한 논문들을 출판한다. 수련 과정에서는 발달 프로그램에서 제안하는 아동 임상 프로그램을 통합하는 훈련 프로그램으로 도움을 받을 수 있다. 전문가들은 근거 기반의 발달적으로 민감한 치료법에 초점을 맞춘 교육적 워크숍에 지속적으로 참여하는 것이 최신 지견을 유지할 수 있는 또 다른 중요한 방법이다. 연구들은 증거 기반 치료법이 '일상적 치료' 형태보다 일반적으로 더 뛰어나며 가장 효율적인 치료법에 대한 지식이 가장 중요함을 보여 준다(Weisz, Jensen-Doss, & Hawley, 2006).

② **문화적 요인을 고려하라.** 진단 평가 및 치료에 대한 문화적 요인의 중요성에 대한 인식이 증가하고 있다(Barrett, 2000). 문화적 요인은 청소년 및 그들의 가족이 치료에 의뢰되는 방식 및 시기뿐만 아니라 행동의 원인과 의미에 관한 청소년과 부모의 귀인에 영향을 미칠 가능성이 높다. 이 믿음은 그들의 치료 개입 및 치료 성과와 관련된 다른 요인들에 영향을 미치기 때문에, 문화적 및 배경적 맥락 안에서 청소년 및 부모가 청소년의 행동을 바라보는 방식을 평가하는 것이 중요하다.

③ **발달적으로 민감한 방략들을 사용하라.** 청소년 대상의 초기 평가에 항상 발달과 관련된 평가 도구를 포함하고, 치료 과정을 안내하는 정보를 사용하라. 청소년의 발달 수준에 걸맞은 치료 방략을 활용하라. 예를 들어, 카츠와 동료들(Katz et al., 2009)은 청소년들의 정서 인식 및 추상적 사고 능력에 맞춰 CBT 개념들을 설명하는 데 역할 연기, 동화, 은유 등을 사용하라고 제안했다. 또한 청소년 대상의 치료는 대개 청소년의 발달적 요인과 관련된 설명을 제시한다(예를 들어, Kendall et al., 2002a, 2002b; Kingery et al., 2006; Rohde et al., 2005).

④ **청소년들이 습득하려고 시도하는 발달 과제 및 이정표에 초점을 맞추라**(예를 들어, 사회적 기술; Forehand & Wierson, 1993; Weisz, 1997). 발달적 위험 요인을 이해하는 것이 평가 및 치료 모두를 활기차게 해 준다(Schmidt, 2009). 발달적 연구에 나타난 흐름이 특정 연령대에만 적용되는 것은 아니라는 점에서, 웨이즈와 홀리(2002)는 발달 과제에 대한 지식을 청소년 대상의 임상 작업으로 통합하는 여러 방법을 제안했다. 첫째, 발달적 과제 및 이정표를 이해하는 것은 특정 연령대에 더 현저할 수 있는 특정한 기능 영역에 주의를 기울일 수 있게 해 준다. 둘째, 치료자들은 발달적 과제에 대한 지식을 사용하여 발달적으로 비전형적이거나 병리적인 문제점들에 어떻게 우선순위를 매길 것인지를 도와줄 수 있다. 끝으로, 발달 연구 자료들은 내담자들에게 발달적으로 알맞은 적절한 치료 방략이나 구성 요소를 선택하도록 도울 수 있다.

⑤ **좀더 체계적으로 생각하고 관련 맥락을 고려하라**(Forehand & Wierson, 1993; Henggeler et al., 1998; Kazdin, 1997; Reid, 1993). 청소년기 동안 가족 맥락에서의 역할이 변하며, 다른 맥락(예를 들어, 또래, 학교, 직장 등)에 더 많이 관여할 것이다. 이러한 맥락은 청소년들을 위한 치료적 개입을 도입할 때 참작될 수 있으며, 평가 및 치료 접근의 개발에 특정 맥락에서의 중요한 사람(예를 들어, 또래, 교사, 코치)을 포함하는 것이 유용할 것이다. 지금까지 치료에 부모를 포함하는 것의 이점에 대한 연구들은 아직 결론이 나지 않았는데, 몇몇 연구에서는 도움이 되고(Barmish & Kendall, 2005), 다른 연구에서는 특히 장기적인 관점에서 유의미한 효과가 없었다(Barrett et al., 2001; Spence et al., 2000).

⑥ **부모(그리고 교사와 같은 다른 관련 있는 성인)가 발**

달적으로 더 민감해질 수 있도록 도우라(Forehand & Wierson, 1993; Holmbeck & Updegrove, 1995). 청소년기 발달 변화의 시작에 대한 성인의 반응을 고려하는 것이 중요하다. 그러한 변화에 대한 지식이 청소년 발달에 대한 부모와 교사의 반응 적절성을 증진시킬 수 있다.

⑦ **증상의 악화를 예방하기 위해 미래의 발달 과제와 이정표를 예견하라**(Forehand & Wierson, 1993). 예를 들어, 치료자는 청소년기 이전에 치료를 받으려는 아동의 가족과 정상적인 청소년기 과제들에 대해 논의할 수 있다. 그러한 미래 과제가 특정 취약성을 지닌 아동에게 어떻게 영향을 미칠지에 대한 논의가 유용할 수 있다. 즉, 사건들(예를 들어, 아동기 성학대)이 각기 다른 연령대에 어떻게 재경험될 수 있는지를 부모에게 교육시키는 것이 유용하다.

⑧ **치료를 시작할 때 동일 결과성 개념을 고려하라**(Cicchetti & Rogosch, 2002; Shirk, Talmi, & Olds, 2000). 앞서 언급했듯이, 서로 다른 발달적 경로가 동일한 정신병리적 결과들을 야기할 수 있다(즉, 동일 결과성). 따라서 어떤 아동들은 그들 증상의 발달적 전조가 성공적인 치료 성과를 보이는 아동의 것과 다르기 때문에 치료가 성공하지 못할 수도 있다(Shirk et al., 2000). 발달에 민감한 철두철미한 평가가 적절한 치료 목표와 방략을 완성하는 데 중요하다.

⑨ **대안적인 치료 모델을 고려하라**. 캐즈딘(Kazdin, 1997)은 상이한 정신병리 유형에 따라 서로 다른 치료 유형이 어떻게 필요한지에 대한 유용한 논의를 제공하였다. 몇몇 정신병리는 당뇨병의 치료와 유사하게 지속적인 관심이 필요할 수 있다. 치료는 시간이 지남에 따라 수정되지만, 중단되지는 않는다. 다른 정신병리들은 '치과 모델'로 가장 잘 치료할 수 있다. 이 접근에서 치료는 종결되지만 일정한 간격으로 청소년을 감찰한다(특히 중요한 발달적 변이 시점에서).

11. 요약 및 결론

비록 아동 및 청소년 대상의 많은 치료가 발달 지향적이지 않고, 대부분 표적 대상과 다른 연령대에 따라 단순히 치료 범위를 낮추거나 높이지만, 청소년 대상의 증거 기반 개입법에 대한 연구에서 발달적 요인에 대한 관심이 상당히 증가되었다. 이 장에서 우리는 청소년기의 주요한 발달 과제를 설명한, 청소년기 발달을 이해하는 데 필요한 이론적 틀을 개관했으며, 청소년 대상의 치료적 개입과 연관된 다양한 발달적 요인에 대해 논의하였다. 정상 발달 및 심리장애에 대한 지식은 같은 치료법의 대안적인 개정판을 고안하는 데 기초를 제공하며, 치료 단계의 지침이 되기 때문에 치료자가 적절한 치료 목표를 구성하는 데 도움을 줄 수 있다.

또한 우리는 발달적 원칙들을 치료에 통합하려는 임상가들에게 많은 권고 사항을 제공하였다. 아직은 엄격하게 평가되어야 하겠지만, 우리는 발달적 문제를 직접적으로 고려함으로써 치료의 질이 더욱 향상될 것이라고 믿는다. 비록 발달 요인에 대한 관심이 증가하고는 있지만, 발달과 관련된 치료 성과의 조절 요인 및 매개 요인에 관한 연구는 아직 거의 없다. 그러한 연구가 이 분야의 진보를 위해 필요하며, 발달이 치료 효과성에 어떻게 영향을 미치는지에 대한 이해를 증진시켜 줄 것이다.

〈감사의 글〉

이 장은 선천성 소아마비 구제 모금 재단(March of Dimes Birth Defects)의 연구비 지원(No. 12-FY01-98)과 국립 아동건강 및 인간발달 연구소(National Institutes of Child Health and Human Development)의 연구비 지원(No. R01 HD048629)에 의해 일부 작성되었다.

참고문헌

Aber, J. L., Jones, S. M., Brown, J. L., Chaudry, N., & Samples, F. (1998). Resolving conflict creatively: Evaluating the developmental effects of a school-based violence prevention program in neighborhood and classroom context. *Development and Psychopathology, 10,* 187-213.

Achenbach, T. M. (1982). *Developmental psychopathology* (2nd ed.). New York: Wiley.

Achenbach, T. M. (1985). *Assessment and taxonomy of child and adolescent psychopathology: Vol. 3. Developmental clinical psychology and psychiatry.* Beverly Hills, CA: Sage.

American Psychological Association. (2002). *Developing adolescents: A reference for professionals.* Washington, DC: Author.

Arnett, J. J. (1999). Adolescent storm and stress, reconsidered. *American Psychologist, 54,* 317-326.

Bagwell, C. L., Newcomb, A. F., & Bukowski, W. M. (1998). Preadolescent friendship and peer rejection as predictors of adult adjustment. *Child Development, 69,* 140-153.

Bandura, A. (1977). *Social learning theory.* Englewood Cliffs, NJ: Prentice-Hall.

Barkley, R. A. (1997). *ADHD and the nature of self-control.* New York: Guilford Press.

Barmish, A. J., & Kendall, P. C. (2005). Should parents be co-clients in cognitive-behavioral therapy for anxious youth? *Journal of Clinical Child and Adolescent Psychology, 34*(3), 569-581.

Baron, R. M., & Kenny, D. A. (1986). The moderator-mediator variable distinction in social psychological research: Conceptual, strategic, and statistical considerations. *Journal of Personality and Social Psychology, 51,* 1173-1182.

Barrett, P. M. (2000). Treatment of childhood anxiety: Developmental aspects. *Clinical Psychology Review, 20*(4), 479-494.

Barrett, P. M., Dadds, M. R., & Rapee, R. M. (1996). Family treatment of childhood anxiety: A controlled trial. *Journal of Consulting and Clinical Psychology, 64,* 333-342.

Barrett, P. M., Duffy, A. L., Dadds, M. R., & Rapee, R. M. (2001). Cognitive-behavioral treatment of anxiety disorders in children: Long-term (6-year) follow-up. *Journal of Consulting and Clinical Psychology, 69,* 135-141.

Berndt, T. J., & Savin-Williams, R. C. (1993). Peer relations and friendships. In P. H. Tolan & B. J. Cohler (Eds.), *Handbook of clinical research and practice with adolescents* (pp. 203-220). New York: Wiley.

Bernstein, G. A., Layne, A. E., Egan, E. A., & Tennison, D. M. (2005). School-based interventions for anxious children. *Journal of the American Academy of Child and Adolescent Psychiatry, 44,* 1118-1127.

Beyth-Marom, R., Austin, L., Fischhoff, B., Palmgren, C., & Jacobs-Quadrel, M. (1993). Perceived Consequences of Risky Behaviors: Adults and Adolescents. *Developmental Psychology, 29,* 549-563.

Biederman, J., Newcorn, J., & Sprich, S. (1991). Comorbidity of attention-deficit hyperactivity disorder with conduct, depressive, anxiety, and other disorders. *American Journal of Psychiatry, 148,* 564-577.

Bloomquist, M. L., August, G. J., & Ostrander, R. (1991). Effects of a school-based cognitive-behavioral intervention for ADHD children. *Journal of Abnormal Child Psychology, 19,* 591-605.

Bobbitt, B. L., & Keating, D. P. A. (1983). A cognitive-developmental perspective for clinical research and practice. In P. C. Kendall (Ed.), *Advances in cognitive behavioral research and therapy* (Vol. 2, pp. 198-241). New York: Academic Press.

Bögels, S. M., & Siqueland, L. (2006). Family cognitive behavioral therapy for children and adolescents with clinical anxiety disorders. *Journal of the American Academy of Child and Adolescent Psychiatry, 45,* 134-141.

Brooks-Gunn, J., & Reiter, E. O. (1990). The role of pubertal processes. In S. S. Feldman & G. R. Elliott (Eds.), *At the threshold: The developing adolescent* (pp. 16-53). Cambridge, MA: Harvard University Press.

Brown, B. B. (1990). Peer groups and peer cultures. In S. S. Feldman & G. R. Elliott (Eds.), *At the threshold: The developing adolescent* (pp. 171-196). Cambridge, MA: Harvard University Press.

Chapell, M. S., & Overton, W. F. (1998). Development of logical reasoning in the context of parental style and test anxiety. *Merrill-Palmer Quarterly, 44,* 141-156.

Cicchetti, D., & Rogosch, F. A. (2002). A developmental psychopathology perspective on adolescence. *Journal of Consulting and Clinical Psychology, 70,* 6-20.

Clarke, G. N., Hawkins, W., Murphy, M., Sheeber, L., Lewinsohn, P. M., & Seeley, J. R. (1995). Targeted prevention of unipolar depressive disorder in an at-risk sample of high school adolescents: A randomized trial of group cognitive intervention. *Journal of the American Academy of Child and Adolescent Psychiatry, 34,* 312-321.

Cole, P. M., Martin, S. E., & Dennis, T. A. (2004). Emotion regulation as a scientific construct: Methodological challenges and directions for child development research. *Child Development, 75,* 317-333.

Collins, W. A. (1990). Parent-child relationships in the transition to adolescence: Continuity and change in interaction, affect, and cognition. In R. Montemayor, G. Adams, & T. Gullotta (Eds.), *Advances in adolescent development: From childhood to adolescence: A transitional period?* (Vol. 2, pp. 85-106). Beverly Hills, CA: Sage.

Collins, W. A., & Laursen, B. (1992). Conflict and relationships during adolescence. In C. U. Shantz & W. W. Hartup (Eds.), *Conflict in child and adolescent development* (pp. 216-241). New York: Cambridge University Press.

Collins, W. A., Maccoby, E. E., Steinberg, L., Hetherington, E. M., & Bornstein, M. H. (2000). Contemporary research on parenting: The case for nature and nurture. *American Psychologist, 55,* 218-232.

Compton, S. N., March, J. S., Brent, D., Albano, A. M., Weersing, V. R., & Curry, J. (2004). Cognitive-behavioral psychotherapy for anxiety and depressive disorders in children and adolescents: An evidence-based medicine review. *Journal of the American Academy of Child and Adolescent Psychiatry, 43,* 930-959.

Cooper, C. R. (1988). Commentary: The role of conflict in adolescent-parent relationships. In M. R. Gunnar & W. A. Collins (Eds.), *21st Minnesota Symposium on Child Psychology* (pp. 181-187). Hillsdale, NJ: Erlbaum.

Creed, T. A., & Kendall, P. C. (2005). Therapist alliance-building behavior within a cognitive-behavioral treatment for anxiety in youth. *Journal of Consulting and Clinical Psychology, 73,* 498-505.

David-Ferdon, C., & Kaslow, N. J. (2008). Evidence-based psychosocial treatments for child and adolescent depression. *Journal of Clinical Child and Adolescent Psychology, 37,* 62-104.

Dishion, T., McCord, J., & Poulin, F. (1999). When interventions harm: Peer groups and problem behavior. *American Psychologist, 54,* 755-764.

Dodge, K. A., & Coie, J. D. (1987). Social information-processing factors in reactive and proactive aggression in children's peer groups. *Journal of Personality and Social Psychology, 53,* 1146-1158.

Dodge, K. A., & Pettit, G. S. (2003). A biopsychosocial model of the development of chronic conduct problems in adolescence. *Developmental Psychology, 39,* 349-371.

Downey, J. (1995). Psychological counseling of children and young people. In R. Woolge & W. Dryden (Eds.), *The handbook of counseling psychology* (pp. 308-333). Thousand Oaks, CA: Sage.

Drabick, D. A. G. (2009). Can a developmental psychopathology perspective facilitate a paradigm shift toward a mixed categorical-dimensional classification system? *Clinical Psychology: Science and Practice, 16,* 41-49.

Durlak, J. A. (2006). Cognitive-behavioral treatments. In M. Hersen & J. C. Thomas (Series Eds.) & R. T. Ammerman (Vol. Ed.), *Comprehensive handbook of personality and psychopathology: Vol. 3. Child psychopathology* (pp. 438-447). Hoboken, NJ: Wiley.

Durlak, J. A., Fuhrman, T., & Lampman, C. (1991). Effectiveness of cognitive-behavior therapy for maladapting children: A meta-analysis. *Psychological Bulletin, 110,* 204-214.

Eccles, J. S., Midgley, C., Wigfield, A., Buchanan, C. M., Reuman, D., Flanagan, C., et al. (1993). Development during adolescence: The impact of stage-environment fit in young adolescents' experiences in schools and in families. *American Psychologist, 48,* 90-101.

Eddy, J. M., & Chamberlain, P. (2000). Family management and deviant peer association as mediators of the impact of treatment condition on youth antisocial behavior. *Journal of Consulting and Clinical Psychology, 68,* 857-863.

Entwisle, D. R. (1990). Schools and the adolescent. In S. S.

Feldman & G. R. Elliott (Eds.), *At the threshold: The developing adolescent* (pp. 197-224). Cambridge, MA: Harvard University Press.

Erikson, E. (1968). *Identity: Youth and crisis.* New York: Norton.

Eyberg, S., Schuhmann, E., & Rey, J. (1998). Psychosocial treatment research with children and adolescents: Developmental issues. *Journal of Abnormal Child Psychology, 26,* 71-81.

Farrell, A. D., Danish, S. J., & Howard, C. W. (1992). Relationship between drug use and other problem behaviors in urban adolescents. *Journal of Consulting and Clinical Psychology, 60,* 705-712.

Feindler, E. L., & Ecton, R. B. (1986). *Adolescent anger control: Cognitive-behavioral techniques.* New York: Pergamon.

Feldman, R. S. (2001). *Child development* (2nd ed.). Upper Saddle River, NJ: Prentice-Hall.

Feldman, S. S., & Elliott, G. R. (Eds.). (1990). *At the threshold: The developing adolescent.* Cambridge, MA: Harvard University Press.

Flavell, J. H. (1968). *The development of role-taking and communication skills in children.* New York: Wiley.

Ford, M. E., Wentzel, K. R., Wood, D., Stevens, E., & Siesfeld, G. A. (1989). Processes associated with integrative social competence: Emotional and contextual influences on adolescent social responsibility. *Journal of Adolescent Research, 4,* 405-425.

Forehand, R., & Wierson, M. (1993). The role of developmental factors in planning behavioral interventions for children: Disruptive behavior as an example. *Behavior Therapy, 24,* 117-141.

Freud, A. (1958). Adolescence. *Psychoanalytic Study of the Child, 13,* 231-258.

Fuhrman, T., & Holmbeck, G. N. (1995). A contextual-moderator analysis of emotional autonomy and adjustment in adolescence. *Child Development, 66,* 793-811.

Galambos, N. L., Almeida, D. M., & Petersen, A. C. (1990). Masculinity, femininity, and sex role attitudes in early adolescence: Exploring gender intensification. *Child Development, 61,* 1905-1914.

Gillham, J. E., Reivich, K. J., Freres, D. R., Chaplin, T. M., Shatté, A. J., Samuels, B., et al. (2007). School-based prevention of depressive symptoms: A randomized controlled study of the effectiveness and specificity of the Penn Resiliency Program. *Journal of Consulting and Clinical Psychology, 75,* 9-19.

Gilligan, C., Lyons, N. P., & Hanmer, T. J. (Eds.). (1990). *Making connections: The relational worlds of adolescent girls at Emma Willard School.* Cambridge, MA: Harvard University Press.

Ginsburg, G. S., & Drake, K. L. (2002). School-based treatment for anxious African-American adolescents: A controlled pilot study. *Journal of the American Academy of Child and Adolescent Psychiatry, 41,* 768-775.

Gonzales, N. A., Deardorff, J., Formoso, D., Barr, A., & Barrera, M. (2006). Family mediators of the relation between acculturation and adolescent mental health. *Family Relations, 55,* 318-33.

Graber, J. A., Brooks-Gunn, J., & Warren, M. P. (1995). The antecedents of menarcheal age: Heredity, family environment, and stressful life events. *Child Development, 66,* 346-359.

Graber, J. A., Lewinsohn, P. M., Seeley, J. R., & Brooks-Gunn, J. (1997). Is psychopathology associated with the timing of pubertal development? *Journal of the American Academy of Child and Adolescent Psychiatry, 36,* 1768-1776.

Greenberger, E., & Steinberg, L. (1986). *When teenagers work: The psychological and social costs of adolescent employment.* New York: Basic Books.

Grotevant, H. D. (1997). Adolescent development in family contexts. In W. Damon (Ed.), *Handbook of child psychology* (Vol. 3, pp. 1097-1149). New York: Wiley.

Guerra, N. G. (1993). Cognitive development. In P. H. Tolan & B. J. Cohler (Eds.), *Handbook of clinical research and practice with adolescents* (pp. 45-62). New York: Wiley.

Guerra, N. G., & Slaby, R. G. (1990). Cognitive mediators of aggression in adolescent offenders: II. Intervention. *Developmental Psychology, 26,* 269-277.

Gullotta, T. P., Adams, G. R., & Ramos, J. M. (Eds.). (2005). *Handbook of adolescent behavioral problems: Evidence-based approaches to prevention and treatment.* New York:

Springer.

Hannesdottir, D. K., & Ollendick, T. H. (2007). The role of emotion regulation in the treatment of child anxiety disorders. *Clinical Child and Family Psychology Review, 10,* 275-293.

Harter, S. (1990). Self and identity development. In S. S. Feldman & G. R. Elliott (Eds.), *At the threshold: The developing adolescent* (pp. 352-387). Cambridge, MA: Harvard University Press.

Henderson, V. L., & Dweck, C. S. (1990). Motivation and achievement. In S. S. Feldman & G. R. Elliott (Eds.), *At the threshold: The developing adolescent* (pp. 308-329). Cambridge, MA: Harvard University Press.

Henggeler, S. W., Schoenwald, S. K., Borduin, C. M., Rowland, M. D., & Cunningham, P. B. (1998). *Multisystemic treatment of antisocial behavior in children and adolescents.* New York: Guilford Press.

Hill, J. P. (1980). *Understanding early adolescence: A framework.* Carrboro, NC: Center for Early Adolescence.

Hill, J. P., & Holmbeck, G. N. (1986). Attachment and autonomy during adolescence. In G. J. Whitehurst (Ed.), *Annals of child development* (Vol. 3, pp. 145-189). Greenwich, CT: JAI Press.

Holmbeck, G. N. (1994). Adolescence. In V. S. Ramachandran (Ed.), *Encyclopedia of human behavior* (Vol. 1, pp. 17-28). Orlando, FL: Academic Press.

Holmbeck, G. N. (1996). A model of family relational transformations during the transition to adolescence: Parent-adolescent conflict and adaptation. In J. A. Graber, J. Brooks-Gunn, & A. C. Petersen (Eds.), *Transitions through adolescence: Interpersonal domains and context* (pp. 167-199). Mahwah, NJ: Erlbaum.

Holmbeck, G. N. (1997). Toward terminological, conceptual, and statistical clarity in the study of mediators and moderators: Examples from the child-clinical and pediatric psychology literatures. *Journal of Consulting and Clinical Psychology, 65,* 599-610.

Holmbeck, G. N., Colder, C., Shapera, W., Westhoven, V., Kenealy, L., & Updegrove, A. (2000). Working with adolescents: Guides from developmental psychology. In P. C. Kendall (Ed.), *Child and adolescent therapy: Cognitive-behavioral procedure* (pp. 334-385). New York: Guilford Press.

Holmbeck, G. N., Friedman, D., Abad, M., & Jandasek, B. (2006). Development and psychopathology in adolescence. In D. A. Wolfe & E. J. Mash (Eds.), *Behavioral and emotional disorders in adolescents: Nature, assessment, and treatment* (pp. 21-55). New York: Guilford Press.

Holmbeck, G. N., Greenley, R. N., & Franks, E. A. (2003). Developmental issues and considerations in research and practice. In A. E. Kazdin & J. R. Weisz (Eds.), *Evidence-based psychotherapies for children and adolescents* (pp. 21-41). New York: Guilford Press.

Holmbeck, G. N., & Hill, J. P. (1988). Storm and stress beliefs about adolescence: Prevalence, self-reported antecedents, and effects of an undergraduate course. *Journal of Youth and Adolescence, 17,* 285-306.

Holmbeck, G. N., & Hill, J. P. (1991). Conflictive engagement, positive affect, and menarche in families with seventh-grade girls. *Child Development, 62,* 1030-1048.

Holmbeck, G. N., & Kendall, P. C. (2002). Introduction to the special section on clinical adolescent psychology: Developmental psychopathology and treatment. *Journal of Consulting and Clinical Psychology, 70,* 3-5.

Holmbeck, G. N., & O'Donnell, K. (1991). Discrepancies between perceptions of decision-making and behavioral autonomy. In R. L. Paikoff (Ed.), *Shared views in the family during adolescence: New directions for development* (pp. 51-69). San Francisco: Jossey-Bass.

Holmbeck, G. N., O' Mahar, K., Abad, M., Colder, C., & Updegrove, A. (2006). Cognitive-behavioral therapy with adolescents: Guides from developmental psychology. In P. C. Kendall (Ed.), *Child and adolescent therapy: Cognitive-behavioral procedures* (3rd ed., pp. 419-464). New York: Guilford Press.

Holmbeck, G. N., Paikoff, R. L., & Brooks-Gunn, J. (1995). Parenting adolescents. In M. Bornstein (Ed.), *Handbook of parenting* (pp. 91-118). Mahwah, NJ: Erlbaum.

Holmbeck, G. N., & Shapera, W. F. A. (1999). Research methods with adolescents. In P. C. Kendall, J. N. Buthcer, & G. N. Holmbeck (Eds.), *Handbook of research methods in clinical psychology* (2nd ed., pp. 634-661). New York: Wiley.

Holmbeck, G. N., & Updegrove, A. L. (1995). Clinical-developmental interface: Implications of developmental research for adolescent psychotherapy. *Psychotherapy, 32,* 16-33.

Horowitz, J. L., & Garber, J. (2006). The prevention of depressive symptoms in children and adolescents: A meta-analytic review. *Journal of Consulting and Clinical Psychology, 74,* 401-415.

Huey, S. J., Henggeler, S. W., Brondino, M. J., & Pickrel, S. G. (2000). Mechanisms of change in multisystemic therapy: Reducing delinquent behavior through therapist adherence and improved family and peer functioning. *Journal of Consulting and Clinical Psychology, 68,* 451-467.

Ingram, R. E., Nelson, T., Steidtmann, D. K., & Bistrickly, S. L. (2007). Comparative data on child and adolescent cognitive measures associated with depression. *Journal of Consulting and Clinical Psychology, 75,* 390-403.

Jaycox, L. H., Langley, A. K., Stein, B. D., Wong, M., Sharma, P., Scott, M., et al. (2009). Support for students exposed to trauma: A pilot study. *School Mental Health, 1,* 49-60.

Jessor, R., Donovan, J. E., & Costa, F. M. (1991). *Beyond adolescence: Problem behavior and young adult development.* New York: Cambridge University Press.

Jessor, R., & Jessor, S. L. (1977). *Problem behavior and psychosocial development: A longitudinal study of youth.* New York: Academic Press.

Kataoka, S. H., Stein, B. D., Jaycox, L. H., Wong, M., Escudero, P., Tu, W., et al. (2003). A school-based mental health program for traumatized Latino immigrant children. *Journal of the American Academy of Child and Adolescent Psychiatry, 42,* 311-318.

Katchadourian, H. (1990). Sexuality. In S. S. Feldman & G. R. Elliott (Eds.), *At the threshold: The developing adolescent* (pp. 330-351). Cambridge, MA: Harvard University Press.

Katz, L. Y., Fotti, S. A., & Postl, L. (2009). Cognitive-behavioral therapy and dialectical behavior therapy: Adaptations required to treat adolescents. *Psychiatric Clinics of North America, 32,* 95-109.

Kazdin, A. E. (1997). A model for developing effective treatments: Progression and interplay of theory, research, and practice. *Journal of Clinical Child Psychology, 26,* 114-129.

Kazdin, A. E., & Kendall, P. C. (1998). Current progress and future plans for developing effective treatments: Comments and perspectives. *Journal of Clinical Child Psychology, 27,* 217-226.

Kazdin, A. E., & Weisz, J. R. (1998). Identifying and developing empirically supported child and adolescent treatments. *Journal of Consulting and Clinical Psychology, 66,* 19-36.

Keating, D. P. (1990). Adolescent thinking. In S. S. Feldman & G. R. Elliott (Eds.), *At the threshold: The developing adolescent* (pp. 54-89). Cambridge, MA: Harvard University Press.

Kendall, P. C. (1984). Social cognition and problem solving: A developmental and child-clinical interface. In B. Gholson & T. L. Rosenthal (Eds.), *Applications of cognitive-developmental theory* (pp. 115-148). New York: Academic Press.

Kendall, P. C., & Braswell, L. (1985). *Cognitive-behavioral therapy for impulsive children.* New York: Guilford Press.

Kendall, P. C., & Choudhury, M. S. (2003). Children and adolescents in cognitive-behavioral therapy: Some past efforts and current advances, and the challenges in our future. *Cognitive Therapy and Research, 27,* 89-104.

Kendall, P. C., Choudhury, M., Hudson, J., & Webb, A. (2002a). *The C.A.T. Project therapist manual.* Ardmore, PA: Workbook Publishing.

Kendall, P. C., Choudhury, M., Hudson, J., & Webb, A. (2002b). *The C.A.T. Project workbook for the cognitive-behavioral treatment of anxious adolescents.* Ardmore, PA: Workbook Publishing.

Kendall, P. C., Lerner, R. M., & Craighead, W. E. (1984). Human development and intervention in childhood psychopathology. *Child Development, 55,* 71-82.

Kendall, P. C., & MacDonald, J. P. (1993). Cognition in the psychopathology of youth and implications for treatment. In K. S. Dobson & P. C. Kendall (Eds.), *Psychopathology and cognition.* San Diego: Academic Press.

Kendall, P. C., & Treadwell, K. R. H. (2007). The role of self-statements as a mediator in treatment of youth with anxiety disorders. *Journal of Consulting and Clinical Psychology, 75,* 380-389.

Kendall, P. C., & Williams, C. L. (1986). Therapy with adolescents: Treating the "marginal man." *Behavior Therapy, 17,* 522-537.

Kingery, J. N., Roblek, T. L., Suveg, C., Grover, R. L., Sherrill, J. T., & Bergman, R. L. (2006). They're not just "little adults": Developmental considerations for implementing cognitive-behavioral therapy with anxious youth. *Journal of Cognitive Psychotherapy: An International Quarterly, 20*(3), 263-273.

Kolko, D. J., Brent, D. A., Baugher, M., Bridge, J., & Birmaher, B. (2000). Cognitive and family therapies for adolescent depression: Treatment specificity, mediation, and moderation. *Journal of Consulting and Clinical Psychology, 68,* 603-614.

Kraemer, H. C., Stice, E., Kazdin, A., Offord, D., & Kupfer, D. (2001). How do risk factors work together?: Mediators, moderators, and independent, overlapping, and proxy risk factors. *American Journal of Psychiatry, 158,* 848-856.

La Greca, A. M., & Prinstein, M. J. (1999). Peer group. In W. K. Silverman & T. H. Ollendick (Eds.), *Developmental issues in the clinical treatment of children* (pp. 171-198). Boston: Allyn & Bacon.

Lanza, S. T., & Collins, L. M. (2002). Pubertal timing and the onset of substance use in females during early adolescence. *Prevention Science, 3,* 69-82.

Larson, R. W., Richards, M. H., Moneta, G., Holmbeck, G., & Duckett, E. (1996). Changes in adolescents' daily interactions with their families from ages 10 to 18: Disengagement and transformation. *Developmental Psychology, 32,* 744-754.

Laursen, B., Coy, K. C., & Collins, W. A. (1998). Reconsidering changes in parent-child conflict across adolescence: A meta-analysis. *Child Development, 69,* 817-832.

Lerner, R. M., & Steinberg, L. (Eds.). (2004). *Handbook of adolescent psychology.* New York: Wiley.

Lerner, R. M., Villarruel, F. A., & Castellino, D. R. (1999). Adolescence. In W. K. Silverman & T. H. Ollendick (Eds.), *Developmental issues in the clinical treatment of children* (pp. 125-136). Boston: Allyn & Bacon.

Lewko, J. H. (Ed.). (1987). *How children and adolescents view the world of work: New directions for child development.* San Francisco: Jossey-Bass.

Loeber, R., Farrington, D. P., Stouthamer-Loeber, M., & Van Kammen, W. B. (1998). *Antisocial behavior and mental health problems: Explanatory factors in childhood and adolescence.* Mahwah, NJ: Erlbaum.

Lynam, D. R. (1996). Early identification of chronic offenders: Who is the fledgling psychopath? *Psychological Bulletin, 120,* 209-234.

March, J. S., & Mulle, K. (1998). *OCD in children and adolescents: A cognitive-behavioral treatment manual.* New York: Guilford Press.

Maser, J. D., Norman, S. B., Zisook, S., Everall, I. P., Stein, M. B., Schettler, P. J., et al. (2009). Psychiatric nosology is ready for a paradigm shift in DSM-V. *Clinical Psychology: Science and Practice, 16,* 24-40.

McBride, C. K., Paikoff, R. L., & Holmbeck, G. N. (2003). Individual and familial influences on the onset of sexual intercourse among urban African American adolescents. *Journal of Consulting and Clinical Psychology, 71,* 159-167.

Mihalic, S. W., & Elliot, D. (1997). Short-and long-term consequences of adolescent work. *Youth and Society, 28,* 464-498.

Moffitt, T. F., & Caspi, A. (2001). Childhood predictors differentiate life-course persistent and adolescence-limited antisocial pathways among males and females. *Development and Psychopathology, 13,* 355-375.

Moshman, D. (1998). Cognitive development beyond childhood. In D. Kuhn & R. S. Siegler (Eds.), *Handbook of child psychology: Vol. 2. Cognition, perception, and language* (pp. 957-978). New York: Wiley.

Muñoz-Solomando, A., Kendall, T., & Whittington, C. J. (2008). Cognitive behavioural therapy for children and adolescents. *Current Opinion in Psychiatry, 21,* 332-337.

Nelson, D. A., & Crick, N. R. (1999). Rose-colored glasses: Examining the social information-processing of prosocial young adolescents. *Journal of Early Adolescence, 19,* 17-38.

Nolen-Hoeksema, S. (1994). An interactive model for the emergence of gender differences in depression in adolescence. *Journal of Research on Adolescence, 4,* 519-534.

Olin, S. (2001). Blueprint for change: Research on child and adolescent mental health. *Child, Youth, and Family Services Advocate, 24,* 1-5.

Ollendick, T. H., Grills, A. E., & King, N. J. (2001). Applying developmental theory to the assessment and treatment of childhood disorders: Does it make a difference? *Child Psychology and Psychotherapy, 8,* 304-314.

Paikoff, R. L., & Brooks-Gunn, J. (1991). Do parent-child relationships change during puberty? *Psychological Bulletin, 110,* 47-66.

Parker, J. G., & Asher, S. R. (1987). Peer relations and later personal adjustment: Are low-accepted children at risk? *Psychological Bulletin, 102,* 357-389.

Patterson, G. R., Forgatch, M. S., Yoerger, K. L., & Stoolmiller, M. (1998). Variables that initiate and maintain an early-onset trajectory for juvenile offending. *Development and Psychopathology, 10,* 531-547.

Piacentini, J., & Bergman, R. L. (2001). Developmental issues in cognitive therapy for childhood anxiety disorders. *Journal of Cognitive Psychotherapy, 15,* 165-182.

Piaget, J. (1970). Piaget's theory. In P. H. Mussen (Ed.), *Manual of child psychology* (3rd ed., pp. 703-732). New York: Wiley.

Reich, W. (2000). Diagnostic Interview for Children and Adolescents (DICA). *Journal of the American Academy of Child and Adolescent Psychiatry, 39,* 59-66.

Reid, J. B. (1993). Prevention of conduct disorder before and after school entry: Relating interventions to developmental findings. *Development and Psychopathology, 5,* 243-262.

Reinecke, M. A., Curry, J. F., & March, J. S. (2009). Findings from the Treatment for Adolescents with Depression Study (TADS): What have we learned? What do we need to know? *Journal of Clinical and Adolescent Psychology, 38,* 761-767.

Resnick, M. D., Bearman, P. S., Blum, R., Bauman, K. E., Harris, K. M., Jones, J., et al. (1997). Protecting adolescents from harm: Findings from the national longitudinal study on adolescent health. *Journal of the American Medical Association, 278,* 823-832.

Richards, M., Abell, S. N., & Petersen, A. C. (1993). Biological development. In P. H. Tolan & B. J. Cohler (Eds.), *Handbook of clinical research and practice with adolescents* (pp. 21-44). New York: Wiley.

Roeser, R. W., Eccles, J. S., & Sameroff, A. J. (2000). School as a context of early adolescents: Academic and social-emotional development: A summary of research findings. *The Elementary School Journal, 100,* 443-471.

Rohde, P., Feeny, N. C., & Robins, M. (2005). Characteristics and components of the TADS CBT approach. *Cognitive and Behavioral Practice, 12,* 186-197.

Rolf, J., Masten, A. S., Cicchetti, D., Nuechterlein, K. H., & Weintraub, S. (1990). *Risk and protective factors in the development of psychopathology.* New York: Cambridge University Press.

Rosenthal, T. L. (1982). Social learning theory and behavior therapy. In G. T. Wilson & C. M. Franks (Eds.), *Contemporary behavior therapy: Conceptual and empirical foundations* (pp. 339-366). New York: Guilford Press.

Rutter, M. (1980). *Changing youth in a changing society: Patterns of adolescent development and disorder.* Cambridge, MA: Harvard University Press.

Rutter, M., & Garmezy, N. (1983). Developmental psychopathology. In P. H. Museen (Ed.), *Handbook of child psychology* (Vol. IV; E. M. Hetherington, Vol. ed.; pp. 775-912). New York: Wiley.

Salmon, K., & Bryant, R. A. (2002). Posttraumatic stress disorder in children: The influence of developmental factors. *Clinical Psychology Review, 22,* 163-188.

Sanford, M., Boyle, M., McCleary, L., Miller, J., Steele, M., Duku, E., et al. (2006). A pilot study of adjunctive family psychoeducation in adolescent major depression: Feasibility and treatment effect. *Journal of the American Academy of Child and ADo Psychiatry, 45,* 386-395.

Sauter, F. M., Heyne, D., & Westenberg, P. M. (2009). Cognitive behavior therapy for anxious adolescents: Developmental influences on treatment design and delivery. *Clinical Child and Family Psychology Review, 12,* 310-335.

Savin-Williams, R. C., & Berndt, T. J. (1990). Friendship and peer relations. In S. S. Feldman & G. R. Elliott (Eds.), *At the threshold: The developing adolescent* (pp. 277-307). Cambridge, MA: Harvard University Press.

Schleser, R., Cohen, R., Meyers, A., & Rodick, J. D. (1984). The effects of cognitive level and training procedures on the generalization of self-instructions. *Cognitive Therapy and Research, 8,* 187-200.

Schmidt, U. (2009). Cognitive behavioral approaches in adolescent anorexia and bulimia nervosa. *Child and Adolescent Psychiatric Clinics of North America, 18,* 147-158.0

Seidman, E., Allen, L., Aber, J. L., Mitchell, C., & Feinman, J. (1994). The impact of school transitions in early adolescence on the self-system and perceived social context of poor urban youth. *Child Development, 65,* 507-522.

Selman, R. L. (1980). *The growth of interpersonal understanding: Developmental and clinical analyses.* New York: Academic Press.

Selman, R. L. (1981). The child as a friendship philosopher. In S. R. Asher & J. M. Gottman (Eds.), *The development of children's friendships* (pp. 242-272). New York: Cambridge University Press.

Shirk, S. R. (Ed.). (1988). *Cognitive development and child psychotherapy.* New York: Plenum.

Shirk, S. R. (1999). Developmental therapy. In W. K. Silverman & T. H. Ollendick (Eds.), *Developmental issues in the clinical treatment of children* (pp. 60-73). Boston: Allyn & Bacon.

Shirk, S. R. (2001). Development and cognitive therapy. *Journal of Cognitive Psychotherapy, 15,* 155-163.

Shirk, S. R., & Karver, M. (2003). Prediction of treatment outcome from relationship variables in child and adolescent therapy: A meta-analytic review. *Journal of Consulting and Clinical Psychology, 71*(3), 452-464.

Shirk, S. R., Talmi, A., & Olds, D. (2000). A developmental psychopathology perspective on child and adolescent treatment policy. *Development and Psychopathology, 12,* 835-855.

Siegel, A. W., & Scovill, L. C. (2000). Problem behavior: The double symptom of adolescence. *Development and Psychopathology, 12,* 763-793.

Silverberg, S. B., & Gondoli, D. M. (1996). Autonomy in adolescence: A contextual perspective. In G. R. Adams, R. Montemayor, & T. P. Gullotta (Eds.), *Psychosocial development during adolescence* (pp. 12-61). Thousand Oaks, CA: Sage.

Silverman, W. K., & Ollendick, T. H. (Eds.). (1999). *Developmental issues in the clinical treatment of children.* Boston: Allyn & Bacon.

Simmons, R. G., & Blyth, D. A. (1987). *Moving into adolescence: The impact of pubertal change and school context.* New York: Aldine De Gruyter.

Spence, S. H., Donovan, C., & Brechman-Toussaint, M. (2000). The treatment of childhood social phobia: The effectiveness of a social skills training-based, cognitive-behavioural intervention, with and without parental involvement. *Journal of Child Psychology and Psychiatry, 41,* 713-726.

Spence, S. H., Sheffield, J. K., & Donovan, C. L. (2003). Preventing adolescent depression: An evaluation of the problem solving for life program. *Journal of Consulting and Clinical Psychology, 71,* 3-13.

Stein, B. D., Jaycox, L. H., Kataoka, S. H., Wong, M., Tu, W., Elliott, M. N., et al. (2003). A mental health intervention for schoolchildren exposed to violence: A randomized controlled trial. *Journal of the American Medical Association, 290,* 603-611.

Steinberg, L. (2001). We know some things: Parent-adolescent relationships in retrospect and prospect. *Journal of Research on Adolescence, 11,* 1-19.

Steinberg, L. (2005). *Adolescence* (7th ed.). Boston: McGraw-Hill.

Steinberg, L., & Morris, A. S. (2001). Adolescent development. *Annual Review of Psychology, 52,* 83-110.

Stice, E., Shaw, H., Bohon, C., Marti, C. N., & Rohde, P. (2009). A meta-analytic review of depression prevention programs for children and adolescents: Factors that predict magnitude of intervention effects. *Journal of Consulting and Clinical Psychology, 77,* 486-503.

Sullivan, H. S. (1953). *The interpersonal theory of psychiatry.* New York: Norton.

Suveg, C., Sood, E., Comer, J. S., & Kendall, P. C. (2009). Changes in emotion regulation following cognitive-behavioral therapy for anxious youth. *Journal of Clinical*

Child and Adolescent Psychology, 38, 390-401.

Tanner, J. (1962). *Growth at adolescence* (2nd ed.). Springfield, IL: Thomas.

Temple, S. (1997). *Brief therapy for adolescent depression.* Sarasota, FL: Professional Resource Press.

Tolan, P. H., & Cohler, B. J. (1993). *Handbook of clinical research and practice with adolescents.* New York: Wiley.

Treadwell, K. R. H., & Kendall, P. C. (1996). Self-talk in youth with anxiety disorders: States of mind, content specificity, and treatment outcome. *Journal of Consulting and Clinical Psychology, 64,* 941-950.

Trickett, E. J., & Schmid, J. D. (1993). The school as a social context. In P. H. Tolan & B. J. Cohler (Eds.), *Handbook of clinical research and practice with adolescents* (pp. 173-202). New York: Wiley.

Vygotsky, L. (1978). Mind in society: The development of higher psychological processes. In M. Cole, V. John-Steiner, S. Scribner, & E. Souberman (Eds.), *Mind in society: The development of higher psychological processes.* Cambridge, MA: Harvard University Press.

Walkup, J. T., Albano, A. M., Piacentini, J., Birmaher, B., Compton, S. N., Sherrill, J. T., et al. (2008). Cognitive behavioral therapy, sertraline, or a combination in childhood anxiety. *New England Journal of Medicine, 359,* 2753-2766.

Wang, Y. (2002). Is obesity associated with early sexual maturation?: A comparison of the association in American boys versus girls. *Pediatrics, 110,* 903-910.

Wasserman, T. H. (1984). The effects of cognitive development on the use of cognitive behavioral techniques with children. *Child and Family Behavior Therapy, 5,* 37-50.

Watanabe, N., Hunot, V., Omori, I. M., Churchill, R., & Furukawa, T. A. (2007). Psychotherapy for depression among children and adolescents: A systematic review. *Acta Psychiatrica Scandinavica, 116,* 84-95.

Wechsler, D. (2003). *Wechsler Intelligence Scale for Children—Fourth Edition.* San Antonio: Psychological Corporation.

Weiss, B., Caron, A., Ball, S., Tapp, J., Johnson, M., & Weisz, J. (2005). Iatrogenic effects of group treatment for antisocial youth. *Journal of Consulting and Clinical Psychology, 73,* 1036-1044.

Weisz, J. R. (1997). Effects of interventions for child and adolescent psychological dysfunction: Relevance of context, developmental factors, and individual differences. In S. S. Luther, J. A. Burack, D. Cicchetti, & J. R. Weisz (Eds.), *Developmental psychopathology: Perspectives on adjustment, risk, and disorder* (pp. 3-22). Cambridge, UK: Cambridge University Press.

Weisz, J. R., & Hawley, K. M. (2002). Developmental factors in the treatment of adolescents. *Journal of Consulting and Clinical Psychology, 70,* 21-43.

Weisz, J. R., Jensen-Doss, A., & Hawley, K. M. (2006). Evidence-based youth psychotherapies versus usual care: A meta-analysis of direct comparisons. *American Psychologist, 61,* 671-689.

Weisz, J. R., McCarty, C. A., & Valeri, S. M. (2006). Effects of psychotherapy for depression in children and adolescents: A meta-analysis. *Psychological Bulletin, 132,* 132-149.

Weisz, J. R., Rudolph, K. D., Granger, D. A., & Sweeney, L. (1992). Cognition, competence, and coping in child and adolescent depression: Research findings, developmental concerns, therapeutic implications. *Development and Psychopathology, 4,* 627-653.

Weisz, J. R., & Weersing, V. R. (1999). Developmental outcome research. In W. K. Silverman & T. H. Ollendick (Eds.), *Developmental issues in the clinical treatment of children* (pp. 457-469). Boston: Allyn & Bacon.

Wilkinson, P., Dubicka, B., Kelvin, R., Roberts, C., & Goodyer, I. (2009). Treated depression in adolescents: Predictors of outcome at 28 weeks. *British Journal of Psychiatry, 194,* 334-341.

Wilson, D. B., Gottfredson, D. C., & Najaka, S. S. (2001). School-based prevention of problem behaviors: A meta-analysis. *Journal of Quantitative Criminology, 17,* 247-272.

제16장

변화 과정 및 핵심 요소

Stephen Shirk, Nathaniel Jungbluth, & Marc Karver

아동 및 청소년 장애에 대한 인지행동치료(CBT)의 효율성에 대한 증거는 지난 20년간 기하급수적으로 증가하였다. 『아동 및 청소년 임상심리학 저널(*Journal of Clinical Child and Adoescent Psychology*)』에 아이들에 대한 증거 기반 치료법의 최신 개관 논문이 실렸는데, 그 논문(Silverman & Hinshaw, 2008)에서는 다양한 범주의 정서 및 행동 장애에서 CBT의 확산적이고 잘 확립된 증거들을 제시하였다. 역설적으로, CBT의 효율성에 대한 강한 증거는 CBT를 효과적으로 만든 것에 대한 명확한 이해를 통해 보완되지 않았다(Kazdin & Kendall, 1998; Kazdin & Nock, 2003). 비록 어떤 유형의 장애를 지닌 어떤 아이들에게 도움을 주는 어떤 치료가 있는지를 확인하는 데 많은 진척이 있었지만, CBT를 포함하여 치료가 어떤 과정으로 이루어지는지와 관련된 효과성의 연구는 상대적으로 느린 상태다.

실제 효과의 증거와 그 효과가 어떻게 만들어졌는지에 대한 이해 사이의 차이와 더불어 효율성과 과정 사이의 차이는 꽤 놀랍다. 어쨌든 치료 방식으로서의 CBT는 유관성 강화, 모델링과 연습을 통한 기술 획득, 점진적 노출, 그리고 인지적 재구성과 같은 기본적 학습 및 인지 원리에 기초되어 있다(Kendall, 이 책 1장을 보라). 의심의 여지없이 이 원리들은 변화 과정에 대한 명확한 이해를 촉진시켜야 한다. 하지만 아직 애매한 것이 남았다. 어떻게 이럴 수가 있을까?

켄달과 동료들(Kendall et al., 1994)이 개발한 아동 불안을 위한 코핑 캣 프로그램처럼 효율성에 대한 상당한 증거가 있는 원형적인 CBT 프로토콜이 있다고 가정해 보라. 코핑 캣 프로그램(Kendall, Hedtke, & Aschenbrand, 2006)은 정서 확인 및 자기 감찰, 이완 훈련, 인지 재구성, 대처 기술 훈련, 그리고 점진적 노출 과제와 같은 핵심 치료 요소들의 조합으로 이루어져 있다. 이 요소들은 각각 토론과 모델링 그리고 역할 연기를 통해 제시되며, 자기 효율성 방략 및 유관성 강화로서 촉진된다. 즉, 서로 다른 치료 요소들이 서로 다른 치료적 절차 내에서 수행된다. 이 예에서 볼 수 있듯이, 치료 프로토콜은 복잡하다. 거의 모든 CBT 프로토콜처럼 치료에는 다양한 요소가 포함되며, 여러 절차로 수행된다. 비록 현재의 증거들은 이 치료가 효율적임을 보여 주지만(Kendall, 이 책 5장을 보라), 모든 치료 요소가 성과에 기여하는지 여부가 불명확하며, 더 흥미롭게는 어떤 구성 요소가 성과의 어떤 영역에 고유하게 기여하는지 여부가 불확실하다(예를 들어, 생리적 각성에 대한 이완 훈련과 예기불안에 대한 인지 재구성). 단순히 말해서, CBT의 복잡성은 어떤 요소가 특히 더 핵심적인지 그렇지 않은지를 알기가 어렵다. 치료 요소들이 어떤 순서로 제시되었는지와 같은 수행 방법의 변형(거의 평가된 적이 없는)으로 인해 모호성은 더욱 증가된다.

코핑 캣 프로그램만이 복잡하다는 것은 절대 아니다. 실제로 모든 CBT 프로토콜에는 다양한 요소와 절차가 포함된다. 심지어 같은 장애에 대해서도, 치료에는 CBT라는 지붕 아래에 다양하게 변형된 순서로 다양한 요소가 포함된다(Durlak, Fuhrman, & Lampman, 1991). 예를 들어, 르윈슨과 클라크(Lewinsohn & Clarke, 1999)는 청소년기 우울증에 대한 치료법들의 개관에서 CBT 치료법들이 강한 가족 유사성을 보여 주었지만, 두 치료 프로토콜이 일란성 쌍둥이처럼 완전히 똑같지는 않다는 것도 보여 주었다. 청소년 우울증에 대한 CBT 매뉴얼의 분석에서 위어싱, 로젠먼과 곤잘레즈(Weersing, Rozenman, & Gonzalez, 2009)는 여섯 가지 치료의 핵심 요소를 확인했다. 우울증에 대한 심리교육, 활동 스케줄, 인지 재구성, 문제해결, 부모 관여, 그리고 그 외의 이완 훈련과 같은 기법들.

우울 청소년 대상의 훌륭한 치료 프로토콜은 모두 특정 요소들을 강조하고 서로 다른 순서로 수행된다는 점에서 각기 구별되는 특징을 지닌다. 대개의 연구에서는 전체 치료법의 평가에만 초점을 맞추기 때문에, 치료 성과가 치료에 포함된 요소나 수행 방식, 혹은 그 순서의 차이로 인해 달라지는지는 아직 불분명하다. 그러한 모호성이 과정 연구를 통해 명확해질 수 있겠다.

과정 연구의 목적은 치료가 어떻게 작동하는지를 확인하는 것이다. 실용주의적 관점에서, 과정 연구의 주요 목적은 효과적으로 치료가 진행되는 데 있어서 핵심 성분을 확인하는 것이다. 따라서 과정 연구는 치료 성과를 개선시키는 데 도움이 된다. 과정 연구자들에게 핵심적인 질문은 '이 치료가 작동을 하는가?'에서 '이 치료가 어떻게 효율적으로 작동하는가?'로 바뀌었다. 놀랍게도, 과정 연구는 전형적인 임상 시험 연구보다는 기초 행동 분석에 더 가깝다. 임상 시험 연구는 말초 부위의 반응(증상 변화)에 대한 복잡한 자극(전체 치료)의 영향을 검증한다. 대조적으로, 과정 연구는 치료를 상대적으로 더 작은 단위로 쪼개서 근위(한 회기 내에서) 및 원위(치료 이후) 성과 모두를 포함하여, 반응 변이와의 유관적인 연관성을 검증한다.

CBT에서 변화 과정을 확인하는데 초점을 맞추는 것은 적어도 두 가지 이유에서 중요하다. 첫째, 다양한 아동·청소년 장애에서의 CBT 효율성에 대한 증거에도 불구하고(이 책의 다른 장들을 보라), 대략 30~40%의 아이들에서 치료 반응을 보이지 않는다. 명백하게 개선의 여지가 있다. 성과에 기여하는 치료 요소와 과정을 확인함으로써, CBT의 핵심 요소를 강조하고 성과와 관련이 약하거나 없는 요소들을 덜 강조하는 식으로 CBT 프로토콜이 수정될 수 있다. 예를 들어, 만일 인지 재구성 부분이 왜곡된 인지나 부정적인 자동적 사고의 변화를 야기하지 못한다면, 그 부분의 활용은 재고되어야 한다. 물론 어떤 요소들이 어떤 내담자들에게는 도움이 되나 다른 내담자들에게는 그렇지 않을 수 있으며, 어떤 구성 요소와 절차가 어떤 내담자에게 유용한지를 이해하는 것이 과정 연구자들에게 궁극적인 목표일 수도 있다.

CBT의 변화 과정을 확인하는 것이 중요한 두 번째 이유는 변형이다. 지역사회 클리닉에서의 치료 실제를 포함하여 임상 장면에서 CBT 프로토콜을 보급하려는 노력은 효율적으로 수행될 수 있는 간결한 프로토콜을 요구한다. 지역사회 장면의 클리닉에서 높은 탈락률과 적은 평균 회기 수를 고려한다면(Brookman-Frazee, Haine, Gabayan, & Garland, 2008), 약한 구성 요소를 버리고 핵심 요소에 초점을 맞추는 식으로 프로토콜을 간결하게 만드는 것이 공중위생에서 최선의 이득을 얻을 수 있게 해 줄 것이다. 추가적으로, 증거 기반의 치료 프로토콜의 수용은 매뉴얼에 기초한 치료를 통한 핵심적인 변화 과정을 더 명확하게 설명해 줄 것이다. 지역사회 임상가들은 고객들에 대한 실용적 지식을 토대로 치료 성과를 극대화하는 데 이러한 핵심 과정을 맞춤형으로 만들 수 있을 것이다.

두 가지 주요 연구 방략, 즉 치료 요소 분석 및 과정-성과 상관 연구가 치료의 변화 과정을 확인하는 데 사용될 수 있다. 'CBT의 핵심 성분은 무엇인가?'라는 질문에 대답하기 위해 아동 · 청소년 치료 요소에 대한 포괄적인 개관을 시행했다. 이 개관은 청소년 CBT 과정-성과 연구들에 대한 선택적인 개관 연구와 보완적으로 이루어졌다. 목표는 모든 연구를 하나하나 제시하는 것이 아니라, CBT의 변화 과정으로 연구 주제를 변경함으로써 기존의 문헌들을 재검토하는 것이다.

1. 치료 요소 분석 연구

아동 및 청소년 CBT의 치료 요소 분석을 위해, 출판된 영어 문헌들에 대해 PsycINFO 데이터베이스의 컴퓨터 검색을 통해 광범위하게 검토했다. 아동 · 청소년 연령군으로 국한 지어 '치료 요소', '분해', '추가' 등의 주요어를 '치료' 심리치료 및 '치료법' 같은 단어와 결합하여 검색했다. 관련 논문의 참고문헌 또한 조사했다. 이러한 방략을 통해 아동 · 청소년 대상의 CBT를 직접적으로 비교한 45개의 치료 요소 분석 연구를 찾았다. 이 연구들은 〈표 16-1〉에 요약되었다. 이 연구들 중 25개가 외현화 문제에 대한 치료를 조사했으며, 20개는 주로 내재화 문제에 대한 치료에 초점을 맞추었다. 이 연구들은 대부분 분해 설계보다는 추가 설계로 구성되어 있다. 즉, 최선의 성과를 산출해 낸 요소 혹은 요소들의 결합을 검증하기 위해 CBT 치료법만을 채택한 것이 아니라, 대부분의 이 분야 연구에서처럼 기존의 CBT 프로토콜을 향상시키기 위해 추가적인 요소를 더했을 때의 향상분을 검증하는 데 초점을 맞췄다.

치료 요소 분석 설계를 사용한 무선 임상 시험은 CBT의 핵심 성분을 결정하는 데 사용할 수 있는 가장 강력한 도구인 것 같다. 비교하는 치료의 구성 요소 중 하나만 다르고 모두 같을 때, 치료 성과의 차이는 그 다른 요소의 존재에 인과적으로 귀인될 수 있다. 하지만 모든 치료 요소 분석 설계가 모두 같은 정보가를 지니는 것은 아니라는 점을 인식하는 것이 중요하다. 예를 들어, 문헌들에서 가장 흔한 치료 요소 분석 방법은 한 치료(A)와 그 치료에 추가 요소를 더한 치료(A+B)를 서로 비교하는 것이다. 만일 성과가 치료 조건 모두에서 같다면(A=A+B), 추가적인 치료 요소(B)가 작동을 하지 않은 것으로 결론 내릴 수 있다. 하지만 두 번째의 덜 빈번하게 사용되는 치료 요소 분석 설계 방법이 첫 번째 제한점을 설명하도록 돕는 데 사용된다. 두 번째 설계에서, 두 요소(A와 B)는 개별적으로 검증되며, 결합해서 검증된다(A 대 B 대 A+B). 만일 치료 조건 사이의 성과가 동일하다고 밝혀진다면(A=B=A+B), B가 작동하지 않았다고 결론 내리기보다는 세 가지 치료법이 모두 효과가 있다고 결론 내릴 것이다(A, B 및 A+B). 두 번째 설계의 사용을 통해 얻어진 더 풍부한 정보는 A와 B의 추가 결합을 통해 추가적인 이득이 없긴 했지만, A와 B 모두 동일한 치료 효과를 지녔다고 제시한다. 즉, 치료 요소 분석 문헌을 읽을 때, 첫 번째 설계의 영가설(A 대 A+B)이 필연적으로 치료 요소(B)가 작동하지 않음을 의미하는 것이 아님을 유념하는 것이 중요하다.

기존 문헌의 재검토를 구성하는 데 있어서, 개별 치료 요소 분석 연구는 치료 이후에 측정된 임상적 성과와 관련하여 개별적으로 검증되었다. 연구들은 한 치료 요소의 효과를 입증하는 데 있어서 만일 ① 효과 크기를 제시했다면, 임상적 변화의 모든 측정치의 전체 효과가 .20을 초과하는 치료 요소로서, 혹은 ② 효과 크기를 제시하지 않았다면, 우연 수준 이상의 기대되는 통계적으로 유의미한 결과를 보인 치료 요소의 개수로서

표 16-1 치료 요소 분석 연구들

연구	연령	사례 수	추가 요소 조건	기본 조건	치료 요소 범주
Azrin et al. (2001)	12~17	56	FBT+YCPS	YCPS	AE, FAM, PC
Barkley et al. (2000)	4~6	158	SCT+CBPT	CBPT	YC
			SCT+CBPT	SCT	PC
Barkley et al. (2001)	12~18	97	PSCT+BMT	PSCT	PC
Barrett (1998)	7~14	60	아동 CBT+CBPT	CBT	AE, FAM, PC*
Barrett et al. (1996, 2001)	8~10	79	CBT+FAMT	CBT	AE, FAM, PC*
Chacko et al. (2009)	5~12	120	BPT+ 편모 향상	BPT	AC*
Chronis et al. (2006)	5~13	62	ISBP+어머니 우울 과정	ISBP	PT*
Cobham et al. (1998)	7~14	67	CBT+PAM	CBT	PC
Creswell et al. (2008)	6~12	12	CBPT+어머니 불안 치료	CBPT	PT
Dadds & McHugh (1992)	x=4.6	22	CMT+AST	CMT	AC, AE
Deblinger et al. (1996, 1999)	7~13	100	CBT+CBPT	CBT	PC*
			CBT+CBPT	CBPT	YC
Drugli & Larsson (2006); Drugli et al. (2007)	4~8	127	CBPT+CBT	CBPT	YC*
Fabiano et al. (2009)	6~12	75	BPT+스포츠/아버지 향상	BPT	AE, YC
Grizenko et al. (2000)	8~11	36	MSST	TSST	AC, AE
Heyne et al. (2002)	7~14	61	아동 RSCD+PTTC	CBPT+CBT	PC+TC
			아동 RSCD+PTTCx	CBPT	YC
Horn et al. (1987)	7~11	24	BPT+SC+SCT	PBT+SC	YC
			BPT+SC+SCT	SCT+SC	PC
Horn et al. (1990)	7~11	42	BPT+SCT	PBT	YC
			BPT+SCT	SCT	PC
Kazdin et al. (1989)	7~13	112	YCPS+IVP	YCPS	AC, AE*
Kazdin et al. (1992)	7~13	97	YCPS+PMT	YCPS	PC*
			YCPS+PMT	PMP	YC*
Kazdin & Whitley (2003)	6~14	127	PSST+PMT+PPS	PMP+PSST	AC, PT*
Kendall & Braswell (1982)	8~12	27	CBT+YBT	YBT	AC, AE*
Kendall et al. (2008)	7~14	161	FCBT	ICBT	AE, FAM, PC
King et al. (2000)	5~17	36	CBT+FCBT	CBT	PC*
Krishnan-Sarin et al. (2000)	14~18	28	CM−CBT	CBT	AC, AE*
Larsson et al. (2009)	4~8	127	IY−P+CBT	IY−P	YC
Levy et al. (2007)	8~14	69	불안 CBT+ 공격성 CBT	anxiety CBT	AC, AE
Lewinsohn et al. (1990)	14~18	59	CBT+CBPT	CBT	PC*
Lochman & Curry (1986)	9~11	20	YCPS+SIT	YCPS	AC, AE
Mendlowitz et al. (1999)	7~12	68	CBT+CBPT	CBT	AE, FAM, PC
			CBT+CBPT	CBPT	AE, YC*
Nauta et al. (2001)	8~15	18	CBT+CBPT	CBT	PC
Nauta et al. (2003)	7~18	79	CBT+CBPT	CBT	PC
Olivares-Olivares et al.(2008)	14~18	57	집단 CBT+ 개인 CBT	Group CBT	AC*
Pfiffner & McBurnett (1997)	8~10	27	SST+PG	SST	PC

Sánchez-García & Olivares (2009)	10~14	82	CBT+CR	CBT without	CR AC, AE*
Sanders et al. (2000)	3	305	EBFI	SBFI	AC, PT
Sanders & McFarland (2000)	3~9	47	CBFI	BFI	AC, AE, PT
Shechtman & Birani-Nasaraladin (2006)	5~6학년	75	CBT+CBPT	CBT	PC*
Silverman et al. (2009)	7~16	119	FCBT	ICBT	AE, PC, FAM
Sofronoff et al. (2005)	10~12	71	CBT+CBPT	CBT	PC
Spence et al. (2000)	7~14	50	CBT+PI	CBT	PC
Waters et al. (2009)	4~8	80	FCBT	CBPT	YC
Webster-Stratton (1994)	x=4.9	78	IY−P+비디오 기반 추가적 부모 기술 훈련	IY−P	AC, PT*
Webster-Stratton et al. (2004)	4~8	159	IY−P+IVM+TT	IY−P	YC+TC
			IVM+TT	IVM	TC*
			IY−P+IVM+TT	IVM	PC+TC
			IY−P+IVM+TT	IY−P+TT	YC
			IY−P+IVM+TT	IVM+TT	PC*
			IY−P+TT	IY−P	TC
Webster-Stratton & Hammond (1997)	4~8	97	IVM+IY−P	IVM	PC
			IVM+IY−P	IY−P	YC
Wood et al. (2006)	6~13	40	FBT+CBT+CBPT	CBT	AE, PC*

주: FBT: 가족 행동치료, YCPS: 아동 인지적 문제해결, SCT: 자기 조절 훈련, CBPT: 인지행동적 부모 훈련, PSCT: 문제해결적 의사소통 훈련, BMT: 행동 관리 훈련, CBT: 인지행동치료, FAMT: 가족 불안관리 치료, BPT: 행동적 부모 훈련, ISBT: 집중적 여름 행동 프로그램, PAM: 부모 불안 관리, CMT: 아동 관리 훈련, AST: 협력적 지지 훈련, MSST: 수정판 사회기술 훈련, RSCD: 이완, 사회 기술, 인지치료 및 둔감화, PTTC: 부모 훈련 및 교사 자문, SC: 학교 자문, IVP: 실제적 연습, PMT: 부모 관리 훈련, PSST: 문제해결 기술 훈련, PPS: 부모 문제해결, YBT: 아동 행동치료, FCBT: 가족 인지행동치료, CM: 유관성 관리, IY-P: Incredible Years 부모 집단, SIT: 자기지시 훈련, SST: 사회적 기술 훈련, PG: 부모 일반화, CR: 인지 재구성, EBFI: 고급 행동적 가족 개입, CBFI: 인지행동적 가족 개입, IVM: 상호작용적 아동 비디오 모델링 및 행동 연습, TT: 교사 행동 훈련, TSST: 전통적 사회기술 훈련, ICBT: 개인 인지행동치료, SBFI: 표준 행동적 가족 개입, BFI: 행동적 가족 개입, AE: 주의 등가, FAM: 가족 요소, PC: 부모 요소, YC: 아동 요소, AC: 추가 요소, PT: 부모 치료, TC: 교사 요소. *는 유의미한 효과를 표시.

분류했다. 후자가 약간 더 관대해 보인다. 하지만 개관된 많은 연구가 대부분 검증력이 작거나 중간 수준에 해당될 정도로 낮았다. 선행 기준에 부합되지 않거나 저자들이 치료 조건들 사이에 같은 효과가 있다고 결론 내렸을 때 연구 문제의 치료 요소는 효율성의 증거가 부족한 것으로 간주되었다.

이 기준에 기초하여, 45개 연구의 57개 치료 요소 중 21개(36.8%)가 성과를 개선시키는 데 기여한 것으로 발견되었다. 이 수는 우연 수준 이상으로 컸으며, 출판되지 않은 무의미한 결과들의 경향성, 교정되지 않은 가족 단위 오류(familywise error)의 빈도, 그리고 연구들 사이의 검증력 및 표본 크기의 차이에도 불구하고 많은 관심에 비해 정보는 적었지만 어느 정도 일반화가 가능한 것 같다.

지적했던 것처럼, 현재까지 출판된 대부분의 치료 요소 분석 연구들은 분해 설계가 아니라 추가 설계를 사용했다. 그 결과, 기존의 CBT 치료를 구성하는 대부분의 절차가 독립적으로 추출되거나 평가되지 못했다. 따라서 CBT의 핵심 성분에 대한 이해는 아직 제한적이다. 이러한 제한점에도 불구하고, 치료 과정과 관련된 여러 중요한 주제가 치료 요소 분석 연구의 성장을 통해 확산되었다. 처음 두 개의 연구는 서로 흡사하며, 치료에 포함된 대상과 관련이 있다. 청소년 CBT에 부모를 포함시킨 것의 잠재적인 이득에 대한 초점이 첫 번째이며, 주로 부모에게 초점을 맞춘 치료에 청소년을 포함시킨 것이 두 번째 가치가 있다. 다음 두 가지 주제는 치료의 내용을 고려한다. 첫 번째는 아동 문제에 대해 부모의 정신건강 문제를 치료하는 것의 잠재적인 이득에 초점을 맞추고, 두 번째는 기존의 CBT 치료법에 추가 치료 요소를 포함하는 것의 가치를 확인하는 것이다.

1) 청소년 CBT에 부모가 포함되었을 때 치료 성과가 개선되는가

치료 요소 분석 문헌에서 제기된 가장 눈에 띄는 이슈 중 하나가 CBT에 부모를 포함하는 것에 대한 관심이었다. 25개 연구가 치료 패키지에 부모 요소를 추가한 것이 더 효과적이었는지 여부를 검증했다. 다양한 내재화 및 외현화 장애를 지닌 내담자들 대상의 이 연구들에서는 10개의 사례, 혹은 총 연구의 40%에서 더 나은 성과를 산출했다. 단지 2개의 연구(Cobham, Dadds, & Spence, 1998; Kendall, Hudson, Gosch, Flannery-Schroeder, & Suveg, 2008)에서 부모 요소를 추가한 것이 그렇지 않은 치료에 비해 유의미하게 더 나쁜 성과(단지 하나의 주요 변인)를 보여 주었다. 흥미롭게도 부모 요소가 부모 단독의 형태를 취했거나 부모와 자녀의 결합 회기로 이루어진 것은 그다지 중요한 요소가 아니었다. 부모와 자녀 결합 회기 형태가 6개 연구에서 이루어졌으며, 그 중 3개(50%)에서 긍정적인 효과가 나타났다. 아마도 부모 관여의 형태는 치료될 문제의 유형과 같은 다른 요인에 비해 덜 중요해 보인다.

이러한 문제 제기를 검증하기 위해, 우리는 내재화 혹은 외현화 문제에 초점을 맞췄는지 여부에 따라 25개 치료법 연구를 구분했다. 외현화 문제를 다룬 11개 연구 중 4개(36.4%)에서 부모 요소의 추가가 이득을 주었음이 밝혀졌다. 이러한 장점을 지닌 부모 요소에는 주의력결핍 과잉행동장애(ADHD)를 지닌 아동의 어머니가 지닌 우울증을 치료하기 위해 CBT를 제공한 것(Chronis, Gamble, Roberts, & Pelham, 2006), 반사회적 행동을 보이는 청소년의 부모에게 부모관리 훈련(PMT)을 제공한 것(Kazdin, Siegel, & Bass, 1992), 공격적인 아동의 어머니에게 집단 CBT를 제공한 것(Shechtman & Birani-Nasaraladin, 2006), 그리고 반항성장애(ODD) 아동의 부모에게 Incredible Years 집단 CBT 훈련을 제공한 것(Webster-Stratton, Reid, & Hammond, 2004)이 포함되었다.

하지만 추가적인 부모 관여가 이득이 없었다는 7개 외현화 치료 연구(63.6%)를 통해 배울 수 있는 것은 무엇인가? 유의미하지 않은 발견의 대부분은 치료가 아동의 ADHD 증상에 초점을 맞췄을 때 일어났다(Barkley et al., 2000; Barkley, Edwards, Laneri, Fletcher, & Metevia, 2001; Horn, Ialongo, Greenberg, Packard, & Smith-Winberry, 1990; Horn, Ialongo, Popovich, & Peradotto, 1987; Pfiffner & McBurnett, 1997). ADHD 치료에서 부모 관여를 평가한 6개 연구 중 단 하나에서만 유의미한 효과가 관찰되었다(Chronis et al., 2006). 이러한 결과는 ADHD에 대한 행동주의적 부모 관여의 효율성에 대한 증거의 관점에서나, 아동에 초점을 맞춘 많은 치료법의 증거가 부족하다는 점에서나 꽤나 놀랍다(Pelham & Fabiano, 2008; Miller & Hinshaw, 이 책 3장을 보라).

내재화 장애에 대한 치료에 부모를 포함한 것에 대한 효과를 검증한 14개 연구 중에, 6개(42.9%)에서 부모 요소를 추가했을 때 유의미한 성과 개선을 야기했다. 유용한 부모 요소에는 아동 불안장애를 위한 인지행동적 부모 훈련(Barrett, 1998; Barrett, Dadds, & Rapee, 1996; Wood, Piacentini, Southam-Gerow, Chu, & Sigman, 2006), 아동 성학대 피해자를 위한 부모 CBT(Deblinger, Lippmann, & Steer, 1996; Deblinger, Steer, & Lippmann, 1999; King et al., 2000), 그리고 우울한 청소년의 부모에게 우울증 대처 기술의 제공(Lewinsohn, Clarke, Hops, & Andrews, 1990)이 포함되었다.

아동 불안의 치료에 부모 요소의 긍정적인 성과가 많은 것에 기초하여, 우리는 부모 관여가 아동 불안장애의 성공적인 CBT에 중요한 요소라고 결론 내릴 수 있을까? 비록 매력적이기는 하지만, 실제 많은 수의 연구에서 부모 요소의 포함으로 인한 이득이 없거나 제한적임을 보여 주었다(Cobham et al., 1998; Kendall et al., 2008; Mendlowitz et al., 1999; Nauta, Scholing, Emmelkamp, & Minderaa, 2001, 2003; Silverman, Kurtines, Jaccard, & Pina,

2009; Sofronoff, Attwood, & Hinton, 2005; Spence, Donovan, & Brechman-Toussaint, 2000). 그럼 부모 요소가 성과를 개선시킨 것과 그렇지 않은 것 사이에 어떤 차이가 있는가?

첫째, 외상 사건에 노출된 아동의 치료에 부모 관여를 평가한 두 연구(Deblinger et al., 1996, 1999; King et al., 2000)에서 부모 요소의 추가가 더 나은 성과를 산출했다는 보고를 했다는 점이 주목할 만하다. 하지만 사회공포증, 범불안장애, 분리불안을 포함하여 다양한 불안장애 대상의 치료에서는 어떤가?

다른 연구자들이 언급했듯이(예를 들어, Barmish & Kendall, 2005), 다양한 불안장애의 치료에 부모가 포함되는 방식에는 여러 변형이 있다. 아마도 부모 관여의 이러한 변형은 성과를 개선하지 못하는 것들에서 효과적인 부모 요소를 구별하도록 도울 수 있다. 비록 원 논문에 포함된 부모 요소를 짧게 기술하여 명확한 결론을 제시하기는 어렵지만, 효과적인 부모 요소로 강조된 것처럼 보이는 한 영역(예를 들어, Barrett, 1998; Barrett et al., 1996; Wood et al., 2006)은 행동적 부모 훈련이다. 특히 부모의 끼어들기를 줄이는 동시에 아동의 자율적인 행동(예를 들어, 독립적인 의사결정)을 증진시키고 의존적인 행동(예를 들어, 안심 추구)을 줄이는 유관성 관리 방략에 대해서 많은 강조가 있었다. 비록 이러한 이슈에 대한 추가적인 조사가 필요하지만, 이러한 발견의 패턴은 적어도 치료의 첨가가 이득이 있다는 점에서 아동기 불안에 대한 CBT의 잠재적으로 핵심적인 성분임을 시사한다.

아동 불안의 치료에 부모 요소를 검증한 대부분의 연구에서 '아동만 있는' 비교 조건에 부모 관여의 몇몇 수준을 포함했다는 점을 주목하는 것이 중요하다(예를 들어, Kendall et al., 2008; Silverman et al., 2009; Wood et al., 2006). 즉, 부모 요소의 추가가 성과의 개선을 보이지 않는다 할지라도, 부모가 치료에 포함되는 것이 불필요하다는 결론은 적절하지 않다. 또한 '아동만 있는' 치료에서도 유의미하고 상당한 치료 이득을 산출했다는 점에서, 첨가 효과는 상대적으로 작은 표본 크기에서 입증되기 어렵다.

르윈슨(Lewinsohn)과 동료들(1990)의 연구에서, 우울한 청소년에서는 CBT의 부모 관여 포함이 성과에 영향을 미쳤는지를 조사했는데, 이 연구는 우울증을 위한 CBT 요소만 포함된 치료를 검증했으며, 전체 청소년을 대상으로 한 희귀한 연구라는 점에서 꽤 가치가 있다. 저자들은 개인 CBT에서 청소년들이 배운 기술을 부모에게도 가르친 부모 요소를 추가하는 것의 잠재적인 이점을 연구했다. 비록 그 연구에서 통계적으로 유의미한 결과를 산출해 내지는 못했지만 전체적으로 부모 관여를 추가한 것이 성과에 중간 크기의 효과를 야기했다. 우울증 치료에 부모 관여의 연구가 상대적으로 드물고, 청소년 우울에서 부모-청소년 갈등이 연관되어 있으며(예를 들어, Sheeber, Davis, Leve, Hops, & Tildesley, 2007), 더 열악한 가족 기능이 우울증 치료에서의 더 열악한 반응과 관련되었다(Feeny et al., 2009)는 증거들에 기초하여 놀라운 결과다. 포괄적인 청소년 우울증 대상의 치료에 대한 추가적인 연구는 아직 발견되지 않았다.

2) 부모에 초점을 맞춘 치료에 청소년이 포함되면 성과가 개선되는가

의문점은 기존의 부모 치료에 청소년 요소를 추가하는 것이 더 나은 성과를 산출하는지를 검증한 13개 치료 요소 분석 연구들을 통해 확인되었다. 13개 중 단지 3개만이 부모 훈련과 비교하여 청소년을 포함했을 때 그 성과가 유의미하게 더 좋았다(Drugli & Larsson, 2006; Drugli, Larsson, & Clifford, 2007; Kazdin, Siegel, & Bass, 1992; Mendlowitz et al., 1999). 먼저, 캐즈딘과 동료들(Kazdin et al., 1992)은 PMT에 청소년 문제해결 기술 요소를 추가한 것이 PMT 단독에 비해 반사회적 행동 청소년에게 더 큰 개선이 있음을 발견했다. 유사하게, 드러글리와 라슨(Drugli & Larsson, 2006; Drugli et al., 2007)은 부모 대상의 Incredible Years 인지행동적 집단 훈련에 ODD 청소년의 집단 CBT를 추가했을 때 더 많은 이득을 얻었음을 보여 주었다. 세 번째 연구에서, 멘들로 위츠와 동료들(Mendlowitz et al., 1999)은 아동 불안장애에 대한 부모 훈련에 아동 CBT 요소를 추가했을 때 훨씬 더 큰 변화를 창출했음을 발견했다. 10개의 연구는 ADHD를 위한 자기 조절 훈련(Barkley et al., 2000; Horn et al., 1987, 1990), 불안한 학교 거부 아동을 위한 이완 기술, 사회적 기술 그리고 대처기술(Heyne et al., 2002), 불안장애를 위한 집단 CBT(Waters, Ford, Wharton, & Cobham, 2009), 외상후 스트레스를 보이는 성학대 아동 대상의 개인 CBT(Deblinger et al., 1996, 1999), 그리고 ODD 아동을 위한 집단 CBT(Larsson, Fossum, Clifford, Handegård, Mørch, & Drugli, 2009; Webster-Stratton et al., 2004; Webster-Stratton & Hammond, 1997) 등의 청소년 요소를 포함한 청소년 치료 관여의 유의미한 이득을 발견하는 데 실패했다.

즉, 현재까지 여러 청소년 요소 형식과 표적 장애와 관련하여 많은 연구가 이루어졌지만, 치료에 청소년 요소를 추가하는 것이 성과를 향상시키지는 못했다. 하지만 이 연구들은 더 어린 아동들을 주로 포함했으며, 우울한 아동 표본을 포함하지는 않았다는 것에 주목하는 것이 중요하다. 자율성, 자기 인식 및 청소년기 동안 일어나는 가족 이외의 사회적 관계가 증진되는 것처럼, 나이가 어린 아동보다는 나이가 더 많은 아동과 청소년에서 치료에 직접적인 개입을 통해 이득을 얻는 것처럼 보인다. 이와 비슷하게, 심각한 인지 증상 및 또래 요소 문제를 지닌 우울한 청소년들이 치료에 직접적으로 관여하는 것이 중요해 보인다. 또한 비록 개인 노출 치료가 청소년 불안장애의 선두적인 치료법으로 간주된다 할지라도, 불안한 아동을 위한 부모 치료의 추가 요소로서 검증된 적은 한 번도 없다.

종합하면, 최근 증거들을 고려해 보았을 때, PMT의 잠재성 때문에 부모 훈련에 아동의 관여 요소를 추가하는 것이 그다지 지지받지 못하는 것 같다. 하지만 더 많은 연구가 내재화 장애를 지닌 청소년 및 아동 대상으로 필요하다.

3) 부모의 정신건강을 직접 겨냥한 치료의 효과는 무엇인가

치료 요소 문헌의 세 번째 주제는 부모의 정신건강 문제를 직접 치료함으로써 아동의 성과를 개선하려는 노력이다. 그러한 노력은 부모의 정신병리나 부적응적 행동이 효과적인 양육을 방해하거나 모델링을 통해 아동의 행동 문제에 기여한다는 개념에 기초된다. 비록 앞서 언급한 부모 요소의 대부분이 어느 정도 직간접적으로 부모의 정신건강을 개선하려는 노력을 포함하지만, 단지 6개의 치료 요소 검증 연구만이 전적으로 부모의 정서 기능을 개선하거나 촉진하는 데 초점을 맞췄다(Chronis et al., 2006; Creswell, Willetts, Murray, Singhal, & Cooper, 2008; Kazdin & Whitley, 2003; Sanders, Markie-Dadds, Tully, & Bor, 2000; Sanders & McFarland, 2000; Webster-Stratton, 1994). 6개 중 3개 연구에서 아동의 정신건강에만 초점을 맞춘 비교 조건에 비해 아동의 성과를 개선시키는 데 성공했다. 세 가지 유용한 부모 치료 요소에는 ADHD 아동들의 부모에게 우울증에 대한 CBT를 실시한 것(Chronis, et al., 2006), 부모에게 문제해결 기술 훈련을 제공한 것(Kazdin & Whitley, 2003), 그리고 ODD나 품행장애 아동의 부모에게 효과적인 문제해결 기술, 자기 조절/대처 기술, 그리고 부부 의사소통 기술을 훈련시킨 것(Webster-Stratton, 1994)이 포함된다.

하지만 부모 치료 요소 중 몇몇은 아동 성과와 관련된 유의미한 이득을 보여 주지 못했는데, 이는 이득을 보여 준 연구와 유사하다. 효과성을 입증받지 못한 요소들에는 파괴적 아동의 우울한 어머니에게 우울증을 위한 CBT 치료를 제공한 것(Sanders & McFarland, 2000), 파괴적인 3세 아동의 부모에게 대처 기술 및 부부 지지/의사소통 기술 훈련을 제공한 것(Sanders et al., 2000), 그리고 아주 적은 수의 불안한 아동의 불안장애 어머니 표본을 위한 CBT 치료를 제공한 것(6사례; Creswell et al., 2008)을 포함했다. 유의미하지 않은 효과는 단지 표본 크기와의 관계로 인한 것은 아니었다. 부모 치료의 효과는 정신건강 문제가 있거나 많은 부모를 포함하더라도 더 커지는 것 같지도 않다(Creswell et al., 2008; Sanders & McFarland, 2000). 즉, 현재까지 보고된 6개 연구에서 확인된 명확한 패턴은 없었다. 부모의 정신건강을 개선시킬 목적의 치료 요소가 아동 CBT의 성과를 증진시키는지를 명확하게 확인해 줄 추가 연구가 필요하다.

4) 치료 요소가 더 많은 것이 적은 것보다 더 나은가

치료 요소 문헌들에서 발견되는 또 다른 주제는 기존의 치료에 새로운 요소를 추가하는 첨가에 관한 것이다. 비록 대부분의 추가 연구들이 이 부분에 포함될 수 있지만, 더 명확한 목적하에 우리는 피험자를 추가하는 것으로 오염된 요소가 포함되지 않은 연구(즉, 기존의 부모 대상의 치료에 부모 요소를 추가하거나, 기존의 아동 대상 치료에 아동 요소를 추가한 연구)만을 사용하여 이러한 의문을 검증하려 한다. 자격을 갖춘 14개 중 8개(57.1%) 연구가 기존의 프로토콜에 치료 요소를 추가함으로써 추가적인 이득을 발견했다. 즉, 대개 치료 요소의 추가가 유용하며, 이는 어떤 문제에 대한 어떤 치료에 어떤 요소가 추가되는지에 따라 달라질 것이다.

치료 요소를 추가함으로써 이득이 있는 것으로 밝혀진 것들 중 여러 연구가 효과 크기 면에서나 CBT의 잠재적인 핵심 성분으로 밝혀진 것에서나 출중했다. 크리스넌-사린과 동료들(Krishnan-Sarin et al., 2000)의 청소년 금연 치료 연구에서, 개인 CBT에 유관성 관리 요소의 추가가 성공적인 금연을 극적으로 늘렸음이 밝혀졌다. 유관성 관리 조건에서, 청소년들은 재발에 대한 재설정의 유관성 강도 스케줄을 높임으로써 금연에 대해 금전적으로 보상을 받았다. 유관성 관리 조건의 청소년들은 1주 후에 훨씬 더 많은 금연 수준을 보여 주었고(76.7% 대 7.2%, 호흡 및 소변 검사 결과), 이 양상은 한 달간의 개입 마지막까지 유지되었다(53.0% 대 0%). 이러한 결과는 청소년 행동 변화 프로그램에 유관성 관리의 잠재성을 지지한다.

한 연구(Olivares-Olivares, Rosa-Alcázar, & Olivares-Rodríguez, 2008)에서는 치료 용량 및 형식을 조작했다. 이 연구에서 사회공포증 청소년의 집단 CBT에 여섯 번 혹은 열두 번의 추가 개인 CBT 회기 조건이 각각 비교되었다. 비록 표본 크기가 제한되었지만(57명), 결과는 개인 회기의 수와 긍정적인 결과 사이의 정적 상관을 보여 주었다. CBT 치료에서 회기 수와 개인 치료자의 역할을 더 포괄적으로 명료화하기 위해 추가적인 실험 연구가 필요하다.

캐즈딘, 바스, 시걸과 토머스(Kazdin, Bass, Siegel, & Thomas, 1989)는 심한 반사회적 행동을 보이는 청소년들에 대해 CBT 프로토콜의 효과적인 수행에 대한 통찰을 제안한다. 저자들은 치료 회기 밖에서 기술을 연습할 기회가 있는 경우에, 문제해결 기술 개입이 더 많은 효과를 보이는지 검증했다. 청소년들은 꽤 어려운 실생활 장면에서 새로운 기술을 습득하도록 요구하는 일련의 계획된 치료적 활동에 참여하도록 지시받았다. 치료 성과는 문제해결 기술 개입을 포함한 실제 연습의 기회 조건에서 유의미하게 더 높았으며, 그 때문에 문제해결 기술 훈련의 실시가 효과를 발휘하려면 실제적으로 회기 밖에서의 연습을 포함해야 한다는 증거를 제공한다.

이득이 있는 것으로 입증된 다른 요소로는 공격적이고 반사회적인 행동을 보이는 아동의 부모가 PMT에 추가로 문제해결 기술을 배우는 것(Kazdin & Whitley, 2003), 파괴적 아동의 부모들이 행동적 부모 훈련에 추가로 의사소통, 문제해결 및 자기 조절 기술을 제공받는 것(Webster-Stratton, 1994), 파괴적 행동을 보이는 아동의 행동 기술 치료에 문제해결/자기 지시 훈련을 추가하는 것(Kendall & Braswell, 1982), 그리고 사회공포증 아동들의 CBT에 인지 재구성 기술을 첨가하는 것(Sánchez-Garcia & Olivares, 2009)이 포함된다.

효과를 입증하는 데 실패한 치료 요소 연구로 특징지어지는 주제는 확실하지 않다. 이 요소들에는 파괴적 행동의 아동 부모 중 한 명에게 사회적 지지를 강화시키는 것(Dadds & McHugh, 1992), 품행 문제 아동의 사회기술 개입에 명시적인 조망 수용 훈련을 추가하는 것(Grizenko et al., 2000), 불안 및 공격 행동이 동반된 아동 대상으로 불안을 처리하는 것에 추가로 공격성에 초점을 맞추는 것(Levy, Hunt, & Heriot, 2007), 그리고 공격적인 소년들 대상으로 분노 대처 프로그램에 자기 지시 기술을 추가로 제공하는 것(Lochman & Curry, 1986)을 포함한다.

앞선 지지 증거와는 반대로, 캐즈딘과 휘틀리(Kazdin & Whitley, 2003), 웹스터-스트라튼(Webster-Stratton, 1994)의 추가적인 두 연구에서는 전통적인 행동적 부모 관여 요소에 부모 기술 훈련을 추가했을 때 어떤 이득도 발견되지 않았다. 샌더스와 동료들(Sanders et al., 2000)은 파괴적 아동의 부모에게 대처 기술 및 부부관계 기술을 촉진하는 요소를 추가했음에도 긍정적인 효과를 보여 주지 못했다. 유사하게, 샌더스와 맥파랜드(Sanders & McFarland, 2000)는 우울증에 초점을 맞춘 CBT 개입이 행동적 부모 훈련을 받는 파괴적 행동 문제를 지닌 아동의 부모들에게 제공되었을 때 더 나은 성과를 보여 주지 못했다. 종합해 보자면, 놀랍게도 현존하는 연구들은 기존의 프로토콜에 치료 요소를 추가하는 것의 긍정적인 효과에 대한 혼재된 증거를 제공한다. 더 많은 요소를 추가하는 것이 치료 성과를 자동적으로 더 향상시키는 것은 아닌 것 같다.

5) 아동 및 청소년 치료 요소 연구의 요약

전체적으로, 57개 치료 요소 연구 중 약 1/3가량에서 더 나은 치료 성과를 보여 주었음이 밝혀졌다. 연구들 대부분은 네 가지 공통 주제로 구성되며, 이 주제는 개별적으로 검증되었다. 아동에 초점을 맞춘 CBT 치료에 부모 관여 요소를 추가한 25개 연구 중 10개(40%)에서 더 나은 성과를 산출했음이 발견되었다. 부모에 초점을 맞춘 치료에 아동 관여 요소의 추가를 평가한 13개 연구 중 더 적은 비율(23.1%)에서 유익한 효과가 발견되었다. 부모의 정신건강을 개선시킬 목적의 치료 요소를 추가한 것을 평가한 6개 연구 중 3개(50%)에서 아동의 성과에 긍정적인 영향을 미쳤음을 발견했다. 끝으로, 치료 요소의 첨가가 더 나은 성과를 산출하는 경향이 있는지를 평가한 14개 연구 중 8개(57.1%)만이 치료 요소의 첨가로 더 나은 성과를 이끌어 냈다.

네 가지 주제 각각에 대해, 유익한 효과를 보여 준 치료 요소의 특징들이 제시되었다. 부모 관여과 같은 주제에서, 표적 및 장애의 특징에 맞춘 치료 요소가 유용한 영향을 미치는 것 같다. 부모의 정신건강을 증진시키려는 치료 개입에서는 단지 몇 가지 요소만이 유용했을 뿐이며, 그 이유를 설명하는 것이 곤란하다. 하지만 치료 요소를 추가하는 것이 치료를 저절로 더 효과적이도록 만드는 것이 아니라는 증거는 꽤 명백하다. 거의 모든 범주에서 절반 이상의 이득을 생성하지 못한 치료 요소들을 조사했다. 전체의 2/3에 해당되는 치료 요소들이 명확한 효과를 보여 주는 데 실패했다.

기존의 치료 요소 분석 연구들에서 많은 통찰을 제공하는 반면, 가장 놀라운 사실 중 하나는 이러한 치료 요소는 개별적으로 핵심 성분이라고 가정되지만, 대부분 효과가 입증되지 못했다는 점이다. 한 가지 잠재적인 결론은 CBT 효과성을 증진시키는 대안적인 방략이 탐색되어야 한다는 점이다. 새로운 치료 요소를 추가하는 것보다는, 가장 높은 잠재성을 지닌 기존의 치료 요소를 실시하는데 초점을 맞춤으로써 CBT를 강화시킬 수 있을 것이다. 물론 이것은 제한된 활용성을 지닌 치료 요소와 차별적인 핵심 성분의 확인을 요구한다. 이를 위해서는 과정 연구의 설계를 추가 방략에서 분해 방략으로 변화하는 것이 요구된다.

비록 이 개관의 결과들이 많은 중요한 흐름을 제시하고 있지만, 대부분의 출판된 연구는 방법론적인 문제로 인해 훼손되어 있다. 치료 용량의 조절 실패, 즉 많은 치료 요소 연구에서 추가 요소를 포함하는 치료 조건이 비교 조건에 비해 더 많은 치료 회기를 포함한다. 결론적으로, 많은 연구에서 치료 요소의 효과가 용량 효과로 인해 오염된다. 앞서 봤던 것처럼(Olivares-Olivares et al., 2008), 더 많은 치료 회기가 더 나은 성과를 만드는 것일지도 모른다.

하지만 치료 용량을 비교 조건과 걸맞추지 못하게 만드는 현실적인 이유들이 있음을 주목하는 것이 중요하다. 첫째, 증가된 관심이 단순하게 임상적 실제의 현실을 반영하는 것일 수 있다. 예를 들어, 실제 임상 장면에서, 치료자는 치료 회기를 진행하는 것에 추가로 교사에 대한 자문 활동을 할 때가 있다. 즉, 그러한 자문이 유용한지를 검증한 연구에서, 치료에 사용되는 시간 중에 교사와의 자문에 소비되는 시간을 빼는 것이 꽤 비정상적이고 비현실적일 수 있다. 게다가 더 적은 시간 안에 여러 각기 다른 치료 요소들을 응축하는 것이 불가능하다.

둘째, 치료 요소 분석 연구에서 같은 치료자를 만나도록 비교 조건에 제한을 두는 것은 새로운 오염을 야기할 수 있다. 치료자가 가외의 요소가 포함된 조건과 그렇지 않은 조건을 번갈아 만나도록 하기 위해서, 연구자는 추가적인 요소가 포함된 조건을 압축하거나 추가 요소가 없는 치료를 더 확장하는 식으로 강요될 수 있다. 그 결과 두 치료 조건의 비교가 더 이상 관심을 가진 치료 요소에서만 다르지 않게 된다. 상징적인 용어로, 비교는 대개 (A−)+(B) 대 (A+)와 같은 방식이 되며, 요소 (B)는 연구자들이 검증하길 원하는 것이다. 즉, 똑같은 접촉을 하도록 하는 제한은 사실상 새로운 오염 변인이 도입되어 향상된 조건이 오염될 수 있다.

하지만 많은 경우에 '향상된' 치료법을 치료의 길이나 치료자의 측면에서 비교 조건과 걸맞추려는 제약은 바람직해 보인다. 치료 요소 분석 연구의 궁극적인 성과는 언제나 아동 치료의 길이와 복잡성을 늘리는 것으로 인한 것이어야 할까? 우리가 제한을 두지 않은 치료 요소 조건을 검증할 때 성과에 대한 효과가 순수하게 기법에 의한 것이어야 하며, 절대 치료자의 관심이 증가된 결과여서는 안 되는가? 특히 치료의 확장이 내담자와 치료자의 소중한 시간을 소비하고, 치료자의 훈련 부담을 늘리는 것이라면, 두 질문에 대한 대답은 모두 '아니요'다.

따라서 처음에는 치료 요소를 평가할 때 더 많은 시간이 할당되어야 한다 할지라도, 일단 그 요소가 유익한 것으로 확인되면, 이후의 연구들에서는 ① 관심 오류를 제거하고, ② 효과가 더 간결한 프로토콜로 되풀이될 수 있는지를 확인하기 위해 동일한 치료자 조건하에서 응축된 개정판을 검증해야 한다.

이러한 개관을 위해 참고했던 치료 요소 분석 연구들 중에, 18개 치료 요소 평가가 같은 치료자 및 치료의 길이에서 치료 간 짝을 지었다고 밝혀졌다. 이 표본에서 유의미한 치료 요소 효과의 비율을 조사함으로써, 우리는 ① 짝을 짓는 것이 유의미한 효과를 밝힐 수 있는 연구자의 능력을 훼손시키는 정도를 추정하고, ② 매치되지 않은 조건하에서 보고된 효과 크기가 용량 오염 변인에 의해 상승된 수준을 평가하고자 했다.

매치 조건하에서 평가된 18개 치료 요소 중 8개(44%)에서 성과를 유의미하게 개선시켰다. 이 비율은 전체 표본에서의 비율(38.3%)보다 더 컸다. 비록 연구들이 매치된 설계든 비매치 설계든 분명하게 무선 할당되지는 않았으며, 따라서 이는 중요한 방식에서의 차이가 있음을 의미한다. 우리의 허술한 비교의 결과는 ① 치료 길이 및 접촉하는 치료자를 매치시키는 것이 치료 요소를 평가하는 데 심각한 훼손을 야기하는 것 같지는 않으며, 이와 마찬가지로 ② 추가적인 치료자와의 접촉 요소로 인한 오염은 성과에 대한 치료 요소의 관찰된 효과를 상승시키지 않았음을 보여 준다.

2. 과정-성과 연구

치료 요소 분석과 더불어, 많은 연구가 아동 및 청소년 CBT에서 과정 변인 및 성과와의 상관관계를 조사해 왔다. 비록 다양한 과정 연구가 있어 왔지만, 최근 세 가지 영역이 특히 관심을 받아 왔다. 즉, 성과에 대한 동맹의 기여도, 성과에 대한 내담자 관여의 영향력, 그리고 아동·청소년의 치료 계약을 촉진시키는 과정들이다.

1) 동맹이 아동 · 청소년 CBT의 성과에 기여하는가

수집된 많은 증거는 관계 변인들이 아동 및 청소년 대상의 치료 성과의 예언변인이라고 제안한다(Karver, Handelsman, Fields, & Bickman, 2006; Shirk & Karver, 2003). 성인 치료 문헌에서 상당한 관심을 끌고 있으며(Martin, Graske, & Davis, 2002), 아동 · 청소년 과정 연구자들에서 관심이 늘어 가고 있는 것은 치료 동맹이다. '동맹'은 내담자와 치료자 사이의 협력적 연결로 가장 흔히 정의되며, 치료적 관계의 많은 측면을 담고 있다. 널리 알려진 정의는 내담자와 치료자 사이의 정서적 연결이며 치료에서의 협력적 활동에 대한 공유되는 느낌이다(Shirk & Karver, 2006; Shirk & Saiz, 1992). 또 다른 연구자는 이러한 주요 차원을 '관계'와 '작업'의 차원으로 정의 내렸다(Estrada & Russell, 1999). 자기 보고 척도 및 관찰 체계에서 공통되게, 내담자가 치료자를 지지적이고 사려 깊으며 배려해 주는 것으로 경험하는 경우에 평정되며, 관련된 치료 과제나 활동에 함께 참여하는 느낌을 갖는 것으로 표현하거나 관찰된다(Shirk, Caporino, & Karver, 2010). 비록 이 차원들이 개념적으로는 구분되지만 연구들에서 그것들을 경험적으로 변별하는 것이 상대적으로 어렵다는 것을 발견했다(Shirk et al., 2010). 성인 치료의 연구와 일관되게, 아동 · 청소년 문헌의 초기 발견들은 동맹이 다양한 장애에 걸쳐 평균 .24의 상관계수로 치료 성과와 적당한 관련성이 있음을 보여 주었다(Karver et al., 2006). 하지만 아동 · 청소년 동맹에 대한 초기 대부분의 연구는 일상적 치료 맥락에서 이루어졌으며, 대개 치료의 효율성에 대해 알 수 없었다. CBT 및 다른 증거 기반 치료법에서 관계 과정을 평가한 연구는 상대적으로 매우 적었다(Shirk & Karver, 2003). 지난 10년 동안, 이러한 패턴이 변화하기 시작했다.

〈표 16-2〉는 아동 및 청소년 CBT에서 동맹-성과 관계를 조사했던 출판된 연구들의 목록을 보여 준다. 연구들은 치료 성과의 평가 이전에 측정된 동맹 척도들 간의 관련성에 대한 측정을 제공한다면 포함되었다. 즉, CBT에서 동맹과 성과 사이의 동시적 관련성을 검증한 연구들은 포함되지 않았다(예를 들어, Kendall, 1994; Kendall et al., 1997). CBT의 동맹-성과 관계를 전향적으로 평가했던 많은 연구가 있었지만(Diamond et al., 2006; Kaufman, Rohde, Seeley, Clarke, & Stice, 2005; Tetzlaff et al., 2005), 이 연구들은 치료 조건에 따른 관련성의 추정치를 제공하지 않았다. 대신 그들은 다른 치료 조건과 CBT의 결과를 결합했다. 〈표 16-2〉의 평균 상관계수는 아동 혹은 청소년 동맹과 치료 성과 사이의 아동, 치료자 및 관찰자 평정 사이의 값을 의미한다.

6개 연구들에 걸쳐, 6개의 다른 동맹 척도가 보고되었다. 아동용 치료동맹 척도(Therapeutic Alliance Scale for Children; Shirk & Saiz, 1992)만이 두 개 연구에서 사용되었다. 동맹의 역할이 내재화 및 외현화 문제 모두의

표 16-2 아동 CBT의 동맹-성과 관계에 대한 전향적 연구들

아동 연구들	문제 유형	동맹 척도	연령[a]	CBT 수	평균 r
Chiu et al. (2009)	불안장애	TPOCS	6~13 (9.7)	34	.24
Kazdin et al. (2005)	반항성/공격성	TASC	3~14 (7.2)	185	.34
Kazdin et al. (2006)	반항성/공격성	TASC	6~14 (9.6)	77	.42
청소년 연구들					
Hogue et al. (2006)	물질 남용	VTAS		56	−.02
Karver et al. (2008)	자살 시도	WAI, AOCS	13~17 (14.6)	11	.34
Shirk et al. (2008)	우울장애	TASA	14~18 (15.9)	50	.26

[a] 괄호 안의 평균 연령

주: TPOCS: 치료과정 관찰 부호 체계, TASC: 아동용 치료동맹 척도, VTAS: 밴더빌트 치료동맹 척도, WAI: 작업동맹 척도, AOCS: 동맹 관찰 부호 체계, TASA: 청소년용 치료동맹 척도.

치료에서 검증되었지만, 반항성/공격적 행동은 두 연구에서 검증된 유일한 문제 유형이었다. 청소년 불안장애 및 아동기 우울증의 치료에서 동맹에 대한 연구는 매우 적었다. 그럼에도 불구하고 동맹과 성과 사이의 평균 상관계수는 성인에서 얻어진 것뿐만 아니라 아동 및 청소년 문헌에서 일반적인 관계 변인을 보고했던 발견들의 결과와 매우 유사했다. 모든 연구 사이의 가중치가 부여되지 않은 평균 상관은 .26이었다. 아동의 경우 청소년에 비해 동맹과 성과 사이에 더 강한 연관성을 보였으나(.33 대 .19), 연구들의 표본수가 제한되었기 때문에, 이 차이는 청소년 물질 남용의 치료에서 나온 부정적인 결과를 보고한 단일 연구라는 점에 기인된 것으로 보인다(Hogue, Dauber, Stambaugh, Cecero, & Liddle, 2006). 그 외에도 평균 상관은 연구들 사이에 거의 유사했다.

종합해 보자면, 동맹이 아동 CBT 치료 성과를 예언하는 데 기여하며 성과 변량의 약 6~7%를 설명한다는 결과를 제시한다. 이것을 효과성의 관점으로 보자면, 0.26의 상관계수를 코헨(Cohen)의 d로 변환했을 때 약 0.55가 되는데, 이는 중간 정도의 효과성을 지닌 것으로 간주된다. 비록 이 결과가 유망하며 CBT에서 동맹의 중요한 역할을 시사하는 것이지만, 동맹과 성과 사이의 전향적인 관계의 입증은 인과관계를 보여 주는 것으로 보기는 어렵다. 동맹이 변화 과정임을 보여 주기 위해서는 많은 문제가 해결되어야 한다.

첫째, 이 연구들에 사용된 전향적인 설계는 효과의 시간적 배열과 관련된 문제를 완벽하게 해결해 주지 못한다. 성인에 대한 축적된 증거들과 아동 대상의 발견들은 이득이 치료의 꽤 앞부분에서 일어남을 보여준다(Cromley & Levigne, 2008; Gaynor, Weersing, Kolko, Birmaher, Heo, & Brent, 2003). 결론적으로, 동맹이 치료 초기에 평가되었고, 대개 3회기에서 5회기 내에 잘 형성되었을지라도, 증상의 변화가 동맹의 평가 이전에 일어났을 수 있다. 따라서 개선이 동맹의 평정에 기여했을지도 모른다. 즉, 더 좋은 느낌을 가지기 시작한 아이들은 동맹을 더 긍정적으로 평정하는 경향이 더 높아질 것이다.

둘째, 기존의 연구들은 인과적 종결(causal closure)을 평가하지 않았다. 따라서 동맹과 성과 사이에 기여할지도 모를 제3의 변인이 무엇인지 알지 못한다. 대인관계 문제나 유능성과 같은 내담자의 치료 전 특성들이 가장 가능한 후보자들이다. 예를 들어, 사회적 장해가 적고 반사회적 성향이 낮은 사람은 그렇지 않은 사람에 비해 치료 관계를 더 잘 형성할 가능성이 높다. 하지만 아동 문헌의 한 연구만이 이 가능성을 검증했는데, 이 연구에서는 PMT에서 부모의 동맹에 초점을 맞췄다(Kazdin & Whitley, 2006). 이 연구에서, 부모-치료자 동맹이 반항적이고 공격적인 아동과의 관계에서 부모의 행동을 변화시킬 수 있는 예언변인으로 평가되었다. 또한 부모의 사회적 역량의 지표와 같은 부모의 치료 전 사회적 관계가 동맹 및 성과 사이의 관계 내에서 분석되었다. 결과들은 동맹이 PMT 전체 과정에서 부모의 행동에 변화를 야기했으며, 치료 전의 사회적 관계가 동맹 및 개선 모두를 예측했음을 보여 주었다. 하지만 동맹과 개선된 양육 사이의 관련성은 치료 전의 사회적 관계 요소에 의해 부분적으로만 설명되었다. 즉, 적어도 이 연구에서 동맹은 단지 치료 전의 특성으로 보이지는 않는다. 아동 혹은 청소년의 동맹이 치료 전 특성의 유품인지, 아니면 치료 전 특성과 치료 성과 사이의 관련성에 대한 잠재적인 매개 요인인지를 확인하기 위해 추가 연구가 필요하다.

대부분의 연구는 성과를 예측하는 다른 잠재적인 과정으로부터 독립적으로 동맹을 검증했다. 전형적으로, 동맹은 CBT와 같은 특정 치료 조건 안에서 평가되며, 그 외의 치료 변인의 기여에 대해서는 관심이 없다. 그 결과, 동맹 고유의 기여가 부풀려졌을지도 모른다. 예를 들어, CBT 프로토콜에 대한 치료자 충실성이나 내담자에게 할당된 과제의 완수가 치료 성과의 변량을 설명할 수 있지만, 그러한 예언변인은 대개 동맹과 함께 조사되지 않는다. 즉, 동맹 및 고려될 수 있는 비특정적 효과로 기인한 변량은 특정 개입의 시행에서 실제로 치료자의 변량을 제한할 수도 있다.

비특정적인 동맹 효과를 특정 개입 효과로부터 구별

하는 것은 동맹 척도가 유대관계 및 과제 협력 모두를 평가할 때 특히 문제가 될 수 있다. 과제 협력이 특정 치료 과제에서 내담자의 실제적 관여를 반영하는 수준에서 동맹은 비특정적이고 특정적인 치료 요인 모두를 건든다. 셔크와 카버(Shirk & Karver, 2006)는 동맹이 내담자가 치료자를 경험하는 것으로 가장 잘 개념화될 수 있으며, 치료 협력이 치료 과제에 대한 내담자의 실제적이고 관찰된 관여로 볼 수 있다고 제안했다. 이 접근의 한 가지 이점은 성과에 대한 유대감과 협력의 고유한 기여도를 평가할 수 있는 능력을 개선시킨다는 점이다. 동등한 중요성으로, 연속성, 관여, 과제 완수 등 치료 과정의 다른 측면에 대한 유대감의 기여를 평가할 수 있다. 대조적으로, 동맹에 대한 특정 치료 절차의 영향력을 평가할 수도 있다. 예를 들어, 수벡, 수드, 코머와 켄달(Suveg, Sood, Comer, & Kendall, 2009)은 아동 동맹에 대한 노출 과제의 영향력을 조사했다. 비록 노출과 같은 불안을 유발하는 과제가 동맹을 훼손할 것이라고 걱정할 수도 있겠지만, 이 연구의 결과는 노출 요소에 상관없이 치료 간에 걸쳐 동맹 성장의 꽤 유사한 패턴을 보여 주었다.

끝으로, 아동 · 청소년 문헌에서 동맹에 대한 실험 연구는 하나도 없다. 가장 근접한 것은 내담자 중심 아동 치료에서 치료자 제공(온화함, 진솔성) 조건의 역할에 대한 연구다(Truax, Altman, Wright, & Mitchell, 1973). 이 연구에서 다양한 정서 및 행동 문제를 지닌 아동들은 높고 낮은 촉진 조건으로 평정된 치료자에게 배당되었다. 비록 결과는 낮은 촉진 조건에 비해 높은 조건에서 더 나은 성과를 보여 줬지만 무선 할당이 되지 않았고, 치료자 제공 조건이 실제 연구에서 치료자-아동 상호작용을 통해 평가된 것이기 때문에 명확한 결론을 내리기 어렵게 만들었다. 비록 온화함 및 지지성 차원에서 명확하게 달랐지만, 낮은 촉진 기술의 치료자로 아이들을 무선 할당하는 것이 윤리적 문제를 야기할 수 있었다. 대안적으로, 치료자는 훈련에 무선으로 할당된 이후에, 그들 자신의 통제하에서 사용할 수 있었다. 만일 특정 치료법이 지속적으로 제시되었다면, 즉 치료자가 같은 절차로 동맹 전후의 훈련을 받았다면, 훈련 이후 단계에서의 개선된 동맹 수준은 더 나은 성과와 관련이 있었을 것이다. 물론 그런 연구는 이미 우리가 동맹 형성을 촉진하는 치료자의 행위와 방략들을 알고 있다고 가정한다. 크리츠-크리스토프와 동료들(Crits-Christoph et al., 2006)은 동맹을 촉진하는 방략 세트로 치료자를 훈련해서 동맹 훈련 전과 후의 우울증에 대한 성과를 평가했다. 표본 크기가 작았기 때문에, 동맹의 명백한 개선이 통계적으로 신뢰할 만하지는 않았지만, 꽤 올바른 방향임이 분명했다. 동맹 촉진 훈련 이후에 우울증에 대한 작고 유의미하지 않은 치료 성과가 있었다. 그럼에도 불구하고 이런 연구는 전향적인 상관 설계에 혁신적인 대안을 보여 주었다.

요약하자면, 새로운 증거들은 치료 동맹이 아동 및 청소년 CBT의 치료 성과를 예언한다고 제안한다. 기존의 증거들은 아동 CBT에서 관계 과정의 역할을 시사한다. 미래 연구들은 시간적 우선순위 및 인과적 종결과 관련된 문제들을 고려해야 한다. 그런 연구들은 변화 과정의 상태에서 동맹의 지위를 향상시킬 수 있다.

2) 아동 CBT에서 내담자의 능동적인 관여가 얼마나 중요한가

CBT는 치료 프로토콜에 수동적으로 노출되는 것보다 훨씬 더 많은 것을 포함한다. 비록 CBT가 전통적인 아동 치료들보다 훨씬 더 구조화되었지만, CBT는 치료 매뉴얼의 각본을 재현하는 것으로 축소될 수 없다. 인지치료의 소크라테스식 문답법(Beck, 1976) 및 사회학습이론의 참여 접근(Bandura, 1969)에 기초하여, CBT는 아동 및 청소년 내담자의 적극적인 참여를 강조한다. 예를 들어, 치료자는 내담자에게 대처 기술에 대해 단순하게 말해 주는 것이 아니라 회기 안에서 그들 스스로 도출해 내어 연습하도록 한다. 마찬가지로 기술이나 보상 방략들은 추상적인 개념으로 제시되는 것이 아니라 내담자의 일상 경험에 통합된다. 예를 들어, 인지적 재구성에는 가설적인 자동적 사고 및 반박을 제시하는 것

이상을 포함한다. 대신에 치료자는 내담자의 자동적 사고를 포함하여 특정 사건에 대한 그들의 반응을 이끌어내고, 상황을 대안적인 방향으로 바라볼 수 있도록 안내한다.

아마 능동적인 내담자 관여가 CBT의 핵심 가정이기 때문에, 그렇게 많은 경험적 관심을 받지 못했다. 이것은 많은 이유에서 놀라운 것이다. 첫째, 아동 및 청소년들은 스스로 치료에 오지 않는다. 즉, 그들의 기대가 가정될 수 없다. 변화 준비성에 대한 한 연구는 변화의 단계 관점으로부터 평가된 청소년의 동기가 청소년 우울을 위한 CBT 치료 반응을 예측했음을 발견했다(Lewis, Simons, Silva, Rohde, Small, & Murakami, 2009). 비록 치료 전 변화에 대한 준비성 및 치료 관여 사이의 관련성이 평가되지 않았지만, 동기 점수가 낮은 아이들은 적절하게 치료 과제에 관여하는 데 실패했을 것이다. 관련 연구(Jungbluth & Shirk, 2009) 결과, 청소년의 초기 저항이나 치료 참여에 대한 망설임이 결과적인 치료 과제에서의 관여 수준을 예측했음이 발견되었다.

CBT에서 관여 수준을 검증해야 할 두 번째 이유는 치료의 핵심 성분으로서 특정 요인의 중요성에 대한 증거를 제공하기 때문이다. 만일 CBT에서의 변화가 특정 치료 과제에 대한 적극적인 관여로 예측된다면, 용량-반응 관계를 보여 주는 증거는 특정 CBT 요소의 활용에 대한 지지를 제공할 것이다. 비록 주 효과 모델이 치료 요소에서 표적으로 삼았던 초기 기술 결손에 의해 조절될 수 있을지라도, CBT 치료 요소에 대한 관여 수준이 더 높을수록 성과가 더 나아질 것이다.

끝으로, 적극적인 관여 수준이 성과와 관련된다면, 관여를 증진시키는 방략을 통해 치료 성과가 더 개선될 수 있다. CBT에서의 아동 혹은 청소년 관여를 최적화함으로써 치료 반응률이 개선될 수 있다. 그런 접근은 새로운 치료 요소를 프로토콜에 첨가함으로써 치료 효과성을 최적화하려는 노력을 보완할 것이다.

그렇다면 CBT에서 치료 관여와 치료 성과 사이의 관련 증거는 무엇인가? 아직까지는 그 증거가 빈약한 상태다(Karver et al., 2006). 초기 연구에서 브래스웰, 켄달, 브레이스, 캐리와 바이(Braswell, Kendall, Braith, Carey, & Vye, 1985)는 교실 내에서 파괴적인 행동을 보이는 아동 대상의 CBT 회기 동안 아동의 언어 행동(예를 들어, 자기 개방, 과제와 상관없는 말)을 기록했다. 관여의 측정은 이러한 언어의 기록을 통해 이루어졌다. 요약하자면, 적극적이고 긍정적인 관여의 언어적 지표는 교사가 평정한 교실 내 행동의 개선과 관련이 있었으며, 이는 관여-성과 관련성의 초기 증거를 제공하는 것이다.

더 최근에, 추와 켄달(Chu & Kendall, 2004)은 불안한 아동 대상의 CBT에서 아동의 관여 및 치료 성과 사이의 관련성을 평가했다. 아동의 관여 수준은 치료 회기 동안 매 10분 단위의 평정에 기초되었다. 평정자는 긍정적 관여의 지표로서 '과제에 대한 열중', '자기 개방', '언어 표현의 시작', 그리고 '언어적 정교화'로 기록되었다. 부정적 관여는 '철회 혹은 수동성을 지닌 아동', '억제되었거나 회피적인 아동' 등으로 기록되었다. 아동 관여 평정 척도는 적절한 수준에서 훌륭한 신뢰도 수준을 보여 주었다. 치료 중반에 측정된 아동 관여의 수준은 내담자의 초기 관여 수준을 통제한 후에도 긍정적인 치료 성과를 예측했다. 초기의 관여는 성과를 예측하지 못했지만, 치료 초기에서 중기 사이에 관여 수준의 상당한 변화는 진단적 개선의 좋은 예언변인이었다. 흥미롭게도, 대부분의 아이는 치료 과정 동안 관여의 부정적인 변화를 보여 주었다. 부정적인 변화 폭이 큰 아이들은 그들의 불안 진단이 지속될 가능성이 훨씬 더 높았다. 이 결과들은 아동 관여의 유지가 특히 중요하다는 것을 시사한다. 추와 켄달(2004, p. 827)의 관찰에서처럼, "점점 철회되고 회피하며, 감소된 참여 수준은 아동을 다시 재관여하도록 만드는 방략이 필요하다고 치료자에게 신호를 주는 것이다." 비록 이 결과로부터 인과성이 확인될 수 없지만, 전향적인 연관성은 적극적인 참여가 CBT 성공에 핵심이라는 가정과 일치한다.

앞서 말한 결과의 연장선상에서, 카버와 동료들(Karver et al., 2008)은 자살 청소년 대상의 작지만 통제된 실험에서 문제해결 훈련에서의 협력성으로 측정된 아동의 관여와 우울 증상의 변화 사이의 관련성을 보고했다.

이 연구의 고유한 특징은 특정 치료 과제에 대한 청소년의 반응(즉, 대인관계 문제에서 대안적인 해결책을 창출하는)으로 관여를 측정했다는 점이다. 비록 관계의 크기가 꽤 컸지만(r=.56), 작은 CBT 표본(11명)에서는 그 효과가 신뢰할 만하지 않았다. 흥미롭게도, 이 연구의 비교 조건이었던 지지치료에서의 관여 수준은 우울 증상의 변화와 관련이 없었다. 그러한 패턴은 관여 자체가 아니라 핵심 치료 요소에 대한 적극적인 관여가 성과에 기여함을 시사한다.

어느 정도 관심을 유발했던 치료 관여의 한 가지 측면은 과제 완수다. 회기 간 과제 할당은 CBT의 핵심 특징이며, 과제 완수가 중요한 치료 관여의 지표다. 일반적으로, 성인 치료 문헌에서의 결과는 비록 결과들이 장애에 따라 서로 달라지기는 했지만 과제 완수와 치료 성과 사이의 정적 관련성을 보여 주었다(Kazantzis, Deane, & Ronan, 2000의 메타분석을 보라). 아동 및 청소년 내담자 대상의 연구는 놀라울 정도로 적다. 청소년 우울의 치료에 대해, 단지 두 개의 출판된 연구에서 성과의 예언변인으로서 과제 완수를 조사했다. 클라크와 동료들(Clarke et al., 1992)에 따르면, 첫째, 집단 CBT 치료에 포함된 37명의 우울한 청소년 표본에서 비록 올바른 방향으로 작은 상관 정도가 발견되긴 했지만(r=–.16), 과제 충실성 수준 및 임상적 성과 사이에 유의미한 관련성이 발견되지 않았다. 게이너, 로렌스와 넬슨-그레이(Gaynor, Lawrence, & Nelson-Gray, 2006)가 수행한 두 번째 연구에서는 성인 문헌에서의 관련성에 더 부합되는 수준으로 과제 충실성 및 성과 사이의 상관을 발견했지만(–.22에서 –.48의 상관계수), 단지 8명의 피험자로부터 나온 자료이기 때문에 검증력이 매우 부족했다.

휴즈와 켄달(Hughes & Kendall, 2007)은 9~13세의 불안한 아동 대상 CBT에서 과제 순응도 및 치료 성과 사이의 관계를 조사했다. 치료자들은 치료 경과 동안 매번 과제 순응도를 평정했으며, 순응도의 평균 수준이 계산되었다. 결과는 치료 이후 및 추적 평가 동안 과제 완수 및 긍정적인 성과 사이의 유의미한 관련성이 있는 것으로 지지받지 못했다. 즉, 작은 표본의 과제 완수 및 성과 사이의 관계 연구만이 효과적인 아동 CBT를 위한 과제의 중요성을 입증했다. 회기 내 과제 완수를 포함하여 회기 안에서의 관여가 치료 회기 간 참여의 중요성을 무효로 만들었을 가능성이 있다. 이러한 결과를 입증하기 위해 과제가 있거나 없는 CBT에 무선 할당하는 실험이 만들어질 필요가 있다. 종합하면, 초기 결과는 회기 내 관여가 치료 성과와 관련이 있다고 제안한다. 치료에 적극적으로 관여하는 아동 및 청소년들은 그렇지 않은 청소년들에 비해 더 나은 성과를 보여 준다. 비록 세 연구만이 관찰 척도로 이 관계를 입증했지만, 결과가 많은 장애에서 일관된다는 점은 가치가 높다. 대조적으로, 기존의 연구들은 여전히 아동의 과제 완수와 치료 이득 사이의 분명한 관계를 확인 중에 있다. CBT 이론과 실제 두 과정의 핵심적인 역할에 따라 추가적인 연구가 필요하다.

3) CBT에서 치료자는 아동 및 청소년의 관여를 어떻게 촉진시킬 수 있나

비록 능동적인 내담자 관여가 CBT의 핵심적인 치료 원칙이지만, 아동 및 청소년의 관여를 촉진시키는 치료자의 행동이나 행위에 직접적으로 관심을 가진 경우는 상대적으로 드물다. 치료 매뉴얼에서는 전형적으로 라포 형성 및 긍정적인 작업 관계의 중요성을 강조하면서도, 어떻게 그렇게 할 수 있는지에 대한 명확한 길잡이를 제공하지는 않는다. 유사하게, 아동 및 청소년과의 계약 과정에 대한 연구처럼 경험적 문헌들도 아직 발달이 지체되어 있다. 다시 한 번, 아동은 자기 참조의 부재로 인해 치료에 참여하는 것을 망설이며, 치료에 적극적으로 참여할 것이라고 가정하기 어렵다. 아직 계약이라는 CBT의 중요한 특성이 효과성과 관련하여 평가되는 특정한 개입 방략으로 간주되지 않고, 오히려 비특정적인 (애매한) 과정으로 일축되는 것 같다.

운 좋게도, 아동 및 청소년 CBT에서 계약 문제와 관련된 많은 연구가 나타나기 시작했다. 크리드와 켄달(Creed & Kendall, 2005)은 불안한 아동들을 대상으로 한

CBT의 첫 3회기 동안 동맹 형성을 촉진하거나 방해할 것으로 가정된 치료자의 행동 세트를 검증했다. 아동 및 치료자 보고를 통해 3회기 및 7회기의 동맹을 평가했다. 3회기에서 아동의 동맹 평정은 팀 노력으로 치료를 표현하고, '우리'나 '~하자'는 말로 연대감을 형성하며, 아동이 치료 목표를 설정하도록 돕는 치료자의 협력 방략과 정적인 상관이 있었다. 불안에 관해 '아이에게 말하도록 강요하는 것'과 "나도 그래!"라고 말하는 것처럼 '공통분모를 강조하는 것'은 아동과의 더 약한 동맹을 예측했다. 7회기에서, 불안에 대해 '아이에게 말하도록 강요하는 것'은 여전히 열악한 동맹을 예측했다. 치료자가 보고한 동맹에 대해, 치료자 행동 중 어떤 것도 3회기의 동맹 점수를 예측하지 못했지만, 협력적인 방략은 7회기의 더 나은 동맹을 예측했고, '과도하게 형식적인' 상태, 즉 아동에게 꽤 교훈적이며, 훈계조로 거만한 모습을 보이는 것은 더 약한 수준의 동맹을 예측했다. 농담, 희망과 격려의 제시, 그리고 일반적인 대화를 하는 것과 같은 치료자의 행동은 아동이나 치료자의 동맹 보고를 예측하지 못했다.

이 연구의 결과는 치료자의 행동과 결과적인 치료 동맹 수준 사이의 관계를 보여 준다. 두 가지 발견이 특히 중요하다. 아이와 함께 치료 목표를 설정하는 것을 포함하여, 치료자의 협력 행동은 아동과의 동맹 형성에 중요할 것이다. 비록 대부분의 CBT 매뉴얼이 치료 목표에 대한 몇몇 논의를 포함하기는 하지만, 목표에 대한 아동의 관점을 이끌어 내고, 전체 치료 계획에 아동의 목표를 포함하는 것이 특히 중요하다. 이 발견은 참여와 동기에 대한 자기 창출 진술이 충실성의 더 나은 예언변인임을 시사하는 결과(Nock & Kazdin, 2001)와 일치한다. 이 논제는 치료 목표에 대한 합의가 거의 이루어지지 않고(Hawley & Weisz, 1995), 바람직한 성과와 거리가 먼(Weisz, Donenberg, Han, & Kauneckis, 1995) 일상적 치료 맥락에서 고려될 때 특히 중요한 것 같다.

물론 상관관계의 증거 특성상, 더 쉽게 동맹을 맺는 아동들이 치료자의 협력적 행동을 유도해 낼 수도 있다. 흥미롭게도, 치료 전 특성은 이 표본에서 동맹 평정을 예측하지 못했다. 불안에 관해 이야기할 준비가 되어 있지 않은 아동을 몰아붙이는 것은 동맹의 부적 예언변인이며, 추후에 고려해야 할 가치가 있다. 놀이치료와 달리, CBT는 적극적이고 문제에 초점을 맞춘 치료법으로서 불안이나 우울과 같은 특정 문제들 주변에서 계속 머무른다. 특히 '강요하는 것'과 동맹 사이의 부적 관계에 대한 발견은 CBT에서 문제 회피를 변명하는 데 사용되어서는 안 된다. '강요하는 것'이 아동이 흥미를 느끼거나 편안해하는 수준 이상으로 불안에 대해 계속 질문하는 것을 의미한다는 점에 주목할 필요가 있다(Creek & Kendall, 2005). 또한 결과들은 치료자가 불안을 위한 CBT를 수행하는 속도에서 유연할 필요가 있으며, 정해진 활동 스케줄에 엄격하게 따르지 말 것을 제안한다.

최근에 추와 켄달(2009)은 아동 불안장애를 위한 CBT에서 관여를 촉진하기 위한 방략으로 치료자 융통성을 평가했다. 융통성은 치료 엄수의 한계 내에서 발생하는 치료 적응의 유형으로 개념화된다. 즉, 융통성은 특정 내담자의 욕구에 맞추도록 적응하는 동시에, 특정 치료 요소의 수행을 요구한다. 즉, 융통성은 매뉴얼에 기초한 개인치료의 한 방식이다. 추와 켄달은 융통성이 내담자의 욕구에 대한 치료자의 반응성 형태로 나타나며, CBT에서 내담자의 관여를 증진하는 것과 관련되어야 한다고 가정했다. 실제로, 치료자 융통성은 치료 전 과정에 아동의 관여가 증가하는 것과 유의미하게 관계가 있었으며, 이후의 관여는 진단적 개선 및 증상 감소를 예측했다. 또한 기초적인 기술 자료는 융통성이 특히 치료 초기에 유리되어 있는 어린 아동에게 중요했지만, 통계적으로는 이 패턴의 신뢰도를 지지하는 데 실패했다고 보고했다. 일반적으로, 이 결과들은 아동의 관여를 촉진하는 데 있어서 치료 요소의 유연한 적용이 프로토콜을 엄격하게 따르는 것보다 더 낫다는 생각과 일치한다. 그러한 발견은 치료자가 매뉴얼에 의한 치료의 기본 요소에 더 친숙해야 그것들을 내담자의 욕구에 맞춰 수정할 수 있다고 제안한다.

셔크와 동료들은 우울증을 위한 CBT에서 청소년의

치료 계약에 대한 일련의 연구를 출판했다. 첫 번째 연구에서, 카버, 셔크와 동료들(Karver, Shirk, et al., 2008)은 동맹 형성에 대한 치료 매뉴얼, 임상적 논문, 그리고 저서의 검토를 통해 도출된 치료자 계약 방략의 세트를 평가했다. 동맹 형성 행동의 세 가지 군집이 확인되었다. 즉, 목표 설정에 초점을 맞추고 내담자의 변화 동기를 준비시키는 동기적 방략, 치료에서의 규칙과 과제를 분명하게 하는 데 초점을 맞춘 사회적 방략, 그리고 내담자의 경험을 도출하고 지지를 제공하는 데 초점을 맞춘 실험적 방략이다. 추가적으로, 치료자가 내담자의 정서를 알아채는 것의 실패, 내담자의 진술에 대한 치료자의 몰이해, 그리고 치료자의 비판과 같은 동맹을 방해하는 행동(치료자의 과실)이 조사되었다.

자살을 시도했던 작은 표본의 청소년들이 문제해결에 초점을 맞춘 CBT나 비지시적인 지지치료를 받은 결과, 치료자의 과실이 두 조건 모두에서 결과적인 동맹의 가장 명백한 예언변인이었다. 실제로, 과실은 3회기에서 관찰된 동맹의 변량 중 41%를 설명했다. 이러한 발견은 치료자 반응성의 과실이 청소년과의 동맹 형성을 깨뜨릴 수 있음을 시사한다. 흥미롭게도, 결과는 치료자의 지지 행동이 비교 조건에서는 아니었지만, CBT 조건에서 동맹에 대한 청소년의 보고와 강하게 관련이 있음을 보여 주었다. 종합해 보면, 이 결과들은 CBT에서의 동맹 형성이 치료자가 매뉴얼에 기초한 절차 및 관계를 증진시키는 정동적인 특성 모두에 관심을 기울여야 한다는 것을 시사한다.

두 번째 연구에서, 러셀, 셔크와 융블루스(Russell, Shirk, & Jungbluth, 2008)는 청소년 우울을 위한 학교 기반 CBT 시행에서 동일한 계약 방략 세트를 검증했다. 치료자 계약 행동은 첫 번째 회기 전체에 걸쳐 평정되었고, 3회기의 동맹에 대한 치료자 및 청소년 보고 모두와 관계가 있었다. 치료 과정의 시간적 역동을 확인하기 위해, 시간에 걸친 치료자 행동의 공변량이 P기법을 통해 요인 분석되었다. 이 분석들은 경험적 사회화, 치료자 반응성, 치료자 과실 그리고 재설명(remoralization)이라는 이름의 네 가지 요인을 밝혀냈다. '경험적 사회화' 요인은 내담자가 구조화된 규칙 및 치료 과정의 발달 안에서 사회화되는 것과 내담자의 객관적이고 주관적인 삶의 상황을 탐색하는 것 사이에 시간 경과에 따라 변화하는 참여 구조를 말한다. '치료자 반응성'이라 명명되는 두 번째 요인은 치료자가 지지와 관점을 제공하는 참여 구조를 말하는데, 주관적으로 강렬한 경험을 처리하는 청소년의 재치 있는 유머와 인지적 재구성을 통해 획득된다. 세 번째 요인은 '치료자 과실'로 명명되는데, 이는 몰이해, 비판, 표현된 정서의 인식 실패 등에 정적으로 높게 부하된 요인이기 때문이다. 이 요인은 동맹 형성을 방해하거나 깨뜨리며, 청소년에 대한 이해와 긍정에서의 치료자 과실로 특징지어지는 참여 구조를 의미한다. 마지막 요인은 긍정적인 기대를 설정하고, 청소년의 기대를 탐색하며, 청소년을 칭찬하고, 비관론에 도전하는 것에 정적 부하를 보였기 때문에, '재설명'이라고 명명된다. 이 요인은 내담자의 비관론에 도전하여 최소화하고 변화에 대한 동기를 유발하여 확증시킬 것이라는 치료 성과의 낙관론이 핵심인 참여의 구조를 의미한다. 이러한 네 요인이 치료자 계약 행동의 약 52%의 변량을 설명했다.

이 연구의 독특한 특징은 전체 행동 빈도가 아니라 치료자 행동의 시간적 패턴을 통해 결과적인 동맹의 예측을 했던 것이다. 결과들은 계약 행동의 변화 패턴이 치료자 행동의 총합 수준보다 동맹을 더 잘 예측했음을 시사한다. 특히 경험적 사회화, 치료자 반응성 그리고 재설명의 신뢰할 만한 패턴은 3회기에서 치료자 및 청소년이 평정한 동맹 수준과 관련이 있었다. 시간적 패턴의 측면에서, 회기의 처음 10분이 지난 후에 청소년에 대한 반응과 재설명에 꾸준히 초점을 증진시킨 치료자는 회기 후반부에 증가 비율이 떨어지긴 했지만, 2회기 이후에 그들의 청소년 내담자들과의 더 긍정적인 동맹을 보고했다. 이러한 결과는 긍정적인 동맹이 첫 번째 회기에서 치료자의 초점을 변화시키는 것과 관련이 있음을 시사한다. 청소년을 치료에 처음으로 사회화한 이후에, 더 긍정적인 동맹을 보고한 치료자는 그들의 관심을 청소년의 걱정에 반응하는 식으로 바꿨으며, 변화에 대한 희망을 제시했다. 청소년의 보고에 따르면, 경험적 사회화는 결과적인 동맹을 예측하는 경향이 있었다. 긍정적인 동맹은 경험적 사회화의 U자형 패턴과 관련이 있었다. 치료자가 첫 회기의 시작 및 마지막에서 더 높은 수준의 구조화 및 사회화를 제공하고, 회기의 중간 부분에서 더 낮은 수준으로 관여한 것이 청소년이 보고한 더 긍정적인 동맹을 촉진하는 것 같다. 종합하자면, 이 연구의 결과는 치료 과정의 두 가지 특성을 강조한다. 과정은 시간 흐름에 따라 일어나며, 복잡하게 결합한다. 비록 이 연구에서 얻어진 패턴이 반복 검증을 요구하지만, 결과는 치료자 행위가 단독으로만 발생하기 어려우며, 회기 경과에 걸친 행위의 시간적 순서가 결과적인 내담자 반응에서의 차이를 야기할 수 있다.

이 개관에서 밝혀냈듯이, 계약에 대한 연구는 대개 동맹이나 관여에 대한 치료자의 기여에만 배타적으로 초점을 맞췄지 내담자의 기여에 대해서는 단지 제한된 수준으로만 참작했을 뿐이었다. 세 번째 연구에서, 융블루스와 셔크(Jungbluth & Shirk, 2009)는 청소년 우울증을 위한 CBT에서 치료 관여에 대한 치료자와 내담자 모두의 기여를 조사했다. 연구자들이 관찰했을 때, 몇몇 청소년은 참여할 마음의 준비 상태로 치료에 들어온 반면, 다른 청소년들은 더 망설이거나 저항했다. 내담자의 기여가 고려되지 않는 이상, 관여나 동맹에서의 변량은 치료자의 행동으로 잘못 귀인될 것이다. 결과적인 관여에 대한 청소년의 기여를 평가하기 위해, 융블루스와 셔크는 첫 번째 회기 시작 시점에서 청소년의 초기 망설임/저항을 기록했다. 치료자 계약 행동은 회기의 나머지 부분에서 확인되었으며, 인지 과제에서 청소년의 관여 수준은 자동적 사고를 감찰함으로써 2회기에서 평가되었다.

임상적 관찰과 일치하여, 결과는 청소년들의 초기 준비성 대 저항 수준이 다양함을 보여 주었다. 중요하게도, 초기 망설임/저항 수준은 결과적인 치료 관여의 중요한 예언변인이었다. 초기 저항을 통제한 이후에, 세 가지 치료자 행동 세트(청소년의 동기를 탐색하는 것, 청소년의 경험에 관심을 두는 것, 그리고 덜 구조화하는 것)는 인지 과제에서 결과적인 관여와 관련이 있었다. 전반적인 패턴은 치료자가 심리교육적이거나 훈계하는 모습을 덜 보이고 소크라테스식 문답법에 맞도록 청소년의 언어적 관여 수준을 증진시키는 모습을 보이는 것이 이후 회기들에서 청소년의 관여를 도출할 가능성이 더 높았다. 융블루스와 셔크가 관찰한 것처럼, 청소년의 경험과 동기 그리고 관점을 이끌어 내는 데 시간을 들인 치료자는 이후의 개방 및 언어적 관여를 위한 '단계를 설정하는' 것처럼 보인다. 구조화 수준이 더 낮을수록 더 많은 청소년 경험을 이끌어 낼 수 있으며, 더 많은 지지 준비를 할 수 있다. 즉, 구조화가 덜 된 것은 치료자가 무능하다는 것을 의미하는 것이 아니라 치료자가 청소년의 주관적인 경험과 삶의 맥락에 초점을 맞추는 특별한 형태인 것 같다. 이러한 결과는 치료자의 반응성이 이후의 긍정적인 동맹과 관련된다는 이전 발견(Russell et al., 2008)과 일치하는 것 같다. 하지만 카버와 동료들(2008)이 얻은 결과와 달리 치료자 과실은 이후의 관여와 관련이 없었는데, 이는 부분적으로 이 표본에서의 낮은 과실 빈도 때문인 듯 보인다.

이러한 발견들은 CBT의 계약에 대한 연구가 점차 확산되는 패턴을 보인다는 점에서 흥미롭다. 연구들에 걸쳐, 낮은 구조화와 더 높은 융통성 수준이 치료자의 반응성과 결부되어 긍정적인 동맹 및 관여와 관련되는 것 같다. 이러한 패턴은 치료 충실성에 대한 공격으로 해석되어서는 안 된다. 실제로, 이 패턴은 높은 충실도 수준이 관찰된 치료에서 발견된다. 즉, 그 패턴은 매뉴얼을 기반으로 한 프로토콜의 유능한 수행을 반영하는 것 같다. CBT 치료자의 관여는 CBT 치료 요소를 적용할 때 내담자의 독특한 표현에 관심을 지속하고 반응하도록 요구되는 상황을 처리할 때 나타난다. 이러한 능력은 CBT 절차의 친숙성이 높을 때 나타나며, 내담자의 경험을 진행 중인 치료 절차에 유연하게 통합하는 것처럼 임상 과정의 또 다른 측면에 관심을 둘 수 있도록 이끈다. 만일 융통성과 반응성이 특정한 CBT 프로토콜에 대한 경험과의 함수로 결정된다면, 많은 지도감독 경험이 꽤 자동적인 방식의 절차 지식처럼 치료 계약을 증진시킬 것이다. 대안적으로, 계약은 긍정적인 동맹 및 능동적인 관여와 관련된 명백한 지시 방략을 통해 향상될 것이다. 이러한 초기 연구들에서 얻어진 결과가 다른 장애를 지닌 아이들 및 다른 연령대에서도 확인되는지를 알아보기 위해 추가 연구가 확실히 필요하다.

3. 결 론

아동 CBT의 과정 문헌들의 개관을 통해 연구 흐름이 명백하게 밝혀졌다. 첫째, CBT의 치료 요소 및 치료 과정에 대한 연구가 지난 10년간 성장해 왔다. 이전의 개관(Shirk & Karver, 2006)에서, 특정 주제들에 관한 결과를 모을 수 없을 정도로 출판된 논문의 수가 적었다. 최근 개관에 기초하여, 현재는 특정 치료 요소(예를 들어, 부모 관여) 및 특정 과정(예를 들어, 동맹)의 기여도를 검증할 만큼 충분한 양의 연구들이 있다.

우리의 개관은 효과가 있는 핵심 치료와 비교하여 특정 치료 요소가 추가되었을 때의 긍정적인 효과를 입증하는 것이 어렵다는 것을 보여 준다. 대개 많은 사례 대상의 연구에서 이러한 비교를 통해 상대적으로 적은 효과가 나타나면 검증력이 부족한 것을 의미한다. 이 개관에서 제기한 대부분의 의문점에 대해 혼란된 결과를 보여 준 것은 그리 놀랍지 않다. 현재의 치료 요소 연구들을 통해, 장애 및 발달 수준에 걸친 결과의 총합에서 잠재적으로 효과적인 요소가 포함되었는지 여부가 아직 불분명하다. 이러한 가능성의 관점에서, 비록 전반적인 증거들이 혼합되었다 할지라도 유망한 결과를 보여 준 치료 요소들에 대해 주목해야 한다. 이런 문헌들의 메타분석 연구를 통해 더 명확한 결론을 내릴 수 있다.

거의 모든 치료 요소 연구들은 분해 전략보다는 추가 전략을 사용했다. 이 패턴은 이전에 평가된 치료법에 새로운 치료 요소를 추가함으로써 효율성을 '증가시키고자 하는' 연구자들의 욕구를 확실히 반영하는 것 같다. 그럼에도 불구하고 기존의 연구들은 추가 방략이 일관되게 향상된 치료 성과를 보여 준다는 분명한 증거를 제공하고 있다. 이러한 발견의 관점에서, 분해 연구의 부족은 치료 증진에 관한 다른 가정을 반영할 수 있다는 점에서 의미가 있다. 새로운 치료 요소를 추가함으로써 첨가 효과를 시도하는 추가 전략과 달리, 분해 전략은 복잡한 치료에서 핵심 요소를 분리하려고 시도한다. 즉, 가정은 치료 복잡성을 늘리지 않으면서도 핵심적인 요소의 수행에 초점을 맞추는 것으로 치료가 개선될 수 있다는 것이다. 치료 기간을 고정시키면서, 내담자에게 핵심적인 치료 요소를 더 많이 제공하는 대신 덜 핵심적인 요소들이 제거되거나 압축된다. 연구 시험 안에서 시행된 치료와 임상 현장에서 일상적으로 시행되는 치료법의 초기 비교(Weisz, Donenberg, Han, & Kauneckis, 1995)는 이러한 서로 다른 치료가 관심을 갖는 범위가 서로 다름을 보여 주었는데, 연구의 치료는 임상에 기초한 치료보다 그 범위가 좁았다. 물론 초점을 더 좁게 잡을수록 더 나은 효과와 연관된다. 다양한 치료 요소로 구성된 복합 치료의 핵심 요소를 확인하기 위한 분해 연구는 특히 서비스 클리닉에서의 CBT 보급과 관련된다. 공공 부분에서 치료자 훈련에서의 상당한 제한과 지속적인 지도감독으로, 제한된 치료 요소의 수를 지닌 간소화된 치료법이 임상가에게 대체로 수용될 것이며, 내담자에게 많은 이득을 줄 것이다.

우리의 개관은 아동 · 청소년 CBT의 과정과 관련된 관심이 증가하였음을 알려 주었다. 확산된 증거는 동맹이 아동 CBT의 치료 성과에 대한 예언변인이며, 동맹과 내담자 관여가 회기 내의 특정 치료자 행동과 관련되어 있음을 보여 준다. 이러한 발견들은 동맹이 치료자의 온화함과 내담자의 신뢰가 섞인 '수프' 상태로 불가사의하게 확산되는 '애매모호한' 요인이 아니라, 특정한 치료자 행동을 통해 뒤따르는 측정 가능한 과정임을 시사한다. 과정 연구의 주요 목적이 성과를 증진시키는 것이라는 개념을 유지하면서, 치료 관여를 증진하고 동맹을 촉진하는 방략을 사용하도록 치료자를 훈련함으로써 치료 성과가 향상될 것이다.

또한 이 개관에서 놓친 것들을 고려하는 것이 중요하다. 치료 요소 분석 연구의 성장세에도 불구하고, 수많은 중요 영역들에 대한 관심이 요망된다. 예를 들어, 청소년 표본에 초점을 맞춘 연구들은 상대적으로 적다. 청소년이 더 어린 아동들과 중요한 방식(특히 부모가 치료에 포함되었는지, 만일 그렇다면 어떤 방식인지에 관심을 갖는 것)에서 다르기 때문에, 이것은 중요한 간격이다. 제한된 관심을 받은 두 번째 영역은 기분장애의 치료법이다. 이것은 아동·청소년 우울증에 대한 수많은 CBT 변형이 있다는 점에서 특히 놀랍다. 무시되어 왔던 주요 영역들은 절차 수준에서 과정 연구와 관계가 있다. 치료 요소는 꽤 구조화되거나 교육적인 방식에서 개인의 기호와 경험에 주로 초점을 맞춘 접근까지 매우 다양한 방식으로 시행될 수 있다. 기술 습득을 위한 모델링과 역할 연기 및 인지 재구성과 같은 특정한 회기 내 절차의 영향력에 대한 연구가 학습이론에 기초하여 성과를 증진시킬 수 있는 연습과 관련된 정보를 이끌어낼 가능성이 높지만, 아직 너무 적은 연구가 이 수준에서 과정을 검증한다.

우리의 개관은 약물치료 단독이나 CBT와의 결합에 대한 연구는 포함하지 않았다. 약물치료와 CBT가 어떻게 상호작용해서 성과를 증진시키는지와 관련된 중요한 이슈들은 과정 연구자들에게 마땅히 관심을 받을 만하다. 끝으로, 우리 개관은 자기 진술의 변화나 대처 방략, 혹은 부모 행동과 같은 병리의 원인 기제보다는 치료 과정에 초점을 뒀다. 예를 들어, 켄달과 트레드웰(Kendall & Treadwell, 2007)은 자기 진술의 변화가 불안한 아동들에서 치료 성과 관계를 매개한다는 결과를 제시했다. 유사하게, 카우프먼과 동료들(Kaufman et al., 2005)은 인지 왜곡의 변화가 청소년 우울의 치료에서 성과를 부분적으로 매개한다는 것을 입증했다. 치료 작업이 어떻게 이루어지는지에 대한 우리의 이해를 증진시키는 과정 연구의 선상에서, 아직 아주 적은 수의 연구만이 치료 과정과 발병 기제와의 연결성을 검증했다.

요약하자면, CBT 치료 요소 및 과정에 대한 연구는 성장세가 계속되고 있다. 아직 제한된 수의 연구만이 CBT를 최대한 효과적으로 만드는 과정과 절차를 확인하기 위해 기존의 치료들 안을 살펴보는 중이다. 핵심적인 변화 과정을 확인하려는 노력은 성과를 최적화하는 최선의 방법을 찾아내고, 아동 및 청소년 대상 CBT의 이점을 증진시킬 것이다.

참고문헌

Azrin, N. H., Donohue, B., Teichner, G. A., Crum, T., Howell, J., & DeCato, L. H. (2001). A controlled evaluation and description of individual-cognitive problem solving and family-behavior therapies in dually diagnosed conduct-disordered and substance-dependent youth. *Journal of Child and Adolescent Substance Abuse, 11,* 1-43.

Bandura, A. (1969). *Principles of behavior modification.* Oxford, UK: Holt, Rinehart & Winston.

Barkley, R., Edwards, G., Laneri, M., Fletcher, K., & Metevia, L. (2001). The efficacy of problem-solving communication training alone, behavior management training alone, and their combination for parent-adolescent conflict in teenagers with ADHD and ODD. *Journal of Consulting and Clinical Psychology, 69,* 926-941.

Barkley, R., Shelton, T., Crosswait, C., Moorehouse, M., Fletcher, K., Barrett, S., et al. (2000). Multimethod psycho-educational intervention for preschool children with disruptive behavior: Preliminary results at post-treatment. *Journal of Child Psychology and Psychiatry, 41,* 319-332.

Barmish, A., & Kendall, P. (2005). Should parents be co-clients in cognitive-behavioral therapy for anxious youth? *Journal of Clinical Child and Adolescent Psychology, 34,* 569-581.

Barrett, P. (1998). Evaluation of cognitive-behavioral group treatments for childhood anxiety disorders. *Journal of Clinical Child Psychology, 27,* 459-468.

Barrett, P. M., Dadds, M. R., & Rapee, R. M. (1996). Family treatment of childhood anxiety: A controlled trial. *Journal of Consulting and Clinical Psychology, 64,* 333-342.

Beck, A. (1976). *Cognitive therapyand the emotional disorders.* New York: International Universities Press.

Braswell, L., Kendall, P., Braith, J., Carey, M., & Vye, C. (1985). "Involvement" in cognitive-behavioral therapy with children: Process and its relationship with outcome. *Cognitive Therapy and Research, 9,* 611-630.

Brookman-Frazee, L., Haine, R., Gabayan, E., & Garland, A. (2008). Predicting frequency of treatment visits in community-based youth psychotherapy. *Psychological Services, 5*(2), 126-138.

Chacko, A., Wymbs, B., Wymbs, F., Swanger-Gagne, M., Pirvics, L., Guzzo, J., et al. (2009). Enhancing traditional behavioral parent training for single mothers of children with ADHD. *Journal of Clinical Child and Adolescent Psychology, 38,* 206-218.

Chronis, A., Gamble, S., Roberts, J., & Pelham, W. (2006). Cognitive-behavioral depression treatment for mothers of children with attention-deficit/hyperactivity disorder. *Behavior Therapy, 37,* 143-158.

Chu, B., & Kendall, P. (2004). Positive association of child involvement and treatment Outcome within a manual-based cognitive-behavioral treatment for children with anxiety. *Journal of Consulting and Clinical Psychology, 72,* 821-829.

Chu, B., & Kendall, P. (2009). Therapist responsiveness to child engagement: Flexibility Within manual guided CBT for anxious children. *Journal of Clinical Psychology, 65,* 736-754.

Clarke, G., Hops, H., Lewinsohn, P., Andrews, J., Seeley, J., & Williams, J. (1992). Cognitive-behavioral group treatment of adolescent depression: Prediction of outcome. *Behavior Therapy, 23,* 341-354.

Cobham, V. E., Dadds, M. R., & Spence, S. H. (1998). The role of parental anxiety in the treatment of childhood anxiety. *Journal of Consulting and Clinical Psychology, 66,* 893-905.

Creed, T., & Kendall, P. (2005). Therapist alliance building behavior within a cognitive behavioral treatment for anxiety in youth. *Journal of Consulting and Clinical Psychology, 73,* 498-505.

Creswell, C., Willetts, L., Murray, L., Singhal, M., & Cooper, P. (2008). Treatment of child anxiety: An exploratory study of the role of maternal anxiety and behaviours in treatment outcome. *Clinical Psychology and Psychotherapy, 15,* 38-44.

Crits-Christoph, P., Connolly Gibbons, M., Crits-Christoph, K., Narducci, J., Schamberger, M., & Gallop, R. (2006). Can therapists be trained to improve their alliances?: A preliminary study of alliance-fostering psychotherapy. *Psychotherapy Research, 16*(3), 268-281.

Cromley, J., & Levigne, J. (2008). Predictors and consequences of early gains in child psychotherapy. *Psychotherapy: Theory, Research, Practice, and Training, 42,* 42-60.

Dadds, M., & McHugh, T. (1992). Social support and treatment outcome in behavioral family therapy for child conduct problems. *Journal of Consulting and Clinical Psychology, 60,* 252-259.

Deblinger, E., Lippmann, J., & Steer, R. (1996). Sexually abused children suffering posttraumatic stress symptoms: Initial treatment outcome findings. *Child Maltreatment: Journal of the American Professional Society on the Abuse of Children, 1,* 310-321.

Deblinger, E., Steer, R. A., & Lippmann, J. (1999). Two-year follow-up study of cognitive behavior therapy for sexually abused children suffering post-traumatic stress symptoms. *Child Abuse and Neglect, 23,* 1371-1378.

Diamond, G., Liddle, H., Wintersteen, M., Dennis, M., Godley, S., & Tims, F. (2006). Early therapeutic alliance as a predictor of treatment outcome for adolescent cannabis users in outpatient treatment. *American Journal on Addictions, 15*(Suppl. 1), 26-33.

Drugli, M., & Larsson, B. (2006). Children aged 4-8 years treated with parent training and child therapy because of conduct problems: Generalisation effects to day-care and school settings. *European Child and Adolescent Psychiatry, 15,* 392-399.

Drugli, M., Larsson, B., & Clifford, G. (2007). Changes in social competence in young children treated because of conduct problems as viewed by multiple informants. *European Child and Adolescent Psychiatry, 16,* 370-378.

Durlak, J., Fuhrman, T., & Lampman, C. (1991). Effectiveness of cognitive-behavioral therapy for maladapting children: A meta-analysis. *Psychological Bulletin, 110,* 204-214.

Estrada, A., & Russell, R. (1999). The development of the Child Psychotherapy Process Scales (CPPS). *Psychotherapy Research, 9*(2), 154-166.

Fabiano, G., Chacko, A., Pelham, W., Robb, J., Walker, K., Wymbs, F., et al. (2009). A comparison of behavioral parent training programs for fathers of children with attention-deficit/hyperactivity disorder. *Behavior Therapy, 40,* 190-204.

Feeny, N., Silva, S., Reinecke, M., McNulty, S., Findling, R., Rohde, P., et al. (2009). An exploratory analysis of the impact of family functioning on treatment for depression in adolescents. *Journal of Clinical Child and Adolescent Psychology, 38,* 814-825.

Gaynor, S., Lawrence, P., & Nelson-Gray, R. (2006). Measuring homework compliance in cognitive-behavioral therapy for adolescent depression: Review, preliminary findings, and implications for theory and practice. *Behavior Modification, 30,* 647-672.

Gaynor, S., Weersing, R., Kolko, D., Birmaher, B., Heo, J., & Brent, D. (2003). The prevalence and impact of sudden large improvements during adolescent therapy for depression: A comparison across cognitive-behavioral, family, and supportive therapy. *Journal of Consulting and Clinical Psychology, 71,* 386-393.

Grizenko, N., Zappitelli, M., Langevin, J., Hrychko, S., El-Messidi, A., Kaminester, D., et al. (2000). Effectiveness of a social skills training program using self/other perspective-taking: A nine-month follow-up. *American Journal of Orthopsychiatry, 70,* 501-509.

Hawley, K., & Weisz, J. (2003). Child, parent, and therapist (dis)agreement on target problems in outpatient therapy: The therapist dilemma and its implications. *Journal of Consulting and Clinical Psychology, 71,* 62-70.

Hawley, K., & Weisz, J. (2005). Youth versus parent working alliance in usual clinical care: Distinctive associations with retention, satisfaction, and treatment outcome. *Journal of Clinical Child and Adolescent Psychology, 34,* 117-128.

Heyne, D., King, N. J., Tonge, B. J., Rollings, S., Young, D., Pritchard, M., & Ollendick, T. H. (2002). Evaluation of child therapy and caregiver training in the treatment of school refusal. *Journal of the American Academy of Child and Adolescent Psychiatry, 41*(6), 687-695.

Hogue, A., Dauber, S., Stambaugh, L., Cecero, J., & Liddle, H. (2006). Early therapeutic alliance and treatment outcome in individual and family therapy for adolescent behavior problems. *Journal of Consulting and Clinical Psychology, 74*(1), 121-129.

Horn, W. F., Ialongo, N., Popovich, S., & Peradotto, D. (1987). Behavioral parent training and cognitive-behavioral self-control therapy with ADHD children: Comparative and combined effects. *Journal of Clinical Child Psychology, 16*(1), 57-68.

Horn, W. F., Ialongo, N. S., Greenberg, G., Packard, T., & Smith-Winberry, C. (1990). Additive effects of behavioral parent training and self-control therapy with ADHD children. *Journal of Clinical Child Psychology, 19,* 98-110.

Hughes, A., & Kendall, P. (2007). Prediction of cognitive behavior treatment outcome for children with anxiety disorders: Therapeutic relationship and homework compliance. *Behavioural and Cognitive Psychotherapy, 35*(4), 487-494.

Jungbluth, N., & Shirk, S. (2009). Therapist strategies for building involvement in cognitive-behavioral therapy for adolescent depression. *Journal of Consulting and Clinical Psychology, 77*(6), 1179-1184.

Karver, M., Handelsman, J., Fields, S., & Bickman, L. (2006). Meta-analysis of therapeutic relationship variables in youth and family therapy: The evidence for different relationship variables in the child and adolescent treatment outcome literature. *Clinical Psychology Review, 26*(1), 50-65.

Karver, M., Shirk, S., Handelsman, J., Fields, S., Crisp, H., Gudmundsen, G., et al. (2008). Relationship processes in youth psychotherapy: Measuring alliance, alliance-building behaviors, and client involvement. *Journal of Emotional and Behavioral Disorders, 16*(1), 15-28.

Kaufman, N., Rohde, P., Seeley, J., Clarke, G., & Stice, E. (2005). Potential mediators of cognitive-behavioral therapy for adolescents with comorbid major depression and conduct disorder. *Journal of Consulting and Clinical Psychology, 73*(1), 38-46.

Kazantzis, D., Deane, F., & Ronan, K. (2000). Homework assignments in cognitive and behavioral therapy: A meta-anxiety. *Clinical Psychology: Science and Practice, 7*(2), 189-202.

Kazdin, A., & Kendall, P. (1998). Current progress and future plans for developing effective treatments: Comments and perspectives. *Journal of Clinical Child Psychology, 27,* 217-226.

Kazdin, A., & Nock, M. (2003). Delineating mechanisms of change in child and adolescent therapy: Methodological issues and research recommendations. *Journal of Child Psychology and Psychiatry, 44,* 1116-1129.

Kazdin, A., Siegel, T., & Bass, D. (1992). Cognitive problem-solving skills training and parent management training in the treatment of antisocial behavior in children. *Journal of Consulting and Clinical Psychology, 60,* 733-747.

Kazdin, A., & Whitley, M. (2003). Treatment of parental stress to enhance therapeutic change among children referred for aggressive and antisocial behavior. *Journal of Consulting and Clinical Psychology, 71,* 504-515.

Kazdin, A., & Whitley, M. (2006). Pretreatment social relations, therapeutic alliance, and improvements in parenting practices in parent management training. *Journal of Consulting and Clinical Psychology, 74,* 346-355.

Kazdin, A. E., Bass, D., Siegel, T., & Thomas, C. (1989). Cognitive-behavioral therapy and relationship therapy in the treatment of children referred for antisocial behavior. *Journal of Consulting and Clinical Psychology, 57,* 522-535.

Kendall, P., Hedtke, K., & Aschenbrand, S. (2006). Anxiety disorders. In D. Wolff & E. Mash (Eds.), *Behavioral and emotional disorders in adolescents: Nature, assessment, and treatment* (pp. 256-299). New York: Guilford Press.

Kendall, P., Hudson, J., Gosch, E., Flannery-Schroeder, E., & Suveg, C. (2008). Cognitive-behavioral therapy for anxiety disordered youth: A randomized clinical trial evaluating child and family modalities. *Journal of Consulting and Clinical Psychology, 76,* 282-297.

Kendall, P. C. (1994). Treating anxiety disorders in youth: Results of a randomized clinical trial. *Journal of Consulting and Clinical Psychology, 61,* 235-247.

Kendall, P. C., & Braswell, L. (1982). Cognitive-behavioral self-control therapy for children: A components analysis. *Journal of Consulting and Clinical Psychology, 50,* 672-689.

Kendall, P. C., Flannery-Schroeder, E., Panichelli-Mindel, S., Southam-Gerow, M., Henin, A., & Warman, M. (1997). Therapy for youths with anxiety disorders: A second randomized trial. *Journal of Consulting and Clinical Psychology, 64,* 724-730.

Kendall, P. C., & Southam-Gerow, M. (1996). Long-term follow up of a cognitive-behavioral therapy for anxiety disordered youth. *Journal of Consulting and Clinical Psychology, 64,* 724-730.

Kendall, P., & Treadwell, K. (2007). The role of self-statements as a mediator in treatment for youth with anxiety disorders. *Journal of Consulting and Clinical Psychology, 75*(3), 380-389.

King, N. J., Tonge, B. J., Mullen, P., Myerson, N., Heyne, D., Rollings, S., et al. (2000). Treating sexually abused children with posttraumatic stress symptoms: A randomized clinical trial. *Journal of the American Academy of Child and Adolescent Psychiatry, 39,* 1347-1355.

Krishnan-Srain, S., Duhig, A., McKee, S., McMahon, T., Liss, T., McFetridge, A., et al. (2000). Contingency management for smoking cessation in adolescent smokers. *Experimental and Clinical Psychopharmacology, 14,* 306-310.

Larsson, B., Fossum, S., Clifford, G., Handegård, B., Mørch, W., & Drugli, M. (2009). Treatment of oppositional defiant and conduct problems in young Norwegian children: Results of a randomized controlled trial. *European Child and Adolescent Psychiatry, 18,* 42-52.

Levy, K., Hunt, C., & Heriot, S. (2007). Treating comorbid anxiety and aggression in children. *Journal of the American Academy of Child and Adolescent Psychiatry, 46,* 1111-1118.

Lewinsohn, P., & Clarke, G. (1999). Psychosocial treatments for adolescent depression. *Clinical Psychology Review, 19,* 329-342.

Lewinsohn, P. M., Clarke, G. N., Hops, H., & Andrews, J. A. (1990). Cognitive-behavioral treatment for depressed adolescents. *Behavior Therapy, 21,* 385-401.

Lochman, J., & Curry, J. (1986). Effects of social problem-solving training and self-instruction training with aggressive boys. *Journal of Clinical Child Psychology, 15,* 159-164.

Martin, D. J., Graske, J. P., & Davis, M. K. (2000). Relation of the therapeutic alliance with outcome and other variables: A meta-analytic review. *Journal of Consulting and Clinical*

Psychology, 68, 438-450.

Mendlowitz, S. L., Manassis, K., Bradley, S., Scapillato, D., Miezitis, S., & Shaw, B. F. (1999). Cognitive-behavioral group treatments in childhood anxiety disorders: The role of parental involvement. *Journal of the American Academy of Child and Adolescent Psychiatry, 38,* 1223-1229.

Nauta, M. H., Scholing, A., Emmelkamp, P. M. G., & Minderaa, R. B. (2001). Cognitive-behavioral therapy for anxiety disordered children in a clinical setting: Does additional cognitive parent training enhance treatment effectiveness? *Clinical Psychology and Psychotherapy, 8,* 330-340.

Nauta, M. H., Scholing, A., Emmelkamp, P. M., & Minderaa, R. B. (2003). Cognitive-behavioral therapy for anxiety disordered children in a clinical setting: No additional effect of a cognitive parent training. *Journal of the American Academy of Child and Adolescent Psychiatry, 42,* 1270-1278.

Nock, M., & Kazdin, A. (2001). Parent expectations for child therapy: Assessment and relation to participation in treatment. *Journal of Child and Family Studies, 10,* 155-180.

Olivares-Olivares, P., Rosa-Alcázar, A., & Olivares-Rodríguez, J. (2008). Does individual attention improve the effect of group treatment of adolescents with social phobia? *International Journal of Clinical and Health Psychology, 8,* 465-481.

Pelham, W. E., & Fabiano, G. A. (2008). Evidence-based psychosocial treatments for attention-deficit hyperactivity disorder. *Journal of Clinical Child and Adolescent Psychology, 37,* 184-214.

Pfiffner, L., & McBurnett, K. (1997). Social skills training with parent generalization: Treatment effects for children with attention deficit disorder. *Journal of Consulting and Clinical Psychology, 65,* 749-757.

Russell, R., Shirk, S., & Jungbluth, N. (2008). Fist-session pathways to the working alliance in cognitive-behavioral therapy for adolescent depression. *Psychotherapy Research, 18*(1), 15-27.

Sánchez-García, R., & Olivares, J. (2009). Effectiveness of a program for early detection/intervention in children/adolescents with generalized social phobia. *Anales de Psicología, 25,* 241-249.

Sanders, M., Markie-Dadds, C., Tully, L., & Bor, W. (2000). The Triple P-Positive Parenting Program: A comparison of enhanced, standard, and self-directed behavioral family intervention for parents of children with early onset conduct problems. *Journal of Consulting and Clinical Psychology, 68,* 624-640.

Sanders, M., & McFarland, M. (2000). Treatment of depressed mothers with disruptive children: A controlled evaluation of cognitive behavioral family intervention. *Behavior Therapy, 31,* 89-112.

Shechtman, Z., & Birani-Nasaraladin, D. (2006). Treating mothers of aggressive children: A research study. *International Journal of Group Psychotherapy, 56,* 93-112.

Sheeber, L., Davis, B., Leve, C., Hops, H., & Tildesley, E. (2007). Adolescents' relationships with their mothers and fathers: Associations with depressive disorder and subdiagnostic symptomatology. *Journal of Abnormal Psychology, 116,* 144-154.

Shirk, S., Caporino, N., & Karver, M. (2010). The therapeutic alliance in adolescent therapy: Conceptual, operational, and predictive issues. In D. Castro-Blanco & M. Karver (Eds.), *The elusive alliance.* Washington, DC: APA Books.

Shirk, S., Gudmundsen, G., Kaplinski, H., & McMakin, D. (2008). Alliance and outcome in cognitive-behavioral therapyfor adolescent depression. *Journal of Clinical Child and Adolescent Psychology, 37*(3), 631-639.

Shirk, S., & Karver, M. (2003). Prediction of treatment outcome from relationship variables in child and adolescent therapy. *Journal of Consulting and Clinical Psychology, 71,* 462-471.

Shirk, S., & Karver, M. (2006). Process issues in cognitive-behavioral therapy for youth. In P. Kendall (Ed.), *Child and adolescent therapy: Cognitive-behavioral procedures* (pp. 465-491). New York: Guilford Press.

Shirk, S., & Saiz, C. (1992). The therapeutic alliance in child therapy: Clinical, empirical and developmental perspectives. *Development and Psychopathology, 31,* 713-728.

Silverman, W., & Hinshaw, S. (2008). The second special issue on evidence-based psychosocial treatments for children and adolescents. *Journal of Clinical Child and Adolescent Psychology, 37,* 1-7.

Silverman, W., Kurtines, W., Jaccard, J., & Pina, A. (2009). Directionality of change in youth anxiety treatment involving parents: An initial examination. *Journal of Consulting and Clinical Psychology, 77,* 474-485.

Sofronoff, K., Attwood, T., & Hinton, S. (2005). A randomised controlled trial of a CBT intervention for anxiety in children with Asperger syndrome. *Journal of Child Psychology and Psychiatry, 46,* 1152-1160.

Spence, S. H., Donovan, C., & Brechman-Toussaint, M. (2000). The treatment of childhood social phobia: The effectiveness of a social skills training-based, cognitive-behavioral intervention, with and without parental involvement. *Journal of Child Psychology and Psychiatry, 41*(6), 713-726.

Suveg, C., Sood, E., Comer, J., & Kendall, P. (2009). Changes in emotion regulation following cognitive-behavioral therapy for anxious youth. *Journal of Clinical Child and Adolescent Psychology, 38,* 390-401.

Tetzlaff, B., Kahn, J., Godley, S., Godley, M., Diamond, G., & Funk, R. (2005). Working alliance, treatment satisfaction, and patterns of posttreatment use among adolescent substance users. *Psychology of Addictive Behaviors, 19*(2), 199-207.

Truax, C., Altman, H., Wright, L., & Mitchell, K. (1973). The effects of therapist offered conditions in child therapy. *Journal of Community Psychology, 1,* 313-318.

Waters, A., Ford, L., Wharton, T., & Cobham, V. (2009). Cognitive-behavioural therapy for young children with anxiety disorders: Comparison of a child + parent condition versus a parent only condition. *Behaviour Researchand Therapy, 47,* 654-662.

Webster-Stratton, C. (1994). Advancing videotape parent training: A comparison study. *Journal of Consulting and Clinical Psychology, 62,* 583-593.

Webster-Stratton, C., & Hammond, M. (1997). Treating children with early-onset conduct problems: A comparison of child and parent training interventions. *Journal of Consulting and Clinical Psychology, 65,* 93-109.

Webster-Stratton, C., Reid, M., & Hammond, M. (2004). Treating children with early-onset conduct problems: Intervention outcomes for parent, child, and teacher training. *Journal of Clinical Child and Adolescent Psychology, 33,* 105-124.

Weersing, V., Rozenman, M., & Gonzalez, A. (2009). Core components of therapy in youth: Do we know what to disseminate? *Behavior Modification, 33*(1), 24-47.

Weisz, J., Donenberg, G., Han, S., & Kauneckis, D. (1995). Child and adolescent psychotherapy outcomes in experiments versus clinics: Why the disparity? *Journal of Abnormal Child Psychology, 23,* 83-105.

Wood, J., Piacentini, J., Southam-Gerow, M., Chu, B., & Sigman, M. (2006). Family cognitive behavioral therapy for child anxiety disorders. *Journal of the American Academy of Child and Adolescent Psychiatry, 45,* 314-321.

제17장

아동 · 청소년 대상의 증거 기반 치료법: 쟁점과 논평

Thomas H. Ollendick & Neville J. King

증거 기반 치료법을 개발하려는 움직임이 정신건강 분야에서 혁신적이었지만, 이 발전은 상대적으로 최근에서야 이루어졌다(Chambless & Ollendick, 2001). 이러한 움직임과 관련된 논점들을 이해하기 위해 심리학적 치료 연구에서의 초기 발견들 및 관련 논쟁들을 살펴봐야 한다. 성인 심리치료의 효과에 대한 아이젱크(Eysenck, 1952)의 개관에서, 그는 1950년대의 심리치료 실시가 단지 시간의 흐름(즉, 자발적 회복)보다 더 나은 효과가 없다고 주장하였다. 이후에 레빗(Levitt, 1957, 1963)은 아동 심리치료 문헌의 개관을 통해 유사한 결론을 내렸다. 비록 이러한 논평들이 임상가와 연구자들을 불안하게 만들었지만, 정신건강 전문가들을 각성시키는 효과를 제공했다(Kazdin, 2000). 그러한 개관 이후에, 다양한 정신병리학에 대한 연구와 더불어, 격동기의 평가와 치료의 발달과 같은 진보가 이후의 1,500개를 훨씬 넘는 아동 정신건강 분야의 연구들(Durlak, Wells, Cotton, & Johnson, 1995; Kazdin, 2000; Ollendick, King, & Chrpita, 2006)과 아동 심리치료의 효과를 검증한 4개의 중요한 메타분석을 이끌어 냈다(Casey & Berman, 1985; Kazdin, Bass, Ayers, & Rodgers, 1990; Weisz, Weiss, Alicke, & Klotz, 1987; Weisz, Weiss, Han, Granger, & Morton, 1995). 이 메타분석들은 아동 · 청소년 심리치료의 효과에 대한 강한 경험적 증거들을 제공했다(Kendall, 2006; Weersing & Weisz, 2002). 더 구체적으로, 문헌들에 대한 체계적 개관은 아동 · 청소년 심리치료가 대기자 및 관심-위약 통제 조건을 능가함을 보여 준다. 게다가 여러 연구에서 몇몇 종류의 치료들이 다른 것들보다 더 나은 효과를 지니고 있음이 명백해지고 있으며, 그 발견들은 임상 아동/청소년 심리학 및 소아정신의학 영역의 '심리치료가 아동 · 청소년에게 효과적인가?' 라는 질문을 넘어서서 **특정** 행동적, 정서적 그리고 사회적 문제를 지닌 아동에 대해 **특정** 치료의 효율성을 확인하는 쪽으로 옮겨 갔음을 보여 준다. 지금은 아동 및 청소년 심리치료 분야에 흥미를 가지는 시기이며, 이 책의 여러 부분에서 아동 · 청소년의 다양한 정신병리를 치료하는 데 있어서 우리가 알고 있는 것들과 알 필요가 있는 것들을 제시하고 있다.

이 장은 아동 · 청소년 대상의 증거를 기반으로 한 심리사회적 치료법을 확인하고, 이러한 움직임에 포함된 중요한 일련의 논제를 재검토하려는 과거의 노력에 대한 개관을 제공한다. 첫째, 이러한 움직임은 우리가 여기서 '증거 기반의 의료 행위'나 '증거 기반의 치료 실제'라고 알려진 더 큰 시대 사조의 한 부분임을 인식해야 한다(Sackett, Richardson, Rosenberg, & Haynes, 1997, 2000). 증거 기반의 치료 실제의 핵심에는 지식을 위한 접근과 수행 성과를 개선시키기 위한 방략이 포함되어 있다(Ollendick & King, 2004; Ollendick et al., 2006). 비록 어떤 한 가지 이론적 입장으로 통합되는 것은 아닐지라도, 대개 무선 통제된 연구들(randomized controlled trials: RCTs)로부터 얻어진 과학적으로 입증된 증거 기반 치료법이 필요하다. RCT에서 특정 문제를 지닌 아동들은 특정 치료 조건 혹은 통제 집단(대기자 혹은 관심-위약 조건 등)에 무선 할당되며, 이 조건들의 효과가 서로 비교된다(Barlow, 2011; Kendall & Comer, 2011을 보라). 비록 그런 설계에 어떤 한계가 있을지라도(Westen, Novotny, & Thompson-Brenner, 2004), 치료의 효율성을 엄격하게 검증하고(즉, 무선화를 통해 가외 변인을 통제), 거짓된 발견을 야기할 수 있는 편향과 기대(아동, 아동의 부모 그리고 치료자의)를 배제하는 최선의 방략인 것으로 보인다(Nathan & Gorman, 2007). 비록 RCT가 치료 조건을 평가하는 '황금 기준'일지라도, 관찰 연구, 논리적 직관, 개인적 경험, 그리고 전문가의 표명을 통한 정보나 의견 또한 치료 효율성의 증거로 제공될 수 있다. 비록 그러한 증거들이 가치가 있지만, 과학적인 견해를 통한 증거보다는 덜 신뢰되고 덜 수용되는 것이다(즉, 증거에 의한 지지보다 더 낮은 단계를 점한다). 동시에 이러한 초기 임상적 관찰 및 '임상적 육감'들은 RCT로 평가될 수 있는 새롭고 혁신적인 치료법의 발달을 이끌어 내기도 한다(APA Presidential Task Force on Evidence-Based Practice, 2006).

비록 증거 기반의 심리사회적 치료(초기에 '경험적으로 입증된' 혹은 '경험적으로 지지된' 것으로 불림; Chambless, 1996; Chambless & Hollon, 1998; Chambless & Ollendick, 2001을 보라)를 개발하고, 증명하며, 퍼뜨리고, 사용하는 접근이 과학적으로 칭찬받을 만하지만, 이러한 움직임은 적어도 정신건강 분야에서는 논쟁의 여지가 있다. 표면적으로, 그것은 1995년 미국심리학회의 임상심리분과(12분과)에 의해 개발된 초기 보고가 반박되었거나 그와 연관된 움직임에 대한 뜨거운 논쟁이 있었던 것 같지는 않다. 확실히, '효과가 있는 치료법'을 증명하고, 개발하며, 퍼뜨리는 것과 지지 증거를 지니는 것은 복지를 제공하기 위해 헌신하는 전문가들에 의해 방해받지 않고 격려되어야 한다.

이러한 특별위원회의 보고는 단지 논쟁의 여지뿐만 아니라, 불행하게도 정신건강 전문가들 사이에 지속되는 깊은 분열을 야기하는 것 같다(Ollendick et al., 2006). 이 장에서 우리는 이 접근의 핵심 부분과 더불어 이 치료법의 사용과 관련된 몇 가지 미신(즉, 매뉴얼 접근법의 위험, 치료자 창의성의 상실)을 제시한다. 더 통합된 분야를 창출하기 위해, 우리는 경험적으로 지지된 치료법의 지지자가 다른 전문가들과 의사소통하는 것뿐만 아니라, 이 움직임에 반대하는 전문가들의 걱정도 함께 제시하는 것이 중요하다고 믿는다. 이 장의 첫 번째 부분에서는 증거 기반 치료법의 정의를 내렸다. 그런 후에 이 치료법의 개발 및 사용 그리고 보급과 관련된 논쟁적인 이슈들 중 세 가지를 소개하고 논의할 것이다. 끝으로, 우리는 미래 연구 및 아동 대상 치료 실제에 관한 권고 사항들을 제안하면서 우리의 이야기에 결론을 내릴 것이다. 특정 장애에 대한 특정 치료법의 효율성에 기초하는 증거들을 철저하게 검토하는 것은 이 장뿐만 아니라 『아동 및 청소년 임상심리학 저널(*Journal of Clinical Child and Adolescent Psychology*)』의 최근 이슈들에서도 확인할 수 있다(Silverman & Hinshaw, 2008).

1. 증거 기반 치료법 정의하기

비록 심리사회적 치료법의 효율성을 평가하려는 움직임이 1995년 이전부터 있어 왔지만, 증거 기반의 치료 실제의 움직임에 대한 공식적인 보고서는 1995년에 처음 만들어졌다. 경험적으로 입증된 치료법으로 정의된 것에 대한 이 보고서는 심리학적 절차에 대한 촉진 및 보급에 대한 임상심리분과 특별위원회에 의해 작성되었으며, 그 위원회는 정신역동, 대인관계, 인지행동 그리고 체계적 관점 등을 포함한 다양한 이론적 지향을 대표하는 임상가 및 학자들로 구성되었다. 이러한 구성의 다양성은 단지 특정 학파의 생각이 아니라, 서로 다른 이론적 접근에서 가치가 입증된 심리치료를 확인하고 보급하는 데 중요했다. 하지만 수년 동안 검증되면서, 어떤 치료든지 항상 중요한 의문점들이 야기된다는 점에서 완벽하게 입증된 치료는 하나도 없었다(예를 들어, 치료의 본질적인 요소, 치료 성과를 예언하거나 조절하는 내담자 특성, 그리고 행동 변화의 기제나 매개 요인).

1995년 보고서에 따르면, 세 가지 범주가 '경험적으로 입증된' 치료법으로 밝혀졌다. ① 잘 확립된 치료법, ② 효과가 있음직한 치료법, ③ 실험적 치료법(〈표 17-1〉을 보라). 잘 확립된 것과 효과가 있음직한 치료법 사이의 주요한 구분은 잘 확립된 치료법이 심리적 위약 집단이나 약물치료 혹은 다른 치료법보다 우월하다는 것을 입증해야 하는 반면, 효과가 있음직한 치료법은 단지 대기자 혹은 비치료 통제 조건보다 우월한 결과만 보이면 된다. 둘째로, 잘 확립된 치료법을 지지하는 효과들은 적어도 2개의 다른 연구 팀에 의해 증명되어야 하는 반면, 효과가 있음직한 치료법의 효과는 한 개의 연구 팀 증거만이 요구된다. 게다가 증거로 지지된 두 치료법 모두에 대해 내담자의 특성이 명확하게 상술되어야 하며(예를 들어, 연령, 성, 인종, 진단), 임상적 처치는 치료 매뉴얼에 따라 이루어져야 한다. 끝으로, 치료 성과가 '좋은' 집단 설계 연구나 일련의 잘 통제된 단일 사례 설계 연구에서 입증되어야 한다. '좋은' 설계는 관찰된 이득이 우연이나 시간의 경과, 심리 평가의 영향, 서로 다른 치료 조건에 서로 다른 유형의 내담자

표 17-1 경험적으로 입증된 치료법의 기준

I. 잘 확립된 치료법
- A. 다음 방식 중 적어도 하나 이상의 방식으로 효율성을 입증한 적어도 2개의 좋은 집단 간 설계 실험
  1. 약물이나 심리적 위약 혹은 다른 치료법보다 우월
  2. 이미 실시된 실험에서 적절한 통계적 검증력(대략 집단당 .30)
- 혹은
- B. 효율성을 검증한 일련의 단일 사례 설계실험(사례 수>9). 이 실험에는 다음과 같은 것들이 꼭 포함되어야 한다.
  1. 훌륭한 실험설계를 사용
  2. A.1.처럼 다른 치료법과의 비교
- A 및 B 모두에 해당되는 추가적인 기준
- C. 실험들은 치료 매뉴얼에 따라 이루어져야 한다.
- D. 표본의 내담자 특성이 명확하게 설명되어야 한다.
- E. 효과는 적어도 서로 다른 2명의 연구자나 연구 팀에 의해 증명되어야 한다.

II. 효과가 있음직한 치료법
- A. 두 실험에서 그 치료법이 대기자 통제 집단보다 더 효과적이거나,
- 혹은
- B. 하나 이상의 실험이 잘 확립된 치료법의 기준 E를 제외하고, A, C, D를 충족하거나,
- 혹은
- C. 적은 수의 단일 사례 설계실험(n>3)이 잘 확립된 치료법의 기준 B, C, D의 기준에 부합한다.

가 속하는 등의 오염 요인에 의한 것이 아니라 치료 효과에 기인되었다고 결론을 내리는 것을 타당하게 해준다(Chambless & Hollon, 1998; Nathan & Gorman, 2007; 연구 설계 문제에 관한 충분한 논의는 Kazdin, 1998; Kendall, Flannery-Schroeder, & Ford, 1999를 보라). 반면, 실험적 치료법은 아직 최소한의 가능한 효과성이 아직 확인되지 않은 치료법이다. 이 범주는 실제 임상 장면에서 빈번히 사용되었지만 아직 완벽하게 평가되지 않았거나, 새롭게 개발된 것이 아직 과학적 검증을 받지 못한 치료법을 포함하고자 제안되었다. 또한 시간이 지남에 따라 경험적인 지지를 통해 치료법은 한 범주에서 또 다른 범주로 옮겨 갈 수 있음이 명백하다. 예를 들어, 실험적 치료법은 추가적인 과학적 평가를 통해 효과가 있음직한 것이거나 잘 확립된 상태로 옮겨 갈 수 있다. 범주 체계는 역동적인 것으로서 오랜 시간을 거쳐 지지 증거에 따라 새롭고 혁신적인 치료법을 알 수 있도록 이끌 것이다.

2. 증거 기반 치료법: 우려 사항에 관한 쟁점

올렌딕(Ollendick, 1999)은 초기 논문에서 증거 기반 치료법의 추이와 관련된 세 가지 주요 우려 사항을 확인했다.

① 어떤 치료법들은 다른 것들보다 더 효과적인 것으로 입증되었으며, 그 결과 '도도새 효과'(즉, 모든 치료가 동일하다는)는 지지되지 않을 것이다.

② 치료 매뉴얼의 사용은 치료 과정의 창의성 및 혁신을 상실하게 만드는 기계적이고 유연성 없는 개입을 이끌 것이다.

③ 임상 연구 장면에서 효과적이라고 밝혀진 치료법은 '실생활'의 임상 실제 장면으로 전이되지 않을 것이다.

이러한 걱정은 모두 타당하며, 이러한 의문을 제기하여 증거 기반 치료법의 흐름을 훼손시키는 정도를 검증하고자 한다.

1) 심리사회적 치료법들의 차별적인 효과성

문헌들에 대한 우리의 초기 및 현재의 개관(Barrett & Ollendick, 2004; Ollendick & King, 1998, 2000, 2004; Ollendick et al., 2006)에서, 우리는 경종을 울리는 결과들을 보고했다. 최근 임상적 치료 실제에서 사용된 대부분의 치료법이 체계적으로 평가되지 않았으며(행동치료 및 인지행동치료를 제외하고), 따라서 잘 확립되었거나 효과가 있음직한 치료법으로 인정받지 못하고 있다. 예를 들어, 불안, 공포증, 우울, 식이장애, 주의력결핍과잉행동장애(ADHD), 반항적 행동, 품행 문제, 물질남용, 자폐증 등 아동기에 흔한 문제 영역들에 걸쳐, 정신역동적, 인본주의적 혹은 가족체계 치료들에서 '좋은' 실험설계를 사용한 무선 통제 연구가 하나도 없었다(Silverman & Hinshaw, 2008). 게다가 꽤 유망한 심리치료인 대인관계 심리치료도 단지 우울증 청소년의 치료에서만 효과성이 입증되었을 뿐이며(Mufson et al., 1994; Mufson, Weissman, Moreau, & Garfinkel, 1999; Rossello & Bernal, 1999; 개관은 David-Ferdon & Kaslow, 2008을 보라), 청소년의 다른 장애나 아동기 장애에 대해서는 연구가 전혀 없었다. 유사하게, 식이장애를 위한 모우즐리(Maudsley)의 가족치료 모델을 제외하고 전통적인 가족치료 접근법들의 청소년기나 아동기의 다른 장애들에 대한 효과성을 검증한 연구는 전혀 없었다(Dare, Eisler, Russell, & Szmukler, 1990; Lock, le Grange, Agras, & Dare, 2001; 체계적 개관은 Keel & Haedt, 2008을 보라). 게다가 반항성장애와 같은 몇몇 아동기 장애의 경우에, 정신역동 및 가족체계 개입을 포함하여 몇몇 심리사회적 치료법이 행동 및 인지행동적 치료법에 비해 덜 효과적임이 밝혀졌다(Brestan & Eyberg, 19989을 보라. 그리고 더 최근 개관은 Eyberg, Nelson, & Boggs, 2008을 보라). 불행하게도, 많은 치료법이 다른 특정 장애들에서 평가되지 않았기 때문에, 우리가 그것들의 효과 여부에 대해 알 수 없을 뿐이다.

비록 많은 연구가 평가되지는 않았지만, 여러 아동 정신병리의 치료법 중에 행동 및 인지행동적 절차의 효율성에 대한 상당한 증거가 있다. 이 치료법들은 메타분석 연구(행동주의가 '비행동주의' 치료법보다 우월함을 보여 주는 Weisz et al., 1987, 1995의 개관 연구를 보라)에서 효과가 입증되었을 뿐만 아니라 다른 개입들보다 더 나은 성과를 보여 주었다. 하지만 심지어 행동 및 인지행동 치료조차도 효과성의 증거가 되는 기초가 제한되어 있다. 아동 및 청소년 분야에서, 예를 들어 우리는 불안장애에 대한 잘 확립된 단 하나의 치료법(인지행동치료), 특정 공포증에 대한 잘 확립된 두 개의 치료법(참여 모델링, 강화가 제공된 연습), 우울증에 대한 두 개의 잘 확립된 치료법(인지행동치료, 대인관계 심리치료), 섭식장애에 대한 하나의 잘 확립된 치료법(모우즐리 가족치료 모델), ADHD에 대한 두 개의 잘 확립된 치료법(행동적 부모 훈련, 조작적 학급 관리), 반항 및 품행 장애에 대한 잘 확립된 두 개의 치료법(사회학습 부모 훈련 프로그램, 일련의 비디오 모델링 부모 훈련), 물질 남용 문제에 대한 세 개의 잘 확립된 치료법(인지행동치료와 두 개의 가족에 초점 맞춘 치료 접근[기능적 가족치료 및 다체계적 가족치료]), 그리고 자폐증에 대한 잘 확립된 하나의 치료법(응용행동분석)만을 확인할 수 있었다. 그렇다 하더라도, 이런 서로 다른 치료 양식의 많은 변형이 이런 장애들 및 아동·청소년의 다른 정신병리들에 아마도 효과가 있음직한 상태로 유지됨을 보여 주었다(Silverman & Hinshaw, 2008을 보고, 『아동 및 청소년 임상심리학 저널』 최신판인 2008년 37판에서 여러 장애에 대한 증거 상태를 개관하고 있다). 하지만 많은 치료법은 증거가 되는 지지의 측면에서 아직 실험적인 상태에 놓여 있다.

비록 증거들이 제한되어 있지만, 이 치료법들은 증거 기반의 치료 실제를 산출할 만한 견고한 기반을 지니고 있다. 추가적인 더 나은 치료법이 개발되어 평가될 필요가 있지만, 임상적 실제에서 어떻게 그때까지 버텨 나갈 것인가? 임상 장면에서 '일상적 치료(TAU)'의 현상태는 어떠하며, 경험적인 지지 증거들이 더 많이 나올 때까지 그러한 치료법을 사용하는 것이 괜찮은가? 이러한 의문은 우리가 책임을 질 세대이며 증거 기반의 치료 실제로 나아가야 하는 시기이기 때문에 중요하다. 웨이즈, 휴이와 위어싱(Weisz, Huey, & Weersing, 1998)은 그들의 1995년 메타분석 연구를 재분석하여 이러한 의문점을 검토하였다. 그들은 서비스에 중점을 둔 상담센터에서 치료받았거나 개업한 임상가들에게 치료받은 아동들 대상의 치료 연구를 선택하였다. 50년 이상, 9개 연구들이 임상 장면에서 통제 조건으로서 '일상적 치료'와의 비교를 통해 확인되었다. 이러한 9개 연구의 효과 크기 범위는 −.40에서 +.29까지였으며, 평균 효과 크기는 .01이었고, 이것은 행동 및 인지행동 치료의 메타분석에서 얻어진 평균 효과 크기(+.70)보다 훨씬 더 낮았다. .01의 효과 크기는 치료받은 아동들이 치료받지 않은 아동들보다 치료 이후에 더 나아진 것이 없음을 의미하며, 이 발견은 걱정스러운 수준이다.

불행하게도, 일상적 치료에 관한 발견들은 웨이즈와 동료들(1998)에 의해 개관된 임상 연구들에만 국한되지 않는다. 비크먼(Bickman)과 동료들은 미국 아동 대상의 포괄적인 정신건강 서비스에 대한 조사에서 유사한 결과를 보고하였다(Bickman, 1996; Bickman et al., 1995). 널리 알려진 포트 브래그 프로젝트(Fort Bragg Project)에서, 미 육군은 아동 및 그들의 가족을 위해 조직된 정신건강 관리 공동체를 제공했으며, 비교군으로 더 전통적이고 덜 포괄적인 치료적 개입(일상적 치료)과 관련하여 그 비용 효과성을 검증하기 위해 8,000만 달러 이상을 사용하였다. 그 프로그램이 치료에 더 쉽게 접근 가능하며, 더 높은 내담자 만족도를 제공했다는 훌륭한 증거들을 보여 주었지만, 그 프로그램은 임상적이고 기능적인 성과들에서 비교군에 비해 우월하다는 것이 입증되지 않았다. 즉, 이 연구는 더 많은 개입을 위해 더 많은 비용을 유발하지만, 증가된 비용만큼 더 큰 치료 강도 및 더 긍정적인 성과가 나오지 않았다. 게다가 어떤 치료법도 웨이즈와 동료들(1995)이 그들의 메타분석 개관에서 보고한 실제 장면에서 발견된 치료적 접근들의 이득만큼 효과가 있지는 않았다. 비싸고 강도 높은 치료가 항상 더 나은 성과를 보장하는 것은 아니라는 점이 명백하다.

학교 내에서 웨이스, 캐트런, 해리스와 펑(Weiss, Catron, Harris, & Phung, 1999)은 전형적으로 실시된 아동 심리치료('일상적 치료')의 효과성을 검증하기 위해 RCT 설계를 사용했다. 총 160명의 불안, 우울, 공격성 및 주의력 문제를 보이는 아동이 치료 및 통제 조건에 무선할당되었다. 아이들은 일반 초등학교 및 중학교에 재학 중이며, 평균 연령은 10세 3개월이었다. 정기적인 임상 훈련을 통해 고용된 정신건강 전문가(6명은 주임급 임상가였으며, 1명은 박사급 임상심리학자였음)에 의해 치료가 제공되었다. 전체적으로 치료자들은 인지적 및 행동적 접근보다는 정신역동적-인본주의적 접근을 선호한다고 보고하였다. 치료는 정해진 틀이 없었으며(즉, 매뉴얼에 따르지 않음), '필요한 만큼' 그리고 개인치료로 2년 이상 실시되었다. 연구 결과는 이 장면에서 '일상적 치료'의 효과성에 대한 지지 증거를 거의 찾을 수 없었으며(전체 효과 크기는 −.08), 학습 지도를 받은 통제군 아동들보다 더 좋은 효과가 없었음을 보여 주었다.

전체적으로, 이와 더불어 다른 연구 결과들은 임상 및 학교 장면에서 효과적인 치료법을 개발하고 입증한 이후에 적용하는 것의 중요성을 시사한다. '일상적 치료'는 비치료적 대안(예를 들어, 교습)이나 치료받지 않는 것과 비교하여 그리 효과적인 치료법은 아닌 것 같다. 흥미롭게도, 이 결과는 50년 전 단지 시간이 흘러가는 것보다 더 효과적인 치료법이 없다는 레빗(Levitt, 1957, 1963)의 보고와 매우 유사하다. 만일 우리가 증거 기반의 치료 실제의 시대로 나아가고 있고, 치료 성과 연구의 정통성을 지켜야 한다면, 아동 및 청소년 정신건강 치료의 미래에 대한 중요한 함축성을 가진 것으로 이 발견들을 신중하게 채택해야 한다.

우리는 모든 임상가가 아동 및 그들의 가족들에게 유용하지 않거나 해로운 치료법을 계속 제공하는 것에 대한 윤리 문제를 염두에 둘 필요가 있다고 제안한다(웨이즈, 웨이스와 동료들[Weisz, Weiss et al., 2005]이 개관한 임상 장면에서의 9개 연구에서 효과 크기의 범위는 −.40에서 +.29까지였으며, 웨이스와 동료들[1999]이 보고했던 −.08의 효과 크기를 기억해 보라). 증거 기반 치료법을 확인하고 보급하며 이를 사용하는 것은 심리학자들이 "과학적이거나 전문적인 판단을 내릴 때 과학적이고 전문적으로 도출된 지식에 따라야 한다."는 윤리적인 규준에 부합된다(Canter, Bennett, Jones, & Nagy, 1994, p. 36). 하지만 이 문제에 대한 활발한 논의에서 이야기된 것처럼(Eiffert, Schulte, Zvolensky, Lejuez, & Lau, 1998; Persons, 1998; Zvolensky & Eiffert, 1998, 1999), 증거 기반 치료법의 확인과 사용은 양날의 칼을 의미한다. 한쪽 끝에, 증거를기반으로 하지 않은 치료법을 사용하는 것이 비윤리적으로 보이는 한편, 상대적으로 증거 기반 치료법의 개발은 아직 거의 이루어지지 않았다는 점에서, 치료 효율성이 입증된 문제 영역 및 장애들에만 제한되게 사용하는 것 역시 비윤리적일 수 있다(Ollendick & Davis, 2004). 결국 문제를 지닌 아동 및 그들의 가족들을 대상으로 한 증거 기반 치료법이 아직 개발되지 않았을 때 임상가는 어떻게 해야 하는가? 비록 이러한 질문에 쉽게 대답할 수 없다는 것이 꽤 명백하지만, 우리는 10년 전 「경험적으로 지지받는 치료법: 자료가 수집될 때까지 무엇을 하는가(혹은 지금 그들 수중에 있는 것은)(Empirically Supported Treatments: What to Do until the Data Arrive[or Now That They Have])?」라는 논문에서 킨셔프(Kinscherff, 1999, p. 4)의 결론에 동의한다. 킨셔프는 다음과 같이 제안했다.

> 임상가는 사례 공식화를 개발하고, 자신이 유능하게 해낼 수 있는 절차들 중에 내담자를 도울 수 있는 최선의 접근을 선택해야 한다. 임상가는 경험적으로 지지된 치료법을 포함하여 치료를 통한 이득에 관해 알고 있어야 하고, 새로운 절차를 습득하며, 이미 숙달된 영역에서의 기술을 강화함으로써 자신의 임상적 기술을 유지해야 한다. 어떤 한 임상가가 숙달할 수 있는 치료법의 수가 제한되어 있기 때문에, 내담자에게 더 효과적일 수 있는 치료적 접근을 제안할

때 주요한 전문적 유능성이 있어야 한다(p. 4).

전체적으로, 이 접근은 자신의 한계를 아는 것의 중요성, 교육을 지속하는 것의 중요성, 그리고 적절한 치료법이 치료자의 역량을 넘어설 때 의뢰해야 할 필요성을 강조한다.

의뢰가 가능하지 않을 때(예를 들어, 시골, 증거 기반의 접근법으로 훈련받은 임상가가 없음), 그리고 증거가 되는 지지가 단지 부족할 때(몇 가지 문제에 대해) 무엇을 할지에 대해 마지막 견해가 제안되어야 한다. 초피타(Chorpita)와 동료들은 '증거 기반의' 의사결정 모델을 제안했는데, 그 모델은 최근에 하와이 아동 및 청소년 정신건강 분과에서 사용되었다(Chorpita & Daleiden, 2009; Chorpita & Donkervoet, 2005; Daleiden & Chorpita, 2005). 이 모델에서, 치료자는 치료 동안 이루어질 필요가 있는 임상적 선택을 안내하는 데 개인 사례를 통해 창출된 증거를 사용하도록 권장된다. 치료 진행 중의 측정을 통해 얻어진 증거가 이 접근에 권장된다. 그러한 측정은 RCT의 증거가 없거나 부족할 때 임상적 선택에 대한 경험적 지지를 제공할 잠재성을 지닌다. 이 모델에서는 임상적이고 기능적인 개선에 대한 증거가 확인되는 한 최소한의 지지 증거에도 불구하고 계속 서비스를 제공하도록 허용한다. 현재는 이러한 대안 모델에 대한 예비적인 평가만이 가능할 뿐이지만(Daleiden, 2004), 이 모델은 증거 기반 치료법의 사용이나 시행이 불가능할 때 전도유망하고 믿을 만해 보인다.

2) 심리사회적 치료법의 매뉴얼화

잘 확립된 치료법과 효과가 있음직한 치료법에 치료 매뉴얼이 필요하다는 특별위원회의 권고 사항은 올렌딕(1999)이 제기한 경험적으로 지지된 치료법 흐름에서의 두 번째 주요한 논쟁점이다. 챔블리스(Chambless, 1996)가 주목했듯이 증거 기반의 치료법을 완성하는 데 있어서 치료 매뉴얼 사용 조항의 포함은 치료 절차의 조작적 정의를 제공하려는 의도를 의미한다. 첫째, 매뉴얼의 사용은 치료 효율성 연구에서 지지된 치료법이 실제로 어떻게 구성되어 있는지에 대해 다른 정신건강 전문가들에게 알려 준다. 둘째, 치료 매뉴얼은 의도한 바대로 치료법이 실시되었는지 여부(즉, 치료 충실성)와 얼마나 잘 수행되었는지 여부(즉, 치료 유능성)를 검증할 수 있도록 치료법의 설명서를 제공한다. 셋째, 치료 매뉴얼은 시행된 심리치료의 정확한 변형을 결정할 수 있도록 돕는다. 예를 들어, 많은 유형의 인지행동치료나 가족체계 치료 중에, CBT나 가족치료가 효과적임을 발견한 연구는 그다지 의미가 없다. 가족 치료의 어떤 유형이 이 연구에 사용되었는가? 어떤 형태의 CBT가 저 연구에 사용되었나? 챔블리스(1996, p. 232)가 지적한 것처럼, "명칭이 중요한 식별자가 아니라, 매뉴얼이 중요하다."

치료 매뉴얼의 사용에 관한 이러한 논쟁의 응답으로, 초피타, 달레이든과 웨이즈(Chorpita, Daleiden, & Weisz, 2005)는 변화의 절차보다는 변화의 기저 원리를 더 강조하는 대안적인 모델을 제안하였다. 그들의 절차 매뉴얼에 대한 비판에서, 여러 우려 사항이 제기되었다. 첫째, 매뉴얼로 약술된 절차에 의해 정의되는 치료는 매뉴얼이 약간이라도 개정되면 새로운 증거의 지지를 요구할 것임을 시사한다. 예를 들어, 비록 코핑 캣 매뉴얼(Kendall, 2002; Kendall, Kane, Howard, & Siqueland, 1990)이 아동기 불안장애의 치료법에 대한 여러 훌륭한 RCT에서 입증되었다 할지라도(Silverman, Pina, & Viswesvaran, 2008), 매뉴얼의 몇몇 변형이 최근 연구에서 만들어져 평가되었다(예를 들어, 아동-청소년 불안 중다양식 연구[Child-Adolescent Anxiety Multimodal Study]; Walkup et al., 2008). 원 매뉴얼의 절차에 대한 엄격한 충실성에도 불구하고, 이후의 수정이 경험적으로 지지되지 않는 결론을 내리는 것은 상식에도 맞지 않고 좋은 임상적 치료 실제와도 어울리지 않는 것처럼 보인다(즉, 원칙에 충실한 동시에 치료 매뉴얼은 약간 역동적이며 경험과 자료에 기초하여 변할 수 있다). '매뉴얼화'의 엄격한 해석을 완화하는 것은 이전의 증거에 의한 지지로부터 얻어진 이득을 통해 개정 및 수정이 가능하지만,

물론 얼마나 큰 변화가 너무 큰 변화인가를 결정하는 것이 아직 논제로 남아 있다. 매뉴얼은 기본적으로 동일한가? 아니면 유의미하게 바뀌었나?

초피타와 동료들(2005)이 제기한 두 번째 우려 사항은 여러 문제 영역에 대한 매뉴얼의 불가용성과 함께 이런 경우에 어떻게 할지에 대한 것을 포함한다. 예를 들어, 청소년 공황장애에 대해 경험적으로 지지된 치료 매뉴얼이 아직까지 없는 실정이다(비록 성인 공황장애에 대한 효과적인 치료법에 기초된 치료 접근이 올렌딕[Ollendick, 1995a], 매티스와 올렌딕[Mattis & Ollendick, 2002]에 의해 RCT가 아닌 단일 사례 연구로 제안되어 평가되었지만). 12분과 지침의 엄격한 해석하에서, 청소년 공황에 대한 어떤 치료법도 다른 것만큼 좋은 것이다(즉, 어떤 것도 강한 경험적 지지를 얻지 못한다). 다시 말해서, 특히 공황장애를 지닌 성인 대상의 CBT(Barlow, Gorman, Shear, & Woods, 2002)에 대한 강한 지지 및 청소년 대상의 유망한 지지(Mattis & Ollendick, 2002)가 있다고 가정할 때, 이것은 상식에 맞지 않고 훌륭한 임상적 치료 실제에도 어울리지 않는 결론일 가능성이 있다. 인지행동치료에서 발견된 변화의 기저 원칙에 기초된 치료법은 거의 혹은 전혀 지지받지 못하는 다른 개입법을 사용하기 전에 체계적으로 적용하고 평가하는 것이 유익한 것 같다(이 논점에 대한 확장된 논의는 Woody & Ollendick, 2006을 보라).

마지막으로, 초피타와 동료들(2005)은 어떤 장애를 위한 2개 이상의 매뉴얼이 존재할 때 어떻게 해야 하는지에 대한 문제 제기를 했다. 예를 들어, 아동 및 청소년 우울증에 대해 인지행동적 및 대인관계적 접근에 기초된 것을 포함하여 적어도 두 개의 유망한 치료 매뉴얼이 있다(Kaslow & Thompson, 1998; Seligman, Goza, & Ollendick, 2004). 치료자는 그것들 중에 어떤 것을 사용할지 어떻게 결정할까? 가용한 치료법들 중에 하나를 선택하는 방법에 대한 현존하는 지침은 거의 없다.

이러한 우려 사항을 제기했던 초피타와 동료들(2005)의 모델에 증거 기반 프로토콜의 '공통 요소'나 기저 원칙을 확인하고 선택하기 위한 방법론이 포함된다. 초피타와 동료들은 '실행 요소'(예를 들어, '타임아웃', '노출', '인지 재구성')가 신뢰성 있게 평정되어 특정 접근법으로 대표되는 군집에 경험적으로 '요인화'될 수 있음을 입증하였다. 개별 요인들은 특정 문제들에 대한 서로 다른 실행 요소들의 상대적인 발생 빈도를 의미하는 실행 요소 프로파일을 산출한다. 예를 들어, 아동기 불안에 대한 실행 요소 프로파일은 노출이 증거 기반 치료법에서 보편적임을 보여 주며, 심리교육, 이완, 자기 감찰 등이 꽤 공통적으로 사용되는 그 외의 실행 요소들은 그렇지 않음을 보여 주었다. 유사하게, 아동기 우울증 치료법의 공통 요인에는 행동적 활성화, 인지 재구성, 그리고 대인관계 문제의 제기가 포함된다(Seligman et al., 2004). '공통 요소' 접근은 개별적인 '절차' 수준에서 매뉴얼을 엄격하게 정의 내리는 데 대한 대안이 될 수 있다. 그러한 방식으로, 매뉴얼은 개정된 매뉴얼과의 유사성이 경험적으로 정의될 수 있고(예를 들어, 개정된 코핑 캣 프로그램이 원 매뉴얼에 대한 지지 증거를 공유할 수 있음), 매뉴얼의 불가용성이 유사한 문제 영역들간 평균적인 프로파일의 구성을 통해 다루어질 수 있으며(예를 들어, 아동기 불안에 대한 인지행동적 프로토콜이 공황장애에 권장될 수 있음), 여러 접근을 하나로 결집시키는 주된 프로파일을 만들어 둘 이상의 매뉴얼에 적용할 수 있다(예를 들어, 임상가는 프로파일에서 약술된 요소들을 포함한 새로운 접근법을 개발할 수 있음)는 점에서 이 모델은 앞서 개관한 세 가지 우려 사항을 다룬다. 비록 이 모델이 어느 정도 유망한 대안을 제시할지라도, 치료 전략으로의 사용을 위해서는 추가적인 경험적 연구들이 필요하다.

초피타와 동료들(2005)이 제안한 모델은 앞서 언급한 것처럼, '절차' 매뉴얼의 사용에 관한 논쟁에 부분적인 대답을 제공했다. 몇 년에 걸쳐 많은 논평—몇몇은 칭찬하고, 몇몇은 비하하는—이 『미국 심리학자(*American Psychologist*)』, 『호주 심리학자(*Australian Psychologist*)』, 『임상심리학회지(*Journal of Clinical Psychology*)』, 『자문 및 임상심리학 저널(*Journal of Consulting and Clinical Psychology*)』, 『임상심리학: 과학과 실제

(*Clinical Psychology: Science and Practice*)』, 『임상심리학 논평(*Clinical Psychology Review*)』, 『인지 및 행동 실제(*Cognitive and Behavioral Practice*)』, 『아동 및 가족 임상심리학 개관(*Clinical Child and Family Psychology Review*)』, 『심리치료(*Psychotherapy*)』를 포함한 여러 주요 학술지의 많은 부분에 소개되었다. 몇몇 저자는 매뉴얼을 '해설서 방식(cookbook)의 사고를 촉진하는 것'(Smith, 1995), '숫자들에 의해 치장된 것'(Silverman, 1996), '지침서들보다 더 엄중한 속박을 채운 것'(Goldfried & Wolfe, 1996), '판에 박힌 듯한 것'(Strupp & Anderson, 1997), 그리고 '교수형 집행인'(Lambert, 1998)으로 보았다. 다른 저자들은 좀 더 긍정적인 관점에서 매뉴얼들을 보았다(예를 들어, Chambless & Hollon, 1998; Craighead & Craighead, 1998; Heimberg, 1998; Kendall, 1998; King & Ollendick, 1998; Ollendick, 1995b, 1999; Strosahl, 1998; Wilson, 1996a, 1996b, 1998). 예를 들어, 윌슨(Wilson, 1998, p. 363)은 "임상 장면에서 표준화되고 매뉴얼에 기초한 치료법을 사용하는 것은 심리치료 영역에서의 중요한 함축성을 지닌 새롭고 진화적인 발전을 의미한다."고 제안하였다.

가장 단순한 형태로, 치료 매뉴얼은 사용자에게 특정 치료법을 '어떻게 적용하는지'를 알려 주고, 특히 치료에 기저하는 원칙을 상술해 주는 지침서로 정의될 수 있다(Ollendick, 1999). 그것은 치료법을 상술하는 동시에 표준화한다. 비록 매뉴얼에 기초한 치료법을 반대하는 사람들도 증거 기반의 치료 실제의 흐름을 지지한다 할지라도, 그들은 그러한 치료법이 유연성이나 임상적 판단이 배제된 상태에서 수행될 것이라는 판단을 포함하여 여러 가지 우려를 제기한다. 예를 들어, 셀리그먼(Seligman, 1995, p. 967)은 '한 가지 치료 양식 내에 포함된 소수의 치료 기법'이 정해진 기간 동안 고정된 순서로 실시되는 통제된 실험실 연구의 매뉴얼에 기초된 치료법과는 달리, 임상 실제에서는 필연적으로 '자가 교정식'이라고 보고했다. "만일 한 기법이 제대로 작동되지 않는다면 또 다른 기법 혹은 다른 치료 양식이 대개 시도된다." 윌슨(Wilson, 1998)이 언급했듯이, 매뉴얼에 기초한 치료법의 이러한 특성 짓기는 잘못된 것이다. 정신역동적(예를 들어, Strupp & Binder, 1984)이거나 대인관계적(예를 들어, Klerman, Weissman, Rounsaville, & Chevron, 1984), 행동주의적(Patterson & Gullion, 1968) 및 인지행동적 이론(예를 들어, Beck, Rush, Shaw, & Emery, 1979)에 기초한 다양한 치료법은 이미 '매뉴얼화' 되어 있다. 게다가 이러한 매뉴얼들은 융통성있는 사용을 허용하고 있으며, 대개 치료의 진척이나 후퇴에 민감하다. 켄달과 동료들(Kendall & Beidas, 2007; Kendall, Gosch, Furr, & Sood, 2008)은 '충실성 안에서의 유연성'이라는 유명한 문구를 통해 이 개념의 정수를 표현했다.

실제로, 치료법의 매뉴얼화 움직임이 1995년 12분과의 특별위원회 보고서보다 훨씬 이전부터 존재해 왔다. 거의 30여 년 전에, 패터슨과 걸리온(Patterson & Gullion, 1968)은 지금은 고전으로 분류되는 『아동과 함께 살아가기: 부모와 교사를 위한 새로운 방법들(*Living with Children: New Methods for Parents and Teachers*)』이라는 책을 출간했는데, 이 책은 반항적이거나 품행 문제를 지닌 아동들을 위한 많은 행동주의적 치료법의 기초가 되는 부모 및 교사를 위한 매뉴얼이다. 놀랄 것 없이, 이 '매뉴얼'에 기초한 치료법은 최초로 증거를 기반으로 하여 만들어진 잘 확립된 것 중 하나였다. 다시 말해서, 특별위원회 보고서 이전에, 루보스키와 듀루베이스(Lubosky & DuRubeis, 1984)는 「심리치료 매뉴얼의 사용: 심리치료 연구 방식에서의 작은 혁명(The Use of Psychotherapy Treatment Manuals: A Small Revolution in Psychotherapy Research Style)」이라는 논문에서 치료 매뉴얼의 사용에 대해 호의적으로 언급했다. 유사하게, 램버트와 오글스(Lambert & Ogles, 1988)는 매뉴얼이 더 이상 새로운 것이 아니며, 오히려 1960년대 이후에 치료자를 훈련시키고 치료법을 정의하는 데 사용되어 왔다고 주장하였다. 1995년 특별위원회의 권고 사항은 그 몇 년 전부터 있어 왔던 움직임과, 다양한 심리치료의 효율성을 탐구하기 위해 고안된 정신건강 분야에서 채택되었던 움직임을 단지 재확인한 것처럼 보인다.

한편, 아마도 가장 논쟁을 일으킨 논점은 아마도 매

뉴얼에 의해 서술되고 조작적으로 정의된 심리치료들을 확인하는 것과 더불어, 임상 훈련 프로그램, 정신건강 전문가, 내담자 그리고 제3의 지출자(즉, 보험회사, 건강보험공단)에게 보급되어야 한다는 특별위원회 보고서의 주장일 것이다. 많은 임상가는 그러한 움직임이 아직 때 이른 것이며, 아직 매뉴얼화되어 있지 않거나 효과적인 것으로 밝혀지지 않은 심리치료의 적용을 금지하거나 적어도 제약할 것이라는 점을 우려했다. 또한 그들은 이러한 움직임으로 인해 새로운 치료법의 개발이 완전히는 아니더라도 어느 정도 제한될 것이라고 걱정하였다. 비록 이러한 것들이 증거 기반의 치료법 흐름으로 인해 생길 수 있는 결과일지라도, 그것들이 필연적인 것은 아니다. 사실 우리 중 몇몇은 이러한 발전이 변화의 치료적 기제와 더불어 효과적인 치료법의 특성을 체계적으로 검증함으로써 추가적인 치료법을 개발하고 평가할 수 있다고 주장했는데(예를 들어, Kendall, 1998; Wilson, 1998을 보라), 이것이 우리가 전적으로 동의하는 견해다.

아동·청소년의 치료법에서 매뉴얼화를 지향하는 현재의 동향은 어떤 상태인가? 첫째, 경험적으로 지지된 치료법들에 대한 우리의 초기 개관 및 『아동 및 청소년 임상심리학 저널』(Silverman & Hinshaw)의 최근 개관을 통해 아동 및 청소년 대상으로 매뉴얼에 기초하거나 매뉴얼이 필요 없을 정도로 상세히 절차를 기술한 연구들을 요약했다(촉진과 보급을 위한 특별위원회[Task Force on Promotion and Dissemination, 1995] 및 챔블리스[Chambless, 1996]가 처음 제안했던 것처럼). 우리가 앞서 언급했던 것처럼, 매뉴얼은 단지 치료 절차와 치료 전략을 기술한 안내서일 뿐이며, 어떤 경우에는 절차나 기법의 증거가 되는 변화에 대한 이론을 제공한다. 켄달과 동료들(Kendall, 1998; Kendall & Chu, 2000; Kendall, Chu, Gifford, Hayes, & Nauta, 1998)은 치료 매뉴얼의 사용을 둘러싼 오해를 다뤘으며, 매뉴얼에 기초한 치료법을 곤란하게 하는 여섯 가지 (오)지각을 확인하였다. 그것들은 얼마나 유연한가? 그것들은 임상적 판단을 변경시키는가? 매뉴얼은 치료의 창의적인 과정을 손상시키는가? 치료 매뉴얼은 고정되고 정체된 방식으로 치료를 구체화하여 개선과 변화를 방해하는가? 매뉴얼에 기초한 치료법들은 여러 진단 혹은 임상적 문제들을 지닌 환자들에게 효과적인가? 그리고 매뉴얼이 주로 연구 프로그램에서 사용될 뿐이며, 서비스를 제공하는 클리닉에서는 거의 혹은 전혀 사용되지 않는가? 비록 이러한 날카로운 질문에 대한 명쾌한 대답이 아직 불가능할지라도, 이러한 (오)지각들을 개별적으로 검증하기 위한 주의 깊은 연구가 필요하다. 게다가 켄달과 동료들은 불안장애 아동들 대상의 치료 작업을 통해 이러한 논쟁이나 의문점들 중 적어도 몇 가지가 사실이 아니라는 증거들을 제공한다. 예를 들어, 치료 실시의 융통성은 많은 비판이 제기된 문제다. 따라서 유연하게 실시되는 매뉴얼 수준에 따라 치료 성과가 영향을 받는지를 확인하기 위해 경험적으로 연구되어야 한다.

켄달과 추(Kendall & Chu, 2000)가 불안한 아동들 대상으로 실시한 연구에서, 융통성의 수준에 따라 치료 성과에 영향을 미쳤는지가 탐색되었다. 그들의 연구에서, 켄달과 추는 '융통성'을 매뉴얼의 지시 내용이나 제안에 대해 전반적으로 충실하면서도 특정 상황에 대한 치료자의 적응적인 자세로 측정된 구성 개념으로 정의하였다. 첫째, 매뉴얼이 유연한 방식으로 실시된 정도에 대한 평정은 불안한 아동을 대상으로 매뉴얼에 기초한 코핑 캣 CBT를 실시한 18명의 각기 다른 치료자로부터 얻어졌다(Kendall et al., 1992). 융통성 평정은 13개 문항(치료 실시 중의 융통성 정도를 1점에서 7점 사이에서 평정)으로 구성된 질문지를 통해 후향적으로 얻어졌다(예를 들어, "매뉴얼은 임상가가 아동에게 계획한 기술을 가르치는 데 회기의 40~45분을 사용하고, 나머지 10~15분 동안 게임을 하도록 제안한다. 당신은 얼마나 유연하게 적용했는가?" "치료 회기 동안, 불안 혹은 아동의 주요 진단과 직접적으로 연관이 없는 문제들을 얼마나 융통성 있게 논의했는가?"). 연구 결과, 치료자들은 (전반적이고 특정한 전략 모두에서) 치료 계획대로 실시하는 데 있어서 융통성을 발휘했으며, 치료 절차에는 충실했다고 보고했다. 둘째, 예상하지 못했지만, 융통성 지표는 아동이 다른 장애를 함께 가지고 있었는지 여부나 치료 성과와 어떠한 관계도 없었다. 여기서 중요한 점은 융통성이 어떻게 정의되든 간에 주의 깊고 체계적인 검증의 여지가 남아 있다는 점이다. 켄달(1998)은 치료 매뉴얼화로 인해 제기된 또 다른 쟁점들 역시 경험적인 연구가 가능하며, '뜨거운' 공론의 영역에 남겨 둘 필요가 없다고 주장한다.

두 번째 사례는 융통성에 대한 논쟁들이 경험적으로 어떻게 다루어질 수 있는가를 설명하는 데 도움을 줄 수 있다. 이 연구들에서 매뉴얼에 기초한 치료법은 개인의 특정 특성이나 프로파일을 이미 효과성이 입증된 치료법의 특정 요소나 성분에서 걸맞도록 짝짓는 융통성 있는 방식으로 '개별화'되었다. 이러한 노력들은 아시에르노, 헤르센, 반 하셀트와 앰머만(Acierno, Hersen, Van Hasselt, & Ammerman, 1994)이 '처방된 걸맞추기(matching)'라고 불렀다. 이 접근의 핵심은 치료에 대한 개별 사례 접근이 보편적 접근(예를 들어, 범불안장애 진단을 받은 모든 환자가 실제로 똑같지는 않다—수십 년 전 키슬러[Kiesler, 1966]가 발표한 동질성 미신)보다 긍정적인 치료 성과를 산출하는 데 더 효과적이라는 가정이다.

아동 및 청소년 분야에서 아이젠과 실버먼(Eisen & Silverman, 1993, 1998)은 공포 및 불안을 지닌 아동 대상의 치료에서 처방된 걸맞추기의 가치에 대한 예비적인 지지를 제공하였다. 첫 번째 연구에서 인지치료, 이완 훈련 그리고 결합 치료의 효율성이 4명의 과잉불안 아동(6~15세)을 대상으로 피검자들 간의 중다 기저선 설계를 사용하여 검증되었다. 아동들은 (역균형화된) 이완 훈련 및 인지치료를 받은 이후에 두 치료법의 요소들을 합친 결합 치료를 받았다. 결과들은 치료적 개입이 아동의 특정 문제와 부합될 때 가장 효과적임을 시사한다. 즉, 걱정을 주요 증상으로 지닌 아동들은 인지치료에 더 잘 반응한 반면, 주로 신체화 증상들을 호소하던 아이들은 이완치료에 가장 잘 반응하였다. 과잉불안장애로 진단된 8~12세의 아동 4명을 대상으로 한 두 번째 연구에서도 유사한 결과가 발견되었다(Eisen & Silverman, 1998). 주요 증상에 따른 치료와 반응 범주 사이의 부합에 기초하여 처방된 개입들(인지 증상에 대한 인지치료, 신체화 증상들에 대한 이완치료)은 가장 큰 변화를 산출했으며, 향상된 치료 효과를 낳았다. 단일 사례 설계와 연관된 제한점 때문에 이 발견들은 예비 연구로 간주되어야 한다. 우리가 아는 바로는 이 문제를 검증하기 위한 통제된 집단 설계 연구가 하나도 없었다. 그럼에도 이 연구들은 경험적으로 지지된 치료 매뉴얼의 사용에서 치료법을 개별화하고 융통성을 탐색하는 또 다른 가능한 방법을 보여 준다.

관련된 맥락에서, 초피타, 테일러, 프랜시스, 모핏과 오스틴(Chorpita, Taylor, Francis, Moffitt, & Austin, 2004)은 내담자의 특성에 맞춰 프로토콜을 체계적으로 개정한 아동기 불안의 '모듈식' 개입의 성공적인 적용을 입증하였다. 모듈식 접근은 독립적인 모듈로 정의된 개별 훈련 기법을 포함하며, 모듈 선택을 돕기 위해 제공된 순서도(flowchart)를 따라 그 외의 다른 기법들과 통합할 수 있다. 그 연구에서 7명의 불안장애 아동이 중다 기저선 설계를 사용하여 성공적으로 치료받았다. 사용 패턴에 대한 자료는 그 프로토콜의 실시가 꽤 개별적이었음을 시사하였다. 예를 들어, 비록 모든 아동이 심리교육, 노출 그리고 유지 연습에 참여했지만, 단지 29%만이 다른 강화 방략에 참여했으며, 43%는 공식적인 인지 훈련에 참여하였다. 회기의 수는 5~17회기 범위였으며, 7주에서 30주 동안 참여하였다. 즉, 치료는 꽤 개별화되어 있었으며, 효과적이었다. 최근에 초피타와 달레이든(Chorpita & Daleiden, 2009)은 일련의 RCT에서 그러한 접근의 효과를 검증했다.

3) 효율성 및 효과성과 관련된 쟁점들: 치료법의 현장 적용 가능성

증거 기반 치료법에 대한 세 번째 우려 사항은 올렌딕(Ollendick, 1999)이 제기하였는데, 효율성 연구와 효과성 연구의 차이에서 나타난다(Hibbs, 1998; Hoagwood, Hibbs, Brent, & Jensen, 1995). '효율성 연구'는 꽤 표준화된 방식으로 실시된(치료 매뉴얼을 지닌) 치료법을 통해 얻어진 이득이 치료에 의한 것이며, 효과의 입증에 대한 내적 타당도를 위협하는 우연 혹은 다른 다양한 요인에 의한 것이 아닐 때 증명된다. 이 연구들은 전형적으로 실험실이나 대학 장면과 같은 엄격하게 통제된 조건들에서 실시되었다. 이 연구의 대부분은 RCT로 구성되어 있으며, '좋은' 실험설계의 정의에 상응하는 표본 특성들을 명확하게 구체화한다. 최근에 이러한 '실험실에 기초한' 치료법들이 임상적 실제와 같은 현실세계로 적용 가능한지에 대한 우려가 제기되어 왔다. 몇몇은 무선 할당을 사용한 임상적 연구에서의 '피검자들'이 현실에서의 '내담자'를 대표하지 않는다거나 혹은 이 연구의 '실험자들'이 개업 장면에서의 '임상치료자'를 대표하지 않는다고 주장한다. 게다가 엄격하게 통제된 실험실 조건부터 실제 치료 장면의 꽤 불명확한 조건들의 범위까지 장면들 자체가 매우 달랐다는 것이 논쟁거리가 되었다. 웨이즈, 도넨버그, 한과 웨이스(Weisz, Donenberg, Han, & Weiss, 1995)는 실제 임상 장면들을 치료적 개입의 '실질적인 검증' 혹은 '성능 시험장'으로 언급했었다. 이러한 구분은 1949년 임상 훈련의 불더(Boulder) 회의에서 채택되어 60년간 권장되었던 과학과 실제 사이의 탄탄한 교량을 만드는 것의 중요성을 우리에게 일깨워 준다. 이러한 교량을 만드는 것은 그리 쉽지 않으며, 효율성과 효과성 연구들 사이의 간격은 오늘날까지 남아 있다.

그럼에도 심리치료의 외적 타당도를 증명하는 효과성 연구들이 매우 중요하다는 것은 명확하다. 게다가 그것들은 그 치료법이 내담자들에서 관찰된 변화를 이끌었으며, 우연이나 다른 가외 변수들에 의한 것이 아니라는 결론을 내릴 수 있도록 만들어질 필요가 있다. 효과성에 대한 이러한 검색에서 내적 및 외적 타당도 모두를 강조하고, 둘 모두가 동등하게 중요한 것으로 바라보는 것이 중요하다(King & Ollendick, 2008; Ollendick & King, 2000). 물론 임상 치료 연구에서 효율적인 것으로 밝혀진 모든 치료법이 필연적으로 임상 장면에서 효과적인 것은 아니다. 그러한 실패의 이유에는 덜 통제된 임상 장면에서의 치료 절차를 수행하는 것과 그 장면에서 내담자 및 치료자 모두가 효율적인 치료법이라고 수용할 수 있는가 하는 문제를 포함한다. 최종 분석에서, RCT에서 발견되고 연구에 기초한 장면에서 만들어진 효과가 '실제'의 임상 장면으로 일반화되는지 여부는 추가적인 연구가 필요한 경험적 의문점으로 남아 있다(이 문제에 대한 추가적인 논의는 Kendall & Ollendick, 2004; Kendall & Southam-Gerow, 1995; Persons & Silberschatz, 1998을 보라).

현장 적용 가능성과 효율성 대 효과성 연구들을 둘러싼 쟁점들은 꽤 광범위하다(치료자 훈련, 치료자에 대한 지도감독, 동질적-이질적 표본, 매뉴얼의 개발, 매뉴얼에 대한 충실성, 매뉴얼에 기초한 치료법을 실시하는 유능성, 그리고 임상가와 내담자 모두의 매뉴얼에 기초한 치료법의 수용 가능성 등). 웨이즈와 동료들(1998)은 효과성 연구에서 효율성을 구분한 아동 심리치료 성과 연구들과 관련된 일단의 특징을 확인하였다. 그들은 '연구' 치료를 덜 심각한 형태의 아동 정신병리 및 단일한 문제를 지닌 상대적으로 동질적인 집단에 제공하는 것으로 정의하였다. 또한 그들은 그 연구들이 연구 실험실이나 학교 장면에서 '말 그대로' 연구자인 임상가들에 의해 실시되었고, 이들은 주의 깊게 훈련되고 지도 감독되었으며, 내담자 부담이 덜한 사람들이었다고 밝혔다. 최종적으로, 그 연구들은 대개 행동주의적 혹은 인지행동적 특성을 지닌 매뉴얼화된 치료법을 주로 사용한다. 대조적으로 '임상' 치료는 치료에 자주 의뢰되는 다양한 임상적 문제를 지닌 이질적인 아동 집단에게 실시되는 것으로 특징지어진다. 그 장면에서의 치료법은 치료자가 '과중한' 사례로 시달리고, 심리치료 훈련을 거의 받지 않았으며, 주의 깊게 지도 감독되거나 감찰되지 않은 '진짜' 치료자들에 의해 클리닉이나 학교 혹은 병원 장면에서 이루어진다. 끝으로, 치료 매뉴얼은 거의 사용되지 않으며, 치료의 주요 형태는 대개 비행동주의적이다.

명백하게 많은 차이가 나타난다. 비록 그 구분이 중요할지라도, 그것들은 실험실이나 임상 장면에서 만들어진 연구의 특징을 보이거나 보이지 않는 것에 대해 과도하게 일반화하는 경향성이 있다. 게다가 그것들은 화합의 영역을 정의하기보다는 연구 유형의 차이를 강조하며, 실험실과 클리닉 연구 사이의 가교이기보다는 골을 만드는 것 같다. 우리는 두 연구를 제시함으로써 이러한 구분이 어떻게 흐려지는지에 대해 설명할 것이다. ① 켄달과 동료들(1997)이 수행한 '연구' 치료, ② 웨이스와 동료들(1999)이 의해 수행한 '임상' 치료 연구.

켄달과 동료들(1997)의 연구에서, 불안한 아동 대상의 CBT 효율성이 대기자 조건과 비교되었다. 치료 효율성은 치료 직후 및 1년의 추후 조사를 통해 확인되었다. RCT가 도입되었고, 상세하지만 융통성 있는 매뉴얼이 사용되었으며, 임상적 부담이 적은 잘 훈련되고 지도감독을 받는 석사 수준의 치료자가 실시하였다. 치료는 대학교에 기반을 둔 클리닉에서 실시되었다. 지역사회 내 다양한 곳으로부터 94명의 아동(9~13세)과 그들의 부모가 의뢰되어 참여하였다(자원자 혹은 학교 장면의 정상 아동이 아님). 그들 모두는 불안장애로 진단받았으며(어느 정도 심각한 수준의 문제가 있는 것으로 증명됨), 대부분은 다른 장애를 함께 가지고 있었다(다른 불안장애, 기분장애 그리고 파괴적 행동장애 등을 포함하여 이 아동들에서 보이는 다양한 문제를 확인). 요약하면, 불안장애를 지니고 있으면서 상대적으로 이질적인 아동 표본이 치료를 받았다. 치료법은 치료 직후 및 1년의 추후 조사 모두에서 매우 효과적임이 밝혀졌다. 이 연구는 '연구' 치료 및 '임상' 치료 모두와 관련된 몇몇 특징을 활용한 것으로 밝혀졌다.

앞서 언급한 웨이스와 동료들(1999)의 연구에서, 외래 장면(학교 장면)의 정기적인 치료가 주의 통제 위약 조건(학업 교습)과 비교하여 평가되었다. 7명의 치료자는 표준적인 임상 수련 이후에 고용되었으며(6명은 숙련된 임상가이고, 1명은 박사 수준의 임상심리학자임), 그들이 필요하다고 믿는 어떤 치료적 개입이든지 선택하여 사용하도록 허용되었다(대부분 정신역동적-인본주의적 혹은 인지적 방략을 선택하고 사용했음). 매뉴얼은 사용되지 않았다. 그들은 임상 시험의 한 부분으로서 추가적인 훈련을 받지 않았으며, 최소한의 지도감독만을 받았다. 160명의 아동이 2개의 '실험' 조건 중 하나에 무선 할당되었다. 아동들은 학교 장면에서 선정되었으며, 불안, 우울, 공격성 및 부주의와 같은 문제를 보였다. 진단 자료는 얻어지지 않았다. 하지만 확인된 아동들은 다양하고 심각한 문제들을 지니고 있는 이질적인 표본인 것으로 보인다. 앞서 언급한 것처럼, 이 연구에서 수행된 것과 같은 전통적인 치료는 확실히 비효과적임이 밝혀졌다. 단지 '임상' 치료의 몇몇 특징만이 이 연구에서 확인되었으며, 약간의 '연구' 치료의 특징도 확인되었다.

이 연구들은 효율성 및 효과성 연구들 사이의 구분이 항상 쉬운 것은 아님을 보여 준다. 아마도 더 중요한 것은 그것들이 연구 및 임상 장면에서의 간격을 메워 줄 수 있도록 수행될 필요가 있는 연구 유형에 대해 설명한다는 점이다.

초피타(2003)는 효율성-효과성 구분이 적어도 네 가지 수준의 고려 사항을 포함하고 있다고 보았다. 진정한 효율성 연구에서 중요한 점은 치료 실제 또는 방략과 성과 사이의 관계를 결정하는 것이다(예를 들어, Chambless & Hollon, 1998; Chambless & Ollendick, 2001). 그러한 연구에서는 전형적으로 '상위의' 구성 요소들이 통제된다(즉, 아동 및 가족들이 주의 깊게 선별되고 선택되며, 치료자들은 많은 훈련을 받고, 지도감독이 강도 높게 진행되며, 종종 저명한 전문가에 의해 이루어짐). 이러한 상위의 요소들을 극대화하는 조건하에서, 특정 문제에 걸맞은 특정 프로토콜에 대한 충실성이 긍정적인 결과와 연관된다는 상당한 확신을 가진다.

두 번째 유형의 연구는 많은 연구자에 의해 효과성 연구로 간주되며, 숀월드와 호그우드(Schoenwald & Hoagwood, 2001)에 의해 '현장 적용 가능성 연구'라고 불리었는데, 이들은 특정 치료적 개입이 진정으로 실제 현장에 적용될 수 있는지 여부에 대해 이야기한다. 본질적으로, 현장 적용 가능성 연구는 실제 현장에서 내담자 조건과 거의 동등하도록 내담자 조건을 더 넓은 범위로 확장시켜 치료를 수행하는 것에 관한 추론을 하는 동시에, 인위적인 실험실 장면에서 치료자 및 지도감독자의 수행을 여전히 극대화한다. 예를 들어, 이러한 접근은 '대인관계 심리치료'가 실생활에서 아동기 우울증을 위한 유망한 접근이라고 말할 수 있게 해 줄 것이다.

세 번째 접근은 기관에 고용된 치료자들(예를 들어, 학교상담가, 정신건강 임상가, 사설 개업가)의 이용을 포함한다(Chorpita, 2003). 숀월드와 호그우드(2001)는 그것이 체계 안에서 채택된 프로토콜의 수행과 관계된다는 점에서 이러한 접근을 '보급' 연구라고 불렀다. 이러한 연구는 '효과성'이란 용어와 대면할 때 쉽게 떠올릴 수 있는 것 같으며, 매우 자연스러운 조건하에서의 개입 수행에 관한 추론을 가능하게 한다(예를 들어, Henggeler, Schoenwald, Borduin, Rowland, & Cunningham, 1998). 그럼에도 그러한 연구에서 지도감독은 여전히 연구 팀에 의해 제공되며, 따라서 연구 팀이 그 체계를 그만둔 이후까지 같은 치료 기준이 유지되는지에 관한 의문이 남는다.

네 번째 접근은 평가되는 체계와 연구 팀이 완전히 독립적인가에 관한 '체계 평가' 연구를 포함한다. 이 방략은 마지막 추론을 가능케 한다. 비록 전체 체계에 관한 연구들이 있음에도 불구하고(Bickman, 1996; Bickman, Lambert, Andrade, & Penaloza, 2000; Burns, Farmer, Angold, Costello, & Behar, 1996), 이것은 진정한 의미의 증거 기반 체계 평가 연구가 아닌데, 실험 조건의 하나로 증거 기반의 치료적 개입을 사용하는 대신에, '일상적인 치료'의 다른 배치와 비교했기 때문이다. 결론적으로, 이 연구의 결과물들은 실제 패턴에서의 차이를 주로 보여주지만(예를 들어, 체계의 접근 가능성, 탈락률) 아동의 수준에 따른 차별적인 성과와의 관련성을 지지하지는 않는다(Bickman, 1999).

포트 브래그 프로젝트 및 다른 유사한 연구들처럼, 일상적 치료 실제에서 앞서 언급했던 긍정적인 아동 성과의 부재는 그러한 '체계' 연구들이 특정한 치료적 적용을 포함한 '하위' 요소들을 통제하지 않았고 구체화하지 않았다는 사실에 아마도 기인하는 것 같다. 따라서 더 상위 수준에서의 방략들(예를 들어, 돌봄 조정, 품질 보증)이 중립적이지 않거나 더 낮은 수준의 열악한 방략들로 인해 손상될 것이라는 것이 증명되지 않았다(Weisz, Han, & Valeri, 1997). 궁극적으로, 체계 맥락 내에서 어떤 작업이 이루어지는가에 대한 이해는 치료법과 체계들이 동시에 조작된다는 점에서 새로운 연구뿐 아니라 새로운 연구 패러다임이 나온 이후에 가능해질 수 있다.

3. 결 론

증거 기반의 치료 실제와 연관된 여러 쟁점을 논의했으며, 어떤 치료법들이 다른 것들에 비해 더 효과적이고, 매뉴얼화하는 것이 연구 및 임상 장면에서 효과적인 치료를 제공하는 데 장애물이 되지 않아야 하며, 실험실 장면에서 실제 임상 장면으로의 치료법의 적용 가능성(비록 아직 꽤 많은 증거가 필요하지만)이 실현 가능하다고 결론 내렸다. 또한 우리는 이러한 쟁점들 각각에 대해 남아 있는 긴장 관계에 주목해 왔으며, 가능한 화합을 이끌 수 있는 다양한 수단을 언급하였다.

다소 의외의 결과이지만, 증거 기반의 심리사회적 치료법들에 대한 우리의 현재 개관은 우리의 모든 자료가 상대적으로 '부족하며', 더 많은 작업이 요망됨을 보여준다. 실제로 우리는 임상 및 연구 장면 모두에서 잘 확립된 상태의 다양한 심리사회적 치료법을 가지고 있지 않다. 하지만 지금은 많은 효과가 있음직한 치료법들이 곧 나타날 것이기에 흥미진진한 시기다. 결국 실험실과 임상 연구들 사이의 큰 간격이 줄어들고 있다. 우리의 클리닉에 방문하는 아동 및 청소년 그리고 그들의 가족을 통해 우리의 합의된 관심이 이러한 접근들의 진정한 통합을 더욱 증진시킬 수 있으며, 실험실의 발견들을 더욱 풍부하고 임상적으로 민감한 실제 현장으로 적용할 수 있을 것이다.

또한 인지행동치료, 대인관계 심리치료 그리고 가족치료가 여러 장애에서 잘 확립된 치료법이긴 하지만, 이러한 치료가 어떤 형태에서 누구에게 실시될 때 가장 최선인지를 결정하는 데 대한 많은 의문점이 남아 있다. 또한 그것들은 왜 그렇게 작동하는가? 이러한 주제들이 제기됨에 따라, 치료 성과에 대한 매개 요인 및 조절 요인을 검증하는 데 훨씬 더 많은 연구가 필요하다(Kazdin & Nock, 2003; King & Ollendick, 2008; Prins & Ollendick, 2003; Silverman & Hinshaw, 2008). 매개 요인에 대한 연구는 치료적 변화가 어떻게 이루어지는지를 알려 주는 반면, 조절 요인은 이러한 변화가 누구에게 그리고 어떤 조건하에서 이루어지는지를 알려 준다. 캐즈딘과 녹(Kazdin & Nock, 2003)은 치료 기제에 대한 연구가 "임상 실제와 환자 관리를 개선해 주는 최선의 장·단기 탐사"라고 제안했다(p. 117). 하지만 우리가 아직까지 변화의 기제에 관해 아는 바가 거의 없다고 결론 내리는 것이 마음 편하다(Ollendick & Shirk, 2011; 또한 Shirk, Jungbluth, & Karver, 이 책 16장도 보라). 또한 공존 질환 및 문화적 다양성과 같은 요인이 치료 성과를 조절할 것이라고 제안하는 연구가 몇 개 있음에도 불구하고, 그 발견들은 실제로 꽤나 빈약한 상태이며(Huey & Polo, 2008; Ollendick, Jarrett, Grills-Taquechel, Hovey, & Wolff, 2008), 이 영역에 대한 더 많은 연구가 필요하다.

아이젱크(Eysenck, 1952)와 레빗(Levitt, 1957)이 치료가 시간의 흐름보다 더 나은 효과를 지니지 않는다는 결론을 내린 이후에 지금까지 수많은 진척이 있어 왔다. 우리는 효과가 있는 치료법을 시행한다. 이 책의 여러 장에서 충분히 제시된 것처럼 많은 장애에서 상당한 진보가 이루어졌다. 하지만 우리의 영예에 안주해서는 안 되며, 아직 수행해야 할 것들이 매우 많이 남아 있다.

참고문헌

Acierno, R., Hersen, M., Van Hasselt, V. B., & Ammerman, R. T. (1994). Remedying the Achilles heel of behavior research and therapy: Prescriptive matching of intervention and psychopathology. *Journal of Behavior Therapy and Experimental Psychiatry, 25,* 179-188.

APA Presidential Task Force on Evidence-Based Practice. (2006). Evidence-based practice in psychology. *American Psychologist, 61,* 271-285.

Barlow, D. H. (Ed.). (2011). *Oxford handbook of clinical psychology.* Oxford, UK: Oxford University Press.

Barlow, D. H., Gorman, J. M., Shear, M. K., & Woods, S. W. (2000). Cognitive-behavioral therapy, imipramine, or their combination for panic disorder: A randomized controlled trial. *Journal of the American Medical Association, 283,* 2529-2536.

Barrett, P., & Ollendick, T. H. (Eds.). (2004). *Handbook of interventions that work with children and adolescents: From prevention to treatment.* London: Wiley.

Beck, A. T., Rush, A. J., Shaw, B. F., & Emery, G. (1979). *Cognitive therapyof depression.* New York: Guilford Press.

Bickman, L. (1996). A continuum of care: More is not always better. *American Psychologist, 51,* 689-701.

Bickman, L. (1999). Practice makes perfect and other myths about mental health services. *American Psychologist, 54,* 965-977.

Bickman, L., Guthrie, P. R., Foster, E. M., Lambert, E. W., Summerfelt, W. T., Breda, C. S., et al. (1995). *Evaluating managed mental health services: The Fort Bragg experiment.* New York: Plenum.

Bickman, L., Lambert, E. W., Andrade, A. R., & Penaloza, R. V. (2000). The Fort Bragg continuum of care for children and adolescents: Mental health outcomes over 5 years. *Journal of Consulting and Clinical Psychology, 68,* 710-716.

Brestan, E. V., & Eyberg, S. M. (1998). Effective psychosocial treatments of conduct-disordered children and adolescents: 29 years, 82 studies, and 5,272, kids. *Journal of Clinical Child Psychology, 27,* 179-188.

Burns, B. J., Farmer, E. M. Z., Angold, A., Costello, E. J., & Behar, L. (1996). A randomized trial of case management for youths with serious emotional disturbance. *Journal of Clinical Child Psychology, 25,* 476-486.

Cnater, M. B., Bennett, B. E., Jones, S. E., & Nagy, T. F. (1994). *Ethics for psychologists: A commentary on the APA ethics code.* Washington, DC: American Psychological Association.

Casey, R. J., & Berman, J. S. (1985). The outcome of psychotherapy with children. *Psychological Bulletin, 98,* 388-400.

Chambless, D. L. (1996). In defense of dissemination of

empirically supported psychological interventions. *Clinical Psychology: Science and Practice, 3,* 230-235.

Chambless, D. L., & Hollon, S. D. (1998). Defining empirically supported therapies. *Journal of Consulting and Clinical Psychology, 66,* 7-18.

Chambless, D. L., & Ollendick, T. H. (2001). Empirically supported psychological interventions: Controversies and evidence. *Annual Review of Psychology, 52,* 685-716.

Chorpita, B. F. (2003). The frontier of evidence-based practice. In A. E. Kazdin & J. R. Weisz (Eds.), *Evidence-based psychotherapies for children and adolescents* (pp. 42-59). New York: Oxford University Press.

Chorpita, B. F., & Daleiden, E. L. (2009). Mapping evidence-based treatments for children and adolescents: Application of the distillation and matching model to 615 treatments from 322 randomized trials. *Journal of Consulting and Clinical Psychology, 77,* 56-579.

Chorpita, B. F., Daleiden, E. L., & Weisz, J. R. (2005). Identifying and selecting the common elements of evidence based interventions: A distillation and matching model. *Mental Health Services Research, 7,* 5-20.

Chorpita, B. F., & Donkervoet, C. M. (2005). Implementation of the Felix Consent Decree in Hawaii: The impact of policy and practice development efforts on service delivery. In R. G. Steele & M. C. Roberts (Eds.), *Handbook of mental health services for children, adolescents, and families* (pp. 317-332). New York: Kluwer.

Chorpita, B. F., Taylor, A. A., Francis, S. E., Moffitt, C. E., & Austin, A. A. (2004). Efficacy of modular cognitive behavior therapy for childhood anxiety disorders. *Behavior Therapy, 35,* 263-287.

Craighead, W. E., & Craighead, L. W. (1998). Manual-based treatments: Suggestions for improving their clinical utility and acceptability. *Clinical Psychology: Science and Practice, 5,* 403-407.

Daleiden, E. (2004). Child status measurement: System performance improvements during fiscal years 2002-2004. Honolulu, HI: Hawaii Department of Health Child and Adolescent Mental Health Division. Available at.

Daleiden, E. L., & Chorpita, B. F. (2005). From data to wisdom: Quality improvement strategies supporting large-scale implementation of evidence based services. *Child and Adolescent Psychiatric Clinics of North America, 14,* 329-349.

Dare, C., Eisler, I., Russell, G. F., & Szmukler, G. I. (1990). The clinical and theoretical impact of a controlled trial of family therapyin anorexia nervosa. *Journal of Marital and Family Therapy, 16,* 39-57.

David-Ferdon, C., & Kaslow, N. J. (2008). Evidence-based psychosocial treatments for child and adolescent depression. *Journal of Clinical Child and Adolescent Psychology, 37,* 62-104.

Durlak, J. A., Wells, A. M., Cotton, J. K. & Johnson, S. (1995). Analysis of selected methodological issues in child psy-chotherapy research. *Journal of Clinical Child Psychology, 24,* 141-148.

Eiffert, G. H., Schulte, D., Zvolensky, M. J., Lejuez, C. W., & Lau, A. W. (1998). Manualized behavior therapy: Merits and challenges. *Behavior Therapy, 28,* 499-509.

Eisen, A. R., & Silverman, W. K. (1993). Should I relax or change my thoughts?: A preliminary examination of cognitive therapy, relaxation training, and their combination with overanxious children. *Journal of Cognitive Psychotherapy: An International Quarterly, 7,* 265-279.

Eisen, A. R., & Silverman, W. K. (1998). Prescriptive treatment for generalized anxiety disorder in children. *Behavior Therapy, 29,* 105-121.

Eyberg, S. M., Nelson, M. M., & Boggs, S. R. (2008). Evidence-based psychosocial treatments for children and adolescents with disruptive behavior. *Journal of Clinical Child and Adolescent Psychology, 37,* 215-237.

Eysenck, H. J. (1952). The effects of psychotherapy: An evaluation. *Journal of Consulting Psychology, 16,* 319-324.

Goldfried, M. R., & Wolfe, B. E. (1996). Psychotherapy practice and research: Repairing a strained alliance. *American Psychologist, 51,* 1007-1016.

Heimberg, R. G. (1998). Manual-based treatment: An essential ingredient of clinical practice in the 21st century. *Clinical Psychology: Science and Practice, 5,* 387-390.

Henggeler, S. W., Schoenwald, S. K., Borduin, C. M., Rowland, M. D., & Cunningham, P. B. (1998). *Multisystemic treatment of antisocial behavior in children.* New

York: Guilford Press.

Hibbs, E. D. (1998). Improving methodologies for the treatment of child and adolescent disorders. *Journal of Abnormal Child Psychology, 26,* 1-6.

Hoagwood, K., Hibbs, E., Brent, D., & Jensen, P. (1995). Introduction to the special section: Efficacy and effectiveness in studies of child and adolescent psychotherapy. *Journal of Consulting and Clinical Psychology, 63,* 683-687.

Huey, S. J., Jr., & Polo, A. J. (2008). Evidence-based psychosocial treatments for ethnic minority youth. *Journal of Clinical Child and Adolescent Psychology, 37,* 262-301.

Kaslow, N. J., & Thompson, M. P. (1998). Applying the criteria for empirically supported treatments to studies of psychosocial interventions for child and adolescent depression. *Journal of Clinical Child Psychology, 27,* 146-155.

Kazdin, A. E. (1998). *Research design in clinical psychology* (3rd ed.). Boston: Allyn & Bacon.

Kazdin, A. E. (2000). Developing a research agenda for child and adolescent. *Archives of General Psychiatry, 57,* 829-836.

Kazdin, A. E., Bass, D., Ayers, W. A., & Rodgers, A. (1990). Empirical and clinical focus of child and adolescent psychotherapy research. *Journal of Consulting and Clinical Psychology, 58,* 729-740.

Kazdin, A. E., & Nock, M. K. (2003). Delineating mechanisms of change in child and adolescent therapy: Methodological issues and research recommendations. *Journal of Child Psychology and Psychiatry, 44,* 1116-1129.

Keel, P. K., & Haedt, A. (2008). Evidence-based psychosocial treatments for eating problems and disorders. *Journal of Clinical Child and Adolescent Psychology, 37,* 39-61.

Kendall, P. C. (1998). Directing misperceptions: Researching the issues facing manual-based treatments. *Clinical Psychology: Science and Practice, 5,* 396-399.

Kendall, P. C. (2002). *Coping Cat therapist manual.* Ardmore, PA: Workbook Publishing.

Kendall, P. C. (Ed.). (2006). *Child and adolescent therapy* (3rd ed.). New York: Guilford Press.

Kendall, P. C., & Beidas, R. (2007). Smoothing the trail for dissemination of evidence-based practices for youth: Flexibility within fidelity. *Professional Psychology: Research and Practice, 38,* 12-20.

Kendall, P. C., & Comer, J. S. (2011). Research methods in clinical psychology. In D. Barlow (Ed.), *Oxford handbook of clinical psychology* (pp. 52-75). New York: Oxford University Press.

Kendall, P. C., & Chu, B. C. (2000). Retrospective self-reports of therapist flexibility in a manual-based treatment for youths with anxiety disorders. *Journal of Clinical Child Psychology, 29,* 209-220.

Kendall, P. C., Chu, B., Gifford, A., Hayes, C., & Nauta, M. (1998). Breathing life into a manual: Flexibility and creativity with manual-based treatments. *Cognitive and Behavioral Practice, 5,* 177-198.

Kendall, P. C., Flannery-Schroeder, E., & Ford, J. D. (1999). Therapy outcome research methods. In P. C. Kendall, J. N. Butcher, & G. N. Holmbeck (Eds.), *Handbook of research methods in clinical psychology* (2nd ed., pp. 330-363). New York: Wiley.

Kendall, P. C., Flannery-Schroeder, E., Panichelli-Mindel, S. M., Southam-Gerow, M., Henin, A., & Warman, M. (1997). Therapy for youths with anxiety disorders: A second randomized clinical trial. *Journal of Consulting and Clinical Psychology, 65,* 366-380.

Kendall, P. C., Gosch, E., Furr, J., & Sood, E. (2008). Flexibility within fidelity. *Journal of the American Academy of Child and Adolescent Psychiatry, 47,* 987-993.

Kendall, P. C., Kane, M., Howard, B., & Siqueland, L. (1990). *Cognitive-behavior treatment of anxious children: Treatment manual.* Ardmore, PA: Workbook Publishing.

Kendall, P. C., & Ollendick, T. H. (2004). Setting the research and practice agenda for anxiety in children and adolescence: A topic comes of age. *Cognitive and Behavioral Practice, 11,* 65-74.

Kendall, P. C., & Southam-Gerow, M. A. (1995). Issues in the transportability of treatment: The case of anxiety disorders in youth. *Journal of Consulting and Clinical Psychology, 63,* 702-708.

Kiesler, D. J. (1966). Some myths of psychotherapy research and the search for a paradigm. *Psychological Bulletin, 65,*

110-136.

King, N. J., & Ollendick, T. H. (1998). Empirically validated treatments in clinical psychology. *Australian Psychologist, 33,* 89-95.

King, N. J., & Ollendick, T. H. (2008). Lead article: The elegant psychosocial intervention: A heuristic conceptual framework for clinicians and researchers. *Behavioural and Cognitive Psychotherapy, 36,* 253-261.

Kinscherff, R. (1999). Empirically supported treatments: What to do until the data arrive (or now that they have)? *Clinical Child Psychology Newsletter, 14,* 4-6.

Klerman, G. L., Weissman, M. M., Rounsaville, B. J., & Chevron, E. (1984). *Interpersonal psychotherapy of depression.* New York: Academic Press.

Lambert, M. J. (1998). Manual-based treatment and clinical practice: Hangman of life or promising development? *Clinical Psychology: Science and Practice, 5,* 391-395.

Lambert, M. J., & Ogles, B. M. (1988). Treatment manuals: Problems and promise. *Journal of Integrative and Eclectic Psychotherapy, 7,* 187-204.

Levitt, E. E. (1957). The results of psychotherapy with children: An evaluation. *Journal of Consulting and Clinical Psychology, 21,* 189-196.

Levitt, E. E. (1963). Psychotherapy with children: A further evaluation. *Behaviour Research and Therapy, 60,* 326-329.

Lock, J., le Grange, D., Agras, W. S., & Dare, C. (2001). *A treatment manual for anorexia nervosa: A family-based approach.* New York: Guilford Press.

Luborsky, L., & DuRubeis, R. (1984). The use of psychotherapy treatment manuals: A small revolution in psychotherapy research style. *Clinical Psychology Review, 4,* 5-14.

Mattis, S. G., & Ollendick, T. H. (2002). *Panic disorder and anxiety in adolescence.* Oxford, UK: BPS Blackwell.

Mufson, L., Moreau, D., Weissman, M. M., Wickramaratne, P., Martin, J., & Samoilov, A. (1994). Modification of interpersonal psychotherapy with depressed adolescents (IPT-A): Phase I and II studies. *Journal of the American Academy of Child and Adolescent Psychiatry, 33,* 695-705.

Mufson, L., Weissman, M. M., Moreau, D., & Garfinkel, R. (1999). Efficacy of interpersonal psychotherapy for depressed adolescents. *Archives of General Psychiatry, 56,* 573-579.

Nathan, P. E., & Gorman, J. M. (Eds.). (2007). *A guide to treatments that work* (3rd ed.). New York: Oxford University Press.

Ollendick, T. H. (1995a). Cognitive-behavior treatment of panic disorder with agoraphobia in adolescents: A multiple baseline analysis. *Behavior Therapy, 26,* 517-531.

Ollendick, T. H. (1995b). AABT and empirically validated treatments. *Behavior Therapist, 18,* 81-82.

Ollendick, T. H. (1999). Empirically supported treatments: Promises and pitfalls. *Clinical Psychologist, 52,* 1-3.

Ollendick, T. H., & Davis, T. E., III. (2004). Empirically supported treatments for children and adolescents: Where to from here? *Clinical Psychology: Science and Practice, 11,* 289-294.

Ollendick, T. H., Jarrett, M. A., Grills-Taquechel, A. E., Hovey, L. D., & Wolff, J. (2008). Comorbidity as a predictor and moderator of treatment outcome in youth with anxiety, affective, AD/HD, and oppositional/conduct disorders. *Clinical Psychology Review, 28,* 1447-1471.

Ollendick, T. H., & King, N. J. (1998). Empirically supported treatments for children with phobic and anxiety disorders: Current status. *Journal of Clinical Child Psychology, 27,* 156-167.

Ollendick, T. H., & King, N. J. (2000). Empirically supported treatments for children and adolescents. In P. C. Kendall (Ed.), *Child and adolescent therapy: Cognitive behavioral procedures* (2nd ed., pp. 386-425). New York: Guilford Press.

Ollendick, T. H., & King, N. J. (2004). Empirically supported treatments for children and adolescents: Advances toward evidence-based practice. In P. M. Barrett & T. H. Ollendick (Eds.), *Handbook of interventions that work with children and adolescents: Prevention and treatment* (pp. 1-26). Chichester, UK: Wiley.

Ollendick, T. H., King, N. J., & Chorpita, B. F. (2006). Empirically supported treatments for children and adolescents. In P. C. Kendall (Ed.), *Child and adolescent therapy: Cognitive-behavioral procedures* (3rd ed., pp. 492-520).

New York: Guilford Press.
Ollendick, T. H., & Shirk, S. R. (2011). Clinical interventions with children and adolescents: Current status, future directions. In D. H. Barlow (Ed.), *Oxford handbook of clinical psychology* (pp. 762-788). Oxford, UK: Oxford University Press.
Patterson, G. R., & Gullion, M. E. (1968). *Living with children: New methods for parents and teachers*. Champaign, IL: Research Press.
Persons, J. B. (1998). Paean to data. *Behavior Therapist, 21,* 123.
Persons, J. B., & Silberschatz, G. (1998). Are results of randomized controlled trials useful to psychotherapists? *Journal of Consulting and Clinical Psychology, 66,* 126-135.
Prins, P. M. J., & Ollendick, T. H. (2003). Cognitive change and enhanced coping: Missing mediational links in cognitive behavior therapy with anxiety-disordered children. *Clinical Child and Family Psychology Review, 6,* 87-105.
Rossello, J., & Bernal, G. (1999). The efficacy of cognitive-behavioral and interpersonal treatments for depression in Puerto Rican adolescents. *Journal of Consulting and Clinical Psychology, 67,* 734-745.
Sackett, D., Richardson, W., Rosenberg, W., & Haynes, B. (1997). *Evidence-based medicine.* London: Churchill Livingston.
Sackett, D., Richardson, W., Rosenberg, W., & Haynes, B. (2000). *Evidence-based medicine* (2nd ed.). London: Churchill Livingston.
Schoenwald, S. K., & Hoagwood, K. (2001). Effectiveness, transportability, and dissemination of interventions: What matters when? *Psychiatric Services, 52,* 1190-1197.
Seligman, L. D., Goza, A. B., & Ollendick, T. H. (2004). Treatment of depression in children and adolescents. In P. M. Barrett & T. H. Ollendick (Eds.), *Handbook of interventions that work with children and adolescents* (pp. 301-328). Chichester, UK: Wiley.
Seligman, M. E. P. (1995). The effectiveness of psychotherapy. *American Psychologist, 50,* 965-974.
Silverman, W. H. (1996). Cookbooks, manuals, and paint-by-numbers: Psychotherapy in the 90's. *Psychotherapy, 33,* 207-215.
Silverman, W. K., & Hinshaw, S. P. (2008). The second special issue on evidence-based psychosocial treatments for children and adolescents: A 10-year update. *Journal of Clinical Child and Adolescent Psychology, 37,* 1-7.
Silverman, W. K., Pina, A. A., & Viswesvaran, C. (2008). Evidence-based psychosocial treatments for phobic and anxiety disorders in children and adolescents. *Journal of Clinical Child and Adolescent Psychology, 37,* 105-130.
Smith, E. W. L. (1995). A passionate, rational response to the "manualization" of psychotherapy. *Psychotherapy Bulletin, 30,* 36-40.
Strosahl, K. (1998). The dissemination of manual-based psychotherapies in managed care: Promises, problems, and prospects. *Clinical Psychology: Science and Practice, 5,* 382-386.
Strupp, H. H., & Anderson, T. (1997). On the limitations of therapy manuals. *Clinical Psychology: Science and Practice, 4,* 76-82.
Strupp, H. H., & Binder, J. L. (1984). *Psychotherapy in a new key: A guide to time-limited dynamic psychotherapy.* New York: Basic Books.
Task Force on Promotion and Dissemination. (1995). Training in and dissemination of empirically validated treatments: Report and recommendations. *Clinical Psychologist, 48,* 3-23.
Walkup, J. T., Albano, A. M., Piacentini, J., Birmaher, B., Compton, S. N., Sherrill, J. T., et al. (2008). Cognitive behavioral therapy, sertraline, or combination in childhood anxiety. *The New England Journal of Medicine, 359,* 2753-2766.
Weersing, V. R., & Weisz, J. R. (200). Community clinic treatment of depressed youth: Benchmarking usual care against CBT clinical trials. *Journal of Consulting and Clinical Psychology, 70,* 299-310.
Weiss, B., Cartron, T., Harris, V., & Phung, T. M. (1999). The effectiveness of traditional child psychotherapy. *Journal of Consulting and Clinical Psychology, 67,* 82-94.
Weisz, J. R., Donenberg, G. R., Han, S. S., & Weiss, B. (1995). Bridging the gap between laboratory and clinic in child and adolescent psychotherapy. *Journal of Consul-*

ting and Clinical Psychology, 63, 688-701.

Weisz, J. R., Han, S. S., & Valeri, S. M. (1997). More of what?: Issues raised by the Fort Bragg Study. *American Psychologist, 52,* 541-545.

Weisz, J. R., Huey, S. J., & Weersing, V. R. (1998). Psychotherapy outcome research with children and adolescents: The state of the art. In T. H. Ollendick & R. J. Prinz (Eds.), *Advances in clinical child psychology* (Vol. 20, pp. 49-91). New York: Plenum.

Weisz, J. R., Weiss, B., Alicke, M. D., & Klotz, M. L. (1987). Effectiveness of psychotherapy with children and adolescents: A meta-analysis for clinicians. *Journal of Consulting and Clinical Psychology, 55,* 542-549.

Weisz, J. R., Weiss, B., Han, S. S., Granger, D. G., & Morton, T. (1995). Effects of psychotherapy with children and adolescents revisited: A meta-analysis of treatment outcome studies. *Psychological Bulletin, 117,* 450-468.

Westen, D., Novotny, C. M., & Thompson-Brenner, H. (2004). The empirical status of empirically supported psychotherapies: Assumptions, findings, and reporting in controlled clinical trials. *Psychological Bulletin, 130,* 631-663.

Wilson, G. T. (1996a). Manual-based treatments: The clinical application of research findings. *Behaviour Research and Therapy, 34,* 295-314.

Wilson, G. T. (1996b). Empirically validated treatments: Reality and resistance. *Clinical Psychology: Science and Practice, 3,* 241-244.

Wilson, G. T. (1998). Manual-based treatment and clinical practice. *Clinical Psychology: Science and Practice, 5,* 363-375.

Woody, S. R., & Ollendick, T. H. (2007). Technique factors in treating anxiety disorders. In L. Castonguay & L. F. Beutler (Eds.), *Principles of therapeutic change that work* (pp. 167-186). New York: Oxford University Press.

Zvolensky, M. J., & Eiffert, G. H. (1998). Standardized treatments: Potential ethical issues for behavior therapists? *Behavior Therapist, 21,* 1-3.

Zvolensky, M. J., & Eiffert, G. H. (1999). Potential ethical issues revisited: A reply to Persons. *Behavior Therapist, 22,* 40.

찾아보기

저자 소개

편저자 소개

Philip C. Kendall

미국 전문심리학협회 이사(ABPP)인 Philip C. Kendall 박사는 Laura H. Carnell 교수이자 템플 대학교 심리학과의 저명한 교수로 아동 · 청소년 불안장애 클리닉의 소장이다. Kendall 박사는 35년간 연구자, 학자, 임상가로 일해 왔다. 그의 공헌은 아동 · 청소년 불안장애 치료에 대한 초창기 작업, 인지행동 이론과 평가 및 치료, 연구방법론, 그리고 아동 · 청소년 정신병리와 치료에 대한 개념화와 이해 등을 포함한다. 그는 30권 이상의 저서와 20개 이상의 치료 매뉴얼과 워크북을 포함하여 450편 이상을 출판하였다. 아동 · 청소년을 위한 코핑 캣(Coping Cat) 프로그램과 같은 그의 치료는 수십 가지 언어로 번역되었고, 여러 기관으로부터 20년 이상 계속해서 연구비 지원을 받아 왔다. 그는 모든 사회과학과 의학 분야에서 가장 '많이 인용되는' 사람 중 한 명이며, 임상심리학 분야에서 미국심리학회(APA)에서 승인한 157개 프로그램의 모든 교수 회원의 추천으로 최근의 양적 분석 출판물에서 다섯 번째 순위에 올랐다. Kendall 박사는 행동과학의 진보연구센터(Center for Advanced Study in the Behavioral Sciences)의 특별회원이며, 미국 불안장애학회로부터 초대 우수연구상, 템플 대학교로부터 '위대한 스승상', 세 개 주에서 필라델피아 매거진의 '최우수 치료자', APA 임상 아동 · 청소년 심리학 분과(53분과)와 임상심리학 분과(12분과)로부터 우수 경력 연구자상 등 수많은 상을 받았다. 그는 APA 임상 아동 · 청소년 심리학 분과와 AABT(지금의 ABCT[Association for Behavioral and Cognitive Therapies]), 그리고 미국 전문심리학협회의 아동 · 청소년 위원회 회장을 역임하였다.

공동저자 소개

Prena Arora, MA Department of Educational Psychology, University of Texas and Texas Child Study Center, Austin, Texas.

Leah E. Behl, PhD Child Abuse Research Education and Service(CARES) Institute, UMDNJ–School of Osteopathic Medicine, Stratford, New Jersey.

Christine A. Burke, MEd Centre for Mindfulness Research and Practice, School of Psychology, University of Wales, Bangor, Wales, United Kingdom.

Bruce F. Chorpita, PhD Department of Psychology, University of California, Los Angeles, Los Angeles, California.

Esther Deblinger, PhD Child Abuse Research Education and Service(CARES) Institute, UMDNJ–School of Osteopathic Medicine, Stratford, New Jersey.

Katie A. Devine, PhD Department of Radiation Oncology, University of Rochester Medical Center, Rochester, New York.

Christianne Esposito-Smythers, PhD Department of Psychology, George Mason University, Farifax, Virginia.

A. J. Finch, Jr., PhD, ABPP Department of Psychology, The Citadel, Charleston, South Carolina.

David P. FitzGerald, PhD Department of Medical Psychiatry, Duke University Medical Center, Durham, North Carolina.

Martin E. Franklin, PhD Department of Psychiatry, University of Pennsylvania School of Medicine, Philadelphia, Pennsylvania.

A. Cash Ghee, PhD Department of Psychology, Xavier University, Cincinnati, Ohio.

Alissa R. Glickman, PhD Child Abuse Research Education and Service(CARES) Institute, UMDNJ–School of Osteopathic Medicine, Stratford, New Jersey.

Becky, L. Hashim, MA Departments of Pediatrics and Psychiatry and Behavioral Sciences, Albert Einstein College of Medicine, Bronx, New York.

Stephen P. Hinshaw, PhD Department of Psychology, University of California, Berkely, Berkely, California.

Grayson N. Holmbeck, PhD Department of Psychology, Loyola University, Chicago, Illinois.

Nathaniel Jungbluth, PhD Department of Psychology, University of Denver, Denver, Colorado.

Marc Karver, PhD Department of Psychology, University of South Florida, Tampa, Florida.

Andrea E. Kass, BA Department of Psychology, Washington University, St. Louis, Missouri.

Philip C. Kendall, PhD, ABPP Department of Psychology and Child and Adolescent Anxiety Disorders Clinic, Temple University, Philadelphia, Pennsylvania.

Neville J. King, PhD Faculty of Education, Monash University, Clayton, Victoria, Australia.

Rachel P. Kolko, BA Department of Psychology, Washington University, St. Louis, Missouri.

Annett M. La Greca, PhD, ABPP Department of Psychology, University of Miami, Coral Gables, Florida.

John E. Lochman, PhD, ABPP Department of Psychology, University of Alabama, Tuscaloosa, Florida.

John S. March, MD Department of Child and Adolescent Psychiatry, Duke University, Durham, North Carolina.

Adam Miller, BA Department of Psychology, George Mason University, Fairfax, Virginia.

Alec L. Miller, PsyD Department of Psychiatric and Behavioral Sciences, Albert Einstein College of Medicine, Bronx, New York.

Meghan Miller, MA Department of Psycology, University of California, Berkeley, Berkeley, California

W. Michael Nelson III, PhD, ABPP Department of Psychology, Xavier University, Cincinnati, Ohio.

Thomas H. Ollendick, PhD, ABPP Department of Psychology and Child Study Center, Virginia Polytechnic Institute and University, Blacksburg, Virginia.

Puja Patel, PhD Department of Education Psychology, University of Texas and Texas Child Study Center, Austin, Texas.

Tara S. Peris, PhD Department of Psychiatry and Biobehavioral Sciences, University of California, Los Angeles, Los Angeles, California.

John C. Piacentini, PhD, ABPP Department of Psychiatry and Biobehavioral Sciences, University of California,

Los Angeles, Los Angeles, California.

Nicole R. Powell, PhD Department of Psychology, University of Alabama, Tuscaloosa, Alabama.

Kriston Schellinger, MA Department of Psychology, Loyola University, Chicago, Illinois.

Randye J. Semple, PhD Department of Psychiatric and the Behavioral Sciences, Keck School of Medicine, University of Southern California, Los Angeles, California.

Stephen Shirk, PhD Department of Psychology, University of Denver, Denver, Colorado.

Wendy K. Silverman, PhD, ABPP Department of Psychology and Child Phobia Center, Florida International University, Miami, Florida.

Heather L. Smith, PhD Department of Psychiatric and Behavioral Science, Albert Einstein College of Medicine, Bronx, New York.

Anthony Spirito, PhD, ABPP Department of Psychiatry and Human Behavior and Center for Alcohol and Addiction Studies, Brown University, Providence, Rhode Island.

Kevin D. Stark, PhD Department of Educational Psychology, University of Texas and Texas Child Study Center, Austin, Texas.

Richard I. Stein, PhD Department of Internal Medicine, Washington University School of Medicine, St. Louis, Missouri.

William Streusand, MD Texas Child Study Center, Austin, Texas.

Elizabeth Tuminello, MA Department of Psychology, Loyola University, Chicago, Illinois.

Rachel Wasserman, MA Department of Psychology, Loyola University, Chicago, Illinois.

Julie Weismoore, MA Department of Psychology, George Mason University, Fairfax, Virginia.

John R. Weisz, PhD, ABPP Department of Psychology, Havard University, Cambridge, Massachusetts, and Judge Baker Children's Center, Boston, Massachusetts.

Janet M. Whidby, PhD Division of Medical Psychology, Duke University Medical Center, Durham, North Carolina.

Denise E. Wilfley, PhD Department of Psyciatric, Washington University School of Medicine, St. Louis, Missouri.

역자 소개

신현균(Shin Hyun Kyun)

서울대학교 대학원 심리학박사(임상심리 전공)
임상심리전문가, 정신보건임상심리사 1급
전 서울임상심리연구소 공동소장
세종대학교 교육학과 겸임교수
현 전남대학교 심리학과 교수

〈저서 · 역서〉
아동 심리치료의 실제: 심리장애별 치료(학지사, 2014)
아동의 외상과 학대에 대한 인지행동치료: 단계적 접근(학지사, 2012)
외상후 스트레스 장애 워크북(공역, 학지사, 2009)
쑥쑥 크는 집중력(학지사, 2002)
신체형 장애(학지사, 2000)
심리장애의 인지행동적 접근(공저, 교육과학사, 2000)
주의력결핍 및 과잉행동장애(공저, 학지사, 2000)
우울증의 인지치료(공역, 학지사, 1997)

김정호(Kim Jung Ho)

전남대학교 대학원 심리학과 박사과정 수료(임상심리 전공)
임상심리전문가, 정신보건임상심리사 1급
현 조선대학교병원 정신과 임상심리전문가

〈역서〉
자살환자의 인지치료(공역, 학지사, 2012)
외상후 스트레스 장애 워크북(공역, 학지사, 2009)

최영미(Choi Young Mi)

전남대학교 대학원 심리학과 석사(임상심리 전공)
임상심리전문가, 정신보건임상심리사 2급
현 최영미 마음상담센터 소장
광주여자대학교 상담심리학과 겸임교수

〈역서〉
외상후 스트레스 장애 워크북(공역, 학지사, 2009)

아동 · 청소년 심리치료
–인지행동적 접근–

Child and Adolescent Therapy:
Cognitive-Behavioral Procedures, Fourth Edition

2015년 6월 5일 1판 1쇄 인쇄
2015년 6월 10일 1판 1쇄 발행

엮은이 • Philip C. Kendall
옮긴이 • 신현균 · 김정호 · 최영미
펴낸이 • 김진환
펴낸곳 • (주) 학지사
121-838 서울특별시 마포구 양화로 15길 20 마인드월드빌딩
대표전화 • 02-330-5114 팩스 • 02-324-2345
등록번호 • 제313-2006-000265호

홈페이지 • http://www.hakjisa.co.kr
커뮤니티 • http://cafe.naver.com/hakjisa

ISBN 978-89-997-0719-3 93180

정가 25,000원

역자와의 협약으로 인지는 생략합니다.
파본은 구입처에서 교환해 드립니다.

이 도서의 국립중앙도서관 출판시도서목록(CIP)은 서지정보유통지원시스템 홈페이지(http://seoji.nl.go.kr)와 국가자료공동목록시스템(http://www.nl.go.kr/kolisnet)에서 이용하실 수 있습니다.
(CIP 제어번호: CIP2015013551)